한국사능력검정시험 고급
기출문제집

이영철

초판을 내며

머 리 말

인문학의 위기라는 시대 상황 속에서도 한국사에 대한 관심은 지속적으로 높아져 최근 고대사에서 현대사에 이르기까지 「근초고왕」·「광개토태왕」·「선덕여왕」·「계백」·「천추태후」·「동이」·「서울 1945」·「작은 연못」 등의 영화나 드라마들이 제작되고, 「해방 전후사의 재인식」·「한국 해방 3년사」 등의 전문 서적들이 출간되었다. 이러한 현상에서 현학적인 한국사가 학문적 아성에서 살아 꿈틀대는 삶의 현장으로 뛰어들었다고 볼 수 있다.

2006년 이래 시행되고 있는 한국사능력검정시험(역시) 고급(1·2급) 중 2급 이상이 2012년부터 행·외시와 입법고시, 외교아카데미 1차 필수과목이 되면서 한국사에 대한 관심을 확대시키고, 새로운 바람을 불러 일으켜 한국사에 대한 지식을 심화시키는 데 일조하고 있다. 최근 역시를 비롯해 공무원 한국사 문제가 예년의 수준을 넘어 고급스럽고 난해해지는 만큼 수험 준비에 만전을 기해야겠다.

지금까지 몇 차례 본 기출문제를 분석하여 보면 한국사에 대한 관심을 확산시키고 역사에 대한 지식 및 사고력과 문제 해결 능력을 육성하기 위하여 시행한다는 취지에 따라 다양하고 참신한 문제들이 출제되었다. 예를 들면 지도 외에 사진 등을 제시하여 문제를 살아 꿈틀대는 역사의 현장으로 이끌고 있고, 사료와 도표등도 제시해 근본적인 해결책을 묻고 있으며, 만화로 꾸며 과거로의 여향을 하면서 흥미롭게 문제를 풀게 하고 있다. 여하튼 암기 위주의 단편적인 지식을 지양하고 종합적인 사고력을 집중할 수 있는 문제를 요구하고 있다.

저자는 20여 년간 학교와 학원에서 사법시험과 행·외시 등을 준비하는 고시생을 대상으로 한국사 강의를 하면서 「한국사 총론」과 「시민을 위한 사료 한국사」 기본서와 「한국사 600선」, 「출제위원급 정예한국사」, 「한국사 1200제」, 「객관식 정선사료 한국사」 등의 여러 문제집을 출간하였고 최근 시험 공무원 출제위원으로 도(道)와 광역시 등의 문제를 출제하였다. 이번에 출간한 「한국사능력검정시험 고급(1·2급) 기출문제집」은 2회~12회까지 시행된 고급(1·2급) 기출문제를 정확하고 명세하게 해설하여 어려워지고 있는 한국사능력검정시험 고급(1·2급)에 대비할 수 있도록 꾸며졌다.

퇴계는 "스승은 마치 산속의 샘터와 같아 제자들은 각기 자신의 양만큼 물을 마시고 떠나가는(如群歙於河 各充其量)" 터전으로 비유하였다. 따라서 스승과 제자의 관계는 동도(同道)의 길에서 서로의 완성을 도와주는 상호보완적 관계이다. 본서가 수험생 여러분에게 도움을 주기를 바라며 또한 질정(叱正)도 바란다.

   학문에 왕도는 없듯이 한국사 수험 대책도 마찬가지이다. 교과서와 기본서를 일단 이해하고 단원별 문제를 풀어 기초를 다지고 기출문제와 실전모의고사를 통해 최종 마무리를 하면 되겠다.

수험생 여러분의 건투를 빈다.

2011년 신묘년 입춘
일본의 독도 망언에 분노하며

이영철 씀

목 차

02 한국사능력검정시험 1급(2007년 5월 27일)   2
02 한국사능력검정시험 2급(2007년 5월 27일)   50
03 한국사능력검정시험 1급(2007년 10월 27일)   100
03 한국사능력검정시험 2급(2007년 10월 27일)   146
04 한국사능력검정시험고급(2008년 6월 14일)   194
05 한국사능력검정시험고급(2008년 10월 25일)   244
06 한국사능력검정시험고급(2009년 5월 23일)   294
07 한국사능력검정시험고급(2009년 10월 24일)   344
08 한국사능력검정시험고급(2010년 5월 8일)   394
09 한국사능력검정시험고급(2010년 8월 14일)   444
10 한국사능력검정시험고급(2010년 10월 23일)   494
11 한국사능력검정시험고급(2011년 5월 14일)   544
12 한국사능력검정시험고급(2011년 8월 14일)   594

한국사능력검정시험 고급
기출문제집

02 한국사능력검정시험 1급
(2007년 5월 27일)

01 밑줄 친 '유적지'에서 출토될 가능성이 가장 높은 유물은? [1점]

○○대학교 박물관에서 국내의 어느 유적지를 발굴하면서 연대 측정을 하려고 시료를 채집하였다. 이를 C14 연대 측정법에 따라 측정한 결과, 그 연대가 4,660±100B.P.가 나왔다.

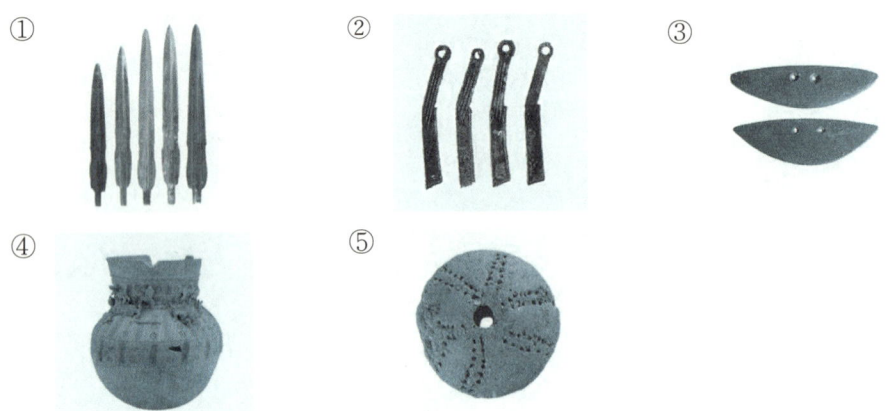

02 다음 역사서 편찬 당시 저자의 성향과 사관 등으로 미루어 이 책의 열전(列傳)에 입전(入傳)되지 않은 사람은? [2점]

"지금의 학사, 대부는 오경과 제자(諸子)의 글 및 진(秦), 한(漢) 역대의 역사에 대해서는 두루 통하고 자상히 설명하는 자가 더러 있으나, 우리나라의 일에 이르러서는 도리어 아득하여 그 시말을 알지 못하니, 매우 한탄스럽다." … 또, 그 고기(古記)라는 것도 글이 거칠고 볼품없으며 사건의 기록이 누락되어 있어서, 군후(君侯)의 선악과 신자(臣子)의 충사(忠邪)와 국가의 안위와 인민의 치란(治亂)을 모두 드러내어 경계로 삼도록 하지 못하였습니다. … 삼가 본기(本紀) 28권, 연표(年表) 3권, 지(志) 9권, 열전 10권을 찬술하여 …

① 원효, 의상 등 승려
② 우륵, 솔거 등 예술인
③ 흑치상지, 계백 및 백제인
④ 온달, 연개소문 등 고구려인
⑤ 견훤, 궁예 등 왕건의 경쟁자

해설 및 정답

01 정답 ⑤ ·· (2007. 제2회 1급)

4,660±100 B.P.(Before the present)는 2,660±100 B.C.에 해당하므로 유적지는 신석기시대이다. ① 세형동검과 ② 명도전은 철기시대, ③ 반달돌칼과 ④ 팽이토기는 청동기시대, ⑤ 가락바퀴는 신석기시대의 특징이다.

신석기시대 대략 기원전 8천년 경(제주도 한경면 고산리)부터라고 기원전 2000(1500)년으로 간석기(마제석기) 사용, 원시적 농경이 시작(기원전 4000년경). 따라서 신석기시대의 유적에서는 경작 도구와 당시에 재배하였던 곡물로 조·피 등이 발견되고 있다. 농경이 시작되면서 수렵·채집경제의 비중이 낮아졌으나 여전히 식량 획득에서 큰 비중을 차지하였기 때문에 그에 필요한 사냥도구로서 활이나 창이 보다 정교해지고 또 다양화. 또한 어로생활이 활발하여 뼈로 낚시를 만들거나 배를 이용하여 물고기나 바다짐승을 잡기도 하였다. 한편, 농경의 시작으로 이동생활에서 정착생활이 시작되면서 주거지도 주로 냇가 근처가 중심. 생산력의 발달은 잉여 식량의 획득을 가능케 하여 그것을 저장하여 겨울에 먹을 수 있는 저장방법이 개발되고, 그것을 저장할 수 있는 용기로서 토기를 제작하기 시작. 신석기시대의 대표적인 토기는 빗살무늬토기였고 의복이나 그물을 만드는 기술도 발달.

① **세형동검** 비파형동검이 5, 6백 년의 시차를 두고 청동기시대 후반 이후 점차 토착 청동문화인 세형동검으로 바뀌어 갔는데 청천강 이남에 집중적으로 분포되었고, 중국의 영향을 받으면서도 한국식 동검으로 독특하게 발전하였다.

② **명도전** 중국 춘추전국시대 연(燕)·제(齊)의 화폐로서 청동으로 만들었는데 우리나라에서는 강계·영변·위원에서 발견되었다. 철기시대의 유물이다.

③ **반달돌칼**(반월형석도, 半月形石刀) 중국 화북지방 농경문화의 영향을 받은 농기구로 청동기시대에 곡식의 이삭을 자르는 데 널리 사용되었다.

④ **팽이토기**(각형토기, 角形土器) 청동기시대에 청천강 이남~한강 이북의 서부지방에서 만들어졌던 토기로, 외형은 팽이모양이고 아가리는 말아 붙여 겹으로 만들고 그 곳에 간단한 줄무늬가 들어 있는 것을 특징으로 한다.

⑤ **흙으로 만든 가락바퀴**(방추차: 신석기~청동기) 신석기시대의 특징으로 뼈바늘(골침)과 함께 출토되는 것으로 보아 의복·그물을 만들었음을 알 수 있다.

02 정답 ① ·· (2007. 제2회 1급)

사료는 김부식이 인종에게 바친 「진삼국사표(進三國史表)」이다.

① 「삼국사기」 열전에는 승려에 대한 전기가 없고 승려 전기는 「삼국유사」 의해편에 수록되어 있다. 「삼국사기」에서 김부식은 신화적 세계관을 배척하고 **「구삼국사」**를 기본으로 도덕적 유교합리사관(춘추필법)에 입각하여 삼국시대의 역사를 편찬하였다.

≫ 「삼국사기」와 「삼국유사」 비교 ≪

삼국사기	삼국유사
김부식(문하시중) 등 11명 공동 저술	일연(보각국사, 김견명(金見明))
관찬, 고려 인종(1145)	사찬, 충렬왕(1285)
유교보수사관·멸사봉공의 영웅주의사관	불교사관, 삼국사기와 보완관계
기전체(정사체) - 본기에 중점	야사체(기사본말체)
합리사관(사론(史論) 중심)	신이사관(神異史觀)
북진정책을 좌절시킨 사관(묘청 진압)	민족의식 소생·자주사관
귀족사회 전성기·금(金) 간섭기에 저술	원 간섭기에 저술
현존 최고의 사서, 고조선·삼한 기록 누락	단군신화·향가 14수 수록
신라 정통사관(협소한 반도사관)	고조선 정통사관(삼국유민의식 극복)
사론(논찬) 중심의 주관적 서술	고증(전적) 중심의 객관적 서술

03 지도의 빗금 친 지역을 신라가 자국 영토로 편제, 운영한 것에 대한 설명으로 옳지 않은 것은?
[2점]

① 당으로부터 이 지역에 대한 지배권을 인정받았다.
② 발해를 견제하려고 이 지역에 패강진을 설치하였다.
③ 고구려 부흥 운동을 진압한 후에 이 지역을 확보하였다.
④ 이 지역을 점차 군사적 특수 구역으로 독립시켜 나갔다.
⑤ 한주(한산주)에 소속시켜 통치하다가 점차 이 지역의 군현을 확대하였다.

04 다음 비석이 제작되었던 시기의 고구려에 대한 설명으로 옳은 것을 〈보기〉에서 고른 것은?
[3점]

| 보 기 |

㉠ 해당 지역의 인민과 토지를 중앙 정부가 직접 장악하여 성(城), 곡(谷)을 단위로 하는 지방 통치 체제를 갖추었다.
㉡ 귀족 연립 정권의 정치 운영 방식이 유지되면서 국왕은 국정을 총괄하는 최고의 관등인 대대로의 선임에 간여하지 못하였다.
㉢ 왕당(王幢)이라 불리는 국왕 직속 부대 이외에 대가(大加)의 사적인 군사 조직을 대외 정복 활동에서 중요 군사력으로 활용하였다.
㉣ 태조왕을 사실상의 시조로 하는 기존의 왕실 계보와 그 이전에 존재하였던 추모왕 계보를 연결하여 추모왕을 시조로 하는 왕계를 정립하였다.

① ㉠㉡ ② ㉠㉣ ③ ㉡㉢
④ ㉡㉣ ⑤ ㉢㉣

03 정답 ③ ··· (2007. 제2회 1급)

③ 안승의 보덕국은 전북 익산(금마저)에 있었고, 안승이 소판 관직으로 진골에 편입되자 족자 대문이 난을 일으켰으나 진압을 하였다.

고구려 부흥 운동 검모잠·고연무 등이 왕족인 보장왕의 서자 안승을 받들고 한성(재령)과 오골성을 근거로 활동하였는데, 안승이 검모잠을 죽이고 신라로 망명하자 신라는 금마저(전북 익산)에 보덕국(報德國)을 세우고(670) 안승을 고구려왕에서 보덕왕(報德王)으로 임명하였다(674). 통일 후 이를 폐지하고 (684) 안승을 경주로 불러들여 소판(蘇判, 잡찬) 관직을 부여하고 진골 귀족으로 편입하였다. 이에 대해 안승의 아들인 대문(大文)이 그해 11월 금마저에 웅거하여 난을 일으켰다. 신라는 대문의 난을 평정한 뒤 고구려 유민을 남쪽 주군으로 사민(徙民)하고 금마저를 금마군으로 강등.

패강진 진덕여왕 때(648) 나당동맹이 체결되면서 나당연합군이 승리하면 대동강 이남 전지역을 신라에게 주기로 약속한 바 있었으나 나당전쟁으로 파기. 그 후 성덕왕 34년(735) 신라의 발해 공략(733) 대가로 승인받게 되면서 이 지방에 대한 개척에 착수, 경덕왕 7년(748)에는 예성강 이북에 대곡성이하 14군현을 두었고, 762년에는 오곡성이하 6성을 수축하여 태수를 두었다. 이같은 준비작업이 끝난뒤 선덕왕 3년 (782)에 현재의 황해도 평산에 패강진을 설치하여 패강 이남, 예성강 이북의 땅을 군정(軍政)방식으로 통치하도록 하였다. 그 뒤 헌덕왕때 패강진은 더욱 북쪽으로 확대되어 취성군(取城郡) 및 그 영현(領縣) 셋을 신설, 드디어 대동강 남안에 이르게 되었다. 패강진은 이지역의 군정을 맡은 패강진전(浿江鎭典)의 본영에 해당한다.

패강진전(浿江鎭典)은 평양일대를 통치하는 패강진을 관리하는 행정관청인데 초기에 전초 군사기지로 시작된 패강진은 평양 일대가 점차 안정화되어감에 따라 행정기구로 변화되어갔고 그럼에도 신라의 북변 지역을 관할하는 특수행정구인 관계로 군진으로서의 성격도 갖고 있었다. 패강진전에는 장관인 두상대감 (頭上大監) 1인을 비롯하여 대감 7인, 두상제감(頭上弟監) 1인, 제감 1인, 보감(步監) 1인, 소감(小監) 6인을 두었다. 패강진전의 수령은 각 주(州)의 총독인 도독(都督)과 같은 급으로 도호(都護)라고도 불리는데 각 민정과 군정을 맡아 주관하되 두상대감이 총괄하는 형태이다. 두상대감은 김암의 경우에서 보듯 패강진 일대의 농업진흥인 인무도 맡고 있었다. 평양 일대의 개간은 자영농민으로 정착한 주민들의 생활안정과 함께 신라조정의 새로운 세금수취의 원천이 되었고 이는 신라왕권의 강화에 도움이 되었다. 7명의 대감은 패강진 산하 7개 행정단위의 지방관으로 파견되었다. 군사를 주관하는 두상제감은 패강진 내의 치안유지와 개척사업, 인근 말갈족들에 대한 회유와 단속을 맡고 있었다.

04 정답 ② ··· (2007. 제2회 1급)

ⓒ 광개토대왕 집권 시기는 전성기로 강력한 왕권이 성립되었고, 귀족연립정권은 고구려 말기 상황이며,
ⓒ 대가들의 사적 군사 조직은 공적 질서에 편입되었다.

광개토대왕릉비 광개토대왕 사후 2년인 장수왕 때(414) 만주 집안현 통구에 건립되었다. 선돌 형식의 비식에 광개토대왕의 업적을 예서체로 기록. 비문은 「건국내력」(이도여치(以道與治) : 주몽 이후의 신성한 고구려의 왕통에 대한 최고의 건국 기록)과 「대왕의 정복사업」, 「묘지기 연호」(수묘인 ; 守墓人) 330호(국연 30호, 간연 300호)에 대한 기록 등 3부분으로 구성되어 있다. 고고학상 문제가 되는 부분은 신묘년조 논란으로 영락 6년(395년) 기사에 실린 다음과 같은 부분에서 시작된 논란이다(일제의 임나일본부설 조작).

㉠ **평양 천도 이후** 서울과 지방을 각각 5부로 정비하고, 지방장관으로 욕살(褥薩)을 임명. 또 5부 아래 성(城), 군(郡)·곡(谷)을 단위로 하는 지방행정체제를 갖추고 성에는 성주로 처려근지(도사)를 임명하고 처려근지의 직할지를 관장하는 최하위 지방관으로 가라달과 누초가 있었다. 그리고 모두루 묘지명과 중원고구려비에 따르면 새로 병합된 변경지역에는 지방관으로 수사(守事)를 파견..

ⓒ 광개토대왕 집권 시기는 전성기로 강력한 왕권이 성립되었고, 귀족연립정권은 고구려 말기 상황이다.
ⓒ 광개토대왕릉비에 나오는 왕당(王幢)이라는 국왕 직속 부대가 중요 군사력으로 활동하였으며 족장들이나 성주들은 모두 자기 병력을 거느리고 있었다. 이들을 국가에서 동원할 때에는 대모달·말객 등의 군관으로 하여금 지휘하게 하여 대가들의 사적 군사 조직은 공적 질서에 편입.

05 밑줄 친 '이 지역'에서 발전했던 초기 국가에 대한 설명으로 옳은 것은? [1점]

> 이 지역은 중국과의 교통이 편하고 물산이 풍부하며, 고조선에서 망명한 준왕의 정치 집단이 정착한 곳이었다.

① 철을 많이 생산하여 낙랑, 왜 등에 수출하였다.
② 50여 소국으로 이루어졌고, 제사장인 천군이 지배하던 소도가 있었다.
③ 읍락에는 후, 읍군, 삼로 등의 군장이 있었고, 책화의 풍습이 엄격히 지켜졌다.
④ 남의 물건을 훔쳤을 때에는 물건값의 12배를 배상하게 하고, 질투하는 아내는 죽였다.
⑤ 혼인한 뒤, 처가에서 자식을 낳아 기르다가 자식이 장성하면 아내를 데리고 자기 집으로 돌아가는 풍속이 있었다.

06 다음은 고대의 무덤을 개략적으로 나타낸 그림이다. 이에 대한 설명으로 옳은 것은? [1점]

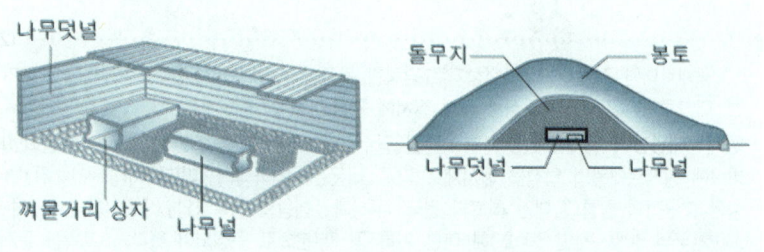

① 도굴이 어려워 껴묻거리가 많이 남아 있다.
② 무덤 내부에 무덤 주인의 생활상을 벽화로 남겼다.
③ 백제 초기의 무덤 양식으로 고구려의 영향을 받았다.
④ 무덤 주위에 둘레돌을 두르고 12지 신상을 조각하였다.
⑤ 중국 남조의 영향을 받아 연화무늬 벽돌로 무덤 내부를 쌓았다.

05 정답 ② ·· (2007. 제2회 1급)

보기에 제시된 지역은 마한이다. ① 변한, ② 마한, ③ 동예, ④ 부여·고구려, ⑤ 고구려에 대한 설명이다.

① **변한** 철이 많이 생산되어 낙랑·대방·일본 등지에 수출하였고, 철(덩이쇠)은 교역에서 화폐로 사용되기도 하였다(창원 성산동·진해·경주 황성동 등지에서 야철지가 발견됨).

② **마한** 54개국(총 10여만 호)
삼한의 지배자는 거수(渠帥)로서 세력이 큰 것은 신지(臣智, 중국 군현과 교역 담당)·견지(遣支), 작은 것은 읍차(邑借)·부례(不例) 등으로 불렀다. 이들은 저수지 관리권자로 정치적 중심인 국읍에 거주하였다. 농경과 종교에 대한 의례를 주관하는 제사장인 천군이 있었는데 신성지역으로 소도(蘇塗)라는 별읍을 두고, 높은 솟대에 방울과 북을 달고 새를 조각하여 매달아 표시를 하였다. 천군이 주관하는 소도는 신성지역으로 정치적 군장의 세력이 미치지 못하였고, 죄인이 도망을 하여 이곳에 숨더라도 잡아가지 못하였다(교화기능). 제사장의 존재에서 제정의 분리를 엿볼 수 있다.

③ **동예** 왕은 없고 각 읍락에는 거수(후)·읍군·삼로라는 군장이 있어서 자기 부족을 다스렸으며, 후일 고구려에 복속되었다. 농경·어로 등 경제생활이 윤택하였다. 특히, 명주·삼베를 짜는 등 방직기술이 발달하였다. 단궁·과하마·반어피 등이 유명하였다. 매년 10월에 무천(舞天)이라는 제천행사를 열었다. 그리고 족외혼률(族外婚律)이 지켜졌다. 산천을 중시하고, 각 부족의 영역을 함부로 침범하지 못하게 하였다. 만약, 다른 부족의 생활권을 침범하면 노비(생구(生口))·우마로 배상하게 하는 책화(責禍)의 제도가 있었다. 족외혼과 책화는 씨족사회의 유풍이었다. 새벽의 별자리로 매해의 풍흉을 점쳤으며 호신숭배(虎神崇拜)의 범 토템이 있었다.

④ **부여·고구려** 생명과 사유재산에 대한 보호, 연좌법의 적용, 1책12법, 가부장제(여자에 대한 규제) 등을 내용으로 하고 있다. 1책12법은 8조법금에 비해서는 합리적이고 발전적인 면을 보여준다.

⑤ **고구려** 혼인은 노동력 확보 목적으로 서옥제(婿屋制, 예서제;데릴사위제도) 풍속이 있었다.

06 정답 ① ·· (2007. 제2회 1급)

보기의 무덤양식은 통일전 신라의 구덩식돌무지덧널무덤(수혈식적석목곽분)이다. 굴식돌방무덤(횡혈식석실고분)에 비해 도굴이 어려워 상대적으로 껴묻거리(부장품)가 많이 출토되나 벽화가 없다. 목곽·자갈·점토·봉토층으로 구분 ④ 통일 후 신라의 양식, ⑤ 백제 무령왕릉에 대한 설명이다.

② **굴식돌방무덤**(횡혈식석실고분) 모줄임 천장 벽화 있음, 도굴 용이, 고구려·백제(웅진·사비시대)·발해(정혜공주묘), 통일신라 때 봉토 주변에 둘레돌(열석) 배치(12지신상 조각)

④ **통일 후 신라의 양식** 통일기에는 불교의 영향으로 화장(다비;茶毘)이 유행하였고(문무왕 대왕암), 고분 양식도 구덩식 돌무지 덧널무덤에서 굴식 돌방무덤으로 변하였다. 특히 무덤의 봉토 주위를 둘레돌(호석, 열석)으로 두르고, 그 호석에 12지신상을 조각하는 신라만의 독특한 양식이 나타났다(김유신묘, 성덕대왕릉, 원성왕릉인 괘릉). 그 후 이 양식은 고려·조선시대까지 계승되었다. 특히 괘릉의 무인석상은 아라비아와의 교류를 보여 준다.

③ **백제 한성시대** : 송파구 석촌동 고분에서 알 수 있는 바와 같이, 고구려 초기의 고분과 유사한 돌무지무덤(적석총)이다.

웅진시대 : 굴식돌방무덤(횡혈식석실고분)과 중국 남조문화의 영향을 받은 무령왕릉 같은 벽돌무덤(전축분)이 있는데, 고졸(古拙)하고 소박한 면이 있었다. 공주 송산리 6호분은 벽돌무덤으로 무령왕릉과는 달리 사신도와 일월도 벽화가 발견되었고, 공주 수촌리 4호분에서는 용과 봉황으로 장식된 금동관이 출토되었다.

⑤ **백제 무령왕릉** 1971년 공주 송산리 고분에서 발견된 이 왕릉은 금관식과 지석(誌石)·석수(石獸)·진묘수)·토지매지권(土地買地券)·청동제품·양(梁)나라 철전(오수전) 등 많은 부장품이 출토되었다. 연화문의 벽돌로 만들어진 벽돌무덤으로 당시 양나라를 비롯한 남조와의 문화적 교류를 보여주며, 목관은 일본 금송(삼나무)으로 제작되어 일본과의 교류도 보여준다. 무령왕릉은 백제 금관의 모습과 아울러 현존 최고의 지석이 발견됨으로써 당대 백제사 연구에 중요한 자료가 되었다.

07 다음은 한반도의 주요 구석기 유적지를 표시한 지도이다. (가)~(마)에 대한 설명으로 옳지 <u>않은</u> 것은? [2점]

① (가) - 1932년, 동물 화석이 출토되면서 한반도에서 처음으로 구석기 유적이 드러났다.
② (나) - 1970년대 초, 한반도 내에서 처음으로 구석기 시대의 인골 화석이 발견되었다.
③ (다) - 1970년대 말에 발견된 후기 구석기 시대의 전형적인 유적이다.
④ (라) - 1970년대 후반, 남한 지역에서 인골 화석이 처음 출토되었다.
⑤ (마) - 1960년대 전반, 유적이 발굴되면서 한반도의 구석기 시대에 대한 연구가 본격화되었다.

08 다음 설명에 해당하는 토기는? [1점]

> 1959년, 평안북도 의주군 미송리 동굴 유적의 청동기 문화층에서 특이한 모양의 토기가 발굴되었다. 이와 같은 모양의 토기는 주로 청천강 이북, 중국 요령성, 길림성 일대에서 발견되었는데, 고인돌, 거친무늬 거울, 비파형 동검과 함께 고조선의 특징적인 유물로 간주되고 있다.

해설 및 정답

07 정답 ③ ·· (2007. 제2회 1급)

③ **연천 전곡리** 1978년 겨울에 보고된 전기 구석기 유적지로 서방 계통의 주먹도끼가 출토되었다. 한탄강 유역에서 유럽 아슐리안(Acheulian)계의 전형적인 주먹도끼(양면핵석기)·가로날도끼가 다수 출토되어 전기 구석기의 유적임이 확인되었다.

① **동관진(강안리)** 우리나라 최초의 구석기 유적지로 1933년 두만강 연안에서 발견, 들소·맘모스의 화석과 골각기·석기 등의 유물이 출토되었으나 당시 일본 학계에서는 인정하지 않았다.

② **덕천 승리산 동굴** 홍적세 중기(중기 구석기시대)로 추정되는 곳에서 1972년 우리나라 최초의 인골 화석인 성인의 어금니와 어깨뼈가 발견되어 이를 덕천인 이라 명명하였고, 홍적세 말기(후기 구석기시대)의 것으로 보이는 인골이 발견되어 이를 승리산인으로 명명하였다.

④ **청원 노현리 두루봉 동굴** 1982년 두루봉유적의 흥수굴에서 거의 완전한 뼈대를 갖춘 3~5세 정도의 사람 뼈가 발굴되어, 이를 흥수아이라 명명하였다. 장례의식에서 주검에 국화꽃을 뿌렸으며, 생존시기는 대략 4만년 이전의 후기 홍적세 슬기슬기사람인 것으로 추정된다.
청원만수리 베이징원인과 동시대인 50여만년 전 유적으로 주먹찌르개가 출토되었다.

⑤ **공주 석장리** 남한 최초의 구석기 유적지로 금강 유역에서 전기 구석기에서 후기구석기까지 계속된 12문화층 발굴, 가장 밑에 있는 제1문화층(외날찍개 문화층)의 유물은 60만~50만년 전의 전기 구석기시대의 것으로 확인되었고, 후기 구석기의 두 문화층은 긁개·새기개·송곳 등이 출토되었고, 집자리와 불땐 자리(화덕자리)의 흔적이 발견되었으며, 약 3만년 전과 2만년 전의 것으로 밝혀졌다.

08 정답 ⑤ ·· (2007. 제2회 1급)

보기에 제시된 내용은 미송리식토기이다. ① 빗살무늬토기, ② 민무늬토기, ③ 융기(덧)무늬토기, ④ 가지무늬토기, ⑤ 미송리식토기이다.

⑤ **미송리식토기** 1959년 평북 의주 미송리동굴에서 처음 발굴되었다. 밑이 납작한 항아리 양쪽 옆으로 손잡이가 하나씩 달리고 목이 넓게 올라가서 다시 안으로 오므라들고, 표면에 집선(集線) 무늬가 있는 것이 특징이며, 주로 청천강 이북, 요령성과 길림성 일대에 분포한다. 이 토기는 고인돌, 거친무늬거울, 비파형동검과 함께 고조선의 특징적인 유물로 간주된다.

① **빗살무늬토기**(즐문토기)

② **민무늬토기** 지역에 따라 다른 모양을 보이고 있으나, 밑바닥이 좁은 팽이형과 밑바닥이 판판한 원통 모양의 화분형이 기본적인 것으로 빛깔은 적(다)갈색이다.

③ **덧무늬토기**(융기무늬토기) 그릇 표면에 흙을 더덕더덕 칠한 주발 모양의 밑이 둥근 원저융기문토기 (부산 영도구 동삼동 조개더미에서 이른 민무늬토기·눌러찍기무늬토기(압인문토기)와 함께 출토)

④ **가지무늬토기**(채문토기, 彩文土器)(채문토기, 껴묻거리용) 회백색 토기로서 어깨부분에 검은 색으로 가지무늬가 돌려 있는 토기

1. **신석기시대 토기의 변천** 〈전기〉원저무문토기(이른 민무늬토기·덧무늬토기)→〈중기〉빗살무늬토기(약 8천 년 전부터 제작·사용, 회색이며 그릇이 크고 도토리나 달걀 모양에 빗살무늬), 기하문토기, 어골문토기 → 〈후기〉변형평저즐문토기(B.C. 2000년경부터 중국 채문토기(채도)의 영향 납작바닥빗살무늬토기), 물결무늬토기, 번개무늬토기(뇌문토기 '回'자 무늬)

2. **청동기시대**(기원전 2,000년~기원 전후)**토기** 덧띠새김무늬토기·민무늬(무문)토기·미송리식토기·공귀리식토기·팽이(각형)토기·민패(공렬)토기·가락식토기·송국리식토기·흔암리토기(화분 모양)·붉은간토기(채색(채문)토기·홍도·채도) 등이 사용.

3. **철기시대토기** 검은간토기(흑도)·김해식 유문토기(와질토기·도질토기)·가지무늬토기(채문토기, 껴묻거리용)·덧띠토기(점토대토기) 등이 사용.

09 경호는 '한국사의 이해' 수업을 들으면서 보고서를 준비하려고 다음의 사료들을 찾았다. 경호가 받은 보고서 주제로 타당한 것은? [2점]

- 神文王二年六月立國學置卿一人
- 元聖王四年春始定讀書三品以出身讀春秋左氏傳若禮記若文選而能通其義兼明論語孝經者爲上讀論語孝經者爲中讀曲禮孝經者爲下若博通五經三史諸子百家書者超擢用之

<三國史記>

① 백제의 역사 편찬
② 신라의 역사 편찬
③ 고구려의 교육 제도
④ 통일 신라의 교육 제도
⑤ 발해의 관리 선발 제도

10 지도의 (가)와 (나) 두 지역에 있었던 가야 소국을 비교한 내용으로 옳지 않은 것은? [1점]

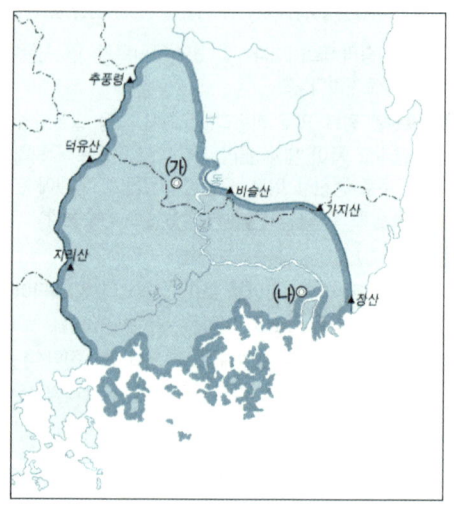

		(가)	(나)
①	위상	후기 가야 연맹의 맹주	전기 가야 연맹의 맹주
②	성장배경	높은 농업 생산력과 철생산	낙랑과 왜를 잇는 중계무역
③	대표유적	지산동 고분군	대성동 고분군
④	쇠퇴배경	고구려군의 침공	백제의 군사적 압박
⑤	멸망	신라 진흥왕대	신라 법흥왕대

09 정답 ④ ·· (2007. 제2회 1급)

④ 사료는 통일 후 신문왕대의 국학 설립과 원성왕대의 독서삼품과 설치에 대한 내용이다.

신라는 통일 후 왕권의 강화와 중앙정치체제의 정비에 따라 유교정치이념이 필요하게 되어, 신문왕 때에는 당(唐)의 제도를 도입하여 국학을 세우고(682) 한학 교육에 힘써 경덕왕 때 태학감(太學監)으로 개칭, 혜공왕 때 다시 국학으로 개칭, 교과를 3분과로 나누고 박사와 조교를 두어 6두품 중심으로 운영. 성덕왕 때 공자 및 제자의 화상을 안치하였다. 「논어」・「효경」은 필수과목이고, 3경과 「예기」・「문선」・「춘추전(좌전(左傳))」 등 6과목에서 과정별로 2과목을 선택. 또 효소왕 때(692) 의학박사제도를 정비하여 국립의과대학에서 의학을 가르쳤다.

독서삼품과 원성왕 때(788) 관리 채용을 위해 실시한 국가고시(과거의 전신)로 유학지식을 독서 실력에 의해 상・중・하의 3등급과 5경 3사와 제자백가서에 능통한 특품으로 나누어 채용. 「좌전」・「예기」・「곡례」・「논어」・「효경」・「문선」(기본과목 : 곡례・효경) 등으로 시험을 본 국학의 졸업시험으로 추정되는데, 왕권 강화를 목적. 이 제도는 진골 귀족의 반대로 실패하였으나 골품제도의 편협성을 극복 시도하였고 학문 보급에 기여.

> **• 유교정치이념**
> ① 통일신라 : 유교정치이념의 필요성 인식(국학 설립, 설총의 「화왕계」, 독서삼품과 시행, 숭문대 설치, 숙위학생 파견)
> ② 고려 성종 : 유교정치이념의 확립(최승로의 시무 28조)
> ③ 조선 : 성리학 중심의 유교주의적 집권국가 수립

① **백제의 역사 편찬** 근초고왕 때(375) 박사 고흥이 「서기」를 편찬.
② **신라의 역사 편찬** 진흥왕 때(545) 대아찬 거칠부가 「국사」를 편찬.
  ⊃ 고구려는 건국 초에 「유기」 1백 권이 편찬되었고, 영양왕 때(600) 태학박사 이문진이 이를 개수하여 「신집」 5권을 편찬.
③ **고구려의 교육제도** 태학(국립대학)을 세워(소수림왕 2년 372) 귀족 자제에게 한학을 가르쳐 지식층에서는 경서와 역사서가 읽혀졌다. 지방에는 경당(扃堂, 최초의 사립학교)을 세워 평민 자제에게 한학과 무술을 가르쳤다.

10 정답 ④ ·· (2007. 제2회 1급)

지도의 (가)는 대가야, (나)는 금관(본)가야이다. (나)는 5세기 고구려 광개토왕의 공격으로 김해에서 고령으로 중심이 이동되면서 쇠퇴하였고, (가)는 신라와 백제의 쟁탈전에 휘말려 점차 쇠약해졌다.

> **1. 전기 가야 연맹체(2~3세기경)**
> 이들 지역에서는 구야국에서 발전한 김해의 금관가야(金官伽倻, 본가야)를 주축으로 하는 전기 가야 연맹체가 형성되었다. 가야연맹은 농경문화를 바탕으로 하면서 철의 생산과 중계무역을 통하여 발전을 하였다.
>
> **2. 후기 가야 연맹체**
> 5세기 광개토대왕의 침공(임나가라의 종발성 복속)으로 가야는 전쟁의 피해를 받지 않은 고령의 미오야마국에서 발전한 대가야로 그 중심이 이동되면서 연맹의 세력권이 후기 가야 연맹체가 다시 편성되었고, 6세기 초(522) 대가야의 이뇌왕(異腦王)이 신라(법흥왕)와 결혼동맹을 체결하여 고립에서 탈피하려 하였다.
>
> **3. 활발한 교역**
> 가야연맹은 중국 남조 이외에 한(漢)군현이나 일본과도 교역함으로써 경제적으로 크게 번영하였다. 그리고 당시의 수준 높은 문물은 덧널무덤(목곽묘)・구덩식 돌덧널무덤(수혈식석곽분) 등의 가야 무덤에서 출토되는 유물에 의해 증명되고 있다.

11 밑줄 친 국왕의 이름과, 그가 당시 일본과 우호 관계를 추진한 배경을 옳게 짝지은 것은? [2점]

- <u>고려 국왕 대흠무(大欽茂)</u>가 말하기를 "일본의 천황이 돌아가셨다는 소식을 듣고 슬프고 추모하는 마음에 가만히 있을 수 없어, 보국장군 양승경과 귀덕장군 양태사 등을 보내어 표문 및 물품과 함께 조문하게 합니다."
- 천황이 고려 국왕에게 삼가 문안드립니다. …… 보내 주신 물품은 숫자대로 잘 받았습니다. 돌아가는 사신 편에 토산품 등을 보내니, 비록 물건이 가볍고 적고 보잘것없으나 좋게 생각하셔서 받아 주시기 바랍니다.   <속일본기>

	국왕 이름	우호 관계를 추진한 배경
①	고구려 장수왕	나·제 동맹의 무력화와 백제 및 신라의 배후 위협
②	고구려 영양왕	수의 침공에 대비한 후원 세력 확보
③	발해 문왕	후원 세력 확보와 일본을 활용한 신라 견제
④	발해 무왕	당과 일본을 잇는 국제 무역로 확보
⑤	고려 문종	송, 요, 일본을 연결하는 국제 무역 주도

12 다음 주장을 한 인물에 대해 옳게 설명한 것을 <보기>에서 고른 것은? [2점]

- 7조, 국왕이 백성을 다스리는 것은 집집마다 가서 돌보고 날마다 일을 보는 것이 아닙니다. 그런 까닭에 수령을 나누어 보내어, 가서 백성의 이익과 손해를 살피게 하는 것입니다. …… 청컨대, 외관(外官)을 두소서.
- 11조, 중국의 제도를 따르지 않을 수는 없지만, 사방의 풍습은 각기 그 토질을 따르니 다 고치기는 어려울 것 같습니다. 그 예악, 시서(詩書)의 가르침과 군신, 부자의 도리는 마땅히 중국을 본받아 비루한 풍속을 고쳐야 하겠지만, 그 밖의 거마(車馬), 의복 제도는 우리 풍속대로 하여 사치와 검소를 알맞게 할 것이며, 구태여 중국과 같이 할 필요는 없습니다.   <고려사절요>

┃보 기┃

㉠ 국가적 행사인 팔관회를 폐지하는 대신에 연등회는 성대하게 개최할 것을 주장하였다.
㉡ 정치 이념을 유교에 두면서 국왕이 정치의 중심을 이루는 중앙 집권 체제 강화를 추구하였다.
㉢ 통일 신라 때부터 지방 행정상 중시되던 곳에 12목을 설치할 것과 향리제의 정비를 주장하였다.
㉣ 새로운 개혁 정책을 제시하면서도 전통적인 가치관을 탈피하지 못해 제한된 사회 개혁을 주장하였다.

① ㉠㉡   ② ㉠㉢   ③ ㉡㉢
④ ㉡㉣   ⑤ ㉢㉣

11 정답 ③ ··· (2007. 제2회 1급)

사료는 발해 문왕(대흠무) 때(758년) 일본에 조문 사절을 파견한 내용이다. 발해는 당·신라의 협공에 대한 고립에서 탈피하기 위해 일본과 지속적으로 우호관계를 유지하였다. 당시 양태사는 고국을 그리는 「다듬이소리(야청도의 시(夜聽擣衣詩))」라는 시를 남겼는데 「경국집(經國集)」에 전하고 있다.

> **발해의 고구려 지향성** 대조영과 그 후손들의 고구려 지향성은 일본과의 외교 과정에서 매우 뚜렷하게 드러난다. 「속일본기」의 기록에 따르면, 무왕 때(727) 고재덕(高齋德)을 보내 일본과 국교를 체결하면서 일본에 보낸 외교문서(復高麗之舊居有扶餘之遺俗)와 문왕(759년) 일본에 사신을 보내면서 스스로를 '고려국왕 대흠무'라고 불렀으며, 일본에서도 발해의 왕을 '고려국왕'으로 불렀다. 뿐만 아니라 발해를 가리켜 자주 '고려'라고 불렀으며, '발해의 사신'을 '고려의 사신'으로 표현한 사례가 일본측의 기록에 많이 있다. 특히 9세기 전반 발해 승려 정소(貞素)의 역할이 컸다.

12 정답 ⑤ ··· (2007. 제2회 1급)

보기에 제시된 인물은 최승로(927~989)이다. ㉠ 불교에 대해 폐단을 시석하면서 연등회·팔관회 행사 금지를 주장하였고, ㉡ 왕권의 전제화를 규제하면서 재상 중심의 귀족정치를 지향하였다.

성종(981~997) : 최승로(927~989)의 시무(時務) 28조를 채택하여(982) 유교정치를 지향하였다.

≫ 최승로의 시무 28조 ≪

1. 최승로의 상서문은 5조정적평(五朝政績評)과 시무 28조로 구성되었는데, 먼저 태조에서 경종까지의 정치를 평가하면서 태조를 높이 평가하고 광종의 시책을 비판하면서(19조·22조) 유교정치체제를 주장하였다(현재 22조만 전해지고 있음).
2. **7조** : 국왕이 백성을 다스림은 집집마다 가서 날마다 일을 보는 것이 아닙니다. 그런 까닭으로 수령을 나누어 보내어 가서 백성의 이익되는 일과 손해되는 일을 살피게 하는 것입니다. 우리 태조께서 나라를 통일한 후에 군현에 수령을 두고자 하였으나 대개 초창기임으로 인하여 일이 번거로워 시행할 겨를이 없었습니다. …… 청컨대 외관을 두소서. 비록 한꺼번에 다 보낼 수는 없더라도 먼저 10여 곳의 주현에 1명의 외관을 두고, 그 아래에 각각 2~3명의 관원을 두어서 백성 다스리는 일을 맡기소서.
3. **11조** : 중국의 제도를 따르지 않을 수는 없지만 사방의 풍습이 각기 그 토성에 따르게 되니 다 고치기는 어려울 것 같습니다. 그 예악·시서(詩書)의 가르침과 군신·부자의 도리는 마땅히 중국을 본받아 비루함을 고쳐야 되겠지만 그 밖의 거마(車馬)·의복의 제도는 우리의 풍속대로 하여 사치함과 검소함을 알맞게 할 것이며 구태여 중국과 같이 할 필요가 없습니다.
4. **20조** : "불교를 행하는 것은 수신의 본이요, 유교를 행하는 것은 치국의 근원입니다. 수신은 내생의 자(資)요, 치국(治國)은 금일의 요무(要務)로서, 금일은 지극히 가깝고 내생은 지극히 먼 것인데도, 가까움을 버리고 지극히 먼 것을 구함은 또한 잘못이 아니겠습니까?"
5. 최승로의 정치는 왕권의 전제화를 규제하면서 <u>재상 중심의 문벌귀족정치를 지향</u>하였다.
6. 최승로는 불교의 폐단을 지적하였지 불교 자체 배척은 아니었다.
7. **한계** : 새로운 개혁정책을 제시하면서도 전통적인 가치관을 탈피하지 못해 제한된 사회 개혁에 그쳤다.

13 다음과 같은 일이 있었던 시기의 불교계와 사상계의 동향으로 옳은 것은? [1점]

> 그 때에 이인로, 오세재, 임춘, 조통, 황보항, 함순, 이담지 등이 스스로 한때의 준걸이라 하여 맺어 벗이 되어 칠현이라 일컫고 매양 모여서 술 마시고 시를 지어서 곁에 사람이 없는 것과 같았다. 오세재가 사망하자, 이담지가 이규보에게 이르기를 "자네가 빈자리를 메울 수 있겠는가?"하니, "칠현이 어디 조정의 관직이기에 그 결원을 메우는가?"라고 하였다.
> <고려사>

① 국청사가 낙성되고 천태종이 개창되었다.
② 균여가 화엄종 중심의 교선 통합을 시도하였다.
③ 지눌이 결사를 통한 불교계 개혁 운동을 제창하였다.
④ 불교계의 폐단을 시정하려는 보우 등의 노력이 있었다.
⑤ 성리학을 받아들인 신진 사대부들이 불교의 폐단을 비판하였다.

14 지도에 표시된 (가) 지역을 회복한 시기에 이루어진 사실은? [2점]

① 과전법 실시
② 정치도감 설치
③ 경사교수도감 설치
④ 사림원 중심의 개혁
⑤ 문종대 관제로의 회복

13 정답 ③ ··· (2007. 제2회 1급)

사료는 최씨무신집권기(1196~1258) 문신들의 죽림칠현(죽림고회)활동이다. 문무의 위상이 바뀌어 문인·유자는 심산이나 궁곡에 피난하여 석자(釋子)로 전신하고 죽림칠현(죽림고회, 해좌칠현(海左七賢))으로 표현되듯이 은둔하였다. 최씨 일가가 문인들을 막료로 기용하자 이규보·이인로 등 일부 문사가 거기에 종사하지만 유풍(儒風)이나 문풍(文風)은 침체를 면치 못하였다. ①고려 숙종(11세기), ②고려 광종(10세기), ③고려 신종(13세기), ④고려 공민왕(14세기), ⑤고려 후기(14세기)의 상황이다.

③ **신종**(13세기) 교종 중심의 사원은 무신정변 이후 문신의 피난처가 되는 한편, 무신정권과 자주 충돌하였다. 이 무렵 선종 계통을 통합한 조계종이 발전을 하자, 최씨정권은 현실 참여의 교종·천태종보다도 속리수행(俗離修行)의 조계종이 자신들의 독재정치와 마찰을 피할 수 있다고 보았고 천태종에 대항해 정책적으로 조계종을 후원해 최충헌과 지눌이, 최우와 혜심이 연계되었다.

≫ 무신집권기의 불교 정화·결사운동 ≪

조계종	수선사 (1204년)	보조국사 지눌(知訥)	지방 호장층 출신의 사대부 교화, 정토신앙 부정	성리학 수용 바탕	순천 송광사
천태종	백련사 (1208년)	원묘국사 요세(了世)	기층사회(백성) 교화·참회(법 화신앙) 강조, 정토신앙 수용	실천적 수 행 진력	강진 만덕사

① **숙종**(11세기) 의천 당시 고려 불교는 화엄종·유가종·조계종 등 3대 종파가 존재하였는데 의천(義天)은 교단 통합 운동을 펼쳐 흥왕사를 근거지로 화엄종 중심으로 교종을 통합하였고, 선종을 통합하기 위해 국청사를 창건하여 천태종을 개창하였다. 천태종은 교종 화엄종의 입장에서 선종을 통합하여 교리적 측면에서 교단의 단순한 통합에 그치는 절충적 단계에 머물러 조계종에 비해서는 불완전한 통합 단계였다. 그리고 교관겸수(敎觀兼修)·교선일치(敎禪一致)·지관(止觀)·성상겸학(性相兼學)·내외겸전(內外兼全) 등의 수행법을 채택하였다. 의천이 죽은 후에 교단은 다시 분열되고 귀족 중심의 불교가 지속되었다.

④ **공민왕**(14세기) 태고화상(太古和尙) 보우(普愚)는 원에 유학한 후 공민왕의 왕사가 되었으며, 특히 원의 선종인 임제종(臨濟宗)을 전래하여 조선 선종의 주류를 이루었고, 일의원융사상(一義圓融思想)을 주장하였다.

⑤ **고려 후기**(14세기) 성리학 수용의 배경 : 1) 불교의 폐단 심화 2) 신유학의 이해 3) 신유학의 수용 4) 자아 상실 방지(원의 부용국(附庸國)으로 전락한 현실에서 어떻게 자아를 지켜 나갈 것인가 하는 문제를 신유학의 중심 사상인 주자성리학이 그 해결의 실마리를 제공)

14 정답 ⑤ ··· (2007. 제2회 1급)

지도에 표시된 지역은 공민왕대에 유인우·이자춘 등이 쌍성총관부를 탈환하여 회복한 철령 이북의 영토이다. 공민왕(恭愍王)은 1) 쌍성총관부(철령 이북) 탈환(1356) : 유인우·이자춘 2) 동녕부 공격 : 지용수·이성계 등으로 하여금 요양(흥경)을 정벌

① **공양왕대** 창왕·최영 등을 제거하고 공양왕을 옹립한 후 급전도감(給田都監)을 두고(1389) 양전하여 옛 양안을 불태우고(1390) 79만 8천여 결의 토지를 장악하여 도평의사사에서 1391년 5월 과전법을 공포(1391).

③ **충렬왕대**(1280) 안향(安珦, 1243~1306)의 건의로 국학 내에 경사교수도감을 설치하여 유학 진흥을 모색.

⑤ **공민왕대** 정동행성의 이문소 혁파 : 문종대의 관제인 문종구제(文宗舊制)로 3성 6부를 회복

원 간섭기의 폐정개혁시도 ① 충렬왕 : 전민변정도감 설치, 홍자번(1237~1306)의 '편민18사(便民18事)', ② 충선왕 : 사림원 설치(사대부를 기용), 염·철 전매사업, ③ 충숙왕 : 찰리변위도감 설치, ④ 충혜왕 : 국내 상업과 원과의 무역을 통해 재원 확보, ⑤ 충목왕 : 정치도감 설치, ⑥ 공민왕 : 전민변정도감 설치 등을 통해 개혁정치를 시도하였으나 농장 혁파는 실패.

15 다음은 신라 하대부터 조선 초기까지 만들어진 각 시대의 특징적인 승탑(부도)이다. (가)~(라)를 제작된 순서대로 옳게 나열한 것은? [2점]

(가) 지광국사 현묘탑 (나) 회암사 무학대사 홍융탑 (다) 전(傳) 흥법사 염거화상탑 (라) 고달사지 원종대사 부도

① (가)-(나)-(다)-(라)
② (나)-(라)-(가)-(다)
③ (다)-(라)-(가)-(나)
④ (다)-(나)-(라)-(가)
⑤ (라)-(가)-(다)-(나)

16 밑줄 친 '이 시기'의 경제 활동상으로 볼 수 없는 것은? [2점]

> • 경공장(京工匠)은 경국대전에서 2800여 명으로 규정되었지만, 이 시기에는 약 10분의 1로 줄어들었다.
> • 황해도 평산읍은 경국대전에 외공장 정원을 7명으로 규정하였지만, 이 시기에 편찬된 평산읍지에는 자영 수공업자의 수가 430명으로 기록되어 있었다.
> • 이 시기에 우정규는 경제야언에서 부상대고(富商大賈)들이 제각기 재물을 분담하고 고용 노동자들을 모집하여 은점(銀店)을 경영할 것을 제의하였다.

① 공납 물품은 수공업자가 생산한 토산물을 직접 납부하였다.
② 청과의 무역에서 은의 수요가 증가하여 은광 개발이 활발하였다.
③ 상업적 농업이 발달하여 담배 재배로 많은 돈을 버는 사람도 나타났다.
④ 화폐의 주조가 늘어났으나, 유통이 제대로 되지 않아서 전황이 나타났다.
⑤ 자본력을 가진 상인 중에서 수공업에 투자하여 부를 축적하는 경우도 있었다.

15 정답 ③ ·· (2007. 제2회 1급)

(가) 고려 중기(1085), (나) 조선 초, (다) 신라 말, (라) 고려 전기(975)의 부도이다.

- **신라 말기** 선종이 널리 퍼지면서 승려 사리를 봉안하는 승탑(부도(浮屠))과 선사의 행적을 적은 탑비가 유행하였는데, 이것은 지방호족들의 정치적 역량이 성장했음을 반영하고 있다. 전체 평면이 팔각을 이루는 팔각원당형을 기본형으로 삼고 있는 승탑은 기단부는 물론이고 그 위에 놓이는 탑신부, 옥개석, 상륜부까지 모두 팔각으로 조성되어 정형화되고 규격화된 탑파라는 불교 조형물의 일반적인 틀을 깨고 정교하고 화려한 장식문양 등 균형·조화미가 돋보이는 듯 다양한 형태로 조성되어 지방호족의 문화적 특색을 느낄 수 있는데, 양양 진전사지 부도(도의의 승탑으로 추정되는 한국 부도의 시원)·전(傳) 흥법사 염거화상(도의의 제자)탑·화순 쌍봉사 철감선사(도윤) 승탑 등이 대표적이다. 그리고 탑비로는 충북 제천시 월광사 원랑선사(圓朗禪師) 탑비가 전하고 있다.

- **고려** 승려들의 승탑인 부도(浮屠)는 신라 후기 이래의 전형적인 형태인 팔각원당형 양식을 계승한 것이 많았으나 점차 특이한 형태를 띠면서 불탑형 또는 석종형 양식으로 바뀌어 가면서 조형예술의 중요한 부분이 되었다. 구례의 연곡사 동·서부도와 북부도, 공주의 갑사 부도, 여주의 <u>고달사지 원종대사 혜진탑</u>(975), 청주의 정토사 홍법국사 실상탑(1017), 원주의 법천사 <u>지광국사 현묘탑</u>(1085, 6m가 넘는 불탑형), 신륵사 보제존자석종부도(나옹화상부도)

16 정답 ① ·· (2007. 제2회 1급)

보기의 시기는 조선 후기인데 ① 직접 납부가 아니라 공납을 통하여 공물을 확보하였다.

공납 각 지방의 특산물을 현물로 납부하는 방식인데, 먼저 정부가 품목별로 국가의 연간 수요량을 책정하여 각 군현 단위로 배정하면, 각 군현에서는 주민의 호(戶)를 기본 단위로 하여 부과·징수하는 호별세(戶別稅)였다. 그런데 공물 수납상의 가장 큰 폐단인 방납(防納)이 생겼다. 대동법의 실시로 정부는 수납한 대동미·대동포·대동전(상평통보) 등으로 공인(貢人)을 통하여 필요한 물자를 구입하여 사용하였다. 이 제도는 어느 정도의 수공업 발달을 전제로 하여 실시된 것이다.

② **광업** 조선 전기에는 국가가 직접 경영하여 사적인 광산 경영을 막았으나, 16세기 이후 사채를 허용하되 세금을 거두는 정책으로 바뀌었고 단천 은광이 개발되었다. 임진왜란 때 참전한 명군(明軍)의 군수물자와 월량(월급)이 은으로 충당되고, 중국에서 은본위제(일조편법·지정은)가 나타남에 따라 중국은 조선에 은광 개발을 요구하였다.

③ **상품작물** 18세기에는 상품 유통이 활발해짐에 따라 장수·진안·성천지방의 담배, 개성·강계 지방의 인삼(인공 재배) 등 상업적 농업이 발달하였다. 담배(담바고·남초·남령초)는 17세기 초 일본 류큐(유구)에서 전래되어 전라도지방을 중심으로 전국적으로 재배되었으며, 목화·모시와 약재(도라지), 대도시 주변의 파·오이·배추·마늘·고추·토란·부추·수박·미나리·호박·토마토 등도 인기 있는 작물이었다. 개성상인들은 빈농에게 영농자금을 선대해 주고 상업작물을 수확하면 싼 값에 사들이기도 하였다.

④ **전황** 상인·지주들이 치부의 수단으로 화폐를 저장(퇴장)해 둠으로써 유통 화폐의 부족 현상인 전황((錢荒), 전귀(錢貴))을 초래하였다. 농민들은 필요한 동전을 구입하기 위하여 곡물을 헐값으로 팔기도 하였다. 이에 중농학파인 이익은 농민층의 분해로 빈부 격차가 심화되자 폐전론(廢錢論)을 주장하였고, 중상학파인 유수원·박지원 등은 용전론(用錢論)을 주장. 화폐의 주조가 늘어났으나, 유통이 제대로 되지 않아서 전황이 나타났다.

⑤ **민간수공업의 유형**
  1) **선대제 수공업**(17~18세기 전반) 국가에 수공업품을 생산·조달하는 상인이 물주(자본주)로서 수공업자에게 원료와 공전을 선대(先貸)해 주고(putting-out system) 제조된 물품을 사들여 국가에 다시 팔았다. 특히 종이·화폐·철물 등 고가품의 제조 분야에서 나타난 자본가와 임노동자의 초기적 관계로 자본주의의 맹아라 볼 수 있다.
  2) **독립자영수공업** 18세기 후반 이후 저가품 생산에서 자기 자본으로 스스로 생산·판매하는 장인.
  3) **가내수공업** 농촌에서는 주로 마포·저포·면포(토포) 등의 직물과 그릇 종류가 생산.

17 다음은 우리나라 각 시기에 나타난 유학의 경향을 설명한 것이다. (가)~(라)를 시대순으로 옳게 나열한 것은? [3점]

(가) 전제 왕권이 강화되면서 유교가 불교에 대항하는 독립된 사상으로 대두하기 시작하였는데, 이 시기 유학을 신봉하는 이들은 현세적인 도덕 지상주의를 내세워 불교적 세계관에 비판을 가하였다.
(나) 지방에 근거를 둔 유학자들이 학문의 연구와 서원을 통한 후진의 양성에 많은 노력을 기울였는데, 실제적인 학문보다는 사색적이고 이론적인 것을 즐겨하였다.
(다) 유교의 정치 이념은 도덕적 합리주의에 입각한 중앙 집권적 귀족 정치를 실현하는 데 있었다. 유교는 국가를 다스리는 올바른 길로 생각되었으며, 국왕이나 귀족들은 정치가로서의 도덕적인 수양을 중시하였다. 또, 불교는 내세를 위한 가르침이라고 하여 서로 병존할 수 있는 것으로 생각했다.
(라) 신유학이 일상생활에 있어서의 실천적인 윤리를 중요시 하는 면에서 수용되었으나, 점차 인생과 우주의 근원을 형이상학적으로 해명하는 철학적인 국면이 발전되었다.

① (가)-(나)-(다)-(라) ② (가)-(다)-(라)-(나) ③ (다)-(가)-(나)-(라)
④ (다)-(라)-(가)-(나) ⑤ (라)-(가)-(다)-(나)

18 다음은 조선 후기 어느 인물이 그린 작품의 발문 중의 일부이다. 이 발문과 관련된 그림은? [1점]

공자께서 말씀하시기를 "한겨울 추운 날씨가 된 다음에야 소나무, 잣나무가 시들지 않음을 알 수 있다."라고 하셨다. 소나무, 잣나무는 본래 사계절 내내 늘 잎이 지지 않는 것이다. 추운 계절이 오기 전에도 같은 소나무, 잣나무요, 추위가 닥친 후에도 여전히 같은 소나무, 잣나무다. 그런데도 성인 (공자)께서는 특별히 추위가 닥친 이후에 그것을 칭찬하였다. 지금 그대가 나를 대하는 처신을 돌이켜보면, 그 전이라고 더 잘 한 것도 없지만, 그 후라고 전만큼 못 한 일도 없었다. 그러나 예전의 그대에 대해서는 따로 일컬을 것이 없지만, 그 후에 그대가 보여 준 태도는 역시 성인에게서도 일컬음을 받을 만한 것이 아닌가? 성인이 특별히 칭한 것은 단지 추운 계절을 겪고도 다만 시들지 않는 나무의 굳센 절조(節操)만을 위한 것은 아니었다. 역시 추운 계절이라는 그 시절에 대하여 따로 마음에 느낀 점이 있었던 것이다.

①
②
③
④
⑤

17 정답 ② ·· (2007. 제2회 1급)

(가) 통일신라기, (나) 조선 중기, (다) 고려 전기, (라) 고려 후기 유학의 경향이다.

1. **통일신라기** 유교정치이념의 도입 : 전제 왕권 확립의 필요에서 불교에 대항하는 독립사상으로 도입
2. **고려 전기** 유교가 정치이념으로 채택되고, 유교적 소양을 갖춘 인물들이 과거제도를 통하여 문신귀족으로 진출하면서 훈고학이 발달하였다.
3. **고려 후기** 중기 이후 고려 유학이 상당한 수준까지 자체 심화되어 신유학의 이해 풍토를 배양하였다. 무너져 가는 구체제에 비판적 태도를 가진 중간계층으로 지방향리층이 성장하였고 그들은 기존의 한당유학인 훈고학에 대한 회의와 반발로 신유학의 청신한 학풍을 수용하였다.
4. **조선 중기** 서원과 성리학의 발달 : 16세기 이후 군주의 부름이 있어도 신하가 불응하여 일방적 군신관계에 변화가 나타났고, 당시 낙향한 사림들이 학문·교육에 몰두하여 서원과 성리학이 발달하였다. 사화 이후 유학의 심오한 발전과 학파의 성숙을 가져와 서원이 나타나 지방문화와 농민의 계발에 큰 계기가 되었다. 이러한 분위기로 동족 결합과 학파 확립의 결정적 계기가 되어 붕당정치의 배경이 조성되어 갔다.

18 정답 ① ·· (2007. 제2회 1급)

① 사료의 작품은 김정희(1786~1856)가 제주 유배 적소에서 그린 세한도(歲寒圖)이다.. ④ 안견의 몽유도원도, ⑤ 강세황의 영통골 입구도이다.

세한도 김정희가 59세 되던 해인 1844년(헌종 10) 제주 유배지에서 제자 역관 이상적(1804~1865)을 위해 그린 그림이다. 세한도 발문의 일부로 '날씨가 추워진 뒤에야 비로소 소나무와 잣나무가 푸르게 남아 있음을 볼 수 있다(세한연후지송백지후조야(歲寒然後知松栢之後凋也))'라는 공자의 말이 나온다.

19세기의 회화 : 실학적 화풍이 시들고, 복고적 문인화풍이 다시 유행하였다. 김정희(金正喜, 「세한도」·「불이선란(不二禪蘭)」, 신위(申緯, 대그림)·장승업(張承業, 「군마도」·「수상서금도」)·대원군 이하응(李昰應, 「난초」)·조희룡(趙熙龍, 「묵매도」·「묵란화」) 등이 있었다.

④ **몽유도원도** 안견(세종 15세기) 화원 출신. 중국과 우리나라의 역대 화풍을 연구하여 「적벽도」·「몽유도원도」 등 독자적 경지를 개척하였다. 「몽유도원도」는 신선이 산다는 이상세계를 낭만적으로 그린 것으로, 구도가 웅장하고 필치가 씩씩하며 풍경이 신비하여 보는 이를 압도한다(일본 천리대학 중앙도서관 소장).

≫ **조선 초기의 화풍** ≪

1. 선초에는 도화서를 두어 직업적인 화원을 양성하고 어진이나 관료의 초상화와 국가 행사를 설명한 의궤류(儀軌類) 등을 주로 그렸으나, 이 직업적인 화가들이 사대부의 요청으로 산수화를 비롯하여 여러 가지 그림을 그림으로써 회화 발달에 공헌하였다. 2007년 6월 조선 왕실 의궤가 유네스코(UNESCO)의 세계기록유산으로 등재되었다.
2. 화풍은 중국 북송의 원체화풍(院體畵風, 곽희 화풍)의 영향을 받아 산수(자연)를 웅장한 구도로 사실적으로 그리거나 때로는 환상적인 요소를 가미하였음.

⑤ **영통골 입구도**(서양 화풍 명암법·원근법을 이용한 산수화) 강세황(김홍도·신위의 스승, 조선조 400년 역사상 최고의 솜씨라고 김홍도를 극찬함)

19 다음 시설들에 대한 설명으로 옳지 <u>않은</u> 것은? [1점]

> 조선 시대에는 서울 부근의 이태원, 홍제원, 누원 등이 유명하였고, 동래의 온정원, 경기도의 장호원, 퇴계원, 광혜원, 충청도의 미륵원, 황해도의 사리원 등의 시설이 있었다.

① 공적 업무 수행자에게 숙소로 제공되었다.
② 원주전을 지급하여 경비로 사용하게 하였다.
③ 일부 시설은 빈민 구휼의 업무도 맡고 있었다.
④ 교통의 요충지에 대략 30리 정도마다 하나씩 설치되었다.
⑤ 17세기 이후 상공업과 장시 발달을 배경으로 번성하였다.

20 다음은 조선 시대 사화와 관련된 사료이다. (가)~(라)의 사건이 발생한 순서를 옳게 나열한 것은? [2점]

> (가) 그는 항적(項籍)이 의제(義帝)를 시해한 일에 가탁하여, 문자에 나타내어 선왕(先王)을 헐뜯었으니, 그 하늘에 넘실대는 악은 불사(不赦)의 죄에 해당하므로 대역죄로 논단하여 부관참시를 하였노라.
> (나) 이파의 자손은 폐하여 서인으로 하고, 한명회, 심회, 정창손, 정인지, 김승경 등은 만일 종묘에 배향된 자가 있으면 내치라. 또, 이세좌의 아들, 사위, 아우로서 부처된 자는 폐하여 서인으로 하여 영구히 사판(仕版)에 오르지 못하게 하라.
> (다) 조광조, 김정, 김식, 김구, 윤자임, 기준, 박세희, 박훈 등이 자기에게 붙는 자는 천거하고 자기와 뜻이 다른 자는 배척하여, 성세로 서로 의지하고 권세 있고 중요한 자리를 차지하고서 후진을 이끌어 국론이 전도되고 조정을 그르치게 하였으니 그 죄가 크다.
> (라) 윤임은 화심(禍心)을 품고 오래도록 흉계를 쌓아 왔다. 처음에는 동궁(東宮)이 외롭다는 말을 주창하여 사림들 사이에 의심을 일으켰고, 중간에는 정유삼흉(丁酉三兇)의 무리와 결탁하여 국모를 해치려 꾀하였고, 동궁에 불이 난 뒤에는 부도(不道)한 말을 많이 발설하여 사람들을 현란시켜 걱정과 의심을 만들었다.

① (가)-(나)-(다)-(라)
② (가)-(라)-(나)-(다)
③ (나)-(다)-(가)-(라)
④ (나)-(다)-(라)-(가)
⑤ (다)-(라)-(가)-(나)

19 정답 ⑤ ·· (2007. 제2회 1급)

보기의 내용은 조선시대 출장관료의 국립유숙소인 원(院)에 대한 설명이다. ⑤ 조선 전기 중앙집권 차원에서 교통요로 30리마다 설치되었다.

원(院) 공적 업무 수행자의 숙소로 교통 요로 30리마다 설치한 국립 여관으로 이태원·홍제원·누원(다락원)·사리원·조치원·장호원·광혜원·미륵원·도리원·퇴계원 등 전국에 1,220개소가 있었다. 이 곳은 원주(院主)가 관할하며, 원주전(院主田)으로 경비를 충당하였고 일부 시설은 빈민 구휼의 업무도 담당하였다.

20 정답 ① ·· (2007. 제2회 1급)

(가) 무오사화(1498), (나) 갑자사화(1504), (다) 기묘사화(1519), (라) 을사사화(1545)에 대한 설명이다.

≫ 4대사화 ≪

사 화	원 인	가해자	피해자
무오사화 (1498)	훈구파와 사림파의 대립 조의제문(사초)문제	유자광·이극돈·윤필상·노사신	김종직·김일손·김굉필·정여창
갑자사화 (1504)	궁중파와 부중파의 대립 윤비(연산모) 폐비사건	연산군·임사홍·신수근	윤필상·김굉필·정여창·한명회
중종반정(中宗反正, 1506)			
기묘사화 (1519)	조광조의 급진정치 위훈삭제사건	남곤·심정·홍경주 (기묘삼간)	조광조·김식·김안국·한충
을사사화 (1545)	왕위 계승을 둘러싼 외척 (대윤·소윤)의 대립	윤원형·정순명·김명윤 (소윤)	윤임·유관·이언적·유희춘(대윤)
정미사화(1547)	윤원로·윤원형 형제의 권력 다툼으로 양재역 괴벽서 사건이라고도 한다.		

사화 사림이 추진한 정치구조의 변화에 대응한 훈구파들의 반격으로 일어났다. 훈구파들은 사화를 일으키거나 권신을 통해서 사림이 정치를 주도하려는 것을 막으려 하였다. 그러나 16세기 중엽 명종 이후 사림들이 정치적 주도권을 장악하면서 붕당을 형성하게 되었다.
1. 배경
  1) 양반 계층의 증가 2) 양반 계층의 양극화 3) 훈구세력과 신진사림의 대립 4) 언로의 개방
2. 사화의 영향
  1) 사림의 일시적 후퇴 2) 서원과 성리학의 발달 3) 수취체제의 문란
  계속된 사화로 정치 기강이 무너졌고, 사회는 더욱 혼란해졌다. 사화는 고정된 파벌간의 쟁패전이 아니라 그때 그때의 왕권과 권력에 결부된 정쟁이었기 때문에 조선 관료정치는 16세기 중엽에 그 파탄을 보이기 시작하였다. 환곡제 문란이 극심하자 명종 14년(1559)에 일어난 양주 백정 출신이 일으킨 임꺽정란(林巨正亂)과 삼포왜란·사량진왜변·을묘왜변 등 일련의 대외적인 침략이 이를 증명하고 있다. 또 사화는 학파의 대립과 붕당의 소지를 마련하여 그 결과 유학계는 크게 3계열로 나누어지게 되었다. ① 절대둔문주의자로서 산간에 은거하여 학문과 후진 양성에 전념하는 서경덕·조식 계열이 있고, ② 상대적 은둔 또는 절충파가 있어 때로는 관계에 진출하고, 그것이 여의치 않으면 낙향하여 학문과 후진 양성에 노력하는 이황·이이 등이 이에 속하며, ③ 절대정계진출파로서 유성룡·이산해 등이 있었다. 그리고 사화 이후 유학의 심오한 발전과 학파의 성숙을 가져와 서원이 나타나 지방 문화와 농민의 계발에 큰 계기가 되었다. 이러한 분위기로 동족 결합과 학파 확립의 결정적 계기가 되어 붕당정치의 배경이 조성되어 갔다.

21. 다음 그림들의 화풍이 유행한 시기의 문화계 동향으로 옳은 것은? [1점]

① 실용품이기보다는 사치품으로 볼 수 있는 고려청자가 발달하였다.
② 유길준의 서유견문이 간행되고 국한문 혼용체의 문장이 널리 보급되었다.
③ 문학에서는 춘향전 등의 한글 소설이나 사설시조 등의 작품이 쏟아져 나왔다.
④ 민족의식의 앙양이 자연스럽게 문학에도 반영되어 장편 서사시인 이규보의 동명왕편이 나왔다.
⑤ 유교의 입장에서 사회 교화에 유용하다고 생각되는 서적들을 집현전 학사들이 중심이 되어 편찬하였다.

22. 다음 사료를 분석하여 당시 관료들의 사관을 옳게 추론한 것을 〈보기〉에서 고른 것은? [2점]

- 태조 원년 8월 : 조선의 단군(檀君)은 동방에서 처음으로 천명을 받은 임금이고, 기자(箕子)는 처음으로 교화를 일으킨 임금이니, 평양부에서 시제(時祭)를 드리게 할 것입니다.
- 태종 12년 6월 : 우리나라에 기자가 있는 것은 중국에 요임금이 있는 것과 같으니, 원컨대 기자 사당은 (중국) 조정에서 요임금을 제사하는 예에 의거하여 기자의 묘에 제사 지내기 바랍니다.
- 태종 13년 11월 : 단군과 기자에게는 '국왕'이라 일컫고, 고려 태조는 '조선 국왕'이라 일컫는 것은 합리적이지 않은 듯합니다. 단군과 기자에게도 '조선 국왕'이라고 일컫도록 허락하소서. 〈조선왕조실록〉

| 보 기 |

㉠ 기자의 동래(東來)로 우리나라에서 유교적 예의의 교화가 시작되었다고 인식하였다.
㉡ 우리 역사의 정통성을 밝혀 단군 조선-기자 조선-삼한-삼국-고려-조선으로 체계화하였다.
㉢ 우리 역사의 유구성과 정통성을 교화지군(敎化之君)인 단군 숭배를 통해 강조하면서 문화적 자부심을 표출하였다.
㉣ 조선을 독립적인 개국시조를 가지고 있으면서 중국과 동등한 역사 편년을 가진 국가로 인식하여 대외적인 자신감을 나타내었다.

① ㉠㉡ ② ㉠㉣ ③ ㉡㉢
④ ㉡㉣ ⑤ ㉢㉣

21 정답 ③ ··· (2007. 제2회 1급)

조선 후기를 대표하는 (가)정선의 인왕제색도, (나)김홍도의 주막도이다. ①고려 전기, ②개항 이후, ③조선 후기, ④고려 무신집권기, ⑤조선 전기의 동향이다.

정선(18세기 전반의 회화) 잔반 출신, 중국 산수를 모방하던 화풍을 배격하고 우리나라의 명승(절경)을 그려내는 진경산수화 개척(조선중화주의의 표현). 작품으로는 「계상정거도(溪上靜居圖)」(이황이 도산서당에서 주자서절요를 쓰는 모습을 상상하여 그림)·「금강전도」·「인왕제색도」·「박연폭도」

김홍도 정조대 인물로 충청도 조령 연풍현감 역임, 서양화의 음영화법 도입, 신선도를 그리다가 진경산수화에서 새로운 경지 개척. 농촌 서민의 생활을 간결·소탈한 필치로 묘사한 풍속화는 산수 배경을 생략하여 생산 현장의 긴장감 강조(「집짓기도(기와이기)」·「씨름도」·「타작도」·「경작도」·「무동」·『월야선유도』·「길쌈도」·「빨래터」·「장터길」·「점심」·「서당도」·「대장간도」·「활쏘기도」·「총석정도」),「주막도」,「행려풍속도」(산수 배경을 묘사), 영·정조의 어진을 그림

≫ 조선의 화풍 ≪

15·16세기	자연 속에서 서정적인 아름다움을 추구하는 화풍
17세기	산수화가 유행. 특히, 김명국은 통신사의 일행으로 1636년과 1643년 두 차례나 일본에 건너가 달마도를 그려 일본 화단에 영향을 주었고, 변상벽은 고양이를 주제로 한 「묘도(描圖)」·「묘작도(描雀圖)」 등을 남겼다.
18세기 전반	윤두서·정선·심사정 등과 같은 거장이 나타났다.
18세기 후반	김홍도와 신윤복 등이 나와 민족 회화사의 절정기
19세기	회화 : 실학적 화풍이 시들고, 복고적 문인화풍이 다시 유행. 김정희(「세한도」·「불이선란(不二禪蘭)」, 신위(대그림)·장승업(「군마도」·「수상서금도」)·대원군 이하응(「난초」)·조희룡(「묵매도」·「묵란화」) 등.

① **고려청자** 신라시대까지의 토기제작기술을 계승하고, 월주요 등 중국의 청자제조기술을 받아들임으로써 비약적인 발전. 1) 도당유학생·승려들에 의해 차 문화 유입, 9세기 장보고의 활동 - 전남 강진과 부안의 도요지 형성 2) 특권층인 개경의 문벌귀족과 왕실에서 사용 3) 고려청자는 고려 문벌귀족의 성장과 발전, 그리고 몰락의 역사에서 그들과 운명을 같이 함. 4) 청자는 문벌귀족의 세련된 미의식을 담아내는 생활용품이었으며, 서민들에게는 소외감을 안겨 주는 엄청난 사치품.

22 정답 ② ··· (2007. 제2회 1급)

㉠㉢㉣ 단군은 역사의 유구성과 천손 후예의 자부심을, 기자는 8조법금을 제정한 교화지군(敎化之君)으로 도덕문명의 뿌리로 상징, ㉡ 정통론의 역사인식은 17세기 이후 나타났다.

≫ 조선 역사학의 변천 ≪

1. **관학파**
   - 국 초 : 왕조 개창을 정당화하고, 성리학적 대의명분을 존중하는 성리학적 사관이 강조. 정도전의 「고려국사」와 권근의 「동국사략」
   - 세종 이후 : 왕실과 국가 위신을 높이려는 자주적 사관이 강조. 세종~문종 때 「고려사」(1451, 기전체)·「고려사절요」(1452, 편년체)
   - 세조 이후 : 자주적 통사 편찬에 착수하여 성종 때 「삼국사절요」(편년체)가 완성되고, 또 「고려사절요」와 「삼국사절요」를 기초로 하여 「동국통감」(편년체)이 완성.

2. **사림파**
   - 16세기 : 사림의 역사인식, 존화주의·왕도주의 사관(소중화·화이론)
   - 기자 숭상 : 「기자실기」·「기자지」
   - 「동국통감」 비판 : 「동국사략」·「표제음주동국사략」·「동사찬요」(17세기 초)
   - 17세기 : 16세기의 연장, 유교문화 중시(「여사제강」·「동국통감제강」)

3. **실학파**
   - 18세기 : 「동사회강」·「동사강목」·「발해고」·「동사」·「연려실기술」
   - 19세기 : 「해동역사」

23 다음 자료는 극화 학습을 위해 준비한 대본이다. (가)~(라)에서 당시의 시대적 상황과 어울리는 것을 고른 것은? [2점]

제 목 : 거사 전야(擧事前夜)
소 재 : 만적의 난　　　　　　일 시 : 1198년 어느 날
장 소 : 최충헌의 집 문간채
(문간채 방에 만적과 그의 친구 2명이 둘러앉아 식사를 하고 있다.)

(가) 만 적 : 어서들 들게. 일이 내 계획대로 잘 성사된다면, 곧 우리가 중방의 요직을 모두 차지하게 될 걸세.
(나) 노비1 : 맞아. 그렇게만 된다면, 우리도 이제는 삼베옷을 벗고 비단옷을 입게 되겠지.
(다) 노비2 : 그렇고말고. 지난번에 대막리지를 지낸 이의민도 원래는 우리 같은 천인 출신이 아니었던가?
(라) 만 적 : 부디 입조심들 하게. 이렇게 한평생 끼니마다 그저 옥수수에 된장국으로 때우지 않으려면 말일세.

① (가), (나) ② (가), (다) ③ (나), (다)
④ (나), (라) ⑤ (다), (라)

24 다음 글의 밑줄 친 '이 책'에 대한 설명으로 옳지 않은 것은? [2점]

이 책에는 태종 때 일본에서 코끼리가 건너온 사실과 정조가 안경을 쓴 사실 등 조선 시대 여러 사실들이 기록되어 있다. 연산군 때 왕을 비판하다가 유배를 간 배우 공길과 중종 때 왕실의 의녀로 활약한 장금이의 이야기는 영화나 드라마의 모티프가 되어 최근 최고의 인기 문화 상품이 되기도 했다.
역사 기록에서 우리 선조들이 살았던 모습을 생생하게 구체적으로 접할 수 있음은 물론이고, 전통 기록들이 현대적 상품으로 거듭날 수 있는 가능성을 보여 준 것이다.

① 조선 태조부터 제25대 철종까지의 역사를 편년체로 기록하였다.
② 왕이 죽으면 사관이 작성한 사초와 시정기 등을 토대로 실록청에서 작성하였다.
③ 임진왜란 전에는 춘추관 외에도 충주, 성주, 전주에 각각 사고를 두어 보관하였다.
④ 고려 시대에는 편찬되지 않았으나, 조선 시대에 들어와 편찬 관례가 정착되었다.
⑤ 세도 정권 시기에 분량이 축소되어 다양성을 잃게 되고, 그 내용도 빈약하게 되었다.

23 정답 ① ··· (2007. 제2회 1급)

(다) 대막리지는 고구려의 관등이고, (라) 옥수수는 조선 후기 19세기에 전래되었다.

문신·사원의 반동과 무신간의 하극상 풍조에 자극된 피지배층들이 속현·향·소·부곡 등을 중심으로 봉기하였다. 이들은 남적(南賊, 한강 이남)·서적(西賊, 서북지방) 등으로 불리었는데, 남적은 관리 수탈에 대항한 순수한 농민 봉기였고 서적은 군사 조직과 결탁하여 정치적 성격이 농후하였다. 이러한 농민항쟁은 명종·신종대에 가장 극심하였다.

> **만적의 난** 신종 1년에 최충헌의 사노(私奴)인 만적은 개경 북산에 공사노비를 소집하여 말하기를 "경계란(庚癸亂) 이후 국가의 공경대부는 전부 천예(賤隸)에서 나왔다. 장상(將相)이라고 어찌 처음부터 씨가 따로 있으랴. 때가 오면 누구든지 할 수 있는 것이다. 그러므로 우리는 먼저 최충헌을 죽이고 이어 각기 상전을 죽이고 노예문적을 불살라 삼한에 천인을 없게 하자"고 하여 반란을 꾸몄으나 율학박사 한충유(韓忠愈)의 가노(家奴) 순정(順貞)의 밀고로 실패하였다.

24 정답 ④ ··· (2007. 제2회 1급)

보기에 제시된 이 책은 조선왕조실록이다. ④ 실록은 고려시대에 이미 편찬되었으나 현재 전하지 않고 조선왕조실록이 전하고 있다.

조선왕조실록 훈민정음 해례본과 함께 1997년 10월 1일 유네스코(UNESCO) 선정 세계기록유산으로 제정되었다. 기록류 문화재로 혜성·유성·이상 고온 또는 저온·유색눈비 등 천변재이 기사에 더욱이 내용이 충실하여 자국사 뿐만 아니라 인류사 연구에도 귀중한 문헌이다. 태종 때 태조실록이 편찬된 이래로 역대 왕의 실록이 차례로 이루어졌는데, 조선시대 연구의 기본자료가 된다. 태조~철종까지 25대 왕의 역사적 사실을 편년체로 서술했으며 춘추관(서울)·충주·성주·전주 등 4대 사고에 보관하였다. 실록 자료는 사초(기본으로 왕 사후 공개함)·이전부등록·비변사능록·일성록·승정원일기(2001년 UNESCO 선정 세계기록유산)·시정기(관청 기록)·조보(朝報)·개인 문집·개인 일기(유희춘의 「미암일기」, 이이의 「경연일기」) 등이 있다. 사초와 시정기는 기밀로 취급되어 사관 이외에는 볼 수 없었고, 자료의 신빙성을 높이기 위해 사초에 사관의 성명과 비평도 수록하였다. 춘추관 내에 임시 관청인 실록청을 두어 왕의 사후에 편찬하였다.

> **사고(史庫)의 변천** 「태조실록」·「정종실록」·「태종실록」은 필사본으로 2부 작성되어 춘추관·충주사고에 보관되었고, 「세종실록」 이후 활자 인쇄가 되어 4부를 작성하여 4대 사고에 보관하였다.

사관(史官)은 역사를 기록하는 관원으로 좌사(左史)는 왕과 신하의 행동을 기록하고 우사(右史)는 말씀(言)을 기록하였다. 춘추관 사관인 한림(翰林)으로는 봉교(奉敎, 정7품) 2인, 대교(待敎, 정8품) 2인, 검열(檢閱, 정9품) 4인 등 8인이 있었고, 이들은 비록 품계는 낮았지만 청화(淸華)한 벼슬로서 항상 궁중에 들어가 국가의 각종 회의에 빠짐없이 참석하여 왕과 신하들이 국사를 논의·처리하는 것을 기록하는 동시에 그 잘잘못 및 인물에 대한 비평, 그리고 기밀 사실들을 춘추필법(春秋筆法, 술이부작)으로 직필하였다. 그리고 사초는 비밀 유지를 위해 사관이 각자 간직하였고 실록 편찬시 제출하였다. 만일 제출하지 않는 자는 자손을 금고(禁錮)하고 은 20냥을 벌금으로 부과하였다.

> **강점 후 실록 인쇄**   1. 철종시까지 정족산·태백산·적상산·오대산사고가 보관되었음.
> 2. 1929~1932년, 경성제대에서 태백산본을 원본으로 30부 인쇄하여 한국에 8부, 일본에 22부 비치함.
> 3. 고종·순종실록은 1935년 이왕직(李王職)에서 사진 제판으로 편찬함(왜곡 심함).
> 4. 1955~1958년, 국사편찬위원회에서 태백산본으로 인쇄함.

25. 다음은 조선 시대 중앙 정치 기구의 담당 업무를 설명한 것이다. (가), (나)에 대해 옳게 설명한 것을 〈보기〉에서 고른 것은? [2점]

(가) 시정(時政)을 논의하고, 백관(百官)을 규찰하며, 기강과 풍속을 바로잡고, 억울한 일을 바로잡는 일 등을 맡아 보았다.
(나) 정3품 아문이지만, 그 직제상 의정부, 6조와 함께 국정의 중심 기관이 되었다. 관원은 왕명 출납을 담당하였고, 때로는 문무반의 인사 등 국정 전반에 큰 영향력을 행사하였다.

|보 기|

㉠ (가)는 고려 시대에는 추부에 속하였다.
㉡ (가)의 관원은 청요직으로 신망을 받았다.
㉢ (나)의 관원은 후임자의 자천권이 있었다.
㉣ (나)의 관원은 고려 때 승선과 유사한 기능을 담당하였다.

① ㉠㉡ ② ㉠㉣ ③ ㉡㉢
④ ㉡㉣ ⑤ ㉢㉣

26. 다음 자료가 편찬된 시기의 정치에 대한 설명으로 옳은 것을 〈보기〉에서 고른 것은? [2점]

우리 주상 전하가 근신(近臣)에게 …… 명령하여 편찬하는 일을 맡게 하였다. …… 편찬이 끝나자 '삼강행실도'라는 이름을 내리고 주자소에서 간행하여 영구히 전하게 하였다. …… 가만히 생각건대, 임금과 어버이와 부부의 인륜인 충, 효, 절의의 도는 하늘이 내려준 천성으로서 사람마다 같은 것이니, 천지의 시작과 더불어 생겨났고 천지가 끝날 때까지 없어지지 않는다.

|보 기|

㉠ 모범적인 유교 정치 구현에 힘썼다.
㉡ 직전법 체제에서 관수관급제가 도입되었다.
㉢ 패도 정치가 시행되고 부국강병에 주력하였다.
㉣ 의정부 서사제가 실시되어 왕권과 신권의 조화가 이루어졌다.

① ㉠㉡ ② ㉠㉣ ③ ㉡㉢
④ ㉡㉣ ⑤ ㉢㉣

25 정답 ④ · (2007. 제2회 1급)

보기에 제시된 기구는 (가) 사헌부, (나) 승정원이다. ㉠ 고려시대 추부는 (나)이고, ㉢ 자천권은 이조전랑이 가졌다.

(가) **사헌부** 사헌부는 고려와 조선의 행정기관. 헌부(憲府)·백부(栢府)·상대(相臺)·오대(烏臺)·어사대(御史臺)·감찰사(監察司) 등의 별칭. 중앙과 지방의 행정을 감찰하고, 관리를 규찰하며 풍속을 바로잡고, 사건을 심리하며 탄핵을 주관하며 종친과 문무백관을 규탄함은 물론 국왕에 대해서도 언제나 극간(極諫)하는 것을 본령(本領)으로 삼았다. 그리하여 사헌부의 기구와 기능은 사간원과 같이 군신의 권한을 조정하고 조선왕조의 중앙집권적인 관인체제의 질서를 유지하려고 한 장치였으나, 때로는 그 자체로서 왕과 양반관료 사이의 대립과 항쟁 등의 정쟁(政爭)의 도구로서 사용되어 당초의 설치목적과는 다른 큰 부작용을 가져왔다. 역사적으로 감찰 행정을 맡은 기구는 신라 하대 무렵부터 존재했으며, 사헌부라는 이름은 고려 공민왕 때부터.

(나) **승정원** 왕권 강화 기구로 왕명의 출납을 담당하는 비서기관. 특히 승정원의 주서(注書)는 국왕과 신하의 회동에 동석하여 언행을 기록하고 승정원일기를 작성하였고, 각 업무에 관해 국왕의 자문 역할. 승정원은 왕이 내리는 교서나 신하들이 왕에게 올리는 글 등 모든 문서가 거치게 되어 있어 국왕의 비서기관으로 그 역할이 중대하였으며, 때로는 다른 기관을 무시하고 권력을 행사. 건국 초에는 중추원에서 이 직책을 맡았는데, 정3품의 도승지, 좌·우 승지, 좌·우 부승지 각 1명을 두었고, 1400년(정종 2년)에 중추부의 군무를 의흥삼군부에 넘기고 승정원이 따로 설치. 이듬해인 1401년(태종 1년)에 의흥3군부가 승추부(承樞府)로 되면서 이에 통합되었으며, 1405년(태종 5년) 승추부가 병조에 통합되면서 다시 승정원으로 독립하여 독자적인 기능을 발휘하게 되었다. 갑오개혁 이후로 승선원(承宣院)으로 개편되었고, 1895년에는 궁내부 산하에 신설된 시종원이 업무를 계승.

26 정답 ② · (2007. 제2회 1급)

사료는 조선 세종대에 설순이 편찬한 「삼강행실도」에 대한 설명이다. 세종대는 의정부서사제와 6조직계제의 절충적인 체제를 택하여 왕권과 신권의 조화를 모색하였고, ㉡ 소선 성종대, ㉢ 세조대의 역사적 사실이다.

삼강행실도(세종) 설순이 중국과 한국의 충신·효자·열녀 등 삼강의 모범이 되는 행장을 도해한 것으로 후에 한글로 언해.

세종(1418~1450)
1) **의정부서사제 실시**(세종 18, 1436) 의정부서사제(의정부·재상합의제)를 실시하고 인사·군사·형옥 문제는 6조직계로 하여 의정부서사제 및 6조직계제의 절충적인 체제를 택하여 왕권과 신권의 조화
2) **집현전의 설치** 고려의 수서원·보문각을 본떠 만든 왕실의 학문연구 기관, 왕권강화와 학문발전에 큰 계기
3) **독서당** 젊은 문신 중 덕과 재주가 있는 사람을 뽑아 사가독서(賜暇讀書)하도록 한강변에 시설을 마련하였고, 성종 때 그 건물을 독서당 또는 호당(湖堂)이라 불렀다.
4) **훈민정음 창제**
5) **불교의 정리** 교·선을 통합, 36개의 사원만 두고 나머지는 전부 몰수. 말기에는 점차 불교를 장려하여 궁중에 내불당(內佛堂), 불교 발전에 공헌
6) **활자의 개량** 경자자(庚子字)·갑인자(甲寅字)·병진자(丙辰字)·경오자(庚午字) 등
7) **음악의 정리** 관습도감을 정비, 박연이 제조(提調)로 아악을 정리, 악기도감을 정비, 음악을 장려
8) **화폐의 발행** 조선통보 주조
9) **토지·세제의 개혁** 공법상정소(貢法詳定所)와 전제상정소(田制詳定所)를 두고 세제를 개혁, 풍흉·비척에 따른 연분9등법(年分九等法)과 전분6등법(田分六等法)이 시행
10) **형벌의 개혁** 사형을 3심으로 하는 금부삼복법을 제정, 태형 폐지, 남형(濫刑)과 노비의 사형(私刑) 금지
11) **과학기구의 발명** 세계 최초의 측우기, 그 외 대소간의(大小簡儀)·자격루(물시계) 등을 이천·장영실 등에게 만들게 했으며, 앙부일구(해시계)·일성정시의(낮밤 공용시계) 등.
12) **역법의 개정** 원의 수시역법과 명의 대통력·통궤역법을 참조하여 「칠정산내편(七政算內篇)」, 이어 아라비아의 회회력(回回曆)을 참조하여 「칠정산외편(七政算外篇)」
13) **영토 확장** 4군 6진 등의 영토 개척과 사민정책, 대왜정책(對倭政策)으로 3포가 개항되고(1426) 최초의 통신사로 박서생을 일본에 파견(1429) 대마도주와 계해약조 체결(1443).

27. 다음은 어느 궁궐의 문에 대한 신문 기사이다. 이 궁궐과 관련된 사실로 옳은 것을 〈보기〉에서 모두 고른 것은? [1점]

6월 초 수리에 들어간 이 궁의 대한문은 일제 침략과 관련해 그 이름에 관한 오해에 시달려 왔다.
○○○ 교수는 …… '경운궁중건도감의궤(慶運宮重建都監儀軌)'의 기록을 근거로 이 같은 억측들을 일소했다. 의궤의 한 구절이 "황제는 천명(天命)을 받아 유신(維新)을 도모하여 법전인 중화전(中和殿)에 나아가시고, 다시 대한정문(大漢正門)을 세우셨다."라며 대한문의 의미를 밝혀 놓았다. 그는 "하늘에 제를 올리는 일은 황제만이 할 수 있다."라며 "대한문은 본디 고종이 황제에 즉위하여 하늘을 향해 제를 올렸던 환(圜)구단을 향하고 있었으므로, 큰 하늘을 떠받든다는 뜻으로 이름을 바꾸었다."라고 설명했다.
〈○○일보, 2004. 6. 22.〉

| 보 기 |

㉠ 1860년대 흥선 대원군이 왕실의 권위를 높이려고 중건하였다.
㉡ 1895년에 을미사변으로 명성 황후가 시해되었다.
㉢ 1897년에 고종이 러시아 공사관에서 옮겨와 국정을 처리하였다.
㉣ 1946년에 제1차 미·소 공동 위원회가 열렸다.

① ㉠㉡   ② ㉠㉣   ③ ㉡㉢
④ ㉡㉣   ⑤ ㉢㉣

28. 다음 (가)에 들어갈 농서에 대한 설명으로 옳은 것을 〈보기〉에서 모두 고른 것은? [2점]

이제 우리 주상 전하께서 명군(明君)을 계승하여 정사에 힘써 더욱 백성의 일에 마음을 두셨다. 오방(五方)의 풍토가 다르고 곡식을 심고 가꾸는 법이 각기 있어 고서(古書)의 내용과 맞지 않음을 아시고, 각 도 감사에게 명하여 주와 현의 늙은 농부들이 경험한 바를 모두 들어 올리라 하였다. …… 중복됨이 없는 간결한 내용을 한 편의 책으로 엮었으니, 이름하여 (가) 이라.

| 보 기 |

㉠ 조선 전기의 대표적 농서로 영농 지침서 역할을 하였다.
㉡ 우리나라 기후 풍토에 알맞은 농법을 처음 정리한 농서였다.
㉢ 농업과 농촌에 필요한 것을 망라한 농촌 생활 백과 사전이었다.
㉣ 당시 남부 지방 일부에서 행해지고 있는 이앙법을 처음 소개하였다.

① ㉠㉡   ② ㉠㉢   ③ ㉢㉣
④ ㉠㉡㉣   ⑤ ㉡㉢㉣

27 정답 ⑤ ·· (2007. 제2회 1급)

신문기사의 궁궐은 경운궁(덕수궁)이다. ㉠㉡ 경복궁에 대한 내용이다.

경운궁(덕수궁) 1897년 2월 최익현 등 보수 유생의 환궁 요구가 있자 고종은 러시아 공사관에서 서구 공사관이 밀집한 경운궁(慶運宮, 덕수궁)으로 환궁하여 나름대로의 개혁정책을 추구하였다.

해방후 제1차 미·소 공동위원회가 1946년 3월 신탁통치의 실행과 민주정부 수립의 원조를 위해 미·소공동위원회가 덕수궁 석조전에서 열렸다. 그러나 소련이 반탁운동을 한 정당·사회단체를 임시정부를 위한 협의의 대상에서 제외하라고 주장하여 결국 결렬되고 말았다(1946.5). 제2차 미·소 공동위원회는 1947년 5월 제2차 미·소공동위원회가 덕수궁에서 열렸는데 미·소간의 협의대상 선정문제와 인구 비례에 의한 입법의원 선출 문제의 대립으로 다시 결렬되었다(1947.7).

28 정답 ④ ·· (2007. 제2회 1급)

사료는 세종대에 정초가 편찬한 최초의 관찬 농서인 「농사직설」에 대한 설명인데, 당시 남부지방의 선진 농법인 이앙법을 다른 지방에 소개하고 있다. ㉢은 조선 후기 순조대에 서유구가 편찬한 「임원경제지(임원십육지)」이다.

농사직설(1429) 우리나라의 풍토에 맞는 농사 기술과 품종 등의 개발을 위하여 농서를 간행하였다. 여러 지방의 경험이 많은 노농(老農)들의 지식과 비결을 망라하여 세종 때 공조판서 정초(鄭招)가 체계화한 최초의 관찬 농서(農書)로 올벼·늦벼·밭벼 등의 재배법, 씨앗 저장법 등의 구체적인 내용을 담고 있으며, 경상도.지방의 선진적인 농업 기술인 이앙법을 다른 지방에 소개하며 우리 기후·풍토에 적합한 농업 기술을 소개하고 있다. 여러 차례 인쇄·반포되어 농업 발전의 근본이 되었으며, 한국 농학 성립의 효시가 되었다. 당시 남부지방의 선진 농법인 이앙법을 다른 지방에 소개하고 있다.

임원경제지(임원십육지) 조선 후기 순조때 서유구가 편찬한 농업을 중심으로 의약·기상·요리·음악·축산·원예·상업적 농업 등에 이르기까지 집대성한 농촌생활백과사전으로(일명 「임원십육지」), 경영형 부농의 경영원리를 바탕으로 임노동하의 지주제를 구상하여 체계화하고 의상경계책(擬上經界策)에서 정조의 대유둔전을 계승한 국영농장 설치를 주장하였다.

한국사능력검정시험 기출문제

29 다음 그림에 제시된 건축물에 대한 옳은 설명을 〈보기〉에서 고른 것은? [1점]

보기
㉠ 정조 개혁 정치의 산물로, 축성 방법에는 실학사상이 반영되었다.
㉡ 행궁의 건축물들은 오늘날까지 원래 모습 그대로 잘 보존되어 있다.
㉢ 성곽은 벽돌과 석재를 섞어 축성하고 군사적 방어 기능을 강화하였다.
㉣ 성곽의 팔달문, 장안문, 창룡문, 화서문은 모두 같은 크기의 규모로 만들어졌다.

① ㉠㉡　　② ㉠㉢　　③ ㉡㉢
④ ㉡㉣　　⑤ ㉢㉣

30 다음 글의 밑줄 친 '이 곳'에 대해 옳게 설명한 것을 〈보기〉에서 모두 고른 것은? [2점]

최익현은 을사조약이 체결되자, '창의토적소(倡義討賊疏)'를 올려 의거의 심경을 토로하고 8도 사민(士民)에게 포고문을 내어 항일 투쟁을 호소하였다. 그는 1906년 74세의 고령으로 의병을 모집하여 일본군에 대항하여 싸웠으나, 체포되어 이 곳에 유배되었다. 그는 적이 주는 음식물을 거절하다가 결국 이곳에서 서거하였다. 1986년 한국인과 일본인이 힘을 합쳐 여기에 순국비를 세웠다.

보기
㉠ 왜구의 근거지로 세종 때 이종무가 토벌하였다.
㉡ 통신사의 경유지로 이들이 묵던 숙소가 남아 있다.
㉢ 임진왜란 때 일본 수군의 중요한 근거지가 되었다.
㉣ 삼포 개항 후, 에도 시대 말기까지 조선과의 무역을 독점하였다.

① ㉠㉡　　② ㉡㉢　　③ ㉠㉢㉣
④ ㉡㉢㉣　　⑤ ㉠㉡㉢㉣

29 정답 ② ·· (2007. 제2회 1급)

그림의 건축물은 조선 정조 때(1796) 축성된 수원성(화성)인데, 성곽의 4대문인 팔달문·장안문·창룡문·화서문 등은 다른 크기의 규모로 만들어졌다. 1997년 UNESCO 선정 세계문화 유산으로 등재되었는데 최근 화성 서장대 누각이 화재로 소실되었다.

> **화성**(수원성) 천도의 일환으로 계획도시 추진되었으며 종래의 성곽과는 달리, 화포를 배치하여 적을 공격할 수 있도록 석재와 벽돌을 섞어 건축한 전투용 성곽이다. 공학상으로도 견고할 뿐만 아니라, 우리나라의 전통적인 성곽양식의 장점을 살려서 축조한 조선중화주의를 상징하는 건축물인데 성곽의 4대문인 팔달문·장안문·창룡문·화서문 등은 다른 크기의 규모로 만들어졌다(1997년 UNESCO 선정 세계문화유산). 정약용은 정조가 내려준 J. Terrenz의 「기기도설(奇器圖說)」을 참조하여 거중기·활차·녹로·유형차 등을 만들어 인적·물적 자원을 아꼈다. 당시 공사에 관련된 경비와 인력·기계·물자 등을 기록한 축성일지인 「화성성역의궤(華城城役儀軌)」가 전해지고 있다. 정약용의 거중기 사용, 수원에 유수부를 설치하였고(수원 유수 : 채제공), 당시 동원된 장인과 농민에게 품삯을 지불하였다. 그리고 한양과 화성을 오가는 신작로(新作路)를 개수·신설.

30 정답 ⑤ ·· (2007. 제2회 1급)

문제의 이곳은 최익현(1833~1906)이 1906년 병오의병 중에 체포되어 유배를 간 대마도(쓰시마)이다. ㉠ 기해동정(1419), ㉡ 통신사들의 경유지, ㉢ 일본군의 거점, ㉣ 조선과 대마도는 기미관계교린으로 조선이 상국의 입장에 있으면서 제한 무역을 허용해 조선과 일본간에서 창구 역할을 하였다.

최익현(崔益鉉, 1833~1906) 1868년(고종 5)에 대원군의 실정을 상소하였고, 1873년 호조참판으로 대원군을 탄핵하여(3년간 제주 유배) 대원군 실각의 결정적 계기를 마련하였다. 1870년대에는 개항 반대(지부복궐척화의소(持斧伏闕斥和議疏) 흑산도 유배)를 올렸고 「오두가단 차발불가단(吾頭可斷 此髮不可斷)」으로 단발령에 반대했다, 1897년 2월 고종의 환궁 요구하고 을사·병오의병(1905~1906)때 태인에서 봉기하여 정읍·순창·곡성 일대를 장악, 전국 의병조직에 영향을 미쳤다. 최익현은 "너희들이 왜군이라면 즉각 결전을 하겠으나 동족끼리 죽이는 일은 차마 못하겠다"고 하면서 의병부대를 자진 해산하고 자진 체포되어 사상적 한계성을 노출하였다(대마도 유배·순국).

> **대마도 정벌**
> 1. 창왕 1년(1389) 정지의 건의로, 박위가 왜구의 소굴인 대마도(쓰시마)를 정벌하여 재침을 당분간 막을 수 있었다.
> 2. 세종 원년 정벌(1419) 이종무가 병선 227척, 병사 1만 7,000여 명을 이끌고 마산포를 출발하여 왜구의 소굴인 대마도(쓰시마)를 토벌(1419, 기해동정). 당시 대마도가 일시 경상도에 편입.

> ≫ **대일본 관계 일지** ≪
> - 쓰시마정벌(1419, 세종)
> - 삼포개항(1426, 세종)
> - 계해약조(1443, 세종)
> - 삼포왜란(1510, 중종)
> - 임신약조(1512, 중종)
> - 사량진왜변(1544, 중종)
> - 정미약조(1547, 명종)
> - 을묘왜변(1555, 명종)
> - 임진왜란(1592, 선조)
> - 정유재란(1597, 선조)
> - 기유약조(1609, 광해군)

> **이중관계의 형성** 조선과 일본은 이중관계를 형성하여 도쿠가 막부와는 조선중화주의와 일본형 화이의식의 대립으로 대등한 교린관계(적례관계교린)를 유지하였고, 대마도주에 대해서는 조선이 상국의 입장(기미관계교린)을 취하여 그들을 수직왜인(受職倭人)·수도서인(受圖書人)으로 삼아 교통하였다.

31 다음 설명에 해당하는 19세기의 학자에 대한 역사적 평가로 적절한 것을 〈보기〉에서 고른 것은? [2점]

- 개성 지방의 향유(鄕儒)였지만, 향촌 사회를 떠나 서울로 진출하였다.
- 유교적 이념과 관습 및 사회 체제를 유지하면서도 서양의 과학 기술과 문물을 받아들일 것을 주장하였다.
- 전통 성리학과 북학 사상을 수용한 토대 위에 서학의 지식도 포괄하여 새로운 학문 체계로서 기학(氣學)을 제시하였다.

■ 보 기 ■

㉠ 실학 사상과 개화 사상의 중간 지점에 위치하였다고 평가된다.
㉡ 동도서기론의 선구적 주장자이며 경험을 통한 실천을 강조하였다.
㉢ 점진적 변통을 추구한 그의 개혁론은 개화파의 사상 형성에 크게 기여하였다.
㉣ 세도가 및 경화거족(京華巨族)들과 밀착되어 세도 정치의 폐단을 제기하지 못하였다.

① ㉠㉡   ② ㉠㉣   ③ ㉡㉢
④ ㉡㉣   ⑤ ㉢㉣

32 다음과 같은 수취 체제의 문제점을 해결하고자 마련된 새로운 제도의 납세액은? [1점]

- 선조 6년에 유성룡은 "지금 전토를 많이 가진 자는 모두 호세가로서 공납을 거부하는 무리들이고, 일반 백성이 공부를 바치는 전토는 지극히 적다."라고 하여 호세가에 의한 토지 겸병 현상과 그에 따른 공부 부담의 불균등을 지적하였다.
- 방납의 비리는 16세기 내내 심해져 갔다. 그리하여 마침내 전 사회의 경제 체제 속에 구조적으로 그 틀을 확고히 하여 나갔다. 따라서, 날로 만연하는 방납의 폐단을 방치해 둘 수 없었다.

① 1결당 미곡 4두   ② 1결당 결작 2두   ③ 1결당 미곡 12두
④ 인정(人丁)당 1필   ⑤ 인정(人丁)당 2필

31 정답 ① ··· (2007. 제2회 1급)

보기의 주인공은 최한기로, 그는 정약용을 계승한 실학자로 실학사상을 개화사상으로 연결하는 역할을 하였다. ⓒ 최한기의 실증적·과학적 사상은 국내외의 급격한 정세 변화로 계승·발전되지 못하였고, ⓔ 최한기는 생애 전체가 별로 알려진 것이 없는 가문 출신으로 세도 가문과 밀착되었다고는 볼 수 없는 인물이다. 서양 문물 수용의 이론적 체계 확립(「인정(人政)」: 인재 등용·문호 개방·직업교육 실시 주장)하였다.

> **최한기**(호는 혜강(惠岡), 1803~1879) 개성지방의 향유(鄕儒)로 한양에 진출하여 자연과학을 폭넓게 연구. 봉건적 왕권을 인정하되 무조건적인 예속에는 반대하고 대의제를 찬성하였고 외국과의 문물 교류를 통한 서구사상의 도입에 긍정적인 태도를 표방한 동도서기론의 선구자. 주기론과 관련된 기일원론(氣一元論, 유기론(唯氣論))을 경험주의철학으로 발전시켜 개화철학의 선구가 되었으며, 저서 1,000여 권 중 일부가 「명남루총서(明南樓叢書)」로 전한다.

32 정답 ③ ··· (2007. 제2회 1급)

사료는 방납의 폐단에 대한 내용인데 문제점을 해결하고자 나온 세법이 대동법이다. 대동법은 공납 중 상공을 전세화하여 1결당 12두씩 징수한 세제이다. ①영정법, ②④균역법, ⑤군적수포제에 대한 설명이다.

대동법 민호에 토산물을 부과·징수하던 공납을 토지의 결수에 따라 미·포·전(錢)으로 납입하게 하는 제도로 정부는 수납한 대동미·대동포·대동전(상평통보) 등으로 공인(貢人)을 통하여 필요한 물자를 구입하여 사용하였다. 이 제도는 어느 정도의 수공업 발달을 전제로 하여 실시된 것이다. 공납 중 상공을 전세화하여 과세 기준은 종전의 민호에서 토지의 결수로 바뀌었다. 따라서 논밭을 가진 농민들은 1결당 미곡 12두만을 납부하면 되었기 때문에 과중했던 부담이 다소 경감되고, 국가의 수입은 증가되었다.

① **영정법**(인조 13년, 1635) 농민이 궁핍한 상황 속에서 연분9등법을 제대로 시행할 수 없게 되자 15세기말부터 전세는 풍흉에 관계없이 최저 세율에 의하여 쌀 4~6두(斗)를 고정적으로 징수하는 것이 관례화되었다. 영정법은 이러한 관례를 법제화하고 세수를 늘리기 위하여 그해의 풍흉에 관계없이 1등전 기준으로 1결당 4두로 전세를 고정시켰다. 영정법은 임란 후 답험정액세법으로 시행되다가 영조 36년(1760) 이후 비총제로 바뀌어 당년도와 비슷한 과거 연도의 출년실결수와 재해결수를 비교하여 세액을 결정하였다. 이는 정부의 안정적인 부세 수입을 확보하고자 균현 납세액을 총량으로 정액화한 총액제적 수취방식이었으나 풍흉과 재해에 따른 손실을 제대로 반영하지 못하였다.

②④ **균역법**(영조 26년, 1750) 양역의 폐단을 시정하고 군역제도의 개선을 위하여 양역사정청(良役査正廳)을 설치하고 양인의 호구조사를 실시하여 이를 바탕으로 양역실총을 간행하고 영조 26년(1750)에 신만(申晩)의 건의로 군포 2필을 1필로 줄여 군포의 부담을 감소시키고, 한량·교생 등 일부 상류 신분층에게도 선무군관포(選武軍官布)라 하여 군포 1필을 부과시켰다. 그리고 지주에게는 일종의 토지부과세인 결작(1결당 2두 : 결전(結錢) 때는 5전 징수, 결포도 가능)을 징수하고(감필론·유포론과 결포론의 절충), 각 아문이나 궁방에서 받아들이던 어세·염세·선박세 등도 균역청에서 관할하였다(1753년 선혜청에 병합). 그리고 이획(移劃)이라 하여 지방 재정인 외획(外劃)의 일부를 균역청으로 이관하였다.

⑤ **군적수포제** 현역 복무를 면해 주는 대신, 병역의무자에게 포를 징수하는 방군수포현상은 불법적 행위였을 뿐 아니라, 그 값이 너무 비싸 오히려 정부가 그 값을 공식으로 정하기에 이르렀다. 즉, 중종 36년(1541) 나라에서 군포 2필을 수납하고, 그 수입으로 군대를 양성하며 현역 복무를 면제시켜 주는 직업군인 군적수포제(대역수포제, 고립제)를 실시하였다. 그 결과 오히려 군대의 질이 떨어지고, 군사제도가 초기 양인개병제(의무병제)에서 장번급료병제(직업군제)로 바뀌었으며 농민의 납포군(納布軍)화로 농민의 부담이 가중되었다. 군적수포제의 실시로 양반은 군포 부담에서 제외되고, 상민 신분만이 부담하게 되어 군포의 부담은 양반과 상민의 신분을 구분 짓는 기준이 되었다.

> **군역의 확대** 양인개병제(국초, 양인 대상) → 군적수포제(중종, 반상 구분 기준) → 균역법(영조, 상류층 대상) → 호포제(고종, 양반층 확대·인두세 폐지)

33 밑줄 친 '이들'에 대한 설명으로 옳은 것을 〈보기〉에서 고른 것은? [2점]

> 지금 혜상공국을 설치함은 특별히 임금님께서 이들을 가엾게 보시고 보호하는 것이니, 그 감사하고 축하함이 과연 어떠하리오. 더욱 2만 냥의 돈을 내려주시면서 좌상과 우상에게 반씩 나누어 8도의 경비에 쓰도록 하여 임금의 은혜와 혜택을 고르게 받도록 하시었다.
> 우리 상민은 오직 임금님의 뜻을 우러러 받들어 6천 냥은 좌우상대청에 주고, 나머지 1만4천 냥은 각 도별로 나누어서 이를 밑천으로 삼고 이자를 늘려 좌우상대로 하여금 이들을 어려움에서 건져 구하는 자금으로 삼았다.

보 기

㉠ 사발통문이라는 독특한 연락 방법을 사용하였다.
㉡ 일제 강점 이후 더욱 강력한 조직과 영향력을 가지게 되었다.
㉢ 이들 중에서 대다수는 상업 자본을 축적하여 상회사를 설립하였다.
㉣ 2개의 별도 조직을 갖추었으나, 혜상공국을 만들면서 하나로 통합되었다.
㉤ 개항 이전에도 정부의 승인으로 신분을 보장받으면서 상업 활동을 하였다.

① ㉠㉡㉢ ② ㉠㉣㉤ ③ ㉡㉢㉣ ④ ㉡㉣㉤ ⑤ ㉢㉣㉤

34 다음은 일제 강점기에 어느 단체의 선언문이다. 이 단체와 관련이 있는 내용을 〈보기〉에서 모두 고른 것은? [2점]

> 강도 일본이 우리의 국호를 없이하며, 우리의 정권을 빼앗으며, 우리의 생존적 필요 조건을 다 박탈하였다. ……
> 이상의 사실에 의하여 우리는 일본 강도 정치, 곧 다른 민족의 통치가 우리 조선 민족 생존의 적임을 선언하는 동시에, 우리는 혁명 수단으로 우리 생존의 적인 강도 일본을 죽여 버리는 것이 곧 우리의 정당한 수단임을 선언하노라. ……
> 이제 파괴와 건설이 하나요 둘이 아닌 줄 알진대, 현재 조선 민중은 오직 민중적 폭력으로 신조선 건설의 장애인 강도 일본 세력을 파괴할 것뿐인 줄 알진대, 조선 민중이 한편이 되고, 일본 강도가 한편이 되어, 네가 망하지 아니하면 내가 망하게 된 '외나무다리 위'에 선 줄 알진대, 우리 2천만 민중은 일치로 폭력 파괴의 길로 나아갈지니라. ……

보 기

㉠ 위의 선언문은 이 단체의 부탁으로 신채호가 작성한 '조선 혁명 선언'이다.
㉡ 밀양 경찰서 폭탄 투척 사건, 조선 총독부 폭탄 투척 사건 등을 주도하였다.
㉢ 대한민국 임시 정부가 침체에 빠지자, 활기를 불어넣기 위해 그 산하 단체로 조직되었다.
㉣ 죽음을 두려워하지 않고 단체의 뜻을 실천에 옮긴다는 등의 활동 지침을 담은 '공약 10조'와 '암살 대상, 파괴 대상'을 채택하였다.

① ㉠㉡㉢ ② ㉠㉡㉣ ③ ㉠㉢㉣ ④ ㉡㉢㉣ ⑤ ㉠㉡㉢㉣

33 정답 ②·· (2007. 제2회 1급)

사료의 이들은 보부상이다. 보부상은 관허 행상단으로 보상과 부상, 2개의 조직으로 있다가 개항 후 혜상공국이 설치되면서 보부상으로 통칭되었다. 그들은 신속한 통신수단으로 종이에 격문을 쓰고 여러 사람이 서명을 사발 모양으로 뺑 둘러 적은 사발통문을 발행하였다. ⓒ 개항 후 점차 상권이 위협 받아 약화되었고, ⓒ 근대적 상업자본 축적에 실패하였고, 일본 상인과 결탁하여 매판적 성격을 띠었다.

보부상(부보상)   장시를 순회하며 활동하는 장돌뱅이(장돌림) 관허행상단으로 보상(봇짐장수)과 부상(등짐장수)으로 나눠지며, 보부상단을 조직하였다. 그들은 표장으로 물미장(勿尾杖)과 패랭이(平凉子)를 가졌는데 물미장은 등짐장수(부상)의 지게를 버티는 끝에 촉(물미)을 박은 작대기로 용의 문양을 조각하여 용장이라고도 하였고, 패랭이는 보부상이 평소에 쓰고 다니는 모자로서, 특히 매년 음력 2월에 열리던 보부상 명절인 총회 때에는 모자의 양쪽에 솜방망이를 달아 장식을 하였다.

1. **보부상의 자치규약** : 환난상구(患難相救), 질병상문(疾病相問), 사망상조(死亡相助), 경회상참(慶會相參)
2. **사발통문**(沙鉢通文) : 보부상은 조직이 전국적으로 산재해 있었고 전국을 돌아다니며 행상을 하였기 때문에 전국의 산천과 도로 등 인문 지리에 밝았을 뿐만이 아니라 보행력(步行力)이 타의 추종을 불허할 정도로 뛰어났다. 그렇기 때문에 언제 어디서나 그 당시의 어떤 통신수단보다도 가장 신속하게 완벽한 정보를 전달할 수 있는 방법으로 그들의 '사발통문'을 발행하였는데 사발통문이란 종이에 격문을 쓰고 여러 사람이 서명한 것인데, 서명 방법은 주모자가 드러나지 않게 사발 가장자리에 먹칠을 한 뒤 가운데에 그 원의 둘레에다 격문 또는 주모자가 드러나지 않도록 관계자의 이름을 사발 모양으로 뺑 둘러 적은 고지문(告知文)을 말한다. 대개는 비밀로 돌리는 통고문에 이 방법을 쓰는데 조선 후기 고종대에 들어와서 민중 저항이나 임오군란·고부민란 당시 이런 형식의 격문 또는 선전문이 유행하였다.
3. **보부상 조직의 변천** : 보부상단 → 임방 → 보부청(1866) → 혜상공국(1883년부터 보부상으로 통칭) → 상리국(1885) → 우단(보상)·좌단(부상) → 상무사(1899)

34 정답 ②·· (2007. 제2회 1급)

사료는 김원봉이 1919년 11월에 길림성에서 조직한 의열단의 조선혁명선언인데 당시 신채호가 선언서를 작성하였다. ⓒ 김구가 1926년 12월에 조직한 한인 애국단이다.

의열단(1919.11)   김원봉(金元鳳, 1898~?)이 길림성 파호문에서 조직한 결사대로 정의(正義)와 맹렬(猛烈)에서 합성(合成)하여 명칭을 짓고, 본거지를 북경으로 옮기고 상해로 세력을 확대하였다. 신채호가 의열단선언으로 불리는 조선혁명선언(朝鮮革命宣言)이라는 선언서를 작성하였고(1923.1), 외교론과 준비론을 배격하고 민중에 의한 직접혁명론을 내세우면서 5파괴·7가살의 폭력혁명을 추구하였는데 최수봉의 밀양경찰서 투탄(1920), 김익상의 조선총독부 투탄(1921), 김상옥의 종로경찰서 투탄(1923), 김지섭의 일본 황궁성 투탄(1924), 나석주의 동양척식주식회사 투탄(1926) 등을 주도하였다. 1926년 이후 군대 양성으로 방향을 전환하여 김원봉의 지도 아래 많은 단원들이 황포군관학교에 입학했다. 이러한 사실은 의열단의 운동노선이 개인적 폭력투쟁에서 무장투쟁노선으로 바뀌었음을 말해준다. 의열단원들은 황포군관학교에서 체계적인 군사교육 및 간부훈련을 받았고, 또 이 시기에 많은 단원들은 공산주의사상의 영향을 받았다.

ⓒ 김구가 1926년 12월에 조직한 한인 애국단이다.

한인애국단(1926.12)   김구가 상해에서 침체된 임시정부의 활로를 개척하기 위해 조직한 암살단으로 이봉창의 동경에서 일본 천황에게 투탄(1932.1.8) → 상해사변(1.28)의 배경, 윤봉길의 상해 홍커우공원(虹口公園) 투탄(1932.4.29) → 이것을 계기로 중국 정부가 상해 임시정부를 지원함, 유상근(柳相根)·최흥식(崔興植)의 관동군사령관 대련역 투탄(1932.5), 이덕주(李德柱)·유진만(兪鎭萬)의 조선총독암살미수사건(1932.5)

35. 다음은 인호가 가족과 고적 답사를 가서 찍은 사진이다. 이 지역의 역사를 정리한 것으로 잘못된 것은? [2점]

① 청동기 시대의 거석문화가 많이 남아 있다.
② 19세기 후반에 병인양요와 신미양요의 격전지였다.
③ 조선조 인조는 후금의 공격을 피해 100일간 피신하였다.
④ 고려 시대 중요한 문화 업적인 직지심체요절이 간행되었다.
⑤ 몽골 침입 때 천도하였으며, 식량 확보를 위해 간척 사업을 벌였다.

36. 대한 제국 시기에 다음과 같이 주장한 단체의 활동이 아닌 것은? [2점]

> 하나님이 세계 인생을 낳으실 때에 사나이나 여편네나 사람은 다 한가지라. 여자도 남자의 학문을 교육받고 여자도 남자와 동등권을 가져 인생에 당한 사업을 다 각기 하는 것이 당연한 도리거늘, …… 총명이 한갓 남자에게만 있는 것이 아니라 여자도 또한 총명한 재질인즉, 여자도 학문과 동등권을 가져 남자를 더욱 이롭게 도울지라. 그리 한다면, 남녀 간에 고락을 한가지로 하고 사업을 같이 하며 생애를 고르게 하여 나라가 더 부강하고 집안이 태평할 터이니, 그럴 지경이면 어찌 아름답지 아니하리오.
> <○○신문, 1898년 1월 4일자 논설>

① 남녀 차별 제도를 본격적으로 비판하고 폐지를 주장하였다.
② 축첩을 인정하는 결혼 제도의 비윤리성을 통렬히 비판하였다.
③ 과부 재가 허용, 조혼 금지 등의 법안을 만들어 정부에 제출했다.
④ 여성 교육의 중요성을 역설하고 순성 여학교 설립 운동을 지원하였다.
⑤ 남녀평등이 국가 부강을 가져온다며 남녀평등의 실현을 강조하였다.

35 정답 ④ ·· (2007. 제2회 1급)

보기의 사진은 인천광역시 강화군의 유적지이다. 왼쪽은 갑곶돈대이고, 오른쪽은 마니산 참성단이다. ④ 직지심체요절(직지심경, 1377) 현존하는 것으로는 세계에서 가장 오래된 금속활자인쇄물로 청주 흥덕사 주자시에서 인쇄되었다.

강화도유적 1) **강화의 고인돌** 2000년 UNESCO 선정 세계문화유산으로 지정 2) **강화도 마니산 참성단** : 단군이 하늘에 제사를 지냈다는 마니산 참성단에서의 초제(醮祭, 재초)는 도교신앙이 민간신앙과 연결되어 민족의식을 높이는 기능 3) **팔만대장경**(재조장경·2차 대장경, 1251) : 강화 피난 시절에 최우가 강화 선원사 내에 대장도감(장경도감) 설치 4) 「**상정고금예문**」 **인쇄** 고종 21년(1234)에 강화도에서 금속활자로 「상정고금예문」을 28부 인쇄하였다는 기록이 이규보의 「동국이상국집」에 전함. 5) **강도(江都)시대**(1232~1270) 장기 항몽 목적으로 강화 천도 6) **정묘호란**(1627.1) 피난지 조정(인조 포함)은 강화로 피난 7) **강화학파의 성립** 정제두는 안산에서 강화도 하곡으로 옮겨 살면서 성리학과 절연하고 복고적 경향의 「존언」·「만물일체설」·「성학설」·「학변」·「변퇴계전습록변(辨退溪傳習錄辨)」 등을 써서 양명학(강화학)의 학문적 체계를 세웠다. 8) **병인양요**(1866.9) 문수산성의 한성근과 정족산성의 양헌수가 격퇴 9) **신미양요**(1871.4) 초지진과 덕진진을 점령하고 광성보를 공격으나 어재연이 이끄는 부대가 대부분 전사하면서 광성진·갑곶 등에서 격퇴 10) **해문방수(海門防守碑)비** 1976년 강화 광성진에서 "해문방수 타국선신물과(海門防守 他國船愼勿過, 해문을 방수하니 타국선은 삼가 지나가지 마라)"라는 자구가 적힌 해문방수비 발견. 11) **운요호(雲揚號) 사건**(1875) : 대원군 하야(1873) 후 일본은 미·일 화친조약을 모방하여 운요호 사건을 조작해 포함외교로 강화도조약 체결.

> **상정고금예문** 12세기 인종 때 최윤의 등이 지은 의례서인데 강화도로 천도할 때 예관(禮官)이 가지고 오지 못하여 최우가 보관하던 것을 강화도에서 금속활자로 인쇄하였다.

36 정답 ③ ·· (2007. 제2회 1급)

사료는 독립협회의 독립신문이다. ③ 과부 재가 허용은 1894년 동학농민군의 주장으로 갑오개혁에 반영되었고, 조혼 금지는 갑오개혁에서 마련된 내용이다.

독립협회(1896.7.2)의 **자유민권운동** 개인의 생존권과 재산의 자유권, 언론·집회의 자유권, 국민 평등권, 국민 주권론 등 민주주의 사상을 토대로 하는 국민 참정권을 요구하였다.

> 1. **여성의 사회적 지위에 대한 의식 변화** 1890년대 후반에 독립신문은 논설을 통해 여성을 억압하는 <u>혼인제도의 개혁</u>, 애정과 평등한 인격에 기반을 둔 <u>부부 중심의 가족제도</u>, <u>여성의 교육권과 사회적 활동의 필요성</u> 등을 주장하였다. 또 국채보상운동에 참여한 여성 단체는 발기문에서 "남녀의 분별은 있으나 권리는 남녀가 일반인데, 어찌 녹녹히 옛 법을 지키고 가만히 앉아 있겠느냐."고 하여, 여성의 동등한 사회 참여를 강조하였다.
> 2. **찬양회**(讚揚會, 1898. 9) 독립협회가 주도한 우리나라 최초의 여성단체로 <u>순성여학교 설립 운동</u>을 전개하였다(일명 ; 순성회(順成會)). 서울 북촌 부인 중심의 찬양회는 독립신문과 황성신문에 여성의 참정권·직업권·교육권 등을 주장하는 최초의 여권선언문인 「여성통문」을 발표하고 연설회와 토론회를 개최하였다.
> 3. **독립협회의 민권 보장책 5개조**
> ① 인민의 생명과 재산에 해당하는 일은 어디까지든지 보호할 일,
> ② 무단히 사람을 잡거나 구류하지 못하며, 잡으려면 그 사람의 죄목을 분명히 공문에 써서 그 사람에게 보이고 나치(죄인을 강제로 잡아옴)할 일,
> ③ 잡은 후에도 재판하여 죄상이 뚜렷하기 전에는 죄인으로 다스리지 못할 일,
> ④ 잡힌 후에 가령 24시 내에 법관에게 넘겨서 재판을 청할 일,
> ⑤ 누구든지 잡히면 그 당사자나 친척이나 친구가 즉시 법관에게 말하여 재판할 일
> <독립신문, 1898년 8월 4일자 논설>

37 다음 조약과 관련된 서술로 옳은 것을 〈보기〉에서 고른 것은? [2점]

> 제2조 : 조선 상민이 중국에 있어 이미 연안 지방에서 소유한 일체 재산, 범죄 등 사건은 피고, 원고가 어떤 국민임을 막론하고 모두 중국 지방관으로 하여금 법문을 접수하여 심판하고, 아울러 조선 상무위원에게 통지하여 비치하게 한다.
> 제4조 : 조선 상민으로서 베이징에 주재하는 자를 제하고는 의례 교역을 준허하고, 또 중국 상민은 조선에 입국하여 양화진, 한성에서 좌매 행상하는 것을 준허하며, 각색 물화를 집합하여 내지에 반입하고 점포에 진열, 판매하는 것을 불허한다.

―〈보 기〉―
㉠ 청 상인들의 한성 진출로 한성 상인들이 큰 타격을 받았다.
㉡ 청은 조선을 경제적으로 예속시키려고 막대한 자금을 차관하도록 강요하였다.
㉢ 청이 조선에 수출하는 물품 가운데 자국산 제품이 외국산 제품보다 많아지는 계기가 되었다.
㉣ 조선에 대한 청국의 정치적 입지가 강화됨과 동시에, 조선과 청의 무역이 늘어나는 계기가 되었다.

① ㉠㉡   ② ㉠㉣   ③ ㉡㉢
④ ㉡㉣   ⑤ ㉢㉣

38 다음 조약 체결에 직접적인 배경이 되었던 사실은? [1점]

> 제1조 : 한국 정부는 시정 개선에 관하여 통감의 지도를 받을 것.
> 제2조 : 한국 정부의 법령 제정 및 중요한 행정상의 처분은 미리 통감의 승인을 거칠 것.
> 제3조 : 한국의 사법 사무는 보통 행정 사무와 이를 구분할 것.
> 제4조 : 한국 고등 관리의 임면은 통감의 동의로써 이를 행할 것.
> 제5조 : 한국 정부는 통감이 추천하는 일본인을 한국 관리에 용빙할 것.
> 제6조 : 한국 정부는 통감의 동의 없이 외국인을 한국 관리에 임명하지 말 것.
> 제7조 : 1904년 8월 22일에 조인한 외국인 고문 용빙에 관한 협정서 제1항을 폐지할 것.

① 가쓰라·태프트 밀약이 체결되었다.
② 시위대와 진위대가 강제 해산되었다.
③ 일본이 재정, 외교 등 각 부에 고문을 파견하였다.
④ 이준, 이상설, 이위종이 만국 평화 회의에 파견되었다.
⑤ 허위가 이끄는 선봉 부대가 동대문 밖 30리까지 진격하였다.

해설 및 정답

37 정답 ② ··· (2007. 제2회 1급)

보기의 조약은 임오군란 후 1882년 8월에 조선과 청간에 체결된 조청상민수륙무역장정이다. ㉡ 청이 아니라 일본이고, ㉢ 청의 상권이 강화된 것은 사실이나 자국산 제품이 아니라 영국산 면제품이 대부분 중개무역 되었고 청국 상품은 농산물 정도였다.

조청상민수륙무역장정(朝淸商民水陸貿易章程) 체결(1882. 8) : 청의 경제 진출 강화 및 종주권의 주장으로 일본의 경제적 침투를 억제하고 상무(商務)를 감독하기 위해 총영사관격인 총판조선상무위원으로 진수당(陳樹棠)을 파견하였다. 그리고 일본의 조선 지배를 차단하기 위해 조선을 청의 속방으로 규정하고 청상인의 내지 통상이 허용되었다. 청상인들은 영국산 면제품을 중계무역으로 대규모로 직수입하여 직거래하였고, 조선의 인삼·우피·해산물 등을 청으로 수출하였다.

㉢ 청의 상권이 강화된 것은 사실이나 자국산 제품이 아니라 영국산 면제품이 대부분 중개무역 되었고 청국 상품은 농산물 정도였다.

> **상민수륙무역장정의 불평등조항** 치외법권 확대, 홍삼 수출에 대한 고율(30%) 관세 부과, 한성 개잔(開棧), 개항장과 양화진 개방, 내지채판권(內地採辦權) 허용, 연안어업권, 저율협정관세, 의주·회령의 육로통상권 확보 → 조일통상장정 개정과 조영조약 개정에 일부 반영됨.

㉡ 청이 아니라 일본으로 일제는 차관 제공 정책을 통해 대한제국을 재정적으로 일본에 완전히 예속시키려 했다. 1) 청일전쟁 이후 : 조선에 대한 내정 간섭을 시작한 일본은 조세 징수권과 해관세 수입을 담보로 차관을 제의하여 실현시켰다. 2) 러일전쟁 이후 화폐정리의 명목으로 차관을 강요하여 국채가 누적되었다. 그 결과, 원리금 미상환의 적체는 민(民)에게 전가되어 농민전쟁의 배경이 되었고, 차관망국론이 대두되어 한말 민족주의 생성의 인자(因子)가 되었다.

38 정답 ④ ··· (2007. 제2회 1급)

사료는 1907년 7월에 체결된 정미7조약(제3차 한일협약, 한일신협약)이다. ① 1905년 7월, ② 1907년 8월, ③ 제1차 한일협약(한일협정서, 1904.8), ④ 1907년 6월, ⑤ 서울진공작전은 1907년 12월 말에 경기도 양주에 집결하여 1908년 1월 동대문까지 진격하였다.

정미 7조약(제3차 한일협약 : 한일신협약, 1907.7.24) 인사권·행정권 박탈, 모든 행정을 통감이 지휘하고, 일본인을 각부의 차관과 관리에 배치하여 조선의 내정을 장악하는 차관정치가 실시되었다.

① **가쓰라·태프트 밀약**(1905. 7. 29) 필리핀에서의 미국의 독점적 권익과 한국에서의 일본의 독점적 지배권을 상호 묵인하였다(1924년까지 공개 안됨).

② **군대 해산**(1907. 8. 1) 정미 7조약의 결과로 군통수권 박탈, 해산 군인들은 일본군과 시가전을 벌인 뒤 의병에 합류하였다(정미의병). 그 후 일본은 헌병경찰제도를 규정하여(1907.10) 조선인을 무력으로 통치.

③ **제1차 한일협약**(한일협정서, 1904.8.22) 일본이 추천하는 일본인 재정고문과 미국인 외교고문을 초빙하여 재정·외교에 관한 자문을 하는 고문정치를 실시. 즉 사전에 일본과 협의한다는 규정을 두어 재정권을 박탈. 그 밖에도 협정 사항에 없는 고문관을 한국정부가 자진 초청한다는 형식을 빌려 각 부처에 임명.

④ **헤이그 특사 사건**(1907.6) 을사조약 파기운동 : 네덜란드 헤이그(海牙)에서 열린 제2차 만국평화회의(6. 15~10. 18)에 정사 이상설과 부사 이준 그리고 이위종 등을 파견. 이 사건을 계기로 고종이 강제 퇴위 당하였고, 이에 대해 대한자강회의 반대운동

⑤ **서울진공작전** 1907년 12월 말에 경기도 총대장 이인영, 군사장 허위로 하여 약 1만 명이 양주에 집결하여 1908년 1월 동대문까지 진격.

39 다음 글에서 소개하고 있는 인물에 대하여 잘못 설명한 것은? [2점]

> 그는 개화 선각자이자 한국 최초의 국비 미국 유학생이었다. 1883년 민영익의 수행원으로 미국에 갔다가 이 해 9월 더머 아카데미(Dummer Academy)에 입학했다. 그의 나이 28세 때였다. 영어를 배운 지 7개월 만에 영문 편지를 쓸 정도로 탁월한 어학 능력을 지녔던 그는 이곳을 마친 다음 하버드 대학에 진학하고자 했다. 그러나 갑신정변이 실패했다는 소식을 듣고는 학업을 중단하고 1885년 6월에 귀국해 서양 문물을 소개한 국한문 혼용체의 기행문을 써서 정치, 경제, 사회 등에 큰 영향을 끼쳤다. 그는 1894년 갑오개혁 때 외무 참의가 되었고, 뒤이어 형조·이조 참의를 역임한 뒤 내무대신이 됐지만, 아관파천으로 내각이 붕괴되자 일본으로 망명했다. 그가 학교를 떠난 지 118년 만인 오는 19일, 미국 매사추세츠주 세일럼시 더머 아카데미 교정에서 명예 졸업장을 받게 된다. <○○일보, 2003. 4.>

① 1885년 무렵에 한반도 중립화론을 제기하였다.
② 보빙사의 일행으로 미국에 파견되어 유학하였다.
③ 서유견문을 저술하여 미국과 유럽 문물을 소개하였다.
④ 미국에서 귀국 직후 민씨 정권의 신임을 얻어 개혁을 주도하였다.
⑤ 조사 시찰단(신사 유람단)으로 일본에 파견되어 후쿠자와 유키치에게 사사하였다.

40 다음은 19세기 말 어느 농민이 보고 들은 일들을 적은 가상의 글이다. 일어난 순서대로 배열한 것은? [1점]

> ㉠ "군인으로 열심히 일했건만, 사람 먹는 쌀에 모래를 섞어서 주느냐!"
> ㉡ "전봉준 장군이 있는 곳이면 나는 어디든 따를 테다. 가자! 황토현으로!"
> ㉢ "한 나라의 왕이 다른 나라 공관에 피난을 가다니! 나라의 위신이 말이 아니구나."
> ㉣ "우정국 개국 축하연에 김옥균이 일본에 빌붙어 우리 임금을 위태롭게 했대. 빌붙을 데가 없어 일본이냐? 이 몹쓸 매국노!"

① ㉠㉡㉣㉢   ② ㉠㉣㉡㉢   ③ ㉢㉣㉡㉠
④ ㉣㉢㉠㉡   ⑤ ㉣㉠㉢㉡

해설 및 정답

39 정답 ④ ·· (2007. 제2회 1급)

제2회
1급

④ 보기의 주인공은 구당 유길준(1856~1914)이다. 그는 1884년 갑신정변이 실패하였다는 소식을 듣자, 12월에 학업을 중단하고 유럽 각국을 순방한 뒤 귀국하였다. 그러나 갑신정변의 주모자인 김옥균·박영효 등과 친분관계가 있었다 하여 개화당의 일당으로 간주되어 체포되었다. 그러나 한규설의 도움으로 극형을 면하고 1892년까지 그의 집과 취운정에서 연금생활을 하면서 「서유견문」을 집필, 1895년에 출판하였다.

> 유길준 <

1. 한국 최초의 일본·미국 유학생 1881년부터 1882년까지 1년 반 동안 일본에서 수학한 뒤 「경쟁론」(1883)을 집필하여 국내에 사회진화론을 소개하였고, 1883년 도미하여 이해 9월에 매사추세츠주 덤머 아카데미(Dummer Academy)에 입학하였고 피바디박물관(현재 : 하버드대)의 관장으로 있던 모스(E. S. Morse)의 지도를 받아 진화론에 대한 인식을 심화하였다. 그러한 사실이 「서유견문」에 잘 드러나 있다. 그러나 그는 자연과학적 학문 토대가 없었기 때문에 진화론을 올바르게 수용하지는 못한 채 자연의 이해하기 쉬운 수준의 사회진화론을 수용.
2. 「서유견문(西遊見聞)」 : 유길준이 국한문체를 발전시키고, 서구의 신문물과 사회진화론을 소개
3. 「대한문전(大韓文典)」 : 1909년 유길준이 최초의 국어문법서인 조선문전(1897~1902)을 8번이나 개고하여 편찬한 국어문법서의 완결판으로 서론·언어론·문장론 등의 세 편으로 구성
4. 양절체제(兩截體制, 1876~1894) 극복 : 양절체제는 유길준이 「서유견문」에서 사용한 단어로 기존의 중화체제와 새로운 만국공법체제의 이중 구조를 일컫는데, 이러한 특이한 국제관계 속에서 급진개화파는 청으로부터의 독립을 주장. 그 후 청일전쟁에서 청의 패배로 양절체제가 해체.
5. 유길준의 「중립화론」 : 이제 우리나라는 지역으로 말하면 아시아의 인후(咽喉)에 처해 있는 것이 유럽의 벨기에와 같다. 지위는 중국에 조공하던 나라로서 불가리아가 터키에 조공하던 것과 같으나 동등한 권리로 각국과 조약을 맺은 것은 불가리아에도 없던 바요, 조공하던 나라로서 왕이 책봉(冊封)을 받던 일은 벨기에에도 없던 일이었다. (중략) 불가리아가 중립 조약을 체결한 것은 유럽의 여러 대국들이 러시아를 막으려는 계책에서 나온 것이었고, 벨기에가 중립 조약을 체결한 것은 유럽의 여러 대국들이 자국을 보전하려는 계책에서 나온 것이었다. 대저 우리나라가 아시아의 중립국이 된다면 러시아를 방어하는 큰 기틀이 될 것이고, 또한 아시아의 여러 대국들이 서로 보전하는 정략도 될 것이다. (중략) 이는 비단 우리나라만을 위한 것이 아니라 중국의 이익도 될 것이고 여러 나라가 서로 보전하는 계책도 될 것이니 무엇이 괴로워서 하지 않겠는가.
<유길준 전서>

40 정답 ② ·· (2007. 제2회 1급)

㉠ 임오군란(1882.6), ㉡ 동학(갑오)농민전쟁(1894.4), ㉢ 아관파천(1896.2), ㉣ 갑신정변(1884.10)의 역사적 사실이다.

- ㉠ **임오군란**(임오군인항쟁, 1882.6.5)의 배경 1) 보수세력과 개화세력의 대립 : 대원군과 민비 간의 갈등 2) 구식군대의 차별 대우 3) 보수세력의 일본세력 축출 운동 4) 이재선 역모 사건 5) 미곡가 폭등 : 개항 후 미곡의 일본 유출로 조선의 쌀값이 폭등하고 식량 부족이 초래
- ㉡ **제1차 동학(갑오)농민전쟁**(3월 起包, 1894.3~5) : 남접의 주도, 무장(창의문) → 김제 → 백산(4대 강령과 격문, 농민군 지휘부로 제중의소(濟衆義所) 설치) → 황토현전투(전라 감영군 격파) → 농민군이 경군을 영광으로 유인 → 장성 황룡촌전투(양호초토사 홍계훈의 경군 격파, 12개조 농민군 기율 발표) → 전주성 점령 → 전주화약 집강소 활동(1894.5~10)
- ㉢ **아관파천**(1896. 2. 11)배경 을미사변과 단발령 등으로 반일 감정이 고조되어 전국에서 의병이 일어나자 친위대 병력이 의병 진압차 지방으로 내려가 왕궁 경비가 소홀해져 신변 보호 명목으로 국왕을 러시아 공사관인 아관으로 옮기고 친러내각을 조직.
- ㉣ **갑신정변**(1884.10.17) 급진적인 개화당이 우정국 개국식 축하연을 계기로 정변을 일으켜, 민씨 일파의 사대당 요인을 살상하고 정권을 장악하였으나 청 군대(위안스카이)의 진입으로 실패(3일천하). 정변 소식에 분개한 한성부민들은 일본 공사관을 공격. 박규교·홍영식 등은 정변 실패 후 살해되고 김옥균·박영효·서재필 등은 인천항을 통해 일본으로 망명(우정국 사건). 주도 세력의 정치·경제·군사 기반의 미약, 청군의 불법적인 창덕궁 범궐과 군사적 공격, 민중적 기반의 부족과 일본의 침략의도 파악 부족, 개화당의 전근대적인 정치 체질(정변 수행 기술의 미흡) 등의 이유로 실패

41 다음은 1950년 남한에서 실시된 농지 개혁에 대한 설명이다. 옳은 것을 고른 것은?

[2점]

㉠ 무상 몰수와 무상 분배의 원칙이 적용되었다.
㉡ 지주의 토지, 가옥, 임야가 분배의 대상이 되었다.
㉢ 정부가 수매한 농경지를 직접 경작 농민에게 3정보 한도로 분배하였다.
㉣ 소작 제도가 폐지되고 경자유전(耕者有田) 원칙이 수립되어 경제 발전의 발판을 마련하였다.

① ㉠㉡ ② ㉠㉢ ③ ㉡㉢
④ ㉡㉣ ⑤ ㉢㉣

42 일제 강점기에 다음 활동을 한 인물의 8·15 광복 후 행적을 〈보기〉에서 고른 것은?

[2점]

• 비타협 민족주의 노선을 고수하였다.
• 신간회 활동에 적극 참여하고 신간회 해소에 반대하였다.
• 민족사 연구에 정진하고 정인보와 함께 정약용의 여유당 전서를 간행하였다.

━━━━━ ┃보 기┃ ━━━━━

㉠ 남한만의 단독정부 수립에 앞장서서 노력하였다.
㉡ 신민족주의 이념을 국가 건설 운동의 지표로 내세웠다.
㉢ 지주 중심의 보수 우익 세력을 결집한 정당을 창설하였다.
㉣ 남조선 과도 입법 의원에 참여하고 미군정의 민정 장관을 역임하였다.

① ㉠㉡ ② ㉠㉣ ③ ㉡㉢
④ ㉡㉣ ⑤ ㉢㉣

41 정답 ⑤ · (2007. 제2회 1급)

㉠ 유상 매(몰)수, 유상 분배의 원칙, ㉡ 가옥·임야 등의 비경작지는 분배 대상에서 제외되었다.

농지개혁(1949. 6, 농지개혁법 공포) 농지는 농민에게 분배한다'는 제헌헌법 제86조의 규정에 따라 종래 소작제도를 철폐하여 경자유전(耕者有田)을 실현하고 지주의 토지와 신한공사 관리의 적산농지를 유상매(몰)수하여 소작인에게 유상분배하는 농지개혁을 실시하였다. 산림과 임야 등 비경작지(과수원·종묘포·상전)와 농우(農牛)와 머슴은 분배 대상에서 제외.

1950. 3. 10에 국회통과안(최종안) 6. 23일에 실시 : 3정보를 초과하는 지주의 토지를 국가에서 유상으로 매수하여 지가증권을 발급하여 농지 연수확량의 150%를 한도로 5년에 걸쳐 보상하고, 영세 소작농에게 3정보 한도로 유상분배하여 5년간 수확량(농산물)의 30%씩 현물로 상환

> **농지개혁의 한계** 1945년 말의 소작지 면적은 144만여 정보였으나, 5년만에 실시된 농지개혁으로 분배된 토지는 약 55만 정보, 즉 해방 당시 소작지의 38%만이 분배되고 62%는 이미 사적으로 매각되었던 것이다. 농지개혁의 본래 목적은 자작농 육성에 있었으나, 실제로는 분배농지에 대한 세금과 상환액이 과중하여 분배받은 농지를 되파는 경우가 많았다. 따라서 명실상부한 농지의 농민적 소유가 이루어지지 못한 채 다시 토지겸병과 소작지가 생겨나게 되었다.

42 정답 ④ · (2007. 제2회 1급)

보기의 인물은 민세 안재홍(1891~1965)인데, 그는 해방 후 중도 우파였다. ㉠ 남한 단정 지지는 이승만·한국민주당(한민당)의 입장이고, ㉡ 송진우·김성수 등이 조직한 한국민주당(한민당)이다.

안재홍(1891~1965) 조선일보·중외일보(→ 중앙일보)계의 민족주의 좌파. 1916년 중국으로 망명, 동제사(同濟社)에 가입. 조만식·김성수·송진우 등과 물산장려운동을 추진하고, 신간회 활동. 1920-30년대에 민족교육계몽의식과 독립정신을 고취시키는 데 기여했으며, 조선공산당과 고려공산청년회 등 공산주의운동을 배격하면서 조선사정연구회(1925.9)를 조직. 1940년대에는 신민족주의 사학을 주장하는 역사관을 확립하여 타민족에 대한 자주적인 입장을 견지하려는 민족사관을 주장하고 1940년 「조선상고사감」의 저술을 위해 고조선 연구.
해방 후 건준위 활동해방 후에는 중도우파의 지도급 정치가로서 자신이 정립한 신민족주의론과 신민주주의론에 입각하여 우파를 중심으로 좌파까지 망라하자는 이른바 민공협동론을 주창. 그러나 미소간 냉전체제가 고착되어가는 국제정세 하에서 중도파들의 실현가능성이 희박한 민공협동론을 포기하고 남한 단정수립론을 적극 수용함으로서 이상주의자에서 현실주의자로 변신. 신탁통치 반대에서 선회, 1945년 9월 24일 사회민주당·자유당·민중공화당·근우동맹·협찬동지회 등의 군소 정당과 통합하여 국민당을 창당하였으며, 국민당은 다시 1946년 4월 18일 한국독립당에 흡수되어 한독당에 입당하였다. 1945년 10월 23일에 열린 독립촉성중앙협의회 결성대회에 참석하여, 이승만을 회장으로 추대하였고 1946년, 여운형과 김규식, 원세훈, 여운홍 등과 같이 좌우합작운동에 참여하였다. 그해 12월 미 군정의 남조선 과도입법위원회 의원으로 과도입법위원회에 참여하였고 미군정의 민정장관으로 임명, 미소 공위 지지와 김구와의 갈등 저서로는 「조선상고사감」, 「조선통사」, 「신민족주의와 신민주주의」

㉠ 1946년 6월 3일 남한 단독정부 수립을 지지하는 이승만의 정읍발언

≫ **이승만의 정읍 발언** ≪

> 이제 우리는 무기 휴회된 공위(共委)가 재개될 기색도 보이지 않으며 통일정부를 고대하나 여의케 되지 않으니 우리는 남방만이라도 임시정부 혹은 위원회 같은 것을 조직하여 38 이북에서 소련이 철퇴하도록 세계공론에 호소하여야 될 것이니 여러분도 결심하여야 할 것이다. 그리고 민족통일기관 설치에 대하여 지금까지 노력하여 왔으나 이번에는 우리 민족의 대표적 통일기관을 귀경한 후 즉시 설치하게 되었으니 각 지방에 있어서도 중앙의 지시에 순응하여 조직적으로 활동하여 주기 바란다.

㉡ **한국민주당** 김성수·송진우 등의 동아일보계가 해방 후 지주들과 연합하여 결성.

43 다음 글의 밑줄 친 '영국 군인들'이 이 섬에 주둔하고 있었던 시기의 국제 정세로 적절한 것을 〈보기〉에서 고른 것은? [3점]

> 이 섬의 목장에서 목동 노릇을 했던 92세의 김윤삼 옹을 찾아뵌 것은 1960년의 일이다. 옹은 어린 목동 시절에 외웠던 영어 몇 마디를 잊지 않고 있었다. 또, 구레나룻이 무성한 목장 담당 수병으로부터 '요오-요오 요오이-'로 시작하는 소 모으는 요들송도 배웠다면서 불러 주기도 했다. 영국 군인들은 내외가 깍듯하여 섬 부녀자를 만나면 시야에서 사라질 때까지 외면하고 서 있었으며, 동네 샘에서 물 한 바가지 퍼 마시고는 마신 바가지 수만큼 동전을 놓고 갔다 한다.

━━━━━━ 보 기 ━━━━━━
㉠ 영국은 한국에 대한 일본의 지배권을 인정하였다.
㉡ 조선에 대한 러시아의 영향력이 강화되고 있었다.
㉢ 영국과 러시아의 국제적 대립이 치열하게 전개되었다.
㉣ 프랑스, 러시아, 독일이 일본의 세력 확장에 제동을 걸었다.

① ㉠㉡ ② ㉠㉣ ③ ㉡㉢
④ ㉡㉣ ⑤ ㉢㉣

44 다음 사료를 읽고, 왕건이 호족을 통합하려고 취한 조치에 대해 50자 이내로 서술하시오. [2점]

> - 王順式은 명주 사람으로 출신 지역의 장군으로 있었다. …… 그는 아들 長命을 왕건에게 보내어 병졸 600인을 거느리고 숙위케 하였으며, 후에 자제와 더불어 무리를 거느리고 와서 협력할 뜻을 보이니, 태조가 王氏姓을 하사하고 대광의 벼슬을 내렸다.　〈고려사 권92, 열전5, 王順式〉
> - 신라 말에 이르러 骨火縣의 金剛城將軍皇甫能長이 고려 태조가 勃興하는 것을 보고 천명과 인심이 돌아갈 바를 알았다. 드디어 무리를 들어 助順하니, 태조가 기뻐하여 佐丞을 제수하고 能長의 출신지인 골화 등 4현을 합하여 永州라 하였다. 이것이 土姓 皇甫氏가 시작된 연유이다.　〈경상도지리지, 安東道 永川郡〉

43 정답 ③ · (2007. 제2회 1급)

이 섬은 거문도로 당시 아프가니스탄에서 대립하고 있던 영국과 러시아의 긴장이 한반도로 확대되어 1885년 3월 러시아의 남하정책을 견제하려고 영국이 거문도를 불법 점령하였다. ㉠ 영일동맹(1902.1), ㉣ 삼국간섭(1895.4)에 대한 설명이다.

거문도사건(1885.3.1) 아프가니스탄에서 대립하고 있던 영국과 러시아의 긴장이 한반도로 확장되어 일어난 사건. 조러밀약설이 나돌자 영국은 블라디보스토크를 공격하여 러시아의 남하정책을 견제하려고 동양함대(사령관 : 포우엘)를 보내 공격기지로 활용하기 위해 거문도를 불법 점령. 영국군은 거문도를 해밀턴항(Port Hamilton)이라 명명하고 요새화. 1887년 청의 이홍장의 중재로 조선의 영토를 점령하지 않는다는 러시아의 약속을 받고 영국군이 철수함으로써 해결. 당시 청은 영국이 조선에 대한 청의 종주권을 승인하는 댓가로 영국의 거문도 점령을 상호 승인.

> **러시아의 남하 견제 목적** 원산항 개항, 「조선책략」 유포, 거문도사건, 영일동맹, 러일전쟁

㉠ **영일동맹**(1902.1) 영국과 일본은 러시아의 남하정책을 견제하며, 일본이 청에서의 영국의 이권을 승인하는 대신 영국은 한국에서의 일본의 특수 권익을 상호 승인하였다. 그러나 러시아군의 만주 철병 요구는 좌절.

㉣ **삼국간섭**(1895.4.23) 독일·러시아·프랑스 등 삼국이 일본을 견제하여 일본은 요동반도를 청에 반환하는 수모를 겪었고 러시아가 만주로 진출하자, 이후 일본은 러시아를 가상적국으로 간주.

44 정답 · (2007. 제2회 1급)

왕건은 자신에게 협력하는 호족들에게 자신의 지역에서 가지고 있는 지위를 인정하고, 성과 벼슬을 주는 등 호족 회유 정책을 시행하였다.

태조 왕건의 호족연합정책(918~943) 1) 호속과 연합 모색 2) 사심관제 : 사심관(事審官)이란 그 지방 출신의 고관이나 공신을 자기 고향의 사심관으로 삼아 자기 고장을 다스리도록 임명한 관직인데 지방 치안 유지에 연대 책임을 부과하였다. 경순왕 김부(金傅)를 경주 사심관으로 임명한 것이 최초(935). 사심관은 중앙에 숙위하면서 신분의 구별·부역(賦役)의 조달·풍속의 교정·부호장 이하의 향직 임명 등의 임무를 가졌으나 건국 직후 민심의 안정과 호족층의 회유를 위한 정책으로 시작된 것이다. 그러나 중앙정책의 일환으로 발생된 이 사심관제도가 국가 권력의 강화로 점차 약화되기 시작하였다. 성종 때는 5백정(丁) 이상의 주는 4명, 3백정 이상의 주는 3명, 그 이하는 2명으로 그 수를 제한하였고, 향리 출신으로 사심관이 된 자가 많아졌으므로 인종 때(1124)는 향리 자손은 사심관이 될 수 없도록 하였다. 그러나 의종·명종 이후 사회 혼란이 격심해지면서 사심관도 그 폐단이 더욱 노골화되어 각지에서 농토를 병탈하고, 중앙집권화에 큰 위협이 되다가 충숙왕 때 폐지되었다(1318). 조선의 유향소(향청)는 바로 이 제도에서 출발하였다. 3) 역분전(役分田) 지급(940) : 통일 후 삼한공신에게 논공행상을 기준으로 공신전을 지급. 4) 기인제도(其人制度) : 지방호족의 자제를 뽑아 인질로 서울에 머무르게 하며 출신지 일에 대하여 자문에 대비. 5) 민심 수습 : 취민유도, 세금 경감(1/10세), 빈민 구제의 흑창(黑倉) 설치

```
사심관 ─┬─ 경재소 → 임란 후 폐지(1603)
(고려 태조)│   (조선 태조)
         └─ 유향소 → 폐지 → 유향소 복립 → 향청(이아(貳衙))
              (세조)    (성종)      (임란 후)
```

> **기인(其人)** 기인이란 지방 향리 중 호장의 자제를 상경시위(上京侍衛)하도록 하는 일종의 인질제도. 통일신라 시대의 상수리제도(上守吏制度)를 계승한 기인제는 향리를 회유하여 그 세력을 억압하고 그 지방 정치의 고문으로 삼으려 한 것. 그러나 중앙집권이 완성된 후에는 그 기능이 약화됨에 따라 문종 때는 기인선상법(其人選上法)이 실시되어 호장의 자제라야 한다는 규정이 없어지고 인질적인 성격도 없어지면서 기인은 존재 가치를 잃게 되었다. 따라서 몽골 침입 이후에는 천역으로 인식되어 강제 노동에 사역하였고, 조선에 들어와서는 경주인(京主人, 경저리)이 되었다.

45 다음 글의 밑줄 친 '기회주의'가 무엇을 가리키는지 50자 이내로 서술하시오. [3점]

> 1927년 2월에 민족주의 좌파와 사회주의계가 참여하여 조직한 신간회는 정치적·경제적 각성, 민족의 단결, 기회주의 배격 등을 내세웠다.

46 1946년에 제기된 다음 주장에 동조하여 대한민국의 수립에 적극적으로 나섰던 두 정치 세력을 중심인물과 단체 이름을 포함하여 50자 이내로 서술하시오. [3점]

> 이제 우리는 무기 휴회된 공위가 재개될 기색도 보이지 않으며, 통일 정부를 고대하나 여의치 않으니, 우리는 남방만이라도 임시 정부 혹은 위원회 같은 것을 결심하여야 될 것이다. 그리고 민족 통일 기관 설치에 대하여 지금까지 노력하여 왔으나, 이번에는 우리 민족의 대표적 통일 기관을 귀경한 후 즉시 설치하게 되었으니, 각 지방에 있어서도 중앙의 지시에 순응하여 조직적으로 활동하여 주기 바란다.

47 다음 유물들이 사용되기 시작하였던 시기의 정치적, 경제적, 사회적 특징을 200자 이내로 서술하시오. [4점]

> 중국의 요령성, 길림성 지방을 포함하는 만주 지역과 한반도에 걸쳐 유물이 발굴되고 있는데, 전형적인 유물은 반달 돌칼, 바퀴날 도끼, 홈자귀 등의 석기와 비파형 동검, 거친무늬거울, 그리고 미송리식 토기, 붉은 간토기 등이다. 이들 유물은 집터와 고인돌, 돌널무덤, 돌무지무덤 등에서 발견된다.

45 정답 ●● (2007. 제2회 1급)

기회주의자는 일본의 식민지배를 인정하고 자치를 추구하였던 타협적 민족주의 우파의 세력을 말한다.

> **3·1운동 이후 민족해방운동의 분화**
> ① 민족주의 좌파 : 일제의 식민 통치에 대해 비타협적 항일운동 전개,
> ② 민족주의 우파 : 일제가 허(許)하는 가능한 범위 내에서 타협적 실력양성론 전개,
> ③ 사회주의 계열 : 사회주의 입장에서 반제·반봉건투쟁을 통한 민족 해방 주장

신간회운동 1927년 2월 15일 자치운동에 반대하는 우익세력(민족주의 좌파)과 좌익세력(사회주의)이 연합하여 민족유일당 운동의 일환으로서 합법단체인 신간회를 조직하였다. 단체 본위 조직이 아닌 개인 본위 조직으로 출발하였으나 대중운동 단체의 참여로 대중적 협동전선조직으로 발전하였다. 우익측의 이상재·권동진 등이 회장을 맡고 좌익측의 홍명희·김준연·허헌 등이 적극 참여하였으며, 조선일보가 신간회 기관지 역할을 하였다. 민족주의 우파의 일부 참여하였는데 동아일보 평양 지국장인 주요한이 신간회 평양지회를 1927년 12월 창립하였고, 송진우가 1928년 1월 신간회 경성지회에 입회하였다.

> 1. **신간회의 구성원 비율** 지식인(5%)·농민(54%)·노동자(22%)·상인(11%)·기타(8%)
> 2. **신간회 3대 강령** ① 우리는 정치적·경제적 각성을 촉진함. ② 우리는 단결을 견고히 함. ③ 우리는 기회주의를 일체 부인함.
> 3. **신간회 동경지회 강령** ① 우리는 조선 민족의 정치적·경제적 해방의 실현을 기함. ② 우리는 전민족의 총역량을 집중하여 민족적 대표기관이 되기를 기함. ③ 우리는 일체 개량주의운동을 배척하여 전민족의 현실적 공동 이익을 위하여 투쟁하기를 기함.

46 정답 ●● (2007. 제2회 1급)

이승만 중심의 독립촉성중앙협의회(대한독립촉성국민회) 세력, 김성수 중심의 한국민주당(한민당) 세력이 대한민국 수립에 적극 나섰다.

유엔의 결정에 대한 한국 지도자들의 동향은 이승만의 대한독립촉성국민회와 김성수의 한국민주당은 남한만의 선거를 환영했으나, 김구의 한국독립당과 김규식의 민족자주연맹(1947.12.20)은 남한 단독 선거가 남북의 영구적 분단을 초래할 것을 우려하여 이에 반대하고 남북협상을 제의하였고(1948.3.8), 북측도 연석회의를 제의하였다(1948.3.25).

47 정답 ●● (2007. 제2회 1급)

선민사상을 가진 청동기 집단이 신석기 토착 집단과 결합하여 군장 국가를 형성하였다. 조, 피, 수수, 보리, 콩 등의 작물을 재배하는 밭농사가 발달하고 벼농사가 시작되었다. 농업 기술의 발달로 잉여생산물의 증가와 함께 사유가 인정되어 빈부 격차가 발생하고 계급 사회가 형성되었다.

> **청동기사회의 특징** 1) 빈부의 차이와 계급의 발생 ① 부계 중심의 가부장사회 ② 재산의 사유화 ③ 공동체의 규제 ④ 빈부 격차와 권력의 강화 ⑤ 공동체간의 정치예속적 지배 관계발생 2) 선민사상의 대두 3) 군장사회 : 평등사회는 계급사회로 바뀌어 갔고, 권력과 경제력을 가진 군장(족장)이 나타났다. 이들 군장은 청동기문화가 일찍부터 발달한 북부지역에서 먼저 출현하였다.

48
다음 자료는 김부식이 삼국사기에서 역신전(逆臣傳)에 배치한 창조리의 활동 내용이다. 이를 읽고, 김부식의 역사관과, 그가 어떤 관점에서 창조리를 역신으로 평가하였는지를 200자 이내로 서술하시오. [4점]

> 9년 …… 8월에 왕은 나라 안의 남녀 15살 이상인 자들을 징발하여 宮室을 수리하였는데, 백성이 먹을 것이 떨어지고 일에 지쳐서 그 때문에 도망쳐 흩어졌다. 倉助利가 諫하였다. "재난이 거듭 닥쳐 곡식이 자라지 않아서 백성은 살 곳을 잃어버려, 장정들이 사방으로 흩어지고 노인과 어린아이가 구덩이에서 뒹구니, 지금은 진실로 하늘을 두려워하고 백성을 염려하며, 삼가 두려워하고 수양하며 반성해야 할 때입니다. …… 원컨대, 대왕께서는 깊이 헤아리십시오." …… 왕은 웃으며 "國相은 백성을 위하여 죽겠느냐? 다시는 말하지 않기 바란다."라고 하였다. 창조리는 왕이 고치지 못할 것을 알고, 또 害가 (자기에게) 미칠까 두려워, 물러나와서 여러 신하들과 함께 모의하여 왕을 폐하고, 乙弗을 맞이하여 왕으로 삼았다. <삼국사기 17, 고구려본기 5>

49
다음 자료에서 밑줄 친 현상들이 일어나게 된 경제적 배경에 대해 200자 이내로 서술하시오. [4점]

> - 요즘 곡물값이 싼 것은 대풍년 때문이 아니라 민간에 돈이 귀해서 나타난 것이다. 남부, 중부 지방에 대하여 말해 보면, 대흉년이 아니라도 가을이나 겨울에 돈 한 냥 값이 거의 쌀 10두에 이른다. <비변사등록, 영조 10년>
> - 근래 각종 물건을 돈이 없으면 살 수가 없다. 비록 쌀과 베가 있어도 반드시 돈으로 바꾼 뒤 교역을 한다. <비변사등록, 영조 11년>
> - 돈으로 내는 것이 쌀로 내는 것보다 훨씬 낫다. 황해도뿐 아니라, 경기, 호남 등지에서도 쌀로 상납하는 자가 모두 돈으로 하기를 원하여 서울 관청에 쌀이 귀하다. <비변사등록, 영조 50년>

50
다음은 명나라에 표류했던 최부가 남긴 글이다. 이 자료를 활용하여, 최근 중국 학계에서 동북 공정을 통해 제기된 '고구려사의 중국사 귀속' 주장에 대해 이를 반박하는 자신의 견해를 500자 이내로 논술하시오. [5점]

> (1488년) 2월 17일 정오에 왕(王)씨 성과 송(宋)씨 성의 안찰어사(按察御史) 두 대인(大人)이 나를 예빈관(禮賓館)에서 대접하고는 묻기를, "당신 나라는 무슨 장기(長技)가 있어서 능히 수(隋)나라, 당(唐)나라의 군대를 물리칠 수 있었습니까?"하므로, 내가 말하기를 "지모 있는 신하와 용맹한 장수가 군사를 부리는 데 방법이 있었으므로, 병졸 된 사람들은 모두 윗사람을 친애(親愛)하고 장상(長上)을 위해 죽었습니다. 그런 까닭으로 고구려는 한 작은 나라로서도 오히려 천하의 백만 군사를 두 번이나 물리쳤습니다. 지금은 신라, 백제, 고구려를 합쳐서 한 나라가 되었으니, 물산(物産)은 많고 땅은 크며, 재물은 넉넉하고 군사는 강성하며, 충성스럽고 지모 있는 선비들은 헤아릴 수 없을 정도로 많습니다."라고 하였다. <표해록>

48 정답 ·· (2007. 제2회 1급)

김부식의 역사관은 합리주의적 유교 사관이다. 그는 유교 사관에서 나오는 충신의 개념에 따라 국왕이 잘못하더라도 신하가 국왕을 몰아내는 것은 불충으로 이해하여 창조리를 역신전에 배치하였다.

> **삼국사기** 김부식은 신화적 세계관을 배척하고 「구삼국사」를 기본으로 도덕적 유교합리사관(춘추필법)에 입각하여 삼국시대의 역사를 편찬하였다.

49 정답 ·· (2007. 제2회 1급)

장시의 발달로 화폐가 널리 사용되었고, 대동미를 비롯한 세금과 지주에 바치는 소작료까지 화폐로 지불하게 되었다. 이에 따라 화폐의 수요는 점차 증가하였다. 더구나 정부의 꾸준한 화폐 발행에도 불구하고 일부 상인들과 지주들이 화폐를 재산으로 간직하여 유통시키지 않으므로 화폐 부족 현상(전황)이 심해졌다.

> 화폐는 상품 유통 촉진에 크게 기여하고, 상업자본의 성장을 급속히 진전시켰으나, 상인·지주들이 치부의 수단으로 화폐를 저장(퇴장)해 둠으로써 유통 화폐의 부족 현상인 전황((錢荒), 전귀(錢貴))을 초래. 농민들은 필요한 동전을 구입하기 위하여 곡물을 헐값으로 팔기도 하였다. 이에 중농학파인 이익은 농민층의 분해로 빈부 격차가 심화되자 폐전론(廢錢論)을 주장하였고, 중상학파인 유수원·박지원 등은 용전론(用錢論)을 주장.

50 정답 ·· (2007. 제2회 1급)

고구려사의 중국사 귀속을 주장하는 중국학자들은 고구려와 수·당의 전쟁을 국가와 국가의 전쟁이 아니라 중국의 중원 왕조와 그에 복속되어 있던 지방 정권 사이의 내전으로 인식하였다. 그러나 자료에서 보이듯이 명나라 관리들이 고구려와 수·당의 전쟁을 우리나라와 그들 나라 사이의 전쟁으로 인식하고, 조선을 고구려를 계승한 나라로 인정하고 있다는 사실과 조선 시대의 우리 조상들이 고구려를 신라, 백제와 더불어 우리 민족의 국가로 여기고 자긍심의 원천으로 인식하고 있음을 알 수 있다. 이와 같은 인식을 토대로 보면 명 시기의 중국인과 조선 시기의 우리 조상들의 인식을 토대로 볼 때, 중국학자들의 주장이 잘못되어 있음을 알 수 있다.

≫ 중국의 동북공정 연구와 비판 ≪

	동북공정	동북공정의 문제점
동북 고대 종족 및 고조선 연구 동향	단군신화는 한(漢)문화의 영향을 받은 것이고, 기자조선과 위만조선은 중국의 지방정권	기자조선은 실재하지 않았던 허구적 존재다. 고고학적으로 독자적인 청동기 문화가 존재하고 있었다.
고구려의 족속 기원과 건국 과정	고구려의 족원(族源)을 중국 화하족(華夏族·한족)의 후예로 설정했다.	고구려를 건국한 주민은 만주와 한반도 지역에서 농경생활을 영위해오던 예맥족의 일원이다.
고구려와 중국의 조공-책봉 관계	고구려 왕이 중원 왕조에 조공을 하고 중원 왕조로부터 책봉을 받은 사실을 강조	조공과 책봉은 당시 중국과 고구려 사이에 나타난 외교 형식의 하나. 중국 논리라면 백제, 신라, 왜도 중국 역사.
고구려의 영역과 평양 천도 문제	중국 영토 안에서 건국한 고구려사는 중국의 지방할거정권이 세운 지방사이고, 북한 영토 안에 있던 고구려사는 과거 고대중국의 영역 안에 있었기에 중국사로 포함시켜야 한다.	현재의 간도 영토문제라는 정치적 목적을 위하여 과거의 역사를 자의적으로 해석하려 하는 것이다.
고구려의 대(對) 수·당 70년 전쟁	수·당과 고구려간의 전쟁을 국제전이 아닌 내전으로 파악	고구려와 수·당과의 전쟁은 동아시아의 국제전쟁
고구려 붕괴 후 유민 거취 문제	고구려 멸망 후 주민 상당수가 한족으로 흡수되었기에 고구려사는 중국사이다.	고구려 멸망시 신라로 내려와 융화된 사람들이 많다.
발해의 고구려 역사 계승	발해사를 고구려의 계승국으로 보지 않고, 말갈국으로 파악.	발해는 고구려를 계승한 자주국으로서 당과 조공과 책봉이라는 외교행위를 한 것뿐이며, 황제를 자칭하였거나, 독자적 연호를 사용.
고구려와 고려의 역사적 계승성	고주몽이 세운 고구려와 왕건이 세운 고려는 서로 계승관계가 없다고 주장.	고려는 국호에서 보듯이 고구려를 계승한 국가로 건국 초기부터 고구려의 수도였던 서경(평양)을 중시하고, 북진 정책을 추진.

한국사능력검정시험 2급

(2007년 5월 27일)

01 밑줄 친 '유적지'에서 살았던 사람들의 생활상으로 옳은 것은? [1점]

> 이 유적지는 한탄강 유역의 현무암 대지에 자리잡고 있다. 현무암 위에는 적색의 점토 퇴적층과 사질층의 퇴적물이 형성되어 있는데, 이 퇴적물의 상부 점토층에서 석기가 다량 발견되었다. 1978년 겨울, 주한 미군 병사의 신고로 처음 유적의 존재가 알려진 이후 11차에 걸친 발굴이 이루어졌으며, 주먹도끼와 가로날도끼 등 아슐리안형 석기가 발견되어 세계고고학계의 이목을 집중시킨 바 있다.

① 고인돌과 선돌 등의 거석 기념물을 세웠다.
② 여성을 중심으로 한 씨족 공동체를 이루고 살았다.
③ 잉여 생산물을 둘러싸고 부족 사이에 전쟁이 벌어졌다.
④ 흙을 구워 만든 그릇을 사용하여 음식물을 저장하였다.
⑤ 막집 등에 살면서 식량을 찾아 이동하는 생활을 하였다.

02 다음 사진 자료를 활용하여 만든 학습 보고서의 제목으로 적절한 것은? [1점]

① 신라의 고분 문화
② 백제의 종교와 예술
③ 신라 중대의 조각
④ 발해의 건축과 예술
⑤ 신라 하대의 선종과 지방 문화

해설 및 정답

01 정답 ⑤ ··· (2007. 제2회 2급)

보기는 경기도 연천 전곡리의 구석기시대 유적지이다. ①③ 청동기시대, ②④ 신석기시대, ⑤ 구석기시대에 대한 내용이다.

연천 전곡리 한탄강 유역에서 유럽 아슐리안(Acheulian)계의 전형적인 주먹도끼(양면핵석기)·가로날도끼가 다수 출토되어 전기 구석기의 유적임이 확인.

① **청동기시대 분묘** 고인돌(지석묘)·돌무지무덤(적석총)·돌널무덤(석관묘, 돌상자무덤) 등의 거석문화를 남겼고, 고인돌 부근에 경계 표시·제단·기념물 등으로 선돌(입석, 큰 돌) 건립.

③ **청동기시대의 사회생활** 경제 활동의 중심이 남성에게로 옮아가고, 생산의 증가에 따른 잉여 생산물의 축적과 사적 소유로 인하여 계급이 발생. 계급의 분화는 사후까지 영향을 미쳐 무덤의 크기와 부장품 내용에도 반영. 1) **가부장사회**, 2) **재산의 사유화**, 3) **공동체의 규제** 독립적 영역이 형성되었으나, 완전한 자립은 불가능하였고 공동체의 규제가 여전. 농지 분배·배수·관개·외적 방어는 공동체에 의존하였으나 점차 가족 단위로 분화, 4) **빈부 격차와 권력의 분화 및 강화**, 5) 공동체간의 **정치예속적 지배 관계**, 6) **선민사상의 대두** 주변의 보다 약한 부족을 통합하거나 정복하고 공납을 요구. 청동제 무기사용으로 정복활동이 활발해졌고, 지배자와 피지배자의 분화는 더욱 심화, 7) **군장사회** 평등사회는 계급사회로 바뀌어 갔고, 권력과 경제력을 가진 군장(족장)이 출현.

② **신석기시대의 사회생활** 혈연공동체의 씨족사회와 어머니 쪽 남자 형제 중심의 모계사회를 이루었고 점차 씨족을 통합한 지연 중심의 부족사회가 출현. 계급 없는 평등사회. 씨족마다 생활구역이 정해져 경제 교역은 없었으나(유풍으로 동예의 책화), 혼인은 사회 교류를 보여 주는 족외혼. 기술 수준은 낮아 공동 생산(유풍으로 삼한의 두레)·공동 분배였고 재산은 공유제. 토지에 대한 권리는 씨족공동체적 소유로 사적 소유는 나타나지 않았고 경작지에 대한 분할 배분·세습·회수문제는 씨족공동체의 전체 규율에 의해 관장. 공동 경작지와 개인 경작지(점취관계로 사유는 아님)로 구분.

④ **토기의 제작** 신석기를 대표하는 유물은 간석기·빗살무늬토기 등인데, 토기의 사용은 농경으로 식량을 생산하고 저장. 토기는 형태나 제작과정도 다양하며 지역에 따라 많은 차이를 보이기 때문에 토기의 특징에 따라 신석기시대 내의 문화권을 구분하거나 신석기시대의 편년을 정리하는 기준.

⑤ **구석기시대의 주거생활** 동굴·막집(강가)·노천 거주로 이동생활이 기본.

02 정답 ④ ··· (2007. 제2회 2급)

보기의 사진은 발해의 돌사자·이불병좌상·석등이다.

발해의 유물·유적

1) **당의 영향** 당과 교역이 이루어지면서 발해는 당 문화의 영향을 받았는데 상경은 당의 장안성처럼 외성을 두르고, 국왕이 있는 궁성 남문에서 외성 남문까지 직선으로 뻗은 주작대로라는 큰길을 내었으며, 그 좌우에 여러 갈래의 거리(街)를 두었다.

2) **금당** 동경성(상경용천부) 등에서 발견되는 사원지의 금당(金堂)은 내부에 불단이 높게 마련되었고 좌우에 회랑으로 연결된 두 건물을 두었다.

3) **고분의 발달** 발해의 도읍 중심으로 많은 고분이 남아 있다. 특히, 육정산 고분군(정혜공주묘, 1949년 발굴, 굴식돌방무덤·모줄임 구조)·용두산 고분군(정효공주묘, 1980년 발굴, 벽돌무덤·모줄임 구조)이 유명하다. 정혜공주묘에서는 돌사자가 출토되었고, 정효공주묘에서는 남장여자가 그려진 12인물상 벽화가 발견되었는데, 이는 모두 당의 영향다.

4) **온돌의 확인** 발해의 궁전 유적지에서 구들이 방 전체에 깔린 전면적 온돌이 확인.

5) **발해문자의 발견** 동경성에서 발견된 압자와에서 발해문자가 발견되었는데 판독은 되지 않았고, 국내외 공식 기록은 한문을 사용.

6) **고구려 계통의 유물·유적 출토** 굴식 돌방무덤, 온돌, 이불병좌상, 연화문의 와당

> **이불병좌상** ① 길림성 동경용원부지에서 발견된 불상. 종래에는 발해 초기의 것으로 소개되었으나, 불상 양식, 얼굴 모습, 이불병좌상 신앙 등의 상황으로 보아 6세기 후반에서 7세기 초기에 고구려 국내에서 만들어진 것으로 보여짐. ② 고구려 불상이 발해 절터에서 발견된 것은 고구려 유적이나 절에서 전해진 것으로 보이며, 높이 29~30㎝ 내외의 병좌상 14개 정도가 전해짐. ③ 이불병좌상 신앙은 법화경 신앙을 바탕으로 한 천태종에서 나온 것.

03 다음은 어느 초기 국가에 관한 기록이다. 이 나라와 관련된 유적은? [2점]

> 산과 바다 사이에 흩어져 살며, 모두 50여 개의 나라로 이루어져 있다. 인구는 큰 나라의 경우에 만여 가, 작은 나라의 경우에 수천 가로, 총 10만여 호이다. …… 짚으로 지붕을 덮은 흙집에서 사는데, 그 모양이 마치 무덤과 같으며, 문은 윗부분에 있다. …… 귀신을 믿어서 국읍에 각각 한 사람씩을 세워 천신의 제사를 주관하게 하는데, 이를 천군이라고 한다.   <삼국지>

04 다음 자료의 밑줄 친 '해동 보살님'에 해당하는 인물은? [2점]

> 오직 우리 <u>해동 보살님</u>은 성(性)과 상(相)을 융통하여 밝히고 고금을 세밀히 살펴서 백가이쟁(百家異諍)의 실마리를 화합시켰으니, 일대의 지극한 공론을 얻으셨습니다. …… 이름은 중국과 인도에 떨쳤고, 자비스런 교화는 저승과 이승을 감쌌으니, 그로 인한 덕을 찬양하려 해도 진실로 헤아리거나 말할 수 없습니다. 저(의천)는 천행을 두터이 입어 불승(佛乘)*을 사모하여 선철(先哲)의 저술을 얻어 보았으나, 성사(聖師)보다 나은 이가 없었습니다.   <대각국사문집>
> *불승 : 중생을 성불시키는 길로 이끄는 교법

① 원 효   ② 의 상   ③ 원 광
④ 자 장   ⑤ 혜 철

03 정답 ① ·· (2007. 제2회 2급)

보기의 사료는 마한인데, ① 전남 나주 용호리에서 발굴된 마한의 무덤, ② 고구려의 장군총, ③ 백제의 무령왕릉, ④ 동예의 여(呂)자형 집터, ⑤ 고구려의 백암산성이다.

① **전남 나주 용호리** 널무덤이 중앙에 있고, 주변에 해자모양의 고랑이 있는 주구묘(周溝墓, 주위에 주구(도랑) 시설을 갖춘 삼국시대의 무덤) 방형으로 주검을 안치하는 매장주체부 전체를 감싸는 형상으로 주구(도랑)가 돌려져 있는 무덤

② 고구려의 **장군총** 통구에 있는 석총으로 계단식으로 화강암을 7층으로 쌓아올린 것이며 벽화가 없다(장수왕의 무덤으로 추정).

③ 백제의 **무령왕릉** 중국남조의 영향으로 연꽃 등 우아하고 화려한 백제 특유의 무늬를 새긴 벽돌무덤. 무덤의 주인이 무령왕과 왕비임을 알려주는 지석이 발견.

④ **동예의 주거문화** 강릉시, 동해시 등에서 발굴된 철(凸)자형·여(呂)자형 집터는 동예의 주거문화를 보여 준다.

⑤ 고구려의 **백암산성**(연주성) 중국 요령성 등탑현 서대요향 관둔촌에 소재. 바위산을 이용해 만든 천연의 요새로 이름 그대로 흰 돌로 이루어진 고구려의 대표적 산성. 백암성은 비사성(대련의 금주) · 건안성 · 안시성 · 요동성(요양) · 개모성 · 신성으로 이어지는 대 중국 1차 방어선의 내륙쪽 후방에 위치하는 중요한 성으로 바닷가쪽의 오골성과 함께 2차 방어선을 형성. 보장왕 4년(645) 이세적이 이끄는 당군의 공격을 받아 함락.

04 정답 ① ·· (2007. 제2회 2급)

보기의 해동보살님은 종파 통합을 시도한 원효이다. 대각국사 의천은 원효를 '해동교주 원효보살'이라고 평가하고 그의 화쟁사상을 중시하여 그를 화정국사로 추증하였다.

① **원효**(617~686) : 6두품, 설서당(薛誓幢)·설총의 아버지, 문도 양성 안함. 실천불교 지향, 도당유학 안함. 소성거사(小性居士)를 자처하고 속인 행세, 일연은 그를 원효불기(元曉不羈)라고 평가, 「무애가」저술, 고려시대 의천에 의해 화정국사(和靜國師)에 추증됨. 중국·일본·거란 등의 불교에 영향. 240권의 저서 중 22권이 전함. 「금강삼매경론」(유심소조(唯心所造)의 일심사상)·「대승기신론소」(불·법·승의 불교이론 조감도)·「화엄경소」·「성실론소」같은 명저를 써서 불교 이해의 기준을 확립, 대중적이고 내세적인 정토종을 보급하여 불교의 대중화에 노력. 또, 「십문화쟁론(十門和諍論)」에서 화쟁사상(和諍思想)을 주장하여 여러 종파를 융합하려 하였다. 특히 「금강삼매경론」은 일본 불교에, 「대승기신론소」는 중국 화엄학(법장 ; 중국 화엄학의 체계화)에, 「십문화쟁론」은 인도 불교에 각각 영향.

> **화쟁사상**(和諍思想) ① 서로 다른 쟁론을 화합하려는 것으로 유(有)와 무(無)의 대립된 견해를 귀일시킨 원융회통사상(圓融會通思想)). ② 불교의 종합화 추구, 불교의 민중화 주장(지배자가 아닌 민중을 중심으로 본 화합의 사상) ③ 당시 국내외적으로 대승불교 철학의 2대 조류인 중관파(삼론종)의 '모든 것은 공(空)이다'라는 부정론과 유식파(법상종)의 '모든 현상은 식(識)이다'라는 긍정론의 대립을 비판·극복하면서 이러한 것은 근원이 불이(不二)라는 원리로 공과 식의 무대립론(無對立論)을 주장(「대승기신론소」).

② **의상**(625~702) 당에서 수학하고 돌아와 화엄종을 개창하고 3천여 명의 문도를 양성. 진골 출신이나 중앙 정치세력과의 유착을 거부하고 영주 부석사·양양 낙산사를 중심으로 지방에서 활약. 고려 숙종 때 원교국사(圓敎國師)의 시호를 받았다. 저서인 「화엄일승법계도」는 화엄사상의 요체를 제시하였으며 화엄사상은 전제정치를 뒷받침하는 것으로 이해되기도 한다. 그리고 낙산사 창건시 지은 백화도량발원문(白花道場發願文)이 전함.

③ **원광** 성실종과 열반종 전파, 점찰보(占察寶, 보(寶)의 기원) 설치, 수나라에 걸사표(乞師表)를 바쳤고, 세속5계를 제정.

④ **자장** 계율종을 개창하고 대국통이 되어 신라 불교를 총관하며 통도사(通度寺)를 창건하고 황룡사 9층목탑 건립을 주도하였으며, 신라불국토설의 완성자.

⑤ **혜철** 신라 말기에 당나라 유학을 한 선문 9산 중 동리산문(桐裏山門)의 개조이자, 나말 풍수지리설의 대가인 도선의 스승.

05 다음 골품제에 대한 신라 청소년들의 가상 대화 중에서 옳지 <u>않은</u> 것은? [2점]

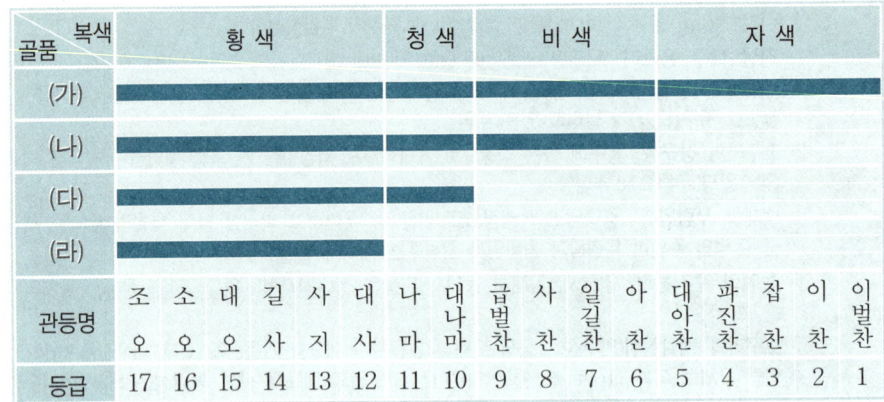

① 준호 : "나는 5두품이니까 대나마(大奈麻)까지만 진급하겠지."
② 명희 : "그래도 6두품은 5두품보다 낫잖아? 이찬(伊湌)에 오를 수 있으니까."
③ 슬비 : "6두품인 내 친구 중에도 관직에 진출하는 것을 포기하고 승려가 된 사람이 있어."
④ 영석 : "내가 사모하는 봄이는 진골인데, 나는 4두품이라서 우리는 혼인하기 힘들 것 같아."
⑤ 현태 : "6두품인 내 친구는 대아찬(大阿湌)이 될 수 없어서 아예 당나라로 공부하러 갔다니까."

06 다음 글의 밑줄 친 ㉠ ~ ㉤에 대한 설명으로 옳지 <u>않은</u> 것은? [2점]

> 고려 시대에는 조세, 공물, 요역을 징수하였다. ㉠ <u>조세</u>는 토지에서 생산물의 일부를 수취하였고, ㉡ <u>공물</u>은 지방의 특산물을 현물로 거두었으며, ㉢ <u>요역</u>은 호별로 노동력을 몇 개의 등급으로 나누어 국가의 각종 공사에 동원하였다. 이러한 조세, 공물의 징수와 요역 동원의 실제적 행정 사무는 ㉣ <u>호장 이하 향리</u>들이 담당하였다. 정부는 국가 재정의 근간인 농민의 생활을 안정시키려고 ㉤ <u>각종 제도</u>를 마련하였으나, 현실적으로 농민은 어려운 생활을 면하기 어려웠다.

① ㉠ - 토지 생산량의 10분의 1이었다.
② ㉡ - 재산의 많고 적음에 따라 차등 있게 부과되었다.
③ ㉢ - 정남(丁男)을 대상으로 하였다.
④ ㉣ - 토착 세력가들로 지방에서 영향력을 행사하였다.
⑤ ㉤ - 의창제를 실시하였다.

05 정답 ② ··· (2007. 제2회 2급)

② 6두품이 승진할 수 있는 최고 관등은 아찬까지이다. (가) 진골, (나) 6두품, (다) 5두품, (라) 4두품

골품제도 통일 전 중앙집권국가 성립 시기의 내물왕 또는 율령 반포 시기의 법흥왕 때 각 지방의 족장 세력을 통합·편제하는 과정 속에 왕경인(王京人) 중심으로 폐쇄적인 위계 신분제도가 성립. 처음에는 왕족을 대상으로 한 골제(骨制)와 왕경 내의 일반 귀족들을 대상으로 한 두품제(頭品制)가 별개의 체제로 성립. 지방의 작은 족장에게 4·5두품, 대족장에게는 6두품을 주었으며, 성골과 진골은 왕족. 진평왕 때에 이르러 왕족 내부에서 다시 성골이 분리되어 성골과 진골이라는 2개의 골과 6두품에서 1두품에 이르는 6개의 두품 등 모두 8등급의 신분으로 구성. 진덕여왕 이후로는 성골이 사라졌고, 통일 이후에는 1두품에서 3두품에 이르는 신분의 구별도 차츰 사라져 일반 백성과 비슷하게 되었다.

1) **역할** 골품은 개인 신분만이 아니라, 친족의 등급도 표시하는 것으로 정치적 진출 범위에서부터 사소한 옷 색깔·그릇·가옥 크기 등의 의식주 생활양식과 마차·마굿간 크기까지 규제.
2) **관등조직** 골품제도와 관련을 맺으면서 편성. 진골은 17등급의 관리를 모두 할 수 있었고, 6두품은 6등급까지, 5두품은 10등급까지, 4두품은 12등급까지 승진할 수 있어 하한선은 동일하나 상한선을 제한. 또 낮은 골품이 높은 관등을 차지할 수도 있고, 공복 색깔도 골품이 아닌 관등에 따라 구분.
3) **6두품** 낭혜화상비문에 '기4·5품부족언(其四五品不足言)'이라는 자구에서 득난(得難)으로 불렸으며, 제6관등인 아찬(阿湌)까지 승진. 중대에는 왕권을 보좌하는 근시적 기능(近侍的 機能)을 하며 학문(강수·설총)·종교계(원효)에서 활약하였고, 하대에는 선종과 노장사상에 심취하였으며(최치원), 반신라적 세력(나말 3최)으로 새로운 사회 건설의 주체세력으로 성장.
4) **장관·차관** 장관(영)·장군은 진골이 독점하고, 차관(경·시랑·전대등)에는 5·6두품도 가능.
5) **중위제** 5두품, 6두품은 자체 관등 내에서 승진을 할 수 있는 4중 아찬·9중대나마·7중 나마 등의 중위제(重位制)가 있었다(통일 전후 성립으로 추정).
6) **평민** 통일 후 3~1두품은 평인(平人)·백성(百姓)의 평민계층으로 되었고, 노비는 탈락계급으로 두품이 없었다.
7) **여·제 유민 포섭** 고구려 귀족은 6두품(7관등 일길찬까지)으로, 백제 귀족은 5두품(10관등 대나마까지)으로 등용하여 민족 융합을 모색하였다.
8) **외부인사 진골 영입** 금관가야의 신김씨 가문(김유신 가계)과 보덕국의 안승을 진골로 영입.

06 정답 ② ··· (2007. 제2회 2급)

② 특(토)산품을 바치는 공물은 민호를 대상으로 하였으며 정기적인 상공과 부정기적인 별공으로 구분되었다.

고려의 수취체제 국가에 대한 농민들의 부담은 보통 조세·공납·역역 등의 삼세(三稅)로 국가 재정의 주요 원천. 국가는 군현 단위로 삼세를 책정하고 군현은 토지 소유와 인정 다과를 기준으로 개별 민호에 할당. 군현에서 직접적 수취는 재지 유력자와 향리가, 각 군현은 촌장이 촌을 단위로 수취.

1) **조세** 조세는 토지를 논(수전)과 밭(한전)으로 나누고 비옥한 정도에 따라 3등급으로 나누어 부과. 토지 등급은 1결당 생산량을 최고 18석을 기준으로 비옥도에 따라 상중하의 3등급으로 나누어 전세를 부과. 거두는 양은 생산량의 10분의 1이었고, 거둔 조세는 각 군현의 농민을 동원하여 조창(漕倉)까지 옮긴 다음 조운(漕運)을 통해서 개경의 좌·우창으로 운반하여 보관. 둔전·공해전 등의 공전은 1/4의 전조(田租)를 국가에, 사전은 1/2의 전조를 전주에게 바쳤다. 최근에 와서 1/4 공전조(公田租)는 국유지를 부곡민에게 소작 주었을 경우의 지대로 보고, 1/2 사전조(私田租)는 예전처럼 사유지(민전)를 무전농민에게 대여하여 소작관계가 발생하였을 때의 지대로 보고 있다. 사유지인 민전은 국가에 1/10의 전조를 바쳤으며, 민전 위에 관료의 과전이 설정되어도 관료에게 1/10을 바쳤다.
2) **공납** 토산물을 현물로 납부하는 제도로, 민호를 기준으로 정기적인 상공과 부정기적인 별공으로 구분하였으며, 농민에게는 조세보다도 더 큰 부담. 황금·백금·백동·철 등의 광산물, 우피 등 동물의 가죽·밤·잣·해산물·소금·종이, 실·꿀·기와, 먹, 삼베·모시·명주 등의 직물류가 대상. 공물은 수취하는 정부 입장에서는 현물의 형태이나, 농민의 입장에서 보면 노동력의 징발, 즉 공역(貢役)의 형태.
3) **역역** 국가에서 농민들의 노동력을 무상으로 징발하는 제도로 16~59세의 정남이 역의 의무를 지녔으며 60세에 면역. 민호는 자연호가 아닌 편호를 인정의 다과 기준으로 9등급으로 나누어 요역을 부과.
4) **잡세** 산세·마전세·염세·상세·선세·해세·어량세 등.

07 다음 유물을 통하여 추론할 수 있는 역사적 사실로 적절한 것은? [1점]

① 백제와 왜의 우호 관계
② 신라의 금관가야 병합
③ 백제와 신라의 우호 관계
④ 신라의 함경도 지방 진출
⑤ 고구려와 신라의 우호 관계

08 다음 자료를 통하여 알 수 있는 당시의 사회상으로 옳은 것을 〈보기〉에서 고른 것은? [3점]

> 설씨녀는 (신라의) 율리 민가의 여자이다. …… 진평왕 때에 그 아버지가 나이가 많았는데도 정곡(正谷)을 방어하는 당번이 되었다. 그녀는 아버지가 늙고 병들었기 때문에 차마 멀리 떠나보낼 수 없었으며, 또 여자의 몸이어서 아버지를 모시고 갈 수도 없었으므로, 다만 홀로 근심에 싸여 있었다. …… 사량부의 소년 가실이 설씨에게 자청하여 말했다. "나는 비록 한 나약한 사람이지만 일찍이 의지와 기개로써 자부하고 있으니, 원컨대 불초한 몸으로써 그대 아버님의 병역을 대신해 주기 바라오."…… 아버지가 "어린 딸을 주어 그대 아내로 삼고 싶다."라고 하였다.……
> 그런데 마침 국가에서 사고가 있어 다른 사람을 보내어 교대시키지 않았으므로 가실은 6년 동안이나 머무르고 돌아오지 못했다. 그녀의 아비가 말하기를 "정해진 3년 기한이 넘었으니 다른 이에게 시집 가거라." 하였다.   〈삼국사기〉

보 기

㉠ 부유한 사람은 돈을 내는 것으로 군역의 의무를 대신하였다.
㉡ 한 차례의 군역에 소집되었을 때, 복무 기간은 3년인 것으로 추정된다.
㉢ 대신해서 군대에 갈 사람이 있으면 자신은 군역에서 면제될 수 있었다.
㉣ 40세 이상 백성은 원칙적으로 군역에서 면제되나, 국가 비상시에는 예외였다.

① ㉠㉡   ② ㉠㉢   ③ ㉡㉢
④ ㉡㉣   ⑤ ㉢㉣

해설 및 정답

07 정답 ⑤ ··· (2007. 제2회 2급)

보기의 유물은 경주 호우총에서 출토된 호우이다. 명문에 새겨진 서체가 광개토대왕비문과 유사해 고구려에서 만들어 가지고 신라로 들어온 것으로 보여지며, 당시 신라와 고구려의 교섭이 활발했음을 입증한다.

호우총(壺杅塚) : 1946년 경주시 노서리에서 발굴된 신라 고분으로 구덩식 돌무지 덧널무덤. 부장품 중에 을묘년국강상광개토지호태왕호우십(乙卯年國岡上廣開土地好太王壺杅十)이란 명문이 새겨진 그릇이 출토되어 호우총이라 명명. 서체가 광개토대왕비문과 유사해 고구려에서 만들어 가지고 신라로 들어온 것으로 보며 당시 신라와 고구려 간의 교섭이 활발했음을 입증한다. 국강상은 매장한 곳인 장지(葬地)를 의미하며 제작 연대도 명문에 의해 415년으로 확정.

제2회
2급

08 정답 ③ ··· (2007. 제2회 2급)

㉠ 부유한 것은 군역과 관계 없고, ㉣ 40세 이상의 군역 면제는 사료에서 판단할 수 없다.

삼국의 군사제도 지방행정조직과 매우 밀접한 연관을 가졌으며, 국왕이 군 총사령관으로 군사 지휘권을 가지고 직접 군대를 이끌었다. 전쟁은 귀족들에게 권력과 부와 명성을 획득할 수 있는 기회였고 특히 지방장관은 해당 지역의 행정과 군사를 동시에 관할.

1) **고구려** 광개토대왕릉비에 나오는 왕당(王幢)이라는 국왕 직속 부대가 중요 군사력으로 활동하였으며, 족장들이나 성주들은 모두 자기 병력을 거느리고 있었다. 이들을 국가에서 동원할 때에는 대모달(大模達) · 말객(末客) 등의 군관으로 하여금 지휘.

2) **백제** 수도에는 5부에다 각각 500명씩의 군대를 두었으며, 지방에는 군 단위로 700~1,200명의 군대를 두었다. 군관은 방령과 군장.

3) **신라** 중앙에는 대당(大幢, 6정의 하나로 경주 부근에 배치된 신라 최초의 군단)과 서당(誓幢, 모병형태) · 귀당(貴幢) · 법당(法幢)을 설치하고, 서울 방위를 위해서 위병 · 사자대를 두었다. 한편 지방에는 6정(停)을 두었고 군관으로는 군주 · 대감 · 당주 등이 있었는데 최고 지휘관은 진골이 임명되었다. 「삼국사기」 설씨녀 열전에 따르면 <u>농민들이 군역에 소집되면 대략 3년 정도의 복무기간을 가졌을 것으로 추정</u>.

통일신라의 군사조직

1) **중앙군** 신문왕 때 국방군의 중추로서 9서당을 두었고, 수도와 소경을 방비하기 위해 통일 전부터 있던 시위부의 위병을 그대로 두었다.

> **9서당** 통일 전 진평왕 때 녹금서당을 시작으로 정비하여 신문왕 때 청금서당으로 9서당이 성립되었다. 9서당은 신라인 · 고구려인 · 백제인 · 보덕국인 · 말갈족까지 포함시켜 편성한 수도 방어 및 국방군의 중추부대이다(민족융합의 성격). 옷색깔은 신라의 경우 녹금(綠衿) · 자금(紫衿) · 비금(緋衿), 백제의 경우 백금(白衿) · 청금(靑衿), 고구려의 경우 황금(黃衿), 말갈의 경우 흑금(黑衿), 보덕국의 경우 적금(赤衿) · 벽금(碧衿)이었다.

2) **지방군** 통일 전에 6정이었던 지방군을 10정으로 확대하여 각 주에 1정씩 두었고(한주에는 2정 설치), 지방 요충지에 5주서(五州誓)와 3변수당(三邊守幢) · 패강진(浿江鎭)도 설치

발해의 군사조직 중앙군은 맹분위 · 웅위 · 비위 · 남위 · 북위가 각각 좌 · 우로 구분된 10위로 조직되었는데, 각 위마다 대장군 1명과 장군 1명을 두어 10만명의 상비군을 통솔

09 다음과 같은 절차로 운영되었던 고려 시대 관청에 대한 설명으로 옳은 것은? [2점]

> 합좌(合坐)의 예식(禮式)은 먼저 온 사람이 자리를 떠나 북쪽을 향하여 서고, 뒤에 온 사람이 그 지위에 따라 한 줄로 서서 읍(揖)한 다음 함께 자리 앞에 이르러 남쪽을 향하여 두 번 절하고, 자리를 떠나 북쪽을 향하여 엎드려서 서로 인사말을 주고받는다. …… 녹사(錄事)가 논의할 일을 앞에 가서 알리면, 각기 자신의 의사대로 그 가부(可否)를 말한다. 녹사는 그 사이를 왔다 갔다 하면서 논의가 한 가지로 결정되도록 하며, 그렇게 한 뒤에 시행한다.　　　　　　　　　　　<역옹패설>

① 군사 기밀과 왕명의 출납을 담당하였다.
② 법의 제정이나 각종 시행 규정을 다루었다.
③ 화폐와 곡식의 출납에 대한 회계를 맡았다.
④ 국정 전반에 걸친 중요 사항을 담당하였다.
⑤ 정치의 잘잘못을 논하고 관리들의 비리를 감찰하였다.

10 다음의 자료가 알려 주는 시기의 역사적 사실로 옳은 것은? [2점]

> 지금의 승려들을 보면, 아침저녁으로 행하는 일들이 비록 부처의 법에 의지하였다고 하나, 자신을 내세우고 이익을 구하는 데만 사소하고 용렬하며 세속의 일에 골몰한다. 도덕을 닦지 않고 옷과 밥만 허비하니, 비록 출가하였다고 하나, 무슨 덕이 있겠는가? …… 하루는 같이 공부하는 사람 10여 인과 약속하였다. 마땅히 명예와 이익을 버리고 산림(山林)에 은둔하여 같은 모임을 맺자. 항상 선정(禪定)을 익히고 지혜를 고르는 데 힘쓰고, 예불하고 경전을 읽으며 온 힘을 다해서 각자 맡은 바 임무에 따라 경영한다.　　　　　　　　　　　<권수정혜결사문>

① 무신 집권 시기에 불교 통합 운동이 일어났다.
② 원효의 불교 대중화 운동이 활발히 전개되었다.
③ 원 간섭기를 거치면서 불교계의 부패와 타락이 심하였다.
④ 중국과 인도에 가서 불교를 공부하고 오는 승려들이 많았다.
⑤ 선종 불교가 대두하여 지방 호족의 이념적 지주가 되었다.

해설 및 정답

09 정답 ④ ·· (2007. 제2회 2급)

사료는 고려 도병마사(도평의사사, 도당)에 대한 내용이다. ① 중추원, ② 식목도감, ③ 삼사, ④ 도당, ⑤ 어사대에 대한 설명이다.

도병마사 중서문하성의 고관인 재신(宰臣, 재상) 5명과 중추원 고관인 추신(樞臣, 추밀) 7명으로 구성된 합좌회의기관으로 만장일치의 의합(議合)을 채택. 초기에는 양계의 장관인 병마사를 통제하고 변경·군사 문제를 의논하는 일종의 국방위원회와 같은 기능. 고려 말년에 도병마사를 도당(都堂)이라 칭하고 충렬왕 5년(1279)에 도평의사사(都評議使司)로 바뀌면서 재추의 수가 70~80명으로 늘어났다. 그리고 기능이 확대되어 재정 담당의 삼사와 상의(商議)도 포함되었으며, 국가 최고기관이 되어 군사·외교·조세·형옥·전주(銓注) 등 내외의 모든 직능을 관장하여, 고려 말에는 도평의사사가 도당의 명칭을 갖게 되었다.

≫ **도병마사의 변천** ≪

- **성종** : 양계 병마사 통솔, 병마판사제 설치
- **현종** : 임시 회의기구, 국방·군사 담당
- **고종**(무신정변 후) : 재추합좌기관, 국정 전반 관장
- **충렬왕**(원 간섭기) : 도평의사사로 개편, 상설기구

도병마사와 비변사 고려의 도병마사와 조선의 비변사는 유사점이 많은데 이들은 초기에 국방 문제 담당의 임시기구로 출발하였다가 후기에는 국정 전반 담당의 상설기구로 확대되었다.

도병마사와 도평의사사 도병마사(재신 5명+추신 7명, 문벌귀족 구성, 귀족적 성격 대변) → 도평의사사(70~80명, 권문세족 구성, 관료적 성격 대변)

10 정답 ① ·· (2007. 제2회 2급)

① 사료는 최씨 무신집권기 지눌의 불교 정화운동 사료이다. 당시 불교계의 타락에 대해 지눌은 정혜결사(수선사)를 조직할 것을 제창하였다. ② 통일신라기, ③ 지눌은 원 간섭기 이전, ④ 삼국·통일신라기, ⑤ 신라말의 사실이다.

지눌(보조국사, 목우화상, 1158~1210) : 사굴산문 출신으로 화엄사상을 도입하여 화엄과 선의 근본이 다르지 않다고 하고, <u>선종 중심으로 교종 통합을 시도</u>. 이로써 지눌의 사상은 교종과 선종의 조화를 이루어, 고려 불교가 지향하던 선·교 일치의 완성된 철학체계를 이룩. 송광사(← 나말 : 길상사)에서 <u>불교 정화의 결사운동</u>을 주도하여 <u>수선사(정혜결사)</u>를 결성. 저서로는 「진심직설」·「수심결」·「정혜결사문」·「화엄론절요」·「간화결의론」·「원돈성불론」 등이 있다. 이처럼 조계종은 지눌이 수선사를 열면서부터 매우 흥성하여 고려 후기에 이르러서는 불교계의 중심적인 종파가 되어 많은 승려를 배출.

지눌의 3문(三門) 지눌은 선의 실천체계로 독창적인 성적등지문(惺寂等持門, 정혜쌍수·돈오점수) → 원돈신해문(圓頓信解門, 화엄과 선은 하나다) → 간화경절문(看話徑截門, 화두를 들고 수행)의 3문을 주장하였다.

개 조	시 기	주 장	중심사찰
조계종 (曹溪宗) 보조국사 (지눌)	신 종	• 정혜쌍수 : 선종의 입장에서 교종을 통합(염불과 간경) • 돈오점수 : 내가 곧 부처라는 인심(人心)이 불심(佛心)임을 깨닫고 꾸준히 수행함 • 선교병수 · 선교일원 · 선오후수	송광사

≫ **무신집권기의 불교 정화·결사운동** ≪

조계종	수선사 (1204년)	보조국사 지눌(知訥)	지방 호장층 출신의 사대부 교화, 정토신앙 부정	성리학 수용 바탕	순천 송광사
천태종	백련사 (1208년)	원묘국사 요세(了世)	기층사회(백성) 교화·참회(법화신앙) 강조, 정토신앙 수용	실천적 수행 진력	강진 만덕사

제2회
2급

11 다음 기록이 나타났던 시기의 상황으로 옳은 것은? [1점]

> 도기의 빛깔이 푸른 것을 고려인들은 비색(翡色)이라고 하는데, 근년에는 만드는 솜씨와 빛깔이 더욱 좋아졌다. 술그릇의 형상은 오이 같은데, 위에 작은 뚜껑이 있는 것이 연꽃에 엎드린 오리의 형태를 하고 있다. 또, 주발, 접시, 술잔, 사발, 꽃병, 탕잔도 만들 수 있었으나, 모두 중국의 것을 모방한 것이기 때문에 생략하여 그리지 않고, 술그릇만은 다른 그릇보다 다르기 때문에 특히 드러내었다.
> <고려도경>

① 대형 철불과 거대한 석불이 많이 조성되었다.
② 이자겸이 두 딸을 왕비로 들이고 막강한 권력을 행사하였다.
③ 유교 교육 기관인 국학과 공자 사당인 문묘를 새로 지었다.
④ 공주 명학소에서 망이·망소이를 중심으로 백성들이 봉기하였다.
⑤ 지급 대상을 현직 관료로 제한하는 내용으로 전시과 제도가 정비되었다.

12 다음 건축물에 대한 설명으로 옳은 것을 <보기>에서 모두 고른 것은? [2점]

부석사 무량수전

수덕사 대웅전

| 보 기 |

㉠ (가)는 부농과 상인의 지원을 받아 건립되었다.
㉡ (가)의 기둥은 안정감을 주는 배흘림 양식이다.
㉢ (가)와 (나)의 공포 양식은 원의 영향을 받았다.
㉣ (나)는 우리나라의 대표적인 맞배지붕 형태의 건물이다.

① ㉠㉡   ② ㉠㉢   ③ ㉡㉢
④ ㉡㉣   ⑤ ㉢㉣

11 정답 ② ··· (2007. 제2회 2급)

사료는 송인(宋人) 서긍이 12세기 전반(1123)에 쓴 「선화봉사고려도경」이다. ① 고려 전기, ② 12세기 전반, ③ 공민왕(1367년), ④ 무신집권기(1176년), ⑤ 고려 문종대(1076년)의 역사적 사실이다.

(선화봉사)고려도경 송의 사신 서긍의 견문록(1123), 고려청자와 고려모시·나전칠기 등을 극찬하고 김부식 가문과 벽란도·풍수지리설·산전(山田) 등을 소개하였으나 정작 상감청자에 대한 언급은 없다.

계림유사 송인 손목의 견문록(1103)으로 고려시대 언어 3600여 어휘를 수록.

① **고려의 불상** 신라 말 금입택의 유행으로 금동이 부족하자 금 대신 철불이 유행하여 철원 도피안사와 장흥 보림사의 철조 비로자나불 등이 제작. 고려 불상은 석불·마애불·금동불·철불·소조불 등 5종이 있었고 특히 마애불과 철불의 제작이 유행. 형식에 구애받지 않고 자유분방한 면을 보여주고 있다. 고려 초에 경기도 광주 춘궁리 철불이 제작되고 논산 관촉사 석조미륵보살 입상(은진미륵)·안동 이천동 석불(제비원 마애불)·운주사 석불·개태사지 석불 입상 등과 같은 거대한 불상이 만들어졌으나 균형을 이루지 못하여 다소 조형미가 부족하나 고려 왕실의 당당함을 과시한 면도 보여 진다. 신라 양식을 계승한 부석사 무량수전의 소조아미타여래좌상은 고려를 대표하는 불상.

② **이자겸의 난**(1126) 왕실(예종·인종)과 중복된 통혼에 의해 명문세족이 되고 정권을 장악한 대문벌이 등장하게 되자 귀족간의 균형이 깨지고 지방 출신 신진 관료세력이 이에 대항. 이자겸은 무인 척준경을 부리며 십팔자위왕설(十八子爲王說)의 도참설로 왕위를 노리다 국왕 측근세력인 김찬·안보린 등이 이자겸과 척준경을 쳤으나 실패하였는데, 이자겸과 척준경의 불화가 일어나 척준경이 이자겸을 숙청(1127). 그 후 척준경은 정지상에 의해 탄핵. 그 결과, 인주 이씨의 일시적 몰락, 궁궐 소실, 왕권 약화, 당시 인종은 유신지교 15조를 반포해 혁신정치를 도모했으나 왕의 권위가 떨어지고 민심이 동요, 중앙의 문벌귀족과 지방 출신의 신진관료 간의 대립으로 서경파가 등장하고, 도참설과 서경천도론이 대두.

③ **국자감의 명칭 변화** 충렬왕 때 성균감, 충선왕 때(1308) 성균관으로 명칭이 바뀌었다.
  1) **공민왕** 성균관을 중영(重營)하고 성균관에서는 유학만 교육하여 기술 교육이 분리.
  2) **공양왕** 예학·병학·율학·의학·풍수음양학 등의 10학을 실치.

④ **공주 명학소의 난**(1176) 망이·망소이가 일으킨 민란으로 그 세력이 커서 공주를 함락시켰으며, 정부에서는 회유책을 써서 명학소를 충순현으로 승격시켜 선무. 그 후 정부군이 다시 동원되자 재차 봉기. 이 민란은 농민 반란의 성격과 더불어 신분 해방 운동.

⑤ **경정(공음)전시과**(문종, 1076) 한외과 폐지. 전체적으로 토지의 지급 액수가 감소. 현직 위주 지급. 수급 기준을 전지 지급 총액으로 합산하여 단일화하여 시지가 대폭 축소, 전시과제도의 완성. 공음전·한인전·별사전·무산계 전시 지급함. 무관에 대한 차별적 토지 분급을 시정하여 대우가 현저히 상승하였으며, 경기를 확대하여 전시과를 지급.

12 정답 ④ ··· (2007. 제2회 2급)

보기는 고려 후기의 건축물이다. ㉠ 부농과 상인의 지원으로 사원이 건립된 것은 조선 후기 18세기이고, ㉢ 공포양식이 아닌 주심포양식이다. (가) 팔작지붕, (나) 맞배지붕 양식이다.

(가) **부석사 무량수전** 고려 건축의 일반적 양식인 주심포(柱心包)양식을 대표하는 것으로서, 간결하고 조화로운 모습, 팔작지붕

(나) **수덕사 대웅전** 맞배지붕(두 면을 맞세워 놓은 모양)으로 봉정사 극락전과 강릉 임영관 삼문.

≫ 목조건축양식 ≪

1. 고려는 통일신라 때부터 사용된 주심포양식에다 새로이 다포양식을 도입하여 두 가지 양식이 혼용되다가 점차 다포양식이 일반화.
2. **주심포양식** 지붕의 무게를 기둥이 받쳐 주기 위해 기둥 위에만 공포를 짜 올리는 방식인데, 하중이 공포를 통해 기둥에만 전달되기 때문에 자연히 기둥이 굵고 배흘림이 많은 경향.
3. **다포양식** 기둥 위 뿐 아니라 기둥 사이에도 공포를 짜 올리는 방식으로 하중이 기둥과 기둥 위의 나무인 평방의 공포를 통해 벽체에 분산되므로, 주심포 집과는 달리 중후하고 장엄함. 이 양식은 요·금에서 성행하다가 원을 통해서 전래되었는데, 황해도 사리원의 성불사 응진전(1327)과 황주의 심원사 보광전(1374), 안변 석왕사 응진전 등이 대표적.

13 그림은 고려 시대의 신분 구조를 도식화한 것이다. 각 신분에 대한 설명으로 옳은 것은? [1점]

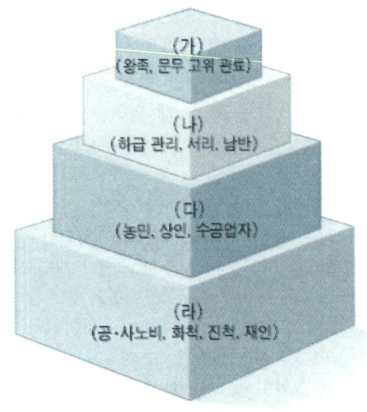

① (가)는 과거보다 쉬운 천거를 통해 관직에 나가는 경우가 많았다.
② 향리나 하급 장교 등은 (나)에 속하며, 전시과의 토지를 지급받지 못하였다.
③ (다)에 속한 백정에게는 법제상으로 과거에 응시할 자격이 주어지지 않았다.
④ 향, 부곡, 소의 주민은 국역의 부담을 진다는 점에서 (다)에 속한다.
⑤ (라)의 대다수를 차지하는 노비는 (다)보다 무거운 국역의 의무를 졌다.

14 다음 군사 조직에 대한 설명으로 옳은 것을 〈보기〉에서 고른 것은? [2점]

> 처음 최우가 나라 안에 도적이 많은 것을 염려하여 용사를 모아 매일 밤 순행하여 폭행을 막게 하였다. 그 까닭으로 야별초라 불렀다. 도적이 여러 도에서 일어났으므로 별초를 나누어 파견하여 잡게 하였다. 그 군대의 수가 많아져 드디어 좌별초, 우별초로 나누었다. 또, 몽골에 갔다가 도망해 온 고려인으로 한 부대를 만들어 신의군이라 불렀다.

― 보 기 ―
㉠ 승군(僧軍)과 함께 처인성에서 몽골 장수 살리타의 군대를 물리쳤다.
㉡ 고려 조정의 개경 환도에 반발하여 반정부, 반몽골의 기치를 내걸고 봉기하였다.
㉢ 쌍성총관부를 공략하여 철령 이북의 땅을 수복하는 데 중심적인 역할을 하였다.
㉣ 진도를 근거지로 하여 전라도 도서 지방, 경상도 남해안 일대를 세력권으로 삼았다.

① ㉠㉡   ② ㉠㉢   ③ ㉡㉢
④ ㉡㉣   ⑤ ㉢㉣

13 정답 ④ ··· (2007. 제2회 2급)

① 천거가 아니라 음서이고, ② 향리전·군인전이 지급, ③ 양인 이상이면 응시 가능, ⑤ 노비는 국역에서 제외되었다.

① **음서제도와 공음전** 5품 이상의 관리 자제들에게 준 특혜로 문벌귀족세력의 강화시킴.
고려시대에는 과거·음서 외에도 천거제의 유일(遺逸), 궁중 잡역직 선발의 남반잡로(南班雜路), 국왕 호위 측근 선발의 성중애마(成衆愛馬)등이 있었다. 그 후 조선에 들어와서 남반잡로와 성중애마는 이직(吏職)으로 떨어졌고 유일은 존속.

② **군인전**(軍人田) 군호(2군)에게 분급되는 토지, 군역을 계승할 자손이 있으면 세습.
외역전(外役田) 향리에게 분급되는 토지로서, 향리직이 계승되어 세습(향리전)

> **향리** 세습제이지만 개인의 능력이나 노력에 따라서 신분 내 상위 품계로의 이동이 가능. 3자(三子) 가운데 한 명은 기인역(其人役)이나 동정직(同正職)으로 입사(入仕)가 가능했고 과거에 응시할 수 있었다. 과거를 통해 중앙의 품관으로 진출하였고 호장·부호장 등의 상층 향리는 중앙하위 품관과 통혼할 수 있었다.

③ **정호와 백정호** 고려의 양민들은 군인호(軍人戶)·기인호(其人戶)·역호(驛戶) 등과 같이 국가에 대해 일정한 직역(職役)을 지는 정호(丁戶)와 그것을 부담하지 않는 백정호(白丁戶, 백정)로 구분되었다. 백정은 국가로부터 토지를 지급받지 못하는 대신 조상 대대로 물려받은 자기 소유의 민전을 경작하거나 소작인이 되었고, 수취 대상으로서 조세·공납·요역 등을 부담.
과거의 자격 천민과 승려 자제를 제외한 양인층 이상이면 응시가 가능하였고, 과거의 횟수 제한은 없었다.

④ **하층양민** 철간·처간·염간·화척·진척·해척 등의 간척지도(干尺之徒)와 재인·역정·창기·악공 그리고 향·소·부곡의 주민들이 있었다.
부곡민 부곡은 양광(충청)·경상·전라 등 남부지역에 분포되었는데 특히 경상도에 집중 분포되어 있었다. 부곡민들은 전시과의 국유지(2과공전)를 경작하는 전호에 해당뇌녀 1/4의 전조를 바쳤고(조세 싱수 목적으로 부곡리 파견), 때로는 추수기에 공역(工役)에 동원되는 일품군에 편제되었다.

⑤ **노비** 국역의 의무가 없었고 주인 호적에 등재되었으나 양인과 달리 4조(祖)와 본관을 기록하지 못했다.

14 정답 ④ ··· (2007. 제2회 2급)

보기의 사료는 최우 집권기(1232년)에 조직된 삼별초이다. ㉠ 삼별초가 아니라 김윤후의 승병이고, ㉢ 공민왕대의 역사적 사실이다.

삼별초 도적 체포·치안 유지를 위한 경찰군(1232)으로 도성 수비와 친위대 기능을 담당하였고, 특히 대몽골 전쟁(1257~1258)에 공을 세움. 국가 재정에 의해 양성되고 국고에서 녹봉이 지출되어 공병적 성격도 있으나 권신의 정치권력과 유착되어 사병적 성격이 농후한 반관반민의 조직. 그리고 의장대로 마별초를 조직.

> **삼별초**   야별초 → [좌별초 / 우별초] + 신의군(몽골의 포로가 되었다가 돌아온 자)

삼별초의 항쟁 최씨정권이 몰락한 후 원종의 친몽정책으로 강화가 성립되어 출륙이 단행되자(1270) 배중손 등 삼별초군이 쿠데타를 일으켜 왕족 승화후 온을 추대하여(1270.6) 강화 외포리에 반몽정권 수립.

1) **해상왕국** 삼별초는 배중손의 지휘하에 진도에 용장성을 쌓고(1270.8) 항전하다가 김통정의 지휘하에 제주로 옮겼다(1270.11). 그 후 김방경·홍다구·흔도가 이끄는 여·원연합군에게 평정되어 제주 항파두성(북제주군 애월읍)에서 최후(1273).

2) **결과** 항몽의식의 최후의 보루였던 삼별초의 항쟁은 초기에는 집권층 내부의 변란으로 시작되었지만, 개경 환도 세력의 몽골과의 강화에 반대하는 백성들의 호응을 얻음으로써 민족 항쟁의 성격. 이 항쟁의 실패로 몽골은 고려를 완전히 예속시켰으며, 제주도에 탐라총관부를 두어 목마장을 경영.

15 다음 지도에 표시된 민중 봉기가 일어났던 배경으로 옳지 않은 것은? [2점]

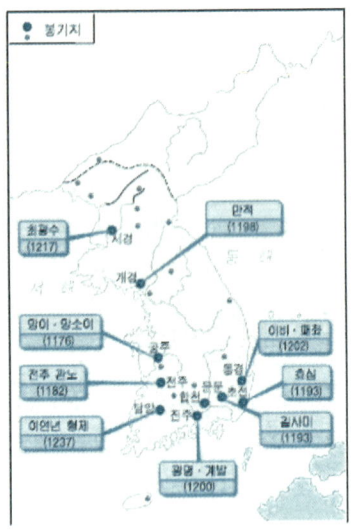

① 무신들의 권력다툼이 가져온 정국의 혼란 속에 지배층의 수탈이 더욱 강화되었다.
② 폭압적인 무신 정권을 타도하고 정권을 다시 국왕과 문신에게로 되돌리려고 하였다.
③ 고구려 부흥이나 백제 부흥을 표방한 삼국 부흥 운동을 통해 새로운 국가를 건설하려는 의식이 등장하였다.
④ 후삼국 통일 이후 나라를 통합하고 안정적인 부세 수취를 위해 존재하던 본관제와 같은 지배 체제가 붕괴되었다.
⑤ 농민이나 노비를 비롯한 하층민에게 제도와 법이라는 굴레는 언제든 벗어던질 수 있다는 사회의식이 성장하였다.

16 다음과 같은 토지 제도에 대한 설명으로 옳지 않은 것은? [2점]

> 뜻이 같은 2, 3명의 대신과 함께 전대(前代)의 법을 강구하고 지금의 현실에 알맞은 것을 참작하여, 국내의 토지를 측량하여 파악한 다음, 토지를 결수로 계산하여 그 중의 얼마를 상공전, 국용전, 군자전, 과전으로 분배하고, 한량으로서 서울에 거주하면서 왕실을 호위하는 자, 혹은 (관리의) 과부로서 수절하는 자, 향역(鄕驛)과 진도(津渡)의 관리, 또는 서민과 공장(工匠)으로서 공역을 맡은 자에 이르기까지 모두 토지를 분배해 주었다.
> <조선경국전>

① 수신전, 휼양전은 세습이 허용되었다.
② 전·현직 관리에게 수조권을 지급하였다.
③ 전지 외에 시지는 따로 지급하지 않았다.
④ 갑사 등의 군인과 한량에게 군인전을 지급하였다.
⑤ 수조율은 수확량의 10분의 1로 한정하여 경작자를 보호하였다.

15 정답 ② ·· (2007. 제2회 2급)

지도는 고려 무신집권기의 농민항쟁(민란)이다. ② 당시 농·천민들은 혹심한 가렴주구에 대항하여 봉기한 것이지 국왕과 문신에게 정권을 반환하려고 한 것은 아니었다.

농민·천민의 난(농민항쟁) 1) **사회경제적 모순** 농민과 천민은 전시과 체제의 붕괴 이후 무신들의 민전 겸병과 지방관들의 가렴주구가 더욱 심해져 곤궁. 2) **하극상 풍조** 문신·사원의 반동과 무신간의 하극상 풍조에 자극된 피지배층들이 속현·향·소·부곡 등을 중심으로 봉기. 이들은 남적(한강이남)·서적(서북지방) 등으로 불리었는데, 남적은 관리 수탈에 대항한 순수한 농민 봉기였고 서적은 군사 조직과 결탁하여 정치적 성격이 농후. 농민항쟁은 명종·신종대에 가장 극심. 지역적 민란의 전국적 연대 실패(분산성) 및 지도자의 목표의식 결여와 근시안적 목표 설정(무계획성)이 한계.

1) **서북지방의 민란**(1172) 무신정권하에서 최초로 서북 지방의 창성·성천·철산에서 지방관의 수탈과 횡포에 항거하여 봉기.
2) **석영사(石令史)의 난**(1175) 한강 이남에서 문신과 내통하여 일으킨 최초의 천민란.
3) **명학소의 난**(1176) 망이·망소이가 일으킨 민란으로 그 세력이 커서 공주를 함락시켰으며, 정부에서는 회유책을 써서 명학소를 충순현으로 승격시켜 선무. 그 후 정부군이 다시 동원되자 재차 봉기하였다. 이 민란은 농민 반란의 성격과 더불어 신분해방운동.
4) **전주관노의 난**(1182) 기두(旗頭)인 죽동 등이 주동, 군인과 합세하여 조선독역(造船督役)에 반항.
5) **김사미의 난**(1193) 운문(청도)에서 남적(南賊)이 봉기하여 경주·초전(울산)과 연결.
6) **효심의 난**(1193) 초전에서 봉기하여 김사미와 연합전선을 구축.
7) **만적의 난**(1198) 개경에서 최충헌의 사노인 만적이 대규모의 반란을 시도. 최초의 노비 해방 운동으로 정권 탈취를 기도.
8) **명주(강릉) 농민의 난**(1199~1202) 동경(경주)의 난군인 이비·패좌와 합세하고, 진주의 노비군과 합천의 부곡민이 연합전선을 구축(신라부흥운동).
9) **광명·계발의 난**(1200) 진주의 노비 반란군과 합천의 노올(奴兀) 부곡 반란군이 연합하였으나 정방의와 정부군이 진압.
10) **탐라민란**(1202) 제주도에서 번석, 번수 등이 난을 일으켰으나 곧 평정.
11) **삼국부흥제기** 최광수(고구려, 1217), 이연년 형제(백제, 1237), 동경대반란(신라, 1202~1204) 등.

16 정답 ④ ·· (2007. 제2회 2급)

사료는 정도전의 과전법에 대한 논의이다. ④ 과전법하의 군인전은 고려 전시과체제의 군인전과는 달리 지목이 없었고, 갑사에게는 녹봉이, 지방 한량에게는 군전이 지급되었다.

전시과 군인전 중앙군 2군에게 지급, 군역을 계승할 자손이 있으면 세습.
과전법 군전 유향품관(지방 한량)에게 지급. 직전법(세조, 1466)실시 때 수신전·휼양전과 함께 폐지.

> **갑사** 왕실·공신·고관의 자제 중에서 무술시험으로 선발된 특수 고급 군인으로 의흥위에 소속. 실직에서 점차 체아직으로 바뀜. 복무 중 녹봉을 받으며, 퇴역시 높은 품계를 받음.

과전법의 토지의 종류

1) **공전(公田)** 내수사전(궁중 비용 충당), 둔전(군대 비용 충당), 목장전(목마장 경비 충당), 역전·진전·원전(교통기관의 비용 충당), 공해전(중앙 관청의 경비 조달을 위해 지급된 토지), 늠전(지방 관청의 경비조달용 토지), 제전(제사 비용에 충당), 학전(각급 교육기관에 준 토지로 점차 사전화됨), 과전(시(직)·산관에게 품계에 따라 지급하는 경기 토지(양반전)), 수신전(관리의 미망인이 받는 토지 : 무자식일 때는 2분의 1 세습, 재혼시는 몰수), 휼양전(관리와 처가 사망했을 때 자손이 받는 토지)
2) **사전(私田)** 공신전(공신에게 지급한 토지, 경기 외 토지도 지급), 별사전(준공신에게 지급한 토지, 경기 외 토지도 지급), 사원전(사전·사사전 : 사찰에게 준 토지(토지 기증은 금지)), **군전(한량(첨설관)에게 준 토지, 수신전·휼양전 명목으로 세습)**, 인리위전(향리(호장)에게 지급), 구분전(읍리·진척·역자에게 지급)
② **과전법의 급전대상** 과전법에서는 국가에서 토지를 급여하는 대상을 현·퇴직 관료로 명백히 규정하여, 천인은 물론 상인·수공업자·무당·창기·승려 등은 토지를 받을 수 없었고, 일반 농민도 급전 대상에서 제외.

17 전후 관계로 보아 (가) 시기에 해당하는 역사적 사실로 옳은 것은? [1점]

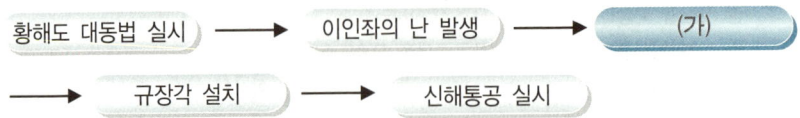

① 수원 화성을 완성하였다.
② 군포를 2 필에서 1 필로 줄였다.
③ 경상도에 대동법이 실시되었다.
④ 황사영 백서 사건이 발생하였다.
⑤ 안용복이 울릉도에서 일본인을 쫓아 냈다.

18 (가) ~ (다)의 탑에 대한 설명으로 옳지 않은 것은? [2점]

(가)  (나)  (다)

① (가) - 목탑 양식을 모방한 석탑이다.
② (가) - 백제의 미륵 신앙과 관련되어 있다.
③ (나) - 보수 과정에서 무구정광대다라니경이 발견되었다.
④ (나) - 통일 신라 석탑의 전형이라 할 수 있다.
⑤ (다) - 삼국 시대 때 신라에서 벽돌을 쌓아 건축하였다.

17 정답 ② ·· (2007. 제2회 2급)

(가) 시기는 이인좌의 난(1728) 이후 영조대(1729~1776)이다. ① 정조대(1796년), ② 영조대(1750년), ③ 숙종대(1677년), ④ 순조대(1801년), ⑤ 숙종대(1693년, 1696년)의 사실이다.

대동법의 전국적 실시 1708년(숙종 34)에 관찰사 이언경의 상소로 황해도에 담세를 참작하여 과세하는 상정법을 실시하면서 대동법을 함경도·평안도 등 잉류지역을 제외하고 전국적으로 시행.

이인좌의 난과 나주괘서사건 두 사건은 모두 노론과 소론의 정치적 갈등에서 비롯. 영조가 탕평책을 추구하였으나, 실제는 노론세력이 커지자 소론이 이에 불만을 품고 정변을 일으켜 세력을 만회해 보려던 움직임이었다. 기층민과 중간계층의 저항을 조직화하여 반정을 시도한 이인좌의 난(무신란(戊申亂))은 영조 4년(1728) 청주에서 일어났고, 나주 괘서사건도 영조 31년(1755) 윤지 등이 나주에서 모역을 도모하다가 발각된 사건이다. 두 차례의 움직임이 모두 실패하면서, 소론은 정계에서 그 위치가 크게 약화.

규장각 설치(일명 내각(內閣), 1776) 국왕 직속의 학술 및 정책연구기관(왕립 학술연구소)으로 육성. 역대 국왕의 문적을 수집·보관하기 위하여 창덕궁에 설치하였으나, 실제로는 진보적 학자들을 모아 붕당의 비대화를 막는 등 왕권을 강화하기 위한 정치적 목적으로 활용. 제학·부제학 등과 검서관으로 구성되었고 규장각의 각신은 승정원 승지와 같은 지위로 모든 중요회의에 참석하였으며 검서관은 서얼 출신도 발탁하였는데, 박제가·유득공·이덕무·서이수 등. 규장각의 기능은 다양하여 과거 주관과 교서관 기능을 흡수하여 서적을 인쇄하고(「규장총목」 간행), 내각일력(內閣日曆) 같은 역사도 기록하였으며, 원자 교육도 담당하며 지방 서원의 제사도 주재. 후일 강화에도 외규장각(外閣)을 설치(1781.3).

신해통공 실시(1791) 남인의 노론 정치 자금원 봉쇄 조치.

① **수원성(화성) 축성**(1794.1~1796.10의 34개월 소요) 천도의 일환으로 계획도시 추진, 정약용의 거중기 사용, 수원에 유수부를 설치하였고(수원 유수 : 채제공), 당시 동원된 장인과 농민에게 품삯을 지불. 그리고 한양과 화성을 오가는 신작로를 개수·신설.

② **균역법의 시행**(영조 18년, 1742) 양역의 폐단을 시정하고 군역제도의 개선을 위하여 양역사정청을 설치하고 양인의 호구조사를 실시하여 이를 바탕으로 영조 24년(1748)에 양역실총을 간행하고 영조 26년(1750)에 신만의 건의로 군포 2필을 1필로 줄여 군포의 부담율 감소시키고, 한량·교생 등 일부 상류 신분층에게도 선무군관포(한량이나 부유한 양인으로 뇌물을 바쳐 향교나 서원의 교생·원생을 칭하면서, 군포를 부담하지 않고 있던 자를 선무군·선무관(선무군관)이라 하여 합법적으로 지위를 인정해 주는 대신 군포를 징수하여 재정 수입을 보충)라 하여 군포 1필을 부과. 지주에게는 일종의 토지부과세인 결작(1결당 2두 : 결전 때는 5전 징수, 결포도 가능)을 징수하고(감필론·유포론과 결포론의 절충), 각 아문이나 궁방에서 받아들이던 어세·염세·선박세 등도 균역청에서 관할하였다(1753년 선혜청에 병합). 그리고 이획(移劃)이라 하여 지방 재정의 외획(外劃)의 일부를 균역청으로 이관.

④ **황사영 백서사건** 충청도 제천군 봉양면에 숨어서 포교하던 황사영(1775~1801)이 신유박해가 일어나자 혹독한 박해의 전말 보고와 그 대책을 흰 비단에 써서 베이징 주재 주교에 전달하려다가 발각된 밀서사건. 내용은 순교자의 약력, 국내 사정, 백성구호자금의 송달, 해군에 의한 조선정부 위협 요구 등이었다. 그러나 당시 조선의 당쟁이 천주교 탄압의 한 원인이 되었음은 어느 정도 인정할 수 있으나, 조선을 청에 복속시키고, 프랑스 군대를 요청하여 교도의 안전을 요구한 것 등은 반국가적인 행위로서 이해할 수 없는 내용이었다. 현재 로마교황청 민속박물관에 보존.

⑤ **안용복** 숙종 때 동래의 수군인 안용복이 일본 어민들을 울릉도로부터 축출하고, 두 차례(1693·1696) 일본까지 건너가 호키주 번주(藩主)를 만나 울릉도가 조선 영토임을 확인. 그 후, 정부에서는 울릉도 개척을 위해 주민의 이주를 장려했고, 울릉도를 군으로 승격시켜 독도까지 관할

18 정답 ⑤ ·· (2007. 제2회 2급)

(가) 익산 미륵사지석탑, (나) 불국사 3층석탑(석가탑), (다) 분황사 모전석탑이다. ⑤ 벽돌이 아니라 석재를 사용했는데 벽돌 모양을 흉내낸 모전석탑이다.

(가) **익산 미륵사지석탑** 사비시대 목조탑의 건축양식을 모방한 목탑형 석탑, 이를 계승한 균형미의 부여 정림사지 5층 석탑(일명 평제탑(平濟塔) : 1층 탑신에 소정방의 백제 멸망 기사 수록)

(나) **불국사 3층석탑**(석가탑, 무구정광탑) 세계 최고의 목판인쇄본인 무구정광대다라니경이 1966년 10월 복원 공사 당시 2층 탑신부에서 발견.

(다) **분황사 모전석탑** 돌을 벽돌모양으로 만들어 쌓은 탑(모전탑). 3층까지만 남아있다.

19 다음과 같은 생각이 널리 퍼졌던 시기의 사회 현상으로 볼 수 없는 것은? [2점]

> 부모와 자식 간의 정과 도리는 아들이건 딸이건 차이가 없지만, 딸은 부모가 살아 있을 때에 봉양하는 도리가 없고, 부모가 죽은 뒤에도 제사를 지내는 예가 없으니, 어찌 토지와 노비를 아들과 동등하게 나누어 주겠는가?

① 적장자가 주로 제사를 주관하였다.
② 친딸은 양자보다 상속 재산이 더 많아졌다.
③ 촌락 내에 같은 성씨의 집단 거주가 확대되었다.
④ 혼인 관행이 처가살이에서 시집살이로 바뀌었다.
⑤ 족보에서 자녀는 남, 여(사위)순으로 기재하였다.

20 다음은 조선 시대 읍성의 모습이다. (가)~(마) 건물에 대한 설명으로 옳지 않은 것은? [1점]

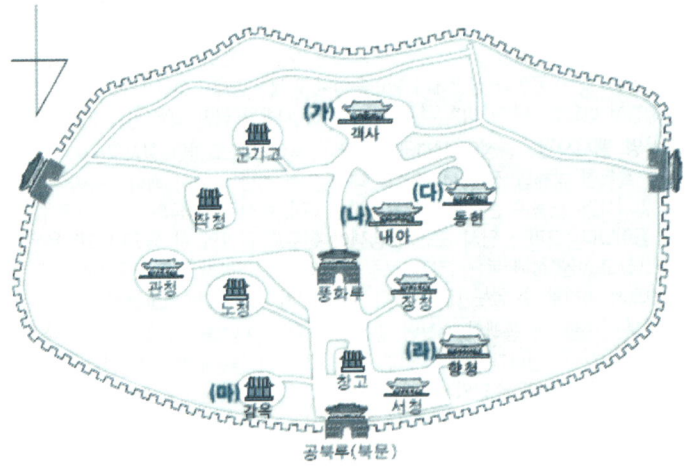

① (가) - 지방을 여행했던 관리나 사신의 숙소로 사용되었다.
② (나) - 수령이 생활하던 살림집이다.
③ (다) - 수령이 정무를 집행했던 관아 건물이다.
④ (라) - 향리인 육방이 행정 업무를 보던 곳이다.
⑤ (마) - 수령이 사법권을 행사했음을 알 수 있다.

19 정답 ② ·· (2007. 제2회 2급)

보기는 조선 후기의 사회상이다. ② 적장자 위주로 남자가 여자보다 상속에서 더 유리하였다.

② **상속제도** 적장자 상속을 원칙으로 하되 제사와 호주의 상속은 적장자가 없으면 적자 중에서 정하거나 첩의 아들로 하였다. 토지·노비 등의 재산 상속은 자녀 균분 상속에 따라 본처 자녀에게 고루 분배하되 제사를 계승할 적장자에게는 1/5를 더해 주고, 양첩 자녀에게는 본처 자녀의 1/7을, 천첩 자녀에게는 본처 자녀의 1/10을 나누어 주었다. 그러다가 17세기 후반 이후 적장자 단독 상속으로 바뀌져가 처음에는 딸이, 그리고 점차 장자 외의 아들도 제사나 재산 상속에서 그 권리를 잃어 갔다.

> **종법적 가족제도** 가부장제를 바탕으로 친족체계를 대종과 소종으로 나누어 적·서로 구분함과 동시에, 동성불혼·이성불양(異姓不養)·장자상속과 자녀차등상속 및 대가족제도 등을 내용으로 하는 조선사회를 지탱한 가족제도로 신분·관작·재산 등의 모든 권리와 의무가 상속.

③ **자연촌의 형성** 각 리·동은 수십 호의 자연촌으로 형성. 이러한 촌락에는 반촌·민촌의 구분이 있기도 하였지만, 대개 두너서 씨족이 서로 인척관계를 맺고 있었으며, 혼주지촌으로 양반·평민·천민이 섞여 거주. 농민들의 이주는 극히 어려웠으나, 양반들은 외가·처가 또는 농장이 있는 곳으로 이주가 가능. 반촌은 동성의 특정 성씨만이 아니라 친족·처족·외족 등의 동족으로 구성되어 다양한 성씨가 거주하는 이성잡거촌락이었다가 18세기 이후에는 동성촌락으로 발전.

> **특수촌락의 형성** 주민의 신분과 직역에 따라 특수한 촌락이 형성. 즉, 교통기관인 역·진·원에는 역촌·진촌·원촌이 형성되었고, 어장과 포구에는 어촌이 있었으며, 각종 수공업품과 광물을 생산하는 곳에는 점촌(店村)이 발달.

④ **결혼** 일부일처제를 기본으로 하였지만, 남자가 첩을 들일 수 있었기 때문에 엄밀한 의미의 일부일처제라고는 할 수 없었고, 남자는 15세, 여자는 14세 이상이면 가능하나 실제로는 20세 전후. 조선 중기까지도 혼인 후 남자가 여자 집에서 생활하는 경우(장가가기)가 있었으나 17세기 이후 부계 중심의 가족제도가 확립되면서 혼인 후 곧바로 남자 집에서 생활하는 친영(親迎)제도(시집가기)가 정착.

⑤ **조선후기 족보** 동족관념의 강화로 친손 중심으로 변화, 외손은 17세기까지는 3대, 19세기 이후에는 1대까지만 수록, 종전의 연령순에서 선남후녀 순으로 기재하고 종가사상이 강화. 딸은 사위 이름으로 기재하고, 딸이 재혼하였을 경우 후부(後夫)라 하여 재혼한 남편이 성명을 기재. 부인의 경우는 친정의 성관(姓貫)과 부친 가문의 조상이 기록. 처음에는 형제간에 항렬자(돌림자)를 사용하다가 점차 범위를 넓혀 후기에 와서는 가족적인 항렬이 동족적인 항렬로 확대되어 8촌간에도 같은 항렬을 사용.

20 정답 ④ ·· (2007. 제2회 2급)

④ 향청은 향안에 등록된 지방 양반들이 구성한 향촌자치기구이고, 수령의 보좌역인 향리들은 명부로 단안을 작성하고 작청을 조직하였다.

향촌자치조직 조선 정부는 향촌 자치를 인정하면서 중앙집권을 효율적으로 강화. 그리고 양반들의 전통적인 향촌자치조직으로 향집강·좌수·별감·향임·면임 등의 행정조직과 교임 등의 교육조직 그리고 장임·군교 등의 치안 담당 조직 등. 향촌은 중앙과 대칭되는 개념으로, 향은 행정 구역상 군현의 단위를 말하며, 촌은 촌락이나 마을을 의미.

향청(鄕廳)
1) **조직** 향안(鄕案)에 등록된 지방의 양반층인 토성품관 또는 유향품관으로 구성되었는데, 영남·기호 지방과 서울 5부 방리에 설치되었고 임원으로 장(長)인 좌수(향정)와 2명의 별감. 좌수는 임기 2년으로 선거로 추대되었으나 후기에 가서는 수령이 임명.
2) **변천** 여말 유향소(향사당·향소) → 세조 때 유향소 혁파(1468) → 성종 때 사림의 유향소 복립운동(1488) → 임란 후 향청(이아(貳衙))으로 명칭이 변경.
3) **기능** 수령 감시 및 보좌, 향리 규찰, 풍속 교정, 민정 대표, 정령 시달 등의 역할.
4) **향규** 유향소의 조직과 권능을 규정한 법규.
5) **변질** 점차 재지세력의 약화로 후기에는 수령이 향회를 주도하여 수령권이 강화.

21. 다음 그림이 수록되어 있는 조선 시대의 의궤는? [1점]

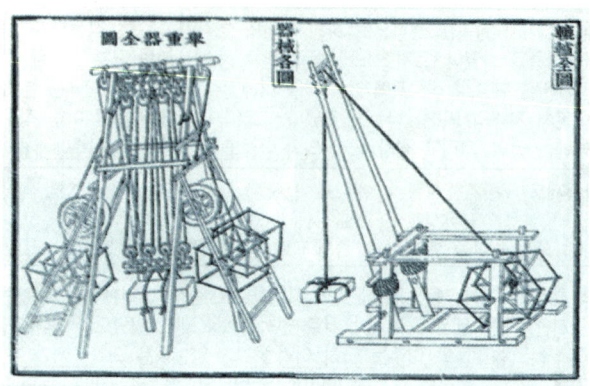

① 경모궁의궤
② 산릉도감의궤
③ 가례도감의궤
④ 공신도감의궤
⑤ 화성성역의궤

22. 학생들이 다음과 같은 주제를 정하여 탐구하고자 할 때, 참고 서적으로 적절한 것은?
[2점]

- 태범 : 조선 전기 압록강 이북의 지리와 북방 정책 연구
- 경연 : 고려 시대 이민족의 침입과 이에 대한 전술 탐구
- 덕수 : 조선 전기의 농업 기술과 생산성 조사
- 문영 : 강릉의 연혁과 전래 풍속, 인물 조사
- 현정 : 조선 세종 때의 한의학과 약재 조사

① 경연 - 병장도설
② 현정 - 동의보감
③ 태범 - 대동여지도
④ 덕수 - 향약집성방
⑤ 문영 - 신증동국여지승람

해설 및 정답

21 정답 ⑤ ·· (2007. 제2회 2급)

⑤ 그림은 화성(수원성) 축성시 당시 공사에 관련된 경비와 인력·기계·물자 등을 기록한 축성일지인 화성성역의궤이다. 현존하는 조선왕실의궤는 임란 이후 작성되었는데 의인왕후(懿仁王后)의 「빈전혼전도감의궤」와 「산릉도감의궤」가 최초의 의궤(선조 33, 1600)이다.

화성성역의궤 화성축성 후 1801년에 발간. 축성 계획, 제도, 법식뿐 아니라 당시 공사에 관련된 경비와 인력·기계·물자 등을 기록한 축성일지로 자세히 기록되어 있어 역사적 가치가 큰 것으로 평가

> **화성**(수원성) 천도의 일환으로 추진되었으며 종래의 성곽과는 달리, 화포를 배치하여 적을 공격할 수 있도록 석재와 벽돌을 섞어 건축한 전투용 성곽. 공학상으로도 견고할 뿐만 아니라, 우리나라의 전통적인 성곽양식의 장점을 살려서 축조한 조선중화주의를 상징하는 건축물인데 성곽의 4대문인 팔달문·장안문·창룡문·화서문 등은 다른 크기의 규모로 만들어졌다 (1997년 UNESCO 선정 세계문화유산). 정약용은 정조가 내려준 J. Terrenz의 「기기도설(奇器圖說)」을 참조하여 거중기·활차·녹로·유형차 등을 만들어 인적·물적 자원을 아꼈다. 당시 공사에 관련된 경비와 인력·기계·물자 등을 기록한 축성일지인 「화성성역의궤(華城城役儀軌)」가 전해지고 있다.

① **경모궁의궤**(정조) 사도세자와 경의왕후의 사당인 경모궁을 중심으로 기록한 의궤
② **산릉도감의궤** 조선의 국왕 및 후비(后妃)의 국장 때 산릉(山陵)에 관한 의절을 기록한 의궤
  빈전혼전도감의궤 조선의 국왕 및 후비(后妃)의 상사(喪事)가 났을 때, 습(襲)·염(斂)·성복(成服)·성빈(成殯) 및 혼전(魂殿)의 설치 등 일반적 의식을 기록한 의궤
③ **가례도감의궤** 국왕이나 왕세자가 결혼시 임시로 설치한 가례도감에서 의식 전반을 관장하고, 그 절차를 기록한 의궤
④ **공신도감의궤** 공신에게 상작을 내릴 때 두는 공신도감이라는 임시 관청에서 이에 관한 제반규정과 절차를 기록

22 정답 ⑤ ·· (2007. 제2회 2급)

⑤ 보기의 내용은 통치 기초 자료에 대한 설명인데 이들을 포함하는 것이 인문지리지이다. 인문지리지에는 영진(營鎭)의 설치 장소와 군정(軍丁)·전함(戰艦)의 수, 온천·염전·철광·목장·양마(良馬)의 유무, 각 섬의 수륙 교통의 원근과 인물 및 농토의 유무 등도 수록되어 지리적인 면뿐만 아니라 군사·행정·경제 등 다방면에 걸쳐 있어 종합적 성격을 보여주고 있다.

① **병장도설**(문종) 「진법」의 수정·보완으로 지휘·통신용 기구와 군대 편제·전투대형·군령 등을 수록.
  진도·진법(태조) 정도전이 요동 수복 계획시 작성하였는데 특수 전술·부대 편성 방법을 수록.
② **동의보감**(광해군, 1613) 허준이 병의 부문별로 편찬한 동양 의학 백과사전으로 중국·일본에서도 간행(2009년 7월 UNESCO 세계기록유산으로 등재).
③ **대동여지도**(철종, 1861) 김정호. 산맥·하천·포구·도로망 표시가 정밀한 대표적 지도, 대간과 정맥, 정맥에서 갈라져나간 산줄기를 차차 가늘게 그림으로써 「산경표」의 체계를 지도상에 구현. 22분 첩지도, 10리마다 눈금 표시, 목판 제작, 162,000분의 1 축척·대동여지전도 등을 제작.
④ **향약집성방**(세종, 1433) 세종 때 유효통이 당시까지의 우리 고유 의서와 중국 역대 의서를 인용해 700여종의 우리 약재와 질병을 57가지로 나누어 전통적인 요법을 집성.
⑤ **신증동국여지승람**(중종) 이행. 「동국여지승람」의 내용을 증보 수정, 당시의 경제·사회사 연구에 귀중한 자료(현재 전함)
  동국여지승람(성종) 강희맹. 성종 때 양성지가 편찬한 「팔도지리지」에 인문에 관한 것을 추가한 50권의 인문지리지의 완성본, 「동문선」의 시문 첨가(부전)

단군신화(건국내력) **수록 문헌** 「삼국유사」·「제왕운기」·「응제시주」·「세종실록지리지」·「동국여지승람」·「신증동국여지승람」

23 표는 기호 남인과 노론의 학통을 나타낸 것이다. (가) ~ (라)의 인물에 대한 설명으로 옳은 것을 〈보기〉에서 고른 것은? [2점]

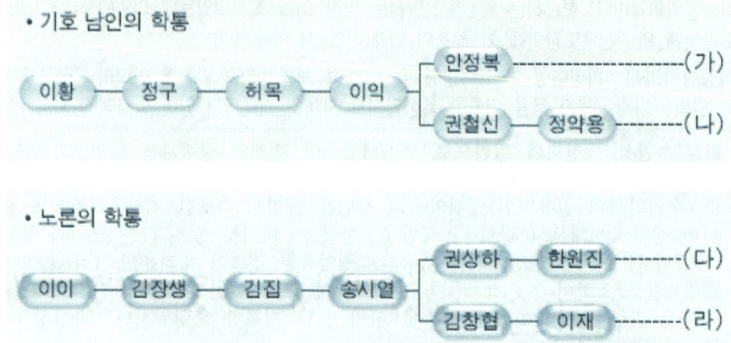

― 보 기 ―
㉠ (가)는 성리학의 입장에서 천주교를 배격하였다.
㉡ (나)는 순조 때에 천주교 박해로 탄압을 받았다.
㉢ (다)는 인물성동론(人物性同論)을 주장하였다.
㉣ (라)는 호론 계열의 대표적 인물이다.

① ㉠㉡ ② ㉠㉢ ③ ㉡㉢
④ ㉡㉣ ⑤ ㉢㉣

24 다음 글을 읽고 당시의 상황을 옳게 추론한 것을 〈보기〉에서 고른 것은? [2점]

> 바야흐로 금나라가 전성기를 맞아 우리나라를 신하로 삼으려 하였다. 여러 사람이 어지럽게 논의하였는데, 이 공(公)이 홀로 따지며 아뢰기를 "임금이 환란을 당하면 신하는 욕을 보게 되는 것이니, 신하는 감히 죽음을 아끼지 않습니다. 여진은 본래 우리나라 사람의 자손으로서 신하가 되어 차례로 우리 임금께 조공을 바쳐 왔고, 국경 근처에 사는 사람도 모두 오래 전부터 우리나라의 호적에 올라 있습니다. 우리나라가 어찌 거꾸로 그들의 신하가 될 수 있겠습니까?" 이때에 권신이 임금의 명령을 제멋대로 정하여 신하를 칭하면서 서약하는 글을 올렸다. 그러나 진정 인종의 맑은 마음에서 나오는 것이 아니었으므로 공이 매우 부끄러워하고 슬퍼하였다.
> 〈윤언이 묘지명〉

― 보 기 ―
㉠ 이 묘지명의 주인공은 자주파, 북진파의 인물이다.
㉡ 여진족은 윤관의 여진 정벌 이후부터 고려에 조공을 바쳐 왔다.
㉢ 이 시기에 이자겸과 김부식 등의 문벌 귀족들은 금에 대한 사대를 주장하였다.
㉣ 이자겸이 사대를 주장할 때 묘청 등의 서경파는 서경 천도와 금나라 정벌을 주장하였다.

① ㉠㉡ ② ㉠㉢ ③ ㉡㉢
④ ㉡㉣ ⑤ ㉢㉣

23 정답 ① ··· (2007. 제2회 2급)

(가) 성호 우파로 천주교를 배격하였고, (나) 성호 좌파로 천주교를 수용해 신유박해(1801) 때 탄압을 받았다. (다) 충청도 노론인 호론으로 인물성이론을, (라) 서울 노론인 낙론으로 인물성동론을 주장하였다.

남인 계열의 영남학파 향촌에서 향약과 서원을 통해 그 기반을 굳혀 간 남인 계열의 영남학파는 학문의 본원적 연구에 힘썼다. 영남학파는 그 후 주자의 학설을 정통으로 잇고자 하는 경상도 지방의 남인과, 이익·정약용 등과 같이 주자와는 다른 해석을 하여 독자적 철학세계를 구축하고자 한 경기도 지방의 남인으로 나뉘었다.

이익(1681~1763) 호는 성호(星湖), 학파 형성(근기남인학파), 허목의 학풍 계승

> **성호의 근기학파** 서학을 배척하는 성호 우파(안정복)와 서학을 수용하는 성호 좌파(이벽·권철신·정약용)으로 발전.

주기설의 발전 노론이 정계와 학계를 주도하면서 한동안 주기설이 우세하였으나, 점차 그 안에서도 분파가 생겨났다. 17세기 중엽 영남학파에서 시작된 인물성동이론논쟁(人物性同異論論爭)은 18세기 기호학파로 확산되어 주기론을 고집하는 충청도 지방의 노론(호론)과, 주리론도 포괄적으로 이해하고자 한 서울 지방의 노론(낙론) 사이에 호락논쟁(湖洛論爭)이 벌어지기도 하였다. 주기론은 그 후 한원진·임성주 등에 의해 계승.

≫ 호락논쟁(湖洛論爭, 호락시비) ≪

> 18세기 초 기호학파 권상하(1641~1721)의 문하인 한원진(1682~1750)과 이간(1677~1727)이 인물성동이론(人物性同異論)과 심체(心體)의 선악유무론(善惡有無論)을 대상으로 하여 1709~1715년까지 벌인 성리학 논쟁이다. 한원진은 「맹자」의 생지위성(生之謂性)의 주자주(朱子註)를 논거로 인물성이론(人物性異論)을 주장하였고, 이간은 「중용」의 천명지위성(天命之謂性)의 주자주(朱子註)를 논거로 인물성동론(人物性同論)을 주장했다. 스승 권상하와 윤봉구·최징후·채지홍 등은 한원진의 주장에, 김창협·김원행·박윤원·현상벽·박필주·이재 등은 이간의 주장에 찬동하였다. 한원진의 지지자들이 호서(湖西)지방에 살았고, 이간의 지지자들이 서울 낙하(洛下)에 살았기 때문에 이를 호락논쟁(湖洛論爭)이라고 불렀다. 그 후 100여 년 동안 계속된 호락논쟁은 학술적 논쟁을 넘어서서 학파 또는 당파로까지 발전하였다. 대부분 학자들이 양론을 지지하거나 비판하는 것으로 일관하였으나 임성주와 기정진은 양론을 모두 비판하여 새로운 이론을 구축하려 하였다.

한원진	호론(충청도)	이론	氣의 차별성 강조	화이론(북벌론) 위정척사론(김복한)	정약용에게 영향
이 간	낙론(서울)	동론	理의 보편성 강조	화이론 배격(북학론) → 개화사상, 위정척사론(이항로)	홍대용·박지원에게 영향

24 정답 ② ··· (2007. 제2회 2급)

윤언이(?~1149)는 윤관(?~1111)의 아들로 묘청과 절친한 북진 자주파였다. 그러나 묘청이 평양 천도를 주장하며 거병하자 김부식과 더불어 묘청 토벌에 나서 진압하였다. ⓒ 여진 정벌 이전부터 고려를 상국으로 모시며 향화(向化), 투화(投化)하였다. ⓔ 이자겸의 난(1126) 이후인 1128년 무렵 묘청 등 서경파는 서경천도론과 정금론(征金論)을 주장하였다.

서경파	묘청·백수한·정지상	풍수지리설	북진주의	금 정벌 (자립국가 확립)	신진관료	진보사상
개경파	김부식·김인존	유 학	사대주의	금 정벌 불능 (송의 이용 우려)	문벌귀족	보수사상
서경파	지역세력	불교·낭가	국풍파	고구려 유민세력	독립당	
개경파	족벌세력	유 교	한학파	신라 유민세력	사대당	

묘청의 서경천도운동(1135) 서경의 대화궁이 벼락을 맞아 소실되는 등 서경천도운동이 좌절되자 묘청 등 서북인은 분사를 이용하여 반란을 일으켜 국호를 대위(大爲), 연호를 천개(天開), 군대를 천견충의군(天遣忠義軍)이라 칭제건원 하였으나 왕을 새로 옹립하지는 않았다. 묘청 일파는 서북지방을 장악했으나 조광이 묘청을 살해하는 등 묘청 진영의 내분과 김부식·윤언이(윤관의 子)의 지구전법(持久戰法)에 의해 토벌. 서경세력의 몰락으로 서경의 분사제도 및 삼경제가 폐지되고(개경에 삼소제(三蘇制) 설치), 개경파 세력이 정권을 잡고 문치주의로 흐르면서 무신란의 배경.

25. 다음 두 자료와 관계가 깊은 조선 후기 상인에 대하여 바르게 설명한 것을 〈보기〉에서 고른 것은? [3점]

(나) 형조에서 아뢰기를 "이번에 난민의 무리가 불을 지르고 집을 들이부수며 파괴한 일은 진실로 하나의 변괴이니, 그 날의 도당을 다 베어 죽인다 하여도 지나침은 없을 것입니다. …… (이번 민란의 근본 원인은) 대개 강상(江上)에 곡식을 모아 둔 것이 올해와 같이 많은 적이 없었던 까닭으로, 2월 10일부터 15일 사이에 쌀 값이 조금 헐하여져서 백성이 이에 힘입어 편안하게 살 수 있었습니다. 그런데 강가의 상인들은 쌓아 둔 곡식 값이 뛰어오르지 않는 것을 안타깝게 여겨 여각과 객주들을 지휘하여 곡식을 감추게 하고, 저잣거리의 백성들과 호응하여 값을 올리게 하였던 것입니다." <순조실록, 순조 33년 3월>

| 보 기 |

㉠ 선박 운송업에 종사하면서 거상으로 성장하고, 주로 쌀, 소금 등을 독점 판매하였다.
㉡ 한강 유역의 포구를 중심으로 활동하고, 그들의 선박은 배다리 설치에 이용되기도 하였다.
㉢ 각 지역에 지점을 설치하여 상권을 전국으로 확대하고, 중국과의 국제 무역에서도 크게 활약하였다.
㉣ 선혜청, 상평청, 진휼청, 호조 등에서 공가(貢價)를 받아 공물을 사서 납부하며, 상업 자본을 축적하고 있었다.

① ㉠㉡   ② ㉠㉢   ③ ㉡㉢
④ ㉡㉣   ⑤ ㉢㉣

26. 조선 시대 특정 지역, 특정 성씨의 혼인 관계를 조사하려고 할 때, 필요한 자료를 〈보기〉에서 모두 고른 것은? [2점]

| 보 기 |

㉠ 향 규   ㉡ 교 지   ㉢ 보 첩
㉣ 호구 단자   ㉤ 호적 대장   ㉥ 산송 문서

① ㉠㉥   ② ㉡㉣   ③ ㉡㉣㉤
④ ㉡㉤㉥   ⑤ ㉢㉣㉤

25 정답 ① ·· (2007. 제2회 2급)

보기의 상인은 한강을 무대로 상업 활동을 한 경강상인(강상, 강주인)이다. 그들은 운송업에 종사하면서 조선도고로 성장하였으며 한강(경강)·서강·용산강 등 3강을 근거로 삼아 미곡·소금·어물 등의 운송과 판매를 장악하였다. ⓒ 송상, ② 공인에 대한 설명이다.

사상의 성장 사상에는 육상과 선상이 있었는데 그들의 활동 본거지에 따라 개성의 송상, 평양(유경)의 유상, 의주(만부)의 만상, 동래의 내상 등으로 불리어졌다.

1) **송상** 보부상과 연계하여 전국에 송방(松房)이라는 지점을 설치하여 주로 인삼을 인공 재배·판매하고, 광업·제지업·유기공업에 종사하며 만상과 내상을 중계하며 대외무역에도 깊이 관여하여 부를 축적하였다. 그들은 홍삼제조장인 증포소(蒸包所)를 운영하였고, 송도사개부기(松都四介簿記, 복식부기), 주판·어음 등을 사용. 송상들은 지역적 차별과 정치적 진출 차단으로 조선 왕조에 불만이 고조되어 조선 후기 민란의 재정적 후원자가 되었다.

2) **경강상인** 운송업에 종사하면서 한강(경강)·서강·용산강 등 3강(三江)을 근거로 삼아 미곡·소금·어물 등의 운송과 판매를 장악하였다. 조선도고(造船都賈)로 성장하여 강주인(강상)으로 불리어졌으며 그들의 선박은 배다리(주교) 설치에 이용.

3) **만상** 의주상인으로 중국 파견 사신을 수행하여 홍삼 80근을 휴대하고 교역하는 것을 허락받았다(일명 팔포대상).

26 정답 ⑤ ·· (2007. 제2회 2급)

㉠ 향청의 법규, ㉡ 종4품 이상의 대부(大夫)들이 국왕으로부터 받은 임명장, ㉥ 풍수설과 재산권 문제로 비롯된 양반간의 묘지쟁탈문서이다.

- ㉠ **향규** 유향소의 조직과 권능을 규정한 법규
- ㉡ **교지** 종4품 이상의 대부(大夫)는 국왕이 교지(敎旨)의 형식으로 관고(官誥, 임명장)를 부여하고, 정5품 이하의 랑(郎, 士)은 전조(銓曹)의 낭관과 당상의 결재를 받아 대간의 서경을 거쳐 임명하고 교첩(敎牒)을 발급함.
- ㉢ **족보의 별칭** 세보(世譜)·파보(派譜)·가보(家譜)·보첩(譜牒)·대동보(大同譜)·가승(家乘)·화수보(花樹譜)
- ㉣ **호구단자** ㉤ **호적대장**

> ≫ **조선시대의 호적** ≪
>
> 1. **발급절차** 백성이 3년에 한 번씩 호구단자를 작성하여 자신의 호구를 신고하면 각읍에서는 제출된 호구단자가 사실에 맞는가를 확인하여 호구를 호적대장에 등재한 후, 호구 수를 확인하고 제출한 호주에게 돌려준다. 그 후 각 읍에서는 호적대장을 3부 작성하여 호조 또는 한성부·감영 또는 본 군현에 올려 보내고 1부는 읍에 남겨 군역 차출, 신분 확인, 노비 추심 및 소송자료로 이용. 또한 백성이 역시 위와 같은 목적에서 문서를 발급받아 증명할 필요가 있을 때는 호적대장에 근거하여 수령의 관아에서 준호구를 발급. 그리고 호적을 종이 호패인 지패(紙牌)라고 하였는데 호패(號牌)와 더불어 호패(戶牌)라 불렸다.
> 2. **기재내용** 먼저 ① 읍(邑)·면(面)·리(里)를 기재하고, ② 호주와 호주의 처를 기재하며, ③ 솔거인(奉居人), 즉 자(子), 자부(子婦), 질(姪) 등을 기재하였고, 마지막으로 ④ 노비와 고공(雇工) 등을 기재. 호주와 호주의 처의 경우에는 호주의 나이, 본관, 4조(부, 조·증조, 외조)를 기재하였으며, 솔자(奉子)의 경우에는 직역과 이름, 연령을, 자부(子婦)의 경우에는 성씨, 나이, 본관[양반인 경우에는 '적(籍)'이라고 쓰고, 평민 이하인 경우에는 '본(本)'이라고 씀]을 기재. 노비의 경우에는 이름, 나이, 부모의 이름과 신분 및 부(夫), 처(妻)의 이름과 도망 여부를 기재. 마지막으로 호구단자의 제출연도와 신고인인 호수(戶首)의 성명을 쓰고 마지막에 수결(手決). 이렇게 신고된 호구단자는 관에서 향리(호적리)가 사실과 맞는가, 남녀 각각 몇 명인가를 확인하고 이를 토대로 호적대장을 작성한 후 신고인에게 돌려주었다.
> 3. **용도와 기능** 호적은 신분 변별 및 가계의 파악·군역 징발·요역 차출·노비 소유권 확인 등 여러 목적에서 작성. 정약용은 「목민심서」에서 "호적은 여러 부세의 원천이요, 여러 요역의 근본이다. 호적이 있은 연후에야 부역이 균평해진다"라고 말하고 있는데, 이는 호적의 근본 목적이 부역 징발에 있다는 것을 말해준다.

27. 다음 서적을 쓴 인물과 관련된 설명으로 옳은 것은? [2점]

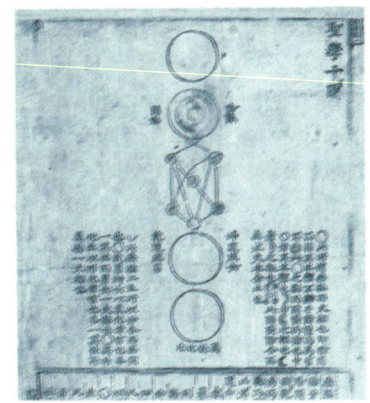

① 기(氣)보다는 이(理)를 중심으로 세계를 이해하였다.
② 지행합일과 심학(心學)을 강조하는 학풍을 지지했다.
③ 불교와 노장 사상에 대해서 개방적인 태도를 취했다.
④ 통치 체제의 정비와 수취 제도의 개혁 방안을 제시하였다.
⑤ 현명한 신하가 성학을 군주에게 가르쳐야 한다고 주장하였다.

28. 다음은 조선 시대에 발간된 족보의 일부이다. 이 족보에서 보이는 당시의 족보 기재 방식과 사회상에 대한 설명으로 옳지 않은 것은? [1점]

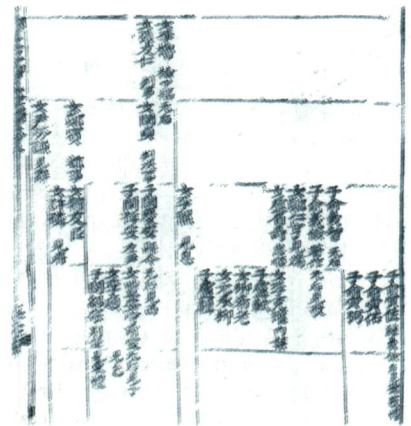

① 장남이 제사를 전담하였다.
② 딸의 경우에는 딸의 이름 대신 배우자(사위)의 이름을 기재하였다.
③ 반드시 아들을 먼저 기재하지 않고, 아들과 딸 중의 출생순으로 기재하였다.
④ 이러한 족보 기재 방식은 아들과 딸의 재산 상속 방식과 궤를 같이하고 있다.
⑤ 아들만이 아니라 딸의 후손도 모두 수록하여, 일종의 만성보(萬姓譜) 성격을 가졌다.

해설 및 정답

27 정답 ① ·· (2007. 제2회 2급)

보기의 서적은 퇴계 이황의 「성학십도」이다. ② 양명학에 대해 비판적인 「전습록변」을 저술, ③ 서경덕, 조식의 학풍, ④⑤ 이이의 입장이고, 퇴계는 군주 스스로가 성학을 따를 것을 제시하였다.

이황(1501~1570) 주리파의 완성자로서 이황은 이(理)의 능동성을 강조하는 이동설(理動說)을 주장하고 이기이원론에 입각하여 소위 사단칠정(四端七情)에 대하여 기대승(호 : 고봉(高峰), 1527~1572)과 논쟁을 벌여 유명. 그는 영남학파의 태두로 유성룡·김성일·정구 등의 제자를 배출시켰으며, 일본 학계에 큰 영향. 특히 백운동서원을 소수서원으로 공인케 하고, 예안향약을 실시하고 도산서원에서 후진을 양성하였으며, 「성학십도(聖學十圖)」·「이학통록」·「자성록」·「심경석의」·「주자서절요」·「도산십이곡」·「전습록변(양명학 비판)」·「계몽전의」 등 저서를 남겼으며, 동방의 주자.

② **양명학** 지행합일(知行合一)의 실천성을 중시하는 양명학의 사상체계는 두 차례의 전란을 겪으면서 그 의미가 새로이 인식. 양명학에서는 알았다고 하여도 행하지 아니하였다고 하면 그 앎은 진정한 앎이 아니니, 앎이 있다면 곧 행함이 있어야 한다고 주장하였고, 모든 인간은 양지(良知)라는 선험적 지식을 가지고 태어나는데 양지는 사물을 바로 인식함으로써 완성. 16세기 중종 때 전래되어 서경덕 학파와 종친들 사이에 점차 확산되어 갔다. 그러나 이황이 왕양명의 「전습록」을 비판하여 왕양명을 광자(狂者)로 배척한 「전습록변」을 저술하였고, 유성룡도 왕양명이 주자학을 비판한 것을 조목별로 반박.

③ **서경덕과 조식** 서경덕은 이(理)보다는 기(氣)를 중심으로 세계를 이해하고 불교와 노장 사상에 대해서 개방적인 태도를 지녔다. 역시 노장사상에 포용적이었던 조식은 성성자(惺惺子)라는 방울과 칼을 찬 유학자로 유명한데 학문의 실천성을 특히 강조. 서경덕과 조식을 중심으로 한 이러한 학문 경향은 16세기 중반 이후 하나의 중요한 사상적 조류를 형성.

④ **이이**(1536~1584) 주기파의 완성자로서 이이는 주기론 입장에서 관념적 도덕세계와 경험적 현실 세계를 동시에 존중하는 이기일원적 이원론에 입각하여 퇴계와 함께 조선 유학의 최고봉. 명종 19년(1564)까지 구도장원공(九度壯元公)인 그는 도시 상업 문화와 농촌 농업 문화의 갈등을 새로운 철학체계로써 극복하려 하였고, 형이하(形而下)의 현실 세계를 개혁해야 형이상(形而上)이 바로 선다는 제도 개혁을 주장. 또 그는 기호학파의 종사(宗師)로서 송익필·김장생·정엽·이귀 등의 문인을 배출시켰으며, 퇴계보다 많은 정치 업적을. 그는 붕당을 직접 조정하였고, 여진 추장 니탕개의 난을 진압하였으며(1583), 서얼허통법과 노양처소생종모법을 입안, 10만양병설과 대공수미법 실시를 주장, 서원·파주·해주향약 등을 실시. 그는 「독사론」·「성학집요(치도의 근원으로 「대학」 강조)」·「격몽요결」·「고산구곡가」·「안민책 5강요」·「경연일기(經筵(석담)日記)」 등의 저서를 남겼으며, 역사 해석에서 결과보다 동기의 선악을 중요시하였고, 시대에 따른 변법경장의 시세불일론(時勢不一論)을 주장.

⑤

	퇴계 이황	율곡 이이
철학적 성향	주리론(主理論)	주기론(主氣論)
욕망문제	생리적 욕망의 혐오	생리적 욕망의 긍정
인간의 현실	순수한 사단과 불순한 칠정의 대립	욕망인 칠정의 순화가 사단
사회적 태도	은 둔	참 여
학문적 지향영역	교육·종교	철학·과학
성학에 대한 군주상	군주 스스로가 성학을 따를 것을 제시 (성학십도)	현명한 신하가 성학을 군주에게 가르칠 것을 제시 (성학집요)

28 정답 ① ·· (2007. 제2회 2급)

보기의 족보는 조선 전기로 아들과 딸 중 출생순으로 기재하였으며, 자녀가 없을 경우 무후(无后)라고 기재하여 양자들 들이지 않았고, 친손과 함께 외손도 기재하는 쌍계(양측)적 친족체계로 만성보·자손보의 성격이 강하였다. ① 조선 후기의 역사적 사실이다.

②③④ **여성 기재** 딸은 사위 이름으로 기재하고, 딸이 재혼하였을 경우 후부(後夫)라 하여 재혼한 남편이 성명을 기재하였다. 부인의 경우는 친정의 성관(姓貫)과 부친 가문의 조상이 기록.

29 다음과 같은 배경에서 실시된 조선 총독부 정책의 결과로 옳은 것은? [2점]

> 일본 내 쌀 소비는 연간 약 6500만 석인데 생산고는 약 5800만 석을 넘지 못해 해마다 그 부족분을 제국 반도 및 외국의 공급에 의지하는 형편이다. …… 장래 쌀의 공급은 계속 부족해질 것이고, 따라서 지금 미곡의 증수 계획을 수립하여 일본 제국의 식량 문제를 해결하는 데 도움을 주는 것은 진실로 국책상 급무라고 믿는다.
> <조선 산미 증식 계획 요강, 1926.>

① 지주와 소작농이 줄어들고 자작농이 늘어났다.
② 조선인 1인당 연간 쌀 소비량은 점차 증가하였다.
③ 쌀 생산량이 늘어 조선 농민의 생활이 크게 향상되었다.
④ 일본으로의 쌀 반출량이 증가하여 목표량에 근접하였다.
⑤ 조선의 부족한 식량은 연해주에서 들여오는 잡곡으로 대신하였다.

30 다음 법령의 시행과 관련된 설명으로 옳지 않은 것은? [2점]

> 제5조 정부는 다음에 의하여 농지를 매수한다.
>   1. 다음의 농지는 정부에 귀속한다.
>   (가) 법령 및 조약에 의하여 몰수 또는 국유로 된 농지
>   (나) 소유권의 명의가 분명하지 않은 농지
>   2. 다음의 농지는 본 법 규정에 의하여 정부가 매수한다.
>   (가) 농가 아닌 자의 농지
>   (나) 자경하지 않는 자의 농지 ……

① 유상 매수, 유상 분배의 원칙이 적용되었다.
② 토지의 매수 가격은 연평균 생산량의 1.5배였다.
③ 미군정기에 신한 공사에 의해 추진, 완료되었다.
④ 농지의 분배는 농가당 3정보를 초과할 수 없게 하였다.
⑤ 지주 계급이 몰락하고 자작농이 육성되는 계기가 되었다.

29 정답 ④ ··· (2007. 제2회 2급)

사료는 1920년대 일제가 시도한 산미증식계획이다. ① 소작농 증가, ② 소비량 감소, ③ 일본으로 반출되는 미곡이 증가하여 농민생활 궁핍, ⑤ 연해주가 아니라 만주에서 수입되었다.

산미증식계획(1920~1933) 일본에서의 독점자본 급성장으로 농촌희생이 강요되어 쌀값이 폭등하고 전국적인 쌀소동(1918)이 일어나는 등, 식량 부족 문제를 해결하기 위해 조선을 식량 공급지로 전환시키는 제국주의 식량수탈 본격화. 1920년부터 30년 계획으로 잡아 1차 계획을 15년 기간으로 하여 시작.

1) **과정** 목표 기간을 달성하지 못한 채 경제공황으로 1934년 중단되었으나 당초의 계획에는 미달하였지만 목표량대로 어느 정도 수탈. ① **토지 개량** : 미간지 개간과 천수답의 수리답화를 꾀한 것인데, 실제로는 수리지역 내의 소작료 인상, 수세(수리조합비)의 소작농 전가 등. 중소지주 및 자작농·자소작농의 몰락을 가져와 지주 대 소작농의 계급적 양극화 현상이 심화. ② **농사 개량** : 우량 품종 개량·농법 개량·시비 개량을 통한 산미증식으로 지주의 농사 간섭과 소작농 지배가 심화되어 비료대를 전가함으로써 소작농의 불만과 부담 가중. ③ **수리조합** : 반관제조직으로 관개사업 담당. 몇몇 대지주의 일방적 결정에 의해 조합 결성. 농민들은 토지를 상실 또는 강제 편입되어 과중한 수리조합비 부담.

2) **계획이 예정대로 되지 못한 원인** ① **토지 겸병** : 토지의 매입 경영에서 더 높은 이윤을 얻을 수 있었기 때문에 토지겸병에 더 적극적. ② **소작쟁의** : 조선 농민의 자발적인 참여 없이 총독부와 일본 자본 및 지주의 이해관계를 중심으로 계획되고 실시. ③ **대공황의 여파** 1930년 이후 정부 알선 자금이 급격히 감소하고 쌀값 하락으로 수리조합의 경영이 악화되었기 때문에 실적이 부진, 이러한 상황에서 일본 농민들이 조선쌀의 이입을 반대함에 따라 조선토지개량주식회사도 해산하고 산미증식계획은 중단.

3) **결과** 쌀의 수탈과 수리조합비, 비료 대금의 부담 등으로 생활이 어렵게 된 농민들은 만주나 연해주로 이주하거나 화전민으로 전락.

4) **영향** 한국의 절대 식량 부족, 농민 생활의 궁핍, 벼농사 편중의 농업 형태인 단작화, 소작쟁의 발생, 수리시설을 갖춘 논의 증가, 일본 우량 품종의 농촌 보급, 화학비료 투입량의 증가, 만성적 농촌공황 초래, 소작농·농업 노동자의 대량 배출로 농민층의 분해가 급속도로 진행. ① **만주산 잡곡 수입** ② **수리조합 설치** : 수리조합은 1919년 12개이던 것이 1934년 192개로 증가.

> 1929~1930년 일본이 수탈량이 줄어든 이유 경제공황으로 인한 일본 농촌 문제를 해결하기 위함인데, 양질의 저렴한 조선 미곡의 대량 유입으로 인한 일본 미곡가의 하락 예방을 위해.

5) **농업구조의 재편성** ① **미작개량사업 추진** : 미작개량사업이 추진되고, 면화·양잠 등의 개량종이 보급. ② **무단농정 실시** : 일본 자본주의의 발전에 따라 일본 노동자를 위한 저임금·저곡가정책을 유지하기 위하여 무단농정을 실시하여 품종을 개량하고 증산량보다도 많은 양을 수탈.

30 정답 ③ ··· (2007. 제2회 2급)

① 보기의 법령은 해방 후 제1공화국에서 시행된 농지개혁법이다. 신한공사는 1946년 2월 미군정 법령으로 설립된 미군정청의 토지관리회사인데 1948년 3월 남조선과도정부령으로 해체되었다.

농지개혁 '농지는 농민에게 분배한다'는 제헌헌법 제86조의 규정에 따라 종래 소작제도를 철폐하여 경자유전을 실현하고 지주의 토지와 신한공사 관리의 적산농지를 유상매(몰)수하여 소작인에게 유상분배. 산림과 임야 등 비경작지(과수원·종묘포·상전)와 농우(農牛)와 머슴은 분배 대상에서 제외.

1) **입안과정** ① **정부안** : 3정보(ha) 이내의 유상분배, 농지의 매수가격을 연평균 생산량의 2배로 하고 정부가 3년 거치 10년 균등으로 지주에게 보상, 농민은 연평균 생산량의 2배인 지가를 10년간 균등 분할상환. ② **한민당 주도의 국회안**(1949.3.10) : 보상액과 상환액을 평년작의 3배. ③ **국회통과안**(1949.4.28) : 보상액을 평년작의 1.5배로 하고 농민의 상환액은 1.25배, 상환기간은 5년(1949.6, 농지개혁법 공포). ④ **국회통과안**(1950.3.10, 최종안) : 3정보를 초과하는 지주의 토지를 국가에서 유상으로 매수하여 지가증권을 발급하여 농지 연수확량의 150%를 한도로 5년에 걸쳐 보상하고, 영세 소작농에게 3정보 한도로 유상분배하여 5년간 수확량(농산물)의 30%씩 현물로 상환.

2) **실시** 북한은 이미 1946년 3월 무상몰수·무상분배 원칙에 의한 전면적 토지개혁을 이루었으나, 남한에서는 단독정부 수립 후 1950년 3월 10일에 농지개혁법이 공포되고, 1950년 6월 23일 실시.

3) **결과** 소작제를 영구폐지하고 지주를 부농화하고 자작농이 대거 출현하였으나, 개혁 실시까지 오랜 시일을 끌어 많은 소작지가 개별적으로 매매되어 농지개혁의 대상 토지가 줄어 개혁효과 감소, 지주를 산업자본가로의 전환시키려는 정부의 의도 실패, 지가증권의 화폐교환이 어려워 산업자본으로 전환하려는 정부의 계획도 실패. 그러나 토지자본은 산업자본으로 전환되어 그 후 자본주의의 밑거름.

31 다음 개혁안과 가장 관련이 깊은 사실은? [1점]

- 탐관오리의 그 죄목을 조사하여 엄징할 것.
- 노비 문서는 태워 버릴 것.
- 칠반천인(七班賤人)의 대우를 개선하고 백정 머리에 씌우는 평량갓을 벗게 할 것.
- 무명잡세는 모두 폐지할 것.
- 왜와 내통하는 자는 엄징할 것.

① 정부가 교정청을 설치하였다.
② 전라도 각지에 집강소를 설치하였다.
③ 김홍집을 수반으로 한 내각이 설립되었다.
④ 군기처를 폐지하고 내아문과 외아문을 설치하였다.
⑤ 청이 마젠창과 묄렌도르프를 고문으로 파견하였다.

32 다음 신문 기사에서 밑줄 친 문화재를 〈보기〉에서 고른 것은? [2점]

평양이 고구려 유적의 보고라면 고려의 수도였던 개성은 고려 유적의 보고이다. 이제 경의선 시험 운행도 이루어졌고, 앞으로 개성 관광도 이루어진다고 하니, 머지않아 개성의 문화재를 볼 수 있을 것이다. 〈○○신문 ○○년 ○월 ○일〉

보기
㉠ 보통문
㉡ 현무도
㉢ 영통사 대각국사비
㉣ 현화사 7층 석탑
㉤ 선죽교

① ㉠㉡㉣ ② ㉠㉢㉤ ③ ㉡㉢㉣
④ ㉡㉢㉤ ⑤ ㉢㉣㉤

31 정답 ② ·· (2007. 제2회 2급)

사료는 동학농민군의 폐정개혁안이다. ①③ 갑오개혁의 내용이고, ④⑤ 임오군란 후의 청의 내정 간섭이다.

동학농민군의 폐정개혁안 전주화약시 신임 전라 관찰사 김학진(편의종사(便宜從事), 농민군에 대해 우호적임)과 전봉준은 전라감영(宣化堂)에서 청·일 양국군의 개입 위험과 전라도 일대의 치안 복구를 위하여 관민이 서로 화합할 방도로 관민상화지책(官民相和之策)를 약속했고 이어 농민군은 폐정개혁에 착수. 당시 농민군이 제시한 폐정개혁안인 원정(原情)은 27개조였다(김윤식의 「속음청사」 14조목과 정교의 「대한계년사」 13조목에 근거). 폐정개혁안의 수락을 조건으로 강화하고 전주성에 철병.

집강소 고을의 접주를 집강이라 부른 데서 유래한 집강소는 혁명위원회 성격을 띤 우리 역사상 최초의 민정기구로 농민적 향권의 구현. 운봉·남원·나주 등을 제외한 전라도 53개 군과 충청도·경상도 일대에 설치되고 전주에는 대도소가 설치. 한 사람의 집강과 그 아래에 서기, 성찰, 집사, 동몽 등의 임원을 두었고, 주요 사업으로 신분제 폐지, 삼정의 개혁, 고리채의 무효화, 지주제 개혁, 조세 징수, 치안 유지 등의 폐정개혁을 담당.

> **집강소의 별칭** 도소(都所)·대도소(大都所)·행군의소(行軍義所)·대의소(大義所)

> **≫ 동학 12개조폐정개혁안(집강소의 강령, 오지영의 「역사소설 동학사」, 1940년 중간본) ≪**
>
> 1. 동학도인과 정부 사이에 숙혐(宿嫌)을 씻어 버리고 서정(庶政)에 협력할 것
> 2. 탐관오리는 그 죄목을 사득(査得)하여 일일이 엄징할 것
> 3. 횡포한 부호배(富豪輩)는 엄징할 것
> 4. 불량한 유림과 양반배는 징습(懲習)할 것
> 5. 노비문서는 불태워 버릴 것
> 6. 7반천인(七班賤人)의 대우를 개선하고 백정이 머리에 쓰는 평량립(平凉笠)은 벗겨 버릴 것(7 반천인 : 백정·장인, 기생, 노비, 상여꾼, 무당, 판수 또는 광대)
> 7. 청춘과부(靑春寡婦)의 개가를 허락할 것
> 8. 무명잡세(無名雜稅)는 모두 거두지 말 것
> 9. 관리의 채용은 지벌(地閥)을 타파하고 인재를 등용할 것
> 10. 왜와 간통한 자는 엄징할 것
> 11. 공사채를 물론하고 기왕의 것은 모두 무효로 할 것
> 12. 토지는 평균으로 나누어 경작하게 할 것   (5, 6, 7, 8, 9조는 갑오개혁에 반영됨.)

32 정답 ⑤ ·· (2007. 제2회 2급)

㉠ 평양에 있는 조선 전기 건축물, ㉡ 평남 강서군 우현리에 있는 고구려 사신도 벽화이다.

- **㉠ 평양 보통문** 6세기 중엽 고구려가 평양성을 쌓을 때 성의 서문으로 세웠으며, 현재 건물은 조선시대인 1473년에 새로 지은 것. 이 문은 평양성 서북쪽 방향으로 통하는 관문으로 국방상·교통상 중요한 위치에 있었기 때문에 고구려시대부터 고려·조선 시대에 이르기까지 중요시. 현존하는 한국 성문 가운데 가장 오래된 것.
- **㉢ 영통사 대각국사비** 개성시 용흥리 소재. 고려의 불교를 통일한 천태종의 개조 대각국사 의천(義天)의 사적을 새긴 비. 대각국사 의천이 송나라에서 천태종과 화엄종을 배우고 돌아와 천태종을 개창하기까지의 행적이 기록. 당시의 서체와 서적간행 관계 등을 연구하는 데 귀중한 자료가 되며, 특히 혜소의 글씨는 명필이다. 지대석을 이루는 바닥돌은 고려시대의 석비들 중에서 가장 크며, 옥개석의 특이한 형식은 12세기경 고려의 조형미술 연구에 귀중한 자료이다.
- **㉣ 현화사 7층 석탑** 고려전기 석탑 개성 불일사 5층 석탑(광종), 부여 무량사 5층 석탑(고려 초), 원주 흥법사지 3층 석탑(고려 초), 흥국사지 석탑(현종, 강감찬이 거란 침입후 국태민안을 기원하며 건립, 신라 양식 계승), 현화사 7층 석탑(현종, 고려의 독특한 양식), 월정사 팔각 9층 석탑, 운주사 9층 석탑, 신륵사 다층 벽돌탑 등이 건립되었는데 전체적으로 보면 신라 양식에서 이탈.

33. 지도에 표시된 (가) 지역에 대한 설명으로 옳지 않은 것은? [2점]

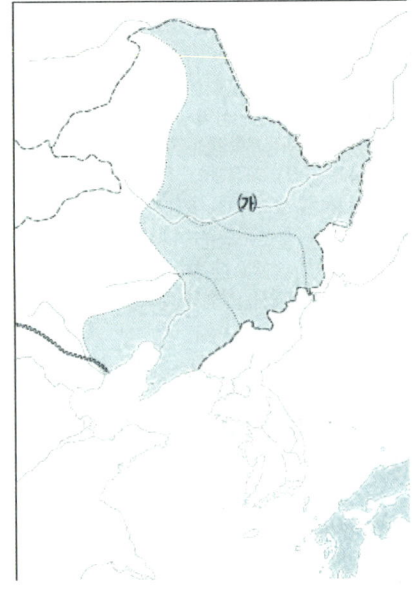

① 고조선, 고구려, 발해 시대의 유적이 널리 분포되어 있다.
② 최근까지 약 200만에 달하는 조선족이 밀집하여 거주하고 있었다.
③ 1860년, 베이징 조약에 의해 러시아령이 되어 러시아 군대가 주둔하였다.
④ 1932년, 푸이를 명목상의 국가 원수로 하는 일본의 괴뢰정부가 수립되었다.
⑤ 중국 정부는 이 지역의 역사, 지리, 민족 등에 대한 동북공정을 진행하고 있다.

34. 다음에서 설명하는 여성 단체는? [2점]

> 우리 여성은 각 시대를 통하여 가장 불리한 지위에 서 있어 왔다. …… 조선 여성 운동은 세계 사정 및 조선 사정에 의하여 또 조선 여성의 성숙 정도에 의하여 바야흐로 한 중대한 계급으로 진전하였다. 부분적으로 분산되어 있던 운동이 전선적 협동 전선으로 조직된다. 여성의 각층에 공통되는 당면의 운동 목표가 발견되고 운동 방침이 결정된다. …… 조선 여성에게 얽혀져 있는 각종의 불합리는 그것을 일반적으로 요약하면 봉건적 유물과 현대적 모순이니, 이 양 시대적 불 합리에 대하여 투쟁함에 있어서 조선 여성의 사이에 큰 불일치가 있을 리가 없다. 오직 반동층에 속한 여성만이 이 투쟁에 있어서 회피, 낙오할 것이다. ……   <○○일보, 1928.1.16.>

① 근우회   ② 조선 여성 동우회
③ 대한 애국 부인회   ④ 조선 여자 교육 협회
⑤ 조선 여자 기독교 청년회(YWCA)

해설 및 정답

33 정답 ③ ·· (2007. 제2회 2급)

(가) 지역은 만주이다. ①②④⑤는 만주이나, ③은 연해주 지역이다.

연해주 베이징조약(1860)으로 연해주를 차지하고 블라디보스토크에 군항을 개설하여 남하정책의 기지(두만강에서 접경)로 삼았다. 러시아가 한인의 입국을 허용함에 따라 함경도 지방의 빈민들이 이주하였고 1905년 이후 급증하여 신한촌을 형성.

1) **국내진공작전** 1906년 이상설·이동녕 등이 해삼위(블라디보스토크)로 망명하여 의병활동을 하면서 국내진공작전을 전개.

> **연추하**(延秋河 : 지신허(地新墟)) **마을** 19세기 후반 조선에서 이주한 유민들이 러시아 연해주 하산시 연추하 상류지역에 1863년에 형성한 최초의 한인촌. 최대 5,870여 가구가 거주했으나 1937년 소련의 스탈린 정권에 의해 카자흐스탄 등 중앙아시아로 강제 이주되는 바람에 폐허화.

2) **한민회**(1905) 한인자치기구로 한민학교(이승희, 1909)를 설립하고 해조신문·대동공보 등을 발행하여 교육 및 언론활동을 전개.

3) **성명회**(1910) 이상설·유인석·이범윤 등이 조직하여 일제의 국권 침탈에 대한 항의 격문을 각국에 보냈다. 당시 8천여 명의 민족운동가의 서명을 받아, "광복의 그 날까지 피의 투쟁을 결행하겠다"는 선언문을 채택하였다

4) **권업회**(1912) 이종덕을 중심으로 블라디보스토크 신한촌에서 창립, 광복군 양성의 대전(大甸)학교 설립, 7개의 지부를 두고 권업신문을 발간하였으며(1912.5), 대한광복군정부 수립을 추진하였다.

5) **광복회**(1912) 신채호·이동휘·이갑 등이 중심이 되어 결성. 무장투쟁론을 주장하였으며, 서·북간도에 지부가 설립.

6) **대한광복군정부**(1914) 시베리아 이민 50주년을 기념하여 이상설을 정통령(正統領), 이동휘를 부통령으로 하는 민간정부의 단서인 군정부(軍政府)를 수립하고 만주에 사관학교를 설립하여 무장 항일 투쟁의 터전을 마련.

7) **대한국민의회**(1919.2) 블라디보스토크의 전러한족회 중앙총회(1917.5)기 발전하였고 3·1운동 후 노령임시정부로 개편하였다. 잡지 「대한인정교보」를 간행하였으며, 윤해·고창일 등을 파리강화회의에 파견.

34 정답 ① ·· (2007. 제2회 2급)

① 일제시대 신간회의 산하단체로 1927년 5월에 조직된 근우회이다.

근우회(1927. 5. 27) 신간회 산하의 전국적 여성조직으로 근우회를 만들어 여성에게 정치의식을 계몽하였다. 종래 별개로 논의되었던 여성해방·민족해방·계급해방의 과제를 동시적으로 수행할 것을 주장하였는데, 우익측(기독교계)에서는 김활란·유영준·최은희·유각경·황신덕, 좌익측(여성동우회)에서는 주세죽·허정숙·정종명 등이 활동. 창립 당시 선출된 중앙집행위원은 민족주의계 8인, 사회주의계 9인으로 양 진영이 균형을 이루었고, 1927년 8월 전주지회를 시작으로 61개의 지회를 설치하고 만주·일본에도 지회를 설치.

행동 강령으로는 ① 여성에 대한 사회적·법률적 일체 차별 철폐, ② 일체 봉건적 인습과 미신 타파, ③ 조혼 폐지와 결혼의 자유, ④ 인신매매와 공창(公娼) 폐지, ⑤ 농촌 부인의 경제적 이익 옹호, ⑥ 부인 노동의 임금 차별 철폐와 산전·산후 임금 지불, ⑦ 부인 및 소년공의 위험 노동 및 야업(夜業) 폐지 등을 내걸었다. 근우회는 조직 이래 지방 순회강연, 부인강좌, 야학 설치, 기관지 「근우」 발간 등을 통해 행동 강령을 구체적으로 실천.

35 다음 연설을 했던 사람의 활동과 관계가 깊은 것은? [2점]

> ······ 이 입법 의원은 명실상부한 과도 입법 의원인데도 초보적 과도 입법 의원인 것을 본원의 현재 의원으로서는 명확히 인식하여야 할 것이다. 왜 그러냐 하면, 이 초보적 입법 의원의 사명은 최속(最速)한 기간 내에 남북이 통일한 총선거식으로 피선된 확대된 입법 의원을 산출하는 제1계단으로 들어가야 할 것이고, 그 확대 입법 의원은 미·소 공동 위원회의 계속 개회가 되면 더욱 좋거니와, 혹 어떠한 변환으로 급히 속개되지 아니하더라도 최소한 기간 내에 우리의 손으로 우리를 위한 우리의 임시 정부를 산출하여, 안으로는 완전 자주 독립의 국가를 건설해야 하며, 우리의 주인인 한국 3천 만 민중의 복리를 도모할 것이며, 밖으로는 국제적 지위를 획득하여 동아 및 전세계 평화와 행복을 위하여 모든 민주주의 연합국과 협력, 매진할 것이다.
> <남조선 과도 입법 의원 의장의 개회사, 1946. 12.>

① 1946년 6월에 정읍 발언을 통해 단독 정부 수립을 주장하였다.
② 1946년 비상 국민 회의를 조직하여 임시 정부의 정통성을 주장하였다.
③ 8·15 광복 직후에 조선 건국 준비 위원회를 결성하고 건국 준비에 힘썼다.
④ 민족 자주 연맹을 결성하고, 통일 정부 수립을 위한 남북협상을 추진하였다.
⑤ 1947년 2월에 미군정의 민정 장관에 임명되어 남조선 과도 정부를 이끌었다.

36 다음과 같은 대한민국 임시 정부의 상황을 극복하려는 노력으로 나타난 사실은? [1점]

> 이렇게 하여 정부는 자리가 잡혔으나, 경제 곤란으로 정부의 이름을 유지할 길도 막연하였다. ······ 정부의 집세가 30원, 심부름꾼 월급이 20원 미만이었으나, 이것도 지불할 여력이 없어서 집주인에게 여러 번 송사를 겪었다. ······ 나는 임시 정부 정청에서 자고, 밥은 돈벌이 직업을 가진 동포의 집으로 이 집 저 집 돌아다니면서 얻어먹었다.
> <백범 일지>

① 연통제의 실시 ② 구미 위원부 설치
③ 한인 애국단 조직 ④ 국민 대표 회의 소집
⑤ 육군 주만 참의부 결성

해설 및 정답

35 정답 ④ ··· (2007. 제2회 2급)

보기의 인물은 김규식(1881~1950)이다. ① 이승만, ② 김구, ③ 여운형, ④ 김규식, ⑤ 안재홍이다.

김규식 신한청년당에서 민족대표로 선정하여 파리강화회의에 파견, 임시정부는 외무총장 겸 파리위원으로 임명하고 파리위원부를 설치. 대한독립촉성국민회 부총재, 미국측 제의로 김구 중심의 비상정치회의와 이승만의 독립촉성중앙협의회를 합작한 비상국민회의(의장 : 조소앙, 1946.2.1) 부의장. 좌우합작 위원회 참여. 남조선 과도정부입법의원 의장.

연석회의·남북요인회담(남북협상)과 4김회담(1948년 4월) 참여 : 김구의 한국독립당과 김규식의 민족자주연맹(1947.12.20)은 남한 단독 선거가 남북의 영구적 분단을 초래할 것을 우려하여 이에 반대하고 남북협상을 제의하였고(1948.3.8), 북측도 연석회의를 제의(1948.3.25). 김구·김규식 등은 협상을 위해 1948년 4월 평양을 방문하여 김일성·김두봉 등과 모란봉에서 연석회의·남북요인회담(남북협상)과 4김(金)회담(비공식회담으로 1948.4.26, 1948. 4.30 개최)을 했으나, 공산주의의 술책에 넘어가서 실패하고 말았다(5·10 총선 후 북한은 2차 남북협상을 해주에서 개최할 것을 제의했으나 김구 등이 불응하여 실패).

제2회
2급

36 정답 ③ ··· (2007. 제2회 2급)

③ 김구는 침체된 임시정부의 활로를 개척하기 위하여 상해에서 1926년 12월 한인애국단을 조직하였다.

한인애국단(1926. 12) 김구가 상해에서 침체된 임시정부의 활로를 개척하기 위해 조직한 암살단. 이봉창(1900~1932)이 동경에서 일본 천황에게 투탄(1932.1.8) → 상해사변(1.28)의 배경, 윤봉길(1908~1932)의 상해 홍커우공원 투탄(1932.4.29) → 이것을 계기로 중국 정부가 상해 임시정부를 지원함, 유상근·최흥식의 관동군사령관 대련역 투탄(1932.5), 이덕주·유진만의 조선총독암살미수사건(1932.5)

임시정부의 활동
① **연통제**(1919.7) 신민회의 비밀결사를 계승한 내무부 소관의 도·군·면의 비밀연락망(독판(감독)·군감(총감)·면감(사감))으로 국내(함경도·평안도·황해도 설치) 및 만주지방의 국민과 연결되면서 정보와 군자금을 제공받고 애국공채를 소화하는 등의 역할을 하였으나 1921년경 일본 경찰에게 발각되어 와해.
  교통국 설치(1919.5) 임시정부 교통부 소속의 통신기관으로 통신망을 통하여 국내외를 연락하며 군자금 전달의 임무도 수행.
  군자금 조달 만주의 이륭양행이나 부산의 백산상회를 통해 임시정부에 군자금을 전달하기도 하였고, 애국독립공채 발행(1919.8.1~11.30)으로 군자금을 모금.
② **구미위원부 설치** 이승만의 활동으로 1919년 8월 미국 워싱턴에 설치되어 친한파 미국인 중심의 한국친우회를 결성하고 독립의 필요성을 선전하는 영문잡지인 「한국평론」을 출판하였고, 필라델피아에는 한국통신부가 설치되어 서재필이 활동.
④ **국민대표회의 소집** 임시정부는 독립운동의 방략을 둘러싸고 대통령 이승만의 외교독립론과 국무총리 이동휘의 무장독립전쟁론, 대통령제 폐지와 국무위원제 채택 주장 등으로 대립이 일어난 데다, 1921년 초에 안창호와 이동휘가 임정을 떠났고 국제연맹 위임통치론에 따른 이승만에 대한 불신임 등으로 혼란에 빠지게 되면서, 임시정부의 개편과 독립운동의 방략 및 간도참변 후 대책을 논의하기 위하여 1923년 1월 3일 국내외 135개 단체에서 158명의 대표가 참석한 회의로서, 임시정부 고수의 옹호파는 불참한 채 임시정부를 개조하자는 개조파와 새로운 정부를 수립하자는 창조파가 맞선 끝에 결렬. 창조파는 국호를 한(韓), 연호를 단군기원으로 결정하여 그 해 8월 노령 블라디보스토크로 갔으나 소련과의 관계 단절로 원조를 받지 못하여 실패. 그 후 임시정부는 개조파가 임시의정원을 장악하고 정풍운동을 주도하였고, 공산주의 세력이 점차 커져갔다.
⑤ **육군주만참의부 결성**(1924) 압록강 건너편 지역 집안현에서 채찬·김승학 등에 의해 광복군총영이 재편되어 임시정부 직할하에 육군주만 참의부가 성립하였는데, 통의부와 의군부의 동족간 유혈사태를 낳는 등 대립이 치열해지자 반대파들이 조직. 국내진공작전을 전개하였고(보험대 조직) 1924년 5월 사이토총독이 승선한 선박을 습격.

85

37. 다음 선언문의 필자와 관련된 설명으로 옳은 것은? [2점]

> 내정 독립이나 참정권이나 자치를 운동하는 자 누구이냐? 너희들이 '동양 평화', '한국 독립 보전' 등을 담보한 맹약이 먹도 마르지 아니하여 삼천리 강토를 집어먹힌 역사를 잊었느냐?…… 민중은 우리 혁명의 대본영(大本營)이다. 폭력은 우리 혁명의 유일한 무기이다. 우리는 민중 속으로 가서 민중과 손을 맞잡아 끊임없는 폭력과 암살, 파괴, 폭동으로써 강도 일본의 통치를 타도하고, 인류로써 인류를 압박하지 못하며, 사회로써 사회를 박탈하지 못하는 이상적 조선을 건설할지니라.

① 한국 독립 운동지혈사, 유교구신론 등을 집필하였다.
② 동제사에서 활동하였고, 한국혼이라는 저서를 집필했다.
③ 사회주의 활동을 하였으며, 한인 사회당 창당을 주도하였다.
④ 독사신론, 조선 상고사 등 역사 관련 논설과 저서를 남겼다.
⑤ 의열단의 단장으로서 동척에 폭탄을 던지는 등의 의열 투쟁을 지도했다.

38. 다음 내용과 관련된 설명으로 타당하지 못한 것은? [2점]

> 1897년 2월 25일에 경운궁으로 환궁한 고종은 8월에 연호를 광무라 고치고, 10월에 국호를 대한, 왕을 황제라 칭한 후 황제 즉위식을 가졌다. 대한제국 황제가 된 고종은 이용익, 이채연 등을 등용해 광무개혁을 실시하였다. 최초의 헌법이라고 할 수 있는 대한국 국제가 이 기간에 반포되고, 양지아문에서는 양전 사업을 실시했다. 이 밖에, 도로를 정비하고 철도를 부설하는 등 철도, 운수 분야를 개혁하고, 상업을 진흥시키고자 한성은행과 대한천일은행과 같은 금융 기관을 설치하였다.
> <고종 황제 역사 청문회>

① 광무개혁은 고종이 추진한 자주적 근대화 운동이라고 볼 수 있다.
② 서울과 인천을 연결하는 철도가 개설되고, 서울에는 전차가 개통되었다.
③ 대한국 국제는 황제의 전제권, 국민의 자유 민권 등을 규정한 헌법이었다.
④ 이채연을 중심으로 서울의 도시 개조 사업이 추진되어 방사상 도로 체계가 도입되었다.
⑤ 이용익은 정부의 국고 구실을 한 대한천일은행의 운영과 중앙은행 설립 준비에 힘썼다.

해설 및 정답

37 정답 ④ ··· (2007. 제2회 2급)

보기는 신채호가 의열단을 위해 작성한 조선혁명선언이다. ① 박은식, ② 신규식, ③ 이동휘, ④ 신채호, ⑤ 김원봉에 대한 설명이다.

신채호(1880~1936) 독립협회운동에 참여하여 소장파로 활약. 20세에 성균관박사, 황성신문 논설위원, 신민회원, 「독사신론」(1908)에서 민기(民氣) 강조, 동제사에 관계. 연해주 망명하여 '해조신문 간행. '의열단의 행동강령인 「조선혁명선언」(1923)을 기초하여 당시 이승만의 외교독립론과 안창호의 준비론(실력양성론)을 비판하고 민족의 독립과 국권 회복을 이루는 길은 민중의 힘뿐이라고 하여 직접혁명론을 주창. 중국 북경·천진 유학생 중심으로 '대한독립청년단' 조직, 환인지방 대종교 계열의 동창학교에 참여 1927년 무정부주의 동방동맹에 가입하여 무정부주의자로 활동하다 여순 감옥에서 옥사. 「조선상고사」(1931), 「조선상고문화사」(1931), 「조선사연구초」(1925) : 묘청의 난을 '조선역사상 일천년래 제일대사건'으로 평가하며 낭가사상을 주장, 우리 역사에서 대립되어 오던 유가적 합리주의 사학과 낭가적·자주적 사학사상을 통합.

① **박은식**(1859~1926) 주자학에서 양명학으로 유교의 종교개혁을 역설하며 대동교를 창도한 개신유학자로 「유교구신론」 저술, 독립운동가, 황성신문 사장, 한말 애국계몽운동가로 서북학회 회장, 1911년 중국으로 망명하여 상해 동제사에 관계하고, 1915년 대동보국단을 조직, 1919년 노령 해삼위에서 대한국민노인동맹단을 조직. 1925년 이승만이 탄핵된 후 대한민국 임시정부 2대 임시 대통령을 역임. 「한국통사」(1915) : "국가(형形)는 멸할 수 있어도 역사(혼魂)는 멸할 수 없다"고 하면서 역사를 국혼(國魂)과 국백(國魄)의 기록이라고 규정하고 혼을 강조. 모두 3편으로 구성. 「한국통사」 편찬 후 이에 대응하기 위해 일제가 「조선사」를 편찬하는 계기. 「한국독립운동지혈사」(1920) : 3·1운동을 계기로 개항에서 청산리대첩까지의 독립운동사를 서술. 지통심(知痛心)을 혈투로 전환시켜 실전과 행동을 직접적으로 고취하기 위한 문제의식, 역사 발전에서 민중의 역할과 민권의 중요성을 강조.

② **신규식**(1879~1922) 대한자강회(大韓自強會)와 대한협회(大韓協會) 등 애국계몽단체에도 참가. 중동학교·청동학교·문동학교 등의 교육기관을 설립. 1911년 상해로 망명하여 손문이 이끄는 동맹회에 한국인으로서는 처음 가맹한 뒤 10월의 무창의거에 참가하여 신해혁명에 공헌. 1912년에는 상해에 독립운동을 위한 교민단체로서 동제사를 조직, 동시에 중국국민당의 인사와 우호를 증진시키기 위하여 신아동제사를 발기. 1915년 박은식과 대동보국단을 조직하여 만주와 노령지방의 독립운동가와 연결하였으며, 잡지 「진단」을 발행. 동제사의 지식인 청년그룹으로 신한청년당을 조직. 대한민국임시정부가 수립되자 11월에 법무총장에 취임. 저서로 「한국혼」과 시집 「아목루」.

③ **이동휘**(1872~1935) 이동녕·안창호 등과 신민회를 조직. 1911년 윤치호·양기탁 등과 함께 105인사건에 연루·투옥되었다가 무혐의로 석방. 민족계몽단체로서 1906년 오상규·유진호 등 함경도 출신 청년들을 중심으로 한북흥학회를 조직, 1908년 서우학회와 합하여 서북학회로 발전. 1915년경 연해주로 망명하여 거기에서 한인사회당을 조직. 1921년 종래의 한인사회당을 고려공산당으로 개칭.

⑤ **김원봉**(1898~미상) 1919년 12월 윤세주·이성우·곽경·강세우 등과 의열단을 조직하고 의백(단장)에 피선. 의열단의 암살대상은 이른바 칠가살(七可殺)에 해당되는 자들로서 조선총독 및 총독부 고관, 군부수뇌와 매국적 친일파거두 등. 6년여에 걸쳐 의열단 단장으로 대규모암살계획 및 경찰서·동양척식주식회사 등에 대한 폭탄투척사건 등을 배후에서 지휘 조종하며 테러에 의한 일제와의 투쟁을 지속. 대일전선통일동맹을 결성(1933). 신한독립당·한국독립당·대한독립당·조선혁명당·의열단의 5개단체를 규합하여 한국민족혁명당(1937년 조선민족혁명당으로 개칭)을 조직(1935). 중일전쟁(1937)이 발발하자 우한으로 가서 조선민족혁명당이 중심이 되어 전위동맹·혁명자연맹·민족해방연맹 등 단체와 조선민족통일전선연맹을 결성하여 대일선전전에 주력.

38 정답 ③ ··· (2007. 제2회 2급)

③ 대한국 국제 9조는 대한제국이 전제정치국가이며 황제권이 무한함을 강조하고 통수권, 입법권, 행정권, 사법권, 외교권 등을 모두 황제의 대권으로 규정하였다. 자유 민권 운동은 독립협회가 지향하였다.

광무개혁 '구본신참(舊本新參)'의 원칙 아래 박정양·서재필·이상재 등이 참여하였으나 복고적 경향을 띠었다. 갑오개혁의 급진적 개혁을 철회하고 황권을 강화하면서 황실의 재무부서 내장원이 중심이 되어 개혁을 추구. 광무개혁은 타율적·급진적 개혁인 갑오·을미개혁에 비해 자주적·점진적 개혁.

1) **대한국 국제9조 제정** 대한제국이 1899년 8월 17일 교정소(교전소의 개칭)에서 제정한 일종의 헌법으로 대한제국이 전제정치국가이며, 황제권이 무한함을 강조하고, 통수권·입법권·행정권·사법권·외교권 등을 모두 황제의 대권으로 규정하여 근대화 흐름에 역행.

➡ 뒤에 계속

39. 다음 자료와 관련된 옳은 설명을 〈보기〉에서 고른 것은? [3점]

일본이 경부, 경의 철도를 부설하는 과정은 문자 그대로 토지의 약탈 과정이었다. 일본은 그 과정에서 선로 용지와 정거장 용지 및 기타 부속 시설 기지로서 모두 1933만 6488 평에 달하는 방대한 면적의 토지를 탈점하였다. 이것을 노선별로 나누어 보면, 경부 철도는 선로 용지 319만 2천여 평, 정거장 용지 127만 3천여 평, 기타 용지 38만 1천여 평이었으며, 경의 철도는 선로 용지 803만 4천여 평, 정거장 용지 479만 1천여 평, 기타 용지 166만 6천여 평이었다. 경부 철도에 비해 경의 철도 용지 쪽이 훨씬 더 방대하였던 것은 복선 선로 용지를 확보하였다는 점 외에도, 정거장 1 개소의 평균 면적이 경부 철도의 2만 9천여 평에 비해 경의 철도의 경우에는 10만 4천여 평에 달했기 때문이다.
  〈일제 침략과 한국 철도〉

보 기

㉠ 일제는 경부선, 경의선 철도를 한국 침략과 대륙 진출의 발판으로 삼았다.
㉡ 일제는 경부선과 경의선 철도의 모든 용지를 아주 싸게 헐값으로 매수하였다.
㉢ 러·일 전쟁 때, 일제는 경의선 철도를 군용 철도로 부설하면서 대규모의 토지를 탈점하였다.
㉣ 경부선과 경의선 철도는 일본 국내의 철도와 같이 협궤(3피트 6 인치) 방식의 선로로 부설되었다.

① ㉠㉡ ② ㉠㉢ ③ ㉡㉢
④ ㉡㉣ ⑤ ㉢㉣

40. 다음과 같은 국제 정세에 대한 대응 방안이 나왔을 무렵의 역사적 사실을 고르면?
[2점]

우리나라가 아시아의 중립국이 되는 것은 러시아를 막는 중요한 계기가 될 것이며, 또 아시아의 대국들이 서로 균형을 이루는 정략도 될 것이다. …… 오직 중립 한 가지만이 진실로 우리나라를 지키는 방책이지만, 이를 우리가 먼저 제창할 수 없으니, 중국이 이를 맡아서 처리해 주도록 청하는 것이 좋을 듯하다.

① 일본의 침략에 반대하는 항일 의병이 일어났다.
② 청의 조선 내정에 대한 간섭은 점차 약화되어 갔다.
③ 영국은 러시아를 견제하려고 거문도를 불법 점령하였다.
④ 러시아와 일본은 북위 39 도선을 기준으로 한반도를 분할하려 하였다.
⑤ 미국이 적극적으로 나서서 러시아와 일본 사이에서 거중 조정을 추진하였다.

해설 및 정답

39 정답 ② ··· (2007. 제2회 2급)

ⓒ 철도 용지 중 국유지는 무상으로 약탈하였고, 사유지는 조선 정부가 소유자로부터 사들여 제공하도록 강요, ⓔ 협궤(1.067m)보다 조금 넓은 표준(1.435m) 방식으로 부설되었다.

일본의 토지약탈 일본에 의한 대규모의 토지 약탈은 청일전쟁 후 일본 대자본가들이 전주·군산·나주 일대에 한국농업주식회사·한국흥업주식회사 등의 대규모 농장을 경영하면서 시작되었고 러일전쟁을 계기로 본격화. 일본은 철도부지와 군용지의 확보를 구실로 토지 약탈을 자행. 일본은 한국 침략과 대륙 진출의 발판으로 삼기 위해 경인선과 경부선을 부설하면서 철도부지 중 국유지는 무상으로 약탈하였고, 사유지는 조선 정부가 소유자로부터 사들여 제공하도록 강요. 군용철도로 부설된 경의선 철도 부지는 경부선 철도 부지에 비해 복선선로 부지 확보와 정거장 1개소의 평균면적이 넓어 훨씬 더 방대. 철길 궤간은 일본의 협궤(1.067m) 보다 넓은 중국철도 궤간인 표준궤(1.435m)를 채택하여 중국으로 진출을 획책.

40 정답 ③ ··· (2007. 제2회 2급)

③ 사료는 1885년 3월 거문도사건 이후 나온 유길준의 중립화론이다.

① **의병전쟁의 전개** 1895년 을미의병(유교적 전통사회 수호) → 1905~1906년 을사·병오의병(항일구국투쟁) → 1907년 정미의병(항일구국전쟁) → 1908년 서울 진공작전 → 1910년 강점 후 만주·연해주로 이동(항일 무장독립군) → 1914년~1915년(국내 의병활동 지속)

② **청의 내정간섭 시작** : 임오군란(1882.6.5)시 김윤식의 요청으로 오장경 휘하 3천여 명의 청군이 출동하여 대원군을 청으로 압송하고 군란이 진압된 후 고문을 추천하는 등 청의 내정 간섭이 시작. **강화** : 갑신정변이 청 군대(위안스카이)의 진압으로 실패해 급진개화파가 몰락하고 청의 내정 간섭이 더욱 강화.

③ **거문도사건**(1885.3.1) 아프가니스탄에서 대립하고 있던 영국과 러시아의 긴장이 한반도로 확장되어 일어난 사건. 조러밀약설이 나돌자 영국은 블라디보스토크를 공격하여 러시아의 남하정책을 견제하려고 동양함대(사령관 : 포우엘)를 보내 공격기지로 활용하기 위해 거문도를 불법 점령. 영국군은 거문도를 해밀턴항(Port Hamilton)이라 명명하고 요새화. 1887년 청의 이홍장의 중재로 조선의 영토를 점령하지 않는다는 러시아의 약속을 받고 영국군이 철수함으로써 해결. 당시 청은 영국이 조선에 대한 청의 종주권을 승인하는 댓가로 영국의 거문도 점령을 상호 승인.

④ **한반도 분할 논의** 1) 1896년 일본의 38도선 제의(로바노프·야마가타(山縣) 의정서), 2) 1902년 러시아의 39도선 제의.

➡ 앞에 이어

2) **개혁 내용** ① 관제 : 갑오개혁 당시의 지방 23부를 13도로 환원, 의정부 부활, 중추원 구성, 평양을 서경(西京)으로 격상하고 행궁인 풍경궁 건립. ② 군제 : 서울에 시위대·친위대·호위대, 지방에 진위대를 설치하고 무관학교를 창설.1898.4. 군주의 군통수권이 칙령으로 반포되고 원수부(元帥府)가 창설(1899.6)되어 황제가 직접 군대를 관할. 그리고 징병조례를 반포하고(1903.3) 일본에서 최신식 군함인 양무호(최초의 군함, 1903년)·광제호(1904년)를 구입하여 근대적 해군건설도 계획. ③ 외교 : 간도를 함경도 영토로 편입하고, 이범윤을 간도관리사로 파견하고 블라디보스토크에 통상사무관을 설치. 한청통상조약을 체결(1899. 9.11)하여 역사상 최초로 중국과 대등한 외교 관계가 성립. ④ 경제 : 양전사업(1898~1904)을 위해 양지아문(1898), 지계아문(1901)을 설립하고 전 국토의 3분의 2를 대상으로 조사하여 지계(토지문권)를 발급하여 근대적 토지 소유권 제도 확립 시도(광무개혁에서 가장 중시한 사업), 지주전호제 유지, 외국인의 내지(개항장 밖) 토지 소유 금지, 화폐조례 공포(1901, 금본위제 시도), 실업교육 강조, 기술교육기관 설립, 근대적 공장과 회사의 설립으로 최초의 산업자본 육성을 시도하였으며, 이채연을 중심으로 서울의 도시개조사업을 추진하여 미국 수도 워싱턴을 모델로 덕수궁 앞 도로를 정비하고 방사상 도로체계를 도입하였으며, 서북철도국(총재 : 이용익)을 설치(1902)하여 경의선 부설을 시도. ⑤ 황실 재정 확보 주력 : ㉠ 백동화 남발, ㉡ 홍삼 전매 담당의 삼정사(蔘政社) 설치, ㉢ 역둔토 조사사업, ㉣ 보부상 단체인 상무사와 일부 대상인·기업들에게 독점 영업권을 부여하고 궁내부의 최대기구인 내장원에서 상납금을 징수. ⑥ 사회 : 신분 대신 직업을 기재하는 새 호적제도를 제정하고, 교통·통신 시설을 확충하였으며, 단발령을 폐지하고, 음력을 부활. ⑦ 교육 : 신교육령을 반포하고, 소학교·중학교·사범학교·외국어학교 등을 설립.

41. 다음 내용과 관련된 지역을 지도에서 고르면? [1점]

- 이 지역의 발굴은 1975년 앞 바다에서 어부의 그물에 청자 매병 등 6점의 유물이 건져 올려져 시작되었다.
- 문화재 관리국은 1976년 10월부터 1984년 9월까지 모두 10차에 걸쳐 해군 지원단의 협조로 약 2만 2천여 점의 유물을 발굴하였다.
- 대다수의 유물은 송대, 원대의 중국 도자기를 비롯한 무역품이었으나, 고려청자와 청동 숟가락 등 몇 점의 고려 유물이 나왔고, 일본 유물도 20여 점이 확인되어 당시 동북아 삼국의 교류 상황을 살필 수 있는 중요한 단서가 되었다.

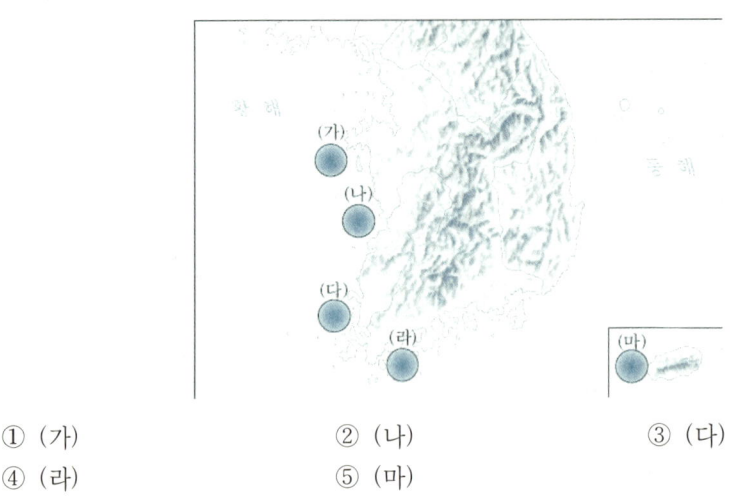

① (가) ② (나) ③ (다)
④ (라) ⑤ (마)

42. 충선왕이 발표한 다음 교서와 관련된 설명으로 옳은 것을 〈보기〉에서 모두 고른 것은? [2점]

이제부터 만약 종친으로서 같은 성씨에 장가드는 자는 황제의 명령을 위반한 것으로 논죄할 것이니, 금후는 마땅히 여러 대에 걸쳐 재상을 지낸 집안의 딸을 취하여 부인으로 삼을 것이며, 재상들의 자손은 왕족의 딸과 혼인함을 허락할 것이다. …… 경주 김씨, 경원 이씨, 철원 최씨, 해주 최씨, 공암 허씨, …… 파평 윤씨, 평양 조씨는 여러 대의 공신이요 재상의 종족이니 가히 대대로 혼인할 만하다. 아들은 종실의 여자에게 장가를 들고 딸은 왕실의 비로 삼을 것이다.   〈고려사〉

보 기

㉠ 당시까지 왕실에서는 동성혼이 행해지고 있었다.
㉡ 혼인 대상으로 지목된 것은 주로 무반 가문이었다.
㉢ 고려 전기 이래의 문벌 귀족 가문이 가장 많이 포함되어 있다.
㉣ 원 간섭기 이후 신흥 세력으로 등장한 집안은 포함되지 않았다.

① ㉠㉡   ② ㉠㉢   ③ ㉡㉢
④ ㉠㉢㉣ ⑤ ㉡㉢㉣

41 정답 ③ ··· (2007. 제2회 2급)

보기의 지역은 전라남도 신안군이다. (가) 태안, (나) 군산, (다) 신안, (라) 완도, (마) 제주이다.

신안 해저유물(1323) 1976년 1월, 어부 그물에 중국 룽취안요의 청자가 인양되어 매장문화재 발견신고가 있은 후, 발굴을 시작. 청자, 백자, 흑유, 백탁유, 잡유, 금속제품, 석제품, 목제품, 칠기, 토기, 화폐 등. 발굴 장소의 수심은 20m 이상이고, 해류가 탁류를 이루면서 급하게 흐르므로 시계(視界)가 없는 해저로 유물은 상품이 대부분이나, 선원들이 항해하면서 사용하던 일부 생활용품도 포함되어 있었으며, 인골의 일부도 발굴. 한편, 침몰선의 선체(船體)도 분해·인양.

42 정답 ② ··· (2007. 제2회 2급)

충선왕 복위교서에 나오는 권문세족(권문세가)에 대한 사료이다. ⓒ 권문세족 15대 가문 중에는 전기 이래의 문벌귀족이 가장 많고, ⓔ 조인규는 평양 조씨로 역관 출신인데 몽골어에 능통하여 출세하였고, 그의 딸은 충선왕의 왕비가 되었다.

권문세족
1) **형성** 친원세력으로 고관직을 차지하고 도당회의(都堂會議)에서 실권을 행사.
2) **권문세족 가문**
   ① 재상지종 : 권문세족(권문세가)은 원 간섭기에 그 골격이 갖추어졌으며, 충선왕은 복위교서에서 '누대공신 재상시송(累代功臣 宰相之宗)'이라 하여 왕실과 혼인할 수 있는 재상지종을 정하였는데, 이들이 권문세족.
   ② 권문세족 15대 가문
      ㉠ 전기 이래의 문벌 : 경주 김씨, 정안 임씨, 경원(인주) 이씨, 안산 김씨, 철원 최씨, 해주 최씨, 공암 허씨, 청주 이씨, 파평 윤씨
      ㉡ 무신집권기 : 언양 김씨(김취려), 평강 채씨(채송년)
      ㉢ 무신정변 후 : 당성 홍씨, 황려 민씨, 횡천 조씨
      ㉣ 신흥세력 : 평양 조씨(조인규 : 역관)
   ③ 기타 가문 : 안동 김씨(김방경), 환관 출신(방신우·고용보), 행주 기씨(기자오·기철 부자), 안동 권씨(권부·권겸 부자)
3) **권문세족의 성격**
   ① 출신 성분 : 귀족적 특권만을 누리던 문벌귀족과는 달리 후기의 권문세족은 다소 정통성은 결여되고, 자기의 이익을 먼저 챙기는 자리위선(自利爲先)의 호활지도(豪猾之徒)로 실직을 갖고 도당에 나가 권력을 행사하며 관료적.
   ② 학문적 기반 : 신진사대부에 비하여 학문적 소양과는 다소 거리가 멀었다(非文非儒).
   ③ 경제적 기반 : 농장이 전국적으로 분포.

문벌귀족	권문세족
고려 전기의 지배층	고려 후기의 지배층
지방호족 출신	무신집권 이후 성장
왕실과 통혼	원과 결탁
과거·음서	음서
공음전(세습)	농장(불법 세습)
관직에 집착 않음(귀족적 성격)	관직에 집착(관료적 성격)

43 (가)~(다)의 남북 합의가 이루어진 시기에 있었던 일들에 대한 설명으로 옳지 않은 것은?

> (가) 첫째, 통일은 외세에 의존하거나 외세의 간섭을 받음이 없이 자주적으로 해결하여야 한다. 둘째, 통일은 서로 상대방을 반대하는 무력 행사에 의거하지 않고 평화적 방법으로 실현해야 한다. 셋째, 사상과 이념, 제도의 차이를 초월하여 우선 하나의 민족으로서 민족적 대단결을 도모 하여야 한다.
>
> (나) 남과 북은 분단된 조국의 평화적 통일을 염원하는 온 겨레의 뜻에 따라, …… 민족적 화해를 이룩하고, 무력에 의한 침략과 충돌을 막고 긴장 완화와 평화를 보장하며, 다각적인 교류, 협력을 실현하여 민족 공동의 이익과 번영을 도모하며, …… 평화 통일을 성취하기 위한 공동의 노력을 경주할 것을 다짐하면서 다음과 같이 합의하였다.
>
> (다) 남과 북은 나라의 통일을 위한 남측의 연합제안과 북측의 낮은 단계의 연방제안이 서로 공통성이 있다고 인정하고, 앞으로 이 방향에서 통일을 지향시켜 나가기로 하였다.

① (가)와 (나)의 시기 사이에 남측은 남북한의 유엔 동시 가입을 제의하고 6·23 평화 통일 선언을 발표하였다.
② (가)와 (나) 시기 사이에 남북한 이산 가족 고향 방문이 이루어졌다.
③ (가)와 (나) 시기 사이에 남북 정상 회담이 추진되었으나, 김일성의 사망으로 성사되지 못하였다.
④ (나)와 (다) 시기 사이에 북한의 홍수로 식량난이 심각해지자, 남측은 상당량의 쌀을 북측에 무상으로 지원하였다.
⑤ (나)와 (다) 시기 사이에 금강산 관광의 길이 분단 반 세기 만에 열렸다.

44 다음의 ( )에 공통으로 들어갈 임진왜란 때의 무기를 쓰시오. [2점]

> • 선조 때 화포장 이장손이 (　　　)을(를) 만들었다.
> • 임진년에 왜적이 경주성에 웅거하고 있을 때에 병사 박진이 군사를 거느리고서 적을 공격하였으나 패배하고 귀환했는데, 이튿날 밤에 (　　　)을(를) 성 밖 2리쯤에서 쏘았다. 적이 처음에 포성을 듣고 깜짝 놀라 일어나 어찌할 바를 모르는데, 홀연히 큰 솥 같은 물건이 날아와 적장이 있는 객사의 뜰 가운데 떨어지자, 적이 다 모여 불을 켜 들고 서로 밀치고 굴렸다. 조금 있자 포성이 천지를 뒤흔들 듯 발하여 맞아 죽은 적이 30여 명이고 맞지 않은 자도 모두 놀라서 자빠지고 정신을 잃었다.
> <징비록>

(　　　　　　　)

해설 및 정답

43 정답 ③ ·· (2007. 제2회 2급)

(가) 1972년 7월에 발표된 7·4남북공동성명, (나) 1991년 12월에 발표된 남북한 기본합의서, (다) 2000년 6월에 발표된 6·15 공동선언이다. ① 1973년, ② 1985년, ③ 1994년, ④ 1995년, ⑤ 1998년 11월의 사실이다.

(가) **7·4남북공동성명**(1972.7.4) 1972년 5월 초부터 6월 초에 걸쳐 비밀리에 북한과의 고위정치협상을 갖고 서울과 평양에서 동시에 발표. 주요골자는 : ① 남북한의 자주적·평화적·민족적 대단결 통일의 3대 원칙 합의, ㉠ 통일은 외세에 의존하거나 외세의 간섭 없이 자주적으로 해결을 한다. ㉡ 통일은 서로 상대방을 반대하는 무력행사에 의거하지 않고 평화적으로 실현한다. ㉢ 사상과 이념, 제도의 차이를 초월하여 우선 민족의 대단결을 도모한다. ② 상대방을 중상·비방하지 않고 무장도발을 하지 않으며, ③ 다방면적인 제반교류의 실시, ④ 남북적십자회담의 적극 협조, ⑤ 서울과 평양 사이에 상설 직통전화를 가설, ⑥ 남북조절위원회의 구성, 운영 합의, ⑦ 이상의 합의사항을 성실히 이행할 것을 민족 앞에 약속한 것 등

(나) **남북한 기본합의서**(1991.12) 독일 통일(1990.10)과 남북한 UN 동시 가입(1991.9.17) 이후 합의, 남북간 화해와 불가침 및 교류 협력에 관한 기본 합의서로 ① 상호 화해와 불가침 선언 ② 교류 협력, ③ 핵무기 개발 포기 등을 명시하고 국가적 실체는 인정하되 국가로는 승인하지 않는다고 하였으며, 합의서 발표 후 3개월 안에 판문점에 남북연락사무소 설치·운영 등을 합의. 이는 분단 46년만에 남북한 정부 당사자간에 공식 합의된 최초의 문서. 그리고 그 해 12월 31일에 한반도 비핵화 공동선언.

(다) **6·15 공동선언**(2000.6) 김대중 대통령과 김정일 국방위원장은 2000년 6월 15일 평양에서 합의.

① **6·23 평화 통일 선언**(1973. 6. 23) 박대통령이 발표한 '평화통일 외교정책에 대한 특별선언'이다.
※7개항 평화통일 외교정책 : ① 조국의 평화적 통일은 민족의 지상과업임. ② 남북한은 서로 내정에 간섭하지 않으며, 침략을 하지 않아야 함. ③ 남북대화의 구체적 성과를 위하여 성실과 인내로써 계속 노력함. ④ 북한이 우리와 같이 국제기구에 참여하는 것을 반대하지 않음(1민족 2 국가 체제). ⑤ 북한과 함께 UN에 가입하는 것을 반대하지 않으며 UN 가입 전이라도 UN총회에서의 한국문제 토의에 북한측이 같이 초청되는 것을 반대하지 않음. ⑥ 호혜평등의 원칙하에 모든 국가에 문호를 개방함. ⑦ 대한민국의 대외정책은 평화 선린에 기본을 두고 있음.

② **남북적십자회담의 재개**(1985. 5. 27) 1985년 5월 27일 서울에서 개최된 제8차 남북적십자 본 회담에서는 '이산가족 고향방문단 및 예술공연단'의 교환을 추진키로 합의하여, 그 해 9월에는 양측 고향방문단과 예술공연단이 서울과 평양을 각각 방문하였으며, 1985년 8월에는 평양에서 제9차 남북적십자 본 회담이 그리고 그 해 12월에는 서울에서 제10차 남북적십자 본 회담 개최.

③ **남북정상회담 제의**(1994. 6. 18) 김영삼 대통령은 전 미국대통령 카터를 통해 남북정상회담을 제의하였고, 북한은 이에 대해 즉시 수락. 6월 28일에는 정상회담 개최가 합의되었으나 제1차 회담을 17일 앞둔 7월 8일 김일성의 사망으로 남북정상회담 좌절.

⑤ **금강산 관광** 정주영 전 현대그룹 명예 회장이 1989년 방북한 후, 금강산 관광개발 의정서를 체결한 후, 9년 뒤인 1998년 11월 18일에 금강호가 첫 출항함으로써 본격적인 금강산 관광이 시작.

44 정답 ·· (2007. 제2회 2급)

비격진천뢰

> **임진왜란 때의 신무기**
> ① **거북선**(귀(구)선) : 왜란 전 조선시대 수군의 주력함으로 갑판 위에 2층의 판옥을 올린 판옥선을 개발해 갑판 위에 덮개를 씌운 돌격선.
> ② **비격진천뢰**(飛擊震天雷) : 이장손이 만든 포탄의 일종, 경상좌병사 박진이 경주성 탈환(1592.8)에 이용.
> ③ **화차** : 변이중이 만든 전차로 경주탈환전·행주대첩·수군 함포에 사용.
> ④ **총통** : 거북선에 부착된 대포로 천자·지자·현자·황자 총통이 있었다. 조총이 없는 대신 총통이 해전에서 매우 중요한 역할.

45 다음 (가)와 (나)의 ( )에 ① 공통으로 들어갈 용어를 쓰고, (나)와 관련된 ② 정치적 사건의 명칭을 쓰시오. [2점]

> (가) 춘추관에서 아뢰기를 "지금 예종조의 실록을 상고하니, 기축년 여름 4월 세조대왕실록을 찬수할 때, 민수가 (　　)에 사신(史臣)의 이름을 쓴다는 말을 듣고서 슬그머니 스스로 두려워하고 꺼려하여, 기사관 강치성에게 부탁하여 그 (　　)을(를) 몰래 내어다가 글귀를 지우고 고쳐 썼는 데, 수찬관 이영은 등이 여러 동료들과 더불어 이를 상고하니, 지우고 고쳐 쓴 것이 모두 여섯 가지 일이었습니다. 영사 한명회 등이 민수의 공사(供辭)를 취하여 아뢰니, 임금이 한명회 등에게 명하여 이를 국문하게 하였습니다."하였다. <성종실록>
>
> (나) 살펴보건대, 사신은 임금의 잘잘못과 신하의 현명함과 사악함, 그리고 시정의 옳고 그름을 모두 기록한다. 그러므로 역대의 임금이나 재상 중에 흉포해서 제멋대로 하는 자일지라도 (　　)을(를) 가져다 보지 못했던 것이다. 연산군 때에 간흉 유자광은 사람들이 자기에 대해 의논하는 것을 싫어하여 화를 얽어 만들었는데, 김일손, 박은의 무리가 모두 이로 인해 죽음을 당하였다. <인조실록>

① (　　　　　　　　　　)
② (　　　　　　　　　　)

46 다음 조선 후기 실학자들의 주장을 통해 파악할 수 있는 세계관을 50자 내외로 서술하시오. [3점]

> • 오늘날의 중국은 대지 가운데 한 조각의 땅에 지나지 아니한다. 중화를 귀하게 여기고 오랑캐를 천하게 여기는 것은 옳지 않다.
> • 옛날부터 유학자들은 언제나 중화와 이적을 엄격히 구분하였고, 중국 땅에서 태어나지 않으면 다 오랑캐라 하는데, 이것은 통할 수 없는 이론이다. 하늘이 어찌 지역을 가지고 인간을 구별할 수 있겠는가?
> • 무릇 이미 동서남북의 한가운데 중(中)이 있으니 어디를 가나 중국인데, 어찌 우리나라를 동국(東國)이라 부르는가? 또, 가는 곳마다 중국인데, 무엇으로써 중국이라 부르는가?

45 정답 ··· (2007. 제2회 2급)

① 사초, ② 무오사화

실록자료 사초(기본으로 왕 사후 공개함)·의정부등록·비변사등록·일성록·승정원일기(2001년 UNESCO 선정 세계기록유산)·시정기(관청 기록)·조보(朝報)·개인 문집·개인 일기(유희춘의 「미암일기」, 이이의 「경연일기」) 등. 사초와 시정기는 기밀로 취급되어 사관 이외에는 볼 수 없었고, 자료의 신빙성을 높이기 위해 사초에 사관의 성명과 비평도 수록. 사초는 비밀 유지를 위해 사관이 각자 간직하였고 실록 편찬시 제출하였다. 만일 제출하지 않는 자는 자손을 금고(禁錮)하고 은 20냥을 벌금으로 부과. 실록과 사초는 방금(防禁)이라 하여 군주라도 볼 수 없어 실록 내용을 압축하여 경연 참고서로 편찬하였는데 선왕의 선정과 선행을 기록. 사초는 세초(洗草)되어 보존되지 않았으나 「일성록」·「승정원일기」·「비변사등록」 등은 보존.

무오사화(戊午士禍, 1498) 김종직의 조의제문(弔義帝文)을 제자 김일손이 사초에 넣은 것을 구실삼아 유자광 등의 훈척세력이 김굉필·정여창 등의 사림세력을 제거한 것으로 일명 사화(史禍)라고도 한다. 세조 이래 정권을 잡고 있던 공신 등 훈구세력과 신진 사림의 대립투쟁이었는데, 당시 김종직은 부관참시(剖棺斬屍).

46 정답 ··· (2007. 제2회 2급)

실학자들은 화이론적 세계관(중화 중심적 세계관)을 비판하고, 민족에 대한 주체적 자각이 높아졌다.

조선후기 세계관의 변화 양란 이후 민족의 대이동으로 지배층만이 독점했던 지리적 정보가 대중화되고 올바른 국토 인식과 지리적 관심이 증대되어 국토에 대한 학문적 이해가 축적되는 한편, 중국으로부터 세계지도와 서양지리지가 전해짐에 따라, 종래 중국 중심의 세계인식이 세계적 차원으로 확대. 이에 따라, 화이사상을 극복하자는 세계관의 변화가 진보적 지식인들 사이에서 나타났다. 곤여만국전도(마테오 리치가 그린 지도로 중국을 중앙에 그리고 신대륙과 경위도 표시)·「직방외기」(알레니가 쓴 인문지리지) 등은 당시 널리 알려짐.

> **성리학적 세계관을 배격하는 태도** 세계지도와 서양지리서에 대한 인식, 지전설 주장, 화이사관 배격, 북벌론 비판, 청의 문물을 수입하자는 북학론 주장

47. 고려 광종이 밑줄 친 정책을 시행한 목적을 50자 내외로 서술하시오. [3점]

> 우리 태조가 창업한 초기에 여러 신하 중, 본래 노비를 소유하고 있던 자를 제외하고는 본래 없는 자들이 혹은 종군하다가 포로를 잡아 노비로 삼기도 하고, 혹은 재물로 노비를 사기도 하였습니다.…… 광종 때에 이르러 비로소 노비를 심사하여 그 시비를 분간케 하였습니다. 그리하여 천한 노예들이 이 뜻을 얻어 존귀한 사람을 능욕하고, 다투어 허위 사실을 날조하여 본주인을 모함한 자가 헤아릴 수 없었습니다.
>
> <고려사절요>

48. 다음은 신간회의 창립 기사 보도와 강령이다. 이를 참고하여 신간회가 결성된 배경과 추구했던 목표를 200자 내외로 서술하시오. [4점]

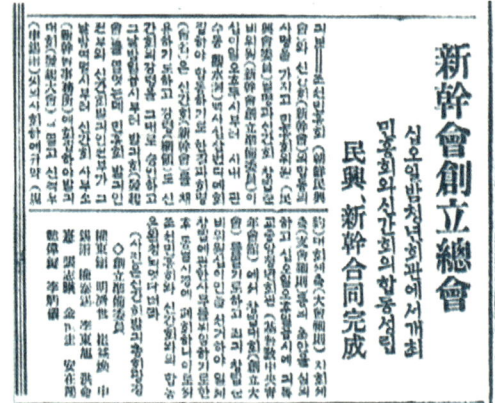

> 1. 우리는 정치적, 경제적 각성을 촉구한다.
> 1. 우리는 단결을 공고히 한다.
> 1. 우리는 기회주의를 일체 부인한다.

47 정답 ··· (2007. 제2회 2급)

공신과 호족의 경제·군사적 기반을 약화시키고, 국가의 재정 기반을 확충하여 왕권을 강화시키기 위해 시행하였다.

노비안검법(광종, 956) 후삼국의 분열중에 전쟁 포로가 되었거나 빚을 갚지 못했든지, 아니면 그 밖의 강제적인 방법으로 양인에서 노비가 된 사람들을 많았는데, 이러한 노비는 호족이 소유한 토지와 함께 경제적·군사적 기반이 되어 왕권을 위협하였다. 그래서 태조(918년)는 노비가 된 양인 가운데 1,200명을 방면시켰고, 그 후에도 이러한 노력을 계속하였지만 호족의 반발로 제대로 성공하지 못하였고, 광종은 노비의 신분을 조사하여 본래 양인이었던 자를 방량(放良)하여 호족의 군사적·경제적 기반을 약화. 그러나 호족의 강력한 반발을 받아 경종 때 호족의 반발이 더욱 격화되자, 성종때(987년) 노비환천법을 실시.

48 정답 ··· (2007. 제2회 2급)

1920년대 중반에 타협적 민족주의자들이 한국인의 자치권을 얻자는 운동을 펼쳤다. 이에 비타협적 민족주의자들은 민족 운동을 강화하기 위해서 사회주의 세력과 연대하는 길을 모색하였다. 사회주의자들도 치안유지법을 제정한 일제의 탄압과 내부 분열로 어려움을 겪었다. 이에 '정우회 선언'을 계기로 비타협적 민족주의 세력과 사회주의 세력 간의 협동체인 신간회가 창립하게 되었으며, 좌우합작의 민족 운동 단체인 신간회는 비타협적 민족운동을 추진하였다.

신간회 운동 1920년대 후반기 민족독립운동전선에 일어난 하나의 새로운 현상으로 정치사상과 이념을 초월하여 분산된 독립운동단체를 통합하고 좌우익으로 분열된 독립운동전선을 하나로 통일하려는 좌우합작의 민족유일당운동이 국내와 중국 관내 및 만주를 망라한 전체 운동전선에서 폭넓게 일어났다(한국독립유일당 북경촉성회(1926.10, 안창호 주도), 신간회(1927.2), 상해촉성회(1927.4), 혁신의회(1928.12), 국민부(1929. 3)).

1) **자치론 비판** 1920년대 초반 실력양성을 내세우고 '문화운동'을 전개한 민족주의 우파가 1924년경부터는 보다 타협적인 '자치운동'을 전개하자, 이에 대응하는 '반자치운동'의 전선이 민족주의 좌파와 사회주의자들 사이에 자연스럽게 형성.
2) **사회주의운동의 노선 변화** 1920년대 초 계급지상주의·국제연대주의에 매몰되어 있던 사회주의운동이 1923년 이후 민족협동전선 노선으로 전환되어 1926년경에는 민족협동전선의 결성이 제2차 조선공산당의 주요 사업으로까지 설정.
3) **조선민흥회 창립**(1926.10) 서울청년회계(사회주의자)와 조선물산장려회계(민족주의 우파)의 제휴로 이루어진 한정된 규모의 민족협동전선이 나타났다.
4) **정우회**(正友會) **선언**(1926.11) 1926년 4월 화요회·북풍회와 조선노동당·무산자동지회가 합당한 정우회는 조선공산당의 표면단체로 분파 투쟁의 청산, 사상단체의 통일, 경제투쟁에서 정치투쟁으로의 전환 등을 주장하여 사회주의운동의 방향을 전환시켜 신간회 결성의 계기.

정우회선언 ① 과거의 분열에서 벗어나 사상단체를 통일하고 구체적으로 전위적 운동을 행한다. ② 교육을 통하여 대중을 조직화하고 질적·양적으로 그 영역을 확대, 그것을 기초로 일상투쟁을 한다. ③ 종래 국한되었던 경제적 투쟁에서 계급적·대중적·의식적 정치형태로 전환한다. 이 과정에서 비타협적 민족주의자와 공동전선이 필요하다. ④ 이론투쟁으로 대중운동의 진로를 지시한다.

5) **새로운 조직의 요청** 대한민국 임시정부의 기능 침체에 따른 대체 기능의 필요성이 요청.
6) **후쿠모토주의**(福本主義)**의 영향** 일본 후쿠모토(福本和夫)의 영향으로 지식인의 체계적인 노동자 교육의 필요성이 제고(K. Marx: 룸펜 프롤레타리아는 혁명의 원동력이 아니다).

신간회 3대 강령 ① 우리는 정치적·경제적 각성을 촉진함.
② 우리는 단결을 견고히 함.
③ 우리는 기회주의를 일체 부인함.

49 다음 자료를 토대로 정인홍이 실록 편찬자에 의해 비판받았던 이유를 200자 내외로 쓰시오.
[4점]

> 정인홍은 영남 사람이다. 조식의 문하에서 수업하고 헛된 이름을 훔쳐 풍헌의 장관에 제수되기까지 하였다. 선조가 만년에 이르러 광해가 혼암하여 대임을 담당하지 못할 것을 알고 자못 후회하는 뜻을 두자, 정인홍이 상소하여 극언하다가 유배되었는데, 이로 인하여 공의가 상당히 그를 허여하였고, 광해는 즉위하는 즉시 소환하여 찬성을 제수하였다.
> 이언적과 이황은 우리 나라의 대현(大賢)인데도 정인홍은 사적인 감정을 가지고 이들을 배척하였다. 이 때문에 사론(士論)에 죄를 얻고, 이이첨과 깊이 결탁해 서로 추천하여 드디어 정승에 이르고, 이어 원훈(元勳)에 책록되었다. 광해가 생모를 추존하여 종묘에 들였는데, 이는 실로 정인홍이 협찬하여 이룬 것이다. 일찍이 등대(登對)할 때 시문용이라는 사람의 풍수설을 힘써 추천하여 토목 공사를 일으켰다.
> 계축년에 상차하였는데, 그 말이 몹시 흉패하여 대군(大君)을 가리켜 '우리 속의 돼지'라고 하였다. 급기야 폐모론이 일어나자 먼저 폐위하고 난 뒤에 주달하자는 의논을 주창하였다. 그리하여 강상(綱常)이 무너지게 하고 사람의 도리가 막히게 하였으니, 하늘에 사무치는 죄악이 이이첨에 못지않다.   <인조실록>

50 다음의 용어를 모두 사용하여 신라의 삼국 통일 과정을 500자 내외로 서술하시오.
[5점]

| • 나·당 연합군 | • 계백 | • 복신 | • 연개소문 |
| • 고연무 | • 매소성 전투 | • 기벌포 전투 | |

49 정답 ··· (2007. 제2회 2급)

실록의 내용에 의하면 정인홍이 비판받은 이유는 첫째, 스승인 조식의 문무 종사를 추진하면서 이언적과 이황의 학문을 비판하였다는 점, 둘째, 인목대비의 유폐와 영창대군의 살해에 관여하였다는 점, 셋째, 명에 대한 의리를 버리고 후금과의 관계를 유지하였다는 점, 넷째, 토목 공사를 일으켜 백성들의 생활을 곤궁하게 하였다는 점 등이다(정인홍이 사문난적된 이유).

정인홍 합천에서 성주에 침입한 적을 격퇴. 그 후 성주·합천·고령·함안 등지를 방어, 의병활동을 통해 강력한 지지 기반을 구축. 정인홍은 회퇴변척(晦退辨斥)으로 이언적(회재(晦齋))·이황(퇴계(退溪))을 비판하고, 서경덕·조식의 실천적 학풍을 중시. 그러나 회퇴변척은 아무런 실효를 거두지 못했고 정인홍은 유적(儒籍)에서 삭제.

50 정답 ··· (2007. 제2회 2급)

신라는 백제와 고구려를 멸망시켜 한반도를 통일하려는 목적으로, 당은 신라를 이용하여 한반도를 장악하려는 목적으로 나·당 연합군이 결성되었다. 김유신이 이끈 신라군은 황산벌에서 백제 계백의 결사대를 격파하고 사비성을 함락함으로써 백제를 멸망시켰다. 이후 복신, 흑치상지, 도침 등이 왕자 풍을 추대하고 백제 부흥 운동을 전개하였으나 나·당 연합군에 의해 진압되어 실패하였다. 이어서 나·당 연합군은 연개소문 사후 지배층의 권력 쟁탈전으로 국론이 분열된 고구려를 공격하여 평양성을 함락시키고 고구려를 멸망시켰다. 검모잠, 고연무 등이 중심이 되어 보장왕의 서자 안승을 왕으로 추대하면서 고구려 부흥운동을 일으켰으나 실패하였다. 신라는 한반도 전체를 장악하려는 당의 야심에 맞서 고구려와 백제의 유민과 연합하여 당과 정면으로 대결하게 되었다. 신라는 매소성 전투와 기벌포 전투에 승리함으로써 당군을 축출하고 마침내 삼국통일을 이루게 되었다.

신라의 삼국통일 과정

1) **나당동맹 체결** 김춘추와 군사동맹(648), 출병 교섭이 성공(650). → 2) **백제의 멸망**(660) 대야성 전투(642) 등 신라와의 잦은 전쟁으로 국력이 소모, 의자왕 15년(656) 전후 좌평 대성 8족과 신진세력의 대립으로 인한 세력교체로 전제정치가 붕괴. 충신인 성충·흥수 등의 축출과 김유신과 백제 좌평 임자의 내통, 나당동맹이 체결(648)되는 등의 급변하는 외교 정세에 소홀. 김유신의 5만 병력과 소정방의 13만 병력으로 구성된 나당연합군이 사비성을 협공하고 계백의 결사대가 황산벌(충남 연산)에서 전멸하자 의자왕은 항복(660.7). 당군은 백제 땅에 웅진도독부를 설치하고(664), 부여융을 웅진도독으로 임명. → 3) **백제의 부흥운동**(660~663) ① 복신·도침 : 주류성(한산)에서 일본에서 귀국한 왕자 부여풍을 추대하고 사비성을 공격. ② 흑치상지 : 복신·지수신 등과 결탁하여 임존성(예산군 대흥면)에서 일어났으나 부여융에게 항복(663). ③ 부흥군의 내분 : 복신이 도침을 죽이고 부여풍이 복신을 죽였다. ④ 백강(구)전투 : 부여풍은 부여융에게 패배(663). → 4) **고구려의 멸망**(668) 여수·여당전쟁으로 국력이 쇠퇴. 연개소문 사후(666) 대막리지 자리를 두고 일어난 지도층의 내분으로 지배 귀족 세력들의 분열과 이탈. 김인문의 27만 병력과 이세적의 50만 병력으로 구성된 나당연합군의 협공으로 멸망. 당군은 평양에 안동도호부를 설치(668). → 5) **고구려의 부흥운동**(668~670) ① 검모잠·고연무 등이 보장왕의 서자 안승을 받들고 한성(재령)과 오골성을 근거로 활동. ② 안승이 검모잠을 죽이고 신라로 망명하자 신라는 금마저(익산)에 보덕국을 세우고(670) 안승을 고구려왕에서 보덕왕으로 임명(674). → 6) **신라의 당군 축출**(나·당전쟁, 670~676) 신라는 당군을 몰아내기 위하여 백제·고구려의 유민과 삼국통합군을 구성하여 임천지방과 웅진도독부를 공격하여 소부리주를 설치(671). 임진강 유역인 마전·적성 등지에서 대파하고, 매소성(연천) 일대에서 김유신의 아들 원술랑(김원술) 등이 당의 20만 병력을 섬멸(675), 설인귀의 해군을 금강 하구(기벌포 ; 서천)에서 섬멸(676). → 7) **삼국 통일** 문무왕 때 평양에 있던 안동도호부를 요동성으로 몰아내고, 대동강과 원산만 이남의 지역을 확보하고 자주적 통일을 이룩(676).

당의 기미책 당은 백제 공주에 웅진도독부 설치(664, 도독 ; 부여융), 고구려 평양에 안동도호부 설치(668, 도호 : 설인귀), 신라 경주에 계림도독부를 설치(663, 도독 : 문무왕).
나당전쟁 종료의 배경 ① 거란·돌궐의 성장, ② 토번(티벳)의 당 공격
영토 분할 약정 진덕여왕 때(648) 나당동맹이 체결되면서 나당연합군이 승리하면 평남 이남 전 지역을 신라에게 주기로 약속한 바 있었으나 나당전쟁으로 파기되었다. 그 후 성덕왕 때(735) 신라의 발해 공략(733) 대가로 승인.

한국사능력검정시험 1급
(2007년 10월 27일)

01 다음은 한반도의 주요 신석기 유적지를 표시한 지도이다. (가)~(마)에 대한 설명으로 옳지 <u>않은</u> 것은? [2점]

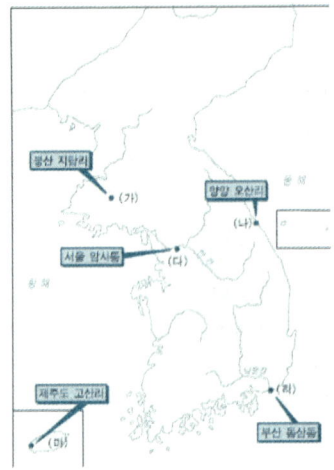

① (가) - 좁쌀이나 피로 보이는 탄화된 곡물이 나왔다.
② (나) - 흙으로 빚어 구운 사람 얼굴 모습의 유물이 출토되었다.
③ (다) - 빗살무늬 토기를 비롯해 돌도끼, 돌화살촉 등의 유물이 다수 출토되었다.
④ (라) - 무덤 구조를 알려 주는 돌무지 시설과 여러 몸체분의 사람 뼈가 나왔다.
⑤ (마) - 다수의 뗀석기와 덧무늬 토기, 질이 거친 토기들이 출토되었다.

02 다음은 어느 초기 국가에 대한 기록이다. 이 나라가 있었던 지역에서 후대에 벌어진 사실로 옳은 것은? [2점]

> 여자의 나이가 열 살이 되기 전에 혼인을 약속하고 신랑집에서 맞이하여 장성할 때까지 기른다. 여자가 성인이 되면 다시 친정으로 돌아간다. 여자의 친정에서 돈을 요구하는데, 신랑집에서 그 돈을 지불한 후에 여자를 다시 데리고 와서 아내로 삼는다.
> <삼국지>

① 김윤후가 군민의 힘을 모아 몽골군의 침입을 격퇴하였다.
② 발해가 멸망한 후 정안국이 세워져 부흥 운동을 전개하였다.
③ 서희의 활약으로 거란의 침략을 물리친 후 강동 6주를 두었다.
④ 공민왕 때 쌍성총관부를 공격하여 원으로부터 영토를 수복하였다.
⑤ 갑신정변 직후, 영국이 러시아의 남하를 막기 위해 기지를 설치하였다.

01 정답 ④ ··· (2007. 제3회 1급)

④ 부산 동삼동 조개무지(패총)에서는 이른 민무늬토기(원시무문토기)·덧무늬토기(융기무늬토기)·눌러찍기무늬토기·빗살무늬토기 등이 출토되었다. 돌무지무덤(적석총)은 청동기시대의 고분 양식이다.

≫ 한국 신석기시대의 변천 ≪

시 기	연 도	고고학적 시기	토기의 특징	생활상	대표적 유적
전 기	B.C. 8000~3000	선즐문기 (先櫛文期)	융기문토기 반란(半卵)원저의 무문토기	수렵·어로생활, 해상생활	함북 굴포리 평북 만포진 부산 동삼동
중 기	B.C. 3000~2000	즐문 1기	어골토기 즐문토기	수렵·어로생활 (농경 이전의 생활)	평남 청호리 경기 미사리 서울 암사동 부산 동삼동
후 기	B.C. 2000~1000	즐문 2기	뇌문토기 파상점선문토기	농경의 시작 (수렵·어로 포함)	평남 궁산리 황해 지탑리 서울 암사동 부산 다대동

> **청동기시대 고분** 고인돌(지석묘)·돌무지무덤(적석총)·돌널무덤(석관묘, 돌상자무덤) 등의 거석문화를 남겼고 특히 거대한 돌무덤은 군장세력의 출현을 의미. 고인돌은 대체적으로 연해지역과 하천 유역에 주로 분포되었는데 규모와 수에 비해 껴묻거리가 극히 적고 유물의 수와 종류도 화살촉과 간돌칼 등으로 한정.

02 정답 ④ ··· (2007. 제3회 1급)

보기외 호기국가는 함경노 지역 동해에 위치한 옥저이다. ① 처인성(용인), ② 압록강 중류, ③ 압록강 유역, ④ 철령(영흥) 이북, ⑤ 거문도이다.

> **옥저** 함흥평야에 자리잡은 국가로, 왕은 없고 각 읍락을 거수(渠帥), 후(侯)·읍군(邑君)·삼로(三老) 등의 군장이 다스렸으나 통합된 더 큰 정치세력을 형성하지 못하였다.
> ① 산업 : 해산물이 풍부, 토지가 비옥하여 5곡이 잘 자라고 농사가 잘 되었다. 그러나 고구려의 압력으로 어물·소금 등의 해산물·맥포(삼베)와 여자를 공납으로 바쳐야 했다.
> ② 혼인 : 고구려와 같은 부여족의 한 갈래였으나, 그 풍속은 달라서 민며느리제(예부제(豫婦制))라는 일종의 매매혼이 있었다.
> ③ 장례 : 가족이 죽으면 시체를 가매장하였다가 그 뼈를 추려서 가족 공동의 무덤인 목곽에 안치하였다(두벌묻기, 세골장·골장제). 또, 목곽 입구에는 죽은 자의 양식으로 쌀을 담은 항아리를 매달아 놓기도 하였다.

① **몽골의 2차 침입**(1232) : 살리타가 침입하였으나 처인성(용인)에서 고려의 승장 김윤후와 처인 부곡민에게 살해되고 몽골 군대는 쫓겨났다. 이 때 부인사 초조장경이 소실.

② **발해 부흥 운동** 열만화가 압록강 중류에서 정안국(후발해국, 927~985)을 건국하여 거란에 대항하였으나 거란에게 멸망당했고, 그 후 오사·흥료국·대원(대발해국) 등이 세워졌으나 실패.

③ **거란의 1차 침입**(993년, 성종 13) 북진정책, 친송단요로 소손녕의 80만 군대가 침입, 서희(942~998)의 안융진 외교 담판에서 거란의 연호를 사용하는 조건으로 퇴군, 고려는 강동 6주를 획득하여 압록강 하류까지 국경선 북상하였고, 군사방어체제로 절도사 제도를 정비

④ **쌍성총관부**(1258~1356) : 조휘(趙暉)와 탁청(卓靑) 등이 동북면 병마사를 죽이고 화주(영흥) 이북의 땅을 들어 몽골에 항복하자, 몽골은 이 지역 화주에 쌍성총관부를 설치.

⑤ **거문도사건**(1885.3.1) 조러밀약설이 나돌자 영국은 블라디보스토크를 공격하여 러시아의 남하정책을 견제하려 거문도를 불법 점령하고 해밀턴항(Port Hamilton)이라 명명하고 요새화.

03 다음 유물과 유적이 만들어진 시기의 상황으로 옳은 것은? [2점]

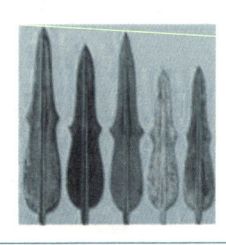  

① 한반도 북부와 만주 지역이 중국 군현의 지배를 받았다.
② 위만 조선의 세력이 커지면서 한나라와의 대립이 격화되었다.
③ 요하 유역을 중심으로 고조선이 성립하여 세력을 키워 나갔다.
④ 압록강 중류 지역에서 고구려가 일어나 중국 세력과 대립하였다.
⑤ 철기 문화가 확산되면서 한반도 남부 지역에 삼한이 성립하였다.

04 표의 (가)~(마)에 들어갈 용어가 잘못 연결된 것은? [1점]

한자어	개정 고고학 용어
半月形石刀	반달 돌칼
紡錘車	가락바퀴
立石	(가)
羨道	(나)
甕棺墓	(다)
有溝石斧	(라)
積石木槨墳	(마)

① (가) - 선돌
② (나) - 널길
③ (다) - 독무덤
④ (라) - 홈자귀
⑤ (마) - 돌무지무덤

해설 및 정답

03 정답 ③ ·· (2007. 제3회 1급)

보기의 유물은 비파형동검·미송리식토기·고인돌로 고조선(단군조선)의 특징적인 유물이다. ① 고조선(위만조선) 멸망 후, ② 위만조선 성립 후의 고조선, ④ 고구려는 고조선 멸망 후 성립, ⑤ 삼한은 고조선 멸망 후의 국가이다.

고조선 요령지방을 중심으로 성장하여, 점차 인접한 군장사회를 통합하면서 한반도 북부 대동강 유역까지 발전하였다. 이와 같은 사실은 출토되는 비파형동검과 미송리식 토기의 분포를 통해 알 수 있다.
1) 독자적인 문화 형성 : B.C. 5세기경에 철기문화를 받아들여 더욱 강성해져 B.C. 4~3세기경에는 부왕(否王)·준왕(準王)과 같이 강력한 왕이 등장하여 왕위를 세습하였으며, 그 아래 상(相)·대부(大夫)·장군(將軍) 등의 관직도 두었다. 2) 중국의 연과 대립 : B.C. 3세기 초 연나라 장수 진개(秦開)의 침략을 받아 서방 2천여 리의 땅을 빼앗기고 요동을 상실하면서 쇠약해졌다.

위만조선 진·한 교체기에 전국시대를 이어 또 한 차례의 이주하여 온 유이민 집단인 위만은 연왕(燕王) 노관(盧綰)의 부장으로 있다가 노관이 흉노로 망명하자 무리 1,000여 명을 이끌고 고조선으로 왔다. 위만은 고조선 준왕(準王, 기준(箕準))의 신임을 얻어 지방장관인 박사(博士)의 직함을 받아 고조선의 서쪽 변경에 거주하는 이주민 세력을 통솔하게 되었고, 그것을 기반으로 자신의 세력을 점차 확대하여 나갔다. 그 후 위만은 수도인 왕검성에 쳐들어가 준왕을 몰아내고 스스로 왕이 되었다(B.C. 194).
1) 산업의 발달 : 철기문화를 본격적으로 수용 2) 정치조직 정비 : 고조선은 사회·경제의 발전을 기반으로 경(卿)·대신(大臣)·비왕(裨王, 지방군장으로 왕권버금세력) 등의 중앙정치조직을 갖춘 강력한 국가로 성장하고, 우세한 무력을 바탕으로 활발한 정복사업을 전개하여 주변의 진번·임둔 등의 소국을 복속시키면서 광대한 영토를 차지하였다. 3) 중계무역 : 지리적인 이점을 이용하여, 압록강 중류(또는 만주 동가강 유역)의 예(濊)나 남방의 진(辰)이 중국 한나라와 직접 교역하는 것을 막고, 중계무역을 통해 이익을 독점하려 하였다.

경제적·군사적 발전을 기반으로 고조선은 한과 대립하게 되었다. 이에 불안을 느낀 한무제(漢武帝)는 수륙양면으로 대규모의 무력 침략을 감행히었다(B.C. 109). 고조선은 1차의 접전에서 대승을 거두었고, 이후 약 1년에 걸쳐 한의 군대에 완강하게 대항하였으나, 고조선 지도층의 내분으로 주화파 니계상 삼 세력에게 주전파 우거왕이 살해되고 그 후 주전파 대신 성기(成己)가 최후까지 저항을 하였으나 수도 왕검성이 함락되어 고조선은 멸망하였다(B.C. 108).

04 정답 ⑤ ·· (2007. 제3회 1급)

⑤ 적석목곽분은 돌무지덧널무덤이고, 적석총이 돌무지무덤이다.

반달돌칼(반월형석도, 半月形石刀) 곡물의 이삭을 따는 데 사용한 연장

가락바퀴(방추차, 紡錘車) 물레로 실을 지을 때 쓰이는 가락(실을 감는 나무나 쇳가락)에 끼워 그 회전을 돕는 바퀴

① **선돌**(입석, 立石) 선사시대 거석기념물의 하나로서 자연석 또는 가공한 기둥모양의 돌을 땅 위에 하나 또는 몇 개 세운 것
② **널길**(연도, 羨道) 무덤의 입구에서 널방에 이르는 통로
③ **독무덤**(옹관묘, 甕棺墓) 토기를 이용하여 만든 무덤
④ **홈자귀**(유구석부, 有溝石斧) 자루가 날부분과 직각이 되게 이루어지는데, 홈은 도끼를 비틀어 매어 묶는데 쓰이는 것으로, 자루는 직각으로 휜 나무를 택하여 사용하였다.
⑤ **돌무지덧널무덤**(적석목곽분, 積石木槨墳) 덧널 위를 사람 머리크기의 냇돌로 덮어 쌓은 봉토무덤

돌무지무덤(적석총, 積石塚) 주검을 넣은 돌널 위를 돌만으로 쌓아 올린 무덤

05 자료의 (가) 에 공통적으로 들어갈 말로 옳은 것은? [2점]

- 태조 대왕의 이름은 궁(宮)이다. 어렸을 때의 이름은 어수(於漱)이며, 유리왕의 아들 (가) 재사(再思)의 아들이다. 어머니 태후는 부여 사람이다.
- 미천왕의 이름은 을불(乙弗)이고, 서천왕의 아들인 (가) 돌고(咄固)의 아들이다.
- 문자명왕의 이름은 나운(羅運)이고, 장수왕의 손자이다. 아버지는 왕자이며, (가) 인 조다(助多)인데, 조다가 일찍 죽자 장수왕이 궁중에서 기르면서 대손(大孫)으로 삼았다.

① 상가(相加)
② 대로(對盧)
③ 패자(沛者)
④ 고추가(古雛加)
⑤ 우태(優台)

06 다음은 조선 시대 특정 관리가 수행해야 할 임무이다. 이와 〈보기〉 같은 임무를 지녔던 관리를 〈보기〉에서 고른 것은? [1점]

| ・農桑盛 | ・學校興 | ・詞訟簡 | ・奸猾息 |
| ・軍政修 | ・戶口增 | ・賦役均 | |

━━━━━━━━━ 보 기 ━━━━━━━━━
㉠ 세종대의 한성 판윤 맹사성
㉡ 인조대의 의주 부윤 임경업
㉢ 고종대의 강화 유수 조병식
㉣ 광해군대의 파주 목사 한백겸

① ㉠㉡
② ㉠㉢
③ ㉡㉢
④ ㉡㉣
⑤ ㉢㉣

05 정답 ④ ·· (2007. 제3회 1급)

④ 고구려의 왕권버금세력인 고추가(적통대인)가 들어간다. 고추가는 전 왕족인 소노부(연노부)와 왕비족인 절노부(순노부)의 족장으로 신라의 갈문왕과 유사한 세력이다. ① 대가 중의 최고이고, ②③은 수상이며, ⑤ 형(兄)을 의미한다.

고추가(古雛加) 전왕족(소노부, 연노부, 비류부)이나 왕비족(절노부, 연나부)에게 주는 칭호(적통대인)로 일반 귀족보다 우세한 왕권버금세력으로 백제의 길사, 신라의 갈문왕과 유사한 것으로 본다.

> **고구려 중앙 관제** 삼국 가운데 가장 먼저 정비된 관등조직을 성립시켰으며(「위서」동이전 : 10관등) 수상인 대대로·막리지(초비상시 : 대막리지)는 3년에 한번씩 5부에서 선거로 뽑았다. 관등조직은 여러 차례 변하였으나, 말기에는 대대로(大對盧)·태대형(太大兄)·울절(鬱折), 주부(主簿) 등 14등급까지 정비되었다. 형(兄)은 우태(優台)가 발전한 것으로 나이 많은 족장을 의미하며, 사자(使者)는 원래 조세를 거두어들이는 사람을 의미한다. **상가**(相加)는 고구려 귀족회의인 제가회의(諸加會議,)의 의장.

③ **패자**(沛者) 대로와 함께 국왕을 보좌하는 최고 정치책임자로 수상으로 본다.

> **대보**(大輔) : 고구려와 신라 초기에 존재한 고유 관직으로 족장층의 관료화와 관직 분화의 진행을 의미한다. 고구려에서는 좌보·우보로 분리되었다가 국상(國相)으로 명칭이 바뀌었다.

06 정답 ④ ·· (2007. 제3회 1급)

보기의 내용은 조선시대 목민관인 지방 수령의 복무지침인 수령 7사이다. 지방 수령은 외직으로 부윤~현감을 지칭하는데 ㉠ 한성 판윤과 ㉢ 강화 유수는 경직에 속한다.

수령 7사 조선시대 목민관(부윤~현감)인 지방 수령의 복무지침으로 태종때 제정. 지방 수령은 종6품 참상관 이상이 파견되었다. 수령의 임무로는 ① 농업의 장려(농상성(農桑盛)), ② 교육의 진흥(학교흥(學校興)), ③ 사송의 처리(사송간(詞訟簡)), ④ 향리의 규제(간활식(奸猾息)), ⑤ 군정의 정비(군정수(軍政修)), ⑥ 호구의 증가(호구증(戶口增)), ⑦ 부역의 균등(부역균(賦役均)) 등의 7사(事)가 있었다. 수령에 대한 선임의 신중은 양사가 화합하여 수령 후보자에 대한 서경을 철저히 행한 뒤에 정식 제수하였다.목민관으로 종6품 참상관 이상이 파견되었다.

> ≫ **고려시대 지방관** ≪
>
> 1. **수령 5사**
>   ㉠ 전답을 개간할 것(전야벽, 田野闢),
>   ㉡ 사송(詞訟)을 간단히 할 것(사송간, 詞訟簡),
>   ㉢ 도적(향리 포함)을 없게 할 것(도적식, 盜賊息),
>   ㉣ 호구를 증가시킬 것(호구증, 戶口增),
>   ㉤ 부역을 고르게 할 것(부역균, 賦役均)
>
> 2. **수령의 봉행**(奉行) **6조**
>   ㉠ 민서(民庶)의 질고(疾苦)를 살필 것,
>   ㉡ 흑수장리(黑綬長吏)의 능부(能否)를 살필 것,
>   ㉢ 도적·간활(姦猾)을 살필 것,
>   ㉣ 민서 중에서 법금(法禁)을 범한 자를 살필 것,
>   ㉤ 민서의 효제(孝悌)·염결(廉潔, 미풍양속)을 살필 것,
>   ㉥ 향리(鄕吏)들의 전곡(錢穀) 산실(散失)을 살필 것

07 다음 고구려 고분 두 벽화에 대한 설명 중에서 옳지 <u>않은</u> 것은? [1점]

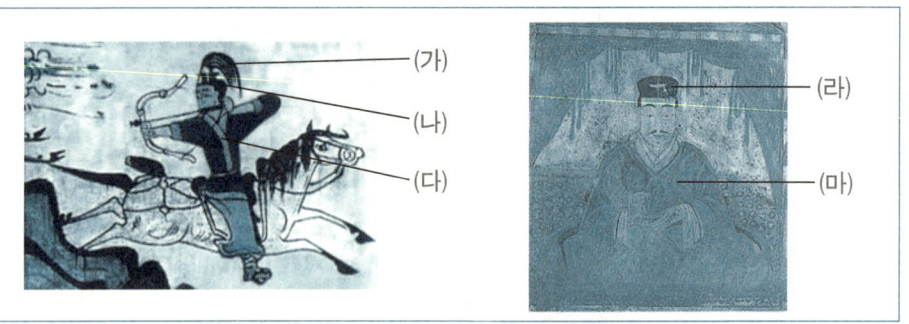

① (가)는 고구려 사람들이 관에 꽂았던 새깃으로, 많이 꽂혀 있을수록 높은 신분을 나타냈다.
② (나)는 책(幘)으로 고구려 사람들이 자주 썼던 모자이다.
③ (다)는 저고리가 왼쪽으로 매여 있는 것을 나타내고 있다.
④ (라)는 백라관(白羅冠)으로 수서(隋書)에는 고구려의 왕이 썼다고 기록되어 있다.
⑤ (마)는 두루마기로 방한용보다는 높은 신분을 나타내는 장식용으로 쓰였다.

08 다음은 중국 역사 교과서의 발해 관련 내용이다. 이러한 중국측의 주장을 반박할 근거로 제시할 수 있는 자료를 〈보기〉에서 고른 것은? [2점]

> 당 현종이 그 곳에 주(州)를 설치하고 그 수령을 도독(都督)으로 삼고 발해군왕(渤海郡王)으로 책봉하였다. 이로부터 속말말갈(粟末靺鞨) 정권을 '발해'라고 칭했다.
> - 중국 역사 7년급 하책(의무 교육 과정 표준 실험 교과서, 2005) -

보 기

㉠ 7세기 말에 대조영이 속말말갈의 각 부족을 통일하여 나라를 세우고 스스로 진국왕(震國王)이라 일컬었다.
㉡ 대조영이 죽은 후에 그 아들 대무예가 왕위에 올라 무왕이 되고 연호를 인안(仁安)이라 하니 당나라에서 사신을 보냈다.
㉢ 발해에 거주하던 한족(漢族)과 다른 민족들은 중국과 왕래가 빈번하였으며, 경제·문화의 수준이 높아 해동성국(海東盛國)이라 일컬었다.
㉣ 당나라가 9세기 전반에 빈공과(賓貢科)를 설치하자, 발해 학생들이 이에 응시하여 여러 명의 급제자를 배출하였다.

① ㉠㉡　　② ㉠㉢
③ ㉡㉢　　④ ㉡㉣
⑤ ㉢㉣

07 정답 ② (2007. 제3회 1급)

고구려의 모자 종류로는 건(巾)·절풍·조우관·책(幘)·라관(羅冠) 등이 있는데 (나)는 무용총 벽화에 보이는 절풍이다. 책은 문·무관 관료들이 쓰는 의례용 모자이다. 백라관은 「수서」에 고구려왕이 썼다고 기록되어 있다. (나)는 안악3호분(동수묘) 벽화의 내용이다.

> **소골(蘇骨)** : 고구려 남자의 모자, 절풍(折風)이라고도 하며 특히 관직에 있는 경우는 양 쪽에 새깃을 꽂았다(무용총의 수렵도 벽화).

무용총 통구에 있는 토총(土塚 : 흙으로 덮은 봉토 내부에 굴식 돌방이 있는 것으로, 천장이나 벽면에 벽화)으로 무용도와 수렵도가 그려져 있다.

안악3호분(동수묘, 冬壽墓, 강서군 약수리 고분 벽화) 동수(289~357)는 4세기 요동에서 고구려로 망명한 중국인 무장으로 동수묘는 연대가 확실한(357년) 고구려 영토 안에 세워진 최초의 중국계 벽화 고분이다. 무덤양식은 팔각 돌기둥과 모줄임천장을 갖춘 돌방무덤인데 모줄임천장은 우리나라에서 가장 오래된 것이다(북한 : 고국원왕릉). 동수묘 벽화에는 당시 가옥의 모습과 디딜방아·절구를 사용, 밥·떡 등을 지을 때 솥·시루 등을 사용하는 내용.

08 정답 ④ (2007. 제3회 1급)

중국의 동북공정은 발해를 중국사에 예속된 속말말갈정권이라 하나 발해는 고구려를 계승한 자주국가이다. 발해는 당의 연호기 아닌 독립국을 상징하는 ⓒ 독자적인 연호를 사용하였고, ⓔ 당에서 발해를 속국으로 보았다면 발해 학생들이 당나라 과거에 응시해야 하는데 외국인을 위해 시행한 빈공과에 급제했다는 것은 발해가 당에 예속되지 않았다는 것을 입증하는 근거이다.

발해는 고구려를 계승한 자주국으로서 당과 조공과 책봉이라는 외교행위를 한 것뿐이며, 황제를 자칭하였거다.

> ≫ **발해사의 자주적 측면** ≪
>
> 1. 독자적 연호 사용(천통, 인안, 대흥, 중흥, 주작, 건흥, 인선) : 독립국 과시
> 2. 당의 빈공과 급제 사실(외국인을 위한 과거에 합격) : 당에 예속되지 않음을 의미
> 3. 3성 6부의 독자적 운영(2원적 조직, 유교식 관제 사용), 고구려 5부를 계승한 5경제 정비
> 4. 고구려 계통의 유물·유적 출토(굴식 돌방무덤, 온돌, 이불병좌상, 연화문의 와당)
> 5. 일본에 보낸 사신 85명 중 만주식 성명자는 6명에 불과함. 나머지는 고구려식 성명 소유, 그 중 26명이 고(高)씨 였음.

> **발해와 당의 관계**
> 1) 무왕(대무예(大武藝), 719~737)
>   8세기 초, 발해는 친당적인 흑수(흑룡강)부 말갈을 치는 한편(대문예(大門藝) 당 망명사건, 726), 거란과 연합하여 수군 장문휴(張文休)로 하여금 당의 산동지방 등주를 공격하였다(732).
> 2) 문왕(대흠무(大欽茂, 737~793))
>   8세기 후반 이후 화친책으로 전환하여 사신·유학생을 파견하고, 빈공과에 급제하는 등 당과 국교를 열고, 대조영 이래의 발해군왕에서 발해국왕의 칭호를 얻고 문화를 수입하여 제도를 정비하였다.

09 다음 비석들의 공통점을 옳게 지적한 것은? [1점]

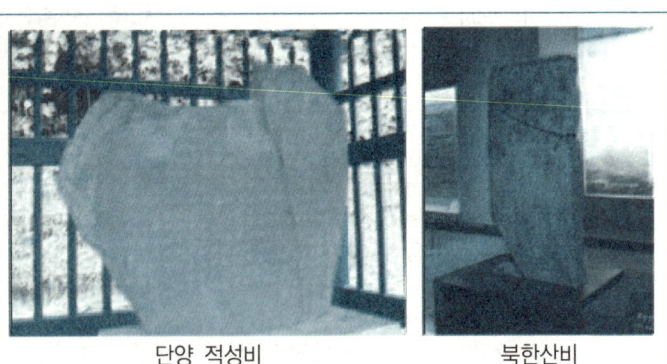

중원 고구려비   단양 적성비   북한산비

① 한강 유역을 차지하게 되면서 세웠다.
② 신라와 고구려의 동맹 관계를 파악할 수 있다.
③ 당시에 불교가 널리 보급되어 있었음을 알 수 있다.
④ 삼국 시대 귀족들의 도교적 생활을 파악할 수 있다
⑤ 한반도에 유학이 전래되어 발전하였음을 알 수 있다.

10 연표의 (가)~(다) 시기에 대한 설명으로 옳지 않은 것은? [3점]

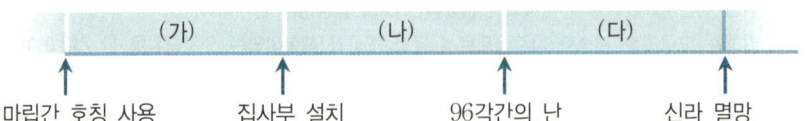

마립간 호칭 사용   집사부 설치   96각간의 난   신라 멸망

① (가) 시기에 관등 조직이 마련되었다.
② (나) 시기에 대체로 무열왕의 직계손들이 왕이 되었다.
③ (나) 시기에는 시중의 권력이 상대등보다 강했다.
④ (다) 시기에 교육 기관으로서 국학이 설립되었다.
⑤ (다) 시기에는 선종이 유행하였다.

09 정답 ① ··· (2007. 제3회 1급)

① 고구려 장수왕으로 추정되는 시기의 중원 고구려비와 신라 진흥왕대의 단양적성비와 북한산비는 모두 한강 유역의 영토 개척 후 건립된 척경비이다.

중원고구려비 5세기 말 장수왕 때 건립으로 추정, 1979년 4월 발견, 신라를 동이(東夷), 신라왕을 매금(寐錦)으로 지칭하고 있으며, 고구려 대왕이 신라 왕과 신하들에게 의복을 하사하여 종주국으로서 고구려의 천하관을 보여 주고 있다(고구려와 신라의 위상 관계 입증). 일부 내용은 다음과 같다.

"5월에 고구려 대왕이 상왕공(相王公)과 함께 동쪽 오랑캐 신라 매금(寐錦)을 만나 세세토록 우호를 맺기 위해 이곳에 왔으나, 신라 매금이 오지 않아 실행하지 못하였다. 이에 고구려 대왕은 태자 공과 전부 대사자 다우환노에게 명하여 우벌성 부근 진영에 머물러 다시 신라 매금을 만나게 하였다. …… 12월 23일 동이 매금이 고구려 당주인 발위사자 금노에게 신라 국내의 사람들을 내지로 옮기게 하였다."

단양 적성비(1978년 1월 발견) : 진흥왕 12년(551) 이전(545~550) 건립, 적성 경략에 공이 큰 야이차(也亦次)를 비롯한 인물을 기념하고 국가에 충성한 사람에게 보상하겠다는 왕의 뜻을 비석에 새김.

명활산성작성비(1988년 8월 발견) : 진흥왕 12년(551)으로 추정되며 역역(力役) 동원 체계를 보여줌. 축조공사의 책임자·실무자·동원 인원·공사기간 등을 수록

≫ 진흥왕 순수비 ≪

비 명	소 재	건립연대	비 고
창녕비	경남 창녕	561년(왕 22)	1914년 도리이(鳥居龍藏)가 발견
북한산비	서울 북한산	555년(왕 16)	김정희가 판독, 국립중앙박물관 보관
황초령비	함남 함주	568년(왕 29)	1852년 윤정현이 발견, 김정희가 판독, 제왕·짐 용어 사용
마운령비	함남 이원	568년(왕 29)	1929년 최남선이 판독, 황초령비와 내용 일치

10 정답 ④ ··· (2007. 제3회 1급)

신라 시대 구분에서 (가) 상대, (나) 중대, (다) 하대이다. ④ 국학은 신라 중대 신문왕대(682년)에 설립된 국립대학이다.

내물왕(356~402) ① 왕위 세습 확립(성골 김씨) : 왕호로 대수장의 마립간(麻立干)을 사용.

진덕왕(647~654) 신라 상대(上代)와 성골(聖骨)의 마지막 왕, 태평송(太平頌)을 당에 바치고, 집사부의 중시·창부·좌이방부 등을 설치.

96각간(角干)의 난 혜공왕 4년(768) 7월 일길찬 대공(大恭)의 난(767) 이후 3개월 동안 96각간(일길찬 수준의 친족공동체의 족장)이 상쟁하였고, 연이어 대아찬 김융의 난(770). 이찬 김은거의 난(775). 이찬 김지정의 난(780)이 일어났다. 그 후 진골의 방계인 김양상·김경신에 의하여 혜공왕이 살해되고 (780. 4) 내물왕계의 양상(선덕왕)이 즉위하였고, 원성왕(경신) 이후에는 원성왕의 직계손이 왕위를 계승하였다.

국학 왕권의 강화와 중앙정치체제의 정비에 따라 유교정치이념이 필요하게 되어, 신문왕 때에는 국학을 세우고(682) 한학 교육에 힘썼다.

≫「삼국사기」에 의한 신라사의 시대 구분 ≪

구분	왕 대	골품	왕위	시대적 특징
상 대	박혁거세~진덕여왕 (711년간)	성 골	내물왕계	고대국가 완성기, 왕권파와 귀족파의 대립기
중 대	무열왕~혜공왕 (127년간)	진 골	무열왕계	신라의 전성기, 왕권의 전제화, 정치·문화의 황금기
하 대	선덕왕~경순왕 (155년간)	진 골	방계귀족 (내물왕계)	신라의 쇠퇴기, 귀족연합정치, 왕위쟁탈전 격화, 민란 봉기

11 다음은 어느 유적지에서 출토된 유물과 거기에 적힌 내용이다. 이 유물을 사용한 주인공의 행적을 추측한 것으로 합당한 것은? [1점]

禁聲作舞 : 소리 없이 춤추기
衆人打鼻 : 여러 사람 코 두드리기
飮盡大笑 : 술을 다 마시고 크게 웃기
三盞一去 : 한 번에 술 석 잔 마시기
曲臂則盡 : 팔뚝을 구부려 다 마시기
有犯空過 : 덤벼드는 사람이 있어도 가만히 있기

① 경당의 청소년들에게 유학을 강의하였다.
② 담로 책임자로 임명받아 임지로 출발하였다.
③ 독서삼품과에 응시하기 위해 열심히 공부하였다.
④ 중정대에 출근하여 관리들의 부정을 조사하였다.
⑤ 거란과의 강동 6주 문제를 도당에서 논의하였다.

12 다음 시(詩)가 쓰여진 시대에 세워진 사찰 건축물은? [2점]

제망매가
월명사

생사의 길은 여기에 있으매 두려워지고
나는 갑니다 하는 말도
다 못하고 가 버렸는가.
어느 가을 이른 바람에 여기저기 떨어지는 잎처럼
한 가지에 낳아 가지고
가는 곳 모르누나.
아아, 미타찰에서 만나 볼 나는 도 닦으며 기다리리라.

①  ②  ③

④  ⑤

해설 및 정답

11 정답 ③ ·· (2007. 제3회 1급)

보기의 유물은 안압지(월지)에서 출토된 통일신라기의 14면체의 주사위이다. 주사위는 8·9세기로 추정되는데 각면에 적힌 내용대로 주도(酒道)를 즐겼다고 한다. ① 고구려, ② 백제, ③ 통일신라기, ④ 발해, ⑤ 고려시대의 사실이다.

안압지 출토 주사위 8~9세기로 추정되는 정사각형이 6면, 육각형이 8면으로 14면체의 기하학적인 조화를 보여주는데 주사위를 던지면서 각 면에 적힌 내용대로 주도(酒道)를 즐겼다.

① **경당**(扃堂, 최초의 사립학교) 고구려, 지방에 세워 평민 자제에게 한학과 무술을 가르쳤다.

≫ 경 당 ≪

1. 「신당서」에 경당이 소개되고 있는데, 5세기경으로 보아 군사적 의미의 기관으로 보여짐.
2. 독서와 궁사(弓射)의 교육내용으로 보아 청소년을 군사적 목적으로 동원한 국민개병제의 시초로 볼 수 있으며, 경당을 통한 학문의 이해는 국민 계몽에 도움이 되었고, 중국에 대한 방어 기능도 있었음.

② **담로제 실시** 근초고왕때 지방관을 파견하고 중앙 왕족과 귀족을 지방에 파견하는 담로제를 실시.

③ **독서삼품과 설치** 통일신라기, 원성왕 때(788) 관리 채용을 위해 실시한 국가고시(과거의 전신)로 유학지식을 독서 실력에 의해 상·중·하의 3등급과 5경 3사와 제자백가서에 능통한 특품으로 나누어 채용하였다. 「좌전」·「예기」·「곡례」·「논어」·「효경」·「문선」(기본과목 : 곡례·효경) 등으로 시험을 본 국학의 졸업시험으로 추정되는데, 왕권 강화를 목적으로 하고 있다. 이 제도는 진골 귀족의 반대로 실패하였으나 골품제도의 편협성을 극복 시도하였고 학문 보급에 기여.

④ **중정대** 발해의 감찰기관

⑤ **도병마사**(都兵馬使) 중서문하성의 고관인 재신(宰臣, 재상) 5명과 중추원 고관인 추신(樞臣, 추밀) 7명으로 구성된 합좌회의기관(合座會議機關)으로 만장일치의 의합(議合)을 채택하였다. 초기에는 양계의 장관인 병마사를 통제하고 변경·군사 문제를 의논하는 일종의 국방위원회와 같은 기능을 가졌다. 고려 말년에 도병마사를 도당(都堂)이라 칭하고 충렬왕 5년(1279)에 노병의사사(都評議使司)로 바뀌면서 재주의 수가 70~80명으로 늘어났다. 그리고 그 기능이 확대되어 재정 담당의 삼사와 상의(商議)도 포함되었으며, 국가 최고기관이 되어 군사·외교·조세·형옥·전주(銓注) 등 내외의 모든 직능을 관장하여, 고려 말에는 도평의사사가 도당의 명칭을 갖게 되었다.

12 정답 ② ·· (2007. 제3회 1급)

제망매가는 통일신라기 경덕왕대의 향가로 죽은 누이동생을 그리며 후에 극락에서 만날 것을 기약하는 내용이다. ① 백제 미륵사지석탑, ② 통일신라기 불국사, ③ 조선 17세기 법주사 팔상전, ④ 고려 후기 수덕사 대웅전, ⑤ 고려 후기 부석사 무량수전이다.

① **익산 미륵사지 석탑** 사비시대 목조탑의 건축양식을 모방한 목탑형 석탑, 이를 계승한 균형미의 부여 정림사지 5층 석탑(일명 평제탑(平濟塔) : 1층 탑신에 소정방의 백제 멸망 기사 수록)

② **불국사** 통일신라기 경덕왕 때(751) 김대성의 발원으로 현생의 부모를 위해 창건하였는데, 목조건물은 임진왜란 때에 소실된 것을 조선 후기 일부 중수하였고 1972년 복원. 창건 당시의 것으로 다보탑·3층석탑(석가탑)·청운교·백운교 등(1995년 UNESCO 선정 세계문화유산).

③ **17세기 건축** 사원건축이 발달하였는데 법주사 팔상전(국내 유일의 목조 5층탑), 금산사의 미륵전, 화엄사의 각황전 등.

④⑤ **고려 후기의 목조 건축물** 봉정사 극락전(1363년에 중수, 현존하는 가장 오래 된 건축물), 부석사 무량수전(1376), 수덕사 대웅전, 강릉 객사문 등이 현재 남아 있다. 부석사 무량수전은 고려 건축의 일반적 양식인 주심포(柱心包)양식을 대표하는 것으로서, 간결하고 조화로운 모습을 나타내고 있다. 또, 고려 말에 건립된 석왕사 응진전과 심원사 보광전 등은 원의 영향을 받은 다포(多包)양식으로, 중후하고 장엄한 건축물.

한국사능력검정시험 기출문제

13 다음 글에 나타난 역사관에 대한 설명으로 옳은 것을 〈보기〉에서 고른 것은? [2점]

> 동명왕의 일은 변화가 신이(神異)해서 사람들의 눈을 현혹하자는 것이 아니고, 실로 나라를 처음 일으킨 신성한 자취이니, 이것을 서술하지 않으면 후대 사람들이 장차 무엇을 볼 것인가? 그러므로 시를 지어 기록하노니, 우리나라가 본래 성인(聖人)의 고장임을 천하에 알리려 함이다.

┃보 기┃
㉠ 우리의 고대사를 중국이 아닌 하늘〔天〕과 직결시키고자 하였다.
㉡ 국가적 위기 상황을 민족 공동의 시조를 찾아 극복하려고 하였다.
㉢ 민간의 전승 설화를 서사시로 엮어 자주적 국가 의식을 강조하였다.
㉣ 고구려와 신라를 이어받았다는 이중적인 계승 의식이 유지되고 있다.

① ㉠㉡　　② ㉠㉢　　③ ㉡㉢
④ ㉡㉣　　⑤ ㉢㉣

14 다음은 국사편찬위원회에서 제공하는 한국역사용어 시소러스에서 어떤 지방 행정 기구에 대하여 설명하는 그림이다. (가)에 대한 설명으로 옳은 것을 〈보기〉에서 고른 것은? [2점]

┃보 기┃
㉠ 묘청의 난 이후에도 독립적인 행정 체계를 갖고 있었다.
㉡ 개경의 중앙 정부와 유사한 기구와 체제를 갖추고 있었다.
㉢ 삼경(三京)에 설치하여 군·현의 상급 행정 기구의 역할을 담당하였다.
㉣ 조위총의 난 이후 중앙의 통제를 받으면서 토관직(土官職)으로 격하되었다.

① ㉠㉡　　② ㉠㉢　　③ ㉡㉢
④ ㉡㉣　　⑤ ㉢㉣

13 정답 ② (2007. 제3회 1급)

사료는 고려 후기 이규보가 쓴 「동명왕편」(1193) 편찬 동기이다. 이규보는 당시 금(金)에 대한 자존심 선언으로 자주사관에 입각하여 「동명왕편」을 저술하였다. ⓒ 삼국유사와 제왕운기에서 단군신화 정리, ㉣ 삼국사기의 내용이다.

무신란 이후 사회적 혼란과 대몽항쟁의 위기를 경험한 지식인들에 의해 민족적 자주의식과 전통 문화에 대한 올바른 이해의 움직임으로 자주사관의 정립이 일어났다.

동명왕편(東明王篇)(1193) 이규보(李奎報)는 「삼국사기」에 만족할 수 없어 「구삼국사」를 읽고 신이(神異)한 내용이지만 민족의식과 정서를 위해서는 역사적 가치가 있음을 고증하여 유불선과 민간신앙을 포용하여 금(金)에 대한 자존심으로 고구려 건국 영웅 동명왕을 칭송해 오언시(五言詩)로 저술한 영웅서사시로 주몽 전설과 비둘기·5곡 종자 설화를 수록하고 있다. 이규보는 「동명왕편」의 서술 동기를 "천하로 하여금 우리나라가 본래 성인의 도읍임을 알도록 하고자 한 것이다."라고 밝혔다.

ⓒ **삼국유사**(1285) 「삼국사기」에 없는 많은 민간 설화·일사(逸事) 등이 기록되어 있다. 특히 단군신화를 기록하고, 단군의 혈통이 부여·고구려·백제로 계승된 것으로 보았으며, 삼국 중 신라 계승을 강조하였다. 그 외 경주 중심의 신라 불교 전통을 소개하였으며, 향가 14수가 수록되어 있어 고대사 연구에 귀중한 문헌이나 지나치게 불교적 입장에서 쓴 것이 흠이다. 현재 전하고 있는 일연의 비명(碑銘)에는 「삼국유사」가 누락되어 있다.

제왕운기(충렬왕 때, 이승휴(李承休, 1224~1300)1287) 유교를 중심으로 불교와 도교문화의 삼교합일(三敎合一)과 기층 공동체 문화까지를 포괄하고 있으며, 상·하 2권으로 되어 있다. 상권에는 중국 역사로 금(金)까지의 역대 사적을 7언시로 읊었고, 하권에는 단군으로부터 충렬왕 때까지의 사실을 7언시·5언시로 읊었다. 그는 단군의 혈통이 삼한·삼국·옥저·동예로 계승된 것으로 보았으며 삼국을 균등하게 서술하여 대조선주의를 지향하였다. 특히 요동 이동이 중국과는 다른 별천지임을 강조하고 단군신화와 발해 내용을 수록하였으나, 외세와 대항한 을지문덕과 강감찬의 기사를 생략함으로 원의 고려 지배를 저항 없이 그대로 수용하는 한계성도 보인다.

≫ **고려 역사관의 변천** ≪

1. 고려 선국~후삼국 통일 : 고구려 계승의식 표방(북진정책 추진) - 「구삼국사」
2. 문벌귀족사회~무신집권기 이전 : 이원적인 역사계승의식(대내 : 신라 계승, 대외 : 고구려 계승)
3. 무신집권 이후 : 고구려 계승의식 - 「동명왕편」
4. 몽골 침입 이후 : 단군 계승의식(삼국유민의식의 극복) - 「삼국유사」·「제왕운기」
5. 여 말 : 성리학적 사관(정통과 대의명분 강조) - 이제현의 「고려국사」·「사략」

14 정답 ④ (2007. 제3회 1급)

보기의 직제는 고려시대 분사제도이다. 고려는 서경을 부도로 삼아 개경의 정무조직을 정비하였는데, ㉠ ⓒ 묘청의 난 이후 분사제도와 3경제도는 폐지되었다.

분사제도 개경의 관아를 서경에도 같이 나누어 설치한 제도. 서경(호경 ; 鎬京)에 개경과 같은 정무조직인 분사(分司)를 두고(990) 왕이 100일 이상 숙위하였고, 부도(副都)로서 중시. 그러므로 개경의 기구와 같이 서경에 관아를 두고 직제와 관명을 붙였는데 태조 때 시작되고 성종 때 정비되어 예종 때 완성을 보았다. 상평창(常平倉)을 비롯하여 수서원(修書院)(개경의 것은 비서성(秘書省)), 분사국자감(分司國子監), 분사태사국(分司太史局), 분사태의감(分司太醫監), 분사사헌대(分司司憲臺)까지 개경과 같이 설치하였다.

이러한 서경에 대한 반독립적인 특수 대우는 결국 서경세력을 키워 주었고 서경천도론이나 묘청난의 원인이 되기도 하였다. 이러한 분사제도와 함께 현지인을 서경의 관리로 임명하는 제도가 있었는데 이를 토관제(土官制)라 불렀다. 그러나 분사제도는 묘청의 서경천도운동 이후 폐지되기 시작하여 서경에서 일어난 조위총의 난 이후 완전히 붕괴되어 토관직으로 격하.

15 다음은 고려 말 조준의 전제 개혁 상소문 중의 일부이다. 이에 대한 설명으로 옳지 않은 것은? [1점]

> 6도 관찰사가 보고한 경작지는 50만결이 채 안 됩니다. 공상(供上)의 몫으로 우창에 10만결, 사고에 3만결을 소속시켰고, 녹봉 지급을 위해 10만결을 좌창에 소속시켰습니다. 선비를 우대하지 않으면 안 되는 까닭에 경기의 토지 10만결을 나누어 주었습니다. 그리고 남은 토지가 17만결뿐입니다. 6도의 군사, 진, 원, 역, 사의 토지와 향리, 사객, 늠급, 아록의 쓰임에도 부족하여, 군수(軍需)에 지출할 토지가 없습니다.

① 우창, 사고에 소속된 13만 결은 민전이다.
② 선비들에게 지급된 10만 결은 수조권이 지급된 것이다.
③ 정부의 제경비로 사용된 것은 우창에 속한 10만 결이다.
④ 우창과 좌창에 속한 20만 결에 해당하는 토지는 공전이다.
⑤ 나머지 토지 17만 결은 국가가 세금을 걷어 개인이나 기관에 지급하였다.

16 다음 한시를 지은 인물의 출신지에서 일어난 사건과 관련된 문구는? [2점]

| 雨歇長堤草色多 | 送君南浦動悲歌 |
| 大同江水何時盡 | 別淚年年添綠波 |

① 왕후장상이 본래 씨가 따로 있느냐.
② 조선 역사상 일천년래 제일대 사건이다.
③ 임 향한 일편단심이야 가실 줄이 있으랴.
④ 장부가 집을 나가면 살아서 돌아오지 않는다.
⑤ 사나이 스무 살에 나라를 평정하지 못하면 후세에 누가 대장부라 할 것인가.

15 정답 ⑤ ·· (2007. 제3회 1급)

사료는 과전법 실시 직전(1391. 5) 조준의 전제개혁 상소(1388.8)에 대한 내용으로 「고려사 식화지」에 있다. ⑤ 국가가 세금을 거두는 것이 아니라 수조권을 분급하여 개인 또는 기관이 수조를 하여 운영하였다.

1) **1차 전제개혁** 조준의 수조권 개편과 정도전의 소유권 개편의 개혁론이 주장되었으나 이색 등 사대부 일부가 반대(1388.7).

2) **2차 전제개혁** 창왕·최영 등을 제거하고 공양왕을 옹립한 후 급전도감(給田都監)을 두고(1389) 양전하여 옛 양안을 불태우고(1390) 79만 8천여 결의 토지를 장악하여 도평의사사에서 1391년 5월 과전법을 공포.

> **조준의 사전개혁안** "선대 임금이 공평하게 나누어 준 토지가 한 집안 부자(父子)의 사사로이 소유하는 바가 되어 한 번도 조정에 벼슬하지 않은 자와 한 번도 군대에 가지 않은 자가 비단옷을 입고 옥반으로 밥을 먹고 이익을 누리며 관리를 멸시하나, 개국 공신의 후예와 왕을 시위하는 신하 및 많은 전쟁에서 공을 세운 장군과 군사는 도리어 1무(畝)의 토지도 얻지 못하여 부모처자를 봉양하지 못한다. … 근년에 이르러 토지의 겸병이 더욱 심하여 간흉한 무리가 산천으로 표를 삼아 모두 이를 가리켜 조업전(祖業田)이라 하여 서로 빼앗아, 한 땅의 주인이 5~6명을 넘으며, 1년에 조세를 8~9차례나 거두게 되었다." <고려사 식화지>

> **개혁의 결과** ① 재정의 확보 ② 권문세족의 몰락 ③ 농민의 지위 향상 : 10분의 1세인 십일제(什一制)를 채택 ④ 민전의 회복 : 1전1주(一田一主)의 원칙이 정립 ⑤ 과전의 경기 토지 지급 : 관료 수조지가 경기 토지 14만 결로 대폭 축소되어 소유권에 입각한 토지 지배가 한층 강화된 반면 수조권에 입각한 토지 지배는 약화되었다.

3) **결과** 과전법은 고려 후기 이래로 누적된 토지제도의 모순을 일단 해결한 것이지만, 결과적으로는 권문세족이 축적한 농장을 몰수하여 재분배함으로써 조선 왕조를 건국한 신진사대부 세력의 경제적 기반을 확보해 준 것. 과전법에는 토지를 나누어 주는 규정, 조세의 규정, 땅 주인과 소작인에 대한 규정, 토지 관리 규정 등이 포함되어 있고, 모든 토지는 토지국유제의 왕토사상(王土思想)에 따라 국가가 수조권을 가지는 공전(公田)과 관료에게 수조권을 분급한 사전(私田)으로 구분.

16 정답 ② ·· (2007. 제3회 1급)

보기의 인물은 서경(평양) 출신의 정지상(鄭知常, ?~1135)이고, 시는 대동강에 님을 보내는 「송인(送人)」이다. 당시 서경에서 묘청의 난(1135년)에 일어났고, 정지상은 묘청, 백수한, 조광과 같은 서경파였다. ① 만적의 난(개경), ② 묘청의 난(평양)에 대한 신채호의 평가, ③ 정몽주의 단심가(개경), ④ 윤봉길이 고향을 떠날 때(예산), ⑤ 남이의 시(한양)이다.

서경파	묘청·백수한·정지상	풍수지리설	북진주의	금 정벌 (자립국가 확립)	신진관료	진보사상
개경파	김부식·김인존	유 학	사대주의	금 정벌 불능 (송의 이용 우려)	문벌귀족	보수사상
서경파	지역세력	불교·낭가	국풍파	고구려 유민세력		독립당
개경파	족벌세력	유 교	한학파	신라 유민세력		사대당

17 다음 글에 보이는 관리의 역할과 기능에 대한 기사로 적절하지 않은 것은? [2점]

> 어사대는 정치의 잘잘못을 논하고 관리의 비리를 감찰하는 임무를 맡았다. 어사대의 관원은 중서문하성의 낭사와 함께 대간으로 불렸다. 대간은 비록 직위는 낮았지만, 왕이나 고위 관리의 활동을 지원하거나 제약하여 정치 운영에 견제와 균형을 이루었다.

① 채하중을 첨의정승으로 삼았는데, 감찰사에서 채하중의 직첩에 서명을 하지 않고 있다가 여러 달 만에야 서명하였다. (공민왕 3년 6월)
② 왕이 수가(隨駕) 군사에게 미리 녹을 지급하도록 명하자 어사가 이를 반박하니 왕이 노하여 어사를 순군소에 가두었다. (충렬왕 13년 4월)
③ 헌납 원송수와 곽충수가 찬성사 정천기는 고신(告身)이 아직 나오지도 않았는데 공공연히 정방에서 인물을 평정한다고 탄핵하였다. (충목왕 4년 8월)
④ 기거랑 윤언이, 좌사간 정지상, 우정언 권적 등이 글을 올려 당면 정책의 옳고 그른 데 대하여 진술하니 왕이 이를 너그럽게 받아들였다. (인종 7년 5월)
⑤ 아버지를 위하여 사람을 죽인 자를 형조에서 곤장 80대로 결정하였다. 도당(都堂)에서 그 죄가 가볍지 않다고 하였으나 왕이 용서하였다. (공양왕 3년 5월)

18 다음과 같은 임무를 수행하였던 고려 시대 관료에 대해 옳게 설명한 것은? [3점]

> • 수령의 잘잘못을 살펴 포상하거나 내쫓았다.
> • 민생의 고통을 두루 묻고 농업과 양잠을 권장한다.
> • 형벌과 송사가 제대로 되었는지 살피고 형옥을 다스린다.
> • 공부와 방물을 수납하여 개경으로 수송하는 일을 관장한다.

① 군사를 통솔하는 군사적 기능도 갖고 있었다.
② 출신 지역에 임명하지 않는 것이 원칙이었다.
③ 임기는 2년이었으며 단임으로 제한되어 있었다.
④ 대부분 3품 이상의 고위 관료 중에서 차출하였다.
⑤ 각 도에 파견되어 지방을 통치하던 최고의 외관이다.

17 정답 ⑤ ·· (2007. 제3회 1급)

보기는 고려시대 독립 관청인 어사대에 대한 설명이다. ①②③④는 어사대의 기능이나, ⑤ 도당은 도평의사사로 당시 국정을 총괄하는 최고의 정부기관이다.

어사대(御史臺) 시정(施政)의 논의와 관리의 규찰·탄핵을 맡는 대관(臺官)으로, 중서문하성의 낭사(간관(諫官))와 함께 대간·언관 또는 대성(대관+성랑)이라 하여 시정(時政)의 득실을 논하고 왕권 견제의 간쟁과 탄핵·봉박·서경·관리 임면·법령 개폐의 서경 권한을 갖는다.

> **대성**(臺省)**의 권력 조정** 어사대와 중서문하성의 낭사로 구성된 대성은 왕권과 귀족 사이에서 권력을 조정하는 기능을 가졌다. 왕권과 신권 사이에 갈등이 발생하면 왕과 귀족(관리)에 대한 견제가 동시에 가능한 대성이 양자 사이에서 권력의 조화를 모색해 왕권과 신권의 균형 발전에 기여하였다.

⑤ **도평의사사** 고려 말년에 도병마사를 도당(都堂)이라 칭하고 충렬왕 5년(1279)에 도평의사사(都評議使司)로 바뀌면서 재추의 수가 70~80명으로 늘어났다. 그리고 그 기능이 확대되어 재정 담당의 삼사와 상의(商議)도 포함되었으며, 국가 최고기관이 되어 군사·외교·조세·형옥·전주(銓注) 등 내외의 모든 직능을 관장하여, 고려 말에는 도평의사사가 도당의 명칭을 갖게 되었다. 당시 국정을 총괄하는 최고의 정부기관이다.

≫ 도병마사의 변천 ≪

- **성종** : 양계 병마사 통솔, 병마판사제 설치
- **현종** : 임시 회의기구, 국방·군사 담당
- **고종(무신정변 후)** : 재추합좌기관, 국정 전반 관장
- **충렬왕(원 간섭기)** : 도평의사사로 개편, 상설기구

1. **도병마사와 비변사** 고려의 도병마사와 조선의 비변사는 유사점이 많은데 이들은 초기에 국방 문제 담당의 임시기구로 출발하였다가 후기에는 국정 전반 담당이 상설기구로 확대되었다.
2. **도병마사와 도평의사사** 도병마사(재신 5명+추신 7명, 문벌귀족 구성, 귀족적 성격 대변) → 도평의사사(70~80명, 권문세족 구성, 관료적 성격 대변)
3. **구성원의 변화** 도병마사 → 도평의사사
   의정부 → 비변사
   (문반 구성) (문반+무반 구성)

18 정답 ① ·· (2007. 제3회 1급)

보기의 관료는 5도에 파견된 안찰사이다. ② 안찰사는 출신지에도 파견, 조선시대에 와서 상피제가 적용, ③ 임기 6개월 정도의 임시직, ④ 5·6품의 하위직이 임명되었고, 조선시대 관찰사가 종2품 이상 파견, ⑤ 중앙관 신분으로 파견이 아닌 순회직이었고, 조선의 관찰사가 파견된 최고의 외관이었다.

안찰사 현종때 지방제도 개편은 5도 양계로 행정과 군사의 이원화가 마련되어 5도는 안찰사가, 양계는 병마사가 다스렸다. 이로써 경·도호부·목 대신에 5도 양계가 계수관이 되었다. 안찰사의 임무로는 ① 수령 현부(賢否)의 출척(黜陟) ② 문민질고(問民疾苦) ③ 형옥의 심치(審治) ④ 조부의 수납 ⑤ 군사적 기능 이었다.

≫ 고려의 안찰사와 조선의 관찰사 비교 ≪

1. **안찰사**(按察使)
   ① 중앙관의 신분이었고 임기는 6개월, 처음에는 상피제도(相避制度)가 적용되지 않았다.
   ② 5·6품의 낮은 신분이 임명되었으나 대우는 높게 받았다.
   ③ 지방에 상주한 것이 아니라 임시직으로 지방을 순시·감찰하였다.
2. **관찰사**(觀察使)
   ① 원칙적으로 상피제도가 적용되었고, 임기는 1년으로 외관(지방관) 신분이었다.
   ② 종2품 당상관으로 수령을 감찰하고 민생을 순찰하였다.
   ③ 지방에 상주하면서 지방 행정의 총책임자 역할을 하였다.

19 다음은 단종·세조대 의정부와 6조의 정치 활동 빈도를 비교한 표이다. 이에 대한 해석으로 옳지 않은 것은? [1점]

	단종대		세조대	
	의정부	6조	의정부	6조
啓聞 (국정의 상달)	435회	37회	164회	985회
受敎 (왕명의 奉行)	2회	127회	77회	717회
擬議 (국정의 논의)	303회	10회	442회	135회
計	740회	174회	683회	1837회

① 세조대에는 6조에서 직접 국왕에게 계달하였고, 국왕은 6조에 왕명을 내려 시행하였다.
② 세조가 육조직계제를 시행한 직후부터 6조의 정치력은 강화되고 의정부의 정치력은 약화되었다.
③ 단종과 세조대 모두 국정 논의의 중심은 의정부였지만, 세조대에 6조의 국정 논의 참여 비율이 다소 높아졌다.
④ 단종대에는 국정의 논의와 계문을 의정부에서 독점하였고, 6조는 전교와 왕명으로 내려진 결정에 따라 행하였다.
⑤ 세조대에 6조에 집중된 정치적 기능은 국왕권을 제한하고, 의정부를 중심으로 한 사림이 국정 운영의 주도권을 행사하는 계기가 되었다.

20 다음은 우리나라 음악의 발달과 관련된 서술이다. 시대순으로 바르게 배열한 것은? [2점]

(가) 거문고와 가야금이라는 고유의 현악기가 만들어지고 이를 바탕으로 자국의 음악 문화가 발전하였다.
(나) 새로이 외래 음악인 당악(唐樂)을 받아들여 전래 음악인 향악(鄕樂)과 당악이라는 개념이 정착되었다.
(다) 백성을 교화하는 수단으로 음악을 중요시하였으며, 악곡과 악보가 정리되어 전통 음악을 유지하였다.
(라) 궁중의 의식 음악이 위축되고 남녀상열지사를 노래한 속악(俗樂)이 궁중과 민간에서 널리 유행하였다.
(마) 오늘날 한국 전통 음악의 대표적 위치를 차지하는 판소리와 산조 등이 발전하였다.

① (가)-(나)-(라)-(다)-(마)
② (가)-(다)-(나)-(마)-(라)
③ (가)-(라)-(나)-(다)-(마)
④ (나)-(가)-(다)-(라)-(마)
⑤ (나)-(가)-(다)-(마)-(라)

19 정답 ⑤ ·· (2007. 제3회 1급)

⑤ 세조대는 국왕권이 강화되고 의정부 기능이 축소된 6조직계제의 정치조직이었다.

> **왕권과 신권의 강약 변천** 도평의사사·의정부체제(건국~태종4) → 의정부서사제(태종 5~13) → 6조직계제(태종 14~세종 17) → 의정부서사제(세종 18~단종) → 6조직계제(세조 원년~) → 원상제(세조 말년)

> **6조직계제** 의정부의 서무를 6조에 분장시켜 6조의 권한을 확대(재정·군기·인사권)하였다. 이는 국가의 행정 실무가 재상들의 수중에서 분리·독립되는 개혁으로 태종은 6조의 장관을 정3품 전서에서 정2품 판서로, 차관을 정4품 의랑에서 정3품 참의로 승격시켜 국가정치에 직접 참여토록 했다. 행정집행기관에 불과했던 6조는 문무의 인사권 및 재정권 등을 관장하게 되고, 그 권한과 업무가 확대·강화됨으로써 6조는 의정부와 더불어 핵심적인 정치 기관으로 부상하였다. 6조 직계제가 시행되자 의정부는 '사대문서(事大文書, 외교문서)와 중죄수(사형수)에 대한 재심' 등만을 취급하고, 그 밖의 정무는 6조에서 각각 국왕에게 보고하여, 국왕의 처결을 받아 시행하자, 의정부 대신의 정치권력은 약화되었다. 이것은 6조가 왕을 상대로 각기 그 소관부처의 정책을 건의하는 국가의 중요 정책기구이자 다수의 속아문(屬衙門)을 거느리는 국가의 주요 집행기관이며, 국정의 주요 운용기관으로서 정치가 귀족적 행태에서 행정적·관료적 행태로 변천하게 되었음을 의미한다. 제도상 행정 실무 부서의 실제적 경험을 토대로 하는 구체적 정책 건의가 6조를 통하여 국왕에게 직접 상달될 수 있어서 정책의 결정권이 더욱 왕권으로 집중되도록 구조화되었다.

> 6조직계제 : 왕 - 6조 - 속아문
> 의정부서사제 : 왕 - 의정부 - 6조 - 속아문

20 정답 ① ·· (2007. 제3회 1급)

(가) 삼국시대, (나) 고려 전기, (다) 조선 전기, (라) 고려 후기, (마) 조선 후기의 내용이다.

(가) **삼국시대** 고구려의 왕산악은 중국 진의 7현금을 개량하여 거문고(현금)를 만들고, 100여 곡의 많은 노래를 새로 지었다. 우륵은 대가야의 가야금을 신라에 전하였다.

(나) **고려 전기** 재래의 향악(속악)이 가요와 함께 발달하였으며, 당악(唐樂)·송악(宋樂)이 전래되었고, 특히 송악인 대성악이 아악으로 발달. 이들은 모두 궁중음악으로 향악·당악은 연회에서, 아악은 제례에서 연주되었다. 속악이라고도 하는 향악은 우리의 고유 음악이 당악의 영향을 받아 발달한 것인데, 당시 유행한 민중의 속요와 어울려 수많은 곡을 낳았다. 동동, 한림별곡, 대동강 등의 곡이 유명. 악기는 전래의 우리 악기에 송의 악기가 수입되어 약 40종이나 되었다고 한다.

(다) **조선 전기** 세종때 박연이 제조(提調)로 아악을 정리하고, 관습도감을 정비하였으며, '백성과 더불어 즐긴다'는 여(동)민락(與(同)民樂)을 작곡하였다. 성종때는 성현(成俔)이 음악백과사전인 「악학궤범」을 편찬하였다. 16세기 중엽 이후에는 당악·향악 등 서민들의 속악이 발달.

(라) **고려 후기** 속악이 궁중에까지 확대되어 궁중의 의식음악이 위축되고 남녀상열지사를 노래한 속악이 궁중과 민간에서 널리 유행.

(마) **조선 후기** 음악의 향유층이 확대됨에 따라 성격이 다른 음악이 다양하게 나타나 발전하였다. 양반층은 종래의 가곡, 시조를 애창하였고 서민들은 민요를 즐겨 불렀다. 이와 함께 상업의 성황으로 직업적인 광대나 기생들이 판소리, 산조와 잡가 등을 창작하여 발전. 이 시기의 음악은 전반적으로 감정을 솔직하게 표현하는 경향이 더욱 강하였다.

> **조선후기 음악의 종류**
> ① **가곡** : 관현악의 반주가 따르는 전통 성악곡으로 선율로 연결되는 27곡의 노래모음으로 노랫말은 짧은 시를 쓴다.
> ② **산조** : 느린 장단으로부터 빠른 장단으로 연주하는 기악 독주의 민속 음악으로 장구 반주가 따르며 무속 음악과 시나위에 기교가 확대되어 19세기경에 탄생하였다.
> ③ **잡가** : 조선 후기 평민들이 지어 부르던 노래의 총칭

21 다음은 조선 태종 때 어느 농촌에서 관리와 농민이 대화를 나누는 장면을 가상으로 꾸민 것이다. (가)와 (나)에 들어갈 말을 적절하게 짝지은 것은? [2점]

① (가) 이제 매년 수확량의 절반을 내게 바치게.
   (나) 그럼 종자는 부담해 주시는 것인지요?
② (가) 이제 매년 수확량의 절반을 관청에 바치게.
   (나) 그럼 나리께는 얼마나 드려야 합니까?
③ (가) 이제 매년 내게 수확량의 1/10씩 바치도록 하게.
   (나) 더 내라 하시지 않겠지요?
④ (가) 이 땅을 팔려고 하니 새 주인과 잘 지내게.
   (나) 그럼 제 신분은 노비가 되는 것입니까?
⑤ (가) 이곳은 토지가 비옥한 상상등전이군.
   (나) 그럼 매년 20두씩 바쳐야 합니까?

22 다음의 역사적 사실들을 사극으로 제작할 때에 주 무대가 되는 밑줄 친 '이 곳'이 나머지와 다른 하나는? [2점]

① 고려 고종 19년(1232) 최우는 몽고와의 항쟁을 결의하고 <u>이곳</u>으로 서울을 옮겼다.
② 몽고와의 강화에 반대한 배중손 등은 반란을 일으켜, <u>이곳</u>을 중심으로 부근의 여러 섬과 해안 일대를 지배하였다.
③ 인조 14년(1636)에 청이 조선을 침략했을 때, 왕자와 비빈은 <u>이곳</u>으로 먼저 피난하였으나 인조는 길이 막혀 남한산성으로 들어갈 수밖에 없었다.
④ 양명학의 학문적 체계를 수립한 정제두는 <u>이곳</u>에서 후진 양성에 힘을 기울여 이광사 등 많은 제자를 길러 냈다.
⑤ 고종 3년(1866) 프랑스의 해군 제독 로즈는 <u>이곳</u>에 군대를 파견하여 군기, 서적 등을 약탈하고 서울을 향해 진군하다가 우리 군대에게 패퇴하였다.

해설 및 정답

21 정답 ③ ·· (2007. 제3회 1급)

③ 조선 태종대는 과전법이 시행되던 시기였으므로 농민은 자가 토지에 수조지로 설정된 과전에서 농사를 지어 수확량의 1/10을 수조권자인 관료에게 조(租)로 바쳤다.

조선의 토지제도는 고려 말의 사전개혁(私田改革)에서 완성된 과전법(科田法)에 그 기반을 두었다. 전국의 토지를 몰수하여 인구 비례로 재분배하는 계구수전(計口授田)을 구상하였지만 실패하였다. 과전법은 고려 후기 이래로 누적된 토지제도의 모순을 일단 해결한 것이지만, 결과적으로는 권문세족이 축적한 농장을 몰수하여 재분배함으로써 조선 왕조를 건국한 신진사대부 세력의 경제적 기반을 확보해 준 것이었다. 과전법에는 토지를 나누어 주는 규정, 조세의 규정, 땅 주인과 소작인에 대한 규정, 토지 관리 규정 등이 포함되어 있고, 모든 토지는 토지국유제의 왕토사상(王土思想)에 따라 국가가 수조권을 가지는 공전(公田)과 관료에게 수조권을 분급한 사전(私田)으로 구분되었다.

⑤ 국초 과전법 실시 후 공전의 경우는 수령이 직접 답험하여 관찰사에게 보고해 수조율을 정하다가 태종 18년(1418)부터 관답험이 실시되어 중앙에서 토지조사관인 경차관(敬差官)이 현지에 내려와 풍흉을 조사해 부과대상의 실(實)과 감면대상의 손(損)을 사정하였는데, 매년 농사 형편은 고려나 토지 비옥도가 고려되지 않았고 실질적으로 토착 향리의 답험과 유향품관에 의한 재심 등 불합리한 점이 많았다(최고 1결당 30두 징수).

세종대의 공법(貢法)에서는 세종 12년(1430)부터 15년간 시험 끝에 황희·맹사성의 반대에도 불구하고 여론 조사를 통해 세종 26년(1444)에 하삼도 6현에 전분6등법(토질)·연분9등법(풍흉)을 공법상정소(貢法詳定所)와 전제상정소(田制詳定所)에서 정하여 실시하고 성종 20년(1489)에 전국적 실시를 보게 되었다(최고 1결당 20두~최저 1결당 4두 징수). 공법으로의 개혁은 손실답험법의 결함을 시정하기 위한 것일 뿐 아니라 농업생산력의 발전에 부응한 전세제도의 개혁이며, 중앙집권력의 강화에 힘입어 단행한 것이었다.

22 정답 ② ·· (2007. 제3회 1급)

역사적 공간은 강화인데, ① 몽골 침입, ③ 병자호란, ④ 강화학파, ⑤ 병인양요는 강화이나, ② 삼별초의 난 당시 서섬은 진도이다.

삼별초(三別抄) 도적 체포·치안 유지를 위한 경찰군(1232)으로 도성 수비와 친위대 기능을 담당하였고, 특히 대몽골 전쟁(1257~1258)에 공을 세웠다. 국가 재정에 의해 양성되고 국고에서 녹봉이 지출되어 공병적 성격도 있으나 권신의 정치권력과 유착되어 사병적 성격이 농후한 반관반민의 조직이었다. 그리고 의장대로 마별초(馬別抄)를 조직하였다.

삼별초의 항쟁
① **삼별초정부** 최씨정권이 몰락한 후 원종의 친몽정책으로 강화가 성립되어 출륙이 단행되자(1270) 배중손(裵仲孫) 등 삼별초군이 쿠데타를 일으켜 왕족 승화후 온(承化侯 溫)을 추대하여(1270.6) 강화 외포리에 반몽정권이 수립되었다.
② **해상왕국** 삼별초는 배중손의 지휘하에 <u>진도에 용장성</u>을 쌓고(1270.8) 항전하다가 김통정(金通精)의 지휘하에 제주로 옮겼다(1270.11). 그 후 김방경(金方慶)·홍다구(洪茶丘)·흔도(忻都)가 이끄는 여·원연합군에게 평정되어 제주 항파두성(북제주군 애월읍)에서 최후를 마쳤다(1273).
③ **결과** 항몽의식의 최후의 보루였던 삼별초의 항쟁은 초기에는 집권층 내부의 변란으로 시작되었지만, 개경 환도 세력의 몽골과의 강화에 반대하는 백성들의 호응을 얻음으로써 민족 항쟁의 성격을 얻게 되었다. 이 항쟁의 실패로 몽골은 고려를 완전히 예속시켰으며, 제주도에 탐라총관부(耽羅摠管府)를 두어 목마장을 경영하였다.

고려첩장(高麗牒狀) 1271년 삼별초군이 진도에 있을 때 일본에 지원을 요청하는 외교문서를 보낸 사실이 최근 일본에서 발견된 고려첩장에 나타나 있고, 일부는 제주에서 오키나와로 이동해 류큐왕국의 기초를 닦았다는 자료가 최근 발굴되었다.

23. 다음은 조선 시대 사람들의 생활상을 주제로 방송 대본을 작성한 것이다 역사적 사실과 다른 내용이 들어 있는 것은? [2점]

번호	제목	대본 요약 내용
①	신문고를 쳐라	태종 때 너무나 억울한 일을 당했던 갑돌이는 궁궐 앞에 매달아 놓은 신문고를 치려고 미친 듯이 달려갔으나, 절차를 무시했다며 수비병들에게 오히려 쫓겨나고 말았다.
②	신참의 비애	선조 때 문과에 급제했던 이판서는 처음 배속받은 관청 선배들로부터 심한 모욕을 견디다 못해 소까지 잡아 여러 차례 잔치를 벌인 후에야 정상 근무를 할 수 있었다.
③	원통했던 돌쇠	세종 때 안성 땅에 살았던 돌쇠는 주민들을 강제로 동원하여 노역을 시키는 안성 군수의 행위를 더 이상 두고 볼 수 없어 경기 감영에 고발한 후에야 고을이 안정을 되찾았다.
④	처가살이	세종 때 전라도 부안 땅 양반 이철성은 무남독녀의 집으로 장가를 가 처가살이를 17년간이나 한 후 그 많은 재산을 혼자서 물려받고 거부가 되었다.
⑤	김생원의 죽음	성종 때 안동 땅에 살았던 김생원이 죽자, 그의 자녀 3남 4녀가 함께 의논하여 재산을 고루 나눠 가진 후, 제사도 아들 딸 구분 없이 돌아가면서 지내고 있었다.

24. 다음 글에 나타난 불교계의 새로운 동향과 관련하여 사찰에 새로이 등장한 것은? [1점]

> 당나라 장경(長慶) 연간에 승려 도의가 서쪽으로 바다를 건너 중국에 가서 서당대사의 깊은 뜻을 보고 지혜의 빛이 스승과 비슷해져서 돌아왔으니, 그는 그윽한 이치를 처음 전한 사람이다. …… 그러나 메추라기의 작은 날개를 자랑하는 무리들이 대붕(大鵬)이 남쪽으로 가려는 높은 뜻을 헐뜯고 기왕에 공부했던 경전 외우는 데만 마음이 쏠려 다투어 마귀의 말과 같다고 비웃으니, 도의는 빛을 숨기고 자취를 감추어 서울에 갈 생각을 버리고 마침내 북산에 은거하였다.
> <봉암사 지증대사적조탑비>

①  ②  ③

④  ⑤

23 정답 ③ ··· (2007. 제3회 1급)

③ 일반 백성들이 지방 수령의 비리를 고발할 수 없었다. 경국대전 형전에 따르면 반역죄나 역적죄를 제외하고는 하극상에 해당하는 강상죄는 사형에 처하였다.

- ① **신문고** 고발·상소·청원에 해당하는 제도로 국사범을 신속히 검거할 목적으로 운영, 서민의 직소 기능, 국왕의 선정 미화, 하극상 금지, 의금부 당직청에서 주관, 주로 중간층이 이용. 재판에 불만이 있는 경우, 신문고나 징을 쳐서 국왕에게 직접 호소할 수도 있었으나, 일반적으로 널리 활용되지는 못하였다.
- ④⑤ **가족제도 1) 가부장적 가족제도** 모든 생활의 규범과 의식은 종법제도(宗法制度)에 의한 유교적 질서에 의해 엄격하게 통제. ① 가장(家長)의 권리 : 고려 때보다도 더욱 강화 ② 문중(門中) 형성 : 부계 친족을 중심으로 문중을 형성하여 동족간의 결합이 촉진되어, 개인이 개인으로 인정받기 보다는 종중(宗中)이라고 하는 친족집단의 일원으로 인식되었고 종족에 대한 관념이 더욱 발달. 그리하여 엄격한 동성불혼(同姓不婚)이 행하여졌다. **2) 여자의 지위** 양반가 정처의 재가를 원칙적으로 금지. 재가한 여자는 자녀안(恣女案)에 명단을 올리고 그 자손은 재가녀자손금고법에 따라 과거에 응시할 수 없었으며, 양반 명부인 사판(士版)에 들지 못하며 문무관에도 임명되지 못하였다. 또 여자의 법률적 행위에는 반드시 남편이나 가장의 허가가 있어야 했으며, 외출도 엄격히 제한. 처와 첩의 소생에 따른 적서의 차별도 엄격하여 첩의 자식인 서얼은 문과에 응시할 수 없을 뿐 아니라, 같은 첩의 자식이라도 어머니의 신분에 따라 신분·재산 상속 등에 차등. **3) 결혼** 일부일처제를 기본으로 하였지만, 남자가 첩을 들일 수 있었고, 남자는 15세, 여자는 14세 이상이면 가능하나 실제로는 20세 전후에 하였다. 조선 중기까지도 혼인 후 남자가 여자 집에서 생활하는 경우(장가가기)가 있었으나 17세기 이후 부계 중심의 가족제도가 확립되면서 혼인 후 곧바로 남자 집에서 생활하는 친영(親迎)제도(시집 가기)가 정착. **4) 상속제도** ① 적장자 상속을 원칙으로 하되 제사와 호주의 상속은 적장자가 없으면 적자 중에서 정하거나 첩의 아들로 하였다. ② 토지·노비 등의 재산 상속은 자녀 균분 상속에 따라 본처 자녀에게 고루 분배하되 제사를 계승할 적장자에게는 1/5을 더해 주고, 양첩 자녀에게는 본처 자녀의 1/7을, 천첩 자녀에게는 본처 자녀의 1/10을 나누어 주었다. 그러다 17세기 후반 이후 적장자 단독 상속으로 바뀌기가 처음에는 딸이, 그리고 점차 장자 외의 아들도 제사나 재산 상속에서 그 권리를 잃어 갔다.

24 정답 ② ··· (2007. 제3회 1급)

사료는 최치원이 쓴 봉암사 지증대사(도헌) 적조탑비이다. 도헌은 나말 선종 9산의 하나인 희양산문 개조자인데 이 비문에는 신라 선종의 전래에 대한 역사가 소개되어 있다. 나말 선종이 유행하면서 승려 사리를 봉안하는 승탑(부도)이 유행하였다. ① 고려시대 양류관음상, ② 나말 철감선사 승탑, ③ 통일신라기 불국사 3층석탑(석가탑), ④ 통일신라기 법주사 쌍사자 석등, ⑤ 삼국시대 미륵보살반가상이다.

> **최치원의 4산비명** 불교의 선종사상, 유교, 노장사상, 풍수도참사상까지 다양한 내용 수록(사상의 복합화)
> ① 숭복사 창건비문 : 지리도참설 소개, 사전(私田) 존재 구명(원성왕릉 조성 과정)
> ② 쌍계사 진감선사 비문 : 유불선 3교 복합화·범패 전래 수록
> ③ 봉암사 지증대사 비문 : 신라 선종사 소개, 사원에 토지 기진 절차 수록
> ④ 성주사 낭혜화상 비문 : 골품제도 수록(득난(得難), 무염(無染) 가문의 6두품 강등 사실)

- ① 혜허의 **양류관음상**(관음보살도) 일본에서 발견. 고려 후기에는 왕실과 권문세족의 구복적 요구에 따라 아미타불도, 지장보살도, 관음보살도 등의 불화가 그려졌다.
- ③ **불국사 3층석탑**(석가탑) 세계 최고의 목판인쇄본인 무구정광대다라니경이 1966년 10월 불국사 3층 석탑(석가탑, 무구정광탑) 복원 공사 당시 2층 탑신부에서 발견.
- ④ **법주사 쌍사자 석등** 균형이 잘 잡힌 조각
- ⑤ **삼국시대 미륵보살반가상** 미륵보살은 미래에 부처로 태어나 중생을 구제하기로 정해져 있는 보살로 지금은 도솔천에서 중생을 구제하기 위하여 정진과 사색에 매진하고 있다고 한다. 미륵보살반가상(미륵반가사유상)은 이런 모습을 형상화한 것으로 세련미가 뛰어난 금동미륵반가사유상은 <u>삼국의 공통적 특징</u>.

25

다음 (가)~(마) 시기의 정치 동향에 대해 역사 신문을 제작하려고 할 때, 기사 제목으로 적절하지 <u>않은</u> 것은? [3점]

구분	(가)		(나)		(다)		(라)		(마)
시기	선조	광해군	인조~현종	숙종		경종	영조	정조	순조~철종
붕당 정치 의 전개			서인				노론		
							소론		
				남인					
	동인	북인	대북				소멸		
			소북						

　　시 기　　　　　　　　　　기사제목
① (가) 정계 개편 완료 – 김효원은 동쪽, 심의겸은 서쪽
② (나) 서인의 반정 – 의리와 명분이 병자호란을 초래하다!
③ (다) 잦은 정국 변환 – 왕이 정략적으로 환국을 이용한다는 비난도 있어.
④ (라) 정계 갈등 고조 – 장례 예법을 둘러싸고 정국 경색
⑤ (마) 안동 김씨 세도 – 나는 새도 떨어뜨린다.

26

다음과 같은 문화적 경향을 조사하기 위한 탐구 활동으로 적절하지 <u>않은</u> 것은? [2점]

> • 조선 후기 사회·경제 변동에 따라 사회적 모순이 나타났다. 기존 성리학이 이에 대한 해결책을 제시하지 못하자, 새로운 사상 기운이 나타났다.
> • 조선 후기 상공업의 발달로 문화에도 새로운 기운이 나타났다. 양반층 외에도 중인층과 서민층 참여가 활발하게 전개되었으며, 독자적인 우리 고유의 것을 찾는 경향이 나타났다.

① 자영농의 육성을 목표로 제시된 개혁안을 조사한다.
② 발해 관련 서적들이 언제부터 편찬되기 시작했는지를 조사한다.
③ 각종 한글 소설들을 찾아 내용과 담고 있는 의미를 비교, 분석한다.
④ 진경산수화와 풍속화를 통해 그림의 의미는 물론 생활 풍속까지 조사한다.
⑤ 담백하고 고상함이 배어나는 순백의 백자를 통해 사대부들의 정신세계를 알아본다.

25 정답 ④ ··· (2007. 제3회 1급)

④ 예송논쟁은 기해예송(현종 원년, 1659)과 갑인예송(숙종 원년, 1674)이다.

효종의 승하에 따른 조대비(인조계비, 자의대비)의 복상문제로 일어난 논쟁으로, 장남인 소현세자가 죽고 차남인 효종(봉림대군)이 즉위하여 왕통을 이은데 따른 적통 여부 문제 때문에 발생한 유교적 가치관의 문제이다. 이는 성리학을 지배이념으로 하는 사림사회에서 예의문제는 사회질서의 기본적인 규범으로 법에 우선하는 가치기준·정치문제와 관련되어 일어난 필연적 결과였다.

1) **기해(1차)예송**(현종 원년 : 1659) 효종의 상(喪)에 따른 조대비의 복상문제로서 서인의 1년설(송시열·송준길 등)이 남인의 3년설(윤휴·윤선도·허목 등)을 물리치면서 채택되어 서인이 계속 집권.

2) **갑인(2차)예송**(숙종 원년, 1674) 효종비(인선대비)의 상(喪)을 계기로 또 조대비의 복상문제가 발생하여(예송 자체는 현종 15년) 남인의 기년설(朞年說, 1년설)이 서인의 대공설(大功說, 9개월설)을 물리치면서 채택되어 남인이 집권하고 송시열은 유배되었다.

3) **평 가** 1680년(숙종 6) 경신대출척이 일어나면서 예송은 일단락되었다. 예송은 17세기에 율곡학파로 대표되는 서인과 퇴계학파로 대표되는 남인이 예치(禮治)가 행해지는 이상사회를 건설하기 위하여 그 실현방법을 둘러싸고 전개한 성리학 이념논쟁으로, 조선 후기 가장 이상적인 정치형태였던 붕당정치를 대표하는 정치적인 사건이었다.

26 정답 ⑤ ··· (2007. 제3회 1급)

보기는 조선 후기의 상황인데 ⑤ 순백자는 조선 전기의 특징이다.

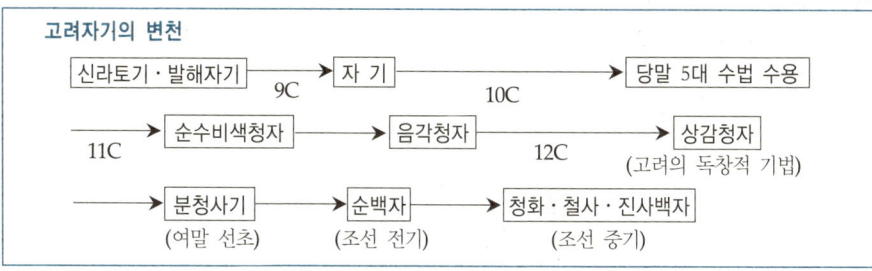

조선 자기

1) **15세기** 중앙에 사옹원(음식·그릇 관장)을 두고 경기도 광주와 경상도 고령에 분원을 설치하여 국가가 장려하였으며, 고려자기의 기법을 이어받아 새롭게 발전한 회청색의 우아한 멋의 분청사기(粉靑沙器)가 제작되었다.

2) **16세기** 백자가 널리 유행하였다. 백자는 태토(胎土)가 훨씬 견고할 뿐 아니라, 청자보다 깨끗하고 담백하며, 검소한 아름다움을 풍겨서 왕족이나 사대부의 취향에 걸맞은 멋을 풍겼다.

3) **조선후기** 백자가 민간에까지 널리 사용되면서 계속 유행. 조선 후기에는 안료도 다채로와져 색상이 가미된 청화백자·철사(철화)백자·진사(동화)백자 등이 발달

조선자기의 종류 분청사기는 고려청자를 계승하여 발전한 것으로 회청(灰靑)·회황색(灰黃色)의 평민적인 형태미를 가졌다. 조선백자는 고려백자와 명(明)의 백자의 자극을 받아 세련된 멋이 있으며, 나중에 명으로부터 수입된 회회청(回回靑)을 사용한 조선백자의 최고품인 청화백자(靑華白磁)를 탄생시켰다. 그리고 청화백자의 영향을 받은 철사백자(鐵砂白磁, 철화백자)·진사백자(辰砂白磁, 동화백자) 등이 제작되었다.

27 다음은 외국인에게 경복궁에 대해 설명한 내용이다. 밑줄 친 (가)~(라)에 대한 설명으로 옳은 것을 〈보기〉에서 고른 것은? [2점]

> 조선 왕조는 한양으로 천도한 이후 5대 궁궐을 지었는데, 그 가운데에서 법궁이 바로 이 경복궁이고, 나머지는 (가) 이궁으로 사용되었습니다. (나) 경복궁의 정문을 통과하면 가장 먼저 나오는 큰 건물은 바로 왕의 즉위식이나 책봉 등 국가적 의례가 있을 때에 사용하였고, 그 뒤에 (다) 왕의 집무실이 있었습니다. 경복궁은 임금이 거처하는 공간을 기준으로 왕세자는 동쪽에 있어 동궁이라 하였고, (라) 왕비의 거처 공간이 따로 있었습니다.

―― 보 기 ――
㉠ (가)는 창덕궁, 창경궁, 경희궁, 경운궁(덕수궁)을 말한다.
㉡ (나)는 광화문을 가리키며, 좌측에 종묘, 우측에 사직이 배치되었다.
㉢ (다)는 근정전을 말한다.
㉣ (라)는 교태전으로, 임금이 거처하는 공간의 서쪽에 배치되었다.

① ㉠㉡   ② ㉠㉢   ③ ㉡㉢
④ ㉡㉣   ⑤ ㉢㉣

28 그림은 조선 시대 일반적인 양반 주택의 구조를 나타낸 것이다. 이와 연관된 설명으로 옳지 <u>않은</u> 것은? [1점]

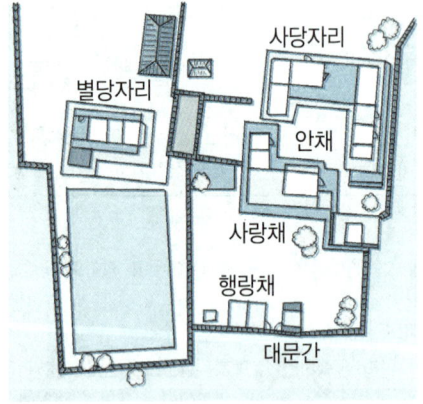

① 하인들의 거처는 대문 근처에 두었다.
② 조상을 숭배하는 정신이 잘 드러나 있다.
③ 양반들의 개방적인 자세를 엿볼 수 있다.
④ 성리학적 기본 윤리인 내외법을 주택에서도 찾을 수 있다.
⑤ 때때로 안채와 사랑채를 붙이는 경우가 있는데, 여자들이 남자에게 시중들기 편하도록 한 것이다.

27 정답 ①·· (2007. 제3회 1급)

ⓒ 국왕의 집무실은 사정전(思政殿)이고, 근정전은 조회를 비롯한 국가 의식행사를 치르는 경복궁의 정전이며, ⓔ 교태전은 국왕의 일상생활 공간인 강녕전의 뒤쪽에 있었다.

> **한양** 한강(아리수)의 북쪽이란 뜻으로 백(북)악·낙(타)산·목멱(남)산·인왕산을 연결하는 둘레 17Km의 도성을 둥글게 쌓고, 오행의 방위에 따라 4대문과 4소문을 두었다. 도성 안에는 5대 궁궐로 법궁(法宮)인 경복궁을 비롯하여 이궁(離宮)으로 창덕궁과 창경궁, 경희궁, 경운궁(덕수궁) 등을 두었고, 좌묘우사(左廟右社)에 따라 경복궁의 정문인 광화문의 왼쪽에는 종묘, 오른쪽에는 사직을 두었다. 이 외에도 각종 관아와 시장, 학교 등을 두어 도시의 면모를 갖췄다. 이로써 한양은 조선 왕조의 정치 중심지이자 경제·문화의 심장부로서 번성하였을 뿐만 아니라, 중국의 베이징과 더불어 동아시아 최대의 국제도시로 성장하였다.

> **한양의 수도시설**
> ① 서울 주위의 각 요지에는 관문으로서 음양오행에 따라 4대문이 있어 동대문(흥인지문(興仁之門))·서대문(돈의문(敦義門))·남대문(숭례문(崇禮門))·북대문(숙청문(肅淸門), 소지문·숙정문)을 두었고, 그 사이에는 4소문, 즉 동소문(홍화문(弘化門))·서소문(소의문(昭義門))·남소문(수구문(水口門), 창의문(광희문))·북소문(자하문(紫霞門), 창의문(광희문))이 있었다. 현재는 동대문(보물 제1호)·남대문(국보 1호)과 북소문 등이 남아 있다.
> ② 도로의 설비로서 대·중·소로를 두고, 개천도감(開川都監)을 두어 한양의 명당수(明堂水)인 청계천을 통하는 하수구를 구축하였다. 이어 운종가(종로 네거리)에 종루(보신각(普信閣))를 세워 밤 10시의 인경(人定, 28회 타종)과 새벽 4시의 파루(罷漏, 33회 타종)로 통행을 제한하였다.
> ③ 세종 10년(1428) 통계에 따르면 성내의 호구가 16,921호이며, 인구는 103,328명이었다. 그 외 금화도감(禁火都監)을 두어 방화시설을 만들었으며, 경복궁 등 궁궐이 완비되었다.
> **동궐도(東闕圖)** 1820년대 창덕궁과 창경궁의 전각을 그린 궁궐도로 서양화의 부감법과 평행사선구도 기법을 사용하여 그렸다.
> 19세기 : 흥선대원군에 의해 경복궁의 근정전과 경회루가 중건되었다.

28 정답 ③·· (2007. 제3회 1급)

③ 조선시대 양반들의 주택 구조는 유교의 남녀차별의식과 남녀가 자리를 함께하는 것을 꺼리는 이른바 내외법(內外法)의 영향으로 여성의 공간인 안채와 남성의 공간인 사랑채로 구분되었다.

29 다음 기사에 나타난 문제점을 해결하기 위한 제도에 관한 설명으로 옳지 않은 것은?

[1점]

> 지방에서 토산물을 공물로 바칠 때, (중앙 관청의 서리가) 공납을 일체 막고 본래 값의 백배가 되지 않으면 받지도 않습니다. 견디지 못하여 납부하지 못하고 도망하는 백성들이 줄을 이었습니다.
> <선조실록>

① 공물을 현물 대신 쌀로 징수하였다.
② 일부 지역에서는 포나 돈으로 징수하였다.
③ 공물을 필요한 해당 관청에서 징수하게 하였다.
④ 과세 기준을 가호 단위에서 토지 결수로 바꾸었다.
⑤ 궁방이나 관청에서 필요한 물품을 공급하는 공인을 지정하였다.

30 다음 글이 묘사하고 있는 시기의 사회 문화 현상에 해당하는 것은? [2점]

> 눈같이 흰 목화송이, 산호같이 아름다운 고추 열매, 지붕에 널었으니 가을볕이 맑고 밝다. 안팎의 마당을 닦아 놓고 발채와 옹구를 마련하소. 목화 따는 다래끼에 수수 이삭과 콩가지도 담고, 나무꾼 돌아올 때 머루, 다래와 같은 산과일도 따오리라. 뒷동산의 밤과 대추에 아이들은 신이 난다. 알밤을 모아 말려서 필요한 때에 쓸 수 있게 하소.

① 패관 문학이 유행하였다.
② 청화 백자와 각종 문방구가 유행하였다.
③ 불교계에서 수선사와 백련사가 결성되었다.
④ 여성의 재가가 비교적 자유롭게 이루어졌다.
⑤ 지배층을 중심으로 호복과 변발이 유행하였다.

29 정답 ③ ·· (2007. 제3회 1급)

사료의 해결책으로 나타난 것이 대동법인데, ③ 공물의 전세화가 대동법이고, 해당 관청에서 징수하는 것이 아니라 정부가 수납한 대동미·대동포·대동전으로 공인을 통하여 필요한 물자를 구입하여 사용하였다.

대동법(大同法) 민호에 토산물을 부과·징수하던 공납을 토지의 결수에 따라 미·포·전(錢)으로 납입하게 하는 제도. 정부는 수납한 대동미·대동포·대동전(상평통보) 등으로 공인을 통하여 필요한 물자를 구입하여 사용하였다. 이 제도는 어느 정도의 수공업 발달을 전제로 하여 실시된 것이다.

대동법의 실시 과세 기준은 종전의 민호에서 토지의 결수로 바뀌어서 논밭을 가진 농민들은 1결당 미곡 12두만을 납부하면 되었기 때문에 과중했던 부담이 다소 경감. 토지 결수에 따라 징수하였기 때문에 농민의 부담은 감소되고, 국가의 수입은 증가되었다.

공인(貢人) 대동법의 실시에 따라 나타난 국가가 지정하는 공물청부업자이자 특허어용상인인 공인은 관청과 결탁한 어용상인으로, 선혜청에서 정부에 대한 조달품의 값인 공가(貢價, 쌀)를 미리 받아 필요한 물품을 사서 납부. 공인은 서울의 시전뿐만 아니라, 지방의 장시를 중심으로 활동하였고, 특정 물품을 대량으로 취급하는 까닭에 공인(상업)자본을 형성하고 독점적 도매상인인 도고(都賈)로 성장할 수 있었다. 도고는 관상·사상할 것 없이 조선 후기 상업의 특징으로 도고의 성장은 상인 계층의 분화를 촉진시켰다. 공인의 활동은 수공업 생산 활동을 활발하게 하였고, 삼랑진·강경·원산 등의 상업도시와 화폐경제의 발달을 촉진시켰다. 시전상인이 사상의 침해를 받은데 대해 공인은 사상의 침해를 별로 받지 않고 번창하였고, 공인은 시전상인·경주인(경저리)·장인 중에서 선발되었다. 공인은 국가에 대한 국역으로서 세금을 바쳤으며 공인은 장시에서 물품을 조달하는 상인적 공인과 스스로 물건을 만들어 조달하는 장인적 공인으로 구분.

30 정답 ② ·· (2007. 제3회 1급)

보기는 조선 후기의 모습이다. ① 고려 후기, ② 조선 후기, ③ 고려 무신집권기, ④ 고려시대, ⑤ 원 간섭기의 몽골풍이다.

> 1) **목화** 공민왕 때 문익점이 목화씨를 전래하여(1363), 후일 면포는 현물 화폐로도 사용되었다.
> 2) **담배·고추·호박** 왜란 중 일본에서 전래, 담배(담바고·남초·남령초)는 17세기 초 일본 류큐(유구)에서 전래되어 전라도지방을 중심으로 전국적으로 재배
> 3) **구황작물** 1763년(영조 39) 통신사로 일본에 파견된 조엄이 일본에서 고구마(남저·조저·감저) 종자를 가져와 제주도에 심게 하였으며, 19세기 중국에서 감자(북저·토감저)·옥수수도 전래되어 재배되기 시작.

① **패관문학** 무신집권기에 은둔한 문신들이 소재를 탈피한 자유로운 문학을 개척하여 술·돈·베개 등을 의인화한 가전체와 설화·전설·일화 등을 소재로 한 설화문학과 수필문학이 등장. 특히 패관문학은 여말의 민족적 모순과 시련을 체험한 당시의 식자들이 느낀 국가의식 내지 자주의식을 강조하였는데 이들 작품들의 가치는 우리 민족의 전통과 연결된 새로운 문화 체질을 발견하고, 민족의 주체성을 특히 중시하였다는데 있다. 이러한 예는 「동명왕편」과 「파한집」을 통해 알 수 있다.

② **청화 백자** 조선 후기에는 안료가 다채로와져 색상이 가미된 청화백자·철사(철화)백자·진사(동화)백자 등이 발달하였는데 제기와 문방구 등 생활용품이 많았고, 서민들은 옹기를 많이 사용하였다.

③ **고려 무신집권기의 불교 정화·결사운동**
원 간섭기에 불교계의 혁신적 정화운동이 단절되어 수선사가 위축되고 백련사가 어용사찰인 묘련사(妙蓮寺)로 변질.

④ 조선시대에는 양반가 정처의 재가를 원칙적으로 금하였다.

31 다음은 조선 후기에 유행한 회화의 경향을 설명한 것이다. 이에 해당하지 <u>않는</u> 그림은? [2점]

- 정통 회화의 조류를 모방하여 생활공간의 장식 및 민속적인 관습에 따라 제작되었다. 속화(俗畵)라고도 하는데, 여염집의 병풍, 족자 또는 벽에 붙여졌다.
- 대부분이 그림 공부를 제대로 받지 못한 무명 화가나 떠돌이 화가들에 의해 그려졌다.

①    ②    ③

④    ⑤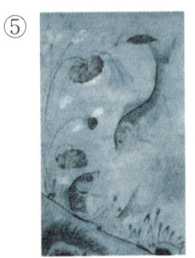

32 다음 (가)~(다)에 나타난 역사 인식을 옳게 분석한 것은? [2점]

(가) 우리 해동에 나라가 생긴 것이 맨 처음에 단군 조선에서 시작하였는데, 그 때는 까마득한 시절이어서 민속이 순박하였다. 기자가 주나라의 봉함을 받아서 8조의 가르침을 시행하니 문물과 예의의 아름다운 것이 실제로 이로부터 시작되었다.
<동문선>

(나) 오늘날의 중국은 대지 가운데에서 한 조각의 땅에 지나지 아니한다. …… 크게는 구주(九州)도 하나의 나라이고, 작게는 초(楚)도 하나의 나라이고, 제(齊)도 하나의 나라이다.
<성호사설>

(다) 예로부터 유학자들은 언제나 중화(中華)와 이적(夷狄)의 구분을 엄격히 하며, 중국 땅에서 태어나지 않으면 다 이(夷)라 하는데, 이것은 통할 수 없다. 하늘이 어찌 지역을 가지고 인간을 구별하겠는가?
<순암선생문집>

① (가)는 성리학적 명분론을 거부하고 단군조선의 역사성과 정통성을 주장하고 있다.
② (나)는 중국 중심의 전통적인 화이관을 벗어난 새로운 자아의식을 보여 준다.
③ (나)는 중화 문화의 전통이 오직 우리나라에만 남아 있는 것으로 파악하고 있다.
④ (다)는 화이의 문화적인 차별성을 내세우며 존화(尊華)의 의리를 주장하고 있다.
⑤ (다)는 중국 중심의 정통론에 입각하여 우리의 역사적 위치를 파악하고 있다.

31 정답 ④ ··· (2007. 제3회 1급)

보기의 설명은 민화(속화)인데, ①②③⑤는 민화이나 ④는 대나무를 그린 문인화이다.

민화의 발달 조선 후기 경제적 부를 축적한 서민층의 문화적 욕구 충족과 관련하여 민화(民畵)가 유행. 대체로 작가가 밝혀지지 않은 민화(속화)는 거의 떠돌이 화가들에 의해 그려졌는데, 다양한 색상을 사용하여 해·달·나무·꽃·동물·물고기 등을 그렸고, 때로는 농경이나 무속의 풍속도 소재가 되었다(민화는 서민의 오랜 생활양식과 밀착되어 형성됨). 민화는 족자·화첩보다도 주로 여염집의 병풍, 족자 등으로 만들어 사용하였다.

④ **19세기의 회화** : 실학적 화풍이 시들고, 복고적 문인화풍이 다시 유행. 김정희(「세한도」, 「불이선란」, 신위(대그림)·장승업(「군마도」, 「수상서금도」)·대원군 이하응(「난초」)·조희룡(「묵매도」, 「묵란화」)

32 정답 ② ··· (2007. 제3회 1급)

① 조선 전기는 성리학적 명분론 고수, ③ 우리도 중국에 못지 않은 중화민족이라는 의미, ④ 화이관의 극복, ⑤ 순암 안정복은 중국 중심의 정통론 대신에 삼한(마한) 정통론을 주장하였다.

(가) **동문선** 성종 때 서거정을 중심으로 노사신·강희맹·양성지 등 23명이 참가하여 우리나라 역대 시문 가운데 우수한 것을 모아 편찬. 그 서문에서 "우리나라의 글은 송이나 원의 글이 아니요, 한·당의 글도 아닌, 곧 우리나라의 글이다"라고 밝혀 자주적인 정신을 강조.

(나) **성호사설** 군주와 재상의 권한을 높이고 군주가 친병(親兵)을 거느려야 한다고 주장하였으며, 고염무의 「일지록」과 같은 비판 시도로 천문·지리 등 자연과학, 정통사론, 제도 개혁 등의 개혁론을 제기. 천지(天地)·만물(萬物)·인사(人事)·경사(經史)·시문(詩文) 등의 항목으로 자신의 사상을 집약시킨 백과전서로 농촌 개혁에 그 주안점.

이익(李瀷, 1681~1763) 영조 때의 학자로서 호는 성호(星湖)이며, 근기남인학파형성, 허목의 학풍 계승유형원을 이어 실학을 학문적으로 체계화. 그는 평생을 광주(廣州) 첨성촌에 은거하면서 현실 개혁과 국가 부흥의 이상과 포부를 제시하기 위해 「성호사설(星湖僿說)」을 서술.

(나) **순암선생문집** 안정복의 학문은 이익의 가르침을 받는 한편, 성호학파의 여러 학자들과 어울려서 경세치용의 구체적인 모색을 위한 사상적인 정립을 모색하였는데 이러한 사상적 성과를 「순암선생문집」 30권 15책을 비롯한 많은 저술로서 집대성(30권 15책).

안정복(安鼎福, 호 : 순암(順菴), 1712~1791) 이익의 제자로서 근기남인학파의 대표적 인물, 역사 연구에 몰두하여 「동사강목(東史綱目)」·「열조통기(列朝通紀)」 등을 저술. 「동사강목」은 홍만종의 「동국역대총목」의 영향을 받아 삼한정통론과 민족 독자성에 입각하여 실증적으로 단군 이래 고려 말까지의 역사를 편년체로 엮은 역사책이다. 그는 「동사강목」 서문에서 "대개 사학(史學)의 방법은 정통을 밝히고, 찬역(篡逆)을 엄히 구분하고, 시비를 바로잡고, 충절을 칭찬하고, 제도와 문물을 상세히 하는 것이다"라고 주장하고 있는데, 이 점을 분명히 하기 위하여 상세한 범례를 정하여 역사학적 용어의 의미 사용 한계를 명확히 하는 것을 제일 전제로 하고 있다. 그는 한국사에서 정통의 계승을 단(檀)·기(箕) → 마한 → 삼국 통일 후의 신라 → 후삼국 통일 후의 고려로 잡고 있는 바, 김부식이 삼국 중 신라를 정통으로 잡은 것과는 달리 삼국을 무통시대(無統時代)로 보았으며, 고조선의 하나인 기자조선을 정통으로 보아 기자동래설을 수용하고 준왕이 남하하여 마한을 세웠다고 주장하여 위만조선을 정통으로 간주하지 않은 것이 특기할 만하다. 그리고 그의 「열조통기」는 태조 원년(1392)부터 영조 41년(1765)까지의 사실을 여러 책에서 뽑아 쓴 편년체 역사서이다.

≫ 화이론의 배격 ≪

- **이익** 중화도 대지 중 한 조각에 불과하다. 동방의 만이(蠻夷)가 화(華)가 된 지 오래이다(조선중화주의).
- **홍대용** 화이(華夷)는 지역상의 문제이지 차별되어서는 안 된다. 순(舜)임금도 동이인(東夷人)이고 문왕(文王)도 서이인(西夷人)이다.
- **정약용** 중화와 이적(夷狄)의 차이는 그 도(道)와 정사(政事)에 있지 강역에 있는 것이 아니다.
- **한치윤** 우리 민족은 동이계(東夷系)이지만 문화가 높으므로 부끄러움이 없다(「동이총기」).

33 다음 지역에 대한 쟁점을 탐구하기 위해 선정한 비문으로 적절한 것은? [2점]

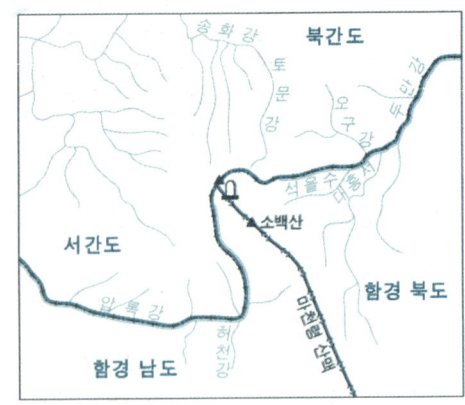

① 五月中高麗大王祖王令還新羅寐錦世世爲願如兄如弟
② 洋夷侵犯非戰則和主和賣國戒我萬年子孫丙寅作辛未立
③ 旨查邊至此審視西爲鴨綠東爲土門故於分水嶺上勒石爲記
④ 甲寅年正月九日奈祇城砂宅智積慷身日之易往慨體月之難還□ 金
⑤ 百殘新羅舊是屬民由來朝貢而倭以辛卯年來渡海破百殘□□□以爲臣民

34 다음은 개항기의 주요 수출입품을 표시한 것이다. 이러한 교역 상황에 대한 설명으로 옳지 않은 것은? [1점]

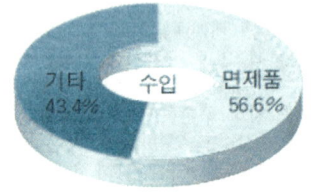 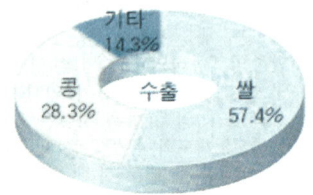

① 수출보다 수입이 많아 귀금속이 대량으로 유출되었다.
② 면제품의 대량 수입으로 국내의 면공업 발전은 큰 타격을 받았다.
③ 교역은 주로 공산품을 들여오고 농산물을 가져가는 구조로 이루어졌다.
④ 쌀 부족과 쌀값 인상으로 도시와 농촌 하층민의 생계가 매우 어려워졌다.
⑤ 일본 상인의 무역 주도로 말미암아 대부분의 지주와 상인들이 몰락하였다.

33 정답 ③ ·· (2007. 제3회 1급)

지도는 간도지역인데 이 지역에 대한 비석은 조선 숙종 때(1712년) 건립한 백두산 정계비이다. ① 중원고구려비, ② 척화비, ③ 정계비, ④ 사택지적비, ⑤ 광개토대왕릉비의 내용이다.

백두산 정계비 청은 자기 민족의 발상지인 만주지방에 관심을 기울였고 인삼 채취 사건이 발단이 되어 백두산 일대의 경계를 명백히 하자는 교섭을 해 왔다. 숙종 38년(1712)에 청의 요청으로 청의 대표 목극등과 조선의 대표 박권이 백두산 정계비를 세웠다. 그 내용은 '서위압록 동위토문 고어분수령상 늑석위기'(西爲鴨綠 東爲土門 故於分水嶺上 勒石爲記)이라 하여 서쪽은 압록강, 동쪽은 토문강을 경계로 하였다. 그러나 한말 토문강의 해석을 둘러싸고 청은 두만강, 조선은 송화강의 지류 도문강을 주장하여 간도(間島) 귀속 문제가 야기되었다. 이 비석은 만주사변 때 일제에 의해 철거.

① **중원고구려비** 5세기 말 장수왕 때 건립으로 추정, 1979년 4월 발견, 신라를 동이(東夷), 신라왕을 매금(寐錦)으로 지칭하고 있으며, 고구려 대왕이 신라 왕과 신하들에게 의복을 하사하여 종주국으로서 고구려의 천하관을 보여 주고 있다(고구려와 신라의 위상 관계 입증).
② **척화비** 대원군이 서양인을 배척하기 위해서 1871년(고종 8)에 서울 종로거리 및 전국 요지에 세운 비석. 척화비는 임오군란 후 서울에 세웠던 것은 모두 철거하였으나 지방의 것은 1920년대까지 존속.
④ **사택지적비** 백제 유일의 비석
⑤ **광개토대왕릉비** 고고학상 문제가 되는 부분(일제의 임나일본부설 조작).

34 정답 ⑤ ·· (2007. 제3회 1급)

개항기의 무역구조는 미면교환체제이다. ⑤ 당시 지주들은 쌀의 수출을 통하여 이윤을 추구하였고, 상인들은 외국상인의 활동범위가 개항장에 제한되었으므로 외국상품을 개항장과 내륙시장을 연결하여 이익을 누렸다.

1) **개항기의 무역 동향** ① **제1차 개항기**(1876~1882) 일본의 무역 독점기, 무역량은 전 경제규모에 비하여 영세하여 국민경제에 미세한 영향을 미쳤고 정치적 변동에 크게 영향을 받는 불완전한 무역. 개항장에서 10리(4km) 이내로 활동 범위가 제한되어 보부상·객주·여각 등 조선인 상인을 매개로 하는 거류지 무역의 형태. 감리서(監理署)를 1882년 개항장의 섭외통상사무와 육로통상사무를 담당하기 위하여 설치. ② **제2차 개항기**(1883~1894) 임오군란 후, 조청상민수륙무역장정이 체결되어 청의 상권이 확대되자 일본의 무역수지가 악화됨. 수입면에서 청과 일본의 경쟁관계가 유지되어 후일 청일전쟁의 경제적 배경, 외국상인의 내지통상이 점차 허용됨에 따라 개항장·서울·지방을 연결하는 외국 상품의 단일유통권이 조성되고 객주·여각·보부상 등의 상권이 점차 위협을 받게 되었다. 1893년 조선의 무역수지가 악화되어 수입액이 수출액의 2배 이상 달하여 국내 산업은 몰락.

2) **무역구조** 쌀·콩(개항 후 상품화)·우피·금·은·해삼·인삼·생사(生絲) 등이 수출되었는데 전 3자가 수출액의 70%를 차지했고 밀수출금이 많았다. 수입품은 옥양목·한랭사 등의 영국산 면제품(서양목)·동·아연·석유·성냥·화장품(구리무 : cream)·솥(점차 일본제의 비율이 높아짐)이었다. ① **가공무역** 조선의 목화가 싼 값에 나가 옷감으로 들어오는 가공무역의 형태. ② **밀수출금** 일본의 금본위제 확립(1897)에 기여하여 자본주의 발전을 뒷받침하였으나, 조선 입장에서는 근대적 화폐제도의 확립이 불가능.

3) **결과 및 영향** ① **약탈무역** 저율 관세와 부등가 교환에 의해 조선의 국내 시장과 농업 부문에 막대한 타격. ② **미면교환체제**(米綿交換體制) 갑오(동학)농민전쟁을 전후한 시기에는 곡물의 상품화와 함께 전통적 토포 생산 구조가 존속했고, 수입 자본제 상품이 국내 시장을 잠식하는 가운데서도 수입 방적사를 통한 면포 생산이 일부 남아 있었으나 점차 미면교환체제로 불리는 일본과의 무역체제가 정착되고 강화. ③ **수공업의 위축** 국내산 상품들이 외국 기계제 상품으로 대체되어 갔고, 1894년 갑오(동학)농민전쟁의 패배를 기점으로 농촌 내의 면포 수공업과 다른 수공업들도 위축. 이 때문에 각 산업의 자본 축적 범위는 줄어들고 경영을 확대할 수 있는 길이 차단. ④ **곡가의 등귀** 쌀 수출로 인한 곡물 가격의 등귀는 소작농과 도시 빈민의 몰락을 가속화시켜 1882년 하급군인과 도시 빈민의 폭동인 임오군란이 발발. ⑤ **지주의 수탈** 일부 지주층은 쌀의 수출을 통하여 이윤을 추구하였고 여기서 얻은 수익을 토지 매입에 재투자하여 더 많은 이윤을 추구하였고 농민에 대한 착취와 수탈을 강화. ⑥ **쌀의 유출 촉진** 1897년에 목포, 1899년에 군산·마산 등이 개항되어 호남·영남지역의 쌀 유출이 더욱 촉진.

35 다음은 대한 제국 시기 유럽의 한 회의에서 발표하려고 했던 호소문이다. 이에 대한 설명으로 옳은 것을 〈보기〉에서 고른 것은? [2점]

> 일본인들은 항상 평화를 말하지만 어찌 사람이 기관총구 앞에서 평화롭게 살 수 있겠는가. 한국민이 모두 죽어 없어지면 모르겠지만, 그렇지 않은 상태에서는 한국의 독립과 한 국민의 자유가 이루어지지 못하는 한, 극동의 평화는 있을 수 없다. 한국 국민들은 독립과 자유라는 공동 목표에 대하여 정신적으로 결합되어 있으며, 이 목적을 위하여 한국 국민들은 죽음을 무릅쓰고 일본인의 잔인하고 비인도적이며 이기적인 침략에 대항하고 있다.

| 보 기 |

㉠ 민족 자결주의 제창에 영향을 받았다.
㉡ 일제의 고문 파견이 직접적인 계기가 되었다.
㉢ 고종의 강제 퇴위와 군대 해산의 배경이 되었다.
㉣ 세계 각국 기자들의 동정과 지지를 받아 여러 신문에 게재되었다.

① ㉠㉡ ② ㉠㉢ ③ ㉡㉢
④ ㉡㉣ ⑤ ㉢㉣

36 다음 자료와 관련된 역사가의 역사관을 옳게 설명한 것을 〈보기〉에서 고른 것은? [2점]

> 조선이 4300여 년의 역사를 가진 군자의 나라로서 일본에 문화를 파급시켰으며, 일본의 음식, 의복, 궁실과 종교, 학술이 모두 한국에서 간 것으로 일본이 일찍이 스승의 나라로 섬겼으나 현재는 종으로 삼았다. 〈한국통사 서문〉

| 보 기 |

㉠ 부여족이 우리나라 역사를 이끌었다고 주장하며 한국 고대사 발전 과정을 단군조선-부여-고구려 계통으로 파악하였다.
㉡ 아와 비아의 투쟁 속에서 역사가 전개된다고 설명하여 항일 독립 운동의 이론적 근거를 제공하였다.
㉢ 역사의 원동력을 '얼'로 파악하여 역사 연구의 최대 목표를 '얼'과 같은 민족정신의 유지에 두었다.
㉣ 과거 만주 지역에 거주했던 여진족 등 여러 북방 민족을 모두 단군의 후예로 보아 북방 민족의 역사를 우리 역사에 포함시켰다.
㉤ 국가의 구성 요소를 국혼(國魂)과 국백(國魄)으로 나누어 역사를 민족정신인 국혼의 전개 과정으로 파악하였다.

① ㉠㉡ ② ㉠㉢ ③ ㉡㉢
④ ㉡㉣ ⑤ ㉢㉣

해설 및 정답

35 정답 ⑤ ·· (2007. 제3회 1급)

사료는 1907년 6월 네델란드 헤이그에서 열린 제2차 만국평화회의 기간 중 1907년 7월 만국기자협회에서 이위종(1885~1920?)이 행한 「한국을 위한 호소」이다. ㉠ 3·1운동, ㉡ 제1차 한일협약(1904..8.22)에서 고문정치가 실시되었다.

헤이그 특사 사건(1907.6) 1) 을사조약 파기운동 : 네델란드 헤이그(海牙)에서 열린 제2차 만국평화회의(6. 15~10. 18)에 정사 이상설과 부사 이준 그리고 이위종 등을 파견하였으나 회의장에 들어가지 못하였다. 이 사건을 계기로 고종이 강제 퇴위당하였고, 이에 대해 대한자강회의 반대운동이 나타났다. 2) **외교 지원** : 헐버트(Hulbert ; 흘법(訖法), 1863~1949)를 워싱턴(1905)·헤이그(1907. 5)에 파견하여 외교적 지원을 호소했으나 외면당하였다.

> **이위종의 "한국을 위한 호소"** 1907년 7월 8일 헤이그 만국기자협회에서 행한 연설이 1907년 8월 22일, 미국 「The Independent」지에 실렸다.

일제의 국권 침탈 과정 (1) **한일의정서**(1904.2.23) : 시정 개선(내정 간섭)의 충고정치, 제3국과의 조약 동의권, 전략상 요지의 영토임의점령권 등을 규정. (2) **대한방침 및 대한시설강령**(1904.5.31) : 한일의정서의 '시정개선에 관한 충고' 조항을 구체화, 한국 식민지화 계획안을 확정. ⇨ (3) **제1차 한일협약**(1904.8.22) : 일본이 추천하는 일본인 재정고문과 미국인 외교고문을 초빙, 재정·외교에 관한 자문을 하는 고문정치. 대외 한국인 공관원의 철수 및 일본공사관의 이용을 명시. ⇨ (4) **을사조약**(제2차 한일협약 : 1905.11.17) : 일본이 한국에서의 우월권을 확보하고 영·미의 동의를 받아 외교권을 박탈(각국 주한 공사관 철폐 및 외교관 철수). 통감부 정치를 실시하는 등 보호정치. ⇨ (5) **헤이그 특사 사건**(1907.6) ⇨ (6) **정미 7조약**(제3차 한일협약 : 한일신협약, 1907.7.24) 인사권·행정권 박탈, 모든 행정을 통감이 지휘, 일본인을 각부의 차관과 관리에 배치하여 조선의 내정을 장악하는 차관정치. ⇨ (7) **군대 해산**(1907.8.1) ⇨ (8) **기유각서**(1909.7.12) : 사법권 박탈, 일제가 감옥 사무를 관장. ⇨ (9) **경찰권 박탈**(1910.6.30) : 경시청 폐지, 경무통감부 설치로 헌병경찰제가 확립. ⇨ (10) **합방조약**(1910.8.22) : 주권 박탈, 경술국치(1910. 8. 29) 발표.

㉠ **3·1운동의 시대적 배경** (1) 미국 대통령 윌슨의 민족자결주의 (2) 신한청년당 : 김규식을 민족대표로 선정하여 파리강화회의에 파견. (3) 국내 민족운동자들의 독립운동 계획 (4) 고종 황제의 승하 (5) 무오독립선언 (6) 민중생활의 피폐 (7) 2·8 독립 선언 (8) 러시아혁명

36 정답 ⑤ ·· (2007. 제3회 1급)

사료의 주인공은 박은식인데, ㉠㉡ 신채호, ㉢ 정인보에 대한 내용이다.

1920년대 민족주의사학의 정립 한민족의 기원을 밝히고, 우리 문화의 우수성과 한국사의 주체적 발전을 강조하는 민족주의사학이 발전.

박은식	해외 망명, 「한국통사」에서 근대 이후 일본의 한국 침략 과정을 밝혔으며, 「한국독립운동지혈사」에서는 일제침략에 대한 한민족의 독립투쟁운동을 서술하였다. 민족정신을 혼으로 파악하여 혼이 담겨 있는 민족사의 중요성을 강조하였다.
신채호	해외 망명, 「조선상고사」·「조선사연구초」·「조선상고문화사」·「조선혁명선언」·고대사 연구에 치중, 주체적으로 한국사를 정리하고 민족주의 역사학의 기반을 확립, 임시정부의 「독립신문」에 맞서 「신대한」 창간
정인보	「조선사연구」(5천년간 조선의 얼) 등의 저술을 통해 식민사학에 대항하였다.

> **한국통사** 대원군 섭정 이후 국권 피탈까지의 일제의 침략과정을 서술하면서 "옛 사람이 말하기를, 나라는 가히 멸할 수 있으나, 역사는 가히 멸할 수 없으니, 대개 나라는 형(形)이요, 역사는 신(神)이기 때문이다"라고 갈파하고, 국가가 유지되는 데 있어서 내면적·정신적인 혼(魂)과 외형적·물질적인 백(魄)이 필요한데, 정신적인 혼이 따르지 아니하면 백은 살아 있어도 죽은 것이라고 보았다. 즉, 역사(神·魂)가 나라(形·魄)의 근본이라고 주장하면서, 신처럼 멸하지 아니하는 민족정신으로서의 혼을 역사의 원동력으로 보고, 민족혼을 일깨움으로써 국권 회복과 광복을 기할 수 있다는 신념을 가지고 저술하였다.

37 다음은 어느 영화의 광고지이다. 이 영화가 처음 발표된 해에 있었던 사실은? [2점]

① 극예술 연구회가 조직되었다.
② 가갸날(한글날)이 선포되었다.
③ 신간회와 근우회가 조직되었다.
④ 신파 극단인 혁신단이 창단되었다.
⑤ 은세계, 치악산 등이 원각사에서 공연되었다.

38 다음은 신채호가 1923년에 쓴 '조선 혁명 선언'의 일부이다. 밑줄 친 '너희들'이 지칭하는 대상은? [1점]

> 너희들은 '동양 평화', '한국 독립 보전' 등을 조건으로 내건 조약이 먹도 마르지 아니하여 삼천리 강토를 집어먹던 역사를 잊었느냐? …… 설혹 일본이 관대한 도량이 있어 이러한 요구를 허락한다 하자. 소위 내정 독립을 찾고 각종 이권을 찾지 못하면 조선 민족은 온통 굶주린 귀신이 될 뿐이 아니냐? …… 제 나라의 무산 계급의 혈액까지 착취하는 자본주의 강도국의 식민지 인민이 되어 몇몇 노예 대의사(代議士)의 선출로 어찌 굶어 죽는 화를 면하겠느냐?

① 자치론자　　　　　　② 외교론자
③ 준비론자　　　　　　④ 문화 운동론자
⑤ 민중 직접 혁명론자

37 정답 ② ·· (2007. 제3회 1급)

보기 영화의 포스터는 1926년 10월 단성사에서 개봉한 나운규의 아리랑이다. ① 1931년, ② 1926년, ③ 1927년, ④ 1911년, ⑤ 1908년의 사실이다.

① **토월회**(1923)·**극예술연구회**(1931) 등 신극단체들이 연극을 통해 계몽활동, 최초의 신극 운동가 김우진에 의해 일본 대중문화인 장한몽(일본명 : 황금야차)이 소개되어 신파극이 유행. 그리고 1935년에는 최초의 연극 전용 극장인 동양극장이 설립되었고 김재철이 「조선연극사」 발간(1933). 무용에서는 최승희(1911∼1969)가 한국 고전무용을 현대화하였고, 세계순회공연을 하였다.

② **조선어연구회**(1921) 임경재·장지영 등의 주도로 창립, 한글의 연구와 강습회를 열어 한글 보급에 노력, 「한글」 잡지 간행, 가갸날(→ 한글날)을 제정(1926.11.4).

> **조선어학회**(朝鮮語學會, 1931) 한글 교재를 출판하였으며, 이희승·최현배 등이 「우리말큰사전」 편찬에 착수하고 한글맞춤법통일안·표준어 등을 제정(1933)하여 사용. 조선어강습회를 전국적으로 여는 등 민족운동을 전개하자 일제는 조선어학회사건(1942)을 날조해 해체.
> 학회의 변천 : 학부 국문연구소(1907) → 조선어연구회(1921) → 조선어학회(1931) → 한글학회(1949)

③ **근우회**(1927. 5. 27) 신간회 산하의 전국적 여성조직, 여성에게 정치의식을 계몽. 종래 별개로 논의되었던 여성해방·민족해방·계급해방의 과제를 동시적으로 수행할 것을 주장하였는데, 우익측(기독교계)에서는 김활란·유영준·최은희·유각경·황신덕, 좌익측(여성동우회)에서는 주세죽·허정숙·정종명 등이 활동. 창립 당시 선출된 중앙집행위원은 민족주의계 8인, 사회주의계 9인으로 양 진영이 균형을 이루었고, 1927년 8월 전주지회를 시작으로 61개의 지회를 설치하고 만주·일본에도 지회를 설치. 행동 강령으로는 1) 여성에 대한 사회적·법률적 일체 차별 철폐, 2) 일체 봉건적 인습과 미신 타파, 3) 조혼 폐지와 결혼의 자유, 4) 인신매매와 공창(公娼) 폐지, 5) 농촌 부인의 경제적 이익 옹호, 6) 부인 노동의 임금 차별 철폐와 산전·산후 임금 지불, 7) 부인 및 소년공의 위험 노동 및 야업(夜業) 폐지 등을 내걸었다. 근우회는 조직 이래 지방 순회강연, 부인강좌, 야학 설치, 기관지 「근우」 발간 등을 통해 행동 강령을 구체적으로 실천.

④⑤ **구한말 연극** 민족가면극, 시국운동, 원각사가 건립되어(1908) 「은세계」가 첫 공연되었고, 신파극단으로 혁신난이 1911년에 창단.

38 정답 ① ·· (2007. 제3회 1급)

① '너희들'은 민족주의 우파로 자치론·타협론·기회주의·개량주의·실력양성론·참정권 획득청원론의 입장이었다.

> **민족주의 우파** 식민지화의 근본 원인을 제국주의 침략보다 민족성의 낙후, 민족 실력의 미약 등에서 찾으면서 적극적인 반일 투쟁을 전개하는 대신에 한말 계몽운동을 계승한 소위 '실력양성운동'에 치중, 일제가 허(許)하는 가능한 범위 내에서 타협적 실력양성론 전개, '선 실력 양성 후 독립'을 주장이념적 기반으로 이광수의 「민족개조론」(1922, 「개벽」)과 「민족적 경륜」(1924.1.1∼1.4 동아일보, 전국적 불매 운동 초래), 최남선의 「조선민시론」(1922, 「동명」) 등은 조선 독립 부정의 논리를 제공.

1) **인물과 활동** 김성수·송진우 등의 동아일보계(해방 후 지주들과 연합하여 한국민주당을 결성)와 최린 등의 천도교 신파 등. 1920년대 초반 신문화 건설을 내건 청년회운동, 교육 진흥을 내건 각종 민립대학 설립운동, 민족자본의 육성을 내건 물산장려운동, 지방자치제 지지, 문맹퇴치운동(1926∼1934), 신문 발간((동아일보·조선일보(대정실업친목회)·시사신문(친일 국민협회)·시대일보(최남선)) 이른바 '문화운동'으로 전개. 민족개량주의운동은 1920년대에는 소수의 명망가 중심으로 전개되었으나 1930년대에 들어와서는 대중운동으로 발전하였다. 그러나 일본 정부의 내지연장주의정책에 의해 좌절.

2) **단체** 국내 단체로 연정회(1924)·조선농민사(1925)·흥업구락부(1925)·수양동우회(1926)·시중회(1934) 등, 국외 단체로 흥사단(1913)과 동지회(1921).

39 다음은 일제 강점기의 소작 쟁의에 대한 통계이다. 두 자료를 바탕으로 1934년 이후의 소작 쟁의에 대하여 추론한 것 중 옳지 않은 것은? [2점]

경무국 작성 소작 쟁의 건수 및 참가 인원			
연도	건 수	참가인원	쟁의당 인원
1925	11	2,646	240.5
1926	17	2,118	124.6
1927	22	3,285	149.3
1928	30	3,572	119.1
1929	36	2,620	72.8
1930	93	10,037	107.9
1931	57	5,486	95.9
1932	51	2,910	57.1
1933	66	2,492	37.8
1934	106	4,113	38.8
1935	71	2,795	39.4
1936	56	3,462	61.8
1937	24	2,234	93.1
1938	30	1,338	44.6

농림국 작성 소작 쟁의 건수 및 참가 인원			
연도	건 수	참가인원	쟁의당 인원
1925	204	4,002	19.6
1926	198	2,745	13.6
1927	275	3,973	14.4
1928	1,590	4,863	3.1
1929	423	5,419	12.8
1930	726	13,012	17.9
1931	676	10,282	17.9
1932	300	4,687	15.6
1933	1,975	10,337	5.3
1934	7,544	22,454	2.9
1935	25,834	58,019	2.0
1936	29,975	72,453	2.4
1937	31,799	77,515	2.4
1938	22,596	51,535	2.3

① 농민들의 소작 쟁의로 일제의 산미 증식 계획이 중단되었다.
② 일제의 탄압과 회유 아래 대규모 쟁의는 줄어들고 소규모 쟁의는 증가하였다.
③ 소규모 쟁의는 일제와 식민지 지주제를 부정하는 정치적 투쟁으로 발전하였다.
④ 농림국의 수치에 따르면, 건수와 참가 인원은 대폭 증가하였으나 쟁의당 인원은 크게 줄었다.
⑤ 경무국의 수치는 치안과 관련된 대규모 쟁의를 파악한 것으로 건수와 참가 인원이 줄어들었다.

40 지도에 표시된 지역으로 이주했던 동포들과 연관된 설명으로 옳은 것은? [1점]

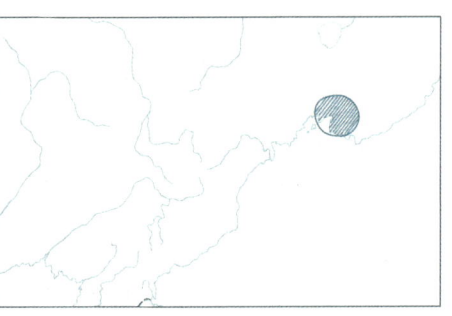

① 19세기 중·후반부터 이주하기 시작하여 간민회를 조직하고 서전서숙을 운영하였다.
② 1937년 소련은 한국인의 일본 첩자 활동을 우려하여 이지역에 거주하던 한인을 강제 이주시켰다.
③ 20세기 초 사탕수수 농장으로 이주하기 시작한 동포들은 자금을 모아 독립 운동에 기부하고, 신문과 잡지를 발행하여 애국심을 고취하였다.
④ 해방 당시 230만 명에 달하던 이 지역의 동포 가운데에서 60만여 명이 해방 이후 잔류하였으나, 영주권조차 부여되지 않았다.
⑤ 1960년대 중반 이후 외화 획득을 목적으로 수천 명의 광부와 간호사가 이주하였다.

39 정답 ①③ ··· (2007. 제3회 1급)

① 무리한 계획이었기 때문에 목표 기간을 달성하지 못한 채 경제공황으로 1934년 중단되었으나 미곡은 목표량대로 어느 정도 수탈, ③ 1930년대 후반의 소규모 쟁의가 아니라 1930년대 전반의 적색농민조합 주도하의 소작 쟁의가 토지혁명을 추구하는 정치투쟁이었다.

소작쟁의(농민운동) 일본인 지주와 친일파 지주에 대항하여 일어난 농민들의 생존권 투쟁이었으나, 점차 일제의 수탈행위에 항거하는 항일민족운동의 성격으로 바뀌면서 민중운동의 역사가 시작.

1) 제 1 단계(1919~1924) 농민운동의 태동기로 면·리 단위의 소작인조합이 결성.
   ① 소작인조합이 중심이 된 소작농의 대지주 투쟁으로 소작권 이전·고율 소작료·소작지 관리인인 마름의 횡포 등에 반대하는 소작쟁의였다.
   ② 조선노농총동맹의 결성(1924) : 전국적인 농민·노동자 운동단체
   ③ 암태도 소작쟁의(1923. 8 ~ 1924. 8) : 전남 무안군(현재의 신안군) 암태도, 아사동맹(餓死同盟) 결성(1924.7), 8할의 소작료를 4할로 하향 조정하였다.
   ④ 황해도 재령군 북률면 여물평 동양척식회사 농장의 소작쟁의(1924~1925)

2) 제 2 단계(1925~1929) 농민운동의 본격화 단계(소작인조합 → 농민조합)
   ① 농민조합 개편 : 자작농까지 포함하는 보다 대중적인 조직인 농민조합으로 발전.
   ② 횟수의 증가 : 1925년 204건, 1926년 198건, 1927년 275건, 1929년 423건(미곡 증산량보다 수탈량이 더 많은 산미증식 계획에 반대운동 확산)
   ③ 운동의 고양 : 투쟁규모가 확대되었을 뿐 아니라 투쟁형태도 대중적 폭동형태로 바뀌자 일제 총독부의 탄압이 강화.
   ④ 조선농민총동맹(1927) : 조선노농총동맹이 노동총동맹과 농민총동맹으로 분리.
   ⑤ 공산주의운동과 연결(1925~1928) : 12월 테제로 조선공산당이 사실상 해체될 때까지 연계.

4) 제 3 단계(1930~1935) 농민운동의 고양기
   ① 두 가지 유형
      ㉠ 기존 농민조합 중심 : 일본인 지주를 상대로 한 농민운동
      ㉡ 적색 농민조합 주도 : 경제 공황 이후 적색(혁명적) 농민조합의 주도하에 토지혁명을 추구하며 일제에 대해 저항(항일농민폭동)
   ② 조선 농민층 회유 : 일제는 농촌진흥운동의 일환으로 1932년에 자작농지 창설·유지사업 실시와 조선소작조정령 공포, 1934년에 조선농지령 공포 등을 통해 농민을 회유하였다.
   ③ 불이농장(不二農場) 소작쟁의(1929~1931) : 평북 용천군 불이흥업회사 소속 서선(西鮮) 농장의 소작쟁의로 농장사무소를 습격하였다.
   ④ 1930년대 : 혁명적(적색) 농민조합운동이 함경도 정평·명천 등지에서 활발히 전개되었다(1930년 726건, 1935년 25,834건).

40 정답 ② ·· (2007. 제3회 1급)

지도의 지역은 연해주인데, ① 북간도 용정, ② 연해주, ③ 하와이, ④ 일본, ⑤ 독일이다.

① **북간도 용정** 1) 을사조약으로 통감부가 간도 용정에 임시출장소(파출소)를 두고(1907.8.20) 한국 영토로 인정하여 관리. 2) 간민교육회(1911) : 한민교육회의 개칭, 북간도 용정에 명동학교·정동중학교 등을 설립 3) 서전서숙(북간도 용정, 이상설 → 김약연이 명동학교로 개명)

② **중앙아시아 강제 이주**(1937) 1930년대 후반, 소련과 일본 사이의 긴장이 높아지자, 소련은 일본과 전쟁을 할 경우 한인이 일본을 지원할 것으로 보았다. 그리하여 1937년 9~11월 연해주 지역의 17만 명의 한국인들을 약 6000km나 떨어진 카자흐스탄·우즈베키스탄 등의 중앙아시아로 강제 이주.

③ **하와이** 알렌의 주선으로 1902년 12월 최초의 합법적 이민으로 하와이 이주가 시작.

한국사능력검정시험 기출문제

41 다음 자료에 대한 근거로 제시할 수 있는 비석을 〈보기〉에서 모두 고른 것은? [2점]

> 조선 총독부는 1943년에 각 도 경찰부장에게 '유림의 숙정 및 반시국적 고비(古碑)의 철거'를 지시하고, 항일 민족 사상과 투쟁 의식을 유발시키고 있는 민족적 사적비들을 모조리 파괴하려 했다.
> 〈정규홍, 문화재 수난사〉

|보기|
㉠ 남원 운봉의 황산 대첩비 ㉡ 합천 해인사의 사명대사 석장비
㉢ 해남의 통제사 충무이공 명량 대첩비 ㉣ 길주의 북관 대첩비

① ㉠㉡㉢   ② ㉠㉡㉣   ③ ㉠㉢㉣
④ ㉡㉢㉣   ⑤ ㉠㉡㉢㉣

42 다음 법에 대한 설명으로 타당한 것은? [2점]

> (제1조) 일본 정부와 통모하여 한・일 합병에 적극 협력한 자, 한국의 주권을 침해하는 조약 또는 문서에 조인한 자와 모의한 자는 사형 또는 무기 징역에 처하고, 그 재산과 유산의 전부 혹은 2분의 1 이상을 몰수한다.
> (제3조) 일본 치하 독립 운동자나 그 가족을 악의로 살상・살해한 자 또는 이를 지휘한 자는 사형, 무기 또는 5년 이상의 징역에 처하고, 그 재산의 전부 혹은 일부를 몰수한다.
> (제4조) 다음 각 호 중 하나에 해당하는 자는 10년 이하의 징역에 처하거나 15년 이하의 공민권을 정지하고, 그 재산의 전부 혹은 일부를 몰수할 수 있다.

① 국민의 지지를 얻지 못한 한계가 있었다.
② 일제 잔재를 청산하기 위해 제헌 국회에서 제정되었다.
③ 친일반민족행위 진상규명위원회가 구성되어 활동하였다.
④ 남북 협상 세력은 민족의 분열을 우려하여 이 법에 반대하였다.
⑤ 정부의 적극적인 태도로 친일파 청산이라는 성과를 달성하였다.

43 다음과 같이 국회가 구성되었던 시기의 상황으로 옳지 않은 것은? [1점]

구분 선거	국회의원 총수	유신 정우회	민주 공화당	신민당	민주 통일당	무소속	투표율
제9대	223	77	73	52	2	19	72.1%
제10대	231	77	68	61	3	22	77.1%

① 인권 탄압으로 인해 국제 외교 관계가 악화되기도 하였다.
② 국회는 단순히 형식적 요건에 불과하여 제기능을 하지 못하였다.
③ 직선제 개헌과 민주화 조치에 대한 국민적 합의가 이루어졌다.
④ 대통령 연임제 규정이 철폐되어 장기 집권이 가능하게 되었다.
⑤ 경공업 중심에서 중화학 공업 중심으로 공업 구조가 바뀌었다.

41 정답 ①··· (2007. 제3회 1급)

㉣ 북관대첩비(北關大捷碑)는 숙종 35년(1709) 함경도 북평사 최창대(崔昌大, 1669~1720)가 임진왜란 당시 정문부 장군 등 함경도 의병들이 왜군을 격파한 전공을 기리기 위해 함경도 길주군 임명 고을에 건립한 전승기념비이다. 1905년 러일전쟁 중 일본이 강탈해 가 100년간 도쿄 야스쿠니 신사에 방치되었다가 2005년 10월 20일 100년만에 반환되었다.

42 정답 ②··· (2007. 제3회 1급)

보기의 법은 대한민국 출범 후 친일파를 청산하기 위해 1948년 9월 22일 제정된 반민족행위처벌법이다. ① 국민의 지지를 받았고, ③ 노무현정부 시기, ④ 찬성, ⑤ 이승만정부의 미온적 태도로 친일파 청산은 실패하였다.

반민족행위처벌법의 제정(1948.9.22) 소장 국회의원의 발의와 이승만정권의 역사적 정당성을 내세우기 위해 반민족 행위처벌법이 제정되어 국회를 통과하였다. 일제강점기 동안 일제에 적극 협력하였거나 독립운동가를 사살·박해한 반민족행위자를 처벌하는 것을 목적으로 하였다(박흥식·이종형·김연수·최남선·노덕술 체포). 법 제정 당시부터 이승만 정권은 반민특위의 활동이 삼권분립에 위배된다는 등 구실로 반민법 개정작업에 착수하였다. 1949년 7월 경찰의 습격(1949년 5월 국회프락치사건 이후 내무부 차관 장경근의 지시)으로 반민특위가 와해(1949.8.31) 된 뒤, 이승만 정권은 공소시한을 축소하고 특위의 업무를 대법관과 대검찰청에 넘기는 등 반민법을 개정. 친일파 숙청문제는 공식적으로 막을 내렸다. 친일파 청산이라는 역사의 청산이 실패함으로써 식민 잔재가 온존하여 남북분단의 고착화에 기여하고 민주주의 발전에 결정적인 악영향을 미치는 등 해방 후의 역사에 남긴 후유증은 매우 심각하였다.

> **이승만정권의 1949년 6월 대공세** ① 국회 프락치사건(1949.5~7), ② 보도연맹 결성(1949.6.5), ③ 반민특위 습격사건(1949.6.6), ④ 김구 암살(1949.6.26), ⑤ 주한미군 철수 완료(1949.6.29~30), ⑥ 지리산 인민유격대 대토벌 작전

43 정답 ③··· (2007. 제3회 1급)

9대 총선(1973.2)과 10대 총선(1978.12)은 제4공화국 시기에 치러졌다. ③ 1987년 6월 민주화항쟁 이후의 제9차 개헌으로 제6공화국이 출범하였다.

유신체제

1) **배경** : 국내적으로 1971년 대통령선거에서 근소한 표차의 승리와 국외적으로 닉슨독트린, 미국과 중국의 관계 개선, 주한미군의 부분적 철수 및 동아시아에서 냉전기류의 해체 경향 등으로 위기의식을 느낀 박정희정권이 장기 집권을 도모하기 위해 추진.

2) **성립 과정** : 국가비상사태를 선언하고 '국가보위에 관한 특별조치법 공포'라는 법을 만들어 국민의 기본권을 제한하고(1971.12.27) 전국에 계엄령을 선포하여 대학을 휴교시키고 10월유신을 단행(1972.10.17). 이어 국민투표를 통해 유신헌법을 확정한 후 통일주체국민회의 간접선거에 의해 단독 출마한 박정희가 제8대 대통령으로 당선되었다(1972.12.23).

3) **유신헌법** : 대통령의 중임 제한을 폐지, 대통령의 직속 기구나 마찬가지인 통일주체국민회의(의장 : 대통령)에서 대통령(임기 : 6년)을 선출하며 국회 발의의 헌법개정안의 의결 확정 등을 대행. 또 대통령이 국회의원(유정회) 3분의 1 추천권과 법관 인사권을 가져 의회와 사법부를 통제. 긴급조치권과 국회 해산권 등 절대 권력을 가지도록 하였다. 또, 통일이 될 때까지 지방 의회를 구성연기.

4) **제4공화국의 국정지표** : 한국적 민주주의의 토착화, 자주국방과 국가안보 확립, 조국의 평화적 통일기반 조성, 중화학공업화의 추진, 주체성 있는 민족문화 창달 등을 표방하였다. ① 언론 통제 강화(프레스카드제, 1971.1.1). ② 교육활동 : 정부는 새마을운동과 더불어 새마을교육을 실시, 사회교육의 확대방안으로 방송통신교육을 확대. 교육연구를 목적으로 한 한국교육개발원(1972.8)과 정신교육을 위한 한국정신문화연구원(1978.6)이 발족.

5) **영향** : 국내에서 반독재 민주화운동이 고양되고 대미·대일관계가 악화

44 고려 광종이 아래와 같은 정책을 실시한 목적을 50자 이내로 서술하시오. [2점]

> 왕권이 불안정한 상황에서 즉위한 광종은 956년 노비안검법을 실시하여, 후삼국 시대의 혼란기에 불법으로 노비가 된 자를 양인으로 해방시켜 주었다.

45 다음 사료를 읽고 붕당 정치의 변질에 따른 정치적 문제점을 50자 이내로 서술하시오. [3점]

> 붕당의 폐단이 요즈음보다 심한 적은 없었다. 근래에 와서 인재의 임용이 당목(黨目)에 들어 있는 사람만으로 이루어지니 이러한 상태가 그치지 않는다면 조정에 벼슬할 사람이 몇 명이 되겠는가? …… 지금 새롭게 중창할 시기를 맞이하여 어찌 잘못을 고치고 신정(新政)을 힘쓸 생각이 없겠는가? 유배된 사람들은 그 경중을 헤아려 이조가 탕평의 정신으로 수용토록 하라. …… 나의 이 말은 위로는 종사를 위하고 아래로는 조정을 진정하려는 것이다. 혹시 이를 의심하거나 기회로 생각하여 상소를 제기하여 알력을 빚는다면, 평생 동안 금고에 처하여 조정에 참여할 뜻이 없는 것으로 간주하겠다.
> <영조실록>

46 다음 자료를 참고하여 흥선 대원군이 실시한 호포제의 특징과 그 결과를 50자 이내로 서술하시오. [3점]

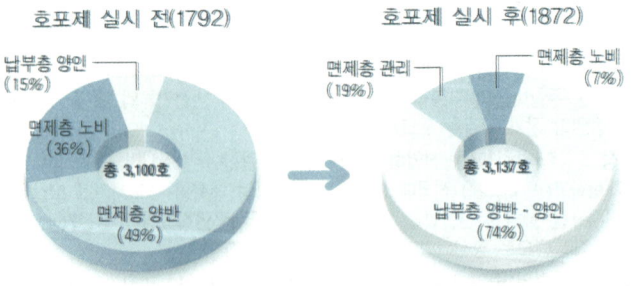

호포제 실시로 나타난 부담층 변화(경상도 영천 지방)

44 정답 ······ (2007. 제3회 1급)
호족의 경제·군사적 기반을 약화시키고 국가 재정과 왕권을 안정시키기 위한 목적이다.

노비안검법(광종 956) 노비의 신분을 조사하여 본래 양인이었던 자를 방량(放良)하여 호족의 군사적·경제적 기반을 약화시켰다.

45 정답 ······ (2007. 제3회 1급)
상대 붕당을 인정하지 않는 일당 전제화 현상이 나타나 왕권이 약화되었다.

붕당정치의 변질 붕당정치가 변질되어, 극단적인 정쟁과 일당 전제화의 추세가 나타나자, 세력 균형 위에서 안정될 수 있었던 왕권 자체가 불안하게 되었다. 이러한 문제를 해결하기 위한 방안으로 탕평론(蕩平論)이 제기되었다. 중앙의 정쟁에서 패배한 당인들은 정계에서 배제되어 지방세력화 되었고, 그들은 연고지로 낙향하여 그 곳에 서원을 건립, 세력의 근거지로 삼았다. 따라서, 이 시기의 서원은 공론을 조성하여 붕당정치의 중요한 본거지로서의 역할을 하던 본래의 모습에서 벗어나, 특정 가문의 선조를 받드는 사우(祠宇)와 뒤섞여 도처에 난립하였다. 이러한 현상은 특히 갑술환국(甲戌換局, 1694) 이후 남인의 본거지인 경상도지방에서 심하게 나타났다.

46 정답 ······ (2007. 제3회 1급)
군포가 면제되었던 양반에게 군포를 징수함으로써 국가재정이 안정되고 양인의 부담이 줄었다.

호포제 군포는 기존의 동포제를 호포제로 개칭하여(1871) 인두세를 폐지하였다. 그러나 상민이 양반의 1.5배를 부담하는 양반과 상민 간 세액의 차등을 둔 불완전한 세제였고, 양반가에 대한 동포전 2냥 징수는 반발을 초래해 대원군 실각의 계기가 되었다.

47 (가), (나)의 내용을 토대로 하여 고려와 조선 시대 지방행정 조직의 차이점을 200자 이내로 서술하시오. [4점]

> (가) 고려의 지방 행정 조직
> - 전국을 5도 양계, 경기로 나누고 5도에는 안찰사가, 양계에는 병마사가 파견되었다.
> - 주현보다 속현이 더 많았으며, 속현과 향·부곡·소 등 특수 행정 구역의 실질적인 관리는 향리들이 담당하였다.
>
> (나) 조선의 지방 행정 조직
> - 전국을 8도로 나누고 관찰사를 파견하였다.
> - 작은 군현을 통합해 모든 군현에 지방관을 파견하였고, 향·부곡·소는 소멸되었다.

48 다음은 동학 농민 운동 당시 농민군이 내건 폐정 개혁안 12개조 중의 일부이다. 이를 토대로 동학 농민 운동 발발 당시의 사회 모습을 200자 이내로 서술하시오. [4점]

> - 동학도는 정부와 원한을 씻어 버리고 모든 행정에 협력할 것.
> - 탐관오리는 그 죄목을 조사하여 엄징할 것.
> - 규정 이외의 모든 세금을 폐지할 것.
> - 공사채를 물론하고 기왕의 것은 무효로 돌릴 것.

49 다음과 같은 주장이 제기된 배경을 당시 우리나라 주변 정세와 관련시켜 200자 이내로 서술하시오. [4점]

> 이제 우리나라는 지역으로 말하면 아시아의 인후(咽喉)에 처해 있는 것이 유럽의 벨기에와 같다. 지위는 중국에 조공하던 나라로서 불가리아가 터키에 조공하던 것과 같으나, 동등한 권리로 각국과 조약을 맺은 것은 불가리아에도 없던 바요, 조공하던 나라로서 왕이 책봉(册封)을 받던 일은 벨기에에도 없던 일이었다. …… 불가리아가 중립 조약을 체결한 것은 유럽의 여러 대국들이 러시아를 막으려는 계책에서 나온 것이었고, 벨기에가 중립 조약을 체결한 것은 유럽의 여러 대국들이 자국을 보전하려는 계책에서 나온 것이었다. 대저 우리나라가 아시아의 중립국이 된다면 러시아를 방어하는 큰 기틀이 될 것이고, 또한 아시아의 여러 대국들이 서로 보전하는 정략도 될 것이다. …… 이는 비단 우리나라만을 위한 것이 아니라 중국의 이익도 될 것이고 여러 나라가 서로 보전하는 계책도 될 것이니 무엇이 괴로워서 하지 않겠는가.

50 일제는 총독부 산하에 조선사 편찬 위원회(후에 조선사 편수회)를 만들어 식민사관을 기초로 한국사를 왜곡하였다. 식민사관의 골자는 정체성론, 타율성론, 당파성론이다. 이에 대한 비판을 500자 내외로 쓰시오. [5점]

47 정답 ·· (2007. 제3회 1급)

① 고려 시대에는 일반 행정 구역과 군사 행정 구역으로 지방 행정 조직이 이원화되었다. ② 고려 시대에는 지방관이 파견되지 않은 속현과 특수 행정구역이 다수 존재하였다. ③ 조선 시대에는 특수 행정구역을 없애고, 군현을 통합하여 지방 행정 구역이 일원화하였다. ④ 조선 시대에는 모든 군현에 지방관을 파견하여 중앙 집권 체제를 강화하였다.

≫ 시대별 지방행정조직의 특징 ≪

고대국가	행정 외에 군사적 목적이 기준이 되어 편제
고려시대	지방호족의 신분적 서열이 기준이 되어 편제, 주현보다 속현이 많음
조선시대	인구·토지의 대소에 따른 행정 편제, 모든 군현에 지방관 파견

48 정답 ·· (2007. 제3회 1급)

① 조선 정부는 동학을 탄압하였지만 사회적 차별을 받던 농민, 천민을 중심으로 동학의 교세는 확장되었다. ② 관리들이 각종 명목의 세금을 함부로 징수하는 등 부정부패가 심하였다. ③ 개항 이후 일본과 청나라 상인들의 경제 침탈이 확대되었다. ④ 부채가 늘어난 농민들의 삶은 피폐해졌으며, 몰락하는 상인들도 늘어났다.

49 정답 ·· (2007. 제3회 1급)

① 청일전쟁에서 승리한 일본은 조선에서 정치적·경제적 우위를 점하였다. ② 삼국간섭 이후 조선에서 러시아의 영향력이 확대되고 있었다. ③ 러시아의 남하를 우려한 영국이 거문도를 불법으로 점령하였다. ④ 한반도를 둘러싸고 청, 일본, 러시아, 영국 등 열강이 대립하는 상황에서 독립을 유지하기 위해 중립을 유지하는 방안이 제기되었다.

사료는 유길준이 「중립회론」이다.

중립론 갑신정변은 국제사회에 한반도의 위치를 새롭게 인식시켰다. 강화도조약·임오군란과 함께 갑신정변은 조선을 둘러싼 청국과 일본의 대립을 격화시키는 계기가 되었다. 더구나 러시아의 남하정책에 대항하여 영국이 거문도를 점령함으로써(1885), 조선을 둘러싼 국제분쟁은 더욱 가열되었다. 이러한 상황에서, 독일 부영사 부들러(Budler, 卜德樂)는 거문도사건 직전(1885.2)에 스위스를 모델로 하는 한반도의 영세중립화를 조선 정부(김윤식)에 권고했고, 또한 유길준도 「중립화론」에서 벨기에와 불가리아를 모델로 하여 열강이 보장하는 한반도의 중립론을 구상하였고(1885), 김옥균(1886)도 일본 망명 중 청의 이홍장에게 보낸 공개서한(與李鴻章書)에서 한반도의 중립화를 주장하였다. 이와 같은 중립론은 실현되지는 못했지만, 당시 조선을 둘러싼 국제 정세의 긴박한 사정을 입증해 주는 것이었다. 그 후에도 독립협회(정동구락부)의 보호중립론, 러일전쟁 직전 대한제국의 국외중립 선언 등이 있었다.

50 정답 ·· (2007. 제3회 1급)

① 우리 민족은 고대 이후로 꾸준히 역사를 발전시켜왔다. 조선 후기에는 자본주의적 맹아가 나타나기 시작했으나, 한말 일제의 경제 침략으로 자본주의 발전이 저해되었다. ② 어느 나라나 주변국과 정치, 경제, 문화의 교류를 통해 발전하는 것이 자연스러운 일이다. 지정학적 조건이 그 민족의 숙명이 될 수는 없다. 또한 우리나라와 중국의 외교관계는 명분과 실리를 위한 외교 전략이었다. ③ 조선 시대 붕당정치는 많은 사대부가 정치에 참여하는 공론 정치였으며, 상호 견제를 통한 책임정치였다. 즉, 분파주의적 당쟁이 아니라 선진적 형태의 정치였다.

식민사관 한 국가가 다른 국가를 정치적으로 지배하고 경제적으로 수탈하는 정책이 역사적으로 필연적이며 또한 문화적으로도 양국 모두에게 유익하다고 믿는 역사인식이다. 식민사관이 아직도 존재하고 있는 이유는 일본 제국주의자들의 식민지 지배에 빌붙어서 같은 민족 구성원들을 억압함으로써 자신의 사회적 지위를 유지해 온 반민족세력이 지금도 침략국을 은근히 두둔하는가하면 자신들의 반민족적 행위를 필사적으로 숨기려 하기 때문이다. 따라서 식민 지배는 35년에 그쳤지만 식민사관의 상처는 5천년 역사에 남아 있다.

03 한국사능력검정시험 2급
(2007년 10월 27일)

01 고조선의 중심지 변천을 다음 지도와 같이 추정할 경우, 전기 고조선과 후기 고조선을 대표하는 유물·유적이 바르게 짝지어진 것은? [1점]

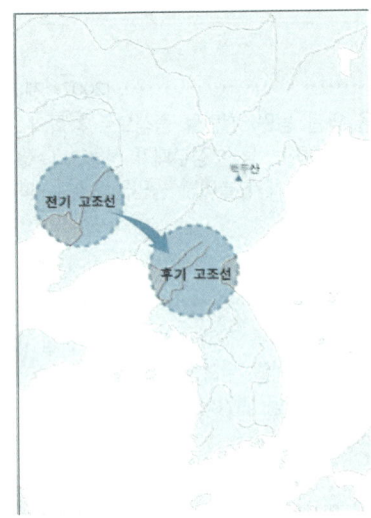

       [전기 고조선]   [후기 고조선]
① 돌널무덤   돌무지덧널무덤
② 팽이 토기   미송리식 토기
③ 비파형 동검   세형 동검
④ 잔무늬 거울   거친무늬 거울
⑤ 탁자식 고인돌   기반식 고인돌

02 다음 고구려 고분 벽화에 대한 설명으로 적절한 것은? [1점]

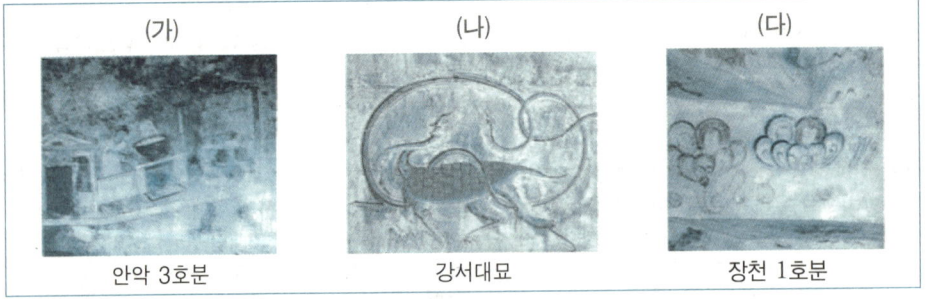

① (가)에는 고구려인의 생활 모습이 그려져 있다.
② (나)에는 윤회 전생을 희구하는 불교적 내세관이 반영되었다.
③ (다)에는 중국적 오행 사상과 도교적 우주관이 반영되었다.
④ 고구려 고분 벽화의 주된 내용은 (가) → (나) → (다)의 순서로 변화하였다.
⑤ (가), (나), (다) 모두 돌무지덧널무덤의 내부에 그려져 있다.

01 정답 ③ ··· (2007. 제3회 2급)

③ 고조선의 특징적 유물로 비파형동검·미송리식토기·고인돌·거친무늬거울 등이 있는데, 비파형동검은 세형동검으로, 거친무늬거울은 잔무늬거울로 바뀌었다. ① 돌무지덧널무덤은 통일 전 신라의 양식, ② 팽이토기는 미송리식토기와 함께 출토, ⑤ 고인돌양식은 고조선 시대 구분인 전·후기의 비교 개념이 아니라 모양의 특성 또는 분포 양상에 따라 구분된다.

> **고조선의 발전** 요령지방을 중심으로 성장하여, 점차 인접한 군장사회를 통합하면서 한반도 북부 대동강 유역까지 발전. 이 같은 사실은 출토되는 비파형동검과 미송리식 토기의 분포를 통해 알 수 있다.

①⑤ **분묘** 고인돌(지석묘)·돌무지무덤(적석총)·돌널무덤(석관묘, 돌상자무덤) 등의 거석문화와 독무덤(옹관묘). 대체적으로 연해 지역과 하천 유역에 주로 분포되었는데 규모와 수에 비해 껴묻거리가 극히 적고 유물의 수와 종류도 화살촉과 간돌칼 등으로 한정. 전북 고창 매산마을에는 2,000여 기의 고인돌이 분포되어 있는데 북방식(탁자식, 지상에 매장시설)·남방식(기반식, 지하에 매장시설)·개석식(지상석곽형) 등의 다양한 형식이 확인되었고, 전남 화순에서는 채석장이 발견되어 고인돌 축조 과정을 짐작케 한다. 인천광역시 강화 고인돌과 함께 2000년 UNESCO선정 세계문화유산으로 지정

> **신라의 고분** 1) 경주지방에 분포하는 **돌무지덧널무덤**(적석목곽분)은 나무곽위에 돌을 덮은 다음, 봉토를 쌓아 올린 고분형식으로 5~6세기경에 가장 유행. 2) 구덩식 돌방무덤이 경상도 일대에 분포하는데, 이는 선사시대의 전통이 계승된 것이고 통일기를 전후하여 굴식 돌방무덤이 나타나는 것은 고구려와 백제의 영향. 3) 백제·신라 모두 독무덤이 있었음. 4) 무덤 양식의 변화 : 목관토광묘 → 토광목곽묘 → 적석목곽묘 → 석실봉토분

② **토기** 덧띠새김무늬토기·민무늬(무문)토기·미송리식 토기·공귀리식토기·팽이(각형)토기·민패(공렬)토기·가락식토기·송국리식토기·흔암리토기(화분모양)·붉은간토기(채색(채문)토기·홍도·채도) 등이 사용.

> **덧띠새김무늬토기**(돌대문 또는 각목돌대문토기) 신석기시대 말기부터 나타나는 새로운 양식의 토기로서 청동기시대 가장 이른 시기(조기)를 대표. 이것은 신석기시대의 융기(덧)무늬토기나 철기시대의 덧띠토기(점토대토기)와는 다른 새로운 양식의 토기.

③④ **청동기문화** 비파형동(단)검과 거친무늬거울(다뉴(꼭지)조문경)은 남부 시베리아와 연결된 북방계통, 중국 중원에서는 출토되지 않고 만주·한반도에서 발견. 이들이 5, 6백 년의 시차를 두고 청동기시대 후반 이후 점차 토착 청동문화인 세형동검과 잔무늬거울(다뉴세문경)으로 바뀌어 갔다.

02 정답 ① ··· (2007. 제3회 2급)

① 안악3호분인 동수묘 벽화에 따르면 곡물을 찧을 때 디딜방아와 절구를 사용하였고, 밥·떡 등을 지을 때 솥·시루 등을 사용하였다. ② 불교가 아니라 4신도벽화(현무도)는 도교이고, ③ 남녀 두 어린이의 연꽃화생(化生)은 불교 반영, ④ (가, 357년)→(다, 5세기)→(나, 7세기 전반) 순서로 변화, ⑤ 돌무지덧널무덤은 무덤 구조상 벽화가 없고 굴식돌방무덤의 내부에 벽화가 그려져 있다.

(가) **안악 3호분**(동수묘) 동수(289~357)는 4세기 요동에서 고구려로 망명한 중국인 무장으로 동수묘는 연대가 확실한(357년) 고구려 영토 안에 세워진 최초의 중국계 벽화 고분. 무덤양식은 팔각 돌기둥과 모줄임천장을 갖춘 돌방무덤인데 모줄임천장은 우리나라에서 가장 오래된 것.

(나) **강서대묘** 살수대첩 이후 축조된 고분으로 평남 강서군 우현리에 있으며, 사신도(四神圖) 벽화.

> **고구려 고분 벽화** 도교의 영향을 받은 사신도 외에 생활 풍속(풍속화의 기원)이나 가옥의 모습(안악 3호분·강서군 약수리 고분 벽화)을 보여 주는 것도 있고, 수렵이나 전쟁의 모습(무용총)을 보여 주는 것도 있으며, 서역의 영향(쌍영총)을 받은 것도 있는데, 벽화는 신분 고하에 따라 크고 또는 작게 그려 위계적 표현을 하고 벽화는 초기에는 주로 문양과 주민의 생활을 표현한 생활도가 많았으나 후기로 갈수록 점차 추상화되어 사신도와 같은 상징적 그림으로 바뀜.

(다) **장천 1호분**(중국 길림성 집안현) 고구려 벽화고분. 널길을 제외한 묘실 안에 벽화. 앞방벽화에 보이는 백희기악도와 수렵도의 내용이 다양할 뿐만 아니라, 예불도와 보살도 및 널방벽과 천장부의 연꽃장식이 지니는 불교적 색채로 인해 주목되는 벽화고분. 앞방굄부 3각석의 난쟁이 역사를 비롯한 예불도와 보살도 등은 중국 남북조시대의 석굴사원장식에서 볼 수 있는 것으로 고구려와 중국 북위 간의 국가 사이에 활발한 문화교류가 있었음을 보여주는 자료. 고구려에서 불교가 확산되었던 5세기 후반에 축조된 것으로 추정.

03 다음 교서와 관련된 설명으로 옳은 것을 〈보기〉에서 모두 고른 것은? [2점]

> 이제부터 만약 종친으로서 같은 성씨에 장가드는 자는 황제의 명령을 위반한 자로서 처리할 것이니, 마땅히 여러 대에 걸쳐 재상을 지낸 집안의 딸을 취하여 부인으로 삼을 것이며, 재상의 아들은 왕족의 딸과 혼인함을 허락할 것이다. … 경주 김씨, 경원 이씨, 철원 최씨, 해주 최씨, 공암 허씨, … 파평 윤씨, 평양 조씨는 여러 대의 공신이요 재상의 종족이니, 가히 대대로 혼인하여 아들은 종실의 여자에게 장가를 들고 딸은 비로 삼을 만하다.
> <고려사>

보 기
㉠ 당시까지도 왕실에서는 동성혼이 행해지고 있었다.
㉡ 고려 전기 이래의 문벌 귀족 가문이 많이 포함되어 있다.
㉢ 혼인 대상으로 지목된 것은 권문세족으로 불리는 가문이었다.
㉣ 개경 환도 이후 신흥 세력으로 등장한 집안은 포함되지 않았다.

① ㉠㉡ ② ㉡㉢ ③ ㉡㉣
④ ㉠㉡㉢ ⑤ ㉡㉢㉣

04 다음은 부여 송국리 유적에 관한 자료이다. 이 유적에 대하여 잘못 설명한 것은? [3점]

- 기원전 5~4세기의 유적으로 해발 30m 안팎의 낮은 언덕 위에 자리잡고 있다.
- 우리 나라 최대의 청동기 시대 유적지로 그 넓이는 수만 평에 달한다. 현재까지 60여 채의 집터와 돌널무덤, 독무덤 등 10여 개의 무덤이 확인되었다.
- 집터에서 돌낫, 반달 돌칼, 홈자귀 등의 도구와 청동 도끼 거푸집, 다량의 탄화미, 붉은 간토기와 특색 있는 '송국리식' 토기 등의 유물들이 출토되었다.
- 돌널무덤에서 비파형 동검과 굽은옥 등이 출토되었다. 이 무덤은 여러 장의 판석으로 널을 만들고 뚜껑돌은 한 장의 큰 돌로 덮었다.

① 만주의 요령 지방에서 주로 사용되던 비파형 동검이 한반도에서도 사용되었다.
② 이 시대에 농업이 성행하고 사람들은 돌로 만든 농기구를 이용하여 벼농사를 지었다.
③ 어린이를 매장한 독무덤은 '송국리식 토기'보다 붉은 간토기를 주로 활용하였다.
④ '송국리형 집터'에는 바닥 중앙에 타원형 구덩이를 파고 그 양쪽 끝에 2개의 기둥을 세웠다.
⑤ '송국리형 집터'는 우리 나라의 서남부와 동남부 및 일본 지역까지 영향을 준 것으로 보인다.

03 정답 ④ ·· (2007. 제3회 2급)

사료는 충선왕 복위교서인데 권문세족 15대 가문을 언급하고 있다.
㉣ 평양 조씨 조인규는 몽골어에 능통한 신흥세력 역관 출신으로 그의 딸은 충선왕비가 되었다.

권문세족

1) **형성** 친원세력으로 고관직을 차지하고 도당회의에서 실권을 행사.
2) **권문세족 가문**
   ① 재상지종 : 권문세족(권문세가)은 원 간섭기에 그 골격이 갖추어졌으며, 충선왕은 복위교서에서 '누대공신 재상지종(累代功臣 宰相之宗)'이라 하여 왕실과 혼인할 수 있는 재상지종을 정하였는데, 이들이 권문세족.
   ② 권문세족 15대 가문 ㉠ 전기 이래의 문벌 : 경주 김씨, 정안 임씨, 경원(인주) 이씨, 안산 김씨, 철원 최씨, 해주 최씨, 공암 허씨, 청주 이씨, 파평 윤씨 ㉡ 무신집권기 : 언양 김씨(김취려), 평강 채씨(채송년) ㉢ 무신정변 후 : 당성 홍씨, 황려 민씨, 횡천 조씨 ㉣ 신흥세력 : 평양 조씨(조인규 : 역관) ③ 기타 가문 : 안동 김씨(김방경), 환관 출신(방신우·고용보), 행주 기씨(기자오·기철 부자), 안동 권씨(권부·권겸 부자)
3) **권문세족의 성격**
   ① 출신 성분 : 귀족적 특권만을 누리던 문벌귀족과는 달리 후기의 권문세족은 다소 정통성은 결여되고, 자기의 이익을 먼저 챙기는 자리위선(自利爲先)의 호활지도(豪猾之徒)로 실직을 갖고 도당에 나가 권력을 행사하며 관료적.
   ② 학문적 기반 : 신진사대부에 비하여 학문적 소양과는 다소 거리가 멀었다(非文非儒).
   ③ 경제적 기반 : 농장이 전국적으로 분포.

문벌귀족	권문세족
고려 전기의 지배층	고려 후기의 지배층
지방호족 출신	무신집권 이후 성장
왕실과 통혼	원과 결탁
과거·음서	음서
공음전(세습)	농장(불법 세습)
관직에 집착 않음(귀족적 성격)	관직에 집착(관료적 성격)

04 정답 ③ ·· (2007. 제3회 2급)

③ 독무덤(옹관묘)은 대형 송국리식토기를 주로 활용하였다.

부여 송국리 청동기시대 돌널무덤과 독무덤(4기), 집터(19기), 벼농사(도작) 유적지, 송국리식토기 발견. 돌널무덤은 유적 남쪽 경사면에 돌출된 구릉 정상부에 여러 기가 분포하고 있는데, 비파형동검이 출토. 청동기가 출토된 무덤은 긴네모꼴로 깊게 판 구덩이 안에 판자돌을 세워 돌널(石棺)을 만들고 그 위에 뚜껑돌(蓋石)을 얹었다. 유물은 묻힌 사람의 왼쪽 팔부분의 바닥에서 비파형동검 ·돌살촉·곱은옥·대롱옥이 집중적으로 발견되었고, 간돌검(마제석검)과 청동끌도 오른쪽 허리 부분에서 나왔다. 돌널무덤 역시 집자리 유적과 비슷한 시기인 BC 5-4세기 무렵에 만들어진 것으로 추정. 한편 독무덤은 독널보다 약간 큰 크기의 구덩이를 상하 2단으로 파서 독널을 세워 묻은 뒤 뚜껑돌을 덮었다. 독널은 일상생활에서 흔히 사용되는 '송국리형 토기'를 이용하였는데, 집터 근처에서 발견. 독 바닥에 구멍을 뚫은 것이 특징인데, 주로 대롱옥이 함께 묻혀 있다. 독의 크기가 작은 것으로 보아 어린아이의 무덤으로 추정. 독무덤이 만들어진 시기는, 집자리 유적이나 돌널무덤과 비슷한 BC 5-4세기로 추정. 이곳의 돌널무덤과 독무덤은 '송국리형 토기'로 특징되는 송국리형 문화의 한 부분을 이룬다는 점에서, 한국 청동기 시기의 문화상을 복원하는 데 귀중한 유적.
집터는 둥글거나 모난 형태의 움집. 서까래의 흔적을 비롯, 비파형동검·붉은간토기·민무늬토기·돌도끼·대팻날·끌·돌낫·돌검 ·숫돌 등 다양. BC 5~4세기의 집단생활 근거지로 밝혀짐.

송국리형 토기 부여군 송국리에서 출토되어 이름이 송국리형 토기. 충청도 일원, 호남 지역, 영남지역과 제주도에서 출토.

05 다음 자료에서 언급하는 경제적 현상이 나타났던 시기를 연표에서 고르면? [2점]

> 숙종 6년, 이 해에 은병을 만들어 화폐로 썼는데, 은 한 근으로 만들되 우리 나라 지형을 본떴다. 민간에서는 활구라 불렀다.
> <고려사>

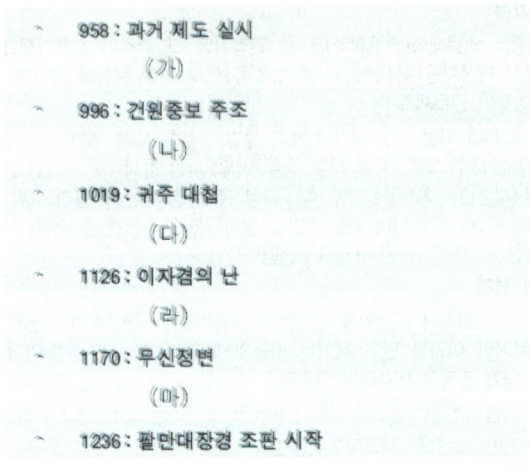

- 958 : 과거 제도 실시
  (가)
- 996 : 건원중보 주조
  (나)
- 1019 : 귀주 대첩
  (다)
- 1126 : 이자겸의 난
  (라)
- 1170 : 무신정변
  (마)
- 1236 : 팔만대장경 조판 시작

① (가) ② (나) ③ (다)
④ (라) ⑤ (마)

06 다음은 통일 신라의 토지 제도와 관련된 내용이다. 이에 대한 설명으로 옳지 않은 것은? [2점]

- 신문왕 7년(687) 5월에 문무 관료전을 지급하되 차등을 두었다.
- 신문왕 9년(689) 1월에 내·외관의 녹읍을 혁파하고 매년 조(租)를 주되 차등이 있게 하여, 이로써 영원한 법식을 삼았다.
- 성덕왕 21년(722) 3월에 여러 내·외관의 월봉을 없애고 다시 녹읍을 나누어 주었다.
- 경덕왕 16년(757) 3월에 여러 내·외관의 월봉을 없애고 다시 녹읍을 나누어 주었다.
- 소성왕 원년(799) 3월에 청주 거노현으로 국학생 녹읍을 삼았다. <삼국사기>

① 관료전과 정전을 지급한 것은 왕권을 강화하기 위한 정책의 일환이다.
② 신문왕 7년에 지급된 문무 관료전은 조·용·조의 수취가 가능한 토지였다.
③ 소성왕 원년의 조치는 국학생들의 경제적 뒷받침을 마련하기 위한 것이다.
④ 경덕왕 16년 녹읍 제도의 부활은 귀족 세력의 권력이 강화되었음을 의미한다.
⑤ 성덕왕 21년에 지급된 정전은 신라 민정 문서의 연수유전답과 같은 것으로 볼 수 있다.

해설 및 정답

05 정답 ③ ·· (2007. 제3회 2급)

③ 고려 숙종(1095~1105)은 11세기 말~12세기 초의 군주이다.

주전론 숙종 때 의천·윤관 등의 주장으로 거란의 화폐 유통에 자극을 받아 주전도감을 설치(1097)하여 은 1근으로 우리나라 지형을 본떠 포 100여 필과 동등한 활구(闊口)라고 하는 은병(銀甁)을 만들어 화폐로 사용하였고, 해동통보(최초의 동전)·해동중보·동국통보·동국중보·삼한통보·삼한중보 등의 동전을 주조하여 강압적으로 유통시키려 했으나 실패하였고, 도시의 다점·주점 등에서만 사용.

≫ **의천의 청주전표(請鑄錢表)** ≪

> 대개, 포목은 오래 두면 삭아서 못쓰게 되며, 쌀은 자연 썩어버린다. 또, 좀이 먹고 습기가 차며, 비가 새고 화재의 염려가 있다. 새 창고에 쌓여 있는 작년에 받아들인 포목이 비가 새지도 않았는데 1할도 완전한 것이 없으며, 지난 해에는 화재를 당하여 한 뭉치가 타버리고 백 뭉치는 손상을 입었다. …… 오늘날 화폐를 써야 된다는 이유는 여기에 있다.

충렬왕 때 은을 무게로 달아 사용하는 쇄은(碎銀), 충혜왕 때 소은병, 그리고 공양왕 때 최초의 지폐인 저화(楮貨)가 발행되었으나 그 유통 범위는 대체로 귀족을 중심으로 한 상류사회에 한정.

고려 12세기 군주 시책
① **숙종(1095~1105)** 서적포·주전도감 설치, 평양에 기자사당(기자묘) 건립(교화지주(敎化之主)), 별무반 조직, 남경 건설(천도 준비), 의천의 천태종 개창, 송으로부터 「자치통감」·「태평어람」 수입
② **예종(1105~1122)** 7재·양현고·청연각·보문각·예의상정소·구제도감·혜민국 설치, 속현에 감무 파견, 문신월과법 제정, 「해동비록」 편찬, 복원궁(도교사원) 건립, 경연제도 도입
③ **인종(1122~1146)** 경사 6학·향교·서적소 설치(경연 시행), 동서대비원·제위보 갱신, 「삼국사기」 편찬, 22 역도제(驛道制) 정비, 유신지교(維新之敎) 15조 반포, 서경 천도 계획
④ **의종(1146~1170)** 사마시(생원시) 시행, 정중부의 난 발발

06 정답 ② ·· (2007. 제3회 2급)

② 관료전이 아니라 농민에게 지급된 정전에서 조용조 수취체계가 확립되었다.

통일신라의 토지제도
1) **녹봉제 실시** 왕권의 전제화로 신문왕 7년(687)에 문무 관료전을 지급하고, 신문왕 9년(689)에 내외관의 녹읍제를 폐지하여, 녹봉제(관료(직)전, 연봉 성격의 축년사조(逐年賜租)로 세조(歲租) 지급)를 확립. 그러나 귀족의 반발로 경덕왕 16년(757)에 월봉을 없애고 녹읍을 지급하여 후기 녹읍이 부활.
2) **균전제(均田制) 도입** 성덕왕 21년(722)에 16~59세까지의 정남(丁男)에게 정전(丁田, 연수유전답(烟受有田畓))을 지급하여 자영농민에 대한 직접적 지배와 고대 수취체제의 확립을 가져왔다. 이로써 국가의 농민에 대한 일원적 지배가 이루어졌다.

> **정전** 성덕왕 때 농민들에게 정전을 지급했다고 하는 기록이 있으나, 농민들에게 토지를 지급한 것이 아니라 농민들의 소유 토지를 국가가 조사하여 그 소유를 법적으로 인정하고 문서에 기록하여 조·용·조를 부과한 것으로 본다.

3) **조세제도** 당의 조(租, 조세 : 지(地))·용(庸, 역역(力役) : 인(人))·조(調, 특산물 : 호(戶))의 3세 체제를 도입.
③ **식읍·녹읍** 전쟁에 공이 있는 장군이나 귀족들에게는 식읍·녹읍의 명목으로 많은 토지와 포로들이 주어졌고, 그 결과 귀족들이 사적으로 소유하는 토지와 노비가 증가. 전(田)과 읍(邑)은 넓은 의미에서 토지를 지칭하나, 전은 토지만의 지배권을 갖고 읍은 토지는 물론이고 그 경작지의 노동력과 공물까지 지배한다는 의미가 있다. 식읍(食邑)은 피정복의 백성을 당대에 한하여 지급하였는데, 해당 읍의 조입(租入)을 받는 채지(采地)의 성격을 가졌다. 식읍은 삼국시대에서 나타나 고려를 거쳐 조선 초까지 지급되다가 조선 세조 때 폐지되었다. 녹읍(祿邑)은 관직 복무의 대가인 녹봉 대신 지급되었는데, 개인 또는 국가기관을 대상으로 노동력 징발권을 부여하였다. 신라 소성왕 원년(799) 국학생에게 청주(현 : 진주) 거노현을 녹읍으로 지정하였다는 기사가 있다. 그 후 녹읍은 고려 초에 폐지.

07 다음 자료와 관련된 설명으로 타당하지 못한 것은? [3점]

(가) 부여 능산리 절터 복원도

(나) 백제금동대향로

(다) 백제 창왕명석조 사리감

① 부여 능산리의 백제 절터인 (가)에서 (나)와 (다)의 문화재가 출토되었다.
② (나)는 백제의 완숙한 주조 기술과 정치한 도금 기술이 이루어 낸 걸작품이다.
③ (나)에는 도교와 불교 사상이 융합되어 있으며, 6세기에 제작된 것으로 추정된다.
④ (다)에는 백제 창왕(위덕왕) 13년에 공주가 사리를 공양했다는 글이 새겨져 있다.
⑤ (다)를 통하여 부여 능산리 절은 창왕의 명복을 기원하기 위하여 창건되었음을 알 수 있다.

08 다음 두 자료는 고구려의 대중국 항쟁 과정에서 벌어진 전투와 관련된 것이다. 두 자료와 공통적으로 관련된 전투가 벌어졌던 곳을 지도에서 고르면? [1점]

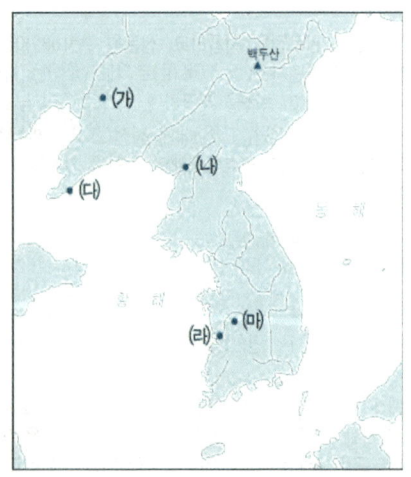

• 6세기 말 중국의 남북조 시대가 수의 등장으로 통일되면서 고구려에 매우 불리한 국제 정세가 조성되었다. 수의 문제와 양제는 잇달아 백만 명이 넘는 대규모 병력을 이끌고 고구려에 침입해 왔다. 고구려는 병력 규모가 작았으나, 요하를 굳게 지켜 문제의 침략을 막아 냈고, 유인 전술로 을지문덕 장군이 결정적 전투에서 대승하여 전쟁을 승리로 이끌었다.

• 신묘한 계책은 천문을 꿰뚫었고
　기묘한 계획은 지리를 통달하였구나.
　싸움마다 이겨 공이 이미 높았으니
　만족함을 알고 그만둠이 어떠리.
　　　　　　　　　　　　　<삼국사기>

① (가)　　② (나)　　③ (다)
④ (라)　　⑤ (마)

해설 및 정답

07 정답 ⑤ ··· (2007. 제3회 2급)

⑤ 부여 능산리 절터에서 출토된 창왕명사리불감에 새겨진 명문에 따르면 창왕 재위 기간(554~598)인 567년에 조성되었음을 알 수 있다.

능산리 고분군 모두 7기로 이루어져 있다. 1993년 백제금동대향로가 출토. 일제시대 1~6호 무덤까지 조사되어 내부구조가 자세히 밝혀졌고, 7호 무덤은 1971년 보수공사 때 발견. 고분의 겉모습은 모두 원형 봉토분이고, 내부는 널길이 붙은 굴식돌방무덤(횡혈식 석실분)으로 뚜껑돌 아래는 모두 지하에 만들었다. 내부구조와 재료에 따라 크게 3가지로 나눌 수 있는데 먼저, 1호 무덤(동하총)은 네모형의 널방과 널길로 이루어진 단실무덤으로 널길은 비교적 길고 밖으로 갈수록 넓어지는 나팔형. 널방의 네 벽과 천장에는 각각 사신도와 연꽃무늬, 그리고 구름무늬의 벽화가 그려져 있는데, 고구려 고분벽화의 영향으로 보인다. 규모는 작으나 건축 기술과 벽화(사신도·비운연화도)가 매우 세련. 2호 무덤(중하총)은 무령왕릉과 같이 천장이 터널식으로 되어 있으며, 가장 먼저 만들어진 것으로 보인다. 3호 무덤(서하총)·4호 무덤(서상총)은 천장을 반쯤 뉘어 비스듬히 만든 후 판석을 덮은 평사천장이고 짧은 널길을 가졌다. 이 형식은 부여지방에 많으며 최후까지 유행한 것으로 보인다. 최근 무덤들 서쪽에서 절터가 발굴되어 백제금동대향로(금동용봉봉래산향로, 1993. 국보 제287호)와 백제창왕명석조사리감(국보 제288)이 출토.

백제금동대향로(금동용봉봉래산향로) 1993년 12월 12일 백제 나성과 부여 능산리 고분군 사이 절터의 한 구덩이에서 4500여 점의 유물과 함께 발견된 백제의 향로. 봉래산으로 표현된 신선사상과 만물이 연꽃에서 탄생한다는 불교의 연화화생관(蓮花化生觀)을 근저에 깔고 있는 작품. 물속의 왕인 용이 떠받치고 그 위에는 연꽃과 수중생물을, 지상의 세계에는 불로장생하는 삼라만상을, 천상세계에는 천하가 태평할 때 나타난다는 봉황의 모습을 상징적으로 표현한 이 향로는 각 부분마다 조형적 구성이 빼어나고 균형과 조화가 완벽한 작품. 세부표현에 생동감이 넘쳐흐를 뿐만 아니라 제조기법 또한 뛰어나며, 불교와 도교가 혼합된 종교적 의미까지 내포.

백제창왕명석조사리감 1995년 10월, 능산리의 백제시대 절터 유적인 금당 남쪽 목탑지 중앙에 있는 심초석 남쪽 부분에서 비스듬히 놓인 채 발견. 사리를 봉안한 연대와 사리 공양자가 분명하여 백제시대 절터로서는 최초로 당시의 유물에 의하여 창건 연대가 명확히 밝혀짐.

08 정답 ② ··· (2007. 제3회 2급)

② 사료의 내용은 여수전쟁인 살수대첩(612년)이다. 살수는 지금의 청천강에 해당된다.

고구려의 대(對) 중국 전쟁

1) **극동의 정세 변화** 중국의 정세는 삼국이 각국의 국익에 따른 다양한 외교 관계를 수립할 수 있는 이점으로 작용하였다. 5세기에는 고구려가 크게 팽창한 시기였으나 6세기 말 이후 남북조로 분열되었던 중국을 통일한 수(隋)는 신라와 동맹하여 동·서 세력을 이루고, 고구려에 압력을 가하였다. 이 때 고구려는 북방의 돌궐 및 남쪽의 백제·왜와 연결되는 남·북 세력을 이루어 이 두 세력이 교차하는 십자형외교(十字形外交)가 나타났다.

| 유사한 외교 관계 | 한무제 ↔ 흉노 + 위만조선 | 과 | 수양제 ↔ 돌궐 + 고구려 |

2) **여·수전쟁**(4차) ① 배경 : 수의 세력이 커지자 위협을 느낀 고구려가 영양왕 때 전략상의 요충지인 요서지방을 선제 공격하였다(598). ② 수 양제의 침입 : 돌궐을 복속시킨 후 113만 대군으로 요동성을 공격하였으나 실패하고, 다시 30만 별동대가 평양성을 공략했으나 퇴각 중에 을지문덕의 유도작전에 말려들어 살수에서 대패하고(살수대첩, 612), 영양왕의 동생 건무에게 패수에서 격파당하였다. 그 후에도 두 차례(613·614) 더 침입하였으나 실패하여 수는 멸망을 자초.

3) **여·당전쟁**(3차) ① 배경 : 당 태종이 즉위하면서 고구려 침공을 준비하자, 고구려 연개소문(淵蓋蘇文, ?~666)은 천리장성을 쌓는 등 대당 강경책. ② 당 태종의 침입 : 당군은 요동성을 점령하고 안시성을 포위하였으나, 안시성의 군·민(경당교육)은 나라의 운명을 건 전투를 60여 일이나 계속하여 당의 공격을 막아냈다. 이에 당 태종은 군대를 철수하였다(안시성 전투, 645). 그 후에도 두 차례(647·648) 더 침입하였으나 실패.

천리장성 고구려가 당의 침략에 대비하여 647년(보장왕 6)에 16년의 공사 끝에 완성한 성으로 북쪽의 부여성(농안)에서 남쪽의 비사성(대련)에 이른다. 연개소문은 이 성곽 축조를 감독하면서 요동 지방의 군사력을 장악하여 정권을 잡을 수 있었다.

09 다음의 내용과 관련하여 나타난 정치상의 변화로 볼 수 없는 것은? [1점]

> 진덕왕이 돌아가매 뭇 신하들이 이찬 알천에게 섭정을 청하였다. 알천은 짐짓 사양하되 "나는 늙고 이렇다 할 만한 덕행도 없다. 지금 덕망이 높기는 춘추공만 한 이가 없으니 실로 제세(濟世)의 영웅이라 할 수 있다."라고 하였다. 군신이 드디어 춘추를 추대하여 왕을 삼으니 춘추는 재삼 사양하다가 마지못하여 왕위에 올랐다. <삼국사기>

① 집사부 시랑직에 6두품 세력이 진출하게 되었다.
② 김춘추가 왕위에 오름으로써 진골 출신이 왕이 되었다.
③ 국왕의 조언자 역할을 하는 상대등의 세력이 확대되었다.
④ 왕권이 강화됨에 따라 집사부 시중의 권한이 강화되었다.
⑤ 성골 출신의 진덕왕이 죽음으로써 성골 골품이 소멸하였다.

10 다음 자료에 반영된 의식에 대한 설명으로 옳지 않은 것은? [2점]

> 우리 태조께서는 즉위한 후에 아직 김부가 복종하지 않고 견훤이 포로가 되기 전인데도, 자주 서도(西都)에 행차하여 친히 북방의 변두리 땅을 순수하였습니다. 그 뜻이 옛 땅을 … 반드시 석권하여 이를 차지하려 하였으니…… <고려사>

① 국호를 '고려(高麗)'라 정한 배경과 관련이 있다.
② '만부교'사건은 위와 같은 인식에서 발생하였다.
③ 여진 세력의 성장을 막기 위한 대외 정책의 지침이다.
④ 고려의 삼경(三京) 제도 마련에 영향을 끼친 요소였다.
⑤ 청천강에서 영흥에 이르는 국경선을 확보하는 데 영향을 주었다.

09 정답 ③ ·· (2007. 제3회 2급)

③ 김춘추(602~661)가 태종 무열왕이 되면서 신라 중대가 시작되었고 왕권이 강화되었다. 따라서 화백의 의장인 상대등의 권한이 약화되고 시중의 세력이 강화되었다.

신라 중대 전제왕권의 강화 ① 진골 왕위의 세습, ② 김유신계의 등장, ③ 진골 귀족의 세력 약화 : 화백회의가 약화되어 상대등의 권한이 약화되고 갈문왕제 폐지. ④ 근친혼 성행 : 권력의 확산 방지 목적.

1) **정치조직** ① 중앙 관제 정비 : 통일 전부터 사회 발전에 맞추어 여러 관청을 만들어 병부·창부·예부·위화부·이방부 등을 두었고, 통일 후 신문왕 때에 예작부 등을 새로 두어 집사부(성)) 등 14개의 관청으로 6전체제를 정비. 그러나 집사부의 시중은 14개의 관청을 통괄하지 못했고 오히려 신라의 권력구조는 병부령 중심의 재상제. 장관(영)·장군은 진골이 독점하고, 차관(경·시랑·전대 등)에는 5·6두품도 가능. ② 유교정치이념의 필요성 대두 : 왕권의 강화와 중앙정치체제의 정비에 따라 유교정치이념이 필요하게 되어, 신문왕 때에는 국학을 세우고(682) 한학 교육에 힘썼다. ③ 달구벌 천도 계획 : 신문왕 때(689) 금성(경주)의 편재성을 보완하고 북진의 계기를 마련하기 위해 달구벌(대구) 천도를 계획하였으나 실패. ④ 오묘제 정비 : 신문왕 때 중대 왕실의 정통성 확보로 오묘제(五廟制)가 처음 나타났고, 혜공왕 때 미추왕(김씨왕 시조(金氏王 始祖)·무열왕·문무왕·성덕왕·경덕왕 등으로 정비하여 무열계의 직조(直祖) 관념과 왕권 강화를 강조하였다. 특히 무열왕과 문무왕을 백제·고구려를 평정한 공덕으로 세세불훼지종(世世不毁之宗)이라고 칭송.

2) **지방행정조직** 신라는 통일 이후 지방제도를 전면적으로 재조정하여 신문왕 5년(685)에 9주 5소경이 마련. ① 9주 : 신문왕 때 완산주(전주)와 청주(진주)를 설치하여 9주를 정비하였고, 주의 장관으로 총관(뒤의 도독), 주 아래에는 군과 현을 두고 군에는 태수, 현에는 현령을 중앙에서 파견. 그리고 주·군에는 외사정(外司正, 감찰 임무)을 둠으로써 중앙집권적 통치조직을 강화.

장관의 명칭 변화 군주(지증왕) → 총관(문무왕) → 도독(원성왕, 785), 이러한 장관의 명칭 변화는 군사적인 성격에서 행정적인 성격으로 바뀌어 가고 있음을 말해 준다.

② 5소경 신문왕 때 서원소경(청주)과 남원소경(남원)을 설치하고, 진흥왕 때의 국원소경을 중원소경(충주)으로 바꾸고, 왕비족에 대한 배려로 금관소경(김해)을 설치하고, 북원소경(원주)을 설치하여 5소경을 정비하였으며, 그 장관을 사신(仕臣). 5소경은 과거 백제, 고구려, 가야의 일부 지배층은 물론 신라의 수도에서 이주한 귀족들이 거주하는 지방의 문화 중심지였다. 그리고 상피제(相避制)를 적용하여 남원소경에는 고구려 귀족들을, 중원소경에는 가야 귀족(강수·우륵·김생들)을 이주. 경덕왕 16년(757)에 중국식으로 바꾸는 한화정책에 따라 소경은 경(京)으로 명칭이 바뀜. ③ 외관 파견 주의 도독과 군의 태수 및 현령에 이르기까지 중앙귀족을 파견. ④ 토착세력 우대 촌주와 주·군·현의 말단인 이직(吏職)에 토착세력을 임명. ⑤ 토착세력통제 지방호족을 번상시키는 상수리제도로 지방세력을 견제. 이 제도는 고려의 기인제도, 조선의 경주인(경저리)제도로 변천. ⑥ 지방민 회유 경위제(京位制)와 외위제(外位制)의 구분이 없어지고 경위제가 지방까지 확대·수여.

3) **군사조직** ① 중앙군 : 신문왕 때 국방군의 중추로서 9서당을 두었고, 수도와 소경을 방비하기 위해 통일 전부터 있던 시위부의 위병을 그대로 두었다. ② 지방군 : 통일 전에 6정이었던 지방군을 10정으로 확대하여 각 주에 1정씩 두었고(한주에는 2정 설치), 지방 요충지에 5주서(五州誓)와 3변수당(三邊守幢)·패강진(浿江鎭)도 설치.

10 정답 ③ ·· (2007. 제3회 2급)

고려 태조(877~943)의 북진정책에 대한 내용이다. ③ 여진세력은 11세기 후반경 부족이 통일되어 그 세력이 함경도까지 미쳤고 12세기에 들어와 여진 정벌이 나타났다.

고려 태조의 북진정책

1) **고구려의 구토 회복** 고구려의 계승을 자처하였다.
2) **서경 재건** 왕식렴이 북진정책의 기지로 개척하였고 제2의 세력을 육성함으로 개경의 호족세력 견제.
3) **만부교사건**(942) 거란에 대한 강경책으로 사신 일행을 귀양보내고 낙타 50 필을 만부교(萬夫橋) 아래에 붙들어 매어 아사시켰다.
4) **동북면 개척** 유금필이 안변 이북을 개척.
5) **국초** 청천강~영흥만의 국토를 확보.

11 다음 글의 밑줄 친 ㉠~㉤에 대한 해석으로 적절하지 않은 것은? [2점]

> 옛날에 환인의 아들 환웅이 하늘 아래에 자주 뜻을 두고 인간 세상을 다스리고자 하였다. 이에, ㉠ 환인이 천부인 세 개를 주어 내려가게 하니, 환웅은 무리 삼천 명을 거느리고 태백산 신단수 아래로 내려왔다. ㉡ 환웅은 풍백, 우사, 운사를 거느리고 곡식, 수명, 질병, 형벌, 선악 등을 주관하였다. 이때 곰 한 마리와 범 한 마리가 같은 굴에서 살았는데, 늘 환웅에게 사람 되기를 빌었다. 곰은 삼칠일 동안 몸을 삼가여 여자의 몸이 되었으나, 범은 그렇지 못하여 사람의 몸을 얻지 못하였다. ㉢ 환웅이 임시로 변하여 웅녀와 결혼하였다. 곧 아들을 낳으니, ㉣ 이름을 단군왕검이라 하였다. 단군은 ㉤ 요(堯) 임금이 왕위에 오른 지 50년인 경인년에 평양성에 도읍을 정하고, 나라 이름을 조선이라 일컬었다.
> <삼국유사>

① ㉠-천손족(天孫族) 관념에 바탕을 둔 고조선 지배층의 선민 의식이 반영되어 있다.
② ㉡-생산 활동에서 농경이 차지하는 비중이 크게 높아졌음을 시사한다.
③ ㉢-토착 부족과의 연맹을 통해 초기 국가가 형성되는 모습을 암시한다.
④ ㉣-정치적 군장의 권위가 제사장을 뛰어넘어 제정 분리사회로 진입했음을 보여 준다.
⑤ ㉤-우리가 중국과 대등할 정도로 유구한 역사와 전통을 가진 민족이라는 자부심이 담겨 있다.

12 다음은 어느 학생이 고적 답사 후에 감상을 기록한 글이다. 그가 답사한 탑을 고르면? [1점]

> 기단은 각 면의 모서리와 모서리에 기둥돌을 끼워 놓았고 탑신부의 각 층 모서리마다 기둥을 세워 놓았는데, 탑신부는 목조 건물의 배흘림 기법을 이용하였다. 얇고 넓은 지붕돌은 처마의 네 귀퉁이마다 부드럽게 들려져 있어 단아한 자태를 보여 주고 있다. 이 탑에는 신라와 연합하여 백제를 멸망시킨 당나라 장수 소정방이 '백제를 정벌한 기념탑'이라는 뜻의 글귀를 새겨 놓아 한때 '평제탑'이라 불리는 수모를 겪기도 하였다고 한다.

11 정답 ④ ··· (2007. 제3회 2급)

④ 단군은 제사장. 왕검은 정치적 군장을 의미하는 제정일치의 사회였다. 삼한의 소도가 제정 분리를 보여준다.

단군신화의 의미 농경과 청동기문화를 바탕으로 한 고조선의 건국 사실과 이념을 담은 신화로 당시 지배계급의 선민의식과 새로운 사회와 국가의 세계관 구실을 제시하고 있다. B.C. 2333년(단군기원)은 고고학적 자료나 문헌 자료에 근거하면 역사적 사실은 아니고 중국과 대등함을 강조. 홍익인간의 건국이 념을 밝혀 주고 있으며, 고려·조선·근대를 거치면서 우리 민족의 전통과 문화의 정신적 지주.

단군신화의 분석
1) **제정일치(신정정치)의 사회** 단군은 제사장으로 질병과 선악을 주관하는 종교적 권위를 의미하며, 왕검은 형벌을 주관하는 정치적 군장을 의미한다. 단군왕검은 보통명사로 고조선의 통치자를 지칭.
2) **농경사회와 애니미즘** 풍백(바람)·우사(비)·운사(구름)에서 찾을 수 있다.
3) **토템·모계사회** 웅녀(熊女)에서 흔적을 찾을 수 있으며 곰토템은 수렵문화를 반영.
4) **민본사상의 발달** 홍익인간으로 대표되는 인본주의 사상의 정립.
5) **천신사상의 대두** 계급 분화의 선민사상.
6) **족외혼** 환웅(천신족)과 웅녀(지신족)의 결합인 천지양신족설.
7) **계급사회** 다스려 교화시켰다는 것은 지배계급과 피지배계급의 분화.
8) **전원생활** 곰·범 등에서 보여지는 산악지대에서 쑥·마늘 경작의 전원·구릉생활로 바뀌었다.

12 정답 ① ··· (2007. 제3회 2급)

보기의 탑은 정림사지 5층석탑, 일명 평제탑이다. ① 정림사지 5층석탑, ② 감은사지 3층석탑, ③ 다보탑, ④ 월정사 8각 9층탑, ⑤ 분황사모전석탑이다.

정림사지 5층석탑 백제의 석탑은 처음에는 목탑을 그대로 본떴으나, 시간이 지나면서 생략되는 부분이 많아지고 돌의 특징을 살리는 쪽으로 변화. 부여의 정림사지 5층석탑과 같이 기둥이 보다 간소해지고 지붕이 길고 날렵해지며, 1층에 비해 2층 이상의 탑신이 훨씬 더 작아지는 경향과 함께 낮은 기단 위에 여러 개의 석재를 가구조립 하듯이 짜올려 목조건축의 느낌을 최대한 유지하고, 2층 이상은 1층에 비해 폭과 넓이가 비교적 급격히 줄어드는 점, 건물지붕에 해당하는 옥개석(屋蓋石)의 두께가 비교적 높으며, 큼지막한 석재에 기둥 등을 상징적으로 표현한 듯하고, 1층부터 꼭대기까지의 체감률이 비교적 낮고 옥 개석이 두툼하다는 인상.

② **감은사지 3층석탑** 많은 석재를 이용한 수법은 백제의 석탑과 같으나, 그것이 목조탑파를 충실히 모방한 것인데 반해 이 석탑의 조형수법은 기하학적으로 계산된 비율에 따른 것. 감은사는 682년(신라 신문왕 2)에 창건되었으므로 이 탑의 건립도 그 무렵으로 추정되어 가장 오래되고 거대한 석탑. 1960년에 서쪽 탑을 해체, 수리할 때 3층 탑신에서 창건 당시에 넣어둔 사리장치가 발견.

> **통일기 석탑** 대담하게 각 층의 폭과 높이를 줄이면서 쌓아 올려 정밀한 수학적 지식이 이용되고 독특한 입체미를 나타내는 3층석탑 양식이 유행하였는데 감은사지 3층석탑, 창림사지 3층석탑, 불국사 3층석탑, 다보탑, 화엄사 사사자 3층석탑, 안동 신세동 7층 전탑(최고 최대의 벽돌탑) 등이 건립되었다. 신라 말기에는 석탑에서 다양한 변화가 나타나 봉암사 3층석탑·양양 진전사지 3층석탑·철원 도피안사 3층석탑 등이 건립 되었는데, 양양 진전사지 3층 석탑은 기단과 탑신에 부조로 불상을 새긴 것으로 이름이 나 있다.

③ **다보탑** 불국사 대웅전 앞 서쪽의 석가탑 맞은편에 있는 탑으로, 전형적인 쌍탑가람의 배치.
④ **월정사 8각 9층탑**(고려전기) 송의 다각 다층탑의 영향.
⑤ **분황사모전석탑**(선덕여왕 3, 634년) 돌을 벽돌 모양으로 다듬어 쌓아올린 모전석탑으로, 현존하는 신라 석탑 가운데 가장 오래된 것. 원래는 9층이었다고 하나 지금은 3층만 남아 있고 높이는 9.3m.

13 다음 자료와 관련된 고려 시대 상속의 일반적 원칙과 거리가 <u>먼</u> 것은? [2점]

> 어머니가 일찍이 재산을 나누어 줄 때 나익희에게는 따로 노비 40구를 남겨 주었다. 나익희는 "제가 6남매 중에 외아들이라고 해서 어찌 사소한 것을 더 차지하여 여러 자녀들과 화목하게 살게 하려 한 어머니의 거룩한 뜻을 더럽히겠습니까?" 하고 사양하자, 어머니가 옳게 여기고 그 말을 따랐다. <고려사>

① 재산은 남녀 차별 없이 균등하게 상속하였다.
② 상속자는 피상속자에게 별도로 상속할 수 있었다.
③ 전토와 마찬가지로 노비도 상속되는 중요한 재산이었다.
④ 적장자는 다른 자녀에 비해 2배 가량을 추가로 상속받았다.
⑤ 토지와 노비의 상속은 상속자와 피상속자가 참여하여 문계(文契)를 작성하였다.

14 다음의 밑줄 친 취지에 해당하는 고려의 정치 기구를 <u>바르게</u> 묶은 것은? [2점]

> 중국의 제도를 따르지 않을 수는 없지만, 사방의 풍습은 각기 그 지방의 특성을 따르는 것이니, 다 변화시키는 것은 어려울 것입니다. 예악(禮樂), 시서(詩書)의 가르침과 군신, 부자의 도리는 마땅히 중국의 것을 모범으로 하여 비루함을 고쳐야 되겠지만, 그 밖의 거마(車馬)와 의복 제도는 가히 우리의 풍속에 따라 사치함과 검소함을 알맞게 할 것이지, 구태여 중국의 제도와 같이 할 필요는 없습니다. <고려사절요>

① 추밀원, 삼사
② 3성 6부, 어사대
③ 도병마사, 중추원
④ 식목도감, 성균관
⑤ 도병마사, 식목도감

13 정답 ④ ·· (2007. 제3회 2급)

④ 고려시대 상속제도는 결혼 유무와 관계 없는 자녀균분상속이다.

고려의 재산상속 결혼 유무와 남녀에 관계없이 자녀균분상속이 일반적으로 행해졌고 서얼 차별이 없었으며, 호적에서도 자녀간 차별을 두지 않고 연령순에 따라 기재. 상속시 상속인과 피상속인이 참여하여 문계(文契)를 작성.

14 정답 ⑤ ·· (2007. 제3회 2급)

사료는 최승로의 시무28조 중 11조에 해당하는 내용으로 중국 문물의 수용에서 자주성을 강조하고 있다. 고려의 독자적 기구는 ⑤ 도병마사·식목도감이다. ①은 송의 영향, ②는 당의 영향을 받았다.

고려의 정치 특징

1) **국초** 태조는 태봉 관제를 중심으로 신라와 중국의 제도를 참고하여 정치제도를 마련했고, 그 후 당의 3성 6부제와 어사대, 송의 중추원과 삼사제를 도입하고 독자적인 도병마사·식목도감을 두어 완비.
2) **전제적 왕권정치** 성종 때 귀족 중심의 중앙집권화로 재상정치체제를 확립.
3) **귀족정치** 문종 때 내사문하성을 중서문하성으로 개칭하고 문치주의에 입각한 문벌귀족의 합좌체제를 확립.
4) **양반시대의 개막** 문반과 무반이 양립하는 관료체제를 정비.
5) **관제 정비** 18품계와 문산계와 무산계를 정비.

》 중앙 정치 체제의 특징 《

1. 정치 기구들이 <u>조직상 상·하 이중</u>으로 구성되어 중서문하성의 재부와 낭사, 중추원의 추부와 승선방, 그리고 상서성의 도성과 6부 등의 분립이 그것이다. 재부·추부·상서도성은 2품 이상의 관원들이 소속되었고, 낭사·승선방·상서 6부는 3품 이하 관원들로 구성되어 품계상으로 구분되고 기능도 달라 서로 다른 기구와도 같은 조직을 하나의 관서로 묶어 조직의 미숙성 내지 미분화성을 보여 준다.
2. 정치의 중심기구는 중서문하성과 상서성, 그리고 중추원이다. 재부(성재·재신·재상)와 추부로 불리는 것들이다. 고려에서는 국가의 중대사가 이들 재추의 협의에 의해 처리되었다. 재부와 추부를 함께 설치해 놓고 국사를 같이 보게 한 것은 재·추 상호간의 견제적 작용에 목적이 있었다. 즉 국가의 중대사가 재부에 의해 독단으로 처리되는 것을 막는 하나의 견제 조처였다. 재·추간의 견제 작용은 재상권의 분화를 뜻하며, 그것은 곧 왕권의 안정과 관계가 깊다. 그러나 때로는 재신과 추신이 같은 귀족의 입장에서 긴밀히 협조하여 왕권은 이들에 의하여 제약을 받기도 하였다.
3. 겸직제로 인해 정치권력이 재추에게 집중되어 있었다. 중서문하성의 재신은 상서 6부·삼사·한림원의 판사 및 춘추관의 감수국사·수국사·동수국사 등을 겸직하였으며 추신도 대간의 최고직을 겸직하였다.

15 다음과 같은 사건이 일어날 수 있었던 역사적 배경으로 옳은 것은? [1점]

> 신종 원년(1198) 사노 만적 등 6인이 북산에서 나무하다가 공사노비들을 불러 "국가에서 정중부의 반란, 김보당의 반란이 있은 이래로 고관이 천민과 노비에서 많이 나왔다. 장수와 재상이 어찌 씨가 따로 있으랴. 때가 오면 누구나 할 수 있다. 우리가 왜 근육과 뼈를 괴롭게 하며 채찍 밑에서 고통을 겪어야 하는가?"라고 모의하였다. 여러 노비가 모두 그렇게 여겼다. 누런 종이 수천 장을 잘라 모두 정(丁)자를 새겨 표지를 삼고……
> <고려사>

① 문치주의가 심화되면서 국가의 군사력이 약화되었다.
② 삼정의 문란으로 기층민의 경제적 기반이 붕괴되었다.
③ 정중부, 이의민 등이 집권하면서 신분 차별 의식이 약해졌다.
④ 서원의 남설과 착취로 지배층과 기층민의 갈등이 심화되었다.
⑤ 광산 개발과 상업 발달로 국가 운영의 경제적 기반이 변화하였다.

16 ○○○ 답사회의 회원들이 오대산에 있는 다음의 문화재를 조사하고 발표한 내용 중에서 <u>잘못</u> 설명한 것은? [2점]

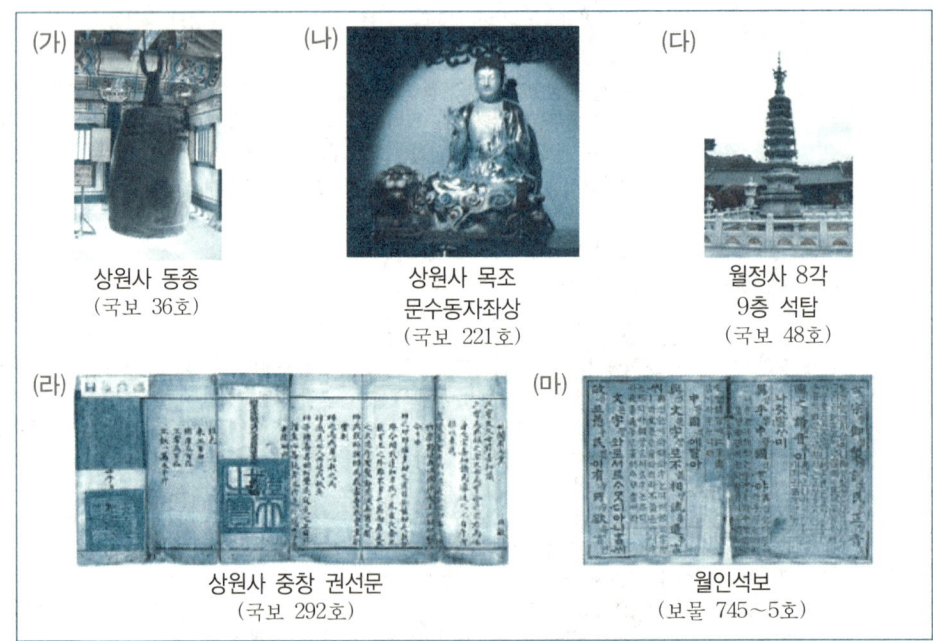

(가) 상원사 동종 (국보 36호)
(나) 상원사 목조 문수동자좌상 (국보 221호)
(다) 월정사 8각 9층 석탑 (국보 48호)
(라) 상원사 중창 권선문 (국보 292호)
(마) 월인석보 (보물 745~5호)

① (가)는 삼국 시대에 신라에서 만든 현존하는 우리 나라 최고(最古)의 범종이다.
② (나)는 문수보살에 의해 세조가 피부병을 치료했다는 설에 따라 만들어졌다.
③ (다)는 고려 전기의 대표적인 다각다층 석탑으로 송나라 문화와 연관이 있다.
④ (라)는 세조가 상원사 중창을 위해 쌀, 베 등을 하사한 취지를 밝힌 문서이다.
⑤ (마)는 훈민정음으로 지은 월인천강지곡과 석보상절을 합쳐 세조 때 간행하였다.

15 정답 ③ ··· (2007. 제3회 2급)

사료는 무신정변 이후 발발한 만적의 난(1198)이다. ① 무신정권기, ② 세도정치기, ④⑤ 조선 후기의 사실이다.

만적의 난(신종 1년, 1198) 개경에서 최충헌의 사노인 만적이 대규모의 반란을 시도하였다. 최초의 노비 해방 운동으로 정권 탈취를 기도. 최만적은 개경 북산에 공사노비를 소집하여 말하기를 "경계란(庚癸亂) 이후 국가의 공경대부는 전부 천예에서 나왔다. 장상이라고 어찌 처음부터 씨가 따로 있으랴. 때가 오면 누구든지 할 수 있는 것이다. 그러므로 우리는 먼저 최충헌을 죽이고 이어 각기 상전을 죽이고 노예문적을 불살라 삼한에 천인을 없게 하자"고 하여 반란을 꾸몄으나 율학박사 한충유의 가노(家奴) 순정의 밀고로 실패.

농민·천민의 난(농민항쟁)의 결과
1) **정부의 시책 변화** 정부는 난민을 위무하고 백성들의 생활을 안정시키기 위하여 권농을 하고 빼앗은 토지를 돌려주며, 조세를 감면.
2) **신분사회의 변화** 과거가 계속 시행되어 문벌귀족 중심의 엄격한 신분사회에서 권문세족·신진사대부 등의 새로운 관료지배체제로 넘어가는 원동력이 되었고, 향·소·부곡 폐지 현상이 대두하고, 문신과 무신의 통혼정책이 추진.

> **정중부의 난**(경인란, 1170) 인종 22년(1144) 나례(儺禮) 의식에서 문신(내시) 김돈중(김부식의 아들)이 정중부의 수염을 촛불로 불태운 일이 있었고, 그 후 의종 24년(1170) 8월에 왕의 일행이 보현원(경기도 장단)에 행차했을 때 호종(扈從)한 문신 한뢰가 오병수박희를 요구하였으나 무신이 거절하자 대장군 이소응의 뺨을 때리는 등 모욕을 주었다. 이에 무신 정중부·이의방·이고 등은 반란을 일으켜 문신을 살육하고 의종을 폐하고 왕의 아우 명종 옹립. 무신이 문반 관직을 독점하고 중방(重房)에 의한 정치가 시작되면서 사회 질서가 동요되고, 무신 상호간의 정권 쟁탈전이 전개되어 고려의 문벌귀족사회는 붕괴.

무신정권의 수립(1170~1270)
1) **성립기**(1170~1196) 연합정권으로 아직 무신정권의 기반이 확립되지 못하여 무신정권의 지위가 불안정하였다. 이 때 무신정치는 상장군·대장군의 합의체인 중방을 중심으로 이루어졌는데 중방은 군사·경찰·탄핵·인사·조규 제정 등의 초권력을 행사.
2) **무신 상호간의 치열한 정권 다툼** 이고 → 이의방 → 정중부 → 경대승(도방(都房) 신설, 병사(病死)) → 이의민(경주 천민 출신, 아들 이지순과 함께 신라 부흥 후원) → 최충헌(상장군 가문)

16 정답 ① ··· (2007. 제3회 2급)

① 상원사 동종은 통일신라기 성덕왕24년(725)에 제작된 현존 최고의 범종이다.

신라 범종 성덕왕 24년(725)에 만든 오대산 상원사 동종이 현존 최고이고, 경주에 있는 혜공왕 때(771) 완성된 성덕대왕 신종(봉덕사종, 에밀레종)은 아연이 함유된 청동으로 만들어 신비한 소리가 나고 주조 기술이 세계 최고의 수준.

② **상원사 목조문수동자좌상**(세조 12, 1466) 예배의 대상으로서 만들어진 국내 유일의 동자상. 보살상의 뱃속에서 당시의 중수발원문(重修發願文)·불경·명주적삼·사리 등의 불교관계 유물 23종류가
③ **송 문화의 영향** 목판인쇄의 발달(송판본의 수입), 고려청자(송자의 영향), 아악의 발달(송의 대성악 도입), 월정사 팔각 9층탑(송의 다각 다층탑의 영향) 등.
④ **상원사 중창 권선문** 붉은색 당초무늬의 비단 포장을 한 첩책 2권. 1책은 한문으로 된 권선문과 원문(願文) 다음에 세조와 왕세자의 화압주인(花押朱印)이 있고, 효령대군 이하 종실·신료들의 이름과 그 밑에 화압으로 서명. 다른 1책은 권선문과 원문을 한글과 한문 두 가지로 아울러 썼으며, 한글에는 방점이 찍혀 있는 등 한글 제정 초기의 모습을 그대로 보여주고 있어 한글 연구에 매우 귀중한 자료.
⑤ **월인석보**(세조 5, 1459) 월인천강지곡과 석보상절의 합본. 석보상절은 세조가 수양대군으로 있을 때 완성한 석가의 일대 전기이고, 월인천강지곡은 석보상절을 읽고 세종이 지은 찬불(讚佛) 서사시. 왕세자가 죽자 세조가 부왕과 아들의 명복을 빌기 위해 증보·수정하여 간행한 것이 월인석보.

17 다음은 선생님이 각 모둠별로 부과한 수행 평가 과제이다. (가) ~ (라)에 알맞은 내용이 연결된 것을 <보기>에서 고른 것은? [1점]

모둠	수행 과제	참고 서적
매화	(가)	신증동국여지승람
난초	(나)	동국병감
국화	(다)	농가집성
대나무	(라)	존언

보 기

㉠ (가) - 경주의 연혁을 삼국 시대부터 조사할 것.
㉡ (나) - 화차와 신기전의 기본 원리를 파악할 것.
㉢ (다) - 15세기 농업 기술 발달 상황을 조사할 것.
㉣ (라) - 양명학의 기본 학설을 요약할 것.

① ㉠㉢ ② ㉠㉣ ③ ㉡㉢
④ ㉡㉣ ⑤ ㉢㉣

18 다음 표의 (가), (나)에 대한 설명으로 옳은 것을 <보기>에서 모두 고른 것은? [2점]

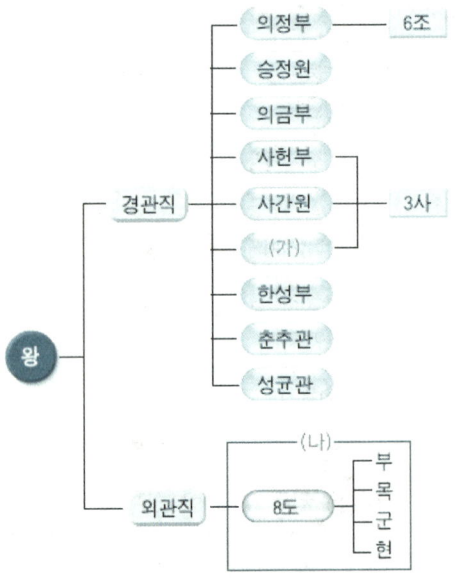

보 기

㉠ (가) - 종친들을 등용하기 위해 설치되었다.
㉡ (가) - 소속 관원은 모두 경연관을 겸하게 하였다.
㉢ (나) - 외관직은 '부'단위까지 지방관을 파견하였다.
㉣ (나) - 하부 구조인 촌은 면·이(里)·통으로 편제되었다.
㉤ (나) - 8도에는 행정·사법·군사권을 가지는 관찰사를 파견하였다.

① ㉠㉡ ② ㉠㉣㉤ ③ ㉡㉢㉣
④ ㉡㉣㉤ ⑤ ㉢㉣㉤

17 정답 ② ·· (2007. 제3회 2급)

ⓛ 동국병감은 문종대에 김종서가 고조선에서 고려 말까지의 전쟁사를 정리한 서적이고, 화약 병기는 총통등록에 수록, ⓒ 농가집성은 조선 효종대(1665년)에 나온 농서로 조선 전기 농서들을 모아 엮었다.

(가) **신증동국여지승람**(중종) 이행. 「동국여지승람」의 내용을 증보 수정, 당시의 경제·사회사 연구에 귀중한 자료(현재 전함)

동국여지승람(성종) 강희맹. 성종 때 양성지가 편찬한 「팔도지리지」에 인문에 관한 것을 추가한 50권의 인문지리지의 완성본, 「동문선」의 시문 첨가(부전)

(나) **동국병감**(문종) 김종서가 고조선에서 고려 말까지의 전쟁사를 정리.

(다) **농가집성**(효종, 1655) 신속이 전기의 수전농업을 집대성하고 이앙법 보급에 노력하였으며, 인분 이용을 다양하게 설명.

(라) **정제두**(1649~1736) 조선 후기의 유학자·양명학자. 처음에는 주자학을 공부하였으나 일찍부터 양명학에 심취. 그는 당시에 주자학의 권위주의적 학풍에 대하여 학문적 진실성에서 비판. 치양지설(致良知說)이나 지행합일설(知行合一說)에서 양명학의 견해를 받아들여서 「학변」·「존언」 등을 저술. 이황과 이이의 성리설도 비판하면서 양명학의 확립에 전념. 저서로 「학변」·「존언」 이외에도 「중용설」·「대학설」·「논어설」·「맹자설」·「삼경차록」·「경학집록」·「하락역상」 등 경전주석이 있으며, 「심경집의」와 「정성서해」·「통서해」 등의 송대 도학자의 저술에 대한 주석도 하였다. 아들 후일(厚一)을 비롯하여 윤순·이광사형제, 김택수 등이 그의 학풍을 이었으며, 그가 속하는 소론의 가학으로서 학파를 형성하여 강화도를 중심으로 표면에 나타나지 못한 채 계승.

18 정답 ④ ·· (2007. 제3회 2급)

(가) 홍문관(옥당), (나) 지방 관직 직제이다. ㉠ 돈령부, ㉢ 현까지 현령과 현감이 파견되었다.

(가) **홍문관**(옥당, 1463) 집현전을 계승하여, 예문관에 홍문관 직책 관원을 설치. 서얼 등용을 금지시켜 일명 옥당(玉堂)이라 불렀으며 경적(經籍) 관리, 문한(文翰) 관리, 경연 관장, 국왕의 학문적 자문에 응하는 고문 역할을 담당.

(나) **지방 관직 직제** 8도 체제로 확정하고, 신분적이고 다원적이던 군현제가 일원적으로 행정구획화 되어 모든 군현에 지방관이 파견. 도(道)의 장관인 관찰사는 부윤·목사·군수·현령·현감 등 도내의 여러 수령들을 통괄하고 감찰하였으며, 행정권·사법권·군사권까지 위임. 그리고 관찰사는 매년 6월과 12월 2회 수령의 근무표인 고과표를 전·악·최·선(殿·惡·最·善) 4등급으로 평가하여 중앙에 보고하였는데 승진에 영향. 수령들은 백성을 직접 다스리는 목민관으로서 행정·사법의 권한을 부여. 수령의 직책중 가장 중요한 것은 국가재정의 기본인 부세 등을 징수하여 중앙에 올리는 것.

1) **행정구역** 기본 행정 구역인 군현은 인구와 토지의 크기에 따라 부·목·군·현으로 구획. 이에 따라 수령도 종2품에서 최하 종6품까지의 부윤(종2품), 대도호부사(정3품), 목사(정3품), 도호부사(종3품), 군수(종4품), 현령(종5품), 현감(종6품)으로 구분. 이들은 행정 체계상으로는 모두 병렬적으로 관찰사의 관할 아래. 군·현(읍) 아래에는 몇 개의 자연촌락으로 구성된 면·리·통을 두고 중앙에서 관리를 파견하지 않고 향민 중에서 그 책임자를 선임하여 수령의 명령을 집행하게 하여 면리제(面里制)가 정착.

2) **겸직 발달** 관찰사가 병사·수사·부윤을 겸직하고, 아울러 행정·감찰·병권·사법권과 화폐 주조권 등을 장악.

3) **중앙집권의 강화** 지방관을 모든 군현(읍, 고을)에 파견하여 중앙 집권을 강화하고 상피제를 실시. 관찰사의 임기는 1년(360일)이고, 수령의 임기는 5년(1800일)인데 가족을 동반하지 않는 미솔권(未率眷)은 900일이었다. 후기에 와서는 임기가 3년으로 줄어들었다.

4) **8도** 관찰사(종2품 : 감사)는 수령을 감찰하고, 민생을 순찰하며, 조세·공납 과정의 최종 책임자. 직속 관원은 경력(문서)·도사(규찰)·판관(서무)·교수(교육)·검률(사법)·심약(약재) 등.

5) **부·목·군·현** 부(부윤) 4개, 목(목사) 20개, 군(군수) 82개, 현(현령·현감) 175개

6) **유수관** 경관직으로 조선 후기 비변사에 참여하며 한양 주변 개성·광주·수원·강화에 4유수를 배치하였는데, 개성·강화는 종2품, 광주·수원은 정2품이 파견.

7) **대도호부** 군사적 요충지에 8개를 설치하고 도호부도 44개를 설치.

㉠ **돈령부**(태종 14, 1414) 조선시대 정치에 참여할 기회가 없는 왕실의 종친과 외척을 예우하기 위한 사무를 관장한 관청. 실제의 직사(職事)는 없었다.

19 다음 자료의 (가)에 알맞은 기구에 대한 설명으로 옳은 것을 〈보기〉에서 고른 것은?

[2점]

> 김익희가 상소하였다. "오늘에 와서는 큰 일이건 작은 일이건 중요한 것으로 취급되지 않는 것이 없는데, 정부는 한갓 헛 이름만 지니고 6조는 모두 그 직임을 상실하였습니다. 명칭은 '변방의 방비를 담당하는 것'이라고 하면서 과거에 대한 판하(判下)나 비빈(妃嬪)을 간택하는 등의 일까지도 모두 여기를 경유하여 나옵니다. 명분이 바르지 못하고 말이 순하지 않음이 이보다 심할 수가 없습니다. 신의 어리석은 소견으로는 (가)를 혁파하여 정당(政堂)으로 개칭하는 것이 상책이라 생각합니다."
>
> 〈효종실록〉

― 보 기 ―

㉠ 언관 중심으로 구성되었다.
㉡ 세도 정치 유지에 중요한 역할을 하였다.
㉢ 붕당 정치의 폐단을 막기 위해 마련되었다.
㉣ 삼포왜란과 을묘왜변을 계기로 설치되었다.

① ㉠㉡ ② ㉠㉢ ③ ㉡㉢
④ ㉡㉣ ⑤ ㉢㉣

20 (가), (나)의 두 정치 세력에 대하여 옳게 설명한 것은?

[2점]

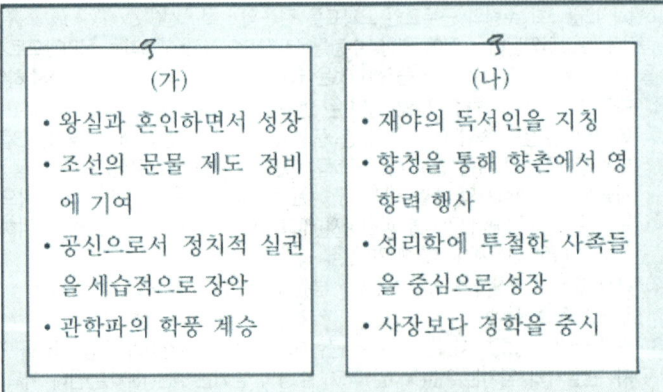

① (가)는 군포 징수의 폐단을 개선하려는 정책을 추진하였다.
② (가)는 도덕과 의리를 바탕으로 하는 왕도 정치를 강조하였다.
③ (나)의 중앙 진출은 성종의 정치적 의도와 밀접한 관련이 있다.
④ (나)는 서해안 간척 사업과 토지 매입 등으로 농장을 소유하려고 하였다.
⑤ (가)와 (나)는 붕당 정치를 통해 중앙에서의 정권 장악을 도모하였다.

19 정답 ④ ··· (2007. 제3회 2급)

사료의 기구는 비변사(비국)이다. ㉠ 삼사의 구성, ㉢ 비변사는 1575년 붕당정치가 나타나기 전 삼포왜란(1510년) 이후에 설치되었다.

비변사 중종 때 삼포왜란(1510)을 계기로 병조의 한 부서인 군무 협의 임시기구로 설치되었다가(1517), 1554년 독립기구가 되었다. 그 후 명종 10년(1555) 을묘왜변을 계기로 상설기구화.

1) **비변사 기능의 확대·강화** 임진왜란을 계기로 정치·외교·군사 등 모든 정무를 처리하는 문·무 고관들의 합의기구로 확대.
2) **비변사의 구성** 의정부 3정승, 5조 판서와 참판(공조는 제외), 5군영대장, 유수, 대제학, 군무에 능한 현·전직 고관 등 당상관 이상의 관리들이 참여하였다.
3) **결과** 의정부와 6조가 유명무실화되고, 왕권의 약화를 가져왔으며, 흥선대원군이 비변사의 기능을 축소·폐지시키고 의정부·삼군부의 기능을 부활시킬 때까지 최고정무기관.

≫ **비변사(비국)의 변천** ≪

1기(16세기) : 변사 주획기 → 2기(17세기) : 군국기무총령기 → 3기(18세기) : 외교·재정 장악기 → 4기(19세기) : 내정 전횡기(세도정치기) - 권부의 성격

20 정답 ③ ··· (2007. 제3회 2급)

(가) 관학파(훈구파), (나) 사림파에 대한 설명이다. ① 조선 후기 실학자와 영조의 균역법 시행, ②③ 사림파, ④ 훈구파, ⑤ 붕당정치가 아니라 사화이다.

성리학의 이념 정착과 사림파의 형성

1) **관학파의 형성** 고려 말의 혁명파 사대부들은 조선 왕조를 개창하면서 전통 유학인 훈고학과 불교·도교의 폐단을 시정하고, 성리학(주자학)을 지도이념으로 내세워 정도전과 권근 등은 성리학을 정치지도이념으로 정착시키고, 사회 개혁과 국가 운영의 기본정신으로 삼아 부국강병과 중앙집권체제의 강화에 노력. 정도전은 불교 배척의 「불씨잡변」을, 권근은 천인합일(天人合一)의 선정덕치(善政德治)를 강조하는 「입학도설」 등의 철학서를 각각 저술하여 성리학을 지도이념으로 정립.
2) **사림파의 형성** 조선 왕조의 개창을 둘러싸고 온건파 사대부들은 왕조 교체가 유교적 윤리와 의리에 맞지 않는다고 생각하여 역성혁명에 참가하기를 거부하고, 향촌에 내려가 학문과 교육에 주력하였다. 그들은 대개 영남을 중심으로 이른바 사림파를 형성하였고 기호지방으로 확대.
3) **성리학의 성격 변화** 사림(사대부지림(士大夫之林))의 성리학은 의리와 도덕을 지나치게 숭상하고, 물질적 공리주의를 배격하며, 향촌 자치와 중국 중심의 세계관에 기우는 경향.

관학파(훈구파)	사학파(사림파)
왕조 개창에 참여 (통치이념: 「주례」)	왕조 개창에 참여 거부 (통치이념: 「대학」)
중앙집권과 부국강병 추구	향촌자치 추구(향약·서원의 보급)
군사학·기술학도 중시 : 공리주의를 중시(유용성·물질적 측면 강조)	의리와 도덕 숭상 : 정신문화 중시, 공리주의 배격 (정신적 측면 강조 : 성리학적 명분론 고수)
성리학 이외의 불교·도교·풍수지리설·민간신앙도 포용(탄력성), 자주적 민족의식	성리학 이외의 학문·종교·사상에 대하여 척사론(경직성), 중국 중심의 화이사상
15세기 민족문화의 정리 : 사장학 중심(경세론)	16세기 성리철학의 융성 : 경학 중심(이기론)
왕도주의+패도주의(힘·법치), 국학 정리와 편찬사업	왕도주의(민본), 학술·언론 중시
치인지학(治人之學) 추구,	수기지학(修己之學) 추구(조광조 : 치인)
국가적 성장 지향	정치적 자유 지향(삼사 중심)
격물치지(格物致知)·경험적 학풍, 응용성리학파	사변주의·관념적 학풍, 정통성리학파
문학·예술에 관심, 과학기술문화의 중시	문학·예술의 천시, 과학기술문화의 천시
관학 중심(성균관·집현전·향교)	사학 중심(서원)
권근·정인지·신숙주·서거정	정몽주·길재·김숙자·김종직

21 다음과 같은 상황이 전개된 이후의 사실로 옳은 것은? [2점]

> 서인은 정책의 수립과 상대 붕당의 탄압 과정에서 노장 세력과 신진 세력 간에 갈등이 깊어지면서 노론과 소론으로 나뉘었다. 이후 노론과 소론은 남인과 정국의 주도권을 놓고 대립하였고, 남인이 정계에서 완전히 밀려난 뒤에는 노론과 소론 사이의 대립으로 정국의 반전이 거듭되었다.

① 공론을 중시하는 3사와 이조 전랑의 권한이 강화되었다.
② 사족 중심의 향촌 지배가 강화된 반면 수령권이 약화되었다.
③ 사화의 전개로 사림들이 중앙에서 정치적 타격을 받게 되었다.
④ 정치적 쟁점은 예론과 같은 성리학적 규범 문제가 주류를 이루었다.
⑤ 왕실 외척이나 종실 등 왕과 직결된 집단의 정치적 비중이 커졌다.

22 다음 지도를 보고 파악할 수 있는 내용을 〈보기〉에서 모두 고른 것은? [1점]

보 기
㉠ 조운 체계　　　　　　㉡ 설점수세제 실시
㉢ 대동세 징수 물품　　　㉣ 조세의 금납화 현상

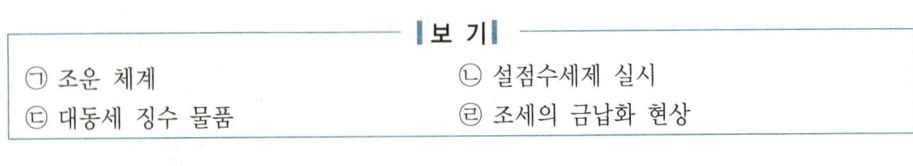

21 정답 ⑤ (2007. 제3회 2급)

⑤ 보기의 시대 상황은 조선 숙종대 경신환국(경신대출척,1680년) 이후이다. 이러한 환국을 국왕이 직접 나서서 주도함에 따라 왕실 외척이나 종실 등 국왕과 직결된 집단의 정치적 비중이 커졌다. 또한 3사와 이조전랑은 환국이 거듭되는 동안 자기 당의 이익을 직접 대변하는 역할을 하여 정치적 비중이 줄어들었다. 이에 정치권력이 고위 관원에게 집중되면서 그들의 합좌기구인 비변사의 기능이 강화되었다.

사색 붕당(1683) 숙종 때 남인에 대한 처리(경신환국 이후 남인의 논죄)를 둘러싸고 서인이 강경파인 노론(송시열)과 온건파(윤증)인 소론으로 분리.

> **노론과 소론** 노론은 송시열을 중심으로 결집하여 대의명분을 존중하고, 민생 안정을 강조하는 경향을 보였고, 반면 소론은 윤증을 중심으로 결집하여 실리를 중시하고, 적극적인 북방 개척을 주장하는 경향.
>
> **갑술환국**(甲戌換局, 숙종 20년 : 1694) 폐비 민씨가 복위되는 과정에서 이를 저지하려던 남인이 실권하고, 이를 주도한 서인 중 소론이 집권한 사건으로 노·소론이 결정적으로 당을 나누게 되었고 이이·성혼 등이 문묘에 배향되었다. 일명 갑술옥사(甲戌獄事)라고도 한다.

> ≫ 숙종의 편당적 조처 ≪
>
> 1. 경신환국 : 남인 → 서인 집정(노·소론의 분열)
> 2. 기사환국 : 노론 → 남인 집정
> 3. 갑술환국 : 남인 → 소론 중용
> 4. 병신처분 : 소론 → 노론 중용

22 정답 ④ (2007. 제3회 2급)

보기의 지도는 대동법 이후 대동세 징수와 조운체계이다. ㉡ 설점수세제는 조선 후기 광업에서 효종대(1651년)에 나타난 호조의 소세 징수 방법이다.

대동법 민호에 토산물을 부과·징수하던 공납을 토지의 결수에 따라 미·포·전(錢)으로 납입하게 하는 제도. 따라서 논밭을 가진 농민들은 1결당 미곡 12두만을 납부하면 되었기 때문에 과중했던 부담이 다소 경감. 정부는 수납한 대동미·대동포·대동전(상평통보) 등으로 공인(貢人)을 통하여 필요한 물자를 구입하여 사용. 이 제도는 어느 정도의 수공업 발달을 전제로 하여 실시된 것.

1) **실시** 1608년(광해군 원년)에 이원익이 선혜청(상평창의 개칭)을 설치하여 경기도에 처음 실시.
2) **전국적 실시** 1708년(숙종 34)에 관찰사 이언경의 상소로 황해도에 담세를 참작하여 과세하는 상정법(詳定法)을 실시하면서 대동법을 함경도·평안도 등 잉류지역을 제외하고 전국적으로 시행.

> **대봉과 환봉** 대동법 실시 지역이 확대됨에 따라 각 지역의 재배 작물을 신중하게 고려하여 쌀이 생산되지 않는 지역에서는 대봉(代捧)이라 하여 잡곡으로 대체하여 납부하게 하였고, 또 환봉(換捧)이라 하여 마포·면포·목화·전화(錢貨) 등으로 납부.

> **대동미** 대동미는 봄·가을로 부과하는데, 봄에 거둔 춘등수미는 상납미로 중앙 관아의 공물 구입비로 경창에 상납하고, 가을에 거둔 추등수미는 유치미로 지방 관아의 경비 사용 목적으로 각 고을에 배치. 지방 유치미 설정은 지방 관아의 재정 확충을 위한 것이었으나 점차 유치미가 감소되면서 지방 관아의 재정이 악화되어 수령·아전의 농민 수탈이 가혹해졌다.

㉠ **조창** 지방의 조세를 모아 두었다가 조운(해운·수운)을 통해 용산과 서강에 있는 경창(京倉)으로 사공인 조군(조졸, 수부)이 운송하였는데 조운의 수로는 전라도·충청도·황해도 서해안 바닷길로, 강원도는 한강, 경상도는 낙동강과 남한강을 이용.

㉡ **별장제하의 설점수세제** 17세기 말부터 상품화폐경제의 광범한 발전과 더불어 금·은·동에 대한 사회적 수요가 증가하고 군사적 긴장도 어느 정도 해소되고 대청무역에서 은의 수요가 늘어나 정부는 스스로 광산을 개발하기도 하고 관설점 민경영(효종, 1651 : 설점수세법 제정)인 별장제하의 설점수세(設店收稅)를 허용하여 거의 70개 소의 은광이 개발되었다. 호조에서 파견한 별장은 대부분 한양에 거주하는 부상대고인데, 권세가의 사인(私人)으로 수세 대행 업무를 담당.

23. A는 이순신이 일본 수군과의 결전을 앞두고 장병들에게 말한 훈시이다. 이 훈시와 관련된 전투를 B의 지도에서 고르면? [2점]

A 병법에 이르기를 "꼭 죽으리라 결심하고 싸우면 살 것이요, 꼭 살리라 마음먹고 싸우면 죽을 것이다."라고 하였다. 또 이르기를 "한 사람이 길목을 지켜 내면 넉넉히 천 사람도 두렵게 할 수 있다."라고 하였다. 이것은 바로 오늘의 우리를 두고 이른 말이다. 너희들 모든 장병들은 조금이라도 영(令)을 어기는 일이 있으면 군법으로 다스려 작은 일일지라도 용서치 아니할 것이다.

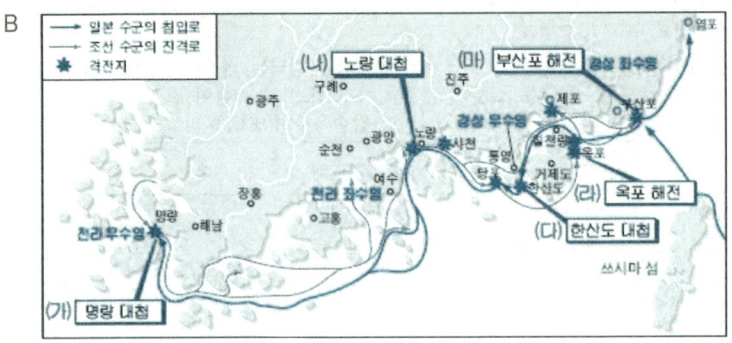

① (가) ② (나) ③ (다)
④ (라) ⑤ (마)

24. 다음 글의 밑줄 친 우리측 요청에 대한 프랑스 정부의 태도를 〈보기〉에서 고른 것은? [1점]

1866년에 일어난 병인양요는 통상 수교와 천주교 포교를 둘러싼 조선과 프랑스 사이의 전쟁으로 알려져 있을 뿐, 그 과정에서 일어난 여러 가지 문제점들은 세상에 드러나지 않았다. 1970년대에 한국인 서지학자가 프랑스 국립 도서관 별관에서 외규장각 도서를 발견하여 국내에 알리면서, 그 후에 외규장각 도서 반환 문제가 한국 정부와 프랑스 정부 사이에서 현안으로 떠올랐다. 이에, 한국 정부는 1991년에 프랑스 정부에 대해 외규장각 도서가 불법적인 방법을 통해 약탈되었음을 근거로 반환해 줄 것을 요청하였다.

|보 기|

㉠ 외규장각 도서의 약탈 사실을 인정하고 있지 않다.
㉡ 경부 고속 철도의 사업권을 따내기 위해 반환 의사를 내비치기도 하였다.
㉢ 병인박해에 대한 한국 정부의 사과 없이는 도서를 반환 하지 않는다는 입장이다.
㉣ 외규장각 도서에 상응하는 가치를 지닌 문화재와 맞바꾸는 방식을 주장하고 있다.

① ㉠㉡ ② ㉠㉢ ③ ㉡㉢
④ ㉡㉣ ⑤ ㉢㉣

23 정답 ① ·· (2007. 제3회 2급)

① 사료는 이순신의 명량대첩(1597.9) 직전의 훈시이다.

임진왜란(명 : 만력의 역, 일본 : 문록·경장의 역)

1) **왜란 전** 삼포왜란(중종, 1510) : 임신약조가 체결, 제포만 개항하고, 세견선 25척, 세사미두 100석으로 무역 범위를 제한. → 사량진왜변(중종, 1544) : 사량진(경남 고성)에서 충돌하였고, 정미약조를 체결하여(1547), 세견선 25척을 대 9척, 중 8척, 소 8척으로 규정. → 을묘왜변(명종, 1555) : 왜인들이 70여 척의 배를 몰고 영암·달량포·진도 등 전라남도 연안을 습격. 이후 국교는 일시 단절되었고, 비변사가 상설기구화.

2) **왜군의 침입** 왜군 상륙(1592.4.13, 선조 25년) : 조총으로 무장한 왜군 20만여 명이 3로로 길을 나눠 진격. → 부산진(정발 전사, 4. 14) → 동래성(송상현 전사, 4. 15) → 충주 탄금대(신립, 달천강에 투신 자살, 4. 28, 제승방략 체제의 약점 노출) → 선조의 서천(몽진, 4. 30) → 한양 함락(5. 2) → 평양 점령(6. 13)

3) **수군의 승리** 옥포해전(1592 : 조선군의 첫 승리) → 합포 해전 → 적진포 해전 → 사천 해전(처음으로 거북선을 사용) → 당포 해전 → 당항포 해전 → 율포 해전 → 한산도 대첩 → 안골포 해전 → 장림포 해전 → 화준구미 해전 → 다대포 해전 → 서평포 해전 → 절영도 해전 → 초량목 해전 → 부산포 해전 → 웅포 해전(1593) → 제2차 당항포 해전(1594) → 장문포 해전 → 정유재란(1597.1) → 칠천량 해전(1597 : 조선군의 유일한 패배) → 어란포 해전 → 벽파진 해전 → 명량해전(1597. 9 : 이순신이 복직되어 명량(울돌목)에서 12척으로 133척의 일본 수군을 대파) → 절이도 해전(1598) → 장도 해전 → 노량 해전(1598. 11 : 이순신 전사)

거북선 사용 전라우수영(우수사 : 이억기)·경상우수영(우수사 : 원균(元均, 1540~1597))과 함께 연합함대를 편성하여 사천(최초의 거북선 사용)·당포(통영)·당항포(고성) 등지에서 대승을 거두어 왜군의 수륙병진작전 좌절.

한산도대첩 학익진(鶴翼陣) 전법을 써서 승리하여 남해의 제해권을 완전히 장악하였고, 왜군의 명(明)으로의 진출을 저지. 또 왜군의 보급로를 차단하였으며, 곡창지대인 전라도지방을 보존하였다(전주사고 보존).

이순신의 3대첩 한산대첩(임진왜란), 명량대첩·노량대첩(정유재란)

임진왜란 3대첩 ① **한산도 대첩**(1592.7.8) 이순신 장군은 와키사카·구키 등의 왜선을 한산도 앞바다에서 전멸시켜(60척 침몰) 제해권을 장악. 살수대첩·귀주대첩과 더불어 우리나라 전사(戰史) 3대첩. ② **행주 대첩** 명군의 벽제관전투 패전 이후 1593년 2월 전라순찰사 권율이 수원에 웅거하다가 한양 수복을 위해 북상하여 행주산성에 집결. 이 때 화의의 진행으로 철퇴하다가 2월12일 우키다·이시다 등의 3만여명이 공격해 왔으나 권율은 군·관·민·부녀자까지 동원하여 격퇴. ③ **진주성 대첩**(1592.10.5) 영남 요지인 진주성을 공격하기 위하여, 하세가와·나가오카 등이 이끈 3만명이 공격. 진주목사 김시민은 끝까지 성을 고수하였으며, 이 때 의병 곽재우부대가 합세하여 화약물과 돌로 왜군을 물리쳤다.

24 정답 ④ ·· (2007. 제3회 2급)

④ 약탈 사실을 인정하고 반환을 약속했으나 프랑스의 반대 여론과 파리국립도서관 직원들의 반발로 반환되지 않다가 2010년 11월 프랑스가 반환을 결정해 2011년 5월 5년 단위 대여갱신방법으로 145년만에 반환되었다.

≫ **병인양요와 외규장각 도서** ≪

병인양요 때 프랑스군은 강화도에 30여 일 동안 주둔하면서 당시 화폐 가치로 3만 8천 달러에 해당하는 금·은괴 180상자, 보물, 화폐, 곡식, 도서 등을 약탈하였다. 특히 이들은 5000여 점에 달하는 소장품을 모두 불태우고 강화도 외규장각에 보관 중이던 도서 가운데 일부인 300여 점의 주요 국왕의 어람용 왕실 의궤만 가져가 파리 국립도서관에 소장하였다.

1993년 9월에 한국을 방문한 미테랑 프랑스 대통령은 병인양요 당시 프랑스군이 약탈해 간 외규장각 도서를 반환하겠다고 약속하였다. 이에 우리도 고속철도 사업권으로 화답하였는데, 프랑스측은 자국의 반대 여론과 박물관 직원들의 조직적인 저항을 구실로 그 후 협상 과정에서 반환하지 않으려고 5년마다 자동으로 연장되는 장기 대여 방식과 이 책에 상응하는 가치를 지닌 문화재와 교환하자고 우리측에 제의하였다.

25. 다음은 조선 전기의 대외 교역을 표시한 지도이다. 〈보기〉의 (가)~(라)와 지도의 A~F가 옳게 연결된 것은? [2점]

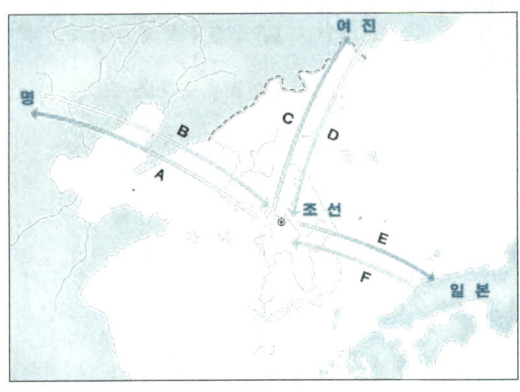

보 기
(가) 금, 은   (나) 소금, 곡식
(다) 범종, 불상 (라) 구리, 유황

	(가)	(나)	(다)	(라)
①	A	C	E	F
②	B	E	C	D
③	B	C	D	A
④	C	A	B	F
⑤	D	A	C	E

26. 다음 각 시대의 경제 활동과 연관된 서술로 타당한 것을 〈보기〉에서 고른 것은? [2점]

(가) 남녀별, 연령별의 정확한 인구와 소, 말, 뽕나무, 호두나무, 잣나무 등의 수를 3년마다 한 번씩 통계를 내어 노동력과 생산 자원을 철저하게 편제하여 관리하였다.

(나) 우경(牛耕)이 일반화되고 가축의 뒷거름을 이용한 시비법이 발달하면서 휴경지가 점차 줄어 계속하여 경작할 수 있는 토지가 늘었다. 밭농사는 2년 3작의 윤작법이 점차 보급되었다.

(다) 관수품을 조달, 공급하도록 종로 대로변에 점포를 지어 시전 상인들에게 대여하고 점포세와 상세를 거두었다. 시전 상인들은 관청에 물품을 공급하고, 특정 상품에 대한 독점 판매권을 부여받았다.

(라) 대부분의 민간 수공업자들은 그들 자신의 작업장을 가지고 있었는데, 공인이나 상인들로부터 주문과 함께 자금과 원료를 선대(先貸)받아 제품을 생산하였다.

보 기
㉠ (가)를 통해 당시 정부에서 지방 말단의 자연 촌락에까지 관리를 파견하여 농민을 통제하였음을 알 수 있다.
㉡ (나) 시기에 우리나라 고유의 농법을 소개하기 위해 '농상집요'와 같은 농서가 편찬되었다.
㉢ (다)의 시전 상인들을 통제하기 위해 경시서를 두고 도량형 검사와 물가 조절을 담당하게 하였다.
㉣ (라)의 결과, 수공업자들이 상인 자본에 지배되거나 의존하는 경향이 심화되었다.

① ㉠㉢ ② ㉠㉣ ③ ㉡㉢
④ ㉡㉣ ⑤ ㉢㉣

해설 및 정답

25 정답 ① ·· (2007. 제3회 2급)

① B : 견직물·서적·약재·도자기, D : 모피·말 등이 수입되었다.

조선전기 대외무역 국내의 상업과 마찬가지로 대외무역 역시 엄격히 제한. 중국에 대해서는 조공무역과 사신의 수행원에 의한 사무역이 행하여졌고, 일본과는 왜관무역.

1) **교역품** 중국 무역에 있어서 수출품은 대개 생활필수품인데 반하여 수입품은 주로 특권층을 위한 비단 등 사치품이 대부분.
2) **팔포무역** 중국 사행 수행 역관의 순번 근무에 대한 배려로 역관 여비로 쓰기 위해 홍삼 80근(8포)의 무역을 허용한 역관무역. 세종 때는 1포만 허용했으나 광해군 때 와서는 8포까지 허용.
3) **대 야인 무역** 경원·경성에 무역소를 두고 포·농구·소금·곡물·종이와 모피·말 등을 교역
4) **대 왜인 무역** 삼포 개항 후 부산포(동래)·염포(울산)·제포(진해) 등의 왜관에서 불상·동·연·유황과 면포·미곡 등이 교역.
5) **동남아시아와의 교역** 류큐·샴·자바와 교역하였고, 특히 류큐(오키나와)와 교역이 활발하였는데 불경, 유교 경전, 범종, 부채 등을 전해 주어 류큐의 문화 발전에 기여.

26 정답 ⑤ ·· (2007. 제3회 2급)

(가) 통일신라기, (나) 고려 후기, (다) 조선 전기, (라) 조선 후기의 경제활동이다. ㉠ 관리가 아니라 토착세력인 촌주가 통제, ㉡ 농상집요는 우리의 고유 농서가 아니라 중국 원대의 농서로 충정왕 때 이암이 가져왔다.

(가) **통일신라의 촌주** 1) **5·4두품** 국가는 촌주를 통하여 촌락을 통제하였는데, 촌주는 왕경인이 아니었으나, 흥덕왕 때(834) 지방민 회유 차원에서 왕경인의 5두품 진촌주(眞村主)과 4두품 차촌주(次村主)에 해당하는 신분적 특권. 그러나 정치적 출세나 일상생활에서 제약. 2) **나말의 촌주** 반(半) 독립적 세력을 형성하여 지방호족이 되어 반(反) 신라적 경향. 3) **발해의 수령** 신라 촌주와 유사한 세력으로 발해에는 수령(首領)이 있어 촌락을 지배.

(나) **고려 후기 농업** 우경에 의한 깊이갈이(심경법)이 일반적으로 행해져, 휴경 기간이 단축되고 시비 효과가 있었으며, 밭에서 2년 동안 조·보리·콩을 번갈아 재배하는 2년 3작의 윤작법과 휴한농법이 확립. 농업 기술 전반에 영향을 줄 만한 발전은 없었고, 재배 품종도 전시대와 별다름 없는 5곡(벼·보리·콩·조 또는 피·기장)과 파·마늘·생강 등의 채소류였고 시비법으로 가축의 분뇨를 사용하고, 콩과 작물을 심은 뒤 갈아엎어 비료로 사용하는 녹비법 등이 시행되었고 또 풀이나 나무를 불태워 그 재를 거름으로 이용. 고려는 독자적 농서 편찬은 없었고 전기에 중국의 범승지서, 중기에 손씨잠경이 도입되었고, 충정왕 때 이암이 원의 「농상집요」를 가져왔고, 공민왕 때 강시와 김주 등이 이를 간행하여 널리 보급. 또 중국 강남농법인 시비법도 전래되어 연작법이 이루어졌고 고려 말에는 남부지방 일부에 이앙법이 보급. 이처럼 당시 신진사대부들은 중국의 선진 농업을 도입하는 등 농업 기술 혁신에 관심을 가지고 있었다.

> **목면 재배** 공민왕 때 문익점이 목화씨를 전래하여(1363) 베·모시·명주뿐이던 우리나라 의생활에 큰 변화를 가져오게 되었다. 정천익과 정문래에 의해 경남 산청군 단성면 사월리에서 재배되었고, 원의 승려 홍원에게 실을 뽑고 무명을 짜는 기술을 배웠고 물레도 제작되어 3년의 시험 끝에 무명 1필을 만들었다. 마포에서 면포로의 변화는 의생활혁명일 뿐 아니라 선박의 돛이 종래 짚에서 면포로 바뀌어 선박의 속도가 빨라지게 되었고(산업혁명), 후일 면포는 현물 화폐로도 사용.

(다) **경시서** 물가 조절을 위하여 고려 문종 때 처음 설치. 고려시대 이래 시전 감독, 물가 조절, 세금 감독, 난전 방지, 도량형 검사 등의 기능. 조선 세조 12년(1466)에 평시서로 개칭되었고 정조 때 혁파를 시도했으나 실패하였고 갑오개혁 때 혁파.

(라) **선대제 수공업**(17~18세기 전반) 수공업 분야에서 선대제(先貸制)가 나타났는데, 이는 유수원의 「우서」에서도 주장. 국가에 수공업품을 생산·조달하는 상인이 물주(자본주)로서 수공업자에게 원료와 공전을 선대(先貸)해 주고(putting-out system) 제조된 물품을 사들여 국가에 다시 팔았다. 특히 종이·화폐·철물 등 고가품의 제조 분야에서 나타난 자본가와 임노동자의 초기적 관계로 자본주의의 맹아.

27. 다음은 울산 호적을 분석한 표이다. 이 표에서 알 수 있는 사회 문제를 해결하기 위한 대책으로 보기 어려운 것은? [2점]

(단위 : %)

시기	양반호	상민호	노비호
1729	26.29	59.78	13.93
1765	40.98	57.01	2.01
1804	53.47	45.61	0.92
1867	65.48	33.96	0.56

① 영조 때 균역법을 실시하였다.
② 정조 때 신해통공을 단행하였다.
③ 영조 때 노비종모법을 확정하였다.
④ 흥선 대원군은 호포제를 실시하였다.
⑤ 순조 때 공노비 6만여 명을 해방시켰다.

28. 다음은 개항 이후 전개된 민족 운동의 흐름을 정리한 것이다. (가)에 들어갈 내용의 근거로 적절한 것을 〈보기〉에서 고른 것은? [2점]

	개화 자강 운동	위정척사 운동	동학 농민 운동
주체	개화 지식인	보수적 유생	일반 농민
성격	반봉건적	반외세적	(가)
전개	갑신정변 → 갑오개혁 → 독립 협회 활동 → 애국 계몽 운동	항일 의병 운동으로 계승	

━━━━━━ 보 기 ━━━━━━
㉠ 노비 문서는 불태워 버릴 것.
㉡ 왜적과 통하는 자는 엄징할 것.
㉢ 규장각과 혜상공국을 폐지할 것.
㉣ 민법과 형법을 명확하게 제정할 것.

① ㉠㉡   ② ㉠㉢   ③ ㉡㉢
④ ㉡㉣   ⑤ ㉢㉣

27 정답 ② ·· (2007. 제3회 2급)

① 양반호의 증가로 군포 수입이 줄자 일부 상류층에게 군포 징수, ② 신해통공은 6의전을 제외한 금난전권 철폐로 신분제 동요와는 관계없고, ③ 아버지가 노비이고 어머니가 양인일 때 어머니를 따라 신분이 양인이 되어 군역 자원 확보, ④ 양반호에게도 군포 부담, ⑤ 노비호의 실질적 소멸로 공노비를 해방시켜 양인을 만들었다.

양반 증가의 원인 19세기를 전후해 양반의 인구는 점차 늘어나고, 상민과 노비의 인구는 줄어드는 경향. 부를 축적한 농민들은 지위를 높이기 위하여, 또는 역(役)의 부담을 모면하기 위하여 양반의 신분을 사거나, 족보를 위조하여 양반 신분에 오르는 경우가 많았기 때문. 양반들은 4조 안에 현관(顯官)이 있어야만 양반을 유지하기 때문에 족보·서원·사우·묘비 등을 통해 현조(顯祖)를 드러내려고 비리를 자행.

신분제 동요의 원인 상품화폐경제의 발달, 경제 체제의 변화에 의해서 부의 축적이 가능.

1) **합법적(정책적) 방법** ① 납속책, ② 납전속량(納錢贖良), ③ 공노비 해방(1801), ④ 군공(軍功), ⑤ 대구속신(代口贖身), ⑥ 노비공파법(奴婢貢罷法), ⑦ 노양처소생종모종량법(奴良妻所生從母從良法), ⑧ 공명첩(空名帖) 등.

> **노양처소생종모종량법(奴良妻所生從母從良法)** 현종 10년(1669)에 처음 실시되어 붕당정치의 주도권에 따라 존폐를 거듭하다가(1679 : 환천, 1684 : 종량, 1689 : 환천) 영조 7년(1731)에 군역자원 확보책으로 노양처소생종모법이 불변의 법으로 실시되면서 지금까지의 종모법이 모(母)의 신분에 관계 없이 일천즉천법(一賤卽賤法)을 적용한 데 비해 모의 신분이 양인이면 양인. 대해 서인은 찬성하였으나 남인은 반대. 이 제도 실시 이후 영조 때(1764) 장례원을 폐지하여 보민사(保民司)로 개칭하였고, 정조 때(1778) 공노비 색출을 위해 마련한 노비추쇄법을 혁파.

2) **비합법적 방법** ① 모속(冒屬) 또는 모칭유학(冒稱幼學), ② 노비 도망의 반노(叛奴), ③ 환부역조(換父易祖)의 족보 위조, ④ 매향(賣鄕)이라 하여 유생을 사칭하여 향안에 등재, ⑤ 투탁(投托) 또는 두탁(頭托)으로 양반의 족보에 끼워 넣기, ⑥ 통혼, ⑦ 홍패 위조 등.

3) **특징** 자연 증가가 아니라 사회 이동(social mobility)의 현상이었고, 양반호의 급격한 증가로 양반의 권위가 실추되었으며, 평민호가 감소로 국가의 기반이 흔들렸다. 또 노비호의 실질적인 소멸로 중세 석인 신분 체제가 와해.

⑤ **노비의 지위 향상** 도망, 전공(戰功), 납속, 양인과의 결혼 등으로 평민화 경향.
   1) **공노비 해방**(1801, 순조) 국방상·재정상의 이유로 공(내시)노비(납공하는 내(왕실)노비와 시(중앙관청)노비) 6만 6,000여 명을 해방시켰다. 공노비는 사노비에 비해 면천이 유리.
   2) **노비세습제 금지**(1886, 고종) 공·사노비의 매매를 금지하고, 사가노비절목(私家奴婢節目)을 반포하여 노비간 소생이 노비가 되지 않게 하였다.
   3) **사노비 해방**(1894, 고종) 갑오개혁 때 공·사노비제도가 폐지되고, 노비 매매가 금지.

28 정답 ① ·· (2007. 제3회 2급)

ⓒ 갑신정변 당시 개화당의 개혁안, ⓔ 갑오개혁 당시 홍범14조의 내용이다.

갑오동학농민전쟁의 성격·실패 원인

1) **반봉건적 성격** ① 정치면 : 봉건적 정치체제의 타파(탐관오리와 불량한 양반의 응징, 횡포한 부호의 징벌), 민씨정권의 퇴진과 대원군의 섭정을 요구. ② 사회면 : 신분제도의 폐지와 천민의 해방, 동학교도의 복권 등을 주장. ③ 경제면 : 삼정의 개혁과 고리채의 무효화, 지주전호제의 개혁과 평균분작의 실시, 도고·전운소(사)의 혁파, 백지징세의 근절, 외국 상인의 활동을 개항장으로 제한할 것 등을 주장.

2) **반제국주의적 성격** 미곡의 일본 유출 금지, 일본 상인의 폐해 제거 및 일본 세력의 축출을 주장.

3) **실패 원인** ① 일본군의 압도적인 무력 ② 친일 개화파의 탄압 농민들을 개혁을 뒷받침할 수 있는 세력으로 보지 않고 적대세력으로 간주하여 탄압. ③ 동학사상의 한계 : 동학은 중세 말기의 개벽사상은 될지언정 근대사회를 설계할 만한 이념적인 토대로는 한계. ④ 국제 정세에 무지 : 당시 모든 정치세력이 안고 있는 문제점이지만 농민군 역시 국제정세에 대해 무지. ⑤ 농촌사회의 역량 분산 : 일차적인 적대세력이 될 수 없는 지주·부호·양반 등 향촌사회의 유력자까지 공격하여 농촌사회의 역량을 분산.

29 다음은 조선 후기 붕당의 학풍을 설명한 것이다. 이와 연관된 서술로 타당한 것은?

[2점]

> (가) 조식의 학통을 이었으며, 특히 절의를 중시하여 임진왜란 중에 정인홍, 곽재우와 같은 의병장을 많이 배출하였다.
> (나) 학문의 본원적 연구를 중시하는 이황의 학통을 내세웠는데, 정계에서보다는 향촌 사회에서 그 영향력이 컸다.
> (다) 송시열을 중심으로 이이의 정통 학통을 계승하였다고 자부하였으며, 보수적이고 강경 정책을 취하였다.
> (라) 윤증의 학통을 이었으며, 이황의 학설에도 호의를 보이는가 하면 이이에 대해 비판적이기도 하여 성리학의 이해에 탄력성을 보여 주었다.

① (가)는 실리보다 명분을 중시하여 친명 배금 정책을 추진하였다.
② (나)는 현종 때 예송 논쟁을 계기로 몰락하여 지방 세력화되었다.
③ (다) 가운데 일부 학자들이 중농적 실학 사상을 발달시켰다.
④ (라)의 학자 가운데에서 18세기 강화학파가 형성되었다.
⑤ (가)와 (나)는 기호학파에서, (다)와 (라)는 영남학파에서 분화되었다.

30 다음의 글과 도판에 관련된 설명으로 옳지 않은 것은?

[3점]

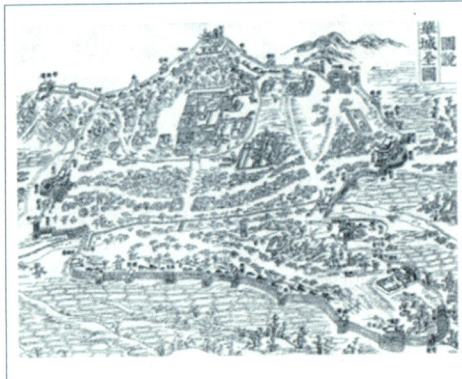

200여 년 전 정조대에 건설되어 지금껏 화려하고도 웅장한 자태를 과시하고 있는 화성은 우리 민족 문화의 위대한 금자탑의 하나이다. 정조의 노후 거처로 설계된 대규모 행궁과 이를 옹위하는 화성 성곽, 그리고 서울에 버금가는 대도시를 지향하며 그 자족적 발전을 뒷받침하였던 도시 기반 시설과 생산 기반 시설의 설치, 수준 높은 도시 조경 사업 등은 화성 신도시를 선진적인 꿈의 도시로 탄생시켰다.
<정조의 화성 건설과 산업 진흥책>

① 화성 신도시 건설은 1789년에 사도 세자의 묘소를 수원부 읍치(邑治)가 있던 화산 아래로 이장하면서 비롯되었다.
② 화성 건설 공사에는 경기도의 농민들을 강제로 부역 동원하였으며, 공사가 끝난 후에는 '화성성역의궤'를 편찬하였다.
③ 행궁, 향교, 사직단과 장용영의 외영(外營)을 설치하여 서울을 방어하기 위한 남방 요새지의 구실을 하게 하였다.
④ 만석거와 대유둔전 등의 모범적인 수리 시설과 국영 농장을 설치하고 대도시의 조성과 상공업 진흥에 노력하였다.
⑤ 화성 성역의 건설 사업은 정조 18년(1794) 정월에 시작되어 불과 34개월 만인 정조 20년(1796) 10월에 일단 마무리되었다.

해설 및 정답

29 정답 ④ ··· (2007. 제3회 2급)

(가) 북인, (나) 남인, (다) 노론, (라) 소론의 학풍이다. ① 중립외교 추진, ② 예송논쟁 기간은 서인과 남인의 공존기간, ③ 중상학파(북학파), ⑤ (가)(나)는 동인(영남학파)에서, (다)(라)는 서인(기호학파)에서 분화되었다.

- (가) **북인** 서경덕과 영남학파 중에서 현실을 직시하는 노장사상에 포용적이고 현실을 직시하며 실천을 강조하는 조식의 학통을 이었으며, 특히 절의를 중시하여 정인홍(鄭仁弘)·곽재우(郭再祐)와 같은 의병장이 많이 배출
- (나) **남인** 이황의 학통을 내세웠는데, 중앙 정계에서 보다는 향촌사회에서 영향력.
- (다) **노론** 송시열을 중심으로 하는 노론은 남인에 대한 강경파로 이이의 학통을 정통으로 이었다고 자부.
- (라) **소론** 윤증을 중심으로 한 소론은 남인에 대한 온건파로 성혼의 사상을 바탕으로 이황의 학설에도 호의를 보이고, 반면 이이에 대하여 비판적이기도 하였으며 양명학과 노장사상을 수용하는 등 성리학의 이해에 탄력성을 보임. 윤증은 "군주 없이 백성은 존재할 가치가 있으나 백성 없이 군주는 존재할 가치가 없다"고 주장.

> **중농학파**(경세치용학파·전기 실학파·성호학파·근기남인학파) 주로 경기도 남인 학자들이 경세치용(經世致用)의 제도 개편을 주장하였고, 농업을 중시하면서 토지의 분배를 통하여 민생 안정과 부국강병을 모색.
>
> **중상학파**(이용후생학파, 북학파, 후기 실학파, 연암학파) 18세기 후반에 크게 발달한 상공업과 청·서양 문화의 영향을 받았으므로 북학파라 하며, 서울의 도시적 분위기에서 성장하였고, 중국 여행의 경험이 많은 <u>노론 집권층 중 낙론 계열에서 다수 배출</u>. 사실 강희·옹정 연간을 거치면서 청의 국력이 더욱 강화되면서 이론과 현실의 괴리에서 청은 더 이상 타도·배척의 대상이 아니라 존경·배움의 대상이라는 인식이 조선 사회에 광범위하게 확산되고 있었다. 이들은 상공업 진흥뿐만 아니라 농업 기술 혁신에도 관심을 가졌는데, 이는 당시 중세 농경사회에서 상공업사회로의 전환을 반영.

30 정답 ② ··· (2007. 제3회 2급)

② 공사에 동원된 장인과 농민에게 품삯(일당)이 지불되었고, 장인의 종류·성명·종사일수 등을 기록한 공장(工匠) 항목이 화성성역의궤에 수록되어 있다.

화성(수원성, 1794.1~1796.10의 34개월 소요) 천도의 일환으로 계획도시가 추진되었으며 종래의 성곽과는 달리, 화포를 배치하여 적을 공격할 수 있도록 석재와 벽돌을 섞어 건축한 전투용 성곽. 공학상으로도 견고할 뿐만 아니라, 우리나라의 전통적인 성곽양식의 장점을 살려서 축조한 조선중화주의를 상징하는 건축물인데 성곽의 4대문인 팔달문·장안문·창룡문·화서문 등은 다른 크기의 규모로 만들어졌다 (1997년 UNESCO 선정 세계문화유산). 정약용은 정조가 내려준 J. Terrenz의 「기기도설(奇器圖說)」을 참조하여 거중기·활차·녹로·유형차 등을 만들어 인적·물적 자원을 아꼈다. 당시 공사에 관련된 경비와 인력·기계·물자 등을 기록한 축성일지인 「화성성역의궤」가 전해지고 있다. 수원에 유수부를 설치하였고(수원 유수 : 채제공), 당시 동원된 장인과 농민에게 품삯을 지불하였고 한양과 화성을 오가는 신작로(新作路)를 개수·신설.

④ **정조** 수원 부근에 대유둔전이라는 국영 농장을 설치하여 화성 경비에 충당하고, 만석거와 만년제 등 수리 시설을 개선

> **정조의 수리 정책** 정조대에 제언·천방에 의한 수리시설의 확장은 한계에 부딪혀 서호수의 건의로 서양 수차인 용미차를 이용하여 대천수를 끌어 올려 사용 그리고 저수지 독점 규제 규칙인 제언절목과 벌목 규제의 산림 보호 규칙인 송금절목 등이 제정.
>
> **18세기 말 대표 저수지** 수원 서호(축만제)·만석거·만년제, 김제 벽골제, 당진 합덕지, 연안 남대지

31 다음은 우리 나라 불교 발전을 시기별로 정리한 표이다. (가)와 (나) 시기의 공통점으로 옳은 것은? [2점]

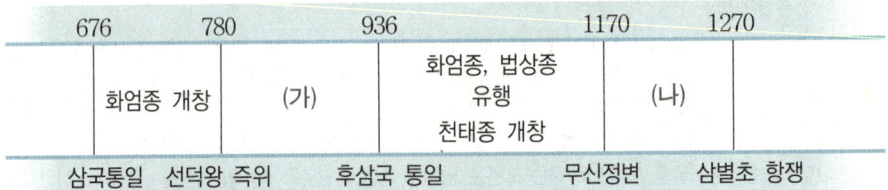

① 선종이 발전하였다.
② 대규모로 대장경이 조판되었다.
③ 교종과 선종의 통합 운동이 추진되었다.
④ 불교계의 개혁을 위한 결사가 조직되었다.
⑤ 귀족과 왕실을 중심으로 불교가 발전하였다.

32 다음 시기의 의병 활동에 대한 설명으로 볼 수 없는 것은? [2점]

> 항일 의병 투쟁은 1907년 8월, 군대 해산을 계기로 새로운 전기를 맞았다. 일제는 헤이그 특사 사건을 구실로 삼아 고종을 강제 퇴위시키고 대한 제국 군대마저 해산시켰다. 해산 조치에 항거하여 시위대 제1연대 제1대대장 박승환은 스스로 목숨을 끊었다. 박승환의 자결 소식이 전해지자 서울 시위대가 봉기하였다. 이어서 원주, 홍천, 충주, 강화도 등 지방 진위대가 동조하였다. 해산당한 군인들은 의병에 많이 가담하였다. 이에 따라 의병 항쟁은 본격적인 전쟁의 양상을 띠면서 전국으로 확산되었다.

① 평민 출신 의병장이 다수 등장하였다.
② 의병 부대의 계층 구성이 더욱 다양해졌다.
③ 의병의 전투력이 이전 시기보다 강화되었다.
④ 전국의 의병들이 연합하여 서울 진공 작전을 시도하였다.
⑤ 신돌석, 홍범도 등의 주도로 13도 연합 의병이 결성되었다.

31 정답 ① ··· (2007. 제3회 2급)

① (가) 신라 말, (나) 고려무신정권기인데, (가) 선종9산이, (나) 조계종이 발전하였다. ② 대장경 조판은 고려시대 들어와서 나타났고, ③④ 조계종과 정혜결사(수선사), ⑤ 교종에 대한 설명이다.

(가) **나말 선종9산문의 성립** 중앙 귀족들이 분열하여 싸우고 있을 무렵, 지방에서는 호족세력이 일어나고 있었는데, 선종의 각파들은 이러한 지방의 호족세력과 관계를 가지고 각 지방에 본거지를 두고 선종 9산문이라는 여러 종파를 성립. 최초의 본산은 도의가 개창한 가지산문이고, 마지막 본산은 왕건의 스승인 이엄이 개창한 수미산문. 선종의 개조자들은 대개가 6두품·지방호족들로 처음에는 대체로 화엄사상을 습득하였고, 특히 무염·범일의 경우는 진골 혈통이었으나 6두품으로 강등.

(나) **고려무신정권기 불교** 교종 중심의 사원은 무신정변 이후 문신의 피난처가 되는 한편, 무신정권과 자주 충돌. 이 무렵 선종 계통을 통합한 조계종이 발전을 하자, 최씨정권은 현실 참여의 교종·천태종보다도 속리수행(俗離修行)의 조계종이 자신들의 독재정치와 마찰을 피할 수 있다고 보았고 천태종에 대항해 정책적으로 조계종을 후원해 최충헌과 지눌이, 최우와 혜심이 연계.
조계종 조계종은 선종의 우리나라 명칭으로 왕실 및 문신귀족과 결탁한 세속적인 불교를 배척하며 정혜쌍수·돈오점수·선교병수·선교일원·선오후수 등의 수행법을 주장하여 교리상 커다란 발전. 조계종의 성립 배경에는 원효 이후 의천의 종파 통합의 역사적 경험과 배경이 작용하였으며, 조계종은 산간불교로 간화선 등 심성의 도야를 강조하였고, 혜심은 불교에서 성리학(불교 선종＋유학)으로 넘어가는 과도기적 역할도 수행.

32 정답 ⑤ ··· (2007. 제3회 2급)

사료는 군대 해산 이후의 의병항쟁으로 정미의병이다. ⑤ 이인영의 13도 창의군 대장에 미천한 출신인 신돌석과 홍범도는 제외되었다.

정미의병(1907) − 격화(전쟁), 항일구국전쟁 ① **군대 해산** 고종의 강제 퇴위와 군대 해산(1907) 이후 의병전쟁이 격화. ② **해산군대의 의병합류** 원주·진주·홍주 진위대, 강화 분견대 연기우 등이 가담하여 전투체제가 정비. ③ **평민 의병장의 확대** 유생·군인·농민 등이 모두 참여. 평민 의병장의 수가 점차 많아졌다. 경북지방의 신돌석, 함경도 산포수 출신의 홍범도·차도선, 황해·경기도 일대의 김수민 등. ④ **호남의병의 고양** : 조선 후기 이래 사회·경제 모순이 극심하였고, 개항 이후 일본인의 경제침탈이 극심하여, 호남평야와 영산강 일대에 일본인 농장이 집중적으로 분포됨에 따라 호남지방의 의병활동이 폭발적으로 고양. 임실의 전해산(전기홍, 호남 동의단 결성)·이석용, 함평·장흥의 심남일, 보성의 안규홍(동소산 머슴새), 장성의 기우만·기삼연, 구례의 고광순 등. ⑤ **함경도·평안도의 의병활동 부진** 중앙정부의 인재 등용 거부, 중앙 문화의 보급 지체, 기독교의 확산 등으로 계몽운동 주력.

1) **의병의 전국적 확대** ① 13도 창의군 : 관동창의대장 이인영의 전국 의병 연합 격문에 따라, 13도 창의대진소가 결성되고, 13도 창의군이 모집. ② 서울진공작전 : 1907년 12월 말, 총대장 이인영, 군사장 허위로 하여 약 1만 명이 양주에 모여 1908년 1월 동대문 밖 30리까지 진격. ③ 13도 의군 : 유인석은 서울 탈환의 무모성을 지적하고 연해주로 건너가서 고종에게 아령파천을 권하며 망명정부 수립을 시도하고 13도 의군을 조직(1910). 2) **남한 대토벌작전** 일본군의 호남의병 초토화 작전인 교반작전으로 살광(殺光)·탈광(奪光)·소광(燒光) 등의 3광작전 전개되자(1909. 9∼11) 국내의병활동은 유격전술로 전환되어 일부는 간도·연해주로 이동. 3) **성원호소문 발송** 서울 주재 각국 영사관에 의병을 국제법상의 교전 단체로 승인해 줄 것을 요구하는 서신을 발송하여, 스스로 독립군임을 내세웠으나 외교권 박탈로 국제적 지원을 받지 못하였다. 4) **국내진공작전** 홍범도·이범윤·이진룡·안중근 등이 지휘하는 간도·연해주 일대 의병을 중심으로 전개. 5) **항일 의거** 의병으로 활약하던 한국의군 참모중장 안중근은 만주 하얼빈역에서 한국 침략의 원흉인 이토 히로부미를 사살(1909.10.26). 6) **1915년까지 지속** 국내 의병전쟁은 1915년까지 지속되어 일제 무단통치의 근거가 되었는데, 1914년 5월 임병찬의 독립의군부가 검거되었고, 1915년 7월 평안도 성천에서 마지막 의병장인 채응언 체포.

> **사상적 한계** ① 유인석이 원군 요청에 거절당한 김백선이 양반 안승우에게 칼을 들이 대자 양반에게 대든다는 양반불경죄로 평민 의병장 김백선 처형(1896.3). ② 이인영의 13도 창의군 대장에 미천한 출신인 신돌석과 홍범도는 제외되었고, 이인영이 부친상을 당해 "나라에 대한 불충은 어버이에 대한 불효요, 어버이에 대한 불효는 나라에 대한 불충이다. 그러므로 나는 3년상을 치른 뒤 다시 의병을 일으켜 일본을 소탕하고 대한을 회복하겠다."라고 하며 낙향함(1909. 7).

33 다음은 국권 피탈기를 살았던 어느 인물의 회고이다. 이 인물이 경험할 수 있었던 사실을 〈보기〉에서 고른 것은? [1점]

> 나는 일제가 만주국이라는 허수아비 국가를 앞세워 만주를 집어삼킬 무렵에 서울에서 태어났단다. 참 한국 사람으로 살아가기가 어려운 시절이었지. 지금 초등 학교를 그 때에는 소학교라고 했는데, 내가 직접 겪었던 일 한 가지가 기억이 나는구나. 수업 시간 중에 일본인 담임 교사가 나를 불러 내더니 다짜고짜 두들겨 패기 시작하더군. 천황 폐하께 충성을 다하지 않는 놈이라면서 말이야. 난 천황이고 뭐고 본 적도 없는데, 충성 어쩌고 하는 그 일본인 선생 말이 도대체 이해가 되지 않았어. 그 이튿날 어머니가 학교로 불려갔었지. 나중에 들은 얘긴데, 일본인 교사는 내 이름을 일본식으로 고치라고 강요하더래. 할 수 없이 고쳤지. 안 맞고 학교 다니려면 그 수밖에 없었어.

보기
㉠ 학교에서 조선어를 필수 과목으로 배웠다.
㉡ 상급 학교에 진학하여 6·10 만세 운동에 가담하였다.
㉢ 동네 형들이 징용이나 징병으로 끌려가는 것을 목격하였다.
㉣ 금속 제품을 모두 공출당하여 나무 그릇에 밥을 담아 먹었다.

① ㉠㉡ ② ㉠㉢ ③ ㉡㉢
④ ㉡㉣ ⑤ ㉢㉣

34 다음은 1920년 매일신보에 보도된 기사이다. 이를 통해 대한 독립단의 활동에 관해 추론할 수 있는 것은? [2점]

> 지나 유하현에 본거지를 두고 있는 도총재 박장호, 부총재 조맹선, 총단장 김기한 등이 영솔한 독립단은 종래 평안 북도 강안 일대에 출몰 횡행하던 중인데 본년 4월 이래로 그 독립 지단(支團)을 각 도에 설치하고 조선 내지에 있는 청년회를 합하여 전선(全鮮) 일치로 일제히 무력 운동을 일으킬 계획을 하고 이미 평안 남도에서 착수하여 점차로 각 도에 미치고자 하는 것을 동도(同道) 제삼부에서 탐지하고 9월 3일에 간부 이발영 외 16명을 검거하여 무서운 음모를 발견 방지하고, 동월 19일 취조를 마치고 그 사건을 관할 검사국에 보내었다더라.

① 중국군과 연합 작전을 수행하였다.
② 실력 양성론에 입각하여 활동하였다.
③ 사회주의의 영향을 받고 활동하였다.
④ 국내 진공 작전을 통하여 일제를 축출하려는 계획을 가지고 있었다.
⑤ 안창호, 이승만 등과도 긴밀한 연락 체계를 갖추고 있었을 것이다.

33 정답 ⑤ ·· (2007. 제3회 2급)

자료에 나타난 시기로 1932년에 이 인물이 태어났으니까 1930년대 후반과 1940년대 중반의 사실을 찾으면 된다. ㉠ 선택과목, ㉡ 1926년에 발발, ㉢ 징용은 1939년, 징병은 1943년의 사실, ㉣ 1940년 이후 공출제도가 시행되었다.

만주국 만주 사변을 일으킨 일본은 1932년 1월에 장량의 중국군을 무찌르고 진저우를 점령하고 만주국 구상을 계획. 국제연맹에서는 중국의 리튼 조사단을 파견하였으나 리튼 조사단이 도착하기도 전에 1932년 3월 1일 만주국 수립을 선포. 1932년 9월에 일만의정서를 조인해 일본이 만주국을 정식으로 승인했으며, 이어 독일, 이탈리아, 교황청, 스페인, 헝가리 등 8개국이 정식으로 만주국을 승인. 만주국의 실세는 관동군 사령관, 경제는 일본의 남만주철도주식회사가 맡았다. 만주국은 일본의 꼭두각시 나라가 되어 제2차 세계대전 중에도 명맥을 유지하다가 1945년 8월 8일 소련의 침공으로 붕괴.

㉠ **신교육령**(제3차 조선교육령, 1938.3) 중일전쟁 이후 조선어를 선택과목으로 바꾸어 교과목에서 폐지하고 조선어 사용시 벌금·체벌이 가해지고 때로는 정학 처분. 이에 따라 우리말 교육, 우리의 역사교육을 일절 금지, 내선일체, 황국신민서사 암송, 학교 명칭을 일본식으로 고쳐 보통학교를 소학교로, 고등보통학교를 중학교로, 여자고등보통학교를 고등여학교로 개칭.

㉡ **6·10 만세 운동**(1926) 전문학교 학생과 사립 고등보통학교 학생(조선학생과학연구회, 1925년 7월), 사회주의계(제2차 조선공산당)에 의해 각각 추진. 순종의 인산 당일, 일제의 삼엄한 경비 속에서 행사에 참여하였던 학생들은 격문을 살포하고 독립만세를 외침으로써 대규모의 군중시위운동을 전개. 이후 각급 학교에 항일결사가 조직되어 동맹휴학 투쟁이 더욱 치열하게 전개되어 이 사건 이후 민족주의계열과 사회주의계열의 대립과 갈등을 극복하는 계기가 되어 민족유일당 운동이 전개.

> **6·10 만세운동의 격문** 조선 민중아! 우리의 철천지 원수는 자본 제국주의의 일본이다. 이천만 동포야! 죽음을 각오하고 싸우자! 만세 만세 조선독립 만만세!

34 정답 ④ ·· (2007. 제3회 2급)

① 한국독립군과 소선혁명군, 조선의용군 등이 중국군과 연합작전 수행, ② 무장투쟁론에 입각, ③ 왕정복고의 복벽주의 입장, ⑤ 민족주의 우파에 대한 설명이다.

대한독립단(1919) 박장호·조맹선 등 유인석 문인 의병장 출신들이 복벽주의를 표방하며 서간도에서 조직한 1천 5백명의 군단으로 국내진공작전을 계획하였고, 대한청년단연합회와 합하여 광복군총영으로 개편(1920)하여 임정 산하 군단이 되었다.

광복군총영(1920) 남만주에서 임시정부의 광복군 사령부(1920)를 개편하여 오동진이 중심이 되어 조직한 것으로, 공화주의를 표방하며 국내외의 적 기관 파괴활동.

> **복벽주의 입장** 3·1운동을 계기로 대한제국 부활의 복벽운동(復辟運動)이 도태
> 1. **대한독립의군부**(1912) 임병찬이 고종의 밀조를 받아 전라도 지방의 유생과 의병 출신을 중심으로 전국적으로 조직을 갖추고 복벽주의 지향의 국권회복운동을 전개. 1914년 일본 총리대신과 조선총독에게 국권 반환 요구서를 제출하다가 조직이 발각.
> 2. **민단조합**(1918) 이동하·이은영 중심의 유생 출신이 주도하여 군자금을 모집하고 복벽주의 운동을 전개.

① **한·중 연합군의 활약** 만주사변 후 일부 독립군은 일본세력에 반대하는 중국군과 한·중 연합군을 결성하여 항전하였다. 이들은 국적을 따지지 않고 능력에 따라 항일 공작을 분담하였고, 중국 본토로 들어간 독립군은 후일 광복군으로 활동.
  1) **한국독립군**(지청천) 중국호로군과 연합하여 쌍성보(1932. 9~11)·경박호(1933.1)·동경성(1933.3)·사도하자(1933.4)·대전자령(1933.6, 가장 큰 전과)·동녕현성(1933.9) 등지에서 일·만 연합군과 전투.
  2) **조선혁명군**(양세봉) 중국의용군과 연합하여 영릉가(1932.3)·흥경성(1933.3) 등지의 전투에서 일본군을 크게 격파.

② **실력양성론** 즉각적인 독립론이 좌절되면서 민족주의 진영에서 독립을 위한 전제로 실력양성론이 대두. 신민회의 안창호, 민족주의 우파의 기회주의·개량주의

35 다음은 서양인 선교사 마틴이 간도의 용정에서 약 20km 떨어진 장암동과 그 밖의 두 마을을 조사하고 기록한 것이다. 이 글과 관련된 사건과 가장 거리가 먼 것은? [2점]

> 촌락은 차례차례 매일 조직적으로 소각당하고 청년들은 사살되었다. 장암동에서는 높이 쌓아올린 곡물에 방화하고 촌민들에게 집 밖으로 나올 것을 명령하였다. 촌민들이 밖으로 나오면 늙은이든 어린이든 눈에 띄는 대로 사살하였다. 총알을 맞고도 죽지 않은 사람은 짚을 덮고 불로 태웠다. 새로 만든 무덤을 세어 보니 31개였다. 다른 두 마을을 방문하였다. 우리들은 불탄 집 19채와 무덤 또는 시체 36구를 목격하였다. 용정에 돌아오니 일본 병사들은 술에 취해 있었다.

① 1920년 가을에 일본군은 간도 지방의 동포들을 잔혹하게 살해하고 마을을 초토화하였다.
② 봉오동 전투에서 패배한 일본군은 간도 침략의 구실을 만들기 위해 훈춘 사건을 조작하였다.
③ 이 무렵, 만주 지역의 여러 독립군 부대들은 만주와 연해주의 접경 지대에 있는 밀산부로 이동하였다.
④ 밀산부에서 대한 독립군단을 결성한 독립군들은 러시아 영토로 넘어가 일본군에 대한 항전을 계속하였다.
⑤ 러시아의 블라디보스토크에서 이상설, 이동휘 등이 중심이 되어 대한 광복군 정부를 수립하였다.

36 다음의 (가) ~ (라)는 8·15 광복 이후 우리 나라 현대사의 중요한 고비에서 발표된 글들이다. 발표된 순서대로 바르게 나열한 것은? [2점]

> (가) 1) 조선을 독립시키고 민주주의 국가로 발전시키는 동시에, 가혹한 일본의 조선 통치 잔재를 빨리 청산하기 위해 조선에 임시 민주주의 정부를 수립한다.
>   2) 조선 임시 정부 구성을 위해 미·소 공동 위원회를 설치한다.
> (나) 나는 통일된 조국을 건설하려다 38도선을 베고 쓰러질지언정 일신의 구차한 안일을 취하여 단독정부를 세우는 데는 협력하지 아니하겠다.
> (다) 이제 우리는 무기 휴회된 공동 위원회가 재개될 기색도 보이지 않으며, 통일 정부를 고대하나 여의치 않게 되었으니, 남쪽만이라도 임시 정부 혹은 위원회 같은 것을 조직하여 38도선 이북에서 소련이 철퇴하도록 세계 공론에 호소하여야 될 것이니, 여러분도 결심하여야 될 것이다.
> (라) 제1조 - 북위 38도선 이남의 조선 영토와 조선 인민에 대한 통치의 모든 권한은 당분간 본관의 권한하에 시행한다.
>   제4조 - 주민의 재산권은 이를 존중한다. 주민은 본관의 별도 명령이 있을 때까지 일상적인 직무에 종사하라.
>   제5조 - 군정 기간 동안 영어를 모든 목적을 위해 사용하는 공용어로 한다.

① (가) - (나) - (다) - (라)
② (나) - (다) - (가) - (라)
③ (다) - (라) - (가) - (나)
④ (라) - (가) - (다) - (나)
⑤ (라) - (나) - (가) - (다)

35 정답 ⑤ ··· (2007. 제3회 2급)

사료는 조지훈의 「한국민족운동사」에 나오는 1920년 간도참변(경신참변)에 대한 기록이다. ⑤ 간도가 아니라 1914년 연해주 블라디보스토크에서 조직되었다.

- **간도참변**(경신참변, 1920) 청산리대첩 후 일제는 독립군은 물론, 그 기반을 완전히 제거하기 위한 흉계를 꾸며, 10월부터 12월까지 3개월간 만주에 사는 한민족의 촌락을 습격·방화하고 비무장 한인 주민을 불령선인으로 몰아 대량 학살.
- ② **훈춘사건** 1920년 10월 2일 일본군이 훈춘의 일본 영사관을 중국 마적들로 하여금 습격하도록 꾸며 대규모 병력을 출동(10.17)시키는 빌미를 만들어 훈춘의 조선인과 독립운동가를 대량 학살한 사건.

  봉오동전투(1920.6.7) → 훈춘사건(1920.10.2) → 청산리전투(1920.10.21~10.26) → 간도참변(경신참변, 1920.10~12.) → 자유시참변(1921.6.29)

- ③④ **자유시참변**(1921.6.29) 김좌진과 홍범도의 독립군은 청산리대첩 후 일본군의 보복을 피해 밀산부(소만국경)에서 서일을 총재로 하는 대한독립군단을 조직(1920.12)하고 연해주 이만으로 건너가(1921.1) 러시아 적군과 연합전선을 꾀하려 했으나 노령 자유시(알렉셰프스크, 스보보드니)에서 3마일 떨어진 수라셰프카에 주둔중인 한인부대인 사할린의용대(대한의용군, 상해파)에 러시아 원동공화국 제2군단 제29연대와 한인보병 자유대대(고려혁명군, 이르쿠츠크파)가 무장 해제를 강요하자 상호 충돌하여 고려혁명군이 승리하였으나 막대한 희생이 일어난 사건.
  이 사건은 노령과 만주의 한인 무장세력에 대한 군사 지휘권 문제로 야기된 이르쿠츠크파 고려공산당과 상해파 고려공산당의 파쟁인데 한국 독립운동사상 최대의 비극적 사건으로 이후 한국 공산주의 운동에 악영향(일명 흑하사변).
- ⑤ **대한광복군정부**(1914) 시베리아 이민 50주년을 기념하여 이상설을 정통령(正統領), 이동휘를 부통령으로 하는 민간정부의 단서인 군정부(軍政府)를 수립하고 만주에 사관학교를 설립하여 무장 항일 투쟁의 터전을 마련하였다.

36 정답 ④ ··· (2007. 제3회 2급)

(가) 모스크바 3상회의(1945.12.28), (나) 김구의 3천만 동포에게 읍고함(1948.2.10), (다) 이승만의 정읍 발언(1946.6.3), (라) 태평양미육군총사령부(맥아더사령부)의 포고문 (1945.9.9)이다.

- (라) **태평양미육군총사령부**(맥아더사령부의 행정명령(포고령) 1호)**의 포고문** (1945.9.9) 38도선에 의한 분단이 확정. 여기에 따르면 38이북에는 소련군이, 38이남에는 미군이 각각 일본군을 무장 해제(점령)한다고 되어 있다. 이로써 한국민은 일본의 항복을 받을 수 있는 권리를 박탈해 전승국 지위를 인정받지 못하게 되어 1951년 샌프란시스코 강화조약에 참여하지 못하게 되었다.
- (가) **모스크바 3상회의**(1945.12.28) 모스크바 3상회의 전 미국은 신탁통치를 강조했고, 소련은 임시민주정부 수립을 강조. 모스크바 3상회의 10일 전까지도 미국은 미·영·중·소 4개국 대표로 구성되는 집행위원회 설치와 신탁통치(공동관리)를 5년으로 하되 필요하면 5년을 연장하는 신탁통치안을 제안. 그러다가 미·영·소의 외상회의에서 한국에 대하여 임시 조선민주주의 정부 수립과 정부 수립을 위한 미소공동위원회 설치, 최고 5년간의 미·영·중·소에 의한 신탁통치 등이 결의. 연합국의 신탁통치안은 즉각적인 독립을 바라던 한국인에게는 매우 실망스런 일이었으나 현실적으로 합리적인 면도 없지 않았다.
- (다) **이승만의 정읍발언**(1946.6.3) 제1차 미소공동위원회(1946.5)가 개최되었으나, 소련의 주장은 '모스크바 3상회의 협정 지지세력만 통일 임시정부에 참여할 자격을 주자'는 주장이었고, 미국은 '모든 정치세력을 통일 임시정부에 참여할 자격을 주자'는 주장을 하여 서로 입장 차이를 좁히지 못하고 결렬되어, 무기한 휴회하였는데 제1차 미소공동위원회가 결렬된 이후 이승만은 남한 각지를 순회하는 도중 전북 정읍에서 남한단독정부수립을 내용으로 하는 연설.
- (나) **김구의 3천만 동포에게 읍고**(泣告)**함**(1948.2.10) 1948년초 북한이 국제연합의 남북한총선거감시위원단인 국제연합한국임시위원단의 입북을 거절함으로써, 선거가능지역인 남한만의 단독선거가 결정된 상황에서도 김구는 남한만의 선거에 의한 단독정부수립방침에 절대 반대하는 입장을 취하였다. 이에 「3천만동포에게 읍고함」이라는 성명서를 통하여 마음속의 38선을 무너뜨리고 자주독립의 통일정부를 세우자고 강력히 호소.

37 다음 도표와 관련된 시책에 대해 바르게 말한 것은? [1점]

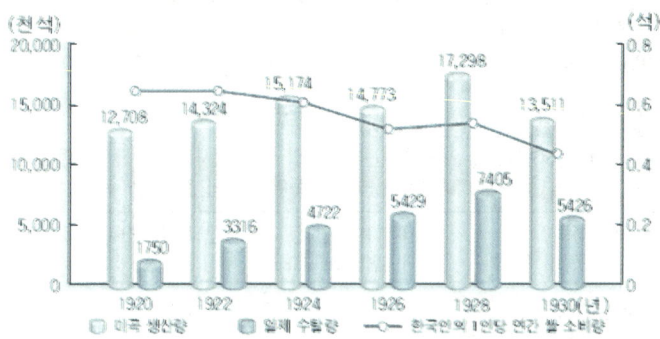

① 일제 강점기의 조선인 1인당 연간 쌀 소비량은 꾸준히 증가하였다.
② 조선의 부족한 식량은 연해주에서 들여오는 잡곡 등으로 대신하였다.
③ 미곡 생산량을 증가시키기 위해 종자 개량, 수리 시설비를 면제하였다.
④ 이 시책에 따라 쌀 생산량이 늘어 조선 농민의 생활이 크게 향상되었다.
⑤ 1920년대 일본으로의 쌀 반출량이 늘어나 거의 목표량에 가깝게 수탈하였다.

38 다음 자료들과 관계 깊은 외국인이 펼쳤던 활동과 관계가 없는 것은? [2점]

(가) 한국인들은 타락되고 경멸을 받을 민족이며 훌륭한 일을 할 수 있는 능력이 없을 뿐 아니라, 지식수준이 낮기 때문에 독립 국가로 존속하는 것보다 일본의 통치를 받는 편이 좋다고 말하는 것을 미국인들은 여러 번 들었다. 특별한 목적을 위하여 꾸며진 이와 같은 비난에 대해 필자는 다음 페이지에서 여러 가지 방법으로 답변할 수 있을 것이다. 그 특별한 목적은 1905년 11월 17일 밤에 훌륭한 결실을 보았는데, 그 날 밤 한국은 칼로 겨눠진 채 자신의 독립을 결정적으로 파괴하는 행위에 대해 이번에만은 '자발적으로' 동의하도록 위협을 받았다. 독자들은 이 책을 읽는 동안 한국이 이토록 위기에 빠지게 된 사건의 추이는 어떠하였으며, 미국을 포함한 여러 열강들이 그 비극을 연출하는 데 어떠한 역할을 하였는가를 알게 될 것이다. <대한 제국 멸망사(The Passing of Korea)>
(나) 서울 양화진의 외국인 묘원에 묻힌 그의 묘비에는 "나는 웨스트민스터 성당보다도 한국 땅에 묻히기를 원하노라."라는 글귀가 새겨져 있다.

① 1886년에 한국에 온 뒤 육영 공원에서 교편을 잡았다.
② 1900년에 병원 신축을 위해 거액을 기부하여 세브란스 병원이 신축되었다.
③ 1901년부터 월간지인 한국평론(The Korea Review)의 편집을 주관하였다.
④ 1905년에 고종의 밀서를 가지고 미국으로 가서 미국의 개입을 요청하였다.
⑤ 1907년에 고종의 밀명을 받아 헤이그 만국 평화 회의에 가서 한국의 입장을 호소하였다.

37 정답 ⑤ ·· (2007. 제3회 2급)

① 쌀 소비량은 감소, ② 연해주가 아니라 만주에서 수입, ③ 비료대와 수리조합비로 농민 부담 가중, ④ 만성적 농촌공황 초래로 소작농·농업노동자가 대량 배출되었고 극도로 생활이 어려워진 농민들은 만주·연해주로 이주하거나 화전민으로 전락하였다.

산미증식계획(1920~1933) 일본에서의 독점자본 급성장으로 농촌희생이 강요되어 쌀값이 폭등하고 전국적인 쌀소동(1918)이 일어나는 등, 식량 부족 문제를 해결하기 위해 조선을 식량 공급지로 전환시키는 제국주의 식량수탈 본격화. 1920년부터 30년 계획으로 잡아 1차 계획을 15년 기간으로 하여 시작.

1) **과정** 목표 기간을 달성하지 못한 채 경제공황으로 1934년 중단되었으나 당초의 계획에는 미달하였지만 목표량대로 어느 정도 수탈. ① **토지 개량** : 미간지 개간과 천수답의 수리답화를 꾀한 것인데, 실제로는 수리지역 내의 소작료 인상, 수세(수리조합비)의 소작농 전가 등. 중소지주 및 자작농·자소작농의 몰락을 가져와 지주 대 소작농의 계급적 양극화 현상이 심화. ② **농사 개량** : 우량 품종 개량·농법 개량·시비 개량을 통한 산미증식으로 지주의 농사 간섭과 소작농 지배가 심화되어 비료대를 전가함으로써 소작농의 불만과 부담 가중. ③ **수리조합** : 반관제조직으로 관개사업 담당. 몇몇 대지주의 일방적 결정에 의해 조합 결성. 농민들은 토지를 상실 또는 강제 편입되어 과중한 수리조합비 부담.

2) **계획이 예정대로 되지 못한 원인** ① **토지 겸병** : 토지의 매입 경영에서 더 높은 이윤을 얻을 수 있었기 때문에 토지겸병에 더 적극적. ② **소작쟁의** : 조선 농민의 자발적인 참여 없이 총독부와 일본 자본 및 지주의 이해관계를 중심으로 계획되고 실시. ③ **대공황의 여파** 1930년 이후 정부 알선 자금이 급격히 감소하고 쌀값 하락으로 수리조합의 경영이 악화되었기 때문에 실적이 부진, 이러한 상황에서 일본 농민들이 조선쌀의 이입을 반대함에 따라 조선토지개량주식회사도 해산하고 산미증식계획은 중단.

3) **결과** 쌀의 수탈과 수리조합비, 비료 대금의 부담 등으로 생활이 어렵게 된 농민들은 만주나 연해주로 이주하거나 화전민으로 전락.

4) **영향** 한국의 절대 식량 부족, 농민 생활의 궁핍, 벼농사 편중의 농업 형태인 단작화, 소작쟁의 발생, 수리시설을 갖춘 논의 증가, 일본 우량 품종의 농촌 보급, 화학비료 투입량의 증가, 만성적 농촌공황 초래, 소작농·농업 노동자의 대량 배출로 농민층의 분해기 급속도로 진행. ① 만수산 잡곡 수입 ② 수리조합 설치 : 수리조합은 1919년 12개이던 것이 1934년 192개로 증가.

> 1929~1930년 일본의 수탈량이 줄어든 이유 경제공황으로 인한 일본 농촌 문제를 해결하기 위함인데, 양질의 저렴한 조선 미곡의 대량 유입으로 인한 일본 미곡가의 하락 예방을 위해.

5) **농업구조의 재편성** ① **미작개량사업 추진** : 미작개량사업이 추진되고, 면화·양잠 등의 개량종이 보급. ② **무단농정 실시** : 일본 자본주의의 발전에 따라 일본 노동자를 위한 저임금·저곡가정책을 유지하기 위하여 무단농정을 실시하여 품종을 개량하고 증산량보다도 많은 양을 수탈.

38 정답 ② ·· (2007. 제3회 2급)

자료의 주인공은 헐버트(Hulbert, 1863~1949)인데, ②세브란스병원(1904)은 미국인 선교사 에비슨이 본국의 세브란스로부터 기금을 받아 건립하였다.

헐버트(Hulbert ; 흘법(訖法)) 1886년 소학교 교사로 초청을 받고 D.A벙커 등과 육영공원에서 외국어 지도. 을사조약(제2차 한일협약 : 1905.11.17)이후 고종의 밀서를 휴대하고 워싱턴(1905)·헤이그(1907. 5)에 파견되어 외교적 지원을 호소했으나 외면당하였다. 헐버트가 주도한 언론으로는 The Korean Repository(한국휘보, 1892)·The Korea Review(한국평론, 1901 : 일본의 야심과 야만적 탄압행위를 폭로)이 있었고, 저서로는 대동기년·한국통사(The History of Korea)·대한제국멸망사(The Passing of Korea). 대한민국 수립 후 1949년 국빈으로 초대를 받고 내한하였으나, 병사하여 양화진 외국인 묘지에 묻힘.

> **사민필지**(士民必知) 헐버트가 육영공원 교사 재직시 세계 각국의 산천풍토·정령(政令)·학술 등을 한글로 소개한 한국 최초의 세계지리교과서.「초학지지」라는 지리교과서도 간행.

> **육영공원**(1886) 보빙사의 건의로 설립된 최초의 현대식 관립학교로 상류층 자제와 양반 관료에게 영어·수학·지리학·정치학·자연과학 등을 교육하였고 정원은 35명이었으며 헐버트·길모어·벙커 등이 지도.

39 다음의 밑줄 친 새로운 기구에서 추진했던 정책과 관련이 없는 것은? [2점]

> 개항 후 조선은 종전과 달라진 국내외 상황에 대처하기 위하여 <u>중국의 총리아문 제도를 모방하여 새로운 기구를 만들고</u> 그 산하에 사대, 교린, 군무, 변정, 통상 등 12사를 두었다.

① 영선사를 청국에 파견하였다.
② 박정양을 주미 공사로 파견하였다.
③ 신식 군대인 별기군을 창설하였다.
④ 조사 시찰단(신사 유람단)을 일본에 파견하였다.
⑤ 종래의 5군영을 무위영·장어영의 두 영으로 개편하였다.

40 다음의 유서를 남기고 순국한 인물의 활동과 그 시기의 역사적 사실에 대한 바른 설명을 〈보기〉에서 모두 고른 것은? [2점]

> 오호라! 나라의 주권이 없어졌으니, 사람의 평등이 없어졌으니, 무릇 모든 교섭에 치욕이 망극할 따름이라. 진실로 핏기를 가진 사람이라면, 어찌 견디어 참으리오? 슬프다! 종사가 장차 무너질 것이요, 온 겨레가 모두 남의 종이 되리로다. 구차히 산다 한들 욕됨만이 더할 따름이라. 이 어찌 죽음보다 나으리오. 뜻을 매듭 지은 이 자리에 다시 이를 말 없노라.

보기

㉠ 미국과 영국은 러·일 전쟁에서 일본을 후원하고 있었다.
㉡ 영국 주재 한국 공사 서리였던 그는 일제의 한국 침략에 맞서 자결하였다.
㉢ 그는 을사조약으로 한국의 외교권이 박탈되자 이에 항거하여 순국하였다.
㉣ 대한 제국 정부는 그의 절의를 특별히 기리어 그를 장충단에 배향하게 하였다.

① ㉠㉡㉢   ② ㉠㉡㉣   ③ ㉠㉢㉣
④ ㉡㉢㉣   ⑤ ㉠㉡㉢㉣

39 정답 ② ·· (2007. 제3회 2급)

보기의 기구는 개화정책을 추진하기 위하여 1880년 12월에 설치한 통리기무아문이다. ①③④⑤는 1880년대초(1881년)에 추진된 정책이나 ② 1887년의 사실이다.

통리기무아문 개화파 인물을 등용한 정부는 1880년 12월에 청의 총리아문을 모방한 통리기무아문(長 : 총리대신)을 설치하고, 그 아래에 12사(사대사, 교린사, 군무사, 변정사, 통상사, 기계사, 선함사, 군물사, 기연사, 어학사, 전선사, 이용사)를 설치하여 부국강병을 추진하였으며, 1882년에는 외교 담당의 사대사와 교린사를 동문사(同文司)로 통합. 임오군란으로 재집권한 대원군은 통리기무아문을 혁파(1882.6) 폐지하고 그 기능을 삼군부에 이관.

1980년대 개화정책의 추진
1) **관제 개혁** 통리기무아문을 설치
2) **군제 개편** 신식 군대 양성을 위해 1881년 4월에 일본의 군제를 모방한 무위영 소속의 별기군(교련병대, 왜별기)을 창설하였고, 5군영을 무위영·장어영의 2영으로 개편하였으며(1881.11), 별도로 100명의 사관생도를 양성.
3) **자립적 외교** 조미조약·조영조약에서 불평등 조항에 대한 시정을 요구하고, 일본과의 종속 관계보다도 양절체제의 극복으로 청과의 종속 관계 폐기를 시도.
4) **사회 개혁** 박문국을 창설(1883.8)하고, 우리나라 최초의 한문 신문인 한성순보를 창간.
5) **신사유람단 파견**(1881) 62명의 일본 문물시찰단(박정양·어윤중·홍영식 → 윤치호·유길준은 일본에 유학)으로 조사시찰단이라고도 한다.
6) **영선사 파견**(1881) 근대 무기 제조법을 배우기 위해 김윤식을 영선사로 삼아 38명의 학생과 공장(工匠)을 청의 천진 기기국에 파견. 당시 유학생 경비로 청으로부터 최초의 부채인 차관을 도입하였고, 귀국 후 삼청동에 신식 무기 제조창인 기기창을 설치(1883. 3).

40 정답 ② ·· (2007. 제3회 2급)

비서의 주인공은 한말 영국주재 한국공사서리였던 이한응(1874~1905)이다. ㉢ 그는 제1차 한일협약과 영일동맹의 개정 움직임에 반발하여 영국정부에 항의하였으나 대세가 기울자 1905년 5월 유서를 남기고 음독 자결하였다.

순국자결
1) **제1차 한일협약**(1904.8.22)**이후** 대외 한국인 공관원의 철수 및 일본공사관의 이용을 명시. 당시 영국 주재 한국공사 서리였던 이한응(1874~1905)은 제1차 한일협약과 영일동맹의 개정 움직임에 반발하여 영국 정부에 항의하였으나 대세가 기울자 유서를 남기로 음독 자결(1905.5.12). 죽은 뒤 고종의 특명으로 시신이 국내로 옮겨져 용인에 안장되고, 내부협판에 추증.
2) **을사조약**(제2차 한일협약 : 1905.11.17)**이후** 안병찬·이근명 등의 반대 상소와 민영환·조병세·홍만식·송병선 등의 자결 등.

> **민영환의 유서**(1905.12.1) 아, 우리나라 우리 민족의 치욕이 이 지경에까지 다다랐구나. 생존 경쟁이 심한 이 세상에 우리 민족의 운명이 장차 어찌될 것인가. 살기를 원하는 사람은 반드시 죽고, 죽기를 맹세하는 사람은 살아나갈 수 있으니 이는 여러분이 잘 알 것이다. 나 영환은 한 죽음으로써 황은(皇恩)을 갚고 우리 2천만 동포에게 사(謝)하려 한다. 영환은 이제 죽어도 혼은 죽지 아니하여 황천에서 여러분을 돕고자 한다. 바라건대 우리 동포형제여. 천만배나 분려(奮勵)를 더하여 지기(志氣)를 굳게 갖고 학문에 힘쓰며 맘과 맘을 합하고 힘과 힘을 아울러 우리의 자유독립을 회복할지어다. 그러면 나는 지하에서 기꺼이 웃겠다. 아, 조금이라도 실망하지 말라. 대한제국 2천만 동포에게 마지막으로 고한다.

3) **을사·병오의병**(1905~1906)**시** 태인에서 봉기하여 정읍·순창·곡성 일대를 장악, 전국 의병조직에 영향을 준 최익현은 "너희들이 왜군이라면 즉각 결전을 하겠으나 동족끼리 죽이는 일은 차마 못하겠다"고 하면서 의병부대를 자진 해산하고 자진 체포되어 사상적 한계성을 노출(대마도 유배·순국).
4) **군대 해산**(1907.8.1) 군통수권 박탈, 시위대 제1연대 제1대대장 박승환의 자결

일제의 국권 침탈 순서 재정권 → 외교권 → 인사권 → 군사권 → 사법권 → 경찰권 → 주권

41 다음 글의 ㉠과 ㉡에 해당하는 책을 바르게 짝지은 것은? [2점]

> 1866년 봄에 평안도 관찰사에 임명된 박규수는 그 해 여름에 대동강을 불법 침입한 미국 상선 제너럴 셔먼호를 평양에서 격침시킨 후, 그 배의 잔해 부품들을 수거하여 서울로 보냈다. 이것을 받은 흥선 대원군은 기술자 김기두를 시켜 서양 증기선의 실험을 하게 하였다. 박제경(박제형이라고도 함)이 쓴 (㉠)에는 이러한 서양 증기선의 실험 사실이 실려 있는데, 흥선 대원군은 중국에서 들어온 (㉡)에 의거하여, 서양 증기선의 원리를 본떠서 철선을 제조하고 목탄으로 증기 기관을 작동시켜 기계 바퀴를 돌리는 실험을 하였다는 것이다. 그러나 이 철선은 선체가 너무 크고 무거운데다 증기력은 너무 약했기 때문에 실패하고 말았다.

	㉠	㉡		㉠	㉡
①	근세 조선정감	해국도지	②	대한계년사	영환지략
③	한미 관계 50년사	사고전서	④	오하기문	조선책략
⑤	근대 한미 교섭사	고금도서집성			

42 다음과 같은 사업을 추진한 대통령의 집권 시기에 있었던 역사적 사실로 옳은 것은? [2점]

> • "4·19의 숭고한 정신을 계승해 민주 발전 및 국민 화합에 기여하자."며 4·19 묘지의 성역화 작업을 추진하였다.
> • 종전의 묘역보다 3배 규모인 41,100여 평으로 확장되고, 국립 묘지로 승격되어 그 관리 업무가 국가 보훈처로 이전되었다.
> • 잔디 광장, 연못, 산책로, 다목적 광장 등이 새로 조성되고 4·19 혁명 기념관도 건립되었다.

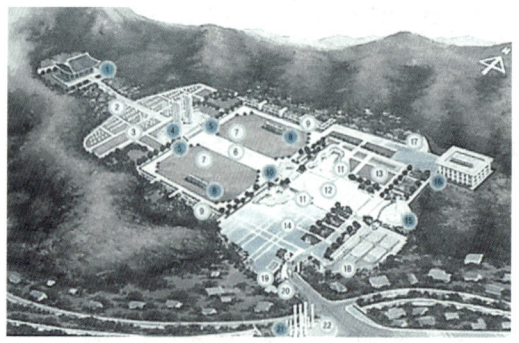

① 독립 기념관과 예술의 전당 등의 건물을 건립하였다.
② 88올림픽을 성공적으로 개최하여 국위를 선양하였다.
③ 서방 선진국들의 경제 협력 개발 기구(OECD)에 가입하였다.
④ 경제 개발이 성공적으로 추진되어 '한강의 기적'이 일어났다.
⑤ 남북 정상 회담이 개최되고 6·15 남북 공동 선언이 발표되었다.

41 정답 ① ··· (2007. 제3회 2급)

① 근세조선정감은 1886년 대원군 집정 전후의 야사서이고, 고종 4년(1867) 신헌이 해국도지를 참조하여 전함과 최초의 어뢰인 수뢰포를 제작하였다.

① **근세조선정감** 1886년 박제형이 쓴 흥선대원군 집정 전후의 야사서(野史書). 흔히 <조선정감>, 또는 <정감>이라 약칭. 이 책은 1만 7500여 자에 이르는 한문체로서, 헌종이 죽고 후왕을 결정하는 데에서 부터 시작하여 개항 이전까지를 다루고 있다. 원래 이 책은 상·하권으로 쓰여졌으며 정치적인 이면사를 다루고 있다. 그는 개화파 출신임에도 불구하고 대원군을 당대의 인걸로 묘사. 박제형이 이와 같이 대원군을 옹변한 이면에는 당시 일본인들에 의하여 왜곡된 대원군의 평가를 바로잡으려는 의지.
해국도지 청의 위원이 지은 세계지리서로 지도와 지지로 나누어 세계 각국의 지리·역사를 소개하고 양이(洋夷)를 막기 위해서는 서양 문명을 수용해야 한다고 역설. 1822년에 저술해 1844년에 간행.

② **정교** 「대한계년사」·「대동역사」·「홍경래전」·「동언고락」
영환지략 청의 복건순무 서계여가 지은 세계지리서로 「영해지략」이라고도 한다. 1848년에 완성하여 1850년에 간행. 오경석이 구입하여 유홍기 등에게 읽게 하였다.

③ **문일평** 「조선학의 의의」·「한미 50년사」·「호암전집」, 조선심 강조, 근대사 연구에 주력
사고전서 1773년(건륭 38년) 중국 청나라 건륭제의 명으로 1781년(건륭 46년)에 편찬 및 완성된 중국 최대의 총서로 전 3,503부 79,337권. 광범위한 자료를 망라하고 있으며, 자료의 보존은 막대한 공헌. 아편전쟁, 애로호 사건, 태평천국의 난 등으로 소실. 사고전서의 편찬으로 많은 수의 서적에 대한 금서, 분서 등의 서적파괴가 발생.

④ **황현**(철종 6, 1855~1910). 한말의 순국지사·시인·문장가. 호는 매천(梅泉). 청년시절에 과거를 보려고 서울에 와서 문명이 높던 강위·이건창·김택영 등과 깊이 교유. 부패한 관료계와 결별을 선언하고 귀향하여 구례에서 작은 서재를 마련하여 3,000여권의 서책을 쌓아놓고 독서와 함께 시문 짓기와 역사연구·경세학 공부에 열중. 1894년 동학농민운동, 갑오경장, 청일전쟁이 연이어 일어나자 급박한 위기감을 느끼고, 후손들에게 남겨주기 위하여 「매천야록」·「오하기문」을 지어 경험하거나 견문한 바를 기록. 을사조약(1905.11)을 강제 체결 후, 당시 중국에 있는 김택영과 국권회복운동을 하려고 망명을 시도하다가 실패하고 1910년 8월 일제에 의하여 강제로 나라를 빼앗기자 통분하여 절명시 4수를 남기고 다량의 아편을 먹어 자결. 저서로 「매천집」·「매천시집」·「동비기략」

⑤ **고금도서집성** 중국 청(淸)나라 때에 편찬된 중국 최대의 백과사전. 총 권수 1만 권, 목록 40권. 천문을 기록한 역상휘편, 지리·풍속의 방여휘편, 제왕·백관의 기록인 명륜휘편, 의학·종교 등의 박물휘편, 문학 등의 이학휘편, 과거·음악·군사 등의 기록인 경제휘편 등의 6휘편.

42 정답 ③ ··· (2007. 제3회 2급)

김영삼정부 시기(1993년~1998년)의 역사적 사실인데, ① 1987~1988년(전두환·노태우정부 시기), ② 노태우정부 시기, ③ 1996년 9월, ④ 박정희정부, ⑤ 2000년(김대중정부)의 사실이다.

① **독립기념관** 1982년 일본의 역사교과서 왜곡에 대해 국민모금을 통하여 독립기념관 건립. 제42주년 광복절 기념식(1987)과 같이 준공·개관.
예술의 전당 한국 최대 규모의 종합 예술 시설. 1982년부터 설립 계획이 수립되었으며, 1988년 2월에 음악당과 서예관이 개관되었고, 같은 해에 개최된 서울올림픽의 문화예술축전 공연장으로 활용.

③ **OECD(서방선진국들의경제협력개발기구)에 가입**(1996.9.12) 29번째 회원국으로 가입, IMF사태(1997.11.21) 원인중의 하나

④ **한강의 기적** 제2차 경제개발 5개년계획(1967~1971) 기간에 수출은 연평균 33.7%, 경제성장률도 연평균 10.5%, 1971년 수출 10억 6,000만 달러를 기록하여 경제발전에 탄력. 울산 정유공장(1964), 마산 수출자유지역(1969), 경부고속도로 개통(1970.7)는 경제개발의 상징이 되었다. 그 결과 남한 경제가 북한과 필리핀을 추월하게 되자 일부에서는 '한강의 기적'이라는 말이 나돌기 시작. 1972년에 남북대화가 열린 배경에는 남북 간의 경제력이 균형을 이룬 것이 한 요인으로 작용.

43 1945년 12월에 열린 모스크바 3상 회의의 결정에 대한 내용으로 옳은 것을 〈보기〉에서 고른 것은? [1점]

─ 보 기 ─
㉠ 최고 5개년에 걸친 한국 신탁 통치 문제를 미·소·영·중의 공동 심의에서 다룬다.
㉡ 한국민의 노예적 상태에 유의하여 적당한 절차를 거쳐 한국을 자주 독립시킨다.
㉢ 한국을 독립 국가로 재건하고 민주적 발전을 이룰 수 있도록 임시 민주주의 정부를 수립한다.
㉣ 한국이 일본의 통제로부터 완전한 자유를 획득하도록 신탁 통치 이전에 한시적으로 민정을 실시한다.

① ㉠㉡   ② ㉠㉢   ③ ㉡㉢
④ ㉡㉣   ⑤ ㉢㉣

44 다음 자료에 해당하는 신라의 인물을 쓰시오. [2점]

- 8세기 초 성덕왕 때 한산주 총관을 지냈다.
- 그는 신라 중대의 뛰어난 문장가로서 신라 역사상의 중요한 사건을 기록한 '계림잡전', 화랑들의 전기를 모은 '화랑세기', 한산 지방의 지리지인 '한산기', 고승들의 전기를 모은 '고승전' 등을 저술하였다」.

45 다음 설명에 해당하는 역사 기록물의 명칭을 쓰시오. [2점]

- 2001년에 유네스코 세계 기록 유산으로 등재되었다.
- 조선 시대의 시대상을 꼼꼼하게 기록한 1차 사료이며, 3천 2백여 권, 2억 4천여 만 자에 이르는 방대한 규모로 현존하는 세계 최대 규모의 연대 기록물이다.
- 인조대부터 순종대까지 280여 년간의 역사를 기록한 자료가 남아 있으며, 인조 이전의 자료는 임진왜란과 이괄의 난으로 소실되었다.

43 정답 ② ·· (2007. 제3회 2급)

ⓒ 카이로선언(1943.11), ⓔ 남조선과도정부의수립(1946.12)에 대한 내용이다.

모스크바 3상회의(1945.12.28) 모스크바 3상회의 전 미국은 신탁통치를 강조했고, 소련은 임시민주정부 수립을 강조. 모스크바 3상회의 10일 전까지도 미국은 미·영·중·소 4개국 대표로 구성되는 집행위원회 설치와 신탁통치(공동관리)를 5년으로 하되 필요하면 5년을 연장하는 신탁통치안을 제안. 그러다가 미·영·소의 외상회의에서 한국에 대하여 임시 조선민주주의 정부 수립과 정부 수립을 위한 미소공동위원회 설치, 최고 5년간의 미·영·중·소에 의한 신탁통치 등이 결의.

ⓒ **카이로선언**(1943.11) 루즈벨트, 처칠, 장개석 등 3거두회담이 카이로에서 열려 한국의 독립을 최초로 약속.

> **카이로선언의 '적당한 시기'에 대한 영문 표기의 변화** 홉킨스(at the earliest possible moment) → 루즈벨트(at the proper moment) → 처칠(in due course)

ⓔ **남조선 과도정부의 수립**(1946.12) 1차 미소공위 결렬 후 1946년 12월에 45명의 민선의원(간선, 이승만계열, 한민당 당선)과 45명의 관선의원(좌우합작, 중도노선, 군정에서 임명)으로 한국 사상 최초의 대의정치기관인 입법의원(의장 : 관선의 김규식)이 설치되어 이것을 과도정부라 부르며, 형식상의 행정권을 한국인에게 위임(민정장관 : 안재홍, 대법원장 : 김용무, 최고의정관 : 서재필). 그러나 미군정의 의도와는 달리 신탁통치안에 반대 결의를 하였고, 미군정장관의 거부권 행사로 민정장관은 무력하여 과도정부는 제 기능을 발휘하지 못하였다.

44 정답 ·· (2007. 제3회 2급)

김대문

김대문(진골) 성덕왕 때 한산주 도독(사실은 총관) 역임, 「화랑세기」·「계림잡전」·「고승전(高僧傳)」·「한산기」·「악본」 등을 저술하였으나 전하지 않는다. 자기 문화를 주체적으로 의식하였으나 독자적 열전이 없고 「삼국사기」 「설총」 열전에 수록.

> ≫ **한문학에서 주체성 강조** ≪
>
> 1. 통일신라기 : 김대문, 당문화 극복, 자기 문화 의식
> 2. 고려 전기 : 최승로·김심언, 중국 모방 단계 탈피
> 3. 고려 후기 : 이규보·진화, 문화적 주체의식 강조
> 4. 조선 전기 : 서거정 외, 「동문선」(전통문화 정리)
> 5. 조선 후기 : 박지원·정약용, 조선적 색채 강조

45 정답 ·· (2007. 제3회 2급)

승정원일기

승정원일기(2001년 UNESCO 선정 세계기록유산) 조선 시대 승정원에서 있었던 일들을 기록한 책. 승정원은 조선 정종 때 창설된 왕명 출납 기관이고 승정원일기는 조선왕조실록을 편찬할 때 기본 자료로 이용하였으며, 원본이 1부밖에 없는 귀중한 자료. 승정원일기는 세계 최대의 연대 기록물(총 3243책, 글자 수 2억 4천250만 자)이며, 당시의 정치, 경제, 국방, 사회, 문화 등에 대한 생생한 역사를 그대로 기록했다는 점에서 사료적 가치가 크다. 국보 제303호로 지정되어 있으며, 세계 최대의 1차사료로서 가치를 인정받아 2001년 9월에 유네스코 기록 유산으로 등록.

> **왕권 강화 기구** 왕명의 출납을 담당하는 비서기관인 승정원과 국왕 직속의 상설 사법기구인 의금부인데, 특히 승정원의 주서(注書)는 국왕과 신하의 회동에 동석하여 언행을 기록하고 승정원일기를 작성.

46 다음 자료의 밑줄 친 (가) 토지 제도의 명칭과 (나) 조세 징수의 한도를 50자 이내로 서술하시오.
[3점]

> 삼국 말기에는 경계가 정확하지 못하고 세금도 표준이 없었다. (가) <u>고려 태조가 즉위하자 우선 토지 제도를 개정하고</u>, (나) <u>백성들에게 거두어들이는 한도를 정하였다.</u> …… 광종은 주와 현의 공부(貢賦)를 제정하였고, 경종은 전시과 (田柴科) 제도를 세웠다. 성종, 현종이 왕위를 계승하여 법제는 더욱 구체화되었다. <고려사>

47 다음 규약이 향촌 사회에 널리 보급되면서 나타난 현상을 50자 이내로 서술하시오.
[3점]

> • 모든 상가에 상을 차려 놓고 음주하는 것을 금한다. 소를 도살하는 것을 금한다. 시비를 가리기 힘들면 회원인 선비들이 모여 결정한다.
> • 동네에 상사(喪事)가 있으면 동네 사람들은 각자 쌀 1되와 가마니 한 장씩을 낸다. 장례 때에는 각 집마다 장정 1명씩 내어 일을 돕고, 장정을 보내지 않은 사람은 쌀 1되씩을 낸다.

48 조선 정부가 다음과 같은 문서를 대량으로 발급하게 된 배경과 이것이 이후 사회에 미친 영향을 200자 이내로 서술하시오.
[4점]

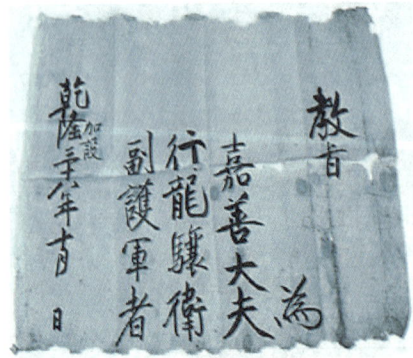
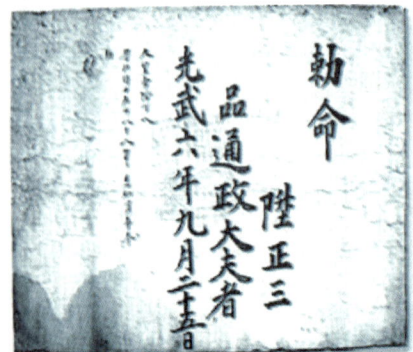

46 정답 ·· (2007. 제3회 2급)

태조는 역분전을 지급하였고, 수확량의 10%를 조세로 수취하도록 규정하였다.

역분전 지급(940) 태조가 후삼국 통일 후 삼한공신에게 논공행상을 기준으로 공신전을 지급. 통일 후 논공행상으로 공훈·충성도·인품 등에 따라 지급된 공신전(영업전).

태조의 민심 수습 취민유도, 세금 경감(1/10세), 빈민 구제의 흑창 설치 등의 방법으로 민심을 수습.

47 정답 ·· (2007. 제3회 2급)

향약의 보급으로 유교적 교화가 확산되고, 향촌 자치와 사림의 농민 지배력이 강화되었다.

향약의 발달 종법적 가족제도의 확립과 예학의 발달로 16세기 후반 이후로는 전통적인 향촌규약과 조직체가 군현 단위의 향약과 촌락 단위의 동약 등으로 대체되고, 친족 중심의 동족부락(동족촌)이 도처에 형성되어 사림의 농촌 지배가 강화.

1) **주자가례의 대중화** 서민들이 소학과 효경을 반드시 읽음으로써 서민생활에 유교사상이 침투되고 주자가례가 대중화.
2) **농민 통제** 국가의 농민 지배가 약화되고 사림의 농민에 대한 지배가 강화되어 점차 농민을 통제하고 수탈. 정약용은 「목민심서」에서 "향약의 폐단이 도적보다 심하다"라고 하였다.
3) **사림 강화** 향도·계·두레 등 농민공동체조직이 점차 사림조직인 향약·동약으로 대체.
4) **향반 기반** 서원과 함께 향반 성장의 기반.

> **일제시대의 향약** 일제시대 농촌진흥운동(1932~1940) 전개 중 일제와 재지지주(在地地主)들의 물질적 지원하에 율곡의 해주향약이 보급되었는데, 주요 임무로 일제의 파쇼적 농촌 통제 보조, 농민조합운동의 조직적 탄압 등이었다. 이른바 향약은 일제와 재지지주들의 끄나풀조직.

48 정답 ·· (2007. 제3회 2급)

① 공명첩은 국가 재정을 보충하기 위하여 돈이나 곡식을 받고 팔았던 명예직 임명장이다. ② 임진왜란 이후 심각해진 재정 악화를 해결하기 위해 대량으로 발급하였다. 공명첩을 받은 사람은 양반이 될 수 있었다. ③ 따라서 양반의 수가 급격하게 증가하였고, 양반층 내부에서 벌열, 향반, 잔반 등으로 분화가 이루어졌다. ④ 결과적으로 조선 후기 신분제 동요의 한 원인이 되었다.

공명고신첩(空名告身帖) 성명을 적지 아니한 서임서(敍任書)로, 관아에서 돈이나 곡식 따위를 받고 관직을 팔 때 관직 이름을 써 주되 이에 서임된 자는 실무는 보지 아니하고 명색만 행세. 공명고신첩 외에도 군역 면제의 공명면역첩, 천역 면제의 공명면천첩, 향리의 역 면제의 공명면향첩 등이 있었다.
중앙 관리가 이것을 가지고 팔도를 돌면서 돈이나 곡식을 바치는 사람에게 즉석에서 그 사람의 이름을 적어 넣으면 공명첩이 그 기능을 하게 된다. 공명첩은 돈을 받고 벼슬을 팔았다는 점에서는 납속수직 제도이며, 면천을 해 주었다는 점에서는 속량 제도의 일종이며 또한 구휼에 필요한 곡식을 얻으려 했다는 점에서 진휼책의 일종이기도 하다. 임진왜란 때에는 공명첩을 가진 관리가 팔도를 돌면서 군량을 바친 자나 군공을 세운 자에게 공명첩을 발부. 임진왜란과 병자호란으로 국가 재정이 탕진되었고, 당쟁의 폐로 국가 기강이 문란하였으며, 또 흉년이 자주 들어서 많은 백성들이 굶주리게 되니 조정에서는 이를 구제하기 위하여 명예직을 주고 그 대가로 많은 재정을 확보. 1677년(숙종 3) 기근을 당하여 가설첩(加設帖)을 만들어 진휼청에서 매매. 가설첩의 매매로 얻은 돈으로 영남 지방의 기민들을 구제했으며 영조시대에 공명첩의 이름으로 여러 번 발행하여 돈을 얻어 백성을 구제하였고, 순조 시대에도 김재찬의 적극적인 주장에 따라 공명첩을 발행. 사회가 극도로 혼란되었을 때에 매관매직을 합리적으로 조장.

49 다음 자료의 제도를 시행한 배경과 목적을 200자 이내로 서술하시오. [4점]

> 태조 18년 신라왕 김부가 내항하여 오니 신라국을 없애고 경주라 하였다. (김)부로 하여금 본주의 사심(事審)이 되어 부호장(副戶長) 이하직(以下職) 등의 일을 맡게 하였다. 이에 모든 공신이 이를 본받아 각기 본주의 사심이 되었다. 사심관은 여기서 비롯되었다.
> <고려사>

50 조선 후기 수취 제도의 개편에 대하여 다음 순서에 따라 500자 이내로 서술하시오. [5점]

- 수취 제도 개편의 배경
- 대동법 실시의 주요 내용
- 균역법 실시의 주요 내용
- 영정법 실시
- 대동법 실시 결과와 영향

49 정답 ········· (2007. 제3회 2급)

① 고려 태조가 후삼국을 통일할 무렵 지방은 여전히 호족들의 영향력 아래 있었으며, 중앙에서는 지방관을 파견하지 못하고 있었다. ② 따라서 태조는 지방 세력가들을 회유하고 통제하기 위하여 사심관 제도를 시행하였다. 즉, 중앙의 공신이나 고관들을 출신 지역의 사심관으로 임명하여 해당 지역의 부호장 이하 향직을 관할하게 하였다.

사심관제 사심관이란 그 지방 출신의 고관이나 공신을 자기 고향의 사심관으로 삼아 자기 고장을 다스리도록 임명한 관직인데 지방 치안 유지에 연대 책임을 부과하였다. 경순왕 김부를 경주 사심관으로 임명한 것이 최초(935). 사심관은 중앙에 숙위하면서 신분의 구별·부역의 조달·풍속의 교정·부호장 이하의 향직 임명 등의 임무를 가졌으나 건국 직후 민심의 안정과 호족층의 회유를 위한 정책으로 시작. 그러나 중앙정책의 일환으로 발생된 이 사심관제도가 국가 권력의 강화로 점차 약화되기 시작하였는데 성종 때는 5백정(丁) 이상의 주는 4명, 3백정 이상의 주는 3명, 그 이하는 2명으로 그 수를 제한하였고, 향리 출신으로 사심관이 된 자가 많아졌으므로 인종 때(1124)는 향리 자손은 사심관이 될 수 없도록 하였다. 그러나 의종·명종 이후 사회 혼란이 격심해지면서 사심관도 그 폐단이 더욱 노골화되어 각지에서 농토를 병탄하고, 중앙집권화에 큰 위협이 되다가 충숙왕 때 폐지되었다(1318). 조선의 유향소(향청)는 바로 이 제도에서 출발.

```
사심관 ┌ 경재소 → 임란 후 폐지(1603)
(고려 태조)│ 유향소 → 폐지 → 유향소 복립 → 향청(이아(貳衙))
         (조선 태조)(세조)   (성종)      (임란 후)
```

50 정답 ········· (2007. 제3회 2급)

① 양난을 거치면서 농촌 사회는 피폐되고 농민의 불만은 고조되어 갔다. 정부는 농촌 사회를 안정시키고 국가 재정 기반을 확대시키는 방향으로 수취 제도를 개편해야만 하였다. ② 전세는 토지 1결당 미곡 4두로 고정시킨 영정법을 실시하였으나 농민 부담을 줄이는 데 별로 도움이 되지 못하였다. ③ 공납은 특산물의 현물 납부를 전세화한 대동법으로 개편되었는데, 이는 토지 1결당 대체로 미곡 12두를 납부하게 하였으며 지역에 따라 무명이나 동전 등으로도 내게 하였다. ④ 대동법의 실시로 농민의 부담이 경감되어 민생 안정에 이바지 하였으며, 공인의 활동으로 상업과 수공업의 발달을 촉진시키고 상품 화폐 경제의 발달에도 영향을 주었다. ⑤ 군포 징수는 농민 장정에게 1년에 군포 1필만 부담하게 한 균역법으로 개편되었으며 이 법의 실시로 농민 부담을 줄여 일시적이나마 민생 안정에 이바지하였다.

수취체제 개편
1) **배경** 양반 중심의 지배체제는 양란으로 그 모순을 드러냈는데 지배계급으로서의 양반계층은 오히려 벌열화·귀족화되어 붕당정치는 파탄되고 정국은 비생산적인 정치적 대립과 갈등의 와중에 빠져듬. ① 지배층의 정치적 쟁점 : 민생 문제에 대한 것도 있었지만, 주로 예론(禮論)이나 왕위 계승 문제를 중심으로 하여 백성들의 생활 문제와는 거의 무관. ② 피지배층의 항거 : 항조(抗租)·거세(拒稅)·피역(避役)·유망(流亡)·민란 등을 통하여 지배 권력에 저항.
2) **수취체제의 개편** 위정자들은 수취체제(부세제도)를 조정하여 피지배층의 민생을 안정시키려 하였다. 그것은 국가의 재정 기반을 확보하고자 하는 노력. 수취체제에 대한 조정은 전세제도(영정법, 1635)·공납제도(대동법, 1608~1708)·군역제도(균역법, 1750) 등의 개편으로 나타났다.

≫ 세제의 개편 ≪

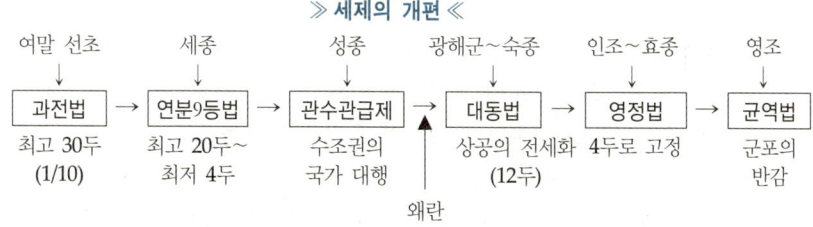

한국사능력검정시험 고급
(2008년 6월 14일)

01 다음은 우리나라의 구석기 유적지를 답사하기 위한 계획표이다. 지도에서 이동해야 할 경로를 옳게 표시한 것은? [2점]

일차	유적 이름	유적 개요
첫째 날	○○리	아슐리안형 주먹도끼가 아시아에서 처음 발견됨.
둘째 날	△△리	남한 지역에서 최초로 발굴, 조사된 구석기 유적임.
셋째 날	□□□ 동굴	후기 구석기 시대에 살았던 것으로 추정되는 어린아이 유골이 출토되어 '흥수 아이'로 이름 붙여짐.
넷째 날	◇◇바위그늘	동굴이 아닌 바위 그늘 유적으로 호모 사피엔스의 인골이 출토됨.

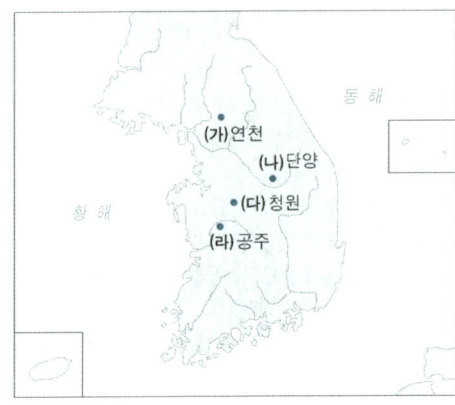

① (가) → (나) → (다) → (라)
② (가) → (라) → (다) → (나)
③ (나) → (가) → (라) → (다)
④ (나) → (다) → (라) → (가)
⑤ (라) → (다) → (나) → (가)

02 다음 내용이 담긴 역사서가 등장하게 된 시대적 배경으로 옳은 것은? [2점]

> 처음에 누가 나라를 열고 바람과 구름을 이끌었는가? 석제(釋帝)의 손자, 그 이름은 단군(檀君)이로세. 본기에 이르기를, 상제(上帝) 환인(桓因)에게 서자가 있어 웅(雄)이라 하였는데, 일러 말하기를, "삼위태백에 이르러 널리 인간을 이롭게 하고자 〔弘益人間〕한다."라고 하였다.

① 한 무제의 침략에 맞서던 고조선의 왕검성이 기원전 108년에 함락되었다.
② 고구려가 나·당 연합군에 패함으로써 옛 고조선 지역의 영토를 대부분 상실하였다.
③ 고려는 후삼국을 통일하면서 발해의 유민을 받아들였다.
④ 묘청의 서경 천도 운동이 실패하면서 자주적 전통 사상이 약화되었다.
⑤ 고려가 몽골과 강화한 이후 정치·문화적으로 자주성이 심각하게 손상되었다.

해설 및 정답

01 정답 ② ·· (2008. 제4회 고급)

첫째 날은 연천 전곡리 (가), 둘째 날은 공주 석장리 (라), 셋째 날은 청원 두루봉동굴 (다), 넷째 날은 단양 수양개 유적 (나)이다.

구석기시대(B.C. 70만년, cf. 신석기시대 B.C. 8000)는 석기를 다듬는 기술 수준에 따라 전기·중기·후기의 3단계로 나누어진다.

- (가) **연천 전곡리** 한탄강 유역에서 유럽 아슐리안(Acheulian)계의 전형적인 주먹도끼(양면핵석기)·가로날도끼가 다수 출토되어 전기 구석기의 유적임이 확인되었다.
- (라) **공주 석장리** 남한 최초의 구석기 유적지로 금강 유역에서 전기 구석기에서 후기구석기까지 계속된 12문화층 발굴, 가장 밑에 있는 제1문화층(외날찍개 문화층)의 유물은 60만~50만 년 전의 전기 구석기시대의 것으로 확인되었고, 후기 구석기의 두 문화층은 긁개·새기개·송곳 등이 출토되었고, 집자리와 불땐 자리(화덕자리)의 흔적이 발견되었으며, 약 3만 년 전과 2만 년 전의 것으로 밝혀졌다.
- (다) **청원 노현리 두루봉동굴** 1982년 두루봉유적의 흥수굴에서 거의 완전한 뼈대를 갖춘 3~5세 정도의 사람 뼈가 발굴되어, 이를 흥수아이라 명명하였다. 장례의식에서 주검에 국화꽃을 뿌렸으며, 생존시기는 대략 4만년 이전의 후기 홍적세 슬기슬기사람인 것으로 추정된다.
- (나) **단양 수양개 유적** 단양군 적성면에 소재한 동굴이 아닌 바위 그늘의 야외유적으로 몸돌·돌망치가 발견되어 강변의 넓은 석기제작소임이 밝혀졌다. 한편, 단양 금굴동굴은 약 70만년 전으로 알려졌으며 상시동굴에서는 남한 최초의 슬기사람 인골화석이 발견되었다.

02 정답 ⑤ ·· (2008. 제4회 고급)

⑤ 보기의 사료는 원 간섭기인 고려 충렬왕대에 일연이 쓴 「삼국유사」이다.

무신란 이후 사회적 혼란과 대몽항쟁의 위기를 경험한 지식인들에 의해 민족적 자주의식과 전통 문화에 대한 올바른 이해의 움직임이 일어남. → 자주사관의 정립, 단군 계승의식(삼국유민의식의 극복) : 「삼국유사」·「제왕운기」

삼국유사(1285) 일연이 충렬왕 때 쓴 야담·설화집으로 왕력(王曆)·기이(紀異)를 앞 부분에 넣고 효선(孝善)을 마지막에 붙여 「삼국사기」에 없는 많은 민간 설화·일사(逸事) 등이 기록어 있다. 특히 단군신화를 기록하고, 단군의 혈통이 부여·고구려·백제로 계승된 것으로 보았으며, 삼국 중 신라 계승을 강조하였다. 그 외 경주 중심의 신라 불교 전통을 소개하였으며, 향가 14수가 수록되어 있어 고대사 연구에 귀중한 문헌이나 지나치게 불교적 입장에서 쓴 것이 흠이다. 현재 전하고 있는 일연의 비명(碑銘)에는 「삼국유사」가 누락되어 있다.

> … 대체로 성인의 예악으로 나라를 일으키고 인의(仁義)로 가르침을 베푸는 데 있어 괴력난신은 말하지 않는 바였다. 그러나 제왕이 장차 일어나려 함에 부명(符命)을 받고 도록(圖籙)을 받아 반드시 남과 다른 점이 있은 연후에야 능히 대변(大變)을 타고 대기(大器)를 쥐어 대업을 이룰 수 있었던 것인데 삼국의 시조가 모두 신이한 데서 나왔다는 것이 무엇이 괴이하겠는가.
> – 「삼국유사」 –

03 다음은 중국인이 그린 백제 사신의 모습이다. 사신을 파견할 당시 백제의 상황으로 옳은 것은? [2점]

① 당을 상대로 신라와 치열한 외교전을 펼쳤다.
② 중국의 요서 지방을 점거하고 세력을 크게 떨쳤다.
③ 고구려의 압박에 시달려 북위에 군사적 원조를 요청하였다.
④ 중국의 남북조와 각각 외교 관계를 맺고 실리를 추구하였다.
⑤ 웅진에 수도를 두고 중국 남조의 국가와 활발한 교류를 하였다.

04 다음은 6세기에 세워진 신라의 비석들을 표시한 지도이다. (가)~(마)에 대한 설명으로 옳지 않은 것은? [3점]

① (가) - 법흥왕대에 건립된 비석으로 율령의 집행과 관련된 내용을 담고 있다.
② (나) - 왕과 여러 귀족의 합의 처결에 바탕을 둔 6부 체제의 모습을 보여 준다.
③ (다) - 진흥왕대 신라의 한강 유역 진출 과정을 보여 주는 비석이다.
④ (라) - 조선 후기에 김정희에 의해 진흥왕이 세운 순수비임이 고증되었다.
⑤ (마) - 다섯 개의 비석 중에서 가장 늦게 건립되었다.

03 정답 ⑤ ··· (2008. 제4회 고급)

보기의 그림은 6세기 양나라에 파견된 백제 사신의 모습을 그리고 해설한 양직공도(梁職貢圖)의 백제 사신도(중국 난징박물관 소장)이다. ① 7세기, ② 4세기, ③④ 5세기, ⑤ 6세기의 사실이다.

5·6세기 백제 1) **개로왕**(455~475) : 고구려 장수왕의 남진정책에 타격을 받아 한강 유역을 빼앗김(전사). 북위에 국서를 보내었으나(472), 한성이 함락되었다(475). 2) **문주왕**(475~477) : 한성으로부터 금강 유역의 웅진성(공주)으로 천도하고(475), 국력이 쇠퇴. 3) **동성왕**(479~501) : 신라와 결혼동맹 체결, 탐라 복속(498), 사·연·백씨(沙·燕·苩氏) 등의 금강 유역의 토착 신진세력을 등용. 4) **무령왕**(501~523) 지방에 왕족을 파견하는 22담로제로 지방 통제를 강화하고, 중국 남조(양)의 문화를 적극 도입한 웅진시대의 마지막 왕이었고, 무령왕릉에 따르면 양나라에서 영동대장군백제사마왕(寧東大將軍百濟斯麻王)이라는 시호를 받았음을 알 수 있다. 고구려의 평산을 공격하는 등 국력을 회복. 5) **성왕**(523~554) 수도를 사비성(부여, 소부리)으로 천도(538), 부여 정통성의 강조로 국호를 남부여로 고침, 중앙관제를 22부로 정비, 수도 5부·지방 5방 설치, 불교를 장려, 중국의 남조와 문물 교류, 일본에 불교 전파(552), 고구려 안원왕 때 후사문제로 내분이 일어나자 신라와 동맹하여 한강 하류지역을 회복하였으나 신라 진흥왕에게 다시 상실함으로 고대 상업세력이 붕괴되었고, 관산성전투(충북 옥천)에서 패사.

≫ 나제동맹(433~553) ≪

1. 한성시대 : 신라와 백제가 고구려의 남하에 대항하기 위하여 맺은 공수동맹으로, 427년 평양 천도 후 백제의 비유왕과 신라의 눌지왕이 433년에 동맹을 체결하였음.
2. 웅진시대 : 485년 백제 동성왕과 신라 소지왕 사이에 혼인동맹으로 발전하였음.
3. 사비시대 : 성왕은 진흥왕과 더불어 고구려를 공격하여 한강 일대를 회복하였으나 한강 하류를 신라가 다시 빼앗았다. 그러자 백제·가야·왜 연합군과 신라 사이에 전쟁이 벌어져 554년에는 백제 성왕이 관산성에서 전사함. 이로써 120년간에 걸친 나제동맹은 결렬되고, 백제는 가야에 대한 영향력을 상실하게 되었음.

04 정답 ① ··· (2008. 제4회 고급)

① 울진 봉평비의 내용이고, 영일 냉수리비는 재산권 분쟁 및 상속 내용을 수록하고 있는 현존 신라 최고의 비석이다.

≫ 신라의 고비(古碑) ≪

1. **포항 중성리 신라비**(2009년 5월 발견) : 눌지왕(441) 또는 지증왕(500)으로 추정, 재산권 분쟁 수록, 현존 신라 최고의 비석
2. **영일 냉수리비**(1989년 4월 발견) : 지증왕(503)으로 추정, 신라를 사라(斯羅)로 기록, 갈문왕·매금왕 기록, 재산권 분쟁 및 상속 내용 수록
3. **울진 봉평비**(1988년 4월 발견) : 법흥왕 때(524)의 영토 확장 및 율령 반포 기록(형벌로 곤장 100대를 때림·노인법(奴人法) 수록), 신라 관등(직)기록, 국왕도 부(部)에 소속되어 6부 귀족의 대표자 수준임을 보여 주며, 법흥왕을 매금왕(寐錦王)으로 호칭, 갈문왕이 기록됨, 일명 거벌모라비
4. **영천 청제(菁堤)비**(1968년 발견) : 법흥왕 때(536) 저수지 축조에 부역 동원 사실 기록, 원성왕 때 재축조(798)
5. **단양 적성비**(1978년 1월 발견) : 진흥왕 12년(551) 이전(545~550) 건립된 것으로, 적성 경략에 공이 큰 야이차(也尒次)를 비롯한 인물을 기념하고 국가에 충성한 사람에게 보상하겠다는 왕의 뜻을 비석에 새김
6. **명활산성작성비**(1988년 8월 발견) : 진흥왕 12년(551)으로 추정되며 역역(力役) 동원 체계를 보여줌. 축조공사의 책임자·실무자·동원 인원·공사기간 등을 수록
7. **남산 신성비**(1934~1975년, 6기 발견) : 진평왕 때(591) 신성 축조에 부역 동원 사실 기록, 지방 행정 기구(나두(邏頭) 파견)와 촌락 구조 수록

05 다음 글에서 제기된 문제를 시정하기 위해 실시한 제도에 대한 설명으로 옳은 것은?

[2점]

> 선대 임금이 공평하게 나누어 준 토지가 한 집안 부자(父子)의 사사로이 소유하는 바가 되어 한 번도 조정에 벼슬하지 않은 자와 한 번도 군대에 가지 않은 자가 편안히 앉아서 이익을 누리며 관리를 멸시하나, 개국 공신의 후예와 왕을 시위하는 신하 및 많은 전쟁에서 공을 세운 장군과 군사는 도리어 1무(畝)의 토지도 얻지 못하여 부모 처자를 봉양하지 못한다. … 근년에 이르러 토지의 겸병이 더욱 심하여 간흉한 무리가 산천으로 표를 삼아 모두 이를 가리켜 조업전(祖業田)이라 하여 서로 빼앗아, 한 땅의 주인이 5~6명을 넘으며, 1년에 조세를 8~9차례나 거두게 되었다.

① 현직 관리에게만 토지를 지급하였으며 세습이 가능하였다.
② 녹봉의 부족을 해결하기 위하여 경기 지역 토지를 지급하였다.
③ 문무 관리, 군인, 한인 등에게 전지와 시지를 차등 지급하였다.
④ 소유지를 재분배하여 국가 수입을 늘리고 농민 생활을 안정시켰다.
⑤ 수조권을 받은 사람이 죽거나 반역을 하면 국가에 반환하는 것이 원칙이었다.

06 빈칸에 들어갈 승려의 활동으로 옳은 것은?

[2점]

> 진평왕이 고구려로부터 자주 침략당하는 것을 근심하여, 수나라에 군사를 청하려고 ( )에게 걸사표를 지어 달라고 하였다. 그가 말하기를, "자기가 살려고 남을 멸망에 빠지게 하는 것은 승려가 할 도리가 아니지만, 제가 대왕의 땅에 살면서 대왕의 물과 풀을 먹고 있으니, 어찌 감히 명령에 따르지 않겠습니까?"라고 하고, 곧 글을 지어 바쳤다.

① 세속 5계를 지어 화랑도의 정신적 기반을 마련하였다.
② 중국으로부터 선종을 수입하여 불교계의 쇄신을 꾀하였다.
③ 황룡사 9층 목탑의 건립을 주도하여 호국 불교의 전통을 확립하였다.
④ 화쟁 사상을 바탕으로 불교계의 종파 대립을 해소하는 데 기여하였다.
⑤ 관음 신앙을 널리 전파하여 고통받는 민중에게 삶의 희망을 안겨 주었다.

해설 및 정답

05 정답 ⑤ ·· (2008. 제4회 고급)

사료는 고려 말 토지 문제를 해결하기 위한 조준의 사전개혁안(과전법)인데, ① 현·퇴직 대상으로 사후 반납 원칙, ② 고려 원종대 개경 환도 후 경기 8현의 토지 지급, 녹봉 부족분 보충, 충렬왕 때(1278) 재정비, 과전법의 기초가 되었다(녹과전, 1271). ③ 고려 전시과의 내용, ④ 소유지가 아닌 수조지를 재분배 하였다.

과전법(공양왕, 1391) 조선의 토지제도는 고려 말의 사전개혁(私田改革)에서 완성된 과전법(科田法)에 그 기반을. 전국의 토지를 몰수하여 인구 비례로 재분배하는 계구수전(計口授田)을 구상하였지만 실패. 과전법은 고려 후기 이래로 누적된 토지제도의 모순을 일단 해결한 것이지만, 결과적으로는 권문세족이 축적한 농장을 몰수하여 재분배함으로써 조선 왕조를 건국한 신진사대부 세력의 경제적 기반을 확보해 준 것이었다. 과전법에는 토지를 나누어 주는 규정, 조세의 규정, 땅 주인과 소작인에 대한 규정, 토지 관리 규정 등이 포함되어 있고, 모든 토지는 토지국유제의 왕토사상(王土思想)에 따라 국가가 수조권을 가지는 공전(公田)과 관료에게 수조권을 분급한 사전(私田)으로 구분되었다. 공전은 원래 대부분 일반 농민이 소유하고 있었던 소경전(所耕田)·조업전(祖業田)·세업전(世業田) 등으로 불린 민전을 국가가 징세의 대상으로 파악한 것으로 국가는 농민들에게 공전의 경작권을 보장해 주고, 이들로부터 조(租)를 받았다. 그리고 고려와 달리 조선의 민전은 법적으로는 매매가 금지된다고 하였으나 사실은 사유가 인정되어 매매와 상속이 가능.

06 정답 ① ·· (2008. 제4회 고급)

보기의 승려는 신라의 원광법사이다. ① 원광, ② 도의, ③ 자장, ④ 원효, ⑤ 의상에 대한 내용이다.

① **원광** 성실종과 열반종 전파, 점찰보(占察寶, 보(寶)의 기원) 설치, 수나라에 걸사표(乞師表)를 바쳤고, 세속5계를 제정.

② **도의** 선종9산 최초의 본산은 가지산문(迦智山門)을 개창. 양양 진전사지 부도(도의의 승탑으로 추정되는 한국 부도의 시원)

> **봉암사 지증대사(도헌) 적조탑비 비문** 821년에 승려 도의가 서쪽으로 바다를 건너가 당나라 서당대사(지장)의 깊은 뜻을 보고 지혜의 빛이 스승과 비슷해져서 돌아왔으니, 그가 그윽한 이치를 처음 전한 사람이다.

③ **자장** 계율종을 개창하고 대국통이 되어 신라 불교를 총관하며 통도사(通度寺)를 창건하고 황룡사 9층목탑 건립을 주도하였으며, 신라불국토설의 완성자.

④ **원효**(617~686) : 6두품, 설서당(薛誓幢)·설총의 아버지, 문도 양성 안함. 실천불교 지향, 도당유학 안함. 소성거사(小性居士)를 자처하고 속인 행세, 일연은 그를 원효불기(元曉不羈)라고 평가, 「무애가」저술, 고려시대 의천에 의해 화정국사(和靜國師)에 추증됨. 중국·일본·거란 등의 불교에 영향. 240권의 저서 중 22권이 전함. 「금강삼매경론」(유심소조(唯心所造)의 일심사상)·「대승기신론소」(불·법·승의 불교이론 조감도)·「화엄경소」·「성실론소」 같은 명저를 써서 불교 이해의 기준을 확립, 대중적이고 내세적인 정토종을 보급하여 불교의 대중화에 노력. 또, 「십문화쟁론(十門和諍論)」에서 화쟁사상(和諍思想)을 주장하여 여러 종파를 융합하려 하였다. 특히 「금강삼매경론」은 일본 불교에, 「대승기신론소」는 중국 화엄학(법장 ; 중국 화엄학의 체계화)에, 「십문화쟁론」은 인도 불교에 각각 영향.

⑤ **의상**(625~702) 당에서 수학하고 돌아와 화엄종을 개창하고 3천여 명의 문도를 양성. 진골 출신이나 중앙 정치세력과의 유착을 거부하고 영주 부석사·양양 낙산사를 중심으로 지방에서 활약. 고려 숙종 때 원교국사(圓敎國師)의 시호를 받았다. 저서인 「화엄일승법계도」는 화엄사상의 요체를 제시하였으며 화엄사상은 전제정치를 뒷받침하는 것으로 이해되기도 한다. 그리고 낙산사 창건시 지은 백화도량발원문(白花道場發願文)이 전함.

07 다음 한시를 활용하여 역사 수업을 하려고 할 때, 수업의 주제로 가장 적절한 것은?

[점]

| 神策究天文　　妙算窮地理　　戰勝功旣高　　知足願云止 |

① 고구려와 수·당의 전쟁
② 신라 말 도당 유학생의 활약
③ 고려 인종대 서경 천도 운동
④ 조선 세종대 북방 영토의 개척
⑤ 임진왜란 당시 조선 수군의 승전

08 다음은 신라의 5소경이 있었던 지역을 표시한 지도이다. (가)~(마)에 대한 설명으로 옳은 것은?

[2점]

① (가) - 일본 정창원(正倉院)에서 발견된 신라 촌락 문서는 이곳 소속의 촌을 조사한 것이다.
② (나) - 5소경 중에서 가장 일찍 설치되었다.
③ (다) - 신라 말에 반란을 일으킨 양길의 세력 거점이었다.
④ (라) - 우륵이 머물면서 신라에 가야 음악을 전수한 곳이다.
⑤ (마) - 중국과 일본, 서역 상인들이 찾아와 무역을 했던 신라 최대의 교역항이었다.

07 정답 ① ··· (2008. 제4회 고급)

① 사료는 여수전쟁 중 살수대첩 당시 을지문덕이 수나라 장수 우중문에게 보낸 여수장우중문시(與隋將于仲文詩)이다.

고구려의 대(對) 중국 전쟁 중국의 정세는 삼국이 각국의 국익에 따른 다양한 외교 관계를 수립할 수 있는 이점으로 작용하여, 5세기는 고구려가 크게 팽창한 시기였으나 6세기 말 이후 남북조로 분열되었던 중국을 통일한 수(隋)는 신라와 동맹하여 동·서 세력을 이루고, 고구려에 압력을 가하였다. 이에 고구려는 북방의 돌궐 및 남쪽의 백제·왜와 연결되는 남·북 세력을 이루어 이 두 세력이 교차하는 십자형외교(十字形外交)가 나타났다.

| 유사한 외교 관계 | 한무제 ↔ 흉노 + 위만조선 | 과 | 수양제 ↔ 돌궐 + 고구려 | 의 양상 |

1) **여·수전쟁(4차)** 수의 세력이 커지자 위협을 느낀 고구려가 영양왕 때 전략상의 요충지인 요서지방을 선제공격(598).
2) **여·당전쟁(3차)** 당 태종이 즉위하면서 고구려 침공을 준비하자, 고구려 연개소문(?~666)은 천리장성을 쌓는 등 대당 강경책을 취하였다.

08 정답 ② ··· (2008. 제4회 고급)

① 서원경(청주), ② 통일 전 진흥왕대에 국원소경(중원경;충주) 설치, ③ 북원소경(원주), ④ 중원소경(충주), ⑤ 울산이다.

5소경 신라는 통일 이후 지방제도를 전면적으로 재조정하여 신문왕 5년(685)에 9주 5소경이 마련. 신문왕 때 서원소경(청주)과 남원소경(남원)을 설치하고, 진흥왕 때의 국원소경을 중원소경(충주)으로 바꾸고, 왕비족에 대한 배려로 금관소경(김해)을 설치하고, 북원소경(원주)을 설치하여 5소경을 정비하였으며, 그 장관을 사신(仕臣)이라 하였다. 5소경은 과거 백제, 고구려, 가야의 일부 지배층은 물론 신라의 수도에서 이주한 귀족들이 거주하는 지방의 문화 중심지였고 상피제(相避制)를 적용하여 남원소경에는 고구려 귀족들을, 중원소경에는 가야 귀족(강수·우륵·김생들)을 이주시켜 살게 하였다. 경덕왕 16년(757)에 중국식으로 바꾸는 한화정책에 따라 소경은 경(京)으로 명칭이 바뀌었다.

② **민정문서** 통일 후에는 노동력과 생산자원이 보다 철저하게 편제되어 관리되었음을 민정문서(신라장적, 新羅帳籍, 촌락문서·민정문서·정창원 문서)를 통하여 알 수 있다.

1) **촌적** 1933년 일본 나라 동대사 정창원에서 발견된 서원경(청주) 부근 4개촌의 촌적(村籍)으로 을미년에 작성되었다고 하여 755년(경덕왕) 또는 815년(헌덕왕)으로 보는데 최근에는 815년설이 유력.
2) **3년 기준 작성** 장적에 나타난 촌락은 자연촌으로 보이는데, 국가는 이 촌락을 단위로 촌역(村役), 연수(烟數, 호수)·인구 수·우마 수(군사·교통·농경에 활용)·토지 면적(전답)·과수의 수 등을 매년 변동사항을 조사하여 3년마다 호별로 작성하였는데, 신라 후기 녹읍의 유형으로 보인다.
3) **9등호제** 호는 공연(孔烟)과 계연(計烟)으로 나누어지는데, 공연은 자연호(自然戶), 계연은 편호(編戶)이다. 공연은 인정(人丁)의 다과(多寡)를 기준으로 9등급으로 구분하였으며 호별 토지 소유량은 기록이 없다.
4) **6등급** 인구는 남녀 성별·연령별로 6등급으로 구분하여 파악하였는데, 여자도 노동력 수취의 대상. 정(丁)과 정녀(丁女)(20~59세)를 중심으로 하여 조자(助子)와 조녀자(助女子)(15~19세), 추자(追子)와 추녀자(追女子)(10~14세), 소자(小子)와 소녀자(小女子)(1~9세), 제공(除公)과 제모(除母)(60~69세), 노공(老公)과 노모(老母)(70세 이상) 등으로 구분(정과 정녀를 제외하고는 추정치).
5) **토지 지급** 민정문서에 의하면 토지 종류는 답(畓, 논)·전(田, 밭)·마전(麻田) 등 3종류가 있는데 논보다 밭이 많았고 관모답·내시령답·촌주위답 등의 관료전이 할당되고, 촌민에게 정전인 연수유전답이 지급. 그런데 전체 토지의 약 96%가 연수유전답이었고, 촌주위답도 여기에 포함.
6) **휴한농법** 1호는 8~14명으로 구성되었고, 1호(戶 ; 연(烟))의 경작지는 10~15결로 추정. 1인당 경작지가 지나치게 넓어 당시의 휴한농법을 입증.
7) **노비 노동력의 감소** 노비 수가 전체 인구(442명)의 5.6%에 해당되어 노비 노동력이 현저히 감소되었음을 알 수 있다.

⑤ **울산** 경주 부근의 국제 무역항인 울산에는 이슬람 상인이 왔으며, 이 때 당의 산물과 서역의 상품들도 수입.

09 다음은 중국 사서의 기록이다. ㉠, ㉡에 대한 설명으로 옳지 않은 것은? [2점]

> 시조가 죽자 그 아들 ㉠ 무예가 왕위에 올라 영토를 크게 개척하였다. 동북의 오랑캐들이 두려워하여 그에 복종하였다. 사사로이 연호를 인안이라고 하였다. … 무예가 죽자 그 아들 ㉡ 흠무가 왕위에 올라 연호를 대흥으로 고치니, 당 현종이 그에게 아비의 직위를 이으라는 조서를 내렸다.

① ㉠과 ㉡은 각각 발해의 무왕과 문왕의 이름이다.
② ㉠의 재위시기에 일본에 국서를 보냈다.
③ ㉠의 재위시기에 당의 산둥 지방을 공격하였다.
④ ㉡의 재위시기에 요동 지방을 확보하였다.
⑤ ㉡의 재위시기에 상경과 동경으로 천도하였다.

10 (가)~(마)의 문화재에 대한 설명으로 옳지 않은 것은? [2점]

① (가)와 비슷한 불상이 일본에도 있어 우리 문화의 일본 전파를 보여 준다.
② (나)의 여러 면에 불상이 부조된 것으로 보아 신라 말기에 만들어진 것으로 추정된다.
③ (다)는 승려의 사리를 봉안하기 위해 만든 것으로 선종과 관련이 있다.
④ (라)는 고구려의 대표적 무덤의 하나인데 무덤방은 지하에 위치하고 있다.
⑤ (마)는 발해의 석상으로, 무덤을 지켜 주는 역할을 했던 것으로 추정된다.

해설 및 정답

09 정답 ④ ·· (2008. 제4회 고급)

㉠ 대무예(무왕), ㉡ 대흠무(문왕)이다. ④ 발해 선왕(대인수) 때 요동으로 진출하였다.

1) **무왕**(대무예, 719~737) 8세기 초, 발해는 친당적인 흑수(흑룡강)부 말갈을 치는 한편(대문예 당 망명 사건, 726), 거란과 연합하여 수군 장문휴로 하여금 당의 산동지방 등주를 공격하였다(732). 고재덕을 보내 일본과 국교를 체결하고(727) 선명력(宣明曆)을 전래

2) **문왕**(대흠무, 737~793) 8세기 후반 이후 화친책으로 전환하여 사신·유학생을 파견하고, 빈공과에 급제하는 등 당과 국교를 열고, 대조영 이래의 발해군왕에서 발해국왕의 칭호를 얻고 문화를 수입하여 제도를 정비하였다.

3) **선왕**(대인수, 818~830) 9세기 전반 선왕 때 크게 융성. 대부분의 말갈족을 복속시키고 요동으로 진출하여 요동의 소고구려국을 병합하고 광대한 영토를 효과적으로 통치하기 위해 5경 15부 62주의 지방행정조직을 정비하였다. 발해의 전성기에 발해는 해동성국(海東盛國)이라고 불리었다.

> **발해의 천도** 동모산 → 중경?(무왕) → 상경(문왕, 755) → 동경(785) → 상경(794)

10 정답 ④ ·· (2008. 제4회 고급)

(가) 금동미륵보살반가상, (나) 양양 진전사지3층석탑, (다) 철감선사 승탑, (라) 장군총, (마) 발해 돌사자이다. ④ 장군총은 석총으로 무덤방이 없고, 굴식돌방무덤·벽돌무덤 양식에 무덤방이 있다.

(가) **금동미륵보살반가상** 삼국의 공통적 특징.

> **미륵보살반가상** 미륵보살은 미래에 부처로 태어나 중생을 구제하기로 정해져 있는 보살이다. 지금은 도솔천에서 중생을 구제하기 위하여 정진과 사색에 매진하고 있다고 한다. 미륵보살반가상(미륵반가사유상)은 이런 모습을 형상화한 것이다.

신라말 승탑 양양 진전사지 부도, 전(傳) 흥법사 염거화상(도의의 제자)탑, 화순 쌍봉사 철감선사(도윤) 승탑

> **고려 승탑** 구례의 연곡사 동·서부도와 북부도, 공주의 갑사 부도, 여주의 고달사지 원종대사 혜진탑(975), 청주의 정토사 홍법국사 실상탑(1017), 원주의 법천사 지광국사 현묘탑(1085, 6m가 넘는 불탑형), 신륵사 보제존자석종부도(나옹화상부도)

(나) **양양 진전사지3층석탑** 기단과 탑신에 부조로 불상을 새긴 것으로 도의의 승탑으로 추정

(라) **장군총** 통구에 있는 석총으로 계단식으로 화강암을 7층으로 쌓아올린 것이며 벽화가 없다(장수왕의 무덤으로 추정).

(마) **정혜공주묘** 발해 제3대 문왕의 둘째 딸의 묘로 중국 길림성 돈화현 육정산 소재. 대형돌방봉토분(大型石室封土墳)으로서 전체 구조가 고구려 후기의 고분 양식으로 굴식돌방무덤, 천장도 모줄임 구조 양식. 돌사자가 출토, 당의 영향

> **정효공주묘** 발해 제3대 문왕의 넷째 딸의 묘로 중국 길림성 화룡현 용두산 고분군 소재. 남북 길이 15m, 동서 너비 7m의 벽돌무덤으로 남장여자가 그려진 12인물상 벽화가 발견되었는데, 이는 당(唐)의 영향을 보여 준다.

11 다음은 고려 말에 왜구를 격퇴시킨 지역을 표시한 것이다. (가)~(라)에 대한 설명으로 옳은 것을 〈보기〉에서 고른 것은? [점]

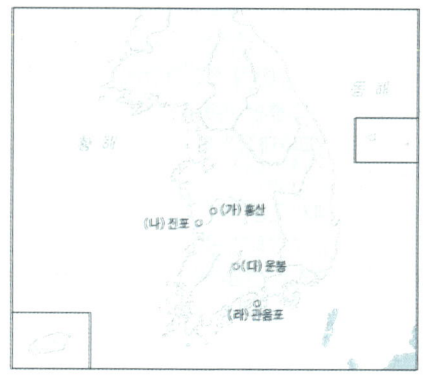

──── 보 기 ────
(가) - 우왕 때 최영은 이곳에 출정하여 왜구를 섬멸하였다.
(나) - 정지가 이끈 수군은 화포를 사용하여 왜선 17척을 격침하였다.
(다) - 이성계는 이 지역까지 들어온 왜구를 황산에서 크게 무찔렀다.
(라) - 최무선은 새로 제작한 화포를 사용하여 수백 척의 왜선을 불태웠다.

① (가), (나) ② (가), (다) ③ (나), (다)
④ (나), (라) ⑤ (다), (라)

12 다음은 어느 두 나라의 중앙 관제를 나타낸 것이다. 이와 관련된 설명으로 옳은 것은? [2점]

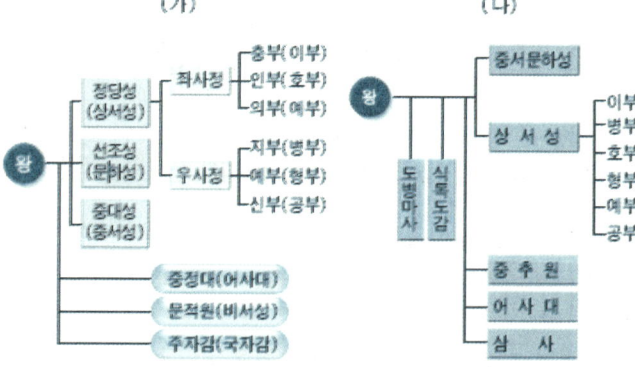

① (가)는 당의 제도를 그대로 모방하여 운영되었다.
② (가)의 문적원은 국왕의 비서 기관으로, (나)의 도병마사와 유사하였다.
③ (나)의 식목도감은 중국에는 없는 것으로, 독자적으로 만든 기관이었다.
④ (나)에서 중서문하성은 재부, 상서성은 추부로, 두 기구를 합쳐 재추라고 하였다.
⑤ (가)와 (나)에서 중정대와 중추원의 기능은 서로 비슷하였다.

해설 및 정답

11 정답 ② ··· (2008. 제4회 고급)

② (나) 정지의 관음포대첩, (라) 최무선·나세 등이 화포를 이용하여 진포에서 왜구를 대파하였다.

왜구의 침입 왜구란 13~16세기에 걸쳐 우리나라·중국의 연안에 출몰한 일본의 해적 상인 집단. 특히 고려 말 공민왕~공양왕 41년간에 통제력이 약화되자 그 틈을 타서 각지에 500여 차례 침구하였다.

1) **일본 정부와 외교 교섭** 공민왕 15년(1366)에 김일을, 우왕 3년(1377)에는 다시 정몽주를 파견하여 교섭을 벌였으나 별다른 효과를 보지 못하였다.
2) **왜구의 토벌**
  ① 홍산대첩(우왕 2년, 1376) : 최영이 홍산(부여)에서 적을 격퇴·섬멸.
  ② 진포대첩(우왕 6년, 1380) : 나세·심덕부·최무선 등이 진포(충남 서천)에서 화포를 이용하여 대파.
  ③ 황산대첩(우왕 6년) : 남해안 일대에서 횡행하던 왜구를 이성계·이지란·정몽주가 황산(남원 운봉)에서 전멸시켰다. 후일 조선 선조 때(1577) 여기에 황산대첩비를 건립하였다.
  ④ 관음포대첩(우왕 9년, 1383) : 다시 남해안에 침입한 왜구를 해도원수 정지가 관음포(경남 남해)에서 전멸시켜 왜구의 재침을 어렵게 하였다.
  ⑤ 대마도 정벌(창왕 1년, 1389) : 정지의 건의로, 박위가 왜구의 소굴인 대마도(쓰시마)를 정벌하여 재침을 당분간 막을 수 있었다.
3) **왜구의 영향**
  ① 재정의 파탄 : 왜구의 연안지방 약탈로 농민은 산간으로 피난하여 생활이 비참해지고, 이에 따라 조세가 감소되고 조운(漕運)이 불통되어 고려의 재정은 파탄에 직면하게 되었다.
  ② 수군의 창설 : 공민왕 23년(1374)에 수군이 창설되고, 사수서(司水署)가 설치되어 해안 경비.
  ③ 화포의 제작 : 화약을 이용하여 화포를 만들었고, 우왕 3년(1377)에 화통도감설치.
  ④ 천도론의 대두 : 개경 부근까지 침입하자 공민왕 때 한양·충주, 우왕 때 철원 등의 내륙으로 수도를 옮기자는 논의.

12 정답 ③ ··· (2008. 제4회 고급)

(가) 발해, (나) 고려의 중앙 관제이다. ① 당과 달리 독자성 유지, ② 문적원은 도서기관으로 고려의 비서성·수서원과 유사, ④ 상서성이 아니라 중추원이 추부이고, ⑤ 중정대와 어사대가 감찰기구로 서로 비슷하다.

발해의 중앙관제 문왕 때 3성 6부제도를 골격으로 하여 당의 관제를 최초로 채택하였으나 실제로는 발해의 특색이 강하였다. 3성은 국사를 결정하는 회의기구인 정당성(政堂省, 당의 상서성)을 중심으로 선조성(宣詔省, 당의 문하성)·중대성(中臺省, 당의 중서성)으로 구분되었고, 6부의 운영은 2원적으로 독자성이 강하였으며, 6부는 맹자의 5상(五常)을 골격으로 하여 유교식 관제를 채택.

② **문적원** 도서기관, **중정대** 감찰기관, **주자감** 국립대학
③ **식목도감** 중요 법령을 제정하는 일종의 임시 입법기관인데, 점차 기능이 확대되었다. 재·추가 구성원으로 도병마사의 별칭이라는 주장(이제현)도 있으며 조선 태종 때 의정부에 흡수.
④ **고려의 3성6부** 3성(省)이란 중서성·문하성·상서성을 말하는데 당나라의 제도와는 달리 고려에서는 중서성과 문하성이 합병되어 중서문하성이 되어 상서성과 2성 체제를 이루었다. 그러나 상서성은 중서문하성에 예속되어 엄밀히 말하면 고려는 중서문하성 중심의 단성체제였다. 중서문하성은 최고정무기관(수상 : 문하시중)으로서 백규(百揆)와 서무를 관장한 2품 이상의 재신(宰臣)과 3품 이하의 낭사(郎舍, 성랑)로 구성되었는데 낭사는 어사대(대관)와 함께 대간·언관 또는 대성(대관+성랑)이라 하여 시정(時政)의 득실을 논하고 왕권 견제의 간쟁·탄핵·봉박·서경 등을 담당.
⑤ **중추원**(中樞院, 추밀원(樞密院)) 중서문하성과 더불어 중앙 최고의 관청으로 중서문하성은 재부(宰府)라 하고 중추원을 추부(樞府)라 하며, 양자를 합해서 양부(兩府) 또는 재추(宰樞)라 하여 함께 국정을 논의. 2품 이상의 추밀(추신)과 3품 이하의 승선(承宣)으로 구성되었는데, 추밀은 재신과 함께 국정을 총괄하며 군국 기밀을 관장하였고, 승선은 왕명 출납을 담당하였다.
어사대(御史臺) 시정(施政)의 논의와 관리의 규찰·탄핵을 맡는 대관(臺官)으로, 중서문하성의 낭사(간관(諫官))와 함께 관리 임면·법령 개폐의 서경 권한을 갖는다.

13 다음 중에서 고려 시대 문화재를 모두 고른 것은? [2점]

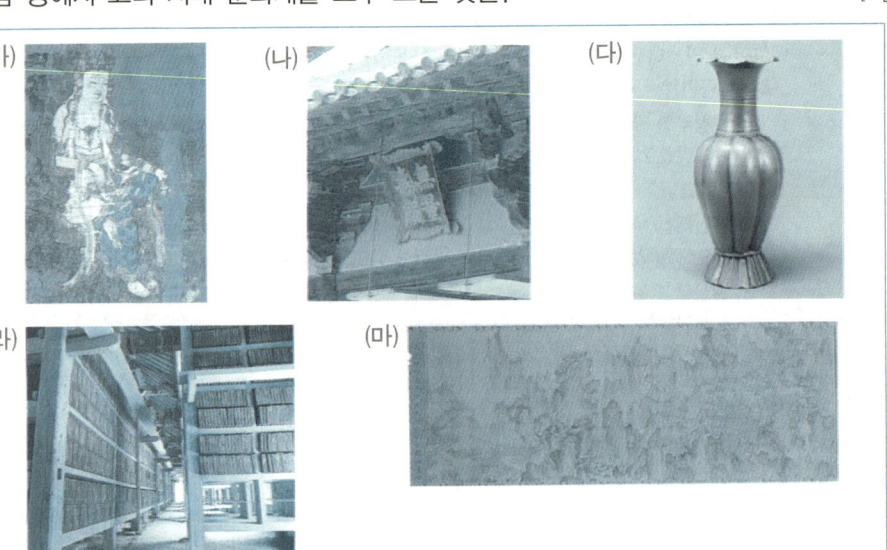

① (가), (나), (라) ② (나), (다), (라) ③ (가), (나), (다), (라)
④ (나), (다), (라), (마) ⑤ (가), (나), (다), (라), (마)

14 다음은 「삼국지」 위서 동이전에 있는 여러 나라에 관한 기록이다. (가)~(마) 국가에 대한 설명으로 옳은 것은? [2점]

(가) 토질은 오곡이 자라기에 적당하지만, 오곡이 영글지 않으면 그 허물을 왕에게 돌려 "왕을 마땅히 바꾸어야 한다."라고 하였다.
(나) 큰 산과 깊은 골짜기가 많고 넓은 들은 없어 부지런히 농사를 지어도 식량이 부족하였고, 상가, 고추가 등의 대가들이 있었다.
(다) 토질은 비옥하며 산을 등지고 바다를 향해 있어 오곡이 잘 자라 농사짓기에 적합하였고, 민며느리제 풍습이 있었다.
(라) 삼한 중 서쪽에 위치하였으며, 사람들은 곡식을 심고 누에를 치거나 뽕나무를 가꿀 줄 알았으며, 삼베를 만들었다.
(마) 토지가 비옥하여 오곡과 벼를 심기에 적당하고, 철이 생산되어 한, 예, 왜인들이 모두 와서 사 간다.

① (가) - 송화강 유역을 중심으로 성장하였고, 영고라는 제천 행사를 열었다.
② (나) - 각 부족의 영역을 함부로 침범하지 못하게 하는 책화(責禍)의 풍습이 있었다.
③ (다) - 어로와 농경이 발달하여 일찍이 고대 국가로 성장할 수 있었다.
④ (라) - 가축의 이름을 딴 마가, 우가, 저가, 구가 등의 관리가 있었다.
⑤ (마) - 한강 유역에서 출발하여 커다란 정치 세력으로 성장하였다.

13 정답 ③ ·· (2008. 제4회 고급)

(가) 수월관음도, (나) 부석사 무량수전, (다) 참외 모양의 상감청자, (라) 팔만대장경 판목, (마) 안견의 몽유도원도이다. (가)(나)(다)(라)는 고려시대이나 (마)는 조선시대이다.

(가) 고려후기에는 왕실과 권문세족의 구복적 요구에 따라 아미타불도, 지장보살도, 수월관음보살도 등의 불화가 그려졌는데 일본에서 발견된 혜허의 관음보살도(양류관음상)가 대표적이다.

(나) **부석사 무량수전** 고려 후기의 목조 건축물로 고려 건축의 일반적 양식인 주심포(柱心包)양식을 대표하는 것으로서, 간결하고 조화로운 모습을 나타내고 있다.

(다) **참외 모양의 상감청자**(청자상감모란국화무늬참외형병) 무신집권기에 발달

(라) **팔만대장경 판목**(재조장경 · 2차 대장경, 1251) 목판인쇄의 절정, 강화 피난 시절에 최우가 강화 선원사(禪源寺) 내에 대장도감(大藏都監, 장경도감)을 설치하고 진주목 남해현에 분사도감을 두어 승려 외에도 다양한 신분이 참여하여 고종 23년(1236)에 착수하여 38년(1251)에 완성한 대장경으로 개태사 승통인 수기(守其)가 교정을 총괄하였다. 조선 태조 때 합천 해인사로 옮겨 성종 때 지은 경판고(장경각)에 보존되어 있으며(1995년 UNESCO 선정 세계문화유산), 고려 문화와 고려 불교의 자기 완성으로 볼 수 있다. 2007년 6월 팔만대장경을 포함한 고려대장경판이 유네스코(UNESCO) 세계기록유산에 등재.

(마) **안견의 몽유도원도**(세종, 15세기) 신선이 산다는 이상세계를 낭만적으로 그린 것으로, 구도가 웅장하고 필치가 씩씩하며 풍경이 신비하여 보는 이를 압도(일본 천리대학 중앙도서관 소장).

14 정답 ① ·· (2008. 제4회 고급)

(가) 부여, (나) 고구려, (다) 옥저, (라) 마한, (마) 변한의 내용이다. ② 동예의 책화, ③ 옥저는 고대 국가로 발전하지 못하였고, ④ 부여의 특징, ⑤ 마한에 대한 설명이다.

(가) **부여**(B.C. 4세기경) 송화강 유역(길림)에서 동명왕(중국 측 사료) 또는 해모수(삼국사기 · 삼국유사)가 건국. 1) 왕권 미약 : 왕은 존재하였으나 초기에는 왕권이 미약하여 제가회의에서 선출하였고, 가뭄 · 장마로 5곡이 흉작이 들면 왕을 교체하기도 하였다. 가(加)와 대사자(大使者) · 사자(使者) 등의 관료가 있었고, 중앙에 왕이 있고 지방에 사출도(四出道)가 있었는데 사출도는 부족 연맹 또는 행정 지배 체제의 분화를 의미하였다. 2) 사출도 : 여러 소국으로 형성되었고, 연맹왕 아래 목축경제를 보여주는 마가(馬加) · 우가(牛加) · 저가(猪加) · 구가(狗加) 등의 제가(諸加)가 사출도를 주관

(다) **옥저** 함흥평야에 자리잡은 국가로, 왕은 없고 각 읍락을 거수(渠帥), 후(侯) · 읍군(邑君) · 삼로(三老) 등의 군장이 다스렸으나 통합된 더 큰 정치세력을 형성하지 못하였다. 해산물이 풍부하였고, 토지가 비옥하여 5곡이 잘 자라고 농사가 잘 되었다. 그러나 고구려의 압력으로 어물 · 소금 등의 해산물 · 맥포(삼베)와 여자를 공납으로 바쳐야 했다. 고구려와 같은 부여족의 한 갈래였으나, 그 풍속은 달라서 민며느리제(예부제(豫婦制))라는 일종의 매매혼이 있었다.

(마) **변한** 변한에서는 철이 많이 생산되어 낙랑 · 대방 · 일본 등지에 수출하였고, 철(덩이쇠)은 교역에서 화폐로 사용되기도 하였다(창원 성산동 · 진해 · 경주 황성동 등지에서 야철지가 발견).

② **동예** 산천을 중시하고, 각 부족의 영역을 함부로 침범하지 못하게 하였다. 만약, 다른 부족의 생활권을 침범하면 노비(생구(生口)) · 우마로 배상하게 하는 책화(責禍)의 제도가 있었다. 족외혼률과 책화는 씨족사회의 유풍.

15 다음 주장을 입증하는 근거로 옳지 않은 것은? [2점]

> 고려는 원나라의 간섭을 받기 전까지는 제도 운영, 국왕 및 왕실 구성원 명칭, 국가 의례에서 실질적인 황제국을 지향하였다.

① 원구단을 만들어 하늘에 제사하였다.
② 조(祖)와 종(宗)의 묘호(廟號)를 사용하였다.
③ 대부분의 왕들은 독자적인 연호를 사용하였다.
④ 왕자와 주요 왕족들을 '제왕(諸王)'이라고 표현하였다.
⑤ 3성 6부의 정치 체제를 도입한 후 2성으로 재편하여 운영하였다.

16 다음은 조선 전기에 발간된 족보의 일부이다. 이 족보의 기재 방식에 대한 설명으로 옳지 않은 것은? [2점]

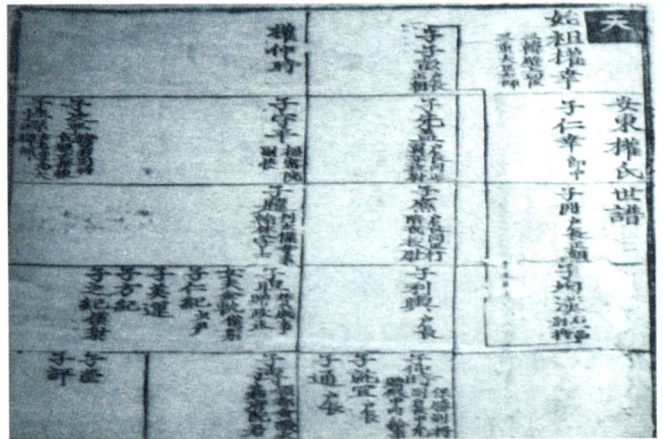

① 자녀 기재는 출생 순서에 따라 기재하였다.
② 본가의 가계는 자세히 기록하였으나, 외손은 기록하지 않았다.
③ 사위들도 기재함으로써 실제로는 만성보(萬姓譜)의 성격을 가졌다.
④ 딸이 재혼하였을 경우, 후부(後夫)라 하여 재혼한 남편의 성명을 기재하였다.
⑤ 자녀가 없는 사람은 '무후(无后)'라고 기재하였고, 양자를 들인 사례는 거의 없었다.

15 정답 ③ ·· (2008. 제4회 고급)

③ 고려시대 독립국을 과시하는 자주적인 연호를 사용한 군주와 연호는 태조대의 천수, 광종대의 광덕·준풍 등이다.

≫ 역대 연호의 변천 ≪

국가	연호	왕	사용기간	국가	연호	왕	사용기간
고구려	영락(永樂)	광개토왕	391~413	발 해	함화(咸和)	이 진	830~858
	건원(建元)	법흥왕	536~550		인선(諲譔)	애 왕	906~926
신	개국(開國)	진흥왕	551~567	마 진	무태(武泰)	궁 예	904~905
	대창(大昌)	진흥왕	568~571		성책(聖冊)	궁 예	905~910
	홍제(鴻濟)	진흥왕	572~583		수덕만세(水德萬歲)	궁 예	911~913
라	건복(建福)	진평왕	584~633	태 봉			
	인평(仁平)	선덕왕	634~646		정개(政開)	궁 예	914~917
	태화(太和)	진덕왕	647~650		천수(天授)	태 조	918~933
장안	경운(慶雲)	김헌창	822	고 려	광덕(光德)	광 종	950~951
	천통(天統)	고왕(대조영)	698~719		준풍(峻豊)	광 종	960~963
	인안(仁安)	무 왕	720~737	대 위	천개(天開)	묘청(인종)	1135
	대흥(大興)	문 왕	738~793	조 선	개국(開國)	고 종	1894~1895(갑오개혁)
발	중흥(中興)	성 왕	794~795		건양(建陽)	고 종	1896~1897(을미개혁)
	정력(正曆)	강 왕	795~809	대 한 제국	광무(光武)	고 종	1897~1907
해	영덕(永德)	정 왕	809~813		융희(隆熙)	순 종	1907~1910
	주작(朱雀)	희 왕	813~818	대한민국 임시정부	대한민국(大韓民國)	일제강점기	1919~1945
	태시(太始)	간 왕	818				
	건흥(建興)	선 왕	818~830				

제4회

16 정답 ② ·· (2008. 제4회 고급)

사진의 족보는 안동 권씨 세보이다. ② 조선 전기 족보는 친손과 함께 외손도 기재하는 쌍계(양측)적 친족체계로 만성보(萬姓譜)·자손보(子孫譜)의 성격이 강하였다.

보학의 발달 고려 문종때 족보 편찬 : 성씨·혈족의 계통을 기록한 족보를 국가에서 편찬하여 과거 응시자, 왕실의 결혼 등 신분 관계를 파악.

1) **족보 중시** 조선의 사림 양반들은 가족과 친족공동체의 유대를 통해서 문벌을 형성하고, 양반으로서 신분적 우위성을 유지할 필요에서 족보를 만들어 종족의 내력을 기록하고, 그것을 암기하는 것을 필수적인 교양으로 생각. 족보의 별칭으로는 세보·파보·가보·보첩·대동보·가승·화수보 등.

2) **성격** 족보를 공부하는 보학은 종족의 종적인 내력과 횡적인 종족 관계를 확인시켜 줌으로써 안으로는 종족 내부의 결속을 강화하고, 종가와 방계를 구별하여 위계를 정하였으며, 밖으로는 다른 종족이나 하급 신분에 대하여 문벌의 권위를 과시. 또, 족보는 결혼 상대를 구하거나 붕당을 구별하는 데도 중요 자료.

   ① **조선 전기** 아들과 딸 중 출생(연령)순으로 기재하고 자녀가 없을 경우 무후(无后) 라고 기재하여 양자를 들이지 않았고, 친손과 함께 외손도 기재하는 쌍계(양측)적 친족체계로 만성보·자손보의 성격.

   ② **조선 후기** 동족관념의 강화로 친손 중심으로 변화, 외손은 17세기까지는 3대, 19세기 이후에는 1대까지만 수록, 종전의 연령순에서 선남후녀(先男後女) 순으로 기재하고 종가(宗家)사상이 강화.

   ③ **여성 기재** 딸은 사위 이름으로 기재하고, 딸이 재혼하였을 경우 후부(後夫)라 하여 재혼한 남편이 성명을 기재. 부인의 경우는 친정의 성관(姓貫)과 부친 가문의 조상이 기록.

   ④ **항렬자(行列字) 사용** 처음에는 형제간에 항렬자(돌림자)를 사용하다가 점차 범위를 넓혀 후기에 와서는 가족적인 항렬이 동족적인 항렬로 확대되어 8촌간에도 같은 항렬을 사용.

3) **양반문벌제도의 강화** 족보의 편찬과 보학의 발달은 왜란 이후 조선 후기에 더욱 성하여, 양반문벌제도를 강화시키는데 기여.

문중 편찬 족보 ① 문화 유씨 영락보(세종 : 1423년) : 최초의 족보(부전), ② 안동 권씨 성화보 (성종 : 1476년) : 현존 최고의 족보, ③ 문화 유씨 가정보(명종 : 1562년)
선원록(선원세보) 선원청에서 작성한 왕실과 그 일족의 족보 태종 때 처음 작성, 숙종 때 처음 간행.

17 다음 건의안에 의해 채택된 법의 이름으로 옳은 것은? [2점]

> 천예(賤隸)들이 때나 만난 듯이 윗사람을 능욕하고 저마다 거짓말을 꾸며 본주인을 모함하는 자가 이루 헤아릴 수 없었습니다. … 바라건대, 전하께서는 옛일을 심각한 교훈으로 삼아 천인이 윗사람을 능멸하지 못하게 하고, 종과 주인 사이의 명분을 공정하게 처리하십시오. … 전대에 판결한 것을 캐고 따져서 분쟁이 열리지 않도록 해야 하겠습니다.

① 노비안검법(奴婢按檢法) ② 노비환천법(奴婢還賤法)
③ 노비종부법(奴婢從父法) ④ 노비종모법(奴婢從母法)
⑤ 노비추쇄법(奴婢推刷法)

18 다음 두 자료와 관련된 상황을 말해 주는 「고려사」의 기록으로 옳은 것을 〈보기〉에서 고른 것은? [2점]

 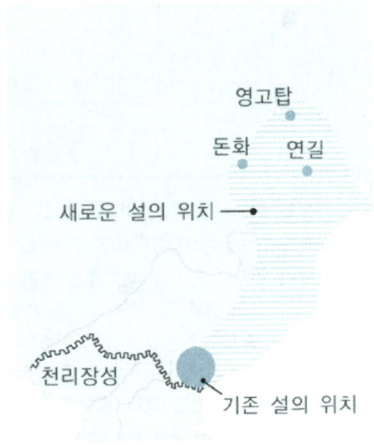

| 보 기 |

㉠ 우리나라는 바로 고구려의 후계자이다. 그러므로 나라 이름을 고려라고 부르고, 평양을 국도로 정하였다.
㉡ 별무반을 설치하여 산관(散官)과 아전들로부터 상인, 천인, 승려들까지 모두 입대시켰다.
㉢ 조휘는 화주 이북 땅을 들어 몽골에 투항하였다. 몽골은 이 땅에 쌍성총관부를 설치하였다.
㉣ 동쪽은 화곶령까지, 북쪽은 궁한령까지, 서쪽은 몽라골령까지 정복하여 우리나라 땅으로 만들었다.

① ㉠㉡ ② ㉠㉢ ③ ㉡㉢
④ ㉡㉣ ⑤ ㉢㉣

17 정답 ② ··· (2008. 제4회 고급)

② 사료는 최승로의 시무책인데, 그의 건의가 반영되어 고려 성종대에 광종대에 실시한 노비안검법 이후 불량한 자를 다시 노비화하는 노비환천법이 시행되었다.

① **노비안검법**(奴婢按檢法 956) 고려 광종, 노비의 신분을 조사하여 본래 양인이었던 자를 방량(放良)하여 호족의 군사적·경제적 기반을 약화.

② **노비환천법**(奴婢還賤法) 고려 성종, 불량한 자를 노비화하는 노비환천법과 자모정식법(子母停息法, 982.10)을 실시하였다.

③ **노비종부법**(奴婢從父法) 조선 태종, 향·소·부곡의 폐지, 노비변정사업, 종부법 등의 실시로 양인 수가 증가하였다.

④ **노비종모법**(奴婢從母法) 모(母)의 신분에 관계 없이 일천즉천법(一賤卽賤法)을 적용
일천즉천법 : 양인과의 결혼은 원칙적으로 금지되었고, 부모 중 어느 한쪽만이 노비라 해도 그 자식은 노비가 되는 경우가 많았다. 양반들은 재산 증식책으로 자신 집의 노·비를 각각 양녀·양인과 혼인시켜 그 자식을 노비로 만들었다.

⑤ **노비추쇄법**(奴婢推刷法) 도망간 공노비를 색출하기 위해 공천추쇄도감(公賤推刷都監)이 명종 때(1558) 설치, 정조 때(1778) 공노비 색출을 위해 마련한 노비추쇄법을 혁파.

18 정답 ④ ··· (2008. 제4회 고급)

두 자료는 12세기 초 윤관의 별무반 조직과 여진 정벌 후 축조한 9성에 대한 내용이다. ㉠ 서희의 거란 침입시 외교담판(993년), ㉡ 고려 고종대(1258년)의 사실이다.

윤관의 별무반 조직과 여진 정벌 숙종 9년(1104)에 임간 및 윤관의 여진 정벌이 있었으나 기병의 부족으로 실패.

1) 별무반의 조직 : 2군 6위 체제의 붕괴로 숙종 9년에 윤관의 선의로 여진 토벌군인 별무반을 조직하였다. 별무반은 위로는 현직 관리가 아닌 문·무 산직 관리로부터 아래로는 농민·상인·노비에 이르기까지 징발한 거족적인 임시 군사조직. 별무반 중 신기군은 기병대로서 귀족 자제와 문·무의 산관(散官)·이서(吏胥)·노비까지 말을 가진 자로 조직하고, 신보군은 보병대로서 도탕(跳盪)·경궁(梗弓)·정노(精弩)·발화(發火)로 조직하고 항마군은 승도(僧徒)나 승병으로 조직.

2) 윤관의 여진 정벌 예종 2년(1107)에 윤관·오연총 등은 별무반 17만을 이끌고 정주관(定平)을 넘어 함흥평야를 공략하여 여진 부락 135개를 점령하고 9성을 쌓았고, 길주성 내에 호국인왕사와 진국보제사 등의 사찰도 건립하였다(1108). 9성의 위치에 대해서는 기존의 길주설(吉州說) 또는 최근 두만강 유역까지로 확대하는 경우도 있다.

3) 9성의 환부 : 여진족이 계속 침입하여 9성을 수비하기 곤란하였을 뿐만 아니라, 그들이 조공을 바치겠다는 조건으로 9성의 반환을 애원해 왔고, 또 서북쪽에 거란세력이 있었으므로, 동북의 여진 토벌에만 전 국력을 기울일 수가 없어서 윤관의 은퇴 이후 9성을 쌓은 지 1년 만에 여진족에게 돌려주고 말았다(1109). 그 후, 우야소의 아우 아쿠타가 추장이 되면서 여진족은 세력을 강화하여 만주 일대를 장악한 다음, 국호를 금(金)이라 하고(1115), 고려에 형제관계를 요구하는 등 압력(1117).

㉠ **거란 1차 침입**(993년, 성종 13) : 북진정책, 친송단요로 소손녕의 80만 군대가 침입, 서희의 안융진 외교 담판에서 거란의 연호를 사용하는 조건으로 퇴군, 고려는 강동 6주를 획득하여 압록강 하류까지 국경선 북상하였고, 군사방어체제로 절도사 제도를 정비.

㉡ **쌍성총관부**(1258~1356) : 조휘와 탁청 등이 동북면 병마사를 죽이고 화주(영흥) 이북의 땅을 들어 몽골에 항복하자, 몽골은 이 지역을 다스리기 위해 화주에 쌍성총관부를 설치. 그 후 몽골의 세력이 약해지자 쌍성총관부에 대한 고려 정부의 견제가 강해졌고, 쌍성총관부 안의 일부 관리들 중에는 고려에 붙으려는 경향이 나타났는데, 천호 이행리(이성계의 증조)는 1281년 세 번이나 고려 정부에 찾아왔으며 조세를 납부한 일도 있었다. 공민왕 5년(1356), 고려는 유인우를 동북면 병마사에 임명하여 이 지역을 공략, 이때 천호 이자춘(이성계의 父)의 협력으로 탈환, 쌍성총관부를 폐지하고 화주목(和州牧)을 설치.

19 다음과 같은 비를 세웠던 사람들에 대한 설명으로 옳은 것을 〈보기〉에서 고른 것은? [2점]

경남 사천 지역에서 발견된 비(碑)로, 4,100여 명의 사람들이 조직을 만들어 왕의 만수무강, 나라의 부강, 백성의 평안 등을 기원하는 내용이 들어 있다.

─── 보 기 ───
㉠ 유교 윤리를 널리 보급하려 하였다.
㉡ 조선 시대 향촌 사회를 실질적으로 장악하였다.
㉢ 혼례와 상장례, 마을 제사 등 공동체 생활을 주도하였다.
㉣ 불상, 석탑을 만들거나 절을 지을 때 주도적 역할을 하였다.
㉤ 미륵을 만나 구원받고자 하는 염원에서 향나무를 바닷가에 묻었다.

① ㉠㉡㉢ ② ㉠㉢㉤ ③ ㉡㉢㉣
④ ㉡㉢㉤ ⑤ ㉢㉣㉤

20 농업 개혁에 대한 실학자들의 주장을 옳게 이해하고 있는 학생을 고른 것은? [2점]

① 갑, 을 ② 갑, 병 ③ 을, 병
④ 을, 정 ⑤ 병, 정

해설 및 정답

19 정답 ⑤ ··· (2008. 제4회 고급)

사료는 사천매향비이다. ㉠ 유교 윤리 보급이 아니라 불교신앙과 토속신앙과 풍수지리설이 융합된 신앙 공동체가 향도이고, ㉡ 조선시대 사림들이 주도한 향약·서원 등이 향촌을 주도하였고, 향도는 농민 공동체였다.

매향신앙(埋香信仰) 고려 후기(14세기) 미륵하생신앙에 바탕을 두고 향나무를 바다나 강에 묻는 침향(沈香) 신앙으로 해안이나 도서지역에서 유행하였다. 유물로는 고성 삼일포 매향비(1309), 정주 매향비(1335), 사천 매향비(1387, 4,100여 명이 내세의 행운과 국왕의 만수무강 및 국태민안 기원) 등이 있고, 매향하는 무리를 향도라고 불렀다.

향약의 발달 사림세력의 성장으로 농민 중심의 촌락공동체나 관습은 사림세력의 성장에 따라 점차 유교적인 종법적 가족제도의 확립과 예학의 발달로 16세기 후반 이후로는 전통적인 향촌규약과 조직체가 군현 단위의 향약과 촌락 단위의 동약 등으로 대체되고, 친족 중심의 동족부락(동족촌)이 도처에 형성되어 사림의 농촌 지배가 강화되었다. 사림은 유교적 의식과 명분에 맞지 않는 민간신앙이나 풍습을 모두 음사로 단정하여 금지하였다.

서원 최초의 서원은 중종 때 풍기 군수 주세붕(周世鵬)이 안향(安珦)을 모시기 위해 순흥에 세운 백운동서원(白雲洞書院)이었다(1543). 황의 건의로 백운동서원이 명종으로부터 '소수서원(紹修書院)'이란 편액(扁額)을 받음으로 사액서원(賜額書院)의 효시가 되었다(1550).
학문 연구와 선현 제향(祭享)을 위해 설립한 사설교육기관인 사학(私學)인 동시에 향촌자치기관이었으며, 서원의 보급은 성리학을 깊이 있게 발전시키고, 학문과 교육의 지방으로의 확대를 가져왔다.

20 정답 ⑤ ··· (2008. 제4회 고급)

갑. 이익, 을. 정약용의 토지개혁안이다.

갑. **유형원**(1622~1673) 실학의 체계화, 북벌의 완수 주장, 화성의 필요성 강조.
균전론(均田論) : 고대 정전제(井田制)를 모방해 토지국유제하의 사농공상에 따른 차등 분배를 주장히였다.

> 농부 한 사람이 1경(頃)을 받으며 법에 따라 조세를 내고, 매 4경마다 군인 1인을 내게 한다. 사(士)로서 처음 학교에 입학한 자는 2경의 토지를 받고 현직 관료는 6경에서 12경까지 품계에 따라 차등있게 지급하고 병역 의무는 면제한다. 상공업자는 농민의 절반을 주고 무당과 승려는 주지 않는다.

을. **이익**(1681~1763) 학파 형성(근기남인학파), 허목의 학풍 계승
한전론(限田論) : 소농의 보호로 최소한(항산)의 토지(20결)를 농민에게 영업전으로 지급하여 점진적 토지 소유의 평등을 주장하고(균전제) 아울러 토지겸병 방지 목적으로 토지 소유의 상한을 제시하였다.

> 국가는 사유 토지를 몰수하여 공전(公田)으로 하고, 적당한 수량의 경작지를 농민에게 분배하여 영업전(永業田)으로 삼게 하며, 특히 가난한 농민들로 하여금 자투리 토지들을 구입하여 수시로 등기할 수 있게 하면 점차로 영업전의 한도에 이를 수 있을 것이다. 그리고 토지가 많은 자는 규정 이하의 약간의 토지를 영업전으로 삼는 이외에, 나머지 토지에 대해서는 영구 소유권을 가질 수 없고 반드시 팔거나 양도해야만 한다. 다만 영업전은 매매를 엄금한다.
> 〈「곽우록」〉

병. **정약용** 두레를 계승한 공동농장제도인 여전론(閭田論)에서 토지 사유를 부정하고 노동량에 따른 소득 분배를 주장하였으나 실현 가능성이 없는 제도였다. 여하튼 지주전호제를 철저히 부정하였으며, 여전론의 차선책으로 순조 때(1817) 정전론(井田論)을 주장

정. **박지원** 「과농소초」의 「한민명전의」에서 이익의 '한전론'을 계승하여 토지 소유의 상한선을 제시하고 농업 생산력의 진흥을 주장하였으며 지주제를 인정.

21 다음 (가), (나)는 어떤 시기의 농사법을 소개한 것이다. 당시의 농업에 대한 설명으로 가장 타당한 것은? [점]

> (가) 땅을 간 뒤, 곰방매로 흙덩이를 깨뜨리고, 써레로 종횡으로 골라 흙을 연하게 한다. 볍씨 한 말을 숙분(宿糞)이나 오줌재 한 섬과 섞은 뒤 이를 발꿈치로 홈을 치고 심고 새를 쫓는다. 모가 성장할 때까지 물을 대 주어서는 안 된다. 잡초가 생기면, 가뭄이 들어 모가 말라도 호미질을 게을리해서는 안 된다.
> (나) 함경도는 땅이 비옥하여 논을 만들 곳이 많으나 풍속이 농사에 게으르고, 논에서 물이 몸에 젖고 흙이 발에 묻는 괴로움을 꺼려 밭농사만을 하므로 한 번 비가 와서 땅이 질척거리면 반드시 흉년이 들어 굶주리게 된다.

① 밭농사에서는 고랑에 파종하는 농법이 일반화되었다.
② 벼농사에서는 볍씨를 직접 논에 뿌리는 직파법(곧뿌림)이 주로 행해졌다.
③ 노동력을 절감시킬 수 있어 대농지를 경작하는 농민들이 많아졌다.
④ (가)의 방법은 김매기에는 편리하였으나, 가뭄의 위험 때문에 국가에서는 금지하였다.
⑤ (나)의 문제를 해결하기 위해 북쪽 지방에 수리 시설을 크게 확대하였다.

22 지도와 관련하여 당시 상황을 옳게 설명한 것은? [2점]

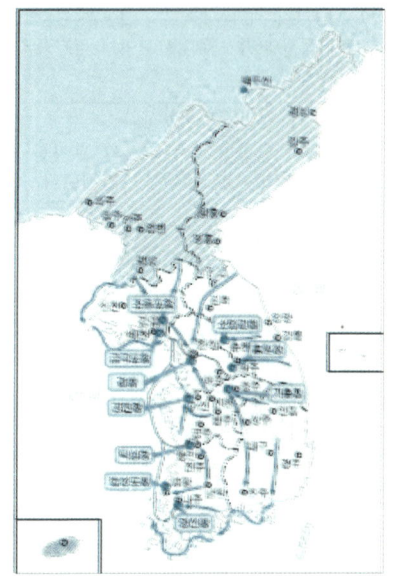

① 조창은 대부분 육상 교통로가 시작되는 내륙 지방에 설치되어 있었다.
② 평안도와 함경도에서 거둔 조세는 육상 교통로를 통해 서울로 옮겼다.
③ 경상도에서 거둔 조세는 모두 낙동강을 통해 바닷가로 운송되었다.
④ 강원도에서 거둔 조세는 주로 한강을 통해 한성의 경창으로 수송되었다.
⑤ 제주도는 토지가 척박하여 조세를 거두지 않았으므로 조운의 대상이 아니었다.

해설 및 정답

21 정답 ② ··· (2008. 제4회 고급)

보기 사료로 보아 조선 전기 직파법의 농사법이다. ① 조선 후기의 견종법, ③ 이앙법은 조선 후기에 일반화, ④ 이앙법의 내용, ⑤ 수리시설은 하삼도에 집중되었다.

② **직파법**(일명 : 부종법) 직파법(곧뿌림)에는 물을 댄 논에 씨를 뿌리고 벼를 재배하는 수경(水耕, 물사리)과 마른 논에 씨를 뿌리는 건경(乾耕, 건사리)이 있다. 직파법은 이앙법에 비해 제초(김매기) 노동력이 많이 들고 수확량이 적으나 가뭄이 들었을 때 피해가 이앙법보다 훨씬 적어 조선 정부에서는 이앙법을 금하고 직파법을 장려하였다.

① 한전농업에서는 농종법(壟種法)에서 견종법(畎種法)으로 개선.

농종법 밭을 갈아서 이랑(두둑, 농(壟))을 만들고 그 위에 파종. 고랑은 곡식을 심는 곳이 아니라 단순히 배수처리를 하는 곳에 불과하며, 곡식은 이랑에서 재배. 밭농사는 처음에는 고랑과 이랑의 구분이 없는 평평한 땅에 씨앗을 고루 뿌리는 만종법(縵種法)이 사용되었으나, 가축을 이용해 밭을 갈아 농사를 지으면서 농종법이 널리 쓰였다. 조선 후기에 견종법이 본격적으로 보급되기 전까지는 대부분의 밭작물은 농종법으로 재배. 농종법을 사용하면 배수처리가 쉽고 통풍과 채광에 유리하다. 또한 쟁기를 이용하여 고랑을 가볍게 갈아 주면 노력을 덜 들이고 잡초를 제거할 수 있으며 흙을 복돋아 주는 효과가 있다.

견종법 밭을 갈아 고랑에다 씨를 뿌리는 파종법으로 조선 중기 이후 급속히 보급. 가뭄에도 싹이 잘 트며 수분의 보존이 쉽고 보온의 효과가 높다는 장점. 조선 후기에는 보리·조·콩 등 밭작물의 농사에 견종법이 사용됨으로써 생산량의 증가와 노동력의 절감을 가져와 논농사에서의 이앙법의 확대와 더불어 농업생산력을 크게 향상시켰으며, 경작지의 확대와 부농의 등장, 농민층의 분해 등 농촌사회에 일련의 변화를 촉진시켰다.

③④ **이앙법**(일명 : 삽앙법·주앙법) 못자리를 만들어 벼의 묘종(苗種, 모)을 키운 후 논에 모를 옮겨 심고 재배하는 논농사 방법으로 삽앙(揷秧)이라고도 한다. 못자리를 만들어 볍씨를 뿌리고 싹을 트게 해 재배한다. 이앙법을 하게 되면 불량한 모를 미리 제거할 수 있고, 줄을 맞춰 심어 잡초와 벼가 쉽게 구별되어 제초 노동력을 절감할 수 있었으며, 단위 면적당 수확량을 높일 수 있다. 또한 경지를 사용하는 기간을 단축시켜 벼와 보리의 이모작을 가능하게 해 주며, 곡식의 종자도 절약 할 수 있었다. 그런데 이앙법은 조선 전기까지는 경상도와 강원도 남부 등 남부지역 일부에서만 보급되었다. 그 까닭은 모내기를 할 때 비가 오지 않으면 농사에 치명적인 피해를 입을 가능성이 높기 때문이었다. 조선 전기에는 이앙법을 적극 금지했으나 후기에 들어 이앙법이 전국적으로 보급되자 이앙법을 인정하는 대신 수리시설을 늘리는 방향으로 정책을 전환. 이앙법의 확대는 조선 후기 사회의 농업생산력을 급속히 증대시켜 농촌사회를 변화시키는 주요 요인이 되었다. 조선 후기 이후 논농사에는 대부분 이앙법이 사용되었다. 후에는 못자리를 만드는 방법도 발전해 가뭄이 들어 못자리에 물이 부족할 때는 시기를 늦춰 이앙을 하는 건앙법(乾秧法)이 개발되었다.

⑤ **수리시설** 15세기 말부터 하천수를 이용하여 곳곳에 새로운 수리시설로 천방을 만들어 이용하면서 수전농업이 상당히 발달. 후기에 들어 이앙법이 전국적으로 보급되자 이앙법을 인정하는 대신 수리시설을 늘리는 방향으로 정책을 전환.

22 정답 ④ ··· (2008. 제4회 고급)

① 강이나 바다에 위치, ② 잉류지역으로 현지에서 군사비와 사신 접대비로 사용, ③ 충주 가흥청으로 운반되어 한강을 통해 운반, ⑤ 조세를 거두지 않아서가 아니라 잉류지역이기 때문이다.

조창(漕倉) 지방의 조세를 모아 두었다가 조운(해운·수운)을 통해 용산과 서강에 있는 경창(京倉)으로 사공인 조군(漕軍, 조졸, 수부)이 운송하였는데 조운의 수로는 <u>전라도·충청도·황해도는 서해안 바닷길로, 강원도는 한강, 경상도는 낙동강과 남한강을 이용하였다.</u>

② **잉류**(仍留) 모두 현물로 납부하였는데, 평안도와 함경도는 국경에 가깝고, 특히 평안도는 사신의 내왕이 잦은 곳이라 하여 조세로 받은 것을 현지에서 군사비와 사신 접대비로 쓰도록 하였다. <u>함경도·평안도·경기도 일대 유수부(개성·강화·수원·광주)·제주(도서지역) 등은 조운·대동미·결작 등에서 제외되었다.</u>

23 다음 자료에서 밑줄 그은 '조약' 과 관련된 설명으로 옳은 것을 〈보기〉에서 모두 고른 것은? [2점]

> 미국 상민(商民)의 활동에 지장을 주지 않는 한, 조선과 중국 사이의 관계에 관여하지 않을 것이다. 미국은 귀 군주가 내치, 외교와 통상을 자주(自主)하고 있음을 잘 알고 있다. 국회는 조선과 수호하는 데 동의하였으며, 본인도 이를 비준하였다. 조선이 자주국이 아니라면 미국은 조약을 체결하지 않았을 것이다.
> ― 미국 아서 대통령이 고종에게 보낸 회답 국서 ―

┃보 기┃
㉠ 조선에서 크리스트 교 선교의 자유가 처음으로 인정되는 계기가 되었다.
㉡ 조약 체결 과정에서 속방 조회(屬邦照會) 문제가 쟁점으로 대두되었다.
㉢ 조선이 서양과 맺은 첫 수호 통상 조약으로, 청의 알선으로 체결되었다.
㉣ 불평등 조약이기는 하지만 조선이 관세를 부과할 수 있는 권한을 명시하였다.

① ㉠㉡   ② ㉢㉣   ③ ㉠㉡㉢
④ ㉡㉢㉣   ⑤ ㉠㉡㉢㉣

24 다음은 조선 시대 공신 수에 관련된 자료이다. 이를 토대로 옳게 추론한 것을 〈보기〉에서 모두 고른 것은? [점]

책정시기	공신명칭	공신 수				
		1등	2등	3등	4등	합계
(가) 태조 원년(1392)	개국 공신	17	13	22		52
(나) 단종 원년(1453)	정난 공신	12	11	30		43
(다) 중종 원년(1506)	정국 공신	8	13	31	65	117
(라) 인조 원년(1623)	정사 공신	10	15	28		53

┃보 기┃
㉠ (가), (나), (다)는 왕이 교체된 후 신하들에 대한 논공행상의 성격으로 실시되었다.
㉡ (나), (다), (라)는 군사적 변란을 잠재운 공을 기려서 시행되었다.
㉢ (다)의 명분은 국왕이 폭정을 했을 때 유교 정치 원리에 입각하여 신하가 적극적인 역할을 수행했다는 것이다.
㉣ (라)의 논공행상은 결과적으로 대외적 위기를 초래하였다.

① ㉠㉡   ② ㉢㉣   ③ ㉠㉡㉢
④ ㉡㉢㉣   ⑤ ㉠㉡㉢㉣

23 정답 ⑤ ··· (2008. 제4회 고급)

사료의 조약은 1882년 4월에 체결된 조미수호조약이다. ㉠ 조불통상조약으로 천주교가 공인되었고, ㉡ 청의 요구가 있었으나 미국측의 반대로 실패, ㉢ 청의 이홍장이 알선에 나서서 수교가 성사되었고, ㉣ 관세권 규정을 처음으로 인정하는 등 어느 정도의 불평등 요소를 극복하였다.

조미수호통상조약(1882.4 : 전문 14조) 「조선책략」에 나타난 연미론(聯美論)의 영향으로 수교의 필요성이 대두되어 고종이 주도하여 민영익·김윤식(영선사로 파견되어 후원)·김홍집 등의 온건개화파가 역할을 담당하였다. 당시 청은 러시아와 일본의 세력이 조선에 침투하는 것을 견제하고, 조선에 대한 종주권을 국제적으로 확인받기 위해 청의 이홍장이 알선에 나서서 수교가 성사되었다.

1) 조약의 내용 ① 거중조정(居中調停) : 조선이 제3국으로부터 부당한 침략을 받을 경우 미국은 즉각 개입, 거중조정을 행사해 조선의 안보를 보장한다. ② 불평등조약 : 치외법권, 조차지 설정 승인 및 최혜국조관(최혜국대우)을 규정. ③ 문화 교류 : 조미 양국간 문화 교류를 보장한다. ④ 관세권 규정 : 수입 10%, 수출 5%로 관세를 책정하여 최초로 관세자주권을 인정하였다. 이에 따라 1883년 7월에 조일통상장정이 개정되었다. ⑤ 영토권 인정 : 거류지(개항장)에서 외국인의 토지 소유를 허가하는 영토권을 인정하였으나 내지 소유는 인정하지 않았다.

> **속방 규정** 조약 체결시 청은 '조선은 청의 속방이다'라는 내용을 삽입하려고 하였으나 <u>미국측의 반대</u>로 실패하였다.

2) 역사적 의의 서양과 체결한 최초의 근대적 조약으로 관세권 규정·조선의 곡물 수출 금지권 인정과 조선의 사법기관이 완비되면 철폐한다는 전제하에 규정된 치외법권 조항 등으로 어느 정도의 불평등 요소를 극복하였다.

㉠ **조불통상조약** 천주교 포교권 문제와 청불전쟁 이후 청불 관계의 악화로 청이 방해하여 지연되었으나 조선 정부의 적극적 노력으로 조불통상조약이 체결되어(1886) 포교의 자유가 허용. 이 조약은 조영조약을 모방한 불평등조약으로 치외법권·영사재판권·관세자주권 결여·최혜국조관 등을 규정.

24 정답 ② ··· (2008. 제4회 고급)

계유정난의 정난공신은 단종이 즉위한 후 수양대군(후일 세조)이 김종서·황보인 등 사육신·생육신을 제거한 공으로 책봉이 되었고 수양대군은 2년 후에 즉위하였다. 그리고 계유정난은 이징옥의 난을 평정한 군사적 변란과는 관계가 있으나 정국공신과 정사공신은 전 왕을 폐하고 새로운 왕을 추대한 뒤의 공신이다.

- (나) **계유정난**(癸酉靖難) 단종 원년(1453) 수양대군이 고명대신 김종서·황보인과 안평대군을 비롯한 수십인을 살해·제거하고 정권을 잡았다. - 정난 공신
- (다) **중종반정**(中宗反正, 1506) 연산군의 실정으로 민심이 이반하자, 훈구파 성희안·박원종 등이 연산군을 축출하고 이복동생인 진성대군을 중종에 등극시켰다. 이에 중종은 조광조(趙光祖) 등 사림을 등용.
- (라) **인조반정**(1623)과 사림정치의 부활 대북파의 정권 독점에 서인들은 광해군의 중립외교, 인목대비 폐출(서궁(西宮) 유폐)과 영창대군 살해(계축옥사, 1613)의 실제폐모 등이 명분과 의리에 어긋나고 비윤리적 패륜행위라고 비판하고 인조반정을 일으켰다. 서인들은 정통 성리학을 내세워 사림정치를 부활시키고 친명배금정책을 추진하여 후금을 자극.

> **이괄의 난**(1624) 인조반정 이후 서인 사이의 반목으로 일어난 내란. 이괄은 논공행상에서 2등 공신에 외직인 평안병사에 임명되자 불만을 품고 한양을 점령. 이 난은 조선 개국 이래 최대 규모의 반란으로 인조는 공주로 파천했고 후금과의 국제관계에서도 큰 영향을 끼쳤다.

25 다음은 조선 후기 광업의 변화를 도표로 정리한 것이다. 이를 토대로 설명한 내용으로 옳지 <u>않은</u> 것은? [2점]

> (가) 은의 수요가 급증하였다.
> (나) 잠채가 성행하였다.
> (다) 설점수세제(設店收稅制)를 실시하였다.
> (라) 정부에서 수세를 독점하였다.
> (마) 수세하는 은점이 크게 줄었다.

① (가)는 청과의 무역이 증가했기 때문이었다.
② (나)는 은의 수요 증대로 이득이 많았기 때문이다.
③ (다) 이후 정부에서 파견된 덕대가 광산을 운영하였다.
④ (라)의 업무를 담당한 기관은 호조였다.
⑤ (마) 이후 설점수세를 수령이 직접 관할하였다.

26 다음과 같이 주장했던 인물에 대하여 옳게 설명한 것은? [2점]

> 개인과 개인, 민족과 민족, 국가와 국가의 균등 생활을 주의로 삼는다. 개인과 개인의 균등은 어떻게 실현하는가? 정치 균등화, 경제 균등화, 교육 균등화가 이것이다. 보선제를 실행함으로써 정권을 제일(齊一)하게 하고, 국유제를 실행함으로써 경제를 제일하게 하고, 국비 의무 학제를 실행함으로 써 교육을 제일하게 한다. 이로써 국내의 개인과 개인의 균등 생활을 실현한다. 민족과 민족의 균등은 어떻게 달성하는가? '민족 자결'을 자민족과 타민족에 적용하여 소수 민족과 약소민족이 압박과 통치를 받는 지위에 빠지지 않도록 한다. 어떻게 국가와 국가의 균등을 도모할 것인가? 식민 정책과 자본 제국주의를 무너뜨려 약한 것을 겸병하고, 어두운 것을 공격하여 어지러운 것을 취하고, 망한 것을 모멸하는 전쟁 행위를 금지하여 일체 국가로 하여금 서로 침범하지 않고, 서로 침탈하지 않게 함으로써 국제 생활에서 평등 지위를 완전하게 하며, 나아가 사해 일가와 세계 일원의 구경(究竟) 목적을 도모하도록 한다.

① 민중 본위의 민족 해방을 위해 무력으로 제국주의를 타도할 것을 주장하였다.
② 민족 운동 세력의 대통합을 위해 대한민국 임시 정부를 해체할 것을 주장하였다.
③ 단독 정부 수립에 반대하여 남북 지도자 회의에 참여하였다.
④ 진보당을 창당하여 이승만의 장기 집권에 저항하였다.
⑤ 사민 평등, 사해 동포주의에 입각하여 국가를 없애고 세계가 하나가 되어야 한다고 주장했다.

해설 및 정답

25 정답 ③ ·· (2008. 제4회 고급)

③ 덕대는 대개 현지 출신으로 물주로부터 자본을 조달받아 10~20명의 노동자를 고용하여 채굴·선금 등 광업 노동 과정을 지휘·감독하고, 생산한 금을 물주에게 바치는 실질적인 광산 경영자이자 광산 노동자의 우두머리였다.

광업의 발달 전기에는 국가가 직접 경영하여 사적인 광산 경영을 막았으나, 16세기 이후 사채를 허용하되 세금을 거두는 정책으로 바뀌었고 단천 은광이 개발. 임진왜란 때 참전한 명군(明軍)의 군수물자와 월량(월급)이 은으로 충당되고, 중국에서 은본위제(일조편법·지정은)가 나타남에 따라 중국은 조선에 은광 개발을 요구하였다

1) **감관(監官) 감독하의 부역노동** 17세기부터 정부가 민간의 부역노동(군역의무자)에 의해 군수(軍需)와 관련된 철·유황·아연 광산을 개발.

2) **별장제(別將制)하의 설점수세제** 17세기 말부터 상품화폐경제의 광범한 발전과 더불어 금·은·동에 대한 사회적 수요가 증가하고 군사적 긴장도 어느 정도 해소되고 대청무역에서 은의 수요가 늘어나 정부는 스스로 광산을 개발하기도 하고 관설점 민경영(官設店 民經營), 효종 때(1651) 설점수세법 제정인 별장제하의 설점수세(設店收稅)를 허용하여 거의 70개 소의 은광이 개발되었다. 호조에서 파견한 별장은 대부분 한양에 거주하는 부상대고인데, 권세가의 사인(私人)으로 수세 대행 업무를 담당.

3) **잠채(潛採)의 성행** 18세기 중엽 이후 농민들의 광산 집중으로 이농 현상이 심각해지자 정부의 광산 정책은 일관성없게 금채령(禁採令)을 발동하였으나 민간에서는 잠채가 성행하였다.

4) **물주제(物主制)** 1775년(영조 51) 이후 별장제를 폐지하고 민설점 민경영(民設店 民經營)이 나타나 물주가 수령과 호조의 허가를 받아 스스로 설점하여 호조가 정한 세금을 수령에게 바치는 물주제(物主制)가 성행하였다. 물주는 덕대(德大)를 통해 임노동자를 고용하였으며, 광산 경영에 분업적 협업이 이루어져 자본주의적 관계가 발생하였다.

5) **덕대제(德大制, 혈주제(穴主制))** 18세기 말경에 성립된 일종의 광산의 임대차제도로 덕대는 대개 현지 출신으로 물주로부터 자본을 조달받아 10~20명의 노동사를 고용하여 채굴·선금 등 광업 노동 과정을 지휘·감독하고, 생산한 금을 물주에게 바치는 실질적인 광산 경영자이자 광산 노동자의 우두머리였다. 이는 마치 별장제하 은점(銀店)의 두목(頭目)·점장(店匠)과 유사한 역할을 했다. 그리고 더 나아가 덕대 자신이 자본가로 성장하기도 하였다.

26 정답 ③ ·· (2008. 제4회 고급)

보기의 인물은 민족주의 계열의 조소앙(1887~1958)이다. ① 사회주의 계열의 주장, ② 임시정부의 정통성 고수 주장, ④ 조봉암, ⑤ 무정부주의에 해당되는 내용이다.

삼균주의 대한민국 임시정부의 외무부장이었던 조소앙이 독립 운동의 기본 방략 및 독립 국가 건설의 지침으로 만들어 낸 이론. 삼균이란 개인과 개인, 민족과 민족, 국가와 국가 사이의 완전한 균등을 의미한다. 개인과 개인 사이의 균등은 정치(均權)·경제(均富)·교육(均學)을 통해, 민족과 민족 사이의 균등은 민족 자결을 통해 이룩되고. 국가와 국가 사이의 균등은 식민 정책과 자본 제국주의를 배격하고 침략 전쟁 행위를 금지해야 하며, 이에 따라 국가가 서로 간섭하거나 침탈 행위를 하지 않아야 이룩된다는 것이다. 삼균주의는 1920년대 말 기본 구상이 마련되고 1931년 임시 정부의 '대외 선언'에서 체계가 세워졌고, 1941년 대한민국 건국강령에서 임시정부의 기본 이념 및 정책 노선으로 채택되어 공포되었다. 안창호도 1928년 상해에서 민족평등·정치평등·경제평등·교육평등으로 민족국가 건설을 지향하는 대공주의(大公主義)를 제창하였다.

조소앙 1918년 11월에 민족지도자 39명의 이름으로 발표한 무오(대한)독립선언서 작성. 여기서 그들은 한일합방의 무효를 선포하고 무력 대항을 선언. 임시정부에서는 임시헌장을 작성하고, 1919년 8월 스위스 제네바에서 개최된 제2차 만국사회당대회에 이관용 등과 함께 파견되어 '한국독립안'을 결의케 하였다. 광복후 신탁통치를 반대하였으며, 국민총동원위원회가 결성되면서 반탁운동이 확산되고 미국측 제의로 김구 중심의 비상정치회의와 이승만의 독립촉성중앙협의회를 합작한 비상국민회의(1946.2.1)의 의장 역임.

27. 다음에서 설명하고 있는 정치 세력에 의해 추진되었던 정책을 〈보기〉에서 모두 고른 것은? [1점]

- 16세기 초에 훈구파의 권력 독점에 따른 문제점을 해소하려고 하였다.
- 삼사의 언관직에 주로 근무하면서 자신들의 의견을 공론(公論)이라고 표방하였다.
- 요순 시대와 같은 이상 사회의 구현과 도학 정치의 실현을 내세웠다.

┃보 기┃
㉠ 현량과 실시   ㉡ 소격서 폐지
㉢ 국조오례의 편찬 ㉣ 소학 교육 장려

① ㉠㉡   ② ㉠㉢   ③ ㉢㉣
④ ㉠㉡㉣   ⑤ ㉡㉢㉣

28. 지도의 빗금 그은 지역에서 일어난 사실을 〈보기〉에서 모두 고른 것은? [3점]

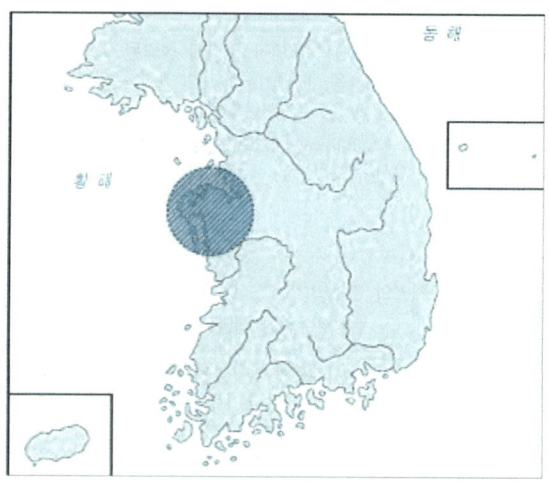

┃보 기┃
㉠ 백제의 불교문화를 대표하는 마애불상이 만들어졌다.
㉡ 고려 시대에 조운선의 해난 사고가 빈번하여 운하 굴착을 시도하였다.
㉢ 18세기 말부터 천주교 신도가 늘어나면서 많은 순교자들이 나왔다.
㉣ 19세기 후반에 오페르트 일당의 남연군묘 도굴 미수 사건이 일어났다.

① ㉠㉡   ② ㉢㉣   ③ ㉠㉡㉣
④ ㉡㉢㉣   ⑤ ㉠㉡㉢㉣

27 정답 ④ ·· (2008. 제4회 고급)

보기의 정치세력은 조선시대의 사림(사류)세력이다. ㉢ 관학파 신숙주가 성종 때 길례·빈례·군례·흉례등의 오례를 정리하여 국가적 의식의 기준을 정한 예법서이다.

사림의 중앙 정계 진출 성리학이 조선 왕조의 지도이념으로 자리를 굳히고, 향촌 사회에까지 영향을 끼치자 사림은 성종 이후 중앙 정계에 본격적으로 진출하여 3사 등 청요직·언관직을 차지하면서 주로 언론과 문한(文翰)을 담당.

> **사림의 목표**
> 1) 성리학의 이념에 보다 충실한 사회를 건설.
> 2) 지주전호제를 정착시켜 중소지주의 생활을 안정
> 3) 향약과 사창제를 실시하여 신분적인 향촌공동체를 강화
> 4) 전제 왕권과 재상 중심 체제를 배격
> 5) 언론과 학술을 존중하는 삼사 중심의 정치를 구현
> 5) 영토의 팽창보다는 현재의 강역을 고수
> 6) 부국강병보다도 의리와 도덕이 충만한 사회의 건설을 추구.
> 　이러한 입장에서 보았을 때 조선 초기의 정치 방향은 그들의 이상과 맞지 않았고, 특히 세조와 그를 보좌한 훈신들은 혐오의 대상이 될 수밖에 없었다.

28 정답 ⑤ ·· (2008. 제4회 고급)

지도의 지역은 태안반도 지역의 내포지방이다. ㉠ 백제의 서산 마애삼존불상(백제의 미소), ㉡ 고려때 서산 팔봉면~태안면 경계지역 운하(조거) 굴착을 시도하였으나 실패, ㉢ 해미·홍주지역에서 신해박해 때 천주교인들이 박해를 받았고, ㉣ 덕신군 예산년에서 일어난 사건이다.

㉢ **정부의 천주교 박해**(사옥(邪獄))

1) **신해박해**(1791 : 정조 15년) : 윤지충의 모친상 사건(신주 소각). 신해통공에 대한 노론의 남인 견제책, 정조는 남인 시파를 우대하고 천주교에 대해 비교적 관대한 정책 유지, 윤지충·권상연 처형, 일명 진산사건 2) **신유박해**(1801 : 순조 1년) : 노론 벽파가 남인 시파에 대한 타도 수단으로 천주교를 탄압(남인 세력 위축, 실학 쇠퇴). 이승훈·이가환·주문모(중국신부로 1795년 입국)·정약종 등은 사형당하고, 정약전·정약용은 유배. 3) **을해박해**(1815, 순조 15년) : 경상도와 강원도 일대에서 천주교 박해가 일어났다. 4) **정해박해**(1827 : 순조 27년) : 전라도 일대에서 수백 명의 신도가 수난을 당하였으나 이러한 탄압에도 불구하고 1831년 9월 정하상의 노력으로 북경 교구로부터 조선 교구가 독립하고 파리외방전교회에서 조선 교회를 관리하는 조치가 취해졌다. 5) **기해박해**(1839 : 헌종 5년) : 풍양 조씨가 집권하면서 프랑스 신부(모방·샤스탕·앙베르 3인)와 정하상 등 2백여 명을 학살하고 헌종의 척사윤음이 반포되고 5가작통법이 부활. 6) **병오박해**(1846 : 헌종 12년) : 최초의 신부인 김대건이 선교사의 입국과 주청 선교부와 통신 연락에 필요한 비밀 항로를 개척하려다 체포되어 한강 새남터에서 순교. 7) **병인박해**(1866 : 고종 3년) : 흥선대원군은 불평계층인 천주교 세력에 대한 불안과, 남종삼을 시켜 프랑스로 하여금 러시아의 남하 저지를 꾀한 것이 실패하자 천주교 세력을 오히려 탄압하여, 전체 교인의 3분의 1인 약 8천 명을 절두산에서 처형하고 프랑스 신부도 12명 중 9명을 처형(병인양요의 배경).

㉣ **오페르트 도굴 사건**(1868.4 : 충남 예산군 덕산면) 독일 상인 오페르트가 미국인 젠킨스, 프랑스 페론신부 등과 공모하여 대원군의 아버지 남연군의 묘를 도굴하려다 미수에 그친 사건(남연군묘소 도굴사건)이다. 그 후 오페르트는 「금단의 나라, 조선」를 저술

29 다음 사건에 대한 설명으로 옳은 것은? [2점]

> 간사한 신하 김종직은 나쁜 마음을 품고 몰래 그 무리들을 모아 흉악한 계획을 시행하려고 한 지가 오래되었다. 그는 항우가 의제(義帝)를 죽인 일을 기록하여 세조를 나무라고 헐뜯었다. 이는 하늘에 닿을 만큼 악독한 죄이니 용서할 수 없는 것이다. 대역죄로 논단하여 관을 쪼개어 송장의 목을 베게 하노라. 그 무리 김일손, 권오복, 권경유는 간악한 덩어리로 뭉쳐서 서로 호응하고 도와 글을 칭찬하매 조의제문(弔義帝文)이 충정에서 나왔다고 사초(史草)에 기록하여 영원히 뒷세상에 전하고자 했으니 그 죄가 김종직과 같다. 아울러 능지처사하도록 한다.

① 학연을 매개로 여러 붕당이 난립하는 계기가 되었다.
② 왕위 계승의 정통성과 관련된 예송 논쟁으로 비롯되었다.
③ 국가의 기본 법전 편찬 방향을 둘러싼 대립으로 발생하였다.
④ 정치적 실권을 장악하고 있던 훈구 세력의 몰락을 초래하였다.
⑤ 지방 사족의 중앙 정계 진출과 정치적 성장이 발생 배경이었다.

30 다음 자료에 나타난 시대 상황을 잘못 추론한 사람은? [2점]

> • 적의 목을 벤 자, 납속을 한 자, 작은 공이 있는 자에게 모두 관리 임명장을 주거나, 천인 신분 또는 국역을 면하는 증서를 주었다. 병사를 모집하고 납속을 모집하는 담당 관리가 이것을 가지고 지방에 내려갈 때, 이름 쓰는 곳만 비워 두었다가 응모자가 있으면 수시로 이름을 써서 주었다.
> • 사관이 논한다. "… 임진년 변란 때 창을 거꾸로 들이댄 자까지 있었고, 임진년 뒤에는 반역하는 백성이 잇따라 일어났다. 그 까닭이 무엇일까? 왕실에서 백성들의 토지를 빼앗아 차지하는 등 못하는 짓이 없으므로 가난한 백성들이 생업을 잃고 불평하여 배반하기 때문이다. 이 때문에 임해군, 순화군이 북방 백성들에게 묶여져 적에게 보내졌다. 뼈에 사무친 원망이 아니면 어찌 이렇게 하였겠는가."
> • 광해군 원년 윤근수가 상소를 올렸다. "선왕께서 신하들에게 변경 방비를 묻기에 신이 곽재우를 추천하였습니다.
> • 재우가 산성 지키는 일을 그만둔 뒤로 쌀밥을 먹지 않고 솔잎만을 먹고 있습니다. 아는 사람들은 '김덕령이 뛰어난 용맹과 힘을 지니고도 모함에 빠져서 비명에 죽자 재우가 자신도 명장이므로 혹시나 화를 당하지 않을까 하는 두려움에서 이를 핑계로 세상을 도피하는 것이다.'라 고 합니다."

① 한결 : 전란에 제대로 대처하지 못해 왕실의 권위가 약화되었을 거야.
② 승유 : 전공을 세운 사람은 납속을 하지 않아도 관리 임명장을 받았을 거야.
③ 지원 : 전쟁에서 공을 세운 의병장들은 고위 관료로 진출했을 거야.
④ 지혜 : 전쟁 중에도 계속된 지배층의 수탈에 저항하는 백성들이 많이 있었을 거야.
⑤ 민하 : 공명첩을 남발했기 때문에 임진왜란 이후 신분 제도가 혼란스러워졌을 것 같아.

29 정답 ⑤ ·· (2008. 제4회 고급)

사료는 「연려실기술」에 수록된 무오사화(1498)의 배경이다. ① 이조전랑직을 둘러싼 16세기 후반, ② 17세기, ③ 역사적 사실이 아님, ④ 훈구파는 건재하였고 사림들이 일시 정치적으로 후퇴하였다.

무오사화(戊午士禍, 1498) 김종직의 조의제문(弔義帝文)을 제자 김일손이 사초(史草)에 넣은 것을 구실삼아 유자광 등의 훈척세력이 김굉필・정여창 등의 사림세력을 제거한 것으로 일명 사화(史禍)라고도 한다. 세조 이래 정권을 잡고 있던 공신 등 훈구세력과 신진 사림의 대립투쟁이었는데, 당시 김종직은 부관참시(剖棺斬屍).

> **사림의 정치적 성장** 훈구세력이 지배하던 조선 왕조는, 성종 때부터 영남지방의 김종직 등 사림들이 중앙 정치 무대에 정치적 실세로 등장하면서 정치적 갈등이 나타나기 시작하였다. 성종은 훈구세력의 비대를 막고, 문물을 한층 더 진흥・발전시키기 위하여 학식과 덕행을 겸비한 참신한 인재를 천거제로 발탁・등용하였다. 이로써 사림들이 중앙 정계에 많이 진출하여 정치 여론권의 형성이라는 중요한 의미를 가지게 되었다. 사림들은 조정의 실권을 장악하고 있던 훈구파 세력에 대하여 왕도정치적 공도론(公道論)에 입각한 언론 활동과 언관직을 통해 직접적인 비판을 활발히 전개하면서 대립하였다.

사화의 전개 사화(Literati Purges)는 사림이 추진한 정치구조의 변화에 대응한 훈구파들의 반격으로 일어났다. 훈구파들은 사화를 일으키거나 권신을 통해서 사림이 정치를 주도하려는 것을 막으려 하였다. 그러나 16세기 중엽 명종 이후 사림들이 정치적 주도권을 장악하면서 붕당을 형성하게 되었다.

사화의 영향 계속된 사화로 정치 기강이 무너졌고, 사회는 더욱 혼란. 사화는 왕권과 권력에 결부된 정쟁이었기 때문에 조선 관료정치는 16세기 중엽에 그 파탄을 보이기 시작하였다. 환곡제 문란이 극심하자 명종 14년(1559)에 일어난 양주 백정 출신이 일으킨 임꺽정란과 삼포왜란・사량진왜변・을묘왜변 등 일련의 대외적인 침략이 이를 증명. 또 사화는 학파의 대립과 붕당의 소지를 마련하여 그 결과 유학계는 크게 3계로 나누어지게 되었다. ① 절대은둔주의자로서 산간에 근거하여 학문과 후진 양성에 전념하는 서경덕・조식 계열이 있고, ② 상대적 은둔 또는 절충파가 있어 때로는 관계에 진출하고, 그것이 여의치 않으면 낙향하여 학문과 후진 양성에 노력하는 이황・이이 등이 이에 속하며, ③ 절대정계진출파로서 유성룡・이산해 등이 있었다. 그리고 사화 이후 유학의 심오한 발전과 학파의 성숙을 가져와 서원이 나타나 지방 문화와 농민의 계발에 큰 계기가 되었다. 이러한 분위기로 동족 결합과 학파 확립의 결정적 계기가 되어 붕당정치의 배경이 조성.

30 정답 ③ ·· (2008. 제4회 고급)

사료는 임진왜란 후 시대 상황이다. ③ 의병과 관군은 상호보완적 관계이기도 하였으나, 전공을 둘러싸고 상호대립적 관계에 놓이기도 하였다. 즉, 전공으로 관직을 얻는 경우도 있었으나, 반대로 역적으로 몰려 숙청당한 경우도 적지 않았다. 그리고 의병장은 공신 책봉에서 제외되었다.

의병의 항쟁 1) 의병의 조직 : 자발적 농민이 주축이 되었으며, 의병장은 전직 관리・유학자 등의 사림과 승려. 2) 의병의 전술 : 수성전(守城戰)에서 유격전술로 전환하였고(곽재우의 시도), 전쟁이 장기화되자 의병부대를 정비하여 관군에 편입하였고 그 결과 관군의 전투력이 강화.

임난의 피해 양안의 소실과 전토의 황폐로 국가 재정이나 민생이 어려워졌고, 호적대장과 노비대장의 소실, 속오법의 제정, 민란 발생(이몽학의 난), 공명첩(空名帖)의 대량 발급, 납속책의 확대 등으로 신분제의 동요가 나타났으며, 경복궁・창경궁・창덕궁・성균관・불국사・3개의 사고・종묘 등 문화재가 소실・손상되었다.

> **이몽학**(李夢鶴)**의 난** 1594년 충청도 일대에서 송유진(宋儒眞)의 난이 이미 일어났고, 1596년 불만에 찬 민심을 선동하여 왕실 서얼 출신 이몽학이 동갑계(同甲契)라는 비밀결사를 조직하여 충청도 홍산 일대에서 난을 일으켰다.

31 다음은 어떤 상인과 관련된 정부 기구의 변화를 나타낸 것이다. 이 상인의 활동으로 옳은 것은? [2점]

① 관리와 결탁하여 대동미 수송을 전담하였다.
② 수송, 위탁, 중계, 대부업 등을 주요 업무로 하였다.
③ 황국 협회에 가입하여 독립 협회의 활동을 방해하였다.
④ 송도부기라고 하는 독자적 장부 기록법을 사용하였다.
⑤ 일제 강점 이후 조선 총독부의 비호하에 영향력을 행사하였다.

32 다음은 광복 후 우리나라 문제 해결을 위한 국제회의의 결정을 요약한 것이다. (가)에 들어갈 내용으로 옳은 것은? [2점]

> • 조선을 독립 국가로 재건설하며 민주주의 국가로 발전시키는 동시에, 가혹한 일본의 조선 통치 잔재를 빨리 청산하기 위해 조선에 임시 민주주의 정부를 수립한다.
>
> (가)
>
> • 이들의 역할은 조선 인민의 정치적, 경제적, 사회적 진보와 민주주의의 발전 및 독립 국가 수립을 도와줄 방안을 만드는 것이다. 또, 조선 임시 정부 및 민주주의 단체를 참여시키도록 한다.

① 한반도 통일 정부를 구성하는 구체적 절차를 논의한다.
② 대한민국 임시 정부를 승인하는 방안을 논의한다.
③ 미국과 소련이 공동으로 참여하는 위원회를 설치한다.
④ 정부 수립을 논의하기 위해 좌우 합작 위원회를 설치한다.
⑤ 일본 군대를 무장 해제한 후 미·소 양국 군대 철수를 논의한다.

31 정답 ③ ·· (2008. 제4회 고급)

보기는 보부상 단체의 변천을 보여준다. ① 대동법 이후 공인의 출현, ② 객주, ③ 보부상, ④ 송상, ⑤ 일본 상인과 결탁하여 매판화 되거나 몰락하였다.

보부상 조직의 변천 보부상단 → 임방 → 보부청(1866) → 혜상공국(1883년부터 보부상으로 통칭) → 상리국(1885) → 우단(보상)·좌단(부상) → 상무사(1899)

> **황국협회** 보부상을 중심으로 궁중 수구파가 1898년 6월 30일에 조직한 보수어용단체로 조병식·이기동·길영수·홍종우(최초의 프랑스 유학생, 김옥균 암살) 등이 중심이다. 기관지로 시사총보를 간행했는데 여기에 최초의 문예현상모집이 공고되었다. 그리고 만민공동회 해산을 주도한 보부상 단체로 백민회(白民會)가 있었다.

① **공인**(貢人) 국가가 지정하는 공물청부업자이자 특허어용상인. 수공업 생산 활동을 활발하게 하였고, 삼랑진·강경·원산 등의 상업도시와 화폐경제의 발달을 촉진시켰다. 시전상인이 사상의 침해를 받은데 대해 공인은 사상의 침해를 별로 받지 않고 번창하였고, 공인은 시전상인·경주인(경저리)·장인 중에서 선발.

② **객주** 조선 후기 지방 최대의 도매상으로 지방 상업 발달에 중요한 역할을 하였고, 객실 숙박을 위한 보행객주(步行客主)와 상업·금융 등을 맡는 물상객주(物商客主)·환전객주(換錢客主) 등이 있었다. 객주는 상품 매매·창고업·위탁 판매·운송업·숙박 등을 하며 그에 따른 구전을 받았고, 자금의 입체(立替)·융통·신용대부·예금 등과 신용화폐인 어음을 발행하였으며, 정부에 바치는 금전도 취급하면서 정부의 보호를 받는 반어용상인이었다. 특히 개항 이후 초기 외국무역의 담당자 또는 상품 위탁 판매자로 대두하여 새로운 자본계급이 되었으나 1930년에 철폐.

④ **송상**(松商) 보부상과 연계하여 전국에 송방(松房)이라는 지점을 설치하여 주로 인삼을 인공 재배·판매하고, 광업·제지업·유기공업에 종사하며 만상과 내상을 중계하며 대외무역에도 깊이 관여하여 부를 축적. 그들은 홍삼제조장인 증포소(蒸包所)를 운영하였고, 송노사개부기(松都四介簿記, 복식부기), 수판·어음 등을 사용. 송상들은 지역적 차별과 정치적 진출 차단으로 조선 왕조에 불만이 고조되어 조선 후기 민란의 재정적 후원자가 되었다.

⑤ 개항 이후 객주·여각·보부상 등은 크게 활동을 하였으나, 보부상은 일본 상인과 결탁하여 매판적 성격을 띠기도 하였다.

32 정답 ③ ·· (2008. 제4회 고급)

사료는 모스크바 3상회의(1945.12.28)의 내용이다. 미·영·소의 외상회의에서 한국에 대하여 임시 조선 민주주의 정부 수립과 정부 수립을 위한 미소공동위원회 설치, 최고 5년간의 미·영·중·소에 의한 신탁통치 등이 결의되었다. 연합국의 신탁통치안은 즉각적인 독립을 바라던 한국인에게는 매우 실망스런 일이었으나 현실적으로 합리적인 면도 없지 않았다.

모스크바 3상회의(1945.12.28) 모스크바 3상회의 전 미국은 신탁통치를 강조했고, 소련은 임시민주정부 수립을 강조하였다. 모스크바 3상회의 10일 전까지도 미국은 미·영·중·소 4개국 대표로 구성되는 집행위원회 설치와 신탁통치(공동관리)를 5년으로 하되 필요하면 5년을 연장하는 신탁통치안을 제안.

> **루즈벨트의 구상** 트루먼 회고록에 따르면 루즈벨트는 한국 독립의 적절한 시기를 테헤란회담에서 약 40년간 정도의 수습기간이 필요하다고 생각했다고 한다. 그 후 루즈벨트는 얄타회담에서 필리핀이 약 50년의 수습기간이 필요한데 비해 한국은 20~30년 정도가 소요될 것이라고 언급했다.

33. 다음은 조선 후기 사상의 변화에 대한 논문의 목차이다. (가)~(라)에 대한 설명으로 옳은 것을 <보기>에서 모두 고른 것은? [2점]

〈사상계의 새로운 변화〉
1. 배경 : 성리학의 절대화 및 형식화················· (가)
2. 새로운 사상의 수용
   (1) 양명학의 수용································ (나)
   (2) 천주교의 전파································ (다)
3. 동학의 발생·· (라)

|보 기|

(가) - 윤휴, 박세당 등이 노론에 의해 사문난적으로 몰렸다.
(나) - 인간과 사물의 본성에 관한 호락 논쟁이 벌어졌다.
(다) - 유교의 제사 의식을 거부하여 탄압을 받았다.
(라) - 시천주, 인내천 사상을 강조하였다.

① (가), (나)　　② (나), (다)　　③ (가), (다), (라)
④ (나), (다), (라)　　⑤ (가), (나), (다), (라)

34. 다음 지도는 우리나라 여러 왕조의 도읍지를 표시한 것이다. (가)~(마)와 연관된 설명으로 옳은 것은? [2점]

① 고구려는 국가 체제 정비를 위해 도읍을 (가)로 옮긴 후에 불교를 수용하고 율령을 반포하였다.
② 고려가 (나)를 도읍지로 정한 이유는 북진 정책을 강화하기 위한 것이었다.
③ 조선은 태조 이성계의 출신지였던 (다)를 도읍으로 삼았다.
④ 고구려의 공격으로 수도가 함락된 백제는 (라)로 천도하였다.
⑤ 신라는 삼국을 통일한 후에 (마)에서 다른 지역으로 천도하려 했으나 무산되었다.

33 정답 ③ ··· (2008. 제4회 고급)

(나) 호락논쟁은 양명학이 아니라 충청도 노론(호론)과 서울 노론(낙론)이 벌인 성리학의 인물성동이론 논쟁이다. 18세기 초 기호학파인 권상하의 문하인 한원진과 이간이 인물성이론과 심체의 선악유무론을 대상으로 하여 1709~1715년까지 벌인 성리학 논쟁이다. 충청도의 한원진은 인물성이론을 주장하였고, 서울의 이간은 인물성동론을 주장했다.

(가) **사문난적** 성리학은 다른 견해나 주장을 사문난적(斯文亂賊, 유학의 반역자라는 뜻으로 유적에서 삭제되어 사회 참여가 불가능해짐)이라 하여 배척하는 등 사상적 경직성을 드러내었다. 지식층 일부에서는 사회의 모순을 바로 보고, 그것을 해결해 보려는 움직임이 나타나 16세기 말 동인 학자 중에서 성리학에 대한 비판이 일어나더니, 17세기 후반에는 남인·소론 중에서 주자와 다른 경전 해석을 시도하는 학자들이 나타났다.

1) **정여립**(동인) 16세기 후반 대동계(大同契)라는 비밀결사를 조직하고 천하공물설(天下公物說)과 하사비군론(何事非君論)을 주장하는 등 군신강상론(君臣綱常論)을 타파하려 하였다.
2) **윤휴**(尹鑴, 남인) 17세기 후반 4서 3경 등 유교 경전에 대해 서경덕의 영향을 받아 주자와 다르게 주해를 내려서 사문난적으로 규탄받았다.
3) **박세당**(소론) 양명학과 노장사상의 영향을 받아 인식의 절대성이 아닌 인식의 상대성을 강조하였고, 성리학을 정면으로 비판하다가 사문난적으로 몰렸다.

(나) **호락논쟁** 노론이 정계와 학계를 주도하면서 한동안 주기설이 우세하였으나, 점차 그 안에서도 분파가 생겨났다. 17세기 중엽 영남학파에서 시작된 인물성동이론논쟁(人物性同異論論爭)은 18세기 기호학파로 확산되어 주기론을 고집하는 충청도 지방의 노론(호론)과, 주리론도 포괄적으로 이해하고자 한 서울 지방의 노론(낙론) 사이에 호락논쟁(湖洛論爭)이 벌어지기도 하였다. 주기론은 그 후 한원진(韓元震)·임성주(任聖周) 등에 의해 계승되었다.

한원진	호론 (충청도)	이론	氣의 차별성 강조	화이론(북벌론) 위정척사론(김복한)	정약용에게 영향
이 간	낙론 (서울)	동론	理의 보편성 강조	화이론 배격(북학론) → 개화사상 위정척사론(이항로)	홍대용·박지원에게 영향

(라) **인내천** 시천주(侍天主, 한울님을 모시는 일)를 중요시하여 모든 인간은 천주(한울님)를 마음 속에 간직한 평등인임을 강조하고, 대인관계에서는 천인여일(天人如一), 사인여천(事人如天)의 인도주의를 지향하였다. 또, 하늘(한울)의 운수사상에 입각한 말세와 후천개벽(『주역』의 선후천(先後天)의 순환논리 수용)을 내세워 운수가 끝난 조선 왕조를 부정하는 반체제적인 혁명사상도 내포.

34 정답 ⑤ ··· (2008. 제4회 고급)

① 장수왕의 평양 천도(427) 이전 소수림왕때 불교 수용과 율령 반포가 있었고, ② 개경이 아니라 서경(평양)을 부도로 삼아 북진정책 강화, ③ 서울 출신이 아니라 함경도 영흥 출신이고, ④ 문주왕 때 웅진(공주)로 천도, ⑤ 신문왕 때 달구벌(대구)천도를 계획했으나 실패하였다.

① **소수림왕**(371~384) 전진(前秦)으로부터 불교 수용(372), 태학(太學) 설립(372), 건국설화 정립(역사서 편찬), 율령을 반포하여 체제를 정비(373).
② **서경**(평양) 왕식렴(王式廉)이 북진정책의 기지로 개척하였고 제2의 세력을 육성함으로 개경의 호족세력을 견제.
④ **문주왕**(475~477) 한성으로부터 금강 유역의 웅진성(공주)으로 천도(475), 국력의 쇠퇴.
⑤ **달구벌**(대구)**천도 계획** 신문왕 때(689) 금성(경주)의 편재성을 보완하고 북진의 계기를 마련하기 위해 달구벌(대구) 천도를 계획하였으나 실패.

35 (가)~(마)에 대한 설명으로 옳지 <u>않은</u> 것은? [2점]

① (가) - 고구려 고분 벽화의 사신도의 하나이다.
② (나) - 조선 후기 서민들의 생활을 그린 풍속화이다.
③ (다) - 고려 시대 관음 신앙이 반영되어 있다.
④ (라) - 우리나라의 자연을 사실적으로 묘사하였다.
⑤ (마) - 민중의 미적 감각과 소박한 정서가 표현되어 있다.

36 다음 자료에 나타난 사건의 결과로 옳은 것을 〈보기〉에서 모두 고른 것은? [2점]

> 영의정 홍순목이 아뢰기를, "… 일전에 훈련도감 출신 군졸들에게 늠료를 나누어 줄 때의 일을 가지고 말씀드리겠습니다. 훈련도감 출신 군졸들이 응당 받아야 할 곡식을 섬을 완전히 채우지 않았다고 하면서 양손으로 각각 1섬씩을 들고서 말하기를 '13개월 동안 주지 않은 늠료 중에서 이제 겨우 한달치 나누어 주는 것이 이렇단 말인가?'하고는 해당 고지기를 구타하여 현재 생사의 갈림길에 있습니다. 이어 또, 선혜청 위로 돌멩이를 마구 던져 해당 낭청이 피신하는 일까지 있게 하였으니, 이것이 어찌 작은 일입니까?"라고 하였다.

━━━━━ | 보 기 | ━━━━━
㉠ 청은 흥선 대원군을 청으로 압송하였다.
㉡ 일본은 공사관 경비를 구실로 조선에 군대를 주둔시켰다.
㉢ 외국 상인의 내륙 통상이 허용되어 조선 상인들의 피해가 커졌다.
㉣ 청은 독일인 묄렌도르프를 고문으로 파견하여 조선의 내정에 간섭하였다.

① ㉠㉡　　　② ㉡㉢　　　③ ㉠㉢㉣
④ ㉡㉢㉣　　⑤ ㉠㉡㉢㉣

35 정답 ② ··· (2008. 제4회 고급)

(가) 강서고분의 4신도 벽화 중 청룡도, (나) 고구려 각저총의 씨름도 벽화, (다) 고려시대 혜허의 수월관음도, (라) 정선의 인왕제색도, (마) 민화 희보도(喜報圖)이다. ② 조선 후기 김홍도의 씨름도와 각저총의 씨름도는 다르다.

(가) **강서고분** 살수대첩 이후 축조된 고분으로 평남 강서군 우현리에 있으며, 사신도(四神圖)벽화. 도교의 영향.

(나) **각저총** 통구에 있으며, 씨름도와 곰·범 등이 그려져 있다.

> **토총**(土塚) : 흙으로 덮은 봉토 내부에 굴식 돌방, 천장이나 벽면에 벽화. 무용총, 각저총, 강서대묘, 쌍영총

③ **혜허의 수월관음도** 일본에서 발견. 고려후기에는 왕실과 권문세족의 구복적 요구에 따라 아미타불도, 지장보살도, 관음보살도 등의 불화

④ **진경산수화** 조선 후기 유행한 우리나라 산천을 소재로 그린 산수화. 고려시대와 조선 초기·중기에 걸쳐 그려진 실경산수화의 전통을 토대로 중국 남종·북종화법을 고루 수용하여 한국적인 화풍을 창출하며 전개. 진경산수화는 조선 후기의 새로운 사회적 변동과 의식의 변모를 배경으로 유행하였으며, 당시의 사상적 동향과 관련. 실경의 소재는 명승명소·별서유거·야외아집류가 주류를 이루었는데, 그 중 특히 금강산과 관동지방, 서울 근교 일대의 경관이 가장 많이 다루어졌다. 정선은 금강산과 영남지방 및 한양 근교 일대를 다니면서 산천의 특색을 남종화법을 토대로 표현하여 진경산수화풍의 정형을 수립. 대표작 : 정선의 「경교명승첩」·「금강전도」·「인왕제색도」, 강희언의 「인왕산도」, 김윤겸의 「영남명승첩」, 김응환의 「금강산화첩」, 김석신의 「도봉산도」, 심사정의 「경구팔경도」, 강세황의 「송도기행명승도첩」, 김홍도의 「사군첩」 등. 한국 회화의 르네상스시기로 불리운다.

⑤ **민화** 조선후기 다양한 색상을 사용하여 해·달·나무·꽃·동물·물고기 등을 그렸고, 때로는 농경이나 무속의 풍속도 소재(민화는 서민의 오랜 생활양식과 밀착되어 형성됨).

36 정답 ⑤ ··· (2008. 제4회 고급)

사료는 임오군란(1882.6)이다. ㉠ 대원군은 4년간 천진 보정부에서 감금생활, ㉡ 제물포조약에 따라 경비병 120명 주둔, ㉢ 상민수륙무역장정(1882.8)의 내용, ㉣ 당시 청은 묄렌도르프(1847~1901)를 외교와 세관 업무 감독의 고문으로 파견하였다.

임오군란(임오군인항쟁, 1882.6.5)

1) **배경** ① 보수세력과 개화세력의 대립 : 대원군과 민비 간의 갈등. ② 구식군대의 차별 대우 ③ 보수세력의 일본세력 축출 운동 ④ 이재선 역모 사건(국왕 폐위 쿠데타 미수사건) ⑤ 미곡가 폭등 : 개항 후 미곡의 일본 유출로 쌀값이 폭등하고 식량 부족이 초래.

2) **경과** 체불된 구식 군인의 급료를 모래를 섞은 반백(半白)으로 한달치를 지급하자, 무위영 소속의 구 훈련도감 군졸과 왕십리·이태원 일대의 빈민들이 폭동을 일으켰다. 군졸은 선혜청 창고 도봉소를 습격(도봉소사건). 이어 별기군 교관 호리모토를 살해한 다음 창덕궁에 난입하자 무예별감 홍계훈이 민비를 탈출시켜 민비는 충주 장호원의 민응식의 집으로 피신, 고종은 대원군에게 국무를 위임.

3) **결과** ① 대원군의 재집권 : 통리기무아문을 혁파하고 5군영과 삼군부를 부활시켰으며, 도고 혁파, 각종 잡세 폐지, 주전 남발 철폐 등의 민씨정권이 추진한 개화정책을 백지화하였으나 34일만에 끝나고 말았다. ② 청의 내정 간섭 초래 : 청군이 출동하여 대원군을 청으로 압송(3년간 천진 보정부에서 감금 생활, 1885.2 귀국). 청에 의해 군란이 진압되고 고문을 추천하는 등 청의 내정 간섭이 시작. ③ 군사권 장악 : 위안스카이가 신건친군영을 설치하여 청나라식으로 군대를 훈련. ④ 조청상민수륙무역장정 체결(1882. 8) : 청의 경제 진출 강화. 조선을 청의 속방으로 규정하고 청상인의 내지 통상이 허용. 청상인들은 영국산 면제품을 중계무역으로 대규모로 직거래하였고, 조선의 인삼·우피·해산물 등을 청으로 수출. ⑤ 기무처의 개편 : 청은 통리교섭통상사무아문(외아문 : 외교·통상 사무), 통리군국사무아문(내아문)을 설치하여 군국 사무를 각각 관장. ⑥ 제물포조약(1882.7.17) : 일본군이 출동하였으나 청이 선점하여 불리한 입장이 되자 일본은 조선 정부와 조약을 체결하였다. 일본 공사관에 경비병 120명 주둔 허용, 피해 배상으로 50만원을 매년 10만원씩 지불, 군란 주모자 처벌, 특사를 파견해 공식적 사과 등. 사죄사로 박영효(제3차 수신사)·김옥균·민영익 등이 파견.

37 다음 주장에 따라 시행된 세제에 대한 설명으로 옳은 것을 〈보기〉에서 고른 것은? [2점]

> 각 고을에서 진상하는 공물이 각급 관청의 방납인에 의해 중간에서 막혀 한 물건의 값이 3, 4배 혹은 수십, 수백 배까지 되어 그 폐해가 극심하고, 특히 경기 지방은 더욱 그러합니다. 지금 마땅히 별도로 1청을 설치하여 매년 봄, 가을로 백성에게서 쌀을 거두되, 토지 1결마다 두 번에 걸쳐 8두씩 거두어 본청에 수납하게 하고, 본청은 그때의 물가 시세를 보아 쌀로 방납인에게 지급하여 수시로 무역해서 납부하게 하소서.

보 기

㉠ 진상과 별공이 폐지되어 농민의 부담이 가벼워졌다.
㉡ 답험(踏驗)에 따른 관리의 농간을 없애기 위해 실시하였다.
㉢ 상품의 수요와 공급이 증가하면서 시장 경제가 발전하는 계기가 되었다.
㉣ 처음 시행된 지 100년 만에 함경도와 평안도를 제외한 전국으로 확대 실시되었다.

① ㉠㉡   ② ㉠㉢   ③ ㉡㉢
④ ㉡㉣   ⑤ ㉢㉣

38 다음 (가)는 어떤 조약이 체결된 계기이고, (나)와 (다)는 그 조약의 일부이다. 이에 대해 옳게 설명한 것은? [2점]

> (가) 20일, 이곳에 정체를 알 수 없는 군함이 접근하였다. 음료수를 찾는다는 구실로 보트에서 사람들이 내렸다. 이들이 제지 명령을 듣지 않고 함부로 접근하자, 이곳을 지키던 조선군 포대에서 사격을 하였다. 군함에서도 곧 바로 조선군 포대를 향해 대포로 응사하였다. 조선군 포대는 많은 피해를 입었다. 이들은 군함에서 내려 조선군 대포 수십 개와 소총 등 다수의 무기를 탈취한 후에 철수하였다.
>
> (나) 조선국 연해의 도서, 암초는 종전에 조사를 거치지 않아 극히 위험하다. 일본국의 항해자가 자유로이 해안을 측량하도록 허가하여, 그 위치와 깊이를 상세히 조사하여 지도를 만들어 양국의 선객들이 위험을 피하고 안전을 도모할 수 있게 한다.
>
> (다) 일본국 인민이 지정된 조선국 각 항구에 머무르는 동안에 죄를 범할 경우, 조선국 인민에게 관계되는 사건일 때에는 모두 일본 관원이 심판할 것이다. 만약, 조선국 인민이 죄를 범한 것이 일본국 인민과 교섭할 때에 생긴 경우에는 조선 관원이 조사할 것이다. 단, 각각 그 국법으로 심판하되, 조금도 비호함이 없이 공평하도록 해야 한다.

① (가)를 계기로 우리나라 최초의 근대적 조약이 체결되었다.
② (가)의 밑줄 그은 '이곳'은 영국이 러시아의 남하를 견제한다는 구실로 불법 점령한 지역이다.
③ (나)는 해안 측량 기술이 부족한 조선이 요청하여 넣은 조항이었다.
④ (다)는 재외 국민을 보호하기 위해 들어간 조항으로 양국 사이에 평등하게 적용되었다.
⑤ (나), (다) 조항은 임오군란이 일어나게 된 원인이 되었다.

37 정답 ⑤ ·· (2008. 제4회 고급)

사료는 경기 지방에 시행된 대동법이다. ㉠ 대동법은 상공의 전세화로 별공과 진상은 존속하였고, ㉡ 조선 초 답험손실법(손실답험법)의 결함을 시정하기 위하여 세종대에 공법이 시행되었다(대동법과는 무관함).

대동법 실시 과정 ① 대공수미법 : 1569년 이이가 「동호문답」에서 대공수미법(代貢收米法)을 주장한 후 유성룡이 계속 지지하여 1594년부터 이듬해까지 시행. ② 사대동(私大同) : 대동법의 선행 형태로 수령이 군현에 부과된 공물총액을 그 군현의 토지 결수로 나누어 균등하게 돈으로 받아 공물을 마련해 납부하였다.

1) **실시** 1608년(광해군 원년)에 이원익이 선혜청(상평창의 개칭)을 설치하여 경기도에 처음 실시.
2) **전국적 실시** 1708년(숙종 34)에 관찰사 이언경의 상소로 황해도에 담세를 참작하여 과세하는 상정법(詳定法)을 실시하면서 대동법을 함경도·평안도 등 잉류지역을 제외하고 전국적으로 시행.

> **대동법의 전국적 실시에 100년이 소요된 이유** 양반 지주층의 이중 과세에 대한 강력한 반대와 지방수령·토호 등의 경제적 이해관계, 양전사업의 미비, 대동미 운송 체계의 미비 등.

㉡ **손실답험법**(損實踏驗法) 국초 과전법 실시 후 공전의 경우는 수령이 직접 답험하여 관찰사에게 보고해 수조율을 정하다가 태종 18년(1418)부터 관답험이 실시되어 중앙에서 토지조사인 경차관이 현지에 내려가 풍흉을 조사해 부과대상의 실(實)과 감면대상의 손(損)을 사정하였는데, 매년 농사 형편은 고려되나 토지 비옥도가 고려되지 않았고 실질적으로 토착 향리의 답험과 유향품관에 의한 재심 등 불합리한 점이 많았다(최고 1결당 30두 징수). 그러나 사전의 경우는 여전히 관료 전주들의 답험이 시행되어 병작반수가 관행되었다

39 정답 ① ·· (2008. 제4회 고급)

(가)의 이곳은 강화도이고 (가) 조약은 운양호 사건(1875년 5월) 후 1876년 2월에 체결된 강화도조약(병자수호조약)이다. (나) 해양측량권, (다) 영사재판권(치외법권)에 대한 내용으로 강화도조약이 불평등조약임을 보여준다. ② 거문도, ③ 일본의 침략 의도, ④ 불평등, ⑤ 임오군란과는 관계가 없다.

강화도조약(병자수호조약, 한(조)일수호조규)의 체결(1876.2, 전문 12조)

1) **조약의 성격** ① 무관세 : 형식상 자유무역을 표방하였으나, 관세특권을 상실, 교역에서 관리의 간섭을 배제하고 양 국민의 임의에 맡겼다. 이는 국내 산업 보호와 국가 재정 확보에 치명적이어서 외래 자본에 종속되는 결과를 초래. 1878년 9월 부산에 조선 상인을 대상으로 해관(세관)을 설치하였으나(불평등 조항에 대한 첫 대항), 일본상인의 항의로 세관을 철폐(부산 두모진 해관 수세 사건). ② 영사재판권의 허용 : 일본인에 대하여 치외법권을 인정하여 일본인이 항구에서 죄를 범한 경우 일본 관원이 심의. 따라서 일본 관리나 상인은 마음대로 죄를 범할 수 있어서 조선의 주권을 침해. ③ 일본화폐의 유통 허용 : 화폐의 이원화로 경제 혼란 초래, 일본 경제의 직접적인 침투를 허용. 이로서 일본은 한국 시장을 국내 시장과 마찬가지로 간주하였고, 반면 조선은 유약한 국민경제를 보호할 수 있는 권리를 박탈. ④ 해양측량권 허용 : 연안 측량권·해도작성권을 허용하여 영해주권을 침해. ⑤ 항구도시의 형성 : 부산(1876, 경제적 목적) 외 조약 개항으로 원산(1880, 군사적 목적)·인천(1883, 정치적 목적) 등이 개항. ⑥ 개국 연호 사용 : 대조선국 개국(開國) 485년 병자 2월로 표기.

> **불평등조항**(不平等條項) 치외법권, 조차권, 연해 측량권과 해도 작성권, 조약 유효 기한 및 폐기 조항의 결여, 관세 자주권의 부인(영·일조약(1858)을 모방).

2) **수호조규부록**(修好條規附錄)과 **통상장정**(通商章程)
   ① 수호조규부록(1876.7) : 조선 내에서의 일본 외교관의 여행의 자유, 개항장에서의 일본 거류민의 거주 지역 설정(10리) 및 일본 화폐의 유통 등을 허용.
   ② 통상장정(1876.7) : 일본 수출입 상품에 대한 비과세(무관세), 양곡의 무제한 유출을 허용.

39 다음 ○○에 들어가야 할 상품으로 옳은 것은? [1점]

> 교토의 니시진(西陣)은 지금도 화려한 기모노를 만드는 지역으로 유명한데, 17~18세기에는 조선 상인이 이곳의 직물업자에게 중국의 생사를 공급했다. 그 대가로 조선 상인은 일본의 은을 받아 중국에 가서 다시 생사와 비단을 구입하는 중계 무역을 했다. 동북아시아에서 한·중·일을 잇는 실크로드와 실버로드가 형성된 셈이다. 그렇지만 이때 조선에서 생산된 ○○이(가) 고가로 일본과 중국에 수출되었기 때문에, 이 무역로를 ○○길(로드)이라고 부를 수도 있다.

① 황 금   ② 구 리   ③ 인 삼
④ 자 기   ⑤ 종 이

40 다음과 같은 일이 전개된 시기의 국제 정세로 옳지 않은 것은? [2점]

> 청·일 전쟁에서 일본이 승리하자, 중국 중심의 동아시아 국제 질서는 붕괴되었다. 고종은 국가의 자주 독립을 내외에 보여 주기 위하여 황제에 즉위하고 대한 제국을 수립하였다. 그리고 황실이 앞장서서 개혁을 추진하였다. 먼저, 각종 학교를 세우고 상공업을 장려하였다. 그리고 전국의 토지를 새로 측량하여 조세 징수 체계를 정비하고, 철도 건설과 시가지 개수(改修)를 시도하였다.

① 한반도에서 일본과 러시아의 대립이 격화되었다.
② 러시아가 청과 국경 조약을 체결하여 연해주에 진출하였다.
③ 일본은 삼국 간섭으로 인해 요동 반도를 청에 돌려주어야 했다.
④ 프랑스가 러시아의 후원으로 경의선 철도 부설권을 획득하였다.
⑤ 동아시아에서 러시아 세력의 확대를 우려한 영국이 일본을 지원하였다.

39 정답 ③ ·· (2008. 제4회 고급)

③ 인삼은 조선의 대일본·중국 수출상품으로 우리나라는 어디에나 자연삼이 많아서 1년에 수만 근을 채취하여 그것을 주고 일본에서 은(銀)과 동(銅)을 사다가 그대로 중국에 팔아 이익을 얻고, 또 이것을 주고 중국에서 생사와 주단을 사다가 그대로 일본에 팔아 또 이익을 얻는 국제무역을 행하여 수백 년 동안의 국제수지는 거의 인삼이 지탱하여왔다 하여도 과언이 아니었다.

조선후기 대외무역의 발달

1) **청과의 무역** 17세기 중엽부터 청과의 무역이 활발하여 만상(灣商)들이 주로 종사. 개시(開市, 관허무역)와 후시(後市, 밀무역)가 있었는데, 개시는 점차 후시로 바뀌어갔다. 청에서 수입한 물품은 비단·약재·문방구 등이었고, 수출된 물품은 은·종이·무명·인삼 등이었다.
   ① 압록강 국경무역 : 중강개시·중강후시·책문후시·회동관후시·단련사후시 등이 있었다.
   ② 두만강 국경무역 : 경원개시(慶源開市)·회령개시(會寧開市) 가 있었고 이를 북관개시(北關開市) 또는 쌍시(雙市)라고 불렀는데 나중에 북관후시로 바뀌었다.

2) **일본과의 무역** 기유약조(1609 : 광해군) 이후 왜관개시(부산포)가 있었고 나중에 왜관후시로 바뀌었는데 동래상인(내상)들이 종사하였다. 조선은 인삼·쌀·무명 등을 일본에 팔고, 반면 일본으로부터는 은·구리·황·후추 등을 수입하였다. 그리고 청에서 수입한 물품 등을 넘겨주는 중계무역을 하였는데 특히 은의 중계무역이 성행하였다.

3) **영 향** 막대한 부를 축적한 상인이 있었으며, 수입품에는 비단 등 사치품이 많아 국가 재정과 민생에 지장을 초래하였다. 그리고 역관들에 의해 지하경제가 형성되었는데 17세기 장희빈의 백부 장현과 18세기 「허생전」에 나오는 변부자의 모델인 변승업이 대표적인 인물이었다.

40 정답 ② ·· (2008. 제4회 고급)

보기의 시기는 청일전쟁 후 체결된 하관(시모노세키)조약 이후부터 대한제국 출범 후 추진된 광무개혁까지의 기간으로 1895년~1904년이다. ① 러일전쟁(1904년 2월)의 배경, ② 베이징조약(1860년), ③ 1895년, ④ 1896년, ⑤ 영일동맹(1902년)의 사실이다.

청일전쟁(1894.6~1895.4) 이홍장과 이등박문간에 시모노세키조약이 체결되어(1895. 4. 17) 일본은 요동반도와 대만을 할양받고 최혜국조관과 전쟁 배상금 은(銀) 2억 냥(3억 1천만 엔) 지급을 청으로부터 약속받았다. 그리고 조선의 자주국 승인으로 청의 종주권이 완전 부인.

③ **삼국간섭**(1895.4.23) 독일·러시아·프랑스 등 삼국이 일본을 견제하여 일본은 요동반도를 청에 반환하는 수모를 겪었고 러시아가 만주로 진출하자, 이후 일본은 러시아를 가상적국으로 생각하였다.

④ 청일전쟁 이후 조선에 대한 열강의 경제적 침탈은 한층 더 강화되었고, 아관파천 후 각종 이권이 러시아로 넘어가자 열강들도 최혜국 대우 규정을 내세워 광산채굴권, 삼림채벌권, 철도부설권, 시내 전차부설권, 관세 협정권, 연안 어채권 등의 이권 탈취·금융 지배·차관 제공 등의 양상을 띤 제국주의적 경제 침탈 단계에 들어섰다. 그들은 광산채굴권만 우선 확보하고 나중에 광지를 선정하는 약탈적 방법을 취하였다.

경의철도 부설권(1896) : 프랑스 → 일본. 경부선·경의선은 러일전쟁 중에 일본의 군사적 목적에 의해 부설.

⑤ **영일동맹**(1902.1) 영국과 일본은 러시아의 남하정책을 견제하며, 일본이 청에서의 영국의 이권을 승인하는 대신 영국은 한국에서의 일본의 특수 권익을 상호 승인하였다. 그러나 러시아군의 만주 철병 요구는 좌절

제2차 영일동맹(1905.8.12) 인도에서의 영국의 독점적 권익과 한국에서의 일본의 독점적 지배권을 상호 묵인하였다.

러시아의 남하 견제 목적 원산항 개항, 「조선책략」 유포, 거문도사건, 영일동맹, 러일전쟁

41 다음 글의 밑줄 그은 '이것'에 대하여 옳게 설명한 것은? [2점]

> 우리가 이것을 오늘 처음으로 출판하는데, 조선 속에 있는 내외국 인민에게 우리의 주의를 미리 말씀하여 아시게 하노라. … 정부에서 하시는 일을 백성에게 전할 터이요, 백성의 정세를 정부에 전할 터이니, 만일 백성이 정부 일을 자세히 알고, 정부에서 백성의 일을 자세히 아시면, 피차에 유익한 일 많이 있을 터이요, 불평한 마음과 의심하는 생각이 없어 질 터이다. … 또, 한쪽에 영문으로 기록하기는 외국 인민이 조선 사정을 자세히 모른즉, 혹 편벽된 말만 듣고 조선을 잘못 생각할까 보아 실상 사정을 알게 하고자 하여 영문으로 조금 기록함이다.

① 서양의 문물과 제도를 소개함으로써 대중을 계몽하고자 하였다.
② 우리나라 최초의 신문으로 열흘에 한 번씩 한문판으로 발행되었다.
③ 주로 부녀자들을 대상으로 하여 민족정신의 고취와 국민 계몽에 힘썼다.
④ 3·1 운동 직후 창간되어 민족 사상의 고취, 재난 동포 구호 등의 운동을 폈다.
⑤ 문명개화가 불가피하다는 것을 깨달은 개신 유학자들이 대중 계몽을 위해 창간하였다.

42 다음 표에 나타난 시기의 상황으로 옳은 것은? [2점]

연 도	생산고(천석)	일본으로 반출된 양(천석)	조선인 1인당 소비량(석)	일본인 1인당 소비량(석)
1912	11,568	2,910	0.7724	1.068
1917	13,933	1,296	0.7200	1.126
1920	12,708	1,750	0.6301	1.118
1925	13,219	4,619	0.5186	1.128
1930	13,511	5,426	0.4508	1.077

① 조선인의 쌀 소비가 줄어들면서 잡곡 생산이 크게 늘어났다.
② 일본으로 쌀이 대량 반출되면서 조선인 대지주가 몰락하였다.
③ 산미 증식 계획의 추진으로 소작농이 줄어들고 자영농이 늘어났다.
④ 생활이 어려워진 조선 농민들이 만주나 일본으로 이주하는 경우가 많아졌다.
⑤ 1930년대 초 일본에 불어닥친 농업 공황에 대처하기 위해 산미 증식 계획을 강화하였다.

해설 및 정답

41 정답 ① ·· (2008. 제4회 고급)

이것은 1896년 4월 7일에 창간된 독립신문이다. ① 독립신문, ② 한성순보, ③ 제국신문, ④ 조선·동아일보, ⑤ 황성신문에 대한 내용이다.

① **독립신문**(1896.4~1899.12.4) 최초의 민간신문행(격일지 → 일간지), 일본 민간지 한성신보가 아관파천을 연일 비난하자 그 대응책으로 주필 서재필이 유길준·박정양 등 갑오개혁을 담당한 개화파 인사들을 통해 정부의 후원을 얻어서 1896년 4월 7일에 창간(독립협회 창립보다 앞섬). 신문의 1면은 논설, 2면은 외국 통신·관보, 3면은 선박출항표·우체시간표·광고, 4면은 영문판. 독립정신과 자주국권사상을 고취하고, 서구 근대사상 보급·서양의 문물제도를 소개 및 민중계몽에 공헌. 1890년대 후반 독립신문은 논설을 통해 여성을 억압하는 혼인제도의 개혁, 애정과 평등한 인격에 기반을 둔 부부 중심의 가족제도, 여성의 교육권과 사회적 활동의 필요성 등을 주장. 한편 독립협회에 참여한 유교혁신파에게는 황성신문이 그들의 대변지 역할.

② **한성순보**(1883.10~1884.12) 최초의 신문, 박문국(博文局)을 창설(1883.8)하고, 우리나라 최초의 한문 신문인 한성순보를 창간. 관보에 시사를 곁들인 순간지,

③ **제국신문**(1898.8~1910.3) 이종일. 국민계몽, 자강사상 고취, 하층민과 부녀자층 대상, 찬양회의 홍보 기관지, 순한글 사용, 암(雌)신문

④ **일제의 민족계 신문 발행 허용** 3·1운동으로 국제 여론이 악화되고 무단통치의 한계가 드러나자 조선인의 저항의식을 약화시키며, 민족 분열을 획책하고 본격적 경제 수탈을 하기 위해 문화정치의 일환으로 조선일보·동아일보·시사신문 등 3대 민간지의 창간과 식민지 통치 질서와 공안을 방해하지 않는 범위 내에서의 출판을 허용하였으나 수시로 검열·삭제·압수·정간을 자행하였다. 이는 조선인들의 동향을 주시하고 암류를 미리 알아내기 위한 것이었다.

⑤ **황성신문**(1898.9~1910) 남궁억. 민족주의적 항일지, 장지연·박은식·주시경·신채호 등의 논설, 양반유림 대상, 국·학문 혼용, 관동학회 기관지, 왕정 유지 주장, 숫(雄)신문

42 정답 ④ ·· (2008. 제4회 고급)

① 만주에서 잡곡 수입, ② 조선인 대지주의 성장, ③ 소작농은 늘어나고 자영농이 줄어들었고, ⑤ 1930년대에 들어와 중단되었다.

산미증식계획(1920~1933) 제1차 세계대전이후 일본은 독점 자본이 급성장하였고, 이에 따라 농촌의 희생이 강요되어 전국적인 쌀소동(1918)이 일어나는 등 식량 부족 해결을 위해 조선을 식량 공급지로 전환시켜 제국주의 식량 수탈 본격화. 1920년부터 30년 계획으로 잡아 1차 계획을 15년 기간으로 하여 시작.

1) **과정** 경제공황으로 1934년 중단되었으나 미곡은 목표량대로 어느 정도 수탈. ① 토지 개량 : 수리관개시설의 설치·확충을 꾀했는데, 실제로는 수리지역 내의 소작료 인상, 수세(수리조합비)의 소작농 전가. 따라서 소작쟁의가 나타나는 객관적 조건이 형성. 또한 대지주 위주의 토지개량사업 시행과 과중한 수리사업비와 수세의 부담은 중소지주 및 자작농·자소작농의 몰락 초래(농민통제기구에 대지주 참가, 대지주를 통한 농민 통제). ② 농사 개량 : 품종 개량·농법 개량·시비 개량을 통한 산미증식으로 지주의 농사 간섭과 소작농 지배가 심화되어 비료대를 소작농민에게 전가. 1920년~1925년에 1차 시행하고, 1926년부터 1934년까지 2차 시행(산미증식갱신계획)에서 본격적으로 추진. ③ 수리조합 : 반관제조직으로서 관개사업 담당, 총면적의 2/3에 해당하는 토지 소유자의 동의가 있으면 설립이 가능한데, 몇몇 대지주의 일방적인 결정에 의해 조합이 결성. 농민들은 토지를 상실하기도 하였으며 강제로 편입되어 과중한 수리조합비를 부담. ④ 토지 겸병 : 일본 자본은 토지의 매입 경영에서 더 높은 이윤을 얻을 수 있었기 때문에 토지겸병에 더 적극적.

2) **결과** ① 만주산 잡곡 수입(한국의 절대 식량 부족) ② 농민 생활의 궁핍(농민들은 만주나 연해주로 이주하거나 화전민으로 전락) ③ 벼농사 편중의 단작화 ④ 소작쟁의 발생 ⑤ 수리시설을 갖춘 논의 증가 ⑥ 일본 우량 품종의 농촌 보급 ⑦ 화학비료 투입량의 증가 ⑧ 만성적 농촌공황 초래 ⑨ 소작농·농업 노동자의 대량 배출로 농민층의 분해가 급속도로 진행.

> 1929~1930년 **일본의 수탈량이 줄어든 이유** 경제공황으로 인한 일본 농촌 문제를 해결하기 위함인데, 조선 미곡의 대량 유입으로 인한 일본 미곡가의 하락을 예방하기 위해서였다.

43 다음의 (가)는 어느 단체의 결성 당시 강령이고, (나)는 뒤에 나온 수정안이다. 이 단체에 대한 설명으로 옳은 것은? [2점]

> (가) • 우리는 정치 경제적 각성을 촉진함.
> • 우리는 단결을 공고히 함.
> • 우리는 기회주의를 일체 부인함.
> (나) • 우리는 조선 민족의 정치적, 경제적 해방의 실현을 기함.
> • 우리는 전 민족의 총역량을 집중하여 민족적 대표 기관이 되기를 기함.
> • 우리는 일체 개량주의 운동을 배척하여 전 민족의 현실적 공동 이익을 위하여 투쟁하기를 기함.

① 임시 정부 통합 운동이 전개되던 시기에 활동하였다.
② (나)를 발표하여 민족 협동을 위한 보다 적극적인 활동 노선을 제시하였다.
③ 군대식 조직을 갖추고 각 도는 물론이고 해외까지 지부를 설치하고자 하였다.
④ 모든 민족주의 세력과 사회주의 세력의 통합을 위한 민족 협동 전선이었다.
⑤ 사회주의자가 이 단체의 주도권을 장악하자 민족주의자들은 해체를 주장하였다.

44 다음 사항들이 초래한 결과와 영향을 확인하기 위한 탐구 활동으로 적절한 것을 〈보기〉에서 모두 고른 것은? [2점]

> • 일본의 독점 자본은 조선 총독부의 지원을 받으면서 조선의 북부 지방을 대상으로 군수 산업에 집중적으로 진출하였다.
> • 조선 총독부는 이른바 '남면북양'정책을 실시하여 남부지방의 농민에게는 면화 재배를, 북부 지방의 농민에게는 양을 기르도록 강요하였다.

| 보 기 |

㉠ 공업 발전의 지역적 편차를 알아본다.
㉡ 소비재 생산의 추이에 대하여 알아본다.
㉢ 경공업과 중공업 간의 불균형 정도를 알아본다.
㉣ 일제 강점기 공업 생산액과 농업 생산액의 변화를 알아본다.
㉤ 토지 조사 사업 전후 토지의 이용 방식이 어떻게 변화하였는지 알아본다.

① ㉠㉡㉢   ② ㉠㉢㉤   ③ ㉡㉣㉤
④ ㉠㉡㉢㉣   ⑤ ㉡㉢㉣㉤

43 정답 ② ··· (2008. 제4회 고급)

보기의 단체는 1927년 2월에 창립된 신간회이다. (가)는 「신간회 3대 강령」, (나)는 「신간회 동경지회 강령」. ① 1919년, ③ 신간회는 무장단체가 아니고, ④ 민족주의 우파는 배제되었으며, ⑤ 신간회는 좌우 합작의 유일당운동이고, 좌·우익의 주도권 다툼과 사회주의세력의 노선 변경, 일제의 탄압 등으로 해체.

신간회 민족유일당 운동(통일당 운동) : 20년대 후반, 정치사상과 이념을 초월하여 분산된 독립운동단체를 통합하고 좌우익으로 분열된 독립운동전선을 하나로 통일하려는 좌우합작의 민족유일당운동이 국내외 전체 운동전선에서 폭넓게 일어났다.

1) **창립** 1927년 2월 15일 자치운동에 반대하는 우익세력(민족주의 좌파)과 좌익세력(사회주의)이 연합하여 민족유일당 운동의 일환으로서 합법단체인 신간회를 조직. 단체 본위 조직이 아닌 개인 본위 조직으로 출발하였으나 대중운동 단체의 참여로 대중적 협동전선조직으로 발전.

2) **주도** 우익측의 이상재·권동진 등이 회장을 맡고 좌익측의 홍명희·김준연·허헌 등이 적극 참여하였으며, 조선일보가 신간회 기관지 역할을 하였다.

3) **민족주의 우파의 일부 참여** 동아일보 평양 지국장인 주요한이 신간회 평양지회를 1927년 12월 창립하였고, 송진우가 1928년 1월 신간회 경성지회에 입회.

4) **활동** ① 전국적 지회 조직(동경·경도·대판 등에도 지회 설치)하여 6대 악법 철폐운동을 전개, 노동운동으로 원산총파업·농민운동으로 단천농민투쟁·학생운동으로 광주학생운동 등을 후원, 갑산화전민 학살사건(1929.6.16)에 대한 진상 규명 운동을 전개. 신간회 조직에서 중앙본부는 민족주의 좌파가 우세하였고, 지회는 사회주의계가 우세하였는데 중앙본부에 비해 활동이 활발. ② 근우회 창립(1927. 5. 27) : 산하의 전국적 여성조직. 여성에게 정치의식을 계몽. 1927년 8월 전주지회를 시작으로 61개의 지회를 설치하고 만주·일본에도 지회를 설치.

5) **신간회 해소(해체)의 배경** ① 해소론 대두 : 사회주의 세력과 민족주의 세력의 주도권 다툼. ② 일제의 탄압과 사회주의 세력의 노선 변경 : 중국의 제1차 국공합작이 결렬된 후 좌익 진영이 좌우합작운동을 청산하고 독자 운동으로 노선을 변경. ③ 코민테른의 신간회 비판 : 프로핀테른(국제적색노동조합)의 「조선에 있어 혁명적 노동조합운동의 임무에 관한 결의」(일명 9월 테제, 1930.9.18)에서 신간회를 민족개량주의 단체로 간주

> **신간회의 해소론** '해체(解體)'는 단순한 한 조직의 해산을 의미하지만, '해소(解消)'는 한 운동에서 다른 운동으로 전환하는 변증법적 자기 발전을 의미한다. 즉, 신간회 '해소'는 신간회라는 구 형태가 다른 신 형태로 지양(止揚)되는 순간에 완성될 것이라는 것이다. 이런 의미에서 '해소'론은 민족해방운동의 발전과정에서 결코 부정적인 것은 아니었다고 볼 수 있다.

6) **역사적 의의** ① 민족통일전선운동 : 20년대 중반 비타협적 민족주의 좌파 세력과 사회주의 세력이 연합하여 결성한 최초의 반제 민족통일전선운동. ② 합법공간의 붕괴 : 신간회 해소로 민족주의와 사회주의 진영이 함께 일제에 대항할 수 있는 유일한 합법공간을 스스로 허물어 버림. ③ 민족주의 좌파의 친일화 : 비타협적 민족주의 좌파 세력이 구심점을 잃고 분산·고립되어 일부가 친일화·개량화되는 배경.

44 정답 ④ ··· (2008. 제4회 고급)

보기는 일제가 1930년대에 추진한 병참기지화정책인데 ㉠ 토지조사사업은 1910년대 일제가 추진한 정책이다.

병참기지화정책 일제의 경제 침탈은 1920년대까지는 농업정책(산미증식)·철도 건설과 식료품 공업 등에 주력하였으나 산미증식계획이 어려움에 부딪히자, 일본의 방직공업을 육성하기 위하여 공업 원료 증산정책으로 방향을 전환하여, 목화의 재배와 면양의 사육을 시도하는, 이른바 남면북양정책을 수립하여, 농공병진정책이 추진. 다음으로 북선개척사업을 전개하여 압록강·두만강 지역의 삼림자원을 개발하였으며, 공업화의 원료 중 중요 광물의 증산정책(산금장려)을 실시하여 광물자원의 증산에 주력. 일제는 대륙 침략을 획책하면서 한반도를 그들의 병참기지로 삼았다. 이에 따라, 이미 1926년에 부전강 수력발전소와 1927년에 조선질소비료주식회사 흥남 공장이 건립되었고, 일제의 전쟁 수행을 위해 군수공장이 세워졌으며, 광산이 개발되고, 중화학공업이 육성되었다. 병참기지화정책이 추진되면서 1939년 39%의 공산액과 6%의 광산액을 가산하면 광공업이 한국 산업의 제1위를 차지.

45 다음 국왕의 통치에 대한 설명으로 옳은 것을 〈보기〉에서 고른 것은? [2점]

- 임금으로 즉위해서는 이른 새벽에 옷을 입고, 날이 밝으면 조회를 받고, 다음에 정사를 살피고, 그 다음에 윤대(輪對) 하고 경연에 나아갔는데, 한 번도 게으른 적이 없었다.
- 신하를 부림에는 예의로써 하고 간언을 따라 어기지 않았으며, 정성으로 사대하고 신의로 이웃 나라와 사귀었으며, 인륜을 밝히고 모든 사물에 자상하니, 남북이 복종하고 사방 국경이 평안하여 백성들이 살아가기를 즐긴 지 무릇 삼십여년이 되었다. 성스런 덕이 높고 높아 무어라 이를 수 없어, 이때에 '해동의 요순'이라 칭송하였다.

― 보 기 ―

㉠ 소리의 장단과 높낮이를 표현할 수 있는 정간보를 창안하였다.
㉡ 사간원을 독립시켜 대신을 견제하게 하였다.
㉢ 삼강행실도를 편찬하여 유교 문화 보급에 힘썼다.
㉣ 요동 정벌을 추진하기 위하여 군사력을 강화하였다.
㉤ 삼포를 열어 일본과의 무역을 허용하고 계해약조를 맺었다.

① ㉠㉡㉣   ② ㉠㉢㉤   ③ ㉡㉢㉣
④ ㉡㉣㉤   ⑤ ㉢㉣㉤

46 (가), (나) 인물에 대한 설명으로 옳은 것은? [2점]

(가) 이제 우리는 무기 휴회된 미·소 공동 위원회가 재개될 기색도 보이지 않으며, 통일 정부를 고대하나 여의치 않게 되었으니 남쪽만이라도 임시 정부 혹은 위원회 같은 것을 조직하여 38도선 이북에서 소련이 철퇴하도록 세계 공론에 호소하여야 한다.

(나) 현실에 있어서 나의 유일한 염원은 3천만 동포와 손을 잡고 통일된 조국의 달성을 위하여 공동 분투하는 것뿐이다. 이 육신을 조국이 필요로 한다면 당장에라도 제단에 바치겠다. 나는 통일된 조국을 건설하려다 38도선을 베고 쓰러질지언정 일신에 구차한 안일을 취하여 단독정부를 세우는 데에는 협력하지 아니하겠다.

① (가)는 신한 청년단의 대표로 파리 강화 회의에 독립 청원서를 제출하였다.
② (가)는 대한민국 임시 정부의 초대 대통령으로 임시 정부를 마지막까지 이끌었다.
③ (나)는 군사 특파단을 시안에 파견하였고, 한국 독립당을 이끌었다.
④ (나)는 조선 건국 준비 위원회를 만들어 각 지역의 치안과 행정을 담당하였다.
⑤ (가)와 (나)는 모두 민족 통합을 위해 친일파 처벌을 반대하였다.

45 정답 ② ·· (2008. 제4회 고급)

보기의 국왕은 세종이다. ⓒ 태종대, ⓔ 태조 대에 정도전이 진도와 진법을 작성하였다.

세종(1418~1450) 1) **의정부서사제 실시** : 왕권과 신권의 조화를 모색. 2) **집현전의 설치** : 고려의 수서원·보문각을 본떠 만든 왕실의 학문연구 기관으로 왕권 강화와 학문 발전에 큰 계기를 이루었다. 3) **독서당**   4) **훈민정음**(訓民正音)**의 창제**   5) **불교의 정리** : 불교를 정리하여 교·선을 통합하였으며, 36개의 사원만 두고 나머지는 전부 몰수. 그러나 말기에는 점차 불교를 장려하여 궁중에 내불당(內佛堂)을 짓고 신봉하였으며, 불교 발전에 공헌. 6) **활자의 개량** : 경자자·갑인자·병진자·경오자 등. 특히 왕 16년(1434)의 갑인자는 정교하고 수려한 동활자로 유명. 7) **음악의 정리** : 관습도감을 정비하고 박연이 제조(提調)로 아악을 정리하였으며, 악기도감을 정비하고 음악을 장려. 8) **화폐의 발행** : 조선통보(朝鮮通寶)란 동전을 주조. 9) **토지·세제의 개혁** : 공법상정소(貢法詳定所)와 전제상정소(田制詳定所)를 두고 세제를 개혁하여, 풍흉·비척에 따른 연분9등법(年分九等法)과 전분6등법(田分六等法)이 시행. 10) **형벌의 개혁** : 사형을 3심으로 하는 금부삼복법(禁府三覆法)을 제정하였고, 태형을 폐지하고 남형(濫刑)과 노비의 사형(私刑)을 금지. 11) **과학기구의 발명** : 세계 최초의 측우기를 만들어 강우량을 측량. 그 외 대소간의·자격루(물시계) 등을 이천·장영실 등에게 만들게 했으며, 앙부일구(해시계)·일성정시의(낮밤 공용시계) 등. 12) **역법의 개정** : 이순지·김담 등이 원의 수시력법과 명의 대통력·통궤역법을 참조하여 「칠정산내편」을 만들었고, 이어 아라비아의 회회력을 참조하여 「칠정산외편」을 만들었다. 13) **영토 확장** : 4군 6진 등의 영토 개척과 사민정책을 실시, 대왜정책(對倭政策)으로 3포가 개항되고(1426) 최초의 통신사로 박서생을 일본에 파견하였으며(1429) 대마도주와 계해약조가 체결되었다(1443). 14) **편찬사업** : 농사직설·사시찬요·의방유취·향약집성방·신주무원록·태산요록·향약채취월령·용비어천가·팔도지리지·육전등록·정전 6권·효행록·삼강행실도·치평요람·동국정운·석보상절·월인천강지곡·동국세년가·칠정산내외편·역대병요·총통등록·천문유초·구황벽곡방·정종실록·태종실록 등을 편찬.

ⓒ **태종대 직제 개편** : 중추원을 폐지하여 승정원으로 개편하였고, 사간원을 독립시켜 재상에 대한 견제권을 강화.

ⓔ **진도·진법**(대조) 정노선이 요동 수복 계획시 작성하였는데 특수 전술·부대 편성 방법을 수록.

> **병장도설**(문종) 「진법」의 수정·보완으로 지휘·통신용 기구와 군대 편제·전투대형·군령 등을 수록하였다.

46 정답 ③ ·· (2008. 제4회 고급)

(가) 이승만의 정읍발언(1946.6.3), (나) 김구의 3천만 동포에게 읍고함(1948.2.10) 사료이다. ① 김규식, ② 1925년 3월 탄핵되었고, ④ 여운형, ⑤ 김구는 친일파 처단을 주장하였다.

① **신한청년당**(1918.8) 여운형·김구·이광수 등 상해의 민족지도자들이 결성하여 파리강화회의에 김규식을 민족대표로 선정하여 파리강화회의에 파견하여 독립을 호소. 3·1운동 후 상해 대한민국 임시정부로 발전하였으며, 신한청년보를 발행.

② **이승만에 대한 불신임** 1919년 2월 25일 이승만은 파리강화회의에 참석하는 윌슨에게 '국제연맹이나 미국이 위임통치해 줄 것'을 제의하는 청원서를 보냈고 1925년 3월 18일 이승만의 탄핵안이 통과되고 임시정부는 내각책임제의 2차 개헌.

③ 대한민국 임시정부는 민족주의계열의 독립운동단체들을 한국독립당으로 통합하여 그 지지 기반을 강화한 후, 대한민국 건국강령을 제정·공포(1941).

④ **조선건국준비위원회**(건준) 여운형이 주위의 반대에도 불구하고 일본측 요구를 수용하고 해방을 계기로 결성. 위원장에 여운형, 부위원장에 안재홍 등이 임명되고 치안대·보안대·조선학도대·식량대책위원회 등을 결성하였으며, 8월 말까지 건준 지부 145개를 조직하였다. 건준에는 민족주의 좌파와 사회주의 세력은 참여하였으나 민족주의 우파(송진우·김성수)는 불참하여 이념의 차이에 따른 좌·우익의 분열과 성숙되지 못한 정치의식으로 혼란이 계속.

47 밑줄 그은 '이 회담'에 대한 설명으로 옳은 것은? [3점]

> 정전 협정 성립 후 3개월 이내에 고위급 정치 회담을 개최할 것을 권고한다. 관계 각국 정부는 이 회담에서 모든 외국군대를 한국에서 철수시키는 사항과 한국 문제 및 기타 문제를 평화적으로 해결하는 사항을 고려하도록 요청한다.
> － 정전 협정 제60조, 1953.7.27. －

① 한반도에서 전개되는 전쟁을 종료하기로 합의하였다.
② 한국과 북한, 유엔 참전국, 중국, 소련 등이 참여하였다.
③ 포로 송환에 관한 합의가 이루어지지 않아 난항을 겪었다.
④ 한국의 통일 문제를 논의하기 위해 이집트 카이로에서 개최되었다.
⑤ 유엔 감시하의 남북한 총선거를 통한 통일 정부 수립을 결정하였다.

48 다음 연표의 ㉠~㉤에 들어갈 역사적 사건을 옳게 연결한 것은? [2점]

1945	1946	1947	1948	1949	1950
㉠	㉡	㉢	㉣	㉤	
8·15 광복	미·소공동 위원회 개최	유엔한국 임시위원단 구성	대한민국 정부수립	김구 피살	6·25 전쟁

① ㉠ － 남조선 과도 입법 의원 구성
② ㉡ － 김규식과 여운형의 좌우 합작 운동 추진
③ ㉢ － 반민 특위 구성과 활동 시작
④ ㉣ － 통일 정부 구성을 위한 남북 협상
⑤ ㉤ － 한·미 상호 방위 조약 체결

해설 및 정답

47 정답 ② ·· (2008. 제4회 고급)

사료의 이 회담은 1954년 4월에 개최된 제네바 정치회의이다. 제네바 정치회의는 한국의 통일문제와 인도지나문제를 해결하기 위해 개최되었으나 성과 없이 끝났다. UN참전 15개국과 한국·북한·중국·소련 등 19국국 외상들이 참가했다. 우리측 대표는 변영태, 북한측 대표는 남일이었다.

- **제네바정치회의**(1954.4) 한국의 통일문제와 인도차이나문제를 해결하기 위해 개최되었으나 성과 없이 끝났다. 남아연방을 제외한 UN 참전 15개국과 한국·북한·중국·소련 등 19개국 외상들이 참가. 유엔 참전국들은 유엔 감시 아래서의 남북한 총선거안을 권유하였으나 이승만 정부는 이를 거부하고 북한에서는 유엔 감시 아래서 총선거를 실시, 남한에서는 대한민국 헌법절차에 따라 총선거 실시를 주장.
- **휴전협정의 주요문제** 비무장지대 설치를 위한 군사경계선 설정, 휴전감시기관 구성(유엔군측이 추천한 스웨덴·스위스와 공산군측이 추천한 폴란드·체코슬로바키아 등 4개국의 중립국 감시위원회 설치), 전쟁포로 교환 등.
- ④ **카이로선언**(1943.11.27) 루즈벨트, 처칠, 장개석 등 3거두회담이 카이로에서 열려 한국의 독립을 최초로 약속
- ⑤ 미국은 1947년 9월 한국 문제를 유엔에 상정하고 한국 독립을 촉구하여 소련의 반대를 물리치고 1947년 11월 14일 유엔 감시하의 남북한 총선거안을 통과시키고, 이어 유엔한국위원회 설치를 가결.

48 정답 ② ·· (2008. 제4회 고급)

① 1946년 12월, ② 1946년 7월, ③ 1948년 9월, ④ 1948년 4월, ⑤ 1953년 10월의 역사적 사실이다.

- ㉠ **남조선 과도정부의 수립**(1946년 12월) 1차 미소공위 결렬 후 45명의 민선의원(간선, 이승만계열, 한민당 당선)과 45명의 관선의원(좌우합작, 중도노선, 군정에서 임명)으로 한국 사상 최초의 대의정치기관인 입법의원(의장 : 관선의 김규식)이 설치되어 이것을 과도정부라 부르며, 형식상의 행정권을 한국인에게 위임(민정장관 : 안재홍, 대법원장 : 김용무, 최고의정관 : 서재필). 그러나 미군정의 의도와는 달리 신탁통치안에 반대 결의를 하였고, 미군정장관의 거부권 행사로 민정장관은 무력하여 과도정부는 세 기능을 발휘하지 못하였다.
- ㉡ **좌우합작**(1946년 7월) 미국은 3상회의 결정에 따른 한국문제 처리를 위해 중도세력이 중심이 되는 좌우합작을 추진. 1946년 6월 3일 남한단정수립을 지지하는 이승만의 정읍발언이 발표되자 1946년 7월 우익(김규식·원세훈·안재홍 : 우익 8원칙), 좌익(여운형·정노식·이강국 : 좌익 5원칙)이 참여한 좌우합작 위원회가 구성. 좌우익의 대립이 심화될수록 합작노력은 계속되어 좌우합작위원회에서는 양측의 합작원칙을 절충하여 토지문제와 친일파 처리문제에서 중도적 입장을 취하여 합작 7원칙을 발표(1946.10.7)하였지만, 조선공산당·한민당 등 좌우 핵심정치세력은 외면. 이후 좌우합작운동은 우익의 합작파와 중간파의 주도로 진행되었으나, 트루만 독트린(1947.3,) 이후 미국의 정책이 단정수립으로 굳어지고 이승만·김구의 불참과 여운형의 암살(1947.7.19)로 실패.
- ㉢ **반민족행위처벌법의 제정**(1948.9.22) 일제에 적극 협력하였거나 독립운동가를 사살·박해한 반민족행위자를 처벌하는 것을 목적. 1948년 10월 국회에 반민족행위특별조사위원회(반민특위), 법원과 검찰에 특별재판부를 구성. 그러나 1949년 6월 이 법에 따라 이승만정권의 경찰간부가 체포될 단계에 이르자 돌연 그 경찰로 하여금 반민특위를 포위하고 특경대를 강제로 해산. 법 제정시부터 이승만정권은 반민특위의 활동이 삼권분립에 위배된다는 등의 구실로 반민법 개정작업에 착수. 1949년 7월 경찰의 습격으로 반민특위가 와해된 뒤, 이승만 정권은 공소시한을 축소하고 특위의 업무를 대법관과 대검찰청에 넘기는 등 반민법을 개정. 한민당 정권하의 반민특위의 활동은 내외의 어려움을 겪으면서 활동 1년만에 와해(1949.8.31).
- ㉣ **통일정부구성을 위한 남북협상**(1948년 4월) 김구의 한국독립당과 김규식의 민족자주연맹은 남한 단독 선거가 남북의 영구적 분단을 초래할 것을 우려하여 남북협상을 제의하였고(1948.3.8), 북측도 연석회의를 제의(1948.3.25). 김구·김규식 등은 1948년 4월 평양을 방문하여 김일성·김두봉 등과 모란봉에서 연석회의·남북요인회담(남북협상)과 4김회담을 했으나, 공산주의의 술책에 넘어가서 실패(5·10 총선 후 북한은 2차 남북협상을 해주 개최를 제의했으나 김구 등이 불응하여 실패).
- ㉤ **한미상호방위조약 체결**(1953.10) 미국이 휴전에 임하자 한국정부는 미국에 대해 보장책을 요구하며 한미상호방위조약을 체결.

49. 다음 문화재를 답사하고자 할 때, 사전에 조사해야 할 내용으로 적절한 것을 〈보기〉에서 모두 고른 것은? [2점]

보기

㉠ 융릉(隆陵)의 조성 경위에 대해 알아본다.
㉡ 당백전의 발행 배경과 영향을 분석해 본다.
㉢ 한양 주위 유수부의 기능과 설치 목적을 알아본다.
㉣ 조선 시대 행궁의 위치와 건축 목적을 조사해 본다.

① ㉠㉡   ② ㉢㉣   ③ ㉠㉡㉢
④ ㉠㉢㉣   ⑤ ㉡㉢㉣

50. 다음 성명이 계기가 되어 나타난 역사적 사실로 옳은 것은? [1점]

> 우리 국민은 한국 현대사에서 보기 드문 장엄한 민주화 행진을 전개하고 있다. 이는 어느 정파나 특수 계층에 국한된 것이 아니라, 공부하는 학생에서부터 직장인, 상인, 변호사, 의사, 약사, 연예인, 성직자, 택시 기사, 그리고 평범한 주부에 이르기까지 온 국민의 애국적 충정과 열망이 한데 어우러져 연출하는 역사적 행진이며, 우리 국민의 높은 정치적 의식 수준과 안목을 유감없이 드러내 주는 대장정이다. 전국에 걸쳐 연인원 수백만 명이 넘는 국민들의 항의 시위와 끊이지 않는 경찰과의 충돌에도 불구하고,… 장기 집권만을 위해 오히려 국민을 협박하고 있는 현 정권의 정치적 무감각이 오늘 우리의 현실을 한치 앞도 내다볼 수 없는 극한적 대결 상황으로 몰아가고 있다.

① 유신 체제의 붕괴
② 4·19 혁명의 발발
③ 대통령 직선제 개헌
④ 내각 책임제 정부 수립
⑤ 5·18 민주화 운동의 전개

해설 및 정답

49 정답 ④ ·· (2008. 제4회 고급)

보기의 문화재는 수원 화성(수원성)의 화서문과 팔달문이다. ㉠ 융릉은 사도세자의 릉, ㉡ 흥선대원군이 경복궁 중건시 발행한 악화, ㉢ 수원에는 유수부가 설치되었고, ㉣ 수원에는 행궁이 있었다.

화성(수원성) 천도의 일환으로 계획도시 추진, 정약용의 거중기 사용, 수원에 유수부를 설치하였고(수원 유수 : 채제공), 당시 동원된 장인과 농민에게 품삯을 지불. 그리고 한양과 화성을 오가는 신작로를 개수·신설. 종래의 성곽과는 달리, 화포를 배치하여 적을 공격할 수 있도록 석재와 벽돌을 섞어 건축한 전투용 성곽. 공학상으로도 견고할 뿐만 아니라, 우리나라의 전통적인 성곽양식의 장점을 살려서 축조한 조선중화주의를 상징하는 건축물로 성곽의 4대문인 팔달문·장안문·창룡문·화서문 등은 다른 크기의 규모로 만들어졌다(1997년 UNESCO 선정 세계문화유산). 정약용은 정조가 내려준 J. Terrenz의 「기기도설」을 참조하여 거중기·활차·녹로·유형차 등을 만들어 인적·물적 자원을 아꼈다. 당시 공사에 관련된 경비와 인력·기계·물자 등을 기록한 축성일지인 「화성성역의궤」가 전해짐.

> **유수관** 경관직으로 조선 후기 비변사에 참여하며 한양 주변 개성·광주·수원·강화에 4유수를 배치하였는데, 개성·강화는 종2품, 광주·수원은 정2품이 파견되었다.

㉡ **당백전**(고종 3년, 1866) 대원군이 경복궁의 중건 비용으로 발행한 화폐로, 김병학의 건의로 주조. 모양과 중량은 상평통보의 5·6배이었으나, 상평통보의 100배의 명목가치를 부여한 악화여서 물가 앙등을 초래하여 2~3년 만에 폐지.

50 정답 ③ ·· (2008. 제4회 고급)

보기의 사료는 1987년 6월 민주화항쟁 당시의 6·10대회 선언문(〈호헌반대민주헌쟁취운동본부〉)이다. 이 선언문 이후 전두환 정부는 6·29선언을 발표하여 대통령 직선제를 받아들여 제9차 개헌이 이루어졌다. ① 1979년, ② 1960년, ③ 1987년, ④ 4·19이후, ⑤ 1980년의 역사적 사실이다.

① **유신 체제의 붕괴** 박정희정권의 장기집권 징후에 대한 반독재 민주화투쟁이 고조되는 등 사회적 불안이 계속되는 가운데 부·마 민주화 운동이 일어났고, 1979년 10월 26일 권력 내부의 알력으로 중앙정보부장 김재규가 박정희 대통령을 시해(10·26사태).

② **4·19혁명**(1960.4.19) 경과 2·28 대구 학생 시위(자유당이 야당인 민주당의 선거 유세장에 가지 못하도록 일요일에 등교 조치를 한 데 반발하여 대구시내 고등학생들이 벌인 사건 : 4·19의 전주곡) → 3·15 부정선거 → 1차 마산 시위(1960년 3월 15일 사전 계획에 의한 추악한 정·부통령 부정선거로 이에 항의하는 시위가 마산에서 발생하여 곧 전국적으로 확산) → 2차 마산 시위(4월 11일 마산에서 최루탄에 맞아 죽은 김주열의 시체가 인양되면서 부정선거의 항의 시위가 확대되어 이승만 독재 타도를 위한 투쟁으로 전환) → 4월 18일 서울 고려대 학생 시위 → 4월 19일 학생과 시민들이 대규모 시위를 벌이자 경찰은 시위 군중에게 발포를 하고 이승만정권은 전국에 비상계엄을 선포(군부는 이승만정권을 적극 지지하지 않음.) → 4월 22일 재야인사들의 이승만 퇴진 요구 → 4월 25일 서울대 교수회관에서 27개 대학의 교수 258명의 시국선언문 발표('4·19의거로 쓰러진 학생의 피에 보답하라')와 시위 → 4월 26일 이승만 하야 성명 → 4월 27일 대통령직에서 사임. 자유당정권 붕괴.

③ 1980년대 중반 직선제 개헌과 민주화를 요구하는 재야인사·야당·학생들의 요구가 점차 거세게 일어났고, 박종철 고문 치사사건(1987.1.14) 이후 대통령의 호헌조치(4·13)가 발표되자, 마침내 1987년 6월 이른바 6월 민주항쟁(6·10항쟁)이 일어났다. 대통령후보로 지명된 노태우가 주도하는 형식으로 6·29선언(1987.6.29)을 발표하여 대통령 직선제를 받아들였다.

④ **내각 책임제 정부**

1) **대한민국 임시정부 2차개헌**(1925.3) (임시헌법) 내각책임지도제 : 국민대표회의 결렬 후 개헌, 국무령 중심(초대 국무령 : 이상룡 → 김구), 의원내각제 채택

2) **민주당 정권과 제2공화국의 성립**(1960~1961) 국회에서 비상시국대책위원회를 구성하여 ① 이승만은 즉시 하야할 것, ② 3·15 부정선거 무효, 재선거 실시, ③ 완전한 내각책임제 개헌 단행, ④ 개헌 통과 후 민의원 총선거 실시 등 4개안을 통과(1960.4.26). 수석 국무위원(외무장관)인 허정을 수반으로 한 과도정부 수립(1960.4.28)후, 내각책임제 개헌안 통과(1960.6.15)

한국사능력검정시험 고급
(2008년 10월 25일)

01 다음 유적들이 만들어진 시기의 상황으로 옳지 않은 것은? [2점]

울산 검단리

부여 송국리

① 벼농사가 보급되면서 이전보다 식량 사정이 좋아졌다.
② 벌목을 위해 돌도끼, 수확을 위해 반달 돌칼이 널리 이용되었다.
③ 축적된 잉여 생산물을 둘러싸고 집단 사이에 갈등 양상이 나타났다.
④ 집단 내부에 계층 분화가 일어나고, 무덤으로서 고인돌이 축조되었다.
⑤ 갈아서 만든 석기가 널리 사용되었고, 빗살무늬 토기가 주로 제작되었다.

02 다음 유적에 대한 설명으로 옳은 것은? [2점]

① 고구려 후기의 대표적인 고분 양식을 보여 준다.
② 땅을 파지 않고 시체를 지상에 안치한 것이 특징이다.
③ 구조상 도굴이 어려워 발굴할 경우 많은 유물이 출토된다.
④ 무덤 주인공의 시체가 안치된 공간에 벽화가 많이 그려졌다.
⑤ 부부 합장이 불가능하여 두 개의 무덤을 덧붙여서 만든 경우도 있다.

해설 및 정답

01 정답 ⑤ ··· (2008. 제5회 고급)

보기의 유적지는 청동기시대의 상황인데, ①②③④는 청동기시대이나 ⑤는 신석기시대의 특징이다.

청동기시대(B.C. 2,000년 ~ 기원 전후) 농경생활의 발달로 수렵·채집·어로는 보조적 생활이 되었고, 밭농사(한전)가 주가 되었다. 일부 저습지에서 B.C. 8세기를 전후하여 논농사(수전)가 시작(벼농사(도작)) 유적지 : 여주군 흔암리, 부여군 송국리, 서천군 화금리, 평양 호남리 남경, 부안군 가흥리, 나주 다시면).

1) **경제생활** ① 농경 방식 : 화전농업에 휴경농업이 보급. ② 곡물 생산의 확대 : 조·피·수수·보리·기장·콩·팥·귀리 등. ③ 농업 생산 증대의 결과 : 벼농사가 점차 확산되어 기원전 2세기 삼한지방에서 일반화되었고, 잉여 생산으로 촌락 발달이 촉진되었는데 황해도 석탄리가 대표적 유적.

2) **주거지** 내륙·구릉지대에 장방형 움집이 나타나고, 주거지가 보다 밀집화되고 광역화되어 취락이 형성(웅기 굴포리·청원 내수리·봉산 지탑리 등). 움집 깊이가 점차 얕아져 지상가옥에 가까워지고 화덕이 한쪽 벽으로 옮겨져 주거 공간 확대, 주춧돌(초석)을 이용한 움집.

3) **노동수단** 간(마제)석기가 훨씬 세련되었고, 청동기는 소수 지배층이 무기·의기(제기)·치레걸이 또는 공구로 사용해 보편적 도구는 아님. ① 농경도구 : 반달 돌칼·홈자귀(유구석부)·바퀴날도끼 등의 간석기와 목기 등이 사용. ② 토기 : 덧띠새김무늬토기·민무늬(무문)토기·미송리식 토기·공귀리식토기·팽이(각형)토기·민패(꼴렬)토기·가락식토기·송국리식토기·흔암리토기(화분모양)·붉은간토기(채색(채문)토기·홍도·채도) 등이 사용. ③ 간돌칼 : 껴묻거리(부장품)용으로 간돌칼(마제석검)이 제작.

4) **청동기문화** ① 북방(스키토 시베리언)의 계통 영향 : 마형·호형 대구(경북 영천 출토), 구리와 아연이 합금되어 구리와 주석이 합금된 중국 청동기문화와는 다른 특징. ② 거푸집 : B.C. 4세기경의 거푸집(용범)이 용인·화순·맹산 등지에서 발견됨에 따라 독자적 청동기문화가 형성(청동기의 토착화 현상). ③ 변천 : 비파형동(단)검과 거친무늬거울(다뉴(꼭지)조문경)은 남부 시베리아와 연결된 북방 계통으로 보여지는데, 중국 중원에서는 출토되지 않고 만주·한반도에서 발견. 청동기시대 후반 이후 점차 토착 청동문화인 세형동검(청천강 이남에 집중적으로 분포, 중국의 영향을 받으면서도 한국식 동검으로 독특하게 발전)과 잔무늬거울(다뉴세문경)으로 바뀌어 갔다.

5) **분묘** 고인돌(지석묘)·돌무지무덤(적석총)·돌널무덤(석관묘, 돌상자무덤) 등의 거석문화를 남겼고 특히 거대한 돌무덤은 군장세력의 출현을 의미. 고인돌은 연해 지역과 하천 유역에 주로 분포, 규모와 수에 비해 껴묻거리가 적고 유물의 수와 종류도 화살촉과 간돌칼 등으로 한정.

6) **선돌(입석)** 고인돌 부근에 경계 표시·제단·기념물 등으로 큰 돌을 세웠다.

7) **사회** 경제 활동의 중심이 남성에게로 옮아가고, 생산의 증가에 따른 잉여 생산물의 축적과 사적 소유로 계급이 발생. 계급의 분화는 사후까지 영향을 미쳐 무덤의 크기와 부장품 내용에도 반영. ① 가부장사회 : 원시공동체단계는 여전히 유지되었고 부계 중심의 가부장사회. ② 재산의 사유화 : 개개 씨족원들의 토지에 대한 권리가 강화, 택지·농경지·동산의 사유화. ③ 공동체의 규제 : 경제적 자립도의 성장으로 독립적 영역이 형성되었으나, 완전한 자립은 불가능하였고 공동체의 규제가 여전. 농지 분배·배수·관개·외적 방어는 공동체에 의존하였으나 점차 가족 단위로 분화되어, 공동체 소유가 붕괴. ④ 빈부 격차와 권력의 분화 및 강화 ⑤ 지배 관계 : 공동체간의 정치예속적 지배 관계가 발생.

8) **선민사상의 대두** 경제력이나 정치권력에서 우세한 부족들은 천강신화나 난생족설 등의 천신사상인 선민사상을 가지고 주변의 약한 부족을 통합하거나 정복하고 공납을 요구. 청동으로 만든 금속제 무기의 사용으로 정복활동이 활발해졌고, 이를 계기로 지배자와 피지배자의 분화는 더욱 심화.

9) **군장사회** 평등사회는 계급사회로 바뀌어 갔고, 권력과 경제력을 가진 군장(족장)이 나타났다. 이들 군장은 청동기문화가 일찍부터 발달한 북부지역에서 먼저 출현.

02 정답 ② ··· (2008. 제5회 고급)

보기의 유적은 계단식 돌무지무덤(적석총)이다. ① 고구려 초기 고분이 석총이고 후기에 들어와 토총(굴식돌방무덤)으로 바뀌었으며, ③ 도굴이 용이, 도굴이 어려운 구조는 돌무지덧널무덤(적석목곽분)이고, ④ 토총에서 벽화가 많이 발견되고, ⑤ 석총은 합장이 가능하고, 두 개의 무덤을 덧붙인 것은 독무덤(옹관묘)이다.

제5회

245

03 다음은 어느 왕의 행적을 정리한 것이다. 빈칸에 들어갈 내용으로 적절한 것은? [2점]

523년	선왕의 뒤를 이어 왕위에 오르다.
524년	양나라 고조로부터 '지절 도독백제제군사 수동장군 백제 왕'으로 책봉되다.
538년	
551년	고구려의 남쪽 경계를 공격하여 한강 하류 지역을 수복하다.
554년	신라 정벌에 나섰다가 관산성 부근에서 매복에 걸려 죽음을 당하다.

① 수도를 사비로 옮기고 나라 이름을 '남부여'라고 고치다.
② 섬진강 하구의 대사진을 탈취하고 가야 세력을 압박하다.
③ 요서 지역에 군대를 파견하여 점령하고 진평군을 설치하다.
④ 중국으로부터 들어온 불교를 공인하고 도성에 사찰을 건립하다.
⑤ 왜국과 우호 관계를 맺고 태자인 전지를 외교 사절로 파견하다.

04 다음 자료에 보이는 백제 왕의 재위 시기에 있었던 일이 아닌 것은? [3점]

> 고구려가 군사를 일으켜 왔다. 왕이 이를 듣고 패하 강변에 군사를 매복시켰다가 그들이 이르기를 기다려 급히 치니, 고구려 군사가 패하였다. 겨울에 왕이 태자와 함께 정예 군사 3만 명을 거느리고 고구려에 쳐들어가 평양성을 공격하였다. 고구려 왕 사유가 힘을 다해 싸워 막다가 빗나간 화살(流矢)에 맞아 죽었다. 왕이 군사를 이끌고 물러났다.
> - <삼국사기> -

① 영산강 유역에 남아 있던 마한 세력을 정벌하고 남해안까지 영역을 넓혔다.
② 고구려의 남진 압박을 극복하기 위해 신라의 눌지왕과 군사 동맹을 맺었다.
③ 중국 계통의 선진 문물을 가야 소국들에 전해 주면서 정치적 영향력을 키웠다.
④ 선진 문물의 수입에 목말라하던 왜를 끌어들여 군사적 후원 세력으로 삼았다.
⑤ 바다 건너 동진과 정식 외교 관계를 수립하고, 중국과의 직접 교류를 확대하였다.

03 정답 ① ··· (2008. 제5회 고급)

보기의 왕은 백제 성왕(523-554)이다. 538년에 수도를 웅진성(공주)에서 사비성(부여·소부리)으로 천도하고 국호를 남부여로 고쳤다.

성왕(聖王, 523~554) 수도를 사비성(부여, 소부리)으로 천도(538), 부여 정통성의 강조로 국호를 남부여로 고침, 중앙관제를 22부로 정비, 수도 5부·지방 5방 설치, 불교를 장려, 중국의 남조와 문물 교류, 일본에 불교 전파(552), 고구려 안원왕 때 후사문제로 내분이 일어나자 신라와 동맹하여 한강 하류 지역을 회복하였으나 신라 진흥왕에게 다시 상실함으로 고대 상업세력이 붕괴되었고, 관산성전투(충북 옥천)에서 패사.

04 정답 ② ··· (2008. 제5회 고급)

사료의 왕은 근초고왕(346-375)이다. ①③④⑤는 근초고왕대의 시책이나, ②는 비유왕대(433년)에 체결된 나제동맹이다.

근초고왕(346~375)

1) **정복사업** 고구려의 평양성을 공격하여 고국원왕을 전사시킴(371). 영산강 유역의 마한 병합, 탐라 정벌(복속은 동성왕 때임), 가야(낙동강 서쪽지역)에 대해 지배권 행사(369), 백제의 전성시대를 구가.
2) **해외 진출** 남조의 동진과 교섭하고(372) 산동지방과 일본의 구주(규슈) 지방까지 진출하여 요서·진평·산동·일본을 연결하는 고대 상업세력을 형성하였다.
3) **왕권 강화** 부여씨의 왕위 세습, 부자상속, 진씨의 왕비족 결정이 이루어졌고, 고흥의 「서기(書記)」 편찬(375).
4) **일본과 교류** 일본에 아직기를 파견하고 칠지도를 하사.
5) **담로제 실시** 지방관을 파견하고 중앙 왕족과 귀족을 지방에 파견하는 담로제를 실시.

》 **나제동맹(433~553)** 《

1. **한성시대** : 신라와 백제가 고구려의 남하에 대항하기 위하여 맺은 공수동맹으로, 427년 평양 천도 후 백제의 비유왕과 신라의 눌지왕이 433년에 동맹을 체결하였음.
2. **웅진시대** : 485년 백제 동성왕과 신라 소지왕 사이에 혼인동맹으로 발전하였음.
3. **사비시대** : 성왕은 진흥왕과 더불어 고구려를 공격하여 한강 일대를 회복하였으나 한강 하류를 신라가 다시 빼앗았다. 그러자 백제·가야·왜 연합군과 신라 사이에 전쟁이 벌어져 554년에는 백제 성왕이 관산성에서 전사. 이로써 120년간에 걸친 나제동맹은 결렬되고, 백제는 가야에 대한 영향력을 상실하게 되었음.

05 밑줄 그은 주장에 대한 근거로 적절한 사실을 〈보기〉에서 고른 것은? [2점]

> 7세기 후반 문무왕을 거쳐 7세기 말의 신문왕 때에 이르러 신라의 왕권은 더욱 강화되어 전제 왕권이 확립되었다. 신라 중대의 전제 왕권은 8세기 중엽에 흔들리기 시작하더니, 8세기 후반에 이르러 무너졌다.

─── | 보 기 | ───
ㄱ. 정전 지급   ㄴ. 녹읍의 부활   ㄷ. 대공의 난   ㄹ. 김흠돌의 난

① ㄱ, ㄴ ② ㄱ, ㄹ ③ ㄴ, ㄷ
④ ㄴ, ㄹ ⑤ ㄷ, ㄹ

06 다음은 백제 유적 탐방을 준비하면서 나눈 대화이다. 갑~무가 가려는 곳을 지도에서 찾아 순서대로 배열한 것은? [2점]

- 갑 – 나는 벽돌로 쌓은 무덤이 도대체 어떤 것인지 꼭 한번 가보고 싶어.
- 을 – 난 백제 멸망의 한이 서려 있는 낙화암을 찾아가 삼천 궁녀의 슬픈 전설을 되새겨 볼 거야.
- 병 – 나는 백제 초기의 도성 유적들과 대형 돌무지무덤들이 복원되어 있는 지역을 답사하고 싶어.
- 정 – 나는 백제에 복속된 이후에도 한동안 대형 옹관이라는 독자적인 고분 문화를 유지했던 곳을 둘러볼 생각이야.
- 무 – 나는 우리나라 석탑의 원조라고 불리는 탑이 있고, 미륵 신앙에 따라 삼원식 가람 배치를 했다는 절터를 살펴보려고 해.

	갑	을	병	정	무
①	A	C	B	D	E
②	B	A	C	D	E
③	B	C	A	E	D
④	C	B	A	D	E
⑤	C	B	D	E	A

05 정답 ③ ·· (2008. 제5회 고급)

신라 하대 현상을 묻고 있는데, ㄱ. 신라 중대(성덕왕), ㄴ. 신라 경덕왕 (757년) 이후, ㄷ. 신라 혜공왕 (768년) ㄹ. 신라 중대(신문왕)의 사실이다.

- ㄱ. **정전지급**(균전제(均田制) 도입) 성덕왕 21년(722)에 16~59세까지의 정남(丁男)에게 정전(丁田, 연수유전답(烟受有田畓))을 지급하여 자영농민에 대한 직접적 지배와 고대 수취체제의 확립을 가져왔다. 이로써 국가의 농민에 대한 일원적 지배가 이루어졌다.
- ㄴ. **녹읍** 신문왕 9년(689)에 내외관의 녹읍제를 폐지하여, 녹봉제(관료)직)전, 연봉 성격의 축년사조(逐年賜租)로 세조(歲租) 지급)를 확립. 그러나 귀족의 반발로 경덕왕 16년(757)에 월봉을 없애고 녹읍을 지급하여 후기 녹읍이 부활.
- ㄷ. **신라하대**(선덕왕~경순왕, 155년간) 무열왕 직계 자손들의 전제 왕권은 8세기 후엽 혜공왕(765~780) 때에 와서 방계 귀족의 반란으로 몰락하고, 선덕왕(780~785) 때부터는 내물왕계의 귀족들이 왕위에 오르기 시작하면서 신라 하대가 시작. 이때부터 진골 귀족의 수가 늘어나면서 혈족 관념이 분지화(分枝化)되고 왕위 쟁탈전이 격화되어 155년간 20여 명의 왕이 교체되고 시중 세력은 약화되고 상대등의 권력이 강화.

> 96각간(角干)의 난 혜공왕 4년(768) 7월 일길찬 대공(大恭)의 난(767) 이후 3개월 동안 96각간(일길찬 수준의 친족공동체의 족장)이 상쟁하였고, 연이어 대아찬 김융(金融)의 난(770). 이찬 김은거(金隱居)의 난(775). 이찬 김지정(金志貞)의 난(780)이 일어났다. 그 후 진골의 방계인 김양상·김경신에 의하여 혜공왕이 살해되고(780. 4) 내물왕계의 양상(선덕왕)이 즉위하였고, 원성왕(경신) 이후에는 원성왕의 직계손이 왕위를 계승.

- ㄹ. **신문왕의 진골 숙청**

> 1. 신문왕(681~692)은 즉위하던 해에 국구(國舅)인 소판 김흠돌(金欽突)의 모역사건을 계기로 파진찬 흥원과 대아찬 진공 등의 연루자를 제거하였고, 사전에 알고도 고발하지 않았다는 불고지죄(不告知罪)의 죄목으로 상대등 이자 병부령인 김군관을 사형에 처하여 전제 왕권의 확립을 위한 과감한 귀족세력의 숙청을 단행.
> 2. 그 후 신문왕은 왕권을 옹호하는 정치·경제·교육·군사 등에 관한 제도의 정비에 박차를 가하여 진골 귀족에 대한 차별적 왕권을 추구.

06 정답 ③ ·· (2008. 제5회 고급)

갑 : 공주 무령왕릉(벽돌무덤), 을: 부여, 병: 한성(서울), 정: 마한지역(나주), 무: 익산 미륵사지석탑에 대한 설명이다.

- 갑. **공주 무령왕릉**(벽돌무덤, (전축(실)분), 중국 남조(양)문화의 영향(벽화 없음), 지석 발견. 1971년 공주 송산리 고분에서 발견된 이 왕릉은 금관식과 지석(誌石)·석수(石獸, 진묘수)·토지매지권(土地買地券, 왕비 지석의 후면으로 율령 시행을 입증하며, 토지거래문서인 매지권을 묻는 것은 당시 도교의 풍습임)·청동제품·양(梁)나라 철전(오수전) 등 많은 부장품이 출토. 구조는 연화문의 벽돌로 만들어진 벽돌무덤으로 당시 양나라를 비롯한 남조와의 문화적 교류를 보여주며, 목관은 일본에서 가져온 금송(삼나무)으로 제작되어 일본과의 교류도 보여준다. 무령왕릉은 백제 금관의 모습과 아울러 현존 최고의 지석이 발견됨으로써 당대 백제사 연구에 중요한 자료가 되었다.
- 정. **마한지역**(나주) 나주 복암리 고분군과 반남면 고분군은 나주가 마한의 마지막 세력 근거지임을 추정하게 하며, 마한의 실체를 새롭게 풀 수 있는 중요한 유적
- 무. **익산 미륵사지석탑** 목조탑의 건축양식을 모방한 목탑형 석탑

07 다음은 삼국 시대에 세워진 어떤 비석의 내용이다. 이 비석이 건립되던 시기의 상황으로 옳은 것은? [2점]

> 짐은 하늘의 은혜를 입고 …… 사방으로 영토를 개척하여 널리 백성과 토지를 획득하니, 이웃 나라가 신의를 맹세하고 화친을 청하는 사절이 서로 통하여 오도다. 스스로 헤아려 옛 백성과 새 백성을 두루 어루만지고자 하였으나, 오히려 말하기를 왕도의 덕화가 고루 미치지 않고 은혜가 베풀어짐이 없다고 한다. 이에 무자년 8월에 관경(管境)을 순수(巡狩)하여 민심을 살펴 위로하고, 물건을 내려주고자 한다.

① 고구려의 광개토왕이 사방으로 영토를 확장하고 많은 수의 포로를 획득하였다.
② 장수왕의 고구려 군대가 충주 지역까지 내려와서 신라를 군사적으로 압박하였다.
③ 신라의 지증왕이 순장을 금지하고, 농사짓는 데 소를 이용하도록 하였다.
④ 신라의 진흥왕이 지금의 함경도 남부 일원까지 세력을 확장하였다.
⑤ 신라의 문무왕이 삼국 통일을 완성한 후 고구려와 백제 유민을 포섭하는 정책을 폈다.

08 다음은 가야 연맹에 속했던 어느 나라의 시조 설화이다. 이 나라에 대한 설명으로 옳은 것을 〈보기〉에서 모두 고른 것은? [1점]

> 시조는 이진아시왕인데, 그로부터 도설지왕까지 대략 16대 520년이다. 최치원이 지은 이정 스님의 전기에 이르기를, "가야산신인 정견모주가 천신인 이비가지에게 감응을 받아 뇌질주일과 뇌질청예를 낳았는데, 뇌질주일은 이진아시왕의 별칭이고, 뇌질청예는 수로왕의 별칭이다."라고 하였다.
> - 〈신증동국여지승람〉 -

| 보 기 |

ㄱ. 백제의 세력이 위축된 5세기 후반 무렵부터 본격적으로 가야 연맹체를 주도하였다.
ㄴ. 5세기 이후에 농업에 유리한 입지 조건과 제철(製鐵) 기술을 바탕으로 새로운 문화 중심지로 떠올랐다.
ㄷ. 554년에 백제와 연합하여 신라를 공격하였으나 크게 패하고, 오히려 562년 신라의 침입으로 멸망하였다.
ㄹ. 시조 설화에서 금관가야의 맹주적 위상을 부정하지 않고 오히려 그것을 활용하여 자신들의 위상을 높이고자 하였다
ㅁ. 합천, 거창, 함양, 산청, 아영, 하동, 사천 등지를 포괄하는 후기 가야 연맹의 맹주로서 국제 사회에 등장하였다.

① ㄱ, ㄴ, ㄷ   ② ㄴ, ㄷ, ㅁ
③ ㄱ, ㄴ, ㄷ, ㄹ   ④ ㄴ, ㄷ, ㄹ, ㅁ
⑤ ㄱ, ㄴ, ㄷ, ㄹ, ㅁ

해설 및 정답

07 정답 ④ ·· (2008. 제5회 고급)

사료는 신라 진흥왕 마운령 순수비의 비문인데, 신라의 강역이 북한강 하류를 넘어 함경도지역까지 진출하였음을 보여준다. ① 광개토대왕릉비, ② 중원 고구려비의 내용이다.

진흥왕(540~576) 영토 확장(척경비 건립), 남한강 상류를 차지하고(단양 적성비) 북한강 하류까지 진출(북한산비), 신주(新州) 설치, 중국 진(陳)·북제(北齊)에 사신 파견, 화랑 공인, 「국사」 편찬, 개국·대창·홍제 등의 연호 사용, 제왕·태왕·짐 등의 용어를 사용하여 신라의 천하관 과시, 품주(관등) 설치, 백좌강회·팔관회 개최, 황룡사 건립, 대가야 병합(562), 태자책봉제를 실시하였으며, 국원소경(중원경: 충주)을 설치.

≫ 진흥왕 순수비 ≪

비 명	소 재	건립연대	비 고
창녕비	경남 창녕	561년(왕 22)	1914년 도리이(鳥居龍藏)가 발견
북한산비	서울 북한산	555년(왕 16)	김정희가 판독, 국립중앙박물관 보관
황초령비	함남 함주	568년(왕 29)	1852년 윤정현이 발견, 김정희가 판독, 제왕·짐 용어 사용
마운령비	함남 이원	568년(왕 29)	1929년 최남선이 판독, 황초령비와 내용 일치

③ **지증왕**(500~514) 국호를 신라로 확정, 왕호를 마립간에서 왕으로 개정하는 한화정책(漢化政策) 추진(503), 이사부를 보내 우산국을 복속(512), 우경(牛耕, 법령)의 실시, 동시전(東市典)의 설치(509), 군현제를 실시하고 군주 파견, 순장의 폐지, 박씨의 왕비족 결정, 아시촌(阿尸村, 함안)에 최초의 소경을 설치.

⑤ **통일후 여·제 유민 포섭** 고구려 귀족은 6두품(7관등 일길찬까지)으로, 백제 귀족은 5두품(10관등 대나마까지)으로 등용하여 민족 융합을 모색.
외부인사 진골 영입: 금관가야의 신김씨(新金氏) 가문(김유신 가계)과 보덕국(報德國)의 안승(安勝)을 진골로 영입

08 정답 ⑤ ·· (2008. 제5회 고급)

사료는 대가야의 시조 설화이다. 후기 가야연맹체의 맹주인 대가야는 《삼국사기》 지리지에 따르면 142년 시조 이진아시왕(伊珍阿豉王으)로부터 도설지왕(道設智王)까지 16세 520년인데, 신라 진흥왕이 쳐서 멸하고, 그 땅을 대가야군(大加耶郡)으로 삼았다고 기록되어 있다.

대가야 5세기 광개토대왕의 침공(임나가라의 종발성 복속)으로 가야는 전쟁의 피해를 받지 않은 고령의 미오야마국에서 발전한 대가야로 그 중심이 이동되면서 연맹의 세력권이 후기 가야 연맹체가 다시 편성되었고, 6세기 초(522) 대가야의 이뇌왕(異腦王)이 신라와 결혼동맹을 체결하여 고립에서 탈피하려 하였다. 가야연맹은 중국 남조 이외에 한(漢)군현이나 일본과도 교역함으로써 경제적으로 크게 번영하였다. 가라(대가야)왕 하지(荷知)가 중국 남제(南齊)에 사신을 파견하고 보국장군본국왕(輔國將軍本國王)의 책봉을 받기도 하였다(479). 그리고 당시의 수준 높은 문물은 덧널무덤(목곽묘)·구덩식 돌덧널무덤(수혈식석곽분) 등의 가야 무덤에서 출토되는 유물에 의해 증명되고 있다.

ㄷ. **554년** 백제(성왕)·가야·왜 연합군과 신라 사이에 전쟁이 벌어져 백제 성왕이 관산성에서 전사.

09 다음 사건과 관련된 설명으로 옳지 않은 것은? [2점]

> 10년 뒤에 무예가 대장 장문휴를 파견하여 해적을 거느리고 등주를 치니, 현종은 급히 문예를 파견하여 유주의 군사를 동원시켜 이를 공격하는 한편, 태복경 김사란을 사신으로 신라에 보내어 군사를 독촉하여 발해의 남부를 치게 하였다. 마침 날씨가 매우 추운데다 눈이 한 길이나 쌓여서 군사들이 태반이나 얼어 죽으니, 공을 거두지 못하고 돌아왔다.
> - <신당서> -

① 발해 무왕의 재위 시기의 상황이다.
② 당과 흑수말갈 사이의 직접 교류 시도가 발단이 되어 일어났다.
③ 당은 신라를 이용하여 발해를 견제하려는 이이제이의 방책을 썼다.
④ 발해와 당 사이의 군사적 대결 구도는 이후 백여 년 가량 지속되었다.
⑤ 이 사건을 계기로 당은 대동강 이남 지역에 대한 신라의 통치를 인정하였다.

10 밑줄 그은 '그'와 관련된 설명으로 옳은 것을 <보기>에서 모두 고른 것은? [2점]

> 이해에 왕의 총애를 받던 자들이 정권을 마음대로 휘둘러 기강이 문란하고 해이해졌고, 기근까지 겹쳐 백성이 떠돌아다니고 도적이 벌 떼처럼 일어났다. '그'는 몰래 왕위를 엿보는 마음을 가져 무리를 불러 모아 왕경의 서남쪽 주현을 공격하였는데, 이르는 곳마다 메아리처럼 호응하였다. 한 달 사이에 무리가 5천 명에 이르자, 드디어 무진주를 습격하여 스스로 왕이 되었다. …… 서쪽으로 순행하여 완산주에 이르니 그 백성들이 환영하고 위로하였다.
> - <삼국사기> -

| 보 기 |

ㄱ. 경상도 상주에서 태어나 서남 해안의 수비에 공을 세워 비장이 되었다.
ㄴ. 본래 초적(草賊) 출신으로, 세력을 규합하여 강원도, 경기도 일대를 점령하였다.
ㄷ. 의자왕의 원수를 갚는다고 표방하면서 과거 백제 지역 민심을 자극하였다.
ㄹ. 미륵불의 화신임을 자처하면서 백성들을 현혹하고 폭압적인 정치를 자행하였다.
ㅁ. 한때 강력한 군사력으로 신라의 수도를 급습하여 왕을 죽게 하고 새로운 왕을 세웠다.

① ㄱ, ㄷ   ② ㄴ, ㄹ   ③ ㄱ, ㄷ, ㅁ
④ ㄴ, ㄷ, ㄹ   ⑤ ㄴ, ㄹ, ㅁ

09 정답 ④ ·· (2008. 제5회 고급)

사료는 <신당서> 북적열전에 수록된 발해 무왕(대무예)대의 사실이다. 당시 당이 흑수말갈을 통해 발해를 견제하려 하자 발해가 당을 공격하였음을 보여 준다. ④ 무왕 대(719-737)의 적대 관계는 문왕(대흠무, 737-793)대에 와서 화친책으로 전환하여 당과 국교를 열었다.

무왕(대무예, 719~737) 8세기 초, 발해는 친당적인 흑수(흑룡강)부 말갈을 치는 한편(대문예 당 망명 사건, 726), 거란과 연합하여 수군 장문휴로 하여금 당의 산동지방 등주를 공격하였다(732).

③ 발해가 당을 공격하자 당의 요청으로 신라가 발해 공격(733)

④ **문왕**(대흠무, 737~793) 8세기 후반 이후 화친책으로 전환하여 사신·유학생을 파견하고, 빈공과에 급제하는 등 당과 국교를 열고, 대조영 이래의 발해군왕에서 발해국왕의 칭호를 얻고 문화를 수입하여 제도를 정비하였다.

⑤ **영토 분할 약정** 진덕여왕 때(648) 나당동맹이 체결되면서 나당연합군이 승리하면 평남 이남 전 지역을 신라에게 주기로 약속한 바 있었으나 나당전쟁으로 파기. 그 후 성덕왕 때(735) 신라의 발해 공략(733) 대가로 승인.

10 정답 ③ ·· (2008. 제5회 고급)

사료의 그는 견훤(867-936)으로 후백제의 시조이다. 본래 성은 이씨였으나, 뒤에 견씨라 하였다. 상주 가은현(加恩縣 : 지금의 문경)의 농민 출신으로 뒤에 장군이 되었다. ㄴ,ㄹ은 궁예에 대한 설명이다.

후백제(900~936) 진성여왕 이후 정치 부패와 사회 혼란이 심해지자 효공왕 때 견훤(甄萱, 867~936)은 호족세력과 군사세력을 토대로 완산주(전주)에서 후백제를 건국하여 전라도 지역을 지배. 견훤은 승주의 박영규·무주의 지훤 등의 호족세력과 혼인관계를 맺고 동리산문의 지지를 받았다.

1) **발전** 신라를 자주 침공하고 후당과 국교를 맺는 등 남서해의 해상권을 장악.

2) **전제군주화** 미륵신앙을 근거로 전제군주 행세를 하였으며, 금성(경주)을 침공하여 경애왕을 피살하고 약탈을 자행(포석정의 비애, 927).

3) **공산동수전투**(927) 후백제군이 왕건의 군대를 공산(팔공산)에서 격퇴. 이 전투에서 고려의 신숭겸·김락이 전사하였고 후일 그들을 애도하여 예종 때 도이장가(悼二將歌)가 나왔다.

4) **고창전투**(930) 견훤의 후백제군이 왕건의 군대에게 고창(안동)에서 패배.

후고구려(901~918) 궁예(?~918)는 기훤·양길의 막하에서 공을 세우고(891) 독립하여 명주·철원에서 장군을 자칭하였고(894), 진표의 미륵신앙으로 농민층 기반을 확보하고 초적의 무리를 세력 기반으로 송악에 도읍하여, 후고구려를 세웠다(901). 그 후 국호를 대동방국을 의미하는 마진으로 개정하고(904), 연호를 무태(武泰)로 제정하고 수도를 철원으로 옮겼다(905). 그 후 또 국호를 태봉, 연호를 수덕만세로 개정하여(911) 강원·경기 및 황해도의 대부분과 평안·충청의 각 일부를 점령.

궁예의 지지 세력으로는 명주의 김주원 계열과 범일의 사굴산문, 평산의 박지윤(군사력), 송악의 왕건 가문(경제력) 등을 들 수 있다. 그는 골품제도와는 다른 광평성·내봉성·순군부·원봉성 등의 새로운 관제를 마련하고 9관등제를 실시. 그러나 국력이 강해지자 자신을 미륵불이라 칭하는 등 횡포를 거듭하여 민심이 이반되었다.

11 다음 자료를 토대로 당시 대외 무역에 대하여 옳게 설명한 것을 〈보기〉에서 모두 고른 것은? [2점]

- 대식국 객상 보나합 등이 와서 수은, 용치, 점성향, 몰약, 대소목 등의 물건을 바치니, 유사(有司)에 명하여 관대(館待)를 후하게 하도록 하고, 돌아갈 때에는 금백(金帛)도 후하게 내렸다.
- 송나라 상인들은 우리 정부를 상대로 방물(方物)을 바치고 하사품을 받아 가는 진헌(進獻) 무역을 하고, 아울러 민간 상인을 대상으로 하는 교역도 활발하게 전개하였다.

│보 기│

ㄱ. 고려의 이름이 서방 세계에 알려졌다.
ㄴ. 벽란도가 국제 무역항으로 번성하였다.
ㄷ. 서해안의 해로를 통한 무역이 활발하였다.
ㄹ. 송나라 상인들은 쌀, 인삼, 화문석, 면포 등을 수입해 갔다.

① ㄱ, ㄴ   ② ㄷ, ㄹ   ③ ㄱ, ㄴ, ㄷ
④ ㄱ, ㄴ, ㄹ   ⑤ ㄴ, ㄷ, ㄹ

12 다음 자료에 보이는 정치적 변동의 결과 일어난 일로 옳은 것은? [2점]

　이해에 고구려에서 대란이 일어났다. 싸우다가 죽은 자가 2천 명이 넘었다. <백제본기>에서 말하기를, 정월 병오일에 고구려에서 중부인(中夫人, 둘째 부인)의 아들을 왕으로 세웠는데, 나이가 8살이었다. 고구려왕(안원왕)에게는 부인이 3명 있었는데, 정부인에게는 아들이 없어 중부인의 아들을 세자로 삼았다. 그 외가는 추군(麤群)이었다. 소부인(셋째 부인)에게도 아들이 있었는데, 그 외가는 세군(細群)이었다. 고구려왕이 병들어 눕자, 세군과 추군은 각각 자기네 왕자를 왕으로 세우고자 했으며, 그 결과 세군 측에서 죽은 사람이 2천 명이 넘었던 것이다. - <일본서기>, 흠명 7년 -

① 전연과 백제로부터 침공이 이어져 고구려의 세력이 크게 위축되었다.
② 을파소를 등용하여 진대법을 시행한 결과, 민심은 상당히 안정되었다.
③ 내분을 틈타 백제와 신라가 고구려를 협공하여 한강 유역을 차지하였다.
④ 고구려의 내란을 징벌한다는 명분으로 당 태종이 요동 지역을 침략하였다.
⑤ 부족적 5부를 행정적 5부로 개편하여 부족장의 세력을 약화시키고 중앙 집권 체제를 강화시켰다.

11 정답 ③ ·· (2008. 제5회 고급)

사료는 고려시대의 대외무역을 보여 주는데, 당시 고려의 대송 수출품은 금·은·인삼·종이 화문석·나전칠기·잣·붓·먹·부채 등이었고, 쌀과 면포는 조선시대에 와서 일본으로 수출되었다.

고려의 대외무역

1) 송과의 무역
   ① 문물 교류
      - ㉠ 수입품 : 서적·약재·비단·자기·차·향료·악기 등
      - ㉡ 수출품 : 금·은·인삼·종이·화문석·나전칠기·잣(송자)·붓·먹·부채 등
   ② 무역항
      - ㉠ 벽란도(예성강 하구) : 국제 무역항으로 송·왜·사라센 등의 상인이 출입.
      - ㉡ 고려관 : 등주(북송)·명주(남송)에 설치한 무역소.
   ③ 무역로
      - ㉠ 북송 시기(960~1127) : 벽란도 → 옹진 → 산동반도 → 등주
      - ㉡ 남송 시기(1127~1279) : 벽란도 → 흑산도 → 명주

2) 기타 국가와의 무역
   ① **거란** 은·모피·말을 가지고 와서 식량·문방구·철·동 등을 수입해 갔다.
   ② **여진** 은·모피·말 등을 철제 농기구·식량 등으로 바꾸어 갔다.
   ③ **일본** 송·거란 등에 비하여 그리 활발하지 않았으나 대마도인들이 감귤·진주·수은·칼·말 등을 가지고 와서 문방구·서적·식량 등을 가져갔다.
   ④ **아라비아** 송을 거쳐 수은·향료·산호·호박(琥珀) 등을 가져와서 은·비단을 가져갔다. 이 때 대식국(사라센) 상인들에 의해 고려(Corea)라는 이름이 서방세계에 전해졌다.

12 정답 ③ ·· (2008. 제5회 고급)

사료는 고구려 안원왕대(546년) 후사문제로 내분이 일어났음을 보여 주는데, ① 고국원왕(4세기), ② 고국천왕(2세기), ③ 백제 성왕과 신라 진흥왕이 동맹하여 한강 하류지역 회복(6세기), ④ 보장왕(7세기), ⑤ 태조왕(1-2세기)의 역사적 사실이다.

① **고국원왕**(331~371) 요동문제로 공방전을 전개하다가 전연(前燕, 선비족) 모용황의 침입으로 국내성이 함락되고(342), 백제 공격을 시도하였으나 오히려 백제 근초고왕의 침입으로 전사(371).

② **고국천왕**(179~197) 부족적 전통의 5부를 방위명(方位名)으로 행정 개편, 형제 상속에서 부자 상속으로 전환, 진대법(賑貸法) 실시(194), 신대왕대의 국상제(國相制)를 정착시킴. 절노부의 명림씨를 왕비족으로 결정하였다.

> **진대법**(일명 : 조적법) : 고국천왕이 을파소를 국상으로 기용하자, 왕 16년(194)에 실시한 일종의 유인(遊人), 용작에 의한 빈민층 또는 말갈·거란 부용민)구제책. 봄철 또는 춘궁기에 관곡(官穀)을 빌려주었다가 추수 후에 받아들였다. 그러나 이것은 실제로 귀족의 고리대를 억제하고 평민의 노비화를 막으려는 것이었다.

⑤ **태조왕**(53~146) 나(那) 집단 5부를 통합하여 5부체제의 중앙집권체제로 발전, 동옥저정복(56), 낙랑 공격, 왕위 세습(계루부 고씨), 고대국가의 기틀을 마련(국조왕(國祖王)의 칭호), 두만강 하구에 책성(柵城)을 설치하여 대외교역의 창구로 삼았다.

13 밑줄 그은 '그'의 정책으로 옳은 것을 〈보기〉에서 모두 고른 것은? [2점]

- 그가 건국하고 즉위한 지 삼사일 만에 여러 신하들을 맞아 들여 만나보고 개탄하면서 말하기를, "근년에 백성들을 혹독하게 수탈하여 토지 1경의 조(租)를 6석까지 받아 냈으므로 백성들이 살기 어렵게 되었다. 나는 이것을 아주 가련하게 생각한다. 지금부터는 마땅히 1/10을 받는 제도를 써서 한 부(負)에 조 3승(升)을 받도록 하여야 할 것이다."라고 하면서, 드디어 민간에서 거두어들이는 3년간의 조를 면제하여 주었다.
- 그는 고구려의 옛 수도였던 평양을 서경으로 승격시키고, 발해의 유민들을 동족으로 간주하여 따뜻하게 맞이하였다. 특히 발해 세자 대광현에게는 왕계라는 성명을 주고 선조에 대한 제사를 받들게 하였으며, 왕실 족보에 넣어 주기까지 하였다.

|보 기|

ㄱ. 서경에 분사 제도를 실시하였다.
ㄴ. 의창, 상평창을 설치하여 백성들을 구휼하였다.
ㄷ. 거란의 1차 침입을 격퇴하고 영토를 확장하였다.
ㄹ. 취민유도(取民有度)를 내세워 농민의 조세 부담을 가볍게 하였다.

① ㄱ, ㄹ,   ② ㄴ, ㄷ   ③ ㄱ, ㄴ, ㄷ
④ ㄱ, ㄷ, ㄹ   ⑤ ㄴ, ㄷ, ㄹ

14 다음 발표자의 주장을 뒷받침할 수 있는 근거로 타당한 것을 〈보기〉에서 고른 것은? [2점]

|보 기|

ㄱ. 불교가 대중화하였다.   ㄴ. 골품 제도가 무너졌다.
ㄷ. 과거 제도가 실시되었다.   ㄹ. 전주 전객제가 소멸되었다

① ㄱ, ㄴ   ② ㄱ, ㄷ   ③ ㄴ, ㄷ
④ ㄴ, ㄹ   ⑤ ㄷ, ㄹ

13 정답 ① ·· (2008. 제5회 고급)

사료는 고려 태조 왕건에 대한 설명인데, ㄴ·ㄷ은 고려 성종대의 내용이다.

태조 왕건(918~943)
1) **호족연합정책** ① 호족과 연합 모색 ② 사심관제 ③ 역분전(役分田) 지급(940) ④ 기인제도(其人制度) ⑤ 민심 수습 : 취민유도, 세금 경감(1/10세), 빈민 구제의 흑창(黑倉) 설치 등의 방법으로 민심을 수습.
2) **북진정책** ① 고구려의 구토 회복 ② 서경 재건 : 왕식렴이 북진정책의 기지로 개척하였고 제 2의 세력을 육성함으로 개경의 호족세력을 견제. ③ 만부교사건(942) : 거란에 대한 강경책으로 사신 일행을 귀양보내고 낙타 50 필을 만부교(萬夫橋) 아래에 붙들어 매어 아사시켰다. ④ 동북면 개척 : 유금필이 안변 이북을 개척하였다. ⑤ 국초 : 청천강~영흥만의 국토를 확보.
3) **숭불정책** ① 호국불교 : 훈요10조에서 불교를 강조하였고, 불교의 국교화로 왕권 강화 및 사상의 통일. ② 불교행사 : 연등·팔관회를 중시, 도선의 풍수지리설에 따라 비보사찰(개태사)이 건립
4) **능력 본위의 개방적 사회 건설** 전 시기의 골품 귀족 대신 실력을 통해 관직에 등용하였고, 당 멸망 이후 중국 귀화인들을 중용.

성종(981~997) 1) **유교정치체제 지향** 최승로의 시무(時務) 28조를 채택하여(982) 유교정치를 지향. 2) **관제 정비** 3성 6부의 중앙 관제 정비(982), 12목(牧)을 설치하여 처음으로 중앙으로부터 지방관 파견(983), 10도 양계(十道兩界) 설치(995), 18품계와 문산계·무산계의 정비. 3) **교육정책** 국립대학인 국자감 설치(992), 12목에 경학·의학박사 각 1인 파견, 호족의 자제를 선발하여 개경의 학교에서 교육시키고 과거를 통해 관리로 채용(지방호족의 중앙관료화), 지방에 학교를 설치하고(외지학교), 교육조서를 반포. 4) **경제정책** 의창(986)·상평창(993)을 설치하고, 철전 건원중보를 주조(996). 5) **사회정책** 연등회·팔관회 행사를 금지하고, 불량한 자를 노비화하는 노비환천법과 자모정식법(子母停息法, 982.10)을 실시. 6) **권농정책** 무기를 몰수하여 농기구를 제작함으로 호족세력을 약화. 7) **분사제도** 서경(호경)에 개경과 같은 정무조직인 분사(分司)를 두고(990) 왕이 100일 이상 숙위하였고, 부도(副都)로서 중시. 8) **전국적인 호구조사 실시** : 역역과 부세의 부과·징수를 뒷받침하기 위해 호적의 편성, 신고에 관한 제재 규정을 제도화하였다(986). 9) **사직단 설치** 5방(五方)의 천신에게 제사를 지내는 원구제를 거행.

14 정답 ③ ·· (2008. 제5회 고급)

나말 여초 전환기 현상을 묻는데, ㄱ. 불교의 대중화는 통일 후 신라에서 이미 나타났고, ㄹ. 전시과 체제의 확립으로 전주전객제가 성립되었다.

통일 후, 불교의 대중화 귀족 중심의 불교가 원효의 정토종의 보급으로 일반 민간에까지 널리 퍼져 대중생활 전반을 자극하였고 불교의 대중화로 민간문화의 수준이 향상. 샤머니즘과 토속신앙이 습합(拾合)되면서 정토신앙이 대중에게까지 보급.

1) **원효**(617~686) 대중적이고 내세적인 정토종을 보급하여 불교의 대중화에 기여.
2) **원측**(613~696) ① 유식학 : 법상종(法相宗)은 원측이 당의 현장에게 유식학(唯識學)을 배워 성립시킨 종파로 여러 사상을 포용하는 불교철학. ② 미륵사상 : 미륵불이 지상에 와서 이상사회를 실현해 준다는 미륵사상으로 경덕왕 때 금산사에서 진표가 설법하였고, 옛 고구려·백제 유민들에게 유포. ③ 점찰법회 : 점(占)을 쳐서 참회하는 계율적 반성으로 점찰법회(占察法會)가 열려 불교의 대중화에 기여.
3) **균여**(원통대사) : 불교찬가인 보현십원가를 저술하여 불교의 대중화에 기여하였고, 화엄사상(성)을 근간으로 법상종(상)을 융합한 성상융회(性相融會)의 수행법을 주장하였다.

전주 전객제 토지에 대한 조세 징수권으로 수조권을 소유권보다 우위에 놓는 경향이 있어 수조권자를 전주(田主)라 불렀다. 즉 관료에게 토지의 소유권을 지급한 것이 아니라 수조권을 준 것. 과전주(科田主)는 그 토지의 수조권자로서 전주가 되고, 그 토지의 소유자인 농민은 전객(佃客)이 되었다. 이설(異說)로는 수조권 분급이 실제로는 면조권(免租權) 지급으로 관료들의 개인소유지 가운데 규정된 액수만큼의 조세를 면제해 준다는 견해도 있다.

15 (가)~(마)에 대한 설명으로 옳지 않은 것은? [2점]

(가) 광주 춘궁리 철불
(나) 경천사 10층 석탑
(다) 청동 은입사 포류수금무늬 정병
(라) 부석사 무량수전
(마) 수월관음도 (일본 가가미 신사 소장)

① (가) – 고려 초기에 제작된 철불의 하나이다.
② (나) – 원의 영향을 받은 석탑으로, 화려한 조각이 새겨져 있다.
③ (다) – 은사(銀絲)를 넣는 입사 수법이 사용되었다.
④ (라) – 주심포 양식과 배흘림기둥이 특징인 목조 건축물이다.
⑤ (마) – 신앙 결사 운동이 유행하기 시작하면서 그려진 불화이다.

16 (가)~(마)는 고려에서 조선에 걸쳐 영토가 확장되었거나 수복된 지역을 표시한 것이다. 이들 지역에 대해 옳게 말한 사람은? [2점]

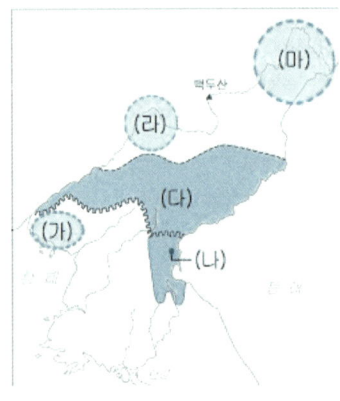

① 영수 – 최영 장군이 요동 정벌을 단행하는 과정에서 (가) 지역을 수복하였지.
② 왕수 – 충렬왕 때에 외교적 노력으로 원으로부터 (나) 지역을 되돌려 받았지.
③ 찬수 – 강감찬 장군이 귀주에서 거란을 물리치고 (다) 지역을 획득하였어.
④ 윤수 – 윤관 장군이 별무반을 이끌고 여진족을 물리친 후 (라) 지역을 확보하였어.
⑤ 종수 – 김종서 장군이 두만강 유역의 여진족을 정벌하고 (마) 지역을 장악하였어.

15 정답 ⑤ ·· (2008. 제5회 고급)

⑤ 혜허의 수월관음도(관음보살도(양류관음상), 일본에서 발견), 아미타불도, 지장보살도 등의 불화는 고려 후기 왕실과 권문세족의 구복적 요구에 따라 그려졌다.

① **철불의 유행** 신라 말 금입택의 유행으로 금동이 부족하자 금 대신에 철불이 유행하여 철원 도피안사와 장흥 보림사의 철조 비로자나불 등이 제작되었다.

> **고려 불상** 석불·마애불·금동불·철불·소조불 등 5종이 있는데 특히 마애불과 철불(鐵佛, 나말에 나타남)의 제작이 유행, 형식에 구애받지 않고 자유분방한 면을 보여 주고 있다. 고려 초에 경기도 광주 춘궁리 철불이 제작되고 논산 관촉사 석조미륵보살 입상(은진미륵)·안동 이천동 석불(제비원 마애불)·운주사 석불·개태사지 석불 입상 등과 같은 거대불상이 만들어졌으나 균형을 이루지 못하여 다소 조형미가 부족한 것도 있으나 고려 왕실의 당당함을 과시한 면도 보여진다. 고려시대를 대표하는 가장 우수한 불상은 신라 양식을 계승한 부석사 무량수전의 소조아미타여래좌상이다.

② **경천사 10층 석탑** 원의 라마예술의 영향을 받은 이색적인 석탑 형태로, 조선시대 원각사지 10층석탑의 원형.

③ **은입사** 고려시대에 송에서 기법을 도입하였다(청동은입사포류수금무늬정병 제작).

④ **부석사 무량수전**(1376) 고려 후기의 목조 건축물로 고려 건축의 일반적 양식인 주심포(柱心包)양식을 대표하는 것으로서, 간결하고 조화로운 모습.

16 정답 ⑤ ·· (2008. 제5회 고급)

① (가)지역은 강동6주로 서희가 획득, ② (나) 지역은 쌍성총관부인데, 공민왕 때 유인우·이자춘 등이 공격하여 수복, ③ (다)지역은 공민왕대에 수복한 철령 이북 지역, ④ (라)지역은 조선 세종대에 최윤덕·이천 등이 여진족을 토벌하고 개척하였다.

(라)(마) **4군 6진** 세종 때 여진족을 토벌하고 4군(1416~1443, 최윤덕·이천)과 6진(1434~1449, 김종서)을 설치하여 압록강과 두만강 이남의 땅을 확보.

(가) **강동6주** 거란의 1차 침입(993년, 성종 13): 서희의 안융진 외교 담판에서 거란의 연호를 사용하는 조건으로 퇴군, 고려는 강동 6주를 획득하여 압록강 하류까지 국경선 북상하였고, 군사방어체제로 절도사 제도를 정비. 3차 침입(1018년, 현종 9): 강감찬·강민첨의 귀주대첩(1019. 2), 강동6주를 고려의 영토로 인정하는 대신 단송친요를 약속하고 국교 재개.

(나) **쌍성총관부**(1258~1356): 조휘와 탁청 등이 동북면 병마사를 죽이고 화주(영흥) 이북의 땅을 들어 몽골에 항복하자, 몽골은 이 지역을 다스리기 위해 화주에 쌍성총관부를 설치하고 조휘를 총관으로, 탁청을 천호(千戶)로 삼았다. 공민왕 5년(1356), 고려는 유인우를 동북면 병마사에 임명하여 이 지역을 공략, 이때 천호 이자춘(이성계의 父)의 협력으로 탈환, 쌍성총관부를 폐지하고 화주목(和州牧)을 설치. 이후 이자춘은 동북면 병마사에 임명되어 이 지역에서 세력을 잡았고, 이것이 이자춘의 아들인 이성계가 후일 조선 왕조를 세울 수 있는 세력 기반.

> **동녕부**(1270~1290) 서북면 병마사 최탄 등이 임연을 친다는 구실로 난을 일으킨 뒤 서경을 비롯한 북계의 54성과 자비령 이북의 6성을 들어 원나라에 투항하자, 원의 세조가 자비령 이북의 땅을 직할하기 위하여 서경에 설치하였으나 공민왕 때(1370) 요양으로 옮겼다. 그 후 고구려 고토 회복으로 <u>이성계의 동녕부 정벌</u>이 감행.
> **탐라총관부**(1273~1301) 삼별초의 저항을 진압하고 제주도에 설치. 목마장을 경영하다가 <u>충렬왕 때 반환</u>.

(다) **철령 이북** 우왕 때 이인임·임견미·염흥방 등 권문세족들이 친원정책을 표방하자, 명은 쌍성총관부 관할하에 있던 철령 이북의 땅에 철령위(鐵嶺衛)를 두어 그들의 직속령으로 하겠다고 통보. 이에 고려 조정은 요동 정벌을 계획(1388.3).

17 다음 자료의 사건과 관련된 설명으로 옳은 것을 〈보기〉에서 모두 고른 것은? [2점]

> ○○○이 군사를 일으켜 …… 동북 양계의 여러 성에 격문을 보내어 불러 말하기를, "소문을 들으니 서울에서는 중방에서 의논하기를 '북계에 가까운 여러 성에는 대체로 거세고 나쁜 사람들이 많으니 마땅히 가서 토벌해야 한다.'고 하고 군사를 이미 크게 동원하였으니, 어찌 가만히 앉아 있다가 스스로 주륙을 당하겠는가? 마땅히 각각 병마를 규합하여 속히 서경으로 나오라."라고 하였다. 이에 철령(자비령) 이북의 40여 성이 와 호응하였다.

| 보 기 |
ㄱ. 조위총이 주도하였다.
ㄴ. 명종의 복위를 꾀하였다.
ㄷ. 많은 농민들이 가담하였다.
ㄹ. 최씨 무신 정권을 타도하려고 하였다.

① ㄱ, ㄴ   ② ㄱ, ㄷ   ③ ㄴ, ㄷ
④ ㄱ, ㄴ, ㄹ   ⑤ ㄴ, ㄷ, ㄹ

18 (가), (나)의 두 중앙 관제에 대한 설명으로 옳은 것을 〈보기〉에서 고른 것은? [2점]

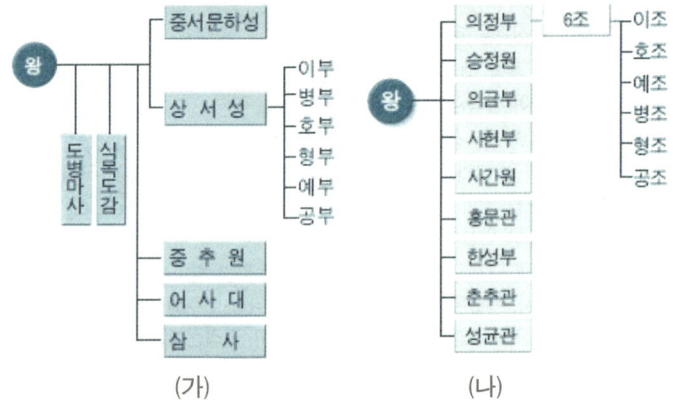

| 보 기 |
ㄱ. (가)는 이원적인 체제로 구성되었으며, 중추원과 삼사는 전원 합의제로 운영되었다.
ㄴ. (가)는 당의 율령 체제를 바탕으로 마련되었으나, 기능과 운영 방식은 실정에 맞게 조정하였다.
ㄷ. (나)의 승정원과 의금부는 권력의 독점과 부정을 방지하기 위한 기구였다.
ㄹ. (나)는 경국대전에 명시되어 있으며, 왕권과 신권의 조화를 지향하였다.

① ㄱ, ㄴ,   ② ㄱ, ㄷ   ③ ㄴ, ㄷ
④ ㄴ, ㄹ   ⑤ ㄷ, ㄹ

해설 및 정답

17 정답 ② ·· (2008. 제5회 고급)

사료는 <고려사> 조위총 열전의 내용인데, 고려 명종 4년(1174) 서경 유수 조위총이 정중부 무신정권에 대항하여 난을 일으켰음을 보여준다.

반(反) 무신란 무신독재정권의 수립은 문신의 반발을 야기.

1) **김보당의 난** 무신정권에 대한 <u>최초의 반란</u>은 동북면 병마사(문신) 김보당의 난으로 명종 3년(1173)에 의종 복위운동으로 나타났다. 이 난이 계사년에 일어났으므로 계사란(癸巳亂)이라고 부른다. 이때 이의민은 이 난을 평정하였고 의종을 시해.

2) **조위총의 난** 명종 4년(1174)에 서경유수(무신) 조위총이 서북계 지역의 불만을 이용하여 반란을 일으켜 자비령 이북의 40여 성의 호응을 받아 3년간이나 무신정권에 항거한 <u>최대의 난</u>을 일으켰다. 그 후 <u>농민이 가세</u>하여 1179년까지 봉기하였다(민란으로 규정).

3) **교종 승려의 난** 문신과 결탁한 교종 승려들의 반항이 명종 4년(1174)에 있었는데 귀법사·중광사 등의 승려들이 대표적.

> **경계의 난** 무신란은 의종 24년(1170)의 정중부의 난(경인(庚寅)의 난)과 명종 3년(1173)의 김보당의 난(계사(癸巳)의 난) 등 두 차례에 걸친 문관에 대한 대규모 숙청을 말하며, 이를 '경계(庚癸)의 난'이라 한다.

ㄹ. **무신정권 확립기**(최충헌, 1196~1258) 문·무합작 독재정권(4대 62년간, 최충헌-최우-최항-최의)

18 정답 ④ ·· (2008. 제5회 고급)

(가)는 고려시대, (나)는 조선시대의 중앙 관제이다. ㄱ. 이원적인 체제는 도병마사와 식목도감으로 중서문하성의 재신과 중추원의 추신으로 구성되었고, 도병마사가 의합(議合)의 만장일치제를 채택, ㄷ. 승정원과 의금부는 왕권 견제가 아닌 왕권 강화 기구이다.

고려의 중앙관제 이원적인 체제 : 중서문하성은 재부(宰府)라 하고 중추원을 추부(樞府)라 하며, 양자를 합해서 양부(兩府) 또는 재추(宰樞)라 하여 함께 국정을 논의재추(양부)

① **도병마사** 중서문하성의 고관인 재신(宰臣, 재상) 5명과 중추원 고관인 추신(樞臣, 추밀) 7명으로 구성된 합좌회의기관으로 만장일치의 의합(議合)을 채택.

② **식목도감** 중요 법령을 제정하는 일종의 임시 입법기관인데, 점차 기능이 확대. 재·추가 구성원으로 도병마사의 별칭이라는 주장(이제현)도 있으며 조선 태종때 의정부에 흡수.

ㄱ. **중추원**(추밀원) 중서문하성과 더불어 중앙 최고의 관청. 2품 이상의 추밀(추신)과 3품 이하의 승선(承宣)으로 구성되었는데, 추밀은 재신과 함께 국정을 총괄하며 군국 기밀을 관장하였고, 승선은 왕명 출납을 담당하였다.

삼사(三司) 송과는 달리 단순히 화폐와 곡식의 출납에 대한 회계만 담당하고 실제의 조세 수취와 집행은 각 관청에서 하였다. 후기에는 도평의사사에 참여하였으며, 판사가 장관이다(재신 겸직).

ㄴ. **3성** 당나라의 제도와는 달리 고려에서는 중서성과 문하성이 합병되어 중서문하성이 되어 상서성과 2성 체제를 이루었다. 그러나 상서성은 중서문하성에 예속되어 엄밀히 말하면 고려는 중서문하성 중심의 단성체제였다. 중서문하성은 최고정무기관(수상 : 문하시중)으로서 백규(百揆)와 서무를 관장한 2품 이상의 재신(宰臣)과 3품 이하의 낭사(郎舍, 성랑)로 구성되었는데 낭사는 어사대(대관)와 함께 대간·언관 또는 대성(대관+성랑)이라 하여 시정(時政)의 득실을 논하고 왕권 견제의 간쟁과 탄핵·봉박·서경 등을 담당.

ㄷ. **조선의 왕권 강화 기구** 왕명의 출납을 담당하는 비서기관인 승정원(태종때, 중추원을 폐지하여 승정원으로 개편)과 국왕 직속의 상설 사법기구인 의금부(국사범·왕족의 범죄, 사형죄를 다룸)가 있었다. 특히 승정원의 주서(注書)는 국왕과 신하의 회동에 동석하여 언행을 기록하고 승정원일기를 작성.

ㄹ. **경국대전** 조선은 경국대전의 반포로 명실상부한 법치주의에 입각한 통치규범 체계가 성립.

19 다음 글의 밑줄 그은 인물들에 공통으로 해당하는 설명으로 옳은 것을 〈보기〉에서 모두 고른 것은?   [1점]

> 공민왕은 최고 학부인 성균관을 부흥시켜 순수한 유교 교육 기관으로 개편하였다. 성균관 대사성을 겸직한 이색은 학식(學式)을 고쳐 생원 수를 늘리고 <u>김구용, 정몽주, 박상충, 이승인, 정도전</u> 등이 성리학을 깊이 연구할 수 있도록 하였다. 또, 과거 제도를 개혁하여 문학보다 정치 경륜이 높은 인재를 발탁하였다.

― 보 기 ―
ㄱ. 소학과 주자가례를 중시하였다.
ㄴ. 권문세족과 불교의 폐단을 비판하였다.
ㄷ. 재상에게 정치적 실권을 부여하자고 주장하였다.
ㄹ. 이성계 세력과 손을 잡고 전제 개혁을 단행하였다.

① ㄱ, ㄴ   ② ㄷ, ㄹ   ③ ㄱ, ㄴ, ㄷ
④ ㄱ, ㄴ, ㄹ   ⑤ ㄴ, ㄷ, ㄹ

20 다음 사회자의 질문에 대한 대답으로 옳은 것을 〈보기〉에서 모두 고른 것은?   [2점]

― 보 기 ―
ㄱ. 공민왕이 복주까지 피난을 가기도 하였습니다.
ㄴ. 화약 무기가 개발되어 국방 능력이 높아졌습니다.
ㄷ. 최영, 이성계 등 신흥 무인 세력이 성장하였습니다.
ㄹ. 조운 통로가 막혀 경제적 어려움을 겪기도 하였습니다.

① ㄱ, ㄴ   ② ㄷ, ㄹ   ③ ㄱ, ㄴ, ㄷ
④ ㄱ, ㄴ, ㄹ   ⑤ ㄴ, ㄷ, ㄹ

19 정답 ① ··· (2008. 제5회 고급)

사료의 인물들은 신진사대부이다. ㄷ·ㄹ은 혁명파 사대부인 정도전·조준·하륜 등이다.

1) **신진사대부의 성격** ① **학자적 관료** 문학과 행정 실무에 능한 관료, 즉 능문능리(能文能吏)로 독서왈사 종정위대부(讀書曰士 從政爲大夫)이다. 즉 책을 읽는 사람이 사(士)이고, 정치에 종사하는 사람이 대부(大夫)라는 뜻. ② **향리 출신** 재향중소지주로 시골에서 어느 정도의 경제기반. ③ **성리학 신봉** 신유학으로 사상적 무장. ④ **신지성층** 과거나 군공 등 본인의 능력으로 진출. ⑤ **개혁지향적 성격** 사전개혁을 주도하고 배불론(排佛論) 입장.

2) **사대부의 성장** ① **충선왕** 사림원을 설치하여 사대부를 기용. ② **공민왕** 사대부를 등용하였으나 사대부 세력의 미성숙으로 실패. ③ **위화도회군 후** 신흥무장세력(이성계)과 사대부세력(정도전)의 결탁.

	권문세족	신진사대부
출 신	중앙 고관(음서로 진출)	지방 향리(과거로 진출)
정 방	존속 주장	철폐 주장
경제면	재경부재지주, 농장 소유	재향중소지주
학문면	비유학자	성리학자
종교면	불교 옹호(온건적 비판)	강경한 불교 비판
대외면	친원외교	친명외교
정 치	귀족연합정치 운영	왕도정치(민본주의)
철 학	주체의식 미약	주체의식 강함

3) **사대부의 분화** 우왕 이후 사대부는 점차 양 파로 갈라졌다. 즉, 고려 왕조의 테두리 안에서 점진적 개혁을 추구하는 다수의 온건파와 왕조 자체를 교체하려는 소수의 적극적인 혁명파가 서로 대립.

온건파 사대부	혁명파 사대부
정몽주·이색·길재 또는 이숭인(여말 3은)	정도전·조준·남은·하륜
정치연륜·경제면 및 숫적으로 우세	정치연륜·경제면 및 숫적으로 열세
점진적 개혁 주장	왕조 교체 주장
군사세력을 갖지 못함	신흥 무인세력 및 농민군사와 연결
불사이군(不事二君)	역성혁명(易姓革命)
농장 등 대규모 토지는 반대하나 토지 사유화는 인정	모든 토지는 국유라는 공전제에 입각한 왕토사상 주장

20 정답 ⑤ ··· (2008. 제5회 고급)

질문은 고려 말 왜구 침입에 대한 내용인데, ㄱ은 홍건적의 2차 침입 때(1361년) 공민왕이 복주(안동)로 피난 간 사실이다.

홍건적의 침입
1) **제1차 침입**(공민왕 8년, 1359) 모거경에 의해 이끌린 4만의 홍건적은 압록강을 건너 서경을 점령하였다. 그러나 고려의 이방실·이승경 등에 패하여 쫓겨 갔다.
2) **제2차 침입**(공민왕 10년, 1361) 사유(沙劉)에 이끌린 10만의 홍건적은 다시 공민왕 10년에 침입하였다. 왕은 복주(안동)로 피난갔으며, 남하는 적을 정세운·이방실·최영·이성계 등이 물리쳤다.

왜구의 영향 ① **재정의 파탄** 연안지방 농민은 산간으로 피난하여 생활이 비참해지고, 이에 따라 조세가 감소되고 조운(漕運)이 불통되어 고려의 재정은 파탄에 직면. ② **수군의 창설**(공민왕 23년, 1374) ③ **화포의 제작** 우왕 3년(1377)에 화통도감 ④ **천도론의 대두** 개경 부근까지 침입하자 공민왕 때 한양·충주, 우왕 때 철원 등의 내륙으로 수도를 옮기자는 논의.

21. 밑줄 그은 부분에 해당하는 사례로 옳지 않은 것은? [2점]

> 그는 여러 가지 과감한 조처를 통하여 왕권을 강화시켰다. 그가 혁신 정치를 대체적으로 일단락 짓는 왕 11년에 스스로 칭제 건원(稱帝建元)하고, 개경을 황도, 서경을 서도라 칭한 것은 그와 같은 기반 위에서 취한 자부심의 한 표현이라 볼 수 있다.

① 백관의 공복을 제정하여 4등급으로 구분하였다.
② 쌍기의 건의를 받아들여 과거 제도를 실시하였다.
③ 광군사를 설치하고 광군을 조직하여 국방력을 키웠다.
④ 노비안검법을 실시하여 양인 출신의 노비를 해방시켰다.
⑤ 대상 준홍, 좌승 왕동 등을 모역죄로 제거하고 훈신들을 숙청하였다.

22. 다음 상소문을 수용하여 시행한 정책으로 옳은 것은? [2점]

> 왕이 백성을 다스리는 데 집집마다 찾아가 매일같이 돌보는 것은 아니므로 수령을 나누어 보내 백성들의 이해를 살피게 하는 것입니다. 그러므로 우리 성조(聖祖)께서도 통합한 뒤에 외관을 두고자 하였으나, 대개 초창기였으므로 일이 번거로워 겨를이 없었습니다. 지금 가만히 보건대 향호(鄕豪)가 매양 공무를 빙자하고 백성을 침포(侵暴)하니 그들이 견뎌 내지 못합니다. 청컨대, 외관을 두소서, 비록 일시에 다 보내지 못한다 하더라도 먼저 여러 주현을 아울러 한 사람의 관원을 두고, 그 관원에 각기 2~3원을 설치하여 애민하는 일을 맡기소서.

① 12목을 설치하였다.
② 3경 제도를 실시하였다.
③ 전국을 5도와 양계로 나누었다.
④ 사심관 제도와 기인 제도를 실시하였다.
⑤ 향, 부곡, 소를 일반 행정 구역으로 바꾸었다.

21 정답 ③ ·· (2008. 제5회 고급)

사료의 국왕은 고려 광종인데, 호족세력을 견제하고 왕권을 강화하였다. ③ 고려 정종 때(947년) 거란의 침입에 대비하여 편성하였는데 주현군의 모태가 되었다.

정종(945~949) 1) **왕규의 난**(945) 광주 호족 왕규가 혜종 때 자신의 외손인 광주원군으로 왕위를 계승하게 하려고 반란을 일으켰으나 왕식렴이 진압. 그리고 서경 천도를 계획하였으나 실패하였다. 2) **광군사(光軍司) 설치**(947) 거란의 침략에 대비하여 최광윤의 건의로 광군 30만을 편성(주현군의 모태). 3) **광학보(廣學寶) 설치**(946) 승려를 위하여 장학재단을 마련.

광종(949~975) 1) **독자적 연호 사용** 칭제건원을 하여 광덕·준풍 등의 연호를 제정하고 개경을 황도, 서경을 서도라 하였다. 2) **주현공부법**(州縣貢賦法, 949) 지방 조세 징수의 원칙을 정한 것으로 국가 수입의 증대를 꾀하였다. 3) **노비안검법**(956) 노비의 신분을 조사하여 본래 양인이었던 자를 방량(放良)하여 호족의 군사적·경제적 기반을 약화. 4) **과거제 실시**(958) 쌍기(후주 출신)의 건의로 과거제를 실시하여 신진 관리를 등용하여 개국공신의 권한이 약화. 5) **백관의 공복 제정**(960) 관리들의 등급에 따라 자삼·단삼·비삼·녹삼 등의 공복을 입도록 하여 관기(官紀)를 확립. 6) **송과 통교**(962) 이흥우를 보내 송과 국교를 체결하고 송의 연호를 사용(963). 7) **제위보(濟危寶) 설치**(963) 빈민·행려(行旅)의 구호와 질병 치료를 담당하기 위해 설치한 빈민구제기관. 8) **왕사·국사제도 정비**(968) 왕사에 탄문, 국사에 혜거를 임명. 9) **진전(陳田, 황무지) 개간 규정 정비** 사전의 경우 첫 해에는 수확의 전부를 가지고 2년째부터 소유주와 수확량을 반씩 나누고, 공전의 경우 3년까지 수확의 전부를 가지고 4년째부터 법에 따라 조(租)를 바친다고 규정.

22 정답 ① ·· (2008. 제5회 고급)

사료는 고려 성종대에 최승로가 올린 시무책 중 제7조의 내용으로 지방관 파견을 상소하고 있다. ① 고려 성종 때 12목을 설치하여 지방관을 처음 파견, ② 고려 태조-성종, ③ 고려 현종, ④ 고려 태조, ⑤ 조선시대의 역사적 사실이다.

고려의 지방제도

1) **국초** 태조 때 서경(西京)을 경영하고 군사상 목적으로 진(鎭)과 도호부·도독부 등을 두었으나 본격적인 지방제도 정비는 성종 때. 전체적으로 보면 고려는 몇 개의 큰 군현인 경·도호부·목에 중간기구인 계수관제(界首官制)를 두어 일반 군현을 통할하고, 주현(영현)이 속현을 통할하는 누층적 구조. 고려 전기에는 모든 군현에 외관이 파견되지 못하여 지방관이 파견되는 주현(137개)보다 지방관이 파견되지 않는 속군과 속현(373개)이 더 많이 존재하여 향리의 지위가 상대적으로 높았다.

2) **성종**(981~997) 12목(牧)을 설치하여 처음으로 중앙으로부터 지방관 파견(983), 거란 침입 후 12주로 바뀐 뒤에는 절도사를 파견. 10도 양계(十道兩界) 설치(995),

3) **현종**(1009~1031) 5도 양계로 행정과 군사의 이원화가 마련되어 5도는 안찰사, 양계는 병마사. 이로써 경·도호부·목 대신에 5도 양계가 계수관이 되었다. 4도호부 8목을 설치하고 경기제를 시행하였다(1018). 경기는 개경을 포함한 특별행정구역으로 개성부에서 직접 통치.

4) **3경(유수경)** 풍수지리설에 의해 왕이 순주(巡駐), 태조 때 개경(개성)과 서경(평양)을 두고 성종 때 동경(경주 : 숙종 때 남경(서울)으로 변경)을 설치.

5) **4도호부·8목** 현종 때 군사적 요지에 안북(안주)·안남(전주)·안동(경주)·안서(해주)에 4도호부를 두고, 도의 행정 중심지인 광주(廣州)·청주·충주·전주·나주·황주·진주·상주에 8목을 두었는데, 이들 4도호부·8목은 3경과 함께 지방 행정의 실질적인 중심부.

5) **촌** 나말 여초 호부층이 주도한 읍사(邑司)제도를 개편하여 말단 행정 기구로 편성하여 촌장(대감)·촌정(제감) 등의 유력자가 자치적으로 지배.

6) **향·소·부곡** 하층 양민이 거주한 특수행정구역으로 향리가 지배하였으며 일반 군현으로의 승격도 가능하고 군현이 향·소·부곡으로 강등도 가능하여 군현과 크기와는 상관이 없었다. 따라서 때로는 군현보다도 큰 부곡도 존재하였다. 향·소·부곡의 주민들은 국역의 부담을 졌는데 일반 양민보다도 더 많은 세금 부담을 졌고 향·부곡의 주민들은 농업에, 소에 거주하는 주민들은 수공업 제품이나 광물 생산을 생업. 조선 태종때 폐지.

7) **지방세력의 견제·회유** 기인제도와 사심관제도를 운영.

23 ㉠~㉤에 대한 설명으로 옳지 않은 것은? [2점]

> 왕도(王都)의 제도는 왼쪽에 ㉠종묘, 오른쪽에 ㉡사직, 앞쪽에 조정, 뒤쪽에 시장이다. ㉢시전은 소민(小民)의 무역이 매여 있고, 공공 기관의 수용에 근본이 되므로, 나라를 다스리는 이가 중하게 여기는 것이다. 시전에는 큰 것이 여섯이 있는데, 선전, 면포전, 면주전, 내외어물전, 지전, 저포전 등으로 이를 ㉣육의전이라 한다. …… 행상이 모여서 교역하고 물러가는 것을 장(場)이라 하니, ㉤종루, 이현, 칠패 같은 것이다.

① ㉠은 국왕이 역대 임금들에 대한 제사를 지내는 장소였다.
② ㉡은 토지와 곡물의 신에게 제사를 지내는 곳이다.
③ ㉢은 점포세와 상세를 부담하며 경시서의 통제를 받았다.
④ ㉣은 신해통공의 적용 대상에서 제외되었다.
⑤ ㉤은 조선 초기에 등장한 것으로, 5일마다 장이 열렸다.

24 다음의 밑줄 그은 제도의 시행을 주장했던 세력에 관한 설명으로 옳은 것은? [2점]

> 지난번에 아뢰었던 천거로 인재를 뽑는 일은 여럿이 의논한 일입니다. …… 혹 나중에 폐단이 있을까 염려되고, 혹 공평하지 못할까 염려되기는 하나 대체로 좋은 일이니 비록 한두 사람이 천거에 빠진다 하더라도 주저할 것 없이 시행해야 합니다. 공론이 없는 때라면 그만이겠지만, 공론이 있으니 어찌 한두 사람에게 잘못이 있을 것을 염려하여 좋은 일을 폐지하겠습니까?
> - <중종실록> -

① 정치 참여가 제한되었던 종친들을 등용하려 하였다.
② 주자가례를 처음으로 실시하여 유교 윤리를 보급하였다.
③ 과거와 음서를 통해 관직을 독점하고 공음전의 혜택을 받았다.
④ 관학파의 학풍을 계승하였으며, 문물제도의 정비에 기여하였다.
⑤ 소격서를 폐지하고 반정 공신들의 위훈을 삭제하고자 하였다.

해설 및 정답

23 정답 ⑤ ·· (2008. 제5회 고급)

㉤은 조선 후기에 나타난 난전(자유시장)이고, 5일장은 장시의 내용이다.

㉠ **종묘** 임진왜란으로 불에 타 1604년(선조 37년)부터 중건이 논의되어, 선조 41년 개기입주(開基立柱)되고 광해군 즉위년인 1608년 5월 중건(1995년 UNESCO 선정 세계문화유산). 그리고 종묘 제례와 종묘 제례악이 2001년 5월 UNESCO 선정 세계무형유산으로 등록

㉡ **시전**(공랑) 상설 어용점포(한양+대구·평양·수원·개성 등의 일부 지방)가 개설되어 공랑세를 바치고 왕실과 정부의 국용을 담당. 일명 장행랑(長行廊)이라고도 하였으며, 임란 이후 17세기 초에 전매특허권인 금난전권(禁亂廛權)이 부여. 서울 운종가(雲從街)의 상가인 시전은 관부의 수요에 따른 임시부담금, 궁궐과 정부의 수리와 도배를 위한 물품 및 경비 부담, 왕실의 관혼상제와 사신 파견에 대한 세폐 및 수요품 조달을 맡았는데, 국역을 부담하지 않은 상점이 55개, 부담한 상점이 36개로서, 그 중 자본이 큰 6개의 시전을 육의전이라 하였다.

> **경시서** 고려이래 시전 감독, 물가 조절, 세금 감독, 난전 방지, 도량형 검사 등의 기능. 조선 세조 12년(1466)에 평시서로 개칭되었고 정조 때 혁파를 시도했으나 실패하였고 갑오개혁 때 혁파.

㉢ **육의전**(六矣廛) : 육의전(육주비전)은 그들의 특권을 유지하기 위해 사무실로 도가, 동업조합으로 도중을 조직하였으며, 의결기구의 선거로 선출된 도령위·대행수·상공원 등과 실무 담당의 하공원의 직원. 육의전은 정부의 필요에 따라서 구성에 변화가 있어 팔의전·구의전까지 늘어나기도 하였다. 육의전의 명칭은 문헌에 따라 다소 다른데 「만기요람」에 의하면 비단(선전), 명주(면주전(綿), 무명(면포전), 모시(저포전), 종이(지전), 생선(어물전)을 일컬었다. 이 직원들은 경시서(京市署, 평시서)의 통제를 받았고, 이들은 정부의 경제력 빈곤에 대하여 인조 15년(1637) 이후 방물과 세폐를 담당하였다. 그러나 17~18세기의 대동법 실시 이후 육의전 상인 대부분은 공인(貢人)으로 전신.

㉣ **난전의 발달** 농민층 분화 현상에 의하여 몰락 농민이 도시로 유입되면서 이현(배오개, 동대문 안, 채소 취급)·칠패(남대문 밖, 생선·소금 취급)·종루(종로 근방) 등에 난전이 3대 자유시장이 형성되어 시전상인들은 많은 타격을 받게 되었다. 일부 난전은 시전에서 물건을 떼어(가져)다가 파는 중간 도매상인 중도아(中都兒)가 되기도 했고, 새로운 상품을 개발한 일부 난전 상인과 일반 상인도 시전을 조직하여 정부로부터 금난전권을 부여받았다.

> **금난전권** 시전상인들이 가졌던 일종의 독점적 전매특권. 그들의 상업활동과 이익을 침해하는 상행위를 규제할 수 있었는데 시전상인들은 판매하는 물품목록(전안)을 관아에 일물일전으로 등록하였는데, 일반 상인이나 다른 시전에서 그 물품을 팔면 난전이 되었다. 그러나 조선 후기에 난전이 본격적으로 전개되면서 금난전권은 점차 무의미해졌고 영조 때(1762) 난전폐절목의 제정으로 6의전의 특권을 줄이고 금난전의 특권수를 7개로 제한하였고 마침내 정조 때(1791) 신해통공(辛亥通共)·통공발매(通共發賣)정책으로 <u>6의전을 제외</u>한 난전을 합법화.

24 정답 ⑤ ·· (2008. 제5회 고급)

밑줄 친 제도는 현량과로 조광조 등 사림파(기묘명현)가 시행을 주장하였다. ① 조선 세조대의 시책, ② 고려 후기의 사대부, ③ 고려 전기의 문벌귀족, ④ 조선 전기의 훈구파, ⑤ 조광조 등 사림파에 대한 설명이다.

유일(遺逸, 일명 은일(隱逸)) 과거가 아닌 학행(學行)에 의해 추천(천거)으로 관직에 등용하였는데 조광조의 현량과(賢良科)와 조선 후기 산림(山林)이 대표적.

조광조(1482~1519) 김굉필에게 수학. 성리학으로 정치와 교화의 근원을 삼아, 왕도정치를 실현하고자 하였으며, 군주도 신하와 마찬가지로 치인(治人)을 위한 수기(修己)의 노력이 필요하다고 보아 중종에게 철저한 수양을 요구하는 철인군주론(지치주의)의 도학정치(유교적 이상국가 지향)를 추구. 미신을 타파·불교와 도교 행사를 폐지로 유교적 사회질서를 바로잡으려 했고, 폐단이 많은 과거제도 대신 사림을 무시험으로 등용하는 현량과를 실시하여 우수한 성리학적 인재를 정치에 참여시킴. 궁극적인 실천과 근본적 원리를 강조하는 그의 도학정치는 이이에게 계승되었으나 조선조 정치에 크게 반영되지는 못했음(선조 때 영의정으로 추증됨).

25. 다음은 어느 역사책 서문의 일부이다. 이 책에 대한 설명으로 옳은 것은? [2점]

> 듣건대, 새 도낏자루를 다듬을 땐 헌 도낏자루를 표준으로 삼고, 뒤 수레는 앞 수레가 넘어지는 것을 보고 교훈으로 삼는다고 합니다. 대개 지난 시기 흥망이 앞날의 교훈이 되기에 이 역사책을 편찬하여 올리는 바입니다. …… 이 책을 편찬하면서 범례는 사마천의 사기에 따랐고, 기본 방향은 직접 왕에게 물어서 결정했습니다. '본기'라고 하지 않고 '세가'라고 한 것은 대의명분의 중요함을 보인 것입니다. 신우, 신창을 세가에 넣지 않고 열전으로 내려놓은 것은 왕위를 도적질한 사실을 엄히 밝히려 한 것입니다. 충신과 간신, 부정한자와 공정한 자를 다 열전을 달리해 서술했습니다. 제도 문물은 종류에 따라 나눠 놓았습니다.

① 내용을 축약하여 <고려사절요>로 간행하였다.
② 고려 왕조의 역사를 기전체의 형식으로 편찬하였다.
③ 우리나라의 역사를 소중화(小中華)의 역사로 파악하였다.
④ 고조선부터 고려 말까지의 역사를 통사 형식으로 간행하였다.
⑤ 기자 조선을 중시하고 유교 문화에 어긋나는 것을 이단시하였다.

26. 다음 (가)와 (나) 사상에 대하여 옳게 말한 사람은? [3점]

> (가) 고대의 민간 신앙과 신선술을 바탕으로 하고, 거기에 도가 사상과 음양·오행의 이론 등이 첨가되어 성립되었다. 불로장생과 현세 구복을 추구하였다.
> (나) 산세와 수세를 살펴 도읍, 주택, 능묘 등을 선정하는 일종의 지리학으로서, 지형과 지세에 따라 국가나 개인의 길흉화복이 영향을 많이 받는다고 주장하였다.

① 미혜 - (가)는 고려 시대에 전래되어 교단이 성립되었고, 민간 신앙으로 널리 퍼진 종교야.
② 다혜 - (가)는 조선 시대에 도첩제의 실시로 교세가 약화 되었고, 교단의 토지도 몰수당했어.
③ 명혜 - (나)는 고려 시대에 서경 천도 추진의 이론적 근거가 되었어.
④ 은혜 - (나)는 조선 시대에 처음 전래되었고, 한양 천도에 커다란 영향을 끼쳤지.
⑤ 정혜 - 조선 시대에는 (나)를 널리 보급하기 위해 소격서에서 제천 행사를 주관하도록 하였어.

25 정답 ② ··· (2008. 제5회 고급)

사료는 <고려사> 편찬 경위를 보여주는데, ① 독자적 사서로 축약이 아니라 보완관계, ③ 자주사관, ④ 고려시대 역사를 다룬 정사체, ⑤ 기자조선은 다루지 않았다.

세종 이후 왕실과 국가 위신을 높이려는 자주적 사관이 강조. 세종~문종 때 「고려사」(1451, 기전체) · 「고려사절요」(1452, 편년체)가 완성.

1) **고려사** 고려시대의 문물을 정리하려는 의도에서 편찬. 세종 31년에 기전체의 정사 편찬에 착수하여 이존기실(以存其實)의 원칙하에 직필을 명하여 문종 원년(1451)에 세가 46권, 지 39권, 표 2권, 열전 50권, 목록 2권의 총 139권의 「고려사」가 정인지 등에 의해 완성. 성리학적 사관을 고집하는 유신들과 갈등이 생겨 문종 때 완성.

2) **고려사절요** 국초 이래 여러번 개수한 정도전의 「고려국사」를 개편하여 완성한 편년체 사서로 「고려사」의 단순한 압축이 아닌 독자적 사서로 「고려사」의 내용을 보완. 「고려사」의 편찬과 병행하여 보완적 입장에서 편찬.

「고려사」	「고려사절요」
정인지 · 신숙주 · 정창손 외(문종 원년, 1451.8)	김종서 · 정인지 · 양성지 외(문종 2년, 1452.2)
기전체	편년체
군주 입장 대변	대신 입장 대변
군주의 전제권 강화	유교이념의 강화
군주에 대한 비판 규제	군주의 불교행사 · 취처 · 복상 비난
고려의 쇠망은 군주의 잘못	군주를 교훈하는 정치제도사 보충

세조 이후 자주적 통사 편찬에 착수하여 성종 때 「삼국사절요」(편년체)가 완성되고, 또 「고려사절요」와 「삼국사절요」를 기초로 하여 「동국통감」(편년체)이 완성.

26 정답 ③ ··· (2008. 제5회 고급)

(가) 도교, (나) 풍수지리설에 대해 설명하고 있는데, ① 삼국시대에 전래되었고, 고려시대에도 교단이 성립되지 못한 비조직적 신앙이었고, ② 도첩제는 불교 억압책, ③ 묘청 등 서경파의 주장, ④ 나말에 전래, ⑤ 소격서는 도교 기구로 초제를 주관하였다.

(가) **도교** 1) **전래** 고구려 영류왕 7년(624) 당에서 도사를 통해 천존상과 「도덕경」을 보내오면서 고구려와 백제의 귀족사회에 널리 보급(삼국유사). 2) **연개소문의 장려** 고구려의 연개소문은 억불양도책으로 불교세력을 누르기 위해 도교를 장려, 도교의 상무사상을 숭상하여 팽창정책을 추진. 3) **발달** ① 삼국~남북국 : 귀족층 중심, 수련도교 ② 고려 : 북진정책이 추진되면서 도교가 중시. 도교사상은 특히 불교적인 요소가 강하였고, 도참사상까지 수용하여 잡신적이었으며, 교단이 성립되지 못한 비조직적인 신앙. 서민층 침투, 소재초복(消災招福)의 초제 거행. ③ 조선 전기 : 고려시대에 잦았던 도교 행사를 줄여, 재정 낭비를 막으면서도 소격서(昭格署)를 두어 원구단에서 초제를 주관(민족의식 고양), 신선사상 보급, 소격서 혁파(16세기 중종 때 조광조의 건의), 수련도교(조선 초기 김시습을 중시조로 하여 수련도교가 체계화), 예방의학(「동의보감」편찬에 수용) ④ 조선 후기 : 조선왕조 부정(비기 · 동학 · 민화) 4) **사례** ① 고구려 : 을지문덕의 오언절구 중(知足), 연개소문의 장려, 사신도 벽화 ② 백제 : 산수무늬벽돌(산경전문), 사택지적비, 무령왕릉의 지석(매지권), 사신도 벽화, 백제금동대향로 ③ 신라 : 세속5계(임전무퇴), 화랑의 명칭(국선 · 선랑 · 풍류도 · 풍월도), 최치원의 쌍계사 진감선사비문 ④ 발해 : 정효공주 비(4 · 6 변려체, 불로장생사상) ⑤ 고려 : 팔관회, 도관(복원궁), 참성단(강화도 마니산) ⑥ 조선 : 원구단(초제 거행)

(나) **풍수지리설** 신라 말기 도선은 전 국토의 자연 환경을 유기적으로 파악하는 인문지리적 지식에다 경주 중앙 귀족들의 부패와 무능, 지방호족들의 대두, 오랜 전란에 지쳐서 통일의 안정된 사회를 염원하는 일반 백성들의 인식을 종합하여 체계적인 풍수도참설을 만들었다. 민심을 경주에서 지방으로 바꾸는 국토재계획안으로 각 지방에 대두하고 있던 호족세력들의 분열을 합리화. 개성 지방에서 성장한 호족 출신의 왕건이 후삼국을 통일할 수 있는 사상적 배경을 제공.

27 다음과 같은 비판의 타당성을 검토하기 위한 탐구 활동으로 적절한 것을 〈보기〉에서 고른 것은? [1점]

> 붕당은 싸움에서 생기고 싸움은 이해관계에서 생긴다. 이해관계가 절실하면 붕당이 깊어지고, 이해관계가 오래될수록 붕당이 견고해지는 것은 당연한 형세이다. 그렇게 되는 이유는 무엇인가? 지금 열 사람이 함께 굶주리고 있는데, 한 그릇의 밥을 같이 먹게 되면 그 밥을 다 먹기도 전에 싸움이 일어날 것이다. …… 조정의 붕당도 어찌 이와 다를 것이 있겠는가? …… 대개 과거 제도가 번잡하여 인재를 너무 많이 뽑으며 애증에 치우쳐서 진퇴가 일정하지 못하였기 때문이다. …… 당파가 생긴 뒤로는 아무리 총명하여도 제대로 판단하기 어렵다. 중립을 지켜 시비를 가리는 자를 용렬하다고 하고, 붕당을 위해 죽어도 굽히지 않는 자를 절개가 뛰어나다고 한다. 또, 영예와 치욕이 갑자기 뒤바뀌니 사람들이 어찌 붕당을 만들어 싸우지 않겠는가?
> - 〈곽우록〉 -

보 기

ㄱ. 과거 시험 합격자의 출신 서원을 알아본다.
ㄴ. 훈구파와 사림파가 대립한 원인을 조사해 본다.
ㄷ. 예송이나 환국과 관련하여 권력의 향방을 정리해 본다.
ㄹ. 세도 정치하에서 고위 관직에 올랐던 사람들의 출신 가문을 살펴본다.

① ㄱ, ㄴ ② ㄱ, ㄷ ③ ㄴ, ㄷ
④ ㄴ, ㄹ ⑤ ㄷ, ㄹ

28 밑줄 친 '이것'에 대해 적절하게 추정한 것은? [2점]

> 이제부터 우리 고을 선비들이 하늘이 부여한 본성을 근본으로 하고 국가의 법을 준수하며 집에서나 고을에서 각기 질서를 바로잡으면 나라에 좋은 선비가 될 것이요, 출세하든지 가난하게 살든지 서로 의지가 될 것이다. 굳이 약속을 만들어 서로 권할 필요도 없으며, 벌을 줄 필요도 없을 것이다. 진실로 이를 알지 못하고 올바른 것을 어기고 예의를 해침으로써 우리 고을 풍속을 무너뜨리는 자는 바로 하늘의 뜻을 거역하는 백성이다. 벌을 주지 않으려 해도 주지 않을 수 있겠는가? 따라서, 부득이 <u>이것</u>을 만들어야 한다.

① 지방 사람들의 농민 지배 강화에 기여하였다.
② 군현을 단위로 유향소의 조직과 권능을 규정하였다.
③ 공동 연대와 상부상조를 위한 공동 노동 조직이었다.
④ 선현에 대한 제사와 양반 자제의 교육을 담당하였다.
⑤ 조광조 등의 노력으로 중종 때 전국적으로 보급되었다.

해설 및 정답

27 정답 ② ·· (2008. 제5회 고급)

사료는 성호 이익(1681-1763)의 〈곽우록〉에 수록된 붕당론인데, 그는 붕당(당쟁)의 원인이 경제적, 정치적 이해 득실에 있다고 보았다. ㄴ. 사화에 대한 내용. ㄹ. 이익은 세도정치기 이전에 활동하였고, 세도정치기에는 특정 가문의 정국 주도로 붕당의 원리가 파탄되었다.

> **이익의 「붕당론」** 이익은 당쟁의 원인에 대해 그가 쓴 곽우록 중 「붕당론」에서 '제한된 관직에 양반의 수적 증가'에 있다고 하였다. 따라서 양반들은 관직을 얻음으로써만 이(利)를 추구할 것이 아니라 생업(生業)에 종사해야 한다고 주장하여 사농합일설(士農合一說)을 주장.

붕당정치의 전개 1) **동인과 서인의 붕당**(1575) 선조 때 문반 인사의 권한을 가졌던 이조전랑의 자리 다툼을 계기로 동인·서인으로 붕당 되었는데(을해당론), 이 시기는 정치 운영의 미숙으로 과도기적 양상을 보였다. 2) **남북 붕당**(1591) 선조 때 서인 정철의 건저의 문제 논죄에 대한 시책을 둘러싸고 동인이 온건파인 남인(유성룡)과 강경파인 북인(이산해)으로 분리. 3) **사색 붕당**(1683) 숙종 때 남인에 대한 처리(경신환국 이후 남인의 논죄)를 둘러싸고 서인이 강경파 노론(송시열)과 온건파(윤증)인 소론으로 분리. 4) **붕당의 소재** 이조전랑직, 세자 책봉(건저), 왕비 간택(국혼), 전례문제, 외교문제, 정책 대립 등이 소재.

28 정답 ① ·· (2008. 제5회 고급)

사료는 퇴계 이황이 명종11년(1556)에 만든 향촌자치규약인 예안향약 중 과실상규 조항인데, 이것은 향약을 지칭한다. ① 향약 실시로 국가의 농민 지배가 약화되고 사림의 농민 지배가 강화되었고, ② 향규, ③ 향도, ④ 서원, ⑤ 조광조가 실시했으나 기묘사화로 중단되고 이황·이이 등에 의해 전국적으로 보급되었다.

향약 종법적 가족제도의 확립과 예학의 발달로 16세기 후반 이후로는 전통적인 향촌규약과 조직제가 군현 단위의 향약과 촌락 단위의 동약 등으로 대체되고, 친족 중심의 동족부락(동족촌)이 도처에 형성되어 사림의 농촌 지배가 강화.

1) **배경** 경재소와 유향소(향청)가 훈척의 지방 통제와 대민 수탈에 이용되자, 사림들은 사마소를 두어 대항하거나 유향소 폐지를 주장하는 한편 향촌의 새로운 운동으로 중종대에 향약운동을 전개하여 토지 소유 상한과 균전제를 주장해 훈구파의 경제 기반 타파를 시도.

2) **보급** ① 전래 : 고려 말 주자학과 함께 전래된 송대(宋代) 여씨향약(呂氏鄕約)을 김안국(경상감사로 소학과 향약 보급)·조광조가 중종 12년(1517)에 실시했으나 기묘사화로 중단. ② 보급 : 선조 이후 우리 실정에 맞는 이황의 예안향약, 이이의 서원·해주향약과 향약과 사창을 결합한 사창계약 속 등이 개발·보급.

3) **성격** ① 이념 : 권선징악과 상부상조를 목적으로 한 향촌 교화 규약으로, 원래 촌락 단위 농촌의 미풍양속에 전통적 공동체 조직을 계승하고, 여기에 유교주의적 삼강오륜의 윤리를 가미하여 성리학적 윤리와 향촌자치제 강화를 목적. ② 4대 강목 : 덕업상권(德業相勸), 과실상규(過失相規), 예속상교(禮俗相交), 환난상휼(患難相恤) ③ 기능 : 향촌사회 교화와 토지 이탈 방지 및 상업 활동 규제 등 향촌 농민 통제를 주목적. ④ 신분 중시 : 향약 보급 초기 단계에서는 장유(長幼)의 윤리가 강조되어 신분보다 연치(연령)에 의한 질서를 존중하였으나 중반 이후 사림 주도의 지배체제 구축 이후 신분의식이 강조되어 신분을 일단 구별하고 그 구분의 틀 안에서 연령을 중시.

4) **조직** ① 사림 조직 : 향교나 향청에서 지방 양반 명부인 향안에 오른 사림(향반)들이 (도)약정(회장)·부약정·직월·집강 등을 두고 운영하였다. 이들은 지방 의회이자 사족 총회인 향회(鄕會)를 조직하여 향촌 문제를 자치적으로 해결하며 향권을 장악. ② 향민 전원 : 양반·농민·노비 등 신분에 관계없이 향민 전원을 대상으로 하여 모두 향약의 규제.

5) **영향** ① 주자가례의 대중화 : 서민들이 소학과 효경을 반드시 읽음으로써 서민생활에 유교사상이 침투되고 주자가례가 대중화. ② 농민 통제 : 국가의 농민 지배가 약화되고 사림의 농민에 대한 지배가 강화되어 점차 농민을 통제하고 수탈. ③ 사림 강화 : 향도·계·두레 등 농민공동체조직이 점차 사림조직인 향약·동약으로 대체. ④ 향반 기반 : 서원과 함께 향반 성장의 기반.

29 다음 역사 신문과 같은 조치가 시행된 이후에 나타난 사회 상황으로 옳은 것을 〈보기〉에서 고른 것은? [2점]

역사 신문

1678년(숙종 4) □월 □일

정부는 금속으로 만든 화폐의 전국 유통 결정을 발표했다. 이에 따라 현재 호조와 상평창은 물론, 훈련도감 등 군영을 포함해 7개 관청에서 일제히 금속 화폐의 주조에 들어간 것으로 알려졌다. 이번 조치는 우리 경제사의 한 획을 긋는 일대 사건으로 평가되고 있다. 향후 전망에 대해서 호조의 한 관리는 '금속 화폐의 전국 유통으로 현물 거래에서 생기는 불편이 덜어져 백성들의 생활이 편리해질 것이고, 정부로서도 갈수록 악화되고 있는 재정 궁핍을 어느 정도 해결할 수 있을 것'이라고 말했다.

|보 기|

ㄱ. 당시 금속 화폐로는 해동통보, 해동중보, 삼한통보 등이 있었다.
ㄴ. 18세기에는 금속 화폐가 많이 발행되어 인플레이션이 일어났다.
ㄷ. 18세기 후반부터는 세금과 소작료도 동전으로 대납할 수 있게 하였다.
ㄹ. 지주나 대상인들은 금속 화폐를 고리대나 재산 축적에 이용하기도 하였다.
ㅁ. 금속 화폐의 주조에 사용되는 구리의 확보를 위해 민간인이 채굴하는 것을 엄금하였다.

① ㄱ, ㄷ ② ㄱ, ㅁ ③ ㄴ, ㄷ
④ ㄷ, ㄹ ⑤ ㄹ, ㅁ

30 다음과 같은 상황이 나타났던 시기의 모습으로 옳은 것을 〈보기〉에서 고른 것은? [2점]

밭에 심는 것은 9곡(穀)뿐이 아니다. 모시, 오이, 배추, 도라지 등의 농사를 잘 지으면 조그만 밭이라도 얻는 이익이 헤아릴 수 없이 크다. 서울 내외의 읍과 도회지의 파밭, 마늘밭, 배추밭, 오이밭에서는 10무(畝)의 땅으로 수백 냥을 번다. 서쪽 지방의 담배밭, 북쪽 지방의 삼밭[麻田], 한산 지방의 모시밭, 전주의 생강밭, 강진의 고구마밭, 황주의 지황밭은 모두 다 논 상상등(上上等)보다 그 이익이 10배에 달한다.

- 〈경세유표〉 -

|보 기|

ㄱ. 상품 유통이 활발해지면서 사상(私商)들이 성장하였다.
ㄴ. 현직 관리에게만 토지를 지급하는 제도가 운영되고 있었다.
ㄷ. 농업의 생산력이 증가하였고, 상품 작물의 재배가 활발하였다.
ㄹ. 대지주의 토지 지배권이 강화되어 타조법의 비율이 늘고 있었다.

① ㄱ, ㄴ ② ㄱ, ㄷ ③ ㄴ, ㄷ
④ ㄴ, ㄹ ⑤ ㄷ, ㄹ

29 정답 ④ ··· (2008. 제5회 고급)

역사신문의 내용은 조선 후기 상평통보의 유통을 보여 주는데, ㄱ. 고려시대 화폐이고, ㄴ. 상평통보 유통 이후 유통 화폐 부족 현상인 전황(전귀)이 일어났으며, ㅁ. 정부가 사채를 허용하되 세금을 거두는 정책으로 전환하여 동광 개발이 활기를 띠었다.

고려시대의 화폐 1) **건원중보** 성종 때 건원중보(乾元重寶)라고 하는 철전을 주조하였으나(996), 널리 사용되지는 않았다. 2) **주전론** 숙종 때 의천·윤관 등의 주장으로 주전도감을 설치(1097)하여 은 1근으로 우리나라 지형을 본떠 포 100여 필과 동등한 활구(濶口)라고 하는 은병(銀瓶)을 만들어 화폐로 사용하였고, 해동통보(최초의 동전)·해동중보·동국통보·동국중보·삼한통보·삼한중보 등의 동전을 주조하여 강압적으로 유통시키려 했으나 실패하였고, 도시의 다점·주점 등에서만 사용. 3) **유통 실패** 충렬왕 때 은을 무게로 달아 사용하는 쇄은, 충혜왕 때 소은병, 그리고 공양왕 때 최초의 지폐인 저화가 발행되었으나 그 유통 범위는 대체로 귀족을 중심으로 한 상류사회에 한정.

조선시대의 화폐 1) **저화**(楮貨) 태종 1년(1401)에 사섬서(→ 사섬시)를 두고 조선 최초의 지폐를 발행. 2) **조선통보** 세종 5년(1423)에 섬서를 두고 조선통보라는 동전을 주조하여, 저화와 병용시켰으나 구리의 부족으로 주전을 금지. 3) **전폐** 세조 10년(1464)에 동으로 만든 유엽전(柳葉箭). 전시에 화살촉으로도 이용하였으며 팔방통보라고도 한다. 4) **대동통보** 광해군 때 주조. 5) **상평통보** 인조 11년에 처음으로 발행. 그 후 효종 2년에 김육의 주장으로 2차로 발행되었고, 또 숙종 4년(1678)에 허적의 건의로 다시 주조되어 조선말까지 사용. 상평통보는 중앙 관청의 각 부서, 각 도의 감영·한성부 및 각 지방에서도 발행해 총 35종이나 되어 가치의 혼란을 가져왔다. 6) **당백전** 고종 3년(1866)에 대원군이 경복궁의 중건 비용으로 발행한 화폐로, 김병학의 건의로 주조. 모양과 중량은 상평통보의 5·6배이었으나, 상평통보의 100배의 명목가치를 부여한 악화여서 물가 앙등을 초래하여 2~3년 만에 폐지. 7) **당오전** 고종 20년(1883)부터 고종 32년(1895)까지 통용된 화폐로, 임오군란(1882)으로 궁핍한 재정의 배상을 위해 홍순목의 건의로 강화도·의주에서 발행. 동으로 만들었고 상평통보의 5배로 통용케 하였으며, 경기·해서·호서지방에서 유통케 하였으나 물가만 앙등. 8) **백동화** 대한제국 시기 황실 재정 확보를 위해 상평통보의 25배 가치로 주조했으나, 위조 백동화의 대량 유통으로 상도덕의 문란을 초래 전국적 유통은 되지 못하고 경기도·충청두·편안도·황해도·강원노 능에서 유통. 일제가 화폐정리사업(1905~1909) 때 백동화의 2/3를 폐기 처분.

30 정답 ② ··· (2008. 제5회 고급)

사료는 조선 후기 상품 유통이 활발해짐에 따라 상업(환금)작물의 재배가 발달하였음을 보여준다. ㄴ. 조선 전기 세조대의 직전법(1466년), ㄹ. 타조법이 아니라 도조법이 늘어나는 추세였다.

상업(환금)작물 재배 18세기에는 상품 유통이 활발해짐에 따라 장수·진안·성천지방의 담배, 개성·강계 지방의 인삼(인공 재배) 등 상업적 농업이 발달. 담배(담바고·남초·남령초)는 17세기 초 일본 류큐(유구)에서 전래되어 전라도지방을 중심으로 전국적으로 재배되었으며, 목화·모시와 약재(도라지), 대도시 주변의 파·오이·배추·마늘·고추·토란·부추·수박·미나리·호박·토마토 등도 인기 있는 작물이었다. 개성상인들은 빈농에게 영농자금을 선대해 주고 상업작물을 수확하면 싼 값에 사들이기도 하였다.

ㄴ. **직전법**(세조, 1466년) 토지 부족을 해결하는 동시에 사퇴하는 관료를 견제하기 위해 현직자에게만 토지를 분급하고, 토지 지급액을 감소시켜(110~10결) 왕실 재정을 확충. 수신전·휼양전·군전 등이 폐지되고 공해전도 폐지되어 능전이 지급.

ㄹ. **타조법**(打租法) 지주와 소작인이 수확을 반씩 나누는 반타작(일정 비율로 소작료를 내는)의 정률지대. 전세와 종자, 그리고 농기구를 소작인이 점차 부담하게 되어, 농민으로서는 생산의욕을 감퇴시키는 불리한 조건. 또한 작황에 따라 지주의 이윤이 좌우되므로, 지주의 간섭이 심하여 농민의 자유로운 영농이 제약되고 있었다(경제외적 관계).

도조법(賭租法) 농사의 풍흉에 관계없이 해마다 정해진 일정 액수를 소작료로 납부하는 정액지대. 대개 수확량의 3분의 1을 지주에게 바치도록 되어 있기 때문에 소작인에게는 타조법보다 유리.

31 다음 시의 내용과 관련된 사회 제도에 대한 질문으로 적절한 것은? [2점]

> 봄철에 좀먹은 것 한 말 받고 〔春蠱受一斗〕
> 가을에 정미 두 말을 갚는데 〔秋二斗全〕
> 더구나 좀먹은 쌀값 돈으로 내라니 〔況以錢代蠱〕
> 정미 팔아 돈으로 낼 수밖에 〔豈非賣錢〕
> 남는 이윤은 교활한 관리 살찌워 〔贏餘肥奸猾〕
> 환관 하나가 밭이 천 두락이고 〔一宦千頃畝〕
> 백성들 차지는 고생뿐이어서 〔楚毒歸圭撮〕
> 긁어 가고 벗겨 가고 걸핏하면 매질이라. 〔割剝紛箠鞭〕

① 방군수포제의 문제점은 무엇인가?
② 수미론이 대두하게 된 배경은 무엇인가?
③ 결포론, 호포론, 유포론의 차이점은 무엇인가?
④ 허류(虛留), 반백(半白), 반작(反作)이란 무엇인가?
⑤ 공법에서 영정법으로 이행하는 과정은 어떠하였는가?

32 다음 제시문의 취지와 부합하는 주장은? [2점]

> 그러나 경(經)에 실린 말이 그 근본은 비록 하나이지마는 그 실마리는 천 갈래 만 갈래이니, 이것이 이른바 하나로 모이는 데 생각은 백이나 되고, 같이 돌아가는 데 길은 다르다는 것이다. 그러므로 비록 독창적인 지식과 깊은 조예가 있으면 오히려 그 귀추의 갈피를 다하여 미묘한 부분까지 놓침이 없을 수 없는 경우가 있다. 반드시 여러 장점을 널리 모으고 조그마한 선도 버리지 아니하여야만 대략적인 것도 유실되지 않고, 얕고 가까운 것도 누락되지 아니하여, 깊고 심원하고 정밀하고 구비한 체제가 비로소 완전하게 된다. …… 이는 선유(先儒)들이 세상을 깨우치고 백성을 도와주는 뜻에 티끌만 한 도움이 없지 않기를 바란 것이니, 이론(異論)하기를 좋아하여 하나의 학설을 수립하려는 의도에서 나온 것은 아니다.

① 비유하건대, 재물은 대체로 샘과 같다. 퍼내면 차고, 버려 두면 말라 버린다.
② 한 마을을 단위로 하여 토지를 공동 경작하고 그 수확량을 노동량에 따라 분배하자.
③ 어찌 주자만이 진리를 안단 말인가? 공자가 다시 살아나면 내 학설이 옳다고 할 것이다.
④ 저 대씨가 어떤 사람인가? 바로 고구려 사람이다. 그들이 차지하고 있던 땅인가? 바로 고구려 땅이다.
⑤ 왕이 스스로 성인인 체하고 오직 방자한 생활을 하다가, 마침내 백성들이 반란을 일으켜 국가를 멸망에까지 이르게 한다.

31 정답 ④ ··· (2008. 제5회 고급)

사료는 조선 후기 실학자 정약용의 「하일대주(여름날 술을 마시며)」중의 일부인데 세도정치기 환곡의 문란을 보여준다. ① 조선 중종대 군포 문제 해결책, ② 방납의 폐단 해결책, ③ 균역법 시행 이전의 양역변통론, ④ 환곡제 문란의 사례, ⑤ 전세제도의 개편에 대한 내용이다.

환곡 1) 관청의 고리대 진휼책이었으나 관청의 경비 조달로 수령·서리의 사취가 심하였다. 2) 환총제 생민절골지막(生民切骨之瘼)이라 하여 삼정의 폐단 중 가장 극심. 3) 문란 사례 ① 늑대(勒貸): 필요 이상의 미곡을 강제로 대여. ② 반작(反作): 허위 장부를 만들어 대여량은 줄이고 회수량을 늘렸다. ③ 가분(加分): 저장해야 할 부분을 대여 ④ 허류(虛留): 재고가 없는데도 있는 것 같이 허위 문서. ⑤ 입본(立本): 봄·가을의 미곡 시세를 이용하여 대전(貸錢)하고 환전(還錢)할 때 이익을 사취. ⑥ 증고(增估): 상사가 명한 가격보다 고가의 이자를 징수. ⑦ 탄정(呑停): 흉년에 강제로 징수하여 감하는 부분을 사취. ⑧ 분석(分石): 쌀에 돌·겨를 섞는 반백(半白)·분백(分白)으로 대여. ⑨ 백징(白徵): 봄에 곡식을 만져보지도 못한 채 분배된 양에 따라 가을에 이자곡을 바침.

① **방군수포제**(중종 36년, 1541) 나라에서 군포 2필을 수납하고, 그 수입으로 군대를 양성하며 현역 복무를 면제시켜 주는 직업군제인 군적수포제(대역수포제, 고립제)를 실시. 그 결과 오히려 군대의 질이 떨어지고, 군사제도가 초기 양인개병제(의무병제)에서 장번급료병제(직업군제)로 바뀌었으며 농민의 납포군화로 농민의 부담이 가중. 군적수포제의 실시로 양반은 군포 부담에서 제외되고, 상민 신분만이 부담하게 되어 군포의 부담은 양반과 상민의 신분을 구분 짓는 기준.

② **수미론** 1569년 이이가 「동호문답」에서 방납의 폐단과 관련하여 대공수미법(代貢收米法)을 주장한 후 임진왜란 중 유성룡이 계속 지지하여 1594년부터 이듬해까지 시행.

③ 효종·숙종대에 양반층에게도 군포를 부담시키자는 호포론(戶布論, 대변통론) 등이 제기. 그러나 양반들은 군역을 지게 되면 반상의 신분적 구분이 없어진다고 하여 반대. 그리고 구전론(口錢論, 인구단위로 돈 징수, 대변통론)·유포론(遊布論, 무위도식자에게 징수)·결포론(結布論, 전결에서 포 징수)·감필론(減匹論, 소변통론) 등도 제기되었으나 실효를 거두지 못했다.

⑤ **영정법**(인조 13년, 1635) 연분9등법을 제대로 시행할 수 없게 되자 13세기말부터 전세는 풍흉에 관계없이 최서 세율에 의하여 쌀 4~6두(斗)를 고정적으로 징수하는 것이 관례화. 영정법은 이러한 관례를 법제화하고 세수를 늘리기 위하여 그해의 풍흉에 관계 없이 1등전 기준으로 1결당 4두로 전세를 고정. 영정법은 임란 후 답험정액세법으로 시행되다가 영조 36년(1760) 이후 비총제로 바뀌어 당년도와 비슷한 과거 연도의 출세실결수와 재해결수를 비교하여 세액을 결정. 이는 정부의 안정적인 부세 수입을 확보하고자 군현 납세액을 총량으로 정액화한 총액제적 수취방식이었으나 풍흉과 재해에 따른 손실을 제대로 반영하지 못하였다.

32 정답 ③ ··· (2008. 제5회 고급)

사료는 박세당(1629-1703)이 공자·맹자의 본지(本旨)를 밝히려고 저술한 「사변록」의 일부이다. 그는 양명학과 노장사상의 영향을 받아 인식의 절대성이 아닌 인식의 상대성을 강조하면서 성리학을 정면으로 비판하였다. ① 박제가의 소비관, ② 정약용의 여전제, ③ 윤휴의 성리학 비판, ④ 유득공의 「발해고」, ⑤ 이황의 「성학십도」의 내용이다.

성리학의 한계성 성리학은 다른 견해나 주장을 사문난적(斯文亂賊, 유학의 반역자라는 뜻으로 유적에서 삭제되어 사회 참여가 불가능해짐)이라 하여 배척하는 등 사상적 경직성을 드러냈다. 그리하여 지식층 일부에서는 사회의 모순을 바로 보고, 그것을 해결해 보려는 움직임이 나타나 16세기 말 동인 학자 중에서 성리학에 대한 비판이 일어나더니, 17세기 후반에는 남인·소론 중에서 주자와 다른 경전 해석을 시도하는 학자들이 나타났다.

1) **정여립**(동인) 16세기 후반 대동계라는 비밀결사를 조직하고 천하공물설(天下公物說)과 하사비군론(何事非君論)을 주장하는 등 군신강상론을 타파하려 하였다.

2) **윤휴**(남인) 17세기 후반 4서 3경 등 유교 경전에 대해 서경덕의 영향을 받아 주자와 다르게 주해를 내려서 사문난적으로 규탄받았다.

3) **박세당**(소론): 양명학과 노장사상의 영향을 받아 인식의 절대성이 아닌 인식의 상대성을 강조하였고, 성리학을 정면으로 비판하다가 사문난적으로 몰렸다.

33. 다음과 같은 활동을 전개한 단체에 대한 설명으로 옳은 것은? [2점]

> • 활동 무대는 충청·경기·경상도 일부 지역이었다.
> • 양반·부호, 관청, 장시 등을 습격하여 무기와 재물을 약탈하고, 그 중에서 일부를 빈민에게 분배하기도 하였다.
> • 외국 상인 출입 금지, 금광 채굴 엄금, 철도 부설권 양도 금지, 곡물 수출 금지 등을 주장하였다.
> • 곡가 안정, 악형 철폐, 행상인에 대한 징세 금지 등을 요구하였다.

① 일제의 남한 대토벌에 의해 해체되었다.
② 일제의 황무지 개간권 요구를 저지하였다.
③ 해산 군인들의 합류로 세력이 강화되었다.
④ 을사오적을 처단하기 위한 암살단을 조직하였다.
⑤ 동학 농민군의 잔여 세력과 행상, 유민, 노동자, 걸인 등으로 조직되었다.

34. 다음 사설이 실렸던 신문에 대하여 옳게 설명한 것은? [2점]

> 저 돼지와 개만도 못한 우리 정부의 소위 대신자들이 영리를 바라고 덧없는 위협에 겁을 먹어 놀랍게도 매국의 도적을 지어 4천 년 강토와 5백 년 사직을 다른 나라에 갖다 바치고 2천만 국민으로 타국인의 노예를 만드나, …… 아아, 분하도다! 우리 2천만, 타국인의 노예가 된 동포여! 살았는가! 죽었는가! 단군, 기자 이래 4천 년 국민정신이 하룻밤 사이에 졸연히 멸망하고 말 것인가! 원통하다! 동포여! 동포여!

① 천도교의 기관지로서, 국한문 혼용체로 발간되었다.
② 대한 협회의 기관지로서, 계몽 운동에 적극 참여하였다.
③ 을사조약의 불법성을 폭로하는 고종 황제의 친서를 발표하였다.
④ 순 한글로 간행되었으며, 일반 대중을 위한 사회 계몽 기사를 많이 실었다.
⑤ 한문 교육을 받은 지식인들이 주로 구독하였으며, 국한문혼용체로 발간되었다.

33 정답 ⑤ ·· (2008. 제5회 고급)

보기의 단체는 1900년 2월경 충청도 내포지방에서 기의(起義)한 활빈당이다. 그들은 국정과 민원을 해결하기 위해 1900년 10월 대한사민논설13조목을 발표하였다. ① 1909년 일본군의 호남의병 초토화작전, ② 1904년 보안회의 활동, ③ 1907년 정미의병, ④ 1905년 나철·오기호가 조직하였고, 1909년 나철은 대종교를 창도하였다.

광무농민전쟁 동학당·활빈당·남학당·영학당·북대·남대·화적 등으로 불리는 대한제국 시기의 광무농민전쟁이 계속 전개되어 반외세·반봉건 민중운동으로 발전해 갔다.

1) **동학당** 갑오농민전쟁 이후 반봉건·반개화·반외세의 독자적 노선을 추구.
2) **활빈당**(1900~1906) 1900년 2월경 충남 청양·홍주·덕산·해미·보령·남포 등 서천~당진 지역 내포(內浦)지방에서 기의(起義)하여 충청·경기·강원 중부지방에서 영남·호남으로 파급. 동학농민군 잔여세력과 화적들이 중심이 되고 행상·유민·노동자·걸인 등이 참여하여 전국적 조직으로 발전하였다. 활빈당 명칭은 소설 「홍길동전」에서 유래하였고 지도부 명칭을 맹감역(孟監役)·마중군(馬中軍))이라 불렀다. 그들은 의적을 표방하고 의병 활동에도 가담하였으며, 요구 조건을 미리 통지하고 통고시간에 나팔을 불면서 출현하였고, 시급한 국정과 민원을 해결하기 위해 1900년 10월 8일 대한사민논설(大韓士民論說) 13조목을 발표. 그러나 반봉건 투쟁이었음에도 불구하고 유가적 왕도사상이 농후하여 봉건사상을 완전히 탈피하지 못하는 한계성.
3) **남학당** 충남·전북 지역에서 포교가 시작되어 제주로 확산. 1898년 제주에서 지방관과 결탁한 일본 상인의 곡물 수출과 화전세·마장세 증액 등이 원인이 되어 방성칠이 주도하였다. 당시 제주 화전민에게 후천개벽의 남학(南學)을 포교하여 제주도에 독자적 왕국을 건설하려는 정치적 구상. 3년 후 1901년 천주교의 강압적 유포와 관련된 잡세 수탈이 원인이 되어 제주 대정 출신의 이재수가 주도하여 제주도민들이 천주교인을 학살하자 프랑스 신부의 요청으로 출병한 정부군과 프랑스 함대의 공격으로 토벌되었다. 제주교난(教難)·신축(1901년)교난·제주교란(教亂) 등으로 불린다.
4) **영학당**(1898~1899) 흥덕·고창·무장 등 전북 일원이 중심이 되어 이화삼 등 동학의 남접 잔여세력이 조직. 계 조직과 서울의 만민공동회를 모방한 민회 개최 등을 통해 결속을 강화하고 서울 공격 계획을 세우기도 하였다.
5) **기타** 협무당·녹림당·명화당 등

34 정답 ⑤ ·· (2008. 제5회 고급)

사료는 장지연이 을사조약에 분개하여 1905년 11월 20일 황성신문에 게재한 「시일야방성대곡」이다. ① 만세보, ② 대한민보, ③ 대한매일신보, ④ 독립신문, ⑤ 황성신문에 대한 설명이다.

황성신문(1898.9~1910, 남궁억) 민족주의적 항일지, 장지연·박은식·주시경·신채호 등의 논설, 양반유림 대상, 국·한문 혼용, 관동학회 기관지, 왕정 유지 주장, 숫(雄)신문. 독립협회에 참여한 유교혁신파들의 대변지 구실. 국민 계몽과 애국심 고취에 큰 몫을 담당하였으며, 본격화된 일제의 국권 침탈에 항거. 특히, 황성신문은 주필 장지연이 을사조약에 분개하여 쓴 논설 '시일야방성대곡(是日也放聲大器)'이 유명. 일본이 독도의 시마네현 편입을 고시(제40호)하자 당시 대한매일신보와 황성신문에서 항의.

| 한말 5대 민족지 | 황성신문·제국신문·대한매일신보·만세보·대한민보 |

① **만세보**(1906) 천도교, 일진회 공격, 최초의 신소설·신문 연재 소설(「혈의 누」) 이인직이 만세보를 인수하여 대한신문 창간
② **대한민보**(1909~1910) 대한협회, 항일 민족지, 최초의 신문 만화 연재, 국민신보에 대항
③ **대한매일신보**(1904.7~1910) 베델, 양기탁. 국문과 영문(The Korea Daily News)으로 을사조약 후 통감부 탄압 속에서 간행, 베델이 회사 앞에 일인불가입(日人不可入)이라는 방을 부쳤으며 항일운동의 선봉에서 활약, 일제 신문지법의 제정 배경, 신민회와 연결, 황성신문·제국신문·만세보 등에 비해 의병운동에 대해 호의적.
④ **독립신문**(1896.4~1899.12.4) 독립협회. 최초의 민간신문, 한글과 영문을 간행(격일지 → 일간지), 서구 근대사상 보급 및 민중계몽에 공헌.

35 ㉠~㉤과 관련된 설명으로 옳지 않은 것은? [2점]

> 광복군을 창설할 수 있었던 데는 중국 관내에서 양성되고 있던 군사 간부들과 만주에서 이동해 온 독립군 세력이 주요한 배경이 되었다. 중국 관내에서는 1910년대 이래 운남 강무당, 귀주 강무당, ㉠황포 군관 학교, 중국 중앙 군관 학교를 비롯한 중국의 각종 군관 학교에서. 그리고 1930년대에는 ㉡김구와 ㉢김원봉이 낙양 군관 학교와 조선 혁명 간부 학교를 직접 설립. 운영하면서 군사 인재들을 양성하고 있었다. 또, 1930년대 중반에는 만주에서 활동하던 ㉣한국 독립군, ㉤조선 혁명군 등 만주 독립군 세력들이 중국 관내로 이동해 왔다.

① ㉠ - 조선 의열단 단원들이 입학하여 군사 교육 및 간부 훈련을 받았다.
② ㉡ - 윤봉길과 이봉창 의거를 일으킨 한인 애국단을 이끌었다.
③ ㉢ - 민족 유일당 건설을 목표로 민족 혁명당을 건설하였다.
④ ㉣ - 김좌진, 김동삼 등이 중심이 된 혁신 의회를 개편하여 결성한 군사 조직이었다.
⑤ ㉤ - 지청천의 지휘하에 중국군과 연합하여 쌍성보 전투를 승리로 이끌었다.

36 다음 격문을 발표할 당시, 동학 농민군의 동향에 대하여 옳게 설명한 것은? [2점]

> 우리가 의를 들어 여기에 이름은 그 본뜻이 결단코 다른 데에 있지 아니하고 창생을 도탄의 속에서 건지고 국가를 반석 위에 두자 함이라. 안으로는 탐학한 관리의 머리를 베고 밖으로는 횡포한 강적의 무리를 구축코자 함이라.
> 양반과 부호의 앞에 고통을 받는 민중들과, 방백과 수령의 밑에 굴욕을 받는 소리들은 우리와 같이 원한이 깊은 자라. 조금도 주저치 말고 이 시각으로 일어서라. 만일 기회를 잃으면 후회하여도 미치지 못하리라.

① 황토현에서 감영 군대를 물리쳤다.
② 백산에 모여 4대 강령을 발표하였다.
③ 전주성에서 정부와 전주 화약을 맺었다.
④ 고부 관아를 점령하고 아전을 처벌하였다.
⑤ 공주 우금처에서 관군, 일본군과 맞붙었다.

35 정답 ⑤ ··· (2008. 제5회 고급)

⑤ 조선혁명군은 1929년 3월에 조직한 국민부의 군대 조직으로 양세봉이 총사령관이었으며, 중국의용군과 연합하여 영릉가·흥경성 등지의 전투에서 일본군을 격파하였다. 쌍성보·대전자령 전투는 한국독립군의 승리이다.

만주지방의 민족유일당운동 자유시참변 후인 1920년대 중반, 여러 독립군 부대들과 항일단체들이 통합하여 남만주에는 참의부와 정의부가, 북만주에는 신민부가 성립되었으나, 1928년에 독립운동전선을 하나로 통합하려는 민족유일당운동이 추진된 결과, 완전한 통일은 이루지 못하고, 전민족유일당조직 촉성회(약칭 촉성회)와 전민족유일당조직 협의회(약칭 협의회)의 두 단체로 양립되었다.

1) **촉성회파** 신민부 군정파가 중심이 되어, 국민부에 맞선 재만책진회(일명 : 혁신의회)를 거쳐 김좌진을 중심으로 하는 한족총연합회로 개편되었으나(1929. 7), 공산주의자로 전향한 박상실에 의하여 김좌진이 피살되자(1930. 1. 24), 북만주 지역의 유일당으로 한국독립당을 조직하고(1930), 산하에 한국독립군을 조직하여 중국호로군과 연합작전을 전개.

2) **협의회파** 정의부가 중심이 되어 국민부를 조직한 뒤, 남만주지역의 유일당으로 조선혁명당을 조직하고(1930), 산하에 조선혁명군을 편성하여 중국의용군과 연합작전을 전개함.

```
참의부(1924) ┐
              ├ 협의회 ─ 국 민 부 ──────── 조선혁명당(조선혁명군)
정의부(1925) ┘

신민부(1925) ──── 촉성회 ─ 혁신의회 ┬ 한족총연합회 ┐
                                    └ 한족농무연합회 ┴ 한국독립당(한국독립군)
```

① **한국독립군**(지청천) 중국호로군과 연합하여 쌍성보(1932. 9~11)·경박호(1933.1)·동경성(1933. 3)·사도하자(1933.4)·대전자령(1933.6, 가장 큰 전과)·동녕현성(1933.9) 등지에서 일·만 연합군과 전투를 전개하여 대승.

② **조선혁명군**(양세봉) 중국의용군과 연합하여 영릉가(1932.3)·흥경성(1933.3) 등지의 전투에서 일본군을 크게 격파.

ⓒ **김원봉** 조선혁명군사정치간부학교 설립(1932.10, 남경), 조선민족혁명당 결성(1935), 조선민족전선연맹 결성(1937.11), 조선의용대 창설(1938.10)

㉠ **의열단**(1919.11) 김원봉이 길림성 파호문에서 조직한 결사. 본거지를 북경으로 옮기고 상해로 세력을 확대. 신채호가 의열단선언으로 불리는 조선혁명선언이라는 선언서를 작성(1923.1), 외교론과 준비론을 배격하고 민중에 의한 직접혁명론을 내세우면서 파괴, 일본인·친일파 암살 등 5파괴(破壞)·7가살(可殺)의 폭력혁명을 추구. 1926년 이후 군대 양성으로 방향을 전환하여 김원봉의 지도 아래 많은 단원들이 황포군관학교에 입학. 의열단원들은 황포군관학교에서 체계적인 군사교육 및 간부훈련을 받았고, 이 시기 많은 단원들은 공산주의사상의 영향.

36 정답 ② ··· (2008. 제5회 고급)

사료의 격문은 동학농민군이 1894년 3월 25일 백산에서 발표한 백산격문이다. ① 4월 7일, ② 3월 25일, ③ 5월 7일, ④ 1월 10일, ⑤ 11월 9일의 역사적 사실이다.

고부민란(1894.1.10) 고부군수 조병갑이 만석보 아래에 신보를 축조하여 수세를 징수 등의 탐학에 따른 봉기. 조정은 조병갑을 파면하고 박원명으로 교체, 당시 안핵사 이용태의 교도폭압이 1차봉기의 배경.

제1차 동학(갑오)농민전쟁(3월 起包, 1894.3~5) : 남접의 주도, 무장(창의문) → 김제 → 백산(3.25. 4대 강령과 격문, 농민군 지휘부로 제중의소(濟衆義所) 설치) → 황토현전투(4.7. 전라 감영군 격파) → 농민군이 경군을 영광으로 유인 → 장성 황룡촌전투(양호초토사 홍계훈의 경군 격파, 12개조 농민군 기율 발표) → 전주성 점령 → 전주화약(5.7.)과 집강소 활동(1894.5~10)

제2차 농민전쟁(9월 起包. 1894.10~11) : 남접(전봉준)·북접(손병희)이 합세하면서 조일전쟁(朝日戰爭)의 양상. 논산 집결(김개남·손화중은 불참) → 공주 이인전투(북상 후 농민군의 첫 승리) → 공주 우금치전투(11.9. 일본군·관군의 승리) → 광주·장흥전투(남접군), 영동·보은전투(북접군) → 김개남 부대의 청주전투 패배(11.13) → 손화중 부대의 나주성 공략 실패 → 전봉준 체포(12.2) → 전봉준·손화중·김덕명·최경선 등 교수형(1895.3.30)

37 다음은 일제 강점기 독립 운동의 격문 및 선언서들이다. 선포한 시기순으로 옳게 나열한 것은? [3점]

> ㄱ. 조선 청년 독립단은 아(我) 2,000만 민족을 대표하야 정의와 자유의 승리를 득(得)한 세계 만국의 전(前)에 독립을 기성(旣成)하기를 선언하노라.
> ㄴ. 조선 민중아! 우리의 철천지원수는 자본·제국주의 일본이다. 2,000만 동포야! 죽음을 각오하고 싸우자! 만세, 만세, 조선 독립 만세.
> ㄷ. 오등(吾等)은 자(自)에 아(我) 조선의 독립국임과 조선인의 자주민임을 선언하노라, 이로써 세계만방에 고(告)하여 인류 평등의 대의(大義)를 극명(克明)하며 이로써 자손만대에 고(告)하여 민족자존의 정권(政權)을 영유(永有)케 하노라.
> ㄹ. 400의 용사! 우리들의 투쟁이 점점 전개되어 가나, 투쟁은 단순히 전남에만 한정한 일이 아니다. …… 전 조선 수백만의 학생 대중은 우리들의 승리를 기다리고 2,000만 민족은 우리들의 성공을 눈물을 머금고 갈망하고 있다.

① ㄱ - ㄴ - ㄷ - ㄹ
② ㄱ - ㄷ - ㄴ - ㄹ
③ ㄴ - ㄷ - ㄹ - ㄱ
④ ㄴ - ㄹ - ㄱ - ㄷ
⑤ ㄷ - ㄱ - ㄴ - ㄹ

38 다음은 같은 해 일어났던 사건들을 모은 기록이다. 여기에 포함시킬 수 있는 사실은? [2점]

> • 중추원 의장 김윤식 등이 내각에 건의하여 송병준과 이용구를 제거하도록 하였다.
> • 무녀(巫女) 수련(壽蓮)이 이토 히로부미의 추도회를 거행하다.
> • 황해도 해주의 의병장 지관식이 해주에서 일본인과 싸워, 전투에서 패하고 죽다.
> • 김옥균 등에게 관직을 증직하고 시호를 내려주다.
> • 데라우치 마사타케가 통감으로 오다.

① 융희를 새 연호로 정하다.
② 경찰권을 일본에 빼앗기다.
③ 사법권과 감옥 사무권이 박탈되다.
④ 일본이 안봉선 철도 부설권을 얻다.
⑤ 스티븐스와 메가타가 고문으로 오다.

37 정답 ② (2008. 제5회 고급)

ㄱ. 2·8 독립선언서(1919.2.8), ㄴ. 6·10 만세운동 격문(1926.6.10) ㄷ. 기미독립선언서(1919.3.1), ㄹ. 광주고보 맹휴격문 (1928.7.3)의 사실이다.

ㄱ. **2·8 독립선언**(1919.2.8. 최팔용·이광수·김도연·백관수·송계백 등 일본 유학생들이 도쿄 조선 기독교 청년 회관에서 조선청년독립단을 발족하고, 독립을 요구하는 선언서와 결의문을 발표(1919)하여 국내 민족지도자와 학생들에게 자극을 주었다.

ㄴ. **6·10 만세운동**(1926) 전문학교 학생과 사립 고등보통학교 학생(조선학과학연구회, 1925년 7월), 사회주의계(제2차 조선공산당)에 의해 각각 추진되었다. 순종의 인산 당일, 일제의 삼엄한 경비 속에서 행사에 참여하였던 학생들은 격문을 살포하고 독립만세를 외침으로써 대규모의 군중시위운동을 전개하였다. 이후 각급 학교에 항일결사가 조직되어 동맹휴학 투쟁이 더욱 치열하게 전개되었다. 그리고 이 사건 이후 민족주의계열과 사회주의계열의 대립과 갈등을 극복하는 계기가 되어 민족유일당 운동이 전개되었다.

ㄷ. **기미독립선언**(3·1 독립 선언, 1919.3.1) 고종의 인산일(1919.3.3)을 계기로 3월 1일을 거사일로 정하여 유림을 제외한 천도교·기독교·불교 등 종교계 대표들(손병희·이승훈·한용운 등 33인 중 4명이 불참한 채 29명이 태화관에 모임. 탑골공원으로 가지 않음)이 기미독립선언서를 배부·낭독 → 국내외로 확산(탑골공원에서 전개)

ㄹ. **광주학생 항일운동**(1929.11~1930.3) 1929년 10월 30일 기차에서 일본인 광주중학생이 광주여고보 여학생인 박기옥·이광춘 등을 희롱하는 것을 광주고보생 박준채가 일본인 학생을 구타함으로써 반일 감정이 격화되어 목포, 나주(궁삼면)를 거쳐 12월 서울로 올라오면서 전국에 파급. 11월 3일 광주고보와 광주농업학교 학생들로 결성된 독서회(1929, 성진회(1926)의 발전. 사회주의 조직) 조직을 바탕으로 전국에 파급되어 1930년 3월까지 194개교 5만 4천여 명의 학생이 참가. 이 운동은 3·1운동 이후 최대 규모로 동맹휴학에서 가두 시위로 발전한 것이 특징.

38 정답 ② (2008. 제5회 고급)

1910년의 역사적 사실인데, ① 1907년 7월, ② 1910년 6월, ③ 1909년 7월, ④ 1909년 9월, ⑤ 1904년 10-12월의 사실이다.

일제의 국권 침탈

한일의정서(1904.2.23) : 러일전쟁 발발 보름만에 조선을 위협하여 한일의정서를 체결. 시정 개선(내정 간섭)의 충고정치 실시, 제3국과의 조약 동의권, 전략상 요지의 영토 임의 점령권 등을 규정, 한국에 대해 정치·군사적 동맹관계를 강요. → **대한방침 및 대한시설강령**(1904.5.31) : 한일의정서의 '시정개선에 관한 충고' 조항을 구체화하여 한국 식민지화 계획안을 확정. → **제1차 한일협약**(1904.8.22) : 고문정치 실시. 재정권을 박탈, 협약 규정에 따라 메가타(재정)·스티븐스(외교)를 파견. 그 밖에도 협정 사항에 없는 고문관을 각 부처에 임명. → **을사조약**(제2차 한일협약 : 1905.11.17) : 영·미의 동의를 받아 외교권을 박탈, 통감부 정치를 실시하는 등 보호정치 실시. → 장지연의 「시일야방성대곡(是日也放聲大哭)」(황성신문), 신채호의 「시일야우방성대곡(是日也又放聲大哭)」(대한매일신보) → 을사·병오의병 등의 의병전쟁 → 외교고문 스티븐스를 재미교포 저격(1908. 3. 23). → 을사5적 암살단 조직(나철·오기호) : 일진회 사무실을 습격. 그 후 나철(나인영)은 1909년 대종교(大倧敎)를 창도. → 이토 살해(1909.10.26) → 이재명의 이완용 자살(刺殺) 시도(1909.12.22) → 헤이그 특사 사건(1907.6) → 고종이 강제 퇴위 : 대한자강회의 반대운동 → **정미 7조약**(제3차 한일협약 : 한일신협약, 1907.7.24) : 인사권·행정권 박탈, 모든 행정을 통감이 지휘, 일본인을 각부의 차관과 관리에 배치하여 조선의 내정을 장악하는 차관정치 실시. → **군대 해산**(1907.8.1) : 군통수권 박탈, 부족을 이유로 군대를 해산시키자 해산 군인들은 일본군과 시가전을 벌인 뒤 의병에 합류(정미의병). 그 후 일본은 헌병경찰제도를 규정하여(1907.10) 조선인을 무력으로 통치. → **기유각서**(1909.7.12) : 사법권이 박탈, 일제가 감옥 사무를 관장. → **경찰권 박탈**(1910.6.30) : 경시청 폐지와 경무통감부 설치로 헌병경찰제가 확립. → **합방조약**(1910.8.22) : 주권 박탈. → **경술국치**(1910. 8. 29).

> **일제의 국권 침탈 순서**   재정권 → 외교권 → 인사권 → 군사권 → 사법권 → 경찰권 → 주권

39. 밑줄 그은 '새로운 지배 정책'이 시행된 시기에 제정된 법령의 내용으로 옳은 것은? [2점]

> 일제는 헌병 경찰 통치 대신 새로운 지배 정책을 내세웠다. 그러나 언론·출판의 자유 허용도 기만정책의 표면적 구호에 그쳤다. 일제는 신문·잡지에 대한 사전 검열을 강화하였고, 기사를 마음대로 삭제하거나 신문의 정간과 폐간도 서슴지 않았다. 결사나 집회의 허용도 친일 단체를 조직하는데 이용되었다. 즉, 친일 단체나 자산가, 종교인의 집회는 인정하고, 노동자, 농민, 학생의 조직이나 집회는 가차없이 탄압하였다.

① 국가 총동원이란, 전시에 국방 목적을 달성하기 위해 …… 인적 및 물적 자원을 운용하는 것이다.
② 신문지를 발행하려는 자는 발행지를 관할하는 관찰사를 경유하여 내무대신에게 청원하여 허가를 받아야 한다.
③ 문서, 도서를 출판하고자 하는 때는 저작자 또는 그 상속자 및 발행자가 …… 내부대신에게 허가를 신청해야 한다.
④ 사유 재산 제도를 부인하는 것을 목적으로 결사를 조직하는 자, 결사에 가입하는 자, …… 10년 이하의 징역 또는 금고에 처한다.
⑤ 정치에 관하여 불온한 언어·동작을 하거나 …… 치안을 방해하는 자는 50 이상의 태형, 10개월 이하의 금옥 또는 2개년 이하의 징역에 처형한다.

40. (가)~(라) 시기 일제의 교육 정책이 옳게 연결된 것을 <보기>에서 고른 것은? [2점]

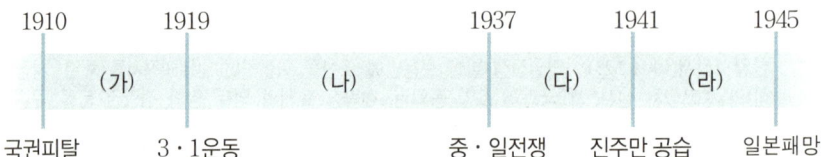

1910	1919	1937	1941	1945
국권피탈	3·1운동	중·일전쟁	진주만 공습	일본패망
	(가)	(나)	(다)	(라)

보기

ㄱ. (가) - 국민학교는 대륙 침략에 이용하는 병사의 준비와 관련해서 의무 교육제의 준비를 실시하도록 하였다.
ㄴ. (나) - 종래 4년이던 보통학교의 수업 연한을 6년으로 연장하고, '경성 제국 대학 설치에 관한 법률'을 반포하였다.
ㄷ. (다) - 국체명징(國體明徵), 내선일체(內鮮一體), 인고단련(忍苦鍛鍊) 등 3대 교육 방침을 내세우고, 학교 명칭을 처음으로 일본인 학교와 같게 하였다.
ㄹ. (라) - 조선인을 가르치는 모든 사립학교는 …… 교사 임용, 교과용 도서 채택 등에 있어 총독부의 인가를 받아야 했다.

① ㄱ, ㄴ   ② ㄱ, ㄷ   ③ ㄴ, ㄷ
④ ㄴ, ㄹ   ⑤ ㄷ, ㄹ

해설 및 정답

39 정답 ④ ·· (2008. 제5회 고급)

3·1운동 이후 문화정치 기간 중인 1925년 5월에 시행된 치안유지법을 묻고 있는데, ① 국가총동원법(1938년 4월), ② 신문지법(1907년 7월), ③ 출판법(1909년 2월), ④ 치안유지법 (1925년 5월), ⑤ 보안법(1907년 7월)의 내용이다.

문화정치 종래의 노골적 무력 지배를 철회하고 동화정책(同化政策)을 한층 강력히 추진, 민족의 상층 계급 일부를 매수하고 약간의 출판물과 결사를 허용한 것으로 보다 교묘한 분열 지배 정책의 위장.
1) 총독부 관제의 개정 ① 총독 무관제 폐지 : 실제로는 실시되지 않았고, 해방될 때까지 무관이 계속 총독. ② 보통경찰제도 실시 : 헌병경찰제도와 순사보제도를 폐지하고 보통(고등·사법)경찰제도를 실시하면서 특별고등경찰(특고)제도와 밀정제도를 제정, 일반 관리 및 교원들의 금테 제복과 대검(帶劍)을 폐지. 그러나 실제로는 무단통치기의 헌병이 '문화정치'의 경찰로 옮겨 앉았고, 군경의 병력도 훨씬 증가. 모든 경찰기구가 1, 2년 사이에 3배 이상 증가. 그리고 1면(面) 1소(所)제도에 따라 1군 1경찰서, 1면 1주재소가 설치. **2) 민족계 신문 발행 허용** 조선일보·동아일보·시사신문 등 3대 민간지의 창간과 식민지 통치 질서와 공안을 방해하지 않는 범위 내에서의 출판을 허용하였으나 수시로 검열·삭제·압수·정간을 자행. 이는 조선인들의 동향을 주시하고 암류를 미리 알아내기 위한 것. **3) 교육 기회의 확대** 소수 친일분자의 양성으로 민족 내부의 분열을 획책하여, 민족의 근대의식의 성장을 오도하고, 초급 학문과 기술 교육을 통하여 일제의 수탈에 필요한 도구적 인간 양성. **4) 지방자치제 표방**(1920.7) 지방제도를 개정하여 의결권이 없는 자문기관에 불과한 형식적인 도평의회·부협의회·면협의회·학교평의회 등을 조직하고 그 의원을 임명 또는 선거할 수 있도록 허용. 그러나 한국인의 의사를 반영할 수 있는 기관은 아님. 1920년 당시 유자격자는 극히 소수의 한국인 지주·자본가에 불과, 따라서 주민의 압도적 다수를 차지하는 농민·노동자들은 참가할 수 없음. **5) 치안유지법 제정**(1925) 1925년 4월 일본법률 제46호로 공포되어 그 해 5월부터 조선에도 시행. 총독부가 반정부·반체제운동 탄압의 목적으로 발표. 당시 소작·노동쟁의가 심해지고 사회주의자들의 활동이 격화됨에 따라 대비책으로 발표. 그러나 사실은 민족운동을 억압하려는 법적 근거. 6·10 만세운동·광주학생운동·조선어학회사건 등 일체의 항일민족운동이 이 법에 따라 처벌. 1928년 6월 치안유지법은 더욱 개악되어 적용 범위가 넓어지고 처벌 규정에 사형이 포함.

> **일제하 6대 악법** 신문지법, 출판법, 조선민사령, 보안법, 집회취체령, 치안 유지법

40 정답 ③ ·· (2008. 제5회 고급)

(가) 국민학교제는 1941년에 실시, (라) 조선교육령에 따른 사립학교 규칙은 1911년 10월에 공포되었다.

일제의 교육령 변경
1. **조선교육령**(1911.8) : 칙령으로 공포, 보통·실업·전문교육으로 한정, 일본어 보급과 일본화 촉진
   ① 사립학교 폐쇄 : 애국계몽운동기의 사립학교를 폐쇄.
   ② 군국주의 교육정신 강화 : 충량한 국민 양성, 일본어 보급을 위한 보통교육과 농·상·공업 분야의 하급 직업인을 만들기 위한 실업교육, 약간의 전문적 기예를 가르치는 전문교육에 그치고 고등교육은 불허.
2. **각급 학교규칙 공포**(1911.10) : 조선교육령에 따라 보통학교·고등보통학교·여자고등보통학교·실업학교·사립학교 규칙 공포
3. **사립학교규칙**(1911.10) : 인가 조건 강화 → 1915. 3 개정, 국가 치안 유지 미명하에 통제
4. **서당규칙**(1918.2) : 총독부 편찬의 교과서 사용 지시, 역사 교육의 금지, 도지사의 인가 조건 강화
5. **조선교육령 개정**(제2차 조선교육령, 1922.2) : 3·1운동 이후 다소 완화, 민립대학 설립운동 이후 일본학제로 변경, 학과목에 조선어 첨가, 대학 설립 규정 명시 → 경성제국대학 설립, 조선인의 일본고등학교 진학 허용
6. **신교육령**(제3차 조선교육령, 1938.3) : 중일전쟁 이후 조선어를 선택과목으로 바꾸어 교과목에서 폐지. 우리말 교육, 우리의 역사교육을 일절 금지, 내선일체, 황국신민서사 암송, 학교 명칭을 일본식으로 고쳐 보통학교를 소학교로, 고등보통학교를 중학교로, 여자고등보통학교를 고등여학교로 개칭함.
7. **국민학교제 실시**(1941.3) : 소학교를 개칭한 황국신민학교의 줄임말로 수업연한을 6년으로 통일.
8. **신교육령 개정**(제4차 조선교육령, 1943.10) : 군부에 의한 교육 통제, 전시비상조치령
9. **전시교육령**(1945.5) : 결전비상조치 강화, 전학교에 학도대 조직(교육의 군사화)

41 다음 글의 (가) ~ (라) 에 들어갈 국가에 대하여 옳게 설명한 것을 〈보기〉에서 고른 것은? [2점]

> 제2차 수신사 김홍집이 <조선책략>을 가지고 왔습니다. …… (가) 는(은) 우리가 신하로서 섬기는 바인데, 이제 무엇을 더 친할 것이 있겠습니까? (나) 는(은) 우리에게 매여 있던 나라입니다. 그들이 우리의 허술함을 알고 함부로 쳐들어오면 장차 이를 어떻게 막겠습니까? (다) 는(은) 우리가 본래 모르던 나라인데, 공연히 타인의 권유로 불러들였다가 어려운 청을 하거나 하면 장차 이에 어떻게 응할 것입니까? (라) 는(은) 본래 우리와 혐의가 없는 나라입니다. 공연히 남의 말만 듣고 틈이 생기게 된다면 우리의 위신이 손상될 뿐 아니라, 이를 구실로 침략해 온다면 장차 이를 어떻게 막을 것입니까?

┃보 기┃
ㄱ. (가) - 조선 주재 부영사가 한반도 중립화론을 건의하였다.
ㄴ. (나) - 경인선 부설권과 강원도 당현 금광 채굴권을 얻었다.
ㄷ. (다) - 운산 금광 채굴권을 차지하였다.
ㄹ. (라) - 절영도를 조차하려고 시도하였다.

① ㄱ, ㄴ ② ㄱ, ㄷ ③ ㄴ, ㄷ
④ ㄴ, ㄹ ⑤ ㄷ, ㄹ

42 다음은 어느 독립 운동가의 생애를 정리한 것이다. 이 인물의 활동으로 옳은 것은? [2점]

1919년	파리 강화 회의에 한국 대표로 참석 신한 청년당 조직, 파리 강화 회의에 독립 청원서 제출
1921년	동방 피압박 민족 대회 참석
1935년	민족 혁명당 창당, 주석 취임
1942년	대한민국 임시 정부 국무위원

① 일본의 항복 선언 직후 조선 건국 준비 위원회를 결성하였다.
② 대한민국 임시 정부 외무부장을 지냈으며, 삼균주의를 주장하였다.
③ 광복 이후 좌우 합작 운동을 전개하였으며, 남북 협상에도 참여하였다.
④ 조선 혁명 선언을 발표하여 독립을 위한 민중의 직접 혁명을 주도하였다.
⑤ 일본인의 무사 귀환을 보장하는 대가로 조선 총독에게 5개 조항을 요구하였다.

41 정답 ⑤ ··· (2008. 제5회 고급)

사료는 조선책략 유포에 반발하여 나온 이만손의 영남 만인소(1881년 2월)인데, (가) 중국, (나) 일본, (다) 미국, (라) 아라사(러시아)가 들어간다. (가) 부들러는 독일인, (나) 금성 당현 금광 채굴권은 독일이 침탈하였다.

> **사의(私擬)「조선책략(朝鮮策略)」** 주일 청국 참찬관인 황준헌의 저술로 김홍집이 1880년에 고종에게 진상. '사의'라는 개인 견해를 표방했으나 사실은 청의 이이제이 정책을 반영한 저술로 일본의 대륙 진출을 방지하고 러시아의 남진을 막기 위한 방아책(防俄策) 목적으로 '친중국(親中國) 결일본(結日本) 연미방(聯美邦)'하자고 주장.「조선책략」의 유포는 조미수호통상조약 체결에 영향을 주었고, 외세와의 결탁과 성현 모독이라는 이유로 신사(1881) 위정척사운동을 가열시켰다. 당시 조정에서는 정부의 개혁사업에 대한 유생들의 이해를 구하기 위해「조선책략」을 출판·보급하였으나 오히려 유생들의 분노를 폭발시키고 말았다.

조선의 중립화 갑신정변은 국제사회에 한반도의 위치를 새롭게 인식시켰는데 강화도조약·임오군란과 함께 갑신정변은 조선을 둘러싼 청국과 일본의 대립을 격화시켰다. 러시아의 남하정책에 대항하여 영국이 거문도를 점령함으로써(1885), 조선을 둘러싼 국제분쟁은 더욱 가열. 이러한 상황에서, 독일 부영사 부들러는 거문도사건 직전(1885.2)에 스위스를 모델로 하는 한반도의 영세중립화를 조선 정부(김윤식)에 권고했고, 또한 유길준도「중립화론」에서 벨기에와 불가리아를 모델로 하여 열강이 보장하는 한반도의 중립론을 구상하였고(1885), 김옥균(1886)도 일본 망명 중 청의 이홍장에게 보낸 공개서한에서 한반도의 중립화를 주장. 이와 같은 중립론은 실현되지는 못했지만, 당시 조선을 둘러싼 국제 정세의 긴박한 사정을 입증해 주는 것이었다. 그 후에도 독립협회(정동구락부)의 보호중립론, 러일전쟁 직전 대한제국의 국외중립 선언 등이 있었다.

≫ 빼앗긴 주요 이권과 침탈국(1882 ~ 1903) ≪

청	평안도·황해도 연안 어채권, 인천-한성-의주 전선가설권, 서울-부산 전선가설권
러시아	원산 저탄소설치권, 경원·종성 광산채굴권, 인천 월미도 저탄소설치권, 압록강·울릉도 삼림채벌권, 동해 포경권, 부산 절영도 저탄소설치권
미국	운산(평북) 금광채굴권, 경인철도 부설권(→일본), 서울 전기·수도 시설권, 서울 전차부설권
프랑스	경의철도 부설권(→일본), 창성(평북) 금광채굴권, 평양 무연탄채굴권
독일	금성 당현(강원) 금광채굴권
영국	은산(평남) 금광채굴권
일본	부산-시모노세키 해저전선가설권, 해관세 대리수납권, 전라·경상·강원·함경 연안어채권, 부산 절영도 저탄소설치권, 창원(경남) 금광채굴권, 제주도 연해 어채권, 인천 월미도 저탄소설치권, 경상도 연해 포경권, 인천-부산, 인천-대동강, 인천-함경도 운선 정기항로 개설권, 경인철도 부설권(미국→일본), 경의철도 부설권(프랑스→일본), 경부철도 부설권, 평양탄광 석탄전매권, 직산(충남) 금광채굴권, 경기도 연해 어업권, 인삼독점수출권

42 정답 ③ ··· (2008. 제5회 고급)

보기의 인물은 김규식(1881-1950)인데, ①⑤ 여운형, ② 조소앙, ③ 김규식, ④ 김원봉에 대한 설명이다.

김규식 신한청년당에서 민족대표로 선정하여 파리강화회의에 파견, 임시정부는 외무총장 겸 파리위원으로 임명하고 파리위원부를 설치. 대한독립촉성국민회 부총재, 미국측 제의로 김구 중심의 비상정치회의와 이승만의 독립촉성중앙협의회를 합작한 비상국민회의(의장 : 조소앙, 1946.2.1) 부의장. 좌우합작 위원회 참여. 남조선 과도정부입법의원 의장. 연석회의·남북요인회담(남북협상)과 4김회담(1948년 4월) 참여

①⑤ 여운형 상해 임시정부에서 활동하다 일본경찰에 체포되어 국내로 이송된 후 형을 살고 머물러 있던 중, 일본측이 중국과의 화평 알선을 요청해 오자, 일본의 패전을 예상하고 비밀히 사람을 만주와 중국 등지로 보내어 동지를 포섭해 오다가, 서울에서 조선건국동맹이라는 비밀단체를 조직. 패색이 짙어지자 조선총독부측은 조선인에게 정부를 이양함으로써 생명과 재산을 보호받고자 온건 좌파인 여운형·중도 우파인 안재홍 등과 교섭. 여운형은 주위의 반대에도 불구하고 일본측 요구를 수용하고 해방을 계기로 조선건국준비위원회를 결성.

43 다음 소설의 배경이 되고 있는 시기를 드라마로 제작하려고 할 때에 등장인물로 적합하지 <u>않은</u> 것은? [2점]

> 만득이가 떠난 후에도 마을 청년들은 앞서거니 뒤서거니 징병이나 징용으로 끌려가 남자라고는 중늙은이 이상만 남게 되었다. …… 아주 나쁜 소식이 염병보다 더 흉흉하고 걷잡을 수 없이 온 동네를 휩쓸었다. …… 일본 본토나 남양 군도에 가서 일하고 싶은 처녀들은 지원하면 보내 주고, 나중에 집에 송금도 할 수 있다는 면사무소의 공문이 한바탕 돈 후였지만, 그럴 생각이 있는 집은 한 집도 없었고, 설마 돈벌이를 강제로 보내리라고는 아무도 짐작을 못했다. 그러나 들려오는 소문은 그게 아니어서 몇 사람씩 배당을 받은 면사무소 노무과 서기들과 순사들이 과년한 딸 가진 집을 위협도 하고 다짜고짜 끌어가는 일까지 있다고 했다.

① 면에 설치된 신사에서 참배하는 학생과 부녀자들
② 조선 물산 공진회를 관람하기 위해 서울로 상경한 상인
③ 황국 신민 서사 외우기를 강요하는 교사와 이에 반발하는 학생들
④ 일본에 항공기 헌납 의사를 밝히는 기업가와 성전 참여를 독촉하는 문인
⑤ 일본식 이름으로 바꾸기를 강요하는 면서기와 이에 반발하는 마을 노인

44 다음 자료가 나타났던 당시의 정세를 만화로 그릴 때에 적절한 장면은? [2점]

> 국왕 폐하의 왕궁에서의 환어(還御)는 폐하 자신의 재단에 일임하고, 일·러 양국 대표는 폐하가 왕궁에 환어하더라도 그 안전에 의심이 없다고 판단될 때에는 환어할 것을 충고하고, 또 일본국 대표자는 이에 일본인 장사(壯士)의 단속을 위해 엄격한 조치를 취할 것을 보증함

① 한글로 된 독립신문을 읽고 있는 시민
② 아들을 대성 학교에 입학시키는 평양 시민
③ 헌의 6조를 채택하는 관민 공동회의 군중들
④ 지주에게 지계를 발급하는 양지아문 소속 관리
⑤ 내각을 소집하여 회의를 주관하는 총리대신 김홍집

43 정답 ② ·· (2008. 제5회 고급)

보기는 박완서의 「그 여자네 집」(1997년 작)인데, 징병(1943년)·징용(1939년)·정신대(법령은 1944년이나 1938년부터 징발) 등으로 보아 1930년 이후 민족말살정책시기이다. ① 1936년 이후, ② 1920년대, ③ 1937년 이후, ④ 1930년대 말 이후, ⑤ 1940년 이후의 사실이다.

민족말살정책 만주사변 후 본국을 전시체제로 개편하고 한국에 대해서는 병참기지화정책과 동시에 민족 구성 내부를 분열시키는 민족단열화 정책으로 민족말살정책을 시작. 더구나 중일전쟁 도발 후 국가총동원법을 공포(1938.4.1)하고 한국에서의 인적·물적 수탈을 강화하였으며, 민족말살정책을 강행.

1) **정신적 수탈** 조선 총독 미나미 지로를 통해 일선동조론(日鮮同祖論)·황국신민화(皇國臣民化) 등의 구호와 국체명징(國體明徵), 내선일체(內鮮一體). 인고단련(忍苦鍛鍊) 등 3대 교육 방침을 내세워 우리말과 우리 역사 교육 금지(1938.3), 황국신민의 서사 암송(1937.10)·궁성요배(宮城遙拜)·정오묵도(正午默禱) 등의 미신행위와 창씨개명(1940.2)을 강요. 이에 항거하는 학교를 폐쇄시키고 신사참배(1936. 8, 신사규칙 제정 : 1면 1신사원칙)에 반대하는 기독교 신자를 투옥.

2) **물적 수탈** 전쟁 물자 조달을 위해 식량 공출(1940)과 금속제 그릇·교회의 종·사찰의 불상·학교의 동상 등을 수탈하는 공출 제도가 시행되고, 임시미곡배급규칙에 따라 식량배급제도가 실시.

3) **인적 수탈** 일제는 중일전쟁 후 지원병제도를, 태평양전쟁 중에는 보국대, 징병·징용제도를 실시하여 조선인들이 일본·중국·사할린·인도차이나 등지에 강제 동원.
   ① 육군 특별지원병령(1938.2) : 중일전쟁 후 징병령이 실시되기까지. 17세 이상의 약 1만 8천 명의 조선 청년, 대부분 소작농의 아들들이 일본군에 지원.
   ② 국민징용령(1939) : 많은 조선인을 침략전쟁 수행을 위한 노동력으로 일본·사할린·동남아 등지로 강제 동원.
   ③ 학도지원병제(1943) : 약 4,500명의 조선인 전문학교생과 대학생이 학병으로 끌려갔다.
   ④ 징병제(1943) : 패전할 때까지 약 20만 명이 징집.
   ⑤ 근로동원(1943) : 국민학생·중학생까지도 군사시설공사에 동원.
   ⑥ 여자정신대 근무령 공포(1944. 8. 23) : 12~40세의 여자 수십만 명을 군수공장에 강제 동원시키거나, 상당한 인원을 중국과 남양지방의 전쟁지구로 보내 위안부가 되게 하는 만행을 자행하였다(1938년 초부터 징발). 위반할 경우 국가총동원법에 의해 징역 또는 벌금형.

44 정답 ① ·· (2008. 제5회 고급)

보기의 정세는 사진의 인물인 고종이 러시아 공사관으로 가 있었던 아관파천 기간(1896년 2월-1897년 2월)이 끝날 무렵이다. ① 1896년 4월 ~ 1899년 12월, ② 1907년 ~ 1912년 ③ 1898년 11월, ④ 광무개혁기간 중 지계아문 설립 이후(1901-1904년), ⑤ 김홍집은 아관파천 직후 살해되었다.

아관파천(1896. 2. 11) 친일정권이 무너지고, 박정양·이범진·이완용 등 정동구락부 중심의 친러·친미 내각이 구성, 아관에 있을 동안 외국자본을 도입하여 재정을 확보한다는 측면도 있었으나 왕을 보호하는 대가로 많은 이권이 외국에게 할양(각종 이권이 러시아로 넘어가자 열강들도 최혜국 대우 규정을 내세워 광산채굴권, 삼림채벌권, 철도부설권, 시내 전차부설권, 관세 협정권, 연안 어채권 등의 이권 탈취·금융 지배·차관 제공 등의 양상을 띤 제국주의적 경제 침탈 단계에 들어섰다.) 일본의 간섭은 배제하였으나 러시아의 통제를 받음으로써 독립국의 위상이 실추. → **독립신문 창간**(1896.4.7.) → **제1차 러일협상**(웨베르·고무라 각서, 1896.5) : 일본은 러시아의 정치적 우위를 인정. 러시아가 조선에서 일본과 같은 군대 수를 보장받았고 대신 일본은 서울·부산간의 전신선과 서울 및 개항장의 일본 거류민을 보호한다는 명목으로 군대를 계속 주둔. 일본인 고문·무관 대신에 러시아인 군사·재정고문으로 교체(경성의정서). → **독립협회**(1896.7.2) → **제2차 러일협상**(로바노프·야마가타의정서, 1896.6) : 러시아는 니콜라이 2세의 대관식에 참석한 일본·청·조선의 사신과 각각 비밀협약을 체결. 특히 러시아와 일본 양국은 두 나라 군대 사이에 공지를 두어 각기 용병지역(완충지대)을 확정할 것을 밀약하여 조선이 러·일 양국의 공동보호령이 되었고 일본이 38도선 국토 분할을 제의. 특히 2차협상 후 파견된 재정고문 알렉셰프(Alexeiev)는 한러은행을 설립(1898. 3)하는 등 조선 재정에 큰 영향(모스크바의정서). → 경운궁(덕수궁)으로 **환궁**(1897.2) → **대한제국 성립**(1897.10.12).

45 다음 역사 이론을 주장한 역사가에 대한 설명으로 옳은 것을 〈보기〉에서 고른 것은?

[2점]

> 우리 민족사는 우리 민족만으로 만들어진 것이 아니요, 우리 민족이 세계 여러 민족 중의 하나임과 마찬가지로 우리 민족사도 또한 세계사 속의 하나이다. 우리는 고대로부터 이웃한 여러 다른 민족과 직접, 간접으로 복잡한 문화 관계, 투쟁 관계를 맺어 왔으므로, 세계사를 통하여서만이 비로소 우리 민족사를 이해할 수 있고, 또 우리 민족사를 빼고는 세계사를 완전하게 이해할 수 없다. 수천 년 전 옛날부터도 그러하였거늘, 하물며 세계가 이웃화한 금일에 있어서야. 우리는 쇄국적인 배타적, 독선적 사이비한 민족 사상을 버리고, 개방적이요, 세계적이요, 평등적인 신민주주의 입지에서 우리 민족사를 연구하고 이해하여야 할 것이다.

━━━━┃ 보 기 ┃━━━━
ㄱ. 일제 시대에 진단 학회 창립과 〈진단 학보〉 발행에 참여하였다.
ㄴ. 우리 고대사를 주체적으로 그려 낸 〈조선 상고사〉를 저술하였다.
ㄷ. 사적 유물론에 입각하여 한국사를 세계사적 보편성 위에 체계화하고자 하였다.
ㄹ. 민족 성장의 논리와 사회 발전의 논리를 종합하여 우리역사를 전체로서의 민족사로 파악하고자 하였다.

① ㄱ, ㄴ ② ㄱ, ㄹ ③ ㄴ, ㄷ
④ ㄴ, ㄹ ⑤ ㄷ, ㄹ

46 다음 선언문이 발표될 당시의 헌법의 특징으로 옳은 것은?

[2점]

> 민주주의와 민중의 공복이며 중립적 권력체인 관료와 경찰은 민주를 위장한 가부장적 전제 권력의 하수인으로 발 벗었다. 민주주의 이념의 최저의 공리인 선거권마저 권력의 마수 앞에 농단되었다. 언론·출판·집회·결사 및 사상의 자유의 불빛은 무식한 전제 권력의 악랄한 발악으로 하여 깜박이던 빛조차 사라졌다.

① 대통령 임기를 7년 단임으로 정하였다.
② 대통령에게 긴급조치권을 부여하였다.
③ 대통령을 국회에서 간선으로 선출하였다.
④ 내각 책임제와 양원제 국회를 규정하였다.
⑤ 초대 대통령에 한하여 중임 제한을 철폐하였다.

45 정답 ②·· (2008. 제5회 고급)

사료는 신민족주의 사학자 손진태(1900-?)의 「조선민족사개론」인데, ㄴ. 신채호의 저술, ㄷ. 백남운에 대한 설명이다.

손진태 민속학의 체계화(「조선민족설화의 연구」), 조선민속학회 창립 주도(1932), 민족주의자. '민중(民衆)'이 역사의 주체(민족 전체)라고 주장. 「조선민족문화의 연구」・「조선민족사개론」・「국사대요」 등의 저서가 있다. 「조선민족사개론」에서 역사학의 목적은 모든 사실을 있는 그대로 공정하게 파악하여 민족의 참된 행복의 길을 발견하고, 아울러 인류사회의 발전향상과 평화를 터득하는데 있다면서 한국사와 세계사의 관련을 강조하고 신민족주의사학을 확립하려고 노력

진단학회(1934) 이병도・조윤제・손진태(민속학 연구)・신석호 등이 조직하여 「진단학보」를 발간하면서 실증사학의 정립에 노력

백남운 해방 후 모택동의 「신민주의이론」의 영향으로 연합성 신민주주의(인민성 민주주의)를 제창, 남조선신민당 위원장(중도좌파). 북한에서 초대 교육상・최고인민회의 의장 역임. 사적유물론을 바탕으로 한국사에 대한 체계적・법칙적 이해를 최초로 시도하여 한국사가 세계사의 발전과정과 궤를 같이 하여 원시공산제사회, 노예제사회, 아시아적 봉건제사회, 봉건제 해체와 자본주의 맹아기, 이식 자본주의사회로 발전했다고 해석, 조선인식의 진흥 제창. 조선경제학회 창립 주도(1933) 「조선사회경제사」(1933)・「조선봉건사회경제사」(1937) 등의 저서가 있다.

≫조선사회경제사≪

> 우리 조선의 역사적 발전의 전과정은, 예컨대 지리적 조건, 인종학적인 골상, 문화 형태의 외형적인 특징 등 다소의 차이를 인정한다 하더라도, 외관상 이른바 특수성이 다른 문화 민족의 역사적 발전 법칙과 구별되어야 할 독자적인 것은 아니며, 세계사적인 일원적인 역사 법칙에 의해 다른 제 민족과 거의 동궤적(同軌的)인 발전 과정을 거쳐 왔던 것이다.

46 정답 ⑤·· (2008. 제5회 고급)

사료의 선언문은 1960년 4・19 당시 발표된 서울대학교 문리대 학생회의 「4월 혁명 제 1선언문(자유의 종을 난타하는 타수의 일익을)」인데, 당시 헌법은 이승만 자유당 정권의 2차 개헌인 사사오입개헌(1954.11.29) 이후이다. ① 8차 개헌, ② 7차 개헌(유신헌법), ③ 발췌개헌 이후 직선제로 개편, ④ 4・19 이후 3차 개헌, ⑤ 2차 개헌의 내용이다.

발췌개헌파동(1차 개헌, 1952.7.4.) 제1대 대통령선거 때와 같은 국회에서의 간접선거로는 재선될 가능성이 없게 되자, 대통령직선제를 골자로 하고 야당이 주장한 내각책임제 개헌안을 기립 표결로 통과(5・26 부산정치파동).

사사오입 개헌(2차 개헌, 1954.11.29) 장기 집권을 목적으로 초대 대통령에 한하여 중임제한(重任制限)을 철폐한다는 대통령중심제 개헌안을 사사오입이론을 내세워 통과. 그 결과 야당세력을 규합한 민주당이 결성되었고, 민주당의 대통령 후보 신익희는 "못살겠다. 갈아보자."라는 선거 구호로 이승만에게 맞섰으나 투표 열흘 전 급사하고 1956년 5월 15일 선거에서 이승만은 대통령에 당선되었지만 부통령에는 자유당의 부통령 후보였던 이기붕이 낙선하고 야당 민주당 후보인 장면이 당선.

3차 개헌(제2공, 1960.6.15.) 내각책임제 개헌안 통과 : 지방자치법 개정안 및 경찰중립화법의 기초위원회 구성

5차 개헌(제3공, 1962.12.17) 대통령중심제

6차 개헌(1969.10.21.) 장기 집권을 위한 3선개헌, 국민투표에서 다수 국민의 지지로 확정.

7차 개헌(유신헌법 : 제4공, 1972.12.27.) 유신체제대통령의 중임 제한을 없앴으며, 대통령의 직속 기구나 마찬가지인 통일주체국민회의(의장 : 대통령)에서 대통령(임기 : 6년)을 선출하며 국회 발의의 헌법개정안의 의결 확정 등을 대행. 또 대통령이 국회의원(유정회) 3분의 1 추천권과 법관 인사권을 가져 의회와 사법부를 통제, 긴급조치권과 국회 해산권 등. 또, 통일이 될 때까지 지방 의회를 구성 연기.

8차 개헌(제5공, 1980.10.27.) 7년의 단임제(대통령 선거인단에 의한 간접선거)

9차 개헌(제6공, 1987. 10. 29) 직선제 5년 단임

47 다음 법령의 시행과 관련된 설명으로 옳지 않은 것은? [2점]

> • 몰수 또는 국유로 된 농지, 소유권자의 명의가 분명하지 않은 농지는 정부에 귀속하며, 농가 아닌 자의 농지, 자경하지 않은 자의 농지, 본법 규정의 한도를 초과하는 농지 등은 적당한 보상으로 정부가 매수한다.
> • 국유 농지는 현재 당해 농지를 경작하는 농가, 경작 능력에 비하여 과소한 농지를 경작하는 농가, 농업 경영 경험을 가진 순국열사의 유가족, 영농 능력을 가진 피고용 농가, 국외에서 귀환한 농가의 순위에 따라 분배, 소유케 한다.

① 지주층에게 유리하다는 평가를 받기도 하였다.
② 제헌 국회에서 지주 및 상공인 출신의 반대가 있었다.
③ 국가에서 몰수한 토지는 농민에게 무상으로 양여하였다.
④ 일부 지주들은 개혁이 단행되기 전에 토지를 미리 처분하였다.
⑤ 농지의 분배는 1 가구당 총 경영 면적 3정보를 초과하지 못하였다.

48 밑줄 그은 '이 협정'에서 다루고 있지 않은 것은? [1점]

> 이 협정의 결과, 우리나라는 일본에서 많은 차관을 들여올 수 있게 되었다. 그러나 그 대가로 일본의 식민 통치에 대한 보상 문제 등에서 한국이 지나치게 양보했기 때문에 여기에 반대하는 대학생들의 시위가 대규모로 일어나기도 했다.

① 어업에 관한 문제
② 독도 영유권에 관한 문제
③ 문화재 및 문화 협력에 관한 문제
④ 재일 교포의 법적 지위와 대우에 관한 문자
⑤ 재산 및 청구권에 관한 문제와 경제 협력에 관한 문제

47 정답 ③ ··· (2008. 제5회 고급)

보기의 법령은 1949년 6월에 공포된 농지개혁법인데, ③ 국가에서 유상으로 매수하여 영세 소작농에게 유상으로 분배하였다.

농지개혁법 '농지는 농민에게 분배한다'는 제헌헌법 제 86조의 규정에 따라 종래 소작제도를 철폐하여 경자유전을 실현하고 지주의 토지와 신한공사 관리의 적산농지를 유상매(몰)수하여 소작인에게 유상분배하는 농지개혁을 실시. 산림과 임야 등 비경작지(과수원·종묘포·상전)와 농우(農牛)와 머슴은 분배대상에서 제외.

1) **정부안** 3정보(ha) 이내의 유상분배, 농지의 매수가격을 연평균 생산량의 2배로 하고 정부가 3년 거치 10년 균등으로 지주에게 보상, 농민은 연평균 생산량의 2배인 지가를 10년간 균등 분할상환.
2) **1949년 3월 10일 한민당 주도의 국회안** 보상액과 상환액을 평년작의 3배로 한다.
3) **1949년 4월 28일 국회통과안** 보상액을 평년작의 1.5배로 하고 농민의 상환액은 1.25배, 상환기간은 5년으로 한다(1949. 6, 농지개혁법 공포).
4) **1950년 3월 10일 국회통과안(최종안)** 3정보를 초과하는 지주의 토지를 국가에서 유상으로 매수하여 지가증권을 발급하여 농지 연수확량의 150%를 한도로 5년에 걸쳐 보상하고, 영세 소작농에게 3정보 한도로 유상분배하여 5년간 수확량(농산물)의 30%씩 현물로 상환한다.
5) **1950년 3월 10일** 농지개혁법 공포, 6·25 전쟁 발발 직전인 6월 23일에야 실시.

48 정답 ① ··· (2008. 제5회 고급)

보기의 협정은 1965년 6월에 체결된 한일협정인데, 당시 일본은 독도 문제를 협정 안에 명기하려고 하였으나 한국 측은 독도는 한국의 고유 영토임으로 의제가 될 수 없다고 주장하여 거부하였다.

한일협정 체결(1965.6.22) 박정희정권의 경제개발정책에 따른 외국 사본의 필요성, 미국의 지역 통합전략, 일본의 과잉 자본 수출을 통한 시장 개척 등이 주요 배경.

1) **주요 내용**
   ① 어업에 관한 협정
   ② 재일교포의 법적 지위와 대우에 관한 협정
   ③ 한·일 재산 및 청구권 해결과 경제협력에 관한 협정
   ④ 한·일 문화재 및 문화 협력에 관한 협정

2) **경과** 연합국 최고사령부의 주선으로 1951년 10월 21일 한일간의 예비회담 → 김종필과 일본 외무장관 오히라 간에 비밀 합의(1962. 11 : 일본의 식민지 지배에 대한 사과와 배상, 약탈 문화재 반환, 군대 위안부와 강제 징용자, 그리고 원폭 피해자에 대한 배상, 재일동포의 정당한 법적 지위 및 대우 문제 등을 소홀히 다룬 채 청구권이라는 명목으로 합의, 당시 일본에서도 한·미·일 군사동맹 구축이라는 불안 때문에 한일협정 반대 시위) → 야당의 대일굴욕외교 반대 범국민투쟁위원회를 결성(1964. 3.24) → 한일굴욕외교반대투쟁학생총연합회를 결성(5.15) → 황소식 '민족적 민주주의의 장례식'을 거행(5.20, '4월혁명의 기치는 반외압 세력·반매판·반봉건에 있으며, 5월 군부 쿠데타는 이러한 이념에 대한 정면 도전') → 전국으로 한일회담 반대 시위가 확산 → 대대적인 가두시위(6.2) → 6·3시위(비상계엄령 선포, 1964.6.3, 반대 세력 탄압에 군대를 동원하는 군사통치 수법의 효시) → 한일협정이 정식 조인(,1965.6.22, 제2의 을사조약) → 대학교를 휴교(1965.8) → 서울지구에 대통령령으로 위수령(8.26)을 발동하여 시위를 진압.

> **한·일기본조약과 청구권 협정** 1962년 11월 이른바 김종필-오히라(大平) 메모에서 3억달러 무상공여, 정부 공공차관 2억달러와 민간상업차관 1억달러(정식체결 때 2억달러 추가)의 3억달러 유상차관으로 골격이 확정.

49 (가) 와 (나) 노래가 등장했던 시기의 사회 모습으로 옳지 않은 것은? [2점]

> (가) 초가집도 없애고 마을길도 넓히고, 푸른 동산 만들어 알뜰살뜰 다듬세. 살기 좋은 내 마을 우리 힘으로 만드세.
> (나) 긴 밤 지새우고 풀잎마다 맺힌 진주보다 더 고운 아침 이슬처럼 내 맘에 설움이 알알이 맺힐 때 아침 동산에 올라 작은 미소를 배운다.

① 과외가 금지되고 대학 입학 본고사가 폐지되었다.
② 근면, 자조, 협동을 내세운 새마을 운동이 시작되었다.
③ 청바지, 통기타 등으로 상징되는 청년 문화가 등장하였다.
④ 중화학 공업 정책에 따라 남성 노동자의 비율이 늘어났다.
⑤ 종교계와 대학생을 중심으로 유신 반대 운동이 전개되었다.

50 다음 성명 발표의 영향으로 나타난 사실은? [2점]

> 첫째, 통일은 외세에 의존하거나 외세의 간섭을 받지 않고 자주적으로 해결하여야 한다.
> 둘째, 통일은 서로 상대방을 반대하는 무력행사에 의거하지 않고 평화적 방법으로 실현하여야 한다.
> 셋째, 사상과 이념, 제도의 차이를 초월하여 우선 하나의 민족으로서 민족적 대단결을 도모하여야 한다.

① 이산가족 상봉이 이루어졌다.
② 남북 조절 위원회가 설치되었다.
③ 남북 기본 합의서가 채택되었다.
④ 한반도 비핵화 선언이 이루어졌다.
⑤ 남북한 동시 유엔 가입이 이루어졌다.

해설 및 정답

49 정답 ① ·· (2008. 제5회 고급)

(가) 새마을 노래, (나) 아침이슬은 모두 1970년대를 보여 주는데, ②③④⑤는 1970년대이나 ① 1980년 7·30 교육조치로 전두환의 국가보위비상대책위원회 시기이다.

제4공화국 국정지표로 한국적 민주주의의 토착화, 자주국방과 국가안보 확립, 조국의 평화적 통일기반 조성, 중화학공업화의 추진, 주체성 있는 민족문화 창달 등을 표방.

① 언론 통제 강화 ② 교육활동 : 정부는 새마을운동과 더불어 새마을교육을 실시하였으며, 사회교육의 확대방안으로 방송통신교육을 확대. 그리고 교육연구를 목적으로 한 한국교육개발원(1972.8)과 정신교육을 위한 한국정신문화연구원(1978.6)이 발족.

유신체제하에서 국내에서 반독재 민주화운동이 고양되고 대미·대일관계가 악화.

1) **민주화운동**(반유신체제 운동)

① 재야운동 : 정치인·지식인·종교인·교수·문인·법조인·언론인·여성계등이 반유신·반독재 민주화투쟁을 전개하면서 재야가 형성. 주요 활동으로는 장준하가 중심이 된 '개헌청원 100만인 서명운동'(1973.12), 동아일보 기자의 '자유언론실천선언'(1974.10.24) 발표와 '3·1민주구국선언문' 발표(1976.3), '민주주의와 민족통일을 위한 국민연합' 조직(1979.3) 등.

② 학생운동 : 정부의 계속된 긴급조치 발동하에서도 유신헌법 철폐와 개헌을 요구하는 학생들은 전국민주청년학생총연맹(민청학련)을 조직하여 민주화투쟁을 지속적으로 전개하였으며, 그 과정에서 점차 민중지향적 성격을 띠게 되었다(1974.4 : 민청학련사건).

2) **노동운동** 정부는 수출과 경제 성장의 목표 달성, 안보 유지, 정치적 안정 등을 이유로 노사관계에 개입하고 노동자의 단체교섭권과 노동쟁의 행위를 규제. 이에 따라 노동자 개인의 생존권투쟁에서 점차 집단적이고 조직적인 반독재투쟁으로 발전. 전태일분신사건, YH사건

> **노동 운동 연표** 전태일, 노동 환경의 개선을 요구하며 분신 자살(1970.11) → YH 무역 노조원, 신민당사에서 농성(1979.8) → 임금 인상과 노동 조건 개선을 내세운 전국적 노동 운동(1987.7~9) → ILO(국제노동기구) 기본 조약 비준과 노동법 개정 운동(1991.10) → 전국민주노동조합총연맹(민주노총) 결성(1995.11) → 노사정 위원회 발족(1998.1)

50 정답 ② ·· (2008. 제5회 고급)

보기의 통일정책은 1972년 남과 북에서 동시에 발표된 7·4 남북공동성명이다. ① 1971년 8월 대한적십자사가 북측에 제의, ② 7·4남북공동성명의 내용, ③ 1991년 12월 13일, ④ 1991년 12월 31일, ⑤ 1991년 9월 17일의 사실이다.

7·4남북공동성명(1972.7.4) 1972년 5월 초부터 6월 초에 걸쳐 비밀리에 북한과의 고위정치협상을 갖고 서울과 평양에서 동시에 발표.

※주요골자 : ① 남북한의 자주적·평화적·민족적 대단결 통일의 3대 원칙 합의, ㉠ 통일은 외세에 의존하거나 외세의 간섭 없이 자주적으로 해결을 한다. ㉡ 통일은 서로 상대방을 반대하는 무력행사에 의거하지 않고 평화적으로 실현한다. ㉢ 사상과 이념, 제도의 차이를 초월하여 우선 민족의 대단결을 도모한다. ② 상대방을 중상·비방하지 않고 무장도발을 하지 않으며, ③ 다방면적인 제반교류의 실시, ④ 남북적십자회담의 적극 협조, ⑤ 서울과 평양 사이에 상설 직통전화를 가설, ⑥ 남북조절위원회의 구성, 운영 합의, ⑦ 이상의 합의사항을 성실히 이행할 것을 민족 앞에 약속한 것 등.

※북한의 조국통일 3대원칙은 우리와는 달리 자주는 미군 철수와 외세 개입 불식, 평화는 전쟁연습 중단, 민족 대단결은 국가보안법 철폐를 주장하였다.

06 한국사능력검정시험 고급

(2009년 5월 23일)

01 지도에 ◯ 로 표시된 지역에서 주로 출토되는 고조선의 유물로 옳은 것을 <보기>에서 모두 고른 것은? [2점]

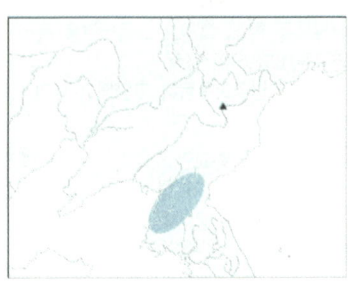

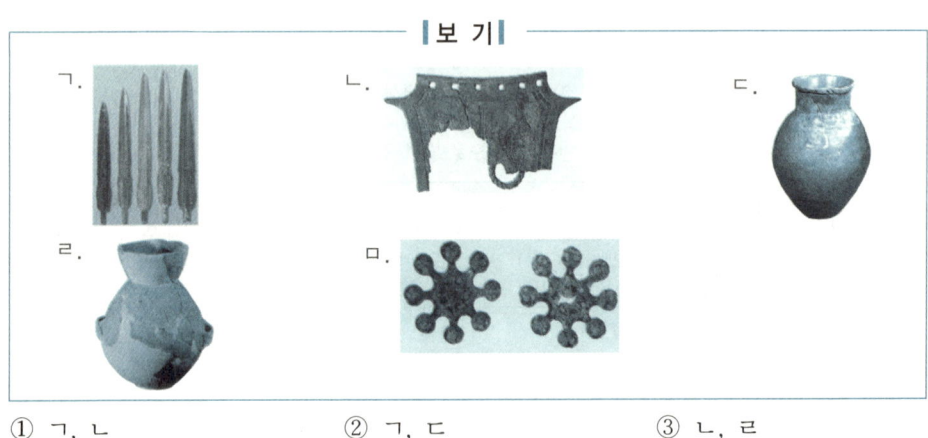

| 보 기 |

ㄱ.   ㄴ.   ㄷ.   ㄹ.   ㅁ.

① ㄱ, ㄴ   ② ㄱ, ㄷ   ③ ㄴ, ㄹ
④ ㄴ, ㅁ   ⑤ ㄱ, ㄷ, ㅁ

02 다음 삼한 시대 유적지에서 출토된 유물을 통하여 알 수 있는 사실을 <보기>에서 모두 고른 것은? [2점]

- 경남 창원시 다호리 유적지 : 기원전 1세기 무렵의 초기 철기 시대 유적지로, 붓, 통나무관, 그리고 식용의 감과 율무 등이 출토되었다.
- 광주시 광산구 신창동 유적지 : 기원 전후 시기 마한 사람들의 생활 유적지로, 어린이를 매장한 것으로 추정되는 독무덤이 1960년대에 다수 발견되었으며, 30여 년 뒤에 다시 발굴이 이루어져 악기, 베틀 부속 도구인 바디, 수레 부속 도구, 인분과 기생충 알 등이 확인되었다.

| 보 기 |

ㄱ. 한자 사용   ㄴ. 옷감 생산   ㄷ. 현악기 사용   ㄹ. 중국과 문물 교류

① ㄱ, ㄴ   ② ㄷ, ㄹ   ③ ㄱ, ㄷ, ㄹ
④ ㄴ, ㄷ, ㄹ   ⑤ ㄱ, ㄴ, ㄷ, ㄹ

해설 및 정답

01 정답 ② ·· (2009. 제6회 고급)

표시된 지역은 대동강 유역으로 ㄱ. 세형동검 ㄷ. 팽이토기 등이 출토되었다. ㄴ. 대전 괴정동 출토의 농경무늬 청동기, ㄹ. 의주 미송리 동굴에서 출토된 미송리식 토기, ㅁ. 전남 화순 대곡리 출토의 주술용 청동방울(팔주원령)이다.

- **고조선** 요령지방을 중심으로 성장하여, 점차 인접한 군장사회를 통합하면서 한반도 북부 대동강 유역까지 발전하였다. 이와 같은 사실은 출토되는 비파형동검과 미송리식 토기의 분포를 통해 알 수 있다.
- ㄱ. **세형동검** 청천강 이남에 집중적으로 분포되었는데, 중국의 영향을 받으면서도 한국식 동검으로 독특하게 발전
- ㄷ. **팽이토기**(각형토기, 角形土器) 청동기시대에 청천강 이남~한강 이북의 서부지방에서 만들어졌던 토기로, 외형은 팽이모양이고 아가리는 말아 붙여 겹으로 만들고 그 곳에 간단한 줄무늬가 들어 있는 것을 특징.
- ㄴ. **농경무늬 청동기** 제사에 쓰였던 기구로 추정. 시기는 불분명하나 청동기 시대 후기부터 초기 철기시대, 특히 삼한시대부터 농경이 발달하였음을 보여 줄 뿐 아니라, 당시 사람들의 정신세계까지 간접적으로 보여주는 귀중한 문화재이다. 제사 기구에 밭에서 일하고 있는 사람의 모습을 새긴 것으로 보아 청동기 시대의 농업이 매우 중요시되었음을 알 수 있다(국립중앙박물관 소장).
- ㄹ. **미송리식 토기** 1959년 평북 의주 미송리동굴에서 처음 발굴. 밑이 납작한 항아리 양쪽 옆으로 손잡이가 하나씩 달리고 목이 넓게 올라가서 다시 안으로 오므라들고, 표면에 집선(集線) 무늬가 있는 것이 특징이며, 주로 청천강 이북, 요령성과 길림성 일대에 분포. 이 토기는 고인돌, 거친무늬거울, 비파형동검과 함께 고조선의 특징적인 유물로 간주.
- ㅁ. **청동방울**(청동팔령구) 화순 대곡리 출토 청동유물<국보 143호. 8각형의 별모양으로 생겼으며, 각 모서리에 방울이 달려 있다. 그 안에 청동구슬을 넣어 흔들면 소리가 나는 것으로, 주술적·종교적인 의식용 도구로 보여진다. 방울 표면에는 고사리문양.

02 정답 ⑤ ·· (2009. 제6회 고급)

붓은 한자 사용과 중국과 문물 교류를 보여주며, 베틀의 바디는 옷감 생산, 악기의 발굴로 현악기 사용을 알 수 있다.

- **경남 창원 다호리 고분군** 청동검·철제 농기구·칠기·오수전·와질토기 등의 유물과 함께 붓이 5점이 발견(한자 사용), 당시 한반도 남단까지 한자가 사용되었음을 알 수 있다.
- **광주시 광산구 신창동 유적지** 영산강 유역 낮은 평야지대에 자리한 초기 철기시대의 늪과 못터, 토기 가마터, 배수시설, 독무덤(옹관묘) 등 고대 농경문화와 생활유적. 독무덤 53기가 발견. 이 지역 독무덤은 영산강 유역 삼국시대 독무덤 계보가 선사시대까지 올라가는 것을 보여주는 것으로 그 가치가 크다. 초기 철기시대 생활문화연구와 농경생활의 흔적을 찾아볼 수 있고 목제 유물을 통해 당시 생활상을 엿볼 수 있어 중요.

03 다음 자료에 대한 설명으로 옳은 것을 〈보기〉에서 모두 고른 것은? [1점]

> 5월에 고려 대왕 상왕공(相王公)은 신라 매금(寐錦)과 세세토록 형제처럼 지내기를 원하였다. …… 매금의 의복을 내리고 …… 상하(上下)에게 의복을 내리라는 교를 내리셨다. …… 12월 23일 갑인에 동이매금(東夷寐錦)의 상하가 우벌성에 와 교를 내렸다.

보기
ㄱ. 광개토 대왕의 정복 활동성과를 기록한 비문 내용의 일부이다.
ㄴ. 이 내용이 기록된 비석은 현재 중국 길림성 집안시에 남아 있다.
ㄷ. 스스로를 천하의 중심으로 자부하는 고구려인의 천하관이 반영되어 있다.
ㄹ. 고구려가 신라를 압박하여 그 영향권 내에 두려고 했던 사실을 전해 준다.

① ㄱ, ㄴ
② ㄷ, ㄹ
③ ㄱ, ㄴ, ㄹ
④ ㄴ, ㄷ, ㄹ
⑤ ㄱ, ㄴ, ㄷ, ㄹ

04 다음은 부여 지역의 주요 유적을 표시한 지도이다. (가)~(마)에 대한 설명으로 옳지 않은 것은? [2점]

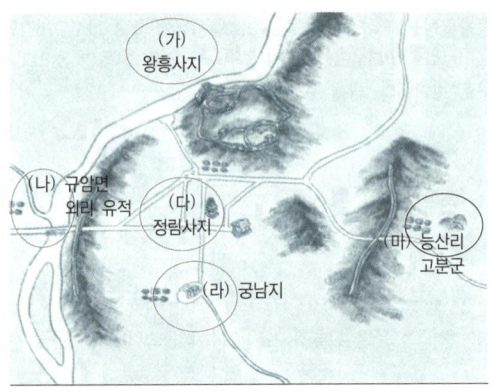

① (가) - 목탑지를 발굴하는 과정에서 명문이 새겨진 사리함이 출토되었다.
② (나) - 도교 사상의 영향을 보여 주는 산수무늬 벽돌이 출토되었다.
③ (다) - 백제탑의 전형적인 양식을 보여 주는 5층 석탑이 남아 있다.
④ (라) - 무왕 때에 만들어진 왕실의 연회 장소로, 백제 금동 대향로가 출토되었다.
⑤ (마) - 왕실 묘역으로 사신도와 연화무늬가 그려진 고분 벽화가 발견되었다.

해설 및 정답

03 정답 ② ··· (2009. 제6회 고급)

사료는 1979년 4월 충북 중원군 가금리 용정면에서 발견된 고구려 장수왕대에 건립된 중원 고구려비인데, 고구려와 신라의 위상관계에서 고구려가 우위에 있었음을 보여준다. ㄱ,ㄴ. 광개토대왕릉비의 내용이다.

중원고구려비 5세기 말 장수왕 때 건립으로 추정, 1979년 4월 발견, 신라를 동이, 신라왕을 매금(寐錦)으로 지칭하고 있으며, 고구려 대왕이 신라 왕과 신하들에게 의복을 하사하여 종주국으로서 고구려의 천하관을 보여 주고 있다(고구려와 신라의 위상 관계 입증). 일부 내용은 다음과 같다.

"5월에 고구려 대왕이 상왕공(相王公)과 함께 동쪽 오랑캐 신라 매금(寐錦)을 만나 세세토록 우호를 맺기 위해 이 곳에 왔으나, 신라 매금이 오지 않아 실행하지 못하였다. 이에 고구려 대왕은 태자 공과 전부 대사자 다우환노에게 명하여 우벌성 부근 진영에 머물러 다시 신라 매금을 만나게 하였다. …… 12월 23일 동이 매금이 고구려 당주인 발위사자 금노에게 신라 국내의 사람들을 내지로 옮기게 하였다."

04 정답 ④ ··· (2009. 제6회 고급)

① 2007년 10월 국내 최고의 사리함 출토, ② 노장사상의 영향, ③ 정림사지 5층 석탑, ④ 1993년 능산리에서 백제금동대향로가 출토, ⑤ 능산리 1회분(동하총)의 내용이다.

(가) **왕흥사지** 2007년 10월 국내 최고의 사리함 출토. 금제사리병, 은제사리호, 청동사리합의 3중구조로 안치된 시리기가 출토. 청동사리합 동체 외면에는 상·하 양단에 2줄의 음각선을 돌리고 그 안으로 5자 6행 29자의 명문이 음각되어 있었으며 그 내용은 "정유년(577) 2월 15일 백제왕 창이 죽은 왕자를 위해 탑(또는 사찰)을 세우고 본래 사리 2매를 묻었을 때 신의 조화로 셋이 되었다."는 것이다. 이는 왕흥사의 창건과 관련된 내용으로 문헌기록과 차이를 보여 왕흥사 창건시기를 밝히고 나아가 문헌 속 백제사에 대한 재검토 계기를 마련.

(나) **규암면 외리** 산수무늬 벽돌, 연꽃무늬벽돌, 구름무늬벽돌 : 부여 규암면 외리의 건물터에서 나온 벽돌들로, 우아하고 섬세한 선으로 표현. 노장사상의 영향

(다) **정림사지** 백제 때에 세워진 5층석탑(국보 제9호)과 고려시대에 만들어진 석불좌상(보물 제108호)이 남아 있다. 백제와 고려시대의 장식기와를 비롯하여 백제 벼루, 토기와 흙으로 빚은 불상들.

　　정림사지 5층 석탑(일명 평제탑(平濟塔) : 1층 탑신에 소정방의 백제 멸망 기사 수록) 목조탑의 건축양식을 모방한 목탑형 석탑인 익산 미륵사지 석탑을 계승, 균형미

(라) **궁남지** 부여 남쪽에 위치한 백제의 별궁 연못.

(마) **능산리 고분군** 모두 7기로 이루어져 있다. 1993년 백제금동대향로가 출토. 일제시대 1~6호 무덤까지 조사되어 내부구조가 자세히 밝혀졌고, 7호 무덤은 1971년 보수공사 때 발견되었다. 고분의 겉모습은 모두 원형봉토분이고, 내부는 널길이 붙은 굴식돌방무덤(횡혈식 석실분)으로 뚜껑돌 아래는 모두 지하에 만들었다. 내부구조와 재료에 따라 크게 3가지로 나눌 수 있는데 먼저, 1호 무덤(동하총)은 네모형의 널방과 널길로 이루어진 단실무덤으로 널길은 비교적 길고 밖으로 갈수록 넓어지는 나팔형이다. 널방의 네 벽과 천장에는 각각 사신도와 연꽃무늬, 그리고 구름무늬의 벽화가 그려져 있는데, 고구려 고분벽화의 영향으로 보인다. 2호 무덤(중하총)은 무령왕릉과 같이 천장이 터널식으로 되어 있으며, 가장 먼저 만들어진 것으로 보인다. 3호 무덤(서하총)·4호 무덤(서상총)은 천장을 반쯤 뉘어 비스듬히 만든 후 판석을 덮은 평사천장이고 짧은 널길을 가졌다. 이 형식은 부여지방에 많으며 최후까지 유행한 것으로 보인다. 최근 무덤들 서쪽에서 절터가 발굴되어 백제금동대향로(국보 제287호)와 백제창왕명석조사리감(국보 제288)이 출토.

05 다음 문화 유산이 만들어질 당시 백제의 역사적 상황에 대한 설명으로 옳은 것은?

[3점]

① 한강 유역을 장악하고 관등제를 정비하여 중앙 집권 국가의 토대를 마련하였다.
② 마한을 정복하고 고구려를 공격하였으며, 해외 진출을 적극적으로 추진하였다.
③ 관륵(觀勒)이 일본에 건너가 천문, 지리, 역법 등에 대한 서적을 전하였다.
④ 22담로를 설치해 지방 통제를 강화하고 백제 중흥의 발판을 마련하였다.
⑤ 국호를 남부여로 변경하고, 중앙 관청과 지방 제도를 정비하였다.

06 다음은 통일 신라 시대의 연표이다. (가)~(마) 시기의 상황을 옳게 설명한 것은? [3점]

676	681	768	822	889	935(년)
	(가)	(나)	(다)	(라)	(마)
삼국 통일	김흠돌의 난	96각간의 난	김헌창의 난	원종·애노의 난	신라 멸망

① (가) - 인재 양성을 위해 독서삼품과를 시행하였다.
② (나) - 녹읍을 폐지하였다가 귀족들의 반발로 복구하였다.
③ (다) - 장보고가 청해진을 개설하고 왕위 계승전에 참여하였다.
④ (라) - 내물왕계 진골 귀족들에 의해 왕위가 계승되기 시작하였다.
⑤ (마) - 당에 유학했던 승려 도의가 돌아와 선종을 파급시켰다.

해설 및 정답

05 정답 ③ ··· (2009. 제6회 고급)

보기의 문화유산은 익산 미륵사지석탑과 거기서 출토된 사리장엄인데, 백제 무왕대의 사실이다. ① 고이왕, ② 근초고왕, ③ 무왕, ④ 무령왕, ⑤ 성왕대의 상황이다.

③ **무왕**(600~641) 미륵사를 건립하고 궁남지(宮南池)를 조성, 익산 천도 계획을 세워 백제 중흥을 시도하였으나 실패하였다. 서동요의 작자.

> **미륵사** 미륵사는 중앙에 거대한 목탑과 동서에 석탑을 둔 특이한 형태를 띠고 있는데 7세기에 무왕이 추진한 백제의 중흥을 반영.
>
> **익산 미륵사지석탑** 현재 남아 있는 가장 오래되고 커다란 탑으로, 목조탑의 건축양식을 모방한 목탑형 석탑. 한국 석탑 전체의 출발점. 2009년 1월 14일 익산 미륵사지 석탑을 보수·정비하다가 심주(心柱) 상면(上面) 중앙의 사리공(舍利孔)에서 금제 사리호(金製舍利壺), 금제사리 봉안기(金製奉安記) 등 사리장엄(舍利莊嚴)을 발견.
>
> **부여 왕흥사터 사리장엄구** 2007년 10월 우리나라 최고의 사리를 담은 용기인 사리장엄구가 백제 위덕왕(창왕) 때 건립(삼국사기는 무왕으로 기록)된 왕흥사 터에서 발굴되었는데 청동사리합 안에 은제 사리병을 담고 그 안에 다시 금제 사리병을 넣은 3종 세트 형식인데 청동사리합 몸체에 창왕이 죽은 왕자를 위해 목탑을 세우고 사리장엄구를 넣었다고 기록.

③ **관륵**(무왕 3년601) 일본에 불교와 천문·지리·역법·둔갑방술의 서적을 전하였으며 일본 승관제 성립에 영향을 주고 초대 승정(僧正)에 취임.

① **고이왕**(234~286) 6좌평제·16관등제의 관제 정비(260), 율령 반포(262?), 남당(南堂) 설치, 관리 복색 제정(자·비·청색), 한강유역 통합, 낙랑·대방 공격, 서진(西晋)에 사신을 파견(277).

② **근초고왕**(346~375) 1) **정복사업** 고구려의 평양성을 공격하여 고국원왕을 전사시킴(371). 영산강 유역의 마한 병합, 탐라 정벌(복속은 동성왕), 가야에 대해 지배권 행사(369), 백제의 전성시대. 2) **해외 진출** 남조의 동진과 교섭하고(372) 산동지방과 일본의 구주(규슈) 지방까지 진출하여 요서·진평·산동·일본을 연결하는 고대 상업세력을 형성. 3) **왕권 강화** 부여씨의 왕위 세습, 부자상속, 진씨의 왕비족 결정이 이루어졌고, 고흥외「서기」편찬(375). 4) **일본과 교류** 일본에 아직기를 파견하고 칠지도 하사. 5) **담로제 실시** 지방관을 파견하고 중앙 왕족과 귀족을 지방에 파견..

④ **무령왕**(501~523) 지방에 왕족을 파견하는 22담로제로 지방 통제를 강화, 중국 남조(양)의 문화를 적극 도입한 웅진시대의 마지막 왕. 무령왕릉에 따르면 양나라에서「영동대장군백제사마왕」의 시호. 고구려의 평산을 공격하는 등 국력을 회복.

⑤ **성왕**(523~554) 사비성으로 천도(538), 부여 정통성의 강조로 국호를 남부여로 고침, 중앙관제를 22부로 정비, 수도 5부·지방 5방 설치, 불교를 장려, 중국의 남조와 문물 교류, 일본에 불교 전파(552), 고구려 안원왕 때 후사문제로 내분이 일어나자 신라와 동맹하여 한강 하류지역을 회복하였으나 신라 진흥왕에게 다시 상실함으로 고대 상업세력이 붕괴되었고, 관산성전투(충북 옥천)에서 패사.

06 정답 ② ··· (2009. 제6회 고급)

① 원성왕(788년), ② 경덕왕(757년), ③ 흥덕왕(828년), ④ 선덕왕(780년), ⑤ 헌덕왕(821년) 시기의 상황이다.

① **독서삼품과**(원성왕, 788) 관리 채용을 위해 실시한 국가고시(과거의 전신)로 유학지식을 독서 실력에 의해 상·중·하의 3등급과 5경 3사와 제자백가서에 능통한 특품으로 나누어 채용. 왕권 강화 목적. 진골 귀족의 반대로 실패하였으나 골품제도의 편협성을 극복 시도하였고 학문 보급에 기여.

③ **장보고** 완도에 청해진을 설치(흥덕왕, 828, 청해진 대사), 1만여 명의 수군을 양성하여 당의 해적들을 소탕한 후 당·일본과의 동아시아 무역을 독점하고 커다란 해상 정치세력으로 성장. 당에 견당매물사(遣唐賣物使)를 파견하고 선박을 교관선(交關船)이라 명명하고, 일본에는 회역사(廻易使)를 파견. 산동성 문등현 적산촌에 법화원을 설치. 민애왕을 축출하고(839)·김우징을 신무왕으로 즉위하는데 기여하였으나 문성왕 때 자신의 딸이 왕비 간택에 실패하자 장보고는 난을 일으켰다(846). 그 후 문성왕 때 청해진은 폐지(851), 주민들은 사민정책에 따라 김제 벽골군으로 강제 이주.

⑤ **봉암사 지증대사(도헌) 적조탑비 비문**

> 821년에 승려 도의가 서쪽으로 바다를 건너가 당나라 서당대사(지장)의 깊은 뜻을 보고 지혜의 빛이 스승과 비슷해져서 돌아왔으니, 그가 그윽한 이치를 처음 전한 사람이다.

07 교사의 질문에 대하여 <u>잘못</u> 대답한 학생은? [1점]

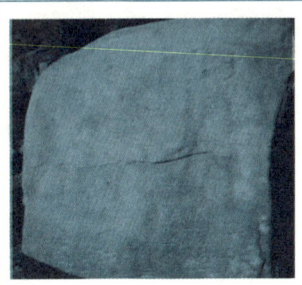

교사 : 이것은 사천에 있는 매향비입니다. 누가 세웠을까요?
갑돌 : 향도에서 세웠습니다.
교사 : 향도는 어떤 조직으로 시작되었죠?
을순 : 불교의 신앙 조직으로 시작되었습니다.
교사 : 향도는 어떤 활동을 하였나요?
병태 : 불상이나 석탑을 만들거나 절을 지을 때 주도적인 역할을 하였습니다.
교사 : 고려 후기에는 향도의 성격이 어떻게 변화했나요?
정희 : 마을 노역, 상장례, 마을 제사 등을 주관했습니다.
교사 : 조선 시대에 향도에서 유래한 것을 말해 보세요.
무한 : 향약을 들 수 있습니다.

① 갑돌　　② 을순　　③ 병태
④ 정희　　⑤ 무한

08 다음 글에 등장하는 인물들에 대한 설명으로 <u>옳은</u> 것을 〈보기〉에서 고른 것은? [2점]

고려 시대 경상도의 한 고을에 사는, 직역이 없는 양인인 갑(甲)은 아버지로부터 물려받은 민전을 가족들과 함께 경작하며 살아가고 있었다. 국가에서는 그의 민전을 관료인 병(丙)에게 과전으로 지급하였다. 한편, 같은 마을에 사는 직역이 없는 양인인 을(乙)은 소유하고 있는 농토가 없어 국유지를 빌려 농사지었다.

── 보 기 ──
ㄱ. 갑은 병에게 수확량의 10분의 1을 바쳤다.
ㄴ. 을은 수확량의 2분의 1을 국가에 바쳤다.
ㄷ. 갑과 을은 모두 백정(白丁)이라고 불렸다.
ㄹ. 갑과 을은 모두 주진군에 편입되었다.

① ㄱ, ㄴ　　② ㄱ, ㄷ　　③ ㄴ, ㄷ
④ ㄴ, ㄹ　　⑤ ㄷ, ㄹ

해설 및 정답

07 정답 ⑤ ·· (2009. 제6회 고급)

사료는 경남 사천에서 발견된 사천 매향비로 국왕의 만수무강과 국태민안을 기원하는 매향신앙을 보여주는데, 고려 우왕 때(1387년) 건립되었다. ⑤ 조선시대에 들어와서도 향도는 촌락공동체로 발전하였고, 향약은 지방 사림들이 주도한 향촌 교화 규약이다.

> **매향신앙**(埋香信仰) 고려 후기(14세기) 미륵하생신앙에 바탕을 두고 향나무를 바다나 강에 묻는 침향(沈香) 신앙으로 해안이나 도서지역에서 유행하였다. 유물로는 고성 삼일포 매향비(1309), 정주 매향비(1335), <u>사천 매향비(1387, 4,100여 명이 내세의 행운과 국왕의 만수무강 및 국태민안 기원)</u> 등이 있고, 매향하는 무리를 <u>향도</u>라고 불렀다.

향도(香徒) 민간신앙과 불교(미륵신앙)·동계조직이 혼합된 독특한 신앙공동체로 출발하여 상부상조(상두꾼·상여꾼) 및 부락 공동 방위 기능. 향도(香徒)는 남녀노소의 촌민이 모여 음주·가무를 즐겼으며, 상장(喪葬)을 서로 돕는 중요한 역할.

08 정답 ② ·· (2009. 제6회 고급)

ㄱ.민전의 경우 10분의 1을 바치고, ㄴ.국유지의 경우 10분의 1을 바치며, ㄷ.직역이 없는 양인이 백정, ㄹ.주진군이 아니라 주현군에 편입되었다.

고려의 농민

1) **조세** 조세는 토지를 비옥한 정도에 따라 3등급으로 나누어 부과. 토지 등급은 1결당 생산량을 최고 18석을 기준으로 비옥도에 따라 상중하의 3등급으로 나누어 전세를 부과. 거두는 양은 생산량의 10분의 1. 거둔 조세는 각 군현의 농민을 동원하여 조창(漕倉)까지 옮긴 다음 조운(漕運)을 통해서 개경의 좌·우창으로 운반하여 보관. 둔전·공해전 등의 공전은 1/4의 전조(田租)를 국가에, 사전은 1/2의 전조를 전주에게 바쳤다. 최근에 와서 1/4 공전조(公田租)는 국유지를 부곡민에게 소작 주었을 경우의 지대로 보고, 1/2 사전조(私田租)는 예전처럼 사유지(민전)를 무전농민에게 대여하여 소작관계가 발생하였을 때의 지대로 보고 있다. 사유지인 민전은 국가에 1/10의 전조를 바쳤으며, 민전 위에 관료의 과전이 설정되어도 관료에게 1/10을 바쳤다.

2) **평민계급** ① 양민 : 일반 주·부·군·현에 거주하며, 농업이나 상공업에 종사하였는데 농민층이 주류. 농민은 농업에 종사하고 생산을 담당하며 조세·공납·요역의 국역(國役)을 졌으며 자영농은 전세를, 전작농은 전조를 부담. ② 정호와 백정호 : 고려의 양민들은 군인호(軍人戶)·기인호(其人戶)·역호(驛戶) 등과 같이 국가에 대해 일정한 직역(職役)을 지는 정호(丁戶)와 그것을 부담하지 않는 백정호(白丁戶, 백정)로 구분. <u>백정은 국가로부터 토지를 지급받지 못하는 대신 조상 대대로 물려받은 자기 소유의 민전을 경작하거나 소작인이 되었고, 수취 대상으로서 조세·공납·요역 등을 부담.</u> ③ 백성 : 촌락의 유력자인 촌장과 촌정을 지칭하였으나 촌락 자체가 지방제도로서 중앙국가 권력과 직결되지 못해 일반 농민인 백정과 별 차이가 없었다. ④ 하층양민 : 철간(鐵干)·처간(處干)·염간(鹽干)·화척(禾尺)·진척(津尺)·해척(海尺) 등의 간척지도(干尺之徒)와 재인(才人)·역정(驛丁)·창기(娼妓)·악공(樂工) 그리고 향(鄕)·소(所)·부곡(部曲)의 주민들이 있었다.

3) **군역의 실제** 군인들의 복무 기간은 16세에서 59세까지인데, 3년에 한번씩 교대로 개경에 올라가 경비하거나 양계 지역에 들어가 국경을 방어. 따라서 16세에서 59세에 이르기까지 1년은 군 복무를 하고 2년은 자신의 고향에서 생업에 종사하는 식의 군대 생활을 반복. <u>고려 후기로 오면서 모든 농민층이 군인의 징발 대상.</u> 이는 농업 생산력의 발전으로 농민들의 생활이 전반적으로 안정되면서 그동안 농민층 내에 존재했던 정호와 백정호의 구분이 의미가 없어지게 되었던 것이다.

09 다음 글의 밑줄 그은 내용에 해당하는 사례로 적절한 것은? [2점]

> 그는 고려 시대의 성군(聖君)이었습니다. 그의 통치 기간 중에 고려의 여러 문물 제도가 완비되고 학문이 발달하였으며, 사회가 안정되었던 것이지요. 중앙에서는 내사문하성을 중서문하성으로 고쳐 부르게 되었고, 6부의 상서 위에 판사를 두고 2품 이상의 재상들이 이를 겸임하도록 하여 국정의 논의와 행정의 실무를 맡도록 한 '6부 판사제'를 본격적으로 시행하였지요. 지방 제도로는 개성부가 다시 복구되어 수도인 개성 주위의 경기를 통치하게 되었습니다. 이러한 정치 제도의 정비를 바탕으로 <u>다양한 제도의 정비</u>도 이루어졌습니다.

① 사심관 제도를 실시하여 지방의 호족 세력을 통제하였다.
② 국방력 강화를 위해 전국적인 군사 조직인 광군을 편성하였다.
③ 5품 이상의 고위 관료를 대상으로 하는 공음전시법을 제정하였다
④ 관료들의 관품과 인품을 동시에 고려한 전시과 체제제를 마련하였다
⑤ 호장과 부호장을 상층부로 하는 향리 제도를 처음으로 마련하였다.

10 다음 답사 보고서에 첨부할 사진으로 적절하지 않은 것은? [2점]

답사 보고서

- 성명 : ○○○
- 기간 : 2009년 5월 2일(토) ~ 5월 4일(월)
- 답사 지역 : 영주 → 안동
- 답사 내용 :

①

②

③

④

⑤

해설 및 정답

09 정답 ③ ·· (2009. 제6회 고급)

사료는 국왕은 문종(재위:1046-1083)이다. ① 태조, ② 정종, ③ 문종, ④ 경종, ⑤ 성종대의 시책이다.

문종(1046~1083)

1) **최충의 보필** 최충의 문헌공도 설립 이후 12공도가 설치.
2) **불교의 장려** 흥왕사를 창건하고 천태종을 도입하였으며 연등·팔관회를 공식 부활.
3) **공음전시과(功蔭田柴科)의 실시** 현직 위주의 지급으로 전시과가 완성.
4) **29관등 정비** 종1품에서 종3품까지의 5관등과, 정4품에서 종9품까지 상·하계를 두어 24관등.
5) **족보 편찬** 성씨·혈족의 계통을 기록한 족보를 국가에서 편찬하여 과거 응시자, 왕실의 결혼 등 신분 관계를 파악.
6) **전품삼등법(田品三等法) 실시** 토지를 상품(上品, 불역전(不易田, 연작))·중품(中品, 일역전(一易田, 1년 휴한))·하품(下品, 재역전(再易田, 2년 휴한)) 등으로 구분.
7) **삼원신수법(三員訊囚法) 실시** 중죄인에 대하여 3인 이상의 합의하에 재판하고, 사형수는 3심(3복제)하여 결정.
8) **기인선상법(其人選上法) 실시** 기인의 호장 자제 규정을 폐지.
9) **송과 국교 재개** 현종 때 단교한 송과 국교를 재개해 선진 문물을 수용.
10) **고교법(考校法) 실시** 국자감 학생들의 재학 기간을 유생은 9년, 율생은 6년으로 제한.
11) **녹봉제도 정비** 녹봉은 문무 백관을 비롯하여 종실·후비(后妃)·서리·공장 등 여러 계층에게 쌀·보리·베·비단 등을 지급하였는데 1년에 두 번씩 녹패라는 문서를 창고에 제시하고 받았다. 녹봉은 관료를 47등급으로 나누어 1등급은 400석을 받고, 최하 47등급은 10석을 받았다.
12) **경시서 설치** 개경의 시전을 관할하기 위해 설치하였는데 물가 조절 및 상인 감독, 세금 등에 관한 업무를 담당.

10 정답 ④ ·· (2009. 제6회 고급)

① 영주 부석사 무량수전, ② 안동 봉정사 극락전, ③ 안동 신세동 7층 전탑, ④ 경기도 광주 춘궁리 철불, ⑤ 사진은 소수서원 소장의 안향 영정인데, 영주 소수서원은 안향을 배향하기 위해 설립하였다.

① **영주 부석사 무량수전** 고려 건축의 일반적 양식인 주심포(柱心包)양식을 대표하는 것으로서, 간결하고 조화로운 모습. 고려시대를 대표하는 가장 우수한 불상으로는 신라 양식을 계승한 부석사 무량수전의 소조아미타여래좌상. 팔작지붕

② **안동 봉정사 극락전** 현존하는 가장 오래 된 건축물. 맞배지붕

> **고려 후기의 목조 건축물** 봉정사 극락전, 부석사 무량수전, 수덕사 대웅전(修德寺 大雄殿), 강릉 객사문 등이 현존. 고려 말에 건립된 석왕사 응진전과 심원사 보광전 등은 원의 영향을 받은 다포(多包)양식으로, 중후하고 장엄한 건축물로 유명.
>
> **지붕** 맞배지붕·팔작지붕·우진각지붕으로 나눌 수 있는데, 맞배지붕은 두 면을 맞세워 놓은 모양으로 봉정사 극락전과 수덕사 대웅전, 강릉 임영관 삼문(객사문) 등. 부석사 무량수전은 팔작지붕.

③ **안동 신세동 7층 전탑** 통일기신라. 최고 최대의 벽돌탑.

④ **경기도 광주 춘궁리 철불** 고려 초 제작.

> 고려 불상은 석불·마애불·금동불·철불·소조불 등 5종이 있었고 특히 마애불과 철불(신라 말에 나타남)의 제작이 유행하였는데, 형식에 구애받지 않고 자유분방한 면을 보여 주고 있다.

⑤ **소수서원** 최초의 서원, 중종 때 풍기 군수 주세붕이 안향을 모시기 위해 순흥에 세운 백운동서원(1543). 이황의 건의로 백운동서원이 명종으로부터 '소수서원(紹修書院)'이란 편액(扁額)을 받음으로 사액서원(賜額書院)의 효시가 되었다(1550).

11 다음 역사 신문의 (가)에 들어갈 기사 제목으로 적절한 것은? [1점]

역사 신문
1198년 ○○월 ○○일

사회 소식 : 미수에 그친 노비들의 봉기

지난 5월 17일, 개경의 흥국사에는 수백 명의 노비가 모였다고 한다. 만적이 주동한 이 모임의 목적은 노비들이 각자 자기의 주인을 죽이고 노비 문서를 소각하여 노비에서 해방하려는 것이었다. 그러나 당시 모인 숫자가 적다고 판단한 주동자들은 거사 날짜를 연기하기로 하고 헤어졌는데, 그 가운데 율학 박사 한충유의 노비였던 순정이 집에 가서 주인에게 이를 고하였다. 이로 인해 만적을 비롯한 노비들은 체포되어 산 채로 강물에 던져졌다. 한충유는 이 공로로 승진했으며, 동료를 배신했던 순정은 면천하여 양인이 되었다고 한다.

문화 칼럼 : (가)

① 천산대렵도 집중 분석
② 상감 청자의 인기 비결
③ 수시력 채용으로 인한 변화
④ 신편제종교장총록 발간되다.
⑤ 문화 교류의 산실, 만권당을 가다

12 밑줄 그은 '그'에 대한 설명으로 옳은 것은? [2점]

그가 담당했던 업무는 왕의 명령을 해당 관청이나 관료에게 전달하고, 또 관청이나 관료들이 아뢰는 문서를 왕에게 전달하는 것이었다. 그 밖에 국정의 여러 가지 사안에 대한 왕의 자문에 응하는 측근 관료의 기능도 하였다. 왕을 늘 가까이서 모시는 직책이었던 만큼 정치적인 부담도 컸지만 대신 혜택도 많았다. 업무 자체의 성격상 늘 긴장해야 했고, 이틀에 한 번은 숙직을 해야 했으므로 집에 돌아오면 온몸이 파김치가 되었지만, 능력을 인정받으면 재신(宰臣)이나 추밀(樞密)이 되는 것도 그리 어려운 일이 아니어서 당시 관료라면 누구나 선망하는 자리였다.

① 어사대의 관리와 함께 대간으로 불렸다.
② 화폐와 곡식의 출납 등 회계도 담당하였다.
③ 한림원에서 교서나 외교 문서를 작성하였다.
④ 조선 시대의 승지와 유사한 업무를 담당하였다.
⑤ 귀족 정치의 특징이 드러나는 회의 기구에서 일하였다.

11 정답 ② ·· (2009. 제6회 고급)

역사신문의 내용은 고려 무신 집권기(1170-1270)에 발생한 만적의 난(1198)이다. ① 공민왕(14세기), ② 무신집권기에 성행(12세기), ③⑤ 충선왕(14세기), ④ 고려 문종대(11세기)의 사실이다.

만적의 난(신종 1년, 1198) 개경에서 최충헌의 사노인 만적이 대규모의 반란을 시도. 최초의 노비 해방 운동으로 정권 탈취를 기도.

> "경계란(庚癸亂) 이후 국가의 공경대부는 전부 천예(賤隸)에서 나왔다. 장상(將相)이라고 어찌 처음부터 씨가 따로 있으랴. 때가 오면 누구든지 할 수 있는 것이다. 그러므로 우리는 먼저 최충헌을 죽이고 이어 각기 상전을 죽이고 노예문적을 불살라 삼한에 천인을 없게 하자"

② **상감 청자**(12세기) 12세기 중엽 높은 수준에 도달하여 무신집권기에 더욱 성행하였고 13세기 전반에 전성기였으나 원 간섭기 이후 퇴조. 문신에서 무신으로의 교체는 상감청자가 널리 유행하게 된 주요한 사회적 배경. 새로운 지배층으로 성장한 무신들은 문화적으로도 문신과는 다른 새로운 것을 요구하게 되었고, 상대적으로 중국에 대해 보다 민족적이고 자주적인 성향을 갖고 있었던 이들에게 우리의 독창적인 상감청자가 각광을 받게 되었음.

① **천산대렵도**(14세기) 공민왕, 원대 북화의 영향을 받은 세밀화풍

③ **수시력** 충선왕 때 원의 수시력을 최성지가 채택하여 사용하였지만 수시력의 개방술을 완전히 이해하지 못해 일월교식(日月交食)의 추산법에 오차가 심했다. 수시력에서는 1년을 365.2425일로 계산하였는데, 이것은 300년 후인 16세기 말(1582) 서양에서 개정한 그레고리력과 같은 것. 그러다가 공민왕 때에는 명의 대통력을 사용.

≫ 역법의 변천 ≪

당의 인덕력·선명력 → 원의 수시력 → 명의 대통력 → 칠정산 → 아담샬의 시헌력 → 양력
(삼국~고려 전기)　(고려 후기)　(여말)　(세종)　(효종)　(을미개혁)

④ 1) **고려장경**(초조장경·1차 대장경, 1087) : 거란의 침입을 받고 현종은 나주로 피난을 가서 부처의 힘으로 외적을 퇴치하고자 현종 2년(1011)에 착수. 덕종·정종을 거처 선종 때 76년 만에 완성하여 6천여 권을 대구 부인사에 누였으나 고종 19년(1232) 몽골 2차 침입 때 소실. 이것을 정장(正藏)이라 부르며, 현재 일본의 교토 남례사에 그 일부가 전하고 있다.

2) **속장경**(1096) : 의천이 송·요·일본 등지에서 수집한 불경을 종합하여 불서 목록으로 교종 계열의 불경만 수록한 「신편제종교장총록」을 만들고, 문종 27년(1073)부터 선종 7년(1090)까지 흥왕사에 교장도감을 두고 조판. 불경보다 논(論)·소(疏)·초(抄) 등의 주석서가 중심이 되어 정장에 대해 속장(續藏)이라 부르며 몽골난 때 소실되고, 그 일부가 송광사 등지에 남아 있다.

⑤ **만권당**(충선왕, 14세기) 충선왕이 은퇴 후 북경 사저에 설치하여, 고려와 원의 문물 교류 기관 역할을 하였고 이제현과 조맹부가 교류.

12 정답 ④ ·· (2009. 제6회 고급)

사료의 그는 고려 중추원(추밀원)의 승선이다. ① 중서문하성의 낭사, ② 삼사의 판사, ③ 한림원의 판원사, ④ 왕명 출납 담당으로 승선과 유사, ⑤ 도병마사의 재추이다.

중추원(추밀원) 중서문하성과 더불어 중앙 최고의 관청으로 중서문하성은 재부(宰府)라 하고 중추원을 추부(樞府)라 하며, 양자를 합해서 양부(兩府) 또는 재추(宰樞)라 하여 함께 국정을 논의. 2품 이상의 추밀(추신)과 3품 이하의 승선(承宣)으로 구성되었는데, 추밀은 재신과 함께 국정을 총괄하며 군국 기밀을 관장하였고, 승선은 왕명 출납을 담당.

④ **조선의 승정원** 왕명의 출납을 담당하는 비서기관인 왕권강화기관

① **대간**(대관(감찰)+간관(간쟁)) 중서문하성의 3품 이하의 낭사(성랑)와 어사대(대관)을 대간·언관 또는 대성(대관+성랑)이라 하여 시정의 득실을 논하고 왕권 견제의 간쟁·탄핵·봉박·서경 등을 담당.

② **삼사** 송과는 달리 단순히 화폐와 곡식의 출납에 대한 회계만 담당하고 실제의 조세 수취와 집행은 각 관청에서 하였다. 후기에는 도평의사사에 참여하였으며, 판사가 장관(재신 겸직).

③ **한림원** 교서와 외교문서를 작성하는 곳으로 장관은 판원사(재신 겸직).

⑤ **도병마사** 중서문하성의 고관인 재신(宰臣, 재상) 5명과 중추원 고관인 추신(樞臣, 추밀) 7명으로 구성된 합좌회의기관(合座會議機關)으로 만장일치의 의합(議合)을 채택

13 다음 문화유산이 만들어진 순서대로 나열된 것은? [3점]

① (가) - (나) - (다) - (라)
② (가) - (나) - (라) - (다)
③ (나) - (가) - (다) - (라)
④ (나) - (가) - (라) - (다)
⑤ (다) - (나) - (가) - (라)

14 다음 건축물을 창건할 당시의 정치 상황으로 옳은 것은? [2점]

① 사병을 혁파하고 갑사를 재조직하였다.
② 이종무의 지휘로 대마도를 정벌하였다.
③ 사림원을 설치하여 왕권을 강화하였다.
④ 진관 체제로 지역 중심 방어 체제를 수립하였다.
⑤ 명의 부당한 요구에 반발하여 요동 정벌 계획을 추진하였다.

해설 및 정답

13 정답 ④ ··· (2009. 제6회 고급)

- (가) 통일신라기의 화엄사4사자3층 석탑, (나) 백제의 서산 마애삼존불상, (다) 고려 말기의 수월관음도, (라) 고려 전기의 여주 고달사지 승탑(부도)이다.
- (가) **삼국통일기 석탑** 대담하게 각 층의 폭과 높이를 줄이면서 쌓아 올려 정밀한 수학적 지식이 이용되고 독특한 입체미를 나타내는 3층석탑 양식이 유행. 감은사지 3층석탑, 창림사지 3층석탑, 불국사 3층석탑, 다보탑, 화엄사 4사자 3층석탑, 안동 신세동 7층 전탑(최고 최대의 벽돌탑)

14 정답 ⑤ ··· (2009. 제6회 고급)

사진은 조선 태조 때 건립된 숭례문과 종묘이다. ① 태종, ② 세종, ③ 충선왕, ④ 세조, ⑤ 태조대의 정치 상황이다.

조선 태조
1) **국호 제정** : 국호를 조선(朝鮮)·화령(和寧, 영흥의 옛 지명) 중 조선으로 명(明) 태조가 택일.
2) **한양 천도** 민심을 쇄신하고 구세력을 배제시키기 위해 한양으로 천도(1394).
3) **권지고려국사**(權知高麗國事) **직함 사용** : 중국 명으로부터 고명(誥命, 임명장)과 금인(金印, 도장)을 받지 못하였다(조선 국왕 명칭은 태종 때부터 사용함).
4) **의흥삼군위 설치** : 의흥삼군부로 확대.
5) **문무관리 선발·임용제도 수립** : 무과와 이과(吏科)를 설치하고 직무 중심으로 지배층을 재편성.
6) **군현제 개편** : 토착 향리의 세력 기반을 약화시키고 중앙집권을 강화.

> **요동 수복 계획** 정도전이 작성한 표전(왕실의 외교문서)을 명의 태조가 문자옥(文字獄)으로 문제삼아 정도전의 소환을 요구하였으나 오히려 병력을 증강하여 요동 수복 계획(진도·진법 작성)을 세웠다. 최근 요동 수복 계획은 이방원의 사병 혁파 목적이라는 분석이 제기.

① **갑사** 원래 태조가 거느린 의흥친군위의 군사를 주축으로 구성된 왕실의 사병이었는데 사병 혁파 이후, 태종의 즉위와 더불어 제도화되어 왕실과 중앙의 시위, 변경 방비 등을 담당하는 정예군으로 활동. 왕실·공신·고관의 자제 중에서 무술시험으로 선발된 특수 고급 군인으로 의흥위에 소속되었고 실직에서 점차 체아직으로 바뀜. 복무 중 녹봉을 받으며, 퇴역시 높은 품계를 받음.
② **이종무의 대마도를 정벌**(세종 원년) 이종무가 병선 227척, 병사 1만 7,000여 명을 이끌고 마산포를 출발하여 왜구의 소굴인 대마도(쓰시마)를 토벌(1419, 기해동정). 당시 대마도가 일시 경상도에 편입. ⇐ 태종의 업적에 포함.
③ **사림원**(충선왕) 한림원을 개칭. 신흥사대부 기용.
④ **진관 체제**(세조, 1457) 전국 군현을 지역 단위의 방어체제로 편성. 각 도에 병영·수영을 두고 거진을 중심으로 자전자수케 한 독립된 방어체제로 군현과 진관을 하나로 묶는 행정과 군사의 일원화 시도, 전국을 방위체제로 조직하는 데는 성공하였으나 그 방위망이 너무 광범하여 실제로 무력. 군사들의 경제 기반이 허약한 점과 군사지휘관을 문관 출신의 수령들이 겸하고 있었기 때문. 그러나 지방 수령이 병력을 소집할 수 있어 신속한 대처가 가능. 지휘체계는 주진(병사·수사) 아래 거진(부윤·목사)을 두고 거진이 제진(군수 이하)를 통제하는 체제.

≫ **지역방어체제의 변천** ≪

| 진관체제
(세조, 15세기)
소규모체제
군현=진관 | → | 제승방략체제
(을묘왜변 후)
총동원체제
전략촌형성 | → | 속오군체제
(임란 후)
진관복구 | → | 영장체제
(정묘호란 후)
직업군인의 방위담당 |

15 다음 자료를 통해 유추할 수 있는 고려 사회의 특성에 대한 설명으로 옳은 것은? [2점]

> 양숙공의 맏아들인 평장사 임경숙은 네 번 과거의 시험관이 되었다. 몇 해 지나지 않아 그 문하에 서대를 찬 사람이 10여 명이 되었는데, 그 중에 장군이 3명, 낭장이 1명 있었다. 청연각의 학사 유경이 과거에 합격한 지 16년 만에 사마시를 주관하여 합격자를 발표하고 그 다음날 찾아뵈었다. 평장사 임경숙은 태사로서 현직에서 물러나 있었는데, 재상인 두 조카와 추밀인 두 조카, 그리고 여러 종제와 사위들이 모두 경대부로서 임경숙이 관장하였던 과거 시험에 합격자들과 함께 섬돌에 섰다. 유경이 합격자들을 거느리고 들어가 뜰아래에서 절하니 …… 보는 사람이 모두 하례하고 찬탄하였다.

① 성리학적 통치 규범이 확립된 사회였다.
② 지방 호족들을 중심으로 운영되는 사회이다.
③ 좌주·문생 관계가 관직 생활에 영향을 주었다.
④ 서원에서 형성된 학연이 관직 진출에 영향을 주었다.
⑤ 문과와 무과의 시행으로 문무 양반 체제가 확립될 수 있었다.

16 다음 자료에서 말하는 지역에 대한 설명으로 옳은 것은? [2점]

> 오늘날 4고을을 설치하는 것은 오로지 북방을 수호하려는 것이며, 오늘날 성곽을 쌓는 것은 오로지 변방의 방벽을 공고히 하려 함이며, 오늘날 변방을 지키는 것도 역시 저들 적을 방어하여 우리 백성을 편하게 하려는 것입니다. 그런즉 오늘날의 일은 아니하여도 될 일인데도 경솔하게 백성의 힘을 사용하는 것이 아니며, 대사와 공훈을 좋아하여 병력을 남용하는 것도 아닙니다. …… 열 명의 백성들이 신과 더불어 말하기를, "회령과 경원은 지금 이미 성을 쌓았으나, 마땅히 쌓아야 할 곳은 종성과 용성입니다. 오직 이 두 성을 쌓으면 우리들은 걱정이 없을 것입니다."라고 하였습니다.
>
> <세종실록>, 세종 19년 8월

① 원·명 교체기의 혼란을 틈타 공민왕이 수복하였던 곳이다.
② 매년 10월에 무천이라는 제천 행사를 하였던 국가의 중심지였다.
③ 사민 정책과 토관 제도를 통해 민심을 수습하고 개척을 추진하였다.
④ 대한 광복군 정부가 수립되면서 무장 항일 운동의 터전이 마련되었다.
⑤ 개항 후 러시아에 철도 부설권이 부여되어 철도가 놓이면서 개발되었다.

15 정답 ③ ·· (2009. 제6회 고급)

사료는 고려시대 최자의 「보한집」에 수록된 좌주문생의 관계에 대한 내용이다. ③ 당시 과거시험관인 지공거와 급제자는 좌주문생으로 긴밀한 관계를 형성하여 문벌귀족사회를 확립하였다.

좌주문생의 관계 과거시험관인 지공거(고시관)·동지공거(부고시관)와 급제자는 좌주문생(座主門生)으로 긴밀한 관계를 형성하여 문벌귀족사회를 확립하였고, 지공거의 별칭으로 종백(宗伯)·은문(恩門)·좌주(座主) 등이 있었다(1~3차 지공거 : 쌍기, 4차 : 조익, 5~8차 : 왕융).

16 정답 ③ ·· (2009. 제6회 고급)

사료는 세종대 함경도 북부 지방의 6진 개척을 보여준다. ① 쌍성총관부가 있었던 철령 이북지역, ② 강원도 지역에 있었던 동예, ③ 남방의 민호를 북방으로 이주시켜 북방을 개발하고, 현지인을 관리로 임명하여 민심을 회유, ④ 연해주지역의 블라디보스토크, ⑤ 러시아가 아니라 일본이 부설하였다.

북방 사민정책(徙民政策) 태종~중종 때까지 남방의 민호를 북방으로 이주시키고, 토관제도(土官制度)를 활용하여 민심을 수습. 이러한 사민정책은 북방 개발과 국토의 균형적인 발전을 위해 필요하였으며, 이는 농병일치의 제도와 주민의 지역 방어 체제를 확립함으로써 여진족의 침략에 효과적으로 대처.

≫ **토관제도** ≪

1. 고려시대 서경인(西京人)을 서경의 관리가 되게 하는 분사제도(分司制度)에서 유래한 것으로 대부분 여진과 접경한 변방의 국방상 요충지에 설치하였음.
2. 「경국대전」에 의하면 동·서반으로 나누어 5품까지 진급할 수 있었는데, 동반은 관찰사가, 서반은 절도사가 토착인 중에서 선발·임용.
3. 세종 때 토관을 널리 설치한 것은 영토 보존과 지방사회의 유력한 인사들을 통해 지방 지배와 군사적 요충의 방어를 강화하고자 한 것으로 국경지대 주민들이 여진족과 연결할 수 있는 가능성에 대비하는 회유정책.
4. 중앙관직으로 임명될 때에는 1품씩 강등.

④ **대한광복군정부**(1914) 시베리아 이민 50주년을 기념하여 이상설을 정통령(正統領), 이동휘를 부통령으로 하는 민간정부의 단서인 군정부(軍政府)를 수립하고 만주에 사관학교를 설립하여 무장 항일 투쟁의 터전을 마련.

권업회(勸業會, 1912) 이종덕을 중심으로 블라디보스토크 신한촌에서 창립, 광복군 양성의 대전(大甸)학교 설립, 7개의 지부를 두고 권업신문을 발간하였으며(1912.5), 대한광복군정부 수립을 추진.

⑤ **경원·종성 광산채굴권**(1896) 러시아

17 다음 기구들이 처음 제작된 시기의 상황에 대한 설명으로 옳은 것은? [2점]

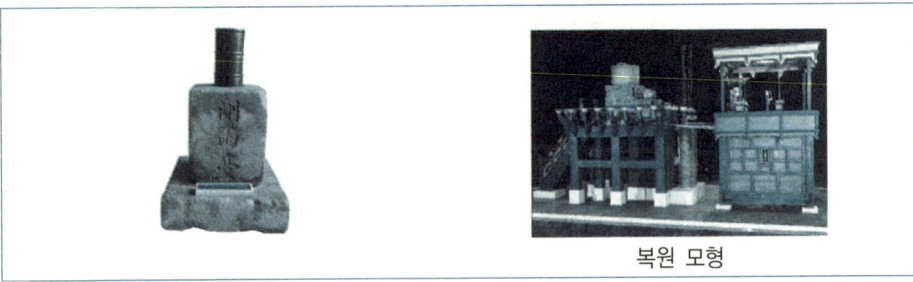

복원 모형

① 갑인자를 주조하여 인쇄 기술을 발전시켰다.
② 향약구급방을 편찬하여 국산 약재를 소개하였다.
③ 서양 문물 수용으로 실생활에 유용한 기구가 제작되었다.
④ 동국문헌비고를 편찬하여 우리나라 역대 문물을 정리하였다.
⑤ 도덕 윤리를 기준으로 형식 논리를 중시한 예학이 발달하였다.

18 다음과 같은 문화재가 주로 만들어지던 시기의 사실로 옳은 것은? [2점]

① 혼일강리역대국도지도가 만들어졌다.
② 지방 호족들이 승탑 건립비용을 지원하였다.
③ 호작도, 평생도, 문자도 등 민화가 유행하였다.
④ 팔관회 경비를 마련하기 위한 팔관보가 있었다.
⑤ 원효가 대승기신론소, 금강삼매경론 등을 저술하였다.

17 정답 ① ··· (2009. 제6회 고급)

사진의 기구는 세종대에 제작된 측우기와 자격루이다. ① 세종, ② 고려 고종, ③ 조선 후기, ④ 영조, ⑤ 17세기의 상황이다.

① **조선의 활자** 태종 때 주자소를 두어 계미자(癸未字)를 주조하였고, 세종 때에는 갑인자(1434, 정교하고 수려한 동활자로 유명)를 만들어 문화 수준을 향상시키는 데 크게 기여함. 특히 세종 때에는 인쇄 기술이 더욱 발전하여 종전에는 밀랍으로 활자를 고정시키는 방법을 사용하였으나, 이제는 밀랍 대신 식자판을 조립하는 방법을 창안하여 종전보다 두 배 정도의 인쇄 능률.「동국정운(東國正韻)」을 세종 때 갑인자로 인쇄

② **향약구급방** 고려 고종 때(1236) 대장도감에서 간행한 최고의 의서로 태종 때(1417) 중간. 3권 1책으로 되어 있는데 권말 부록으로 향약재 180여 종에 대한 속명이 붙어 있고 그 향약재의 채취법 등이 간략하게 설명.

③ **서양 문물 수용** 조선의 사신들은 중국에 와 있던 예수회 선교사들로부터 '지구는 둥글고 광대하다'는 브라헤(T. Brahe)의 천문 이론 같은 서양의 과학 지식과 문물을 수용. 실학자들은 서양 문물의 도입에 앞장서서 과학과 기술의 보급을 주도하는 한편, 천문학·지리학·수학 등의 발달에 기여.

≫ 서양 문물의 소개 ≪

1. **이수광**(광해군) :「지봉유설」에서 마테오리치(이마두)의「천주실의」·「곤여만국전도」소개
2. **정두원**(인조) : 천리경·자명종·서양 화포·자색면화인 자목화·「직방외기」·천문도·풍속기·지구의 등의 전래
3. **소현세자**(인조) : 아담샬(탕약망)과 교유하고 과학 서적, 천주교 서적을 수입함.
4. **김육**(효종) : 아담샬의 시헌력(개량력) 채용(1653년)

④ **동국문헌비고**(영조) 홍봉한이 저술한 우리나라의 정치·경제·문화·지리 등을 체계적으로 정리한 한국학 백과사전

⑤ 두덕 윤리를 기조으로 형식 논리를 숭시한 예학이 발달하였다.

18 정답 ① ··· (2009. 제6회 고급)

사진의 문화재는 조선 초기의 분청사기이다. ① 태종대, ② 신라 말, ③ 조선 후기, ④ 고려시대, ⑤ 통일신라기의 사실이다.

분청사기 고려 말에 등장하여 15세기 유행하다가 16세기에 사라진 과도기적 성격으로 소박·간결·건강하며 역동적인 힘이 넘친다.

1) 왜구의 침입으로 해안가에 있던 고려청자의 주요 산지인 강진·부안 등의 관요가 문을 닫자 도공들이 내륙으로 흩어져 통제를 받지 않고 자유롭게 그릇을 굽기 시작하였다. 청자의 태토에 잡물이 끼어들고, 유약이 문양을 제대로 살릴 수 없는 상태에서 청자 위에 백토로 분칠하는 분청사기가 제작됨.
2) 고려청자의 몰락과 함께 발생하여 조선의 백자가 전성기를 이루기 이전 시기에 유행. 사회 변동기의 진취적이고 역동적인 힘을 나타내는 문화물로 향리 출신의 신진사대부들이 주 수요자.

① **혼일강리역대국도지도**(태종 2년, 1402) 이회·김사형·권근 등이 완성한 세계지도로 사본이 일본 용곡대학에 있음. 사본을 다시 사본하여 서울대 규장각에 보존. 정종 때 중국에서 가져온 원나라 이택민의 성교광피도와 천태승 청준의 역대제왕혼일강리도의 두 지도를 합하여 개정하였고, 일본에서 1401년에 가져온 일본도를 참고하여 완전한 세계지도로서 완성. 중화사관에 의하여 중국과 조선이 너무 크게 그려졌고, 유럽 및 아프리카가 너무 작게 표현되었음(아메리카는 없음).

④ **고려시대 보의 종류** 학보(육영재단), ② 광학보(승려면학재단), ③ 경보(불경 간행), ④ 팔관보(팔관회 거행), ⑤ 제위보(빈민구제), ⑥ 기일보(국왕제사 준비), ⑦ 금종보(현화사 범종주조), ⑧ 불보(부처제사), ⑨ 상평보(홍수와 한발 대비), ⑩ 선구보(환자치료)

19 다음 그림을 수록한 서적을 국가에서 편찬한 목적으로 옳은 것은? [1점]

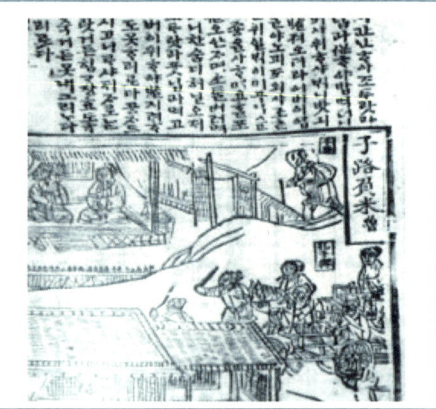

① 군신, 부자, 부부의 윤리 강화
② 전제 왕권과 부국 강병 정책 강화
③ 새로운 시대적 세태의 사실적 묘사
④ 농업 기술의 발전성과 소개 및 전파
⑤ 국토의 자연 및 인문 지리적 지식 정리

20 다음 토지 제도의 실시에 따른 변화상에 대한 설명으로 옳은 것을 〈보기〉에서 고른 것은? [3점]

- 중앙의 관료들에게 사전(私田)이라는 명목으로 과전을 지급하였다.
- 죽은 관료의 가족 생계를 위하여 수신전, 휼양전을 지급하였다.
- 특별히 공이 있는 신하에게 공신전이나 별사전을 지급하였다.
- 지방 전주(田主)들의 수조지를 몰수하고 군전(軍田)을 지급하였다.

| 보 기 |

ㄱ. 병작제가 법적으로 허용되어 가난한 농민들의 생활은 더욱 어려워졌다.
ㄴ. 사전의 소유권은 전객(佃客)에게 있었고, 수조권은 전주에게 있었다.
ㄷ. 세습되는 토지가 많아져 관료들에게 지급할 토지가 점차 부족하게 되었다.
ㄹ. 관계(官階)만 있고 관직이 없는 사람들은 수조권을 갖지 못하게 되었다.

① ㄱ, ㄴ
② ㄱ, ㄷ
③ ㄴ, ㄷ
④ ㄴ, ㄹ
⑤ ㄷ, ㄹ

19 정답 ① (2009. 제6회 고급)

① 그림은 조선 세종대에 충신, 효자, 열녀 등 삼강의 모범이 되는 행장을 도해한 삼강행실도이다.

삼강행실도(세종) 설순(偰循)이 중국과 한국의 충신·효자·열녀 등 삼강의 모범이 되는 행장을 도해한 것으로 후에 한글로 언해.

20 정답 ③ (2009. 제6회 고급)

사료는 과전법의 내용인데, ㄱ.병작반수제는 금지되었으나 관행되었고, ㄹ. 수조권은 현·퇴직 관료를 대상으로 하였고 조선시대는 관계가 관직에서 독립된 대가제가 운영되었다.

과전법의 특징

1) **농장(사전)혁파** 전호들의 자영농화(경자유전(耕者有田)의 원칙은 아님), 민전 회복으로 일전일주(一田一主)가 나타났고, 관료의 수조지가 경기 토지에 제한됨으로 개인 수조지가 축소되고 국가 수조지가 늘어나 소유권에 입각한 토지 지배가 일층 강화된 반면 수조권에 입각한 토지 지배가 약화. 농민의 지위가 크게 향상되고 생산이 증대되었으며, 병작반수제 금지(철폐가 아님), 경작권 보장, 전주전객제(田主佃客制) 등이 성립되고, 과전의 세습화 현상으로 수신전(守信田)·휼양전(恤養田)이 지급.

2) **경기 내에 과전 지급** 과전은 기내(畿內)에 한하여 지급하고 과전의 불법적 세습 방지를 위해 과전진고체수법(科田陳告遞受法)을 도입하였으나 태종 때 폐지.

3) **현·퇴직 18등급(150~10결) 차등 분급** 수조권을 받은 사람이 죽거나 반역을 하면 국가에 반환하는 세습 불허가 원칙이나, 점차 세습화 경향의 사자세록(仕者世祿)이 나타났다. 수확량의 1/10인 1결당 30두(2석)의 조(租)를 논에서는 현미로, 밭에서는 잡곡으로 징수하고, 그 중 1/15을 국가에 세(稅, 1결당 2두)로 납부(공전에는 세가 없음).

4) **시행 목적** 국가 재정의 확충과 농민 생활 향상, 군량미 확보 등에 있었지만, 1/10의 수조율 실시, 경작권의 자의적인 박탈 금지, 국가 지급 토지의 매매 금지(관료의 사전 확대 금지) 등 유리한 조건을 제시한 것은 농민의 지지를 얻으려는 정부의 의도와 농민들의 투쟁의 결과.

5) **급전 대상** 과전법에서는 국가에서 토지를 급여하는 대상을 현·퇴직 관료로 명백히 규정하여, 천인은 물론 상인·수공업자·무당·창기·승려 등은 토지를 받을 수 없었고, 일반 농민도 급전 대상에서 제외. 그러나 농민이나 천인이 본래부터 차지했던 민전은 그대로 인정. 그리고 과전법에서는 왕자 과전처럼 규정액을 초과하는 경우도 있었고 인리위전·수릉군전·학전·제위전 등 지급 규정에 없는 명목의 토지도 관행적으로 많이 지급.

6) **전주전객제** 수조권자로서의 관료 전주(田主)가 이유 없이 경작농민의 토지를 탈취하는 행위를 금지하고, 동시에 경작농민을 토지에 묶어 두기 위하여 마음대로 자기 소유지를 처분하지 못하게 함.

7) **토지 공개념의 도입** 토지사유권의 제한이라는 측면에서는 부정적이나 사회 정의적 측면에서는 민중적 여망의 반영으로 토지 공개념을 도입하여 통치계급의 도덕성을 높이는 효과를 초래.

8) **토지의 사유화** 양반 관료와 지방 토호에 의해 매매나 겸병·개간 등을 통해 전개되었는데, 이렇게 집적된 토지를 농장이라 불렀다. 이로 말미암아 대부분의 농민은 토지를 잃고 소작농(병작농)으로 전락하여 어려운 생활을 하게 되었다. 이렇게 되자 조선 후기 실학자들은 지주전호제의 모순을 지적하면서 자영농 육성의 경자유전을 주장하였고, 동학농민군의 평균 분작 주장으로 계승.

> **대가제**(代加制) 당상관으로 승진하는 것을 억제하기 위하여 마련한 정3품 당하산계(堂下散階)인 자궁(資窮) 이상이 정기 승급이 아닌 국가 경사나 큰 행사 뒤에 자신에게 별가(別加)된 품계(加資)를 자·서·제·질(子·婿·弟·姪) 중 1인에게 넘겨 주는 상층 양반에게 주어진 제도로 관계(官階)가 관직(官職)에서 독립되었음을 보여 준다. 즉, 그 관직에 근무하지는 않더라도 승진은 계속할 수 있어 가문의 위상을 높일 수가 있었다. 이 제도는 고려와 중국에는 없는 조선의 특징적 제도였다.

21. 다음과 같은 특징을 지닌 세력에 대한 옳은 설명을 〈보기〉에서 고른 것은? [1점]

- 조선의 성종 때를 전후하여 등장한 정치 세력이었다.
- 3사에서 언론과 문필을 담당하면서 정치적 영향력을 발휘하였다.
- 영남과 기호 지방을 중심으로 성장하였고, 성리학을 연구하면서 독자적인 학문 영역을 개척하였다.

┤ 보 기 ├

ㄱ. 서원을 토대로 학문의 기반을 구축하였고, 소학 보급에 노력하였다.
ㄴ. 천거나 문음을 통해 관직에 진출하였고, 중앙 집권 체제를 강조하였다.
ㄷ. 여러 차례의 사화를 통해 반대 세력을 제거하고 정치적으로 성장하였다.
ㄹ. 대지주층으로서 관학파의 학풍을 계승하여 문물 제도 정비에 기여하였다.
ㅁ. 도덕과 의리를 바탕으로 하는 왕도 정치를 강조하면서 향촌 자치를 내세웠다.

① ㄱ, ㄷ
② ㄱ, ㅁ
③ ㄴ, ㄷ
④ ㄴ, ㄹ
⑤ ㄹ, ㅁ

22. 다음 18세기 지역별 신분제의 변동을 나타낸 표이다. 당시 이러한 변동이 일어나게 된 원인과 관련이 없는 것은? [2점]

지 역	연 도	양반호	상민호	노비호
단성	1717	1.99	52.5	27.6
	1786	32.2	59.0	8.8
언양	1711	19.5	72.3	8.2
	1798	57.6	41.0	1.4
대구	1732	18.7	54.6	26.6
	1789	37.5	57.5	5.0
울산	1729	26.3	59.8	13.9
	1765	31.0	57.0	2.0

① 노비들의 도망이 점차 확산되었다.
② 왕의 지시로 노비 세습제가 폐지되었다.
③ 양반 족보를 위조, 매입하는 방법이 성행하였다.
④ 양인 여자의 소생은 어머니의 역을 따르도록 하였다.
⑤ 곡물이나 돈을 받고 특혜를 부여하는 정책을 시행하였다.

21 정답 ② ··· (2009. 제6회 고급)

사료의 정치 세력은 사림파이다. ㄴ. 관학파가 중앙집권체제를 강조하였고, 사림파는 향촌자치체제 추구, ㄷ. 사림파는 사화로 일시적으로 후퇴, ㄹ. 훈구파에 대한 설명이다.

관학파(훈구파)	사학파(사림파)
왕조 개창에 참여 (통치이념:「주례」)	왕조 개창에 참여 거부 (통치이념:「대학」)
중앙집권과 부국강병 추구	향촌자치 추구(향약·서원의 보급)
군사학·기술학도 중시 : 공리주의를 중시(유용성·물질적 측면 강조)	의리와 도덕 숭상 : 정신문화 중시, 공리주의 배격 (정신적 측면 강조 : 성리학적 명분론 고수)
성리학 이외의 불교·도교·풍수지리설·민간신앙도 포용(탄력성)	성리학 이외의 학문·종교·사상에 대하여 척사론 (경직성)
자주적 민족의식	중국 중심의 화이사상
15세기 민족문화의 정리 : 사장학 중심(경세론)	16세기 성리철학의 융성 : 경학 중심(이기론)
왕도주의+패도주의(힘·법치)	왕도주의(민본)
국학 정리와 편찬사업	학술·언론 중시
치인지학(治人之學) 추구	수기지학(修己之學) 추구(조광조 : 치인)
국가적 성장 지향	정치적 자유 지향(삼사 중심)
격물치지(格物致知)·경험적 학풍	사변주의·관념적 학풍
응용성리학파	정통성리학파
문학·예술에 관심	문학·예술의 천시
관학 중심(성균관·집현전·향교)	사학 중심(서원)
과학기술문화의 중시	과학기술문화의 천시
권근·정인지·신숙주·서거정	정몽주·길재·김숙자·김종직

22 정답 ② ··· (2009. 제6회 고급)

조선 후기 신분제 동요로 양반 수는 늘어나고, 상민과 노비 수는 줄어들었다. ② 개항 후 고종 때(1886년) 사가노비절목을 반포하여 노비간 소생이 노비가 되지 않게 하였다.

조선후기 신분제 동요 양란 후 경제구조의 변동(상품화폐경제의 발달, 경제 체제의 변화에 의해서 부의 축적이 가능)으로 부농층, 임노동자, 상업자본가, 독립수공업자 등 새로운 계층이 나타나 종래 사회계층 구성을 변질시켜 신분과 경제적 부의 불일치 현상이 나타나기 시작. 그러나 신분제의 동요로 양반의 수가 증가한 것이지, 신분질서가 없어진 것은 아님.

1) **양반 중심의 신분체제 동요** 19세기를 전후하여 양반 중심의 신분체제가 밑바탕에서부터 흔들려 신분간의 상하 이동이 활발하여 봉건적·신분적 지배·예속 관계는 더 이상 유지불가.
2) **양반 증가의 원인** 19세기를 전후해 양반의 인구는 늘어나고, 상민과 노비의 인구는 줄어드는 경향. 부를 축적한 농민들은 지위를 높이기 위하여, 또는 역(役)의 부담을 모면하기 위하여 양반의 신분을 사거나, 족보를 위조하여 양반 신분에 오르는 경우가 많았기 때문. 양반들은 4조 안에 현관(顯官)이 있어야만 양반을 유지하기 때문에 족보·서원·사우·묘비 등을 통해 현조(顯祖)를 드러내려고 비리를 자행. ① 합법적(정책적) 방법 : 납속책, 납전속량, 공노비 해방(1801), 군공, 대구속신(代口贖身), 노비공파법, 노양처소생종모종량법, 공명첩 등. ② 비합법적 방법 : 모속(冒屬) 또는 모칭유학(冒稱幼學), 노비 도망의 반노(叛奴), 환부역조(換父易祖)의 족보 위조, 매향(賣鄕)이라 하여 유생을 사칭하여 향안에 등재, 투탁 또는 두탁으로 양반의 족보에 끼워 넣기, 통혼, 홍패 위조 등.
3) **특징** 자연 증가가 아니라 사회 이동의 현상. 양반호의 급격한 증가로 양반의 권위가 실추되었으며, 평민호의 감소로 국가의 기반이 흔들렸다. 또 노비호의 실질적인 소멸로 중세인 신분 체제가 와해.
② **노비세습제 금지**(1886, 고종) 공·사노비의 매매를 금지하고, 사가노비절목(私家奴婢節目)을 반포하여 노비간 소생이 노비가 되지 않게 하였다.

23 다음 두 비가 건립된 국왕 때의 정치 상황으로 옳은 것은? [3점]

그래픽 복원도
청과 조선의 국경을 정한 비로, 서쪽으로는 압록을, 동쪽으로는 토문을 경계로 한다고 쓰여 있다.

모 형
임진왜란 당시 정문부가 이끈 함경도 의병의 전승을 기록한 전공비이다.

① 노론, 소론의 인사를 주로 기용하였다.
② 서인, 남인을 초월하여 무신을 중용하였다.
③ 집권 붕당의 교체를 통해 왕권 강화를 도모하였다.
④ 유력 가문이 독점하고 있던 비변사의 지위를 격하시켰다.
⑤ 군주도통론에 입각하여 '의리주인(義理主人)'을 강조하였다.

24 (가)~(마)가 제작된 시기에 대한 설명으로 옳은 것은? [2점]

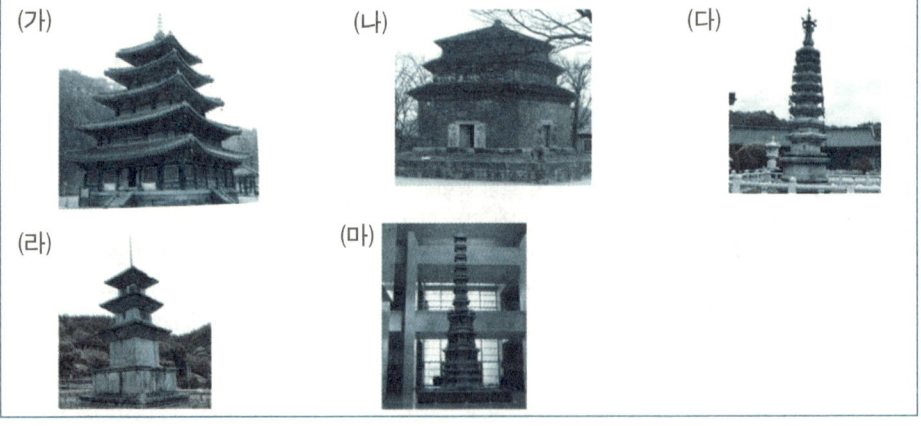

① (가) - 국가의 지원을 받아 많은 사원이 만들어졌다.
② (나) - 사림 세력의 비판으로 불교 미술은 쇠퇴하였다.
③ (다) - 원의 영향을 받은 다각 다층탑이 만들어졌다.
④ (라) - 이중 기단 위에 3층으로 쌓는 양식이 출현하였다.
⑤ (마) - 부농과 상인의 지원으로 안성 석남사가 세워졌다.

해설 및 정답

23 정답 ③ ·· (2009. 제6회 고급)

사진은 숙종 38년(1712)에 건립된 백두산정계비와 숙종 25년(1709)에 건립된 북관대첩비이다. ① 노론 중심의 일당 전제화, ② 서인 위주의 등용, ④ 비변사 기능의 강화, ⑤ 조선 정조의 입장이다.

≫ 숙종의 편당적 조처 ≪

1. **경신환국**(경신대출척, 1680) : 남인 → 서인 집정(노·소론의 분열). 현종 15년 예송논쟁 승리 후 집권한 남인은 횡포가 심하여 허적(許積)의 조부 허잠이 시호받는 일로 발생한 유악남용사건(油幄濫用事件)으로 왕의 미움을 사게 되었다. 이에 서인 김석주·김익훈 등은 허적의 서자인 허견(許堅)과 인평대군의 세 아들인 복창군·복선군·복평군 등이 반역을 음모한다고 왕에게 고하였다. 이에 윤휴·허적 등의 남인을 처형하니 이것이 경신대출척이며 서인이 집권.

2. **기사환국**(1689) : 노론 → 남인 집정. 소의 장씨 소생을 세자책봉. 송시열이 반대하자 그를 죽이고 서인을 파직·유배시켜, 다시 남인이 집권. 인현왕후는 폐비가 되고 장희빈이 왕비에 책봉.

3. **갑술환국**(1694) : 남인 → 소론 중용. 폐비 민씨가 복위되는 과정에서 이를 저지하려던 남인이 실권하고, 이를 주도한 서인 중 소론이 집권한 사건으로 노·소론이 결정적으로 분당. 일명 갑술옥사.

4. **병신처분**(1716) : 소론 → 노론 중용. 「가례원류」를 누가 간행하였느냐는 문제(저작권 시비)를 놓고 숙종이 노론의 편을 들었고, 이듬해 정유독대(1717)에서도 세자의 대리청정 문제로 노론계 신료들을 접견하여 이후 노론 중심으로 일당 전제화가 가속화.

숙종의 탕평책 명목상의 탕평. 균형의 원리가 지켜지지 않아 노론 중심의 일당 전제화.

⑤ **군주도통론**(정조의 탕평책) 신하들이 정국을 주도하는 붕당이라는 제도적 장치를 배격하고 정치 운영의 명분은 국왕이 결정한다는 입장에서 영조때 세력을 키워 온 척신과 환관을 제거하고 소론과 남인 계열도 중용. 정조는 영조가 타협적인 온건론자 중심으로 정국을 운영한 데 대해 <u>군주도통론에 입각해</u> 의리주인으로 과격하지만 의리와 명분을 중시하는 남인 시파(채제공)와 노론 중 탕평파를 비판하는 청론 계열(홍국영)을 중용하여 <u>각 붕당 주장의 시비를 명백히 가리는 준론탕평(峻論蕩平) 또는 청론탕평을 채택.</u>

24 정답 ④ ·· (2009. 제6회 고급)

(가) 법주사 팔상전(17세기), (나) 분황사 모전석탑(통일 전 신라), (다) 월정사 팔각9층탑(고려 전기), (라) 감은사지 3층석탑(통일신라기), (마) 경천사 10층 석탑(고려 후기) 인데, ① 양반 지주층의 경제적 성장 반영, ② 삼국시대는 불교 미술이 발달, ③ 송의 영향, ⑤ 18세기의 사실이다.

④ 삼국 통일기에 와서는 대담하게 각 층의 폭과 높이를 줄이면서 쌓아 올려 <u>정밀한 수학적 지식이 이용되고 독특한 입체미를 나타내는 3층석탑 양식이 유행</u>. 감은사 3층석탑, 창림사지 3층석탑, 불국사 3층석탑, 다보탑, 화엄사 사사자 3층석탑, 안동 신세동 7층 전탑(최고 최대의 벽돌탑) 등.

① **조선의 건축** 16세기에는 서원건축, 17세기에는 사원건축이 발달.
 1) **서원건축** 유불교체의 표현으로 검소한 주택건축 양식과 사원건축 양식(가람배치 양식)과 자연의 산천을 배경으로 하는 정자건축 양식이 배합되어 독특한 아름다움. 경주의 옥산서원(이언적 제사), 안동의 도산서원(이황 제사), 해주 석담의 소현서원(이이 제사) 등.
 2) **사원건축** 17세기를 대표하는 것으로 금산사의 미륵전, 화엄사의 각황전, 법주사의 팔상전(국내 유일의 목조 5층탑) 등. 특징은 모두 규모가 큰 다층 건물로 내부는 하나로 통하는 구조, <u>불교의 사회적 지위 향상과 양반 지주층의 경제적 성장을 반영.</u>

② **선덕여왕**(632~647)때 황룡사9층목탑·분황사모전석탑·영묘사·첨성대 등을 건립.

③ **송 문화의 영향** 목판인쇄의 발달(송판본의 수입), 고려청자(송자의 영향), 아악의 발달(송의 대성악 도입), 월정사 팔각 9층탑(송의 다각 다층탑의 영향) 등.

⑤ **18세기 건축** : 평양 대동문, 불국사 대웅전, 화성(수원성, 1794.1~1796.10의 34개월 소요) 등이 건립되고, 사회적으로 크게 부상한 부농과 상인의 지원을 받아 그들의 근거지에 장식성이 강한 사원이 많이 세워졌는데, 논산 쌍계사, 부안 개암사, 안성 석남사 등.
 19세기 : 흥선대원군에 의해 경복궁의 근정전과 경회루가 중건.

25 다음 자료와 관련된 시기의 상황을 알아보기 위한 탐구 활동으로 적절한 것을 〈보기〉에서 고른 것은? [2점]

> • 겨울에 한 늙은 아전이 대궐에서 돌아와 처와 자식에게 "요즘 이름 있는 관리들이 모여서 온종일 이야기를 하여도 나랏일에 대한 계획이나 백성을 위한 걱정은 전혀 하지 않는다. 오로지 각 고을에서 보내오는 뇌물의 많고 적음과 좋고 나쁨에만 관심을 가지고 어느 고을의 수령이 보낸 물건은 극히 정묘하고, 또 어느 고을의 수령이 보낸 물건은 매우 넉넉하다고 말한다. 이름 있는 관리들이 말하는 것이 이러하다면, 지방에서 거둬들이는 것이 반드시 늘어날 것이다. 나라가 어찌 망하지 않겠는가?"하고 한탄하면서 눈물을 흘려 마지않았다.
>
> • 이리여, 승냥이여!
> 삽살개는 이미 빼앗아 갔으니 / 닭일랑 묶어 가지 마라.
> 자식은 이미 팔려 갔고 / 내 아내는 누가 사랴.
> 내 가죽 다 벗기고 / 뼈마저 부수려나.

보기

ㄱ. 삼정 문란의 원인을 살펴본다.
ㄴ. 사창제의 폐단에 대해 살펴본다.
ㄷ. 현량과 실시의 사회적 영향을 알아본다.
ㄹ. 19세기 정치를 주도하던 세력을 조사해 본다.

① ㄱ, ㄷ　　② ㄱ, ㄹ　　③ ㄴ, ㄷ
④ ㄴ, ㄹ　　⑤ ㄷ, ㄹ

26 다음과 같은 상황이 나타났던 시기의 농촌 사회 모습으로 옳은 것을 〈보기〉에서 모두 고른 것은? [1점]

> 상품 화폐 경제가 발달하면서 지주 전호제도 변화해 갔다. 양반은 소작료와 그 밖의 부담을 마음대로 강요할 수 있었으나, 소작인의 저항이 심해지자 소작료를 낮추거나 일정액으로 정하는 추세가 나타났다. 지주 전호제가 신분적 관계보다 경제적 관계로 바뀌어 간 것이다.

보기

ㄱ. 광작이 성행하고 서민 지주가 출현하기도 하였다.
ㄴ. 시장에 팔기 위한 작물을 재배하여 수입을 증가시켰다.
ㄷ. 소작농들은 벼 수확 후 논에서 보리농사 짓는 것을 선호하였다.
ㄹ. 몰락 농민들은 임노동자가 되거나 상공업에 종사하기도 하였다.

① ㄱ, ㄴ　　② ㄱ, ㄹ　　③ ㄱ, ㄴ, ㄷ
④ ㄱ, ㄷ, ㄹ　　⑤ ㄱ, ㄴ, ㄷ, ㄹ

해설 및 정답

25 정답 ② ··· (2009. 제6회 고급)

사료는 19세기 정약용의 「목민심서」와 「전간기사」에 수록된 세도정치기의 상황이다. ㄴ. 사창이 아니라 환곡의 문란이고, ㄷ. 현량과는 16세기 조광조가 시행한 천거제이다.

세도정치(1800~1863) **전개**

1) **순조의 즉위** 1800년 순조가 11세로 즉위하면서 세도정치가 전개. ① 세도정치 : 외척이 어린 왕을 대신해 전권을 잡고 왕권을 대행하는 변태반동(變態反動)의 위임정치. ② 비변사 독점 : 세도가 일족이 비변사의 모든 요직을 독점하여 의정부와 6조는 형식적 부서로 전락하고, 국가나 백성보다 일가의 권력에만 집착하여 왕권이 무너지고 붕당정치가 파탄.

2) **3대 63년간 안동 김씨와 풍양 조씨의 독점** ① 순조(1800~1834) : 정순왕후 김씨(영조 계비)의 수렴청정(순조 원년~3년)으로 노론 벽파가 집권하여 신유박해를 주도하고 장용영을 혁파. 그 후 안동 김씨 김조순이 집권. 순조의 장인으로 정조의 신임을 받았던 규장각 출신이며 시파 계열. 순조 말년에는 효명세자가 대리청정을 통하여 세도가들을 견제하고 권력 집단을 결집하려 했으나 갑자기 죽음으로써 이마저 실패. 효명세자가 죽은 뒤 김조순 가문은 자신들을 중심으로 권력 집단을 재정립. ② 헌종(1834~1849) : 헌종(효명세자의 장남)이 8세로 즉위하면서 조만영·조인영 등 풍양 조씨의 집권이 시작. ③ 철종(1849~1863) : 이원범이 강화에서 초동(樵童)으로 있다가 19세에 즉위하면서, 김문근·김좌근 등 안동 김씨의 집권이 시작.

3) **세도정치의 영향** ① 정치기강의 문란 : 권력구조에서 고위직만 정치적 기능을 발휘하고, 그 아래의 관리는 언론 활동 같은 정치적 기능을 거의 잃은 채 행정 실무만. 그리고 매관매직이 성행하였는데 특히 전라도·평안도 지방이 심했고, 지방 수령에 문관 참상관이 아닌 음관직·무관직 등이 임명. ② 과거제의 문란 : 급제자가 남발, 뇌물이 성행, 연줄에 의한 급제가 빈번. ③ 삼정의 문란 : 탐관오리의 횡포로 국가 재정의 근간인 삼정이 문란. ④ 「목민심서」 저술 : 정약용이 타락한 관기를 바로잡기 위해 편찬. ⑤ 암행어사 파견 : 파견되었으나 실효는 없었음. ⑥ 농민의 몰락 : 농민이 화전민으로 전락하고, 농촌 경제가 붕괴. ⑦ 민란 봉기 : 농민들의 자각으로 전국적으로 민란이 발생.

26 정답 ⑤ ··· (2009. 제6회 고급)

사료는 조선 후기 항조운동과 도조법의 대두를 보여주는데, <보기>의 ㄱ.경영형 부농(신향), ㄴ. 상업(환금)작물, ㄷ. 도맥이모작, ㄹ. 임노동의 출현 등의 내용은 모두 조선 후기의 모습이다.

≫ 조선후기 지대의 변화 ≪

1) **항조운동** 조선 후기 농업 경영상의 변동은 지주권의 약화와 전호권의 성장을 가져왔고, 상품화폐경제의 발달과 병행하여 지대에도 변화. 조선 후기에도 여전히 병작반수제가 널리 행해지고 있었는데, 이에 대해 전라도·경상도 지방의 농민들은 소작료의 인하를 요구하는 항조운동.

> **지대의 변화** 타조법(전~후기) → 도조법(18세기) → 도전법(19세기)

2) **타조법**(打租法) 지주와 소작인이 수확을 반씩 나누는 일정 비율로 소작료를 내는 반타작의 종래 정률지대인 타조법은 전세와 종자, 그리고 농기구를 소작인이 점차 부담하게 되어, 농민으로서는 생산의욕을 감퇴시키는 불리한 조건. 또한 작황에 따라 지주의 이윤이 좌우되므로, 지주의 간섭이 심하여 농민의 자유로운 영농이 제약(경제외적 관계).

3) **도조법**(賭租法) 농사의 풍흉에 관계없이 해마다 정해진 일정 액수를 소작료로 납부하는 정액지대. 도조법에서는 대개 수확량의 3분의 1을 지주에게 바치도록 되어 있기 때문에 소작인에게는 타조법보다 유리. 도지권은 일반적 현상이 아니라 토지 매입시 자본의 공동 부담, 진전 개간, 제방 축조, 지주가 자기 자금으로 개간한 토지의 소작권 매각시(경작권과 소유권의 분리 방매) 등 특수한 경우에만 성립. 특히 공동 부담으로 매입한 경우의 도지권은 지주와 소작인의 공동 소유이자 소작인의 재산권. 도지권을 가진 농민은 자작 겸 소작농으로 지주에 대하여 보다 자유로운 관계를 가지면서 농업 경영을 할 수 있어 광작을 통해 부의 축적도 가능했고 부농으로 성장할 수도 있어 생산의욕을 높일 수 있었다(경제적 계약 관계). 특히 궁방전·관둔전의 경우 1년 수입을 확정하여 예산을 집행할 필요로 도조법을 채택.

27 다음 자료의 내용에서 유래한 경제 활동 모습과 관련된 그림으로 옳은 것을 〈보기〉에서 모두 고른 것은? [2점]

경인년(1470, 성종 원년) 흉년이 들었을 때, 전라도의 백성이 스스로 서로 모여서 시포(市鋪)를 열고 장문(場門)이라 불렸는데, 사람들이 이것에 힘입어 살아남을 수 있었습니다. 그때가 바로 외방에 시포를 설치할 기회였으나, 호조에서 수령들에게 물으니 수령들이 이해를 살피지 않고 전에 없던 일이라며 다들 금지하기를 바랐으니, 이는 상습만을 좇는 소견이었습니다. …… 이제 외방의 큰 고을과 백성이 번성한 곳에 시포를 설치하도록 허가하되, 강제로 하지는 말고 민심이 원하는 대로 하면 실로 편리할 것입니다.

〈보 기〉

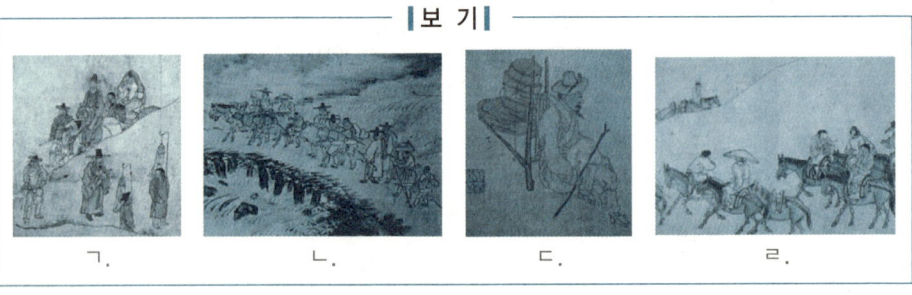

ㄱ.   ㄴ.   ㄷ.   ㄹ.

① ㄱ, ㄴ   ② ㄷ, ㄹ   ③ ㄱ, ㄴ, ㄷ
④ ㄴ, ㄷ, ㄹ   ⑤ ㄱ, ㄴ, ㄷ, ㄹ

28 밑줄 그은 ㉠~㉤에 관한 설명으로 옳지 않은 것은? [2점]

정조는 ㉠<u>준론탕평</u>을 추진하여 영조 때에 세력을 키워 온 척신을 제거하였다. 이어 권력에서 배제되었던 ㉡<u>남인 계열 인물</u>을 중용하였고, ㉢<u>초계문신(抄啓文臣)</u> 제도를 실시하였으며, ㉣<u>규장각</u>을 강력한 정치 기구로 육성하였다. 또한, 자유로운 상업 행위를 허락하는 ㉤<u>통공 정책</u>을 실시하는 등 사회 전반에 걸친 개혁을 추진하였다.

① ㉠ - 각 붕당의 주장이 옳은지 그른지를 명백히 가리는 것이었다.
② ㉡ - 대표적 인물은 채제공, 이가환, 정약용 등이었다.
③ ㉢ - 신진 인물과 중하급 관리 중 유능한 인사를 재교육하는 것이었다.
④ ㉣ - 본래 역대 왕의 글과 책을 수집, 보관하기 위한 기구였다.
⑤ ㉤ - 육의전을 비롯한 시전의 금난전권이 철폐되었다.

해설 및 정답

27 정답 ④ ·· (2009. 제6회 고급)

사료는 장시에 대한 내용인데, ㄱ. 김홍도의 「신행」으로 혼인 때 신랑이 신부집에 가는 혼행이고, ㄴ. 김득신의 귀시도, ㄷ. 권용정의 「등짐장수(부상)」, ㄹ. 김홍도의 「장터길」 그림이다.

장시 전라도 전주·무안·나주 등지에서 성종 때(1470) 신숙주의 건의에 의한 진휼책으로 발생하여 시포(市鋪)를 열고 장문(場門)이라 불렸는데 월 2회의 상설시장. 후일 보통 10일장으로 바뀌고 1군에 2개 정도 있었는데 16세기에 이르러 삼남 일대로 확산되고 17세기 이후 정기시장인 5일장으로 발전.

28 정답 ⑤ ·· (2009. 제6회 고급)

⑤ 금난전권은 시전상인들이 가졌던 일종의 독점적 전매특권으로서, 그들의 상업활동과 이익을 침해하는 상행위를 규제할 수 있었다. 즉, 시전상인들은 판매하는 물품목록을 관아에 등록하였는데, 일반 상인이나 다른 시전에서 그 물품을 팔면 난전이 되었다. 그러나 조선 후기에 난전이 본격적으로 전개되면서 금난전권은 점차 무의미해졌고 영조 때(1762) 난전폐절목의 제정으로 금난전의 특권수를 7개로 제한하였고 마침내 정조 때(1791) 신해통공(통공발매) 정책으로 6의전을 제외한 난전을 합법화하였다(사회주의+자본주의).

≫ **정조의 치적(1776~1800)** ≪

1) **왕권 강화** 봉건제와 군현제 절충의 국가 체제를 모색. 한양과 수원에 내·외영의 장용영(왕의 친위대)을 설치하여 노론의 기존 군영에 대항하여 왕권의 군사적 기반을 강화, 장용영의 중심 세력은 대개 중간계층과 평민상층. 그리고 모든 백성(小民)이 국왕의 적자(赤子)라고 생각하는 <u>균시적자론</u>(均是赤子論)으로 서얼과 노비에 대한 차별을 완화.

2) **학술 진흥** 청의 백과사전인 「고금도서집성」을 수입하여 학문정치의 기초를 다졌고, 규장각(왕립 학술연구소)을 두어 국왕 직속의 학술 및 정책연구기관으로 육성(1776).

3) **신해통공** 남인의 노론 정치 자금원 봉쇄 조치(1791).

4) **수원성(화성) 축성** 천도의 일환으로 계획도시 추진, 정약용의 거중기 사용, 수원에 유수부를 설치하였고(수원 유수 : 채제공), 동원된 장인과 농민에게 품삯을 지불. 한양과 화성을 오가는 신작로(新作路)를 개수·신설.

5) **초계문신제** 스스로 초월적 군주로 군림하면서 스승의 입장에서 신하를 양성하고 재교육. 초계문신제는 경연의 반대로 37세 이하 당하관을 규장각에 위탁 교육시킨 국왕의 엘리트 관료 양성책(1781~1800).

6) **「홍재전서(弘齋全書)」의 편찬 착수** 정조(홍재왕, 만천명월주인옹(萬川明月主人翁) 자처)의 시문·윤음·교지·기타 문집을 모아 규장각에서 편찬한 것으로 184권의 방대한 전집(순조 때 간행).

7) **여론 수렴** 국왕 행차시 상언·격쟁제도를 활성화하여 백성의 민원을 국왕에게 전달.

8) **문체반정 주도** 탕평책의 일환으로 추진된 문체 쇄신 정책. 노론 벽파 계열의 문체를 비판(1792).

9) **대유둔전(大有屯田) 설치** 수원 부근에 국영 농장을 설치.

10) **팔도구관당상제 시행** 영조 이래 지방 통제 강화를 시도.

11) **수령의 향약 주관** 사림이 주도한 향약을 수령이 직접 주관하여 사림세력의 약화를 시도.

12) **편찬사업** 대전통편(1785, 김치인. 「경국대전」·「속대전」의 수정·보충편), 국조보감(역대 국조보감을 합본), 동문휘고(인조 이후 대청·대일 외교문서를 정리), 추관지(율령에 대한 책), 탁지지(호조의 옛 사례를 기록한 책), 증보문헌비고(「동국문헌비고」를 이만운이 보충. 조선의 정치·사회·경제·문화 등 전반적인 제도의 연혁과 변천을 수록한 백과사전인데, <u>완성은 대한제국 시기</u>), 전운옥편(「강희자전」을 본떠 만든 자전으로 주석은 한글), 규장전운(4성에 따라 글자를 나누고 음의를 분별한 대표적인 운서), 심리록(정조 연간의 각종 범죄인에 대한 판례집), 무예도보통지(종합무예서), 존주휘편(1796, 양란 이후의 대명(존주론)·대청(북벌론)관계 기록을 총정리), 일성록(세손으로 있을 때 쓴 일기), 일득록(홍재전서에 수록된 정조의 어록), 규장총목(1781, 장서 목록).

정조 어찰 2009년 2월 정조가 노론벽파 영수인 심환지(沈煥之, 1730~1802)에게 보낸 친필 비밀편지인 어찰 297통이 공개되어 당시 정조의 다양한 탕평정치를 보여 준다.

① **정조의 탕평책** 영조때 세력을 키워 온 척신과 환관을 제거하고 소론과 남인 계열도 중용. 정조는 영조가 타협적인 온건론자 중심으로 정국을 운영한 데 대해 <u>군주도통론에 입각해</u> 의리주인으로 과격하지만 의리와 명분을 중시하는 남인 시파(채제공)와 노론 중 탕평파를 비판하는 청론 계열(홍국영)을 중용하여 <u>각 붕당 주장의 시비를 명백히 가리는 준론탕평(峻論蕩平) 또는 청론탕평을 채택.</u>

29. 남한강의 역사와 유적을 답사하기 위해 조사 항목을 정리하였다. (가)~(마)에 대한 조사 활동으로 옳지 않은 것은? [3점]

(가) 상류 지역은 석회암 지대라서 구석기 시대의 유적이 많이 남아 있다.
(나) 고구려가 남진하거나 신라가 북상하기 위해서는 남한강의 활용이 중요하였다.
(다) 고대부터 조선 시대에 이르기까지의 불교 관련 유적과 유물이 많이 있다.
(라) 조선 시대에는 한양과 경상도를 연결하는 조운로 및 교통로로 활용되었다.
(마) 임진왜란 때 왜군의 공격로와 일제 때 우리 문화재의 수탈과도 관련이 있다.

① (가) - 수양개 유적, 금굴, 상시 동굴 등에 대하여 조사하였다.
② (나) - 중원 고구려비, 단양 적성비, 온달산성 등에 대하여 조사하였다.
③ (다) - 흥법사지, 거돈사지, 신륵사 등에 대하여 조사하였다.
④ (라) - 공세창, 영산창과 세종 및 효종의 능에 대하여 조사하였다.
⑤ (마) - 탄금대 전투와 법천사지 지광국사 현묘탑의 반출 경위에 대하여 조사하였다.

30. 다음과 같은 현상이 보편화되고 있던 시기의 사회 경제에 대한 설명으로 옳지 않은 것은? [2점]

모내기철 품팔이에
집집마다 아낙네들 바빠
보리 베는 남편 일을 돕지 못하네.
이 서방네 약속 어기고 장 서방네로 가나니
이로 보면 밥모보다 돈모가 낫지 않나.

* 밥모 : 밥이나 얻어 먹고 해 주는 모내기
* 돈모 : 돈을 받고 하는 모내기.

① 민영 수공업이 발달하였다.
② 도조법이 점차 확대되었다.
③ 자영 농민의 수가 증가하였다.
④ 상품 화폐 경제가 활성화되었다.
⑤ 사상(私商)의 활동이 활발해졌다.

29 정답 ④ ·· (2009. 제6회 고급)

④ 공세창은 충청도 아산, 영산창은 전라도 나주에 있었고, 세종릉인 영릉(英陵)과 효종릉인 영릉(寧陵)은 경기도 여주에 있다. 따라서 공세창과 영산창은 남한강 유역과는 무관하다.

조창(漕倉) 지방의 조세를 모아 두었다가 조운(해운·수운)을 통해 용산과 서강에 있는 경창(京倉)으로 사공인 조군(漕軍, 조졸, 수부)이 운송하였는데 조운의 수로는 전라도·충청도·황해도는 서해안 바닷길로, 강원도는 한강, 경상도는 낙동강과 남한강을 이용.

(나) **온달산성** 충북도 단양군 영춘면의 석성이다. 온달 장군이 신라가 침입해 오자 이 성을 쌓고 분전.

(다) **원주 흥법사** 흥법사지 3층 석탑(고려 초), 흥법사지 진공대사탑비(고려 초)

원주 거돈사지 거돈사지 삼층석탑(보물 제750호) : 9세기 신라 양식의 3층 석탑. **거돈사 원공국사 승묘탑비**(고려 현종 16년(1025년), 보물 제78호) : 고려의 원공국사(930년 ~ 1018년)의 행적을 기록한 비로서 대학자인 최충이 비문을 짓고 김거웅이 글씨.

여주 신륵사 신륵사 다층 벽돌탑(고려 초), 신륵사 보제존자석종부도(고려 우왕, 나옹화상부도), 신륵사 조사당(조선전기), 신륵사 석탑(조선전기, 전탑).

(마) **법천사지 지광국사 현묘탑**(고려 석탑, 국보 제101호) 원주 법천사에 있었으나 한일합방 직후 오사카로 밀반출되었다가 반환.

[조운도]

30 정답 ③ ·· (2009. 제6회 고급)

사진은 조선 후기 이앙법(모내기법)을 보여준다. 이앙법의 전국적 보급으로 제초(김매기) 노동력이 절감되고, 단위 면적당 수확량이 증가하였으며, 도맥이모작이 실시되었다. 이앙법의 보급으로 농민들은 1인당 경작면적을 보다 넓혀 부지런한 역농(力農)과 농사에 밝은 명농(明農) 그리고 계집종의 농민 남편인 비부(婢夫) 등은 경작지의 규모를 확대하여 광작(廣作)을 할 수 있었다. 그러나 광작 이후 일부 부농층이 발생했으나 다수의 가난한 소작농민들은 소작지를 얻기가 더욱 어려워져 무전무전(無田無佃) 농민에게 경작지라도 균등하게 분배하자는 균경균작론(均耕均作論)이 제기되었다. 따라서 자영농의 증가는 틀렸다. 오히려 농민들은 도시로 나아가 상공업에 종사하거나 임노동자나 노비로 전락하였다.

> **광작** 조선 후기 경작지의 규모를 확대해 넓은 토지를 경작하던 농사의 방법으로 이앙법과 견종법 등 조선 후기 농법의 발달은 노동력을 크게 절감시켜 한 사람이 이전보다 훨씬 넓은 토지를 경작하는 것을 가능. 이에 따라 대규모로 농지를 경작하는 광농(廣農)이 출현. 이들은 새로운 농법을 도입하고 농업노동자를 고용해 적게는 60~80마지기, 넓게는 120마지기 이상의 농지를 경작했다. 이들 중에는 자신이 소유하고 있는 토지를 경작하는 경우도 있었지만 <u>남의 땅을 빌려서 경작하는 경우가 대부분</u>으로서, 이들은 주로 <u>상품판매를 목적으로 하는 상업작물을 재배하여 부를 축적</u>. 광작의 출현은 농촌사회의 분화를 촉진시켰으며, 광작이 늘어남에 따라 많은 농민들은 경작하고 있던 토지에서 쫓겨나 고공이나 농업노동자로 전락하거나 광산노동자가 되는 경우도 늘어났다. 임금노동자의 증가는 광작의 규모를 더욱 확대시켰으며, 광작의 증가는 <u>농민층의 분화를 더욱 촉진</u>시키는 상승작용. 이러한 현상은 봉건적 모순이 제대로 해결되지 못한 채 봉건사회 말기의 새로운 사회모순으로 등장했으며, 농촌사회 내부의 갈등도 더욱 심각해져 갔다.

31. 다음과 같은 문제점을 해결하기 위해 실시했던 제도에 대한 설명으로 옳은 것은? [2점]

> 나라의 100여 년에 걸친 고질 병폐로서 가장 심한 것은 양역(良役)이다. …… 백성은 날로 곤란해지고 폐해는 갈수록 심해지니, 혹 한 집안의 부자, 조손(祖孫)이 군적에 한꺼번에 기록되어 있거나 혹은 3~4명의 형제가 한꺼번에 군포를 납부해야 한다. 또한, 이웃의 이웃이 견책을 당하고 친척의 친척이 징수를 당하며, 황구(黃口)는 젖 밑에서 군정으로 편성되고, 백골(白骨)은 지하에서 징수를 당하며, 한 사람이 도망하면 열 집이 보존되지 못하니, 비록 좋은 재상과 현명한 수령이라도 역시 어찌할지를 모른다.

① 마을마다 창고가 설치되어 흉년에 대비하게 되었다.
② 풍흉에 관계없이 매년 일정액의 전세를 거두게 되었다.
③ 어장세, 선박세 등 잡세 수입으로 국가 재정을 보충하였다.
④ 토지 1결당 12두의 세금이 부과됨으로써 지주의 부담이 커졌다.
⑤ 호패법과 오가작통법이 강화되어 농민의 거주 이전이 어려워졌다.

32. 다음과 같은 주장을 한 학자에 대한 설명으로 옳은 것은? [3점]

> 천체가 운행하는 것이나 지구가 자전하는 것은 그 세(勢)가 동일하니 분리해서 설명할 필요가 없다. 다만 9만 리의 둘레를 한 바퀴 도는 데 이처럼 빠르며, 저 별들과 지구와의 거리는 겨우 반경(半徑)밖에 되지 않는데도 몇천만억의 별들이 있는지 알 수 없다. 하물며 천체가 서로 의존하고 상호 작용하면서 이루고 있는 우주 공간의 세계 밖에도 또 다른 별들이 있음에랴. …… 칠정(七政 : 태양. 달, 화성, 수성, 목성, 금성, 토성)이 수레바퀴처럼 자전함과 동시에 맷돌을 돌리는 나귀처럼 둘러싸고 있다.

① 실지 답사를 기초로 하여 실측 지도를 제작하였다.
② 우리 역사상 최초로 한양을 기준으로 하는 역법을 마련하였다.
③ 서양인이 저술한 기기도설을 참고하여 거중기와 녹로를 만들었다.
④ 고대사 연구의 시야를 확대시켜 한반도 중심의 사관을 극복하였다.
⑤ 임하경륜을 저술하여 양반들도 생산 활동에 종사할 것을 역설하였다.

31 정답 ③ ··· (2009. 제6회 고급)

사료는 조선 왕조 실록인 「영조실록」 권66 23년 10월의 기사로 군포 징수의 문란을 보여준다. 영조 23년은 1747년인데, 균역법 시행 3년 전으로 양역변통론이 나타난 시기였다. 「영조실록」에 따르면 효종·숙종대에 공전제에 토대를 둔 농병일치로 환원하자는 주장과, 양반층에게도 군포를 부담시키자는 호포론(戶布論, 대변통론) 등이 제기되었다. 그러나 양반들은 군역을 지게 되면 반상(班常)의 신분적 구분이 없어진다고 하여 반대하였다. 그리고 구전론(口錢論, 인구 단위로 돈 징수, 대변통론)·감필론(減匹論, 소변통론) 등도 제기되었으나 실효를 거두지 못했다. 그러다가 영조 18년(1742)에 양역의 폐단을 시정하고 군역제도의 개선을 위하여 양역사정청(良役査正廳)을 설치하고 양인의 호구조사를 실시하여 이를 바탕으로 영조 24년(1748)에 양역실총을 간행하고 영조 26년(1750)에 신만(申晚)의 건의로 균역법을 시행하여 군포 2필을 1필로 줄여 군포의 부담을 감소시키고, 한량·교생 등 일부 상류 신분층에게도 선무군관포(선무군관 : 한량이나 부유한 양인으로 뇌물을 바쳐 향교나 서원의 교생·원생을 칭하면서, 군포를 부담하지 않고 있던 자)라 하여 군포 1필을 부과시켰다. 그리고 지주에게는 결작(1결당 2두 : 결전(結錢) 때는 5전 징수, 결포도 가능)을 징수하고 각 아문이나 궁방에서 받아들이던 어세·염세·선박세 등도 균역청에서 관할하였다.

균역법의 결과와 영향 1) **군역의 평준화** 국가의 수입은 줄지 않으면서 농민의 부담은 다소 가벼워지고, 상류층 일부와 지주가 군포와 결작을 부담하게 되어 군역이 어느 정도 평준화. 2) **지주제 바탕의 세제 정비** 조선 초기 자영농을 바탕으로 한 공납·군역·요역 등의 수취체계를 폐기하고 지주제를 현실적으로 인정한 수취체계가 정비되었다. 3) **폐단 부활** 세도정치기에 이르러 병작농이 결작을 부담하게 되었고, 족징·인징 등의 연대 책임의 폐단이 부활.

32 정답 ⑤ ··· (2009. 제6회 고급)

사료는 조선 후기 중상학파 실학자인 홍대용(1731-1783)의 「담헌집」에 수록된 지전설에 대한 내용이다. ① 정상기·김정호, ② 이순지·김담, ③ 정약용, ④ 이종휘·유득공, ⑤ 홍대용은 「임하경륜」에서 균전제, 「의산문답」에서 지전설을 주장하고, 「주해수용」에서 중국, 서양의 수학 연구 성과를 정리하고 구구단을 수록하였다.

홍대용(1731~1783, 호는 담헌) 1) **한국의 갈릴레오** : 자기 집에 동양 최초의 사설 천문관측소인 농수각을 설치하고 혼천의도 제작. 2) **북학파의 선구자** : 북경을 사행하며 청의 서양 문물을 관찰하고 「담헌연기」·「의산문답」(지전설)·「임하경륜」(균전제) 등을 저술. 3) **사회개혁 주장** : 성리학 극복이 부국강병의 근본이라고 주장하였고, 사농공상의 모든 자제들이 교육을 받아야 한다는 사민개학론을 주장.

> **임하경륜** 경국제민(經國濟民)을 위한 개혁안이 잘 제시. 군사제도는 행정구역의 책임자가 군사지휘관을 겸임하며, 각 도에 10만 명씩 100만 명의 군사를 양성할 것을 주장. 신분 고하를 막론하고 모든 장정은 일해야 하며, 지방의 면 단위까지 학교를 두고 의무적으로 교육시킬 것, 과거제 대신 공거제 실시할 것 등을 주장. 근본적인 개혁안이었지만 현실보다 앞선 주장.

① **동국지도**(영조, 정상기) 민간학자에 의한 최초의 지도로 100리를 1척으로 정한 백리척을 사용.
　김정호(철종) 비변사 소장의 지도와 기존 자료를 활용하여 한양 지도인 수선전도·청구도·대동여지도(22분첩지도, 10리마다 눈금 표시, 목판 제작, 162,000분의 1 축척)·대동여지전도 등을 제작

② **칠정산**(세종, 1444) 우리나라 실정에 맞게 재구성하여, 이순지·김담 등이 칠정산내·외편(「세종실록」에 첨부)을 편찬하고 행성의 운행을 관측. 내편은 본국력(本國曆)으로 수시력(원)·대통력(명)을, 외편은 아라비아의 회회력을 참조. 1년의 길이를 365.2425로 계산하여 오늘날의 달력과 거의 비슷. 천체 위치가 계산되어 일식과 월식의 예상이 가능해졌으며, 한양 위치에서 경도·위도·시각 등이 측정되고, 표준시가 베이징에서 한양으로 바뀌었다. 그리고 마니산·한라산·백두산 등에 역관을 보내 북극의 고도를 측정하기도 하였으며, 이순지가 「천문유초」라는 천문학 개설서를 편찬.

③ **정약용** 정조가 내려준 J. Terrenz의 「기기도설」을 참조하여 거중기·활차·녹로·유형차 등을 만들어 인적·물적 자원을 아꼈다.

④ **동사**(1780년대, 이종휘) 기전체, 「수산집」에 수록, 고구려를 중시하여 반도 중심의 협소한 사관을 극복, 역사상 최초로 단군조선을 본기(本紀)로 서술, 양명학적 입장.
　발해고(1784, 유득공) 발해사만을 최초로 다루고 남북국시대에 대해 첫 언급, 걸걸중상(대조영의 父)을 속말말갈인으로 규정하는 등 고증에 오류.

33. 밑줄 그은 '이 신문'에 대한 설명으로 옳은 것은? [2점]

> 이 신문은 처음에는 한글과 영어를 겸용했으나, 뒤에 국한문 혼용으로 바뀌었다. 그 뒤, 일반 대중을 위해서는 한글판을, 외국인을 위해서는 영문판을 발간하였다. 당시 일제 통감부가 매우 까다롭게 신문을 검열하였으나, 이 신문은 영국인이 경영하는 것으로 되어 있어 통제에서 어느 정도 벗어날 수 있었다. 신문사 정문에 '일본인 출입 금지'라고 써서 붙여 놓고 일본의 침략 행위를 규탄하였다.

① 하층민과 부녀자를 주된 독자층으로 삼았다.
② 서재필 등이 정부의 자금 지원을 받아 발간하였다.
③ 을사조약의 불법성을 폭로하는 고종 황제의 친서를 게재하였다.
④ 조선 정부가 설립한 박문국에서 국민을 계몽하기 위해 발간하였다.
⑤ 광무 정권이 표방한 '구본신참'의 원칙에 따라 점진적인 개혁을 제시하였다.

34. 다음 자료와 관련된 경제적 구국 운동에 대한 설명으로 옳지 않은 것은? [1점]

① 제국신문, 만세보 등의 언론 기관이 참여하였다.
② 대한 자강회와 같은 애국 계몽 단체가 참여하였다.
③ 일본 유학생과 미주, 러시아의 교포들도 참여하였다.
④ 통감부는 양기탁을 횡령 혐의로 구속하는 등 조직적으로 탄압하였다.
⑤ '내 살림 내 것으로', '조선 사람 조선 것으로' 등의 구호를 앞세웠다.

해설 및 정답

33 정답 ③ ··· (2009. 제6회 고급)

밑줄 친 이 신문은 영국인 베델, 양기탁 등이 간행한 대한매일신보(1904.7-1910.8)이다. 당시 베델은 회사 앞에 일인불가입(日人不可入)이라는 방을 부쳤으며 항일운동의 선봉에서 활약해, 일제 신문지법의 제정의 배경이 되었다. 대한매일신보는 신민회와 연결되었으며, 황성신문·제국신문·만세보 등에 비해 의병운동에 대해 호의적이었는데, 일제 강점기에 총독부 기관지인 매일신보로 제호를 바꾸었다. ① 제국신문, ② 독립신문, ③ 대한매일신보, ④ 한성순보, ⑤ 황성신문에 대한 설명이다.

대한매일신보 1904년부터 국권피탈 때까지 발간된 일간신문. 발행인이 영국인이었기 때문에 일본의 검열을 받지 않고 민족진영의 대변자 역할. 사세가 확장되고 독자수도 늘어나면서, 통감부가 설치된 이후에는 민족진영의 가장 영향력 있는 대표적인 언론기관이 되었다. 창간 당시 6페이지 중 2페이지가 한글전용, 4페이지는 영문판. 창간 다음해인 1905년 8월 11일부터는 영문판과 국한문신문을 따로 분리하여 두 가지 신문을 발간. 영문판의 제호는 《The Korea Daily News》였고, 창간시 순한글로 만들었던 국문판은 국한문을 혼용하여 발간. 그러나 국한문판을 이해하지 못하는 독자들을 대상으로 하는 한글전용 신문의 필요성으로 1907년 5월 23일부터는 따로 한글판을 창간하여 대한매일신보사는 국한문·한글·영문판 3종의 신문을 발행하였으며, 발행부수도 세 신문을 합쳐 1만 부를 넘는 당시 최대 신문. 논설진은 양기탁 외에 박은식·신채호 등. 일제의 한국침략정책을 정면 반박하자 일제는 여러 가지 탄압을 가했는데 일본은 외교경로를 통해 소송을 제기, 발행인 배설은 1907년과 1908년 2차례에 걸쳐 재판에 회부되었고, 양기탁도 국채보상의연금 횡령혐의로 체포되어 재판에 회부되었으나 무죄 석방. 1908년 5월 27일부터 발행인 명의를 영국인 만함(Alfred Marnham)으로 바꾸었다. 그러나 1909년 5월 1일 배설이 죽고 난 후, 1910년 6월 1일부터는 발행인이 이장훈으로 바뀌었고, 국권 피탈이 되면서 조선 총독부의 기관지로 전락.

고종의 무효 선언 이와 같이 중요한 사안을 그와 같이 용이하게 급격히 체결을 보게 된 것은 천재(千載)의 유한(遺恨)이라. …… 대신 등의 무능·무기력은 마음으로부터 견딜 수 없다. … 각 대신은 외국세력과 더불어 짐을 협박하여 체결하였으니 짐의 적자(赤子)는 일제히 일어나 이 슬픔을 함께 하라. <대한매일신보>

① **제국신문** 국민계몽, 자강사상 고취, 하층민과 부녀자층 대상, 찬양회의 홍보 기관지, 순한글 사용, 암(雌)신문
② **독립신문** 일본 민간지 한성신보가 아관파천을 연일 비난하자 주필 서재필이 유길준·박정양 등 갑오개혁을 담당한 개화파 인사들을 통하여 정부의 후원을 얻어서 1896년 4월 7일에 창간(독립협회 창립보다 앞섬).
④ **한성순보** 최초의 신문, 관보에 시사를 곁들인 순간지, 순한문. 박문국 발행
⑤ **황성신문** 민족주의적 항일지, 장지연·박은식·주시경·신채호 등의 논설, 양반유림 대상, 국·한문 혼용, 관동학회 기관지, 왕정 유지 주장, 숫(雄)신문

34 정답 ⑤ ··· (2009. 제6회 고급)

사료는 서상돈·김광제·양기탁 등이 대구에서 악성 국채인 일본 차관 1,300만 원 반환을 위해 금연과 패물 폐지 운동 등을 전개한 국채보상운동의 내용이다. 국채보상기성회가 조직되고 대한매일신보·황성신문·제국신문 등의 언론사 후원으로 1907년 7월 말까지 18만 7천 8백원 정도 모금이 되었으나 대한매일신보의 의병 활동 보도에 대한 일제의 불만으로 양기탁을 보상금 횡령으로 구속하는 등 통감부의 방해로 실패하였다. 후일 보상금은 민립대학설립운동에 사용되었고 국채보상운동은 일제시대 물산장려운동으로 계승되었다. 이 운동은 일제에게 재정권을 박탈당한 상태에서 추진되어 빚을 갚는 것이 현실적으로 어렵다는 것을 인식하지 못한 한계성이 있었다. 그리고 당시 최초의 전문학교인 보성학교를 대학으로 발전시키기 위해 보성학교 기성회가 추진되었으나 그 운동도 실패하고 말았다. ①②③④는 국채보상운동이나 ⑤는 일제시대에 추진된 물산장려운동의 내용이다.

물산장려회 궐기문 내 살림 내 것으로 / 보아라, 우리의 먹고 입고 쓰는 것이 거의 다 우리의 손으로 만든 것이 아니었다. / 이것이 제일 세상에 무섭고 위태한 일인 줄을 오늘에야 우리는 깨달았다. / 피가 있고 눈물이 있는 형제자매들아, 우리가 서로 붙잡고 서로 의지하여 살고서 볼 일이다. / 입어라, 조선 사람이 짠 것을. / 먹어라, 조선 사람이 만든 것을. / 써라, 조선 사람이 지은 것을. / 조선 사람, 조선 것.

제6회

35. 다음 사건의 결과 일본과 맺은 조약문의 내용으로 옳은 것은? [2점]

1882년 6월 9일에 경영군(京營軍)에 큰 소란이 벌어졌다. 1874년 이래 대궐에서 쓰이는 비용은 끝이 없었다. 호조나 선혜청에 저축해 온 것은 모두 비어서 경관(京官)의 월급도 주지 못했으며, 5영 군사들도 왕왕 급식을 결하였다. 5영을 파하고 2영을 세우니 또한 노약자는 쫓겨나게 되어 갈 곳이 없었다. 그래서 완력으로 난을 일으킬 것을 생각하게 되었다. <매천야록>

① 청에 억류된 대원군을 조속히 귀국시키도록 한다.
② 청은 랴오둥 반도와 타이완 등을 일본에 할양한다
③ 일본 공사관 경비를 담당할 일본군 약간 명을 파견한다.
④ 조선은 새로운 일본 공관 건설에 필요한 부지를 제공하고 공사비를 지불한다.
⑤ 일본국 정부는 조선국이 지정한 각 항에 일본 상인을 관리하는 관원을 설치한다.

36. 밑줄 그은 '나'에 대한 설명으로 옳은 것은? [2점]

- 서양인들이 천주의 뜻이라 하여 부귀를 바라지 않고 천하를 정복하여 교회당을 세우고 그 도를 널리 보급시킨다는 것이다. 그래서 나는 그것이 과연 그럴까 어찌 그럴 수가 있을까 의문을 가지게 되었다.
- 나도 1년이 거의 지나도록 도를 닦으면서 잘 생각하여 보니 역시 자연스러운 이치가 있으므로, 한편으로 주문(呪文)을 짓고 한편으로 강령(降靈)의 법을 만들고 불망(不忘)의 노래를 지었다.
- 나는 그 말씀을 듣고 그 부적을 받아 종이에 써서 먹어 보았다. 그랬더니 몸이 윤택해지고 병이 나았다. 비로소 선약(仙藥)임을 알았다.

① 외세를 몰아내기 위해 일본군과 싸웠다.
② 각지에 집강소를 설치하여 개혁을 펴 나갔다.
③ 동경대전과 용담유사를 간행하여 교리를 정리하였다.
④ 구세제민(救世濟民)의 뜻을 품고 새로운 종교를 창시하였다.
⑤ 진주와 단성을 비롯한 경상도 지역의 농민 항쟁을 이끌었다.

35 정답 ③ ·· (2009. 제6회 고급)

사료는 1882년 6월에 발발한 임오군란인데, 그 결과 1882년 7월 조선과 일본간에 제물포조약이 체결되었다. ① 갑신정변 당시 개화당의 정강, ② 시모노세키(마관·하관)조약, ③ 제물포조약, ④ 한성조약, ⑤ 강화도조약의 내용이다. 제물포조약의 내용으로는 ③ 외에 피해 보상금 지불, 군란 주모자 처벌, 사죄사 파견 등이었다.

③ **제물포조약**(1882.7.17) 일본군이 출동하였으나 청이 선점하여 불리한 입장이 되자 일본은 조선 정부와 조약을 체결. 일본 공사관에 경비병 120명 주둔 허용, 피해 배상 요구로 50만원을 매년 10만원씩 지불, 군란 주모자 처벌, 특사를 파견해 공식적 사과 등인데 그 결과 사죄사로 박영효(제3차 수신사)·김옥균·민영익 등이 일본에 파견.

① **갑신정변 당시 개화당의 정강의 분석**
  1) **정치면** 대외적으로 청국과의 종속관계를 청산하고(1조), 대내적으로 조선 왕조의 전제주의 정치 체제를 내각 중심의 입헌군주제로 바꾸려고 하였다(13조, 14조 후반).
  2) **사회면** 문벌을 폐지하고 능력에 따른 인재 등용, 인민평등권의 제정을 주장하여 중세의 계급제도를 청산하려고 하였다(2조).
  3) **경제면** 지주전호제를 유지하면서 농민과 유리된 지조법 개혁을 내세웠다(3조).
  4) **문화면** 민비를 중심으로 한 수구파 집단의 봉건문화의 산실인 규장각을 혁파하여 근대적이고 진보적인 정치문화를 수립하고자 하였다(7조).

② **시모노세키(마관·하관)조약** 청일전쟁 후, 이홍장과 이등박문간에 체결(1895. 4. 17). 일본은 요동반도와 대만을 할양받고 최혜국조관과 전쟁 배상금 은(銀) 2억 냥(3억 1천만 엔) 지급을 청으로부터 약속받았다. 그리고 조선의 자주국 승인으로 청의 종주권이 완전 부인.

④ **갑신정변 후**, 급진개화파가 몰락하고 청의 내정 간섭이 더욱 강화되었으며, 조선은 일본의 강요로 한성조약을, 청과 일본은 천진조약을 체결.

  한성조약(1884. 11) 김홍집과 이노우에 간에 맺어진 조약으로 ㉠ 조선은 국서로써 일본에 사죄할 것, ㉡ 배상금 11만원 지불, ㉢ 이소바야시 대위의 살해범 처벌, ㉣ 공사관 신축시 비용 2만원 부담, ㉤ 경비병 막사로 공사관 부지 이용 등.

  천진조약(1885. 4) 거문도사건 직후 청·일의 현상 유지책으로 이토 히로부미와 이홍장 간에 교섭이 진행되다가 주청 영국공사 파크스(H.S. Parkes)의 중재로 체결. 조약의 내용은 ㉠ 청·일 양국은 조선으로부터 4개월 이내에 공동 철병한다. ㉡ 청·일 양국은 조선에 군사교관을 파견하지 않는다. ㉢ 조선에 변란이 일어나 양국 중 어느 한 나라가 군대 파견의 필요가 있을 때에는 상대국에 사전 통고하고, 사건이 해결되면 즉시 철수한다 등. 이로써 일본은 조선에서 청과 대등한 위치를 유지하게 되었으며, 이 조약은 갑오농민전쟁 이후 청일전쟁 발발로 결렬.

36 정답 ④ ·· (2009. 제6회 고급)

사료의 밑줄 친 나는 1860년 4월 동학을 창도한 수운 최제우(1824-1864)이다. 최제우는 세도정치기에 봉건제 모순이 심화되고 서양세력의 참투에 대해 반봉건·반외세의 동학을 창도하였다. ① 전봉준 등의 동학농민군, ② 전봉준·손화중·김개남 등의 동학 남접 지도자, ③ 최시형, ④ 최제우, ⑤ 1862년 임술민란으로 잔반들이 주도하였다.

동학의 창도
  1) **발생 배경** 내적요인으로는 세도정치·삼정 문란·민란 발생 등으로 중세 봉건제사회의 모순이 심화되었고 외적요인으로는 서양 문물의 유입 및 천주교의 유포에 대하여 위기의식이 고조.
  2) **성립** 철종 때 경주의 잔반 출신인 최제우(호: 수운, 1824~1864)가 창도(1860). 혹세무민이라는 구실로 교조 최제우를 경상감영에서 효수(고종, 1864)
  3) **사상** 성리학과 불교를 배척하는 동시 서구 열강의 동양 침투와 연결되어 있던 천주교도 배격. 그러나 동학사상은 전통적인 민간신앙을 바탕으로 유교·불교·도교·천주교의 교리 까지도 일부 흡수한 종합적 성격. 동학의 사상과 교리는 2대 교주 해월 최시형(1827~1898) 때 간행된 동학의 한문 경전인 「동경대전」과 포교용 한글 찬송가인 「용담유사」에 결집.

37 다음 주장의 형성 배경을 파악하기 위한 활동으로 옳은 것을 〈보기〉에서 고른 것은?
[1점]

> 나라의 재화는 사람의 진액과 같은 것이니, 기혈을 보양하여 막히지 않고 유통하게 하면 사람이 건강하듯이, 나라는 물산을 번식하여 편리하게 운수한다면 부강하고 윤택해집니다. 그러므로 물산을 번식시키고 운수를 편리하게 하고자 한다면 절검 근로해야 하며, 농업, 공업, 어업, 목축업 등을 흥하게 하여 산과 들, 강과 바다의 이로움을 취해야 합니다. 또한, 금·은화를 만들어 상품 유통과 매매를 편리하게 하고 …… 도로와 교량을 만들어 여행자, 수레, 말의 통행의 편익을 도모하고 하천과 바다를 잘 다스려 선박, 뗏목을 소통시켜야 합니다.

|보기|
ㄱ. 수신사와 조사 시찰단의 보고서 내용을 조사해 본다.
ㄴ. 박지원, 박제가 등 북학파의 개혁 사상을 검토해 본다.
ㄷ. 박규수, 유홍기 등 통상 개화론자의 주장을 분석해 본다.
ㄹ. 유인석, 최익현 등 항일 의병 운동가의 사상을 조사해 본다.
ㅁ. 대한 자강회와 대한 협회 등 애국 계몽 운동의 취지를 알아본다.

① ㄱ, ㄴ, ㄷ ② ㄱ, ㄴ, ㅁ ③ ㄱ, ㄹ, ㅁ
④ ㄴ, ㄷ, ㄹ ⑤ ㄷ, ㄹ, ㅁ

38 밑줄 그은 ㉠~㉣에 대한 설명으로 옳지 <u>않은</u> 것은?
[3점]

> 1882년 4월 6일, 제물포에서 조인된 ㉠<u>14개 조항의 조약</u>은 비록 일본과 맺은 조약보다 ㉡<u>불평등성이 부분적으로 완화된 측면도 있고</u> ㉢<u>양국의 우호를 강조했을지라도</u> ㉣<u>조선에는 불리한 불평등 조약이었던 것</u>은 틀림없는 사실이다. 그리고 이 조약은 조선이 서양에 문호를 개방한 최초의 조약으로서 커다란 의의를 지녔고, 이후 영국을 비롯한 독일, 러시아, 프랑스 등이 조선과 국교를 맺는 데 선도적인 역할을 했다.

① ㉠ – 청의 알선으로 체결되었다.
② ㉠ – 연미론(聯美論)이 체결에 영향을 주었다.
③ ㉡ – 수출입 물품에 대해 관세를 부과하였다.
④ ㉢ – 조선의 주장으로 거중 조정의 조항을 넣었다.
⑤ ㉣ – 치외법권, 최혜국 대우 등의 규정이 포함되었다.

37 정답 ①·· (2009. 제6회 고급)

사료는 급진개화파(개화당) 박영효의 「건백서(개화상소)」(1888)에 나오는 '경제로서 나라와 백성을 부강하게 할 일'의 내용이다. 개화사상은 개항 전 실학의 북학파(박지원, 박제가, 이규경, 최한기)에 연원을 두고 초기 개화사상가인 박규수·오경석·유홍기 등에 의해 제창되었고, 개항 후 수신사, 신사유람단, 영선사 등을 파견해 신문물을 도입하였다. ㄹ. 의병운동은 위정척사사상에 뿌리를 두며, ㅁ. 애국계몽운동은 개화운동의 결과로 독립협회의 민권운동에서 시작되었다.

개화세력의 형성 1860년대에 실학파의 북학론(박제가)에서 제기된 개국통상론을 계승한 일부 지식인들(이규경·최한기·강위 등 통상개화론자)에 의해 국내의 사회경제적인 모순을 자각하고, 세계정세를 살피면서 문호 개방과 외국과의 교역을 하자는 진보적인 사상적 움직임.

박제가	외국과 통상, 동남아·서양과의 대외무역 확대 주장(1778)
이규경	영국 상선 로드 암허스트호의 최초 통상 요구에 응하고자 함(1832)
최한기	서양 문물 수용의 이론적 체계 확립(「인정(人政)」: 인재 등용·문호 개방·직업교육 실시 주장)
강 위	서양 기술을 습득하여 부국강병을 이루어 서양에 대항할 것을 주장

1) **사상의 본질** 안으로 실학의 북학론을 계승하고 밖으로 선진 문화를 수용하여 부국강병을 이룩하려는 자강개혁사상. 지향하는 바는 봉건적 사회체제를 타파하고 부르주아 시민사회를 건설. 개화사상의 형성과 전파에는 박규수를 비롯한 개명 관료와 오경석·유홍기 등의 중인 세력이 큰 역할을 하였는데 1869년 말에 개화사상의 3비조(鼻祖)가 회동.
2) **개화사상에 영향을 준 책** ① 「해국도지」: 청의 위원이 지은 세계지리서. 지도와 지지로 나누어 세계 각국의 지리·역사를 소개하고 양이를 막기 위해서는 서양 문명을 수용해야 한다고 역설. ② 「영환지략(영해지략)」: 청의 복건순무 서계여가 지은 세계지리서. 오경석이 구입하여 유홍기 등에게 읽게 하였다. ③ 「이언」: 청의 정관응이 지은 서양의 정치·제도·국방·경제 등을 소개한 책. 김홍집이 1880년에 소개해 1883년 조선에서 언해. ④ 「만국공법」: 1864년 청에 온 미국인 선교사 William Martin이 Henry Wheaton의 「Elements of International Law」를 번역한 국제법에 관한 책. ⑤ 자연과학서적: 「격물입문」·「빅물신편」(영국의사 Holson의 저서)

한국인 저술의 개화서적 「지구전요」(최한기), 「기화근사」·「치도약론」(김옥균), 「지구도경」(박영교), 「농정신편」(1885년, 안종수), 「농정촬요」(1886년, 정병하(토양·비료 취급, 목화·담배 재배법 서술)), 「건백서」(박영효)

38 정답 ④·· (2009. 제6회 고급)

사료는 조미수호통상조약이다. 조선이 부당한 침략을 받을 경우 미국이 즉각 개입하여 조선의 안보를 보장하는 거중조정 조항은 청의 주장으로 조선에 미국을 끌어들여 러시아와 일본을 견제하려는 의도였으나 관철되지는 않았다.

조미수호통상조약(1882.4: 전문 14조) 「조선책략」에 나타난 연미론의 영향으로 수교의 필요성이 대두되어 고종이 주도하여 민영익·김윤식(영선사로 파견되어 후원)·김홍집 등의 온건개화파가 역할 담당. 청은 러시아와 일본이 조선에 침투하는 것을 견제하고, 조선에 대한 종주권을 국제적으로 확인받기 위해 이홍장이 알선에 나서서 수교가 성사.

1) **조약의 내용** ① 거중조정(居中調停): 조선이 제3국으로부터 부당한 침략을 받을 경우 미국은 즉각 개입, 거중조정을 행사해 조선의 안보를 보장. 조약 당시 청의 주장으로 명시되었으나 영문에는 누락되어 있었고 이에 대한 양국의 입장은 달라 미국은 러일전쟁 막바지에 가쓰라·태프트 밀약으로 조선이 아닌 일본을 지지. ② 불평등조약: 치외법권, 조차지 설정 승인 및 최혜국조관(최혜국대우)을 규정. ③ 문화 교류: 조미 양국간 문화 교류보장. ④ 관세권 규정: 수입 10%, 수출 5%로 관세를 책정하여 최초로 관세자주권을 인정. 이에 따라 1883년 7월에 조일통상장정이 개정. ⑤ 영토권 인정: 거류지(개항장)에서 외국인의 토지 소유를 허가하는 영토권을 인정하였으나 내지 소유는 불인정(속방 규정: 조약 체결시 청은 '조선은 청의 속방이다'라는 내용을 삽입하려 했으나 미국의 반대로 실패)
2) **역사적 의의** 서양과 체결한 최초의 근대적 조약. 관세권 규정·조선의 곡물수출금지권 인정과 조선의 사법기관이 완비되면 철폐한다는 전제하에 규정된 치외법권 조항 등으로 어느 정도의 불평등 요소 극복.

39 밑줄 그은 '우리 당'이 주장한 개혁안에 속하지 않는 것은? [2점]

> 우리는 돈 없이는 아무것도 할 수 없다. 지금 빈손으로 돌아가며 집권 사대당이 나를 비판하며 궁지에 몰아넣을 것이다. 어쨌든 우리 당이 심한 타격을 받을 것이며, 우리 개혁안도 없어질 것이다. 조선은 청에 영구히 속국이 될 수밖에 없다. 우리 당과 사대당은 공존할 수 없기 때문에 최후의 선택을 할지도 모르겠다.

① 각 도의 환곡을 영구히 폐지할 것.
② 내시부를 없애고 그 중에서 재능이 있는 자는 등용할 것.
③ 장교를 교육하고 징병을 실시하여 군제의 기본을 확립할 것.
④ 재정은 모두 호조에서 관할케 하고, 그 밖의 재무 관청은 폐지할 것.
⑤ 문벌을 폐지하여 인민 평등의 권리를 제정하고, 능력에 따라 관리를 등용할 것.

40 다음 민족 운동의 추진 결과 나타난 성과로 옳은 것은? [2점]

- 정인보, 안재홍, 문일평 등이 중심이 되어 추진하였다.
- 어느 실학자의 서거 100주기 행사와 관련되어 이루어졌다.
- 1930년대 중반에 민족 문화 수호 운동의 일환으로 진행되었다.
- 민족을 중시하고 우리 문화의 고유성과 세계성을 찾으려 하였다.

① 조선 광문회에서 실학자들의 저술을 간행하였다.
② 박지원이 저술한 열하일기와 과농소초를 편찬하였다.
③ 북학파 실학과 개화사상과의 연관성을 새롭게 밝혔다.
④ 정약용의 저서들을 정리하여 여유당전서를 편찬하였다.
⑤ 일종의 한국학 백과사전인 증보문헌비고를 간행하였다.

해설 및 정답

39 정답 ③ ·· (2009. 제6회 고급)

사료는 김옥균이 일본의 계몽사상가인 복택유길에게 심정을 토로한 내용인데, 사료의 우리 당은 1880년대 김옥균, 박영효, 서광범, 홍영식 등이 조직한 급진개화파인 개화당이다. 당시 개화당은 일본의 메이지 유신을 조선 근대화의 모델로 삼아 근대 국민국가와 입헌군주제를 지향하며 갑신정변(1884.10.17)을 주도 하였으나 3일 천하로 끝났다. ①②④⑤는 갑신정변 당시의 14개조 개혁정강의 내용이나 ③ 갑오개혁 당시 나온 홍범14조의 내용이다.

≫ 14개조의 혁신정강(갑신일록(甲申日錄)) ≪

1. <u>대원군을 즉각 환국</u>하도록 하며 조공·허례를 폐지할 것
2. <u>문벌을 폐지</u>하여 인민평등의 권(權)을 제정하고, 사람으로써 관(官)을 택하게 하고 관(官)으로써 사람을 택하게 하지 말 것
3. 전국의 <u>지조법을 개혁</u>하여 간리를 막고 민곤을 펴게 하며 겸하여 국용을 유족하게 할 것
4. <u>내시부를 혁파</u>하고, 그 중에 뛰어난 재능이 있는 자는 등용할 것
5. 전후 시기에 간탐하여 나라를 병들게 함이 가장 현저한 자는 정죄할 것
6. <u>각 도의 환상은 영영 정지</u>할 것
7. <u>규장각을 혁파</u>할 것
8. 급히 <u>순사</u>를 두어 절도를 막을 것
9. <u>혜상공국을 혁파</u>할 것
10. 그 동안 유배·금고된 사람은 작량하여 방출할 것
11. 친군영의 4영을 합하여 1영으로 하고 영중에서 초정하여 급히 <u>근위대를 설치</u>할 것
12. 무릇 국내 재정은 모두 호조에서 관할케 하고, <u>그 밖의 모든 재부아문은 혁파</u>할 것
13. 대신과 참찬은 매일 합문(경복궁 사정전 앞문) 안의 의정부에서 회의하여 품정하여 정령을 시행할 것
14. 정부 6조(六曹) 이외의 무릇 용관(冗官)에 속하는 것은 모두 혁파하고, 대신과 참찬으로 하여금 작의하여 품계케 할 것.   (2, 4, 7, 8, 9, 12, 13, 14조는 갑오개혁에 반영됨)

40 정답 ④ ·· (2009. 제6회 고급)

다음의 민족운동은 일제시대인 1934년에 추진된 조선학운동이다. 조선 후기 실학자 정약용(1762-1836) 사거 백 주년 기념행사를 준비하는 과정에서 실학이 체계적으로 연구되었다. ① 1910년, ② 한말 김택영이 1900-1901년 편찬, ③ 1960년대 후반 이후, ④ 1934년-1938년, ⑤ 영조 때의 동국문헌비고를 정조 때 보완한 것으로 대한제국시기에 완성되었다.

조선학운동(민족주의 좌파) 민족사 연구나 실학자들의 문집을 간행하여 민족의식을 고취시키고자 1930년대의 조선학운동과 단군조선·실학 연구에 매진.

실학이란 명칭 조선 후기 실학자들이 자기 학문을 스스로 일컬어 당대에 사용한 것이 아니다. 실학은 장지연이 「조선유교연원」(1922)에서 실학의 경향을 처음 지적하였고, 1930년대 조선학운동의 일환으로 최남선·정인보·안재홍·백남운·최익한 등이 연구하여 실학이라는 표현을 사용했으며, 특히 정인보가 실학을 체계적으로 정리.

1930년대 전반 문화운동 1934년의 조선학운동(정인보·안재홍·문일평 주도), 문맹퇴치운동, 만주동포구제운동, 고적보존운동(동아일보의 충무공 현창과 유적 보존 및 단군릉 중수작업), 단군유적 순례, 정약용 서거 99주년 기념사업 준비(신조선사의 「여유당전서」 간행(1934~1938))

① **광문회** 신민회의 외곽출판단체. 1910년(박은식·최남선) 「삼국사기」·「삼국유사」·「동국통감」·「발해고」·「동사강목」 등 5종류의 역사서를 편찬.
② **김택영**(계몽사학자, 1890년대 후반~1910년대) 「역사집략」, 중국 중심의 세계가 무너지고 새로운 국제질서가 세워졌으므로, 조선도 스스로 웅지를 과시하고 이름을 높이는 역사 서술을 하자고 주장하였으나 「일본서기」의 임나일본부설을 채택하는 오류.
⑤ **증보문헌비고** 영조 때 홍봉한이 만든 「동국문헌비고」를 정조 6년에 이만운이 보충하여 조선의 정치·사회·경제·문화 등 전반적인 제도의 연혁과 변천을 수록한 백과사전인데, 완성은 대한제국 시기.

41 다음 글이 발표된 시기의 상황에 대한 설명으로 옳은 것은? [3점]

> 세계의 형세를 보면, 부강하고 독립하여 잘사는 모든 나라는 다 국민의 지식이 밝기 때문이다. 이 지식을 밝히는 것은 교육을 잘하였기에 이룩된 것이니 교육은 실로 국가를 보존하는 근본이 된다. …… 이에 짐은 정부에 명하여 널리 학교를 세우고 인재를 길러 새로운 신민의 학식으로 국가 중흥의 큰 공을 세우고자 하니, 신민들은 나라를 위하는 마음으로 덕과 체와 지를 기를지어다. 왕실의 안전이 신민들의 교육에 있고 국가의 부강 또한 신민들의 교육에 있도다.

① 임오군란 직후 동도서기론에 입각한 상소가 올려졌다.
② 홍범 14조를 반포하여 개혁의 기본 방향을 제시하였다.
③ 갑신정변으로 신정부를 수립하고 혁신 정강을 공포하였다.
④ 독립 협회 설립 후 서양 교육의 수용에 대한 관심이 높아졌다.
⑤ 을사조약 체결 후 국권 회복을 위한 애국 계몽 운동이 고조되었다.

42 다음 상소의 역사적 배경으로 옳은 것을 〈보기〉에서 고른 것은? [2점]

> 일본은 우리나라의 관문과 요새를 알고 있고 수륙 요충을 이미 점거한 바 있습니다. ……만일, 그들이 우리의 무비(無備)한 것을 보고 공격을 자행하면 전하께서는 장차 어떻게 이를 대응하려 하십니까? 아라사 오랑캐는 본래 우리와 싫어하고 미워할 처지에 있지 않는 나라입니다. 공연히 타인의 말을 믿었다가 틈이 생긴다면 우리의 체통이 손상되게 됩니다.

│보 기│

ㄱ. 수신사 김홍집이 일본에서 조선책략을 반입하였다.
ㄴ. 일제가 경복궁을 점령한 뒤 내정 개혁을 강요하였다.
ㄷ. 정부가 개화파 인사를 등용해 개화 정책을 추진하였다
ㄹ. 러시아 남하 저지를 구실로 영국이 거문도를 점령하였다.

① ㄱ, ㄴ   ② ㄱ, ㄷ   ③ ㄴ, ㄷ
④ ㄴ, ㄹ   ⑤ ㄷ, ㄹ

해설 및 정답

41 정답 ② ·· (2009. 제6회 고급)

사료는 갑오개혁 때 (1895.2.2) 고종이 반포한 교육입국조서이다. 조서는 정약용의 덕·체·지육의 교육관을 계승하면서 실용주의 교육을 강조하였다. ① 1882년, ② 1894년, ③ 1884년, ④ 1896년, ⑤ 1905년의 사실이다.

교육입국조서 반포(제2차 갑오개혁, 1895. 2. 2) 실학자 정약용을 계승하여 교육의 3대 강령으로 덕육·체육·지육을 강조하고 근대교육제도를 마련하여 소학교·사범학교·외국어학교 등을 설립하고, 실용주의 교육을 강조하였다.

신교육령(광무개혁, 1897) 소학교·중학교·사범학교·외국어학교 등을 설립.

① **동도서기파** 1) **곽기락의 상소**(1881) "서양 기계의 기술과 농업·임업의 서적들은 나라와 백성에 이익이 되므로 역시 택하여 시행해야 합니다"라고 하며 이만손·강진규 등 위정척사파의 엄벌을 주장. 2) **윤선학의 상소**(1882) "신이 변혁을 꾀하고자 하는 것은 기(器, 형이하)이지 도(道, 형이상)가 아닙니다"라고 하며 학기수도론(學器守道論)를 주장. 3) **지석영의 상소**(1882) "하나의 원(院)을 설치하여 개화서적을 구입하고 각국의 수차·농기·직조기·화륜기·병기 등을 사들여 원에 비치하고…한 사람이 깨치면 그의 자손과 이웃의 사람들이 모두 그를 따를 것이니 어찌 이용 후생의 방안이 아니겠습니까?"라고 주장. 4) **기타** 김윤식·변옥

변옥(卞鋈)의 상소문(1882년) 천하에 통행되는 「만국공법」조차 사학(邪學)이라고 배척하는 주장이 맹렬히 일어나지만 「해국도지」·「만국공법」 등의 서책은 전국에 간행하여 퍼뜨리되 야소교는 엄금해야 할 것입니다. 그밖의 기용의 이점과 의농의 오묘함은 인도에 해롭지 않고 민산에 유익하므로 이를 학습 채용케 해야 합니다. 채금하는 기계도 해외 신서에 게재되어 있는데, 이것은 오늘날 구급의 쓰임이 되는 것입니다.

② **홍범 14조 반포**(1894.12.12) 근대적 성문헌법의 효시로 입헌군주제를 지향하고 자주 독립을 내외에 선포한 최초의 선언. 국왕이 내정 개혁과 청과의 단절을 담은 홍범 14조와 독립서고문을 종묘에 고하고 전국에 반포하여 경국대전 체제가 붕괴. 지주건·재징·행성·교육·관리 임용·인권 보장의 내용을 규정한 국정 개혁의 기본 강령으로 입법권의 독립, 민권의 확립 등은 제외. 홍범 14조가 입헌주의 채택으로 군주권을 제한한 데 비해, 대한국 국제 9조는 전제 황권의 강화에 급급.

42 정답 ② ·· (2009. 제6회 고급)

사료의 상소는 정부의 개화정책과 조선책략 유포에 반발한 영남의 퇴계 후손인 이만손이 올린 1881년 2월의 영남 만인소이다. ㄴ. 갑오개혁(1894.6), ㄹ. 거문도사건(1885.3)의 내용이다.

1) **1860년대 위정척사운동** 서양과 교역을 반대하는 통상반대운동이 전개되고, 서양의 무력 침략에 대항해 척화주전론(斥和主戰論)이 나타났다(대원군의 통상수교거부정책을 뒷받침). 이항로(호: 화서)는 「벽계아언」·「진소회소」 등을 저술하고, 서양인을 무군무부(無君無父)의 짐승으로 보고 덕 있는 사람의 등용인 용덕인(用德人)을 주장하였으며, 기정진(호: 노사)의 상소문.

4대 위정척사파 남당(한원진)학파(호서지방)·화서(이항로)학파(경기지방)·노사(기정진)학파(호남지방)·정재(유치명(柳致明), 1777~1861)학파(영남지방)

2) **1870년대 위정척사운동** 문호 개방을 전후해서 왜양일체론(倭洋一體論)·개항불가론 등을 전개하였다. 최익현의 개항 반대(지부복궐척화의소(持斧伏闕斥和議疏), 흑산도 유배), 유중교·김평묵(어양론)·유인석 등의 화서학파와 전주지방의 전우(천주학 배척) 등.

3) **1880년대 위정척사운동** 정부의 개화정책 추진과「조선책략」의 유포에 반발하여, 개화 반대 운동을 전개하였다. 병조정랑 유원식은 「조선책략」 유포에 반발하여 1880년 11월 정부의 개화정책에 대해 처음으로 척사상소를 올렸고, 이만손(퇴계 후손)의 영남 만인소(강진규가 작성, 이만손은 유배. 「조선책략」의 성현 모독 조항 비판), 관동 유림 홍재학(화서 문인)의 만언척사소(집필은 스승인 김평묵이 했고 당시 고종을 진노케 하여 홍재학은 능지처참) 등의 신사(辛巳, 1881)척사운동으로 이어졌다. 그 외 경기 유림 신섭·유기영, 경상유림 김순진, 충청 유림 홍시중(일본과 수교방침 제한)·한홍렬, 호남 유림 고정주 등의 위정척사운동이 전국적으로 확대.

43 다음 작품을 남긴 인물에 대한 설명으로 옳은 것을 <보기>에서 모두 고른 것은? [2점]

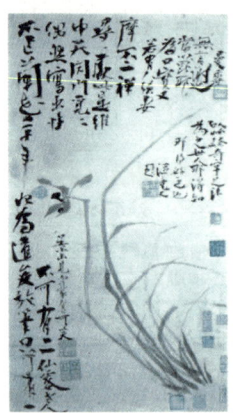

― 보 기 ―
ㄱ. 금석문 연구서인 금석과안록을 지어 북한산비가 진흥왕 순수비임을 밝혔다.
ㄴ. 굳센 기운과 다양한 조형성을 가진 서체를 창안하여 서예의 새로운 경지를 열었다.
ㄷ. 중국 화법을 수용하여 우리 자연을 사실적으로 묘사한 진경산수화의 전통을 계승하였다.
ㄹ. 중국 중심의 역사관에서 벗어나 우리 역사를 체계화할 것을 주장하였다.

① ㄱ, ㄴ ② ㄴ, ㄷ ③ ㄱ, ㄴ, ㄷ
④ ㄱ, ㄷ, ㄹ ⑤ ㄴ, ㄷ, ㄹ

44 다음 의견을 반영한 일제 식민 통치의 내용으로 옳지 <u>않은</u> 것은? [1점]

생각건대, 장래의 운동은 지난봄에 일어난 만세 소요처럼 어린애 장난 같은 것이 아니다. 그 근저에는 앞으로 실력을 갖춘 조직적 운동으로 발전할 가능성이 있음을 예상하고 이에 대한 각오를 다져 두지 않으면 안 된다. 그러나 여기에 압박을 가해 질식시킨다는 것은 결코 바람직한 일이 아니다. 그렇다고 해서 아무런 방책도 강구함이 없이 그대로 내버려 둔다는 것은 위험스럽기 짝이 없다. …… 그 방책은 위력 있는 문화 운동뿐이다. …… 이와 같은 견지에서 나는 별지에 시국에 대한 대책을 강구하여 기재하니 조금이라도 참고가 된다면 다행이겠다.
- 야마나시 한조(山梨半造)의 조선 통치에 관한 의견서 -

① 조선 총독의 자격 기준을 바꾸었다.
② 헌병 경찰을 보통 경찰로 대체하였다.
③ 언론·집회·결사의 자유를 부분적으로 허용하였다.
④ 수재 교육의 명목으로 친일 지식인을 양성하였다.
⑤ 조선 내 모든 학교의 수업을 일본어로 진행하게 하였다.

43 정답 ① (2009. 제6회 고급)

그림은 조선 후기 추사 김정희(1786-1856)가 그린 불이선란(不二禪蘭)이다. 추사는 금석학의 대가로 추사체를 창안한 실사구시학파의 거두였다. ㄷ. 진경산수화풍은 18세기 전반 정선, 최북 등이 개척하였으나 19세기에 들어와서는 복고적 문인화풍이 유행. ㄹ. 화이관의 극복을 주장한 실학자는 이익, 안정복, 유득공, 이종휘, 한치윤 등인데, 특히 안정복이 동사강목에서 한국사를 체계화할 것을 주장하였다.

김정희(1786-1856) 철종 때의 서도가. 19세기 김정희는 금석학 연구에 바탕을 두고, 고대의 금석문에서 서도의 원리를 찾아 추사체(秋史體)를 창안. 김정희의 영향을 받은 인물로는 전기·오경석·신헌 등이 유명. 청에 가서 금석학을 연구하고 「금석과안록」을 저술. 실사구시학파의 거두로 실증적인 그의 연구성과는 북한산비·황초령비가 진흥왕 순수비임을 밝혔다(2007년 1월 「해동비고」 발견). 복고적 문인화풍으로 「세한도」·「불이선란(不二禪蘭)」을 남김.

> **실사구시학파** 19세기 전반 북학사상의 심화 단계. 금속기·비석·기타 유물 등의 금석문의 명문을 연구하는 금석학(金石學)인데, 역사학의 보조 학문으로 청의 고증학적인 방법이 도입.

ㄷ. **진경산수화** 조선 후기 유행한 우리나라 산천을 소재로 그린 산수화. 고려시대와 조선 초기·중기에 걸쳐 그려진 실경산수화(實景山水畵)의 전통을 토대로 중국 남종·북종화법을 고루 수용하여 한국적인 화풍을 창출하며 전개. 진경산수화는 조선 후기의 새로운 사회적 변동과 의식의 변모를 배경으로 유행하였으며, 당시의 사상적 동향과 관련이 있다. 실경의 소재는 명승명소·별서유거·야외아집류가 주류를 이루었는데, 그 중 특히 금강산과 관동지방, 서울 근교 일대의 경관이 가장 많이 다루어졌다. 정선은 금강산과 영남지방 및 한양 근교 일대를 다니면서 산천의 특색을 남종화법을 토대로 표현하여 진경산수화풍의 정형을 수립. 대표작으로는 정선의 「경교명승첩」·「금강전도」·「인왕제색도」 등을 비롯하여, 강희언의 「인왕산도」, 김윤겸의 「영남명승첩」, 김응환의 「금강산화첩」, 김석신의 「도봉산도」, 심사정의 「경구팔경도」, 강세황의 「송도기행명승도첩」, 김홍도의 「사군첩」 등이 많이 나타나 한국 회화의 르네상스시기.

44 정답 ⑤ (2009. 제6회 고급)

사료는 3·1운동 이후 일제가 실시한 1920년대 기만적인 문화정치의 내용이다. ①②③④는 문화정치의 내용이나, ⑤ 일제는 조선교육령을 개정해(1922.2) 다소 완화된 교육정책을 펴 학과목에 조선어를 첨가했다.

문화정치 종래의 노골적 무력 지배를 철회하고 동화정책(同化政策)을 한층 강력히 추진, 민족의 상층계급 일부를 매수하고 약간의 출판물과 결사를 허용한 것으로 보다 교묘한 분열 지배 정책의 위장.

1) **총독부 관제의 개정** ① 총독 무관제 폐지 : 실제로는 실시되지 않았고, 해방될 때까지 무관이 계속 총독. ② 보통경찰제도 실시 : 헌병경찰제도와 순사보제도를 폐지하고 보통(고등·사법)경찰제도를 실시 : 특별고등경찰(특고)제도와 밀정제도를 제정. 일반 관리 및 교원들의 금테 제복과 대검(帶劍)을 폐지. 그러나 실제로는 무단통치기의 헌병이 '문화정치'의 경찰로 옮겨 앉았고, 군경의 병력도 훨씬 증가. 모든 경찰기구가 1, 2년 사이에 3배 이상 증가(1면(面) 1소(所)제). 2) **민족계 신문 발행 허용** 조선일보·동아일보·시사신문 등 3대 민간지의 창간. 식민지 통치 질서와 공안을 방해하지 않는 범위 내에서의 출판을 허용하였으나 수시로 검열·삭제·압수·정간을 자행. 3) **교육 기회의 확대** 소수 친일분자의 양성으로 민족 내부의 분열을 획책하여, 민족의 근대의식의 성장을 오도하고, 초급 학문과 기술 교육을 통하여 일제수탈에 필요한 도구적 인간 양성. 4) **지방자치제 표방**(1920.7) 지방제도를 개정하여 의결권이 없는 자문기관에 불과한 도평의회·부협의회·면협의회·학교평의회 등을 조직, 그 의원을 임명 또는 선거할 수 있도록 허용. 그러나 한국인의 의사를 반영할 수 있는 기관은 아님. 1920년 당시 유자격자는 극소수의 한국인 지주·자본가에 불과, 따라서 주민의 다수를 차지하는 농민·노동자들은 참가할 수 없음. 5) **치안유지법 제정**(1925) : 1925년 4월 일본법률 제46호로 공포되어 그 해 5월부터 조선에도 시행. 총독부가 반정부·반체제운동 탄압의 목적으로 발표. 당시 소작·노동쟁의가 심해지고 사회주의자들의 활동이 격화됨에 따라 대비책으로 발표했으나 사실은 민족운동을 억압하려는 법적 근거. 6·10 만세운동·광주학생운동·조선어학회사건 등의 항일민족운동이 이 법에 따라 처벌. 1928년 6월 치안유지법은 더욱 개악되어 적용 범위가 넓어지고 처벌 규정에 사형이 포함.

⑤ **조선교육령 개정**(제2차 조선교육령, 1922.2) : 3·1운동 이후 다소 완화, 민립대학 설립운동 이후 일본학제로 변경, 학과목에 조선어 첨가, 대학 설립 규정 명시 → 경성제국대학 설립, 조선인의 일본 고등학교 진학 허용.

45 다음은 일제 강점기의 시대상을 보여 주는 광고이다. 이와 관련된 식민지 정책에 대한 설명으로 옳은 것은? [2점]

① 회사령을 폐지하여 일본의 자본 진출을 도왔다.
② 소학교를 황국 신민 학교라는 뜻에서 국민 학교로 바꾸었다.
③ 헌병 경찰 제도와 태형령으로 한국인의 독립 의지를 막았다.
④ 산미 증식 계획을 실시하여 일본의 부족한 식량을 보충하였다.
⑤ 토지 조사 사업으로 궁방전, 역둔토 등을 일본인 소유로 바꾸었다.

46 다음 자료를 시대순으로 옳게 배열한 것은? [1점]

(가) 토지 소유자는 조선 총독이 정하는 기간 안에 주소, 씨명, 명칭 및 소유지의 소재, 지목, 자번호(字番號), 사표(四表), 등급, 지적, 결수(結數)를 임시 토지 조사국장에게 신고해야 한다.

(나) 앞으로 어떤 큰 사태가 닥쳤을 때, 가령 중국 대륙 작전군에게 일본 내지로부터 해상 수송이 끊기더라도, 조선의 힘만으로 이것을 보충할 수 있을 정도로 군수 공업 육성 등 조선 산업 분야를 다각화해야 한다.

(다) 일본에서 쌀 소비는 연간 약 6천5백만 석이다. 일본 내 생산고는 약 5천8백만 석을 넘지 못한다. 해마다 부족분을 다른 제국 판도 및 외국에 의지해야 한다. …… 따라서, 지금 미곡 증식 계획을 수립하여 일본 제국의 식량 문제를 해결하는 데 도움을 주는 것은 진실로 국책상 급무라고 믿는다.

① (가) - (나) - (다)　② (가) - (다) - (나)
③ (나) - (가) - (다)　④ (나) - (다) - (가)
⑤ (다) - (나) - (가)

45 정답 ②·· (2009. 제6회 고급)

문제의 광고는 1940년 2월에 강요한 창씨개명을 독려하는 민족말살정책의 내용이다. ① 1920년 3월, ② 1941년 3월, ③ 1912년, ④ 1920년대, ⑤ 1910년대의 식민지정책이다.

① **회사령 공포**(1910.12.29) 한국을 일본 자본주의에 대한 원료 생산지와 상품시장으로 육성하고 민족 기업·민족 자본의 성장을 억제하기 위해 허가제로 제정. 한편 회사령은 일본 자본의 진출을 억제하는 면도 있었다. 1년 기준으로 보면 일본인 회사와 한국인 회사의 허가 비율이 25:1 정도. 1920년 3월에 와서는 일본의 자본 침투를 보다 용이하게 하기 위하여 회사령을 허가제에서 신고제로.

회사령 철폐(1920.4. 신고(계출)제) 제1차 세계대전 후 일본의 급속한 자본주의의 성장은 잉여자본의 축적으로 나타나 저렴한 조선인의 노동 조건과 값싼 원료·자원이 풍부한 조선에 대해 공업정책 실시. 조선 내에서의 전국적인 철도망 정비와 조선은행의 설립, 교육계몽운동을 통한 인적 자원의 확보 등으로 조선의 상공업이 발전하였고 일본도 더 이상 조선의 자본을 억압하기 어려워 회사령은 더 이상 의미가 없어져 신고제로 전환할 수밖에 없었다.

② **국민학교제 실시**(1941.3) 소학교를 개칭한 황국신민학교의 줄임말로 수업연한을 6년으로 통일.

③ **조선태형령**(1912) 구 조선의 형법대전(광무 9년, 1905년 제정) 중 태형 규정을 계승한 조선태형령을 부활하여 조선인의 인권을 무시. 조선인에 한해 적용. 3·1운동의 원인이 되기도 하였으며 1920년 4월에 폐지. **경찰범 처벌규칙**(1912) : 경찰 눈 밖에 난 한국인은 모두 태형을 가할 수 있다.

⑤ **토지조사사업** 1910년 9월에 임시 토지조사국을 설치하여 1911년 4월 토지수용령을 공포하고 1912년 8월 토지조사령(제령 제2호)을 공포하여 1918년까지 실시. 소유권 장부인 등기부를 작성.

1) **목적** 토지 소유권의 조사가 중심. 지형·지모의 조사와 함께 일본·일본인에 의한 토지 약탈과 거기에 협조하는 친일 조선인 지주의 옹호. 토지 가격의 조사는 지세 부과의 기초를 확정하고 식민지 재정 체계의 확립에 있었다.

2) **신고주의** '토지 조사'의 과정에서 문제가 되는 것은 법령 제4조에 있는 '신고주의'에 따라 조선총독이 정한 일정 기간 내에 토지 소유자의 신고를 규정한 것. 신고주의에 따라 개인 명의의 신고만 인정하고 공유지는 신고를 받지 않았다. 복잡한 신고 절차, 일본 관헌과 지주의 손으로 이루어지는 도지신고서 확인과 소유권 심사 과정에서 사실상의 소유자인 농민을 내몰고 왕실 소유지, 문중의 토지, 신고에서 빠진 토지 등을 총독부 소유로 편입. 농민들의 경작권·도지권·입회권 등 모든 권리는 부정되고, 지주의 소유권이 유일한 배타적 권리로서 확정되어 지주제는 예속적 발전의 기초를 확립. 또한 지방에서는 항일운동이 줄기차게 진행된 데다 각종 유언비어가 난무하여 과세를 피하기 위하여 신고하지 않은 자 또는 문맹자는 법령 숙지가 안 되어 신고시 수속이 미비하여 소유권을 잃는 경우도 있었다.

3) **결과** ① 총독부의 지세 수입의 증가, ② 토지의 약탈, ③ 지주제의 강화, ④ 농민의 몰락, ⑤ 일본인 지주 양산

46 정답 ②·· (2009. 제6회 고급)

(가) 조선 토지조사령(1912.8), (나) 조선 총독 미나미의 대륙 병참 기지에 관한 훈시(1938), (다) 조선 산미증식계획 요강(1926)의 내용이다.

병참기지화정책 일제는 대륙 침략을 획책하면서 한반도를 그들의 병참기지로 삼았다. 이에 따라, 이미 1926년에 부전강 수력발전소와 1927년에 조선질소비료주식회사 흥남 공장이 건립되었고, 일제의 전쟁 수행을 위해 군수공장이 세워졌으며, 광산이 개발되고, 중화학공업이 육성.

≫ 일제의 공업정책 ≪

전 기	후 기
식료품을 위주로 한 경공업에 주력	군수공업체제로 개편하여 중화학공업을 장려
한국을 일본의 공업상품시장·원료공급지·식량공급지로 이용	한국은 일본의 자본투자시장으로 이용(만주사변 후에는 미쯔이·미쯔비시 등 재벌이 군수공업에 투자하게 됨).
광업 : 금광을 위주(석유·고철·공작기계 등 수입의 결제 목적).	광업 : 철·석탄·중석 등의 군수자원 개발에 주력(미일전쟁 이후).

47 다음 글을 남긴 인물에 대한 설명으로 옳지 않은 것은? [2점]

> 오늘날, 서양 세력이 동양으로 점차 밀려오는 환난을 동양 인종이 일치단결해서 온 힘을 다하여 방어해야 하는 것이 제일 상책임은 어린아이일지라도 익히 아는 바이다. 그런데 무슨 까닭으로 일본은 이러한 순리의 형세를 돌아보지 않고 같은 인종인 이웃 나라를 약탈하고 우의를 끊어, 스스로 도요새가 조개를 쪼려다 부리를 물리는 형세를 만들어 어부에게 둘 다 잡히기를 기다리는 듯 하는가?

① 천주교 신부에게 서구의 지식을 배웠다.
② 침략의 원흉인 이토 히로부미를 사살하였다.
③ 국채 보상 운동에 참여하여 관서 지부를 조직하였다.
④ 13도 창의군을 결성하여 서울 진공 작전을 전개하였다
⑤ 돈의 학교와 삼흥 학교를 세워 구국 영재 양성에 힘썼다.

48 다음 자료와 관련된 단체에 대한 설명으로 옳지 않은 것은? [2점]

> 인류는 평화를 갈망하고 역사는 발전을 지향한다. 인류사상 전에 없었던 참사인 제2차 세계 대전의 종결과 함께 우리 조선에도 해방의 날이 왔다. …… 전후 문제의 국제적 해결에 따라 조선은 제국주의 일본의 기반(羈絆)으로부터 벗어나게 되었다. 그러나 조선 민족의 해방은 다난한 운동사상에 있어 겨우 새로운 일보를 내디디었음에 불과하나니 완전한 독립을 위한 허다한 투쟁은 아직 남아 있으며 새 국가의 건설을 위한 중대한 과업은 우리의 전도에 놓여 있다. …… 우리 민족을 진정한 민주주의적 정권에로 재조직하기 위한 새 국가 건설의 준비 기관인 동시에 모든 진보적 민주주의적 제 세력을 집결하기 위하여 각층각계에 완전히 개방된 통일 전선이요 결코 혼잡된 협동 기관은 아니다.

① 전국 각지에 설치된 지부가 치안과 행정권을 장악하였다.
② 친일파를 배제한 좌우 정치 세력의 민족 연합 전선을 추구하였다.
③ 민중의 지지를 받으며 미군 진주 이전에 실질적인 행정을 담당하였다.
④ 미군정 시기에 인민 대표자 대회를 열어 조선 인민 공화국을 선포하였다
⑤ 여운형을 위원장으로 해 치안의 회복과 질서 유지를 위해 노력하였다.

47 정답 ④ ·· (2009. 제6회 고급)

사료는 안중근(1879-1910)이 여순감옥에서 집필한 「동양평화론」의 일부이다. ④ 이인영·허위 등이 중심이 되어 결성하였다.

안중근(1879~1910) 부(父) 안태훈과 함께 동학농민군 진압, 천주교에 입교하였으나(영세명: 도마) 빌렘(J. Wihelm, 홍석구)신부와 대학 설립 문제로 충돌하여 곧 이탈, 1906년 삼흥학교를 설립하여 교육운동을 시작. 그 뒤 황해도의 천주교 계열의 학교인 남포 돈의학교를 인수하였으며 1907년에는 국채보상운동에 적극 호응하여 국채보상기성회에 가입하여 회원이 됐고, 관서지부장으로 임명. 강원도에서 의병을 일으키는데 가담. 그 뒤 자신이 직접 국외에서 의병부대를 창설하기 위해서 블라디보스토크로 망명, 계동청년회(啓東靑年會)에 가입하고, 곧 계동청년회의 임시사찰에 선출. 동의회(同義會) 조직, 단지동맹(斷指同盟) 결성, 국내진입작전 전개, 의병으로 활약하던 한국의군 참모중장 안중근은 만주 하얼빈역에서 한국침략의 원흉 일본 추밀원 의장 이토 히로부미를 사살하였다(1909.10.26). 여순감옥에서 순국, 많은 유묵(遺墨)과 「안응칠역사」·「동양평화론(東洋平和論)」(유고)을 남겼음.

13도 창의군 관동창의대장 이인영의 전국 의병 연합 격문에 따라, 13도 창의대진소가 결성되고, 13도 창의군이 모집. 1907년 12월 말, 총대장 이인영, 군사장 허위로 하여 약 1만 명이 양주에 모여 1908년 1월 동대문 밖 30리까지 진격(서울진공작전). 이인영의 13도 창의군 대장에 미천한 출신인 신돌석과 홍범도는 제외되었고, 이인영이 부친상을 당해 "나라에 대한 불충은 어버이에 대한 불효요, 어버이에 대한 불효는 나라에 대한 불충이다. 그러므로 나는 3년상을 치른 뒤 다시 의병을 일으켜 일본을 소탕하고 대한을 회복하겠다."라고 하며 낙향함(1909. 7).

> **13도 의군** 유인석은 서울 탈환의 무모성을 지적하고 연해주로 건너가서 고종에게 아령파천을 권하며 망명정부 수립을 시도하고 13도 의군을 조직(1910).

48 정답 ④ ·· (2009. 제6회 고급)

사료는 해방 직후 나온 여운형이 주도한 조선건국준비위원회의 선언이다(1945.8.28), ④ 미군정 선포(1945.9.9) 이전에 전국인민대표자대회를 열고(1945.9.6) 조선인민공화국을 선포하였으나 미군정이 인정하지 않아 해체시켰다.

조선건국준비위원회(건준) 여운형은 주위의 반대에도 불구하고 일본측 요구를 수용하고 해방을 계기로 조선건국준비위원회를 결성하여 독립국가 수립의 토대를 준비. 위원장에 여운형, 부위원장에 안재홍 등이 임명되고 치안대·보안대·조선학도대·식량대책위원회 등을 결성하였으며, 8월 말까지 건준 지부 145개를 조직하였다. 건준에는 민족주의 좌파와 사회주의 세력은 참여하였으나 민족주의 우파(송진우·김성수)는 불참하여 이념의 차이에 따른 좌·우익의 분열과 성숙되지 못한 정치의식으로 혼란이 계속.

> **조선건국준비위원회의 건국강령**(1945. 8. 28) ① 우리는 완전한 독립국가의 건설을 기함, ② 우리는 전민족의 정치적·경제적·사회적 기본요구를 실현할 수 있는 민주주의적 정권의 수립을 기함, ③ 우리는 일시적 과도기에 있어서 국내 질서를 자주적으로 유지하며 대중생활의 확보를 기함.

조선인민공화국(1945.9.6) 건준 조직이 중심이 되어 전국인민대표자대회 후 수립한 해방 후 최초의 공화국. 안재홍(조선국민당 창당) 등 우익의 탈퇴로 대표성이 약해지자 인민공화국은 약점을 보완하기 위해 주석에 이승만을 추대하고, 부주석에 여운형, 국무총리에 허헌 등이 추대되고, 지방의 건준 지부를 인민위원회로 개편하여 시·군·면까지 조직. 그러나 미군정은 38도선 이남에서는 미군정만이 유일한 정부라고 선언(1945.10.10, 아놀드 군정장관 성명)하여 조선인민공화국을 해체시켰다. 그 후 여운형은 조선인민당을 결성(1945.11.11).

> **조선인민공화국의 정강** ① 정치적·경제적으로 완전한 자주적 독립국가의 건설을 기함, ② 일본제국주의와 봉건적 잔재세력을 일소하고 전 민족의 정치적·경제적·사회적 기본요구를 실현할 수 있는 진정한 민주주의에 충실하기를 기함, ③ 노동자, 농민 및 기타 일체 대중생활의 급진적 향상을 기함, ④ 세계 민주주의 제국의 일원으로서 상호 제휴하며 세계평화의 확보를 기함.

49 다음은 1956년 정·부통령 선거에서 나온 각 정당의 구호이다. (가)~(다) 정당에 대한 설명으로 옳지 <u>않은</u> 것은? [3점]

① (가) 정당 대통령 후보는 선거 직전 갑작스럽게 사망하였다.
② (나) 정당 대통령 후보는 '사사오입 개헌'으로 출마할 수 있었다.
③ (다) 정당 대통령 후보는 평화 통일을 주장하며 약 30%를 득표하였다.
④ (다) 정당 대통령 후보는 선거 이후 '진보당 사건'에 연루되어 사형 당하였다.
⑤ (나) 정당과 (다) 정당은 본래 같은 당이었으나 입장 차이로 인해 분당되었다.

50 (가),(나) 사이에 있었던 사실로 옳은 것을 〈보기〉에서 고른 것은? [2점]

> (가) 이제 우리는 무기 휴회된 미·소 공동 위원회가 재개될 기색도 보이지 않으며 통일 정부를 고대하나 여의케 되지 않으니, 우리는 남방만이라도 임시 정부 혹은 위원회 같은 것을 조직하여 38도선 이북에서 소련이 철퇴하도록 세계 공론에 호소하여야 될 것이니, 여러분도 결심하여야 할 것이다.
>
> (나) 한국이 있고야 한국 사람이 있고, 한국 사람이 있고야 민주주의도 공산주의도 또 무슨 단체도 있을 수 있는 것이다. …… 마음속의 38도선이 무너지고야 땅위의 38도선도 철폐될 수 있다. …… 나는 통일된 조국을 건설하려다 38도선을 베고 쓰러질지언정 일신에 구차한 안일을 취하여 단독 정부를 세우는 데에는 협력하지 아니하겠다.

보 기
ㄱ. 한국 문제 유엔 상정　　ㄴ. 여운형과 김규식의 좌우 합작 운동
ㄷ. 대한민국 정부 수립　　ㄹ. 모스크바 3국 외상 회의

① ㄱ, ㄴ　　② ㄱ, ㄷ　　③ ㄴ, ㄷ
④ ㄴ, ㄹ　　⑤ ㄷ, ㄹ

해설 및 정답

49 정답 ⑤ ·· (2009. 제6회 고급)

(가) 신익희의 민주당, (나) 이승만의 자유당, (다) 조봉암의 진보당이다. ⑤ 자유당 탈당계 일부가 민주당에 참여하여 후일 신파·구파로 분당 되는 계기가 되었고, 이승만의 자유당에 반발하여 혁신정당으로 조봉암의 진보당이 1956년 11월에 결성되었다.

사사오입 개헌(1954.11.29) 이승만은 장기 집권을 목적으로 초대 대통령에 한하여 중임제한(重任制限)을 철폐한다는 대통령중심제 개헌안을 사사오입이론을 내세워 통과시켰다. 그 결과 야당세력을 규합한 민주당이 결성되었고, 민주당의 대통령 후보 신익희는 "못살겠다. 갈아보자."라는 선거 구호로 이승만에게 맞섰으나 투표 열흘 전 급서하고 1956년 5월 15일 선거에서 이승만은 대통령에 당선되었지만 부통령에는 자유당의 부통령 후보였던 이기붕이 낙선하고 야당 민주당 후보인 장면이 당선.

(가) **신익희**(1892-1956) 일본 유학 후 귀국, 3·1 만세 운동에 참여한 후 중국으로 망명하여 독립운동과 대한민국 임시의정원과 상하이 임시정부의 창설에 참여. 중화민국 육군 중장, 대학 교수 등을 지냈고, 대한민국임시정부 임시의정원 의원, 임정 초대 법무부 차장, 외무부 차장, 내무부장 등 역임. 1945년 12월 귀국 후 독립촉성국민회·반탁운동의 우익 정치인으로 활동하다가 김구, 김규식의 남북협상론에 반대하여 이승만의 단정수립에 참여. 5.10 제헌국회의원 당선, 초대 국회부의장에 선출(1948.7) 국회의장 이승만이 대한민국 대통령이 되자 국회의장직을 계승. 건국 초기에는 이승만을 지지하여 친이승만 정당인 대한국민당을 창당하여 활동했으나, 이승만의 전제적인 태도와 하와이, 상하이 시절 마인드에 염증을 느껴 탈당, 민국당 창당에 참여. 호헌동지회와 민주당 창당에도 참여하였으며 제3대 대통령 후보로 출마했으나, 선거 유세중 열차에서 갑자기 사망. 미군정기 한국의 정치결사단체인 백의사와 정치공작대의 지휘자. 교육 계몽에 뜻을 두어 대학 설립운동 추진.

(다) **진보당사건**(1958.1) 진보당은 1956년 11월 10일 조봉암(1898~1959)이 중심이 되어 조직한 혁신정당으로, 통일정책에 있어 '평화통일론'을 주장하고 그 구체적 방안으로서 '남북한 총선거에 의한 평화통일안'을 주장하여 비상한 관심을 모았다. 이처럼 평화통일론 정책이 지지를 얻어나가자 자유당과 민주당의 보수연합세력은 진보당을 견제하기 시작하였다. 그러나 이 주장이 북한 및 소련·중국의 '중립국 감시위원단하의 총선거안'과 같은 주장이라는 혐의를 받게 되었고, 조봉암을 비롯한 당 간부들은 간첩접선 혐의로 구속·기소되고 진보당은 해체. 그 후 대부분의 간부들에게는 무죄가 선고되었으나, 조봉암은 1959년 7월 31일 처형.

50 정답 ① ·· (2009. 제6회 고급)

(가) 이승만의 정읍발언(1946.6.3), (나) 김구의 3천만 동포에게 읍고함(1948.2.10)이므로 1946년 6월-1948년 2월의 기간이 된다. ㄱ. 1947년 9월, ㄴ. 1946년 7월, ㄷ. 1948년 8월, ㄹ. 1945년 12월의 사실이다.

ㄱ. **한국문제 유엔상정** 미·소공동위원회가 소련의 반대로 결렬되고, 4개국 외상회의(미·영·중·소)도 소련측 거부로 결렬되자, 미국은 1947년 9월 한국 문제를 유엔에 상정하고 한국 독립을 촉구하여 소련의 반대를 물리치고 1947년 11월 14일 유엔 감시하의 총선거안을 통과시키고, 이어 유엔한국위원회 설치를 가결.

ㄴ. **여운형과 김규식의 좌우 합작 운동** 1946년 1월 초 박헌영이 평양을 방문하고 돌아온 직후 조선인민공화국·조선공산당 등의 좌익 진영은 반탁에서 찬탁으로 급선회하자, 여운형·김규식의 좌우 합작 중도세력은 신탁통치 문제는 일단 보류하고 통일정부 수립을 주장.

좌우합작 위원회 미국은 3상회의 결정에 따른 한국문제 처리를 위하여 중도세력이 중심이 되는 좌우합작을 추진. 1946년 6월 3일 남한 단정수립을 지지하는 이승만의 정읍발언이 발표되자 1946년 7월 우익쪽에서 김규식·원세훈·안재홍(우익 8원칙), 좌익쪽에서 여운형·정노식·이강국(좌익 5원칙) 등이 대표로 참여한 좌우합작 위원회가 구성. 좌우익의 대립이 심화될수록 합작을 위한 노력은 계속되어 좌우합작위원회에서는 양측의 합작원칙을 절충하여 토지문제와 친일파 처리문제에서 중도적 입장을 취하여 합작 7원칙을 발표(1946.10.7)하였지만, 조선공산당·한민당 등 좌우 핵심정치세력으로부터 외면을 당해 실효를 거둘 수는 없었다. 이후 좌우합작운동은 우익의 합작파와 중간파의 주도로 진행되었으나, 트루만 독트린(1947.3, 공산세력의 확대 저지) 이후 미국의 정책이 단정 수립으로 굳어지고 이승만·김구의 불참과 여운형이 암살됨(1947.7.19)에 따라 실패.

07 한국사능력검정시험 고급
(2009년 10월 24일)

01 다음 토기들을 제작 시기순으로 바르게 나열한 것은? [2점]

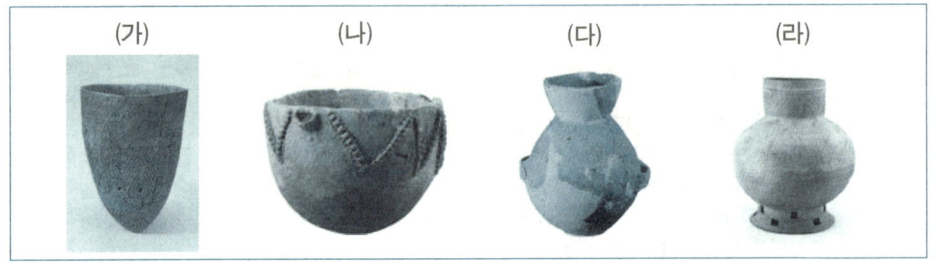

① (가) - (나) - (다) - (라)
② (가) - (라) - (나) - (다)
③ (나) - (가) - (다) - (라)
④ (다) - (나) - (가) - (라)
⑤ (다) - (나) - (라) - (가)

02 고대 한국과 서역의 문화 교류를 보여 주는 유물을 〈보기〉에서 고른 것은? [1점]

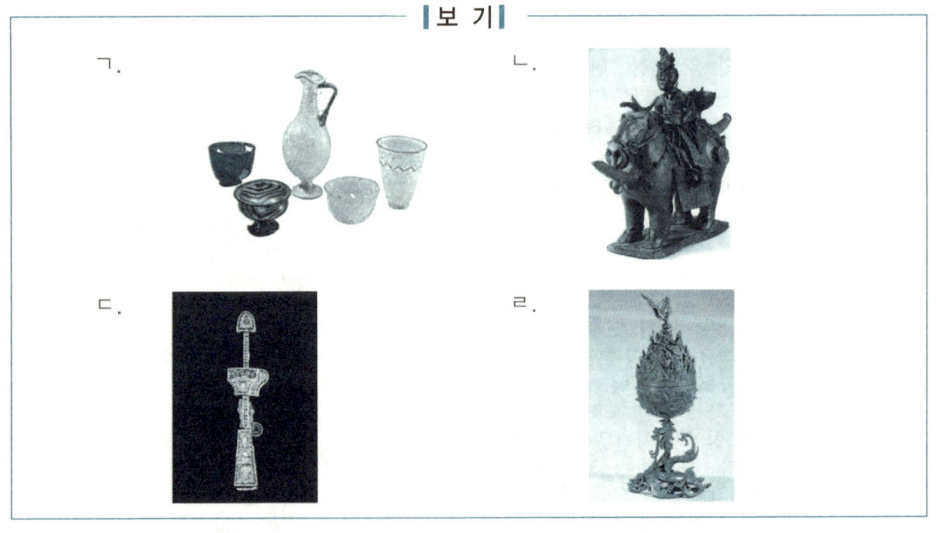

① ㄱ, ㄴ
② ㄱ, ㄷ
③ ㄴ, ㄷ
④ ㄴ, ㄹ
⑤ ㄷ, ㄹ

해설 및 정답

01 정답 ③ ··· (2009. 제7회 고급)

(가) 신석기시대 중기의 빗살무늬토기, (나) 신석기시대 전기의 융기(덧)무늬 토기, (다) 청동기시대(고조선)의 미송리식 토기, (라) 신라의 동물문대부장경호이다. 따라서 제작 순서는 ③이 된다.

≫ 각 시대별 토기 ≪

1. **신석기시대 토기의 변천** 〈전기〉원저무문토기(이른 민무늬토기・덧무늬토기) → 〈중기〉빗살무늬토기(기하문토기・어골문토기) → 〈후기〉변형평저즐문토기(물결무늬토기・번개무늬토기)

2. **청동기시대 토기** 덧띠새김무늬토기・민무늬(무문)토기・미송리식 토기・공귀리식토기・팽이(각형)토기・민패(공렬)토기・가락식토기・송국리식토기・흔암리토기(화분 모양)・붉은간토기(채색(채문)토기・홍도・채도) 등.

> **덧띠새김무늬토기**(돌대문 또는 각목돌대문토기) 신석기시대 말기부터 나타나는 새로운 양식의 토기로서 청동기시대 가장 이른 시기(조기)를 대표한다. 이것은 신석기시대의 융기(덧)무늬토기나 철기시대의 덧띠토기(점토대토기)와는 다른 새로운 양식의 토기이다.
> **민무늬토기** 지역에 따라 다른 모양을 보이고 있으나, 밑바닥이 좁은 팽이형과 밑바닥이 판판한 원통 모양의 화분형이 기본적인 것으로 빛깔은 적(다)갈색이다.
> **미송리식토기** 1959년 평북 의주 미송리동굴에서 처음 발굴되었다. 밑이 납작한 항아리 양쪽 옆으로 손잡이가 하나씩 달리고 목이 넓게 올라가서 다시 안으로 오므라들고, 표면에 집선(集線) 무늬가 있는 것이 특징이며, 주로 청천강 이북, 요령성과 길림성 일대에 분포한다. 이 토기는 고인돌, 거친무늬거울, 비파형동검과 함께 <u>고조선의 특징적인 유물</u>로 간주된다.

3. **철기시대 토기** 검은간토기(흑도)・김해식 유문토기(와질토기・도질토기)・가지무늬토기(채문토기, 꺼묻거리용)・덧띠토기(점토대토기) 등이 사용.

> **김해(가야) 토기** 경질 회색토기인 도질토기와 회백색 연질토기이 와질토기(경남 창원 나호리)가 제작. 가야토기(수레토기)는 일본 스에키(須惠器)에 직접적인 영향.

(라) **장경호** 목이 긴 삼국시대의 토기 항아리.

02 정답 ② ··· (2009. 제7회 고급)

ㄱ. 신라 경주 98호 고분 남분에서 출토된 봉황머리 모양 물병과 유리 그릇, ㄴ. 신라 금령총의 도제기마 인물상, ㄷ. 경주 계림로 14호분 출토의 금제감장보검(황금보검), ㄹ. 백제의 금동대향로이다. 유리그릇과 황금보검은 페르시아(서역)의 영향을 보여주고, 기마인물상은 북방 흉노의 영향을 보여준다.

서역의 영향 경주 98호 고분 출토 봉황머리 모양 물병과 유리그릇, 경주 계림로 14호분 출토 금제감장보검(황금보검), 괘릉의 무인석상, 쌍영총

> **천마총**(155호 고분) 1973년의 경주시 개발계획으로 발굴된 155호 고분에서는 많은 유물이 출토되었다. 금관・금관식・천마도・채화판(彩畵板)에 그려진 서조(새)와 기마인물도・계란 등이 나왔으며, 특히 자작나무(백화) 껍질에 그려진 천마도는 1924년 금령총의 도제(陶製) 기마인물상과 함께 북방 흉노 문화의 전래 과정을 설명해 준다. 이로써 155호 고분은 천마총으로 명명되었고, 이어 98호 고분에서도 금관・유리그릇 등이 발굴되었다.

한국사능력검정시험 기출문제

03 다음 비문 내용의 정복 활동 결과로 나타난 한반도의 정세로 옳은 것을 〈보기〉에서 고른 것은? [2점]

- 395년, 친히 병력을 이끌고 거란을 정벌함.
- 396년, 수군을 이끌고 백제를 쳐서 58성과 7백 촌을 획득. 백제의 수도 한성을 공격하여 아신왕으로부터 "영원히 노객(奴客)이 되겠다."라는 항복을 받아 냄.
- 400년, 백제·가야·왜의 연합군이 신라를 침략하자, 기병과 보병을 보내 가야와 왜의 연합군을 토벌함.
- 404년, 옛 대방 지역으로 진출한 왜군을 섬멸함.

｜보 기｜

ㄱ. 신라에서는 실성왕에서 눌지왕으로 왕위가 교체되었다.
ㄴ. 백제는 신라를 끌어들여 고구려에 대한 반격을 시도했다.
ㄷ. 전기 가야 연맹이 약화되어 낙동강 서쪽 지역으로 축소되었다.
ㄹ. 대가야는 백제의 영향에서 벗어나 신라와 대결할 만큼 성장했다.

① ㄱ, ㄴ ② ㄱ, ㄷ ③ ㄴ, ㄷ
④ ㄴ, ㄹ ⑤ ㄷ, ㄹ

04 다음 기록의 주인공에 대한 설명으로 옳은 것은? [3점]

영동대장군인 백제 사마왕은 나이가 62세 되는 계묘년 5월 (병술일이 초하루인데) 임진일인 7일에 돌아가셨다. 을사년 8월 (계유일이 초하루인데) 갑신일인 12일에 안장하여 대묘에 올려 뫼시며 기록하기를 이와 같이 한다.

① 살생을 금하는 명령을 내리고 왕흥사를 지었다.
② 수도를 사비로 옮기고 국호를 남부여로 바꾸었다.
③ 북위에 표를 올려 고구려를 협공할 것을 요청하였다.
④ 신라와 혼인 동맹을 맺어 이찬 비지의 딸을 왕비로 맞이하였다.
⑤ 양나라에 사신을 보내 "고구려를 깨뜨려 다시 동이의 강국이 되었다."라고 천명하였다.

해설 및 정답

03 정답 ② ·· (2009. 제7회 고급)

문제의 비문은 광개토대왕릉비문인데 고구려 광개토대왕의 정복사업을 보여준다. ㄱ. 고구려의 눌지왕 지원으로 실성왕은 살해되고, ㄴ. 나제동맹(433년), ㄷ,ㄹ. 광개토대왕의 공격으로 김해의 금관가야에서 고령의 대가야로 중심이 이동하였다.

광개토대왕(391~413) 백제를 압도하여(아신왕의 항복) 한강 이북까지 진출, 신라에 침입한 왜군을 가야지역까지 추격하여 격퇴, 모두루(牟頭婁)를 시켜 북부여 정벌(모두루묘지의 내용), 동예 정벌, 후연을 격파하여 요동 지역 확보, 평양에 영명사 등 9사(九寺) 설립, 평양 천도 준비, 영락(永樂) 연호를 사용하여 정치적 독립국을 강조하였으며, 호태왕, 영락대왕 등으로도 불리었다.

≫ **나제동맹(433~553)** ≪

1. **한성시대** : 신라와 백제가 고구려의 남하에 대항하기 위하여 맺은 공수동맹으로, 427년 평양 천도 후 백제의 비유왕과 신라의 눌지왕이 433년에 동맹을 체결하였음.
2. **웅진시대** : 485년 백제 동성왕과 신라 소지왕 사이에 혼인동맹으로 발전하였음.
3. **사비시대** : 성왕은 진흥왕과 더불어 고구려를 공격하여 한강 일대를 회복하였으나 한강 하류를 신라가 다시 빼앗았다. 그러자 백제·가야·왜 연합군과 신라 사이에 전쟁이 벌어져 554년에는 백제 성왕이 관산성에서 전사함. 이로써 120년간에 걸친 나제동맹은 결렬되고, 백제는 가야에 대한 영향력을 상실하게 되었음.

ㄹ. **후기 가야 연맹체** 5세기 광개토대왕의 침공(임나가라의 종발성 복속)으로 가야는 전쟁의 피해를 받지 않은 고령의 미오야마국에서 발전한 대가야로 그 중심이 이동되면서 연맹의 세력권이 후기 가야 연맹체가 다시 편성되었고, 6세기 초(522) 대가야의 이뇌왕(異腦王)이 신라와 결혼동맹을 체결하여 고립에서 탈피하려 하였다.

04 정답 ⑤ ·· (2009. 제7회 고급)

보기의 사료는 무령왕릉에서 출토된 무령왕(재위:501-523)의 지석이다. ① 위덕왕(창왕), ② 성왕, ③ 개로왕, ④ 동성왕, ⑤ 무령왕의 시책이다.

무령왕(501~523) 지방에 왕족을 파견하는 22담로제로 지방 통제를 강화, 중국 남조(양)의 문화를 적극 도입한 웅진시대의 마지막 왕. 무령왕릉에 따르면 양나라에서 「영동대장군백제사마왕」의 시호. 고구려의 평산을 공격하는 등 국력을 회복.

① **부여 왕흥사터 사리장엄구** 2007년 10월 우리나라 최고의 사리를 담은 용기인 사리장엄구가 백제 위덕왕(창왕) 때 건립(삼국사기는 무왕으로 기록)된 왕흥사 터에서 발굴되었는데 청동사리합 안에 은제 사리병을 담고 그 안에 다시 금제 사리병을 넣은 3종 세트 형식인데 청동사리합 몸체에 창왕이 죽은 왕자를 위해 목탑을 세우고 사리장엄구를 넣었다고 기록되어 있다.

② **성왕**(523~554) 사비성으로 천도(538), 부여 정통성의 강조로 국호를 남부여로 고침, 중앙관제를 22부로 정비, 수도 5부·지방 5방 설치, 불교를 장려, 중국의 남조와 문물 교류, 일본에 불교 전파(552), 고구려 안원왕 때 후사문제로 내분이 일어나자 신라와 동맹하여 한강 하류지역을 회복하였으나 신라 진흥왕에게 다시 상실함으로 고대 상업세력이 붕괴되었고, 관산성전투(충북 옥천)에서 패사.

③ **개로왕**(455~475) 고구려 장수왕의 남진정책에 타격을 받아 한강 유역을 빼앗김(전사). 북위에 국서를 보내었으나(472), 한성이 함락(475).

④ **동성왕**(479~501) 신라 소지왕대의 이찬 비지(比智)의 딸을 왕비로 맞이하여 결혼동맹 체결, 탐라 복속(498), 사·연·백씨(沙·燕·苩氏) 등의 금강 유역의 토착 신진세력을 등용.

05 다음은 삼국 시대에 만들어진 어떤 무덤의 단면도이다. 이양식의 무덤에서 발견된 유물로 옳은 것은? [1점]

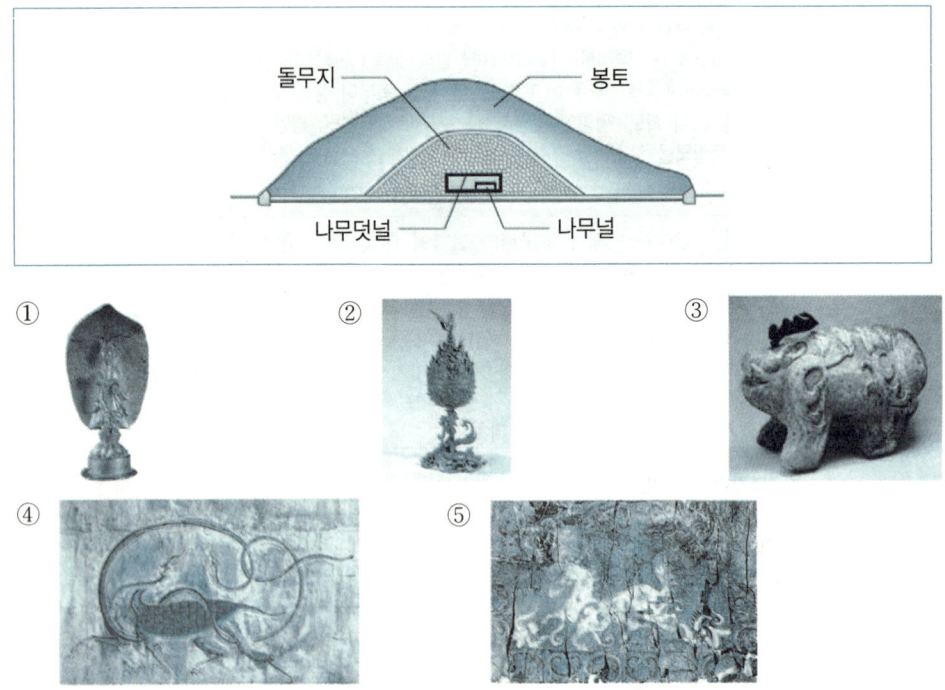

06 밑줄 그은 부분에 대한 설명으로 옳지 않은 것은? [2점]

> 신라가 주군을 설치할 때, 그 전정(田丁)이나 호구가 현에 미달하는 것은 ㉠향·부곡을 두어 소재읍에 속하게 하였다. 고려 때에는 또한 ㉡소라 칭하는 것이 있었는데, 여러 종류의 구별이 있어 각기 그 물건을 바쳤다. 또, ㉢처·장이라 칭하는 것이 있었는데, 각각 궁전과 사원 및 내장택에 소속되어 세를 바쳤다. 위의 여러 곳에서 모두 ㉣토성이민(土姓吏民)이 있었다.

① ㉠의 주민도 일반 군·현민과 마찬가지로 3세(稅)라 불리는 국역을 부담하였다.
② ㉡에서는 광산물이나 수공업품 이외에 해산물 등도 부담하였다.
③ ㉢에 거주하는 사람들은 법제상 천인으로 천시되었다.
④ ㉣은 군현의 향리와 같은 존재로서 지방의 행정 실무를 담당하였다.
⑤ ㉠, ㉡은 조선 시대에 점차 소멸하여 일반 군현으로 편입되었다.

05 정답 ⑤ ·· (2009. 제7회 고급)

그림은 통일 전 신라의 돌무지덧널무덤(수혈식적석목곽분)양식으로 천마총, 호우총이 여기에 속한다. 이 양식은 벽화는 없으나 도굴이 어려워 비교적 유물이 많이 출토되고 있다. ① 고구려의 연가7년명 금동여래입상, ② 백제 금동대향로, ③ 백제 무령왕릉 출토의 석수(진묘수), ④ 고구려 강서대묘의 현무도, ⑤ 신라 천마총 출토의 천마도이다.

구덩식돌무지덧널무덤(수혈식적석목곽분) 경주지방에 분포, 나무곽위에 돌을 덮은 다음, 봉토를 쌓아 올린 고분형식으로 5~6세기경에 가장 유행한 듯함. 1) 벽화 없음, 도굴 어려움, 2) 통일 전 신라(천마총·호우총), 3) 목곽·자갈·점토·봉토층으로 구분.

⑤ 신라 **천마총** 경주 황남동에서 발굴되었는데, 천마도와 금관 등 많은 부장품들이 출토. 천마도는 벽화가 아니라 다래(장니)에 그려진 그림.

① 고구려의 **불상** 중국 북조의 영향, 고구려의 개성을 잘 나타내고 있는데 미소를 머금은 듯한 연가7년명 금동여래입상이(419년 또는 539년) 대표적.

② 백제 **금동대향로**(금동용봉봉래산향로) 1993년 부여 능산리 출토
  사비시대 : 귀족미술이 크게 발달. 부여 능산리의 굴식돌방무덤(1호분 : 동하총)을 보면, 규모는 작으나 건축 기술과 벽화(사신도·비운연화도)가 매우 세련.

③ 백제 **무령왕릉** 1971년 공주 송산리 고분에서 발견된 이 왕릉은 금관식과 지석·석수(진묘수)·토지매지권(왕비 지석의 후면으로 율령 시행을 입증하며, 토지거래문서인 매지권을 묻는 것은 당시 도교의 풍습임)·청동제품·양나라 철전(오수전) 등 많은 부장품이 출토. 구조는 연화문의 벽돌로 만들어진 벽돌무덤으로 당시 양나라를 비롯한 남조와의 문화적 교류를 보여주며, 목관은 일본에서 가져온 금송(삼나무)으로 제작되어 일본과의 교류도 보여준다. 무령왕릉은 백제 금관의 모습과 아울러 현존 최고의 지석이 발견됨으로써 당대 백제사 연구에 중요한 자료.

④ 고구려 **강서대묘** 살수대첩 이후 축조된 토총으로 평남 강서군 우현리에 있으며, 사신도(四神圖)가 그려져 있다(도교의 영향).

06 정답 ③ ·· (2009. 제7회 고급)

③ 고려시대는 노비만 천인이고, 향·소·부곡의 주민과 간척지도, 처·장의 주민들은 모두 하층양민에 속했다.

향·소·부곡 종속구역으로 종속구역민들은 거주가 긴박되었고 포상으로 군현 거주가 가능. 향·소·부곡은 하층 양민이 거주한 특수행정구역으로 향리가 지배하였으며 일반 군현으로의 승격도 가능하고 군현이 향·소·부곡으로 강등도 가능하여 군현과 크기와는 무관. 때로는 군현보다도 큰 부곡도 존재. 향·소·부곡의 주민들은 국역의 부담을 졌는데 일반 양민보다도 더 많은 세금 부담을 졌고 향·부곡의 주민들은 농업에, 소에 거주하는 주민들은 수공업 제품이나 광물 생산이 생업.

향리(호장·부호장) 성종 2년(983) 향직 개편으로 나말 여초의 지방호족(당대등·대등)이 이직(吏職), 이족(吏族)으로 위축. 이는 중앙과 지방의 차별을 명확히 하여 지방 토착세력의 독자성을 약화시키려는 의도. 그가 속한 행정 단위에 따라 주리(州吏)·부리(府吏)·군리(郡吏)·현리(縣吏)·역리(驛吏)·부곡리(部曲吏)라 불리었는데 부곡리는 일반 군현의 향리에 비해 차별을 받았고, 그들을 인리(人吏)·장리(長吏)·토성이민(土姓吏民) 또는 외리(外吏)라고도 불렀다. 현종 9년(1018) 9단계가 마련되어 등급과 복제(자·록·청·벽색)를 구분하였다.

> **고려의 농장** 대토지 겸병의 진전 과정에서 국왕과 국가 기관 및 정부의 권력자들의 수중에 집적된 광대한 토지이며, '전장(田莊)'·'전원(田園)'이라고도 하며, 특수한 경우에 '장(莊)'·'처(處)'라는 이름을 붙임.

삼세(三稅) 국가에 대한 농민들의 부담으로 보통 조세(租稅)·공납(貢納)·역역(力役)으로 이것이 국가 재정의 주요 원천. 국가는 군현 단위로 삼세를 책정하고 군현은 이를 다시 토지 소유와 인정 다과를 기준으로 개별 민호에 할당. 군현에서 직접적 수취는 재지 유력자와 향리가 맡았고 각 군현은 다시 촌장이 촌을 단위로 수취.

하층양민 철간·처간·염간·화척·진척·해척 등의 간척지도(干尺之徒)와 재인·역정·창기·악공 그리고 향·소·부곡의 주민.

07 밑줄 그은 '이 나라'의 유물로 옳은 것은? [2점]

○○ 일보 △△년 △△월 △△일

최근 효의 황후와 순목 황후의 묘지(墓誌)가 발굴되었다. 이와 함께 금제 관식이 발굴되었는데, ○○○ 교수는 "새 날개의 이미지를 세 가닥의 식물 이파리처럼 도안화한 금제 관식은 조우관의 전통이 면면히 계승되고 있음을 보여 주는 실물 자료"라며 "금제 관식에 새겨진 물고기알 모양이나 구름무늬, 인동당초무늬 등의 정교한 문양은 이 나라의 금속 공예 문화의 높은 수준을 보여 주고 있다."라고 말했다.

①
②
③
④
⑤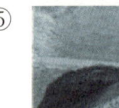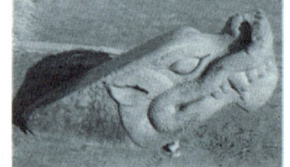

08 밑줄 그은 주장을 뒷받침하는 고려 시대 공예품을 〈보기〉에서 모두 고른 것은? [2점]

고려 시대에는 뛰어난 공예품이 많이 만들어졌다. 공예 기술이 발달하여 표면에 홈을 파고 특수한 물질이나 물감을 넣어 아름다운 무늬와 그림의 효과를 얻어 내는 수법이 널리 활용되었다.

| 보 기 |

① ㄱ, ㄴ　　② ㄱ, ㄷ　　③ ㄴ, ㄷ
④ ㄱ, ㄴ, ㄷ　　⑤ ㄴ, ㄷ, ㄹ

해설 및 정답

07 정답 ② ·· (2009. 제7회 고급)

기사의 '이 나라'는 발해이다. ① 통일신라기의 불국사 3층 석탑, ② 발해의 석등, ③ 통일신라기의 법주사 쌍사자 석등, ④ 고려 연곡사의 북부도, ⑤ 고려 만월대에서 나온 용두 조각이다.

용두산 발해 고분군 중국 지린성(吉林省) 허룽시(和龍市) 룽하이촌(龍海村)에 있는 발해시대 유적인 용두산 고분군에서 효의황후(3대 문왕의 부인)의 묘지와 순목황후(9대 간왕의 부인)의 묘지가 발굴. 발해 무덤 최초로 고구려 조우관(새깃털을 꽂은 관)의 전통을 잇는 금제 관식(왕과 왕비가 쓴 관의 장식물)도 발견. 효의황후와 순목황후 묘지가 각각 대형 석실묘로 홍갈색 사암을 재료로 한 순목황후 묘지(너비 34.5㎝, 높이 55㎝, 두께 13㎝)에는 세로 9행에 걸쳐 총 141자를 새겼으며, "발해국 순목황후는 간왕의 황후 태씨(泰氏)다"는 등의 내용. '묘지에 '황후'라는 호칭을 썼다는 사실은 동북공정 논리를 반박하는 자료. 금제 관식은 새 날개의 이미지를 세 가닥의 식물 이파리처럼 도안화한 것으로, 물고기알모양무늬와 구름무늬, 인동당초무늬가 새겨져있다. 역동적인 분위기를 연출한 내부 문양이 발해 금속공예의 높은 수준을 보여주면서 고구려 조우관의 전통이 발해까지 계승됐음을 보여주는 실물 자료로서 중요.

조우관 고구려 관료들이 썼던 독특한 양식의 관으로, 고구려 문화의 영향을 받은 신라에서 유행.

발해고분 육정산 고분군(정혜공주묘, 1949년 발굴, 굴식돌방무덤·모줄임 구조)·용두산 고분군(정효공주묘, 1980년 발굴, 벽돌무덤·모줄임 구조)이 유명. 정혜공주묘에서는 돌사자가 출토되었고, 정효공주묘에서는 무사·시위·내시·악사 등의 남장여자가 그려진 12인물상 벽화가 발견되었는데, 이는 모두 당의 영향.

① 통일신라 **불국사 3층석탑**(석가탑, 무구정광탑) 세계 최고의 목판인쇄본인 무구정광대다라니경이 1966년 10월 불국사 3층석탑 복원 공사 당시 2층 탑신부에서 발견. 일본 법륭사의 백만탑 다라니경(770) 보다 20여 년 앞선다. 건축에 수학이 응용(석굴암·다보탑·석가탑)

② **발해예술의 성격** 상경지(上京址)에서 발견된 기와·벽돌·석등 등을 보면, 직선적이고 패기가 넘치던 고구려의 미술이 어느 정도 부드러워지면서도 웅장하고 건실한 기풍을 나타내고 있으며, 불교도 상당히 발달(고구려의 불교 계승 : 왕실이나 귀족 중심으로 신봉되었고, 이불병좌상(二佛並座像)·석등·연화무늬 와당 등 불교 관계의 유물이 많이 출토)

③ 통일신라기의 **법주사쌍사자석등** 균형이 잘 잡힌 조각

④ **고려전기 승탑** 구례의 연곡사 동·서부도와 북부도, 공주의 갑사 부도, 여주의 고달사지 원종대사혜진탑(975), 정주의 정토사 홍법국사 실상탑(1017), 원주의 법천사 지광국사 현묘탑(1085, 6m가 넘는 불탑형), 신륵사 보제존자석종부도(나옹화상부도)

08 정답 ④ ·· (2009. 제7회 고급)

고려의 상감기법과 나전칠기에 대한 설명이다. ㄱ. 청동제은입사포류수금무늬정병, ㄴ. 청자상감운학무늬매병 ㄷ. 고려 나전대모국당초문염주함, ㄹ. 백제의 녹유받침잔. ㄱ, ㄴ, ㄷ은 고려시대이나 ㄹ은 삼국시대의 공예품이다.

상감청자 은입사(고려시대에 송에서 기법을 도입 : 청동은입사포류수금무늬정병), 나전칠기(신라 때 당에서 전래되어 고려에서 크게 발달하여 송으로 역수출) 기법을 도자기에 구현한 것으로 그릇 표면을 파낸 자리에 백토·흑토를 메워 무늬를 내는 방법. 1) 12세기 중엽 높은 수준에 도달하여 무신집권기에 더욱 성행하였고 13세기 전반에 전성기였으나 원 간섭기 이후 퇴조. 2) 문신에서 무신으로의 교체는 상감청자가 널리 유행하게 된 주요한 사회적 배경이 되었는데 새로운 지배층으로 성장한 무신들은 문화적으로도 문신과는 다른 새로운 것을 요구하게 되었고, 상대적으로 중국에 대해 보다 민족적이고 자주적인 성향을 갖고 있었던 이들에게 우리의 독창적인 상감청자가 각광을 받게 되었음.

ㄹ. **백제의 도기** 사비시대의 백제는 도기표면에 녹유(綠釉)를 입히는 선진기술을 습득하여 강도가 높은 질그릇에 녹갈색의 유약을 입힌 그릇이 7세기 초 출현했는데 그것이 부여 능산리 고분군에서 출토된 녹유그릇받침(器臺). 우리나라 처음으로 질그릇에 유약을 입히는 기법의 도기라 할 수 있다. 이 선구적 질그릇인 녹유기는 통일신라로 이어져 널리 사용되었다. 그릇에 유약을 입히는 시유술(施釉術)은 뒷날 고려청자와 같은 본격적 도자기를 생산하는 데 가장 큰 영향을 끼쳤다. 익산 미륵사지에서도 7세기 전반의 도기들과 기와편들이 많이 출토되었는데 모두 표면에 녹갈색의 녹유를 입혔는데 7세기 전반 백제에 기와 같은 도제품에 녹유가 보편화됐음을 알 수 있다. 당시에 과학적인 질그릇 가마도 만들었다. 그 후 녹유는 통일신라에 널리 전파.

09 밑줄 그은 '그'에 대한 설명으로 옳은 것은? [2점]

> 그는 1360년(공민왕 9)에 과거에서 제1인으로 뽑혔으며, 1367년에 예조 정랑으로 성균박사를 겸하였다. 이때 경서가 고려에 들어온 것이 「주자집주」뿐이었는데, 그가 강설함이 빠르고 사람들의 생각보다 뛰어나므로 듣는 자들이 자못 의심하였다. 그 후에 호병문의 「사서통」을 얻음에 미쳐 그의 말과 합치하지 않음이 없으므로 여러 선비들이 탄복하였다.
> - 「고려사」 열전 -

① 만권당에서 원의 학자들과 교유하였다.
② 동방이학(東方理學)의 원조라고 일컬어졌다.
③ 「오경천견록」 등 경전을 주석한 책을 지었다.
④ 자신의 호를 주자와 비슷한 회헌이라 지었다.
⑤ 여러 대에 걸쳐 재상을 지낸 세족 출신이었다.

10 (가), (나)의 사찰과 관련된 자료를 〈보기〉에서 옳게 짝지은 것은? [3점]

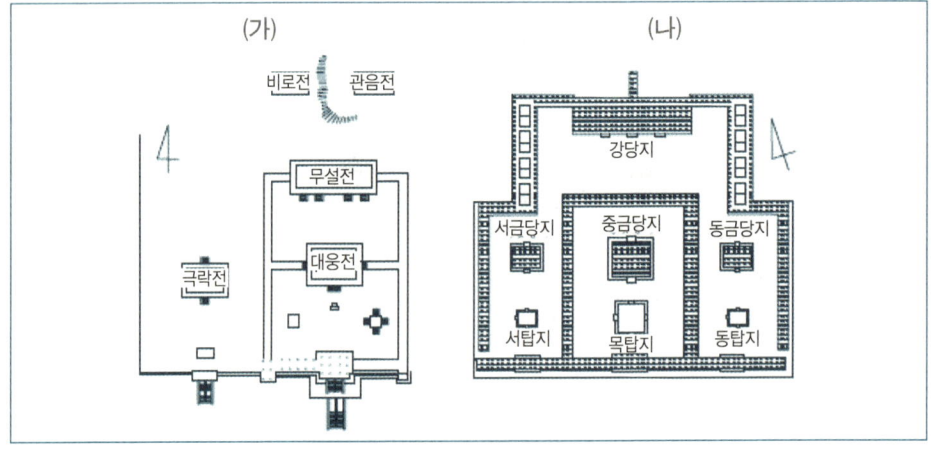

보 기

ㄱ. 제31대 신문 대왕의 이름은 정명이요 김씨이다. …… 돌아가신 아버지 문무 대왕을 위하여 동해 가에 ○○사를 세웠다.
ㄴ. (김대성이) 현세의 부모를 위하여 ○○사를 세우고, 전생의 부모를 위하여 석불사를 세워, 신림과 표훈 두 성사(聖師)를 청하여 각각 거처하게 하였다.
ㄷ. 제24대 진흥왕 즉위 14년 계유 2월에 새로 대궐을 용궁 남쪽에 지으려할 때에 거기에 황룡이 나타났으므로 이를 ○○사로 고치고, 기축년에 담을 쌓아 17년 만에 완성하였다.
ㄹ. 하루는 왕이 부인과 함께 사자사에 가다가 용화산 아래의 큰 못가에 이르렀을 때, 못 가운데서 미륵 삼존이 나타나므로 수레를 멈추고 공경의 예를 취하였다. 부인이 왕에게 이르되, 나의 소원이니 이곳에 큰 절을 이룩하면 좋겠다고 하였다.

① (가) - ㄱ, (나) - ㄴ   ② (가) - ㄱ, (나) - ㄷ   ③ (가) - ㄴ, (나) - ㄹ
④ (가) - ㄷ, (나) - ㄴ   ⑤ (가) - ㄷ, (나) - ㄹ

해설 및 정답

09 정답 ② ··· (2009. 제7회 고급)

사료의 그는 고려 말 신진사대부 포은 정몽주(1337-1392)이다. ① 이제현, ② 정몽주, ③ 권근, ④ 안향, ⑤ 권문세족에 대한 설명이다.

정몽주(1337-1392) 동방 이학(理學)의 종조(宗祖)로 성리학을 체계화

① **만권당** 충선왕이 은퇴 후 북경 사저에 설치하여, 고려와 원의 문물 교류 기관 역할을 하였고 이제현과 조맹부가 교류하였다. 당시 충선왕을 호종하여 연경에 와 있던 이제현 등 고려의 연소한 신예 지식인들이 바로 이들 강남 지식인들과 만권당을 중심으로 교유함으로써 송문화의 진수가 직접 고려에 전수.

> **이제현** 이제현의 사학은 밖으로 몽골 침입과 같은 민족의 시련을 겪은 고려 지식인의 민족적 울분을 대변한 것이며, 안으로 불교의 폐단, 권문세족의 횡포 등 사회 현실의 모순에 대한 비판을 정통과 대의명분을 중시하는 성리학적 사관과 결합한 것으로 그의 「고려국사」와 「사략」(1357)은 조선의 역사학에 큰 영향.

③ **권근** 천인합일의 선정덕치(善政德治)를 강조하는 「입학도설(入學圖說)」등의 철학서를 각각 저술하여 성리학을 지도이념으로 정립. 특히 이황의 사단칠정론에 영향. 왕명으로 「동국사략」저술. 태종 2년(1402)에 이회·김사형 등과 함께 완성한 세계지도인 혼일강리역대국도지도 제작. 문장에 뛰어났으며, 경학에도 밝아 사서오경의 구결을 정하였다. 그는 성리학자이면서도 문학을 존중하였고, 시부사장의 학을 실용면에서 중시하여 이를 장려하였으며, 경학과 문학의 양면을 조화시켰다. 문집 「양촌집」외에 저서 「오경천견록」,「사서오경구결」「동현사략」이 있고, 작품에 「상대별곡」이 있다.

④ **안향** 1288년 충렬왕과 공주를 호종하여 원나라에 들어가 연경에서 「입학도설주자전서」를 필사하여, 돌아와 주자학을 연구. 한편, 섬학전이란 육영재단을 설치하고 문교진흥을 위해 왕에게 청하여 문무백관으로 하여금 6품 이상은 은(銀) 1근, 7품 이하는 포(布)를 내게 하여 이를 양현고에 귀속시켜 그 이자로 인재 양성에 충당하도록 했다. 또 국학 대성전을 낙성하여 공자외 초상화를 비치하고, 1297년에는 집 뒤에 정사(精舍)를 짓고 공자와 수자의 진상을 모셨다. 주자를 경모하여 주자의 화상을 벽에 걸어두었으며, 자신의 호도 주자의 호인 회암(晦菴)의 '회'자를 따서 회헌이라 했다. 안향으로부터 시작된 성리학은 한국 유학의 새로운 경지를 개척하여 고려의 불교세력과 대항하고 나아가 그것을 압도하면서 조선시대의 건국이념으로까지 성장.

10 정답 ③ ··· (2009. 제7회 고급)

(가) 불국사, (나) 사자사(전북 익산)인데 ㄱ. 감은사, ㄴ. 불국사, ㄷ. 황룡사, ㄹ. 백제 무왕이 선화공주를 위해 건립한 사자사에 대한 설명이다.

(가) **불국사** 경덕왕 때(751) 김대성의 발원으로 현생의 부모를 위해 창건하였는데, 목조건물은 임진왜란 때에 소실된 것을 조선 후기 일부 중수하였고 1972년 복원. 창건 당시의 것으로 다보탑·3층석탑(석가탑)·청운교·백운교 등(1995년 UNESCO 선정 세계문화유산).

(나) **사자사** 삼국유사 무왕조에 무왕과 왕비가 사자사에 불공드리러 가는 도중 용화산(현재의 미륵산) 아래 연못가에서 미륵삼존이 출현하여 왕비의 청에 의해 연못을 메우고 미륵사를 건립하게 된 미륵사 창건 기록에 사자사가 기록.

ㄱ. **감은사** 문무왕은 삼국통일을 이룬 후 나라를 더욱 굳게 지키기 위해 감은사를 짓기 시작했으며 신라 31대 신문왕이 아버지 문무왕의 뜻을 받들어 즉위한 이듬해(682)에 완공.

ㄷ. **황룡사** 창건설화에 의하면 새로운 궁전을 지으려 하였으나 황룡이 나타나므로 신궁건축의 계획을 바꾸어 황룡사를 지었다고 하는데, 황룡사가 호국·호법의 신인 용과 관련. 경주에서 가장 컸던 사찰로 알려져 있으나, 현재는 터만 남아 있다(고려 고종 25년(1238년)[3]에 몽골의 침입으로 소실). 황룡사는 국가적 대찰로서 진평왕의 천사옥대(天賜玉帶)와 더불어 황룡사의 9층탑과 장육상(丈六像)은 신라의 3보(三寶).

11. 다음 행사에 해당하는 것은? [2점]

- 행사 위치 : 개경 만월대, 의봉루 앞마당
- 행사 시기 : 11월 보름 전후 사흘 동안
- 행사 진행 순서 :
  - 13일 준비일
  - 14일 소회일
    : 대관전과 의봉루 사이에 3천여 명의 화려한 복장의 호위군사를 진열하고 태조 영정에 술을 올리며 연희와 조하의식을 행하였다.
- **15일 대회일** : 의봉루로 행차하여 문무백관들과 봉표원들로부터 축하표문과 축하주를 헌수받는 형식으로 행사가 진행되었는데, 이때 송나라 상인과 여진, 탐라, 왜에서 파견된 사신들이 축하 표문과 특산물들을 바쳤다.

① 초제 ② 팔관회 ③ 연등회
④ 점찰법회(占察法會) ⑤ 백고좌회(百高座會)

12. 다음은 어느 학생의 보고서의 일부이다. 〈보충 자료〉를 첨부할 때에 가장 적절한 곳은? [3점]

보고서

고려 초기에는 화엄 사상을 정비하고 ㉠보살의 실천행을 폈던 균여의 화엄종이 성행하였다. 그 후, 11세기에 의천은 교단 통합 운동을 펼쳤다. 이를 뒷받침할 사상적 바탕으로 이론의 연마와 실천을 아울러 강조하는 ㉡교관겸수를 제창하였다. 무신 집권 이후 새로운 종교 운동인 결사 운동이 일어났다. 지눌은 선과 교학이 근본에 있어 둘이 아니라는 사상 체계인 ㉢정혜쌍수를 사상적 바탕으로 철저한 수행을 선도하였다. 또, 그는 내가 곧 부처라는 깨달음을 위한 노력과 함께, 꾸준한 수행으로 깨달음의 확인을 아울러 강조한 ㉣돈오점수를 주장하였다. 그리고 지눌 이후에 혜심은 ㉤유불 일치설을 주장하며 심성의 도야를 강조하였다.

보충자료

보통 사람은 망상을 마음이라 하여 마음 밖에서 부처를 찾아 헤맨다. 그러다가 깨달은 사람의 가르침을 입어 바른 길에 들어가 자신의 본성을 보게 되면, 여러 부처와 더불어 털끝만큼도 다르지 않은 본성이 본래부터 갖추어져 있음을 안다. 하지만, 깨달은 본성이 부처와 다르지 않다 하더라도, 어려서부터 계속된 습관들을 갑자기 버리기 어렵다. 깨닫고 닦음에 의하여 오랜 세월을 지나는 동안에 성인이 된다.

① ㉠ ② ㉡ ③ ㉢
④ ㉣ ⑤ ㉤

11 정답 ② (2009. 제7회 고급)

문제의 행사는 도교와 민간신앙과 불교행사가 결합된 추수감사제이자 고려인의 단결심을 배양하는 국민 축제인 팔관회이다. ① 하늘(일월성신)에 대한 제사, ③ 불교행사, ④ 점을 쳐서 참회하는 계율적 반성, ⑤ 백 명의 법사들이 인왕반야경을 읽으며 국태민안을 기원하는 법회이다.

팔관회(八關會) 천령·오악·대천 등에게 제사하는 도교와 민간신앙과 불교행사가 결합된 추수감사 제이자 고려인의 단결심을 배양하는 국민축제로 개경(11월 15일)·서경(10월 15일)에서만 거행하였다. 이 날 왕은 법왕사(法王寺) 또는 궁중에서 하례를 받고, 지방관과 외국상인과 사절의 방물을 받았으며, 음악·연극 등을 즐겼다.

① **초제**(醮祭) 도교의 기도 의식으로 재초의 형식이 정리된 것은 남북조 시대로서 도교가 당시 왕조의 신앙을 얻은 당대나 송대에는 특히 번성하여 하나의 국가적 행사가 되었다. 고려에서는 건국 초부터 말기에 이르기까지 궁성(宮城)내의 구정(毬庭) 혹은 회경전(會慶殿)이나 내정(內庭)에서 왕이 직접 천지, 산천 등의 제신에게 제사를 지냈는데, 이중에는 도교의 상제(上帝)나 오방산해신군(五方山海神君) 및 성신(星辰)이 모두 포함. 국가적 행사로 봉행.

③ **연등회**(燃燈會) 불교 행사로 다과를 차리고 군신이 함께 즐기는 명절이며, 성종 때 중지되었으나 현종 때 부활하여 전국적으로 거행되었다. 행사시기는 1월 15일이었으나, 후기에는 2월 15일, 4월 8일이 되었다.

④ **점찰법회**(占察法會) 점(占)을 쳐서 참회하는 계율적 반성으로 점찰법회(占察法會)가 열려 불교의 대중화에 기여. 신라 원광법사에 의해 시작되었으며 진표에 의해 융성.

⑤ **백고좌회**(百高座會) 신라 때의 국가적인 불교 행사의 하나. 진흥왕 12년에 혜량이 시작한 후로 신라 말기까지 계속되어 불력에 의한 국가 진호(鎭護)를 기원. 신라 민중과 내면적인 관계를 맺은 것이 아니라 왕이나 귀족들을 위한 강설법회 형식을 띤 것이었으며, 국가 안위를 위한 일종의 호국 의식 행사에 지나지 않았다.

> **불교와 샤머니즘의 융합** 산신각·칠성각·연등회·팔관회·탱화·장승

12 정답 ④ (2009. 제7회 고급)

보고서의 내용은 ㉠ 성상융회의 수행법, ㉡ 해동 천태종의 수행법 ㉢ 선종 입장에서 교종을 통합하는 조계종의 수행법, ㉣ 내가 곧 부처라는 인심(人心)이 불심(佛心)임을 깨닫고 꾸준히 수행하는 조계종의 수행법, ㉤ 유교와 도교의 근본이 불법에서 나왔다는 설인데, 보충자료는 돈오점수(頓悟漸修)에 대한 설명이다.

돈오점수 내가 곧 부처라는 인심(人心)이 불심(佛心)임을 깨닫고 꾸준히 수행함(내가 곧 부처라는 것을 단번에 깨닫고 꾸준히 실천하자는 주장). 선종은 돈오를 지향한다. 지눌은 돈오를 지향처로 삼으면서도 사람들이 오래 익혀 온 잘못된 습관을 고치기 위해서는 깨달음의 꾸준한 실천이 필요하다는 뜻에서 점수를 아울러 강조.

㉠ **균여**(원통대사) 화엄사상(성)을 근간으로 법상종(상)을 융합한 성상융회(性相融會)의 수행법을 주장.

㉡ **교관겸수** 교종의 입장에서 선종을 통합(대각국사 의천). 이론의 연마와 실천의 양면을 강조.

㉢ **정혜쌍수** 선과 교학을 나란히 수행하되, 선을 중심으로 교학을 포용하자는 이론. 선종의 입장에서 교종을 통합(염불과 간경)

㉤ **혜심의 유불일치설** "부처의 말씀에 두 성인을 진단에 보내어 교화를 펴리라고 했는데, 한 사람은 노자로서 그는 가섭보살이요, 또 한 사람은 공자로서 유동보살이다."라고 하였다. 이 말에 의하면 유교와 도교의 근본은 불법에서 흘러나온 것이며 방편은 다르나 실체는 같은 것입니다.

> **혜심**(진각국사, 1178~1234) : 사마시 출신의 수선사 2대 교주로 유·불사상의 일치설을 내세워 유교와 불교의 타협을 기도하였다. 저서로 「선문염송집」·「선문강요」·「진각국사어록」 등.

13 다음 사진의 책과 관련된 설명으로 옳은 것은? [3점]

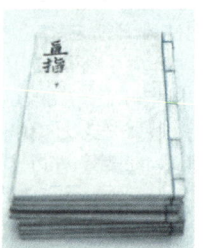

① 1377년, 직지사에서 간행되었다.
② 문헌상으로 전하는 가장 오래된 금속 활자본이다.
③ 밀랍 대신 식자판을 조립하는 방법으로 인쇄하였다.
④ 현재 이 책의 원본은 국립청주박물관에 보관 중이다.
⑤ 모리스 쿠랑의 「조선서지」에 의해 세상에 알려지게 되었다.

14 다음 글에서 보이는 친속 의식과 관련된 사회 현상은? [2점]

> 옛날에는 사람이 장가를 가서 부인을 맞이하여 왔기 때문에, 처가에 힘입을 바가 얼마 없었다. 그런데 지금은 부인을 취함에 남자가 여자의 집에 가니, 무릇 내 몸에 쓰이는 것을 처가에 의지하였으니, 장인, 장모의 은혜가 부모와 같도다.
> - 「동국이상국집」 -

① 부모의 유산은 자녀에게 골고루 분배되었다.
② 아들이 없으면 양자를 두어 가계를 계승하게 하였다.
③ 사위와 외손자에게는 음서의 혜택이 주어지지 않았다.
④ 족보에 출생 순서와 상관없이 아들을 먼저 기재하였다.
⑤ 이모부는 같은 관청의 소속을 피해야 하는 상피의 대상이 아니었다.

13 정답 ⑤ ··· (2009. 제7회 고급)

사진의 책은 고려 우왕 때(1377) 금속활자로 인쇄된 직지심체요절(직지심경)인데, ① 청주 흥덕사 주자시에서 인쇄, ② 문헌상(기록상) 최고는 상정고금예문(1234년)이고, 직지심경은 현존 세계 최고, ③ 조선 세종대의 인쇄술, ④ 프랑스 파리 국립도서관에 보관되어 있다.

불조직지심체요절(佛祖直指心體要節, **직지심경** 1377, 2001년 UNESCO 선정 세계기록유산 : 백운화상(白雲和尙) 경한(景閑)의 저서) 청주 흥덕사 주자시에서 인쇄한 현존 최고의 활자본. 19세기 말 서울 주재 프랑스 공사로 근무하였던 꼴랭 드 쁠랑시(Collin de Plancy, 갈림덕, 1853~1922)가 우리나라에서 수집해 간 것인데, 이를 골동품 수집가인 앙리 베베르(Vever. H)의 손을 거쳐 1950년 프랑스 국립도서관에 기증된 것으로 밝혀졌다. 그 후 모리스 꾸랑(Courant. M)의 「조선서지」에 의해 세상에 알려졌으나 행방이 묘연해졌다가 1972년 '세계 도서의 해'에 처음으로 공개.

② **금속 활자** 1234년에 금속활자를 발명하여, 최초의 활자본인 상정고금예문(詳定古今禮文)을 강화도에서 인쇄한 기록이 「동국이상국집(東國李相國集)」에 수록

14 정답 ① ··· (2009. 제7회 고급)

사료는 이규보(1168-1241)의 제문인데 사위가 처가의 호적에 입적해 처가에서 생활하는 서류부가혼(婿留婦家婚, 솔서혼)의 혼인형태로 여성의 지위가 높았음을 알 수 있다. ① 자녀균분상속, ② 양자를 들이지 않고 딸이 제사를 받들었고, ③ 음서는 자·손 뿐만 아니라 수양자, 사위, 외손, 조카, 동생까지 가능, ④ 출생순으로 기재하였으며, ⑤ 상피의 대상이었다.

> **솔서혼**(率婿婚) 고려 중기 이규보(李奎報)의 제문(祭文)을 보면 처가와 사위의 관계를 생생하게 보여준다. ① 옛날에는 친영(親迎)에 부인이 남편의 집으로 시집오므로 처가에 의뢰하는 일이 거의 없었는데, 지금은 장가듦에 남자가 처가로 가니(남귀우녀(男歸于女)), 무릇 자기의 필요한 것을 다 처가에 의지하여 장인·장모의 은혜가 자기 부모와 같습니다. ② 불초한 제가 외람되게도 일찍 사위가 되어 밥 한 술과 물 한 모금까지도 모두 장인에게 의지했습니다. 조금도 보답을 못했는데 벌써 돌아가시다니요.

고려의 가족제도

1) **재산 상속** 결혼 유무와 남녀에 관계없이 자녀균분상속이 일반적으로 행해졌고 서얼 차별이 없었으며, 호적에서도 자녀간 차별을 두지 않고 연령순에 따라 기재하였다. 상속시 상속인과 피상속인이 참여하여 문계(文契)를 작성하였다.

2) **여성의 권리** 결혼시 아내가 데려온 노비에 대한 소유권이 유지되는 등 여성의 재산권이 인정되었고, 여성도 호주가 되었으며, 제사를 자녀가 돌아가며 맡는 윤행(輪行)이 관행되었다. 아들이 없을 경우에도 양자를 들이지 않고 딸이 제사를 받들었다.

3) **상복**(喪服) **제도** 상복제도에서 친가와 외가의 차이가 크지 않았으며 공을 세운 사람의 부모는 물론이고 장인·장모도 함께 상을 받았다.

③ **음서제도**(蔭敍制度) 고려 성종 때 확립된 음서제도(문음·공음)는 왕족 후예, 종신(宗臣, 왕족 관직자) 공신 후손, 5품 이상 고관자손을 대상으로 과거를 거치지 않고도 연령 제한은 없으나 15세 전후하여 관직에 조기 진출할 수 있도록 한 문벌귀족사회의 특징(조선의 문음은 2품 이상으로 제한).

  1) **수혜범위** 음서제는 1인 1자를 원칙으로 하되 탁음자(托蔭者)가 3품 이상일 때는 그 수음자(수혜자)가 8개 친족(자·손·수양자·사위·외손·조카(생·질)·동생)까지 확대되었고, 5품 이상일 때는 자·손까지만 해당.

  2) **문한직 제약** 음서를 통해 관직에 나간 경우는 한직제의 제약은 없었으나 문한직·지공거직·학관직 등에는 취임할 수 없었다. 그리하여 그들은 국자감시를 응시하여 문한직으로의 진출을 모색.

  3) **산직 임용** 음서를 통해 관직에 나간 자를 남행관(음관)이라 불렀는데, 그들은 예비관료인 동정직과 임시직인 권무직 등에 임용. 고려에서 과거보다 음서가 중시되었던 이유는 능력 본위의 관료사회적 측면보다도 신분 본위의 귀족사회의 성격이 더 강했기 때문. 음서는 공음전(功蔭田)과 함께 문벌귀족사회를 형성·강화시켜 주는 구실을 하였고, 고려 귀족사회의 특징적 모습.

⑤ **상피제**(相避制) 고려때 성문화(成文化). 본가·처가·외가의 4촌이내아 그 배우자는 같은 관청에서 근무할 수 없고, 특히 권력의 핵심인 정조(政曹)와 대성(臺省)에는 사돈간에도 적용. 부계와 모계를 동등시한 고려의 친족제도를 반영.

15 다음 자료의 내용과 관련된 설명으로 옳은 것은? [3점]

> 최충이 졸하였다. …… 현종이 중흥한 뒤로 전쟁이 겨우 멈추어 문교(文敎)에 겨를이 없었는데, 최충이 후진들을 불러 모아서 가르치기를 부지런히 하니, 여러 학생들이 많이 모여 들었다. 드디어 낙성, 대중, 성명, 경업, 조도, 솔성, 진덕, 대화, 대빙이라는 9재로 나누었는데, 시중 최공도라고 일렀으며, 무릇 과거를 보려는 자는 반드시 먼저 그 도(徒)에 들어가서 배웠다. 해마다 더운 철이면 귀법사의 승방을 빌려서 여름 공부를 하며, 도 가운데에서 급제한 자로 학문이 우수하면서 벼슬하지 않은 자를 골라 교도로 삼아 구경(九經)과 삼사(三史)를 가르치게 하였다. - 「고려사절요」 -

① 시중 최공도는 그의 사후에 홍문공도라고 불렀다.
② 최충이 세운 사학은 무신 정권기에도 존립하였다.
③ 사학의 설립자는 모두 과거 장원 급제자들이었다.
④ 사학 12도 가운데에서 일부는 서경과 동경에 세워졌다.
⑤ 사학의 발달로 공립 교육 기관인 국자감은 폐지되었다.

16 다음 탑이 만들어진 시기의 지배층에 대한 설명으로 옳지 않은 것은? [2점]

① 재추가 되면 도평의사사의 구성원이 되었다.
② 중국의 영향으로 일부다처제를 일반적으로 받아들였다.
③ 권력이나 고리대를 이용하여 대농장을 형성하기도 하였다.
④ 중국에 가서 과거에 합격하고 귀국하여 출세하는 자도 있었다.
⑤ 유학에 대한 소양을 가지고 있었지만, 불교를 신봉하기도 하였다.

15 정답 ② ·· (2009. 제7회 고급)

사료는 최충의 사학(私學) 문헌공도와 9재 학당에 대한 내용인데, ① 문헌공도, ③ 시중, 복야, 좨주, 지공거 등 다양하였고, ④ 모두 개경에 설치되었으며, ⑤ 관학이 쇠퇴하였지 폐지는 아니다.

최충 문종 때 대표적 유학자인 최충은 해동공자의 칭호를 얻었고, 그의 유학은 종래 훈고학적 수준에서 벗어나 철학적 내용이 가미되어 송대 유학에 접근하였다. 또 그는 사학(私學) 문헌공도(9재학당)를 세워 9경 3사의 유교 경전과 역사서를 교육.

사학의 발달

1) **9재(학당)** 문종 9년(1055) 문하시중 출신 최충(해동공자)이 세운 사학인 문헌공도(文憲公徒)의 전문 강좌로 악성(樂聖)·대중(大中)·성명(誠明)·경업(敬業)·조도(造道)·솔성(率性)·진덕(進德)·대화(大和)·대빙(待聘) 등으로 편성·운영하고 9경(經) 3사(史)를 교수하였고, 문헌공도는 무신집권기에도 존립하다가 공양왕 3년(1391)에 혁파.

> **9경 3사** 9경은 시경·서경·주역·춘추 좌씨전·춘추 공양전·춘추 곡량전·예기·주례·효경이고, 3사는 사기·한서·후한서이다.

2) **12공도** 지공거·고관 출신이 개경에 다투어 사학을 설립하여 12공도가 출현.
3) **문벌의 형성** 경학·사학·문예를 교육하며 숭문으로 치달아 학벌이 형성되자, 관학은 약화되어 진흥 정책이 추진되었다.

16 정답 ② ·· (2009. 제7회 고급)

사진의 탑은 원(元) 라마예술의 영향을 받은 고려후기 경천사 10층 석탑(조선 원각사지 10층석탑의 원형)이다. ② 고려는 일부일처제를 원칙으로 하였고 충렬왕 원년(1274)에 박유가 축첩상소를 올린 바 있다.

원 간섭기의 고려

1) **관제의 변화** ① 칭호의 격하 ② 도병마사를 도평의사사(都評議使司)로 개칭 : 재·추대신(문신)만의 도병마사를 충렬왕 5년(1279)에 삼사·상의(商議)까지 포함하여 도평의사사(도당)로 개칭. 원의 간섭에 의한 것이 아니라 고려 자체의 의사에 따른 조치. ③ 병제의 변화 : 13세기 후반 이후 2군 6위의 상비군 기능이 상실되고 몽골식의 군사제도.
2) **입성책동(立省策動)** 충선왕 복위하던 해(1308)에 원의 간섭으로 정동행성은 물론, 고려의 국호를 폐지하고 원의 성(省)을 설치하여 원의 직속령으로 하려는 홍중희 등의 책동이 있었으나 실패
3) **영향** ① 고려 왕실 권위 강화 : 원은 고려 왕실의 수호 기능을 하였고 고려 국왕은 부마국 관계를 이용하여 원제국회의인 쿠릴타이에 참석. 2) 공녀 요구 : 조혼의 풍속 발생. 결혼도감과 관리하는 과부처녀추고별감이 설치. ③ 풍속 교류 : 몽골풍·고려양이 유행(왕실과 상류층) ④ 신분제 동요 : 전공, 몽골 귀족과의 혼인, 몽골어에 능숙으로 출세. 친원 세력이 권문세족으로 성장. ⑤ 성리학 전래 : 충렬왕 때 안향이 성리학(주자학)을 소개. ⑥ 만권당 : 충선왕이 은퇴 후 북경 사저에 설치. ⑦ 이슬람 문화의 전래 : 천문학·역법·수학 등의 자연과학이 전래.

② **고려의 결혼** 남자는 20세 전후, 여자는 18세 전후로 하였으며, 일부일처제가 원칙이고 여성의 재혼이 가능하였다. 근친혼과 동성혼이 성행. 그러다가 고려 후기 성리학이 전래되면서 금지. 그리고 사위가 처가의 호적에 입적하여 처가에서 생활하는 서류부가혼(婿留婦家婚)의 혼인 형태가 있어 여성의 지위가 높았음을 알 수 있다.

> **축첩(蓄妾)** 「고려사」·「고려사절요」에 따르면 충렬왕 원년(1274) 2월에 박유가 상소를 올려 공녀(貢女)들이 원나라에 보내지는 것에 대한 해결책으로 첩제(妾制)를 건의. 관리들이 관품에 따라 첩의 수효를 달리하고, 첩의 소생도 적자와 마찬가지로 벼슬을 하며 공녀의 수를 줄일 것을 주장. 그러나 이러한 주장은 부녀자들의 원망을 사게 되었고, 재상 가운데 아내를 무서워하는 사람이 있어 논의가 중지. 몽골과의 오랜 전쟁으로 남성 수가 줄어들어 성비가 무너졌고 감소한 인구를 늘리는 측면에서는 나름대로 긍정적인 면도 있었다.

17 다음 지도를 보고 추론한 내용으로 적절하지 않은 것은? [2점]

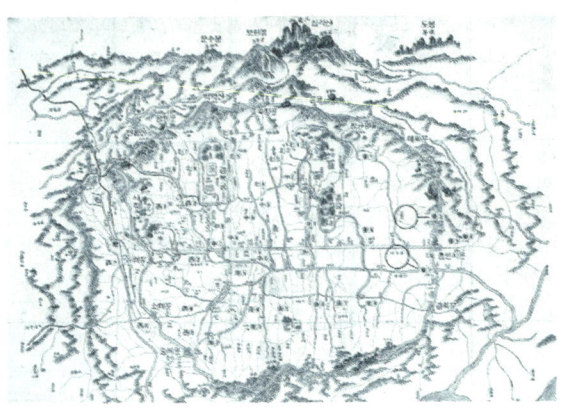

① 경복궁 앞쪽에 6조 거리가 형성되었다.
② 명당수인 한강이 도시를 가로질러 흐르고 있다.
③ 정궁인 경복궁 좌우에 종묘와 사직을 배치하였다.
④ 최고 교육 기관이었던 성균관에는 문묘가 설치되었다.
⑤ 백악, 낙산, 목멱산, 인왕산을 연결하는 성곽을 쌓았다.

18 다음 자료의 조직에 대한 설명으로 옳지 않은 것은? [2점]

가입을 청하는 자는 참가하기를 원하는 뜻을 반드시 단자에 자세히 적어서 모임이 있을 때에 진술하고, 사람을 시켜 약정에게 바치면 약정은 여러 사람에게 물어서 좋다고 한 다음에야 글로 답하고, 다음 모임에 참여하게 한다.

① 지방 사족들이 중심이 되어 조직하였다.
② 기묘사화로 인해 일시 폐지되었다.
③ 주민 통제와 교화의 수단으로 이용되었다.
④ 조직에 가입된 회원 명단은 그대로 청금록에 기재되었다.
⑤ 율곡 이이는 이것을 시기와 장소에 따라 여러 형태로 변용하여 실시하였다.

17 정답 ②···(2009. 제7회 고급)

그림의 지도는 조선 후기 영조 때 작성된 한양지도인 도성도(都城圖)이다. ② 한양이라는 말은 한강(한수·아리수)의 북쪽이라는 뜻으로 도심이 아닌 외곽이고, 청계천이 도시를 가로 질러 흐른다.

> **한양** 새 수도 한양은 한강(아리수)의 북쪽이란 뜻으로 백(북)악·낙(타)산·목멱(남)산·인왕산을 연결하는 둘레 17Km의 도성을 둥글게 쌓고, 오행의 방위에 따라 4대문과 4소문을 두었다. 도성 안에는 5대 궁궐로 법궁(法宮)인 경복궁을 비롯하여 이궁(離宮)으로 창덕궁과 창경궁, 경희궁, 경운궁(덕수궁) 등을 두었고, 좌묘우사(左廟右社)에 따라 경복궁의 정문인 광화문의 왼쪽에는 종묘, 오른쪽에는 사직을 두었다. 이 외에도 각종 관아와 시장, 학교 등을 두어 도시의 면모를 갖추었다. 이로써 한양은 조선 왕조의 정치 중심지이자 경제·문화의 심장부로서 번성하였을 뿐만 아니라, 중국의 베이징과 더불어 동아시아 최대의 국제 도시로 성장하였다.

④ **성균관의 구조**

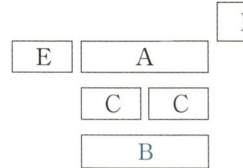

A. 명륜당(明倫堂) : 유학을 강의하는 곳
B. 문묘(文廟) : 공자 및 중국·한국의 선현을 모신 곳
C. 양재(兩齋) : 서재·동재로 유생들의 기숙사
D. 존경각(尊經閣) : 도서관
E. 비천당(丕闡堂) : 과거(알성시) 시험장
※ A·B·C : 태조 때 정비, D : 성종 때 정비, E : 현종 때 정비

18 정답 ④···(2009. 제7회 고급)

사진의 조직은 향촌교화규약인 향약이다. ④ 향약은 양반, 농민, 노비 등 향민 전원을 대상으로 하였으며 청금록은 성균관·서원·향교 등에 등재된 원생과 교생의 명부이다.

> **향약** 경재소와 유향소(향청)가 훈척의 지방 통제와 대민 수탈에 이용되자, 사림들은 사마소()를 두어 대항하거나 유향소 폐지를 주장하는 한편 향촌의 새로운 운동으로 중종대에 향약운동을 전개하여 토지 소유 상한과 균전제를 주장해 훈구파의 경제 기반 타파를 시도. 종법적 가족제도의 확립과 예학의 발달로 16세기 후반 이후로는 전통적인 향촌규약과 조직체가 군현 단위의 향약과 촌락 단위의 동약 등으로 대체되고, 친족 중심의 동족부락(동족촌)이 도처에 형성되어 사림의 농촌 지배가 강화.

1) **보급** 고려 말 주자학과 함께 전래된 송대(宋代)의 (주씨 증손) 여씨향약을 김안국(경상감사로 소학과 향약 보급)·조광조가 중종 12년(1517)에 실시했으나 기묘사화로 중단. 선조 이후 우리 실정에 맞는 이황의 예안향약, 이이의 서원·해주향약과 향약과 사창을 결합한 사창계약속 등이 개발·보급되었는데, 특히 이이는 "경제가 안정되어야 도덕이 꽃이 핀다"라고 하였고, 환난상휼을 강조하는 그의 해주향약은 완벽하여 후대에 모범.

2) **성격** ① 이념 : 권선징악과 상부상조를 목적으로 한 향촌 교화 규약으로, 원래 촌락 단위 농촌의 미풍양속에 전통적 공동체 조직을 계승하고, 여기에 유교주의적 삼강오륜의 윤리를 가미하여 성리학적 윤리와 향촌자치제 강화를 목적. ② 4대 강목 : 덕업상권, 과실상규, 예속상교, 환난상휼 등. ③ 기능 : 향촌사회 교화와 토지 이탈 방지 및 상업 활동 규제 등 향촌 농민 통제를 주목적. ④ 신분 중시 : 향약 보급 초기 단계에서는 장유(長幼)의 윤리가 강조되어 신분보다 연치(연령)에 의한 질서를 존중하였으나 중반 이후 사림 주도의 지배체제 구축 이후 신분의식이 강조되어 <u>신분을 일단 구별하고 그 구분의 틀 안에서 연령을 중시</u>.

3) **조직** ① 사림 조직 : 향교나 향청에서 지방 양반 명부인 향안에 오른 사림(향반)들이 (도)약정(회장)·부약정·직월·집강 등을 두고 운영하였다. 이들은 지방 의회이자 사족 총회인 향회(鄕會)를 조직하여 향촌 문제를 자치적으로 해결하며 향권을 장악.

4) **영향** ① 주자가례의 대중화 : 서민들이 소학과 효경을 반드시 읽음으로써 서민생활에 유교사상이 침투되고 주자가례가 대중화. ② 농민 통제 : 국가의 농민 지배가 약화되고 사림의 농민에 대한 지배가 강화되어 점차 농민을 통제하고 수탈. 정약용은 「목민심서」에서 "향약의 폐단이 도적보다 심하다"라고 하였다. ③ 사림 강화 : 향도·계·두레 등 농민공동체조직이 점차 사림조직인 향약·동약으로 대체. ④ 향반 기반 : 서원과 함께 향반 성장의 기반.

④ **청금록** 성균관·서원·향교 등에 등재된 원생·교생 명부이자 보부상의 명부.

19 다음 대화가 이루어지는 시기의 경제 상황을 보여 주는 자료로 옳은 것을 〈보기〉에서 고른 것은? [2점]

 지금나라에서 반포한 「농사직설」을 보니, 밑거름과 덧거름을 주는 것이 농사에서 중요하다고 한다.

 그렇게 하면 농경지를 묵히지 않고 농사를 계속 지을 수 있습니까?

─ 보 기 ─

ㄱ. 근래 소민(小民)들이 농사를 게을리하고 이익을 탐하여 광작을 하며 그 형세가 매해 늘어나 여러 도에 퍼져 있다.
ㄴ. 각 도의 수전(水田), 한전(旱田)의 소출 다소를 자세히 알 수가 없으니, 공법(貢法)에서의 수세액을 규정하기가 어렵다.
ㄷ. 농민이 밭에 심는 것은 곡물만이 아니다. 모시, 오이, 배추, 도라지 등의 농사도 잘 지으면 그 이익이 헤아릴 수 없이 크다.
ㄹ. 장사꾼이 의복 등을 판매하며, 심지어는 신, 갓끈, 빗, 바늘, 분(粉) 같은 물품을 가지고 무지한 백성에게 교묘하게 말하여 미리 그 값을 정하고 주었다가, 가을이 되면 그 값을 독촉해서 받는다.

① ㄱ, ㄴ ② ㄱ, ㄷ ③ ㄴ, ㄷ
④ ㄴ, ㄹ ⑤ ㄷ, ㄹ

20 다음 교육 기관에 대해 설명으로 옳은 것은? [2점]

 내부에 문묘, 명륜당 및 중국과 조선의 선현을 제사 지내는 동무, 서무와 기숙사격인 동재, 서재가 있었다. 정부에서는 5~7결의 학전을 지급하여 운영 경비를 마련하도록 하였고, 이것의 흥함과 쇠함에 따라 수령의 인사에 반영하였으며, 수령은 매월 교육 현황을 관찰사에 보고하였다. 성현에 대한 제사와 유생의 교육, 지방민의 교화를 위해 부·목·군·현에 각각 하나씩 설립되었다.

① 중앙에서 교관인 교수나 훈도를 파견하였다.
② 입학 자격은 생원과 진사를 원칙으로 하였다.
③ 초등 교육을 담당하는 국립 교육 기관이었다.
④ 국가로부터 사액과 함께 서적 등을 받기도 하였다.
⑤ 조선 초기에 처음 설립되어 향촌 사회의 교화에 공헌하였다.

해설 및 정답

19 정답 ④ ··· (2009. 제7회 고급)

그림의 대화는 조선 세종대에 간행된 「농사직설」 이후 시비법으로 휴한농업이 극복되어 연작상경법이 나타남을 보여준다. ㄱ,ㄷ은 조선 후기의 경제 상황이고, ㄴ. 조선 세종대의 공법, ㄹ. 「세종실록」의 내용으로 조선 전기의 경제 상황이다.

농사직설(1429) 여러 지방의 경험이 많은 노농(老農)들의 지식과 비결을 망라하여 세종 때 공조판서 정초(鄭招)가 체계화한 최초의 관찬 농서로 올벼·늦벼·밭벼 등의 재배법, 씨앗 저장법 등의 구체적인 내용을 담고 있으며, 경상도 지방의 선진적인 농업 기술인 이앙법을 다른 지방에 소개하며 우리 기후·풍토에 적합한 농업 기술을 소개. 여러 차례 인쇄·반포되어 농업 발전의 근본이 되었으며, 한국 농학 성립의 효시.

조선 초 농업기술 농업기술도 크게 발달하여 일반적으로 밭농사에서 조·보리·콩의 2년 3작인 교종법(交種法)이 널리 행해졌는데, 남부의 일부 지역에서는 이앙법(모내기법)과 벼·보리의 도맥 2모작이 확대. 더구나 재·숙분을 밑거름과 덧거름으로 주는 시비법의 발달로, 일역전(一易田)·재역전(再易田) 등의 세역전(歲易田)처럼 해를 건너 휴경하던 토지가 매년 토지를 경작할 수 있는 불역전(不易田)으로 바뀌었다. 또 파종과 수확 시기가 다른 두 작물을 동시에 재배하는 간종법(사이짓기)과 근경법(그루갈이)이 나타났다. 그리고 인구가 많지만 토지가 부족한 남부지방의 농민을 북부로 이주한 사민정책의 영향으로 북부지방에도 벼농사가 보급되기 시작.

		(시비법)		
휴경법 (통신)	→	휴한농법 (고려) 일역전(一易田, 1년 휴한) 재역전(再易田, 2년 휴한)	→	연작상경법 (조선) 불역전(不易田)

ㄴ. **공법**(貢法) 세종 12년(1430)부터 15년간 시험 끝에 황희·맹사성의 반대에도 불구하고 여론 조사를 통해 세종 26년(1444)에 하삼도 6현에 전분6등법(토질)·연분9등법(풍흉)을 공법상정소와 전제상정소에서 정하여 실시하고 성종 20년(1489)에 전국적 실시(최고 1결당 20두~최저 1결당 4두 징수). 공법으로의 개혁은 손실답험법의 결함을 시정하기 위한 것일 뿐 아니라 농업생산력의 발전에 부응한 전세제도의 개혁이며, 중앙집권력이 강화에 힘입어 단행. 손실답험법이 통일성이 없고 휴한법(休閑法)에 알맞은 조세 규정이라면 공법은 중앙집권 강화에 따라 통일성 있게 운영하기 위한 것이며 연작법(連作法)에 알맞은 조세 규정. 정전(正田, 상경전)에서는 모두 수세하고 속전(續田, 휴한전)의 경우는 면세 여부는 수령·감사의 심사를 거쳐 국왕이 최종 결정하고, 산전(山田)을 공법의 5·6등전으로 편입하여 전체의 토지 결수가 크게 늘어났으나 번잡하고 시행상 불편 때문에 제대로 시행되지 못하고 점차 하하년(下下年)으로 고정되는 추세였다. 공법 실시 이후 국고의 증수가 실현되고 국가의 비축 곡식이 확대되었으나 소농민의 보호라는 이상에는 실패.

20 정답 ① ··· (2009. 제7회 고급)

사진은 지방 양반 및 향리·양인의 중등 교육기관인 향교이다. ② 성균관, ③ 중등교육 담당, ④ 서원, ⑤ 고려 인종 때 주·군에 설치되었다.

향교(고려 인종 5, 1127) 방관 자제 및 평민 교육을 위해 주·군에 설치하여 유학을 가르쳤고 향학 또는 주현학이라고도 하였다.

조선의 향교(일명 교궁(校宮)) 지방 양반 및 향리·양인의 중등교육기관으로 성균관의 구조와 유사.

1. 태조 때부터 권장되어 마을마다 향교·향학이라는 이름으로 세워졌음.
2. 성균관의 문묘와 같이 공자와 선현을 제사하는 문묘가 있었고, 강학을 하는 명륜당과 그 좌우에 재를 두어 동재에는 양반, 서재에는 향리 자제를 수용.
3. 군현의 인구에 비례하여 정원을 책정. 국가가 지급한 5~7결의 학전, 기부 받은 토지, 산림, 어장 등의 이식으로 운영했음.
4. 향교 학생(교생)의 명부로 교안(청금록)이 작성되고 수령 7사 중 학교흥(學校興)을 넣어 매월 교육현황을 관찰사에게 보고함으로 국가 차원에서 독려함.
5. 외관직인 교수(敎授)·훈도(訓導) 각 1인, 소군(小郡)에는 훈도만을 파견, 또 교예(校隸)가 속함.
6. 임진왜란 이후 황폐해졌고, 16세기 이후 사학인 서원에 눌려 국가교육기관으로서의 기능은 손상되고, 문묘의 제사만 남게 됨.

21 다음은 국사 시간의 수업 장면이다. 선생님의 질문에 대해 <u>옳게</u> 답한 학생을 고른 것은? [1점]

> 선생님 : 오늘은 한국 전근대의 조세 수취에 대해 공부하겠습니다. 각자 조사해 온 내용을 이야기해 보세요.
> 갑 : 통일신라시대에는 인구, 토지, 유실수 등을 조사하여 촌락 문서를 작성하였어요.
> 을 : 고려 시대 민전을 소유한 농민은 수확량의 2분의 1을 국가에 납부했어요.
> 병 : 요역은 「경국대전」에 토지 8결당 한 사람씩 동원하고, 1년에 동원할 수 있는 날도 6일로 제한하였지만 지켜질 수 없었어요.
> 정 : 조선 후기 대동법 실시 이후 상공, 별공, 진상을 현물 대신 쌀이나 돈으로 납부하게 되었어요.

① 갑, 을 ② 갑, 병 ③ 을, 병
④ 을, 정 ⑤ 병, 정

22 다음 주장을 했던 세력에 대한 옳은 설명으로 〈보기〉에서 고른 것은? [2점]

> 지방에서는 감사와 수령, 서울에서는 홍문관과 육경(六卿), 대간(臺諫)에게 재주와 행실이 훌륭하여 관직에 등용할만한 사람을 천거하게 합니다. 그러면 이들을 궁궐에 불러 직접 정책에 대한 평소 생각을 시험한다면 훌륭한 인물들을 많이 얻을 수 있을 것입니다. 이는 조종(祖宗)이 하지 않았던 일이요, 한(漢)나라의 현량방정과의 뜻을 이은 것입니다. 덕행은 여러 사람이 천거하는 바이므로 반드시 헛되거나 그릇되는 것이 없을 것이요, 또 정책에 대한 평가를 통해 그가 하려고 하는 방법을 알게 될 것이니, 두 가지가 모두 손실이 없을 것입니다.

〈보 기〉
ㄱ. 학풍은 사장 위주였고 중앙 집권 강화에 노력하였다.
ㄴ. 언론 활동을 활성화하고 경연을 강화하고자 하였다.
ㄷ. '주례(周禮)'를 국가의 통치 이념으로 중요하게 여겼다.
ㄹ. 내수사 장리의 폐지와 토지 집중의 완화를 주장하였다.

① ㄱ, ㄴ ② ㄱ, ㄷ ③ ㄴ, ㄷ
④ ㄴ, ㄹ ⑤ ㄷ, ㄹ

해설 및 정답

21 정답 ② ·· (2009. 제7회 고급)

을. 2분의1 이 아닌 10분의 1을 납부. 정. 대동법은 상공의 전세화로 별공과 진상은 존속하였다.

갑 : **민정문서**(신라장적, 촌락문서·민정문서·정창원 문서) 통일 후에는 노동력과 생산자원이 보다 철저하게 편제되어 관리 1) **촌적** : 1933년 일본 나라 동대사 정창원에서 발견된 서원경(청주) 부근 4개촌의 촌적으로 을미년에 작성(755년(경덕왕) 또는 815년(헌덕왕), 최근 815년설이 유력). 2) **3년 기준 작성** : 장적에 나타난 촌락은 자연촌으로 보이는데, 국가는 이 촌락을 단위로 촌역(村役), 연수(烟數, 호수)·인구 수·우마 수(군사·교통·농경에 활용)·토지 면적(전답)·과수의 수 등을 매년 변동사항을 조사하여 3년마다 호별로 작성하였는데, 신라 후기 녹읍의 유형. 3) **9등호제** : 호는 공연(孔烟)과 계연(計烟)으로 나누어지는데, 공연은 자연호(自然戶), 계연은 편호(編戶)이다. 공연은 인정의 다과(多寡)를 기준으로 9등급으로 구분하였으며 호별 토지 소유량은 기록이 없음. 4) **6등급** : 인구는 남녀 성별·연령별로 6등급으로 구분하여 파악하였는데, 여자도 노동력 수취의 대상. 정(丁)과 정녀(丁女, 20~59세)를 중심으로 하여 조자(助子)와 조녀자(助女子, 15~19세), 추자(追子)와 추녀자(追女子, 10~14세), 소자(小子)와 소녀자(小女子, 1~9세), 제공(除公)과 제모(除母)(60~69세), 노공(老公)과 노모(老母, 70세 이상) 등으로 구분(정과 정녀를 제외하고는 추정치). 5) **토지 지급** : 민정문서에 의하면 토지 종류는 답(논)·전(밭)·마전(麻田) 등 3종류가 있는데 논보다 밭이 많았고 관모답·내시령답·촌주위답 등의 관료전이 할당되고, 촌민에게 정전인 연수유전답(「삼국사기」에 나오는 정전과 동일한 토지로 고려시대 민전으로 계승)이 지급. 전체 토지의 약 96%가 연수유전답이었고, 촌주위답도 여기에 포함. 6) **휴한농법** : 1호는 8~14명으로 구성되었고, 1호(戶; 연(烟))의 경작지는 10~15결로 추정되고 있다. 1인당 경작지가 지나치게 넓어 당시의 휴한농법을 입증. 7) **노비 노동력의 감소** : 노비 수가 전체 인구(442명)의 5.6%에 해당되어 노비 노동력이 현저히 감소.

을 : **고려의 민전** 사유지인 민전은 국가에 1/10의 전조를 바쳤으며, 민전 위에 관료의 과전이 설정되어도 관료에게 1/10을, 둔전·공해전 등의 공전은 1/4의 전조를 국가에, 사전은 1/2의 전조를 전주에게 바침.

병 : **조선의 요역**(호역) 관아에서 필요한 노동력은 원칙적으로 농민의 부역 동원으로 충당. 양반 지주층의 필요 노동력도 소작농민의 부역노동으로 충당. 부역노동은 '세전기임 물차타역(世傳其任 勿差他役)'이라 하여 자자손손 세습되었으며, 활동의 자율성이 전혀 보장되지 않는 봉긴직 노동형태. 1) **노동력 동원** 정남에게 부과되는 노동력 동원으로 전세미 수송·공물 진상물의 생산과 수송·각종 토목공사·시신 엉접 등을 담당. 「경국대전」 호전에 따르면 성종 때 1년에 6일로 명시되었으나 실제는 법정 일수를 초과하였는데 초과시 이듬해 부역일수에서 감해주었다. 2) **태조** 계정법(計丁法)으로 대호(大戶)는 10정호 기준으로 1명을 차출, 중호(中戶)는 5~9정호 기준으로 2호에서 1명을 차출, 소호(小戶)는 4정호 이하 기준으로 3호에서 1명을 차출하였으나 정종 때 계정·계전 절충법. 3) **세종** 토지 다과에 따라 대호·중호·소호·잔호·잔잔호의 5등호로 구분하고 인정을 동원하는 계전법(計田法)이 확립되어 양안상 5결출일부제의 자정법을 채택. 4) **성종** 요역을 정기적인 상례요역과 부정기적인 별례요역으로 구분하고, 상례요역의 경우는 수세상 8결출일부제의 작부제(作夫制)가 확립. 권세가 7결 토지와 영세농 1결 토지를 묶어 8결 기준으로 영세농(1명)이 차출. 5) **군역의 요역화** 인정을 단위로 하는 군역이나 토지 결수를 단위로 하는 요역은 실제로는 모두 인정을 동원하는 것이기에 국가의 토목·영선에 군인이 동원되고, 이후 군역을 요역화하여 군인들이 이중 부담. 6) **역부고립제**(役夫雇立制) 왜란 이후 요역의 시행 과정에서 대립의 현상에 의해 나타난 것으로 이는 대립가를 전결의 수를 기준으로 하여 포를 징수하는 전결수포제를 시행하는 단서.

정 : 공납의 종류로는 ① **상공**(공안에 따라 정기적으로 징수하는 공물), ② **별공**(국가의 필요에 따라 징수하는 부정기적인 공물), ③ **진상**(지방관이 매월 한 차례 국왕에게 토산물을 예물로 바치는 것)이 있는데 대동법은 토지 경작량이 아닌 토지 소유량에 따라 상공을 전세화.

22 정답 ④ ·· (2009. 제7회 고급)

사료는 사림파 조광조(1482-1519)의 현량과(사림을 무시험으로 등용) 설치안이다. ㄱ,ㄷ. 훈구파, ㄴ,ㄹ. 사림파에 대한 내용이다. 사림파는 경학 위주의 학풍으로 향촌자치제를 주장하고 「대학」을 통치이념으로 중시하였다.

유일(遺逸, 일명 **은일**(隱逸)) 과거가 아닌 학행(學行)에 의해 추천(천거)으로 관직에 등용하였는데 조광조의 현량과(賢良科)와 조선 후기 산림(山林)이 대표적.

23 다음 조치와 유사한 목적의 정책을 〈보기〉에서 고른 것은? [1점]

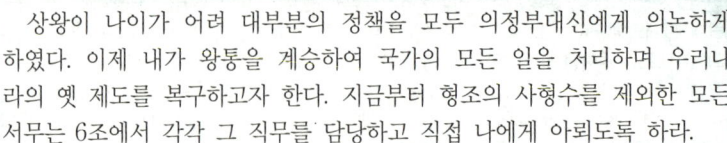

상왕이 나이가 어려 대부분의 정책을 모두 의정부대신에게 의논하게 하였다. 이제 내가 왕통을 계승하여 국가의 모든 일을 처리하며 우리나라의 옛 제도를 복구하고자 한다. 지금부터 형조의 사형수를 제외한 모든 서무는 6조에서 각각 그 직무를 담당하고 직접 나에게 아뢰도록 하라.

| 보 기 |

ㄱ. 의정부 서사제를 시행하였다.
ㄴ. 정동행성 이문소를 설치하였다.
ㄷ. 녹읍을 폐지하고 관료전을 지급하였다.
ㄹ. 과거 제도와 노비안검법을 시행하였다.

① ㄱ, ㄴ   ② ㄱ, ㄷ   ③ ㄴ, ㄷ
④ ㄴ, ㄹ   ⑤ ㄷ, ㄹ

24 다음은 창덕궁 안내도이다. (가)~(마)에 대한 설명으로 옳지 않은 것은? [3점]

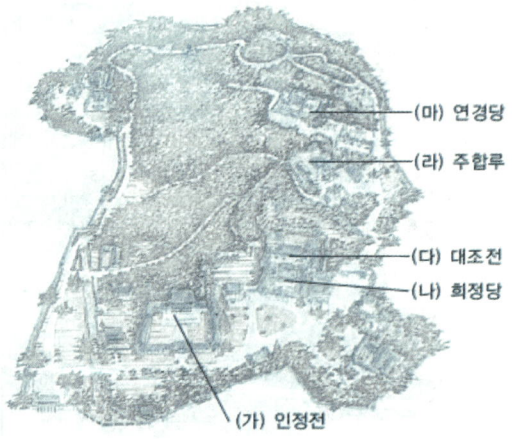

① (가) - 창덕궁의 정전으로 조정의 각종 의식이나 외국 사신을 접견하던 곳이다.
② (나) - 편전이라고도 하며, 왕이 일상적인 업무를 보던 집무 공간이다.
③ (다) - 왕비가 거처하는 내전 중에서 가장 으뜸가는 건물이다.
④ (라) - 정조가 자신의 왕권을 강화하기 위한 기구를 두었다.
⑤ (마) - 영조가 자신의 거처로 삼기 위해 지은 양반 저택이다.

23 정답 ⑤ ·· (2009. 제7회 고급)

사료는 조선 세조대에 실시한 6조 직계제로 왕권 강화를 보여 준다. ㄱ. 신권(臣權)의 비대, ㄴ. 반원(反元) 독립정책으로 외세 배격, ㄷ. 통일신라기 신문왕의 귀족세력 견제(왕권 강화), ㄹ. 고려 광종대의 정책으로 왕권 강화를 보여준다.

- **ㄱ. 의정부 서사제** 세종 18년(1436)에 황희 발탁 이후 의정부서사제(의정부·재상합의제)를 실시하고 인사·군사·형옥 문제는 6조직계로 하여 의정부서사제 및 6조직계제의 절충적인 체제를 택하여 왕권과 신권의 조화를 모색.
- **ㄴ. 정동행성(征東行省) 이문소** 원은 일본 정벌을 위해 개경에 정동행성을 설치하였는데 이 기구의 중심이 사법기구인 이문소(理問所). 그 후 내정 간섭 기구로 바뀌었다. 장관인 승상은 고려왕이 겸직하였고, 그 아래 관원도 고려인. 따라서 고려와 원 사이의 의례적인 행사 담당 기구로 본다. 충렬왕 6년(1280)에 설치하여 공민왕 5년(1356)까지 존속한 이 기구는 평장사(平章事)란 직함을 둠.

6조직계제 의정부의 서무를 6조에 분장시켜 6조의 권한을 확대(재정·군기·인사권). 이는 국가의 행정 실무가 재상들의 수중에서 분리·독립되는 개혁으로 태종은 6조의 장관을 정3품 전서에서 정2품 판서로, 차관을 정4품 의랑에서 정3품 참의로 승격시켜 국가정치에 직접 참여토록 했다. 행정집행기관에 불과했던 6조는 문무의 인사권 및 재정권 등을 관장하게 되고, 그 권한과 업무가 확대·강화됨으로써 6조는 의정부와 더불어 핵심적인 정치 기관으로 부상하였다. 6조직계제가 시행되자 의정부는 '사대문서(事大文書, 외교문서)와 중죄수(사형수)에 대한 재심' 등만을 취급하고, 그 밖의 정무는 6조에서 각각 국왕에게 보고하여, 국왕의 처결을 받아 시행하자, 의정부 대신의 정치권력은 약화되었다. 이것은 6조가 왕을 상대로 각기 그 소관부처의 정책을 건의하는 국가의 중요 정책기구이자 다수의 속아문(屬衙門)을 거느리는 국가의 주요 집행기관이며, 국정의 주요 운용기관으로서 정치가 귀족적 행태에서 행정적·관료적 행태로 변천하게 되었음을 의미한다. 제도상 행정 실무 부서의 실제적 경험을 토대로 하는 구체적 정책 건의가 6조를 통하여 국왕에게 직접 상달될 수 있어서 정책의 결정권이 더욱 왕권으로 집중되도록 구조화됨.

> 6조직계제 : 왕 - 6조 - 속아문
> 의정부서사제 : 왕 - 의정부 - 6조 - 속아문

왕권과 신권의 강약 변천 도평의사사·의정부체제(건국~태종4) → 의정부서사제(태종 5~13) → 6조직계제(태종 14~세종 17) → 의정부서사제(세종 18~단종) → 6조직계제(세조 원년~) → 원상제(세조 말년)

24 정답 ⑤ ·· (2009. 제7회 고급)

⑤ 순조 28년(1828)에 효명세자(후일 익종으로 추존)가 사대부의 생활을 알기 위하여 국왕께 요청해 건립되었다.

① **인정전** 창덕궁의 정전으로 왕이 외국의 사신을 접견하고 신하들로부터 조하를 받는 등, 공식적인 국가행사를 치르던 곳.
② **희정당** 내전에 속한 건물이었으나 조선 후기에 들어 편전으로 사용.
③ **대조전** 왕비가 거처하는 내전 중 가장 으뜸가는 건물. 지붕은 옆면에서 볼 때 여덟 팔(八)자 모양을 한 팔작지붕이다. 건물 가운데 3칸은 거실로 삼았으며, 거실의 동·서쪽으로 왕과 왕비의 침실을 두었다. 각 침실의 옆면과 뒷면에는 작은 방을 두어 시중 드는 사람들의 처소로 삼았다. 건물 안쪽에는 서양식 쪽마루와 유리창, 가구 등을 구비하여 현대적인 실내 장식을 보이고 있다.
④ **주합루** 정조 즉위년(1776)에 지은 2층 누각건물. 아래층은 왕립도서관인 규장각 서고로, 위층은 열람실로 사용. 정조는 즉위년에 주합루를 짓고 규장각을 설치하여 역대 왕의 어제, 어필을 보관하는 기능을 넘어 국가적 규모로 도서를 수집하고 보존, 간행해 정치·학문 연구소 역할을 담당하게 하였다. 정조는 정치적·학문적으로 강력하면서도 모범적인 군주가 되어 이상적인 나라를 만들고자 하였고, 그 노력이 담긴 곳.
⑤ **연경당** 순조 28년(1828) 효명세자가 순조에게 존호를 올리는 경축의식을 거행하기 위해 궁궐 안에 지은 집. 당시 사대부 집을 모방해 지은 궁궐안의 사대부집.

25. 다음 문화유산이 제작된 시기의 문화계 동향에 대한 설명으로 옳지 않은 것은? [2점]

① 민족적이면서도 실용적 학문이 발달하였다.
② 서민이 창작하고 향유하는 문화가 대두하였다.
③ 민생 안정을 위해 농업 관련 발명품이 만들어졌다.
④ 관학파 계열의 관료와 학자들이 문화계를 주도하였다.
⑤ 국산 약재와 치료 방법을 정리한 「향약집성방」을 편찬하였다.

26. 다음 자료와 관련된 사업에 대한 설명으로 옳지 않은 것은? [2점]

① 이 사업을 실시하기 위하여 준천사를 설치하였다.
② 개천 주변의 물난리를 예방하기 위하여 실시하였다.
③ 토양 유실을 막기 위하여 양쪽 제방에 버드나무를 심었다.
④ 도성 주민과 지방의 백성들을 강제로 동원하여 진행하였다.
⑤ 도성의 물난리를 예방하기 위하여 내사산의 벌목을 금지시켰다.

25 정답 ②······(2009. 제7회 고급)

사진은 조선 태조 때 작성된 천문지도인 천상열차분야지도와 세종 때 제작된 천체관측기구인 소간의이다. ①③④⑤는 조선 전기이나 ② 조선 후기의 문화계 동향이다.

천(건)상열차분야지도(天(乾)象列次分野之圖태조, 1395)   고구려의 천문도를 참조하여 서운관에서 하늘의 별자리 1,467개와 은하수를 12개 분야로 나눠 흑요석에 새긴 천문지도.

소간의(세종, 1434) 적도를 기준으로 하여 천체들의 자리를 관측하는 천문관측기구인 간의(簡儀)를 관천대 위에 설치할 수 있도록 보다 작고 이동이 편리하게 만든 것. 이천, 정초, 정인지가 제작하여 경복궁 천추전과 서운관에 설치.

⑤ **향약집성방**(세종, 1433) : 세종 때 유효통이 당시까지의 우리 고유 의서와 중국 역대 의서를 인용해 700여종의 우리 약재와 질병을 57가지로 나누어 전통적인 요법을 집성.

26 정답 ④······(2009. 제7회 고급)

그림은 영조가 동대문 바로 옆 오간수문에서 청계천의 준천사업을 지켜보는 준천계첩 중 친림관역도(親臨觀役圖)이다. ④ 공사에 동원된 방민(坊民) 15만 명 중 5만 명이 품삯을 받았고, 공사비용으로 3만 5천 냥과 쌀 2,300여 포가 소요되었다.

≫ 영조의 치적(1724~1776) ≪

1) **문물의 재정비** : 붕당의 근거지인 사액서원을 일절 중단시켰고, 균역법이 시행되어 군역의 폐단이 완화되었다. 그리고 신문고제도가 부활되었으며, 노비공감법(奴婢貢減法)을 실시하여 노비공을 반감시켰으며, 60세 이상을 등용하는 기로과(耆老科)와 병자호란 공신 자제를 위한 충량과(忠良科)를 설치하였고, 「어제경세문답」(영조의 학문적 태도와 군주의 정치이념 고찰)·「속오례의」·「동국문헌비고」·「숙묘보감」·「속대전」·「무원록」·「속병장도설」 등을 편찬하여 흐트러진 문물을 재정비.

2) **도성수비체제 개편** : 수성윤음(守城綸音)을 반포하여(1751), 부유한 시전상인·공인 등에게 국방비를 부담시키는 수도 방어 체제를 정비.

3) **준천(濬川) 공사 완공** : 영조 36년(1760)에 준천사를 설치하여 청계천 주변을 정리하고 개천 바닥을 파내는 7년간의 준천 공사를 완공하였고, 토양 유실을 막기 위해 양쪽 제방에 버드나무를 심었다. 당시 공사에 동원 된 방민(坊民) 15만 명 중 5만 명이 품삯을 받았고, 공사비용으로 3만 5천 냥과 쌀 2,300여 포가 소요됨.

영조의 탕평책

1) **초기의 탕평책** 신임사화 이후 집권한 영조는 경종 독살설과 생모의 신분 미천 등으로 심리적 열등감·위기감을 느꼈고, 더구나 신임의리(辛壬義理) 문제로 소론과 남인 강경파는 영조의 왕통을 부정. 그런 와중에서 그는 붕당의 폐단을 교유한 탕평교서를 반포하고(1725) 성균관 입구에 탕평비를 건립(1742).

2) **후기의 탕평책** 탕평책이 어느 정도 실효를 거두게 된 것은 왕권이 안정되면서 부터였는데 영조는 붕당 사이의 균형 관계를 정립할 수 있는 힘은 왕권에 있다고 보아 노론과 소론을 조정하면서 일련의 군제 개혁과 경제 개혁을 단행하여 왕권의 기반을 구축.
   ① 완론 탕평 : 군주 편인 탕평파와 군주 편이 아닌 비탕평파로 구분하고 탕평파를 육성하였으며, 각 붕당의 주장과 인물 중 온건한 인사를 적절히 등용하는 조제보합론(調劑保合論)의 완론탕평(緩論蕩平)을 채택.
   ② 산림 견제 : 상소제를 중지시키고 이조전랑과 한림의 자천제와 이랑통청권을 폐지함으로써(1741) 지방 사림과 산림의 기능을 약화시켜 산림의 존재를 인정하지 않았고 그들의 근거지인 서원을 대폭 정리.
   ③ 공론 방지 : 이조전랑·사헌부·사관 등의 청요직을 보다 많은 당인에게 개방하여 공론의 조성을 방지하고 관료체제를 강화.
   ④ 노론의 우세 : 소론의 강경파와 남인에 의해 이인좌(李麟佐)의 난(1728)과 나주 괘서사건(1755)이 일어나면서, 소론은 점차 입장이 약화되고 노론이 우세. 사도세자의 죽음(임오화변)을 계기로, 그 후에는 절대적으로 노론이 우세.

3) **한계** 붕당정치의 폐단을 근본적으로 해결한 것은 아니었으며, 강력한 왕권으로 붕당간의 치열한 다툼을 일시적으로 축소시킨 것에 불과. 실제적으로 국왕과 인척 관계를 맺은 탕평파 가문의 벌열화로 붕당간에 완전한 균형이 이루어지지 못하였다.

27 다음 전시과의 개편 내용으로 옳은 것은? [3점]

> 그간 정비를 거듭해 온 관제를 좀 더 세밀하게 정리하여 백관들에 대한 반열의 차서까지 정하고 있으며, 또 관리들이 국가에 대한 복무를 대가로 현물을 주는 녹봉 제도를 재정비 하였다. 또, 양반 공음 전시법을 제정하고 향리의 9단계 승진 규정을 마련하는 등 제도를 정비하였다.

① 전체적으로 토지 분급액이 증가하였다.
② 서리와 군인은 분급 대상에서 제외되었다.
③ 현직이 아닌 치사직에도 토지가 지급되었다.
④ 4색 공복과 관계가 분급의 주요한 기준이 되었다.
⑤ 무반이 같은 품계의 문반보다 토지 분급액이 많았다.

28 개항 이후 면포 생산의 변화 양상을 시대순으로 바르게 나열한 것은? [2점]

> (가) 면화 재배지가 크게 줄어들었다.
> (나) 주로 면화 재배 지역의 농가에서 면포를 직조했다.
> (다) 시장에 국내산 면사 유통량이 크게 증가하고 있었다.
> (라) 수입된 일본 방적사로 면포를 직조하는 공장이 등장했다.

① (가) - (나) - (라) - (다)
② (나) - (다) - (라) - (가)
③ (나) - (라) - (다) - (가)
④ (다) - (나) - (가) - (라)
⑤ (다) - (나) - (라) - (가)

해설 및 정답

27 정답 ⑤ ·· (2009. 제7회 고급)

고려 문종 때(1076년) 실시된 경정(공음) 전시과의 내용이다. ① 토지 지급액이 감소, ② 향리전·군인전 포함, ③ 현직 위주의 지급, ④ 목종 때(998년) 이미 18품계에 따라 차등 지급되었다.

전시과의 변천 과정

1) **역분전**(태조, 940) 통일 후 논공행상으로 공훈·충성도·인품 등에 따라 지급된 공신전(영업전).
2) **시정전시과**(경종, 976) 국가적 규모의 토지제도 마련, 전지(토지)와 시지(임야) 지급. 전지는 사유지인 민전 위에 설정되고 시지는 국유지에 설정, 아직 초보적 단계로 관품과 인품 병용의 훈전(勳田) 성격(공음전의 시작). 광종의 4색(자·단·비·녹) 공복제에 의해 현·전(산)직에게 지급하고 한외과에게는 전 15결의 토지를 지급.
3) **개정(18품)전시과**(목종, 998) 성종 때 확립한 관제에 의해 인품 요소를 제거하고, 18품계로 나누어 차등 지급, 한외과는 전 17결의 토지 지급, 군인전 지급, 무관에 대한 문관의 우위를 규정하고 퇴직을 현직에 비해 몇 과(科) 낮추어 지급.
4) **경정(공음)전시과**(문종, 1076) 한외과 폐지. 전체적으로 토지의 지급 액수가 감소. 현직 위주 지급. 수급 기준을 전지 지급 총액으로 합산하여 단일화하여 시지가 대폭 축소, 전시과제도의 완성. 공음전·한인전·별사전·무산계 전시 지급함. 거란·여진과의 전쟁을 통해 무관에 대한 차별적 토지 분급을 시정하여 대우가 현저히 상승하였으며, 경기를 확대하여 전시과를 지급.
5) **전시과체제의 붕괴** 무신정변 후 대토지 점유 현상이 나타났다.
6) **녹과전**(원종, 1271) 개경 환도 후 경기 8현의 토지 지급, 녹봉 부족분 보충, 충렬왕 때(1278) 재정비, 과전법의 기초.
7) **과전법**(공양왕, 1391) 신진사대부의 사전 개혁, 경기 토지 지급, 조선 토지제도의 골격.

>> 전시과 토지 <<

① 공음전 : 5품 이상 고관들의 퇴직 또는 사망 후에도 세습되는 영업전
② 과 전 : 문무관리들에게 관등에 따라 분급(양반전)
③ 공해전 : 중앙·지방 관청의 비용으로 배당
④ 별사전 : 승려·풍수지리업자에게 분급(면세전) (과전법 : 준공신에게 경기외 토지 지급)
⑤ 내장전 : 왕실에 배당(세습)
⑥ 한인전 : 과거에 합격하고도 보직을 받지 못한 준관리(동정직)와 6품이하 하급관료자제
⑦ 군인전 : 군호(2군)에게 분급, 군역을 계승할 자손이 있으면 세습 (과전법 : 군전 – 유향품관 (지방 한량)에게 지급)
⑧ 구분전 : 6품 이하 하급관리의 사망이나 일반군인이 전사했을 때 유가족 또는 자손이 없는 70세 이상의 퇴역군인(과전법 : 읍리·진척·역자에게 지급)
⑨ 외역전 : 향리에게 분급되는 토지로서, 향리직이 계승되어 세습(향리전)
⑩ 사원전 : 사원에 지급된 토지로 면세전 이자 영업전
⑪ 별정전 : 악공·공장 등 무산계에 지급

제7회

28 정답 ② ·· (2009. 제7회 고급)

(가) 러일전쟁을 전후한 시기, (나) 자급자족을 위한 농가부업의 가내 수공업 수준, (다) 전통적인 토포 생산의 증가, (라) 청일전쟁 이후 일본제 면제품인 소폭목면과 쉬팅(Sheeting,광목)의 수입으로 전통적인 면직업이 쇠퇴하였다.

> **개항 이후 면포 생산의 양상 변화** 자급자족을 위한 농가 부업의 가내 수공업 수준 → 시장에서 국내산 전통적인 토포 생산의 증가 → 청일전쟁 이후 수입 일본 방적사로 면포직조공장 증가와 일본제 면제품인 소폭목면과 쉬팅(sheeting, 광목 ; 조포)의 수입으로 전통적인 면직업 쇠퇴 → 러일전쟁 전 후 면화 재배지의 대폭 감소

갑오(동학)농민전쟁을 전후에는 곡물의 상품화와 함께 전통적 토포 생산 구조가 존속했고, 수입 자본제 상품이 국내 시장을 잠식하는 가운데서도 수입 방적사를 통한 면포 생산이 일부 남아 있었으나 점차 미면교환체제로 불리는 일본과의 무역체제가 정착되고 강화. 갑오(동학)농민전쟁의 패배를 기점으로 농촌 내의 면포 수공업과 다른 수공업들도 위축.

29. 다음 자료와 관련된 왕의 정책으로 옳은 것을 〈보기〉에서 모두 고른 것은? [2점]

왕은 재정 수입을 늘리고 상공업을 진흥시키기 위하여 자유로운 상업 행위를 허락하였다. 왕은 통치 규범을 재정리하기 위하여 「대전통편」을 편찬하였다.

보기

ㄱ. 무위영 설치
ㄴ. 신해통공 시행
ㄷ. 완론 탕평책 실시
ㄹ. 「무예도보통지」 편찬
ㅁ. 초계 문신 제도 실시

① ㄱ, ㄴ, ㄷ
② ㄱ, ㄷ, ㄹ
③ ㄱ, ㄹ, ㅁ
④ ㄴ, ㄹ, ㅁ
⑤ ㄴ, ㄷ, ㄹ, ㅁ

30. (가)에 들어갈 종교에 대한 설명으로 옳지 않은 것은? [2점]

죽은 사람 앞에 술과 음식을 차려 놓는 것은 (가) 에서 금하는 바입니다. …… 먹고 마시는 것은 육신의 입에 공급하는 것이요, 도리와 덕행은 영혼의 양식입니다. …… 사람의 자식이 되어 어찌 허위와 가식의 예로써 이미 돌아간 부모를 섬기겠습니까?

① 우리나라 최초로 영세를 받은 사람은 이승훈이었다.
② 안정복은 「천학문답」을 통하여 이 종교를 옹호하였다.
③ 17세기 중국을 방문한 사신들에 의하여 처음 소개되었다.
④ 안동 김씨의 세도기에 탄압이 완화되면서 활발하게 전파되었다.
⑤ 남인 계열의 일부 실학자들이 서적을 읽고 신앙생활을 하게 되었다.

해설 및 정답

29 정답 ④ ·· (2009. 제7회 고급)

그림은 조선 정조가 화성 행차를 마치고 한양으로 돌아오는 환어행렬도이다. ㄱ. 개항 후(1881년), ㄷ. 조선 영조의 탕평책이다. 정조는 장용영을 설치하고 준(청)론 탕평책을 실시하였다.

≫ **정조의 치적(1776~1800)** ≪

1) **왕권 강화** : 한양과 수원에 내·외영의 장용영(왕의 친위대)을 설치하여 노론의 기존 군영에 대항하여 왕권의 군사적 기반을 강화, 균시적자론(均是赤子論)으로 서얼과 노비에 대한 차별을 완화.
2) **학술 진흥** : 청의 백과사전인 「고금도서집성」을 수입하여 학문정치의 기초, 규장각(왕립 학술연구소)을 두어 국왕 직속의 학술 및 정책연구기관으로 육성(1776).
3) **신해통공** : 남인의 노론 정치 자금원 봉쇄 조치(1791).
4) **수원성(화성) 축성** : 천도의 일환으로 계획도시, 정약용의 거중기 사용, 수원에 유수부를 설치하였고(수원 유수 : 채제공), 동원된 장인과 농민에게 품삯을 지불. 한양과 화성간 신작로를 개수·신설.
5) **초계문신제** : 스스로 초월적 군주로 군림하면서 스승의 입장에서 신하를 양성하고 재교육. 초계문신제는 경연의 반대로 37세 이하 당하관을 규장각에 위탁 교육시킨 국왕의 엘리트 관료 양성책(1781~1800).
6) **「홍재전서(弘齋全書)」의 편찬 착수** : 정조(홍재왕, 만천명월주인옹 자처)의 시문·윤음·교지·기타 문집을 모아 규장각에서 편찬한 184권의 방대한 전집(순조 때 간행).
7) **여론 수렴** : 국왕 행차시 상언·격쟁제도를 활성화하여 백성의 민원을 국왕에게 전달.
8) **문체반정 주도** : 탕평책의 일환으로 추진된 문체 쇄신 정책. 노론 벽파 계열의 문체를 비판(1792).
9) **대유둔전(大有屯田) 설치** : 수원 부근에 국영 농장을 설치.
10) **팔도구관당상제 시행** : 영조 이래 지방 통제 강화를 시도.
11) **수령의 향약 주관** : 사림세력의 약화를 시도.
12) **편찬사업** : 대전통편(1785, 김치인. 「경국대전」·「속대전」의 수정·보충판), 국조보감(역대 국조보감을 합본), 동문휘고(인조 이후 대청·대일 외교문서를 정리), 추관지(율령에 대한 책), 탁지지(호조의 옛 사례를 기록한 책), 증보문헌비고(「동국문헌비고」를 이만운이 보충한 백과사전, 완성은 대한제국 시기), 전운옥편(「강희자전」을 본떠 만든 자전으로 주석은 한글), 규장전운(4성에 따라 글자를 나누고 음의를 분별한 대표적인 운서), 심리록(정조 연간의 각종 범죄인에 내한 판례집), 무예도보통지(종합무예서), 존주휘편(양란 이후의 대명(손주론)·대청(북벌론)관계 기록을 총정리), 일성록(세손으로 있을 때 쓴 일기), 일득록(홍재전서에 수록된 정조의 어록), 규장총목(장서 목록).
13) **정조의 탕평책** 영조 때의 척신과 환관을 제거하고 소론과 남인 계열도 중용. 정조는 영조가 타협적인 온건론자 중심으로 정국을 운영한데 대해 군주도통론에 입각해 의리주인으로 과격하지만 의리와 명분을 중시하는 남인 시파(채제공)와 노론 중 탕평파를 비판하는 청론 계열(홍국영)을 중용하여 각 붕당 주장의 시비를 명백히 가리는 준론탕평(峻論蕩平) 또는 청론탕평을 채택.
ㄱ. **무위영** 5군영을 무위영·장어영의 2영으로 개편(1881.11), 별도로 100명의 사관생도를 양성. 신식군대 양성을 위해 1881년 4월에 일본의 군제를 모방한 무위영 소속의 별기군(교련병대, 왜별기) 창설.

30 정답 ② ·· (2009. 제7회 고급)

사료는 기해박해 때(1839년) 정약종의 아들이자 정약용의 조카인 정하상이 순교하기 전 우의정 이지연에게 바친 「상재상서」인데, 천주교에 대한 호교론(護敎論)이다. ② 안정복은 성호 우파로 천주교를 배척하였다.

천주교의 전래 16세기 말 17세기 초에 우리나라에 들어온 천주교는 선교사의 입국 없이 부연사행(赴燕使行)을 통해 전래되어 서양 학문의 일부로 서학(西學)으로 불리었으며 북인 학자들이 관심.

1) **신앙운동** 학문적 대상에서 신앙으로서 수용되기 시작한 것은 18세기 후반. 당시 정치·사회의 모순을 해결하고자하던 팔당호 부근의 남인 학자 중 일부가 천주교 서적을 읽고 신앙 활동을 전개. 도시 중심으로 중인·부녀자 등을 대상으로 하여 포교..
2) **교세의 확대** 이벽(한국 천주교회의 창립자이자 성조)·권철신 등이 교리연구회인 명도회를 조직하고(1777), 이승훈이 최초로 영세를 받고 귀국하였으며(영세명 Peter, 1784 → 한국 천주교의 원년), 김범우의 집을 최초의 교회인 명례동교회로 삼았다(1785).
② **천주교 서적** 천주교를 소개한 책으로는 「지봉유설」(이수광)·「어우야담」(유몽인)이 있고, 천주교를 배척한 책으로는 「서학변」(신후담)과 「천학고」·「천학문답」(안정복) 등.

제7회

한국사능력검정시험 기출문제

31 다음 지도는 농민 봉기가 일어난 지역을 표시한 것이다. 이 시기 농민들의 가상 대화로 적절한 것을 〈보기〉에서 모두 고른 것은? [2점]

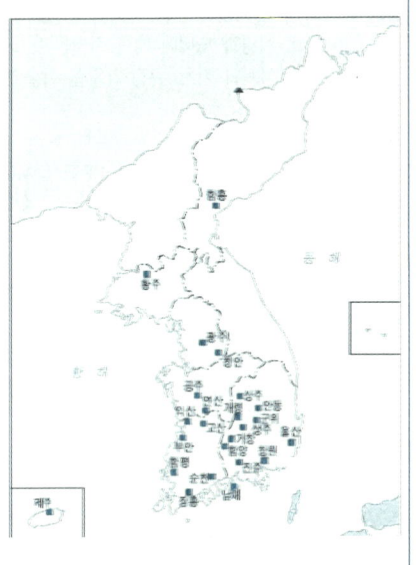

━━ 보 기 ━━

갑 : 요즘이 더 살기가 힘든 것 같아. 우리가 남의 땅을 부치는 형편이니 수확량의 절반을 소작료로 바치는 것은 그렇지만, 왜 지주들이 바쳐야 하는 전세도 우리가 바친단 말인가?

을 : 그거야 정부에서 소작을 금지시켰기 때문이 아닌가?

병 : 지주도 지주지만 아전들의 횡포도 무시 못해. 10년 전에 돌아가신 우리 아버지 군포를 아직도 내고 있다네.

정 : 그러게 나도 군포 때문에 죽겠네. 우리 동네에서 계를 만들어 거기에서 얻어지는 이자로 군포를 함께 내는 것이 어떻겠나?

무 : 그래, 그 의견도 좋네. 그런데 일본으로 미곡을 수출한 뒤로 쌀값이 폭등했다고 하니까 이자를 받는 것보다 그쪽에 다 파는 것이 더 좋을 것 같은데.

① 갑, 을
② 을, 무
③ 갑, 병, 정
④ 을, 병, 무
⑤ 병, 정, 무

32 다음 자료에 해당하는 국가에 대한 설명으로 옳은 것은? [1점]

- 「조선책략(朝鮮策略)」에서는 청과 조약을 맺은 지 십여 년 동안 조그마한 분쟁도 없는 나라라고 했다.
- 만인소(萬人疏)에서는 일만 리 바다 건너 있는 이 나라의 힘을 빌린다는 것은 어불성설이라고 했다.
- 1905년, 포츠머스 조약에서 일본의 한국 보호권을 승인한 것에 대해 고종은 이 나라에 '거중 조정'을 요청했지만, 이 나라는 어떠한 조치도 취하지 않았다.

① 1885년에 거문도를 불법 점령하였다.
② 병인양요 당시 외규장각 문서를 약탈하였다.
③ 용암포 조차 문제로 일본과의 갈등이 심화되었다.
④ 1883년 보빙사 일행이 이 나라에 국서를 전달하였다.
⑤ 이 나라의 부영사 부들러는 조선 중립화론을 제기하였다.

해설 및 정답

31 정답 ③ ·· (2009. 제7회 고급)

지도는 개항 전인 19세기 세도정치기의 농민 봉기를 보여 준다. 을. 소작은 관행되었고, 무. 개항 이후의 사실이다.

1) **1808년** : 함경도 단천·북청 등지에서 농민 봉기
   1811년 2월 : 심낙화·한극일이 주도한 황해도 곡산민란이 일어나 관청을 파괴하고, 곡산부사를 축출하였으나 주모자 40여 명을 효수.
2) **홍경래의 난**(관서(평안도) 농민전쟁, 1811.12.18 ~ 1812.4.19) ① 배경 : 평안도 지방은 상품화폐경제가 발달하고 자본주의적 관계가 일찍 발생. 정부의 서북인에 대한 지역 차별. 다른 지방에 비해 사족층 형성이 미흡하여 신향층(신흥상공업자)이 성장하였고, 광산·수공업장 임노동자의 불만. ② 지도층 : 몰락양반(잔반·아전)과 부상(신흥상공업자) ③ 참가층 : 초기에는 몰락농민으로 광산 노동자가 중심이었으나, 정주성싸움 이후에는 빈민을 중심으로 한 농민층. ④ 역사적 의의 : 이전의 반봉건 항쟁과는 달리 뚜렷한 정치적 목적을 가지고 주도면밀한 계획과 장기간의 준비를 거친 정치적 변란으로, 농민들과 농민출신의 광산노동자들이 참가한 반봉건 농민항쟁.
3) **임술민란**(민란의 전국적 확대, 1862)
   ① **단성민란**(1862.2.4) : 경상도 단성에서 환곡의 폐단에 항의하면서 관아를 습격하자 단성현감 임병묵은 감영으로 도망가고 중앙 정부는 단성현감을 이원정으로 교체.
   ② **진주민란**(1862.2.14) : 경상우병사 백낙신과 진주 목사 홍병원의 탐학과 토호의 학정에 잔반 유계춘·김수만 등이 주도한 농민 반란. 흰 수건을 둘렀기 때문에 백건당(白巾黨)의 난이라고도 한다. 당시 정부는 안핵사 박규수를 파견하여 진압.
   ③ **개령민란**(1862.4) : 개령의 잔반 김규진이 읍폐교구(邑弊矯捄)를 내세우고, 읍민을 충동하니 현감 김후근이 그를 감금하자 이에 촌민이 작당하여 간리(奸吏)를 죽이고 난동.
   ④ 전국적 확대 : 1862년 5월 이후 민란이 함흥~제주까지 전국적으로 확대되어 70여 건이 발생.
4) **한계** 당시 잔반·전직 관료 등은 읍권을 장악하려는 정치적 성향을 가졌으나 농민 정치의식이 왕권 부정단계까지는 나아가지 못함. 신분제 타파와 지주제 개혁 주장은 없음.
5) **농민항쟁의 의의** 농민의식의 성장, 중세 봉건제사회의 해체를 촉진시켜 갑오농민전쟁으로 계승.

32 정답 ④ ·· (2009. 제7회 고급)

보기의 국가는 미국인데, ① 영국, ② 프랑스, ③ 러시아, ④ 미국, ⑤ 독일의 내용이다.

사의(私擬) 조선책략 주일 청국 참찬관인 황준헌의 저술. 김홍집이 1880년에 고종에게 진상. 청의 이이제이 정책을 반영한 저술로 일본의 대륙 진출을 방지하고 러시아의 남진을 막기 위한 방아책(防俄策) 방법으로 '친중국(親中國) 결일본(結日本) 연미방(聯美邦)'하자고 주장. 조선책략의 유포는 조미수호통상조약 체결에 영향을 주었고, 외세와의 결탁과 성현 모독이라는 이유로 신사(1881) 위정척사운동을 가열. 당시 조정에서는 개혁사업에 대한 유생들의 이해를 구하기 위해 「조선책략」을 출판·보급하였으나 오히려 유생들의 분노를 폭발.

이만손의 영남 만인소(1881. 2) …(중략)… 미국은 우리가 잘 모르는 나라입니다. …(중략)… 아라사 오랑캐는 본래 우리와 싫어하고 미워할 처지에 있지 않는 나라입니다."

조미수호통상조약의 거중조정 조항 "조선이 제3국으로부터 부당한 침략을 받을 경우 미국은 즉각 개입, 거중조정을 행사해 조선의 안보를 보장한다." 조약 당시 청의 주장으로 명시되었으나 거중조정은 영문에는 누락되어 있었고 이에 대한 양국의 입장은 달라 미국은 러일전쟁 막바지에 가쓰라·태프트 밀약으로 조선이 아닌 일본을 지지.

③ **용암포사건**(1903.7) 러시아가 압록강 하구 및 용암포를 조차하여 군사 기지를 만들려다 일본의 방해로 실패하였는데 러일전쟁의 도화선.

④ **보빙사 파견** 조미수호통상조약(1882.4)체결 후, 조선은 민영익을 전권대신으로 하여 홍영식·서광범 등 11명의 수신사(보빙사) 일행을 미국으로 파견하였으며 미국에서도 푸트(Foote, L.H.)가 초대 특명전권공사로 서울에 왔다. 당시 민영익은 조선인으로서는 처음으로 세계일주.(1883.7~1884.6).

⑤ **부들러의 조선중립화론** 독일 부영사 부들러(Budler)는 거문도사건 직전(1885.2)에 스위스를 모델로 하는 한반도의 영세중립화를 조선 정부(김윤식)에 권고

33. 다음 그림은 특정 질병과 관련된 것이다. 이 질병과 관련이 없는 것은? [3점]

약방에서 또 들어와 진료하였다. 이때 임금의 열후(熱候)는 이미 물러갔으나, 반점이 있기 때문에 두증(痘證)임을 의심하고, 주사(朱砂)를 먹으면 쉽게 투출(透出)할 수 있다 하여 올리기를 청하여 임금이 복용하였다.
- 「조선왕조실록」 -

① 이 병의 퇴치를 위해 민간에서는 배송굿을 벌였다.
② 이 질병 환자가 우리나라에서 처음 나타난 것은 18세기 후반이다.
③ 정약용은 이 질병에 관한 이론을 집대성한 「마과회통」을 저술하였다.
④ 이 병이 유행하면 그 창궐을 막기 위해 제사를 지내지 않는 경우도 있었다.
⑤ 왕이나 왕세자가 이 병에서 회복하면, 이를 기념하는 경과(慶科)를 거행하기도 하였다.

34. 다음 예술 분야에 대한 설명으로 옳은 것을 〈보기〉에서 모두 고른 것은? [2점]

비 맞은 제비같이 갈짓자 비틀 걸음 정황 없이 들어가서 제방으로 들어가며, 향단 발 걷고 문 닫쳐라. 침상 편시 춘몽 중에 꿈이나 이루어 가시는 도련님을 몽중에나 상봉하지 생시에는 볼 수가 없구나. 방 가운데 주저앉아, 아이고 어찌리. 도련님을 만나기를 꿈속에서 만났는가. 이별이 꿈인 거나. 꿈이거든 깨워 주고 생시거든 님을 보세. 베개 위에 엎드리어 모친이 알까 걱정이 되어 크게 울든 못하고 속으로 느껴 주어, 아이고 언제 볼꼬. 우리 도련님이 어디만큼 가겼는고. 어디 가다 주무시는가. 날 생각고 울음을 우는 거나. 진지를 잡수었는가, 앉았는가, 누웠는가, 자는 거나. 아이고 언제 볼꼬.

|보 기|

ㄱ. 지방에 따라 동편제, 서편제, 중고제로 나누어진다.
ㄴ. 옥계시사와 서원시사를 중심으로 널리 성행하였다.
ㄷ. 신재효가 12마당을 6마당으로 정리하였다.
ㄹ. 무당의 굿 음악인 시나위로 발전하였다.
ㅁ. 유네스코 '인류 구전 및 무형유산 걸작'으로 선정되었다.

① ㄱ, ㄴ ② ㄱ, ㄷ ③ ㄱ, ㄷ, ㅁ
④ ㄴ, ㄷ, ㄹ ⑤ ㄷ, ㄹ, ㅁ

해설 및 정답

33 정답 ② ·· (2009. 제7회 고급)

② 두증(천연두, 마마, 질진, 두창)에 대한 기록은 고려시대 의서인 「향약구급방」에 나타나며, 「삼국사기」에 신라 37대 선덕왕이 질진에 걸려 죽었다고 나온다.

③ **정약용의 종두법 연구** 「마과회통」, 「종두방서」
   지석영 종두법을 연구·보급하였고 「우두신설」을 저술(1885).

> **향약구급방** 3권 1책으로 되어 있는데 상권에는 모든 중독 증세와 급·변사, 인사불성의 치료법이 수록되었고, 중권에는 동상·화상·골절 등의 외과 질병과 성병, 눈병, 귀·코의 질병 등에 대한 처방이 실려 있으며, 하권에는 부인병·소아병에 대한 처방과 약재 복용법 및 서로 피해야 할 약재 등을 서술하였다. 그리고 권말에는 부록으로 향약재 180여 종에 대한 속명이 붙어 있고 그 향약재의 채취법 등이 간략하게 설명되어 있다.

34 정답 ③ ·· (2009. 제7회 고급)

보기의 내용은 춘향가 판소리이다. ㄴ. 시사(詩社)는 조선 후기 중인·상민·천인들의 문학 활동인 시인 동우회이며, ㄹ. 향피리·대금·해금·장구로 편성되는 남도의 무속 속악이다.

판소리 18세기 이래 판소리가 등장하면서 서민의 문화생활을 풍요롭게 하는 데에 기여. 판소리 사설의 창작과 정리에 공이 큰 사람은 19세기 후반의 신재효로 정리 과정에서 사설의 말귀를 실감나게 고쳤으나 그런 과정에서 판소리 고유의 소박함과 발랄함이 상실되기도 하였다(2003년 11월 UNESCO 선정 세계 무형 유산으로 등록됨). 판소리는 한 편의 이야기를 창(소리)과 아니리(이야기)로 엮어 나가면서 불렀던 것으로 서민문학적 요소와 함께 사대부적 문학이 효과적으로 결합되어 있었으므로 판소리는 사대부층에게는 물론, 일반 민중들에게도 크게 환영을 받았으며, 조선 후기 사회의 대표적 문학장르로 성장(민중예술의 역사적 승리). 상민·광대들에 의해서 우리의 독특한 문학 장르인 판소리가 보급.

> **현전 판소리** 판소리 작품으로는 열두 마당이 있었으나 지금은 춘향가, 심청가, 홍보가, 적벽가, 수궁가 등 다섯 마당만 전하고 있다.

ㄴ. **시사(詩社) 조직** 조선 후기(19C)에 중인·상민·천인들이 문학 활동에 참여하면서 시인 동우회인 시사를 인왕산 기슭에 조직하였는데, 대표적인 시사로는 천수경·조수삼 등의 송석원(옥계)시사, 최경흠 등의 직하시사, 박윤묵 등의 서원시사 등. 동인지로 「해동유주」(홍세태, 위항시인 시집의 효시)·「소대풍요」(고시언)·「풍요속선」(천수경)·「풍요삼선」(유재건·최경흠) 등을 간행.

ㄹ. **시나위** 굿거리, 살풀이 같은 무속 음악의 일종으로 정형화되지 않은 기악곡. 육자배기 특징의 산조의 기악곡으로 오늘날 전하는 것은 경기도 남부, 충청도 서부, 전라도, 경상도 남서부 등지의 무가반주 음악에서 나온 것으로, 다성적(多聲的) 효과를 자아내고 즉흥적인 특성.

> **후기 음악의 종류**
> ① **가곡**: 관현악의 반주가 따르는 전통 성악곡으로 선율로 연결되는 27곡의 노래모음으로 노랫말은 짧은 시를 쓴다.
> ② **산조**: 느린 장단으로부터 빠른 장단으로 연주하는 기악 독주의 민속 음악으로 장구 반주가 따르며 무속 음악과 시나위에 기교가 확대되어 19세기경에 탄생하였다.
> ③ **잡가**: 조선 후기 평민들이 지어 부르던 노래의 총칭

35 지도는 어떤 사건의 경과를 표시한 것이다. 이 사건에 대한 설명으로 옳지 <u>않은</u> 것은?
[1점]

① 사건을 일으킨 주모자 대부분은 일본에 망명하였다.
② 사건 이후 청은 조선에 대한 지배력을 더욱 강화하였다.
③ 사건의 주도 세력은 국왕 중심의 정치 체제 강화를 지향하였다.
④ 청군이 사건을 진압하는 과정에서 한성 부민들이 일본 공사관을 공격하였다.
⑤ 청·프 전쟁으로 인해 조선에 주둔해 있던 청군의 일부가 철수한 것을 배경으로 발생하였다.

36 다음 설명에 해당하는 화폐는?
[2점]

> 1894년, 신식 화폐 발행 장정에 따라 은화의 보조 화폐로 발행되었다. 대한 제국은 이것을 대량으로 발행하여 인플레이션이 발생했다.
> 금에 대한 은의 국제 가격이 급격히 하락함에 따라 이것의 가치도 크게 떨어졌다. 실질 가치가 하락하자 "맹전(盲錢 - 눈먼 돈)이 나라를 망하게 한다."는 비난을 샀다.

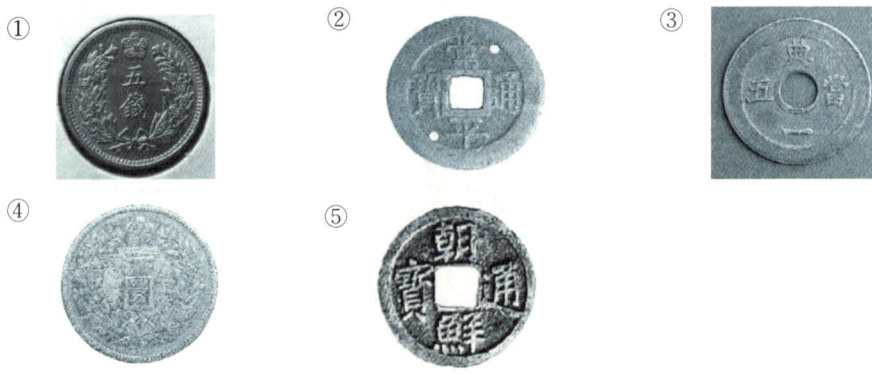

35 정답 ③ ·· (2009. 제7회 고급)

지도는 1884년 10월17일(음력)에 급진개화파(개화당)가 주도한 갑신정변의 경로이다. ① 김옥균, 박영효, 서재필 등의 일본 망명, ② 청의 내정 간섭 강화, ③ 국왕 중심의 전제주의 체제를 내각 중심의 입헌군주제로 바꾸려고 시도, ④ 창덕궁에서 일본군이 철수한 후 정변 소식에 분개하여 습격, ⑤ 청불전쟁(안남전쟁)으로 청군 3천여 명 중 절반이 베트남전선에 투입되어 개화당은 청의 군사력 약화를 기회로 노렸다.

갑신정변(甲申政變, 1884.10.17)
1) **배경** ① 청의 내정 간섭 심화 : 임오군란이 청국에 의해 진압되고 청의 내정 간섭이 심해짐. ② 민씨세력과 개화세력의 대립 ③ 당오전 발행 : 재정적 궁핍을 타개하기 위해 묄렌도르프의 건의로 전환국에서 1883년 4월 당오전이 발행되었지만 김옥균은 악화 주조에 반대. ④ 개화당의 정변 구상 : 미국 공사관에게 도움을 요청했으나 거절, 일본 공사 다케조에가 개화당에게 접근. ⑤ 청불전쟁(안남전쟁, 1884. 5) 발발 : 청군 3천여 명 중 절반을 베트남 전선에 투입하기 위해 오장경의 인솔로 본국 철수, 일본은 청의 세력을 배제를 위해 개화당 지원 약속, 개화당은 청의 군사력 약화를 노림.
2) **경과** 우정국 개국식 축하연을 계기로 정변을 일으켜, 민씨 일파의 사대당 요인(민태호·민영목·조영하)을 살상하고 일단 정권을 장악하였으나 청 군대(위안스카이)의 진압으로 실패(3일천하). 정변 소식에 분개한 한성부민들은 일본 공사관을 공격. 박영교·홍영식 등은 정변 실패 후 살해되고 김옥균·박영효·서재필 등은 인천항을 통해 일본으로 망명(우정국 사건).
3) **참여층** ① 양반 사대부 가문의 청년 : 김옥균·박영효·홍영식·박영교·서광범·서재필 등 ② 중인층 : 박규수 별세 후 유홍기가 개화파를 지도. ③ 지주층·시전상인층 : 재정을 후원.
4) **개혁의 분석**(14개조의 혁신정강(갑신일록)) ① 정치면 : 대외적으로 청국과의 종속관계를 청산(1조), 대내적으로 전제주의 정치체제를 내각 중심의 입헌군주제(13조, 14조 후반). ② 사회면 : 문벌을 폐지, 능력에 따른 인재 등용, 인민평등권의 제정을 주장하여 중세의 계급제도를 청산(2조). ③ 경제면 : 지주전호제를 유지하면서 농민과 유리된 지조법 개혁(3조). ④ 문화면 : 민비를 중심으로 한 수구파 집단의 봉건문화의 산실인 규장각을 혁파하여 근대적이고 진보적인 정치문화를 수립(7조).
5) **영향** 급진개화파가 몰락하고 청의 내정 간섭이 더욱 강화, 조선은 일본의 강요로 한성조약(1884. 11)을, 청과 일본은 천진조약(1885. 4)을 체결. 국제 정치상 한반도가 위치를 새롭게 인식시키는 계기를 형성하고 청·일의 대립이 더욱 첨예화.

36 정답 ① ·· (2009. 제7회 고급)

보기의 화폐는 백동화인데, ① 백동화, ② 상평통보, ③ 당오전, ④ 일환 은화, ⑤ 조선통보이다.

① **백동화** 대한제국시기 황실 재정 확보를 위해 황실 직속의 전환국(국장 : 이용익)에서 상평통보의 25배 가치로 주조했으나 주조 이익의 절반이 황실에 흡수되었고, 궁내부는 주조액의 1/3∼1/2 특허세 상납 조건으로 내외국인에게 주조도 허용. 더구나 위조 백동화의 대량 유통으로 상도덕의 문란을 초래해 폐단이 심하였고, 맹전(盲錢, 눈먼 돈)이 나라를 망하게 한다는 비난. 백동화는 전국적 유통은 되지 못하고 경기도·충청도·평안도·황해도·강원도 등에서 유통되었으며 일제가 화폐정리사업(1905∼1909) 때 백동화의 3분의 2를 폐기 처분.

> **신식화폐발행장정** 군국기무처는 신식화폐발행장정을 의결, 은본위제를 채택하고 백동·적동·황동을 보조화폐로 하였으나(1894. 7). 신식화폐의 주조에 앞서 잠시 외국화폐와 혼용할 수 있다고 규정함으로써 일본 화폐가 국내에서 유통되는 데 결정적인 역할. 즉, 신식화폐량이 절대 부족한 상황에서, 청일전쟁 중 일본군은 물자 구입, 조선인 노동자의 사역 등에 일본 화폐를 사용하여 일본 화폐가 널리 통용되었고, 일본 상인의 백동화 위조 유통으로 경제 혼란이 가중.

② **상평통보** 인조 11년에 처음 발행. 그 후 효종 2년에 김육의 주장으로 2차로 발행되었고, 또 숙종 4년(1678)에 허적의 건의로 다시 주조되어 조선말까지 사용. 상평통보는 중앙 관청의 각 부서, 각 도의 감영·한성부 및 각 지방에서도 발행해 총 35종이나 되어 가치의 혼란.
③ **당오전** 고종 20년(1883)부터 고종 32년(1895)까지 통용된 화폐. 임오군란(1882)으로 궁핍한 재정의 배상을 위해 홍순목의 건의로 강화도·의주에서 발행. 동으로 만들었고 상평통보의 5배로 통용케 하였으며, 경기·해서·호서지방에서 유통케 하였으나 물가만 앙등.
⑤ **조선통보** 세종 5년(1423)에 섬서를 두고 조선통보라는 동전을 주조하여, 저화와 병용시켰으나 구리의 부족으로 주전 금지.

37 한 인물에 대한 설명이다. 그가 역임한 관직의 기관에 대한 설명으로 옳지 않은 것은? [1점]

| 1854년, 함경북도 명천 출생 |
| 1897년, 전환국장 ················· (가) |
| 1900년, 내장원경 ················· (나) |
| 1901년, 지계아문 총재관 ··········· (다) |
| 1902년, 서북철도국 총재 ··········· (라) |
| 1903년, 탁지부 대신 ··············· (마) |
| 1907년, 사망 |

① (가) - 1883년에 설치되었던 상설 조폐 기관
② (나) - 1883년에 보상·부상을 통괄 관리하고 외국 상인의 침투를 막기 위해 설치한 기관
③ (다) - 대한 제국 때 전토문권(田土文券)을 관장한 관청
④ (라) - 1902년, 서울과 신의주 사이에 경의선을 부설하기 위하여 궁내부에 설치한 관서
⑤ (마) - 조선 말기와 대한 제국 시기에 국가 재무를 총괄한 중앙 행정 부서

38 다음 자료의 사건에 대한 설명으로 옳은 것을 〈보기〉에서 모두 고른 것은? [2점]

그토록 작은 공간에, 그리고 그토록 짧은 시간에, 그토록 많은 탄환과 포연이 집중되는 것은 남북 전쟁의 고참들도 일찍이 본 적이 없었다. …… 그들은 난간에 올라서 용맹스럽게 싸웠다. 그들은 미군에게 돌멩이를 던졌다. 그들은 창과 칼로써 미군을 대적했다. 손에 무기가 없는 그들은 흙가루를 집어 침략자들에게 던져 앞을 보지 못하게 했다.
- 그리피스, 「은자의 나라 한국」(1882) 중에서 -

| 보 기 |

ㄱ. 미군은 강화도의 초지진, 덕진진, 광성보를 잇달아 공격하였다.
ㄴ. 미군은 강화 읍성을 점령한 후에 더 나아가지 못하고 물러났다.
ㄷ. 흥선 대원군은 이 사건 이후 전국 각지에 척화비를 건립하였다.
ㄹ. 미군이 빼앗아 간 수자기(帥字旗)가 일시 귀환되어 최근에 전시되었다.

① ㄱ,ㄴ ② ㄱ, ㄷ ③ ㄴ, ㄷ
④ ㄱ, ㄷ, ㄹ ⑤ ㄴ, ㄷ, ㄹ

37 정답 ② ··· (2009. 제7회 고급)

보기의 인물은 이용익(李容翊, 1854 - 1907)이다. ② 혜상공국에 대한 설명이고, 내장원은 황실의 재무부서이다.

- (가) **전환국** 당오전 주조
- (나) **내장원** 황실의 재무부서인 궁내부의 최대기구
- (다) **광무개혁 양전사업**(1898~1904) 양지아문(1898), 지계아문(1901)을 설립하고 전 국토의 3분의 2를 대상으로 조사하여 지계(토지문권)를 발급하여 근대적 토지 소유권 제도 확립 시도(광무개혁에서 가장 중시한 사업).
- (라) **서북철도국**(1902) 경의선 부설을 시도.
- (마) **탁지부** 일제 조선총독 아래 총무부·내무부·탁지부·농상공부·사법부 등의 5부와 9국을 통솔하는 행정 담당의 정무총감과 치안 담당의 경무총감

38 정답 ④ ··· (2009. 제7회 고급)

문제의 사건은 1871년 4월의 신미양요이다. ㄴ. 강화해협으로 침략해 초지진과 덕진진을 점령하고 광성보를 공격하였다. 이에 어재연 부대가 전원이 전사하면서 격퇴하였다.

신미양요(1871.4) 1866년 7월 제너럴 셔먼(G. Sherman)호 침몰 사건(평양, 대동강)을 구실로 북경 주재 미국 공사 로우(F. Law)와 로저스(Rodgers) 제독의 콜로라도호 등 5척의 군함이 강화 해협으로 침략해 초지진과 덕진진을 점령하고 광성보를 공격했다. 이에 어재연(魚在淵)이 이끄는 부대가 대부분 전사하면서 광성진·갑곶 등에서 격퇴.

> **수자기**(帥字旗) 어재연이 광성보전투에서 사용한 장수의 깃발인 수자기(가로·세로 각 4.5m)가 당시 미국에게 빼앗겼다가 2007년 10월 136년만에 10년간 대여 조건으로 반환되었다.

척화비(斥和碑) 건립 신미양요 후 건립되어, 위정척사(이항로·기정진 등은 척사상소에서 '결인심'하여 주전(主戰)할 것을 주장)의 통상수교거부정책을 강화.

> **척화비** 대원군이 서양인을 배척하기 위해서 1871년(고종 8)에 서울 종로거리 및 전국 요지에 세운 비석이다. 비문은 "양이침범 비전즉화 주화매국 계아만년자손 병인작 신미립(洋夷侵犯 非戰則和 主和賣國 戒我萬年子孫 丙寅作 辛未立, 서양 오랑캐가 침입하는데 싸우지 않으면 화의하는 것이고, 화의를 한다는 것은 나라를 팔아 먹는 것이다. 이러한 사실을 만대 후손에게 경고하여 병인년에 짓고, 신미년에 세웠다"라고 되어 있다. 척화비는 임오군란 후 서울에 세웠던 것은 모두 철거하였으나 지방의 것은 1920년대까지 존속. 그리고 1976년 강화 광성보에서 "해문방수 타국선신물과(海門防守 他國船愼勿過, 해문을 방수하니 타국선은 삼가 지나가지 마라)"라는 자구가 적힌 해문방수비(海門防守碑)가 발견.

39 자료의 사건에 대한 설명으로 옳지 않은 것은? [2점]

> 1923년 9월 1일 오전 11시 58분, 일본 도쿄와 요코하마 일대에 진도 7.9의 강진이 밀어닥쳐 14만여 명의 인명이 희생되고, 가옥 57만 채가 전파(全破), 소실됐다. 그러나 한국인들에게 이날은 '학살의 날'로 기록돼 있다. 지진 후 공황 상태에서 "조선인들이 폭동을 일으켰다.", "우물에 독약을 넣었다."는 악성 유언비어가 퍼져, 6000여 명의 재일 동포들이 일본인 손에 무참히 학살당했다. …… 조선인 학살은 지금까지 전해 내려온 것처럼 자경단이나 경찰에 의해서만 자행된 것은 아니었다. 치안 유지를 위해 도쿄 시내에 들어온 군대까지 가세했다.
> ─「○○일보」─

① 당시 「동아일보」과 「조선일보」이 이 사건을 보도하여 국내에 큰 반향을 불러일으켰다.
② 지진이 발생했을 때 군대와 민간인들이 조선인 대학살을 자행하였다.
③ 당시 일본에서는 노동자 계급의 성장, 쌀 소동, 공산당의 성립에 따른 혼란이 격화되었다.
④ 대지진이 발생하자, 일본 정부는 일본 국민의 보수적 감정을 이용하여 이 위기를 무마하고자 하였다.
⑤ 대학살 이후 일부 자경단원은 형식적으로 재판에 회부되기도 했으나, 증거 불충분이라는 이유로 모두 석방되었다.

40 조선 시대와 1920~1930년대 서울 가로망의 변화를 보여 주는 그림이다. 이러한 변화에 대한 설명으로 옳지 않은 것은? [2점]

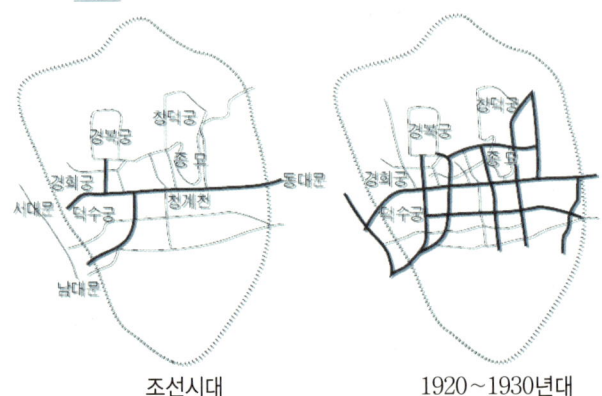

조선시대   1920~1930년대

① 통감부 시기부터 행해진 도성 해체 등에 따라 도시 구조는 기반부터 변화되었다.
② 시구 개정 사업은 굽은 중심부 도로의 직선화, 도로 폭의 확대와 일부 도로의 신설 사업이었다.
③ 총독부의 시가지 건축 규제 규칙은 가로 건물의 크기, 형태를 제한하는 법적인 근거였다.
④ 시구 개정 사업 결과 서울 중심부의 가로가 정(丁)자형의 구조에서 남북 도로축 중심으로 변화하였다.
⑤ 남북 도로망의 개발로 남촌은 일본인의 상업 중심지로, 북촌은 일본인의 주거 지역으로 변모하였다.

해설 및 정답

39 정답 ① ··· (2009. 제7회 고급)

보기의 사건은 관동(간토) 대지진이다. ① 일제는 계엄령을 선포해 언론을 통제해 보도를 금지시켰다.

> **관동(간토)대지진** 1923년 9월 1일 오전 11시 58분 일본 간토·시즈오카(靜岡)·야마나시(山梨)지방에서 일어난 진도 7.9의 대지진. 당시 일본 내각은 <u>계엄령을 선포하여 언론을 통제</u>하고 사태 수습에 나섰으나 혼란이 더욱 심해지자, 국민의 불만을 다른 데로 돌리기 위해 <u>한국인과 사회주의자들이 폭동</u>을 일으키려 한다는 소문을 조직적으로 퍼뜨렸다. 당시 일본 당국과 언론은 "2만 명의 조선인이 쳐들어온다.", "조선인이 방화하였으며, 우물에 독약을 뿌리고 일본인을 살해하며, 일본 여인을 강간한다."라는 등의 유언비어를 날조하였다. 이에 격분한 일본인들은 자경단(自警團)을 조직, 관헌들과 함께 죽창·일본검·곤봉·톱 등으로 조선인을 무조건 체포·구타·학살하였는데 적어도 6000명 이상의 재일 동포들이 무참하게 학살당하였다.

40 정답 ⑤ ··· (2009. 제7회 고급)

1930년 무렵 서울에는 10만여 명의 일본인이 본정(현 충무로), 명치정(현 명동), 황금정(현 을지로) 일대를 중심으로 일본인 거리를 이루었다. 그리하여 청계천을 경계로 남쪽의 일본인 거리는 남촌, 북쪽의 한국인 거리는 북촌으로 불렸다. 당시 남촌의 거리는 서울의 정치와 상업의 중심지로서 관공서, 은행, 백화점, 상가, 도로 포장, 신호등, 가로등, 네온등 등 근대 도시의 겉모습을 갖추고 있었지만, 북촌의 거리는 그렇지 못하였다.

총독부는 서울에 도시 개수 계획을 도입하여 도시의 모습을 크게 바꾸어 놓아 서울은 점차 식민지 도시 풍경으로 변해 갔다. 이러한 도시의 이중적인 모습은 서울뿐만 아니라, 일본인이 많이 살던 부산, 인천, 군산, 목포, 마산 등 개항장이던 도시 대부분이 그러하였다.

> **일제 강점기 서울의 명칭** 조선시대 서울의 공식 명칭은 한성부(漢城府)였으나 1910년 일제가 대한제국을 강제 합병하면서 경성(京城)이라 고쳤다. 당시 일본 사람은 서울을 게이조(경성의 일본식 발음)라 불렀고, 지금 서울시청인 경성부청은 1926년에 완공.

41. 만화의 배경이 되는 사건은? [1점]

① 만주 사변
② 6·25 전쟁
③ 중·일 전쟁
④ 청·일 전쟁
⑤ 베트남 전쟁

42. 다음 신문 자료에 제시된 민족 운동에 대한 설명으로 옳지 <u>않은</u> 것은? [2점]

① '일본 상품 배척'을 슬로건으로 내세웠기 때문에 초기부터 일제의 탄압을 받았다.
② 한말의 국채 보상 운동과 맥락을 같이하는 것으로 1920년에 조만식이 평양에서 시작했다.
③ 시간이 갈수록 일제와 타협하는 민족 개량주의 성격이 드러나 점차 대중의 외면을 받게 되었다.
④ 운동의 전개 과정에서 생필품의 가격이 치솟아 상인이나 자본가에게 이익이 집중되는 현상이 나타났다.
⑤ "민족의 경제적 파탄을 구제하려면 외화를 배척하고 불편하나마 국산품을 사용해야 한다."는 취지로 일어났다.

41 정답 ③ ··· (2009. 제7회 고급)

「멍텅구리」은 조선일보에 실린 한국 신문 최초의 본격적인 네 칸짜리 연재만화이다. 만화 중 지원병, 국가총동원 등으로 보아 1937년 중일전쟁 이후의 국가총동원법 공포(1938.4)과 육군특별지원병령(1938.2) 시행 등을 알 수 있다.

국가총동원법 공포(1938.4.1) 중일전쟁 도발 후 국가총동원법을 공포하고 한국에서의 인적·물적 수탈을 강화하였으며, 민족말살정책을 강행.

> **국가총동원법** 일본·대만·조선에서 동시에 시행된 법령으로 '전시 동원'이라는 명분하에 모든 산업·개인 재산·언론 문화 분야까지 통제하는 파시즘체제의 법적 지주였다.
> 제1조 국가총동원이란 전시에 국방 목적을 달성하기 위하여 국가의 전력을 가장 유효하게 발휘하도록 인적 및 물적 자원을 운영하는 것이다.

육군특별지원병령(1938.2) 중일전쟁 후 징병령이 실시되기까지 17세 이상의 약 1만 8천 명의 조선 청년, 대부분 소작농의 아들들이 일본군에 지원.

1) **국민징용령**(1939) : 많은 조선인을 침략전쟁 수행을 위한 노동력으로 일본·사할린·동남아 등지로 강제 동원.
2) **학도지원병제**(1943) : 약 4,500명의 조선인 전문학교생과 대학생이 학병으로 끌려갔다.
3) **징병제**(1943) : 패전할 때까지 약 20만 명이 징집.
4) **근로동원**(1943) : 국민학생·중학생까지도 군사시설공사에 동원.
5) **여자정신대 근무령** 공포(1944. 8. 23) : 12~40세의 여자 수십만 명을 군수공장에 강제 동원시키거나, 상당한 인원을 중국과 남양지방의 전쟁지구로 보내 위안부가 되게 하는 만행을 자행하였다(1938년 초부터 징발). 이를 위반할 경우 국가총동원법에 의해 징역 또는 벌금형.

42 정답 ① ··· (2009. 제7회 고급)

신문의 내용은 1920년대 전반에 일어난 경제구국운동인 물산장려운동이다. ① 토산품 애용, 금주·금연 운동을 전개했으나 일본 상품 배척은 없었다.

물산장려운동 관세 철폐 후 조선 자본가의 위기의식이 고조되면서 인도의 토산품 장려운동인 스와데시 운동을 모방하여 일어났으며 "조선사람은 조선사람이 만든 것을 씀으로써 조선의 산업을 육성하고, 조선의 부(富)가 외국으로 유출되는 것을 방지한다"는 것이 근본 취지.

1) **조선물산장려회 조직**(1923.1) : 조만식 등 민족자본가를 중심으로 평양에서 평양물산장려회를 조직(1920.8)하고, '내 살림 내 것으로'라는 구호 아래 국산품 애용운동을 전개. 당시 박영효·유성준 등 친일파·친일관료는 적극 참여하였으나 사회주의 계열에서는 이념상 반대.
2) **물산장려운동의 두 가지 유형**
   ㉠ 민족주의 우파 : 민족자본의 상층을 중심으로 자본가 계급의 육성을 목표로 물산장려운동을 구상한 동아일보계의 경성방직 및 중소 자본가 입장으로 총독부와 타협하거나 자치운동을 모색.
   ㉡ 민족주의 좌파 : 민족자본의 하층과 소상품 생산자를 중심으로 토산장려운동을 구상한 입장으로 물산장려운동을 하면서 사회주의자들과 민족협동전선을 모색.
3) **제1기 실행조건** : 남자는 두루마기, 여자는 치마를 염색해 착용, 식염·설탕·과일·청량음료 등을 제외한 토산품 애용, 일용품은 조선인 제품 사용, 소비 절약과 금주·금연 운동 등 자급자족운동으로 시작하여 민족 기업 육성의 민족주의운동을 전개하였으나 일본 상품 배척과 외화 배척은 없었다.
4) **자작회(自作會)운동** : 1922년 12월 17일 서울에서 창설한 학생들의 국산품애용 계몽단체로 연희전문 학생 등 50여 명이 주동이 되어, 국산품 애용운동을 통한 민족정신 순화를 목표.
5) **결 과** : 전국으로 확산되어 추진되었으나, 일제의 탄압과 일제와의 타협으로 1920년대 말에 와해.
6) **실패 원인** : 기업가의 이윤과 민족의 이익을 일치시킨 운동의 허구성이 노출되었고, 민족자본의 생산력 미비와 새로운 회사·공장이 설립되지 않았다. 더구나 절대 궁핍의 민중에게는 상품 소비 운동은 동떨어진 발상이었으며 토산품 애용운동은 상인들의 농간으로 모자·광목·고무신 등 특정 상품의 가격을 올려놓아 그 열기가 식었다.

43 다음 지도에 표시된 철도에 대한 설명으로 옳지 않은 것은? [3점]

① 러시아는 일본의 요동 반도 점령을 막은 대가로 청나라와 협상해 ㉠의 부설권을 얻었다.
② 러·일 전쟁의 결과, 일본이 러시아로부터 ㉡의 부설권을 이양받았다.
③ 간도 협약의 결과, 일본이 ㉢의 부설권을 획득하였다.
④ ㉣의 부설권을 획득했던 프랑스가 러·일 전쟁 중 일본에 권리를 양도하였다.
⑤ ㉤은 우리나라에서 경인선에 이어 두 번째로 개통되었으며, 1905년부터 운행되었다.

44 2009년 유네스코에서 선정한 우리나라 세계 무형유산을 모두 고른 것은? [2점]

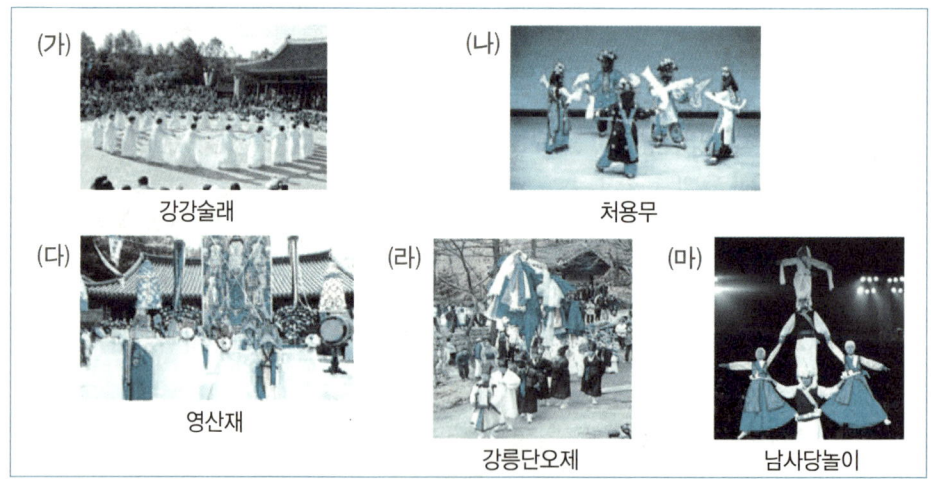

① (가), (나), (다), (라)
② (가), (나), (다), (마)
③ (가), (나), (라), (마)
④ (나), (다), (라), (마)
⑤ (가), (나), (다), (라), (마)

43 정답 ④ ·· (2009. 제7회 고급)

㉠ 동청철도, ㉡ 만주철도, ㉢ 안봉선, ㉣ 경의선, ㉤ 경부선이다. ④ 경의선 이권은 프랑스가 대한제국에게 반환했으나(1899년) 러일전쟁 중 일제가 침탈하였다.

- ㉠ **동청철도** 청·러 비밀협약(1896) : ① 만주와 조선에 대한 일본의 침략 방어를 위한 공수동맹을 체결하고, ② 시베리아철도가 만주를 횡단할 수 있도록 동청철도 부설권을 얻었다.
- ㉡ **만주철도** 포츠머스조약(1905.9.5)으로 러일이 분할

≫ 포츠머스조약문 ≪

① 러시아는 한국에 대한 일본의 정치·군사·경제상의 특권을 승인할 것
② 러시아는 카라후도(樺太)의 남반부를 일본에 양도할 것
③ 여순·대련에서의 러시아의 권리를 일본에 양도할 것
④ 양군은 만주에서 철병하여 상호 이권을 존중할 것
⑤ 만주철도는 관청쯔(寬城子)·창춘(長春)을 경계로 양국이 분할할 것

- ㉢ **안봉선** 간도협약(1909. 9. 4) : 을사조약으로 통감부가 간도 용정에 임시출장소(파출소)를 두고(1907.8.20) 한국 영토로 인정하여 관리하다가 일본은 청과 간도협약을 맺어 간도를 청의 영토로 인정해 주고, 그 대가로 안봉선(安奉線) 철도 부설권과 푸순탄광 이권 등을 얻었다.
- ㉣ **경의선**(1896, 프랑스 → 일본) 대한철도회사(1899, 경의선 이권 반환 후 서울~개성간 철도 부설을 착수했으나 실패). 광무개혁때 서북철도국을 설치(1902)하여 경의선 부설을 시도
- ㉤ **경부선**(1898, 일본)   ⇐ 경부선·경의선은 러일전쟁 중에 일본의 군사적 목적에 의해 부설(1905).

44 정답 ② ·· (2009. 제7회 고급)

(라)는 2005년 11월에 선정되었고 2009년의 무형유산은 제주칠머리당영등굿이 들어간다.

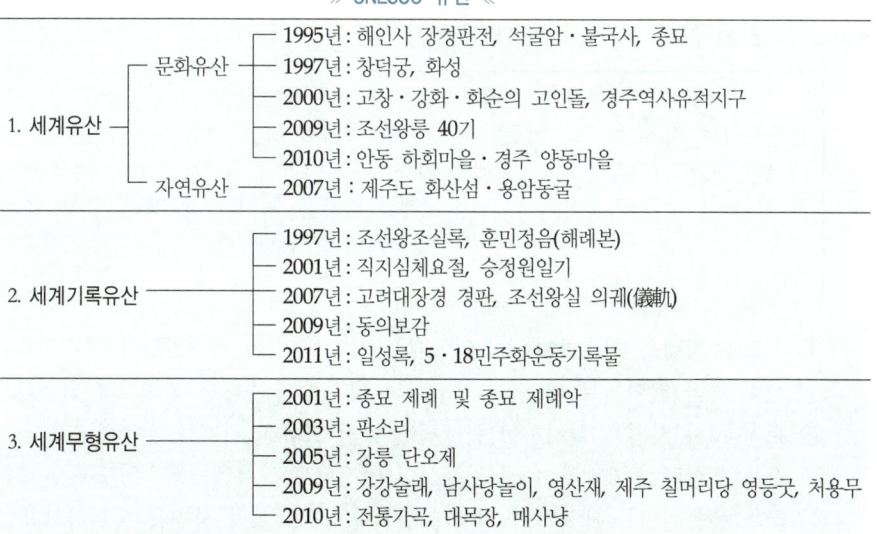

45. 다음은 일제 강점기 어느 학교 개교식 참관기의 일부이다. 이 학교에 대한 설명으로 옳은 것은? [2점]

> 예과와 법문학부, 의학부만 완성하는 대 임시비만 500만 원가량 들었고, 경상비는 매년 40~50만 원이었다. 조선에 있는 10여 개 전문 학교 경상비를 다 합친 금액보다 많았다. 그 엄청난 경비는 물론 조선인의 고혈을 짜내 벌어들이는 세금으로 충당됐다. 그런데 그 학교에서 가르치는 사람 중에서 조선인은 한 사람도 없었다. 168명 학생 중에서 조선인은 고작 44명이었다. 출입문에서 사무원이 주는 그 학교 일람 비슷한 인쇄물을 읽을 때, 나는 이루 말할 수 없는 서글픈 느낌이 전광같이 머리로 지나가는 것을 느낄 수 있었다.

① 1930년대 우리 역사와 우리말을 연구하는 조선학 운동의 중심지가 되었다.
② 일제가 민립 대학 설립 운동에 찬성하여 학교의 설립이 이루어질 수 있었다.
③ 일제 강점기 최초로 설립된 대학으로 졸업생의 다수가 관료로 사회에 진출하였다.
④ 미국 북감리교 선교사인 아펜젤러에 의해 설립된 학교로, 주시경과 이승만을 배출하였다.
⑤ 교육 구국의 이념 아래 설립한 학교로 한국인에 의해 설립된 최초의 근대적 고등 교육 기관이었다.

46. 다음 일제 강점기의 정책에 대한 설명으로 옳은 것은? [2점]

> 이 정책은 체제 안정책의 일환이었으며, 빈농을 중심으로 한 농민 일반을 체제에 순응시키는 것을 목표로 한 것이었다. 이 정책의 시행 배경으로 이해되고 있는 농촌 내 활성화는 거꾸로 말하면 일제와 민족 운동 세력 간의 '농민 획득 경쟁'으로도 표현할 수 있는 성질의 것이었다. …… 일제 스스로는 '농가 갱생 계획' 실시 이후에 '식량의 충실', '부채 상환', '현금 수지 개선'이라는 이른바 '갱생 계획의 3요점'은 많은 실적을 거두었다고 평가하고 있다.

① 소작 조정령을 제정하여 소작인에게 조정 신청권을 부여하였다.
② 산미 증식 계획을 통해 미곡 생산량의 획기적인 증대를 꾀하고자 하였다.
③ 토지 조사 사업을 실시하여 근대적인 토지 소유권 관계를 설정하고자 하였다.
④ 수리 조합령을 제정하여 미곡 생산이 안정적으로 유지될 수 있도록 노력하였다.
⑤ 국가 총동원법을 제정하여 전쟁에 필요한 인적, 물적 자원을 동원하고자 하였다.

해설 및 정답

45 정답 ③ ··· (2009. 제7회 고급)

보기의 학교는 1924년에 설립된 경성제국대학이다. ① 일제가 주도하여 식민사관 조작, ② 일제는 민립대학 설립을 불허, ④ 배재학당, ⑤ 일제가 조선교육령을 개정해 설립하였다. 평양 숭실대학이 1906년 평양 주민들의 성금으로 설립된 우리나라 최초의 근대 대학이다.

민립대학 설립운동

1) 기성회(期成會) 조직 : 1922년 11월 한규설·이상재 등이 조선교육협회(1920)를 중심으로 조선민립대학기성(준비)회를 조직하고 만주·미주·하와이 등을 포함하여 천만 원 모금 운동을 전개했으나 1923년의 대홍수, 1924년의 대가뭄으로 성과가 없었다.

2) 일제의 저지 : 일제는 조선교육령을 개정(1922)하여 조선에서의 독자적인 민립대학을 불허하고 경성제국대학을 설립(1924)하여 민립대학운동을 봉쇄하였다. 이후 보성전문·연희전문·오산학교 등을 대학으로 승격시키려고 했으나 일제의 방해로 실현되지 못하였다. 경성제국대학의 학생 모집 범위는 광범위하여 한국 뿐만 아니라 일본·만주·대만·중국 등지에서도 학생을 받아들였다. 오히려 한국인 학생 수보다 일본인 학생 수가 더 많았다.

3) 사회주의자의 비판 : 시급한 것은 과다한 문맹 인구의 퇴치이지 고등교육은 그 다음이라고 하면서 이 운동을 엘리트주의적 성격으로 규정하였다.

⑤ 조선교육령 개정(제2차 조선교육령, 1922.2) : 3·1운동 이후 다소 완화, 민립대학 설립운동 이후 일본학제로 변경, 학과목에 조선어 첨가, 남녀의 사범학교를 신설, 대학 설립 규정 명시 → 경성제국대학 설립, 조선인의 일본고등학교 진학 허용

① 조선어학회(1931) 한글 교재를 출판하였으며, 이희승·최현배 등이 「우리말큰사전」 편찬에 착수하고 한글맞춤법통일안·표준어 등을 제정(1933)하여 사용하였다. 조선어학회가 조선어강습회를 전국적으로 여는 등 민족운동을 전개하자 일제는 조선어학회사건(1942)을 날조해 해체.

46 정답 ① ··· (2009. 제7회 고급)

보기의 정책은 농촌진흥운동(1932-1940)이다. ① 자작농지 창설·유지사업을 실시하고 조선소작조정령과 조선농지령을 공포, ②④ 1920년대, ③ 1910년대, ⑤ 1938년 4월에 공포되어 한국에서 인적·물적 수탈을 강화하였다.

일제의 농촌진흥운동(1932~1940) 1930년대 소작쟁의가 활발해지고 혁명적 농민조합운동이 확산되자 일제는 반공주의적 농업정책으로 춘궁퇴치·빚 퇴치·차금예방 등을 내세운 농가갱생계획의 농촌진흥운동을 전개. 또한 농촌진흥운동의 일환으로 자작농지 창설·유지사업을 실시하고(1932) 조선소작조정령(1932, 소작인에게 조정신청권 부여)과 조선농지령(1934) 등을 공포. 일제는 농촌진흥운동의 전개 중 율곡의 해주향약을 발전시켜 끄나풀조직으로 농촌을 통제. 그러나 농촌진흥운동의 전개에도 불구하고 오히려 농가 부채가 증대하고 농가 경제의 궁핍화는 더욱 심화될 뿐이었다. 농촌진흥운동은 소작쟁의가 격화되고 농민운동이 좌경화함에 따라 체제안정화 정책으로 전개되었으나 전시체제하에서는 농민을 통제하고 전쟁에 동원하기 위해 조선 농촌을 재편성하는 전쟁동원책의 일환으로 변질.

③ 토지조사사업 1910년 9월에 임시 토지조사국을 설치하여 1911년 4월 토지수용령을 공포하고 1912년 8월 토지조사령(제령 제2호)을 공포하여 1918년까지 실시. 2,456만 원의 경비를 들여 토지 조사를 하였고 소유권 장부인 등기부를 작성. 토지조사사업의 목적은 토지 소유권의 조사가 중심이며, 그것은 지형·지모의 조사와 함께 일본·일본인에 의한 토지 약탈과 거기에 협조하는 친일 조선인 지주의 옹호. 또 토지 가격의 조사는 지세 부과의 기초를 확정하고 식민지 재정 체계의 확립.

④ 수리조합 반관제조직으로서 관개사업 담당, 총면적의 2/3에 해당하는 토지 소유자의 동의가 있으면 설립이 가능한데, 몇몇 대지주의 일방적인 결정에 의해 조합이 결성. 때로는 조합측의 계획적인 압박이나 간사한 계략에 의해 농민들은 토지를 상실하기도 하였으며 강제로 편입되어 과중한 수리조합비를 부담.

47 다음은 1930년대 후반 중국에서 발표된 어느 단체의 창립 선언문이다. 이 단체에 대한 옳은 설명을 〈보기〉에서 고른 것은? [3점]

> 조선 민족의 유일한 활로는 단결된 전민족의 역량에 의해 일본 제국주의를 타도하고 조선 민족의 자주 독립을 완성하는 데 있다. 그러므로 조선 혁명은 민족 혁명이며, 우리의 전선은 민족 전선이다. 계급 전선도 아니고 인민 전선도 아니고, 프랑스·스페인 등의 국민 전선과도 엄격히 구별된다.

|보 기|

ㄱ. 대한민국 임시 정부의 주도로 조직되었다.
ㄴ. 이 단체의 산하에 조선 의용대가 조직되었다.
ㄷ. 좌우 합작의 성과로 창립 선언문을 발표하였다.
ㄹ. 독립 운동 단체들의 통합 움직임 속에서 창립되었다.

① ㄱ, ㄴ   ② ㄱ, ㄷ   ③ ㄴ, ㄷ
④ ㄴ, ㄹ   ⑤ ㄷ, ㄹ

48 시간의 흐름으로 볼 때, (가)에 들어갈 사건으로 옳은 것은? [2점]

> 일제 35년간의 지배에 대한 보상으로 일본은 3억 달러를 10년간 걸쳐서 지불하되, 그 명목은 '독립 축하금'으로 한다.

⬇

> (가)

⬇

> • 미국은 앞으로 베트남 전쟁과 같은 군사적 개입을 피한다.
> • 미국은 아시아 각국과의 조약상 약속을 지키지만, 강대국의 핵에 의한 위협의 경우를 제외하고는 내란이나 침략에 대하여 아시아 각국이 스스로 협력하여 그에 대처하여야 할 것이다.

① 박정희와 일부 육사 출신 장교들에 의해 군사 정변이 일어났다.
② 박정희 정권은 평화 통일과 국민 총화를 명분으로 유신체제를 선포했다.
③ 한국은 북방 외교를 적극적으로 추진해 소련·중국 등과 수교 관계를 수립했다.
④ 미국은 카터의 '인권 외교'를 철회하고, 동아시아에서의 반소 블록을 강화하였다.
⑤ 미국 선박 푸에블로호가 북한 해군에 의하여 원산 앞바다에서 납치되었다.

47 정답 ④ ·· (2009. 제7회 고급)

보기는 1937년 11월에 결성된 조선민족전선연맹(민족전선)의 창립 선언문이다. ㄱ. 김구·이동녕 등의 임정 고수파들은 불참, ㄴ. 김원봉의 주도로 1938년 10월에 조직, ㄷ. 좌우합작은 실패하고 좌파 중심으로 조선민족혁명당을 정비, ㄹ. 민족운동 단체의 대동단결 모색으로 조선민족해방운동자동맹, 조선혁명자연맹, 조선민족혁명당 등이 참여하였다.

조선민족전선연맹(1937.11.2) 민족주의계의 한국광복운동단체연합회의 결성에 대응하여, 조선민족혁명당과 조선민족해방동맹, 조선무정부주의자연맹을 통합하여 결성한 한국의 사회주의계열 독립운동단체. 결성 후에 조선청년전위동맹도 참여. 이로써 중국본토에서의 독립운동단체는 한국독립당을 중심으로 하는 민족주의진영과 조선민족전위동맹을 중심으로 사회주의진영의 양대 진영으로 재편. 조선민족전선연맹은 중일 전쟁 당시 기관지 '조선민족전선'을 중국어로 발간. 군사 조직인 조선의용대를 창설(김원봉).

전국연합진선(련)협회운동 1939년 5월 대한민국 임시정부가 우익의 한국광복운동단체연합회(광복전선)와 좌익의 조선민족전선연맹(민족전선)을 통합한 좌우합작운동. 1939년 5월 김구와 김원봉은 공개통신 ("종래 범한 종종의 오류, 착오를 통감하여 이에 두 사람은 신성한 조선 민족 해방의 대업을 완성하기 위해 장차 중심 협력할 것은 …… ")을 발표한 후 우익의 한국광복운동단체연합회(광복진선, 1937)와 좌익의 조선민족전선연맹(민족전선, 1937)을 통합하여 전국연합진선협회를 결성하고, 10개 정강을 채택하는 등 활동을 하였으나, 그 후 7당·5당 대회 등으로 결렬되고 1940년 우익의 통합으로 한국독립당이 출범.

> **조선민족혁명당**(1935) 김원봉·조소앙 등이 민족운동단체의 대동단결을 모색하여 한국독립당·신한독립당·조선혁명당·대한독립당·의열단 계열 등을 통합해 1932년 한국대일전선통일동맹을 결성하였고, 이 동맹이 조선민족해방운동자동맹과 조선청년전위동맹·조선혁명자연맹과 연합하여 1935년 7월 조선민족혁명당으로 발전하였다. 그러나 임시정부의 유지를 고집하는 김구·이동녕 등 임정고수파의 불참(1935년 11월에 한국국민당 창당)과 한국독립당 및 조선혁명당의 일부 세력이 이에 반발하여 떠나면서 1937년 좌파 중심으로 조선민족혁명당을 정비하고 군사조직으로 한커우(한구)에서 조선의용대(1938.10)를 조직화하였다.
>
> 조선민족혁명당(1935) - 조선의용대(1938) → 광복군 제1지대에 합류

48 정답 ⑤ ·· (2009. 제7회 고급)

(가)는 한일협정(1965년)과 닉슨독트린(1970년) 사이의 시기인데, ① 1961년, ② 1972년, ③ 1990년대 초반, ④ 1980년대, ⑤ 1968년 1월 23일의 사실이다.

한일협정 체결(1965.6.22) 박정희정권의 경제개발정책에 따른 외국 자본의 필요성, 미국의 지역 통합전략, 일본의 과잉 자본 수출을 통한 시장 개척 등이 주요 배경.

주요 내용 ① 어업에 관한 협정, ② 재일교포의 법적 지위와 대우에 관한 협정, ③ 한·일 재산 및 청구권 해결과 경제협력에 관한 협정, ④ 한·일 문화재 및 문화 협력에 관한 협정

> **한·일기본조약과 청구권 협정** 한·일 기본조약은 1965년 2월 20일 가조인 되었다(1960년 1월 미·일 신안보조약에 따른 미국·일본·한국의 3각 안보체제의 일환). 이 중 제2조에 대하여 일본정부는 1948년 한국정부 수립과 더불어 1910년 8월 이전 한·일간에 강제로 체결된 여러 조약들이 비로소 무효가 된 것이며, 그 이전에는 유효했다는 해석. 한편 청구권협정은 1962년 11월 이른바 김종필-오히라(大平) 메모에서 3억달러 무상공여, 정부 공공차관 2억달러와 민간 상업차관 1억달러(정식체결 때 2억달러 추가)의 3억달러 유상차관으로 골격이 확정.

닉슨독트린(1970년) ① 미국은 앞으로 베트남 전쟁과 같은 군사적 개입을 피한다. ② 미국은 아시아 각국과의 조약상 약속을 지키지만, 강대국의 핵에 의한 위협의 경우를 제외하고는 내란이나 침략에 대하여 아시아 각국이 스스로 협력하여 그에 대처하여야 할 것이다.

③ **북방 외교**(6共) 동유럽 공산권 국가와 수교선언(1988), 헝가리·폴란드(1989)

④ **카터의 '인권 외교'** 카터는 한국의 정치 상황과 인권 문제에도 관심을 기울였는데 박정희 정권에 대한 견제와 우리나라의 민주화를 촉구하였다. 박정희 대통령이 반발하자 주한 미군 철수라는 카드로 우리나라에 압력을 가하기도 했다.

⑤ 1968년 1·21사태(1.21) → 푸에블로호 사건(1.23) → 향토예비군 창설(4.1) → 울진·삼척 지구 무장공비 침투(11.3) → 이승복사건(12.9)

49 다음 교과서가 발간된 시기의 교육계 상황으로 옳지 않은 것은? [1점]

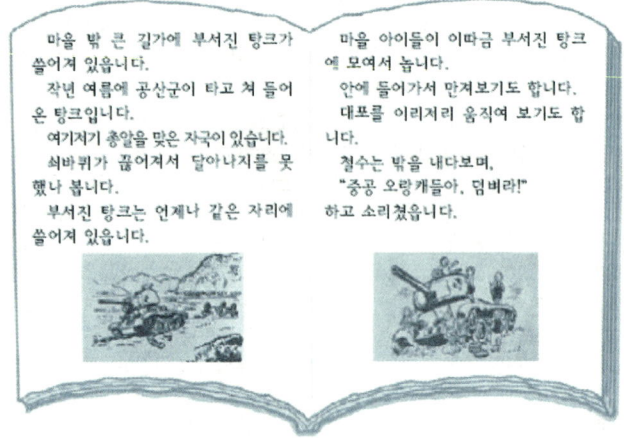

① 6·3·3 학제가 처음 도입되었다.
② '전시하 교육 특별 조치 요강'이 공포되었다.
③ 노천이나 가건물에서도 수업이 진행되었다.
④ 피난 학급이 설치되고 피난 학교가 개설되었다.
⑤ 교육 자치제가 시작되어 의무 교육을 적극 추진하였다.

50 자료의 내용과 관련되어 나타난 사회 현상으로 옳지 않은 것은? [1점]

> 양반층이 증가하고 농민층의 분화가 이루어지는 등 양반 중심의 신분제가 동요하였다. 이는 농업 기술의 발달과 이로 인한 농업 경영의 변화, 상공업의 발달에 힘입은 바 컸다. 또한, 지배층의 수탈이 심해지면서 농민 경제는 파탄에 빠지게 되었다. 이러한 분위기 속에서 신분 상승 운동과 농민의 저항이 거세게 일어났다.

① 수령권의 강화로 지방 향리들의 세력이 점차 약화되어 갔다.
② 부농층의 향임직 진출로 향촌 사회에서 향전이 벌어지기도 하였다.
③ 서얼은 통청 운동을 벌여 관직 진출의 제한을 없애 줄 것을 요구하였다.
④ 서민들은 족보를 위조하거나 납속을 통하여 신분 상승을 꾀하기도 하였다.
⑤ 민간 사회에는 미륵 신앙이나 정감록 등과 관련된 예언 사상이 유행하였다.

49 정답 ① ··· (2009. 제7회 고급)

교과서의 '작년 여름'은 1950년 6월의 6·25전쟁 상황인데, ①은 1949년 12월의 사실이고, 1951년 3월에 6·3·3·4 학제가 수립되었다.

1950년대 이승만정권의 교육정책
1) **신교육법의 제정과 반공교육의 강화** ① 신교육법의 제정(1949.12) : 정부 수립 이후 미국식 교육 제도의 영향으로 6·3·3학제가 도입 되었고, 교육이념은 미군정기의 '홍익인간'이 그대로 계승되면 서 민주주의·민족교육 이념이라는 '일민주의(一民主義)'가 추가. 또한 신교육법 제정에 따라 학도 호국단이 조직되어 중학교 이상의 학생에게 군사훈련이 실시. ② 반공교육의 강화 : 반공교육을 통해 민심을 정부쪽으로 귀일시키려는 의도로 가장 중점. 한국전쟁 이후에는 국방교육을 표방하여 반공교육을 한층 더 강화했고 1인1기(一人一技) 교육도 시행.
(2) **학제의 개편과 교육자치제의 실시** ① 학제의 개편(1951.3) : 종래의 6년제 고등 중학교를 3년제 중학교와 3년제 고등학교로 분리해 6·3·3·4 학제가 수립. ② 교육자치제도의 실시(1952.6) : 법적 근거는 이전에 마련되었으나 한국전쟁으로 지연되었다가 1952년 6월 한강이남 지역에서 실시되어 시·도·군 교육위원회와 중앙교육위원회를 설치. 교육자치제 실시의 목적은 교육의 독립화와 전문화, 관료의 통제를 배제한 민주화를 지향하는 것이었으나 실질적으로는 교육의 중앙집권성·관료의 통제성을 배제하기 어려웠다.

50 정답 ① ··· (2009. 제7회 고급)

자료는 조선 후기 봉건제 동요·해체 현상을 보여준다. ① 조선 후기 향리의 지위와 역할이 상승하여 향리들의 세력이 강화되어 종래 사족을 통해 향촌을 지배하는 방식이 점차 수령과 향리 중심의 관권지 배체제로 전환되었다.

향촌사회의 변화 신향(新鄕)의 대두 : 후기 자연촌의 경제적 성장과 18세기 초 이정법(里定法) 실시 이후 향회는 사족층인 구향에서 서얼·향리·부농·도고상인 등의 이향(吏鄕, 이서+향임)층인 신향으로 교체. 종래 양반의 이익을 대변하던 향회는 주로 수령이 세금 부과시 의견을 묻는 자문기구로 역할이 변질. 신향(요호부민)들은 경제적 부를 이용하여 향안에 이름을 올리고 좌수·별감 등의 향임을 얻는 등 기존 향촌을 지배해 온 구향을 위협. 18세기 중엽 이후 이들간의 봉건적 지배권 확보인 향전(鄕戰)이 발발. 신향의 도전에 중앙권력은 신향을 활용하여 재정 위기를 타개하려는 정부의 이해와 일치하여 방관 내지 동조함으로써 구향의 지배력 약화를 기도하여, 종래 사족을 통해 향촌을 지배하던 방식이 점차 수령과 향리 중심의 관권 지배 체제로 전환. 재지세력의 약화로 수령이 향회를 주도하여 수령권이 강화됨. 향리는 조선 초와 달리 역할과 지위가 상승하여 향리층의 분화가 나타났고 향리가 부족한 지역에는 가노(家奴) 등의 천민들이 가리(假吏)가 되어 향리의 보조역할을 담당. 신향들은 지방 수령과 결탁하여 조세 징수·부역 징발 등 수탈의 주체가 되기도 하였지만, 19세기에 들어와 도결과 총액제의 부담이 신향층에게 가중되고 수령의 지나친 물질적 요구로 수탈의 객체가 되기도 하여 요호부민층이 민란에 가담.

③ **중간계층의 성장** 17세기에 서얼과 중인 등 중간계층이 대두되고, 18세기에 본격화되고, 19세기에는 대세화되면서 사대부를 자처. 1) **서얼에 대한 차별 완화** : 임난 이후 완화되기 시작하여 17세기 중엽에 서얼 금고가 철폐. 정부가 납속책을 실시하자, 서얼들은 이를 이용하여 관직 진출. 정조 때 서얼통청절목(丁酉節目)이 시행되어(1777) 유득공·이덕무·박제가·서이수 등 서얼 출신들이 규장각 초대 4검서관에 기용. 2) **서얼의 요구** : 서울의 명문 서얼들은 동통사로(同通仕路, 청요직 허통)·승계권(호주·재산의 후계권 인정)·호부호형(부형호칭 허용) 등의 3대 구호를 주장하였고, 지방 서얼들도 향안등록(향안 등재 요청)·향교서치(나이순으로 좌석 배치) 등을 요구. 그 후 영조 48년(1772)에 통청윤음을 반포하고 호부호형을 허용. 5) **소청운동 전개** : 중인들은 조경제 변동에 부응하여 재력을 축적하고, 또 문화활동을 통하여 지식수준도 높임. 순조 23년(1823)에 서얼들이 사회활동 차별 철폐의 허통을 요구하자 계미절목을 반포해 한품(限品)을 정3품에서 종2품으로 올렸으며, 철종 2년(1851)에 신해절목으로 문과 급제자에 대한 서얼 차별 폐지가 공포. 철종 8년(1857)에 서얼 문과 급제자가 승문원에 분관됨으로써 비로소 청요직 임용 요청의 통청(通淸)이 실현.

⑤ **19세기 민간신앙의 성행** 기존의 가치 질서가 무너지는 속에서 도교의 영향으로 비기·도참 등에 의한 감결신앙(말세 도래, 왕조 교체, 변란 예고 등의 낭설)이 나돌았는데 정감록도 이때에 유행. 예언사상은 19세기 초엽부터 현저하게 나타나, 정부를 비방하는 벽서사건이 빈발. 예언사상의 현실부정적 성격은 당시 농민의 항거운동에 혁명적 기운을 고취.

한국사능력검정시험 고급
(2010년 5월 8일)

01 다음 유적과 유물을 만들었던 시대의 사회 모습으로 옳은 것은? [1점]

① 강가에서 막집을 짓고 살았다.
② 농사를 처음으로 짓기 시작하였다.
③ 철제 무기와 농기구가 널리 사용되었다.
④ 구릉 위에 취락을 이루고 방어 시설을 설치하였다.
⑤ 유력한 족장을 왕으로 추대하여 연맹 왕국을 형성하였다.

02 밑줄 그은 '그'가 건국한 나라와 관련된 설명으로 옳은 것을 〈보기〉에서 고른 것은? [2점]

> 그는 드디어 무리를 이끌고 동쪽 계루의 옛 땅으로 들어가 동모산을 거점으로 하여 성을 쌓고 거주하였다. 그는 용맹하고 병사 다루기를 잘하였으므로, 말갈의 무리와 고구려의 남은 무리가 점차 그에게 들어갔다.
> - 「구당서」

| 보 기 |

ㄱ. 장문휴의 수군이 당의 산동 지방을 공격하였다.
ㄴ. 서해 항로를 개척하여 요서 지방으로 진출하였다.
ㄷ. 신라와는 상설 교통로를 개설하여 대립을 해소하려 하였다.
ㄹ. 3세기 말에 선비족의 침입을 받아 세력이 크게 쇠퇴하였다.

① ㄱ, ㄴ ② ㄱ, ㄷ ③ ㄴ, ㄷ
④ ㄴ, ㄹ ⑤ ㄷ, ㄹ

해설 및 정답

01 정답 ④ ··· (2010. 제8회 고급)

보기는 청동기시대의 고인돌 하부구조와 비파형동검, 굽은구슬 등이다. ① 구석기시대, ② 신석기시대, ③⑤ 철기시대, ④ 청동기시대의 사회 모습이다.

≫ 주거생활의 변천 ≪

구석기시대	신석기시대	청동기시대	철기시대
동굴·막집(강가)·노천 거주로 이동생활이 기본.	원형움집 방형움집 • 깊게 팠다. • 화덕이 중앙에 위치 • 4~5명 거주 • 강·해안에 분포	장방형(직사각형)움집 • 얕게 팠다(지상가옥에 근접) • 초석 배치(벽체 보강) • 배산임수(집단취락) • 화덕의 위치가 한쪽 벽으로 옮겨짐 • 4~8명 거주 • 내륙·구릉에 분포	• 장방형 움집의 일반화 • 부뚜막 출현 • 온돌 • 지상가옥 • 귀틀집

비파형동검 만주식 청동검 또는 부여식 동검이라고도 부르며, 남만주 일대를 비롯하여 개천·평양·춘천·부여·무주·고흥 등 한반도 전역에서 발견되며, 한국 청동검의 원조. 비파형동검은 검신과 손잡이를 따로 만든 후 그것을 조립하여 검신과 손잡이를 같이 주조한 중국식 동검이나 오르도스식 동검과는 큰 차이. 남부 시베리아와 연결된 북방 계통으로 보여지는데, 중국 중원에서는 출토되지 않고 만주·한반도에서 발견. 청동기시대 후반 이후 점차 토착 청동문화인 세형동검(청천강 이남에 집중적으로 분포, 중국의 영향을 받으면서도 한국식 동검으로 독특하게 발전)으로 바뀌어 갔다.

청동기·초기 철기시대의 예술 사회·경제의 발전에 따라 예술활동도 활발해졌는데, 이 시기의 예술은 종교와 밀착. 당시 제사장·군장들이 사용하였던 칼·거울·방패 등의 청동제품이나 굽은구슬(곡옥)·대롱구슬(관옥)·작은구슬(소옥) 등의 치레걸이, 토제품, 바위그림(암각화) 등에 반영.

선사 3종 신기(神器) ① 검 : 정치적 권력, ② 거울 : 종교적 권위, ③ 옥 : 경제적 부 상징

02 정답 ② ··· (2010. 제8회 고급)

밑줄 친 그는 대조영이고 그가 건국한 나라는 진(발해)이다. ㄱ. 발해 무왕대의 사실, ㄴ. 백제 근초고왕, ㄷ. 신라도를 개설하여 소극적인 경제·문화 교류 시도, ㄹ. 부여의 역사적 사실이다.

발해와 신라와의 관계 원만하지는 못하였으나, 필요에 따라서는 신라와 사신이 교환되고 신라도(新羅道)의 존재로 보아 무역이 이루어지는 소극적인 경제·문화 교류. 신라와 발해 관계가 소원한 것은 통일 후 신라는 적극적으로 백제와 고구려 유민을 동족으로 포섭했지만, 발해에 대해선 능동적으로 동족의식을 표방하지 않았다. 이는 당시 신라가 일통삼한을 자신의 위업이요 정통성의 주요기반으로 내세웠는데, 고구려 영역의 대부분을 차지한 발해가 고구려 계승국을 표방하자 신라의 논리와 상충되었기 때문.

≫ 발해와 신라의 관계 ≪

1. 대조영이 건국 후 신라에 사신 파견(700) : 신라 효소왕은 대조영에게 대아찬을 수여함.
2. 발해가 당을 공격하자 당의 요청으로 신라가 발해 공격(733)
3. 원성왕과 헌덕왕 때 북국에 사신 파견(790, 812) : 위기 타개 목적
   신라가 발해에 사신을 파견한 것은 신라의 정치적 변화에서 비롯. 즉 하대의 원성왕은 왕으로서의 정통성과 정치적 도덕성이 결여되어 내부의 불만과 높은 정치적 관심을 다른 곳으로 돌리려는 전략에서 발해에 사신을 파견.
4. 사신간의 윗자리 다툼인 쟁장사건(爭長事件) 발생(897) : 최치원의 「사불허북국거상표(謝不許北國居上表)」(「동문선」에 수록)
5. 최언위와 오광찬의 등제서열(登第序列) 사건(906) : 빈공과에서 신라 최언위가 우세함.
6. 거란의 침입 때 발해가 신라에 원조 요청(911) : 신라가 수락함.
7. 거란의 침입 때 발해가 신라에 원조 요청(925) : 공동체 의식의 변화로 신라가 거절함.

03 다음 자료와 관련 있는 초기 국가의 모습으로 옳은 것은? [1점]

> 해마다 5월이면 씨뿌리기를 마치고 귀신에게 제사를 지낸다. 떼를 지어 모여서 노래와 춤을 즐기며 술 마시고 노는데 밤낮을 가리지 않는다. 그들의 춤은 수십 명이 모두 일어나 뒤를 따라가며 땅을 밟고 구부렸다 치켜들었다 하면서 손과 발로 서로 장단을 맞추는데, 그 가락과 율동은 중국의 탁무(鐸舞)와 흡사하다.
> - 「삼국지」 위서 동이전 -

① 수렵 사회의 전통을 반영한 제천 행사를 거행하였다.
② 왕과 신하들이 국동대혈에 모여 함께 제사를 지냈다.
③ 죽은 사람의 뼈를 추려 가족의 공동 목곽에 안치하였다.
④ 천군이 소도에서 농경과 종교에 대한 의례를 주관하였다.
⑤ 다른 부족의 생활권을 침범하면 노비와 우마로 배상하였다.

04 다음 자료와 관련된 시기의 상황으로 적절한 것을 〈보기〉에서 고른 것은? [2점]

> 자장 법사가 중국의 태화 연못가를 지나는데 문득 신인(神人)이 나타나서 묻기를, "어떻게 여기에 왔소?"라고 하니, 대답하기를 "보리(菩提)를 구하고자 합니다."라고 하였다. 신인이 절하고 또 묻기를, "그대 나라에 무슨 어려움이 있소?"라고 하니, 자장이 대답하기를, "우리나라는 북쪽으로 말갈에 이어졌고, 남쪽으로는 왜에 인접되었고, 고구려와 백제 두 나라가 번갈아 변경을 침범하는 등 이웃에 구적(寇賊)이 횡행하니, 이것이 백성들의 걱정입니다."라고 하였다.
> - 「삼국유사」 탑상 -

보기
ㄱ. 고구려는 당군의 침략을 안시성에서 물리쳤다.
ㄴ. 신라는 고구려와 동맹을 시도하였으나 실패하였다.
ㄷ. 백제는 국호를 남부여로 고치며 국가 중흥을 꾀하였다.
ㄹ. 가야는 신라와 결혼 동맹을 맺어 국제적 고립에서 벗어나려 하였다.

① ㄱ, ㄴ   ② ㄱ, ㄷ   ③ ㄴ, ㄷ
④ ㄴ, ㄹ   ⑤ ㄷ, ㄹ

03 정답 ④ ··· (2010. 제8회 고급)

사료의 초기국가는 마한으로 제천의식인 수릿날(단오·천중절)에 대한 내용이다. ① 부여의 영고, ② 고구려의 동맹, ③ 옥저의 두벌묻기(골장제), ④ 마한, ⑤ 동예의 책화에 대한 설명이다.

수릿날(단오) 해마다 씨를 뿌리고 난 후 기풍제. 수리란 말은 고(高)·상(上)·신(神)을 의미하는 옛말인데 이날은 1년 중 최고의 날이란 뜻도 된다. 농경사회에서 파종을 하고 모를 낸 후 약간의 휴식이 준비되는 시점이 단오절.

① 부여의 **영고** : 은력(殷曆)이라는 달력을 사용하고, 수렵사회의 전통을 계승해 본격적인 사냥철이 시작되는 은정월(12월)에 영고(迎鼓, 맞이굿)라는 제천행사를 열어 하늘에 제사지내고 가무를 즐기며, 결속을 강화하기 위해 죄수를 풀어 주기도 하였다(은정월국중대회 연일음식가무 해수도명왈영고(殷正月國中大會 連日飮食歌舞 解囚徒名曰迎鼓) :「삼국지」「위서」동이전).

② 고구려의 **동맹** 10월에는 추수감사제인 동맹(東盟)이라는 제천행사를 왕과 신하들이 통천동(通天洞)과 국동대혈(國洞大穴)에서 성대하게 행하였다.

③ 옥저의 **두벌묻기**(골장제) 가족이 죽으면 시체를 가매장하였다가 나중에 살이 썩으면 그 뼈를 추려서 가족 공동의 무덤인 목곽에 안치(두벌묻기, 세골장·골장제). 또, 목곽 입구에는 죽은 자의 양식으로 쌀을 담은 항아리를 매달아 놓기도 하였다.

⑤ 동예의 **책화** 산천을 중시하고, 각 부족의 영역을 함부로 침범하지 못하게 하였다. 만약, 다른 부족의 생활권을 침범하면 노비(생구(生口))·우마로 배상하게 하는 책화(責禍)의 제도가 있었다. 족외혼률과 책화는 씨족사회의 유풍.

04 정답 ① ··· (2010. 제8회 고급)

자장(590-658)은 통일 전 7세기 신라의 고승으로 황룡사9층목탑을 건립하여 호국불교의 상징으로 만들었고 신라불국토설을 완성하였다. ㄱ. 645년, ㄴ. 642년 김춘추가 연개소문을 만나 지원을 요청했으나 한강 상류 유역 반환문제로 실패, ㄷ. 백제 성왕대의 사실(538년), ㄹ. 신라 법흥왕 때(522년)의 사실이다.

자장(慈藏, 590-658) : 계율종을 개창하고 대국통이 되어 신라 불교를 총관하며 통도사(通度寺)를 창건하고 황룡사 9층목탑 건립을 주도하였으며, 신라불국토설의 완성자.

> **황룡사** 신라 6세기 진흥왕이 건립, 선덕여왕 때 7세기에 황룡사 9층 목탑을 세움. 황룡사 9층 목탑은 백제인 아비지가 건립한 약 70여 미터의 거대한 목탑이었으나, 몽골 3차 침입 때 소실(1238, 윤4월).

ㄱ. **안시성** 전투(645) 당군은 요동성을 점령하고 안시성을 포위하였으나, 안시성의 군·민(경당교육)은 나라의 운명을 건 전투를 60여 일이나 계속하여 당의 공격을 막아냈다. 이에 당 태종은 군대를 철수. 그 후에도 두 차례(647·648) 더 침입하였으나 실패.

ㄴ. 고구려가 수·당의 침략을 막아내는 동안 신라의 김춘추는 신흥 귀족인 김유신과 제휴하여 권력을 장악한 후 집권 체제를 강화. 이어 신라는 고구려와 백제에 대항하면서 삼국 간의 항쟁을 주도해 나갔으나 고구려의 반격을 우려하여 백제가 침략해 오는 것을 효과적으로 막을 수 없었다. 이에 신라는 고구려와 연합을 꾀했으나 성공하지 못하자 당과 군사 동맹(648)을 맺어 한반도를 통일하려 하였다. 고구려 침략에 실패한 당도 신라를 이용하여 한반도를 장악하려는 야욕을 가지고 있었으므로 자연스럽게 나·당 연합군이 결성(650)되었다

ㄷ. **성왕**(聖王, 523~554) 수도를 사비성(부여, 소부리)으로 천도(538), 부여 정통성의 강조로 국호를 남부여로 고침.

ㄹ. **신라와 가야의 결혼동맹**(522) 대가야의 이뇌왕(異腦王)이 신라(법흥왕은 이찬 비조부(比助夫)의 여동생을 이뇌왕에게 보내주었다.)와 결혼동맹을 체결하여 고립에서 탈피하려 하였다.

05 다음 유물들이 발견된 발해 고분에 대한 설명으로 옳지 <u>않은</u> 것은? [3점]

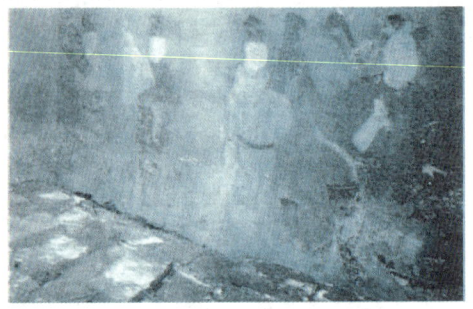 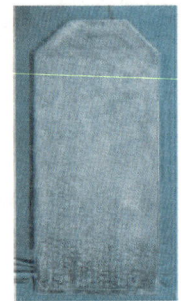

① 문왕의 딸인 정효 공주 묘이다.
② 중국 길림성 화룡현 용두산에 위치하고 있다.
③ 힘찬 기상을 표현한 돌사자상이 출토되었다.
④ 묘지명에 '황상(皇上)'이라는 용어가 사용되었다.
⑤ 고구려 계통의 모줄임 천장 구조를 계승하고 있다.

06 다음 글의 내용과 관련된 인물에 대한 설명으로 옳은 것을 〈보기〉에서 고른 것은? [2점]

> 중생들이 …… 비처럼 흩뿌리고 쓸데없는 공론이 구름처럼 흩어졌다. 어떤 사람은 내가 옳고 다른 사람이 그르다 하였으며, 어떤 사람은 내가 그렇고 다른 사람이 그렇지 않다 하여, 말이 한도 끝도 없게 되었다. …… 융통하여 서술하고는 그 이름을 십문화쟁론(十門和諍論)이라 하였다.
> - 서당화상비문 -

|보 기|

ㄱ. 아미타 신앙을 전도하며 불교의 대중화에 힘썼다.
ㄴ. 해동 화엄종을 창시하고 많은 제자를 양성하였다.
ㄷ. 다른 종파들과의 사상적 대립을 융화하려고 하였다.
ㄹ. 인도 등지에 관한 기록을 적은 왕오천축국전을 남겼다.

① ㄱ, ㄴ   ② ㄱ, ㄷ   ③ ㄴ, ㄷ
④ ㄴ, ㄹ   ⑤ ㄷ, ㄹ

해설 및 정답

05 정답 ③, ⑤ ·· (2010. 제8회 고급)

사진의 유물은 발해 문왕의 넷째 딸인 정효공주묘인데, 당의 영향을 받은 벽돌무덤으로 모줄임 천장구조이다. ③ 문왕의 둘째 딸인 정혜공주묘에서 돌사자가 출토되었고, 정효공주묘에서는 남장여자가 그려진 12인물상 벽화가 발견되었고, ⑤ 모줄임 천장(두팔천장) 구조는 서역 계통의 영향이다.

정혜공주묘(1949년 발굴, 굴식돌방무덤·모줄임 구조)) 발해 제3대 문왕의 둘째 딸의 묘로 중국 길림성 돈화현 육정산 고분군 소재. 대형돌방봉토분(大型石室封土墳)으로서 전체 구조가 고구려 후기의 고분 양식으로 천장도 모줄임구조 양식. 돌사자가 출토

정효공주묘(1980년 발굴, 벽돌무덤·모줄임 구조) 발해 제3대 문왕의 넷째 딸의 묘로 중국 길림성 화룡현 용두산 고분군 소재. 남북 길이 15m, 동서 너비 7m의 벽돌무덤으로 당(唐)의 영향. 남장여자가 그려진 12인물상 벽화 발견.

> **모줄임천장**(말각조정식천장, 末角藻井式天井) 무덤을 구성하는 네 벽 위에서 1~2단 안쪽으로 비스듬히 괴어올린 후 네 귀에서 세모의 굄돌을 걸치는 식으로 몇 번 반복하여 모를 줄여 가며 올리는 천장. 모줄임 천장과 팔각형의 돌기둥양식은 서역계통의 영향.

06 정답 ② ·· (2010. 제8회 고급)

사료는 서당화상 원효(속명:설서당)에 대한 비문인데 손자 설중업이 건립하였다. 원효는 「십문화쟁론」에서 여러 종파를 융합하려는 화쟁사상(원융회통사상)을 주장하였다. 그리고 원효는 극락에 가고자 하는 아미타신앙을 자신이 직접 전도하며 불교 대중화의 길을 열었다. ㄴ. 의상, ㄹ. 혜초에 대한 설명이다.

원효(元曉, 617~686) 6두품, 설총의 아버지, 문도 양성 안함. 실천불교 지향, 도당유학 안함. 소성거사(小性居士)를 자처하고 속인 행세, 일연은 그를 원효불기(元曉不羈)라고 평가, 「무애가」 저술, 고려시대 의천에 의해 화정국사(和靜國師)에 추증됨. 중국·일본·거란 등의 불교에 영향을 줌. 240권의 저서 중 22권이 전함. 「금강삼매경론」(유심소조(唯心所造)의 일심사상(一心思想))·「대승기신론소」(불·법·승의 불교이론 조김도)·「화엄경소」·「성실론소」 같은 명저를 써서 불교를 이해하는 기준을 확립하였고, 대중적이고 내세적인 정토종을 보급하여 불교의 대중화에 노력. 또, 「십문화쟁론」에서 화쟁사상(和諍思想)을 주장하여 여러 종파를 융합하려 하였다. 특히 「금강삼매경론」은 일본 불교에, 「대승기신론소」는 중국 화엄학(법장;중국 화엄학의 체계화)에, 「십문화쟁론」은 인도 불교에 각각 영향.

> **종파통합시도** 원효(화쟁사상) ― 의상(화엄종) ― 의천(천태종) ― 지눌(조계종) ― 보우(임제종)

ㄱ. **아미타신앙**
  1) **원효** : 극락에 가고자 하는 아미타신앙을 자신이 직접 전도하며 불교 대중화의 길을 열었다.
  2) **의상** : 화엄종단에서 아미타신앙과 함께 현세에서 고난을 구제받아 초현세적 해탈을 지향하는 관음신앙을 이끌었다.

ㄴ. **의상**(義湘, 625~702) 당에서 지엄 문하에서 법장과 함께 수학하고 돌아와 화엄종을 개창하고 3천여 명의 문도를 양성. 진골 출신이나 중앙 정치세력과의 유착을 거부하고 영주 부석사·양양 낙산사를 중심으로 지방에서 활약하였으며 고려 숙종 때 원교국사(圓敎國師)의 시호를 받았다. 저서인 「화엄일승법계도」는 화엄사상의 요체를 제시하였으며 화엄사상은 전제정치를 뒷받침하는 것으로 이해되기도 한다. 그리고 낙산사 창건시 지은 백화도량발원문(白花道場發願文)이 전하고 있다.

> **화엄일승법계도** 하나 안에 일체가 있고 다양한 현상 안에 하나가 있으며, 하나가 곧 일체요, 다양한 현상이 곧 하나이다. 한 작은 티끌 속에 우주 만물을 머금고, 일체의 티끌속에 또한 이와 같다.

ㄹ. **혜초**(慧超, 704~787) 23년 입당 구법하여 바닷길로 인도를 순례하고 육로로 돌아왔다. 기행문인 「왕오천축국전(往五天竺國傳)」(727년)의 일부가 지금까지 남아 있어, 당시의 인도와 서역지방의 역사 연구에 귀중한 자료. 오랫동안 그 이름만 알려져 오다가 1908년 프랑스의 동양학자 펠리오(Pelliot)가 중국의 돈황 천불동 막고굴에서 필사본을 입수하여 빛을 보게 되었다. 책이라고 부르기에는 어색한 두루마리 종이에 쓰여 있는데, 인도 각국 왕들의 병력 수와 코끼리 소유, 아랍족의 침입, 법제, 음식, 의상, 습속, 기후 등이 기록. 현재 프랑스 파리 국립도서관에 소장. 현존 한국 최고(最古)의 서지이자 세계4대 여행기의 하나.

07 다음은 신라 역사를 세 시기로 구분한 것이다. 이에 대한 설명으로 옳지 않은 것은?

[2점]

혁거세	지증왕	법흥왕	진덕왕	무열왕	혜공왕	선덕왕	경순왕
상고		중고		하고			
상대				중대		하대	

① 상고·중고·하고는 삼국사기의 시기 구분이다.
② 상고 시기에는 신라 고유의 왕 호칭을 사용하였다.
③ 중고 시기에는 불교식 왕명을 사용하였다.
④ 중대에는 태종 무열왕의 직계 후손들이 왕위에 올랐다.
⑤ 하대에는 진골 귀족들의 왕위 쟁탈전이 전개되었다.

08 다음 비문의 밑줄 그은 '태왕(太王)'과 관련된 설명으로 옳은 것은?

[2점]

'태왕(太王)'이 …… 크게 인민(人民)을 얻어 …… 이리하여 관경(管境)을 순수(巡狩)하면서 민심을 □□하고 노고를 위로하고자 한다. 만일 충성과 신의와 정성이 있고 …… 상(賞)을 더하고 …… 한성(漢城)을 지나는 길에 올라 …… 도인(道人)이 석굴에 살고 있는 것을 보고 …… 돌에 새겨 사(辭)를 기록한다.

① 율령을 반포하여 통치 질서를 확립하였다.
② 화랑도를 국가적인 조직으로 개편하였다.
③ 이사부를 보내 우산국(울릉도)을 복속시켰다.
④ 만주 지방에 대한 대규모의 정복 사업을 단행하였다.
⑤ 김흠돌의 모역 사건을 계기로 귀족 세력을 숙청하였다.

07 정답 ① ·· (2010. 제8회 고급)

① 삼국사기는 상대·중대·하대로 시기를 구분하였고, 삼국유사가 상고·중고·하고로 시기를 구분하였으며, ② 거서간, 차차웅, 이사금, 마립간 명칭 사용, ③ 법흥왕-진덕왕은 불교식 왕명으로 왕즉불 사상을 보여 주었고, ④ 김춘추가 왕이 되면서 무열계 김씨에서 왕위에 올랐으며, ⑤ 혜공왕이 죽고 선덕왕이 즉위하면서 155년간 20여 명의 왕이 교체되는 왕위 쟁탈전이 전개되었다.

≫ 신라사의 시대 구분 ≪

왕대 / 구분	혁거세 16대 흘해왕	17대 내물왕 22대 지증왕	23대 법흥왕 28대 진덕왕	29대 무열왕 36대 혜공왕	37대 선덕왕 50대 정강왕	51대 진성왕 56대 경순왕
삼국사기	B.C. 57 성 골		A.D. 654	780 진 골 (무열계)	진 골 (내물(원성)계)	935
	상 대			중 대	하 대	
삼국유사	상 고		중고(성골)	하고(진골)		
왕 명	고유시대		불교식 왕명	중국식 시호시대		
사 회	고대국가 기틀마련	고대국가 발 전	귀족연합	전제왕권 사 회	왕권쟁탈	지방호족 의 독립

> **신라 왕호의 변천** 신라에서는 왕의 칭호가 거서간, 차차웅, 이사금, 마립간, 왕 등으로 여러 차례 바뀌었는데, 이런 변화는 신라의 발전 과정을 나타낸 것으로 보인다. 즉, 정치적 군장과 제사장의 기능이 분리되면서 거서간과 차차웅으로 그 칭호가 나누어지게 되었고, 박·석·김의 3부족이 연맹하여 그 연맹장을 3부족에서 교대로 선출하게 될 때에 연맹장이란 의미에서 이사금을 칭하였다. 이후 김씨가 왕위 세습권을 독점하게 되면서 그 왕권의 강화를 표시하기 위해 대수장이란 의미의 마립간으로 바꾸었다. 그 뒤 왕위의 부자상속제를 확립하고, 이어 6부를 개편하여 중앙 집권화를 추진하면서 마립간 대신 왕이란 칭호를 사용.

08 정답 ② ·· (2010. 제8회 고급)

사진은 진흥왕 순수비 중 북한산비로 진흥왕의 북한강 하류지역 진출을 보여준다. ① 법흥왕, ② 진흥왕, ③ 지증왕, ④ 광개토대왕, ⑤ 신문왕에 대한 설명이다.

진흥왕(540~576) 영토 확장(척경비 건립), 남한강 상류를 차지하고(단양 적성비) 북한강 하류까지 진출(북한산비), 신주(新州) 설치, 중국 진(陳)·북제에 사신 파견, 화랑 공인, 「국사」 편찬, 개국·대창·홍제 등의 연호 사용, 제왕·태왕·짐 등의 용어를 사용하여 신라의 천하관 과시, 품주(관등) 설치, 백좌강회·팔관회 개최, 황룡사 건립, 대가야 병합(562), 태자책봉제 실시, 국원소경(중원경: 충주) 설치.

① **법흥왕**(514~540) 율령 반포(520), 17관등 정비, 공복 제정(520), 불교 공인(527), 사신(捨身, 왕이 일시 절에 들어감으로 사찰의 재원 확보), 흥륜사 창건, 병부와 상대등 설치(531), 금관(본)가야 병합(532), 신라 최초의 연호인 건원(建元)을 사용하고(536), 양과 통교.

③ **지증왕**(500~514) 국호를 신라로 확정, 왕호를 마립간에서 왕으로 개정하는 한화정책(漢化政策) 추진(503), 이사부를 보내 우산국 복속(512), 우경(牛耕), 법령의 실시, 동시전(東市典)의 설치(509), 군현제를 실시하고 군주 파견, 순장의 폐지, 박씨의 왕비족 결정, 아시촌(함안)에 최초의 소경을 설치.

⑤ **신문왕**(681~692)의 진골 숙청

> 1. 즉위하던 해에 국구(國舅)인 소판 김흠돌의 모역사건을 계기로 파진찬 흥원과 대아찬 진공 등의 연루자를 제거하였고, 사전에 알고도 고발하지 않았다는 불고지죄의 죄목으로 상대등이자 병부령인 김군관을 사형에 처하여 전제 왕권의 확립을 위한 과감한 귀족세력의 숙청을 단행.
> 2. 그 후 신문왕은 왕권을 옹호하는 정치·경제·교육·군사 등에 관한 제도의 정비에 박차를 가하여 진골 귀족에 대한 차별적 왕권을 추구.

09 (가), (나)에 대한 설명으로 옳은 것을 〈보기〉에서 고른 것은? [2점]

> (가)에는 제술, 명경 두 과가 있고, …… 잡과가 있다. …… 그 외에도 유일(遺逸)의 천거(薦擧)와 (나)에 의한 서용(敍用), 성중애마(成衆愛馬)의 서용, 남반(南班)·잡로(雜路)를 통한 승전(陞轉) 등이 있어 관리로 진출하는 길이 하나만은 아니다.
> - 「고려사」선거지 -

| 보 기 |

ㄱ. (가)보다 (나)가 먼저 제도화되었다.
ㄴ. (가)와 (나)를 모두 거친 관리도 있었다.
ㄷ. 백정 농민은 법률상 (가)에 응시할 자격이 없었다.
ㄹ. 문벌 귀족은 (나)를 통해 관직 등용의 특권을 누렸다.

① ㄱ, ㄴ ② ㄱ, ㄷ ③ ㄴ, ㄷ
④ ㄴ, ㄹ ⑤ ㄷ, ㄹ

10 다음 사찰에 관한 설명으로 옳지 않은 것은? [2점]

복원 전 모습

복원 후 모습

① 단아하면서도 균형 잡힌 쌍사자 석등이 있다.
② 목조 건물들이 임진왜란 때 불타기도 하였다.
③ 석가탑 안에서 무구정광대다라니경이 발견되었다.
④ 석굴암과 함께 유네스코의 세계 문화유산으로 등재되었다.
⑤ 삼국유사에는 김대성이 현생의 부모를 위해 건립한 것으로 전한다.

해설 및 정답

09 정답 ④ ··· (2010. 제8회 고급)

(가) 과거, (나) 음서 이다. ㄱ. 과거는 고려 광종 때(958년), 음서는 고려 성종 때 제도화되었고, ㄴ. 음서를 통해 관직에 나간 경우 문한직, 지공거직, 학관직 등에 취임할 수 없어 국자감시를 응시하여 문한직 진출을 모색, ㄷ. 과거는 양인(백정) 이상이면 누구나 응시할 수 있었으며, ㄹ. 고려는 문벌귀족사회로 과거보다 음서가 중시되었다.

1. **과거제도**
   1) **과거제도의 정비** ① 실시 : 후주 귀화인 쌍기의 건의로 광종 9년(958)에 실시하여 경종 때(977) 친시(親試), 성종 때(983) 복시(覆試)를 정비하고 인종 때(1139) 완비. 그 후 갑오개혁 때 폐지. ② 목적 : 문치주의를 표방해 호족세력을 중앙 관료 기구에 흡수하여 왕권에 복무케 하였다. ③ 자격 : 천민과 승려 자제를 제외한 양인층 이상이면 응시가 가능하였고, 과거의 횟수 제한은 없었다. ④ 절차 : 식년시(式年試, 3년 기준의 정기 과거)가 원칙이었으나 격년시도 있었고, 시험은 3단계(3층법)로 나누어 실시.
   2) **과거의 종류와 특전** ① 제술업(진사과) : 과거의 통칭으로 한문학(시·부·송·책)에 대한 논술로 응시, 한문학의 발달의 계기, 외교·행정 실무에서 문장이 중요해 <u>가장 중시</u>. ② 명경업 : 유교 경전(3경·춘추·예기)에 대한 독해로 응시. ③ 잡업 : 술관 등용, 백정 농민이 주로 응시하였고 명법업(율령), 명산업(산술), 명서업(서체), 지리업(지리), 의업·주금업(의학) 등. ④ 승과 : 엄경으로 응시하는 교종시와 전등록으로 응시하는 선종시로 나누고 교종시 합격자는 대덕·승통, 선종시 합격자는 대선사·대선 등의 승직에 등용. ⑤ 특전 : 과거 합격자는 홍패를 수여받고 등과전(登科田)을 지급받았으며, 경직과 외직의 실직에 근무하였고, 문한직에 임용.
   3) **관리선발의 특징** 문과 위주 : 문과가 중시되고 무과는 예종 때 1회 실시되었고 공양왕 3년(1391)에 비로소 설치되어 제대로 시행되지 않았다.

2. **음서제도** ① 대상 : 고려 성종 때 확립된 음서제도(문음·공음)는 왕족 후예, 종신(왕족 관직자) 공신 후손, 5품 이상 고관자손을 대상으로 과거를 거치지 않고도 연령 제한은 없으나 15세 전후하여 관직에 조기 진출할 수 있도록 한 문벌귀족사회의 특징(조선의 문음은 2품 이상으로 제한). ② 시행 시기 : 정기적·항례적 시행은 물론이고 국왕 즉위·책봉·쾌차·국가 경사 등에도 시행. ③ 수혜 범위 : 음서제는 1인 1자를 원칙으로 하되 탁음자가 3품 이상일 때는 그 수음자(수혜자)가 8개 친족(자·손·수양자·사위·외손·조카(생·질)·동생)까지 확대되었고, 5품 이상일 때는 자·손까지만. ④ 문한직 제약 : 음서를 통해 관직에 나간 경우는 한직제의 제약은 없었으나 <u>문한직·지공거직·학관직 등에는 취임할 수 없어</u> 그들은 <u>국자감시를 응시하여 문한직으로의 진출을 모색</u>. ⑤ 산직 임용 : 음서를 통해 관직에 나간 자를 남행관(음관)이라 불렀는데, 그들은 예비관료인 동정직과 임시직인 권무직 등에 임용. 고려시대에 과거보다 음서가 중요시되었던 이유는 능력 본위의 관료사회적 측면보다도 신분 본위의 귀족사회의 성격이 더 강했기 때문. 음서는 공음전과 함께 문벌귀족사회를 형성·강화시켜 주는 구실을 하였고, 고려 귀족사회의 특징.

3. **기타 제도** 고려시대에는 과거·음서 외에도 천거제의 유일(遺逸), 궁중 잡역직 선발의 남반잡로(南班雜路), 국왕 호위 측근 선발의 성중애마(成衆愛馬) 등이 있었는데 조선에 들어와서 남반잡로와 성중애마는 이직(吏職)으로 떨어졌고 유일은 존속.

10 정답 ① ··· (2010. 제8회 고급)

사진의 사찰은 통일신라 경덕왕 때(751년) 김대성의 발원으로 창건한 불국사이다. ① 법주사의 쌍사자 석등, ② 임란 중인 1593년 5월 대웅전, 극락전, 자하문 등 2천여 칸이 소실, ③ 세계 최고의 목판인쇄물이 1966년 10월 복원공사 당시 2층 탑신부에서 발견, ④ 1995년에 등재, ⑤ 김대성이 현생의 부모를 위해서는 불국사를, 전생의 부모를 위해서는 석불사(석굴암)를 건립하였다.

불국사 경덕왕 때(751) 김대성의 발원으로 <u>현생의 부모를 위해</u> 창건. 목조건물은 임진왜란 때에 소실된 것을 조선 후기 일부 중수하였고 1972년 복원. 창건 당시의 것으로 다보탑·3층석탑(석가탑)·청운교·백운교 등이 유명하다(1995년 UNESCO 선정 세계문화유산).

석굴암(석불사) 경덕왕 때(751) 김대성의 발원으로 <u>전생의 부모를 위해</u> 착공된 인조 석굴사원(무덤양식과 사찰양식을 겸). 전실은 구형(矩形)으로, 후실은 원형(圓形). 석굴암 배치를 보면 정사각형과 대각선, 정삼각형과 수선, 원형과 균등 분할 등 기하학 기법을 응용(치밀한 구성과 정제미). 여러 불상의 배열 방식은 불교 세계의 이상을 표현(1995년 UNESCO 선정 세계문화유산).

11 (가)~(다)는 고려 시대 역사서의 내용이다. 이들 역사서를 옳게 배열한 것은? [3점]

(가) 지금의 학사 대부가 중국 역사에 대하여는 자세히 알고 있으나, 우리나라 역사에 대하여는 도리어 아득하고 그 시말(始末)을 알지 못하니 매우 한탄스러운 일이다.

(나) 요동에 별천지가 있으니, 중국과는 확연히 구분되도다. 큰 파도가 출렁거리며 삼면을 둘러쌌는데, 북녘에는 대륙이 있어 가늘게 이어졌도다. 가운데에 사방 천 리 땅, 여기가 조선(朝鮮)이니, 강산의 형승은 천하에 이름이 있다.

(다) 구삼국사를 얻어 보니 그 신이한 사적이 세상에서 이야기하는 것보다 더하였다. 그러나 역시 처음에는 그것을 믿지 못하고 귀환(鬼幻)스럽다고 생각하였다. 여러 번 탐독 음미하여 차차 그 근원에 들어가니 환(幻)이 아니고 성(聖)이며, 귀(鬼)가 아니고 신(神)이었다.

	(가)	(나)	(다)		(가)	(나)	(다)
①	삼국사기	제왕운기	동명왕편	②	삼국사기	동명왕편	제왕운기
③	동명왕편	삼국사기	제왕운기	④	동명왕편	제왕운기	삼국사기
⑤	제왕운기	삼국사기	동명왕편				

12 (가), (나)에 대한 설명으로 옳은 것을 〈보기〉에서 고른 것은? [2점]

예부 전서 조박이 상소하였다. "조선의 (가) 은(는) 동방에서 처음 천명(天命)을 받은 임금이고, (나) 은(는) 처음 교화를 일으킨 임금입니다. 평양부로 하여금 때에 맞추어 제사 드리도록 하십시오."
— 「태조실록」 —

보기

ㄱ. (가) - 고려 때 동명왕과 함께 제사지냈다.
ㄴ. (가) - 삼국유사와 제왕운기 등의 기록에 나타나 있다.
ㄷ. (나) - 조선이 건국되면서 개국 시조로 숭배되었다.
ㄹ. (나) - 일본 학자들에 의해 식민 사학 이론에 이용되었다.

① ㄱ, ㄴ ② ㄱ, ㄷ ③ ㄴ, ㄷ
④ ㄴ, ㄹ ⑤ ㄷ, ㄹ

11 정답 ① ·· (2010. 제8회 고급)

(가) 김부식의 「삼국사기」 서문에 해당하는 「진삼국사표」(1145년), (나) 이승휴의 「제왕운기」(1287년), (다) 이규보의 「동명왕편」(1193년)의 서문(편찬 경위) 내용이다.

(가) **삼국사기**(1145) 김부식은 신화적 세계관을 배척하고 「구삼국사」를 기본으로 도덕적 유교합리사관(춘추필법)에 입각하여 삼국시대의 역사를 편찬.

> **「삼국사기」의 자주적 측면** ① 당시 송·금 대립에서 오는 국내 불안정 속에서 자기 문화의 고양 시도, ② 삼국 왕을 중국 천자와 대등하게 「본기」로 기술함(「고려사」에서는 왕을 제후격인 「세가」로 기술), ③ 신라 고유 왕호 사용 : 거서간·차차웅·이사금·마립간(최치원의 「제왕연대력」에서는 신라 고유 왕호를 비야하다고 봄), ④ 중국식 유년칭원법(踰年稱元法)이 아닌 즉위년칭원법(卽位年稱元法) 사용(고려사는 유년칭원법 사용)

(나) **제왕운기**(1287) 충렬왕 때 이승휴(1224~1300)가 삼척 두타산에서 지은 역사책. 유교를 중심으로 불교와 도교문화의 삼교합일(三敎合一)과 기층 공동체 문화까지를 포괄하고 있으며, 상·하 2권으로 되어 있다. 상권에는 중국 역사로 금(金)까지의 역대 사적을 7언시로 읊었고, 하권에는 단군으로부터 충렬왕 때까지의 사실을 7언시·5언시로 읊었다. 그는 단군의 혈통이 삼한·삼국·옥저·동예로 계승된 것으로 보았으며 삼국을 균등하게 서술하여 대조선주의를 지향. 특히 요동 이동이 중국과는 다른 별천지임을 강조하고 단군신화와 발해 내용을 수록하였으나, 외세와 대항한 을지문덕과 강감찬의 기사를 생략함으로 원의 고려 지배를 저항 없이 그대로 수용하는 한계성.

(다) **동명왕편**(1193) 이규보는 「삼국사기」에 만족할 수 없어 「구삼국사」를 읽고 신이(神異)한 내용이지만 민족의식과 정서를 위해서는 역사적 가치가 있음을 고증하여 유불선과 민간신앙을 포용하여 금(金)에 대한 자존심으로 고구려 건국 영웅 동명왕을 칭송해 오언시(五言詩)로 저술한 영웅서사시로 주몽 전설과 비둘기·5곡 종자 설화를 수록하고 있다. 이규보는 「동명왕편」의 서술 동기를 "천하로 하여금 우리나라가 본래 성인의 도읍임을 알도록 하고자 한 것이다."라고 밝혔다.

12 정답 ④ ·· (2010. 제8회 고급)

(가) 단군, (나) 기자인데, 단군은 역사의 유구성과 천손 후예의 자부심을, 기자는 8조법금을 제정한 도덕문명의 뿌리로 각각 강조하였다. ㄱ. 고려 숙종 때(1102년) 평양에 기자묘(기자사당) 건립, ㄴ. 단군신화 수록, ㄷ. 개국시조는 단군이며, ㄹ. 일제 식민사학 중 기자동래설은 만선사관으로 타율성이론에 속한다.

> **단군신화(건국내력) 수록 문헌** 「삼국유사」·「제왕운기」·「응제시주」·「세종실록지리지」·「동국여지승람」·「신증동국여지승람」

기자조선 고조선의 발전과 관련하여 기자조선에 대한 기록이 있다. 사서에는 주의 무왕이 기자를 조선 후에 봉하였다고 되어 있고 그 연대를 B.C. 12세기경으로 추정하기도 한다. 그리하여 기자조선을 고조선의 발전과정에서 사회 내부에 등장한 새로운 지배세력을 가리키는 것으로, 동이족의 이동과정에서 기자로 상징되는 어떤 부족이 고조선의 변방에서 정치세력을 잡은 것으로 보는 견해도 있다(기자동래설은 중국 한대(漢代) 이후 조작된 것으로 조선에 대한 고대 중국의 연고권 강조 의도로 보여진다. 우리나라에서는 고려 숙종 때 평양에 기자사당(기자묘(箕子廟))을 건립하여 그를 8조법을 제정한 교화지주(敎化之主)로 추앙하였는데, 이는 우리나라가 중국에 못지않은 문명국이라는 문화적 자신감에서 비롯.

조선 초 환인·환웅·단군의 삼신을 국조신(國祖神)으로 격상시켜 황해도 구월산 삼성사에서 제사를 드리고 세종 때 평양의 기자사당(숭인전) 앞에 단군사당(숭령전, 단군·동명왕 향사)을 건립하여 제사를 드렸으며, 명사(明使)가 참배하도록 하였다.

> **제사 횟수** 기자는 매월 초하루와 보름에 2회, 단군은 봄·가을에 제사를 지내 단군이 기자보다 격이 낮았다.
> **15세기 3조선설의 인식** 단군 : 민족의식의 구심점, 기자 : 문화민족의 자긍심, 위만 : 생활권 강조
> **16세기** 사림의 존화주의·왕도주의적 정치·문화의식을 반영하는 사서가 편찬되었는데, 사림들은 단군보다 기자를 숭상. 「기자지」(윤두수), 「기자실기」(이이, 기자를 우리나라 최초의 성인으로 정립) 등.

13 조선 초기에 건립된 목조 건축물을 〈보기〉에서 고른 것은? [2점]

보기
ㄱ. 금산사 미륵전
ㄴ. 평양 보통문
ㄷ. 개성 남대문
ㄹ. 법주사 팔상전

① ㄱ, ㄴ   ② ㄱ, ㄷ   ③ ㄴ, ㄷ
④ ㄴ, ㄹ   ⑤ ㄷ, ㄹ

14 다음 자료의 기관에 대한 설명으로 옳지 <u>않은</u> 것은? [2점]

- 경국대전에는 "궐내의 경적(經籍)을 관장하고 문한(文翰)을 다스리며 왕의 고문에 대비한다."고 하였다.
- 옥당이라고도 부르며 그 관원은 경연을 담당하였다.
- 부제학에서 부수찬에 이르는 관원은 왕의 교서를 작성하는 일을 맡았다.

① 장관을 대제학이라 하였다.
② 외교 문서의 작성을 전담하는 관원이 있었다.
③ 사간원, 사헌부와 함께 언론 3사라고도 하였다.
④ 소속 관원은 청요직이라 하여 선망의 대상이었다.
⑤ 세조 때 폐지된 집현전과 유사한 업무를 담당하였다.

13 정답 ③ ··· (2010. 제8회 고급)

ㄱ. 17세기, ㄴ. 15세기, ㄷ. 15세기, ㄹ. 17세기의 건축물이다.
ㄱ. 금산사 미륵전 ㄴ. 평양 보통문 ㄷ. 개성 남대문 ㄹ. 법주사 팔상전

조선의 건축물

1) **전기** 신분 질서 유지와 사치 방지 목적으로 규모를 신분에 따라 차등. 작고 검소하였으며, 주위 환경과 조화를 모색. 숭례문(석왕사 응진전 모방), 개성 남대문, 평양 보통문, 팔만대장경 장경판전(해인사 경판고), 창덕궁(1997년 UNESCO 선정 세계문화유산) 돈화문, 창의문(자하문), 창경궁 홍화문 및 명정전, 신륵사 조사당, 신륵사 석탑, 원각사지 10층석탑(1992년 탑신에서 불타열반도 발견), 무위사 극락전 등이 전하고 있다.

2) **중기** 16세기에는 서원건축이 발달하였고, 17세기에는 사원건축이 발달.
   ① 서원건축 : 유불교체의 표현으로 검소한 주택건축 양식과 사원건축 양식(가람배치 양식)과 자연의 산천을 배경으로 하는 정자건축 양식이 배합되어 독특한 아름다움. 이름난 서원으로는 경주의 옥산서원(이언적 제사), 안동의 도산서원(이황 제사), 해주 석담의 소현서원(이이 제사) 등.
   ② 사원건축 : 17세기를 대표하는 것으로 금산사의 미륵전, 화엄사의 각황전, 법주사의 팔상전(국내 유일의 목조 5층탑) 등. 이 시기 건축물의 특징은 모두 규모가 큰 다층 건물로 내부는 하나로 통하는 구조를 가지고 있는데, 이는 불교의 사회적 지위향상과 양반 지주층의 경제적 성장을 반영.
   ③ 종묘(宗廟) : 임진왜란으로 불에 타 1604년(선조 37년)부터 중건이 논의되어, 선조 41년 개기입주(開基立柱)되고 광해군 즉위년인 1608년 5월 중건되었다(1995년 UNESCO 선정 세계문화유산). 그리고 종묘 제례와 종묘 제례악이 2001년 5월 UNESCO 선정 세계무형유산으로 등록.

2) **후기**
   ① 18세기 : 평양 대동문, 불국사 대웅전, 화성(수원성, 1794.1~1796.10의 34개월 소요) 등이 건립되고, 사회적으로 크게 부상한 부농과 상인의 지원을 받아 그들의 근거지에 장식성이 강한 사원이 많이 세워졌는데, 논산 쌍계사, 부안 개암사, 안성 석남사 등.
   ② 19세기 : 흥선대원군에 의해 경복궁의 근정전과 경회루가 중건.

14 정답 ② ··· (2010. 제8회 고급)

자료의 기관은 홍문관(옥당)인데, 세조대에 예문관에 홍문관 직책 관원을 설치하였고, 성종대에 기능을 강화하였다. ① 문형이라고 하며 국왕의 사부였고, ② 승문원의 기능, ③ 삼사로 왕권 견제 기능, ④ 깨끗하고 긴요한 관직으로 과거에 우수한 성적으로 급제한 자들이 임용, ⑤ 사육신사건으로 집현전 폐지 이후 문한 관리, 경연 관장, 국왕의 학문적 자문에 응하는 역할을 담당하였다.

홍문관(세조, 1463) 집현전을 계승하여, 예문관에 홍문관 직책 관원을 설치. 성종 때 홍문관을 강화하여 홍문관의 대간 탄핵권이 확보되고, 서얼 등용을 금지시켜 일명 옥당(玉堂)이라 불렸으며 궁궐 안의 경적(經籍) 관리, 문한(文翰) 관리, 경연 관장, 국왕의 학문적 자문에 응하는 고문 역할을 담당. 국왕을 대신하여 중요한 문서를 작성.

> **통치기구의 별칭** 의정부(정부·묘당·도당·낭묘·황각), 예조(남궁), 승정원(은대), 의금부(금오·왕부), 사헌부(상대·오부), 사간원(간원), 홍문관(옥당), 승문원(괴원)

① **대제학**(문형) 집현전 시절부터 있었으며 국왕의 사부(師傅)로 홍문관의 실제 책임자.

> **비변사의 구성** 의정부 3정승, 5조 판서와 참판(공조는 제외), 5군영대장, 유수, 대제학, 군무에 능한 현·전직 고관 등 당상관 이상의 관리들이 참여

② **국왕 보좌기관** 왕에게 진강하는 경연청, 세자에게 진강하는 서연청, 교서 작성의 예문관, 외교문서 담당의 승문원, 국립대학인 성균관, 역사 편찬의 춘추관 등.

③ **언론 3사** 사헌부(대사헌 : 종2품), 사간원(대사간 : 정3품), 홍문관(대제학 : 정2품)

④ **청요직**(淸要職) 보문각·한림원·춘추관등의 관원, 국자좨주·대간(대관(감찰)+간관(간쟁))·정조(政曹)의 관원, 중추원의 승선(承宣) 등을 청요직이라 하여 유능한 인물로 엄선하였고 그들은 국가의 기본이념·사상을 주도하는 역할을 담당.

15 다음 자료를 통해 추론한 내용으로 적절하지 않은 것은? [2점]

> 나라 제도에 부곡리(部曲吏)는 비록 공이 있더라도 5품을 넘을 수 없었다. 유청신은 몽골어를 익혀 왕명으로 여러 차례 원에 사신으로 다녀왔는데, 답변을 잘하여 충렬왕의 총애를 받고 낭장에 임명되었다. 왕이 교서를 내리기를, "유청신은 힘을 다하여 공을 세웠으니 비록 그 가세(家世)가 5품에 제한되어야 마땅하나, 그만은 3품까지 오를 수 있도록 허용하라."고 하였다. 또한 고이부곡(高伊部曲)을 승격시켜 고흥현(高興縣)으로 삼았다.
> - 「고려사」 열전 유청신 -

① 신분에 따라 승진의 한계가 있었을 것이다.
② 몽골어를 잘하여 출세하는 이들도 있었을 것이다.
③ 이 자료의 주인공은 고려의 자주성 회복에 힘썼을 것이다.
④ 공로를 세우면 출신 부곡이 현으로 승격될 수 있었을 것이다.
⑤ 부곡의 향리는 일반 군현의 향리에 비해 차별을 받았을 것이다.

16 다음 설명에 해당하는 승탑[부도]을 〈보기〉에서 고른 것은? [2점]

- 고려 전기에 제작되었다.
- 신라의 전통적인 양식에서 크게 벗어났다.

보 기
ㄱ. 전(傳) 흥법사 염거화상탑
ㄴ. 정토사 홍법국사 실상탑
ㄷ. 법천사 지광국사 현묘탑
ㄹ. 쌍봉사 철감선사탑

① ㄱ, ㄴ　　② ㄱ, ㄷ　　③ ㄴ, ㄷ
④ ㄴ, ㄹ　　⑤ ㄷ, ㄹ

해설 및 정답

15 정답 ③ ·· (2010. 제8회 고급)

③ 유청신(柳淸臣, ?-1329)은 고려 충렬왕 때 역관으로 몽골어에 능숙하여 여러 차례 원나라에 사신으로 내왕하며 공을 세웠다. 고려에 원나라의 내지(內地)에 설치된 행성(行省)을 두자는, 이른바 입성책동(立省策動)을 벌였으며, 충숙왕이 정사를 제대로 돌보지 못한다는 무고를 하기도 하여 「고려사」의 간신전에 수록되었다.

원간섭기의 신분동요 역관, 향리, 평민, 부곡민, 노비, 환관 중에서 전공을 세우거나 몽골 귀족과의 혼인을 통해서 또는 유청신(간신으로 입성책동 시도)·조인규 등 몽골어에 능숙하여 출세하는 사람들이 많았다. 이에 원 간섭기에는 친원 세력이 권문세족으로 성장하는 경우가 적지 않았다.

향소·부곡 종속구역으로 종속구역민들은 거주가 긴박되었고 포상으로 군현 거주가 가능. 향·소·부곡은 하층 양민이 거주한 특수행정구역으로 향리가 지배하였으며 일반 군현으로의 승격도 가능하고 군현이 향·소·부곡으로 강등도 가능하여 군현과 크기와는 상관이 없었다. 따라서 때로는 군현보다도 큰 부곡도 존재. 향·소·부곡의 주민들은 국역의 부담을 졌는데 일반 양민보다도 더 많은 세금 부담을 졌고 향·부곡의 주민들은 농업에, 소에 거주하는 주민들은 수공업 제품이나 광물 생산을 생업. 부곡리(部曲吏)는 일반 군현의 향리에 비해 차별을 받았고, 그들을 인리(人吏)·장리(長吏)·토성이민(土姓吏民) 또는 외리(外吏)라고도 불렀다.

> **부곡제(部曲制) 지역** 고려사회는 지역간 발전 수준의 격차, 나아가 개별 민호간의 경제적 격차가 엄연하게 존재하여 전체 민호를 균일적으로 지배할 수 없었다. 따라서 고려 정부에서 이러한 편차를 인정하면서 이를 군현제와 향·소·장·처를 포함하는 부곡제의 양 영역으로 묶어, 각 영역에 대하여 별도의 대민 지배를 실현하였는데, 이를 본관제적 지배 방식이라 하였다. 부곡제를 비롯한 특수행정영역이 광범위하게 발생한 본질적 까닭은 국가가 일반 군현 영역에서 얻기 힘든 각종 공물이나 노동력 등을 안정적이고 지속적으로 확보하기 위해서였다. 부곡제를 비롯한 특수행정영역은 본질적으로 국가의 지역적 분업체계의 일환으로 만들어진 것으로, 이는 사회적 생산력의 발전 정도에 따른 국가의 사회적 분업체계의 한 방편이기도 하였다. 특수행정영역의 편제는 그 곳 주민의 자발적인 요구가 아닌 국가의 일방적 요구에 따른 강제적 형태로 추진.

16 정답 ③ ·· (2010. 제8회 고급)

ㄱ.ㄹ은 신라 말기의 전형적인 팔각원당형 승탑(부도)이고, 부도는 고려시대에 들어와 특이한 형태의 불탑형 또는 석종형 양식으로 바뀌었다. ㄴ. 청주 소재로 1017년(현종8), ㄷ. 원주 소재로 1085년(선종2)에 건립되었다.

신라 승탑 전체 평면이 팔각을 이루는 팔각원당형을 기본형으로 삼고 있는 승탑은 기단부는 물론이고 그 위에 놓이는 탑신부, 옥개석, 상륜부까지 모두 팔각으로 조성되어 정형화되고 규격화된 탑파라는 불교 조형물의 일반적인 틀을 깨고 정교하고 화려한 장식문양 등 균형·조화미가 돋보이는 듯 다양한 형태로 조성되어 지방호족의 문화적 특색을 느낄 수 있는데, 양양 진전사지 부도(도의의 승탑으로 추정되는 한국 부도의 시원)·전(傳) 흥법사 염거화상(도의의 제자)탑·화순 쌍봉사 철감선사(도윤) 승탑 등이 대표적이다. 그리고 탑비로는 충북 제천시 월광사 원랑선사 탑비가 전하고 있다.

고려 승탑 승려들의 승탑인 부도는 신라 후기 이래의 전형적인 형태인 팔각원당형 양식을 계승한 것이 많았으나 점차 특이한 형태를 띠면서 불탑형 또는 석종형 양식으로 바뀌어 가면서 조형예술의 중요한 부분이 되었다. 구례의 연곡사 동·서부도와 북부도, 공주의 갑사 부도, 여주의 고달사지 원종대사 혜진탑(975), 청주의 정토사 홍법국사 실상탑(1017), 원주의 법천사 지광국사 현묘탑(1085, 6m가 넘는 불탑형), 신륵사 보제존자석종부도(나옹화상부도)

17 다음 자료의 밑줄 그은 '나'에 대한 설명으로 옳은 것은? [2점]

> 나는 옛날 공(公)의 문하에 있었고 공은 지금 우리 수선사에 들어왔으니, 공은 불교의 유생이요 나는 유교의 불자입니다. 서로 손과 주인이 되고 스승과 제자가 됨은 옛날부터 그러하였고 지금에야 비롯된 것은 아닙니다.

① 유교와 불교의 일치를 주장하였다.
② 권문세족과 긴밀한 관계를 맺고 있었다.
③ 처음으로 수선사 결사 운동을 전개하였다.
④ 교종의 입장에서 선종을 통합하려 하였다.
⑤ 성균관의 부흥을 통해 성장한 신흥 유학자였다.

18 다음 자료와 참전 신분이 가장 유사한 성격을 지닌 전투는? [1점]

> 처음 충주 부사 우종주가 매번 문서 처리에 있어서 판관 유홍익과 틈이 있었는데, 몽골병이 장차 쳐들어온다는 말을 듣고 성 지킬 일을 의논하였다. 그런데 의견 차이가 있어 우종주는 양반 별초(兩班別抄)를 거느리고, 유홍익은 노군(奴軍)과 잡류 별초(雜類別抄)를 거느리고 서로 시기하였다. 몽골병이 오자, 우종주와 유홍익은 양반 등과 함께 성을 버리고 다 도주하고, 오직 노군과 잡류만이 힘을 합하여 이를 격퇴하였다.
> - 「고려사」 -

① 진포 전투 ② 홍산 전투 ③ 안융진 전투
④ 처인성 전투 ⑤ 관음포 전투

17 정답 ① ··· (2010. 제8회 고급)

사료의 나는 고려 무신기 조계종 승려인 진각국사 혜심(1178-1234)이다. ① 사마시 출신으로 유불사상 일치설을 주장해 유교와 불교의 타협을 기도, ② 최씨 무신정권의 최우(최이)와 관계, ③ 지눌, ④ 의천의 해동 천태종, ⑤ 이색에 대한 설명이다.

무신집권기의 불교계 교종 중심의 사원은 무신정변 이후 문신의 피난처가 되는 한편, 무신정권과 자주 충돌하였다. 이 무렵 선종 계통을 통합한 조계종이 발전을 하자, 최씨정권은 현실 참여의 교종·천태종 보다도 속리수행(俗離修行)의 조계종이 자신들의 독재정치와 마찰을 피할 수 있다고 보았고 천태종에 대항해 정책적으로 조계종을 후원해 최충헌과 지눌이, 최우와 혜심이 연계.

1) **조계종의 발전** 조계종은 선종의 우리나라 명칭으로 왕실 및 문신귀족과 결탁한 세속적인 불교를 배척하며 정혜쌍수(定慧雙修)·돈오점수(頓悟漸修)·선교병수(禪敎並修)·선교일원(禪敎一元)·선오후수(先悟後修) 등의 수행법을 주장하여 교리상으로도 커다란 발전. 그리고 조계종의 성립 배경에는 원효 이후 의천의 종파 통합의 역사적 경험과 배경이 작용하였으며, 조계종은 산간불교로 간화선(看話禪) 등 심성의 도야를 강조하였고, 혜심은 불교에서 성리학(불교 선종+유학)으로 넘어가는 과도기적 역할도 수행.

2) **지눌**(보조국사, 목우화상, 1158~1210) : 사굴산문 출신으로 화엄사상을 도입하여 화엄과 선의 근본이 다르지 않다고 하고, 선종 중심으로 교종 통합을 시도. 이로써 지눌의 사상은 교종과 선종의 조화를 이루어, 고려 불교가 지향하던 선·교 일치의 완성된 철학체계를 이룸. 그리고 송광사(← 나말 : 길상사)에서 불교 정화의 결사운동을 주도하여 수선사(정혜결사)를 결성. 저서로는 「진심직설」·「수심결」·「정혜결사문」·「화엄론절요」·「간화결의론」·「원돈성불론」 등. 조계종은 지눌이 수선사를 열면서부터 매우 흥성하여 고려 후기에는 불교계의 중심적인 종파가 되어 많은 승려를 배출.

3) **혜심**(진각국사, 1178~1234) : 사마시 출신의 수선사 2대 교주로 유·불사상의 일치설을 내세워 유교와 불교의 타협을 기도하였다. 저서로 「선문염송집」·「선문강요」·「진각국사어록」 등.

혜심의 유불일치설 "부처의 말씀에 두 성인을 진단에 보내어 교화를 펴리라고 했는데, 한 사람은 노자로서 그는 가섭보살이요, 또 한 사람은 공자로서 유동보살이다."라고 하였다. 이 말에 의하면 유교와 도교의 근본은 불법에서 흘러나온 것이니 방편은 다르나 실체는 같은 것입니다.

⑤ **국자감의 명칭 변화** 충렬왕 때 성균감, 충선왕 때(1308) 성균관으로 명칭이 바뀌었다. 공민왕 때 성균관을 중영(重營)하고 성균관에서는 유학만 교육하여 기술 교육이 분리되었다.

≫ **성균관 중영과 성리학의 발전** ≪

성균관을 다시 짓고 이색을 판개성부사 겸 성균관 대사성으로 삼았다. …… 이색이 다시 학칙을 정하고 매일 명륜당에 앉아 경(經)을 나누어 수업하고 강의를 마치면 서로 더불어 논란하여 권태를 잊게 하였다. 이에 학자들이 많이 모여 함께 눈으로 보고 마음으로 느끼는 가운데 정주(程朱) 성리학이 비로소 흥기하게 되었다.   <고려사>

18 정답 ④ ··· (2010. 제8회 고급)

사료는 몽골 침입 때 하층계급의 저항을 보여준다. ①②⑤ 고려 말 왜구 창궐에 대한 최무선·최영·정지 장군의 토벌, ③ 거란 1차 침입에 대한 서희의 외교담판, ④ 몽골 2차 침입에 대한 승장 김윤후와 처인 부곡민의 전투로 당시 김윤후는 몽골 장수 살리타를 사살하였다.

② **몽골의 2차 침입**(1232) : 몽골의 무리한 조공 요구로 최우집권기에 강화로 천도하였고 이 시기 간척사업 추진(1232.6). 살리타가 침입하였으나 처인성(용인)에서 고려의 승장 김윤후와 처인 부곡민에게 살해되고 몽골 군대는 쫓겨났다. 이 때 부인사 초조장경이 소실.

① **진포 전투**(우왕 6년, 1380) 대규모로 침입한 왜구를 나세(원나라 사람으로 귀화)·심덕부·최무선 등이 진포(충남 서천)에서 화포를 이용하여 대파.

② **홍산 전투**(우왕 2년, 1376) 박인계가 왜구에게 패사하자 최영이 홍산(부여)에서 적을 격퇴·섬멸

⑤ **관음포 전투**(우왕 9년, 1383) : 다시 남해안에 침입한 왜구를 해도원수 정지가 관음포(경남 남해)에서 전멸시켜 왜구의 재침을 어렵게 하였다.

19 다음 자료를 근거로 조선 초기의 가족 제도와 혼인 제도에 대하여 적절하게 추론한 것은? [1점]

> • 우리 동방의 전장문물(典章文物)은 모두 중국을 본받았으나, 오직 혼인의 예만은 오히려 옛날 풍속으로 돌아가 양으로 음을 좇아 남자가 여자의 집으로 들어가 자식을 낳아 손(孫)에 이르도록 외가에서 자라니 사람들이 본종(本宗)의 중함을 모르더라. －「태종실록」－
> • 우리나라의 풍속은 남자가 처가에서 자라나니 처부모를 볼 때 오히려 자기 부모처럼 하고 처의 부모도 그 사위를 자기 아들처럼 대한다. －「성종실록」－

① 장자 중심의 상속 제도가 확립되었다.
② 부계 중심의 가족 제도가 더욱 강화되었다.
③ 아들 없는 집안에서는 양자를 들이는 것이 일반화되었다.
④ 같은 성을 가진 사람들끼리 혼인하는 동성혼이 이루어졌다.
⑤ 고려 시대와 같이 서류부가(婿留婦家)의 풍속이 행하여졌다.

20 다음 지도에 대한 설명으로 옳은 것만을 〈보기〉에서 모두 고른 것은? [2점]

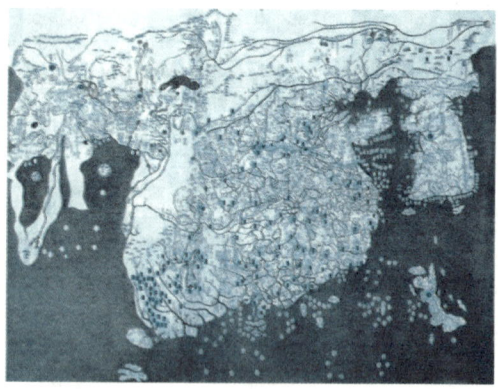

| 보 기 |

ㄱ. 현존하는 동양 최고(最古)의 세계 지도로 일본에 남아 있다.
ㄴ. 15세기 초 태종 때 이회, 이무, 김사형 등이 왕명으로 제작하였다.
ㄷ. 지도의 서남쪽에는 아프리카를, 동쪽의 한반도 밑에는 일본을 그렸다.
ㄹ. 중국에 온 예수회 선교사들이 만든 세계 지도를 참고하여 제작하였다.

① ㄱ, ㄴ, ㄷ   ② ㄱ, ㄴ, ㄹ   ③ ㄱ, ㄷ, ㄹ
④ ㄴ, ㄷ, ㄹ   ⑤ ㄱ, ㄴ, ㄷ, ㄹ

19 정답 ⑤ ·· (2010. 제8회 고급)

조선 초기는 고려시대와 같은 서류부가혼(솔서혼, 장가가기)의 혼인 풍속이다. ①②③은 조선 후기의 모습이고, ④ 성리학 전래 이후 동성혼과 근친혼이 금지되었다.

1) **고려의 결혼** 남자는 20세 전후, 여자는 18세 전후로 하였으며, 일부일처제가 원칙이고 여성의 재혼이 가능하였고, 근친혼과 동성혼이 성행. 그러다가 고려 후기 성리학이 전래되면서 금지되었다. 그리고 사위가 처가의 호적에 입적하여 처가에서 생활하는 서류부가혼(婿留婦家婚)의 혼인 형태가 있어 여성의 지위가 높았음을 알 수 있다.

> **솔서혼(率婿婚)** 고려 중기 이규보(李奎報)의 제문(祭文)을 보면 처가와 사위의 관계를 생생하게 보여준다. ① 옛날에는 친영(親迎)에 부인이 남편의 집으로 시집오므로 처가에 의뢰하는 일이 거의 없었는데, 지금은 장가듦에 남자가 처가로 가니(남귀우녀(男歸于女)), 무릇 자기의 필요한 것을 다 처가에 의거하여 장인·장모의 은혜가 자기 부모와 같습니다. ② 불초한 제가 외람되게도 일찍 사위가 되어 밥 한 술과 물 한 모금까지도 모두 장인에게 의지했습니다. 조금도 보답을 못했는데 벌써 돌아가시다니요.

2) **조선의 결혼** 일부일처제를 기본으로 하였지만, 남자가 첩을 들일 수 있었기 때문에 엄밀한 의미의 일부일처제라고는 할 수 없었고, 남자는 15세, 여자는 14세 이상이면 가능하나 실제로는 20세 전후에 하였다. 조선 중기까지도 혼인 후 남자가 여자 집에서 생활하는 경우(장가 가기)가 있었으나 17세기 이후 부계 중심의 가족제도가 확립되면서 혼인 후 곧바로 남자 집에서 생활하는 친영(親迎)제도(시집 가기)가 정착.

20 정답 ① ·· (2010. 제8회 고급)

보기의 지도는 조선 태종 2년(1402)에 제작된 현존 동양 최고의 세계지도인 혼일강리역대국도지도이다.
ㄹ. 조선 숙종34년(1708)에 관상감에서 마테오리치의 곤여만국전도를 참조하여 건상곤여도라는 병풍지도를 작성하였다.

> **≫ 혼일강리역대국도지도(混一疆理歷代國都之圖) ≪**
> 1. 태종 2년(1402)에 이회·김사형·권근 등이 완성한 세계지도로 사본이 일본 용곡(류코쿠)대학 도서관에 있음. 사본을 다시 사본하여 서울대 규장각에 보존. 현존 동양 최고(最古)의 세계지도
> 2. 정종 때 중국에서 가져온 원(元)나라 이택민(李澤民)의 성교광피도(聲敎廣被圖)와 천태승(天台僧) 청준(淸濬)의 역대제왕혼일강리도의 두 지도를 합하여 개정하였고, 일본에서 1401년에 가져온 일본도(日本圖)를 참고하여 완전한 세계지도로서 완성되었음.
> 3. 중화사관에 의하여 중국과 조선이 너무 크게 그려졌고, 유럽 및 아프리카가 너무 작게 표현되었음(아메리카는 없음).

ㄹ. **병풍지도** 숙종 32년(1706)에 비변사에서 내수외양의 북벌정신을 표현하기 위해 요계관방도(遼薊關防圖)라는 10폭 병풍 국방지도가 작성되었고, 숙종 34년(1708)에는 관상감에서 마테오리치의 곤여만국전도를 참조하여 건상곤여도(乾象坤輿圖)라는 병풍지도를 작성.

> **세계관의 변화** 양란 이후 민족의 대이동으로 지배층만이 독점했던 지리적 정보가 대중화되고 올바른 국토 인식과 지리적 관심이 증대되어 국토에 대한 학문적 이해가 축적되는 한편, 중국으로부터 세계지도와 서양지리지가 전해짐에 따라, 종래 중국 중심의 세계인식이 세계적 차원으로 확대되었다. 이에 따라, 화이사상을 극복하자는 세계관의 변화가 진보적 지식인들 사이에서 나타났다. **곤여만국전도**(마테오리치가 그린 지도로 중국을 중앙에 그리고 신대륙과 경위도 표시)·**직방외기**(알레니가 쓴 인문지리지) 등은 당시 널리 알려짐.

21. 다음 사건이 일어났던 시대의 상황으로 옳지 않은 것은? [2점]

> • 황해도의 도적이 비록 방자하다고 하지만 그 우두머리는 8~9명에 지나지 않으며, 모이면 도적이고 흩어지면 백성이다. -「••실록」-
> • 임꺽정은 양주골 백정이다. …… 경기에서 황해에 이르는 사이의 아전과 백성들이 그들과 은밀히 결탁하여 관에서 잡으려 하면, 번번이 먼저 알려 주었으므로 이 때문에 기탄없이 횡행하여 관에서 막지 못하였다. -「연려실기술」-

① 백운동 서원이 소수 서원으로 사액되었다.
② 방납의 폐단으로 농민의 부담이 늘어났다.
③ 예송을 둘러싸고 서인과 남인이 대립하였다.
④ 왕의 외척들의 권력 다툼으로 사화가 일어났다.
⑤ 을묘왜변을 계기로 비변사가 상설 기구가 되었다.

22. 다음 자료의 밑줄 그은 '그'에 대한 설명으로 옳은 것만을 〈보기〉에서 모두 고른 것은? [3점]

> • 명종 때 그가 올린 '을묘사직소'에서 "전하의 나라 일이 이미 잘못되어 나라의 근본이 망하였고, 하늘의 뜻이 가버렸으며, 인심도 이미 떠났습니다. 비유하면 큰 나무가 백 년 동안 벌레가 속을 먹어 진액이 이미 말라 버렸는데 회오리바람과 사나운 비가 어느 때에 닥쳐올 지 까마득하게 알지 못하는 것과 같으니, 이 지경에 이른지 오래됩니다."라고 직언하였다.
> • 그의 학문은 수양과 실천의 중요성을 강조하였다. 경(敬)을 통한 수양을 바탕으로, 외부의 모순에 대하여 과감하게 실천하는 개념인 의(義)를 신념화하였다. 그는 '경'의 상징으로는 성성자(惺惺子)라는 방울을, '의'의 상징으로는 칼을 찼다. 그 칼에는 "안으로 밝히는 것은 경이요, 밖으로 결단하는 것은 의이다[內明者敬 外斷者義]."라고 새겨 놓았다.

| 보 기 |

ㄱ. 벼슬하지 않고 재야에서 처사로 일생을 보냈다.
ㄴ. 의병장인 곽재우, 정인홍 등이 그의 문하생이다.
ㄷ. 퇴계와 함께 영남 학파의 양대 산맥으로 일컬어진다.
ㄹ. 광해군 때에 동방 5현으로 꼽혀 문묘에 배향되었다.

① ㄱ, ㄴ, ㄷ   ② ㄱ, ㄴ, ㄹ   ③ ㄱ, ㄷ, ㄹ
④ ㄴ, ㄷ, ㄹ   ⑤ ㄱ, ㄴ, ㄷ, ㄹ

해설 및 정답

21 정답 ③ ·· (2010. 제8회 고급)

사료의 시기는 임꺽정(?-1562)으로 보아 16세기이다. ① 1550년, ② 16세기, ③ 1659년과 1674년으로 17세기의 상황, ④ 을사사화(1545년), ⑤ 1555년이다.

임꺽정(林巨正)의 난(1559) 환곡(환상·환자)이 15세기 말 이후 원곡 부족으로 의창에서 상평창으로 담당 부서가 바뀌면서 환곡은 수령의 주요 수입원이 되어 점차 농민을 상대로 하는 일종의 고리대인 장리(長利)로 변하여 환곡제 문란이 극심해 임꺽정의 난이 일어났다.

③ **예송논쟁** 효종의 승하에 따른 조대비(인조계비, 자의대비)의 복상문제로 일어난 논쟁. 차남인 효종(봉림대군)이 즉위하여 왕통을 이은데 따른 적통 여부 문제 때문에 발생한 유교적 가치관의 문제.

  1) **기해(1차)예송**(현종 원년 : 1659) 효종의 상(喪)에 따른 조대비의 복상문제로서 서인의 1년설(송시열·송준길 등)이 남인의 3년설(윤휴·윤선도·허목 등)을 물리치면서 채택되어 서인이 계속 집권.

  2) **갑인(2차)예송**(숙종 원년, 1674) 효종비(인선대비)의 상(喪)을 계기로 또 조대비의 복상문제가 발생하여(예송 자체는 현종 15년) 남인의 기년설(朞年說, 1년설)이 서인의 대공설(大功說, 9개월설)을 물리치면서 채택되어 남인이 집권하고 송시열은 유배.

1680년(숙종 6) 경신대출척이 일어나면서 예송은 일단락. 예송은 17세기에 율곡학파로 대표되는 서인과 퇴계학파로 대표되는 남인이 예치(禮治)가 행해지는 이상사회를 건설하기 위하여 그 실현방법을 둘러싸고 전개한 성리학 이념논쟁.

④ **을사사화**(1545년) 인종이 재위 9개월만에 병사하고 명종이 즉위하자 문정왕후가 수렴청정을 시작하였다. 이 때 인종의 외척인 윤임(尹任, 대윤)과 명종의 외척인 윤원형(尹元衡, 소윤)의 반목 속에 소윤이 대윤을 몰아낸 사건.

22 정답 ① ·· (2010. 제8회 고급)

사료의 그는 조선 중기 성리학자인 남명 조식(曺植, 1501~1572)이다. 조식은 퇴계 이황(李滉, 1501~1570)과 동도동경(同道同庚)으로 낙동강을 경계로 좌 퇴계 우 남명으로 영남하파의 양대산맥이다. 동방 5현은 정여창, 김굉필, 조광조, 이언석 등의 동방 4현과 이황이 들어가 문묘에 배향되었다.

≫ 영남학파의 양대 산맥 ≪

퇴계의 라이벌 남명 조식(1501~1572)은 퇴계 이황(1501~1570)과 동도동경(同道同庚)으로 영남학파의 양대 산맥이다. 퇴계의 근거지 안동 예안은 경상좌도(상도·북도)의 중심지이고, 남명의 근거지 합천, 진주는 경상우도(하도·남도)의 중심지로 낙동강을 경계로 '좌퇴계 우남명'으로 나뉜 것이다. 퇴계가 온건하고 합리적인 기질의 소유자로 성리학을 이론적으로 심화 발전시켜간 모범적 유학자라면, 남명은 독특한 성격을 지닌 유학자였다. 그는 경(敬)의 상징으로 성성자(惺惺子)라는 방울을 지니고, 의(義)의 상징으로 칼을 찬 모습도 그렇고, 과격하고 직선적인 언어로 조정을 발칵 뒤집어 놓기도 하였다.

두 학자의 학풍의 차이는 현실 인식에도 반영되어 퇴계와 남명은 50여 년간의 사화기를 겪으면서 출사보다는 학문 연구와 후진 양성에 주력했는데, 퇴계는 출사해 경륜을 펴는 것도 학자의 본분을 넘어서는 것은 아니라고 여겼으나 남명은 자신의 시대를 모순이 절정에 이른 '구급(救急)'의 시기로 파악하고, 끝까지 재야의 비판자, 곧 처사(處士)로 남을 것을 다짐했다. 왜적에 대한 입장에서도 두 사람의 견해는 달라서 퇴계가 회유책을 견지한 데 비해 남명은 강력한 토벌책을 주장했다. 남명은 제자들을 가르치면서 '왜적이 설치면 목을 확 뽑아버려야 한다'는 강경한 표현을 쓰는가 하면, 외손녀 사위인 곽재우에게는 직접 병법을 가르치기도 했다.

• 주리파 : 동인(영남학파) ─┬─ 이황 → 남인(유성룡) : 퇴계학파
                              └─ 조식 → 북인(이 발) : 화담·남명학파

선조 때 서인 정철의 건저의(建儲議) 문제 논죄에 대한 시책을 둘러싸고 동인이 온건파인 남인(유성룡)과 강경파인 북인(이산해)으로 분리.

1) **북인 계열** 서경덕과 영남학파 중에서 현실을 직시하는 노장사상에 포용적이고 현실을 직시하며 실천을 강조하는 조식의 학통을 이었으며, 특히 절의를 중시하여 정인홍·곽재우와 같은 의병장이 많이 배출.

2) **남인 계열** 이황의 학통을 내세웠는데, 중앙 정계에서 보다는 향촌사회에서 그 영향력이 컸다.

23 다음 자료에 해당하는 시기에 대한 설명으로 옳지 <u>않은</u> 것은? [2점]

> 대사헌 조득영이 상소하였다.
> "외척 박종경은 요행히 매우 가까운 친척에 의탁하여 많은 은택을 후하게 입고 있습니다. …… 그는 과연 어떤 사람이기에 관직과 벼슬을 거머쥐고 청요직만을 요구하고 있습니까? 내가 아니면 안 된다고 하여 일이 권력과 관련되면 자기의 물건으로 간주하고 사방에 뿌리를 박고 있으면서 자신이 모두 담당하고 있습니다." -「순조실록」-

① 매관매직이 성행하였다.
② 삼정의 문란이 심해졌다.
③ 국가 권력이 비변사로 집중되었다.
④ 특정 유력 가문이 권력을 독점하였다.
⑤ 붕당의 본거지인 서원이 대폭 정리되었다.

24 (가)~(라)에 대한 설명으로 옳지 <u>않은</u> 것은? [2점]

(가)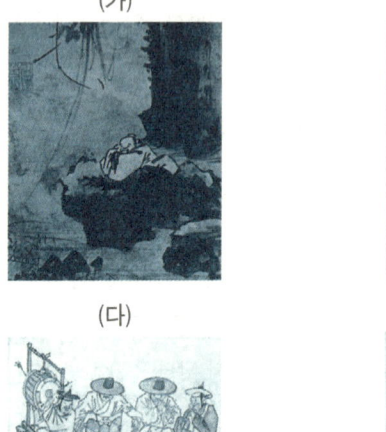

(나)

(다) (라)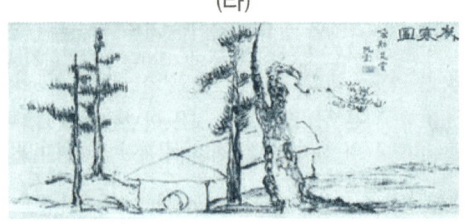

① (가) - 강희안의 작품으로 사색에 잠긴 선비의 내면세계를 표현하였다.
② (나) - 신사임당의 작품으로 여성의 섬세한 필치가 돋보인다.
③ (다) - 김홍도의 작품으로 당시 생활 모습을 생동감 있게 표현하였다.
④ (라) - 김정희의 작품으로 진경산수화의 화풍을 계승하였다.
⑤ (가) - (나) - (다) - (라)의 순서대로 그려졌다.

23 정답 ⑤ ·· (2010. 제8회 고급)

사료는 세도정치기인 조선 순조대에 순조의 생모인 수빈 박씨의 오라버니인 박종경(1765-1817)을 탄핵하는 사헌부 대사헌 조득영(1762-1824)의 상소이다. 그러나 조득영은 진도 금갑도에 유배되고 말았다. ①②③④는 세도정치기 상황이나 ⑤는 세도정치기 이후 흥선대원군의 개혁정치 내용이다.

세도정치(1800~1863) 외척이 어린 왕을 대신해 전권을 잡고 왕권을 대행하는 변태반동(變態反動)의 위임정치. ① 1800년 순조가 11세로 즉위하면서 세도정치가 전개. ② 비변사 독점 : 세도가 일족이 비변사의 모든 요직을 독점하여 의정부와 6조는 형식적 부서로 전락하고, 국가나 백성보다 일가의 권력에만 집착하여 왕권이 무너지고 붕당정치가 파탄.

1) **순조**(1800~1834) : 정순왕후 김씨(영조 계비)의 수렴청정(순조 원년~3년)으로 노론 벽파가 집권하여 신유박해를 주도하고 장용영을 혁파. 그 후 안동 김씨 김조순이 집권. 순조 말년에는 효명세자가 대리청정을 통하여 세도가들을 견제하고 권력 집단을 결집하려 했으나 갑자기 죽음으로써 이마저 실패. 효명세자가 죽은 뒤 김조순 가문은 자신들을 중심으로 권력 집단을 재정립.
2) **헌종**(1834~1849) : 헌종(효명세자의 장남)이 8세로 즉위하면서 조만영·조인영 등 풍양 조씨 집권.
3) **철종**(1849~1863) : 강화 초동(樵童) 이원범이 19세에 즉위하면서, 김문근·김좌근 등 안동 김씨의 집권.
4) **세도정치의 영향** ① 정치기강의 문란 : 권력구조에서 고위직만 정치적 기능을 발휘하고, 그 아래의 관리는 언론 활동 같은 정치적 기능을 거의 잃은 채 행정 실무만 맡게 되었다. 그리고 매관매직이 성행하였는데 특히 전라도·평안도 지방이 심했고, 지방 수령에 문관 참상관이 아닌 음관직·무관직 등이 임명. ② 과거제의 문란 : 급제자가 남발하였고, 뇌물이 성행하였으며, 연줄에 의한 급제가 빈번. ③ 삼정의 문란 : 탐관오리의 횡포로 국가 재정의 근간인 삼정이 문란. ④ 「목민심서」 저술 : 정약용이 타락한 관기를 바로잡기 위해 편찬. 그는 「목민심서」에서 "감사와 수령은 나라의 대도(大盜)요, 향리는 굶주린 솔개와 같다. 선비란 대낮에 도포입고 도적질하는 사람이다"라고 하였다. ⑤ 암행어사 파견 : 지방관의 비행을 단속하기 위해 빈번히 파견되었으나 실효는 없었다. ⑥ 농민의 몰락 : 농민이 화전민으로 전락하고, 농촌 경제가 붕괴. ⑦ 농민들의 자각으로 전국적 민란 발생.

③ **비변사** 중종 때 삼포왜란(1510)을 계기로 병조의 한 부서인 군무 협의 임시기구로 설치되었다가 (1517), 1554년 독립기구가 되었다. 성종 이래 지변사(知邊司) 재상을 중심으로 군무를 협의하는 임시기구이었으나, 명종 10년(1555) 을묘왜변을 계기로 상설화. 임진왜란을 계기로 정치·외교·군사 등 모든 정무를 처리하는 문·무 고관들의 합의기구로 확대.
1) **비변사의 구성** : 의정부 3정승, 5조 판서와 참판(공조는 제외), 5군영대장, 유수, 대제학, 군무에 능한 현·전직 고관 등 당상관 이상의 관리. 2) **결과** : 의정부와 6조가 유명무실화, 왕권의 약화, 흥선대원군이 비변사 기능을 축소·폐지시키고 의정부·삼군부의 기능을 부활시킬 때까지 최고정무기관.

≫ **비변사(비국)의 변천** ≪

| 1기(16세기) : 변사 주획기 | ⇨ | 2기(17세기) : 군국기무총령기 | ⇨ | 3기(18세기) : 외교·재정 장악기 | ⇨ | 4기(19세기) : 내정 전횡기(세도정치기) - 권부의 성격 |

24 정답 ④ ·· (2010. 제8회 고급)

(가) 강희안의 고사관수도(15세기), (나) 신사임당의 초충도(16세기), (다) 김홍도의 무동(18세기), (라) 김정희의 세한도(19세기)이다. ④ 진경산수화의 화풍은 18세기 실학적 화풍의 특징이고, 19세기 회화는 실학적 화풍이 시들고 복고적 문인화풍이 다시 유행하였다.

(가) 강희안의 **고사관수도**(한일관수도(閑日觀水圖), 5세기) 자연 속에 파묻혀 무념무상에 빠진 인간의 내면세계를 그려 낸 걸작품(관념산수화).

(나) **신사임당**(16세기) 섬세하고 정교한 필치로서 꽃·나비·오리 등과 묵포도도, 초충도를 그렸다.

(다) **김홍도**(18세기) 충청도 조령 연풍현감 역임, 서양화의 음영화법 도입, 신선도를 그리다가 진경산수화에서 새로운 경지 개척. 농촌 서민의 생활을 간결·소탈한 필치로 묘사한 풍속화는 산수 배경을 생략하여 생산 현장의 긴장감 강조(집짓기도(기와이기)·씨름도·타작도·경작도·무동·월야선유도·길쌈도·빨래터·장터길·점심·서당도·대장간도·활쏘기도·총석정도), 주막도·행려풍속도는 산수 배경을 묘사. 정조대 인물로 영·정조의 어진.

(라) **세한도**(19세기) 김정희(1786~1856)가 59세 되던 해인 1844년(헌종 10) 제주도 유배지에서 제자 역관 이상적(1804~1865)을 위해 그린 그림.

25. 다음 교서를 내린 국왕이 시행한 정책으로 옳지 않은 것은? [2점]

"붕당의 폐해가 점점 더하여 각각 원수를 이루어 서로 죽여야만 끝이 났다. …… 나는 다만 마땅한 인재를 취하여 쓸 것이니, 당습(黨習)에 관계된 자를 나에게 천거 하면 내치고 귀양 보내어 서울에 함께 있게 하지 않을 것이다. …… 아! 임금의 마음 이 이럴진대 신하가 따르지 않는다면, 이는 내 신하가 아니다."
- 「••실록」 -

① 정치에서 소외되었던 시파를 대거 등용하였다.
② 탕평파를 육성하여 이들을 중심으로 정국을 운영하였다.
③ 왕권을 강화하여 붕당 간의 세력 균형을 유지하려 하였다.
④ 이조 전랑이 3사의 관리를 선발하던 관행을 없애고자 하였다.
⑤ 노론과 소론을 조정하면서 일련의 군제·정치 개혁을 단행하였다.

26. 지도의 (가)~(다)에 대한 설명으로 옳은 것을 〈보기〉에서 고른 것은? [3점]

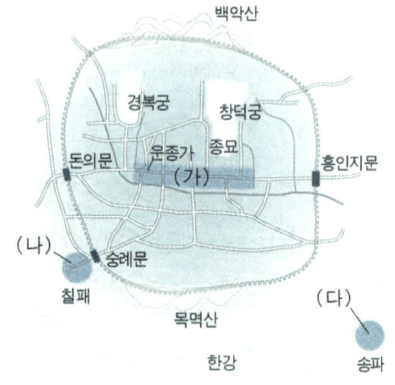

| 보 기 |
ㄱ. (가)의 상인은 평시서의 감독을 받았다.
ㄴ. (나)의 상인은 주로 왕실이나 관청에 물품을 공급하였다.
ㄷ. (다)의 상인은 보부상과 연계하여 전국의 장시를 지배하였다.
ㄹ. (나), (다)의 상인은 신해통공으로 도성 안에서 자유로운 상행위를 할 수 있었다.

① ㄱ, ㄴ ② ㄱ, ㄹ ③ ㄴ, ㄷ
④ ㄴ, ㄹ ⑤ ㄷ, ㄹ

25 정답 ① ··· (2010. 제8회 고급)

사료는 조선 후기 영조가 내린 탕평교서이다. ②③④⑤는 영조대의 시책이나, ①은 정조대의 탕평책이다. 시파·벽파는 영조 38년(1762) 영조가 장헌(사도)세자를 뒤주 속에 가두어 굶겨 죽일 때 나타났는데 세자를 비판하는 노론 강경파가 중심이 된 벽파와 세자를 동정하는 남인·소론·노론·청론계열이 중심이 된 시파로 분열되었다.

영조의 탕평책
1) **초기** 신임사화(신축년 경종 즉위년에 연잉군을 왕세제로 세울 것을 주장하다가 김창집 등 노론 4대신이 임인년까지 걸쳐 처형된 사건) 이후 집권한 영조는 경종 독살설과 생모의 신분 미천 등으로 심리적 열등감·위기감을 느꼈고, 더구나 신임의리 문제로 소론과 남인 강경파는 영조의 왕통을 부정. 그런 와중에서 붕당의 폐단을 교유(敎諭)한 탕평서를 반포하고(1725) 성균관 입구에 탕평비를 건립(1742).
2) **후기** 왕권이 안정되면서부터 탕평책이 어느 정도 실효. 영조는 붕당 사이의 균형 관계를 정립할 수 있는 힘은 왕권에 있다고 보아 노론과 소론을 조정하면서 일련의 군제 개혁과 경제 개혁을 단행하여 왕권의 기반을 구축. ① **완론 탕평**: 군주 편인 탕평파와 군주 편이 아닌 비탕평파로 구분하고 탕평파를 육성하였으며, 각 붕당의 주장과 인물 중 온건한 인사를 적절히 등용하는 조제보합론(調劑保合論)의 완론탕평(緩論蕩平)을 채택. ② **산림 견제**: 상소제를 중지시키고 이조전랑과 한림의 자천제와 이랑통청권을 폐지함으로써(1741) 지방 사림과 산림의 기능을 약화시켜 산림의 존재를 인정하지 않았고 그들의 근거지인 서원을 대폭 정리. ③ **공론 방지**: 이조전랑·사헌부·사간 등의 청요직을 보다 많은 당인에게 개방하여 공론의 조성을 방지하고 관료체제를 강화. ④ **노론의 우세**: 소론의 강경파와 남인에 의해 이인좌의 난(1728)과 나주 괘서사건(1755)이 일어나면서, 소론은 점차 입장이 약화되고 노론이 우세. 사도세자의 죽음(임오화변)을 계기로, 그 후에는 절대적으로 노론 우세.
3) **한계** 붕당정치의 폐단을 근본적으로 해결한 것은 아니었으며, 강력한 왕권으로 붕당간의 치열한 다툼을 일시적으로 축소시킨 것에 불과. 실제적으로 국왕과 인척 관계를 맺은 탕평파 가문의 벌열화로 붕당간에 완전한 균형이 이루어지지 못하였다.

정조의 탕평책 영조 때 장헌세자(사도세자)의 죽음을 둘러싸고 세자를 비판하는 노론 강경파가 중심이 된 벽파(僻派)와 세자를 동정하는 남인·소론·노론 청론 계열의 시파(時派)로 분열. 사도세자의 장남인 정조는 신하들이 정국을 주도하는 붕당이라는 제도적 장치를 배격하고 정치 운영의 명분은 국왕이 결정한다는 입장에서 영조 때 세력을 키워 온 척신과 환관을 제거하고 그 동안 권력에서 배제된 소론과 남인 계열도 중용. 그리고 정조는 영조가 타협적인 온건론자 중심으로 정국을 운영한 데 대해 군주도통론에 입각해 의리 주인으로 과격하지만 의리와 명분을 중시하는 남인 시파(채제공)와 노론 중 탕평파를 비판하는 청론 계열(홍국영)을 중용하여 각 붕당 주장의 시비를 명백히 가리는 준론탕평(峻論蕩平) 또는 청론탕평을 채택.

26 정답 ② ··· (2010. 제8회 고급)

(가) 상설어용점포인 시전(6의전 포함), (나) 남대문 밖의 난전, (다) 조선 후기 경기도 광주의 난전이다. ㄱ. 평시서는 세조 때 경시서가 개칭된 명칭으로 시전을 감독하고 물가 조절, 도량형 검사, 난전 방지 등의 기능을 가졌고, ㄴ. (나)가 아닌 (가) 상인 들이 담당, ㄷ. (다)가 아니라 개성상인인 송상들이 전국에 송방이라는 지점을 설치하였고, ㄹ. 조선 정조 15년(1791) 6의전을 제외한 나머지 시전의 금난전권을 철폐해 자유 경쟁을 허용하였다.

- (가) **시전(市廛)**: 서울 운종가의 상가. 시전은 관부수요에 따른 임시부담금, 궁궐과 정부의 수리와 도배를 위한 물품 및 경비 부담, 왕실의 관혼상제와 사신 파견에 대한 세폐 및 수요품 조달을 맡았는데, 국역을 부담하지 않은 상점이 55개, 부담한 상점이 36개로서, 그 중 자본이 큰 6개의 시전이 육의전.
- (나) **난전** 농민층 분화 현상에 의하여 몰락 농민이 도시로 유입되면서 이현(배오개, 동대문 안, 채소 취급)·칠패(남대문 밖, 생선·소금 취급)·종루(종로 근방) 등에 난전인 3대 자유시장이 형성되어 시전상인들은 많은 타격을 받게 되었다. 일부 난전은 시전에서 물건을 떼어(가져)다가 파는 중간 도매상인 중도아(中都兒)가 되기도 했고, 새로운 상품을 개발한 일부 난전 상인과 일반 상인도 시전을 조직하여 정부로부터 금난전권을 부여받았다.
- ㄱ. **경시서** 고려시대 이래 시전 감독, 물가 조절, 세금 감독, 난전 방지, 도량형 검사 등의 기능. 조선 세조 12년(1466)에 평시서로 개칭되었고 정조 때 혁파를 시도했으나 실패, 갑오개혁 때 혁파.

27. 다음은 어느 신분의 불법 행위에 대한 처벌법 내용이다. 이 신분에 대한 설명으로 옳은 것을 〈보기〉에서 고른 것은? [2점]

> 수령을 조종 농락하여 권력을 제 마음대로 부려 폐단을 일으킨 자, 몰래 뇌물을 받고 부역을 불공평하게 하는 자, 세를 거두어들일 때 법보다 더 거두어 남용하는 자, 양민을 불법으로 끌어다 남몰래 부려먹는 자, …… 양가 여자와 관비를 첩으로 하는 자는 일반인의 고발을 허락하며, 또한 해당 관청 경재소에서도 사헌부에 고발하여 추궁·조사하고 처벌받게 하는 것을 허락한다.
> - 「경국대전」 -

■ 보 기 ■
ㄱ. 직역의 복무 대가로 국가로부터 녹봉을 지급받았다.
ㄴ. 향청에 참여하여 풍속 교화와 향촌 자치에 힘썼다.
ㄷ. 군역을 부담하지 않는 대신에 유사시에는 잡색군에 편제되었다.
ㄹ. 생원·진사시를 볼 때 반드시 소속 군현에서 허가를 받아야만 하였다.

① ㄱ, ㄴ   ② ㄱ, ㄷ   ③ ㄴ, ㄷ
④ ㄴ, ㄹ   ⑤ ㄷ, ㄹ

28. 다음 기구들이 제작되었던 시기의 문화에 대한 설명으로 옳지 않은 것은? [1점]

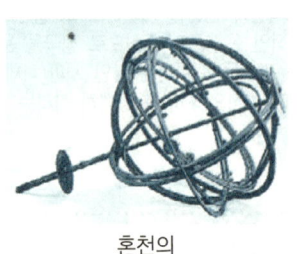
혼천의

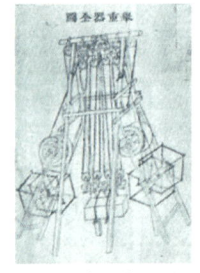
거중기

① 칠정산 내편과 외편이 완성되어 역법이 정비되었다.
② 홍역[마진]에 관한 치료법을 정리한 마과회통이 저술되었다.
③ 청과의 통상과 상공업을 진흥시키자는 북학 사상이 나타났다.
④ 국어학에 대한 관심이 높아져 훈민정음운해 등이 출간되었다.
⑤ 지전설을 수용하여 중국 중심주의에서 벗어나려는 움직임이 있었다.

27 정답 ⑤ ··· (2010. 제8회 고급)

사료는 경국대전 형전(刑典)에 나오는 원악향리(元惡鄕吏) 처벌법의 내용이다. ㄱ. 녹봉은 양반 관료 대상이고 향리는 세종 이후 외역전이 소멸되었고, ㄴ. 향청은 지방 양반들이 구성원이 되고 향리들은 작청을 구성, ㄷ. 향토예비군에 편제, ㄹ. 소과 응시가 가능했으나 문신 진출을 억압하기 위해 소속 군현의 허가를 받도록 했고 시험과목을 늘렸다.

향리 6방의 행정 실무를 분담하여 수령을 보좌, 호장(수석 향리로 수령 유고시 권한을 대행하는 최종책임자)·6방(記官, 부서별 실무, 長 : 호방)·색리(최말단 실무)의 3단(3등급)으로 구분하였는데 상하 이동은 불가(不可), 이방·호방·형방(首刑吏)을 삼공형(三公兄)으로 중시, 조선 전기에는 호장(호방의 수석) 중심의 공형체제가 유지되었으나 중기 이후 이방의 기능이 강화되어 후기에는 이방 중심의 공형체제 형성, 행정 실무의 세습적 향역 담당, 향리 명부로 단안(壇案) 작성, 향리 근무처로 작청(作廳) 조직, 여말선초에 견아상입지(犬牙相入地) 등의 발호 극심, 국초 호장에게 인리위전(人吏位田) 5결이 지급되었으나 세종 때 폐지, 외역전 소멸로 방납의 폐단 자행되자 조선 중기 이후 조직의 서리망국론 대두, 원악향리처벌법과 부민(수령)고소금지법을 제정하여 유향품관이나 향리 등의 재지세력을 견제하였고, 향리의 문반 진출을 억제하기 위해 소과를 응시할 때 소속 본관의 허가를 받도록 하였다. 그러나 향리들은 조선 후기 소청운동으로 신분 상승을 기도하였고(이진흥의 「연조귀감」), 갑오개혁 때 향리제도 폐지.

잡색군(雜色軍) 태종 때부터 편성된 제2선의 예비군. 전직 관료·서리·잡학인·향리·교생·신량역천인·노비 등 각계각층의 장정들이 참여하였는데 농민은 제외. 평상시에는 본업에 종사하면서 일정 기간 훈련을 받아 유사시에 향토방위. 지방의 영진군이 해안 요새를 중심으로 설치되었는데 반해, 내륙 지방을 수호하고 외침에 대비한 인원을 충당하기 위해 편성됨. 편제만 되어 있고 평상시 훈련에는 참가하지 않는 유명무실한 군대여서 실효성은 적었으나, 임진왜란 때 의병을 조직할 때 유리하였음.

28 정답 ① ··· (2010. 제8회 고급)

사진은 조선 후기 홍대용(1731-1783)이 제작한 혼천의와 정약용(1762-1836)이 만든 거중기이다. ① 칠정산은 조선 전기 세종 때(1444년) 이순지, 김담 등이 만든 역법으로 세종실록에 첨부되었고, ② 정약용의 종두법 연구, ③ 조선 후기 실학파로 이용후생학파, 중상학파라고도 하며, ④ 조선 후기 신경준(1712-1781)의 음운 연구서, ⑤ 조선 후기 기존의 중국 중심의 천동설을 극복하는 자국 중심의 지전설이 나타났다.

홍대용(호는 담헌, 1731~1783) ① 한국의 갈릴레오 : 자기 집에 동양 최초의 사설 천문관측소인 농수각을 설치하고 혼천의도 제작. ② 북학파의 선구자 : 북경을 사행하며 청의 서양 문물을 관찰하고 「담헌연기」·「의산문답」(지전설)·「임하경륜」(균전제) 등을 저술. ③ 사회개혁 주장 : 성리학 극복이 부국강병의 근본이라고 주장하였고, 사농공상의 모든 자제들이 교육을 받아야 한다는 사민개학론(四民皆學論)을 주장.

≫ 천문 관련 서적 ≪

1. **「역학도해」** : 숙종 때 김석문이 주역에서 이론을 도출하여 <u>처음으로 지구회전설을 확립</u>하여 1년에 366회 자전한다고 주장하고 태양·지구·달이 둥글다는 삼환설(三丸說)을 주장.
2. **「의산문답」** : 정조 때 홍대용이 <u>지구자전설과 구체설</u>을 주장(지구 공전은 언급 안함), 지구가 우주의 중심이 아니라는 무한우주론과 지구인 이외의 지적 존재인 우주인설 주장, 실옹과 허자의 문답 형식으로 서술
3. **「기측체의」** : 헌종 때(1836) 최한기가 저술한 경험적 철학서적, 북경에서 간행
4. **「지구전요」** : 철종 때(1857) 최한기가 저술한 지구학 및 세계지리서로「해국도지」와「영환지략」을 초록. 코페르니쿠스의 지동설, 뉴턴의 만유인력설, 알파벳 등 소개

정약용의 거중기 정약용은 정조가 내려준 J. Terrenz의 「기기도설(奇器圖說)」을 참조하여 거중기·활차·녹로·유형차 등을 만들어 화성 축성시 인적·물적 자원을 아꼈다.

① **칠정산** 세종 때(1444) 이순지·김담 등이 칠정산내·외편(「세종실록」에 첨부)을 편찬하고 행성의 운행을 관측. 내편은 본국력(本國曆)으로 수시력·대통력을, 외편은 아라비아의 회회력을 참조하였는데, 1년의 길이를 365.2425로 계산하여 오늘날의 달력과 거의 비슷. 칠정산의 편찬으로 천체 위치가 계산되어 일식과 월식의 예상이 가능해졌으며, 한양 위치에서 경도·위도·시각 등이 측정되고, <u>표준시가 베이징에서 한양으로</u> 바뀌었다.

29. 다음과 같은 상황이 나타났던 시기의 사회 모습으로 적절한 것만을 〈보기〉에서 모두 고른 것은? [3점]

> - 영덕의 고가대족(故家大族)은 모두 남인이며 소위 신향(新鄕)은 모두 서리·품관(品官)의 아들이고 자칭 서인이라고 하는 자들입니다. 근래 서인이 향교를 주관하면서 구향(舊鄕)들과 서로 마찰을 일으켰습니다.
> - 「승정원일기」 -
> - 영남은 평소 사대부의 고장이라 일컬어져 서민들이 양반을 본받기 때문에 전에는 유현(儒賢)이 배출되고 풍속이 보고 느낄 만하였습니다. 지금은 인심이 점점 경박해져서 점차 옛날만 못하게 되고 토호들의 향전이 고질적인 폐단을 이루었으며 글을 읽는 사람이 없습니다.
> - 「영조실록」 -

보 기

ㄱ. 기존 사족들은 동족 마을을 토대로 결속력을 강화하고 향촌 지배권을 유지하려 하였다.
ㄴ. 신향은 관권과 결탁하여 성장의 기반을 굳건히 하면서 향회에 참여하여 이를 장악하려 하였다.
ㄷ. 구향은 신향의 성장에 대응하여 향사례와 향음주례를 널리 실시하여 세력을 잃지 않으려 하였다.
ㄹ. 종래 양반의 이익을 대변하던 향회는 주로 수령이 세금을 부과할 때 의견을 묻는 자문 기구로 역할이 바뀌었다.

① ㄱ, ㄷ　　② ㄱ, ㄹ　　③ ㄴ, ㄷ
④ ㄱ, ㄴ, ㄹ　　⑤ ㄴ, ㄷ, ㄹ

30. 다음 자료와 관련된 설명으로 옳지 않은 것은? [2점]

> - 종전에 허다하게 주조한 전화는 결코 그해에 한꺼번에 쓸 리가 없으며, 경외 각 아문의 예비 재정도 어제 오늘 일이 아닌데 최근에 전황이 심합니다. 신의 생각에 이것은 부상대고(富商大賈)들이 때를 타서 화폐를 숨겨 반드시 이익을 노리고자 한 것으로 보입니다.
> - 「비변사등록」 -
> - 지금 돈을 사용한 지 겨우 70년 밖에 되지 않았으나, 폐단이 더욱 심하다. 돈은 탐관오리에게 편리하고, 사치하는 풍속에 편리하고, 도둑에 편리하나, 농민에게는 불편하다. 돈꿰미를 차고 저자에 나아가서 무수한 돈을 허비하는 자가 많으므로, 인심이 날로 각박해진다.
> - 「성호사설」 -

① 전황으로 빈부의 격차가 더욱 심해졌다.
② 동전이 잘 유통되지 않자 정부는 저화를 발행하였다.
③ 지주와 대상인들은 화폐를 재산 축적의 수단으로 삼았다.
④ 상공업 발전에 따라 화폐가 전국적으로 유통될 수 있었다.
⑤ 농민들은 필요한 동전을 구입하기 위하여 곡물을 헐값으로 팔기도 하였다.

29 정답 ④ ·· (2010. 제8회 고급)

사료는 조선 후기 사족층인 구향과 서얼·향리·부농·도고상인 등 신향의 향촌 주도권 다툼인 향전을 보여준다. 18세기 중엽 이후 신향들은 그들의 경제적 부를 이용하여 향안에 이름을 올리고 좌수·별감 등의 향임을 얻는 등 기존 향촌을 지배해 온 구향을 위협하였다. 이러한 신향의 도전에 대해 중앙 권력은 신향을 활용하여 재정 위기를 타개하려는 정부의 이해와 일치하여 방관 내지 동조함으로써 구향의 지배력 약화를 기도하여, 종래 사족을 통해 향촌을 지배하던 방식이 점차 수령과 향리 중심의 관권 지배체제로 전환되었다. ㄷ. 향사례와 향음주례는 16세기 향약 실시 후 사림의 지지 기반 강화의 방편이다.

신향(新鄕)**의 대두** 조선 후기 자연촌의 경제적 성장과 18세기 초 이정법(里定法) 실시 이후 향회는 사족층인 구향(舊鄕)에서 서얼·향리·부농·도고상인 등의 이향(吏鄕, 이서+향임)층인 신향으로 교체되어 갔다. 종래 양반의 이익을 대변하던 향회는 주로 수령이 세금을 부과할 때 의견을 묻는 자문 기구로 역할이 바뀌었다. 신향들은 지방 수령과 결탁하여 조세 징수·부역 징발 등 수탈의 주체가 되기도 하였지만, 19세기에 들어와 도결(都結)과 총액제의 부담이 신향층에게 가중되고 수령의 지나친 물질적 요구로 수탈의 객체가 되기도 하여 요호부민층이 민란에 가담하기도 하였다.

> **사림지위의 강화기반** 성종대의 향음주례 보급 운동 → 중종대의 향약 보급 및 소학 실천 운동 → 선조대의 서원 건립 운동

> **사림의 의례** 성종대에 지방 한량들에 의해 향사례(鄕射禮)·향음주례(鄕飮酒禮)·향사음례(鄕射飮禮) 등의 친교모임이 나타났고 유향소에서 관장하였다.

>> **향음주례** 향촌의 선비나 유생들이 학덕과 연륜이 높은 이를 주가되는 손님으로 모시고 술을 마시며 잔치를 하는 의례(儀禮)의 하나로 어진 이를 존중하고 노인을 봉양하는 의미.

30 정답 ② ·· (2010. 제8회 고급)

사료는 조선 후기 상평통보의 전국적 유통 이후 나타난 전황 현상에 대한 내용이다. 당시 중농학파 이익은 폐전론을, 중상학파 유수원, 박지원 등은 용전론을 주장하였다. ② 전황은 유통이 안되는 것이 아니라 유통 화폐의 부족 현상이고, 저화는 고려 말 공양왕과 조선 태종 때 발행된 지폐이다.

전황 상인·지주들이 치부의 수단으로 화폐를 저장(퇴장)해 둠으로써 유통 화폐의 부족 현상인 전황(錢荒, 전귀(錢貴))을 초래. 농민들은 필요한 동전을 구입하기 위하여 곡물을 헐값으로 팔기도 하였다. 이에 중농학파인 이익(李瀷)은 농민층의 분해로 빈부 격차가 심화되자 폐전론(廢錢論)을 주장하였고, 중상학파인 유수원·박지원(朴趾源) 등은 용전론(用錢論)을 주장.

② **저화**(楮貨) : 공양왕 때 최초의 지폐인 저화가 발행. 태종 1년(1401)에 사섬서(→ 사섬시)를 두고 조선 최초의 지폐를 발행. 그 가치는 1장에 마포 1필, 쌀 2두, 30장에 면포 1필.

> **상평통보의 전국적 유통** 금속화폐를 유통시키려는 정책은 조선 초기부터 시도되었지만 본격적으로 유통되기 시작한 것은 숙종 4년(1678) 상평통보가 대량으로 주조되면서부터라고 할 수 있다. 금속화폐의 유통 범위가 확대되면서 장시의 발달과 상품 유통이 더욱 촉진.

31 다음 자료의 서원에 대한 설명으로 옳은 것을 <보기>에서 고른 것은? [3점]

 왼쪽 그림은 정선이 한강 부근의 풍경을 그린 석실서원도이다. 그림 속의 이 서원은 17세기 중엽에 세워져 안동 김씨 가문의 김상헌, 김상용 형제가 배향되었다. 김상헌의 후손인 김원행은 이 서원에서 홍대용 등 많은 제자들을 양성하였다.

┃보 기┃
ㄱ. 북학 사상의 발생에 기여하였다.
ㄴ. 경화 사족의 자제들이 공부한 곳이었다.
ㄷ. 호락 논쟁 때에는 인물성이론(人物性異論)의 진원지였다.
ㄹ. 주변의 명승지가 위항(委巷) 문학 운동의 산실이 되었다.

① ㄱ, ㄴ   ② ㄱ, ㄷ   ③ ㄴ, ㄷ
④ ㄴ, ㄹ   ⑤ ㄷ, ㄹ

32 지도와 같이 (가)의 제도가 확대 실시되기까지 오랜 기간이 걸린 이유로 가장 적절한 것은? [1점]

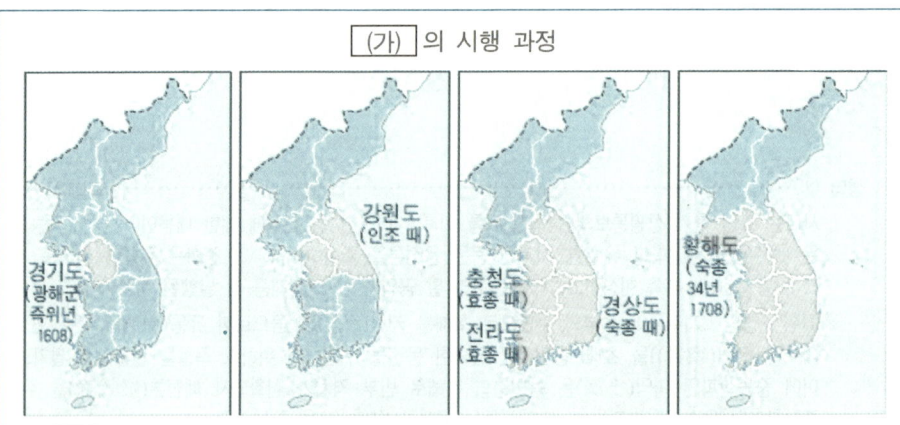

(가) 은(는) ㉠ 공물을 현물 대신 쌀로 징수하였고, ㉡ 과세 기준도 가호에서 토지 결수로 바뀌어 지주의 부담이 늘었다. 반면에 ㉢ 토지를 가진 농민들은 1결당 쌀 12두(처음에는 16두)를 납부하게 되어 종전에 비해 가벼워졌다. 그리고 ㉣ 토지가 없거나 영세한 농민은 일단 이 부담에서 벗어 났다. 또 쌀을 납부하기 어려운 지방에서는 ㉤ 포·목·전 등으로 대신 납부하도록 함으로써 조세의 금납화가 이루어지기도 하였다.

① ㉠   ② ㉡   ③ ㉢
④ ㉣   ⑤ ㉤

31 정답 ① ··· (2010. 제8회 고급)

그림은 조선 후기 정선의 진경산수화 「경교명승첩」 중의 하나인 석실서원도이다. 서울 낙산의 노론들은 벌열양반인 경화사(거)족인데, 호락논쟁시 낙론으로 인물성동론을 주장해 북학론에 영향을 주었다. ㄹ. 위항문학은 조선 후기 경아전 출신의 역관과 서리에 의해 나타난 문학으로 시인동우회인 시사를 인왕산 기슭에 조직하였다.

ㄷ. **호락논쟁 인물성이론** 노론이 정계와 학계를 주도하면서 한동안 주기설이 우세하였으나, 점차 그 안에서도 분파가 생겨났다. 17세기 중엽 영남학파에서 시작된 인물성동이론논쟁(人物性同異論爭)은 18세기 기호학파로 확산되어 주기론을 고집하는 충청도 지방의 노론(호론)과, 주리론도 포괄적으로 이해하고자 한 서울 지방의 노론(낙론) 사이에 호락논쟁(湖洛論爭)이 벌어지기도 하였다. 주기론은 그 후 한원진·임성주 등에 의해 계승.

≫ 호락논쟁(湖洛論爭, 호락시비) ≪

18세기 초 기호학파 권상하(1641~1721)의 문하인 한원진(1682~1750)과 이간(1677~1727)이 인물성동이론(人物性同異論)과 심체(心體)의 선악유무론(善惡有無論)을 대상으로 하여 1709~1715년까지 벌인 성리학 논쟁.

한원진은 「맹자」의 생지위성(生之謂性)의 주자주(朱子註)를 논거로 인물성이론(人物性異論)을 주장하였고, 이간은 「중용」의 천명지위성(天命之謂性)의 주자주(朱子註)를 논거로 인물성동론(人物性同論)을 주장. 스승 권상하와 윤봉구·최징후·채지홍 등은 한원진의 주장에, 김창협·김원행·박윤원·현상벽·박필주·이재 등은 이간의 주장에 찬동하였다. 한원진의 지지자들이 호서(湖西)지방에 살았고, 이간의 지지자들이 서울 낙하(洛下)에 살았기 때문에 이를 호락논쟁(湖洛論爭)이라고 불렀다. 그 후 100여 년 동안 계속된 호락논쟁은 학술적 논쟁을 넘어서 학파 또는 당파로까지 발전하였다. 대부분 학자들이 양론을 지지하거나 비판하는 것으로 일관하였으나 임성주와 기정진은 양론을 모두 비판하여 새로운 이론을 구축하려 하였다.

한원진	호론 (충청도)	이론	氣의 차별성 강조	화이론(북벌론) 위정척시론(김복한)	정약용에게 영향
이 간	낙론 (서울)	동론	理의 보편성 강조	화이론 배격(북학론) → 개화사상 위정척사론(이항로)	홍대용·박지원에게 영향

ㄹ. **위항(委巷) 문학** 17~18세기 경아전 출신의 위항인(委巷人)인 역관과 서리에 의해 나타난 문학으로 지적 성장과 결집력을 과시하여 사대부문학과 비교되며 서민문학과도 비교된다. 독특한 예술적 개성과 예속으로부터 독립을 지향하고 있으나 사대부문학에 비해 혁신적인 것은 아니고 아류적·주변적 성격을 가지며 기교면의 발달과 소시민적 기호에 접근하고 있다. 일명 여항(閭巷)문학, 이항(里巷)문학·여정(閭井)문학이라고도 한다(이언진·이상적).

32 정답 ② ··· (2010. 제8회 고급)

지도는 대동법의 시행과정(1608-1708년)을 보여준다. 대동법의 전국적 실시에 100년이 소요된 이유는 양반 지주층의 이중 과세에 대한 강력한 반대가 주된 이유이고, 그 외 지방수령·토호 등의 경제적 이해관계, 양전사업의 미비, 대동미 운송 체계의 미비 등을 들 수 있다.

대동법(1608~1708) 민호에 토산물을 부과·징수하던 공납을 토지의 결수에 따라 미·포·전(錢)으로 납입하게 하는 제도로 정부는 수납한 대동미·대동포·대동전(상평통보) 등으로 공인(貢人)을 통하여 필요한 물자를 구입하여 사용. 이 제도는 어느 정도의 수공업 발달을 전제로 하여 실시.

1) **실시** 1608년(광해군 원년)에 이원익이 선혜청(상평창의 개칭)을 설치하여 경기도에 처음 실시. 1708년(숙종 34)에 관찰사 이언경의 상소로 황해도에 담세를 참작하여 과세하는 상정법(詳定法)을 실시하면서 대동법을 함경도·평안도 등 잉류지역을 제외하고 전국적으로 시행.

2) **대동법의 확산** ① 광해군 : 경기(이원익·한백겸) - 1결당 16두 ② 인조 : 강원(조익) ③ 효종 : 충청·전라(김육) - 1결당 13두 ④ 숙종 : 전국적 실시(최석정) - 1결당 12두

33. 다음 내용이 서술된 책과 관련된 설명으로 옳은 것은? [1점]

> 조선 땅덩어리는 실로 아시아의 요충(要衝)을 차지하고 있어, 반드시 다투게 마련이며, 조선이 위태로우면 중국과 일본의 형세도 날로 위급해질 것이며, 러시아가 영토를 공략하려 한다면 반드시 조선으로부터 시작할 것이다. 아! 러시아가 이리와 호랑이 같은 진(秦)나라처럼 정벌에 힘써 온 지 3백여 년이다. 그 처음 대상은 유럽이었고 이어서 중앙아시아였으며, 오늘에 이르러서는 다시 동아시아로 옮겨져 마침 조선이 그 피해를 입게 된 것이다. 그러므로 조선의 오늘날 급무는 어떻게 할 것인가? 러시아를 막는 것보다 더 급한 것이 없을 것이다. 중국과 친하고, 일본과 맺고, 미국과 연대하여 자강을 도모할 뿐이다.

① 제2차 수신사 김홍집이 집필하였다.
② 후쿠자와 유키치의 조언이 담겨 있다.
③ 영남 만인소가 올려지는 원인을 제공하였다.
④ 조·청 상민 수륙 무역 장정 체결에 영향을 주었다.
⑤ 묄렌도르프가 외교 고문으로 오게 되는 배경이 되었다.

34. 다음 건축물을 설계한 인물에 대한 설명으로 옳은 것은? [2점]

덕수궁 중명전

세창양행 직원사택

손탁 호텔

① 대한 매일 신보를 간행하였다.
② 육영 공원의 교사로 활동하였다.
③ 최초의 근대식 병원인 광혜원을 운영하였다.
④ 최초의 여성 교육 기관인 이화 학당을 세웠다.
⑤ 명성 황후의 시해 현장을 목격하고 그 실상을 증언하였다.

33 정답 ③ ·· (2010. 제8회 고급)

사료는 「조선책략(朝鮮策略)」으로 주일 청국 참찬관인 황준헌(黃遵憲)의 저술인데 청의 이이제이(以夷制夷) 정책을 반영한 저술로 일본의 대륙 진출을 방지하고 러시아의 남진을 막기 위한 방아책(防俄策) 목적으로 '친중국(親中國) 결일본(結日本) 연미방(聯美邦)'하자고 주장하였다. ① 김홍집이 가져와 1880년에 고종에게 진상, ② 후쿠자와 유기치(복택유길)은 「문명론의 개략」에서 조선 개화파에게 사회진화론을 소개, ③ 외세와의 결탁과 성현 모독이라는 이유로 신사(1881) 위정척사운동 가열, ④⑤ 1882년 6월 임오군란의 영향이다.

사의(私擬)「조선책략(朝鮮策略)」 주일 청국 참찬관인 황준헌의 저술로 김홍집이 1880년에 고종에게 진상. '사의'라는 개인 견해를 표방했으나 사실은 청의 이이제이 정책을 반영한 저술로 일본의 대륙 진출을 방지하고 러시아의 남진을 막기 위한 방아책(防俄策) 목적으로 '친중국 결일본 연미방'하자고 주장. 「조선책략」의 유포는 조미수호통상조약 체결에 영향을 주었고, <u>외세와의 결탁과 성현 모독이라는 이유로 신사(1881) 위정척사운동을 가열시켰다.</u> 당시 조정에서는 정부의 개혁사업에 대한 유생들의 이해를 구하기 위해 「조선책략」을 출판·보급하였으나 오히려 유생들의 분노를 폭발시키고 말았다.

> **「조선책략」의 성현모독(聖賢冒瀆) 조항** "미국에서 행하는 것은 야소교로서 야소교는 천주교와 근원은 같으나 당파가 다르고, 유교에 주자와 육상산이 있는 것과 같다. 그리고 그 종교의 근본이 사랑을 권해 착해지도록 하는 데 있으니 우리 중국의 주공(周公)이나 공자(孔子)의 도(道)보다 어찌 몇 만 배 낫지 않느냐."

② **후쿠자와 유키치**(福澤諭吉, 1835~1901) 메이지(明治)시대 일본의 계몽사상가, 난학숙·게이오대학 창립, 정한론자, '탈아입구론(脫亞入歐論)'을 주장하여 근대화의 모델 제시, 「서양사정」·「문명론의 개략」 저술(1875), 친일파 양성에 주력, 사회진화론(Social Darwinism) 보급, 김옥균·유길준 등 개화파들이 그의 영향을 받았는데 결과적으로는 친일적 역할을 담당.

③ **영남 만인소** 강진규가 작성, 이만손은 유배됨. 「조선책략」의 성현 모독 조항 비판.

④⑤ **임오군란의 영향**

1) **대원군의 재집권** 대원군은 통리기무아문을 혁파하고 5군영과 삼군부를 부활, 도고 혁파, 각종 잡세 폐지, 주전 남발 철폐 등의 민씨척족정권이 추진한 개화정책을 백지화시키는 개혁정치를 추진하였으나 34일만에 끝나고 말았다.

2) **청의 내정 간섭 초래** 김윤식의 요청으로 오장경 휘하 3천여 명의 청군이 출동하여 대원군을 청으로 압송하였다(3년간 천진 보정부에서 감금 생활, 1885.2 귀국). 청에 의해 군란이 진압되고 고문을 추천하는 등 청의 내정 간섭이 시작. ① 고문 추천 : 묄렌도르프(Möllendorff; 목린덕)·마건상·하트(R. Hart) 등이 각각 외교와 세관 업무·정치·재정을 감독. ② 군사권 장악 : 위안스카이(1859~1916)가 신건친군영을 설치하여 청나라식으로 군대를 훈련. ③ 조청상민수륙무역장정 체결(1882. 8) : 청의 경제 진출 강화 및 종주권의 주장으로 일본의 경제적 침투를 억제하고 상무(商務)를 감독하기 위해 총영사관격인 총판조선상무위원으로 진수당(陳樹棠)을 파견. 그리고 일본의 조선 지배를 차단하기 위해 <u>조선을 청의 속방으로 규정하고 청상인의 내지 통상이 허용</u>. 청상인들은 영국산 면제품을 중계무역으로 대규모 직수입하여 직거래하였고, 조선의 인삼·우피·해산물 등을 청으로 수출. ④ 기무처의 개편 : 청은 통리교섭통상사무아문(외아문)을 설치하여 외교·통상 사무를, 통리군국사무아문(내아문)을 설치하여 군국 사무를 각각 관장.

3) **제물포조약**(1882.7.17) 일본군이 출동하였으나 청이 선점하여 불리한 입장이 되자 일본은 조선 정부와 조약을 체결. 일본 공사관에 경비병 120명 주둔 허용, 피해 배상 요구로 50만원을 매년 10만원씩 지불, 군란 주모자 처벌, 특사를 파견해 공식적 사과 등인데 그 결과 사죄사로 박영효(제3차 수신사)·김옥균·민영익 등이 일본에 파견.

34 정답 ⑤ ·· (2010. 제8회 고급)

① 베델(E,Bethell), ② 헐버트(Hulbert), 길모어(Gilmore), 번커(Bunker), ③ 알렌(Allen), ④ 스크랜턴(Scranton), ⑤ 러시아 건축가 세레딘 사바틴(Sabatin, 1860-1921)은 1895년 8월 명성황후가 일본인들에게 시해될 때 황제를 보호하는 시위대에서 미국인 교관 다이 장군과 함께 부감독관으로서 비극의 현장을 목격한 인물로 독립문, 정동의 러시아 공사관, 덕수궁의 석조전과 중명전, 경복궁의 관문각, 손탁호텔, 인천의 세창양행과 해관청사 등 한국의 대표적 근대 서양 건축물을 설계했다.

35. 다음 사절단이 파견된 나라와 관련된 내용으로 옳은 것은? [3점]

앞줄은 왼쪽부터 로웰(미국인), 홍영식, 민영익, 서광범, 오례당(중국인),
뒷줄은 왼쪽부터 현흥택, 미야오카(일본인), 유길준, 최경석, 고영철, 변수

① 삼국 간섭에 참여하였다.
② 절영도 조차를 시도하였다.
③ 외규장각 도서를 약탈하였다.
④ 거문도를 불법으로 점령하였다.
⑤ 운산 금광 채굴권을 차지하였다.

36. 다음 자료의 밑줄 그은 '작년의 거사' 결과로 체결된 조약의 내용을 〈보기〉에서 고른 것은? [2점]

> 작년의 거사는 세상에서 혹은 너무 급격하다 논하는 자 있으나 폐하는 그윽히 성찰하소서. …… 폐하께서 긴밀히 신에게 말씀하시어 민씨 일족을 제거할 계획을 꾸미시고 신도 또한 감읍하여 상주한 바 있나이다. 신이 생각하건대, 지금 이와 같은 간류(奸類)를 제거하지 못할 때는 폐하로 하여금 망국의 군주라는 천추의 한을 면하기 어려우므로 곧 국가를 위하여 신명을 던져 작년의 거사를 일으켰거늘, 지금 도리어 신을 역적이라 함은 무슨 까닭이옵니까?
> - 동경 매일 신문 -

보 기

ㄱ. 일본은 최혜국 대우를 인정받았다.
ㄴ. 조선은 일본 공사관의 신축 비용을 부담하였다.
ㄷ. 일본은 공사관 경비 구실로 군대를 주둔하게 되었다.
ㄹ. 청과 일본은 조선에 대한 파병권을 동등하게 획득하였다.

① ㄱ, ㄴ
② ㄱ, ㄹ
③ ㄴ, ㄷ
④ ㄴ, ㄹ
⑤ ㄷ, ㄹ

해설 및 정답

35 정답 ⑤ ·· (2010. 제8회 고급)

사진은 조미수호통상조약 체결 이듬해인 1883년 7월 최초로 미국에 파견된 사절단인 보빙사 일행이다. 당시 보빙사가 받아들인 신문물은 신식우편제도 창시, 육영공원 설치에 영향을 미쳤고, 특히 농무 목축 시험장과 경작기계의 제작, 수입 등 농업기술의 연구에도 기여한 바가 컸다. ① 독일·러시아·프랑스, ② 러시아, ③ 프랑스, ④ 영국, ⑤ 미국과 관련된 내용이다.

> **보빙사 파견** 조선은 민영익(1860~1914)을 전권대신으로 하여 홍영식·서광범 등 11명의 수신사(보빙사) 일행을 미국으로 파견하였으며 미국에서도 푸트(Foote, L.H. 福德)가 초대 특명 전권공사로 서울에 왔다. 당시 민영익은 조선인으로서는 처음으로 세계일주(1883.7~1884.6).

① **삼국간섭**(1895.4.23) 청일전쟁(1894.6~1895.4)의 결과인 시모노세키조약이 체결되어(1895. 4.17) 일본은 요동반도와 대만을 할양받았으나 독일·러시아·프랑스 등 삼국이 일본을 견제하여 일본은 요동반도를 청에 반환하는 수모를 겪었고 러시아가 만주로 진출(요동반도의 여순·대련)을 조차하고 여순에 군사 기지를 건설하자, 이후 일본은 러시아를 가상적국으로 생각하였다. 삼국간섭 후 국제적으로 일본은 고립.

② **절영도 조차**(1897) 러시아가 저탄소 설치를 위해 절영도의 조차를 요구의 조차를 요구하자 독립협회는 만민공동회를 배경으로 러시아의 요구를 좌절시키고 서울에 설치된 한러은행도 폐쇄시켰으며, 프랑스의 광산채굴권 요구도 좌절시켰다.

③ **병인양요**(1866.9) 당시 외규장각의 장서인 각종 국가 행사를 그림을 그려 설명한 의궤류(儀軌類) 340여 권이 프랑스군에게 약탈.

36 정답 ④ ·· (2010. 제8회 고급)

자료는 「지운영사건 규탄소(池運永事件糾彈疏)」으 '작년의 거사'는 갑신정변(1884.10.17)을 가리킨다. 김옥균이 갑신정변 실패 후 일본에 망명했을 때 1886년 6월 지운영이 조선 정부로부터 밀령을 받고 일본에 건너가 김옥균을 암살하려다 성공하지 못하고 그 계획이 폭로 된 후 그 때 김옥균이 작성하였다. 그런데 국왕에게 직접 보내지는 않고 당시 「동경매일신문」 1886년 7월 9일자에 발표한 것이다. 그 내용은 지운영과 같은 자객을 보내 일개 김옥균을 살해하려는 데 급급하지 말고 국민을 개명의 길로 이끌어 미묘한 당시의 국제관계 속에서 국가의 독립보전책을 강구하라는 것이다. 갑신정변 후 체결된 조약은 한성조약과 천진조약이다. ㄱ. 조일통상정정 및 해관세칙(1883.7), ㄴ. 한성조약(1884.11), ㄷ. 제물포조약(1882.7), ㄹ. 천진조약(1885.4)의 내용이다.

ㄱ. **조일통상정정 및 해관세칙**(1883.7 개정) ① 수출입품의 협정관세 규정(수출세 5%, 수입세 8%, 선박세 결정), ② 방곡령은 1개월 전 일본영사관에 통보, ③ 전라도·경상도·강원도·함경도 등 4도 어채권(漁採權) 허용, ④ 아편 수입 금지, ⑤ 일본상인에게 최혜국조관 부여

ㄴ. **한성조약**(1884.11) 김홍집과 이노우에 간에 맺어진 조약으로 ① 조선은 국서로써 일본에 사죄할 것, ② 배상금 11만원 지불, ③ 이소바야시 대위의 살해범 처벌, ④ 공사관 신축지 비용 2만원 부담, ⑤ 경비병 막사로 공사관 부지 이용 등.

ㄷ. **제물포조약**(1882.7) 일본군이 출동하였으나 청이 선점하여 불리한 입장이 되자 일본은 조선 정부와 조약을 체결. ① 일본 공사관에 경비병 120명 주둔 허용, ② 피해 배상 요구로 50만원을 매년 10만원씩 지불, ③ 군란 주모자 처벌, ④ 특사를 파견해 공식적 사과 등인데 그 결과 사죄사로 박영효(제3차 수신사)·김옥균·민영익 등이 일본에 파견.

ㄹ. **천진조약**(1885.4) 거문도사건 직후 청·일의 현상 유지책으로 이토 히로부미와 이홍장 간에 교섭이 진행되다가 주청 영국공사 파크스(H.S. Parkes)의 중재로 체결. 조약의 내용은 ① 청·일 양국은 조선으로부터 4개월 이내에 공동 철병한다. ② 청·일 양국은 조선에 군사교관을 파견하지 않는다. ③ 조선에 변란이 일어나 양국 중 어느 한 나라가 군대 파견의 필요가 있을 때에는 상대국에 사전 통고하고, 사건이 해결되면 즉시 철수한다 등으로 되어 있다. 이로써 일본은 조선에서 청과 대등한 위치를 유지하게 되었으며, 이 조약은 갑오농민전쟁 이후 청일전쟁 발발로 결렬.

37 (가), (나) 운동에 대한 설명으로 옳은 것을 <보기>에서 고른 것은? [1점]

(가) 고율 소작료, 불안정한 소작권, 농촌 경제의 파탄, 식민지 수탈 정책 등을 배경으로 일어났다.
(나) 노동자 수 증가, 값싼 임금, 열악한 노동 조건 등을 배경으로 전개되었다.

|보 기|

ㄱ. (가)는 일제의 산미 증식 계획 실시로 주춤해졌다.
ㄴ. (나)를 주도한 계층이 물산 장려 운동을 추진하였다.
ㄷ. (나)는 1910년대 전반기에는 활발하게 일어나지 않았다.
ㄹ. (가)와 (나)는 1920년대에 사회주의 사상의 영향을 받아 활기를 띠었다.

① ㄱ, ㄴ   ② ㄱ, ㄷ   ③ ㄴ, ㄷ
④ ㄴ, ㄹ   ⑤ ㄷ, ㄹ

38 (가) 신문의 발간 당시 볼 수 있는 장면으로 적절한 것은? [2점]

우리 조정에서도 박문국을 설치하고 관리를 두어 외국 소식을 폭넓게 번역하고 아울러 국내 소식까지 실어, 나라 안에 알리는 동시에 여러 나라에 반포하기로 하였다. 신문의 이름을 [(가)] (이)라 하여 견문을 넓히고 여러 가지 의문점을 풀어 주며 상리(商利)에도 도움을 주고자 하였다. 중국과 서양의 관보, 신보를 우편으로 교신하는 것도 이런 뜻이다.

① 교조 신원을 요구하는 동학 교도들
② 단발령 실시에 비분강개하는 유생들
③ 통역관이 되고자 동문학에서 공부하는 학생들
④ 만민 공동회에 참여하여 연설을 듣는 부녀자들
⑤ 외국 상인들의 철수를 요구하며 시위하는 시전 상인들

해설 및 정답

37 정답 ⑤ ·· (2010. 제8회 고급)

일제시대의 (가) 소작쟁의(농민운동), (나) 노동쟁의(노동운동)에 대한 설명이다. ㄱ. 1920년대 산미증식 계획 실시로 농민운동은 본격화 단계에 들어서며 점차 고양되어 투쟁형태가 확대, ㄴ. 물산장려운동은 노동자가 아닌 민족 상층 자본가 계급(민족주의 우파)이 주도, ㄷ. 1920년대에 태동되어 1930년대 전반에 절정을 이루었고, ㄹ. 적색(혁명적) 농민조합과 적색 노동조합이 결성되어 쟁의의 양상이 격렬해졌다.

(가) **소작쟁의** 농민들의 생존권 투쟁이었으나, 점차 일제의 수탈행위에 항거하는 항일민족운동의 성격.
  1) 제1단계(1919~1924) 농민운동의 태동기(면·리 단위의 소작인조합이 결성). ① 소작인조합이 중심이 된 소작농의 대지주 투쟁으로 소작권 이전·고율 소작료·소작지 관리인 마름의 횡포 등에 반대하는 소작쟁의. ② 조선노농총동맹의 결성(1924) : 전국적인 농민·노동자 운동단체 ③ 암태도 소작쟁의(1923. 8~1924. 8) : 전남 무안군 암태도, 아사동맹 결성(1924.7), 8할의 소작료를 4할로 하향 조정. ④ 황해도 재령군 북률면 여물평 동양척식회사 농장의 소작쟁의(1924~1925)
  2) 제2단계(1925~1929) 농민운동의 본격화 단계(소작인조합 → 농민조합) ① 농민조합 개편 : 자작농까지 포함하는 보다 대중적 조직인 농민조합으로 발전. ② 횟수의 증가 : 증산량보다 수탈량이 더 많은 산미증식 계획에 반대운동 확산 ③ 운동의 고양 : 투쟁규모가 확대, 투쟁형태도 대중적 폭동형태로 바뀌자 일제의 탄압이 강화. ④ 조선농민총동맹(1927) : 조선노농총동맹이 노동총동맹과 농민총동맹으로 분리. ⑤ 공산주의운동과 연결(1925~1928) : 12월 테제로 조선공산당이 사실상 해체될 때까지 연계.
  3) 제3단계(1930~1935) 농민운동의 고양기 ① 두 가지 유형 ㉠ 기존 농민조합 중심 : 일본인 지주를 상대로 한 농민운동 ㉡ 적색 농민조합 주도 : 경제 공황 이후 적색(혁명적) 농민조합의 주도하에 토지혁명을 추구하며 일제에 대해 저항(항일농민폭동) ② 조선 농민층 회유 : 일제는 농촌진흥운동의 일환으로 1932년에 자작농지 창설·유지사업 실시와 조선소작조정령 공포, 1934년에 조선농지령 공포 등을 통해 농민을 회유. ③ 불이농장(不二農場) 소작쟁의(1929~1931) : 평북 용천군 불이흥업회사 소속 서선(西鮮) 농장의 소작쟁의로 농장사무소를 습격. ④ 1930년대 : 혁명적(적색) 농민조합운동이 함경도 정평·명천 등지에서 활발히 전개(1930년 726건, 1935년 25,834건).

(나) **노동쟁의** 쟁의발생 대부분이 일본인 공장이었으므로, 쟁의는 반제·반일투쟁으로서의 정치적 성격.
  1) 제1단계(1920~1924) 노동운동의 태동기 ① 노동쟁의수 : 연평균 56건, 4천 5백여 명이 참가 ② 구호 : 주로 임금 인하 반대와 임금 인상 요구를 중심으로 전개. ③ 부산 부두노동자의 총파업(1921) : 부산 제네스트(general strike) ④ 노동운동단체의 결성 : 조선노동공제회(1920.4.11) → 조선노동연맹회(1922, 1923년 5월 1일, 최초의 May Day 행사 주도) → 조선노농총동맹(1924.4) → 조선노동총동맹(1927.9)
  2) 제2단계(1925~1929) 노동운동의 본격화 단계 ① 노동쟁의수 : 연평균 90건, 7천 6백여 명이 참가 ② 전국적 확산 : 노동쟁의에 조직성과 강인성이 나타나고 농민들과의 연계가 강화. ③ 조선노농총동맹의 분화 : 조선노동총동맹의 결성(1927) ④ 원산노동자 총파업(1929. 1~4) : 1920년대 노동운동 사상 최대 규모의 조직적 투쟁으로 함남 덕원군 라이징 선(Rising Sun) 영국인 석유회사의 문평유조소에서 발단(1928.9 구타 사건)되어 원산노동연합회의 지도를 받았는데, 원산노동연합회는 자본가 단체인 원산상업회의소와 대립. 당시 일본·중국·프랑스·소련 등 외국 노동자들이 격려 전문을 보내왔고 일본 노동자들은 동조파업.
  3) 제3단계(1930~1935) 노동운동의 고양기 ① 노동쟁의 수 : 경제공황 이후 모순의 체증 심화로 연평균 170건, 1만 6천여 명이 참가. ② 파업투쟁의 증가 : 공장 점거·습격 등 쟁의의 양상이 격렬해지고, 비합법적 적색노조운동이 전개(제4차 함경도 태평양노동조합사건(태로사건, 1931~1934)·신흥군 장풍 탄광 노동쟁의(1930.6)).

38 정답 ③ ·· (2010. 제8회 고급)

(가)의 신문은 1883년 10월에 창간된 우리나라 최초의 신문인 한성순보이고, 사료는 창간사이다. ① 1892-93년, ② 1895년 ③ 1883년 외아문에 설립한 통역관 양성소, ④ 1898년, ⑤ 1890년의 철시동맹이다.
  ⑤ **철시동맹**(撤市同盟, 1890.1.6~1.12) 서울의 시전·육의전 상인들이 중심이 되어 청·일본 등 외국 상인의 점포를 인천항에서만 국한시키고 조선 상인의 한성 전담을 주장하였고, 또 외국 상점 폐쇄의 철잔(撤棧)을 주장하면서 파업을 하였다(장터 민족주의).

39. 다음 자료의 단체에 대한 설명으로 옳은 것만을 〈보기〉에서 모두 고른 것은? [2점]

우리 대한이 종전에 자강의 방도를 강구하지 않아 인민이 스스로 우매함에 묶여 있고 국력이 쇠퇴하게 되어, 드디어 오늘의 힘난한 지경에 이르러 외국인의 보호를 받게 되었다. ……이것은 모두 자강의 방도에 뜻을 두지 않았기 때문이었다.

┤보 기├
ㄱ. 공화정체의 국민 국가 수립을 지향하였다.
ㄴ. 고종의 강제 퇴위 반대 운동을 전개하였다.
ㄷ. 통감부가 제정한 보안법에 의해 해산되었다.
ㄹ. 국채 보상 운동 때 적극 참여할 것을 결의하였다.

① ㄱ, ㄴ   ② ㄱ, ㄷ   ③ ㄴ, ㄷ
④ ㄱ, ㄴ, ㄷ   ⑤ ㄴ, ㄷ, ㄹ

40. 다음 자료의 의병에 대한 설명으로 옳은 것을 〈보기〉에서 고른 것은? [2점]

군사장은 미리 군비를 신속히 정돈하여 철통과 같이 함에 한 방울의 물도 샐 틈이 없는지라. 이에 전군에 명령을 전하여 일제히 진군을 재촉하여 동대문 밖으로 진격할 때, 대군은 긴 뱀의 형세로 천천히 전진하게 하고, …… 3백 명을 인솔하고 선두에 서서 동대문 밖 삼십 리 되는 곳에 나아가 전군이 모이기를 기다려 일거에 서울로 공격하여 들어가기로 계획하더니, 전군이 모이는 시기가 어긋나고 일본군이 갑자기 진격해 오는지라. 여러 시간을 격렬히 사격하다가 후원군이 이르지 않아 할 수 없이 퇴진하였다.
- 대한 매일 신보 -

┤보 기├
ㄱ. 평민 의병장 신돌석 부대가 활약하였다.
ㄴ. 활빈당의 합류로 세력이 크게 강화되었다.
ㄷ. 13도 창의군을 결성하여 서울 진공 작전을 펼쳤다.
ㄹ. 각국 영사관에 교전 단체로 승인해 줄 것을 요구하였다.

① ㄱ, ㄴ   ② ㄱ, ㄷ   ③ ㄴ, ㄷ
④ ㄴ, ㄹ   ⑤ ㄷ, ㄹ

해설 및 정답

39 정답 ⑤ ·· (2010. 제8회 고급)

사료의 단체는 헌정연구회를 모체로 하여 창립한 대한자강회이다. ㄱ. 대한자강회는 입헌군주제를 지향하였고, 신민회가 왕정 폐지의 공화정체를 지향하였다. ㄴ. 고종의 양위 반대 운동을 전개하다가 해체, ㄷ. 일제가 1907년 7월 보안법을 공포하면서 합법적인 계몽단체는 해산되고 신민회와 같은 비밀결사단체가 조직되었고, ㄹ. 대한자강회는 월보를 통해 식산흥업의 필요성, 황무지 개척, 임업의 필요 등을 계몽운동하면서 국채보상운동 때에는 적극적인 참여를 결의하였다.

대한자강회(1906) 독립협회 운동의 맥락을 이어 헌정연구회를 모체로 하고, 사회단체와 언론기관을 주축으로 하여 창립. ① 교육과 산업의 진흥: 독립의 기초를 만들 것을 목적. ② 월보의 간행·연설회 개최: 국권 회복을 위한 실력양성운동을 전개하여 전국 각지에 25개의 지회를 설치. ③ 개화 자강계열의 민족운동: 을사조약을 계기로 국정개혁을 위한 헌정연구로부터 국권 회복을 위한 자강운동으로 전환하였고, 국채보상운동 때 적극적인 참여를 결의. ④ 3개항의 건의: 의무교육 실시·악질적인 봉건 폐습 금지·색깔 있는 복장의 착용과 단발의 시행 등 3개항을 건의. ⑤ 한계: 고문에 일본인 오가키가 임명되어 일본 흥아회의 논조인 정한론의 재포장인 아시아연대론을 주장. ⑥ 해체: 고종 황제의 양위 반대 운동을 주도하다가 해체.

헌정연구회(1905) 국민의 정치의식 고취와 입헌의회제도의 수립을 목적으로 이준·윤효정·양한묵 등에 의해 설립되어, 일진회의 반민족적인 행위를 규탄하다가 해산되었는데, 제왕이나 정부라도 헌법과 법률에 따라야 하고 국민은 법률에 규정된 권리를 자유롭게 누려야 할 것을 주장.

대한협회(1907) 대한자강회를 계승하여 교육의 보급, 산업의 개발, 민권의 신장, 행정의 개선 등의 강령을 내걸고, 독립보다 대한자강회와 유사한 실력양성운동을 전개. 그러나 보호국 체제하에서 정치단체의 활동은 위축될 수밖에 없었고 일제가 보안법을 공포(1907. 7)하면서 합법적인 활동이 더욱 어려워져 비밀결사단체가 조직.

40 정답 ⑤ ·· (2010. 제8회 고급)

사료의 의병은 1907년 12월 말 총대장 이인영, 군사장 허위로 하여 조직된 13도 창의군으로 1만 명이 경기도 양주에 모여 1908년 1월 시도한 서울진공작전의 내용이다. ㄱ. 평민 의병장 출신의 신돌석과 홍범도는 미천하다는 이유로 13도 창의군 대장에서 제외, ㄴ. 활빈당은 대한제국시기 충청도 내포지방에서 조직된 반외세, 반봉건운동조직으로 1900-1906년에 활동, ㄷ. 관동창의 대장 이인영의 전국 의병 연합 격문에 따라 13도 창의 대진소가 결성되고 13도 창의군 모집, ㄹ. 의병을 국제법상 교전단체로 승인해 줄 것을 요구하는 서신을 발송하였으나 외교권 박탈로 국제적 지원을 받지 못하였다.

13도 창의군 관동창의대장 이인영의 전국 의병 연합 격문에 따라, 13도 창의대진소가 결성되고, 13도 창의군이 모집되어 서울진공작전(1907년 12월 말)을 전개. 총대장 이인영, 군사장 허위로 하여 약 1만 명이 양주에 모여 1908년 1월 동대문 밖 30리까지 진격. 이인영의 13도 창의군 대장에 미천한 출신인 신돌석과 홍범도는 제외되었고, 이인영이 부친상을 당해 "나라에 대한 불충은 어버이에 대한 불효요, 어버이에 대한 불효는 나라에 대한 불충이다. 그러므로 나는 3년상을 치른 뒤 다시 의병을 일으켜 일본을 소탕하고 대한을 회복하겠다."라고 하며 낙향함(1909. 7).

ㄴ. **활빈당**(1900~1906) 1900년 2월경 충남 청양·홍주·덕산·해미·보령·남포 등 서천~당진 지역 내포지방에서 기의(起義)하여 충청·경기·강원 중부지방에서 영남·호남으로 파급. 동학농민군 잔여세력과 화적들이 중심이 되고 행상·유민·노동자·걸인 등이 참여하여 전국적 조직으로 발전하였다. 활빈당 명칭은 소설 「홍길동전」에서 유래하였고 지도부 명칭을 맹감역·마중군이라 불렀다. 그들은 의적을 표방하고 의병 활동에도 가담하였으며, 요구 조건을 미리 통지하고 통고시간에 나팔을 불면서 출현하였고, 시급한 국정과 민원을 해결하기 위해 1900년 10월 8일 대한사민논설(大韓士民論說) 13조목을 발표. 그러나 반봉건 투쟁이었음에도 불구하고 유가적 왕도사상이 농후하여 봉건사상을 완전히 탈피하지 못하는 한계성.

ㄹ. **성원호소문 발송** 서울 주재 각국 영사관에 의병을 국제법상의 교전 단체로 승인해 줄 것을 요구하는 서신을 발송하여, 스스로 독립군임을 내세웠으나 외교권 박탈로 국제적 지원을 받지 못하였다.

41 (가)~(라)는 일제 강점기의 문학과 예술에 관한 내용이다. 이를 시기 순으로 옳게 배열한 것은? [2점]

> (가) 이광수는 소설 '무정'을 발표하였다. 무정은 신문학을 총결산하고 소설 문학의 새로운 역사를 개척하는 작품이었다. 작품에 담긴 자유 연애 사상은 당시 사람들에게 큰 충격을 주었다.
> (나) 일본 도쿄 유학생들이 조직한 토월회가 발족되면서 본격적인 신극 운동이 일어나게 되었다. 토월회는 계몽을 목표로 남녀평등, 봉건적 유교 사상의 비판, 일제에 대한 저항을 주제로 하여 국내 순회 공연을 가졌다.
> (다) 일제는 문화, 예술 분야에 대한 통제를 강화하여 조선 문인 협회, 조선 음악가 협회, 조선 연극 협회 등을 조직하여 침략 전쟁과 식민 통치의 찬양에 이용하였다.
> (라) 미국과 독일에서 활동하던 안익태가 코리아 환상곡을 작곡하였다. 그는 코리아 환상곡 끝에 애국가 합창을 넣었다.

① (가) - (나) - (다) - (라)
② (가) - (나) - (라) - (다)
③ (나) - (가) - (다) - (라)
④ (나) - (라) - (가) - (다)
⑤ (라) - (가) - (나) - (다)

42 다음 글의 밑줄 그은 부분과 관련된 설명으로 옳은 것을 〈보기〉에서 고른 것은? [2점]

> 1930년대 이후 일제의 식민 통치 지배 체제가 한층 강화되고 이를 위한 사상 탄압이 심화되었다. 일제는 식민주의 사상을 강화시키기 위해 조선사 편수회, 청구 학회, 경성 제대 조선 경제 연구소 등 일제 관학을 중심으로 식민주의적 조선 연구를 강화하기 시작하였다. 이러한 일본인 주도의 조선 연구에 대응하여 조선인에 의한 조선 연구 분위기가 형성되어 '조선학' 운동이 일어났다.

보 기
ㄱ. 다산 서거 기념 사업 추진을 계기로 일어났다.
ㄴ. 조선 광문회는 민족 고전을 정리 간행하였다.
ㄷ. 안재홍은 민족 문화의 확립을 위한 문화 운동을 주창하였다.
ㄹ. 주시경은 국어문법을 저술하여 국문 연구 활동에 공헌하였다.

① ㄱ, ㄴ
② ㄱ, ㄷ
③ ㄴ, ㄷ
④ ㄴ, ㄹ
⑤ ㄷ, ㄹ

해설 및 정답

41 정답 ② ··(2010. 제8회 고급)

(가) 최초의 현대 소설, 1917년 매일신보에 연재, (나) 연극단체, 1923년, (다) 1939-1940년, (라) 1936년의 사실이다.

(가) **근대문학**(자주사상 고취) ① 현대문학의 선구 : 이광수가 현대소설 「무정」(1917, 매일신보에 연재)을, 최남선이 신체시를 개척. ② 전통문학의 현대문학 승화 : 한용운(「님의 침묵」, 1926)·신채호(「꿈하늘」·「용과 용의 대격전」·「새벽의 별」)·김소월(1902~1934, 「진달래꽃」) 등. ③ 저항문학의 발달 : 심훈(「상록수」,「그날이 오면」)·이육사(의열단 가입, 1944년 베이징 감옥에서 옥사)·윤동주(민족의식 고취, 1944년 후쿠오카 감옥에서 옥사)·이상화(「빼앗긴 들에도 봄은 오는가」) 등. ④ 동인·문예지 : 3·1운동 이후 「창조(創造)」·「폐허(廢墟)」·「백조(白潮)」 등의 동인지와 「개벽」·「조선지광」 등의 종합잡지가 간행. ⑤ 아동문학 : 방정환·조철호(조선소년군 창설, 보이스카웃의 전신(1922)) 등이 소년운동과 문학활동으로 어린이들에게 용기와 애국심을 북돋아 주었다. 어린이날을 제정하고(1922.5.1) 잡지 「어린이」를 발간(1923). ⑥ 계급문학(신경향파문학) : 1920년대 중반 이후 임화, 김기진, 박영희, 최서해(학송) 등은 카프(KAPF)라는 문학 단체를 결성하여 사회주의의 영향 아래 식민지 현실을 고발하고 계급의식을 고취. 이에 반발하여 예술성과 작품성을 강조하는 순수문학 경향도 대두.

(나) **연극** 토월회(1923)·극예술연구회(1931) 등 신극단체들이 연극을 통해 계몽활동을 하였으며, 최초의 신극 운동가 김우진에 의해 일본 대중문화인 장한몽(일본명 : 황금야차)이 소개되어 신파극이 유행. 그리고 1935년에는 최초의 연극 전용 극장인 동양극장이 설립되었고 김재철이 「조선연극사」를 발간(1933).

(다) **친일문학론** 일제의 내선일체, 총력전 수행 등을 적극 협력하는 1930년대 후반의 문학활동 및 이론으로 이광수·최남선·최재서(국민문학론) 등. 그들이 1939년 10월 경성에서 결성한 어용문학단체가 조선문인협회(발기인 : 이광수·주요한·김동환, 1943년 4월 조선문인보국회로 발전).

| 친일어용 문학단체 | 조선문인협회, 조선음악협회(1940.12), 조선연극협회(1940.12), 조선미술가협회(1944), 조선언론보국회(1945) |

42 정답 ② ··(2010. 제8회 고급)

ㄱ. 정약용(1762-1836) 사거 99주년 기념행사를 준비하여 「여유당전서」이 간행(1934-1938), ㄴ. 1910년 박은식·최남선 등이 조직, ㄷ. 민족주의 좌파로 1934년 정인보·문일평 등과 민족사 연구와 실학자들의 문집을 간행하여 민족의식 고취, ㄹ. 독립신문사 내에 국문동식회를 조직하여 1910년에 간행하였다.

조선학운동(민족주의 좌파) 민족사 연구나 실학자들의 문집을 간행하여 민족의식을 고취시키고자 1930년대의 조선학운동과 단군조선·실학 연구에 매진.

| 1930년대 전반 문화운동 | 1934년의 조선학운동(정인보·안재홍·문일평 주도), 문맹퇴치운동, 만주동포구제운동, 고적보존운동(동아일보의 충무공 현창과 유적 보존 및 단군릉 중수작업), 단군유적 순례, 정약용 서거 99주년 기념사업 준비(신조선사의 「여유당전서」 간행(1934~1938)) |

ㄴ. **조선광문회**(1910, 박은식·최남선) 「삼국사기」·「삼국유사」·「동국통감」·「발해고」·「동사강목」 등 5종류의 역사서를 편찬. 신민회의 외곽출판단체.

43 다음 자료와 관련된 시기의 일제 식민 정책으로 옳은 것만을 〈보기〉에서 모두 고른 것은? [1점]

보 기

ㄱ. 치안 유지법을 제정하여 사상 탄압을 강화하였다.
ㄴ. 한국인의 성과 이름을 일본식으로 바꿀 것을 강요하였다.
ㄷ. 신사 참배를 강요하며 한국인의 종교 활동을 탄압하였다.
ㄹ. 국가 총동원법을 제정하여 인적·물적 자원을 수탈하였다.

① ㄱ, ㄴ, ㄷ   ② ㄱ, ㄴ, ㄹ   ③ ㄱ, ㄷ, ㄹ
④ ㄴ, ㄷ, ㄹ   ⑤ ㄱ, ㄴ, ㄷ, ㄹ

44 (가)~(마)는 일제 강점기의 한국사 연구와 관련된 자료이다. 이 가운데 사관이 나머지 넷과 다른 하나는? [3점]

(가) 옛사람이 이르기를, 나라는 없어질 수 있으나 역사는 없어질 수 없다고 하였으니, 그것은 나라는 형체이고 역사는 정신이기 때문이다. 이제 나라의 형체는 허물어졌으나, 정신만이라도 오로지 남아 있을 수 없는 것인가.

(나) 역사란 무엇이뇨. 인류 사회의 아(我)와 비아(非我)의 투쟁이 시간부터 발전하며 공간부터 확대하는 심적 활동의 상태의 기록이니, …… 조선사라 하면 조선 민족의 그리 되어 온 상태의 기록이니라.

(다) 우리 조선의 역사적 발전의 전 과정은 …… 다른 문화 민족의 역사적 발전 법칙과 구별되어야 하는 독자적인 것이 아니며, 세계사적인 일원론적 역사 법칙에 의해 다른 민족과 거의 같은 궤도로 발전 과정을 거쳐 온 것이다.

(라) 조선인의 특수성을 표시하는 그 언어를 비롯하여 조선인의 과거상을 영사(映寫)하는 그 역사이며 또 조선인의 실생활을 조선말로 써내린 조선 문학 같은 것이 조선학을 구성한 중심 골자가 되어야 하겠다.

(마) '얼'은 인간 존재의 핵이며, 자성(自性)이자 불사불멸의 존재일뿐 아니라 끊임없이 활동하는 것으로서 역사의 원동력이 된다. 따라서 역사 연구의 궁극적인 목적은 이 '얼'을 찾는 데 있다.

① (가)   ② (나)   ③ (다)   ④ (라)   ⑤ (마)

43 정답 ④ ·· (2010. 제8회 고급)

사진은 '목검으로 군사 훈련하는 여학생들'과 국민총력조선연맹(1940년)의 공출 포스터로 1930년대 후반 이후의 민족말살정책과 물적·인적 수탈을 보여준다. ㄱ. 1925년 4월 일본법률 제 46호로 공포되어 그 해 5월부터 조선에도 시행했다. 총독부가 반정부·반체제운동 탄압의 목적으로 발표한 법령으로 당시 일제에 대한 소작·노동쟁의가 심해지고 사회주의자들의 활동이 격화됨에 따라 그 대비책으로 발표, ㄴ. 1940년 2월, ㄷ. 1936년 8월, ㄹ. 1938년 4월의 식민정책이다.

ㄱ. **치안유지법 제정**(1925) 1925년 4월 일본법률 제 46호로 공포되어 그 해 5월부터 조선에도 시행되었다. 총독부가 반정부·반체제운동 탄압의 목적으로 발표한 법령으로 당시 일제에 대한 소작·노동쟁의가 심해지고 사회주의자들의 활동이 격화됨에 따라 그 대비책으로 이 법을 발표. 그러나 사실은 무정부주의 운동, 공산주의 탄압이라는 구실로 일제가 민족운동을 억압하려는 법적 근거로서 만든 것으로 6·10 만세운동·광주학생운동·조선어학회사건 등 일제의 항일민족운동이 이 법에 따라 처벌. 1928년 6월 치안유지법은 더욱 개악되어 적용 범위가 넓어지고 처벌 규정에 사형이 포함.

ㄹ. **국가 총동원법**(1938.4.1) 국가총동원법을 공포하고 한국에서의 인적·물적 수탈을 강화하였으며, 민족말살정책을 강행. 일본·대만·조선에서 동시에 시행된 법령으로 '전시 동원'이라는 명분하에 모든 산업·개인 재산·언론 문화 분야까지 통제하는 파시즘체제의 법적 지주.

> 제1조 국가총동원이란 전시에 국방 목적을 달성하기 위하여 국가의 전력을 가장 유효하게 발휘하도록 인적 및 물적 자원을 운영하는 것이다.
> 제4조 정부는 전시에 국가총동원상 필요한 때에는 칙령이 정하는 바에 따라 제국 신민을 징용하여 총동원 업무에 종사할 수 있게 할 수 있다.
> 제7조 정부는 전시에 국가총동원상 필요한 때에는 칙령이 정하는 바에 따라 노동 쟁의의 예방 혹은 해결에 관하여 필요한 명령을 내리거나 작업소의 폐쇄, 작업 혹은 노무의 중지, 기타의 노동 쟁의에 관한 행위의 제한 혹은 금지를 행할 수 있다.
> 제14조 정부는 전시에 국가총동원상 필요한 때에는 칙령이 정하는 바에 따라 물자의 생산·수리·배급·양도 기타의 처분, 사용·소비·소지 및 이동에 관하여 필요한 명령을 내릴 수 있다.
> 제20조 정부는 전시에 국가총동원상 필요한 때에는 칙령이 정하는 바에 따라 신문지, 기타 출판물의 게재에 대하여 제한 또는 금지를 행할 수 있다.

44 정답 ③ ·· (2010. 제8회 고급)

(가) 박은식의 「한국통사」, (나) 신채호의 「조선상고사」, (다) 백남운의 「조선사회경제사」, (라) 문일평의 「호암전집」 중 「조선학의 의의」, (마) 정인보의 「조선사연구」의 내용이다. (가)(나)(라)(마)는 민족주의 사학의 내용이나, (다)는 유물사관인 사회경제사학의 내용이다.

(가) 박은식의 「**한국통사**」(1915) "국가(형(形))는 멸할 수 있어도 역사(혼(魂))는 멸할 수 없다"고 하면서 역사를 국혼(國魂)과 국백(國魄)의 기록이라고 규정하고 혼을 강조하였다. 모두 3편으로 구성되었는데, 1편은 단군·부여·고구려·발해사를 강조하며 우리나라 지리와 역사의 대강을 서술했고, 2·3편은 대원군 집정에서 105인 사건에 이르는 흥망에 관계된 주요 사건들을 서술한 최초의 한국 근대사. 「한국통사」 편찬 후 이에 대응하기 위해 일제가 「조선사」를 편찬하는 계기.

(나) 신채호의 「**조선상고사**」(1931) 조선사총론 : ㆍ역사는 '인류사회의 아(我)와 비아(非我)의 투쟁'이라고 하여, 대내적으로 계급 대 계급의 모순 상극을 지양하기 위한, 대외적으로는 민족 대 민족의 주체성을 유지하기 위한, 제 모순관계의 끊임없는 항쟁사라고 규정하면서 고구려의 대외항쟁을 강조. 이어서 "시간부터 발전하며 공간부터 확대하는 심적 활동 상태의 기록"이라고 하여, 대립관계와 그 극복의 과정에서 문화가 확대발전 한다는 변증법적 발전론의 입장에서 정신사 중심의 유심사학(唯心史學)으로 역사를 파악할 것을 주장.

(마) 정인보의 「**조선사연구**」 한국 5천년간 조선의 얼을 강조하고 임나일본부를 비판.

45 연표의 (가)~(마) 시기의 독립운동에 대한 설명으로 옳은 것은? [2점]

1919	1946	1947	1948	1949	1950
	(가)	(나)	(다)	(라)	(마)
3·1운동	간도참변	미쓰야 협정	만주사변	중·일전쟁	8·15광복

① (가) - 대한 광복회는 만주에 무관 학교를 설립하기 위해 군자금을 모았다.
② (나) - 조선 의용대는 중국군과 함께 정보 수집, 포로 심문, 후방 교란 등의 활동을 벌였다.
③ (다) - 한국 광복군은 국내 진공 작전을 위한 군사 훈련을 실시하였다.
④ (라) - 한국 독립군은 중국군과 연합하여 항일전에서 큰 전과를 거두었다.
⑤ (마) - 만주 지역의 여러 독립군 부대는 북로 군정서군의 승리로 주력을 보존할 수 있었다.

46 (가), (나)에 관한 설명으로 옳지 않은 것은? [2점]

(가)

(나)
그대들의 첩보를 전하는 호외 뒷장에 붓을 달리는 이 손은 형용 못할 감격에 떨린다! 이역의 하늘 아래서, 그대들의 심장 속에서 용솟음치던 피가 이천 삼백 만의 한 사람인 내 혈관에도 달리기 때문이다.
- 심훈, '오오, 조선의 남아여!' -

① (가) - 베를린 올림픽 마라톤에서 우승한 손기정에 관한 기사이다.
② (가) - 일장기 말소 사진을 실은 동아 일보는 무기 정간을 당하였다.
③ (가) - 손기정의 일장기 말소 사진은 조선 중앙 일보에도 실렸다.
④ (나) - 손기정, 남승룡의 마라톤 경기 소식에 감격하여 지은 시이다.
⑤ (나) - 시인 심훈은 의열단과 민족 혁명당에 가입하여 독립운동을 하였다.

해설 및 정답

45 정답 ④ ·· (2010. 제8회 고급)

① 1915년-1918년, ② 1938년-1942년, ③ 1940년-1945년, ④ 1932년-1933년, ⑤ 1920년 10월의 청산리대첩에 대한 내용이다.

① **대한광복회**(大韓光復團, 大韓光復會, 1913) 박상진·김좌진 등이 중심이 되어 대구의 조선국권회복단과 풍기의 광복단을 통합한 군대식 전국적 비밀결사조직으로 1915년 대한광복회로 이름을 바꾸었다. 상해·만주 지방의 독립운동가들과도 연결을 맺고, 장차 무력전 준비를 위해 독립군기지를 건설하고 공화주의를 표방하면서 만주에 독립군 사관학교 설립과 군인 양성의 계획을 세웠다. 군자금 모금을 위해 부호들에게 포고문을 발송하고, 악질 관공리 및 친일반역자를 숙청하였으나 1918년에 일본경찰에게 발각. 그 후 암살단·주비단·의열단 등으로 의열 투쟁이 계승.

② **조선의용대** 1938년 10월 조선민족혁명당에서 조직한 김원봉의 조선의용대가 1942년 7월에 광복군 제1지대에 편입되고 좌파 인사들이 대거 임시의정원에 참여해 좌우합작이 실현.

③ **한국광복군** 임정은 중일전쟁(1937)이 발발하자 군사위원회를 두고, 중경에서 중국 정부의 지원을 받아 1940년 9월 17일에 200여 명으로 한국광복군을 창군(총사령 : 지청천, 참모장 : 이범석). 그후 1941년 11월 서안으로 이동. 1941년 11월 15일 중국 정부는 원조한국광복군판법에 따라 임정에 군사 원조를 하였으나 '한국광복군행동 9개 준승'(임정과 중국이 맺은 유일한 문서)에 따라 광복군을 중국군사위원회에 귀속시켜 통할·지휘한다는 조건을 달았다. 광복군은 절반이 넘는 장교가 중국군으로 편성되었고 1944년 8월 24일 준승이 취소될 때까지 중국 군복과 표지를 쓰고 독자 행동권을 갖지 못했다.

④ **촉성회파** 신민부 군정파가 중심이 되어, 국민부에 맞선 재만책진회(일명 : 혁신의회)를 거쳐 김좌진을 중심으로 하는 한족총연합회로 개편되었으나(1929. 7), 공산당원의 조종을 받아 공산주의자로 전향한 박상실에 의하여 김좌진이 피살되자(1930. 1. 24), 북만주 지역의 유일당으로 한국독립당을 조직하고(1930), 산하에 한국독립군을 조직하여 중국호로군과 연합작전을 전개.

⑤ **북로군정서군**(1919. 12) : 서일과 김좌진이 사관양성소를 설치하고 1천 6백명을 무장시켜 편성한 독립군으로 청산리대첩(1920)에서 일군 1천 2백 명을 사살(일명 · 대한군정서).

46 정답 ⑤ ·· (2010. 제8회 고급)

사료는 1936년 8월에 열린 베를린 올림픽 대회 마라톤 대회에서 손기정이 1위, 남승룡이 3위를 차지한 내용이다. 이 때 동아일보가 손기정 시상식 사진을 게재하면서 선수복 가슴에 붙은 일장기를 삭제해 동아일보는 무기 정간되었고 그 사진을 직접 수정한 화가 이상범과 기자 이길용, 백운선, 임병철을 비롯하여 사장 송진우, 주필 김준연, 편집국장 설의식, 사회부장 현진건 등 11명이 경찰에 체포되었다. 이들은 40여 일간 조사를 받은 끝에 이길용, 현진건 등 주모자 5명은 다시 언론 기관에 종사하지 않는 조건으로 석방되었고, 사장과 주필 등은 사임하였다. 이 때 여운형이 사장으로 있었던 조선중앙일보도 유해붕 기자가 일장기를 삭제하여 게재하였는데 일제 당국이 이를 알지 못하여 그대로 넘어갔으나, 동아일보의 일장기 삭제 사건이 터지자 조선중앙일보는 유 기자를 당국에 자수하게 한 후 자진하여 휴간하였다. ⑤ 심훈이 아니라 이육사(본명:원록)이다.

이육사 육사는 1925년 형 원기, 아우 원유와 함께 대구에서 의열단에 가입하였으며, 1927년에는 장진홍의 조선은행 대구지점 폭파사건에 연루되어 대구형무소에 투옥되었다. 이밖에도 1929년 광주학생운동, 1930년 대구 격문사건 등에 연루되어 모두 17차에 걸쳐서 옥고를 치렀다. 중국을 자주 내왕하면서 독립운동을 하다가 1943년 가을 잠시 서울에 왔을 때 일본 관헌에게 붙잡혀, 북경으로 송치되어 1944년 1월 북경감옥에서 옥사했다.

> **일장기 말소사건** 조선중앙일보(사장 : 여운형)의 유해붕 체육부 기자가 베를린올림픽 마라톤에서 우승한 손기정 선수의 가슴에 단 일장기 삭제를 1936년 8월 13일 처음으로 시도하였다. 그 후 동아일보의 체육부 기자 이길용(1899~1950 납북)이 1936년 8월 25일 재차 시도하면서 문제가 되어 일제시대 최대의 필화사건(일장기 말소사건)으로 비화되었다. 동아일보는 이 사건으로 정간을 당하였고, 조선중앙일보는 폐간되었다.

47 다음 자료를 통해 추론한 당시 상황으로 적절하지 않은 것은? [1점]

> 1950년대 미국의 원조는 주로 식료품과 의복, 의료품과 같은 생활 필수품과 밀가루, 면화, 설탕과 같은 소비재 산업의 원료에 집중되었다. 원조 물자 중 가장 많은 부분을 차지하는 것은 농산물이었다. 미국에서 들어온 농산물은 식량 문제를 해결하는 데 도움을 주었다.

① 농산물 가격이 떨어져 농가 소득이 낮아졌을 것이다.
② 제분·섬유·제당 공업 등이 빠르게 성장하였을 것이다.
③ 국내의 밀이나 면화 생산은 커다란 타격을 받았을 것이다.
④ 원조 물자 배당 과정에서 정부와 유착된 재벌이 생겨났을 것이다.
⑤ 정부는 밀 소비를 촉진하기 위해 혼식이나 분식을 적극적으로 장려하였을 것이다.

48 다음 전광판은 오른쪽 '조건'과 같이 작동한다. 이 전광판에 새겨지는 글자 모양은? [3점]

━━━ |보 기| ━━━

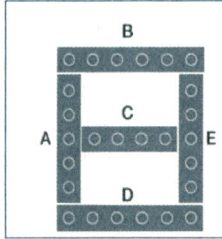

<보기> A~E의 설명이

· 맞으면 → 불이 들어온다.
· 틀리면 → 불이 들어오지 않는다.

━━━ |보 기| ━━━

A. 여운형은 미군정이 지원한 좌우 합작 위원회에 참여하였다.
B. 김구는 임시 정부 법통을 내세우면서 반탁 운동을 주도하였다.
C. 이승만의 단독 정부 수립 구상은 김규식, 백남운 등 중도파의 지지를 받았다.
D. 송진우, 김성수 등이 중심이 된 한국 민주당은 미군정의 지원으로 성장하였다.
E. 좌익 세력은 독립촉성중앙협의회에 참여하였으나 친일파 처리 문제로 탈퇴하였다.

① 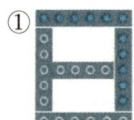 ② 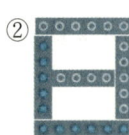 ③ 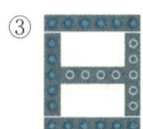 ④ 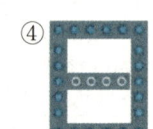 ⑤

해설 및 정답

47 정답 ⑤ ·· (2010. 제8회 고급)

① 저곡가를 유지케 함으로써 농가소득을 감소시키고 농민의 생산의욕을 감퇴시켜 한국을 만성적인 식량 수입국으로 만들었고 공업원료를 값싼 원조 농산물로 충당함으로써 미곡 이외의 농업 생산을 크게 희생시켜 농업 생산 구조의 파행성을 초래, ② 밀가루, 면화, 설탕의 삼백산업의 발달, ③ 면화, 밀 등의 농산물이 헐값에 들어와 국내의 면화, 밀 재배의 전멸현상이 나타났으며, ④ 소수 자본가에게 원조를 집중 배당하고 특혜를 줌으로 일부 기업만 자본을 축적하였고, 정부의 특혜 속에 재벌로 성장, ⑤ 제3공화국이 추진한 정부 주도의 생활개선운동으로 1960-1970년대에 추진되었다.

미국의 원조경제체제 1950년대 미국의 원조는 냉전체제 유지를 위한 군사력 확충이 목적.

1) **원조경제의 성격** ① 원조규모 : 미군정기에도 4억여 달러의 원조가 있었지만 제1공화국 시기에 총 31억 달러. ② 원조방식 : 한국전쟁 이후 무상원조로 이루어지다가 미국의 국제수지가 악화되는 1957년을 고비로 점차 유상차관 방식으로 바뀌면서 많은 중소기업이 파산. ③ 소비재 중심의 경제원조 : 밀가루·설탕·면화 등 이른바 삼백(三白)을 중심으로 하는 소비재 경제원조가 주를 이루었고, 이를 바탕으로 국내에 삼백산업이 발전.

2) **원조경제의 영향** ① 삼백산업의 발전과 대외의존의 심화 : 기생적인 상업자본 성장, 정경유착, 공업원료의 대외의존 심화, 면화·밀 등의 농산물이 헐값에 들어와 국내 면화·밀 재배의 전멸현상 등이 나타났다. ② 파행적 산업구조 : 삼백산업의 파행적 발달로 농업과 공업, 공업 제 부문사이의 원활한 연결이 이루어지지 못했다. ③ 산업 발달의 정체와 실업의 증가 : 원조물자가 대부분 소비재였기 때문에 소비와 생산의 불균형이 심화되고 심각한 실업문제가 야기. ④ 신흥재벌의 등장 : 소수 자본가에게 원조를 집중 배당하고 특혜를 줌으로 일부 기업만 자본을 축적하였고, 정부의 특혜 속에 재벌로 성장.

3) **제1공화국 시기의 경제정책** 1954년 경제개발 5개년계획 수립 → 1956년 경제개발 7개년계획 수립 → 1959년 경제개발 3개년계획 수립(부흥부)

⑤ **1960·70년대 정부 주도의 생활개선운동** 가정의례준칙 실천·산아 제한·혼분식 장려(분식의날, 1969)·저축운동

48 정답 ④ ·· (2010. 제8회 고급)

A. 여운형은 좌익으로 우익의 김규식과 함께 1946년 7월 좌우합작 위원회를 구성, B. 모스크바 3상회의 결정에 대해 김구는 거족적인 반탁운동 주도, C. 1946년 6월 이승만의 정읍발언에 대해 반대, D. 미군정은 보수세력·친일파들이 중심이 된 한민당을 선택하고 친일파를 미군정에 고용, E. 이승만의 독립촉성중앙협의회는 좌우익을 망라하였으나 친일파 처리 문제에서 이승만은 선(先) 통일 후 후(後) 처리를, 좌익은 선(先)처리 후(後) 통일을 주장해 조선공산당은 탈퇴하였다.

A. **좌우합작위원회** 미국은 3상회의 결정에 따른 한국문제 처리를 위하여 중도세력이 중심이 되는 좌우합작을 추진. 1946년 6월 3일 남한 단독정부 수립을 지지하는 이승만의 정읍발언이 발표되자 1946년 7월 우익쪽에서 김규식·원세훈·안재홍(우익 8원칙), 좌익쪽에서 여운형·정노식·이강국(좌익 5원칙) 등이 대표로 참여한 좌우합작 위원회가 구성. 좌우익의 대립이 심화될수록 합작을 위한 노력은 계속되어 좌우합작위원회에서는 양측의 합작원칙을 절충하여 토지문제와 친일파 처리문제에서 중도적 입장을 취하여 합작 7원칙을 발표(1946.10.7)하였지만, 조선공산당·한민당 등 좌우 핵심정치세력으로부터 외면을 당해 실효를 거둘 수는 없었다. 이후 좌우합작운동은 우익의 합작파와 중간파의 주도로 진행되었으나, 트루만 독트린(1947.3, 공산세력의 확대 저지) 이후 미국의 정책이 단정 수립으로 굳어지고 이승만·김구의 불참과 여운형이 암살됨(1947.7.19)에 따라 실패.

D. **미군정의 시책** 총독부체제의 온존과 활용, 보수세력·친일파들이 중심이 된 한민당을 선택하고 친일관료·식민경찰·일제군인 등 반민족적 인사를 미군정청에 고용. 1차 미소공위 결렬 후 보다 광범한 지지 기반을 얻기 위해 한국인 관료를 대거 참여시켰다. 당시 미군정의 인사 정책은 좌익 배제·우익 등용이 기본 방침. 치안유지법과 사상범예방구금법은 철폐하였으나 신문지법과 보안법을 존속.

E. **독립촉성중앙협의회** 이승만이 1945년 10월 16일 귀국하여 한국민주당·국민당·조선공산당을 비롯한 각 정당 및 2백여 개 단체로 독립촉성중앙협의회(1946년 2월 8일에 대한독립촉성국민회(총재 : 이승만, 부총재 : 김구·김규식)로 개편)를 결성(1945.10.23).

49 (가)와 (나) 사이에 있었던 사실로 역사 신문을 만들고자 한다. 기사 제목으로 적절하지 않은 것은? [2점]

> (가) 현직 대통령으로서, 임기가 2차로만 제한되어서는, 그 어느 대통령도 소신 있는 국정을 다할 수 없다는 것이 나의 의견이다. …… 헌법에 주어진 기회를 다하고 못하고는 차치하고 적어도 3차에 걸친 임기만큼은 그 기회를 주는 것이 대통령 중심제의 헌정에 있어서 절실히 요청되며, 특히 발전도상에 있는 우리나라 형편 으로서는 더욱 절실한 것으로 본다.
>
> (나) 이제 일대 개혁의 불가피성을 염두에 두고 우리의 정치 현실을 직시할 때 나는 정상적인 방법으로는 도저히 이같은 개혁이 이루어질 수 없다는 판단을 내리게 되었습니다. …… 이에 나는 평화 통일이라는 민족의 염원을 구현하기 위하여 …… 약 2개월간의 헌법 일부 조항의 효력을 중지시키는 비상조치를 국민 앞에 선포하는 바입니다.

① 사건 파일 : 6월 민주 항쟁
② 집중 분석 : 7·4 남북 공동 성명
③ 시민 포럼 : 와우 아파트 붕괴 사건
④ 현장 보고 : 서울-부산 고속 국도 개통
⑤ 경제 시평 : 제3차 경제 개발 5개년 계획

50 일제 강점기에 전개된 (가)~(라)의 민족 운동에 대한 설명으로 옳지 않은 것은? [3점]

① (가) - 부녀자들은 비녀와 가락지까지 내어 모금에 동참하였다.
② (나) - 봉건적 굴레로부터의 여성 해방과 일제 침략으로부터의 해방을 목표로 하였다.
③ (다) - 민족 차별에 반발한 광주 지역 학생들의 시위를 계기로 전국적으로 확산되었다.
④ (라) - 농촌 계몽 운동의 일환으로 한글 보급을 통한 문맹 퇴치 운동을 전개하였다.
⑤ (가) - (나) - (다) - (라)의 순서로 전개되었다.

해설 및 정답

49 정답 ① ·· (2010. 제8회 고급)

(가) 공화당 임시 전당 대회에서 발표한 박정희의 3선개헌안 연설(1969.8.30), (나) 박정희의 유신 특별 선언(1972.10.17)의 내용이므로 역사적 시기는 1969년 8월~1972년 10월이 된다. ① 1987년 6월, ② 1972년 7월, ③ 1970년 4월, ④ 1970년 7월, ⑤ 1971년 2월의 사실이다.

1) **제3공화국** 5·16 군사 정변(1961.5.16) ⇨ 장면내각 총사퇴와 국가재건최고회의 구성(5.19) ⇨ 정치활동정화법 공포(1962.3.16, 구정치인 4,374명의 정치활동을 금지) ⇨ 국민투표를 통해 대통령중심제 헌법 제정(.12.17) ⇨ 민주공화당 창당(1963.2.1) ⇨ 군인의 민정불참선언(2.18) ⇨ 박정희, 민정이양 절차 발표(7.27) ⇨ 제5대 대통령 선거(10.15) ⇨ 제5대 대통령 박정희 취임(제3공화국 출범, 12.17) ⇨ 4대 의혹사건(1964.2.5) ⇨ 삼분(三粉) 폭리사건(4.1)

2) **제4공화국** 민주공화당, 장기집권을 위한 3선개헌을 검토하고 있음을 공포(1969.1.) ⇨ 공화당 임시 전당대회에서 박정희 3선개헌안 연설(8.30) ⇨ 개헌안 국회별관에서 여당의원만으로 날치기 통과(9.14) ⇨ 국민투표 가결(10.17) ⇨ 닉슨 독트린(1970) ⇨ 제7대 대통령선거(1971.4.27) ⇨ 국가비상사태를 선언, 대통령에 비상권을 부여하는 '국가보위에 관한 특별조치법 공포' 국회에서 변칙통과 공포, 국민의 기본권을 제한(근로자의 단체교섭권과 단체행동권 규제, 12.27) ⇨ 10월유신(1972.10.17, 국회해산, 전국비상계엄령, 대학휴교령) ⇨ 국민투표로 유신헌법 확정(11.21) ⇨ 통일주체국민회의의 간접선거에 의해 단독출마한 박정희가 제8대 대통령 당선(12.23). ⇨ 유신헌법 공포(12.27)

50 정답 ① ·· (2010. 제8회 고급)

그림은 (가) 민립대학설립운동(1922.11), (나) 근우회(1927.5), (다) 광주학생항일운동(1929.11), (라) 브나로드운동(1931.6)의 내용인데, ① 한말 1907년 1월에 추진된 국채보상운동의 내용이다.

(가) **민립대학설립운동**(1922.11) ① 기성회 조직 : 1922년 11월 한규설·이상재 등이 조선교육협회(1920)를 중심으로 조선민립대학기성(준비)회를 조직. 만주·미주·하와이 등을 포함하여 천만 원 모금 운동을 전개했으나 1923년의 대홍수, 1924년의 대가뭄으로 성과가 없었다. ② 일제의 저지 : 일제는 조선교육령을 개정(1922)하여 조선에서의 독자적인 민립대학을 불허하고 경성제국대학을 설립(1924)하여 민립대학운동을 봉쇄. 이후 보성전문·연희전문·오산학교 등을 대학으로 승격시키려고 했으나 일제의 방해로 실현되지 못하였다. ③ 사회주의자의 비판 : 시급한 것은 문맹퇴치이지 고등교육은 그 다음이라고 하면서 이 운동을 엘리트주의적 성격으로 규정.

(나) **근우회**(1927.5.27) 신간회 산하의 전국적 여성조직으로 여성에게 정치의식을 계몽. 종래 별개로 논의되었던 여성해방·민족해방·계급해방의 과제를 동시적으로 수행할 것을 주장하였는데, 우익측(기독교계)에서는 김활란·유영준·최은희·유각경·황신덕, 좌익측(여성동우회)에서는 주세죽·허정숙·정종명 등이 활동. 창립 당시 선출된 중앙집행위원은 민족주의계 8인, 사회주의계 9인으로 양 진영이 균형을 이루었고, 1927년 8월 전주지회를 시작으로 61개의 지회를 설치하고 만주·일본에도 지회를 설치. 행동 강령으로는 ① 여성에 대한 사회적·법률적 일체 차별 철폐, ② 일체 봉건적 인습과 미신 타파, ③ 조혼 폐지와 결혼의 자유, ④ 인신매매와 공창(公娼) 폐지, ⑤ 농촌부인의 경제적 이익 옹호, ⑥ 부인 노동의 임금 차별 철폐와 산전·산후 임금 지불, ⑦ 부인 및 소년공의 위험 노동 및 야업(夜業) 폐지 등을 내걸었다. 근우회는 조직 이래 지방 순회강연, 부인강좌, 야학 설치, 기관지「근우」발간 등을 통해 행동 강령을 구체적으로 실천.

(다) **광주학생항일운동**(1929.11~1930.3) 1929년 10월 30일 기차에서 일본인 광주중학생이 광주여고보 여학생인 박기옥·이광춘 등을 희롱하는 것을 광주고보생 박준채가 일본인 학생을 구타함으로써 반일 감정이 격화되어 목포, 나주(궁삼면)를 거쳐 12월 서울로 올라오면서 전국에 파급.

1) **전개** 11월 3일 광주고보와 광주농업학교 학생들로 결성된 독서회(1929, 성진회(1926)의 발전. 사회주의 조직) 조직을 바탕으로 전국에 파급되어 1930년 3월까지 194개교 5만 4천여 명의 학생이 참가하였다. 이 운동은 3·1운동 이후 최대 규모로 동맹휴학에서 가두시위로 발전한 것이 특징.

2) **주장** 민족 차별의 철폐, 약소민족의 해방, 일본 제국주의 타도, 피압박민족 해방, 무산자계급 혁명 등의 구호를 주장하며 만세 시위가 전국에 파급.

3) **신간회의 지원** 진상조사단을 파견하고 민중대회를 계획.

(라) **브 나로드운동**(1931.6) 브 나로드(V narod)라는 말은 원래 러시아어로, '민중 속으로'라는 뜻. 동아일보가 전개한 문맹퇴치운동은 민중의 생활개선과 문화생활을 계몽하려는 의도에서 그 어원을 활용하여 포스터에서 '배우자, 가르치자, 다함께 브 나로드'라는 구호를 주장.

09 한국사능력검정시험 고급
(2010년 8월 14일)

01 다음 집터를 남긴 사람들의 생활 모습으로 가장 적절한 것은? [2점]

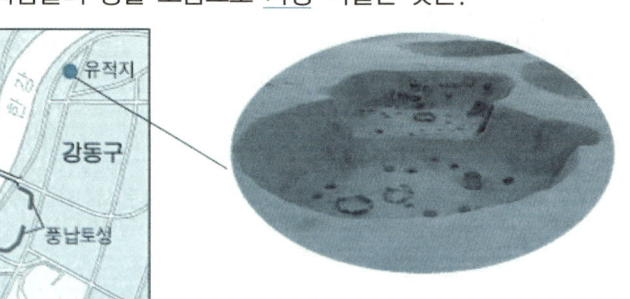

① 주변의 저습지에서 벼를 재배하였다.
② 명도전을 사용하여 중국과 교역하였다.
③ 검은 간토기를 사용하여 음식물을 저장하였다.
④ 사람이 죽으면 주검을 옹기 안에 넣어 매장하였다.
⑤ 취사와 난방을 위해 움집 중앙에 화덕을 설치하였다.

02 다음 자료와 관련된 나라에 대한 설명으로 옳은 것은? [1점]

> 도둑질을 한 자는 노비로 삼는다. 용서받고자 하는 자는 한 사람마다 50만 전을 내야 한다. 비록 용서를 받아 보통 백성이 되어도 풍속에 역시 그들은 부끄러움을 씻지 못하여 혼인을 하고자 해도 짝을 구할 수 없다.
> - 「한서」 -

① 왕 아래 상, 대부, 장군 등의 관직을 두었다.
② 군장의 세력이 미치지 못하는 소도가 있었다.
③ 5월과 10월에 계절제를 열어 하늘에 제사를 지냈다.
④ 지배층은 왕족인 부여씨와 8성의 귀족으로 이루어졌다.
⑤ 다른 부족의 생활권을 침범하면 노비, 소 등으로 변상하게 하였다.

해설 및 정답

01 정답 ⑤ ··· (2010. 제9회 고급)

자료는 서울 강동구 암사동 움집 유적지로 신석기시대를 보여 주는데, ① 청동기시대, ②③④ 철기시대, ⑤ 신석기시대의 특징이다.

암사동 서울 강동구 암사동 유적지에서 주거지가 20채 정도가 확인되었으며, 주거지는 지하 1m 내의 직경 6.5m의 화덕 · 저장실이 있고 소취락을 형성하여 거주하였음을 알 수 있다. 신석기 중 · 후기 유적으로 빗살무늬토기(즐문토기), 농경유적이 발견.

> **신석기시대 주거지** 집터는 주로 물가의 평평한 지역에 위치했는데, 지표면 아래로 파고 들어가 타원형으로 지은 원형 · 방형의 움집(수혈지 · 앙천광)이 일반적이고, 중앙에 취사와 난방을 위한 화덕이 위치.

① **벼농사** 청동기 시대(농경생활의 발달로 수렵 · 채집 · 어로는 보조적 생활이 되었고)에는 밭농사(한전)가 주였으나 일부 저습지에서 B.C. 8세기를 전후하여 논농사(수전)가 시작(벼농사 유적지 : 여주군 흔암리, 부여군 초촌면 송국리, 서천군 서천읍 화금리, 평양 호남리 남경, 부안군 가흥리, 나주 다시면).

철기문화 철기문화는 B.C. 5세기경 중국에서 전래. A.D. 2세기에 이르면 강철 생산이 보편화되는데, 철기의 사용으로 생산수단의 발달을 가져와 공동노동의 필요성이 감소되고 개별가족이 경제활동의 단위. 생산력 발전에 따른 잉여생산물은 공동소유가 아닌 개별가족의 생산수단에 의한 사적소유였다. 이에 따라 계층분화가 더욱 심화되고, 무기발달과 약탈 · 정복전쟁이 강화되어 집단간의 지배 · 예속관계가 정착.

1) **생활 근거** 농경생활이 발달하고 벼농사가 일반화되었다.
2) **주거지** 지상가옥으로 바뀌어 갔는데, 움집에 벽체가 보강되고 지붕이 지상으로 올라가기 시작했고 또 온돌장치가 나타나고 주거지가 보다 밀집화 · 광역화.
3) **철기 제작** 철제 무기와 철제 농기구가 제작되었으나 제기(의기)는 주로 청동. ① 농경도구 : 철초(삽), 철겸(낫), 철려(보습) 등의 농경도구가 철기화. ② 토기 : 검은간토기(흑도) · 김해식 유문토기(와질토기 · 도질토기) · 가지무늬토기(채문토기, 껴묻거리용) · 덧띠토기(점토대토기) 등이 사용.
4) **분묘** 널무덤(토광묘) · 돌방무덤(석실묘) · 돌덧널무덤(석곽묘) · 독무덤(옹관묘) 등이 주류. 특히 널무덤은 청동기문화와 철기문화의 복합을 보여 주고 있다.
5) **교역촉진** 중국 춘추전국시대 연(燕) · 제(齊)의 화폐인 명도전이 강계 · 영변 · 위원에서, 진(秦)의 청동화폐인 반량전이 사천 늑도에서, 한(漢)의 오수전이 창원 등에서 발견되어 당시 중국과의 활발한 교역.
6) **한자 사용** 경남 창원 다호리 고분군에서 청동검 · 철제 농기구 · 칠기 · 오수전 · 와질토기 등의 유물과 함께 붓이 5점이 발견되어, 당시 한반도 남단까지 한자가 사용.

02 정답 ① ··· (2010. 제9회 고급)

사료는 고조선의 8조법금이다. ① 고조선, ②③ 삼한, ④ 백제, ⑤ 동예의 특징이다.

8조법금(성문법) 3개 조목의 내용만이 「한서(漢書)」 지리지(地理志)에 전해지고 있다. 원래 씨족사회의 관습적 규범이었으나, 당시 군장들은 이것을 국가의 정치적 · 물리적 힘을 배경으로 유지되는 고조선 사회의 엄격한 법률로 발전시켜 지배력 강화에 이용.

1) **팔조법금의 일부 내용** 현전 범죄 유형 : 살인 · 상해 · 절도 (간음은 추정됨)
2) **팔조법금을 통해 알 수 있는 당시 사회 모습** ① 개별화된 경제 활동 : 개인 내지 가족을 대상으로 법률이 운영, 씨족공동체의 붕괴로 개별화된 경제활동. ② 생명과 노동력 중시 : 살인죄는 사형에 처하고 상해죄는 배상하도록 하여 인간의 생명과 노동력을 중시. ③ 사유재산의 보호 : 재산 공유제가 무너지고 사유재산제도가 발생.
3) **노예제도의 성립** 신분 계급의 경계가 엄하였으며 노예제도가 사회경제제도로서 성립.
4) **가부장적 가족제도의 확립** 부권(父權) 중심의 가부장적 가족제도가 확립.
5) **농경사회** 상해죄의 경우 곡식으로 갚게 하여 단순한 보복법에서 진일보된 면을 보여 주며 농경이 발달하였음을 알 수 있다.
6) **화폐경제의 발전** 50만전을 낸다는 것은 화폐경제의 상당한 발전 수준을 보여 준다.
7) **한군현 시기** 한의 군현이 설치된 후 억압과 수탈을 당하던 토착민들은 이를 피하여 이주하거나 단결하여 한의 군현에 대항하였다. 이에 한의 군현은 엄한 율령을 시행하여 자신들의 생명과 재산을 보호하려 하였다. 그에 따라 법 조항도 60여 조로 증가하였고 풍속도 각박해져 갔다.

03 다음 자료를 통해 추론할 수 있는 내용으로 적절하지 <u>않은</u> 것은? [3점]

(가) 태조 8년 신라 고울부 장군 능문이 군사들을 데리고 와서 투항하였다. 그 성이 신라 수도에 가까우므로 신라와의 관계를 고려하여 그들을 위로하여 돌려보내고 다만 그 부하들인 시랑(侍郞) 배근과 대감(大監) 명재, 상술, 궁식 등을 남겨 두었다.
(나) 성종 6년 모든 촌의 대감, 제감(第監)을 촌장(村長), 촌정(村正)으로 고쳤다.
- 「고려사」 -

① (가) - 대호족과 중소 호족 간의 지배·복속 관계가 성립하였다.
② (가) - 중앙과 동일한 명칭의 관직을 둔 지방 세력들이 있었다.
③ (나) - 지방 체제 개편 과정에서 재지 세력의 협조가 필요하였다.
④ (나) - 촌장·촌정은 고려도경에 나오는 민장(民長)과 같은 성격을 가지고 있었다.
⑤ (가), (나) - 촌의 우두머리인 대감의 정치적·군사적 기능이 강화되었다.

04 다음 명문이 새겨진 유물에 대한 설명으로 옳은 것은? [1점]

① 백제 근초고왕 때 처음 만들어졌다.
② 신라와 고구려의 긴밀한 관계를 보여준다.
③ 광개토 대왕이 왜를 격퇴한 내용이 적혀 있다.
④ 무덤 주인의 성명과 생몰 연월일 등이 새겨져 있다.
⑤ 고조선의 세력 범위 안에 광범위하게 분포되어 있다.

해설 및 정답

03 정답 ⑤ ··· (2010. 제9회 고급)

사료는 고려 전기 지방세력을 중앙집권에 편입시키려는 정책이다. ⑤ 기능이 약화되었다.

호족세력 각 지방의 촌주·토호 및 몰락귀족으로 형성된 호족들이 중앙집권체제의 약화를 계기로, 각기 토지와 농민을 마음대로 지배하여 징세와 군사, 행정권 장악. 이들은 성주·장군 등을 자칭하며, 중국 5대와 통교하는 등 반독립적 세력을 형성.

대촌주 중에서 성주·장군을 칭하는 자가 나오고, 군소 촌주는 그 관부(官府)에서 시랑(侍郞)·대감(大監) 등의 직책(지배·예속의 관계)을 맡는 하나의 독립 세력, 즉 호족 세력을 이루었다. 그러나 다시 고려의 집권 체제가 정비되는 성종 때에 이르러서는 아직 중앙으로 진출하지 못했던 촌주의 후예들이 향리로 재편성. 그리고 명칭 또한 촌장(村長)·촌주(村主) 등으로 개명되었다.

고려 성종은 지방제도를 정비하면서 지방관을 파견하면서 향리제도를 마련, 지방세력을 견제하였는데 나말 여초 호부층이 주도한 읍사(邑司)제도를 개편하여 촌을 말단 행정 기구로 편성하여 촌장(대감)·촌정(제감) 등의 유력자가 자치적으로 지배.

04 정답 ② ··· (2010. 제9회 고급)

보기의 유물은 경주 호우총에서 발견된 호우(그릇)에 새겨진 명문으로 고구려에서 제작되어 신라로 들어온 것으로 부는데 고구려 광개토대왕과 관련이 있다. ② 고구려와 신라의 위상관계 입증, ③ 광개토대왕릉비, ④ 무령왕릉 지석의 내용이다.

호우총(壺杅塚) 1946년 경주시 노서리에서 발굴된 신라 고분으로 구덩식 돌무지 덧널무덤이다. 부장품 중에 을묘년국강상광개토지호태왕호우십(乙卯年國岡上廣開土地好太王壺杅十)이란 명문이 새겨진 그릇이 출토되어 호우총이라 명명하였다. 서체가 광개토대왕비문과 유사해 고구려에서 만들어 가지고 신라로 들어온 것으로 보며 당시 신라와 고구려 간의 교섭이 활발했음을 입증한다. 국강상은 매장한 곳인 장지(葬地)를 의미하며 제작 연대도 명문에 의해 415년으로 확정되었다.

④ **무령왕릉** 1971년 공주 송산리 고분에서 발견. 금관식과 지석·석수(진묘수)·토지매지권(왕비 지석의 후면으로 율령 시행을 입증하며, 토지거래문서인 매지권을 묻는 것은 당시 도교의 풍습)·청동제품·양나라 철전(오수전) 등 많은 부장품이 출토. 구조는 연화문의 벽돌로 만들어진 벽돌무덤으로 당시 양나라를 비롯한 남조와의 문화적 교류를, 목관은 일본에서 가져온 금송(삼나무)으로 제작되어 일본과의 교류를 보여준다. 무령왕릉은 백제 금관의 모습과 아울러 현존 최고의 지석이 발견됨으로써 당대 백제사 연구에 중요한 자료. 왕의 지석 내용은 다음과 같고(寧東大將軍百濟斯麻王年六十二歲癸卯年五月丙戌朔七日壬辰崩到乙巳年八月癸酉朔十二日甲申安厝登冠大墓立志如左, 영동대장군 백제 사마왕이 62세 되는 계묘년(523) 5월 7일 돌아가시니 을사년(525) 8월 12일에 대묘에 안장하고 다음과 같이 문서를 작성한다), 왕비의 지석 내용은 다음과 같으며(丙午年十二月百濟國王妃壽終居喪在西地己酉年二月癸未塑十二日甲申改葬還大墓立志如左, 병오년(526) 12월 백제국의 왕대비가 천명대로 살다가 죽어 서쪽의 땅에서 삼년상을 지내고 기유년(529) 2월 12일 (가매장하였던 시신을) 다시 옮겨 대묘에 장사지내고 다음과 같이 증서를 작성하였다), 지석의 후면 매지권의 내용은 다음과 같다(錢一萬文右一件乙巳年八月十二日寧東大將軍百濟斯麻王以前件錢訟土王土伯土父母上不衆官二千石買申地爲墓故立券爲明不從律令, 돈 일만문 우일건 을사년(525) 8월 12일 영동대장군 백제 사마왕은 상기 금액으로 土王, 土伯, 土父母와 상하 지방관의 지신들에게 보고하고 서서남(신지 백제 왕궁을 중심한 방위)의 토지를 매입하여 무덤을 쓴다. 이를 위하여 증서를 작성 증명하여(이 묘역에 관한 한) 모든 율령에 구속되지 않는다).

05 밑줄 그은 '국왕'의 정책에 대한 설명으로 옳은 것을 〈보기〉에서 고른 것은? [2점]

- 정월에 비담과 염종 등이 서로 말하기를 "국왕은 정치를 잘하지 못한다."하고, 이내 모반하여 군사를 일으켰다가 이기지 못하였다. 8월에 국왕이 돌아가니 낭산에 장사 지냈다. — 「삼국사기」 —
- 어느 날 국왕이 신하들을 불러 "내가 죽으면 도리천에 장사지내도록 하라. 이는 낭산 남쪽에 있다."라고 하였다. 이후 국왕이 죽은 뒤 신하들은 왕을 낭산 남쪽에 장사 지냈다. 이후 문무왕 대에 이르러 국왕의 무덤 아래 사천왕사를 세웠다. 이는 불경에 '사천왕천 위에 도리천이 있다.'라는 내용이 실현된 것이었다. — 「삼국유사」 —

| 보 기 |

ㄱ. 원광으로 하여금 걸사표를 짓게 하였다.
ㄴ. 첨성대를 세워 천문 현상을 관측하였다.
ㄷ. 김춘추를 고구려에 파견하여 군사를 청하였다.
ㄹ. 청소년 조직인 화랑도를 국가적인 조직으로 개편하였다.

① ㄱ, ㄴ ② ㄱ, ㄷ ③ ㄴ, ㄷ
④ ㄴ, ㄹ ⑤ ㄷ, ㄹ

06 다음에 나타난 교육 기관에 대한 설명으로 옳은 것을 〈보기〉에서 고른 것은? [1점]

천수경은 원래 가난하여 늙은 어머니를 봉양할 수 없었다. 그래서 동네 아이들을 모아 가르쳤는데, 자신의 한 달 생활비를 학생들의 수로 나누어 받았다. 얼마 안 있어 학생들이 점점 불어났고, 월사금은 점점 많이 들어왔다. 그래서 한 달에 60전만 내게 하니, 사람들이 "하루에 글을 읽는 값이 어찌 동전 두 닢 밖에 안 된단 말인가?"라고 하였다. 이 때문에 학생이 점점 불어나 많을 때는 300명이나 되었다. — 「희조일사」 —

| 보 기 |

ㄱ. 평민 자제에게 경전과 무예를 가르쳤다.
ㄴ. 최충이 설립한 문헌공도에서 비롯되었다.
ㄷ. 초등 교육을 담당하는 사립 교육 기관이었다.
ㄹ. 교재는 천자문, 동몽선습 등을 기본으로 하였다.

① ㄱ, ㄴ ② ㄱ, ㄷ ③ ㄴ, ㄷ
④ ㄴ, ㄹ ⑤ ㄷ, ㄹ

05 정답 ③ ··· (2010. 제9회 고급)

사료의 국왕은 선덕여왕(재위:632-647)인데, ㄱ.진평왕, ㄴ·ㄷ.선덕여왕, ㄹ.진흥왕의 정책이다.

선덕여왕(632~647) 친당외교, 황룡사 9층목탑·분황사·영묘사·첨성대 등을 건립. 642년부터 고구려와 백제의 침공을 본격적으로 받았는데 643년에는 당나라에 사신을 파견하여 구원을 요청하였고 당태종은 신라 사신에게 여왕이 통치하기 때문에 양국의 침범을 받게 되었다는 문제점을 지적. 644년에 고구려에 김춘추을 파견하여 외교적 견제를 가하였으나 연개소문은 거부.

ㄱ. **진평왕**(579~632) 혁거세 다음으로 장기 집권, 위화부·조부·예부 등 관제 정비, 원광법사를 수(隋)에 보내 군사를 요청하는 걸사표를 바침(611), 세속5계 제정, 최초의 중앙군단인 녹금서당을 창단하고 진지왕 가계와 차별화하여 동륜 태자 후손들을 석가족이라 표방하고 성골 명칭을 사용.

ㄹ. **진흥왕**(540~576) 영토 확장(척경비 건립), 남한강 상류를 차지하고(단양 적성비) 북한강 하류까지 진출(북한산비), 신주(新州) 설치, 중국 진·북제에 사신 파견, 화랑 공인,「국사」편찬, 개국·대창·홍제 등의 연호 사용, 제왕·태왕·짐 등의 용어를 사용하여 신라의 천하관 과시, 품주(관등) 설치, 백좌강회·팔관회 개최, 황룡사 건립, 대가야 병합(562), 태자책봉제를 실시, 국원소경(중원경: 충주) 설치.

진덕여왕(647~654) 신라 상대(上代)와 성골 마지막 왕, 태평송(太平頌)을 당에 바치고, 집사부의 중시·창부·좌이방부 등을 설치.

06 정답 ⑤ ··· (2010. 제9회 고급)

천수경(? -1818)은 중인 출신의 조선 후기 대표적 위항시인으로「풍요속선」을 간행하였고,「희조일사」는 조선 후기 서인 출신 이경민이 쓴 평민 중심의 역사서이다. 사료 속의 교육기구는 평민 자제 대상의 동몽교육기관인 서당인데, ㄱ.고구려의 경당, ㄴ.고려 문벌귀족사회의 표징, ㄷ,ㄹ은 서당에 대한 설명이다.

시사(詩社) 조직 조선 후기에 중인·상민·천인들이 문학 활동에 참여하면서 시인 동우회인 시사를 인왕산 기슭에 조직하였는데, 대표적인 시사로는 천수경·주수산 등의 송석원(옥계)시사, 최경흠 등이 직하시사, 박윤묵 등의 서원시사 등. 동인지「해동유주」(홍세태, 위항시인 시집의 효시)·「소대풍요」(고시언)·「풍요속선」(천수경)·「풍요삼선」(유재건·최경흠) 등을 간행.

향리·서얼 역사서 양반 중심의 역사 서술에서 평민 중심의 역사로 전환하는 지표로「연조귀감」(이진흥, 향리)·「이향견문록」(유재건, 서리)·「희조일사」(이경민, 서인)·「호산외기(사)」(조희룡, 중인)·「규사」(이진택, 서얼)·「고문비략」(최성환, 중인) 등이 편찬. 특히「연조귀감」은 경상도 상주지방의 경주 이씨 향리 가문에서 5대에 걸쳐 이루어진 향리 역사서인데, 이경번의 호장에 대한 대우, 녹봉, 예우 개선 및 향공소(鄕貢疎, 향리 발탁·임용 상소) 작성 주장으로부터 시작하여, 이진흥·이정하·이복운·이명구 등 4대째로 이어지며 집요한 신분 상승을 요청하였다.

≫ 서 당 ≪

1. 조선 초 독서당(讀書堂)에서 유래한 동몽교육기관으로 근대 교육 이후에도 존속. 도산서원도 도산서당에서 비롯.
2. 자치통감·천자문·동몽수지·동몽선습·명심보감 등을 교수.
3. 조선 후기 면리제의 체계화로 서당 보급이 확산.
4. 조선 후기 서원 설립 억제로 서당에서 향사(享祠) 기능을 담당.
5. 독(獨)서당·동계(洞契)서당·문중(門中)서당 등 다양한 유형.
6. 일제하 서당규칙(1918년 2월) : 도지사의 인가 조건 강화, 역사 교육 금지, 총독부 편찬 교과서 사용 지시.

ㄱ. **경당** 지방에 경당(최초의 사립학교)을 세워 평민 자제에게 한학과 무술을 가르쳤다.「신당서」에 경당이 소개되고 있는데, 5세기경으로 보아 군사적 의미의 기관으로 보여짐. 독서와 궁사(弓射)의 교육 내용으로 보아 청소년을 군사적 목적으로 동원한 국민개병제의 시초로 볼 수 있으며, 경당을 통한 학문의 이해는 국민 계몽에 도움이 되었고, 중국에 대한 방어 기능도 있었음.

ㄴ. **12공도** 최충의 문헌공도 설립 이후 지공거·고관 출신이 개경에 다투어 사학을 설립하여 12공도가 출현.

07 다음 주장을 한 인물에 대한 설명으로 옳은 것은? [2점]

- 한마음[一心]을 깨닫지 못하고 한없는 번뇌를 일으키는 것이 중생인데, 부처는 이 한마음을 깨달았다. 깨닫고 아니 깨달음은 오직 한마음에 달려 있는 것이니 이 마음을 떠나서 따로 부처를 찾을 곳은 없다.
- 먼저 깨치고 나서 후에 수행한다는 뜻은, 못의 얼음이 전부 물인 줄 알지만 그것이 태양의 열을 받아 녹게 되는 것처럼, 범부가 곧 부처임을 깨달았으나 불법의 힘으로 부처의 길을 닦게 되는 것과 같다는 것이다.

① 화엄 사상을 정비하고 보살의 실천행을 펼쳤다.
② 수선사 결사를 제창하여 불교계를 개혁하고자 하였다.
③ 흥왕사를 근거지로 삼아 교종 통합 운동을 전개하였다.
④ 자신의 행동을 진정으로 참회하는 법화 신앙을 강조하였다.
⑤ 유불 일치설을 주장하여 성리학 수용의 사상적 토대를 마련하였다.

08 다음 무덤에서 출토된 문화유산으로 옳은 것은? [1점]

이 무덤은 밑둘레 157m, 높이 12.7m 되는 비교적 큰 무덤으로 5~6세기경에 축조된 어느 왕의 무덤으로 추정된다. 구조는 땅 위에 나무널[木棺]과 껴묻거리[副葬品] 상자를 놓고, 그 바깥에 나무로 짠 덧널을 설치하여 돌덩이를 쌓고 흙으로 덮었다. 발굴 조사를 했을 때 금관을 비롯한 유물 11,500여 점이 출토되었을 정도로 많은 껴묻거리가 남아 있었다.

①
②
③
④
⑤

07 정답 ② ·· (2010. 제9회 고급)

사료의 인물은 고려 후기 조계종을 발전시킨 지눌인데, ① 균여, ② 지눌, ③ 의천, ④ 요세, ⑤ 혜심에 대한 설명이다.

지눌(보조국사, 목우화상, 1158~1210) : 사굴산문 출신으로 화엄사상을 도입하여 화엄과 선의 근본이 다르지 않다고 하고, 선종 중심으로 교종 통합을 시도. 이로써 지눌의 사상은 교종과 선종의 조화를 이루어, 고려 불교가 지향하던 선·교 일치의 완성된 철학체계를 이룩. 송광사(← 나말 : 길상사)에서 불교 정화의 결사운동을 주도하여 수선사(정혜결사)를 결성. 저서로는 「진심직설」·「수심결」·「정혜결사문」·「화엄론절요」·「간화결의론」·「원돈성불론」 등. 조계종은 지눌이 수선사를 열면서부터 매우 흥성하여 고려 후기에 이르러서는 불교계의 중심적인 종파가 되어 많은 승려를 배출.

> **지눌의 3문(三門)** 지눌은 선의 실천체계로 독창적인 성적등지문(惺寂等持門, 정혜쌍수·돈오점수) → 원돈신해문(圓頓信解門, 화엄과 선은 하나다) → 간화경절문(看話徑截門, 화두를 들고 수행)의 3문을 주장.

① **균여**(원통대사) : 불교찬가인 보현십원가를 저술하여 불교의 대중화에 기여하였고, 화엄사상(성)을 근간으로 법상종(상)을 융합한 성상융회(性相融會)의 수행법을 주장.

③ **의천**(대각국사, 1055~1101) : 송에 유학하여 천태종을 도입하고, 귀족들의 불교 의식과 호화 행사의 폐단을 개선하며 인주 이씨와 연결된 현화사 중심의 법상종을 견제하기 위하여 교종 화엄종(왕실) 입장에서 선종을 통합하는 해동 천태종을 국청사에서 개창. 그는 특히 교관겸수(이론의 연마와 실천의 양면을 강조)를 제창하고, 화엄사상의 순수한 교리적 측면보다 토착신앙을 강조하고 행적에 나타난 신비적 요소로 교선 통합의 의지를 희석시키는 균여를 배격하며 원효(해동보살;해동교주 원효보살)를 천태교학의 시조로 보고 그의 화쟁사상을 중시하여 그를 화정국사로 추증. 저서로는 「원종문류」·「석원사림」·「천태사교의주」·「신편제종교장총록」 등이 있고 송나라 항주에 혜인사(화엄경각)를 건립.

④ **요세** 백성들의 신앙적 욕구를 고려하여 강진 만덕사에 백련결사를 제창. 자신의 행동을 진정으로 참회하는 법화 신앙에 중점을 둔 백련결사 역시 지방민의 적극적인 호응을 얻었고, 수선사와 양립하며 고려 후기 불교계를 이끌었다.

⑤ **혜심**(신각국사, 1178~1234) 사마시 출신의 수선사 2대 교주로 유·불사상의 일치설을 내세워 유교와 불교의 타협을 기도하였다. 저서로 「선문염송집」·「선문강요」·「진국국사어록」 등.

> **혜심의 유불일치설** "부처의 말씀에 두 성인을 진단에 보내어 교화를 펴리라고 했는데, 한 사람은 노자로서 그는 가섭보살이요, 또 한 사람은 공자로서 유동보살이다."라고 하였다. 이 말에 의하면 유교와 도교의 근본은 불법에서 흘러나온 것이며 방편은 다르나 실체는 같은 것입니다.

≫ 무신집권기의 불교 정화·결사운동 ≪

조계종	수선사 (1204년)	보조국사 지눌(知訥)	지방 호족층 출신의 사대부 교화, 정토신앙 부정	성리학 수용 바탕	순천 송광사
천태종	백련사 (1208년)	원묘국사 요세(了世)	기층사회(백성) 교화·참회(법화신앙) 강조, 정토신앙 수용	실천적 수행 진력	강진 만덕사

08 정답 ① ·· (2010. 제9회 고급)

보기의 무덤은 1973년 경주 황남동에서 발굴된 신라의 구덩식돌무지덧널무덤(수혈식적석목곽분)인 천마총인데, 당시 자작나무 껍질에 그려진 천마도가 출토되었다. ① 천마도, ② 고구려 강서고분의 현무도, ③ 가야의 금관, ④ 백제 무령왕릉 출토의 진묘수, ⑤ 평북 의주 출토의 미송리식토기이다.

천마총(155호 고분) : 금관·금관식·천마도·채화판(彩畵板)에 그려진 서조(새)와 기마인물도·계란 등이 나왔으며, 특히 자작나무(백화) 껍질에 그려진 천마도(벽화가 아니라 다래(장니)에 그려진 그림)는 1924년 금령총의 도제(陶製) 기마인물상과 함께 북방 흉노 문화의 전래 과정을 설명.

구덩식돌무지덧널무덤
(수혈식적석목곽분)

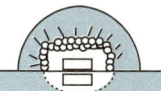

- 벽화 없음, 도굴 어려움
- 통일 전 신라(천마총·호우총)
- 목곽·자갈·점토·봉토층으로 구분

09 다음은 어느 인물의 이력이다. 이 인물의 (가)~(마) 시기의 활동에 대한 설명으로 옳지 않은 것은? [2점]

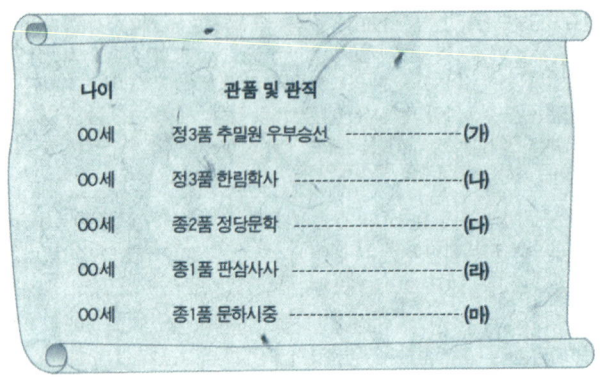

① (가) - 왕명의 출납을 담당하였다.
② (나) - 왕명을 받아 문서를 작성하였다.
③ (다) - 재신의 일원으로 국왕과 국정을 논의하였다.
④ (라) - 관리의 비리를 감찰하였다.
⑤ (마) - 국정을 총괄하였다.

10 밑줄 그은 ㉠에 대한 설명으로 옳은 것을 <보기>에서 고른 것은? [2점]

> 조종(祖宗)의 ㉠땅 주고 거두는 법이 이미 무너지고 토지를 겸병하는 문이 일단 열리자, 재상으로서 마땅히 300결의 토지를 받아야 할 자가 송곳을 세울 만한 땅도 받지 못하게 되었으며 …… 근년에 이르러서는 겸병이 더욱 심하여 간흉의 무리들이 주와 군의 경계 안에 있는 토지 전부를 차지하거나 여러 주와 군에 걸쳐 토지를 차지하면서, 산과 강으로 땅의 경계 표식을 삼고 모두들 그 토지가 자기의 조업전(祖業田)이라고 핑계하고 있다. 이렇게 땅들을 강탈하는 까닭에 1묘(畝)의 주인이 5, 6명을 넘으며 1년에 조를 8, 9차례나 걷고 있다.
> - 「고려사」 -

◀ 보 기 ▶
ㄱ. 전지와 시지를 분급하였다.
ㄴ. 수조권자의 중복을 막고자 하였다.
ㄷ. 관청에서 조세를 거두어 관리에게 지급하였다.
ㄹ. 토지와 그에 딸린 노동력의 수취를 규정하였다.

① ㄱ, ㄴ ② ㄱ, ㄷ ③ ㄴ, ㄷ
④ ㄴ, ㄹ ⑤ ㄷ, ㄹ

해설 및 정답

09 정답 ④ ··· (2010. 제9회 고급)

보기의 인물은 고려시대 관료로 ④ 판삼사사는 전곡의 출납·회계를 담당하는 재정부서의 최고 관직이다. 조선시대의 삼사 중 사헌부가 관리의 비리를 감찰하였다.

고려의 중앙관제

- (가) **중추원(추밀원)** 중서문하성과 더불어 중앙 최고의 관청으로 중서문하성은 재부(宰府)라 하고 중추원을 추부(樞府)라 하며, 양자를 합해서 양부(兩府) 또는 재추(宰樞)라 하여 함께 국정을 논의. 2품 이상의 추밀(추신)과 3품 이하의 승선(承宣)으로 구성되었는데, 추밀은 재신과 함께 국정을 총괄하며 군국 기밀을 관장하였고, 승선은 왕명 출납을 담당.
- (나) **한림원** 교서와 외교문서(국왕의 문한(文翰: 문필 작성))를 작성하는 곳으로 장관은 판원사(재신 겸직).
- (다) **정당문학** 고려와 조선초 국가 행정을 총괄하던 관직으로 고려에서는 중서문하성의 종2품관이 담당하는 직. 또한 2품 이상의 중서문하성의 고관을 재신이라 하여 국정을 국왕과 논의하였으며, 중추원의 2품 이상 고관인 추밀과 함께 도병마사와 식목도감의 구성원.
- (라) **삼사** 송과는 달리 단순히 화폐와 곡식의 출납에 대한 회계만 담당하고 실제의 조세 수취와 집행은 각 관청에서 하였다. 후기에는 도평의사사에 참여하였으며, 판사가 장관(재신 겸직). 판(判)이 들어가는 직책은 보통 그 부서의 최고책임자이며 실무직은 아니다.
    어사대 시정(施政)의 논의와 관리의 규찰·탄핵을 맡는 대관(臺官)으로, 중서문하성의 낭사(간관(諫官))와 함께 관리 임면·법령 개폐의 서경 권한.
- (마) **문하시중** 백관(百官)을 통솔하고 서정(庶政)을 총관하던 중서문하성의 최고 장(長).

10 정답 ① ··· (2010. 제9회 고급)

사료는 「고려사」 식화지에 수록된 조준의 사전개혁안(1391.7)인 과전법에 대한 내용이다. ㉠은 고려시대 토지제도의 골격인 전시과로 국가가 수조권을 분급하고 관료가 농민에게서 수조하는 전주전객제를 의미한다. ㄱ.전지(토지)와 시지(땔감 채취이 임야) 지급, ㄴ.1전1수 원칙에 따라 한 토지에 1명의 수조권자 설정, ㄷ.관리가 수조하였고, ㄹ.노동력의 수취는 식읍·녹읍의 내용이다.
「고려사(高麗史)」「식화지(食貨志)」(최초의 경제사)에 따르면 토지제도는 국유제가 원칙이며, 전주전객제(田主佃客制)의 전시과 기본. 전시과는 소유권과 수조권의 병존으로 공전과 사전의 구분은 소유권에 따라서 국유지는 공전, 사유지는 사전이 되었고, 수조권에 따라서 사유지인 민전이 국가수조지로 수취대상이 되면 공전이 되고, 민전 위에 수조권이 분급되면(분급수조지) 양반 관료들이 조를 받는 사전.

> **전주전객제(田主佃客制)** 토지에 대한 조세 징수권으로 수조권을 소유권보다 위에 놓는 경향이 있어 수조권자를 전주(田主)라 불렀다. 즉 관료에게 토지의 소유권을 지급한 것이 아니라 수조권을 준 것이다. 이 때 과전주(科田主)는 그 토지의 수조권자로서 전주가 되고, 그 토지의 소유자인 농민은 전객(佃客)이 되었다. 이설(異說)로는 수조권 분급이 실제로는 면조권(免租權) 지급으로 관료들의 개인소유지 가운데 규정된 액수만큼의 조세를 면제해 준다는 견해도 있다.

- ㄱ. **시정전시과**(경종, 976) 국가적 규모의 토지제도 마련, 전지(토지)와 시지(임야) 지급. 전지는 사유지인 민전 위에 설정되고 시지는 국유지에 설정, 아직 초보적 단계로 관품과 인품 병용의 훈전(勳田) 성격(공음전의 시작). 광종의 4색(자(紫)·단(丹)·비(緋)·녹(綠)) 공복제에 의해 현·전(산)직에게 지급하고 한외과(限外科)에게는 전 15결의 토지를 지급.
- ㄹ. **식읍·녹읍** 전쟁에 공이 있는 장군이나 귀족들에게는 식읍·녹읍의 명목으로 많은 토지와 포로들이 주어졌고, 그 결과 귀족들이 사적으로 소유하는 토지와 노비가 증가. 전(田)과 읍(邑)은 넓은 의미에서 토지를 지칭하나, 전은 토지만의 지배권을 갖고 읍은 토지는 물론이고 그 경작지의 노동력과 공물까지 지배한다는 의미가. 식읍(食邑)은 피정복지의 백성을 당대에 한하여 지급하였는데, 해당 읍의 조입(租入)을 받는 채지(采地)의 성격. 식읍은 삼국시대에서 나타나 고려를 거쳐 조선 초까지 지급되다가 조선 세조 때 폐지. 녹읍(祿邑)은 관직 복무의 대가인 녹봉 대신 지급되었는데, 개인 또는 국가기관을 대상으로 노동력 징발권을 부여. 신라 소성왕 원년(799) 국학생에게 청주(현: 진주) 거노현을 녹읍으로 지정하였다는 기사가 있다. 그 후 녹읍은 고려 초에 폐지.

11 밑줄 그은 '이 기구'에 대한 설명으로 옳은 것을 〈보기〉에서 고른 것은? [3점]

> 선조 대에 이르러 군국(軍國)의 중요한 일을 <u>이 기구</u>에 다 일임하였다. 이로부터 대신들은 의정부로 출근을 하지 않게되었고 …… 겨울과 여름 두 차례 있는 백관의 포상과 견책, 백사(百司)의 참알(參謁)과 망궐례(望闕禮), 또는 중국에 보내는 방물을 꾸릴 때와 제향(祭享) 때에 서계(誓戒)를 받을 때 외에는 의정부가 항상 빈 청사가 되었으니 탄식할 일이다.
> - 「연려실기술」 -

보기

ㄱ. 세도 정치기에 소수 외척 가문에 권력이 집중되면서 약화되었다.
ㄴ. 정조 대에 문한 기능이 강화되어 왕권을 뒷받침하는 기구가 되었다.
ㄷ. 16세기에 외적의 침입에 대비하기 위한 임시 기구로 처음 설치되었다.
ㄹ. 임진왜란을 거치면서 구성원이 3정승을 비롯한 고위 관원으로 확대되었다.

① ㄱ, ㄴ   ② ㄱ, ㄷ   ③ ㄴ, ㄷ
④ ㄴ, ㄹ   ⑤ ㄷ, ㄹ

12 다음 자료에 나오는 왕의 정책으로 옳은 것은? [3점]

안동 놋다리밟기
- 시도무형문화재 제7호 -

이 놀이는 음력 정월 대보름날 밤에 행해진다. 놀이의 기원 중 대표적인 것은 다음과 같다. 고려 시대 왕이 홍건적의 침입을 피하여 왕후와 안동으로 길을 떠났다. 개성을 떠나 문경 새재를 넘어 예천의 풍산을 거쳐 소야천의 나루에 이르렀다. …… 이때 마을 부녀자들이 나와 개울에 들어가 허리를 굽히고 다리를 놓아 왕후가 발을 적시지 않고 건너가게 하였다.

① 박위를 보내 대마도를 정벌하였다.
② 서경에 대화궁을 짓고 유신을 선포하였다.
③ 화통도감을 설치하여 화약과 화포를 제작하였다.
④ 북방 민족의 침입에 대비하여 천리장성을 쌓았다.
⑤ 몽골 풍속을 금지하고 철령 이북의 땅을 수복하였다.

11 정답 ⑤ ··· (2010. 제9회 고급)

밑줄 친 이 기구는 조선 후기 최고 정무기구인 비변사이다. ㄱ.세도정치기에 비변사의 기능 강화로 내정을 전횡하여 의정부와 6조는 형식적 부서로 전락, ㄴ.문한 기능은 아니고, 외교·재정 기능 담당, ㄷ. 삼포왜란(1510)을 계기로 임시기구가 되었고, ㄹ.임란을 계기로 정치·외교·군사 등 모든 정무를 처리하는 문무 고관들의 합의기구로 확대되었다.

비변사 성종 이래 지변사(知邊司) 재상을 중심으로 군무를 협의하는 임시기구였으나, 중종 때 삼포왜란(1510)을 계기로 병조의 한 부서인 군무 협의 임시기구로 설치되었다가(1517), 1554년 독립기구가 되었다. 명종 10년(1555) 을묘왜변을 계기로 상설화. 임진왜란을 계기로 정치·외교·군사 등 모든 정무를 처리하는 문·무 고관들의 합의기구로 확대.

1) **비변사의 구성** : 의정부 3정승, 5조 판서와 참판(공조는 제외), 5군영대장, 유수, 대제학, 군무에 능한 현·전직 고관 등 당상관 이상의 관리.
2) **결과** : 의정부와 6조가 유명무실화, 왕권의 약화, 흥선대원군이 비변사 기능을 축소·폐지시키고 의정부·삼군부의 기능을 부활시킬 때까지 최고정무기관.

≫ **비변사(비국)의 변천** ≪

| 1기(16세기) : 변사 주획기 ⇨ 2기(17세기) : 군국기무총령기 ⇨ 3기(18세기) : 외교·재정 장악기 ⇨ 4기(19세기) : 내정 전횡기(세도정치기) - 권부의 성격 |

도병마사와 비변사 고려의 도병마사와 조선의 비변사는 유사점이 많은데 이들은 초기에 국방문제 담당의 임시기구로 출발하였다가 후기에는 국정 전반 담당의 상설기구로 확대.

구성원의 변화 도병마사 → 도평의사사
 의정부 → 비변사
 (문반 구성) (문반+무반 구성)

12 정답 ⑤ ··· (2010. 제9회 고급)

사료는 공민왕 10년(1361) 홍건적의 2차 침입 때 복주(안동)로 피난 갔을 당시 상황을 보여 준다. ① 창왕, ② 인종, ③ 우왕, ④ 덕종-정종, ⑤ 공민왕의 정책이다.

홍건적의 침입
1) **제1차 침입**(공민왕 8년, 1359) 모거경에 의해 이끌린 4만의 홍건적은 압록강을 건너 서경을 점령. 그러나 고려의 이방실·이승경 등에 패하여 쫓겨 갔다.
2) **제2차 침입**(공민왕 10년, 1361) 사유(沙劉)에 이끌린 10만의 홍건적은 다시 공민왕 10년에 침입하였다. 왕은 복주(안동)로 피난갔으며, 남하하는 적을 정세운·이방실·최영·이성계 등이 물리쳤다.
② **서경천도운동**(인종, 1135) 풍수지리설을 신봉하는 정지상·백수한·묘청·조광 등 서경파와 유교 사상을 지닌 김부식·김인존 등 개경파가 심하게 대립. 지(수)덕이 왕성한 서경으로 천도하면 36국이 내조(來朝)를 하며 국가가 중흥하여 금국을 정벌하고 옛 영토를 회복할 수 있다고 하면서 서경 천도, 칭제건원 등을 주장하고, 서경에 팔성당을 설치. 당시 풍수지리설에 따르면 서경의 임원역(林原驛) 지세는 대화세(大花(華)勢)에 해당하는 명당이었다.
  1) **경과** 서경의 대화궁이 벼락을 맞아 소실되는 등 서경천도운동이 좌절되자 묘청 등 서북인은 분사를 이용하여 반란을 일으켜 국호를 대위(大爲), 연호를 천개(天開), 군대를 천견충의군(天遣忠義軍)이라 칭제건원하였으나 왕을 새로 옹립하지는 않았다. 서북지방을 장악했으나 조광이 묘청을 살해하는 등 묘청 진영의 내분과 김부식·윤언이의 지구전법(持久戰法)에 의해 토벌.
  2) **결과** 서경세력의 몰락으로 서경의 분사제도 및 삼경제가 폐지되고(개경에 삼소제(三蘇制) 설치), 개경파 세력이 정권을 잡고 문치주의로 흐르면서 무신란의 배경.
  3) **역사적 의의** 북진이념의 계승 : 금의 압력에 저항한 고려의 자주정신이 발휘되고, 왕건의 구강(舊疆) 회복의 염원이 담긴 북진정책을 계승.
④ **천리장성**(덕종2년(1033)-정종10년(1044)) 서쪽으로는 압록강 하구 영해(신의주)에서 동쪽으로는 도련포(광포)까지 이르렀다. 거란·여진의 방어를 목적으로 한 이 성은 유소에 의해서 완성되었으며, 장성의 축조로 거란의 침입을 견제할 수 있게 되었을 뿐 아니라 여진족을 복속시킬 수 있게 되었다.

13 밑줄 그은 '학교'에 관한 설명으로 옳지 <u>않은</u> 것은? [2점]

> 문묘를 세워 선성(先聖)에게 제사하고 학교를 세워 자제들을 교육하는 것을 온 천하가 만세토록 폐하지 않은 것은, 대개 사람이 천성을 지녔으매 진실로 배우지 않으면 안 되고, 학문하는 길은 더욱 성인의 글을 강론하지 않으면 안 되기 때문이다. 국가에서 부·주·군·현에 문묘와 <u>학교</u>를 설치하지 않은 데가 없도록 하여, 수령을 보내어 제사를 받게 하고 교수를 두어 교도를 맡게 한 것은, 대개 교화를 펴고 예의를 강론하여 인재를 양성해서 문명한 다스림을 돕게 하려는 것이다.

① 중학, 동학, 남학, 서학이 있었다.
② 양인 이상이면 입학이 가능하였다.
③ 학생의 정원은 군현에 따라 달랐다.
④ 학교의 운영을 위해 국가가 재정을 지원하였다.
⑤ 성적이 우수한 자에게는 소과 초시를 면제해 주었다.

14 다음 자료에 나오는 국왕이 처음 발행한 화폐로 옳은 것은? [1점]

> 국왕이 조서를 내리기를, "금·은은 천지의 정기이며 국가의 보배이다. 근래에는 간특한 백성이 몰래 구리를 섞어 주조하는바 이제부터는 유통하는 은병에 모두 표인하는 것을 영구한 격식으로 하고 어기는 자는 중한 죄로 처단하라."고 하였다. 이때부터 은병을 화폐로 사용하였는데, 은 1근으로써 본국의 지형을 본떠서 만들었다.

①
②
③
④
⑤

해설 및 정답

13 정답 ① ··· (2010. 제9회 고급)

밑줄의 학교는 국가가 지방에 설립한 중등교육기관인 향교이다. ②③④⑤는 향교에 대한 설명이나, ①은 한양에 세운 4부학당이다.

고려 향교(인종) 지방관 자제 및 평민 교육을 위해 주·군에 설치하여 유학을 가르쳤고 향학 또는 주현학이라고도 하였다.

조선 향교(일명 교궁(校宮)) 지방 양반 및 향리·양인의 중등교육기관으로 성균관의 구조와 유사.
  1) 태조 때부터 권장되어 마을마다 향교·향학이라는 이름으로 세워졌음.
  2) 성균관의 문묘와 같이 공자와 선현을 제사하는 문묘가 있었고, 강학을 하는 명륜당과 그 좌우에 재를 두어 동재에는 양반, 서재에는 향리 자제를 수용하였음.
  3) 인구 비례로 정원을 책정하고 국가가 지급한 5~7결의 학전, 기부받은 토지, 산림, 어장 등의 이식으로 운영했음.
  4) 향교 학생(교생)의 명부로 교안(청금록)이 작성되고 수령 7사 중 학교흥(學校興)을 넣어 매월 교육현황을 관찰사에게 보고함으로 국가 차원에서 독려함.
  5) 임진왜란 이후 황폐해졌고, 16세기 이후 사학인 서원에 눌려 국가교육기관으로서의 기능은 손상되고, 문묘의 제사만 남게 됨.

① **4부학당** 중앙 4부(동학·서학·남학·중학)에 설치된 중등교육기관으로 문묘가 없다. 소과 초시에서 한성부의 정원 책정이 향교에 비해 많아 소과 급제가 유리하였다.

⑤ **학생 신분**(중앙의 성균관·4부학당과 지방 향교) 군역이 면제되었으며, 농한기에는 기숙사인 재(齋)에 거처하면서 사서·오경과 소학 등을 배우며 학업에 전념하였고, 농번기에는 농사일을 도우며 학업을 겸하는 사농일치(士農一致)의 형태. 매년 2회 시험을 치러 성적 우수자는 소과의 초시를 면제해 주고, 성적 미달의 낙강생(落講生)은 군역.

14 정답 ② ··· (2010. 제9회 고급)

사료의 국왕은 고려 숙종(재위:1095-1105)인데, 당시 의천·유관 등의 건의로 활구라고 하는 은병, 해동통보, 해동중보, 동국통보, 동국중보, 삼한통보, 삼한중보 등이 주조되었다. ① 고려 성종대의 건원중보, ② 해동통보, ③ 조선 세종대의 조선통보, ④ 조선 숙종대의 상평통보, ⑤ 조선 고종대의 당백전이다.

고려 숙종때 주전론 의천·윤관 등의 주장으로 거란의 화폐 유통에 자극을 받아 주전도감을 설치(1097)하여 은 1근으로 우리나라 지형을 본떠 포 100여 필과 동등한 활구(闊口)라는 은병(銀甁)을 만들어 화폐로 사용하였고, 해동통보(최초의 동전)·해동중보·동국통보·동국중보·삼한통보·삼한중보 등의 동전을 주조하여 강압적으로 유통시키려 했으나 실패하였고, 도시의 다점·주점 등에서만 사용.

> ≫ 의천의 청주전표(請鑄錢表) ≪
>
> 대개, 포목은 오래 두면 삭아서 못쓰게 되며, 쌀은 자연 썩어버린다. 또, 좀이 먹고 습기가 차며, 비가 새고 화재의 염려가 있다. 새 창고에 쌓여 있는 작년에 받아들인 포목이 비가 새지도 않았는데 1할도 완전한 것이 없으며, 지난 해에는 화재를 당하여 한 뭉치가 타버리고 백 뭉치는 손상을 입었다. …… 오늘날 화폐를 써야 된다는 이유는 여기에 있다.

① **건원중보** 성종 때 건원중보라고 하는 철전을 주조하였으나(996), 널리 사용되지는 않았다.

② **해동통보** 숙종 때 최초의 동전

③ **조선통보** 세종 5년(1423)에 섬서를 두고 조선통보라는 동전을 주조하여, 저화와 병용시켰으나 구리의 부족으로 주전을 금지.

④ **상평통보**(숙종) 인조 11년에 처음으로 발행. 그 후 효종 2년에 김육의 주장으로 2차로 발행되었고, 또 숙종 4년(1678)에 허적의 건의로 다시 주조되어 조선 말까지 사용. 상평통보는 중앙 관청의 각 부서, 각 도의 감영·한성부 및 각 지방에서도 발행해 총 35종이나 되어 가치의 혼란을 가져왔다.

⑤ **당백전** 고종 3년(1866)에 대원군이 경복궁의 중건 비용으로 발행한 화폐로, 김병학(金炳學)의 건의로 주조되었다. 모양과 중량은 상평통보의 5·6배이었으나, 상평통보의 100배의 명목가치를 부여한 악화여서 물가 앙등을 초래하여 2~3년 만에 폐지.

15 다음의 토지 제도에 대한 설명으로 옳은 것은? [1점]

> 경기는 사방의 근본이 되는 땅이다. 마땅히 여기에다 과전을 설치한다. 서울에 살면서 왕실을 호위하는 자는 현직과 전직을 막론하고 등급에 따라 토지를 받는다. 땅을 받은 자가 죽은 뒤 아내에게 자식이 있고 절개를 지키면 절반을 물려받는다. 부모가 다 죽고 자식이 어리면 가엾게 여겨 마땅히 부양해 주어야 하므로 아버지의 과전 전부를 물려받는다.

① 군인에게 군인전을 지급하였다.
② 신진 사대부의 경제적 기반이 되었다.
③ 지주 전호제가 확립되는 계기가 되었다.
④ 사유지를 없애고 모든 토지를 국유화하였다.
⑤ 현직 관리에게 농경지와 임야를 지급하였다.

16 자료에 나타난 특명 사신에 대한 설명으로 옳은 것은? [2점]

> 왕의 특명 사신으로 수령의 잘잘못과 백성의 어려움을 탐문하고 보고하였다. 왕으로부터 도남대문외개탁(到南大門外開坼) 또는 도동대문외개탁(到東大門外開坼)이라 쓰인 봉서를 받고, 승정원 승지로부터 마패 등을 지급받았다. 군현에 들어가 수령의 탐학이나 향호(鄕豪)의 가렴주구를 정찰하였다.

① 경관직을 주요 감찰 대상으로 하였다.
② 감영에서 근무하며 수령을 감찰하였다.
③ 의금부에 속해 대역죄인을 심문하였다.
④ 당하관의 관원 중에서 임시로 임명되었다.
⑤ 고려 시대 삼사의 관원과 같은 역할을 하였다.

15 정답 ② ··· (2010. 제9회 고급)

보기의 토지제도는 고려 공양왕 3년(1391)에 공포되어 조선시대 토지제도의 골격이 된 과전법이다. ① 개정전시과, ② 권문세족의 농장을 몰수하여 신진사대부에게 분급, ③ 전주전객제의 확립, ④ 사전의 존재, ⑤ 경정전시과의 내용이다.

과전법의 특징 농장(사전)을 혁파하여 전호들의 자영농화(경자유전의 원칙은 아님), 민전 회복으로 일전일주(一田一主)가 나타났고, 관료의 수조지가 경기 토지에 제한됨으로 개인 수조지가 축소되고 국가 수조지가 늘어나 소유권에 입각한 토지 지배가 일층 강화된 반면 수권에 입각한 토지 지배가 약화. 농민의 지위가 크게 향상되고 생산이 증대되었으며, 병작반수제 금지(철폐가 아님), 경작권 보장, 전주전객제(田主佃客制) 등이 성립되고, 과전의 세습화 현상으로 수신전·휼양전이 지급.

> **전주전객제** 수조권자로서의 관료 전주가 이유 없이 경작농민의 토지를 탈취하는 행위를 금지하고, 동시에 경작농민을 토지에 묶어 두기 위하여 마음대로 자기소유지를 처분하지 못하게 하였다.

① **개정(18품)전시과**(목종, 998) 성종 때 확립한 관제에 의해 인품 요소를 제거하고, 18품계로 나누어 차등 지급, 한외과(限外科)는 전 17결의 토지 지급, 군인전 지급, 무관에 대한 문관의 우위를 규정하고 퇴직(退職)을 현직에 비해 몇 과(科) 낮추어 지급하였다.

③ **16세기 지주전호제**(농장 발달) 흉년과 왜구 및 여진족의 침략에 따른 재정의 악화로 직전제의 분급이 장기간 중단되어 직전이 유명무실해져, 관리에게 수조권 분급이 폐지(직전법 폐지 : 명종, 1556)되고 녹봉을 지급. 이러한 지주제의 확대로 지주전호제가 성행하여 농장이 확대되어 수조권을 매개로 한 토지 지배가 붕괴되고 소유권에 바탕을 둔 토지 지배가 강화. 또 분급수조지의 소멸로 농민의 토지 소유권이 완전 성취되어 토지의 생산성이 향상되었고 국가의 대 농민 지배권도 성취되었다.

⑤ **경정(공음)전시과**(문종, 1076) 한외과 폐지. 전체적으로 토지의 지급 액수가 감소. 현직 위주 지급. 수급 기준을 전지 지급 총액으로 합산하여 단일화하여 시지가 대폭 축소, 전시과제도의 완성. 공음전·한인전·별사전·무산계 전시 지급함. 무관에 대한 차별적 토지 분급을 시정하여 대우가 현저히 상승하였으며, 경기를 확대하여 전시과를 지급.

시정전시과(경종, 976) 국가적 규모의 토지제도 마련, 전지(토지)와 시지(임야) 지급. 전지는 사유지인 민전 위에 설정되고 시지는 국유지에 설정, 아직 초보적 단계로 관품과 인품 병용의 훈전 성격(공음전의 시작). 광종의 4색(자·단·비·녹) 공복제에 의해 현·전(산)직에게 지급하고 한외과에게는 전 15결의 토지를 지급.

16 정답 ④ ··· (2010. 제9회 고급)

사료의 특명사신은 암행어사이다. ① 지방 군현에 파견되어 수령을 감찰, ② 감영 소속은 아니고 왕명으로 비밀히 파견, ③ 의금부는 국왕 직속의 사법기구, ④ 국왕의 근시 당하관 중에서 임시로 임명되었는데 추생어사라고 불렸으며, ⑤ 고려 삼사는 전곡의 출납·회계를 담당하는 재정부서이다.

암행어사 암행어사는 국왕의 근시 당하관 중에서 임시로 임명하였는데 추생어사라고도 불렸다. 이조에서 임명한 거동이 공개되는 일반어사와는 달리 왕명으로 비밀히 파견한 특명사신으로 군현에 들어가 수령의 탐학이나 향호의 가렴주구를 정찰. 암행어사는 파견시 4가지를 지참하는데 추첨으로 결정(추생)한 군현명이 기입된 임명장인 봉서(封書), 복무지침서인 사목(事目), 형구 남조를 검열하는 유척(鍮尺) 2개, 승정원 승지로부터 지급 받은 역마 사용권인 마패(2패) 등이다. 그런데 봉서는 도남대문외개탁(到南大門外開坼) 또는 도동대문외개탁(到東大門外開坼)이라 쓰여 있었다.

③ **의금부** 국왕 직속의 상설 사법기구. 국사범·왕족의 범죄, 사형죄를 다룸.

> 1. **삼법사** : 사헌부·형조·한성부가 사법권을 행사
> 2. **국 청** : 왕명으로 열리는 임시(특별)사법기구(예를 들어 사육신사건의 친국)
> 3. **포도청** : 한양·경기 평민의 범죄를 담당한 치안기관
> 4. **장례원** : 노비 장부, 소송 담당
> 5. **한성부** : 수도 일반 행정 및 토지·가옥의 소송 처리
> 6. **삼성추국** : 의정부+의금부+사헌부, 국사범 처리
> 7. **검 률** : 형조 율학청에서 사법 행정 실무 담당 또는 교육 종사, 4유수부와 각 도에 1명 배치, 전라도는 2명임(1명은 제주 배치).

17 밑줄 그은 '이것'에 관한 설명으로 옳은 것은? [3점]

> 이것은 원래 태조가 거느리던 의흥친군위의 군사를 주축으로 구성된 왕실의 사병이었다. 사병 혁파 이후, 태종의 즉위와 더불어 제도화되어 왕실과 중앙의 시위(侍衛), 변경 방비 등을 담당하는 정예군으로 활동하였다.

① 속오법에 따라 편제되었다.
② 대립이 가장 널리 행해진 군역이었다.
③ 정식 무반에 속해 품계와 녹봉을 받았다.
④ 무과에 급제한 자들로 만호·수령 등이 되었다.
⑤ 의무적으로 번상 시위를 한 양인 농민으로 구성되었다.

18 다음은 우리나라 대통령 선출 방식의 변천을 도식화한 것이다. (가)~(다)에 들어갈 내용으로 옳지 않은 것은? [1점]

① (가) - 부산에서 계엄령 하에 통과
② (나) - 허정 과도 정부 시기에 공포
③ (다) - 대통령에게 긴급 조치권 부여
④ (가), (나) - 국회의 양원제 규정
⑤ (나), (다) - 국회에서 대통령 선출

17 정답 ③ ·· (2010. 제9회 고급)

밑줄 친 이것의 병종은 갑사(甲士)이다. ① 훈련도감의 삼수병과 속오군, ②⑤ 정병, ③ 왕실·공신·고관의 자제 중에서 선발된 특수 고급군인, ④ 갑사는 무과와는 무관하고 무과 급제자는 무반으로 문반과 더불어 양반 관직을 이루었다.

5위 ┬ 갑사 : 왕실·공신·고관의 자제 중에서 무술시험으로 선발된 특수 고급 군인으로 의흥위에 소속되었고 실직에서 점차 체아직으로 바뀜. 복무 중 녹봉을 받으며, **퇴역시 높은 품계를 받음**.
　　 └ 정병 : 각 도에서 번상(차출되어 상경)된 양인 의무 군역자로 품계(영직)를 받음.

조선전기 중앙군
1) **관부** 중추부와 훈련원으로 나누어졌는데, 중추부는 형식상 무반(서반) 최고 기구이고, 훈련원에서 군인의 훈련과 시험을 관장하였다.
2) **내삼청** 국왕의 친위부대로 내금위(궁내 경비)·겸사복(마정(馬政))·우림위(국왕 경호) 등.
3) **5위도총부** 기간부대 5위(의흥위 : 서울 중부·경기·강원·충청·황해, 용양위 : 서울 동부·경상, 충좌위 : 서울 남부·전라, 충무위 : 서울 북부·함경, 호분위 : 서울 서부·평안)를 통할하는 최고 군무기관으로 도총관(정2품)과 부총관(종2품) 등 10명의 관원을 두었는데 모두 겸직이고 임기는 1년. 5위는 궁궐 수비와 수도 방비를 담당.
① **속오법**(束伍法) 명나라 절강병법의 권위자 척계광의 「기효신서」를 참조한 소규모 단위의 편제법으로 훈련도감·속오군 창설에 도입.
　　속오군(지방군) 편성 지방군의 초기 진관체제가 16세기에 제승방략체제로 전환되었지만 왜란 때 충주전투에서 무력함이 드러나자, 왜란 중 유성룡의 주장으로 진관을 복구하면서 속오군체제를 취하였다. 양반·농민·노비의 양천혼성군으로 신분제 동요를 야기시켰고, 운영은 농한기에 훈련을 받고, 평시에는 향촌을 방위하며, 유사시에 전투에 참가하도록 조직되었으며, 비용은 본인이 부담. 속오군은 양반들이 노비와 함께 편제되는 것을 회피함에 따라 점차 상민과 노비 중심으로 변질되었으며 상비군적 성격으로 유지되지는 않음.

≫ **지역방어체제의 변천** ≪

진관체제 (세조, 15세기)	→	제승방략체제 (을묘왜변 후)	→	속오군체제 (임란 후)	→	영장체제 (정묘호란 후)
소규모체제 : 군현=진관		총동원체제 : 전략촌형성		진관복구		직업군인의 방위담당

18 정답 ⑤ ·· (2010. 제9회 고급)

(가) 발췌개헌, (나) 4·19혁명 이후의 내각제 개헌, (다) 유신헌법개헌인데, ⑤ (다)는 국회가 아닌 통일주체국민회의에서 대통령을 선출하였다.

≫ **대한민국 헌법의 연혁** ≪

1945	1948		1960		1961	1963		1972		1979	1981		1988	
군정	제1공화국		과도정부	제2공화국	군사정부	제3공화국		제4공화국		과도체제	제5공화국		제6공화국	
	대한민국 수립		4·19		5·16 민정이양			10월유신		10·26		6·29민주화선언		

제1대	제2대~제3대	제4대	제5대~제7대	제8대~제9대	제10대~제11대	제12대	제13대	제14대	제15대	제16대	제17대
간선	직선	간선	직선	간선	간선	간선	직선	직선	직선	직선	직선
이승만		윤보선	박정희		최규하 전두환	전두환	노태우	김영삼	김대중	노무현	이명박
발췌개헌 (양원제)	의원내각제 개헌 (양원제)		3선 개헌 (단원제)		국가보위 입법회의 개헌	여·야 합의 개헌					
	사사오입개헌			유신헌법개헌							

19 (가) 인물에 대한 설명으로 옳은 것은? [2점]

> 풍기 군수 (가) 은(는) 삼가 목욕재계하고 백번 절하며 관찰사 상공합하(相公閤下)께 글을 올립니다. …… 문성공안유가 살던 이 고을에는 백운동서원이 있는데, 전 군수 주세붕이 창건하였습니다. …… 서적을 내려 주시고 편액을 내려 주시며 겸하여 토지와 노비를 지급하여 재력을 넉넉하게 해 주실 것을 청하고자 합니다.

① 성학십도, 주자서절요 등을 저술하였다.
② 서인의 공격을 받아 사문난적으로 몰렸다.
③ 지행합일을 주장하며 강화학파를 형성하였다.
④ 기발이승일도설(氣發理乘一途說)을 주장하였다.
⑤ 자영농 육성을 위해 한전론의 실시를 주장하였다.

20 (가), (나) 건축물에 대한 설명으로 옳지 않은 것은? [2점]

(가) 화엄사 각황전   (나) 법주사 팔상전

① (가) - 주심포 양식으로 건립되었다.
② (가) - 내부가 하나로 통하는 구조로 되어 있다.
③ (나) - 사명대사가 복원 사업에 관여하였다.
④ (나) - 현존하는 조선 시대 유일의 목조 5층탑이다.
⑤ (가), (나) - 17세기의 건축물이다.

해설 및 정답

19 정답 ① ·· (2010. 제9회 고급)

(가)의 인물은 퇴계 이황(1501-1570)인데 사료는 백운동서원을 사액서원으로 청하는 내용이다. ① 이황, ② 윤휴, ③ 정제두, ④ 이이, ⑤ 이익에 대한 설명이다.

이황(1501-1570) 동방의 주자. 주리파의 완성자. 이(理)의 능동성을 강조하는 이동설(理動說)을 주장하고 이기이원론에 입각하여 소위 사단칠정에 대하여 기대승(호 : 고봉 1527~1572)과 논쟁. 그는 영남학파의 태두로 유성룡·김성일·정구 등의 제자를 배출시켰으며, 일본 학계에 큰 영향. 특히 백운동서원을 소수서원으로 공인케 하고, 예안향약을 실시하고 도산서원에서 후진을 양성하였으며, 「성학십도(聖學十圖)」·「이학통록」·「자성록」·「심경석의」·「주자서절요」·「도산십이곡」·「전습록변」(양명학 비판)·「계몽전의」 등 저술.

② **윤휴**(남인) : 17세기 후반 4서 6경 등 유교 경전에 대해 서경덕의 영향을 받아 주자와 다르게 주해를 내려서 사문난적으로 규탄받았다. 민본사상의 강조와 민생 문제의 해결을 주장. 「백호독서기」를 저술.

③ **정제두** 안산에서 강화도 하곡으로 옮겨 살면서 성리학과 절연하고 복고적 경향의 「존언」·「만물일체설」·「성학설」·「학변」·「변퇴계전습록변」 등을 써서 양명학(강화학)의 학문적 체계를 세워 그의 영향하에 이른바 강화학파(江華學派)로 불리는 양명학자들이 배출. 그들은 양명학을 바탕으로 역사학·국어학·서화·문학 등에서 새로운 경지를 개척하였으며 실학자들과도 교유.

④ **이이**(1536~1584) 주기파의 완성자로서 이이는 주기론 입장에서 관념적 도덕세계와 경험적 현실 세계를 동시에 존중하는 이기일원적 이원론에 입각하여 퇴계와 함께 조선 유학의 최고봉. 명종 19년(1564)까지 구도장원공(九度壯元公)인 그는 도시 상업 문화와 농촌 농업 문화의 갈등을 새로운 철학체계로써 극복하려 하였고, 형이하(形而下)의 현실 세계를 개혁해야 형이상(形而上)이 바로 선다는 제도 개혁을 주장. 또 그는 기호학파의 종사(宗師)로서 송익필·김장생·정엽·이귀 등의 문인을 배출시켰으며, 퇴계보다 많은 정치 업적. 그는 붕당을 직접 조정하였고, 여진 추장 니탕개의 난을 진압하였으며(1583), 서얼허통법과 노양처소생종모법을 입안하였고, 10만양병설과 대공수미법 실시를 주장하고, 서원·파주·해주향약 등을 실시. 그는 「독사론(讀史論)」·「성학집요(聖學輯要)」(치도의 근원으로 「대학」 강조)·「격몽요결」·「고산구곡가」·「안민책」 5강요·「경연일기(經筵)(석담)日記」 등의 저서를 남겼으며, 역사 해석에서 결과보다 동기의 선악을 중시하였고, 시대에 따른 변법경장의 시세불일론(時勢不一論)을 주장.

⑤ **이익** 영조 때의 학자로서 호는 성호(星湖)이며, 유형원을 이어 실학을 학문적으로 체계화. 그는 평생을 광주(廣州) 첨성촌에 은거하면서 현실 개혁과 국가 부흥의 이상과 포부를 제시하기 위해 「성호사설」을 저술. 이 책은 천지·만물·인사·경사·시문 등의 항목으로 자신의 사상을 집약시킨 백과전서로 농촌 개혁에 그 주안점. 그의 사상은 첫째, 서학에 심취되어 천주교를 학문적으로 연구하여 천주교 발전에 큰 영향을 주었으나 천주교의 천당지옥설과 야소부활설 등을 황탄한 것으로 간주. 둘째, 근기학파(近畿學派)의 종사(宗師)로서 역사의 올바른 이해와 체계화에 기여하였으며 그의 사풍(史風)은 안정복 등으로 연결된 마한정통론이다. 그는 역사에서 선승악패의 윤리적(주관적) 해석보다 객관적 해석을 중시하였고, 국사의 독자성과 주체성을 주장하였으며, 역사는 통치자의 재덕(才德)이 아닌 시세(時勢, 환경)에 의해 성패(成敗)가 결정된다는 입장을 보였으며, 셋째, 그의 사회개혁론은 농촌현실의 개조로부터 출발하여 지주제 철폐에 따른 균전제(均田制)와 중농주의(重農主義)의 입장에서 설명. 또한 그는 과거제와 신분제 모순을 타파하려 하였고, 양반도 생산에 종사해야 하며, 특히 당쟁의 원인이 경제적·정치적 이해 득실에 있으므로 직업과 신분의 세습제도는 파기되어야 한다고 「곽우록」(붕당론)에서 주장. 그러나 상업과 화폐의 유통은 오히려 역기능을 갖는다고 보아 폐전론을 주장하였고, 광산정책에서도 잠채에 반대.

20 정답 ① ·· (2010. 제9회 고급)

(가)(나)는 17세기를 대표하는 사원건축인데, 이 시기 건축물의 특징은 규모가 큰 다층 건물로 내부는 하나로 통하는 구조를 가지고 있다. ① 주심포양식은 고려 전기를 대표하는 건축양식으로 고려 후기 원의 영향으로 다포양식으로 바뀌어 조선시대에는 다포양식이 주를 이루었다.

17세기 사원건축 이 시기 건축물의 특징은 모두 규모가 큰 다층 건물로 내부는 하나로 통하는 구조를 가지고 있는데, 이는 불교의 사회적 지위 향상과 양반 지주층의 경제적 성장을 반영. 금산사의 미륵전, 화엄사의 각황전, 법주사의 팔상전(국내 유일의 목조 5층탑) 등.

21 다음 자료를 바탕으로 당시의 사회 모습을 추론한 내용으로 가장 적절한 것은? [1점]

> • 상정소에서 계문을 올려 아뢰기를, "외조부모와 처부모의 복이 모두 소공에 불과하여 편치 않으니 1개월의 복을 청합니다."라고 하였다. 이에 임금이 말하기를, "우리의 풍습이 중국과 달라 친영(親迎)의 예를 거행하지 않으니, 혹은 외가에서 길러지고 혹은 처부의 집에서 장성하여 은의가 매우 돈독하다."라고 하였다. -「세종실록」-
> • 우리나라에서는 비록 사대부가 후손이 없는 경우라도 또한 사당을 세우지 않고 딸로 하여금 제사를 주관하게 한다. -「중종실록」-

① 족보에서 모계가 배제되었다.
② 장자 위주의 상속 제도가 확립되었다.
③ 혼인에 있어 친영 제도가 정착되었다.
④ 부모의 유산은 자녀에게 골고루 분배되었다.
⑤ 아들이 없는 경우 양자를 들이는 것이 보편화되었다.

22 다음 자료에 나타난 예언 사상에 관한 설명으로 옳지 않은 것은? [2점]

> 장래 임자년에 사변이 있어서 도적이 일어나며, 그 뒤에 마땅히 셋으로 갈라졌다가 다시 합쳐서 하나로 된다고 합니다. 셋으로 갈라진다는 성씨는 정가, 유가, 김가이지만, 필경에는 정가가 합하여 하나로 만든다고 합니다. 그는 남해의 섬 가운데 있으며, 유가는 통천에 있고, 김가는 영암에 있다고 합니다. 임자년에 정가가 먼저 해도에서 군사를 일으키면, 유가와 김가가 그 뒤를 이어 일어난다고 합니다. -「정조실록」-

① 동학 사상의 형성에 영향을 주었다.
② 신유박해가 일어나는 배경이 되었다.
③ 예언 내용을 적은 한글판 책이 정조 때 유포되었다.
④ 조선 후기에 불우한 지식인과 민중에게 널리 전파되었다.
⑤ 왕조 교체가 5행의 상생 순서에 따라 이루어진다는 믿음을 토대로 하였다.

21 정답 ④ ··· (2010. 제9회 고급)

사료는 조선 전기 사회 모습으로 혼인은 솔서혼(서류부가혼)이 유행하고 제사도 자녀윤회봉사가 행해졌음을 보여준다. ①②③⑤은 조선 후기의 모습이나 ④ 조선 전기 자녀균분상속을 보여준다.

조선의 결혼 일부일처제를 기본으로 하였지만, 남자가 첩을 들일 수 있었기 때문에 엄밀한 의미의 일부일처제라고는 할 수 없었고, 남자는 15세, 여자는 14세 이상이면 가능하나 실제로는 20세 전후. 조선 중기까지도 혼인 후 남자가 여자 집에서 생활하는 경우(장가 가기)가 있었으나 17세기 이후 부계 중심의 가족제도가 확립되면서 혼인 후 곧바로 남자 집에서 생활하는 친영(親迎)제도(시집 가기)가 정착되었다.

④ **상속제도** 적장자 상속을 원칙으로 하되 제사와 호주의 상속은 적장자가 없으면 적자 중에서 정하거나 첩의 아들로 하였다. 토지·노비 등의 재산 상속은 자녀 균분 상속(경국대전 형전에 재산의 자녀 균분 상속 수록)에 따라 본처 자녀에게 고루 분배하되 제사를 계승할 적장자에게는 1/5을 더해 주고, 양첩 자녀에게는 본처 자녀의 1/7을, 천첩 자녀에게는 본처 자녀의 1/10을 나누어 주었다. 그러다가 17세기 후반 이후 적장자 단독 상속으로 바뀌져가 처음에는 딸이, 그리고 점차 장자 외의 아들도 제사나 재산 상속에서 그 권리를 잃어 갔다.

⑤ 조선 전기에는 자녀가 없을 경우 무후(无后) 라고 기재하여 양자를 들이지 않았다.

종법적 가족제도 가부장제를 바탕으로 친족체계를 대종과 소종으로 나누어 적·서로 구분함과 동시에, 동성불혼·이성불양(異姓不養)·장자상속과 자녀차등상속 및 대가족제도 등을 내용으로 하는 조선사회를 지탱한 가족제도로 신분·관작·재산 등의 모든 권리와 의무가 상속.

22 정답 ② ··· (2010. 제9회 고급)

사료는 당시 민간에 유행한 반왕조적인 도참설·감결신앙을 대표하는 예언서인 정감록의 유행을 보여준다. 이 외 미륵신앙, 도교사상, 음양오행설도 등 민간에 유포되어 백성들을 동요시켰다.

정감록 조선 중엽 이후 민간에 성행한 국가 운명·생민존망에 대한 참위서로 이담이 정감으로부터 들은 이야기를 기록하였는데, 조선 후기 조선 왕조의 몰락과 새로운 정씨 왕조의 출현(이망정흥(李亡鄭興)) 및 계룡산 정도(定都)를 예언.

비기·참위설의 유포 「정감록(鄭鑑錄)」·「관서비기(關西秘記)」(1804)와 같은 비기(秘記)나 참위설(讖緯說)이 백성들 사이에 널리 유포되어 민심은 갈수록 불안해졌다. 사회가 변동하고 기존의 가치 질서가 무너지는 속에서 도교의 영향으로 비기·도참 등에 의한 감결신앙이 유행하였다. 예언사상은 19세기 초엽부터 현저하게 나타나, 정부를 비방하는 벽서사건이 빈발하였다. 예언사상의 현실부정적 성격은 당시 농민의 항거운동에 혁명적 기운을 불어넣기도 하였다.

조선시대 금서 홍길동전, 정감록, 천주실의, 동경대전, 용담유사

① **동학** 유 + 불 + 선 + 천주교 + 샤머니즘
② **신유박해**(1801 : 순조 1년) : 노론 벽파가 남인 시파에 대한 타도 수단으로 천주교를 탄압(남인 세력 위축, 실학 쇠퇴). 이승훈·이가환·주문모(중국신부로 1795년 입국)·정약종 등은 사형당하고, 정약전·정약용은 유배.

23 지도는 어느 조세의 운송로를 나타낸 것이다. 이 조세 제도에 관한 설명으로 옳지 <u>않은</u> 것은? [2점]

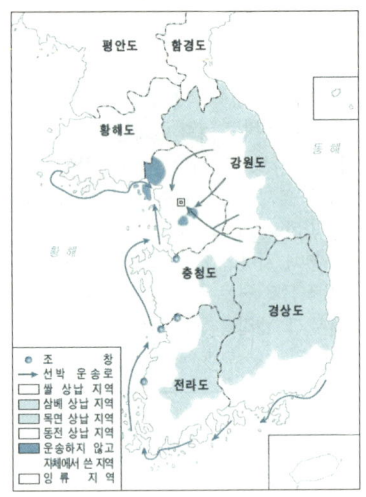

① 공납의 전세화가 이루어졌다.
② 숙종 때 전국적으로 시행하였다.
③ 공인이 등장하는 계기가 되었다.
④ 토지 1결당 쌀 4두를 징수하였다.
⑤ 평안도에서 거둔 세금은 사신 접대비 등으로 사용하였다.

24 다음과 같이 주장한 붕당에 대한 설명으로 옳은 것은? [2점]

> 소현이 세상을 일찍 뜨고 효종이 인조의 제2장자로서 종묘를 이었으니, 대왕대비께서 효종을 위하여 재최 3년을 입어야 할 것은 예제로 보아 의심할 것이 없는데, 지금 강등을 하여 기년복제로 한 것입니다. 대체로 3년의 복은 아버지를 위하여 입는데 아버지는 지극히 높기 때문이고, 임금을 위하여 입는데 임금도 지극히 높기 때문이며, 장자를 위하여 입는데 그가 할아버지, 아버지의 정통을 이을 사람이고 또 앞으로 자기를 대신하여 종묘를 맡을 사람이므로, 그것을 중히 여겨 그런 것입니다. 지금 효종으로 말하면 대왕대비에게는 이미 적자이고 또 조계(祖階)를 밟아 왕위에 올라 존엄한 정체인데, 그의 복제에 있어서는 체이부정(體而不正)으로 3년을 입을 수 없는 자와 동등하게 되었으니, 어디에 근거를 둔일인지 신으로서는 모를 일입니다. -「현종실록」-

① 기사환국을 통해 정권을 장악하였다.
② 이이와 성혼의 문인을 중심으로 형성되었다.
③ 광해군 때 집권하여 중립 외교를 추진하였다.
④ 송시열을 중심으로 결집하여 대의명분을 중시하였다.
⑤ 사도세자의 죽음과 관련하여 영조의 입장을 지지하였다.

23 정답 ④ ·· (2010. 제9회 고급)

지도는 대동법 실시 이후의 대동미의 운송로를 보여준다. 대동법은 ① 공납 중 상공의 전세화, ② 광해군 때(1608년) 경기도에 처음 시행되어 숙종 때(1708) 전국적 시행, ③ 공물청부업자인 공인이 등장하여 공인(상업)자본 형성, ④ 1결당 12두를 징수, ⑤ 평안도·함경도는 잉류지역이라 하여 현지에서 군사비와 사신 접대비로 쓰도록 하였다.

대동법의 결과와 영향 대동법의 실시로 과세 기준은 종전의 민호에서 토지의 결수로 바뀌었다. 따라서 논밭을 가진 농민들은 1결당 미곡 12두만을 납부하면 되었기 때문에 과중했던 부담이 다소 경감.

1) **지주의 부담 증가·농민의 부담 감소·국가 수입의 증가** 토지 결수에 따라 징수하였기 때문에 농민의 부담은 감소되고, 국가의 수입은 증가되었다.
2) **상공의 전세화** 공납의 종류로 상공(공안에 따라 정기적으로 징수하는 공물)·별공(국가의 필요에 따라 징수하는 부정기적인 공물)·진상(지방관이 매월 한 차례 국왕에게 토산물을 예물로 바치는 것)이 있는데 대동법은 상공을 전세화한 것으로 토지경작량이 아닌 토지소유량에 따라 차등과세.
3) **조세의 금납화**(金納化) **현상** 종래의 현물 징수가 전화(錢貨) 등으로 대체.
4) **공인**(貢人)**의 성장** 국가가 지정하는 공물청부업자이자 특허어용상인인 공인의 활동은 수공업 생산 활동을 활발하게 하였고, 삼랑진·강경·원산 등의 상업도시와 화폐경제의 발달을 촉진시켰다. 시전상인이 사상의 침해를 받은데 대해 공인은 사상의 침해를 별로 받지 않고 번창하였고, 공인은 시전상인·경주인(경저리)·장인 중에서 선발되었다. 공인은 시전의 도중(都中)과 유사한 공인계(貢人契)를 조직하였고, 국가에 대한 국역으로서 세금을 바쳤으며 공인은 장시에서 물품을 조달하는 상인적 공인과 스스로 물건을 만들어 조달하는 장인적 공인으로 구분. 또 공인은 총약환제조장을 설립하여 조총 등 무기를 군문·진보·사포수 등에게 판매. 공인의 별칭으로 공물주인·공주인·공계인·각사주인·경주인·기인공물주인 등.
5) **상품화폐경제의 성장** 농민층의 분해를 촉진시켰고, 종래의 신분질서와 경제체제를 와해시켰다.
6) **별공·진상의 존속** 현물 공납이 완전히 철폐되지 않아 농민의 부담은 여전하였다.
7) **양반 중심 지배 체제의 붕괴 촉진** 자급자족의 자연경제가 유통경세로 전환하여 장기적으로 보았을 때 양반 중심의 지배 체제가 붕괴되기 시작했다.
8) **농민층 분해 촉진 및 요역의 임용화 촉진** 상품화폐경제의 성장과 광작 확산은 농민층의 분해를 촉진시켰고, 토지 이탈로 인한 임노동자가 출현하여 부역제가 임노동으로 대체.
9) **곡물의 상품화현상 촉진** 무곡상인(貿穀商人)들은 원격지 교역을 통해 미곡을 매입하여 시가가 오르기를 기다렸다가 소비도시에 내다 팔았다.
⑤ **잉류지역**(주창회록지역) 함경도·평안도·경기도 일대 유수부(개성·강화·수원·광주)·제주(도서지역) 등은 조운·대동미·결작 등에서 제외.

24 정답 ① ·· (2010. 제9회 고급)

보기의 붕당은 조선 후기 예송논쟁 중 기해(1차) 예송논쟁에서 3년설을 주장한 윤휴·허목·윤선도 등의 남인이다. ① 남인, ② 서인, ③ 북인, ④⑤노론에 대한 설명이다.

1) **동인과 서인의 붕당**(1575) 선조 때 문반인사권을 가졌던 이조전랑의 자리다툼을 계기로 동인·서인으로 붕당되었는데(을해당론), 기성사림을 중심으로 서인, 신진사림을 중심으로 동인이 형성. 동인은 이황과 조식, 서경덕의 학문을 계승한 사람들을 중심으로 다수의 신진세력이 참여하여 먼저 붕당의 형세를 이루었고 서인은 이이와 성혼의 문인이 가담함으로써 비로소 붕당의 모습을 갖춤. 이후 붕당은 정치적 이념(정파적 성격)과 학문적 경향(학파적 성격)에 따라 결집. 처음에는 동인이 정국의 흐름을 주도하여 영남학파가 정계에 많이 진출하였고, 학문적 활동도 두드러졌다.
2) **남북 붕당**(1591) 선조 때 서인 정철의 건저의(建儲議) 문제 논죄를 둘러싸고 동인이 온건파인 남인(유성룡)과 강경파인 북인(이산해)으로 분리. 처음에는 유성룡 등 남인 계열이 중용되었으나, 광해군이 즉위하면서 정인홍 등 북인 계열이 실권을 장악.
3) **사색 붕당**(1683) 인조반정이 서인에 의해 단행되고, 정국을 주도되면서, 기호학파가 그 위세를 떨쳤다. 서인의 집권은 다시 붕당의 분화를 가져와 숙종 때 경신대출척 이후 남인에 대한 처리를 둘러싸고 강경파인 노론(송시열)과 온건파(윤증)인 소론으로 분리.

25 다음과 같이 주장한 인물의 활동으로 옳은 것은? [2점]

> 무릇 동양의 수천 년 교화계(敎化界)에서 바르고 순수하며 광대 정미하여 많은 성인이 뒤를 이어 전하고 많은 현인이 강명(講明)하는 유교가 끝내 인도의 불교와 서양의 기독교와 같이 세계에 대발전을 하지 못함은 어째서이며, 근세에 이르러 침체 부진이 극도에 달하여 거의 회복할 가망이 없는 것은 무슨 까닭이뇨. …… 그 원인을 탐구하여 말류(末流)를 추측하니 유교계에 3대 문제가 있는지라. 그 3대 문제에 대하여 개량(改良) 구신(求新)을 하지 않으면 우리 유교는 흥왕할 수가 없을 것이며 …… 여기에 감히 외람됨을 무릅쓰고 3대 문제를 들어서 개량 구신의 의견을 바치노라.
> - 서북학회 월보 -

① 신간회 창립에 주도적으로 참여하였다.
② 만세보를 발간하여 민족 의식을 고취하였다.
③ 대동 사상을 핵심으로 대동교를 창건하였다.
④ 독사신론을 저술하여 역사학의 방향을 제시하였다.
⑤ 우리 문화의 근원을 탐구한 불함문화론을 저술하였다.

26 자료에서 비판하고 있는 농법이 전국적으로 보급된 결과로 옳은 것을 〈보기〉에서 고른 것은? [2점]

> 논농사가 특히 한해를 입는 것은 파종하는 방법을 버리고 오직 이 농법만 숭상하기 때문입니다. 이것은 옛날에는 없던 방법으로 우리나라에서는 중고(中古) 이후에 남도에서 시작되어 다른 도가 모두 본받아 이제는 보편적인 방법이 되었습니다. …… 때맞추어 비가 내리기를 기대하기 힘드니 이것을 해서 요행히 수확이 되기를 바라는 것보다 차라리 완전무결해서 걱정할 것이 없는 파종법을 택하는 것이 낫지 않겠습니까?

|보 기|

ㄱ. 벼와 보리의 이모작이 행해졌다.
ㄴ. 소를 이용한 깊이갈이가 시작되었다.
ㄷ. 노동력 절감으로 광작이 가능해졌다.
ㄹ. 지대 납부 방식이 타조법으로 바뀌었다.

① ㄱ, ㄴ ② ㄱ, ㄷ ③ ㄴ, ㄷ
④ ㄴ, ㄹ ⑤ ㄷ, ㄹ

25 정답 ③ ··· (2010. 제9회 고급)

사료는 민족사학자 박은식(1859-1926)의 「유교구신론」으로 성리학을 탈피하여 지행합일의 양명학을 도입할 것을 주장하고 있다. ① 신간회는 1927년 2월에 창립, ② 천도교 기관지로 손병희가 주도, ③ 박은식이 친일 유림단체인 대동학회에 맞서 대동교 창도, ④ 신채호, ⑤ 최남선에 대한 설명이다.

박은식(1859~1926) 호는 백암(白巖). 주자학에서 양명학으로 유교의 종교개혁을 역설하며 대동교(大同敎)를 창도한 개신유학자로 「유교구신론」 저술, 독립운동가, 황성신문 사장, 한말 애국계몽운동가로 서북학회 회장, 1911년 중국으로 망명하여 상해 동제사에 관계하고, 1915년 대동보국단을 조직, 1919년 노령 해삼위에서 대한국민노인동맹단을 조직. 1925년 이승만이 국제연맹 위임통치론 문제로 탄핵된 후 대한민국 임시정부 2대 임시 대통령을 역임.

> **유교구신론**(1909) 이완용·신기선 등이 1907년 12월 이토 히로부미의 재정 지원을 받아 친일 유림단체인 대동학회를 설립하자 이에 맞서 민족의 혼, 국가의 혼이 담겨 있는 국교로서 대동교(大同敎)를 창도. 유교를 구국의 정신적 지주로 삼되, 종래 유교인 성리학의 보수성을 탈피하고 지행합일의 강한 실천력을 가진 양명학의 방법을 도입함으로써 실천적인 유교정신을 회복하여야 하며, 또한 전교방법에서도 제자들이 도를 배우려고 자기를 찾아 줄 것을 바라지 말고 기독교나 불교의 전도와 마찬가지로 자기가 제자를 구하여 도를 전하는, 진취적인 교화활동을 전개하여야 한다고 주장. 또 공부자(孔夫子, 공자)에 빗대어 박부자(朴夫子)로 불린 박은식은 실천적인 개신유학을 구국의 정신적 지주로 삼을 것과 부국강병을 위한 유교 교육의 진흥을 제시.

② **만세보**(1906) 천도교 기관지로 손병희가 주도, 일진회 공격, 최초의 신소설·신문 연재 소설(「혈의 누」) 이인직이 만세보를 인수하여 대한신문 창간

④ **독사신론** 단재 신채호는 대한매일신보에 50회 연재한 「독사신론1908」에서 "무정신의 역사는 무정신의 민족을 낳으며 무정신의 국가를 만들 것이니 어찌 두려워하지 아니하리요"라고 하면서 민기(民氣)를 강조. 부여족이 우리 역사를 이끌었다고 주장하며 단군조선 - 부여 - 고구려 계통의 부여정통론을 주장하고 임나일본부설과 일선동조론의 허구성을 비판.

⑤ **불함문화론** 단군신화를 중심으로 동방문화권의 발상지가 우리나라의 백두산이라하여 통방분화의 연원을 추적. 이 문화권에 한(韓)족·만주족·일본족 등이 속한다고 주장. 일본측의 일선동조론 주장에 맞서 불함문화론(不咸文化論)을 발표(1925)하였으나 최근에는 한국과 일본을 동질적인 종교문화권으로 설정하여 단군을 초민족적 신격으로 희석하여 일제의 신사참배를 정당화하는 결과를 초래함으로써 일제 관학자의 만선사관과 같은 맥락이라는 비판도 있다.

26 정답 ② ··· (2010. 제9회 고급)

사료에 나타난 농법은 이앙법(모내기법)인데, 고려 후기에 나타나 조선 후기에 전국적으로 보급되었다. ㄱ.이앙법의 결과 도맥이모작이 가능, ㄴ.고려시대에 이미 나타났고, ㄷ.제초(김매기) 노동력의 절감으로 경작지 규모가 확대되어 광작이 가능, ㄹ.조선 후기 타조법에서 도조법으로 지대 납부 방식이 바뀌었다.

> ≫ **영농발달사** ≪
> 1. **신석기 말기** : 조·피·수수 재배
> 2. **청동기** : 벼·보리·콩·기장 재배
> 3. **철 기** : 저수지 축조(삼한), 벼농사 일반화, 축력(우마) 사용
> 4. **지증왕**(6세기 초) : 우경(법령)
> 5. **통일신라** : 차 재배
> 6. **고려말** : 우경에 의한 심경법, 2년 3작 윤작법, 목면·5곡·오이·가지·무·파·박·아욱 등의 채소류와 배·대추·복숭아 감귤·포도 등의 과일 재배, 「농상집요」 소개, 백문보의 수차 소개, 해안지방의 저습지 간척, 방조제 조성, 벽골제·수산제 개축, 남부지방에 이앙법 보급
> 7. **조선초** : 시비법 발달로 휴경지 없어짐. 벼·보리 2모작 대두(일부 남부지방), 박서생(통신사)의 일본 수차 보급
> 8. **조선 후기** : 이앙법·견종법의 일반화 → 광작, 상업작물 재배(인삼·담배·고추·토마토), 구황작물 재배(고구마·감자·옥수수), 김육의 수차 보급

27. 그림은 어느 왕의 행차 모습이다. 이 왕이 실시한 정책으로 옳은 것은? [2점]

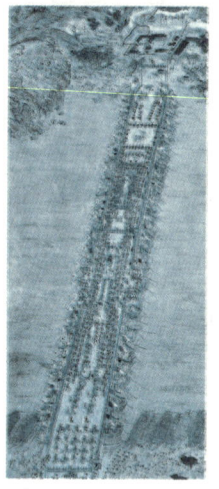 

① 금위영을 설치하여 5군영 체제를 완비하였다.
② 속대전을 편찬하여 법전 체계를 재정비하였다.
③ 국방을 강화하고 청에 대한 북벌을 준비하였다.
④ 문체반정을 통해 신체문(新體文)을 바로잡으려 하였다.
⑤ 삼정의 문란을 바로잡기 위해 삼정이정청을 설치하였다.

28. 다음은 동학 농민 운동의 전개 과정이다. (가)에 들어갈 내용으로 옳은 것은? [2점]

- 선봉 이학승이 황룡강가에 집결하여 장터에서 점심을 먹고 있던 농민군을 공격함으로써 전투가 시작되었다. 엉겁결에 공격을 받은 농민군은 곧바로 삼봉에 올라가 전투태세를 갖추었다. 이에 농민군과 경군의 대접전이 시작되었다.

(가)

- 논산 일대에서 결집한 농민군은 노성과 경천으로 다시 진출하여 전투를 준비하였다. 감영에서는 일본군과 관군이 세 부대로 나뉘어 두 부대는 판치와 이인으로 나가고 나머지 부대는 감영에 있었다. 오후 3시쯤 전투가 시작되었다.

① 안핵사 이용태가 봉기 관련자를 폭도로 몰았다.
② 전봉준의 농민군이 북접의 농민군과 합세하였다.
③ 박원명이 고부 군수로 파견되어 농민들을 회유하였다.
④ 농민군이 황토현 전투에서 관군에게 승리를 거두었다.
⑤ 농민군의 지휘부가 백산에서 조직을 확대 개편하였다.

27 정답 ④ ·· (2010. 제9회 고급)

문제의 그림은 조선 정조의 1795년 화성 행차와 관련된 한강 주교도와 시흥환어행렬도이다. ① 숙종, ② 영조, ③ 효종, ④ 정조대에 노론 벽파의 패관소품체를 바로 잡으려 하였으며, ⑤ 철종대의 정책이다.

≫ **정조의 치적(1776~1800)** ≪

1) **왕권 강화** : 한양과 수원에 내·외영의 장용영(왕의 친위대)을 설치하여 노론의 기존 군영에 대항하여 왕권의 군사적 기반을 강화, 균시적자론(均是赤子論)으로 서얼과 노비에 대한 차별을 완화.
2) **학술 진흥** : 청의 백과사전인 「고금도서집성」을 수입하여 학문정치의 기초, 규장각(왕립 학술연구소)을 두어 국왕 직속의 학술 및 정책연구기관으로 육성(1776).
3) **신해통공** : 남인의 노론 정치 자금원 봉쇄 조치(1791).
4) **수원성(화성) 축성** : 천도의 일환으로 계획도시, 정약용의 거중기 사용, 수원에 유수부를 설치하였고 (수원 유수 : 채제공), 동원된 장인과 농민에게 품삯을 지불. 한양과 화성간 신작로를 개수·신설.
5) **초계문신제** : 스스로 초월적 군주로 군림하면서 스승의 입장에서 신하를 양성하고 재교육. 초계문신제는 경연의 반대로 37세 이하 당하관을 규장각에 위탁 교육시킨 국왕의 엘리트 관료 양성책(1781~1800).
6) **「홍재전서(弘齋全書)」의 편찬 착수** : 정조(홍재왕, 만천명월주인옹 자처)의 시문·윤음·교지·기타 문집을 모아 규장각에서 편찬한 184권의 방대한 전집(순조 때 간행).
7) **여론 수렴** : 국왕 행차시 상언·격쟁제도를 활성화하여 백성의 민원을 국왕에게 전달.
8) **문체반정 주도**(1792) : 탕평책의 일환으로 추진된 문체 쇄신 정책. 노론 벽파 계열의 문체 비판.
9) **대유둔전(大有屯田) 설치** : 수원 부근에 국영 농장을 설치.
10) **팔도구관당상제 시행** : 영조 이래 지방 통제 강화를 시도.
11) **수령의 향약 주관** : 사림세력의 약화를 시도.
12) **편찬사업** : 대전통편, 국조보감, 동문휘고, 추관지, 탁지지, 증보문헌비고, 전운옥편, 규장전운, 심리록, 무예도보통지, 존주휘편, 일성록, 일득록, 규장총목.
13) **정조의 탕평책** 영조 때의 척신과 환관을 제거하고 소론과 남인 계열도 중용. 정조는 군주도통론에 입각해 각 붕당 주장의 시비를 명백히 가리는 준론탕평(峻論蕩平) 또는 청론탕평을 채택.
① **금위영**(숙종, 1682) 수도 방어를 위해 기·보병을 중심으로 지방의 번상병으로 편성, 어영청과 함께 경제적 기반은 보(保)가 바탕.
② **속대전**(영조, 김재로) 형법 시행에서 신중과 관용을 기하여 형량을 가볍게 하고 낙형(단근질)을 폐지하는 흠휼사상(欽恤思想)·3심제를 엄격하게 시행하는 관형주의(寬刑主義) 채택
⑤ **삼정이정청** 삼정의 문란을 바로잡기 위해 임술민란 발발 후(1862. 5) 삼정의 문란을 시정하기 위해 세재개혁위원회인 삼정이정청을 설치하여 환곡을 폐지하고 토지에 조세를 부과하는 파환귀결(罷還歸結)을 시도하고 암행어사를 파견하였으나 실효를 거두지 못하였다.

28 정답 ② ·· (2010. 제9회 고급)

첫 번째 내용은 남접 주도의 1차 봉기인 장성 황룡촌전투(1894.4.23)이고(가) 뒤의 내용은 남접과 북접의 합세인 2차 봉기인 공주 이인전투(1894.10.23)이다. ① 1차 봉기의 배경, ② 중도파 오지영의 중재를 수용해 남접의 전봉준과 북접의 손병희가 합세, ③ 1차 봉기 이전인 고부민란 후 조정의 대책, ④ 1차 봉기로 농민군이 전라감영군을 격파(1894.4.7), ⑤ 백산에서 제중의소를 설치하고 4대강령과 격문을 선포하였다(1894.3.25).

고부민란(1894.1.10) 고부군수 조병갑이 만석보 아래에 신보를 수축하여 수세를 징수 등의 탐학에 따른 봉기. 조정은 조병갑을 파면하고 박원명으로 교체, 당시 안핵사 이용태의 교도폭압이 1차봉기의 배경.

제1차 동학(갑오)농민전쟁(3월 起包, 1894.3~5) : 남접의 주도, 무장(창의문) → 김제 → 백산. 3.25. 4대 강령과 격문, 농민군 지휘부로 제중의소(濟衆義所) 설치) → 황토현전투(4.7. 전라 감영군 격파) → 농민군이 경군을 영광으로 유인 → 장성 황룡촌전투(양호초토사 홍계훈의 경군 격파, 12개조 농민군 기율 발표) → 전주성 점령 → 전주화약(5.7.)과 집강소 활동(1894.5~10)

제2차 농민전쟁(9월 起包 1894.10~11) : 남접(전봉준)·북접(손병희)이 합세하면서 조일전쟁의 양상. 논산 집결(김개남·손화중 불참) → 공주 이인전투(북상 후 농민군의 첫 승리) → 공주 우금치전투(11.9. 일본군·관군의 승리) → 광주·장흥전투(남접군), 영동·보은전투(북접군) → 김개남 부대의 청주전투 패배(11.13) → 손화중 부대의 나주성 공략 실패 → 전봉준 체포(12.2) → 전봉준·손화중·김덕명·최경선 등 교수형(1895.3.30)

29. 밑줄 그은 '이 사람'에 관한 설명으로 옳지 않은 것은? [2점]

> 세일럼 시(市)는 외국의 한 젊은이에게 우리의 관습과 예절을 가르치는 특별한 기회를 갖게 되었다. 피바디 박물관장 모스는, 영어를 배우기 위해 조선에서 온 스물여섯 살 청년인 이 사람을 로렐가의 자택에 유숙시키고 있다. 그는 일본에 1년 체류하면서 일본어를 배운 바 있다. 청년은 모스 교수와 일본어로 대화한다. 그는 지난주 처음으로 양복을 입었으나 집에서는 입지 않는다. 그는 외양과 태도에서 대단히 신사답다.
> - 세일럼 이브닝 뉴스, 1883. 11. 10. -

① 1870년경 - 박규수 문하에서 수학하였다.
② 1881년 - 조사 시찰단의 일원으로 참여하였다.
③ 1884년 - 갑신정변 실패 후 일본으로 망명하였다.
④ 1880년대 중반 - 중립화론을 제기하였다.
⑤ 1895년 - 서유견문을 출간하였다.

30. (가), (나)에 대한 설명으로 옳은 것은? [2점]

> (가) 달의 움직임과 태양의 움직임을 적용하여 24절기의 시각과 하루의 시각을 정밀하게 계산하여 만들었다. 종전의 역법보다 한 걸음 발전한 것으로 조선에서는 김육의 노력으로 채용되었다.
> (나) 8폭의 병풍으로 되어 있는데, 가운데 여섯 폭은 오르텔리우스 도법이라는 근대적 기법으로 그린 지도로서 경위도선이 그려져 있다. 지도의 여백에는 적도, 북반구, 남반구 등의 그림과 해설 등 지구, 천문에 관한 지식들이 설명되어 있다.

① (가) - 고구려 천문도를 바탕으로 돌에 새겨 사용하였다.
② (가) - 한성을 기준으로 천체 운동을 정확히 계산하였다.
③ (나) - 거리를 알 수 있도록 10리마다 눈금을 표시하였다.
④ (나) - 100리척을 사용하여 지도 제작의 과학화를 꾀하였다.
⑤ (가), (나) - 중국에 와 있던 서양 선교사들이 제작하였다.

29 정답 ③ ··· (2010. 제9회 고급)

사료의 주인공은 구당 유길준(1856-1914)이다. ③ 1883년 7월 보빙사 일행으로 도미하여 그 해 9월 덤머 아카데미에 입학하여 우리나라 최초의 미국 유학생이 되었다. 갑신정변 실패 소식을 듣고 12월에 학업을 중단하고 유럽 각국을 순방하고 1885년 12월에 귀국하였다.

》유길준《

1. **한국 최초의 일본·미국 유학생**으로 1881년부터 1882년까지 1년 반 동안 일본에서 수학한 뒤 「경쟁론」(1883)을 집필하여 국내에 사회진화론을 소개하였고, 1883년 도미하여 이해 9월에 매사추세츠주 덤머 아카데미(Dummer Academy)에 입학하였고 피바디박물관(현재 : 하버드대)의 관장으로 있던 모스(E. S. Morse)의 지도를 받아 진화론에 대한 인식을 심화하였다. 그러한 사실이 「서유견문」에 잘 드러나 있다. 그러나 그는 자연과학적 학문 토대가 없었기 때문에 진화론을 올바르게 수용하지는 못한 채 자연의 이해하기 쉬운 수준의 사회진화론을 수용하였다.
2. **「서유견문(西遊見聞)」** : 유길준이 국한문체를 발전시키고, 서구의 신문물과 사회진화론을 소개
3. **「대한문전(大韓文典)」** : 1909년 유길준이 최초의 국어문법서인 조선문전(1897~1902)을 8번이나 개고하여 편찬한 국어문법서의 완결판으로 서론·언어론·문장론 등의 세 편으로 구성
4. **양절체제(兩截體制)의 극복** : 양절체제(1876~1894)는 유길준이 「서유견문」에서 사용한 단어로 기존의 중화체제와 새로운 만국공법체제의 이중 구조를 일컫는데, 이러한 특이한 국제관계 속에서 급진개화파는 청으로부터의 독립을 주장하였다. 그 후 청일전쟁에서 청의 패배로 양절체제가 해체되었다.
5. **유길준의 「중립화론」** : 이제 우리나라는 지역으로 말하면 아시아의 인후(咽喉)에 처해 있는 것이 유럽의 벨기에와 같다. 지위는 중국에 조공하던 나라로서 불가리아가 터키에 조공하던 것과 같으나 동등한 권리로 각국과 조약을 맺은 것은 불가리아에도 없던 바요, 조공하던 나라로서 왕이 책봉(册封)을 받은 일은 벨기에에도 없던 일이었다. (중략) 불가리아가 중립 조약을 체결한 것은 유럽의 여러 대국들이 러시아를 막으려는 계책에서 나온 것이었고, 벨기에가 중립 조약을 체결한 것은 유럽의 여러 대국들이 자국을 보전하려는 계책에서 나온 것이었다. 대저 우리나라가 아시아의 중립국이 된다면 러시아를 방어하는 큰 기틀이 될 것이고, 또한 아시아의 여러 대국들이 서로 보전하는 정략도 될 것이다. (중략) 이는 비단 우리나라만을 위한 것이 아니라 중국의 이익도 될 것이고 여러 나라가 서로 보전하는 계책도 될 것이니 무엇이 괴로워서 하지 않겠는가. <유길준 전서>

30 정답 ⑤ ··· (2010. 제9회 고급)

(가) 아담샬(탕약망)의 시헌력, (나) 마테오리치(이마두)의 곤여만국전도를 참조하여 관상감에서 제작한 건상곤여도이다. ① 천상열차분야지도, ② 칠정산, ③ 김정호의 대동여지도, ④ 정상기의 동국지도에 대한 설명이다.

- (가) **김육**(효종, 1653) 아담샬(탕약망)의 **시헌력(개량력)** 채용.
- (나) **병풍지도** 숙종 32년(1706)에 비변사에서 내수외양의 북벌정신을 표현하기 위해 요계관방도(遼薊關防圖)라는 10폭 병풍 국방지도가 작성되었고, 숙종 34년(1708)에는 관상감에서 마테오리치(이마두)의 곤여만국전도를 참조하여 건상곤여도(乾象坤輿圖)라는 병풍지도를 작성하였다.
① **천상열차분야지도**(태조, 1395) 고구려의 천문도를 참조하여 서운관에서 하늘의 별자리 1,467개와 은하수를 12개 분야로 나눠 흑요석에 새긴 천문지도.
② **칠정산**(세종, 1444) 우리나라 실정에 맞게 재구성하여, 이순지·김담 등이 칠정산내·외편(「세종실록」에 첨부)을 편찬하고 행성의 운행을 관측. 내편은 본국력(本國曆)으로 수시력(원)·대통력(명)을, 외편은 아라비아의 회회력을 참조. 1년의 길이를 365.2425로 계산하여 오늘날의 달력과 거의 비슷. 천체 위치가 계산되어 일식과 월식의 예상이 가능해졌으며, 한양 위치에서 경도·위도·시각 등이 측정되고, 표준시가 베이징에서 한양으로 바뀌었다. 그리고 마니산·한라산·백두산 등에 역관을 보내 북극의 고도를 측정하기도 하였으며, 이순지가 「천문유초」라는 천문학 개설서를 편찬.
③ **대동여지도**(철종, 김정호) 산맥·하천·포구·도로망 표시가 정밀한 대표적 지도, 22분첩지도, 10리마다 눈금 표시, 목판 제작, 162,000분의 1 축척.
④ **동국지도**(영조, 정상기) 민간학자에 의한 최초의 지도로 100리를 1척으로 정한 백리척을 사용.

31 (가)에 대한 설명으로 옳은 것을 〈보기〉에서 고른 것은? [2점]

> (가) 이(가) 과거에 응시하지 못하게 하여 벼슬길을 막은 것은 우리나라의 옛 법이 아니다. …… 경국대전을 편찬한 후로부터 금고(禁錮)를 가하기 시작했으니, 아직 백 년도 안 된 것이다. 세상의 어떤 나라에도 금고(禁錮)하는 법이 있다는 말은 듣지 못하였다. …… 사대부의 자식으로서 다만 외가가 없다는 이유만으로 대대로 금고하여 비록 재주와 사용할 만한 기국(器局)이 있어도 끝내 머리를 숙이고 시골에서 그대로 죽어 향리나 수군만도 못하니 참으로 가련하다.

― 보 기 ―
ㄱ. 문과와 무과 응시가 금지되었다.
ㄴ. 성리학적 가족 윤리에 의해 차별받았다.
ㄷ. 신분은 양인이었으나 천역에 종사하였다.
ㄹ. 18세기 후반부터 청요직으로 진출할 수 있었다.

① ㄱ, ㄴ ② ㄱ, ㄷ ③ ㄴ, ㄷ
④ ㄴ, ㄹ ⑤ ㄷ, ㄹ

32 (가)~(라)에 대한 설명으로 옳지 않은 것은? [3점]

(가)
(나)
(다)
(라)

① (가) - 목탑 양식을 간직한 석탑이다.
② (나) - 자장의 건의에 따라 건립되었다.
③ (다) - 현재 강원도 평창에 소재하고 있다.
④ (라) - 경천사 10층 석탑의 양식을 계승하였다.
⑤ (가) - (나) - (다) - (라) 순으로 건립되었다.

31 정답 ④ ··· (2010. 제9회 고급)

(가)의 신분은 조선시대의 서얼이다. 경국대전 예전에 의하면 서얼금고법 또는 서얼차대법, 한품서용법이라 하며 사회적으로 천시되었다. ㄱ.무과는 응시 가능, ㄴ.양반의 자식이나 양반 신분에서 도태, ㄷ.신량역천(7반천역), ㄹ.조선 후기 국가 재정 확보책으로 서얼에 대한 차별이 철폐되어 정조 때 서얼허통절목(1777년)으로 서얼 출신들이 규장각 초대 4검서관에 기용되었다.

> ≫ **서얼차대법(庶孼差待法)** ≪
>
> 1. 서얼(庶孼)은 첩의 자손을 뜻하는데, 서(庶)는 양첩의 자손, 얼(孼)은 천첩의 자손을 뜻함. 특히 얼자는 일천즉천법에 따라 노비가 되기 때문에 대구속신(代口贖身)으로 구제했음.
> 2. 경국대전 예전(禮典)에 의하면 한품서용법, 또는 서얼금고법이라 하여 서얼은 문과나 생원·진사과에 응시하지 못하도록 하고 있지만 제한된 범위 안에서는 등용. 경국대전 이전(吏典)에 의하면 문무관 2품 이상의 양첩 자손은 정3품 당하관, 천첩 자손은 정5품을 한품(限品)으로 서용.
> 3. 2품 이상 관리의 서얼은 사역원·관상감·전의감·도화서·혜민서 등 기술직 아문에 그 재질에 따라 서용되는 것이 허용.
> 4. 서얼을 기술관으로 등용한 결과 기술관 전체의 지위가 하락되어 중서인(中庶人) 명칭이 대두.
> 5. 태종때 제정, 성종은 홍문관에 서얼 등용 금지. 서얼은 문과에 응시할 수 없을 뿐 아니라(무과는 응시 가능), 같은 첩의 자식이라도 어머니의 신분에 따라 신분·재산 상속 등에 차등.

1) **서얼의 활동 제한** 사대부의 소생이면서도 성리학적 명분론에 의해 사회 활동에서 각종 제한이 가해졌고 재산 상속 문제에 기인해 사회적 불만이 컸다.
2) **서얼에 대한 차별 완화** 조광조는 서얼 등용 주장. 이이는 서얼허통법 입안. 임진왜란 이후 완화되기 시작하여 17세기 중엽에 서얼 금고가 철폐. 전란으로 재정적 타격을 받은 정부가 납속책을 실시하자, 서얼들이 나아갈 수 있게 되었다. 정조 때 서얼허통절목이 시행되어(1777) 유득공·이덕무·박제가·서이수 등 서얼 출신들이 규장각 초대 4검서관에 기용
3) **서얼의 요구** 서울의 명문 서얼들은 동통사로(同通仕路, 청요직 허통)·승계권(承繼權, 호주·재산의 후계권 인정)·호부호형(呼父呼兄, 부형호칭 허용) 등의 3대 구호를 주장하였고, 지방 서얼들도 향안동록(鄕案同錄, 향안 등재 요청)·향교서치(鄕校序齒, 나이순으로 좌석 배치) 등을 요구. 그 후 영조 48년(1772)에 통청윤음을 반포하고 호부호형을 허용.
5) **소청운동 전개** 순조 23년(1823)에 서얼들이 사회 활동 차별 철폐의 허통을 요구하자 계미절목을 반포해 한품(限品)을 정3품에서 종2품으로 올렸으며, 철종 2년(1851)에 신해절목으로 문과 급제자에 대한 서얼 차별 폐지가 공포되어 마침내, 철종 8년(1857)에 서얼 문과 급제자가 승문원에 분관됨으로써 비로소 청요직 임용 요청의 통청(通淸)이 실현되었다.
ㄷ. **신량역천**(7반천역) 양인을 확보하기 위한 신분으로 신분상(법제상)으로는 양인이지만 천역에 종사함으로써 천민과 다름없는 지위에 놓여 있는 계층. 이들은 대개 간(干) 또는 척(尺)으로 지칭되었던 고려 간척지도의 후예들로 후에 조례(관청잡역 담당)·나장(형사업무 담당)·일수(지방고을 잡역)·조졸(조운선의 사공)·수군(해군)·봉수군(봉수대 숙직자)·역보(역졸) 등 칠반천역(七般賤役)이 되었다. 이는 본래 국역으로 징발되는 특수한 직역으로서, 가장 고역(苦役)이었으므로 천시되어 이 역에 종사하는 사람들이 하나의 특수한 신분층을 이루었다.

32 정답 ② ··· (2010. 제9회 고급)

(가) 백제 정림사지 5층석탑, (나) 통일신라기 감은사지 3층석탑, (다) 고려 전기 월정사 팔각9층석탑, (라) 조선 전기 원각사지 10층 석탑이다. ② 자장(590-658)은 통일 전 승려로 황룡사 9층목탑 건립을 주도하였고, 감은사는 통일 후 신문왕대에 부왕 문무왕의 유언에 따라 건립되었다.

(가) **정림사지 5층석탑**(일명 평제탑(平濟塔)) : 1층 탑신에 소정방의 백제 멸망 기사 수록) 목조탑의 건축양식을 모방한 목탑형 석탑. 균형미. 익산 미륵사지 석탑을 계승.
(나) **감은사지 3층석탑** 통일신라 초기 대표적인 탑으로 대담하게 각 층의 폭과 높이를 줄이면서 쌓아 올려 정밀한 수학적 지식이 이용되고 독특한 입체미를 나타내는 3층석탑 양식
(다) 고려 전기 **월정사 팔각9층석탑** 송의 다각 다층탑의 영향.
(라) 조선 전기 **원각사지 10층 석탑** 원의 라마예술의 영향을 받은 이색적인 석탑인 경천사(敬天寺) 10층석탑을 모방·계승.

33 그림의 (가)에 들어갈 내용으로 적절한 것을 <보기>에서 고른 것은? [1점]

─── 보 기 ───
ㄱ. 장용영이 설치되어 지휘부가 활동하였습니다.
ㄴ. 서얼 출신의 검서관이 학문 연구를 하였습니다.
ㄷ. 병인양요 때 프랑스군에 의한 방화가 있었습니다.
ㄹ. 초계문신제가 시행되어 관료의 재교육이 이루어졌습니다.

① ㄱ, ㄴ ② ㄱ, ㄷ ③ ㄴ, ㄷ
④ ㄴ, ㄹ ⑤ ㄷ, ㄹ

34 밑줄 그은 '이곳'에 관한 설명으로 옳은 것은? [3점]

- 이곳은 수덕이 순조로워서 우리나라 지맥의 근본이 되며, 대업을 만대에 전할 땅이므로, 마땅히 춘하추동에 순주(巡駐)하여 100일이 지나도록 머물러 안녕을 도모하도록 하라.
- 신이 이곳 임원역 땅을 보니, 이는 음양가가 말하는 대화세(大華勢)의 명당입니다. 만약 궁궐을 세워 이곳으로 옮기시면 천하를 병합할 수 있을 것이요, 금(金)이 폐백을 가지고 스스로 항복할 것이며, 36국이 다 신하가 될 것입니다.

① 삼국 시대에 진흥왕이 영토 확장을 기념하는 순수비를 세웠다.
② 고려 시대에 중앙 정부와 유사한 기구와 체제를 갖추고 있었다.
③ 조선 후기에 만상의 근거지로 청과의 대외 무역으로 번영하였다.
④ 세도 정치기에 지역 차별에 반발하여 홍경래의 난이 발생하였다.
⑤ 대한제국기에 경제적 자립을 위한 국채 보상 운동이 시작되었다.

해설 및 정답

33 정답 ④ ·· (2010. 제9회 고급)

사진의 건물은 창덕궁 주합루인데 2층은 규장각이다. 정조는 규장각을 왕립 학술연구소로 발전시켜 왕권 강화의 중추기구로 삼았다. ㄱ.장용영은 한양과 수원에 설치한 군영, ㄴ. 박제가·유득공·이덕무·서이수 등의 학문 연구, ㄷ. 강화에 설치한 외규장각(외각)이 방화되었고, ㄹ.정조가 스승의 입장에서 신하들을 재교육시키는 국왕의 엘리트 관료 양성책이다.

창덕궁 주합루 정조 즉위년(1776)에 지은 2층 누각건물. 아래층은 왕립도서관인 규장각 서고로, 위층은 열람실로 사용. 정조는 즉위년에 주합루를 짓고 규장각을 설치하여 역대 왕의 어제, 어필을 보관하는 기능을 넘어 국가적 규모로 도서를 수집하고 보존, 간행해 정치·학문 연구소 역할을 담당하게 하였다. 정조는 정치적·학문적으로 강력하면서도 모범적인 군주가 되어 이상적인 나라를 만들고자 하였고, 그 노력이 담긴 곳.

규장각(일명 내각(內閣)) 역대 국왕의 문적을 수집·보관하기 위하여 창덕궁에 설치하였으나, 실제로는 진보적 학자들을 모아 붕당의 비대화를 막는 등 왕권을 강화하기 위한 정치적 목적으로 활용되었다. 제학·부제학 등과 검서관으로 구성되었고 규장각의 각신은 승정원 승지와 같은 지위로 모든 중요회의에 참석하였으며, 검서관은 서얼 출신도 발탁하였는데, 박제가·유득공·이덕무·서이수 등이 그들이다. 규장각의 기능은 다양하여 과거 주관과 교서관 기능을 흡수하여 서적을 인쇄하고(「규장총목」 간행), 내각일력(內閣日歷) 같은 역사도 기록하였으며, 원자 교육도 담당하며 지방 서원의 제사도 주재하였다. 후일 강화에도 외규장각(外閣)을 설치하였다(1781.3).

ㄱ. **장용영**(壯勇營, 왕의 친위대) 한양과 수원에 내·외영을 설치하여 노론의 기존 군영에 대항하여 왕권의 군사적 기반을 강화하였으며, 장용영의 중심 세력은 대개 중간계층과 평민상층.

ㄹ. **초계문신제**(抄啓文臣制) 정조는 스스로 초월적 군주로 군림하면서 스승의 입장에서 신하를 양성하고 재교육시키려 하였다. 바로 초계문신제는 경연의 반대로 신진인물이나 중·하급관리(37세 이하 당하관)을 규장각에 위탁 교육시킨 국왕의 엘리트 관료 양성책이다(1781~1800).

34 정답 ② ·· (2010. 제9회 고급)

사료는 고려 태조의 훈요십조와 고려 인종대 묘청의 서경 천도 주장으로 이 곳은 서경(평양)이다. ① 함경도와 북한산, 창녕, ② 서경에 분사제도를 정비하여 상평창·수서원·국자감·태사국·태의감·사헌대 등을 설치, ③ 의주, ④ 정주, ⑤ 대구에 대한 설명이다.

① **진흥왕 순수비**

비 명	소 재	건립연대	비 고
창녕비	경남 창녕	561년(왕 22)	1914년 도리이(鳥居龍藏)가 발견
북한산비	서울 북한산	555년(왕 16)	김정희가 판독, 국립중앙박물관 보관
황초령비	함남 함주	568년(왕 29)	1852년 윤정현이 발견, 김정희가 판독, 제왕·짐 용어 사용
마운령비	함남 이원	568년(왕 29)	1929년 최남선이 판독, 황초령비와 내용 일치

② **분사제도** 개경의 관아를 서경에도 같이 나누어 설치한 제도. 개경의 기구와 같이 서경에 관아를 두고 직제와 관명을 붙였는데 태조 때 시작되고 성종 때 정비되어 예종 때 완성. 상평창(常平倉)을 비롯하여 수서원(修書院)(개경의 것은 비서성(秘書省)), 분사국자감(分司國子監), 분사태사국(分司太史局), 분사태의감(分司太醫監), 분사사헌대(分司司憲臺)까지 개경과 같이 설치하였다. 왕이 100일 이상 숙위하였고, 부도(副都)로서 중시.

이러한 서경에 대한 반독립적인 특수 대우는 결국 서경세력을 키워 주었고 서경천도론이나 묘청난의 원인이 되기도 하였다. 이러한 분사제도와 함께 현지인을 서경의 관리로 임명하는 제도가 있었는데 이를 토관제(土官制)라 불렀다. 그러나 분사제도는 묘청의 서경천도운동 이후 폐지.

35 다음 개혁안을 발표한 기구에 대한 설명으로 옳은 것은? [3점]

> 우리 정부는 폐정 몇 가지를 개혁하니 모두 동학당이 주장해 온 바의 일이다. ······ 6월 16일 혁폐 조건을 의정(議定)하여 방방골골에 부쳐 각도에 시행하도록 하였다.
> 1. 공사채를 물론하고 족징은 절대 금할 것.
> 1. 채무에 대한 소송은 30년이 지난 것은 받아 주지 말 것.
> 1. 부보상 이외에 이름을 칭탁해 무리짓는 것을 각별히 금할 것.
> 1. 민고(民庫)는 혁파할 것.

① 초정부적인 입법·정책 결정 기구였다.
② 개항 이후 본격적인 개화 정책을 추진하였다.
③ 자주적으로 개혁을 추진하기 위해 설치하였다.
④ 대한제국 때 황제권을 강화하기 위해 노력하였다.
⑤ 급진 개화파가 14개조 정강에서 폐지를 주장하였다.

36 다음은 어느 신문의 창간사이다. 이 신문에 대한 설명으로 옳은 것은? [1점]

> (광무 2년 9월) 대황제 폐하께서 갑오중흥지회(甲午中興之會)를 만나서 자주독립하는 기초를 정립하시고 일신경장하시는 정령을 반포하실 새 특히 기자의 유전하신 문자와 선왕의 창조하신 문자로 병행코져 하셔 공사문첩(公私文牒)을 국·한문으로 혼용하라신 칙교를 내리시니 모든 벼슬아치가 이를 받들어 직책을 행하느라 분주하니 근일에 관보와 각 부군의 훈령지령과 각 군에 청원서 보고서가 이것이라. 본사에서도 신문을 확장하는 데 먼저 국·한문을 함께 사용하는 것은 전혀 대황제 폐하의 성칙을 따르는 것이 본의요, 그 다음은 고문(古文)과 금문(今文)을 함께 전하고자 함이로다.

① 천도교의 기관지로 발행되었다.
② 처음으로 상업 광고를 게재하였다.
③ 한글판과 함께 영문판을 간행하였다.
④ 시일야방성대곡이라는 논설을 실었다.
⑤ 박문국에서 간행하였으나 1년 만에 폐간되었다.

35 정답 ③ ·· (2010. 제9회 고급)

사료는 갑오개혁 당시 자주적 개혁을 시도한 교정청의 의정혁폐조건(1894.6.16)이다. ① 군국기무처, ② 통리기무아문, ③ 교정청, ④ 대한제국은 1897년 10월 이후 출범, ⑤ 갑신정변은 1884년 10월에 발생했고, 당시 개화당이 폐지를 주장한 기구는 내시부·규장각·혜상공국 등이다.

교정청 일본 정부가 1894년 6월에 내정 개혁의 근대화를 요구하자 조선 정부는 남산 노인정 회담 후 독자적으로 개혁을 실시하기 위해 교정청(校正廳)을 신설.

교정청은 자주적 개혁 시도를 위해 일본 정부가 조선에 5조 내정개혁안을 제출하였을 때, 조선 정부는 일본 군대의 철수문제를 최우선적으로 내세웠으며, 1894년 6월 11일 왕명으로 <u>교정청을 설치</u>하고, 당상 15명과 낭청 2명을 임명하여 자주적으로 <u>의정혁폐조건 12개조를 시행</u>하려고 하였다(1894.6.16).

① <u>군국기무처</u>(軍國機務處)(1894.6.25) 문·무 당상으로 군국기무처를 설치하였는데 군국기무처는 초정부적 심의 기구로, 이곳에서 심의, 통과시킨 의안을 국왕이 재가하면 국법으로 시행. 당시 대원군의 실권을 빼앗기 위하여 일본 오오도리 가에스케가 주도.

> **갑오개혁의 기간** 갑오개혁은 포괄적으로 보면 군국기무처가 설치(1894.6.25)되면서부터 아관파천(1896.2.11) 직전까지 추진된 개혁이다.

갑오개혁(갑오경장)

1) **배경** ① 개화 분위기의 고조 : 갑신정변 이후 근대화를 위한 분위기가 조성. ② 갑오농민전쟁 : 전주화약 이후 농민들의 요구를 일정 부분 수용. ③ 일본의 내정 간섭 : 일본군의 조선 주둔 명분을 찾고 경제적 이권 탈취를 통해 조선 침략의 기반을 확보하기 위해 조선 내정에 간섭.

2) **전개과정** 일본의 내정 개혁 요구(1894.6) → 교정청 신설(1894.6.11) → 의정혁폐조건 12개조(1894.6.16) → 일본군은 경복궁을 침입하여 대원군을 섭정으로 하는 친일 김홍집 1차 내각을 조직(갑오왜란, 6.21) → → 군국기무처 설치(1894.6.25) → 제1차 갑오개혁(제1차 김홍집내각, 1894. 7. 15) → 제2차 갑오개혁(제2차 김홍집내각 : 김홍집·박영효 연립내각, 1894. 11. 2) → 홍범 14조 반포(1894.12.12)

> **홍범 14조** 자주권·재정·행정·교육·관리 임용·인권 보장의 내용을 규정한 국정 개혁의 기본 강령으로 입법권의 독립, 민권의 확립 등은 제외. 홍범 14조가 입헌주의 채택으로 군주권을 제한한 데 비해, 대한국 국제 9조는 전제 황권의 강화에 급급.

② <u>통리기무아문</u>(1880.12.) 개화파 인물을 등용한 정부는 청의 총리아문을 모방한 통리기무아문(統理機務衙門)을 설치하고, 그 아래에 12사를 설치하여 부국강병을 추진하였으며, 1882년에는 외교 담당의 사대사와 교린사를 동문사(同文司)로 통합.

≫ 개항 이후 기구 개편 ≪

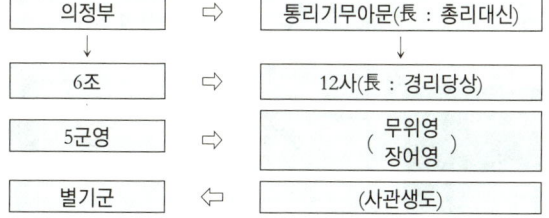

36 정답 ④ ·· (2010. 제9회 고급)

사료의 신문은 황성신문(1898.9~1910.)인데 ① 만세보, ② 한성주보로 독일 무역상이 경영하는 인천 세창양행의 광고 게재, ③ 독립신문과 대한매일신보, ④ 을사조약 후 발표(1905.11.20) ⑤ 한성순보에 대한 설명이다.

②⑤ <u>한성순보</u>(박문국 1883.10~1884.12) 최초의 신문, 관보에 시사를 곁들인 순간지, 순한문.
<u>한성주보</u>(박문국 1886.1~1888) 한성순보 부활, 국한문 혼용, 최초의 상업광고(인천 세창양행) 취급.

④ <u>시일야방성대곡</u>(1905.11.20) 장지연, 황성신문.
<u>시일야우방성대곡</u>(1905.12.26) 신채호. 대한매일신보.

37 밑줄 그은 '이 법'에 관한 설명으로 옳은 것은? [2점]

> 영의정 김상철이 아뢰기를 "이 법을 시행해 온 지 이미 30여 년인데 법이 오래되자 폐단이 생기어 13, 4만 냥의 어염세가 지금은 8, 9만 냥에 지나지 않게 되었습니다."라고 하니, 임금이 이르기를, "선대 왕께서 이 법을 만드신 본뜻은 진실로 부세를 고르게 하고 신역(身役)을 감해주어 궁부(宮府)가 일체가 되게 하려는 뜻에서 나온 것이었으나, 법이 오래되자 폐단이 생겨 손을 쓸 수 없게 된 것이다."라고 하였다.
> — 「정조실록」 —

① 상공과 별공으로 나누어 거두었다.
② 토지를 기준으로 공물을 징수하였다.
③ 수확량의 10분의 1을 조세로 징수하였다.
④ 재정 부족분을 메우기 위해 결작미를 거두었다.
⑤ 토지 비옥도와 풍흉 정도에 따라 조세 액수를 조정하였다.

38 다음은 어느 지역의 문화유산 안내판이다. 안내판에 들어 갈 자료로 적절하지 않은 것은? [2점]

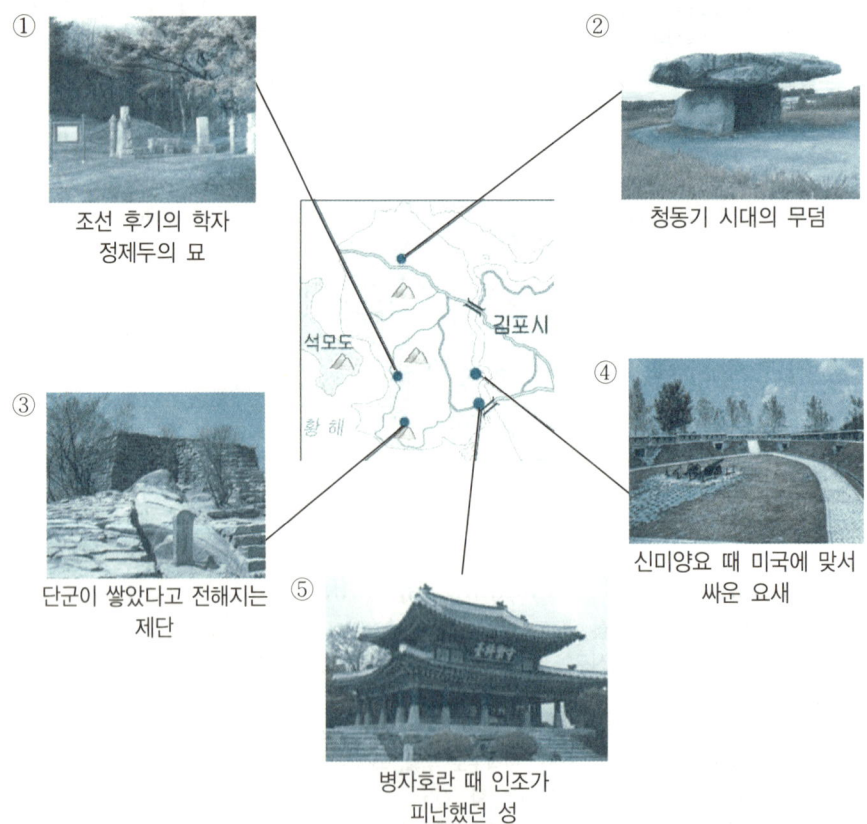

① 조선 후기의 학자 정제두의 묘
② 청동기 시대의 무덤
③ 단군이 쌓았다고 전해지는 제단
④ 신미양요 때 미국에 맞서 싸운 요새
⑤ 병자호란 때 인조가 피난했던 성

37 정답 ④ ··· (2010. 제9회 고급)

사료의 이 법은 영조 때(1750년) 시행된 균역법이다. ① 공납의 종류로 대동법은 상공을 전세화하여 별공과 진상은 존속, ② 대동법은 토지 결수로 1결당 12두 징수, ③ 전시과·과전법의 수조율, ④ 균역법에서 일종의 토지부과세로 1결당 2두의 결작미 징수, ⑤ 조선 세종대의 공법으로 전분6등법과 연분9등법에 대한 설명이다.

균역법의 시행 영조 18년(1742)에 양역의 폐단을 시정하고 군역제도의 개선을 위하여 양역사정청을 설치하고 양인의 호구조사를 실시하여 이를 바탕으로 영조 24년(1748)에 양역실총을 간행하고 영조 26년(1750)에 신만의 건의로 군포 2필을 1필로 줄여 군포의 부담을 감소시키고, 한량·교생 등 일부 상류 신분층에게도 선무군관포라 하여 군포 1필을 부과. 지주에게는 일종의 토지부과세인 결작(1결당 2두 : 결전 때는 5전 징수, 결포도 가능)을 징수하고(감필론·유포론과 결포론의 절충), 각 아문이나 궁방에서 받아들이던 어세·염세·선박세 등도 균역청에서 관할하였다(1753년 선혜청에 병합). 그리고 이획이라 하여 지방 재정인 외획(外劃)의 일부를 균역청으로 이관.

1) **군역의 평준화** 국가의 수입은 줄지 않으면서 농민의 부담은 다소 가벼워지고, 상류층 일부와 지주가 군포와 결작을 부담하게 되어 군역이 어느 정도 평준화되었다.

> **군역의 확대** 양인개병제(국초, 양인 대상) → 군적수포제(중종, 반상 구분 기준) → 균역법(영조, 상류층 대상) → 호포제(고종, 양반층 확대·인두세 폐지)

2) **지주제 바탕의 세제 정비** 조선 초기 자영농을 바탕으로 한 공납·군역·요역 등의 수취체계를 폐기하고 지주제를 현실적으로 인정한 수취체계가 정비되었다.
3) **폐단부활** 세도정치기에 이르러 병작농이 결작을 부담, 족징·인징 등의 연대 책임의 폐단이 부활.

38 정답 ⑤ ··· (2010. 제9회 고급)

문제의 지도는 강화도에 대한 문화유산 안내판이다. ① 강화도 하곡, ② 강화도 하점, ③ 강화도 마니산 참성단, ④ 강화도 덕진진, ⑤ 경기도 광주의 남한산성이나.

① **강화도 하곡** 강화학파의 성립

양명학의 연구

1) **전래** 16세기 중종 때 전래되어 서경덕 학파와 종친들 사이에 점차 확산. 그러나 이황이 왕양명의 「전습록」을 비판하여 왕양명을 광자(狂者)로 배척한 「전습록변」을 저술하였고, 유성룡도 왕양명이 주자학을 비판한 것을 조목별로 반박.
2) **수용** 지행합일(知行合一)의 실천성을 중시하는 양명학의 사상체계는 두 차례의 전란을 겪으면서 그 의미가 새로이 인식. 양명학에서는 알았다고 하여도 행하지 아니하였다고 하면 그 앎은 진정한 앎이 아니니, 앎이 있다면 곧 행함이 있어야 한다고 주장하였고, 모든 인간은 양지(良知)라는 선험적 지식(先驗的 知識)을 가지고 태어나는데 양지는 사물을 바로 인식함으로써 완성.
3) **연구** 양명학은 16세기 말부터 남언경·이요 등이 관심을 가졌고, 17세기에 들어와 최명길·장유(조선식 양명학으로 전환) 등이 초기 양명학의 입장이다. 그러다가 양명학이 본격적으로 연구되기 시작한 것은 18세기 초 정제두가 양명학에 대한 깊은 이해를 보이면서부터였다. 이처럼 양명학은 주로 경기도 지방을 중심으로 하여, 재야의 소론 계열 학자와 불우한 종친 출신의 학자들 사이에서 많이 연구.
4) **강화학파의 성립** 정제두는 안산에서 강화도 하곡으로 옮겨 살면서 성리학과 절연하고 복고적 경향의 「존언」·「만물일체설」·「성학설」·「학변」·「변퇴계전습록변」 등을 써서 양명학(강화학)의 학문적 체계를 세웠다. 그의 영향하에 이른바 강화학파로 불리는 양명학자들이 배출. 그들은 양명학을 바탕으로 역사학·국어학·서화·문학 등에서 새로운 경지를 개척하였으며 실학자들과도 교유.

② **강화도 하점** 고인돌이 2000년 UNESCO 세계문화유산 선정
③ **강화도 마니산 참성단** 단군이 하늘에 제사.
④ **강화도 덕진진** 신미양요(1871.4)때 5척의 군함이 강화 해협으로 침략해 초지진과 덕진진을 점령하고 광성보를 공격. 어재연이 이끄는 부대가 대부분 전사하면서 광성진·갑곶 등에서 격퇴.
⑤ **남한산성** 병자호란(1636.12)당시 조선의 주전론 채택 → 청 태종 12만 군대 침입 → 남한산성의 45일 항전 → 삼전도(송파)의 굴복(최명길의 정축화약 체결(1637.1) → 청태종 공덕비 건립(1639)

39 다음 선언문을 지침으로 삼아 활동한 단체에 대한 설명으로 옳은 것은? [2점]

> 내정 독립이나 참정권이나 자치를 운동하는 자, 누구이냐? 너희들이 '동양 평화', '한국 독립 보전' 등을 담보한 맹약이 먹도 마르지 아니하여 삼천리 강토를 집어먹던 역사를 잊었느냐? …… 이상의 이유에 의거하여 우리는 우리의 생존의 적인 강도 일본과 타협하려는 자나 강도 정치 하에서 기생하려는 주의를 가진 자나 다 우리의 적임을 선언하노라. …… 우리는 '외교', '준비' 등의 미몽을 버리고, 민중 직접 혁명의 수단을 취함을 선언하노라.

① 중국 관내의 충칭에서 창설되었다.
② 코민테른의 결의에 의해 해체되었다.
③ 중국 호로군과 연합 작전을 전개하였다.
④ 임시 정부의 침체를 극복하기 위해 결성되었다.
⑤ 조선 혁명 간부 학교를 설립하여 군사 훈련에 힘썼다.

40 다음에서 소개하는 영화가 처음 개봉되던 당시의 문화계동향으로 옳은 것은? [2점]

줄거리 : 영진은 전문학교를 다닐 때 독립 만세를 부르다가 왜경에게 고문을 당해 정신 이상이 된 청년이었다. 한편 마을의 악덕 지주 천가의 머슴이며, 왜경의 앞잡이인 오기호는 빚 독촉을 하며 영진의 아버지를 괴롭혔다. 더욱이 딸 영희를 아내로 준다면 빚을 대신 갚아 줄 수 있다고 회유하기까지 하였다. …… 영진의 손에 포승이 묶였다. 영진이 일본 순경에 끌려가고, 주제곡이 흐른다.

① 신소설 금수회의록이 발표되었다.
② 조선 영화령이 제정되어 민족 영화가 탄압받았다.
③ 문학의 사회적 실천을 강조한 신경향파가 활동하였다.
④ 국문 연구소가 설립되어 한글 문자 체계를 정리하였다.
⑤ 신극 운동이 일어나 은세계 등이 원각사에서 공연되었다.

39 정답 ⑤ ·· (2010. 제9회 고급)

사료는 신채호가 작성한 의열단 선언문인 조선혁명선언(1923년)이다. ① 길림성 파호문에서 조직되어 본거지를 북경으로 옮기고 상해로 세력을 확대, ② 조선공산당, ③ 한국독립군의 활동이고, 김원봉이 주도한 의열단은 1938년 조선의용대를 창설, ④ 신간회, ⑤ 김원봉이 1932년 10월 중국 남경에서 설립하였다.

의열단(1919.11) 김원봉이 길림성 파호문에서 조직한 결사대로 정의(正義)와 맹렬(猛烈)에서 합성하여 명칭을 짓고, 본거지를 북경으로 옮기고 상해로 세력을 확대. 신채호가 의열단선언으로 불리는 조선혁명선언이라는 선언서를 작성하였고(1923.1), 외교론과 준비론을 배격하고 민중에 의한 직접혁명론을 내세우면서 파괴, 일본인·친일파 암살 등 5파괴(破壞)·7가살(可殺)의 폭력혁명을 추구. 1926년 이후 군대 양성으로 방향을 전환하여 김원봉의 지도 아래 많은 단원들이 황포군관학교 입학. 이는 의열단의 운동노선이 개인적 폭력투쟁에서 무장투쟁노선으로 바뀌었음을 말해준다. 의열단원들은 황포군관학교에서 체계적인 군사교육 및 간부훈련을 받았고, 이 시기 많은 단원들이 공산주의에 영향.

1) **활동** 박재혁의 부산경찰서 투탄(1920), 최수봉의 밀양경찰서 투탄(1920), 김익상의 조선총독부 투탄(1921), 김상옥의 종로경찰서 투탄(1923), 김지섭의 일본 황궁성 투탄(1924), 나석주의 동양척식주식회사 투탄(1926)
2) **김원봉** 조선혁명군사정치간부학교 설립(1932.10, 남경), 조선민족혁명당 결성(1935,), 조선민족전선연맹 결성(1937.11), 조선의용대 창설(1938.10)

② **조선공산당 해체** 1925년 이후 4차례의 조선공산당은 지식계급과 학생의 결합체로 된 지식인 중심의 공산당이었는데, 코민테른 서기국 1928년 12월 테제(조선의 농민 및 노동자의 임무에 관한 테제로 농민단체 결성의 기폭제)에서 지식인 중심의 당조직을 해체하고 노동자·농민 중심의 당을 재조직할 것을 지시(조선공산당의 승인을 취소한 문건).

④ **신간회 결성의 배경** 1) 자치론 비판, 2) 사회주의운동의 노선 변화 3) 조선민흥회 창립(1926.10) 4) 정우회(正友會) 선언(1926.11) 5) 새로운 조직의 요청 : 대한민국 임시정부의 기능 침체에 따른 대체 기능의 필요성이 요청. 6) 후쿠모토주의(福本主義)의 영향

40 정답 ③ ·· (2010. 제9회 고급)

보기의 영화는 1926년 10월 단성사에서 상영된 나운규 감독·각본·주연의 아리랑이다. ① 1908년, ② 1940년, ③ 1926년, ④ 1907년, ⑤ 1908년의 사실이다.

영화 윤백남의 월하의 맹서(1923, 우리나라 최초의 극영화), 나운규의 아리랑(1926, 단성사)·풍운아(1926. 조선극장), 윤봉춘의 큰무덤(1931), 이규환의 임자없는 나룻배(1932) 등의 작품을 통하여 민족의 애환과 저항의식을 고취하며 한국 영화의 터전을 마련, 1930년대 중반에 들어오면서 영화계는 「춘향전(1935)」을 시작으로 무성영화 시기를 넘겨 발성영화 시대로 들어갔다. 일제는 조선영화사를 만들어 영화를 침략 전쟁을 찬양 고무하는 도구로 전락시켰으며, 조선영화령(1940)을 제정하여 우리 영화 탄압 강화.

> **나운규** 3·1운동에 참여하고 홍범도 휘하의 독립군에 가담하였으며, 독립 운동 혐의로 2년 가까운 옥고를 치르기도 한 인물. 이러한 민족의식은 그의 영화에 반영되어 1926년 10월 1일에 일제 강점기 민족의 아픔을 그린 기념비적인 민족 영화 '아리랑'을 단성사에서 발표. 그 후에도 그는 '사랑을 찾아서(1928)', '임자없는 나룻배(1932)' 등 여러 편의 영화에 주연을 맡거나, 작품을 감독·제작. 특히 그는 1936년에 '아리랑' 제3편을 제작하면서 녹음에 성공하여 한국 영화가 무성영화 시대에서 발성 영화 시대로 전환하는 데 크게 기여.

① **금수회의록**(안국선, 1908) 신소설. 까마귀·여우·개구리·벌·게·파리·호랑이·원앙 등 8종류의 동물이 인간의 모순과 비리를 성토하는 정치풍자소설로 언론출판 규제법에 의해 국내최초로 판매금지 처분.
③ **계급문학**(신경향파문학) 1920년대 중반 이후 임화, 김기진, 박영희, 최서해(학송) 등은 카프(KAPF)라는 문학 단체를 결성하여 사회주의의 영향 아래 식민지 현실을 고발하고 계급의식을 고취. 이에 반발하여 예술성과 작품성을 강조하는 순수문학 경향도 대두.
④ **국문연구소** 학부에 설치(1907), 지석영(「신정국문」)·주시경(독립신문사 안에 국문동식회 조직, 「국어문법」)·최광옥·이봉운(「국문정리」) 등이 중심.
⑤ **구한말 연극** 민족가면극, 시극운동, 원각사가 건립되어(1908) 「은세계」가 첫 공연되었고, 신파극단으로 혁신단이 1911년에 창단.

41 다음 자료와 관련된 운동이 전개된 배경으로 옳은 것은? [2점]

> 부자와 빈자를 막론하고 우리가 우리의 손에 산업 권리 생활의 제일 조건을 장악하지 아니하면 우리는 도저히 우리의 생명, 인격, 사회의 발전을 기대하지 못할지니 우리는 이와 같은 견지에서 우리 조선 사람의 물산을 장려하기 위하여 조선 사람은 조선 사람이 지은 것을 사 쓰고, 조선 사람은 단결하여 그 쓰는 물건을 스스로 제작하여 공급하기를 목적하노라. 이와 같은 각오와 노력 없이 어찌 조선 사람이 그 생활을 유지하고 그 사회가 발전할 수 있으리오.

① 대일 채무가 늘어나 대한제국의 재정 적자가 심화되었다.
② 일제의 국방 헌금 강요로 민중의 생계가 더욱 곤란해졌다.
③ 일본과 조선 사이의 무역에서 관세 철폐 움직임이 있었다.
④ 일제가 병참 기지화 정책을 추진하여 생필품이 부족해졌다.
⑤ 일제가 회사령을 제정하여 조선인의 회사 설립을 억제하였다.

42 다음의 가상 프로그램에서 소개될 수 있는 내용으로 적절하지 않은 것은? [2점]

① 학교를 설립하는 이상설
② 해조신문을 만드는 편집진
③ 대종교 교리를 배우는 청년들
④ 훈춘 사건을 일으킨 중국 마적단
⑤ 전투를 지휘하는 김좌진과 홍범도 장군

해설 및 정답

41 정답 ③ ·· (2010. 제9회 고급)

사료는 일제시대인 1920년대 전반의 조선물산장려운동을 보여준다. ① 한말 국채보상운동의 배경, ② 1930년대 후반, ③ 1923년 일제가 관세를 철폐하여 한국을 일본의 상품시장 및 원료공급지로서의 효율을 높이자 조선 자본가의 위기의식 고조, ④ 1930년대, ⑤ 1910년 12월의 사실이다.

물산장려운동 관세 철폐 후 조선 자본가의 위기의식이 고조되면서 인도의 토산품 장려운동인 스와데시운동을 모방하여 일어났으며 "조선사람은 조선사람이 만든 것을 씀으로써 조선의 산업을 육성하고, 조선의 부(富)가 외국으로 유출되는 것을 방지한다"는 것이 근본 취지. 토산품 애용, 일용품은 조선인 제품 사용, 소비 절약과 금주·금연 운동 등 자급자족운동으로 시작하여 민족 기업 육성의 민족주의운동을 전개하였으나 일본 상품 배척과 외화 배척은 없음.

1) **조선물산장려회 조직**(1923.1) : 조만식 등 민족자본가를 중심으로 평양에서 평양물산장려회를 조직(1920.8)하고, '내 살림 내 것으로'라는 구호 아래 국산품 애용운동을 전개. 당시 박영효·유성준 등 친일파·친일관료는 적극 참여하였으나 사회주의 계열에서는 이념상 반대.
2) **자작회운동**(1922.12.17) 서울에서 창설한 학생들의 국산품애용 계몽단체. 연희전문학생 등 50여 명이 주동이 되어, 국산품 애용운동을 통한 민족정신 순화가 목표.
3) **결과** : 전국으로 확산되어 추진되었으나, 일제의 탄압과 일제와의 타협으로 1920년대 말에 와해.
① **국채보상운동**(1907.1) 악성 국채인 일본 차관 1,300만 원 반환을 위해 금연과 비녀·가락지 등의 패물폐지 운동 등을 전개(대구 : 서상돈·김광제·양기탁). 국채보상기성회가 조직되고 대한매일신보·황성신문·제국신문·만세보 등의 언론사 후원으로 1907년 7월 말까지 18만 7천 8백원 정도 모금이 되었으나 대한매일신보의 의병 활동 보도에 대한 일제의 불만으로 양기탁을 보상금 횡령으로 구속하는 등 통감부의 방해로 실패. 후일 보상금은 민립대학설립운동에 사용되었고 국채보상운동은 물산장려운동으로 계승. 일제에게 재정권을 박탈당한 상태에서 추진되어 빚을 갚는 것이 현실적으로 어렵다는 것을 인식하지 못한 한계성. 그리고 당시 최초의 전문학교인 보성학교를 대학으로 발전시키기 위해 보성학교 기성회가 추진되었으나 그 운동도 실패.

42 정답 ② ·· (2010. 제9회 고급)

가상 프로그램은 한말·일제시대 만주(북간도) 일대의 항일운동 내용이다. ① 1906년 이상설이 용정에 서전서숙 설립, ② 연해주에서 최봉준이 발행, ③ 만주 독립군의 정신적 지주로 단군 숭배, ④ 1920년 10월 일본군이 일본 영사관을 중국 마적들로 하여금 습격토록 조작, ⑤ 봉오동전투와 청산리전투를 승리로 이끌었다. ①③④⑤는 북간도 일대이나, ②는 연해주지역의 블라디보스토크(해삼위)이다.

① **을사조약 후 애국계몽운동가들이 세운 학교** 서전서숙(북간도 용정, 이상설 → 김약연이 명동학교로 개명), 신흥무관학교(서간도, 이시영), 서울의 보성학교(이용익)·양정의숙(엄주익), 전남 창평의 창흥의숙(고정주, 1906)·서울의 진명·숙명·동덕여학교 등.
② **한민회**(韓民會, 1905) 한인자치기구로 한민학교(이승희, 1909)를 설립하고 해조신문(1908)·대동공보(1908) 등을 발행하여 교육 및 언론활동을 전개.
③ **대종교**(1909) 나철(나인영)이 창도. 단군(한얼님·한배검)을 숭배한 단군교로 삼신일체(三神一體, 환인＝환웅＝환검)의 신앙이며 단기를 사용하였으며, 민족교육·무장항일투쟁을 전개해 본부를 만주로 이동하고 중광단·북로군정서 등을 조직(만주 독립군의 정신적 지주).
  중광단(重光團, 1911) 대종교 중심, 무오독립선언서 발표, 북간도 왕청에서 결성된 최초의 항일운동 단체로 대한정의단을 조직하였고(1919), 후일 북로군정서로 개칭.
④ **훈춘 사건** 일본군이 훈춘의 일본 영사관을 중국 마적들로 하여금 습격(1920.10.2)하도록 꾸며 대규모 병력을 출동(10.17)시키는 빌미를 만들어 훈춘의 조선인과 독립운동가를 대량 학살한 사건.
⑤ **봉오동전투**(1920.6.7) 홍범도의 대한독립군은 독립군 본영을 기습해 온 일본군 1개 대대병력을 최진동의 군무도독부군, 안무의 국민회군과 함께 화룡현 봉오동으로 유인, 포위·공격하여 대승.
  청산리전투(1920.10) 김좌진의 북로군정서군과 홍범도의 대한독립군, 안무의 국민회 산하 독립군의 연합부대는 일본군의 대부대를 맞아 6일간(10. 21～10. 26) 10여 차례 백운평·어랑촌·맹개골·천보산·고동하 등의 이도구·삼도구에서 일본군을 대파.

봉오동전투(1920.6.7) → 훈춘사건 → 청산리전투(10.) → 간도참변(경신참변, 1920) → 자유시참변(1921.6.29)

43 (가)를 처음 제작한 국왕 대의 문화에 관한 설명으로 옳지 않은 것은? [2점]

> 한성에서는 쇠를 부어 그릇을 만들어 이름을 [(가)](이)라 했는데, 길이는 1자 5치, 직경은 7치로 하여 주척(周尺)을 쓴다. 비가 그칠 때마다 본관 관원이 직접 강우 상태를 살피는데 주척으로써 수심을 재고, 아울러 비 내린 일시와 개인 일시, 수심의 치수를 모두 기록하여 바로 보고하고 장부에 적어 둔다. 지방에서는 각 도와 군현의 객사 뜰에 두고 수령이 직접 강우량을 치·푼까지 측정하여 보고하게 한다.

① 갑인자가 주조되어 다양한 서적이 인쇄되었다.
② 용비어천가의 일부를 가사로 한 여민락이 만들어졌다.
③ 국어에 대한 관심이 높아져 훈민정음운해가 간행되었다.
④ 경험 많은 농부의 농사 기술을 모은 농사직설이 편찬되었다.
⑤ 우리 풍토에 맞는 약재 등을 정리한 향약집성방이 편찬되었다.

44 6·25 전쟁 과정에서 전선이 ㉠에서 ㉡으로 이동한 시기에 있었던 사실로 옳은 것은? [3점]

① 이승만 대통령이 반공 포로를 석방하였다.
② 국군과 유엔군이 인천 상륙 작전을 전개하였다.
③ 미국이 극동 방위선으로 애치슨 라인을 설정하였다.
④ 국공 내전 이후 조선 의용군이 북한군에 편입되었다.
⑤ 유엔군이 흥남항을 통해 대규모 해상 철수를 단행하였다.

해설 및 정답

43 정답 ③ ·· (2010. 제9회 고급)

(가)는 조선 세종대에 강우량을 측정하는 세계 최초의 측우기이다. ①②④⑤는 세종대의 역사적 사실이나 ③은 조선 후기 신경준(1712-1781)이 저술한 음운연구서이다.

> ≫ **세종(1418~1450)대의 문화** ≪
>
> 1) **집현전의 설치** : 고려의 수서원·보문각을 본떠 만든 왕실의 학문연구 기관으로 왕권 강화와 학문 발전에 큰 계기. 2) **훈민정음의 창제** 3) **불교의 정리** : 불교를 정리하여 교·선을 통합하였으며, 36개의 사원만 두고 나머지는 전부 몰수. 그러나 말기에는 점차 불교를 장려하여 궁중에 내불당(內佛堂)을 짓고 신봉하였으며, 불교 발전에 공헌. 4) **활자의 개량** : 경자자·갑인자·병진자·경오자 등. 특히 왕 16년(1434)의 갑인자는 정교하고 수려한 동활자로 유명. 5) **음악의 정리** : 관습도감을 정비하고 박연이 제조(提調)로 아악을 정리하였으며, 악기도감을 정비하고 음악을 장려. 6) **화폐의 발행** : 조선통보란 동전을 주조. 7) **과학기구의 발명** : 세계 최초의 측우기를 만들어 강우량을 측량. 그 외 대소간의·자격루(물시계) 등을 이천·장영실 등에게 만들게 했으며, 앙부일구(해시계)·일성정시의(낮밤 공용시계) 등. 8) **역법의 개정** : 이순지·김담 등이 원의 수시력법과 명의 대통력·통궤역법을 참조하여 「칠정산내편」을 만들었고, 이어 아라비아의 회회력을 참조하여 「칠정산외편」을 만들었다. 9) **편찬사업** : 농사직설·사시찬요·의방유취·향약집성방·신주무원록·태산요록·향약채취월령·용비어천가·팔도지리지·육전등록·정전 6권·효행록·삼강행실도·치평요람·동국정운·석보상절·월인천강지곡·동국세년가·칠정산내외편·역대병요·총통등록·천문유초·구황벽곡방·정종실록·태종실록 등을 편찬.

② **용비어천가**(세종 29, 1447.5) 조선왕조의 창업을 송영(頌詠)한 서사시로 한글로 엮은 최초의 책. 왕업을 찬양하는 각종의 악장은 조선 초기부터 유행하였으나, 한시의 테두리를 벗어나지 못함.

④ **농사직설**(1429) 여러 지방의 경험이 많은 노농(老農)들의 지식과 비결을 망라하여 세종 때 공조판서 정초가 체계화한 최초의 관찬 농서로 올벼·늦벼·밭벼 등의 재배법, 씨앗 저장법 등의 구체적인 내용을 담고 있으며, 경상도 지방의 선진적인 농업 기술인 이앙법을 다른 지방에 소개하며 우리 기후·풍토에 적합한 농업 기술을 소개. 여러 차례 인쇄·반포되어 농업 발전의 근본이 되었으며, 한국 농학 성립의 효시.

⑤ **향약집성방**(세종, 1433) 세종 때 유효통이 당시까지의 우리 고유 의서와 중국 역대 의서를 인용해 700여종의 우리 약재와 질병을 57가지로 나누어 전통적인 요법을 집성.

44 정답 ① ·· (2010. 제9회 고급)

㉠1951년 1·4후퇴, ㉡ 1953년 7월 27일 시기이므로 ① 1953년 6월 18일, ② 1950년 9월 15일, ③ 1950년 1월 12일. ④ 1950년 6·25 이전, ⑤ 1950년 12월 15일-12월 24일의 역사적 사실이다.

① **반공포로 석방**(1953.6.18) 휴전회담의 최대 난관은 포로 교환 문제였는데, 인민군이 점령한 38선 이남지역에서 의용군으로 동원된 사람들이 섞인 이들 포로들 중에는 송환을 원하지 않는 사람이 많았기 때문에 유엔군측은 포로 개개인의 자유의사에 따라 남북한과 타이완 및 중공으로 갈 수 있도록 할 것을 주장했고, 공산군측은 모든 포로가 그 본국으로 돌아가야 한다고 맞서서 회담이 난항에 빠졌다. 이승만은 남한 각지에 분산 수용되어 있었던 공산군중 27,000명의 반공 성향의 인민군 포로를 우리 정부의 단독 결정으로 석방시켜 휴전회담을 위기에 빠뜨렸다. 이에 미국은 한미상호안전보장조약 체결, 장기적인 군사·경제 원조·한국군 증강 등을 조건으로 이승만을 무마.

③ **애치슨(Acheson) 선언** 미 국무장관 애치슨의 발언으로, 미국의 극동방위선을 알류산열도~일본 류큐~필리핀으로 연결해 한국과 대만을 제외.

④ **조선독립동맹**(1942.7) 조선민족혁명당 내의 사회주의자와 무력항쟁을 지향하던 조선의용대원들이 김원봉의 노선을 거부하고 화북 연안으로 들어가 1941년 조직한 화북조선청년연합회를 개편. 조선청년혁명학교와 조선의용군(조선의용대 화북지대의 개편)을 창설하고 중경 임시정부와 국내의 조선건국동맹과 연락하여 민주공화국을 표방한 민족주의 좌파와 사회주의자가 중심이 된 좌우합작의 통일전선 조직으로 광복 후 북한의 조선신민당(연안파)이 되었다. 김두봉·김무정·최창익·허정숙 등이 중심, 호가장전투(1941.12.12)는 조선의용군이 중국팔로군과 연합하여 일본군을 격퇴한 전투였고, 반소탕전(反掃蕩戰, 1942.5)도 유명한 전투였다.

조선독립동맹(1942) …… 조선의용군(1942) → 북한인민군

45 다음 연설이 나오게 된 배경으로 옳은 것은? [3점]

어제 엔도가 나를 불러 "과거 두 민족이 합하였던 것이 조선에게 잘못됐던가는 다시 말하고 싶지 않다. 오늘날 나누는 때에 서로 좋게 나누는 것이 좋겠다. 오해로 피를 흘리고 불상사를 일으키지 않도록 민중을 지도하여 주기를 바란다."라고 하였습니다. 나는 다섯 가지 조건을 요구하였습니다. …… 우리가 지난날의 아프고 쓰리던 것을 이 자리에서 다 잊어버리고 이 땅에다 합리적·이상적 낙원을 건설하여야 합니다. …… 물론 우리는 통쾌한 마음을 금할 수 없습니다. 그러나 그들에 대하여 우리들의 아량을 보여 줍시다.

① 평양에서 남북한 지도자 연석 회의가 열렸다.
② 사이토 총독이 부임하여 시정 방침을 발표하였다.
③ 국내외 독립 운동의 결과 8·15 광복을 맞이하였다.
④ 중도 세력을 중심으로 좌우 합작 위원회가 결성되었다.
⑤ 모스크바 3국 외상 회의에서 한국의 독립 방안을 논의하였다.

46 (가) 인물의 활동으로 옳은 것은? [2점]

사진은 서울 효창 공원에 있는 네 분 의사(義士)의 묘이다. 1946년 7월 김구 선생이 조국 광복을 위해 목숨을 바친 이봉창, 윤봉길, 백정기 의사의 유해를 이곳에 안장시키고, 아울러 고국 땅을 밟지 못한 (가)의 가묘(假墓)를 나란히 모셨다. 사진의 비석이 없는 묘가 그것이다.

① 동양 척식 주식회사에 폭탄을 투척하였다.
② 훙커우 공원에서 일본군 장성 등을 살상하였다.
③ 흥사단을 조직하여 실력 양성 운동을 전개하였다.
④ 이토 히로부미를 사살하고 동양 평화론을 내세웠다.
⑤ 일본군의 시설 파괴를 목표로 흑색 공포단을 조직하였다.

해설 및 정답

45 정답 ③ ··· (2010. 제9회 고급)

보기 연설의 주인공은 몽양 여운형(1886-1947)이다. 일제는 패색이 짙어지자 조선인에게 정부를 이양함으로써 생명과 재산을 보호 받으려고 여운형과 접촉하였고, 1945년 8·15 광복 당일 여운형은 엔도정무총감에게 당면한 문제에 관한 5개 조건을 요구하였다. ① 1948년 4월, ② 1919년 8월, ③ 1945년 8월 15일, ④ 1946년 7월, ⑤ 1945년 12월의 역사적 사실이다.

① **남북한지도자 연석회의** 김구의 한국독립당과 김규식의 민족자주연맹(1947.12.20)은 남한단독선거가 남북의 영구적 분단 초래를 우려하여 이에 반대하고 남북협상을 제의하였고(1948.3.8), 북측도 연석회의를 제의(1948.3.25). 김구·김규식 등은 협상을 위해 1948년 4월 평양을 방문하여 김일성·김두봉 등과 모란봉에서 연석회의·남북요인회담(남북협상)과 4김회담(비공식회담으로 1948.4.26, 1948.4.30 개최)을 했으나, 공산주의의 술책에 넘어가서 실패(5·10 총선 후 북한은 2차 남북협상을 해주에서 개최할 것을 제의했으나 김구 등이 불응하여 실패).

② **사이토 총독의 구상** 사이토 마코토 문서에 따르면 한국인을 배일파와 친일파로 구분하고 전자에 대해서는 탄압을, 후자에 대해서는 사정이 허용하는 한 편의와 원조를 제공할 것을 주장하면서 다음과 같은 대책을 세웠다. 1) 친일관료 강화, 2) 친일인물 물색, 3) 친일 종교단체의 결성, 4) 친일 지식인 양성, 5) 성균관 폐지(1911.10)·경학원 설립, 6) 부호와 노농계급의 대립 조성, 7) 친일농민단체의 결성 : 농민을 통제·조종하기 위하여 전국 각지에 유지가 이끄는 친일단체인 교풍회·진흥회·수제회 등을 만들어 국유림의 일부를 불하해 주는 한편 입회권을 주어 회유·이용.

④ **좌우합작위원회** 미국은 3상회의 결정에 따른 한국문제 처리를 위하여 중도세력이 중심이 되는 좌우합작을 추진. 1946년 6월 3일 남한 단독정부 수립을 지지하는 이승만의 정읍발언이 발표되자 1946년 7월 우익쪽에서 김규식·원세훈·안재홍(우익 8원칙), 좌익쪽에서 여운형·정노식·이강국(좌익 5원칙) 등이 대표로 참여한 좌우합작위원회가 구성. 좌우익의 대립이 심화될수록 합작을 위한 노력은 계속되어 좌우합작위원회에서는 양측의 합작원칙을 절충하여 토지문제와 친일파 처리문제에서 중도적 입장을 취하여 합작 7원칙을 발표(1946.10.7)하였지만, 조선공산당·한민당 등 좌우 핵심정치세력으로부터 외면을 당해 실효를 거둘 수는 없었다. 이후 좌우합작운동은 우익의 합작파와 중간파의 주도로 진행되었으니, 트루만 독트린(1947.3, 공산세력의 확대 저지) 이후 미국의 정책이 단전 수립으로 굳어지고 이승만·김구의 불참과 여운형이 암살됨(1947.7.19)에 따라 실패.

⑤ **모스크바 3국외상회의**(1945.12.28) 모스크바 3상회의 전 미국은 신탁통치를 강조했고, 소련은 임시민주정부 수립을 강조. 모스크바 3상회의 10일 전까지도 미국은 미·영·중·소 4개국 대표로 구성되는 집행위원회 설치와 신탁통치(공동관리)를 5년으로 하되 필요하면 5년을 연장하는 신탁통치안을 제안. 그러다가 미·영·소의 외상회의에서 한국에 대하여 임시 조선민주주의 정부 수립과 정부 수립을 위한 미소공동위원회 설치, 최고 5년간의 미·영·중·소에 의한 신탁통치 등이 결의.

46 정답 ④ ··· (2010. 제9회 고급)

(가)에 들어갈 인물은 안중근(1879-1910)인데, ① 나석주, ② 윤봉길, ③ 안창호, ④ 안중근, ⑤ 백정기에 대한 내용이다.

① **동양척식주식회사** 1908년(융희 2) 12월 28일 일본이 영국의 동인도회사를 모방하여 설립한 한·일 합작회사로 한국의 경제를 독점·착취하기 위한 특수국책회사. 일본농업이민들의 한국유치정책을 추진하였으며 1913년까지 4만 7,148정보의 토지를 사들였다. 강점한 토지를 소작을 주어 5할이 넘는 고율의 소작료를, 빌려 준 곡물에 대해서도 2할 이상의 고리를 받았다. 우리나라에 17개 지점 외에 만주·몽골·동부 러시아·중국·필리핀·브라질 등에 52개의 지사. 해방 후 신한공사로 발족하여(1946.2.21) 일본인 재산인(적산)을 관리.

② **윤봉길**(1932) 애국단원, 상해 홍커우 공원의 천장절 겸 상해사변 전승 축하식장에서 의거(1932.4.29), → 이를 계기로 중국 정부가 상해 임시정부를 지원(한·중 연합 항일운동의 계기).

③ **흥사단**(1913) 안창호가 신민회의 후신으로 미국 샌프란시스코에서 조직. 무실역행의 슬로건으로 교민교화에 노력하였으며, 「동광」이라는 잡지를 간행. 국내 조직으로 수양동우회를 설립하였고(1926), 나중에 흥사단과 통합하여 동우회로 개칭(1929).

④ **동양평화론**(1910.2) 안중근 여순 옥중 유고.

⑤ **흑색공포단** 항일구국연맹 산하에 조직된 무력 투쟁 단체. 일본 제국의 요인을 암살하고 기관을 파괴하며 친일분자를 살해하는 등의 활동을 계획. 이 단체는 백정기의 주거지에서 결성.

47 다음 주장이 제기된 시기를 연표에서 옳게 고른 것은? [2점]

> 한국이 있고야 한국 사람이 있고, 한국 사람이 있고서야 민주주의도 공산주의도 또 무슨 단체도 있을 수 있는 것이다. 그러면 우리의 자주 독립적 통일 정부를 수립하여야 하는 이 때에 있어서 어찌 개인이나 자기 집단의 사리사욕을 탐하여 국가 민족의 백년대계를 그르칠 자가 있으랴. …… 마음 속의 38도선이 무너지고야 땅 위의 38도선도 철폐될 수 있다.

(가)	(나)	(다)	(라)	(마)
제1차 미·소 공동위원회 개최	제2차 미·소 공동위원회 개최	유엔 한국임시위원단 설치	5·10 총선거 실시	대한민국 정부수립	반민족 행위 처벌법 제정

① (가)　　② (나)　　③ (다)
④ (라)　　⑤ (마)

48 다음의 우리 문화유산 중 외국에 있는 것을 〈보기〉에서 고른 것은? [2점]

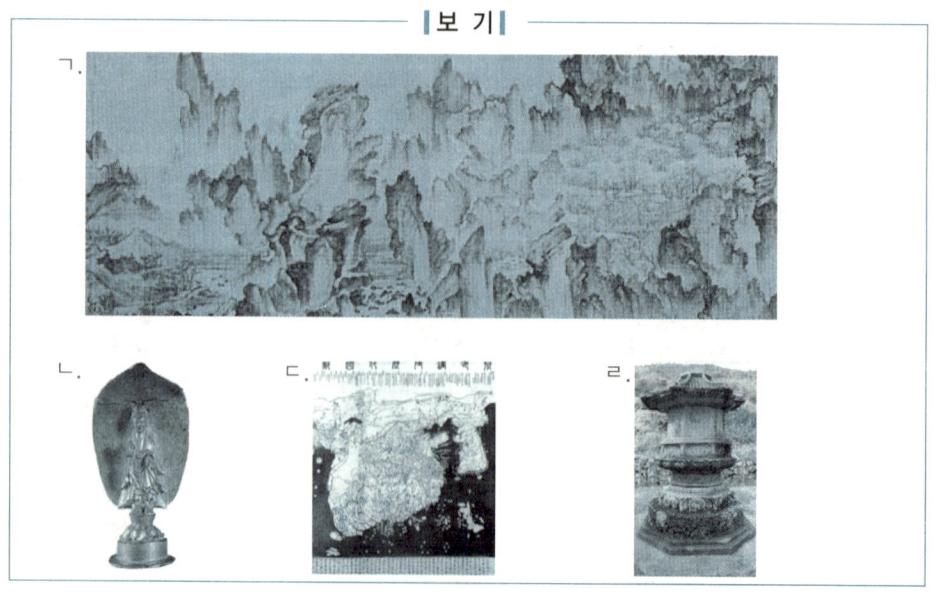

① ㄱ, ㄴ　　② ㄱ, ㄷ　　③ ㄴ, ㄷ
④ ㄴ, ㄹ　　⑤ ㄷ, ㄹ

47 정답 ③ ··· (2010. 제9회 고급)

사료는 김구가 남북협상을 앞두고 1948년 2월 10일 발표한 「3천만 동포에게 읍고함」이다. 1차 미소공위가 1947년 5월, 유엔한국임시위원단 설치가 1948년 1월, 5·10총선이 1948년 5월이므로 ③ (다)의 연표가 된다.

1차 미·소공동위원회(1946.3, 덕수궁 석조전) 모스크바 3상회의의 내용에 따라 미(하지)·소(스티코프) 양군의 사령관이 신탁통치의 실행과 민주정부 수립의 원조를 위해 열렸다. 그러나 소련이 반탁운동을 한 정당·사회단체를 임시정부를 위한 협의의 대상에서 제외하라고 주장하여 결국 결렬(1946.5).

2차 미·소공동위원회(1947. 5, 덕수궁) 미·소간의 협의대상 선정문제와 인구 비례에 의한 입법의원 선출 문제의 대립으로 다시 결렬(1947.7).

》 한국의 독립과 국제회의 《

회 담	연 대	내 용	대표국
카이로 회담	1943. 11	한국 독립의 약속	미·영·중
테헤란 회담	1943. 11	연합국의 상륙작전	미·영·소
얄타 회담	1945. 2	38도선의 설정	미·영·소
포츠담선언	1945. 7	카이로선언 재확인	미·영·중·소
모스크바 3상회의	1945. 12	최고 5년간 신탁통치 합의	미·영·소
미·소 공동위원회	1946. 3	통일문제 논의	미·소

유엔한국임시위원단 설치 미·소공동위원회가 소련의 반대로 결렬되고, 4개국 외상회의(미·영·중·소)도 소련측 거부로 결렬되자, 미국은 1947년 9월 한국문제를 유엔에 상정하고 한국독립을 촉구하여 소련의 반대를 물리치고 1947년 11월 14일 유엔 감시하의 총선거안을 통과시키고, 이어 유엔한국위원회 설치를 가결.

유엔 한국임시위원단의 내착(1948.1.7) 호주·캐나다·중국 등 8개국의 UN 한국임시위원단(UN한위)이 서울에 도착하여 사무를 시작하였으나, 남북협상이라는 미명하에 북한 입국은 거절. 이에 따라 김구·김규식은 UN한위에서 남북협상 방안을 제시하고, 남한 단독 선거와 단독 정부 수립을 반대하는 2·7 구국투쟁이 전개.

남한의 총선거 시행 결정(1948.2.26) 북한 입국이 실패하자 유엔 소총회에서는 위원단이 접근할 수 있는 38선 이남의 가능한 지역에서만 선거를 실시하기로 결정을 보아 대한민국 수립의 계기.

48 정답 ② ··· (2010. 제9회 고급)

ㄱ. 안견의 몽유도원도, ㄴ. 연가7년명금동여래입상, ㄷ. 혼일강리도, ㄹ. 쌍봉사 철감선사승탑이다. ㄱ. 일본 천리대학 중앙도서관 소장, ㄴ. 국립중앙박물관 소장, ㄷ. 일본 용곡대학 소장, ㄹ. 전남 화순에 있다.

》 해외소재 문화재 《

칠지도 일본의 이소노카미(石上) 신궁에 보관
신라장적 1933년 일본 나라 동대사 정창원(東大寺 正倉院)에서 발견
왕오천축국전 프랑스 파리 국립도서관에 소장
직지심경(1377) 현존 세계 최고 금속활자본, 프랑스 파리 국립도서관 소장
혜허의 관음보살도(양류관음상) 일본에서 발견
혼일강리역대국도지도(태종 2년, 1402) 일본 용곡대학 소장.
안견의 몽유도원도 일본 천리대학 중앙도서관 소장
해동제국기 세종 25년(1443) 계해약조 체결시 신숙주가 일본을 왕래하여 그가 본 일본 사정을 성종 2년(1471)에 쓴 여행기. 일본의 지세·국정·사신 왕래·일본 최초의 지도 5장(쓰시마·류큐·이끼 포함) 등으로 구성된 것으로 일본에 보존되어 있다. 삼포도는 후대에 삽입.

49. 다음은 어느 회사의 규칙이다. 이 회사가 설립된 배경으로 가장 적절한 것은? [2점]

> 1. 본사의 자본은 주식 금액으로 성립할 것.
> 1. 주주는 본국인만으로 허용할 것.
> 1. 주가는 1주에 50원으로 정하고, 5년간에 걸쳐 5원씩 총10회 나누어 낼 것.
> 1. 본사는 국내의 진황지 개간·관개 사무와 산림·천택·식양·채벌 등 사무 외에 금·은·동·철·석유 등의 각종채굴 사무에 종사할 것.

① 일제가 황무지 개간권을 요구하였다.
② 미국이 운산 금광 채굴권을 차지하였다.
③ 함경도와 황해도에서 방곡령이 공포되었다.
④ 대한제국이 양전 사업을 통해 지계를 발급하였다.
⑤ 러시아가 두만강 유역의 삼림 채벌권을 획득하였다.

50. (가)의 문화적 가치에 대한 설명으로 적절한 것은? [3점]

> 문화재청은 2010년 8월 1일 새벽(한국 시각), 브라질 브라질리아에서 열린 제34차 세계유산위원회 회의 결과 한국이 신청한 (가) 을(를) 세계문화유산에 등재하기로 최종 확정했다고 밝혔다. 이에 따라 한국의 세계 유산은 모두 10건으로 늘어나게 됐다. 2009년 11월 현재, 세계 유산 협약 가입국 186개국 가운데 세계 유산이 10건 이상인 나라는 한국을 포함해 스페인, 중국 등 20여 개국에 불과하다.
> - □□신문, 2010. 8. 1. -

① 군사적·상업적 기능을 함께 보유한 평산성으로 과학적으로 설계된 동양 성곽의 백미이다.
② 건축, 수리, 기하학, 종교, 예술이 총체적으로 실현된 사원으로 동아시아 불교 예술의 진수로 손꼽힌다.
③ 보존 기술과 장치가 과학적으로 설계된 조선 초기의 건축물로 8만여 장의 대장경 목판이 보관되어 있다.
④ 한국을 대표하는 전통 마을로 조선 시대 주거 문화를 대표하는 다양한 건축물이 원형대로 잘 보존되어 있다.
⑤ 조선의 역대 왕과 왕후를 기리는 유교 사당의 표본으로 세계적으로 보기 드문 건축 양식을 지닌 의례 공간이다.

49 정답 ① ·· (2010. 제9회 고급)

① 보기는 1904년 러일전쟁 중 일제가 황무지 개척권을 요구하자 송수만·원세성 등이 조직한 보안회의 규칙이다.

보안회(1904) 러일전쟁 중 하야시가 황무지 개척권을 요구하자 송수만·원세성 등이 반대운동 주도, 농광회사를 조직하고, 이상설을 회장으로 하는 협동회(1904.9)로 발전. 일제는 그들의 요구를 철회하는 대신 보안회를 탄압하여 해산시켰다.

③ **방곡령** 소극적인 민생 안정책으로 조선에서 흉년이 들면 정부 또는 지방관의 직권으로 실시할 수 있었는데, 개항 이후 곡물의 일본 유출이 늘어나면서 곡물 가격의 폭등 현상이 나타났고, 여기에 흉년까지 겹치게 되었다. 따라서 방곡령의 시행은 일본 상인의 농촌시장 침투와 지나친 쌀(황해도)·콩(함경도) 등의 곡물 반출을 막기 위하여 내린 조치(전국적 현상). 일본측은 조·일통상장정의 개정 규정을 구실로 강압하여 방곡령은 철회시키고, 조선은 일본에 배상금을 지급.

1876년 9월(충청감사 조병식)부터 1904년 3월(전라도 함평군수) 사이에 100여 건의 방곡령이 시행되자 일본측은 방곡령을 실시하기 1개월 전에 지방관이 일본 영사관에 통고해야 한다는 조일통상장정 제37조 규정을 구실로 조선측에 강압. 1) 방곡령 철회 : 일본측의 강압 2) 일본에 배상금 지불 : 황해도·함경도(1889년)·황해도(1890년)의 방곡령 선포에 대해 1891년 11월 일본 상인들이 14만 7천여 원이라는 거액의 배상금을 요구하자 1893년 4월 11만 원으로 해결.

1. **방곡령사건의 외교마찰** 황해 관찰사 조병철(1889.5) → 함경 관찰사 조병식(1889.9) → 황해 관찰사 오준영(1890.9)
2. **방곡령의 시기별 진행** ① 제1기(1876~1884) : 일본 상인의 행상이 허용되지 않던 시기(14건), ② 제2기(1885~1894) : 일본 상인의 개항장 밖에서 곡물 매입 시기(45건), ③ 제3기(1895~1904) : 곡물 수출 본격화 시기(일본의 정치적 압력으로 방곡령 인정 안함, 18건)
3. **인천항의 방곡시행권** 1881년 인천항 개항 조건으로 인천항은 방곡 시행권을 확보하여 인천항을 통한 곡물 수출은 금지. 그러나 1890년대 이후 인천항을 통한 곡물 수출이 증가.
4. **지방관의 수탈강화** 수령들은 방곡(防穀)을 실시해 곡물의 관할 지역 외 유출을 금지함으로써 곡가 하락시 이를 매집하여 이익을 얻기도 하였으며, 조세의 금납화 후 농민에게 곡물로 수세하여 이를 개항장으로 운송·판매하고 취득한 화폐를 중앙 정부에 상납하여 그 차액을 착복하는 외획(外劃)을 하였다. 이와 같은 수탈을 통해 축적된 관료자본으로 조선은행이 설립되었으며(1896) 관료자본은 지주자본과 함께 대한제국시기 식산흥업운동의 물적 토대.

50 정답 ④ ·· (2010. 제9회 고급)

(가)에 들어갈 문화유산은 안동 하회마을과 경주 양동 마을인데 ① 화성(수원성), ② 불국사, ③ 해인사 장경판전, ④ 한국의 대표적 민속마을, ⑤ 종묘에 대한 설명이다.

안동 하회마을·경주 양동마을 한국의 대표적 민속마을인 경북 안동 하회마을과 경주 양동마을이(유네스코)의 세계유산으로 등재되었다. 브라질의 수도 브라질리아에서 2010년 7월 27일부터 회의를 열고 있는 유네스코 세계유산위원회는 8월 1일 새벽 우리정부가 신청한 '한국의 역사마을인 하회와 양동'의 세계유산 등재 신청을 통과시켰다. 하회, 양동마을은 조선시대 유교사회의 특징을 보여주는 혈연마을 중에서 가장 오래된 곳. 유네스코는 두 마을의 건축물과 전통적 주거문화, 이 지역에서 유지돼온 세시풍속과 전통 관혼상제 등의 무형유산이 세계유산으로 등재되기에 충분한 보편적 가치를 지니고 있다고 평가.

① **화성**(수원성) 1997년 UNESCO 선정 세계문화유산 등록.

② **석굴암**(석불사)·**불국사** 1995년 UNESCO 선정 세계문화유산 등록.

③ **해인사 장경판전**(경판고, 조선 성종) 1995년 12월에 유네스코 세계 유산으로 등록. 세계 유일의 대장경판 보관용 건물. 장경판전은 간결한 방식으로 건축하여 판전으로서 필요한 기능만을 충족. 조선 초기의 전통적인 목조 건축 양식으로 건물 자체의 아름다움은 물론 건물 내 적당한 환기와 온도, 습도 조절 등의 기능을 자연적으로 해결할 수 있도록 남쪽과 북쪽의 창 크기를 아래·위로 다르게 설계. 대장경의 부식을 방지하고 온전하게 보관하기 위해 자연 환경을 최대한 이용한 보존 과학의 소산물로 높이 평가.

⑤ **종묘** 1995년 12월에 유네스코 세계 유산으로 등록

한국사능력검정시험 고급
(2010년 10월 23일)

01 (가)~(마) 화폐에 대한 설명으로 옳지 <u>않은</u> 것은? [2점]

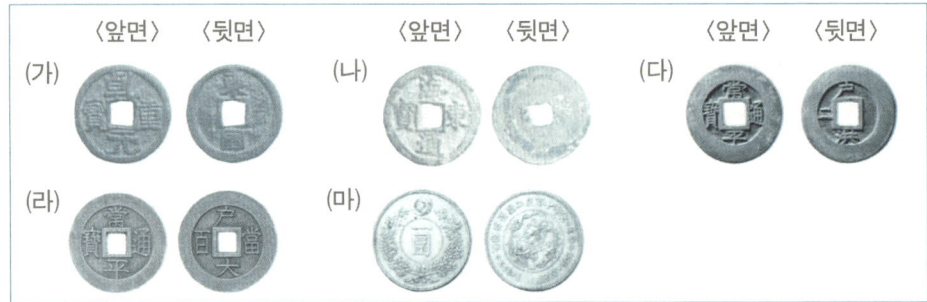

① (가) - 당의 건원중보를 본떠 만들었다.
② (나) - 대각국사 의천의 건의를 받아들여 주조되었다.
③ (다) - 세종 때 저화 통용 중단에 대응해 주조되었다.
④ (라) - 경복궁 중건에 따른 재정 확충을 위해 발행되었다.
⑤ (마) - 근대적 조폐 기관인 전환국에서 발행되었다.

02 (가)~(마) 토기를 등장한 순서대로 옳게 나열한 것은? [2점]

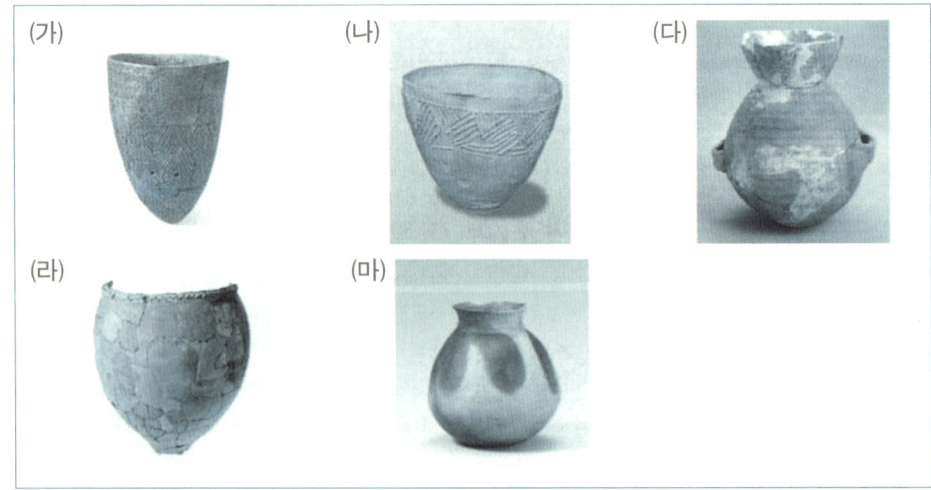

① (가)-(나)-(다)-(마)-(라)　② (가)-(나)-(라)-(다)-(마)
③ (나)-(가)-(라)-(다)-(마)　④ (나)-(가)-(마)-(라)-(다)
⑤ (라)-(가)-(나)-(마)-(다)

해설 및 정답

01 정답 ③ ··· (2010. 제10회 고급)

(가) 고려 성종대의 건원중보, (나) 고려 숙종대의 해동통보, (다) 조선 숙종대의 상평통보, (라) 조선 고종대의 당백전, (마) 대한제국시기의 백동화이다. ③ 세종대에 조선통보가 주조되어 저화와 병용시켰으나 구리 부족으로 주전을 금지시켰다.

(가) **건원중보**(고려 성종, 996) 철전, 널리 사용되지는 않았다.

(나) **해동통보**(고려 숙종) 의천·윤관 등의 주장으로 거란의 화폐 유통에 자극을 받아 주전도감을 설치(1097)하여 최초의 동전 주조

(다) **상평통보** 인조 11년에 처음으로 발행. 그 후 효종 2년에 김육의 주장으로 2차로 발행되었고, 또 숙종 4년(1678)에 허적의 건의로 다시 주조되어 조선말까지 사용. 상평통보는 중앙 관청의 각 부서, 각 도의 감영·한성부 및 각 지방에서도 발행해 총 35종이나 되어 가치의 혼란.

(라) **당백전**(고종 3년, 1866) 대원군이 경복궁의 중건 비용으로 발행한 화폐로, 김병학의 건의로 주조. 모양과 중량은 상평통보의 5·6배이었으나, 상평통보의 100배의 명목가치를 부여한 악화여서 물가 앙등을 초래하여 2~3년 만에 폐지,

(마) **백동화** 대한제국시기 황실 재정 확보를 위해 황실 직속의 전환국(국장 : 이용익)에서 상평통보의 25배 가치로 주조했으나 주조 이익의 절반이 황실에 흡수되었고, 궁내부는 주조액의 1/3~1/2 특허세 상납 조건으로 내외국인에게 주조도 허용. 위조 백동화의 대량 유통으로 상도덕의 문란을 초래해 폐단이 심하였고, 맹전(눈먼 돈)이 나라를 망하게 한다는 비난. 백동화는 전국적 유통은 되지 못하고 경기도·충청도·평안도·황해도·강원도 등에서 유통되었으며 일제가 화폐정리사업(1905~1909) 때 백동화의 3분의 2를 폐기처분.

③ **저화** 공양왕 때 최초의 지폐인 저화가 발행. 태종 1년(1401)에 사섬서(→ 사섬시)를 두고 조선 최초의 지폐를 발행. 그 가치는 1장에 마포 1필, 쌀 2두, 30장에 면포 1필.

02 정답 ③ ··· (2010. 제10회 고급)

(가) 빗살무늬토기(신석기 후기), (나) 덧(융기)무늬토기(신석기 전기), (다) 미송리식토기(고조선시기), (라) 덧띠새김무늬토기(신석기말기~이른 청동기시대), (마) 가지무늬토기(초기 철기시대)이므로 ③의 순서가 맞다.

≫ 각 시대별 토기 ≪

1. **신석기시대 토기의 변천** 〈전기〉 원저무문토기(이른 민무늬토기·덧무늬토기) → 〈중기〉 빗살무늬토기(기하문토기·어골문토기) → 〈후기〉 변형평저즐문토기(물결무늬토기·번개무늬토기)

2. **청동기시대 토기** 덧띠새김무늬토기·민무늬(무문)토기·미송리식 토기·공귀리식토기·팽이(각형)토기·민패(공렬)토기·가락식토기·송국리식토기·흔암리토기(화분 모양)·붉은간토기(채색(채문)토기·홍도·채도) 등.

덧띠새김무늬토기(돌대문 또는 각목돌대문토기) 신석기시대 말기부터 나타나는 새로운 양식의 토기로서 청동기시대 가장 이른 시기(조기)를 대표한다. 이것은 신석기시대의 융기(덧)무늬토기나 철기시대의 덧띠토기(점토대토기)와는 다른 새로운 양식의 토기이다.

민무늬토기 지역에 따라 다른 모양을 보이고 있으나, 밑바닥이 좁은 팽이형과 밑바닥이 판판한 원통 모양의 화분형이 기본적인 것으로 빛깔은 적(다)갈색이다.

미송리식토기 1959년 평북 의주 미송리동굴에서 처음 발굴되었다. 밑이 납작한 항아리 양쪽 옆으로 손잡이가 하나씩 달리고 목이 넓게 올라가서 다시 안으로 오므라들고, 표면에 집선(集線) 무늬가 있는 것이 특징이며, 주로 청천강 이북, 요령성과 길림성 일대에 분포한다. 이 토기는 고인돌, 거친무늬거울, 비파형동검과 함께 <u>고조선의 특징적인 유물</u>로 간주된다.

3. **철기시대 토기** 검은간토기(흑도)·김해식 유문토기(와질토기·도질토기)·가지무늬토기(채문토기, 껴묻거리용)·덧띠토기(점토대토기) 등이 사용.

김해(가야) 토기 경질 회색토기인 도질토기와 회백색 연질토기인 와질토기(경남 창원 다호리)가 제작. 가야토기(수레토기)는 일본 스에키(須惠器)에 직접적인 영향.

03 홈페이지의 (가)에 탑재될 사진으로 적절하지 않은 것은? [3점]

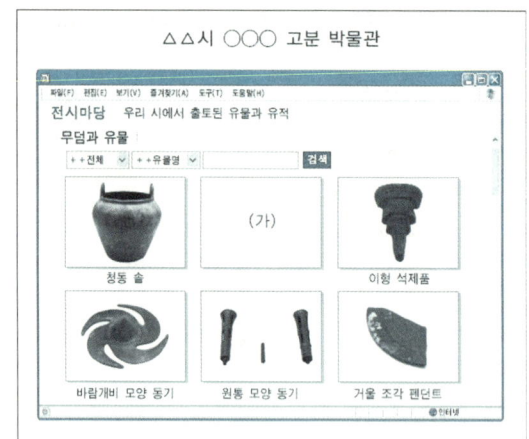

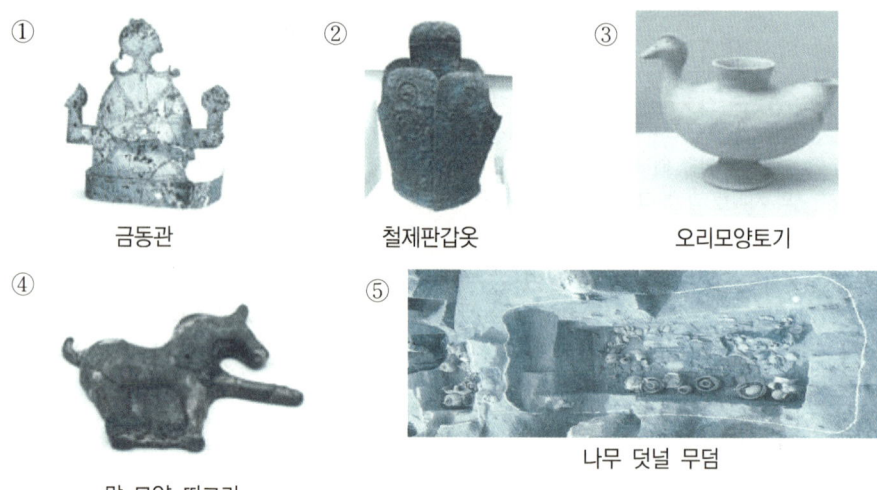

① 금동관　② 철제판갑옷　③ 오리모양토기
④ 말 모양 띠고리　⑤ 나무 덧널 무덤

04 다음 무덤 양식이 등장한 시기의 새로운 변화로 옳은 것은? [1점]

① 영혼 숭배와 샤머니즘의 대두
② 돌괭이를 이용한 농경의 시작
③ 철제 공구와 철제 무기의 등장
④ 빗살무늬 토기를 이용한 식량의 저장
⑤ 동검과 동경을 착용한 제사장의 등장

03 정답 ① ··· (2010. 제10회 고급)

보기의 유물은 청동기시대~초기철기시대인데, ②③④⑤는 부합되나 ①은 경북 고령 지산동 출토 가야의 유물로 철기시대 후기를 보여준다.

① **고령 지산동 고분**(45호분에서 순장 확인) 대가야의 금동관(32호분).
 지산동 무덤들의 겉모양들은 모두 원형의 봉토를 하고 있고, 봉토의 규모에 따라서 대형·중형·소형 무덤으로 구분. 주로 대형무덤은 산등성이의 위쪽에 많이 있으며 중형무덤은 산등성이의 중간 정도에 모여 있고, 작은 무덤들은 대형무덤과 중형무덤 주위나 그 밑에서 발견. 내부구조는 돌널무덤(석상묘) 돌덧널무덤(석곽묘), 돌방무덤(석실묘) 등 여러 형태가 나타나는데, 돌널무덤의 경우 청동기시대 돌널무덤 전통을 계승. 한 봉분 안에 여러 무덤이 나타나는 것은 가족무덤의 성격이라기 보다 딸려묻기(순장)한 것으로 이해되고 있다. 대형무덤에서 많은 양의 토기와 함께 금관·갑옷 및 투구·칼 및 꾸미개 종류가 출토되고 있으며, 4~6세기 정도에 만들어진 대가야 지배계층의 무덤으로 추정.

②③④⑤ **김해 대성동 고분군 출토** 철제판갑옷, 오리모양토기, 말 모양 띠고리, 나무 덧널 무덤
 1~5세기에 걸친 지배집단의 무덤 자리로 고인돌을 비롯하여 널무덤(토광묘), 덧널무덤(토광목곽묘), 굴식돌방무덤(횡혈식석실묘) 등 가야의 여러 형식의 무덤(삼한시대 구야국 단계에서 금관가야 시기까지)이 발견. 덧널무덤은 나무판을 조립하여 널(관)을 만든 것으로, 이전에 통나무관을 이용하던 것에서 나무판널을 사용하는 시기로의 전환이 1세기경임을 보여준다. 유물로는 토기류와 철기류, 목류, 중국제 거울 등이 출토되었다. 우리나라 고대무덤 형식의 변화 과정을 보여주며, 중국제 거울이나 토기류에서 한·중·일의 문화교류 상황을 밝혀주고 있어 중요한 자료로 평가된다.

⇨ 김해 대성동 고분, 김해 양동리 고분, 김해 예안리 고분, 고령 지산동 고분(45호분에서 순장 확인), 고령 고아동 고분(연화문의 벽화 발견), 부산 복천동 고분, 함안 말이산 고분, 창녕 계남리 고분 등이 있으며, 유물로는 금동관·철제 농구·갑옷·토기·환두장도 등이 발굴. 특히 가야토기(수레토기)는 일본 스에키(須惠器)에 직접적인 영향.

04 정답 ③ ··· (2010. 제10회 고급)

보기의 무덤양식은 광주 신창동의 독무덤(옹관묘)과 경남 창원의 널무덤(토광묘)으로 철기시대의 양식이다. ①②④ 신석기시대, ③ 초기 철기시대, ⑤ 청동기시대의 변화이다.

구석기시대	→	신석기시대	→	청동기시대	→	철기시대
묘제 없음		토묘		고인돌·돌널무덤·돌무지무덤		돌방무덤·독무덤·널무덤

광주시 광산구 신창동 유적지 영산강 유역 낮은 평야지대에 자리한 초기 철기시대의 늪과 못터, 토기 가마터, 배수시설, 독무덤(옹관묘) 등 고대 농경문화와 생활유적. 독무덤 53기가 발견. 이 지역 독무덤은 영산강 유역 삼국시대 독무덤 계보가 선사시대까지 올라가는 것을 보여주는 것으로 그 가치가 크다. 초기 철기시대 생활문화연구와 농경생활의 흔적을 찾아볼 수 있고 목제 유물을 통해 당시 생활상을 엿볼 수 있어 중요.

경남 창원 다호리 고대국가 형성기의 고분. 대부분이 널무덤(목관묘)이며, 일부에서 독무덤(옹관묘). 널무덤은 무덤구덩이(묘광)의 크기와 껴묻거리구덩이(부장갱)의 유무에 따라 3가지 유형으로 나누어지는데 무덤 주인의 신분차이에 의한 것으로 보고 있다. 동검, 중국거울(한경)을 비롯한 청동기와 오수전, 철검, 손칼, 부어 만든 도끼(주조철부), 두드려 만든 판상철부 등 철기제품, 또한 칼집, 활, 화살, 합, 붓, 부채, 칠기와 민무늬토기, 와질토기가 출토. 특히 중국 거울인 성운경과 중국 화폐인 오수전이 출토되어 다호리 고분이 서기 1세기 후반에서 기원전 1세기 사이의 유적임을 알려주고 있다. 다양한 철기와 중국계 유물의 출토로 보아, 이 지역의 철 생산을 바탕으로 중국·낙랑과 교역한 세력의 지배자 무덤. 또한 통나무를 파내고 만든 목널의 출토는 나무널에 대한 새로운 형태를 제시하였으며, 문자 생활의 증거인 붓과 가야금의 원조인 현악기 등이 나왔으며, 한편 오수전, 성운경을 통해 중국·낙랑과 활발한 교역.

독무덤(옹관묘) 토기를 이용하여 만든 무덤
널무덤(토광묘) 구덩을 파고 널에 넣은 주검을 묻는 무덤방식

05 밑줄 그은 '이 석기'의 사용 모습으로 옳은 것은? [2점]

찍개와 함께 전기구석기 시대를 대표하는 이 석기는 주로 아프리카, 유럽, 서아시아, 인도 등에서 발견되었다. 이 때문에 미국 고고학자 H. 모비우스는 지도에서 보는 바와 같이 구석기 시대를 이 석기 문화권과 찍개 문화권으로 구분하였다. 동남아시아와 동북아시아에서는 찍개로 대표되는 자갈돌 석기 문화가 있었다고 생각한 것이다. 그러나 1978년 한반도에서 이 석기가 발견되면서 모비우스의 학설은 무너졌다.

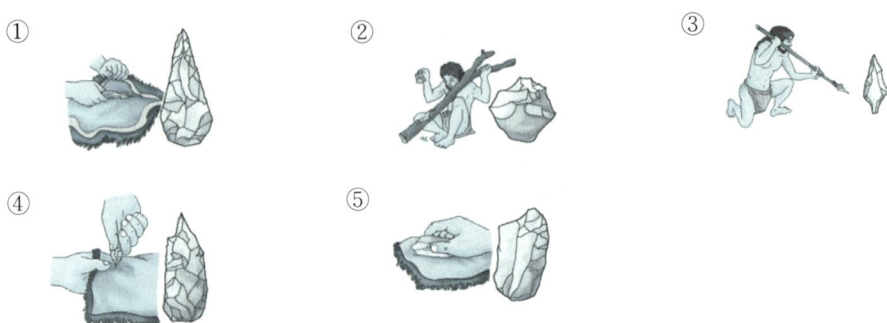

06 (가)~(라)에 대한 설명으로 옳은 것을 〈보기〉에서 고른 것은? [3점]

혁거세 ~ (가) : 상고(上古)
(나) ~ (다) : 중고(中古)
(라) ~ 경순왕 : 하고(下古)

삼국유사에서는 신라의 역사를 이와 같이 세 시기로 구분했습니다.

─────── 보 기 ───────
ㄱ. (가) - 화랑도를 국가 조직으로 개편하였다.
ㄴ. (나) - 불교식 왕명을 사용하였다.
ㄷ. (다) - 영일 냉수리 신라비를 세웠다.
ㄹ. (라) - 진골로서 처음으로 왕위에 올랐다.

① ㄱ, ㄴ　　② ㄱ, ㄷ　　③ ㄴ, ㄷ
④ ㄴ, ㄹ　　⑤ ㄷ, ㄹ

05 정답 ① ··· (2010. 제10회 고급)

지문의 이 석기는 주먹도끼인데, ① 주먹도끼(동물의 가죽을 벗기거나 사냥·도축 등의 다용도로 사용), ② 찍개, ③ 슴베찌르개, ④ 뚜르개(뚫개), ⑤ 긁개이다.

구석기시대의 사회와 문화(기원전 70만년~기원전 1만년)
1) **생활** 수렵·채집·어로 등의 식량채집생활을 하였으며, 사회생활은 가족 단위의 원시 무리 군(群)사회로서 평등한 공동체적 생활. 그들은 농경과 목축을 알지 못했기 때문에 먹을 것을 찾아다니는 생활을 계속.
2) **주거지** 동굴·막집(강가)·노천 거주로 이동생활이 기본. 주거지에는 3~4명(제천 창내유적)에서 8~10명(공주 석장리)이 거주.
3) **노동수단** 뗀석기(타제석기)를 사용하였는데, 주먹도끼·주먹찌르개·팔매돌·슴베찌르개·찍개 등의 사냥도구, 긁개·밀개 등의 조리도구와 후기 구석기 유물인 골각기 등.
4) **예술활동** 주술과 밀접한 관계가 있으며, 석회암이나 동물 골각 등을 이용한 조각품과 그림(선각화)을 남겼다. 공주 석장리와 단양 수양개에서 고래와 물고기 등을 새긴 조각이 발견되어 사냥감의 번성을 기원하는 주술적 의미.
5) **유적지** 구석기시대는 석기를 다듬는 기술 수준에 따라 전기·중기·후기의 3단계로 구분.

연천 전곡리 한탄강 유역에서 유럽 아슐리안(Acheulian)계의 전형적인 주먹도끼(양면핵석기)·가로날도끼가 다수 출토되어 전기 구석기의 유적임이 확인.

> **아슐리언 주먹도끼**(양면핵석기, 구석기: 연천 전곡리 출토) 전기구석기시대의 대표적인 뗀석기로서 양면핵석기라고도 한다. 모양과 만드는 방법은 다양하지만 몸통이 두툼한 몸돌의 한쪽을 여러 면에서 깨뜨려 끝을 곡괭이처럼 뾰족하게 만들거나 칼날처럼 날카롭게 만들고 다른 한쪽은 손으로 쥘 수 있게 살짝 다듬은 모습이 보통이다.
> 주먹도끼는 아프리카를 비롯해 유럽과 아시아대륙에서 주로 발견된다. 종래에는 유럽과 서아시아지역은 주먹도끼를 주로 썼으며 동아시아지역은 자갈돌을 깨뜨려 만든 찍개를 주로 썼다고 구분했으나 근래 한반도를 비롯한 동북아시아지역에서도 아슐리안공작의 주먹도끼가 다수 발견(1978, 연천 전곡리 첫 출토)되어 주먹도끼문화의 범위를 한정하는 종래의 학설이 무너짐. 다만, 유럽은 양면가공인데 반해 단면가공이 주류를 이루며 석기의 전면에서 격지를 떼어내지 않고 일부는 자연면을 그대로 남겨두는 등 다소의 차이가 있다.

06 정답 ④ ··· (2010. 제10회 고급)

(가) 지증왕, (나) 법흥왕, (다) 진덕여왕, (라) 무열왕인데 ㄱ. 진흥왕, ㄴ. 법흥왕, ㄷ. 지증왕, ㄹ. 무열왕에 대한 설명이다.

≫ 삼국유사 ≪

혁거세~22대 지증왕	23대 법흥왕~28대 진덕여왕	29대 무열왕~56대 경순왕
상 고 : 고유 왕명	중고(성골) : 불교식 왕명	하고(진골) : 중국식 시호

ㄱ. **화랑도**(진흥왕) 옛 씨족사회의 청소년집단(Age Set)에서 비롯.
 1) **기능** 화랑과 낭도로 구성되었으며, 사회의 중견 인물을 양성하는 사학(私學)의 교육적 기능과 전사단의 기능을 가졌다. 화랑도의 수련은 일상생활의 규범을 비롯하여, 옛 전통에 관한 지식을 익혔다. 국선(國仙, 풍월주, 미륵불로 추앙)과 화랑(3~8명)은 진골 출신에서 나오고, 낭도(郞徒, 향도(香徒) : 미륵불 신봉)는 6두품에서 평민으로 구성되어 대립된 계급간의 갈등을 조절·완화하는 기능을 가졌다. 그리고 3년간의 수련기간이 끝나면 군 부대에 배속되었다.
 2) **발전** 여성조직인 원화(源花)를 진흥왕 때 남성조직으로 확대하였으며, 진평왕 때 원광(圓光)은 세속 5계(世俗五戒)에서 수직적 윤리인 충(忠)·효(孝)와 수평적 윤리인 신(信)을 가르쳐 청소년에게 의기를 권장하고, 사회윤리와 국가정신을 고취하는 데 기여.

ㄷ. **영일 냉수리비**(1989년 4월 발견) 지증왕(503)으로 추정, 신라를 사라(斯羅)로 기록, 갈문왕·매금왕 기록, 재산권 분쟁 및 상속 내용 수록(절거리(節居利)라는 인물의 재산소유와 유산상속문제를 결정한 사실을 기록해 놓은 공문서의 성격, 각 부의 여러 귀족들이 참여하여 재산권 분쟁을 처리하고 있는데, 이는 왕권을 강화하기 이전에 미약했던 신라왕권의 한계를 알려주고 있다).

07 (가)~(라)에 대한 설명으로 옳은 것을 〈보기〉에서 고른 것은? [2점]

(가)  (나)  (다)  (라)

―― 보 기 ――
ㄱ. (가) - 무구정광대다라니경이 발견되었다.
ㄴ. (나) - 중국의 전탑을 본떠 벽돌을 구워 만들었다.
ㄷ. (다) - 해체 과정에서 사리호와 사리봉안기가 발견되었다.
ㄹ. (라) - 원각사지 10층 석탑으로 양식이 계승되었다.

① ㄱ, ㄴ ② ㄱ, ㄷ ③ ㄴ, ㄷ
④ ㄴ, ㄹ ⑤ ㄷ, ㄹ

08 (가) 지역의 각 시대별 설명으로 옳은 것은? [2점]

고려 시대 (가) 의 연혁
- 성종 2년 12목(牧) 중의 하나가 되었으며, 12년에는 상평창이 설치되었다.
- 현종 9년 8목 중의 하나가 되었다.
- 고종 42년 이곳에 속한 다인철소(多仁鐵所) 주민들이 몽골군 방어에 공을 세웠다고 하여 익안현(翼安縣)으로 승격시켰다.

① 신라 - 진흥왕 순수비가 세워졌다.
② 통일 신라 - 부근 4개 촌락에 대한 민정 문서가 남아 있다.
③ 고려 - 주진군이 주둔하였다.
④ 조선 - 조세 운송을 위해 조창이 설치되었다.
⑤ 일제 강점기 - 조선 형평사 창립 대회가 개최되었다.

해설 및 정답

07 정답 ② ·· (2010. 제10회 고급)

(가) 불국사 3층석탑(석가탑), (나) 분황사 모전석탑, (다) 익산 미륵사지석탑, (라) 월정사 팔각9층석탑이다. (가) 1966년 10월 세계 최고의 목판인쇄물인 다라니경이 발견, (나) 벽돌탑(전탑)이 아닌 벽돌을 흉내낸 석탑, (다) 2009년 1월 사리장엄 출토, (라) 원의 영향을 받은 경천사 10층 석탑에 대한 설명이다.

(가) **불국사 3층석탑**(석가탑, 무구정탑) 세계 최고의 목판인쇄본인 무구정광대다라니경이 1966년 10월 복원 공사 당시 2층 탑신부에서 발견. 일본 법륭사의 백만탑 다라니경(770) 보다 20여 년 앞선다.

≫ 인쇄문화의 변천 ≪

1. **다라니경**(751) : 현존 세계 최고 목판인쇄본
2. **상정고금예문**(1234) : 기록상 최고 금속활자본(부전), 이규보의 「동국이상국집」에 수록(최윤의가 12세기 고려 인종 때 저술한 국가의례서로 보급하기 위해 1234년 고려 고종 때 28부를 금속활자로 인쇄함).
3. **팔만대장경**(1251) : 목판인쇄의 절정, 해인사 장경판전(경판고, 조선 성종)에 보관
4. **직지심경**(1377) : 현존 세계 최고 금속활자본, 프랑스 파리 국립도서관 소장
5. **계미자**(태종, 1403) : 세계 최고의 동활자
6. **갑인자**(세종, 1434) : 정교·수려

≫ 탑의 종류 ≪

1. **목탑** : 고구려의 청암리사지, 백제의 군수리사지, 신라의 황룡사지 탑
2. **전탑**(塼塔) : 안동 조탑동 5층전탑(통일신라), 안동 신세동 7층 전탑(최고 최대의 벽돌탑)여주 신륵사탑(고려 전기), 영광탑·마적달탑·정효공주 무덤탑(발해의 벽돌 묘탑(墓塔))
3. **모전석탑**(模塼石塔) : 분황사탑
4. **석탑**

(다) **익산 미륵사지석탑** 목탑에서 석탑으로 이행과정의 구조를 보여주는 한국 석탑의 시원. 2009년 1월 14일 익산 미륵사지 석탑을 보수·정비하다가 심주(心柱) 상면(上面) 중앙의 사리공(舍利孔)에서 금제 사리호, 금제 사리봉안기 등 사리장엄(舍利莊嚴)을 발견.

(라) 고려 **월정사 팔각9층 석탑**(전기) 송의 다각 다층탑의 영향
경천사 10층 석탑 원의 라마예술의 영향. 조선전기 원각사지 10층 석탑으로 양식이 계승.

08 정답 ④ ·· (2010. 제10회 고급)

(가)의 지명은 충주이다. ① 함경도·북한산·창녕에 건립, ② 청주(서원경), ③ 양계지역에 주둔, ④ 충주 가흥창, ⑤ 진주에 대한 설명이다.

충주 ① 국원소경(진흥왕) → 중원소경(신문왕)을 설치. ② 몽골 1차 침입(1231)시 충주에서 다인 철소 주민과 노비군이 몽골군을 격퇴. ③ 조선전기 4대사고(춘추관(서울)·충주·성주·전주) ④ 조창 설치 : 덕흥창(고려) → 가흥창(조선 세조), 남한강 수로를 통해 서울 용산창으로 운송, ⑤ 임난 초기 충주 탄금대 전투(신립, 제승방략 체제의 약점 노출), ⑥ 임오군란 시 민비가 충주 장호원의 민응식의 집으로 피신, ⑦ 동학 : 충주에 중앙기관으로 법소(法所)를 설치하고 각지에 도소(都所)를, 그 아래 포와 접을 설치, ⑧ 을미의병(1895) 의병장 유인석(제천·충주, 충청관찰사 김규식 처단, 격고 8도 열읍)의 거병지.

② **5소경**(신문왕) 서원소경(청주)과 남원소경(남원)을 설치하고, 진흥왕 때의 국원소경을 중원소경(충주)으로 바꾸고, 왕비족에 대한 배려로 금관소경(김해), 북원소경(원주)을 설치하여 5소경을 정비하였으며, 그 장관이 사신(仕臣). 5소경은 과거 백제, 고구려, 가야의 일부 지배층은 물론 신라의 수도에서 이주한 귀족들이 거주하는 지방의 문화 중심지. 상피제를 적용하여 남원소경에는 고구려 귀족들을, 중원소경에는 가야 귀족(강수·우륵·김생)들을 이주. 경덕왕 16년(757)에 중국식으로 바꾸는 한화정책에 따라 소경은 경(京)으로 명칭이 바뀌었다.

③ **고려 주진군**(州鎭軍) 양계에는 상비적인 주진군이 있었는데, 초군·좌군·우군·정용군과 북계에 보창군, 동계에 영새군 등이 배치.

⑤ **조선형평사**(朝鮮衡平社, 1923) 일본 관서지방 수평운동(1922)의 영향을 받아 강상호·장지필·이학찬 등이 진주에서 1923년 4월 25일 형평사 창립대회를 개최.

한국사능력검정시험 기출문제

09 지도에서 ◯로 표시된 지역을 답사할 때 볼 수 있는 고구려의 문화유산으로 옳은 것은?

[3점]

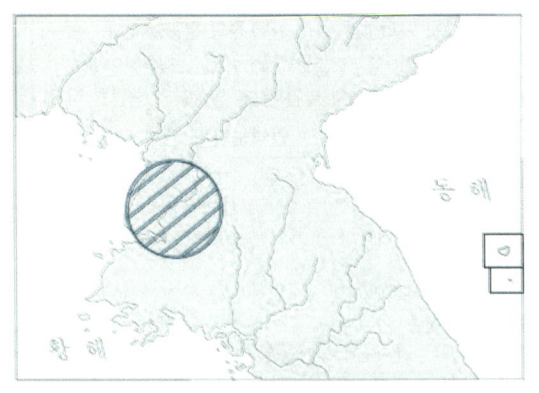

①    ②    ③

④    ⑤

10 연표의 (가)~(마) 시기의 경제 상황에 대한 설명으로 옳은 것은? [2점]

1876	1882	1889	1894	1905	1907
	(가)	(나)	(다)	(라)	(마)
강화도 조약	조·미 수호 통상 조약	방곡령 사건	갑오 개혁	을사 조약	정미 7조약

① (가) - 평양에 대동 상회, 서울에 장통 회사가 설립되었다.
② (나) - 최초의 민간 은행인 조선은행이 설립되었다.
③ (다) - 한성 전기 회사가 설립되어 발전소를 건설하였다.
④ (라) - 박기종의 대한 철도 회사가 경의선 부설권을 허가 받았다.
⑤ (마) - 이도재 등이 농광 회사 설립을 허가받았다.

해설 및 정답

09 정답 ② ·· (2010. 제10회 고급)

지도의 지역은 평안도 평양 부근 일대이다. ① 만주 통구의 장군총, ② 평안도 강서군 우현리의 현무도 벽화, ③ 중국 요령성 환인의 오녀산성(고구려의 첫 도읍지), ④ 만주 통구의 무용총, ⑤ 만주 통구의 광개토대왕릉비이다.

강서(삼묘리)고분군 평남 강서군 삼묘리의 평야 중앙에 있는 고구려시대 3기의 고분에 대한 총칭. 3개의 묘가 삼각형을 이루면서 배치되어 있는데 규모가 큰 것부터 대묘(大墓)·중묘(中墓)·소묘(小墓)라 명명하였는데, 크고 벽화가 많은 것이 대묘, 작지만 벽화가 있는 것이 중묘, 벽화가 없는 것이 소묘. 군명(群名)에 따라 강서대묘라고도 하고, 옛 마을 이름에 따라 강서 우현리 대묘라고도 한다.

강서(약수리) 벽화무덤 당시의 가옥 구조를 알 수 있다. 또 북쪽 벽에는 묘의 주인 내외의 실내생활과 현무, 동서남쪽의 벽에는 각각 청룡·백호·주작, 천장에는 해·달·별·구름.

10 정답 ④ ·· (2010. 제10회 고급)

① 1883년, ② 1896년, ③ 1898년, ④ 1899년, ⑤ 1904년의 경제상황이다.

① **근대적 상업자본의 성장** 문호 개방 이후, 외국 자본주의의 침탈에 대한 저항운동이 일어났고, 한편으로는 자본주의적 근대 경제를 건설하려는 움직임도 지속되었다. 개항 이전에 일부 형성되었던 상업자본은 외국 자본주의의 침략 앞에서 여러 가지로 변모해 갔다.

1) 서울의 시전상인 특권상인으로서 전통적인 상업체제를 유지하려 했으나, 외국상인들이 도시로 침투해 옴에 따라 근대적 상인으로 변모. 황국중앙총상회를 조직(1898)하여, 독립협회와 공조체제로 노륙법 부활 저지 운동과 상권수호운동을 전개하였고, 근대적 생산공장의 경영에 투자. 해체 후 보부상 단체인 상무사에 흡수되어 중당(中黨)의 명칭을 얻었다.

2) 경강상인 개항 후 정부의 세곡운반이 일본인의 증기선에 독점되어 큰 타격을 받게 되자, 그들도 증기선을 구입하여 일본상인에 대항하였으나 실패.

3) 토착상인 객주·여각·보부상 등은 개항 이후 크게 활동을 하였고, 특히 보부상은 일본 상인과 결탁하여 매판적 성격. ① 문호개방 초기 : 외국상인의 활동범위가 개항장에 제한되었으므로, 이들은 외국 상품을 개항장과 내륙시장을 연결, 유통시켜 이익을 누렸고, 자본 축적에 성공한 일부 상인들은 상회사를 설립. ② 1880년대 초기 : 원산상의(회)소(1883, 최초의 상회사)·의신상회사·박림상회·인천순신창상회·대동상회(평양)·장통회사(서울) 등의 상회사가 설립. 초기 회사는 대부분 동업조합(객주회)의 성격을 띤 상회사였으며, 점차 근대적 형태의 주식회사도 설립. ③ 1890년대 후반 : 정부의 식산흥업정책에 맞추어 개명관료들이 회사설립을 주도하여 내국인의 기업 활동이 더욱 활발. 문호개방 이후, 일본자본가들이 조선에 진출하여 대규모의 운수회사를 설립하고, 해상과 육상의 운수업을 지배.

국내기업가들의 회사 대한협동우선회사(1900), 인천윤선주식회사(1900) 등의 해운회사와 이운사(1892)·통운사(1901) 등의 육운회사 등이 설립·운영. 특히 이운사는 전운국에서 설립한 회사로 세곡 운반을 담당. 또, 철도부설권이 외국에 넘어가는 상황에서, 일부 기업가들은 부하(釜下)철도회사(1898, 한국 최초의 사영 철도회사), 대한철도회사(1899, 경의선 이권 반환 후 서울~개성간 철도 부설을 착수했으나 실패) 등 내국인 자본에 의한 철도회사를 설립. 광산채굴권이 외국인에게 넘어가는 데 자극을 받아 해서철광회사(1900), 수안금광합자회사(1903) 등 광업회사가 설립.

② **금융자본** 민족은행의 설립 : 일본 금융기관의 침투에 대응하기 위하여 우리 자본으로 은행을 설립하였다. 최초의 금융기관인 조선은행(1896)은 관료자본이 중심이 된 민간은행이었고, 이어서 한성은행(1897)·대한천일은행(1897)·한일은행(1906) 등의 민간은행이 설립. 특히 대한천일은행은 서울의 거상(巨商)들이, 한일은행은 조선인 상업회의소가 중심이 된 상업자본으로 설립.

③ **전기** 황실과 콜브란(美)의 합자로 한성전기회사가 설립되어(1898) 전차가 운행되었고(1899.5.4 서대문~청량리 홍릉) 서울 종로에 전등이 가설(1900). 전등사업으로는 동대문발전소가 1898년 착공되어 1900년 완성되었는데, 전력 부족의 해결을 위해 마포에 제2발전소, 남대문에 변전소를 건설(1903년).

⑤ **농광회사설립**(1904) 러일전쟁 동안 일본의 토지침탈기도(황무지개척권)에 대응하여 개간사업을 목적으로 설립한 근대적 농업회사로 같은 해 해체. 황무지개척권을 요청하여 정부에서는 궁내부 어공원경 박용화의 명의로 1904년(광무 8) 7월 11일 광업에 관한 것은 보류하고 황무지 개간만을 사업 대상으로 삼을 것을 전제로 허가하였으며, 사장에는 이도재를 선임.

11 밑줄 그은 '사마왕'의 활동으로 옳은 것은? [2점]

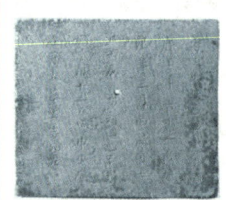 영동대장군 백제 사마왕이 나이 62세 되던 계묘년 5월 7일 임진일에 돌아가셨다. 을사년 8월 12일 갑신일에 대묘에 잘 모셨다.

 을사년 8월 12일에 영동대장군 백제 사마왕이 전(錢) 1만 문(文)으로 토지신에게서 땅을 사 무덤을 만들었다.

① 지방의 22담로에 왕족을 파견하였다.
② 관품제를 정비하고 관복제를 도입하였다.
③ 칠지도를 제작하여 왜의 국왕에게 보냈다.
④ 불교를 공인하여 중앙 집권 체제를 강화하였다.
⑤ 고구려에 대항하기 위해 신라와 결혼 동맹을 맺었다.

12 다음 범례에 따라 편찬된 사서에 대한 설명으로 옳은 것을 〈보기〉에서 고른 것은? [3점]

- 정통(正統)은 단군·기자·마한·신라 문무왕(9년 이후)·고려 태조(19년 이후)를 말한다. 무통(無統)은 삼국이 병립한 때를 말한다.
- 위만은 찬적(篡賊)인데, 통감에는 단군·기자와 함께 3조선이라 일컬어서 마치 덕도 같고 의리도 같은 것처럼 하였으나, 이제 폄출(貶黜)하여 참국(僭國)한 예에 따랐다.

| 보 기 |

ㄱ. 고증사학의 기반을 마련하였다.
ㄴ. 주자의 「통감강목」을 모범으로 삼았다.
ㄷ. 세기(世紀), 지(志), 전기(傳紀)로 구성되었다.
ㄹ. 신라기를 독립시켜 통일의 의미를 부각시켰다.

① ㄱ, ㄴ
② ㄱ, ㄷ
③ ㄴ, ㄷ
④ ㄴ, ㄹ
⑤ ㄷ, ㄹ

해설 및 정답

11 정답 ① ·· (2010. 제10회 고급)

보기의 금석문은 백제 무령왕릉에서 출토된 지석으로 무령왕 지석과 왕비 지석(매지권)의 내용이다. 영동대장군 백제사마왕은 중국 양나라로부터 받은 시호이다. ① 무령왕, ② 고이왕, ③ 근초고왕, ④ 침류왕, ⑤ 동성왕의 활동이다.

<u>무령왕</u>(501~523) 지방에 왕족을 파견하는 22담로제로 지방 통제를 강화, 중국 남조(양)의 문화를 적극 도입한 웅진시대의 마지막 왕. 무령왕릉에 따르면 양나라에서 「영동대장군백제사마왕」의 시호. 고구려의 평양을 공격하는 등 국력을 회복.

② <u>고이왕</u>(234~286) 6좌평제·16관등제의 관제 정비(260), 율령 반포(262?), 남당(南堂) 설치, 관리 복색 제정(자·비·청색), 한강유역 통합, 낙랑·대방 공격, 서진(西晉)에 사신을 파견하였다(277).

④ <u>침류왕</u>(원년, 384) 동진(東晉)의 마라난타가 불교를 전파.

⑤ <u>결혼동맹</u>
  1) 신라와 백제의 결혼동맹(485) 백제 동성왕(웅진시대)이 신라 소지왕대의 이찬 비지(比智)의 딸을 왕비로 맞아 들임.
  2) 신라와 가야의 결혼동맹(522) 신라 법흥왕은 이찬 비조부(比助夫)의 여동생을 대가야의 이뇌왕에게 보내주었다.

12 정답 ① ·· (2010. 제10회 고급)

보기의 사서는 조선후기 근기남인학파 안정복의 동사강목으로 동국통감의 3조선설을 비판하면서 마(삼)한 정통론을 주장하고 있다. 위만에 쫓겨 마한으로 남하한 준왕(기준)을 정통으로 보고 위만을 찬탈자로 비판하였다. ㄷ. 기전체(정사체)의 구성이며, 동사강목은 편년체, 강목체이고, ㄹ. 김부식의 삼국사기가 신라정통론을 주장한 데 대해 동사강목은 삼국무통론(三國無統論)을 주장하였다.

<u>동사강목</u>(1778) 단군조선~고려 말까지의 한국사를 독자적 체계로 정확히 고증하면서 엮은 통사로 편년체이나 강(綱)과 목(目)으로 서술(강목체)하면서 마한정통론 주장으로 한국사의 체계화. 고증사학의 토대

> <u>안정복</u>(호 : 순암(順菴), 1712~1791) 이익의 제자로서 근기남인학파의 대표적 인물., 역사 연구에 몰두하여 「동사강목」·「열조통기」 등을 저술. 「동사강목」은 홍만종의 「동국역대총목」의 영향을 받아 삼한정통론과 민족 독자성에 입각하여 실증적으로 단군 이래 고려 말까지의 역사를 편년체로 엮은 역사책. 그는 「동사강목」 서문에서 "대개 사학(史學)의 방법은 정통을 밝히고, 찬역(篡逆)을 엄히 구분하고, 시비를 바로잡고, 충절을 칭찬하고, 제도와 문물을 상세히 하는 것이다"라고 주장하고 있는데, 이 점을 분명히 하기 위하여 상세한 범례를 정하여 역사학적 용어의 의미 사용 한계를 명확히 하는 것을 제일 전제로 하고 있다. 그는 한국사에서 정통의 계승을 단(檀)·기(箕) → 마한 → 삼국 통일 후의 신라 → 후삼국 통일 후의 고려로 잡고 있는 바, 김부식이 삼국 중 신라를 정통으로 잡은 것과는 달리 삼국을 무통시대(無統時代)로 보았으며, 고조선의 하나인 <u>기자조선을 정통을 보아 기자동래설을 수용하고 준왕이 남하하여 마한을 세웠다고 주장</u>하여 위만조선을 정통으로 간주하지 않은 것이 특기할 만하다. 그리고 「열조통기」는 태조 원년(1392)부터 영조 41년(1765)까지의 사실을 여러 책에서 뽑아 쓴 편년체 역사서.

≫ 역사 서술 체제 ≪

1. **기전체**(紀傳體) : 본기(本紀), 세가(世家), 지(志), 연표(年表), 열전(列傳) 등으로 나누어 열전 중심으로 서술. 관찬 사서로 정사(正史)를 서술하는 정사체로 인물 중심. 문학적 향기가 있음.
   예) 「삼국사기」(12세기)·「고려사」(15세기)·「동사찬요」(17세기)·「동사」(18세기)·「해동역사」(19세기) 등
2. **편년체**(編年體) : 왕의 업적을 연도별로 정리
   예) 「세종실록」·「고려사절요」·「동국통감」·「동국사략」·「동사회강」·「동사강목」
3. **기사본말체**(紀事本末體) : 사건을 원인과 결과로 나누어 종합적으로 서술
   예) 「삼국유사」·「연려실기술」
4. **통사체**(通史體) : 역사의 줄거리를 중심으로 서술   예) 「동국통감」·「동사찬요」·「해동역사」
5. **강목체**(綱目體) : 줄거리 기사의 큰 글씨인 대강(大綱)과 구체적 내용의 작은 글씨인 세목(細目)으로 구분   예) 「본조편년강목」·「동국사략」·「동국통감」·「동사강목」

13 고려 시대의 (가)에 대한 설명으로 옳은 것을 〈보기〉에서 고른 것은? [3점]

- 신(臣) 최종번은 어려서 대강 글 짓는 재주를 배웠기에 일찍이 과거에 뜻을 두었으나 논리정연하게 글 쓰는 능력이 없고 문서도 잘 다루지 못합니다. (가) 을(를) 통해 관리로 채용은 되었으나 유학을 공부하지 않고 벼슬길에 오른다면 장차 무슨 낯으로 벼슬살이를 하겠습니까?
- 윤공(尹公)의 이름은 승해요, 자는 자장이니 수주 수안현이 본 고향이었다. 그는 어려서부터 학문에 힘을 써 나이 열여덟에 사마시에 합격하였고, 거듭 이부의 과거에 응시하였으나 합격하지 못하였다. 가문 덕에 (가) 을(를)통해 지수주사판관(知水州事判官)이 되었다.
  - 「동국이상국집」 -

| 보 기 |

ㄱ. 3년마다 정기적으로 시행되었다.
ㄴ. 한직제(限職制)의 제한이 있었다.
ㄷ. 왕족과 공신의 후손도 대상이 되었다.
ㄹ. 대상 연령은 원칙적으로 18세 이상이었다.

① ㄱ, ㄴ ② ㄱ, ㄷ ③ ㄴ, ㄷ
④ ㄴ, ㄹ ⑤ ㄷ, ㄹ

14 밑줄 그은 '이 건물'로 옳은 것은? [1점]

봉황산 중턱에 위치한 이 사찰은 676년(문무왕 16) 의상 대사가 왕명을 받들어 화엄의 가르침을 펴던 곳이라고 한다. 특히 아미타여래불이 모셔져 있는 본전은 고려 시대에 지어진 주심포식 팔작지붕의 건물이다. 배흘림기둥, 삼중으로 맵시 있게 겹쳐진 포작(包作), 이중 서까래로 인한 지붕의 가벼운 곡선 등이 이 건물의 특색이며, 전체적으로 장중한 모습을 갖추고 있다. 이 사찰에는 의상 대사와 선묘 낭자의 애틋한 전설이 남아 있다.

①
②
③
④
⑤

해설 및 정답

13 정답 ⑤ ··· (2010. 제10회 고급)

사료의 (가)는 음서로 「고려사」 선거지 음서조에 따르면 음서는 크게 문음과 공음으로 구분되는데, 문무 5품 이상 관리의 자손을 대상으로 시행된 음서를 문음이라 하고, 공신 자손이나 특별한 공훈을 세운 관리의 자손을 대상으로 시행된 음서를 공음이라 했다. ㄱ. 정기 과거로 식년시이며, ㄴ. 음서를 통해 관직에 나간 경우 관직 임명을 제한하는 한직제의 제약은 없었다.

음서제도(蔭敍制度)

1) **대상** 고려 성종 때 확립된 음서제도(문음·공음)는 왕족 후예, 종신(宗臣, 왕족 관직자) 공신 후손, 5품 이상 고관자손을 대상으로 과거를 거치지 않고도 음관을 제수 받는 연령 제한은 없었고 만 18세 이상으로 규정되어 있었으나 15세 전후하여 관직에 조기 진출할 수 있도록 한 문벌귀족사회의 특징 (조선의 문음은 2품 이상으로 제한).
2) **시행 시기** 정기적·항례적 시행은 물론이고 국왕 즉위·책봉·쾌차·국가 경사 등에도 시행.
3) **수혜 범위** 음서제는 1인 1자를 원칙으로 하되 탁음자가 3품 이상일 때는 그 수음자(수혜자)가 8개 친족(자·손·수양자·사위·외손·조카(생·질)·동생)까지 확대되었고, 5품 이상일 때는 자·손까지만.
4) **문한직 제약** 음서를 통해 관직에 나간 경우는 한직제의 제약은 없었으나 문한직·지공거직·학관직 등에는 취임할 수 없었다. 그리하여 그들은 국자감시를 응시하여 문한직으로의 진출을 모색.
5) **산직 임용** 음서를 통해 관직에 나간 자를 남행관(南行官, 음관)이라 불렀는데, 그들은 예비관료인 동정직(同正職)과 임시직인 권무직(權務職) 등에 임용. 고려시대에 과거보다 음서가 중요시되었던 이유는 능력 본위의 관료사회적 측면보다도 신분 본위의 귀족사회의 성격이 더 강했기 때문. 음서는 공음전과 함께 문벌귀족사회를 형성·강화시켜 주는 구실을 하였고, 고려 귀족사회의 특징적 모습.

ㄴ. **한직제**(限職制) 고려 문벌귀족사회를 표징하는 제도로 「고려사」 「선거지(選擧志)」에 따르면 근친혼 소생자(동부이모(同父異母)의 자매간에서 혼인관계를 범하여 낳은 자, 대공친(4촌)·소공친(6촌)과 혼인하여 소생한 자, 중의 아들, 잡류(雜類, 6품 제한), 남반(南班, 7품 제한), 9품 한외(限外)의 관리인 유외인리(流外人吏) 등은 관직 임명상 제한(한직(限職)).

14 정답 ⑤ ··· (2010. 제10회 고급)

보기의 이 건물은 부석사 무량수전인데, ① 수덕사 대웅전, ② 봉정사 극락전, ③ 화엄사 각황전, ④ 금산사 미륵전, ⑤ 부석사 무량수전이다.

기둥 양식과 공포

1) **고려전기** 목조 건물 중 현존하는 것은 없으며, 외관상의 특징은 높고 웅대하고, 기둥양식은 엔타시스(Entasis, 배흘림기둥)양식이며, 지붕의 처마 끝과 주춧돌의 각도는 30도 내외.

주심포양식, 부석사 무량수전

2) **고려후기** 목조 건축물로는 봉정사 극락전(1363년에 중수), 부석사 무량수전(1376), 수덕사 대웅전, 강릉 객사문 등이 현존. 그 중 봉정사 극락전은 현존하는 가장 오래 된 건축물로 알려져 있으며, 부석사 무량수전은 고려 건축의 일반적 양식인 주심포(柱心包)양식을 대표하는 것으로서, 간결하고 조화로운 모습.
3) **고려 말** 석왕사 응진전과 심원사 보광전 등은 원의 영향을 받은 다포(多包)양식으로, 중후하고 장엄.

다포양식, 창경궁 명정전

봉정사 대웅전의 후불 벽화 최근 국내 최고의 후불 부처 벽화임이 밝혀졌다.

지붕 양식 지붕의 모양에 따라 맞배지붕·팔작지붕·우진각지붕으로 나눌 수 있는데, 맞배지붕은 두 면을 맞세워 놓은 모양으로 봉정사 극락전과 수덕사 대웅전, 강릉 임영관 삼문(객사문) 등이 여기에 속한다. 그리고 부석사 무량수전은 팔작지붕.

팔작지붕　맞배지붕　우진각지붕　십자형지붕　6모지붕　정자형지붕

③ **17세기를 대표 건축물** 금산사의 미륵전, 화엄사의 각황전, 법주사의 팔상전(국내 유일의 목조5층탑)

15. 밑줄 그은 '본 협약'에 의해 등재된 우리나라 문화유산으로 옳지 않은 것은? [1점]

그것이 어느 인민에 속하는지를 막론하고, 문화재 및 자연재에 관한 현행 국제 협약, 권고 및 결의가 이러한 진기하고 대체할 수 없는 재산을 보호하는 것이 세계의 모든 인민을 위하여 중요하다는 점을 명백히 하고 있음을 고려한다. 문화유산 및 자연 유산의 일부는 현저한 가치를 지니고 있고, 따라서 인류 전체의 세계 유산의 일부로서 보존될 필요가 있음을 고려하고 …… 현저한 보편적 가치를 지닌 문화유산 및 자연유산을 공동으로 보호하기 위한 효과적인 체제를 확립하는 새로운 규정들을 협약의 형식으로 채택하는 것이 긴요함을 고려하고, 제16차 총회에 이 문제가 국제 협약의 대상으로 될 것을 결정한 바, 1972년 11월 16일 본 협약을 채택한다.

① 서울 성곽　② 불국사　③ 종묘　④ 강화 고인돌 유적　⑤ 수원 화성

16. (가)와의 항쟁과 관련된 사실로 옳은 것은? [1점]

(가) 이(가) 이번에는 섶나무에 사람의 기름을 적시어 두껍게 쌓아 놓고 불을 지르며 성을 공격하였다. 박서는 물로 그 불을 끄려 하였으나 불이 더 타 올랐으므로 군사들에게 진흙을 가져다가 물에 풀어서 뿌리게 하니 불길이 꺼졌다. 다시 적들은 수레에다 건초를 적재하고 불을 질러 성 문루(門樓)를 공격하였다. 그러나 박서는 미리 준비하여 두었던 물을 퍼부어 불을 껐다. 이와 같이 적들이 30일 간이나 성을 포위하고 있으면서 지혜를 다 짜고 모든 수단을 다하여 공격하였으나, 박서가 임기응변으로 방어를 굳게 하였으므로 적군이 이기지 못하고 퇴각하였다.　- 「고려사」 -

① 최영이 홍산에서 대승을 거두었다.
② 양규가 흥화진 방어에 성공하였다.
③ 나세가 진포에서 화포로 공격하였다.
④ 정세운, 이방실 등이 개경을 수복하였다.
⑤ 임연이 진천에서 차라대의 군사를 격퇴하였다.

해설 및 정답

15 정답 ① ·· (2010. 제10회 고급)

보기의 본 협약은 유네스코(UNESCO) 세계 유산에 대한 내용인데, ②③은 1995년에, ④ 2000년에, ⑤ 1997년에 문화유산으로 등재되었으나, ①은 아직 등재되지 않았다.

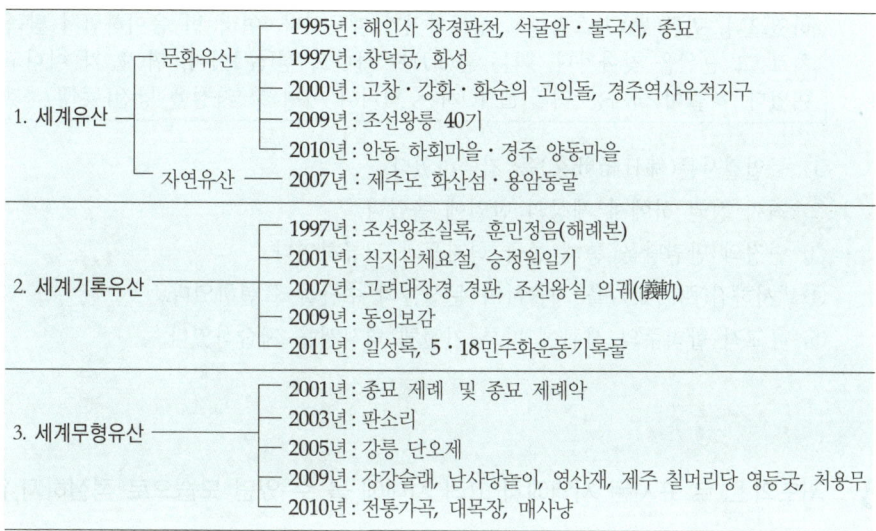

≫ UNESCO 유산 ≪

1. 세계유산
   - 문화유산
     - 1995년: 해인사 장경판전, 석굴암·불국사, 종묘
     - 1997년: 창덕궁, 화성
     - 2000년: 고창·강화·화순의 고인돌, 경주역사유적지구
     - 2009년: 조선왕릉 40기
     - 2010년: 안동 하회마을·경주 양동마을
   - 자연유산
     - 2007년: 제주도 화산섬·용암동굴

2. 세계기록유산
   - 1997년: 조선왕조실록, 훈민정음(해례본)
   - 2001년: 직지심체요절, 승정원일기
   - 2007년: 고려대장경 경판, 조선왕실 의궤(儀軌)
   - 2009년: 동의보감
   - 2011년: 일성록, 5·18민주화운동기록물

3. 세계무형유산
   - 2001년: 종묘 제례 및 종묘 제례악
   - 2003년: 판소리
   - 2005년: 강릉 단오제
   - 2009년: 강강술래, 남사당놀이, 영산재, 제주 칠머리당 영등굿, 처용무
   - 2010년: 전통가곡, 대목장, 매사냥

16 정답 ⑤ ·· (2010. 제10회 고급)

사료의 항쟁은 몽골 1차 침입 때(1231) 서북면 병마사 박서의 귀주성전투이다. ①③ 왜구, ② 거란, ④ 홍건적, ⑤ 몽골의 6차 침입에 대한 항쟁이다.

몽골과의 6차 항쟁

1) **1차 침입**(1231): 몽골 사신 제구유(著古與)의 피살 사건으로 국교 단절 후 살리타(撒禮塔)가 침입하자 충주에서 다인 철소 주민과 노비군이 몽골군을 격퇴. 그 후 고려의 요청으로 강화가 성립되고 다루가치가 설치.

   | 박서의 귀주성 전투 | 1231년(고종 18) 서북면 병마사 재임 시 몽골이 침입하여 온갖 무기로 귀주성을 공격해 오자 1개월에 걸친 격전 끝에 이를 물리쳤다. |

2) **2차 침입**(1232): 몽골의 무리한 조공 요구로 최우집권기에 강화로 천도하였고 이 시기에 간척사업이 추진(1232.6). 살리타가 침입하였으나 처인성(용인)에서 고려의 승장 김윤후와 처인 부곡민에게 살해되고 몽골 군대는 쫓겨갔다. 이 때 부인사 초조대장경이 소실.

3) **3차 침입**(1235~1239): 당올대(唐兀臺)가 주동이 되어 전국을 유린하였다. 그 후 팔만대장경 조판이 시작되었고(1236.10), 황룡사 9층 목탑이 소실(1238, 윤4월)되는 등 문화적 손실.

4) **4차 침입**(1247): 아모간(阿母侃)을 선봉으로 강행.

5) **5차 침입**(1252): 야고(也古)와 홍복원에 의해 이루어졌다.

6) **6차 침입**(1254~1259): 차라대(車羅大)의 입구(入寇)로서 전후 6년간 약탈과 침략을 계속. 이 기간 중 태자(원종, 1219~1274)가 몽골에 입조하여 쿠빌라이(1215~1294)와 접촉하였고 최씨정권이 붕괴.

7) **결과**: 농촌은 파탄되고 대규모 농장의 발달로 토지제도의 문란이 극심하여 농민은 극도의 빈궁에 허덕여 초근목피로 연명. 더욱이 몽골의 잔혹한 도성(屠城)으로 수많은 피살자가 나왔고, 20여 만의 포로로 고려 국민이 감소되었으나, 귀족들은 강화도에서 연등회·팔관회·격구를 즐기면서 호화생활을 영위. 무신정권의 붕괴와 왕정복고로 지배체제에 변동이 나타났으며, 생산력의 발전으로 하부구조에 변화가 나타났다. 그리하여 본관제적 영역 질서를 통해 민(民)들을 파악하던 방식에서 벗어나 향리를 본관으로 복귀시켜 현 거주지 중심의 공호제(貢戶制)로 호적을 파악하는 수취 방식이 나타나 본관제적 지배 방식이 붕괴.

17 다음 글의 저자에 대한 설명으로 옳은 것은? [2점]

> 계축년에 구삼국사(舊三國史)를 얻어서 동명왕 본기를 보니, 그 신이한 사적이 세상에서 이야기되고 있던 것보다 더 자세하였다. 그러나 역시 처음에는 그를 믿지 못하였으니, 귀환(鬼幻)스럽다고 생각하였기 때문이다. 여러 번 음미하면서 탐독하여 차차로 그 근원을 찾아가니, 이는 환(幻)이 아니오 성(聖)이며, 귀(鬼)가 아니고 신(神)이었다. 하물며 국사는 직필(直筆)하는 책이니 어찌 그 사실을 망전(妄傳)하겠는가?

① 불일결사문(佛日結社文)을 저술하였다.
② 최씨 정권 하에서 재상의 반열에 올랐다.
③ 연경의 만권당을 통해 중국 학자들과 교류하였다.
④ 「서하집(西河集)」을 저술하여 문신들의 수난을 표현하였다.
⑤ 유교적 합리주의 사관에 따른 기전체 역사서를 저술하였다.

18 지도의 □로 표시된 지역에서 고려 시대에 볼 수 있던 모습으로 적절하지 <u>않은</u> 것은? [1점]

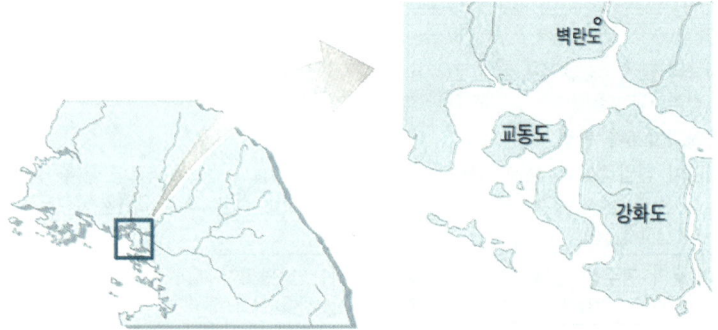

① 개경 환도에 반발하는 삼별초
② 송나라 상인과 교역하는 고려 상인
③ 왜구의 침입으로 고통 받는 백성들
④ 「직지」을 금속활자로 간행하는 인쇄공
⑤ 연해안을 간척하여 농경지로 개간하는 농민

해설 및 정답

17 정답 ② ·· (2010. 제10회 고급)

사료는 이규보(1168~1241)의 「동명왕편」(1193년) 편찬 경위인데, ① 일연, ② 이규보는 정2품 벼슬인 문하시랑평장사 역임, ③ 이제현, ④ 임춘, ⑤ 김부식의 삼국사기에 대한 설명이다.

동명왕편(東明王篇)(1193) 이규보는 「삼국사기」에 만족할 수 없어 「구삼국사」를 읽고 신이한 내용이지만 민족의식과 정서를 위해서는 역사적 가치가 있음을 고증하여 유불선과 민간신앙을 포용하여 금(金)에 대한 자존심으로 고구려 건국 영웅 동명왕을 칭송해 오언시(五言詩)로 저술한 영웅서사시로 주몽 전설과 비둘기·5곡 종자 설화를 수록. 이규보는 「동명왕편」의 서술 동기를 "천하로 하여금 우리나라가 본래 성인의 도읍임을 알도록 하고자 한 것이다."라고 밝혔다.

① **불일결사문(佛日結社文)** 1274년 인흥사를 고쳐 지은 뒤 '인흥(仁興)'이라 이름을 고쳐 쓴 왕의 친필 액자를 하사받았다. 이때 비슬산의 용천사(湧泉寺)도 고쳐 짓고 불일사(佛日社)로 이름을 바꾸었는데, 그의 불일결사문(佛日結社文)은 이 때 쓴 것으로 추정

② **이규보** 1207년 최충헌에 의해 권보직한림(權補直翰林)으로 발탁되어, 1237년에는 문하시랑평장사·감수국사·태자대보로 벼슬에서 물러났는데. 문하시랑평장사는 재부(宰府: 중서문하성)의 정2품 벼슬이므로 재상(재부의 정2품 이상)의 반열.

③ **만권당** 충선왕이 은퇴 후 북경 사저에 설치하여, 고려와 원의 문물 교류 기관 역할을 하였고 이제현과 조맹부가 교류.

④ **임춘** 가전체 문학 국순전, 공방전 저술.

18 정답 ④ ·· (2010. 제10회 고급)

지도에 표시된 지역은 강화도 일대와 예성강하구의 벽란도이다. ① 삼별초는 강화 외포리 중심으로 환도에 반대, ② 벽란도는 국제무역항, ③ 왜구의 창궐로 천도론 대두, ④ 청주 흥덕사 주자시에서 인쇄, ⑤ 몽골 침입으로 강화로 천도한 후 간척지가 개간되었다.

벽란도(예성강 하구) : 국제 무역항으로 송·왜·사라센 등의 상인이 출입.

㉠ 북송 시기(960~1127) : 벽란도 → 옹진 → 산동반도 → 등주
㉡ 남송 시기(1127~1279) : 벽란도 → 흑산도 → 명주

① **삼별초 항쟁**

1) **삼별초정부** 최씨정권이 몰락한 후 원종의 친몽정책으로 강화가 성립되어 출륙이 단행되자(1270) 배중손 등 삼별초군이 쿠데타를 일으켜 왕족 승화후 온(承化侯 溫)을 추대하여(1270.6) 강화 외포리에 반몽정권이 수립.

2) **해상왕국** 삼별초는 배중손의 지휘하에 진도에 용장성을 쌓고(1270.8) 항전하다가 김통정의 지휘하에 제주로 옮겼다(1270.11). 그 후 김방경·홍다구·흔도가 이끄는 여·원연합군에게 평정되어 제주 항파두성(북제주군 애월읍)에서 최후(1273).

3) **결과** 항몽의식의 최후의 보루였던 삼별초 항쟁은 초기에는 집권층 내부의 변란으로 시작되었지만, 개경환도세력의 몽골과의 강화에 반대하는 백성들의 호응을 얻음으로써 민족 항쟁의 성격. 이 항쟁의 실패로 몽골은 고려를 완전히 예속시켰으며, 제주도에 탐라총관부를 두어 목마장을 경영.

고려첩장(高麗牒狀) 1271년 삼별초군이 진도에 있을 때 일본에 지원을 요청하는 외교문서를 보낸 사실이 최근 일본에서 발견된 고려첩장에 나타나 있고, 일부는 제주에서 오키나와로 이동해 류큐왕국의 기초를 닦았다는 자료가 최근 발굴되었다.

④ 백운화상 경한의 **불조직지심체요절**(佛祖直指心體要節, 직지심경, 1377, 2001년 UNESCO 선정 세계기록유산) 청주 흥덕사 주자시(鑄字施)에서 인쇄한 현존 최고의 활자본, 파리도서관에 소장.

금속활자 1234년 발명. 최초의 활자본인 상정고금예문(詳定古今禮文)을 강화도에서 인쇄한 기록이 「동국이상국집」에 수록.

⑤ **몽골 2차 침입**(1232) : 몽골의 무리한 조공 요구로 최우집권기에 강화로 천도하였고 이 시기에 간척사업이 추진(1232.6). 살리타가 침입하였으나 처인성(용인)에서 고려의 승장 김윤후와 처인 부곡민에게 살해되고 몽골 군대는 쫓겨났다. 이 때 부인사 초조장경이 소실.

19 자료의 주장이 제기된 국왕 때의 역사적 사실로 옳은 것만을 〈보기〉에서 모두 고른 것은? [3점]

> • 중국의 제도는 따르지 않을 수 없지만 사방 풍속, 습관이 각각 그 지방 성질에 따라야 하니 모두 다 변경하기는 곤란할 것 같습니다. 그중 예악(禮樂)·시서(詩書)의 교훈과 군신·부자의 도리는 마땅히 중국을 본받아 비루한 것은 고쳐야 할 것입니다. 그러나 그 밖에 수레와 말, 의복 등의 제도는 자기 나라 풍속에 따르게 하여 사치와 검소를 적절하게 할 것이고, 무리하게 중국과 꼭 같이 할 필요는 없습니다.
>
> • 3교(유·불·선)는 제각기 일삼은 바가 다르므로 이를 행하는 사람이 혼동하여 하나로 할 수는 없습니다. 즉, 불교를 받들어 행하는 것은 몸을 닦는 근본이요, 유교를 받들어 행하는 것은 나라를 다스리는 근원입니다. 몸을 닦는 것은 곧 내생(來生)을 위한 도움이요, 나라를 다스리는 것은 바로 오늘의 급무입니다.

|보 기|

ㄱ. 전국이 10도로 개편되었다.
ㄴ. 개경과 서경의 팔관회가 폐지되었다.
ㄷ. 노비환천법(奴婢還賤法)이 실시되었다.
ㄹ. 거란 침입에 대비하여 광군이 조직되었다.

① ㄱ, ㄴ   ② ㄷ, ㄹ   ③ ㄱ, ㄴ, ㄷ
④ ㄱ, ㄴ, ㄹ   ⑤ ㄴ, ㄷ, ㄹ

20 다음 문서와 관련된 내용으로 옳은 것만을 〈보기〉에서 모두 고른 것은? [2점]

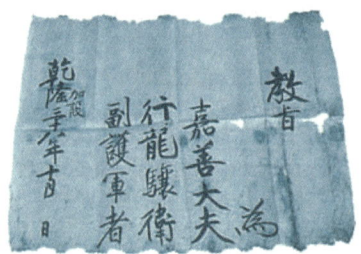 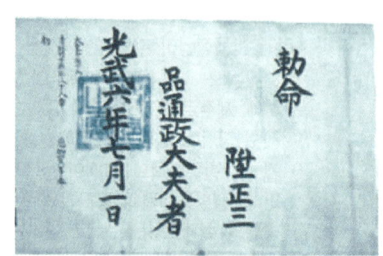

받은 자의 이름을 기재하지 않은 백지 사령장(辭令狀)

|보 기|

ㄱ. 임진왜란 중에 발급되기 시작하였다.
ㄴ. 갑오개혁을 계기로 발급이 금지되었다.
ㄷ. 전력 강화나 재정 확충이 주된 목적이었다.
ㄹ. 사찰 중수 비용 마련을 위해 발급되기도 하였다.

① ㄱ, ㄴ   ② ㄴ, ㄷ   ③ ㄷ, ㄹ
④ ㄱ, ㄴ, ㄹ   ⑤ ㄱ, ㄷ, ㄹ

해설 및 정답

19 정답 ③ ··· (2010. 제10회 고급)

사료는 고려 성종대 문하시중인 최승로가 올린 시무 28조의 일부이다(11조와 20조). ㄱ. 성종대에 10도 양계 정비, ㄴ. 성종대 유교정치이념의 강조로 팔관회 폐지, ㄷ. 광종대의 노비안검법 이후 불량한 자를 다시 노비화 하는 제도가 성종대에 실시, ㄹ. 고려 3대 정종대의 시책이다.

성종(981~997)
1) **유교정치체제 지향** 최승로의 시무(時務) 28조를 채택하여(982) 유교정치를 지향.
2) **관제 정비** 3성 6부(三省六部)의 중앙 관제 정비(982), 12목(牧)을 설치하여 처음으로 중앙으로부터 지방관 파견(983), 10도 양계(十道兩界) 설치(995), 18품계와 문산계·무산계의 정비.

> **외관(外官)의 파견** 국초의 호족세력을 억제하기 위한 노력이 역대 왕을 통해 강행되었으나, 별로 효과를 거두지 못하였다. 국초에 각 지방에 금유(今有)·조장(租藏) 등 임시직의 관리를 파견하여 조세에 관한 임무를 맡게 하였으며, 전운사(轉運使)를 파견하여 그 운반 임무를 맡게 하였으나, 임시직에 불과. 성종 때 최승로의 건의에 따라 처음으로 외관을 파견하여 중앙 정부의 지방에 대한 직접 통치가 가능하게 되었다.

3) **교육정책** 국립대학인 국자감 설치(992), 12목에 경학·의학박사 각 1인 파견, 호족의 자제를 선발하여 개경의 학교에서 교육시키고 과거를 통해 관리로 채용(지방호족의 중앙관료화), 지방에 학교를 설치하고(외치학교), 교육조서를 반포.
4) **경제정책** 의창(986)·상평창(993)을 설치하고, 철전 건원중보를 주조(996).
5) **사회정책** 연등회·팔관회 행사를 금지하고, 불량한 자를 노비화하는 노비환천법과 자모정식법(子母停息法, 982.10)을 실시.
6) **권농정책** 무기를 몰수하여 농기구를 제작함으로 호족세력을 약화.
7) **분사제도** 서경(호경; 鎬京)에 개경과 같은 정무조직인 분사(分司)를 두고(990) 왕이 100일 이상 숙위하였고, 부도(副都)로서 중시.
8) **전국적인 호구조사 실시** 역역과 부세의 부과·징수를 뒷받침하기 위해 호적의 편성, 신고에 관한 제재 규정을 제도화(986).
9) **사직단 설치** 5방(五方)의 천신에게 제사를 지내는 원구제를 거행.

정종(945~949)
1) **왕규(王規)의 난(945)** 광주(廣州) 호족인 왕규가 혜종 때 자신의 외손인 광주원군으로 왕위를 계승하게 하려고 반란을 일으켰으나 왕식렴이 진압. 그리고 서경 천도를 계획하였으나 실패.
2) **광군사(光軍司) 설치(947)** 거란의 침략에 대비하여 최광윤의 건의로 광군(光軍) 30만을 편성하였는데 주현군의 모태.
3) **광학보(廣學寶) 설치(946)** 승려를 위하여 장학재단을 마련.

20 정답 ⑤ ··· (2010. 제10회 고급)

보기의 문서는 공명첩으로 임란 후 국가 재정을 확충하기 위해 나타나 조선 후기 신분제 동요의 중요 수단이 되었다. 공명첩의 종류는 다양해 군역 면제의 공명면역첩, 천역 면제의 공명면천첩, 향리의 역 면제의 공명면향첩 등이 있었다. ㄴ. 공명첩은 양역 인구의 감소로 가능한 양반으로 신분 상승을 억제하기 위해 발급을 줄였고 조선 후기 공노비 해방이 되던 순조 원년(1801)을 전후하여 노비 수의 격감으로 의미가 사라져 발급이 중지되었다.

공명고신첩(空名告身帖) 성명을 적지 아니한 서임서(敍任書)로, 관아에서 돈이나 곡식 따위를 받고 관직을 팔 때 관직 이름을 써 주되 이에 서임된 자는 실무는 보지 아니하고 명색만 행세하였다. 임진왜란 때에 공명첩을 가진 관리가 팔도를 돌면서 군량을 바친 자나 군공을 세운 자에게 공명첩을 발부. 이후 전란으로 재정적 타격을 받은 정부가 납속책을 실시하고 공명첩을 발급하자 서얼, 상민들은 이를 이용하여 합법적으로 상승. 뿐만 아니라 국가는 재정이나 군량이 부족 할 때 또는 진휼을 위하여, 심지어는 사찰을 중수하는 비용을 얻기 위하여 남발되기도 하였다. 공명고신첩 외에도 군역 면제의 공명면역첩, 천역 면제의 공명면천첩, 향리의 역 면제의 공명면향첩 등.

21 (가)에 대한 설명으로 옳지 않은 것은? [2점]

> 영조 45년 이수득이 상소를 올려 (가) 의 허통을 청하기를, "옛날에는 융숭한 예와 폐백으로 이웃 나라 선비를 대우하였습니다. 그러고도 그들이 오지 않을까 걱정하였습니다. 지금은 법으로 나라 안 인재를 묶었습니다. 그런데도 이들이 등용되면 어떻게 할까 염려합니다. …… 시골 천인의 자식은 때때로 훌륭한 벼슬을 하는데 세족, 명가의 아들은 자자손손 영원히 묶여 있습니다. 인재를 버리고 등용하는 것이 너무나 앞뒤가 맞지 않습니다."라고 하였다.

① 중서라고 불리기도 하였다.
② 조례나 나장 등이 포함되었다.
③ 원칙적으로 진사과의 응시가 금지되었다.
④ 임진왜란 이후 차별이 완화되기 시작하였다.
⑤ 정조 때 규장각 검서관으로 등용되기도 하였다.

22 (가) 유적에 대한 설명으로 옳은 것은? [3점]

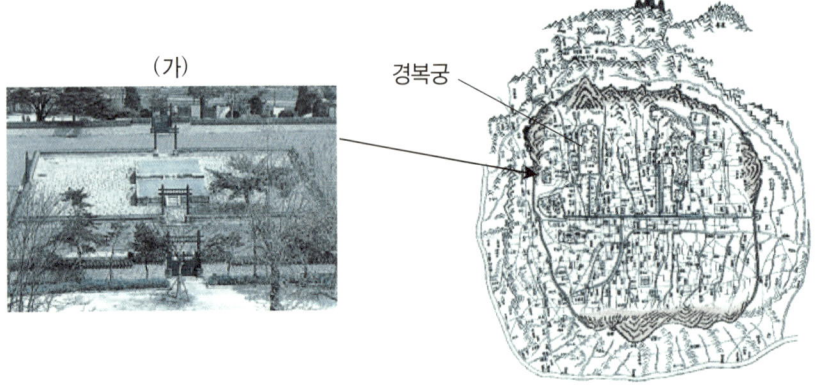

① 왕실의 신주를 봉안하고 제사를 지냈다.
② 소격서에서 주관하는 초제를 거행하였다.
③ 토지신과 곡식신에게 풍요를 기원하였다.
④ 신농씨에게 제사를 지내고 왕이 친경하였다.
⑤ 성균관 유생들이 공자에 대한 제사를 지냈다.

21 정답 ② ··· (2010. 제10회 고급)

사료는 조선 후기 영조 45년(1769) 서얼 허통에 대한 상소인데, 그 후 영조 48년(1772) 서얼들의 청요직 허통을 허용하는 통청윤음을 반포하였다. ①③④⑤는 서얼에 대한 설명이나 ②는 조선시대 법제상을 양인이나 천역에 종사하는 신량역천으로 불리운 7반천역의 신분이다.

≫ **서얼차대법(庶孼差待法)** ≪

1. 서얼(庶孼)은 첩의 자손을 뜻하는데, 서(庶)는 양첩의 자손, 얼(孼)은 천첩의 자손을 뜻함. 특히 얼자는 일천즉천법에 따라 노비가 되기 때문에 대구속신(代口贖身)으로 구제했음.
2. 경국대전 예전(禮典)에 의하면 한품서용법, 또는 서얼금고법이라 하여 서얼은 문과나 생원·진사과에 응시하지 못하도록 하고 있지만 제한된 범위 안에서는 등용. 경국대전 이전(吏典)에 의하면 문무관 2품 이상의 양첩 자손은 정3품 당하관, 천첩 자손은 정5품을 한품(限品)으로 서용.
3. 2품 이상 관리의 서얼은 사역원·관상감·전의감·도화서·혜민서 등 기술직 아문에 그 재질에 따라 서용되는 것이 허용.
4. 서얼을 기술관으로 등용한 결과 기술관 전체의 지위가 하락되어 중서인(中庶人) 명칭이 대두.

1) **서얼의 활동 제한** 사대부의 소생이면서도 성리학적 명분론에 의해 사회 활동에서 각종 제한이 가해졌고 재산 상속 문제에 기인해 사회적 불안이 컸다.
2) **서얼에 대한 차별 완화** 조광조는 서얼 등용 주장. 이이는 서얼허통법 입안. 임진왜란 이후 완화되기 시작하여 17세기 중엽에 서얼 금고가 철폐. 전란으로 재정적 타격을 받은 정부가 납속책을 실시하자, 서얼들이 나아갈 수 있게 되었다. 정조 때 서얼허통절목이 시행되어(1777) 유득공·이덕무·박제가·서이수 등 서얼 출신들이 규장각 초대 4검서관에 기용.
3) **서얼의 요구** 서울의 명문 서얼들은 통통사로(청요직 허통)·승계권(호주·재산의 후계권 인정)·호부호형(부형호칭 허용) 등의 3대 구호를 주장하였고, 지방 서얼들도 향안동록(향안등재 요청)·향교서치(나이순 좌석 배치) 등을 요구. 그 후 영조 48년(1772)에 통청윤음을 반포하고 호부호형을 허용.
5) **소청운동 전개** 순조 23년(1823)에 서얼들이 사회 활동 차별 철폐의 허통을 요구하자 계미절목을 반포해 한품(限品)을 정3품에서 종2품으로 올렸으며, 철종 2년(1851)에 신해절목으로 문과 급제자에 대한 서얼 차별 폐지가 공포되어 마침내, 철종 8년(1857)에 서얼 문과 급제자기 승문원에 분관됨으로써 비로소 청요직 임용 요청의 통청(通淸)이 실현.

≫ **서얼 차별 완화 법령** ≪

(영조 48년)		(정조 원년)		(순조 23년)		(철종 2년)		(철종 8년)
통청윤음 반포	→	정유절목	→	계미절목	→	신해절목	→	통청 실현

② **신량역천**(7반천역) 양인을 확보하기 위한 신분으로 신분상(법제상)으로는 양인이지만 천역에 종사함으로써 천민과 다름없는 지위에 놓여 있는 계층. 이들은 대개 간(干) 또는 척(尺)으로 지칭되었던 고려 간척지도의 후예들로 후에 조례(관청잡역 담당)·나장(형사업무 담당)·일수(지방고을 잡역)·조졸(조운선의 사공)·수군(해군)·봉수군(봉수대 숙직자)·역보(역졸) 등 칠반천역(七般賤役)이 되었다. 이는 본래 국역으로 징발되는 특수한 직역으로서, 가장 고역(苦役)이었으므로 천시되어 이 역에 종사하는 사람들이 하나의 특수한 신분층을 이루었다.

22 정답 ③ ··· (2010. 제10회 고급)

(가) 유적은 사직단인데, 조선 왕조는 법궁인 경복궁을 완공하고 좌묘우사에 따라 경복궁의 정문인 광화문의 왼쪽에 왕실의 사당인 종묘, 오른쪽에 토지신과 곡물신에게 제사를 드리는 사직을 두었다. ① 종묘, ② 마니산 참성단, ③ 사직, ④ 선농단, ⑤ 석전제에 대한 설명이다.

사직 고려 성종 사직단 설치. 5방(五方)의 천신에게 제사를 지내는 원구제를 거행.
② **소격서** 조선 초기에는 고려시대에 잦았던 도교 행사를 줄여, 재정 낭비를 막으면서도 소격서를 두어 원구단에서 초제를 주관
④ **선농단** 조선 태조 때부터 동대문 밖 전농동(현 동대문구 祭基洞) 선농단에 적전(籍田)을 마련하고 경칩 뒤의 첫번째 해일(亥日)에 제(祭)를 지낸 뒤 왕이 친히 쟁기를 잡고 밭을 갈아 보임으로써 농사의 소중함을 만백성에게 알리는 의식.
⑤ **석전제** 성균관 문묘(대성전)에서 공자에게 드리는 제사의식으로 가을에 거행.

23. 다음 문화유산에 대한 설명으로 옳은 것은? [1점]

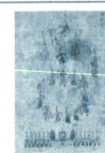 전대의 과정을 모범으로 삼고, 후대의 시행착오를 방지하고자 하는 취지에서 만들었다. 여기에는 선왕의 법도를 최대한 따르려는 유교 이념이 강하게 나타나 있으며, 당대의 모습을 철저히 기록으로 남기려는 투철한 기록 정신이 반영되어 있다.

① 일의 경과와 참여 관리 등을 기록하였다.
② 「주례」의 체제를 본떠 6전으로 구성하였다.
③ 사초, 시정기 등을 종합, 정리하여 편찬하였다.
④ 유교적 통치 규범을 성문화하기 위해 편찬하였다.
⑤ 군현의 연혁, 지세, 인물, 산물, 교통 등을 수록하였다.

24. (가), (나)에 대한 설명으로 옳은 것만을 〈보기〉에서 모두 고른 것은? [2점]

(가) 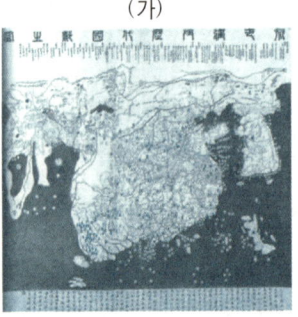   (나)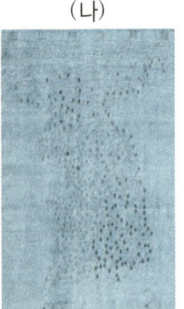

| 보 기 |

ㄱ. (가) - 태종 때 김사형, 이무 등이 제작하였다.
ㄴ. (가) - 현존하는 세계 지도 중 동양에서 가장 오래되었다.
ㄷ. (나) - 전국 8도의 군현과 병영, 수영이 표시되어 있다.
ㄹ. (나) - 임진왜란 때 왜군에게 약탈되어 현재 쓰시마 섬에 보관되어 있다.

① ㄱ, ㄴ   ② ㄴ, ㄹ   ③ ㄱ, ㄴ, ㄷ
④ ㄱ, ㄷ, ㄹ   ⑤ ㄴ, ㄷ, ㄹ

23 정답 ① ·· (2010. 제10회 고급)

보기의 문화유산은 조선왕실 의궤로 의궤란 '의식의 궤범'의 준말로 국가의 큰 행사가 있을 때 행사의 주요 장면이나 도구 등을 그림으로 그리고 그 행사의 절차, 참여자, 소요 경비 등을 기록하였다. ① 의궤, ② 법전, ③ 실록, ④ 경국대전, ⑤ 인문지리지에 대한 설명이다.

조선왕실 의궤 의궤란 '의식의 궤범'의 줄임말로 반복적 행사의 원활한 집행이라는 실용적인 목적과 함께 모든 이들에게 모범이 되게 한다는 목적으로 조선 왕조(대한제국)의 왕실(황실)이나 국가에 큰 행사가 있을 때 행사의 주요 장면이나 도구 등을 그림으로 그려 넣고, 그 행사의 과정(절차), 참여자, 들어간 비용 등을 기록하여 놓은 책. 왕실이나 국가에 큰 행사가 있을 때 이를 주관하는 임시 기구인 도감을 두는데, 행사가 완료되면 도감은 해체되고 의궤청을 설치하여 의궤를 편찬. 의궤에 수록되거나 편찬에 활용된 중요 자료는 도감에 속한 각 관청의 업무 일지인 등록과 일종의 기록화인 도설. 도설 안에 포함된 반차도(班次圖)는 그 자체만으로도 귀중한 문화유산이며, 의궤를 더욱 돋보이게 해준다. 보통 9부 내외를 작성하였는데, 1부는 어람용으로 국왕에게 올리고, 나머지는 행사와 관련된 기관이나 지방의 사고에 분상하여 소장.

②④ **조선의 4대법전** : 경국대전 · 속대전 · 대전통편 · 대전회통

경국대전 국왕의 중앙집권적 전제정치를 뒷받침하기 위하여 통일된 법전 편찬이 필요하였음.

1. 법치주의를 표방한 태조의 의지가 계승·발전되어 세조~성종의 시기에 판례법·관습법 등 우리 고유의 법을 성문화함으로써 중국법의 무제한적 침투에 대한 방파제 역할.
2. 경국대전은 6분주의에 입각해 이·호·예·병·형·공전으로 나누어졌는데, 이전은 관제와 관리의 임면, 호전은 재정 및 민사, 예전은 과거·제례·외교, 병전은 군제와 군사, 형전은 형벌·노비·재판, 공전은 도로·교량·도량형 등을 규정.
3. 중국의 대명률과는 달리 형전에 재산의 자녀 균분 상속, 호전에 토지·가옥의 사유권 보장 등의 독자적 내용을 수록.
4. 행정법·민사관계법·가족법·군법·형사법·재판관계법 등의 다양한 내용을 수록하고 있으나 특히 행정법인 이전(吏典) 규정이 많았음.

③ **조선왕조실록** 태조로부터 철종까지 25대 472년간(1392~1863)의 역사를 편년체(編年體)로 기록. 조선왕조실록은 조선 시대의 정치, 외교, 군사, 제도, 법률 등 각 방면의 역사적 사실을 망라하고 있어 세계적으로 유례가 없는 귀중한 역사 기록물이다.

⑤ **인문지리지** 영진의 설치 장소와 군정·전함(戰艦)의 수, 온천·염전·철광·목장·양마(良馬)의 유무, 각 섬의 수륙 교통의 원근과 인물 및 농토의 유무 등도 수록되어 지리적인 면뿐만 아니라 군사·행정·경제 등 다방면에 걸쳐 있어 종합정보지적 성격(통치기초자료).

팔도지리지(세종, 윤회, 신색) 각 군·현의 연혁, 지세, 인물, 풍속, 성씨, 고적, 인구, 토지, 산물, 교통 등이 수록된 <u>최초의 인문지리지</u>(경상도지리지는 전함)

동국여지승람(성종, 강희맹) 성종 때 양성지가 편찬한 「팔도지리지」에 인문에 관한 것을 추가한 50권의 <u>인문지리지의 완성본</u>, 「동문선」의 시문 첨가(부전)

24 정답 ③ ·· (2010. 제10회 고급)

보기의 지도는 (가) 혼일강리역대국도지도, (나) 조선방역지도이다. (나) 조선 명종 때(1557년) 호조 제용감에서 8도 군현의 진상품 파악을 위해 양성지의 동국지도를 참조하여 간행한 지도로 만주(흑룡강·송화강)와 쓰시마를 우리 영토로 표기하고 있다. (나)는 국보 제248호로 국사편찬위원회가 소장하고 있고, (가)가 일본 경도의 용곡(류코쿠)대학 도서관에 보관되어 있다.

(가) **혼일강리역대국도지도**(태종 2년, 1402) 이회·김사형·권근 등이 완성한 세계지도로 <u>사본이 일본 용곡대학에 있음</u>. 사본을 다시 사본하여 서울대 규장각에 보존. 정종 때 중국에서 가져온 원나라 이택민의 성교광피도와 천태승 청준의 역대제왕혼일강리도의 두 지도를 합하여 개정하였고, 일본에서 1401년에 가져온 일본도를 참고하여 완전한 세계지도로서 완성. 중화사관에 의하여 중국과 조선이 너무 크게 그려졌고, 유럽 및 아프리카가 너무 작게 표현되었음(아메리카는 없음).

(나) **조선방역지도** 현재의 전국지도와 비슷하나, 만주지역을 포함하고 남쪽으로 대마도와 제주도를 그려 넣었다. 임진왜란 때 왜군에게 약탈되어 쓰시마섬에 보관되어 오던 중, 1930년 조선사편수위원회에서 쓰시마 도주 소씨[宗氏] 문서와 함께 입수하여, 현재 국사편찬위원회에 보관.

25. 다음 제도를 도입한 국왕의 업적으로 옳은 것만을 〈보기〉에서 모두 고른 것은? [2점]

- 도내의 모든 전토에서 1결당 쌀 16말씩을 부과 징수하되, 봄, 가을로 나누어 8말씩을 징수한다.
- 봄, 가을로 7말씩은 선혜청에서 수납하여 경기도에서 상납하던 모든 경납물의 구매에 사용하고, 1말씩은 각 군현에 유치하여 수령의 공사(公私) 공비(供費)로 사용하게 한다.

보기

ㄱ. 사간원을 독립시켜 대신들을 견제하였다.
ㄴ. 적상산에 실록 보관을 위한 사고를 지었다.
ㄷ. 기유약조를 맺어 일본과 교섭을 재개하였다.
ㄹ. 명의 요청으로 심하(深河)에 군대를 파견하였다.

① ㄱ, ㄴ ② ㄷ, ㄹ ③ ㄱ, ㄴ, ㄷ
④ ㄱ, ㄷ, ㄹ ⑤ ㄴ, ㄷ, ㄹ

26. 대화의 (가) 기관에 대한 설명으로 옳은 것은? [2점]

① 합좌 기관으로 백관과 서무를 총괄하였다.
② 경적을 간행하고 국왕의 교서를 작성하였다.
③ 경연에 참가하고 국왕의 자문을 담당하였다.
④ 순군부가 개편되어 이루어진 사법 기관이었다.
⑤ 시정의 득실을 논하고 백관의 규찰과 풍속의 교정을 담당하였다.

해설 및 정답

25 정답 ⑤ ·· (2010. 제10회 고급)

보기의 제도는 조선 광해군 원년(1608)에 실시한 대동법인데 봄에 거둔 춘등수미는 상납미로, 가을에 거둔 추등수미는 유치미로 사용할 것을 지시하고 있다. ㄱ. 조선 태종대의 시책, ㄴ. 광해군대의 5대 사고 정비, ㄷ. 광해군대 일본과 무역 재개, ㄹ. 중립외교로 명과 후금 사이에서 실리 외교를 구사하여 명의 구원 요청으로 강홍립·김응서 등을 심하에 파견하였다.

광해군 개혁정치(1608~1623)
1) **정치** 사림정치를 비판하고 주전론을 주장하는 정인홍 등의 강경파 북인 계열(대북파)을 등용하여 개혁정치를 추진.
2) **사상** 정인홍은 회퇴변척(晦退辨斥)으로 이언적(회재(晦齋))·이황(퇴계(退溪))을 비판하고, 서경덕·조식의 실천적 학풍을 중시. 그러나 회퇴변척은 아무런 실효를 거두지 못했고 정인홍은 유적에서 삭제.
3) **경제** 양전사업, 호적 정리, 경기도에 대동법을 실시하였으며, 대동통보를 주조하고 은광을 개발.
4) **군사** 성지(城池)와 무기를 수리하고, 군사 훈련을 강화.
5) **문화** 동의보감을 편찬하고, 전주사고를 토대로 5대 사고를 정비.

> **4대 사고** 춘추관(서울)·충주·성주·전주 등
> **5대 사고** 임란 때 전라도 태인 유생인 안의, 오희길, 손홍록 등이 전주사고를 내장산 용굴암으로 옮겨 보존한 후로 실록은 험준한 산 위에 보관하게 되었는데 5대 사고는 <u>춘추관, 오대산, 태백산, 마니산</u> → 정족산, 묘향산 → 적상산 등에 비치.

6) **외교** 실리적 중립외교를 구사하여(기미자강책) 명의 구원 요청이 있었을 때 강홍립·김응서 등을 파견하였고(1618), 또 적당한 시기에 투항하여 후금과 휴전을 하도록 하였다(부차전투, 1618). 그리고 대마도주와 기유약조를 체결하여 무역을 재개(1609).
ㄱ. **태종의 직제 개편** 중추원을 폐지하여 승정원으로 개편하였고, 사간원을 독립시켜 재상에 대한 견제권을 강화.

26 정답 ⑤ ·· (2010. 제10회 고급)

(가) 기관은 사헌부인데, ① 의정부, ② 예문관, ③ 홍문관, ④ 의금부, ⑤ 사헌부(상대·오부)에 대한 설명이다.

사헌부(상대·오부) 조선의 언론 기관인 3사의 하나로서 시정 논의, 백관 규찰, 기강과 풍속 정립, 억울한 일 해결 등의 기능(감찰기관). 사간원과 함께 양사를 이루고 서경을 담당.

> **해치**(해태) 시비, 선악을 잘 분간한다는 상상의 동물인 해치는 정의(正義)를 상징하는 동물로서 사법(司法)적 기능을 담당하는 사헌부의 상징 흉배.

① **의정부** 최고 관부로서, 재상(3정승)들의 합의를 통하여 국정을 총괄(의정부서사제).
② **예문관** 국왕의 교서 작성.
③ **홍문관** 궁궐 안의 서적을 관리하고 국왕을 대신하여 중요한 문서를 작성.
④ **의금부** 국왕 직속의 상설 사법기구. 국사범·왕족의 범죄, 사형죄를 다룸.

27 다음 규정이 반포된 시기의 모습으로 옳은 것만을 〈보기〉에서 모두 고른 것은? [2점]

> 무릇 토지는 매년 9월 보름 이전에 수령이 그 해의 농사 형편을 살펴 등급을 매긴다. 관찰사가 이를 심의 보고하면 의정부와 6조가 함께 의논하여 임금에게 보고하고 조세를 거둔다. 소출이 10분의 10이면 상상년으로 정해 1결당 20말, 9분이면 상중년으로 18말, 8분이면 상하년으로 16말, 7분이면 중상년으로 14말, 6분이면 중중년으로 12말, 5분이면 중하년으로 10말, 4분이면 하상년으로 8말, 3분이면 하중년으로 6말, 2분이면 하하년으로 4말씩 거두며, 1분이면 면세한다.

─ 보 기 ─

ㄱ. 1결당 2.2말씩 삼수미를 내는 지주
ㄴ. 관료인 남편이 죽자 수신전을 지급받는 미망인
ㄷ. 6종류의 양전척을 사용하여 토지를 측량하는 관리
ㄹ. 과전으로 받은 토지의 생산량을 직접 조사하는 수조권자

① ㄱ, ㄴ ② ㄱ, ㄹ ③ ㄴ, ㄷ
④ ㄱ, ㄷ, ㄹ ⑤ ㄴ, ㄷ, ㄹ

28 밑줄 그은 '풀' 과 관련된 설명으로 옳은 것을 〈보기〉에서 고른 것은? [2점]

> • 이 풀은 남령초(南靈草)라고도 불린다. 근래에 일본으로부터 왔으며 …… 현재 사람들은 이것을 많이 심는다.
> ─「지봉유설」─
> • 이 풀의 큰 잎은 7, 8촌(寸)쯤 된다. 가늘게 썰어 대나무통에 담거나 혹은 은(銀)이나 주석으로 통을 만들어 담아서 가지고 다니다가 불을 붙여 빨아들이는데, 맛은 쓰고 맵다. 가래를 치료하고 소화를 돕는다고 하는데, 오래 피우면 가끔 간(肝)의 기운을 손상시켜 눈을 어둡게 한다.
> ─「인조실록」─

─ 보 기 ─

ㄱ. 개항 직후에 전매제의 대상이 되었다.
ㄴ. 조선 후기에 주요 상품 작물로 재배되었다.
ㄷ. 전문적으로 취급하는 시전 상인이 등장하였다.
ㄹ. 사용에 신분적 제약이 있어 주로 양반이 애용하였다.

① ㄱ, ㄴ ② ㄱ, ㄷ ③ ㄴ, ㄷ
④ ㄴ, ㄹ ⑤ ㄷ, ㄹ

27 정답 ③ · (2010. 제10회 고급)

사료는 조선 세종대의 공법으로 연분9등법에 대한 설명인데, 농작의 풍흉을 9등급으로 나누어 전세를 징수하였다. ㄱ. 임란 후 설치한 훈련도감의 삼수병을 양성하기 위해 전시 특별세로 삼수미세 징수, ㄴ. 세종대에도 과전법은 유지되어 과전의 세습화 현상, ㄷ. 세종대의 토지 등급에 따라 양전척을 달리한 수등이척법 시행, ㄹ. 국초 손실답험법에 따라 개인 관료가 전주로서 직접 수조를 하였고, 세종대는 군현 단위로 수령이 연분을 정하였다.

연분9등법 농작의 풍흉을 9등급으로 나누어 군현 단위로 수령이 정한 연분을 관찰사에게 보고하면, 관찰사가 중앙에 보고하고 중앙에서 이를 심사하여 상상년(上上年) 1결당 20두에서 상중년(上中年) 18두 순으로 차례차례 감해 하하년(下下年) 1결당 4두로 공법을 판정하는 세법. 그러나 당시 농업생산력으로는 1개 군현을 묶어서 하나의 연분등제 단위로 삼는 것은 무리였고(단종 : 면단위 연분등제 실시), 16세기 들어와 지주전호제의 확대와 농민의 공물·요역·군역 등의 부담이 가중되자 연분등제는 4~6두로 고정.

전분6등법 고려 문종 때의 전품3등법(상·중·하품)을 토지의 비옥·척박에 따라 6등급으로 구분. 결부제의 모순으로 객관적이지 못한 종래 수지척(手指尺)에서 주척(周尺)으로 바꿔 1결의 면적을 등급마다 달리하여 6등전(척박)의 면적은 1등전(비옥) 면적의 약 4배가 되었다. 대한제국 시기까지 계속되었고 일제시대에 가서 폐지.

- ㄱ. **삼수미세** 전시 특별세로 함경도·평안도를 제외한 지역에서 1결당 2.2두의 삼수미세를 징수(삼수병 양성).
- ㄴ. **수신전**(守信田) 관리의 미망인이 받는 토지(무자식일 때는 2분의 1 세습, 재혼시는 몰수). 과전의 세습화 현상으로 수신전·휼양전(恤養田)이 지급.
- ㄷ. **수등이척법** 토지 측량시 토지 등급에 따라 양전하는 주척(周尺)을 달리한 측량술로 비옥한 토지에는 길이가 짧은 양전척을, 척박한 토지에는 길이가 긴 양전척을 사용. 수등이척법(隨等異尺法)의 채택으로 1결의 면적을 고정시켜 놓고 전품(田品)에 따라 조세를 달리하는 차액수조(差額收租)의 방식에서 전품에 관계없이 결당 동일한 조세를 부과하는 동과수조(同科收租)의 방식으로 바뀜.
- ㄹ. **손실답험법**(損實踏驗法) 국초 과전법 실시 후 공전의 경우는 수령이 직접 답험하여 관찰사에게 보고해 수조율을 정하다가 태종 18년(1418)부터 관답험이 실시되어 중앙에서 토지조사관인 경차관(敬差官)이 현시에 내려가 풍흉을 조사해 부과대상의 실(實)과 감면대상의 손(損)을 사정하였는데, 매년 농사 형편은 고려되나 토지 비옥도가 고려되지 않았고 실질적으로 토착 향리의 답험과 유향품관에 의한 재심 등 불합리한 점이 많았다(최고 1결당 30두 징수). 그러나 사전의 경우는 여전히 관료 전주들의 답험이 시행되어 병작반수가 관행.

28 정답 ③ · (2010. 제10회 고급)

사료의 이 풀은 담배(담바고·남초·연초·남령초)인데, ㄱ. 자유경작을 하다가 일제시대인 1920년대에 들어와 전매제로 변화, ㄴ. 흡연 인구의 증가와 금은에 비교될 정도로 가격이 비싼 상품(환금)작물로 재배, ㄷ. 18세기 중엽 이후 시전 연초전이 도성 뿐만 아니라 용산 마포·서강 등 성 밖에도 존재, ㄹ. 담배는 신분적 제약 없이 남녀노소의 기호품이었다.

담배 담배는 17세기 초 일본 류큐(유구)에서 전래되어 전라도지방을 중심으로 전국적으로 재배.

- ㄴ. **상업(환금)작물 재배** 18세기에는 상품 유통이 활발해짐에 따라 장수·진안·성천지방의 담배, 개성·강계 지방의 인삼(인공 재배) 등 상업적 농업이 발달. 목화·모시와 약재(도라지), 대도시 주변의 파·오이·배추·마늘·고추·토란·부추·수박·미나리·호박·토마토 등도 인기 있는 작물. 개성상인들은 빈농에게 영농자금을 선대해 주고 수확하면 싼 값에 사들이기도 하였다.
- ㄱ. **전매사업** 전매사업은 개항(1876) 직후가 아닌 구한말인 1899년 궁내부 내장원에 홍삼사업을 담당하는 삼정과(蔘政課)가 설치되면서부터이다.

29 다음 농법의 보급 결과로 옳은 것을 〈보기〉에서 고른 것은? [1점]

> 오월이라 중하되니 망종 하지 절기로다.
> 남풍은 때맞추어 맥추(麥秋)를 재촉하니
> 보리밭 누른빛이 밤사이 나겠구나.
> 문 앞에 터를 닦고 타맥장(打麥場) 하오리라.
> ……
> 목동은 놀지 말고 농우(農牛)를 보살펴라.
> 뜬물에 꼴 먹이고 이슬풀 자로 뜯겨
> 그루갈이 모심기 제힘을 빌리로다.
> 보리짚 말리고 솔가지 많이 쌓아
> 장마나무 준비하여 임시 걱정 없이하세.

｜보 기｜
ㄱ. 논을 밭으로 바꾸는 현상이 활발해졌다.
ㄴ. 농기구가 개량되고, 농종법이 시작되었다.
ㄷ. 노동력이 절감되어 광작 경영이 가능하였다.
ㄹ. 토지 소유와 경영의 집중화로 농민층이 분화되었다.

① ㄱ, ㄴ   ② ㄱ, ㄷ   ③ ㄴ, ㄷ
④ ㄴ, ㄹ   ⑤ ㄷ, ㄹ

30 대화의 사건에 대한 설명으로 옳은 것은? [2점]

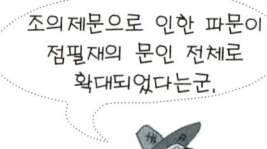

① 공신호 삭탈에 반발하여 일어나게 되었다.
② 김일손과 이극돈의 사초 문제가 발단이 되었다.
③ 신사무옥으로 이어져 훈구파가 정국을 주도하는 계기가 되었다.
④ 양재역 벽서 사건을 통해 윤원형이 조정을 장악하는 배경이 되었다.
⑤ 임사홍이 폐비 윤씨 사건을 연산군에게 밀고한 것이 원인이 되었다.

해설 및 정답

29 정답 ⑤ (2010. 제10회 고급)

사료는 조선 후기 실학자 정약용의 차남인 정학유가 지은 5월령의 농가월령가로 달거리 형식을 빌려 1년 동안 농민의 생활을 묘사하였는데, 이앙법(모내기법)으로 도맥(벼·보리) 이모작이 가능해졌음을 보여준다. ㄱ. 밭을 논으로 바꾸는 번답(反畓) 현상이 유행, ㄴ. 농종법이 아니라 밭농사(한전농법)에서 견종법이 나타났다. 조선 후기 이앙법·견종법 등 농법의 개량으로 노동력을 절감시켜 경작지 규모로 확대하는 광작이 가능해졌으나 대다수 가난한 소작농들은 소작지 얻기가 어려워져 몰락함으로 고공(머슴) 또는 도시 임노동자가 되어 농민 계층의 분화가 촉진되었다.

조선 후기의 농업 '생산력의 증대'와 '경영 방법의 변화'라는 두 측면에서 커다란 진전과 변화. 정부는 서둘러 농경지의 확충에 나서, 내륙·산간지방에서의 황무지 개간과 서해안과 큰 강 유역의 저습지에서의 간척사업을 널리 장려. 개간자에게는 소유권과 함께 3년간 면세 혜택을 부여하였으나 개간사업은 오히려 지주층의 토지겸병과 지주제를 확대시켰을 뿐, 대다수 농민은 소유지를 잃거나 감축 당함.

농법의 개량 수전농업에서는 직파법(直播法)에서 이앙법(移秧法)으로, 한전농업에서는 농종법(壟種法)에서 견종법(畎種法)으로 개선. 특히 이앙법의 발달은 농민의 소득 증대에 큰 도움을 주었는데 보리농사는 소작료의 수취대상이 되지 않았기 때문. 그리고 밭농사에서 가을보리를 심어 이듬해 여름에 수확한 뒤 다시 콩이나 조를 심는 그루갈이가 발달하였고 밭을 논으로 바꾸는 번답(反畓) 유행. 그리하여 정조대에 논이 전체 농경지의 약 53%(31만 7천결)을 차지.

> **농종법** 밭을 경작하는 방법의 하나로 밭을 갈아서 이랑(두둑, 농(壟))을 만들고 그 위에 파종을 하는 방법. 밭농사는 처음에는 고랑과 이랑의 구분이 없는 평평한 땅에 씨앗을 고루 뿌리는 만종법(縵種法)이 사용되었으나, 가축을 이용해 밭을 갈아 농사를 지으면서 농종법이 널리 쓰였다. 조선 후기에 견종법이 본격적으로 보급되기 전까지는 대부분의 밭작물은 농종법으로 재배.

> **견종법** 밭을 갈아 이랑과 고랑을 내고 고랑에다 씨를 뿌리는 파종법. 조선 중기 이후 급속히 보급. 조선 후기에는 보리·조·콩 등 밭작물의 농사에 견종법이 사용됨으로써 생산량의 증가와 노동력의 절감을 가져와 논농사에서의 이앙법의 확대와 더불어 농업생산력을 크게 향상시켰으며, 경작지의 확대와 부농의 등장, 농민층의 분해 등 농촌사회에 일련의 변화를 촉진.

30 정답 ② (2010. 제10회 고급)

대화의 사건은 연산군 때 발생한 무오사화로 점필재 김종직의 조의제문을 제자 김일손이 사초에 넣은 것이 문제가 되어 발발한 사건이다. ① 기묘사화, ② 무오사화, ③ 기묘사화 이후 중종 16년(1521)에 발생, ④ 정미사화, ⑤ 갑자사화에 대한 설명이다.

≫ 4대사화 ≪

사 화	원 인	가해자	피해자
무오사화 (1498)	훈구파와 사림파의 대립 조의제문(사초)문제	유자광·이극돈·윤필상·노사신	김종직·김일손·김굉필·정여창
갑자사화 (1504)	궁중파와 부중파의 대립 윤비(연산모) 폐비사건	연산군·임사홍·신수근	윤필상·김굉필·정여창·한명회
중종반정(中宗反正, 1506)			
기묘사화 (1519)	조광조의 급진정치 위훈삭제사건	남곤·심정·홍경주 (기묘삼간)	조광조·김식·김안국·한충
을사사화 (1545)	왕위 계승을 둘러싼 외척 (대윤·소윤)의 대립	윤원형·정순명·김명윤 (소윤)	윤임·유관·이언적·유희춘(대윤)
정미사화(1547)	윤원로·윤원형 형제의 권력 다툼으로 양재역 괴벽서 사건이라고도 한다.		

31 자료와 관련된 궁궐에 대한 설명으로 옳은 것은? [2점]

① 고종이 순종에게 양위하고 머물렀다.
② 규장각으로 사용되었던 건물이 남아 있다.
③ 도성의 북쪽에 있다고 하여 북궐이라고도 불렸다.
④ 일제에 의해 동물원, 식물원, 박물관이 만들어졌다.
⑤ 서운관 앞에 있던 고개에서 궁궐의 이름이 유래되었다.

32 (가), (나)에 대한 설명으로 옳지 않은 것은? [2점]

(가) 대한 제국 인민으로 전답, 산림, 천택, 가옥을 가진 자는 이 관계(官契 : 관청에서 증명한 문서)를 반드시 갖되, 구권(舊券)은 하나도 빠짐없이 감리소에 납부할 것
(나) 토지 소유자는 조선 총독이 정하는 기간 내에 주소, 씨명, 명칭 및 소유지의 소재, 지목, 자번호, 사표, 등급, 지적, 결수를 임시 토지 조사국장에게 신고해야 한다. 단, 국유지는 보관 관청이 임시 토지 조사국장에게 통지해야 한다.

① (가) - 사업 추진을 위해 지계아문을 설치하였다.
② (가) - 개항장 밖에서 외국인의 토지 소유를 금지하였다.
③ (나) - 안정적인 지세 수입의 확보를 목적으로 하였다.
④ (나) - 역둔토, 미간지 등이 조선 총독부에 의해 점유되었다.
⑤ (가), (나) - 예산 문제로 일부 지역에서만 실시되었다.

해설 및 정답

31 정답 ③ ··· (2010. 제10회 고급)

자료의 궁궐은 조선시대 5대 궁궐 중 법궁인 경복궁이다. ① 덕수궁, ② 창덕궁, ③ 경복궁을 북궐, 창덕궁과 창경궁을 동궐이라 불렀고, ④ 창경궁, ⑤ 운현궁에 대한 설명이다.

> **경복궁 주요 건물**(도성 4대문의 중앙에서 볼 때 북쪽) 정문 광화문과 좌우에 종묘.사직.
> **근정전** : 정전(正殿). 왕과 신하의 집전실
> **교태전** : 경복궁 중앙에 있음(중전), 왕비의 침전
> **강녕전** : 경복궁 안에 있던 왕의 침전
> **사정전** : 정전인 근정전 뒤에 있는 편전(便殿)으로 왕이 평상시에 거처하면서 정사를 보던 건물

① **덕수궁** 조선 시대의 이궁. 원래의 명칭은 경운궁(慶運宮)이지만, 1907년 고종이 순종에게 양위 한 뒤 이곳에 살면서 명칭을 덕수궁(德壽宮)으로 바꾸었다.

② **창덕궁** 태종 5년(1405) 경복궁의 이궁으로 지어진 궁궐이지만, 임진왜란 때 경복궁이 소실된 후 1868년 고종이 경복궁을 중건할 때까지 258년 동안 역대 국왕이 정사를 보살피는 본궁(本宮)으로 쓰였다. 궁궐 정문인 우진각지붕에 다포양식인 돈화문, 신하들의 하례식이나 외국 사신의 접견 장소로 쓰이던 창덕궁의 정전인 인정전, 국가의 정사를 논하던 선정전 등의 공적인 공간이, 왕과 왕후가 거처하는 희정당, 대조전 등과 산책할 수 있는 넓은 공간의 후원(後苑) 등 사적 공간이 있다. 정조 때 후원 부용정 맞은편 건물인 주합루에 규장각(아래층은 왕립도서관인 규장각 서고로, 위층은 열람실로 사용)을 두고, 순조 때 사대부의 생활을 알기 위해 연경당을 두었다. 창덕궁은 자연스런 산세에 따라 자연 지형을 크게 변형시키지 않고 산세에 의지하여 건물이 자연의 수림 속에 포근히 자리를 잡도록 배치. 창덕궁은 조선 시대의 전통 건축으로 자연 경관을 배경으로 한 건축과 조경이 잘 조화.

④ **창경궁** 조선 시대의 이궁 중 하나였지만 일제의 조선왕실 격하시책의 일환으로 동물원, 식물원, 박물관이 설치되고 꽃을 키워 놀이동산이 되는 수모를 겪었다

⑤ **운현궁** 흥선대원군의 사저로 고종이 왕위에 오르기 전 이곳에서 어린 시절을 보냈다.

② **창덕궁** 후원 부용정 맞은편 건물인 주합루 2층에 규장각이 있었다.

> **5대 궁궐** 법궁(法宮)이 경복궁, 이궁(離宮)으로 창덕궁과 창경궁, 경희궁, 경운궁(덕수궁).

32 정답 ⑤ ··· (2010. 제10회 고급)

사료는 (가) 대한제국시기의 광무양전, (나) 일제시대 토지조사령 제4관의 내용이다. ⑤ (가)는 전 국토의 3분2를 대상으로 하였으나, (나)는 전국적으로 실시하였다.

(가) **광무개혁 양전사업**(1898~1904) 양지아문(1898), 지계아문(1901)을 설립하고 전 국토의 3분의 2를 대상으로 조사하여 지계(토지문권)를 발급(지계 발급은 강원과 충남 일부 지역)하여 근대적 토지 소유권 제도 확립 시도(광무개혁에서 가장 중시한 사업), 지주전호제 유지, 외국인의 내지(개항장 밖) 토지소유 금지, 화폐조례 공포(1901, 금본위제 시도), 실업교육 강조, 기술교육기관 설립, 근대적 공장과 회사의 설립으로 최초의 산업자본 육성을 시도. 이채연을 중심으로 서울의 도시개조사업을 추진하여 미국 수도 워싱턴을 모델로 덕수궁 앞 도로를 정비하고 방사상 도로체계를 도입하였으며, 서북철도국(총재 : 이용익)을 설치(1902)하여 경의선 부설을 시도.

(나) **일제 조선토지조사사업**(1912-1918) 근대적 토지 소유 제도를 확립의 명분으로 토지 소유권 재조사 하였으나, 실제로는 토지의 약탈, 토지세의 안정적 확보

> **신고주의** '토지 조사'의 과정에서 문제가 되는 것은 법령 제4조에 있는 소위 '신고주의'에 따라 조선총독이 정한 일정 기간 내에 토지 소유자의 신고를 규정한 것이다. 신고주의에 따라 개인 명의의 신고만 인정하고 공유지는 신고를 받지 않았다. 복잡한 신고 절차, 일본 관헌과 지주의 손으로 이루어지는 토지신고서 확인과 소유권 심사 과정에서 종래 사실상의 소유자인 농민을 내몰고 왕실 소유지, 문중의 토지, 신고에서 빠진 토지 등을 총독부 소유지로 편입. 또한 농민들의 경작권·도지권·입회권(마을 주변 주인 없는 토지에 대한 공동 이용권) 등 모든 권리는 부정되고, 지주의 소유권이 유일한 배타적 권리로서 확정되어 지주제는 예속적 발전의 기초를 확립. 또한 지방에서는 항일운동이 줄기차게 진행된 데다 각종 유언비어가 난무하여 과세를 피하기 위하여 신고하지 않은 자 또는 문맹자는 법령 숙지가 안 되어 신고시 수속이 미비하여 소유권을 잃는 경우도 있었다.

525

33 자료와 관련된 선거에 대한 설명으로 옳은 것은? [2점]

① 6·25 전쟁 중에 실시되었다.
② 발췌 개헌이 이루어진 직후 실시되었다.
③ 진보당 사건이 일어나는 계기가 되었다.
④ 마산 시민들의 반정부 시위를 촉발시켰다.
⑤ 사사오입 개헌이 이루어지는 배경이 되었다.

34 다음 회담이 열렸던 시기의 남북 정세에 대한 설명으로 옳은 것은? [2점]

이 회담은 평양과 서울을 오가며 총 8차례 개최되었다. 그 중 제3차 회담에서 남북은 각각 불가침 문제를 제기하였고, 이듬해 열린 제4차 회담에서는 남북 기본 합의서에 대한 상당한 의견 접근을 이루었는데, 이 회담에서 북측은 한반도 비핵지대화 문제를 제기하였다. 12월 서울에서 열린 제5차 회담에서 남북은 마침내 '남북 사이의 화해와 불가침 및 교류 협력에 관한 합의서'에 합의하였고, 12월 말에는 '한반도 비핵화에 관한 공동 선언'으로 이어졌다.

① 남북 정상 회담이 개최되었다.
② 남북 적십자 회담이 시작되었다.
③ 한국 정부는 북방 정책을 추진하였다.
④ 이산가족 상봉이 처음으로 이루어졌다.
⑤ 북한은 외국 자본 유치를 위해 합영법을 제정하였다.

해설 및 정답

33 정답 ④ ·· (2010. 제10회 고급)

포스터에서 자유당의 후보로 대통령 이승만, 부통령 이기붕이 출마해 1960년 3·15 정·부통령 선거임을 알 수 있다. 당시 민주당 조병옥 후보의 사망으로 이승만이 단독 입후보하여 당선되었고, 당시 자유당 정권은 전국적인 부정선거를 자행하였다. ① 6·25 전쟁 중에는 2대 부통령과 2대 대통령 및 3대 부통령 선거 실시, ② 1952년 8월 5일 대통령 직선제 개헌 후 실시, ③ 1958년 1월, ④ 추악한 부정선거에 항의하여 1차 마산시위, ⑤ 이승만의 장기 집권 획책으로 1954년 11월 29일의 제 2차 개헌이 나타났다.

3.15 부정선거(1960년) 1960년의 정·부통령 선거에서 대통령은 여당(자유당)은 이승만, 제1야당인 민주당에서는 조병옥이 출마. 조병옥이 병사하고 이승만 1인 후보가 되었으며, 부통령은 전임 부통령이었던 민주당의 장면이 다시 나왔으나 부정선거로 여당인 이기붕에 의해 패배. 원래 민주당 인물이었던 김준연은 1957년 동당에서 제명되고 사진에서처럼 통일당을 창당하고 부통령 출마.

② **발췌개헌**(1952. 5. 26) 국회간접선거로는 재선 가능성이 없자, 임시수도 부산에서 계엄령을 선포하고 (1952. 5), 백골단·땃벌떼 등의 폭력조직을 동원하여 국회 해산을 요구, 야당의원 40여 명을 국제공산당의 자금을 받았다는 혐의로 헌병사령부 연행 등 국회를 탄압하면서, 경찰의 삼엄한 경비 속에 대통령직선제를 골자로 하고 야당이 주장한 내각책임제 개헌안을 기립 표결로 통과(5·26 부산정치파동). 이승만은 1952년 8월 선거에서 제2대 대통령에 당선. 그 후 자유당은 가장 큰 파벌인 이범석의 조선민족청년단 계열을 자유당에서 축출.

③ **진보당사건**(1958.1) 조봉암이 중심이 되어 조직(1956.11.10)한 혁신정당으로, '평화통일론'을 주장하고 구체적 방안으로서 '남북한 총선거에 의한 평화통일안'을 주장. 평화통일론 정책이 지지를 얻자 자유당과 민주당의 보수연합세력은 진보당을 견제하기 시작. 그러나 이 주장이 북한 및 소련·중국의 '중립국 감시위원단하의 총선거안'과 같은 주장이라는 혐의를 받게 되었고, 조봉암을 비롯한 당 간부들은 간첩접선 혐의로 구속·기소되고 진보당은 해체. 대부분의 간부들에게는 무죄가 선고되었으나, 조봉암은 처형(1959.7.31).

④ **1차 마산시위** 3.15 부정선거에 항의하는 시위가 마산에서 발생하여 곧 전국적으로 확산.
2차 마산시위 4월 11일 마산에서 최루탄에 맞아 죽은 김주열의 시체가 인양되면서 부정선거의 항의 시위가 확대되어 이승만 독재정권을 타도하기 위한 투쟁으로 전환.

⑤ **사사오입 개헌**(1954.11.29) 이승만은 장기 집권을 목적으로 초대 대통령에 한하여 중임제한을 철폐한다는 대통령중임세 개헌안을 사사오입이론을 내세워 통과시켰다. 그 결과 야당세력을 규합한 민주당이 결성되었고, 민주당의 대통령 후보 신익희는 "못살겠다. 갈아보자."라는 선거 구호로 이승만에게 맞섰으나 투표 열흘 전 급서하고 1956년 5월 15일 선거에서 이승만은 대통령에 당선되었지만 부통령에는 자유당의 부통령 후보였던 이기붕이 낙선하고 야당 민주당 후보인 장면이 당선.

34 정답 ③ ·· (2010. 제10회 고급)

보기는 제6공화국 노태우 정부시기인 1991년 12월 13일에 개최된 남북고위급회담으로 남북기본합의서가 채택된 내용이다. ① 2000년 6월15일(김대중 정부), ② 1972년 8월, ③ 제6공화국의 정책으로 헝가리·폴란드, 소련 등과 수교 체결, ④ 1985년 9월, ⑤ 합영법은 1984년에 제정되고 1994년에 개정하였다.

남북기본합의서(1991.12.13) 독일 통일(1990.10)과 남북한 UN 동시 가입(1991. 9. 17) 이후 합의, 남북간 화해와 불가침 및 교류 협력에 관한 기본 합의서로 ① 상호 화해와 불가침 선언 ② 교류협력, ③ 핵무기 개발 포기 등을 명시하고 국가적 실체는 인정하되 국가로는 승인하지 않는다고 하였으며, 합의서 발표 후 3개월 안에 판문점에 남북연락사무소 설치·운영 등을 합의. 분단46년만에 남북한 정부 당사자간에 공식 합의된 최초의 문서. 그 해 12월 31일에 한반도 비핵화 공동선언.

② **남북적십자회담 제의**(1971.8.12) 최두선 대한적십자사 총재가 1천만 이산가족찾기운동을 제의, 이를 북한적십자사가 수락함으로써 출발. 만 1년간의 예비회담을 거쳐 1972년 8월 30일에 본회담이 개최.

④ **남북적십자회담의 재개**(1985.5.27) 1985년 5월 27일 서울에서 개최된 제8차 남북적십자 본 회담에서는 '이산가족 고향방문단 및 예술공연단'의 교환을 추진키로 합의. 그 해 9월에는 양측 고향방문단과 예술공연단이 서울과 평양을 각각 방문(이산가족 상봉)하였으며, 1985년 8월에는 평양에서 제9차 남북적십자 본 회담이, 12월에는 서울에서 제10차 남북적십자 본 회담이 개최.

⑤ **합영법** 합작회사 운영법의 준말로 1984년 북한에서 외국과의 경제, 기술 교류 및 합작 투자를 목적으로 제정하였으며 외국 자본과의 합작을 처음으로 인정. 1992년 헌법개정 → 외국인 투자법·합작법·외국인 기업법(1992) → 외국투자기업법·외국인 세금법·외자관리법 등 외자관련 법령을 제정(1993).

35 다음 인물의 활동으로 옳은 것은? [2점]

그는 을사조약을 저지하기 위한 고종의 특명을 받고 루스벨트 대통령을 만나기 위해 미국으로 갔다. 그러나 루스벨트가 가쓰라·태프트 밀약에 의한 자국의 이익 때문에 만나 주지 않아 실패하였다. 다시 고종 황제로부터 헤이그 만국 평화 회의 특사로 임명되어 조선의 주권 확립을 세계만방에 호소하다가 일본의 심한 박해를 받았다. 이러한 공로를 인정받아 1950년에 외국인 최초로 건국 공로 훈장 고종의 헤이그 특사 임명장 태극장에 추서되었다.

고종의 헤이그 특사 임명장

① 동문학에서 영어를 가르쳤다.
② 광혜원의 설립에 깊이 관여하였다.
③ 한국 최초의 서양인 고문으로 부임하였다.
④ 대한 제국의 외부 고문으로 임용되어 활동하였다.
⑤ 세계의 지리와 문화를 소개하는 「사민필지」을 저술하였다.

36 다음 만평이 그려진 시기에 일제가 실시한 정책으로 옳은 것은? [1점]

철제(鐵蹄) 대용품 나막신!
최근에는 철 기근으로 철제도 폭등했고,
말도 나막신을 신게 되나?

① 신은행법을 제정하여 은행 합병을 단행하였다.
② 국가 총동원법을 제정하여 전쟁 물자를 동원하였다.
③ 회사령을 제정하여 우리 민족 자본의 성장을 억압하였다.
④ 농촌 진흥 운동을 시작하여 농촌의 자력갱생을 꾀하였다.
⑤ 조선 관세령을 철폐하여 일본 자본의 조선 진출을 용이하게 하였다.

35 정답 ⑤ ··· (2010. 제10회 고급)

보기의 인물은 한말 외교·교육·언론 분야에서 활약한 헐버트(Hulbert B.H., 1863~1949, 흘법)이다. ① 육영공원에서 활동, ② 알렌, ③ 묄렌도르프, ④ 스티븐스, ⑤ 헐버트는 「사민필지」·「초학지지」 등의 지리교과서와 「대동기년」, 「한국통사」, 「대한제국멸망사」 등의 역사서를 저술하였다.

헐버트(Hulbert ; 흘법(訖法)) 1886년 소학교 교사로 초청을 받고 D.A벙커 등과 육영공원에서 외국어 지도. 을사조약(제2차 한일협약 : 1905.11.17)이후 고종의 밀서를 휴대하고 워싱턴(1905)·헤이그(1907. 5)에 파견되어 외교적 지원을 호소했으나 외면당하였다. 헐버트가 주도한 언론으로는 The Korean Repository(한국휘보, 1892)·The Korea Review(한국평론, 1901 : 일본의 야심과 야만적 탄압행위를 폭로)이 있었고, 저서로는 대동기년·한국통사(The History of Korea)·대한제국멸망사(The Passing of Korea). 대한민국 수립 후 1949년 국빈으로 초대를 받고 내한하였으나, 병사하여 양화진 외국인 묘지에 묻힘.

사민필지(士民必知) 헐버트가 육영공원 교사 재직시 세계 각국의 산천풍토·정령(政令)·학술 등을 한글로 소개한 한국 최초의 세계지리교과서. 「초학지지」라는 지리교과서도 간행.

육영공원(1886) 보빙사의 건의로 설립된 최초의 현대식 관립학교로 상류층 자제와 양반 관료에게 영어·수학·지리·정치학·자연과학 등을 교육하였고 정원은 35명이었으며 헐버트·길모어·번커 등이 지도.

① **동문학**(1883.8) 외아문에 설립한 통역관 양성의 관립 영어강습기관. 통변학교(通辯學校)라고도 한다.
② **알렌** 갑신정변시 민영익 치료. 아관파천시 미국공사로 관여. 최초의 합법적 이민인 하와이 이주(1902.12) 주선.

광혜원(1885) 미국 의료선교사 알렌에 의해 설립된 최초의 근대식 왕립병원. 제중원으로 개칭.

③ **묄렌도르프** 청에 의해 임오군란이 진압된 후, 청의 내정 간섭시 최초의 서양인 고문(외교고문)
④ **스티븐스** 제1차 한일협약(1904.8.22)으로 고문정치를 실시로 초빙된 대한제국의 미국인 외교고문. 일본의 보호정치를 찬양하다 재미교포 전명운(공립협회 소속)이 샌프란시스코 오클랜드 페리 부두에서 권총 자루로 내리쳤고, 나중에 나타난 장인환(대동보국회 소속)이 저격(1908. 3. 23).

36 정답 ② ··· (2010. 제10회 고급)

보기의 만평은 일제가 1937년 중일전쟁을 도발한 후 전쟁 물자 조달을 위해 금속제 그릇, 교회종, 사찰 불상, 학교 동상 등을 수탈한 공출제도를 간접적으로 비판한 내용이다. ① 1928년, ② 1938년 4월, ③ 19101년 12월, ④ 1932년, ⑤ 1923년의 일제의 정책이다.

국가총동원법(1938.4.1) 인력과 자원의 통제와 수탈 강화

1) **정신적 수탈** 일제는 조선 총독 미나미 지로를 통해 일선동조론·황국신민화 등의 구호와 국체명징, 내선일체. 인고단련 등 3대 교육 방침을 내세워 우리말과 우리 역사 교육 금지(1938.3), 황국신민의 서사 암송(1937.10)·궁성요배·정오묵도 등의 미신행위와 창씨개명(1940.2)을 강요. 이에 항거하는 학교를 폐쇄시키고 신사참배(1936. 8, 신사규칙 제정 : 1면 1신사원칙)에 반대하는 기독교 신자를 투옥.

2) **노동력의 수탈**
   ① **국민징용령**(1939) : 100만여 명의 청년을 탄광, 철도 건설, 군수 공장 등에 동원.
   ② **여자정신대 근로령**(1944) : 12-40세의 배우자 없는 여성을 강제 동원→ 군수 공장 종사, 위안부
   ③ **병력동원** 지원병제(1938), 학도지원병제((1943), 징병제(1944)를 실시하여 총 20만 명 이상.

3) **물적자원의 수탈**
   ① **식량수탈 강화** 산미 증식 계획 재개, 가축 증식 계획, 미곡 공출제와 식량 배급제 실시
   ② **전쟁물자 공출** 무기 생산에 필요한 쇠붙이 공출

① **신은행법**(1927) 1911년 공포된 '조선 은행법'을 개정한 법으로서 은행 합병을 단행.
③ **회사령**(1910-1920) 허가제, 자유로운 민족 기업 설립 방해.
④ **농촌진흥운동**(1930년대) 소작쟁의 등으로 불만이 표출되는 소작농을 무마하기 위한 일환. 1934년 '조선농지령'(소작권 이동억제 내용).
⑤ **조선 관세령 철폐**(1923) 일본 상품의 수출 증대 도모. 이에 대한 반발로 물산 장려 운동 전개.

37. 밑줄 그은 '이 기구'에 대한 설명으로 옳은 것을 〈보기〉에서 고른 것은? [1점]

- 전교하기를, "이 기구의 처소(處所)를 차비문(差備門) 근처에 정하라."라고 하였다.
- 이 기구는 국내의 크고 작은 일을 전적으로 의논한다. 총재 1인은 총리대신이 겸임하고, 부총재 1인은 의원 중에서 품계가 높은 사람이 겸임하며, 회의원은 10인 이상 20인 이하이고, 서기관은 3인인데 1인은 총리대신의 비서관을 겸임한다.

- 「고종실록」 -

보기

ㄱ. 민영익, 윤치호가 회의원으로 참여하였다.
ㄴ. 퇴직한 관리들의 상업 경영을 허가하였다.
ㄷ. 의정부를 내각으로, 8아문을 7부로 개편하였다.
ㄹ. 흥선 대원군을 섭정으로 하는 내각이 주도하였다.

① ㄱ, ㄴ   ② ㄱ, ㄷ   ③ ㄴ, ㄷ
④ ㄴ, ㄹ   ⑤ ㄷ, ㄹ

38. 다음 잡지를 간행한 인물에 대한 설명으로 옳은 것은? [1점]

1921년 1월 베이징에서 창간 된 이 잡지는 중국인도 읽을 수 있도록 순한문으로 간행되었다. 잡지에는 일본 제국주의의 동양평화 교란, 조선 독립의 필요성, 항일 무장 투쟁의 필요성 등을 주장하는 글이 게재되었다.

① 신민족주의와 신민주주의를 제창하였다.
② 「조선사연구초」, 「조선상고사」 등을 저술하였다.
③ 조선학 운동을 주도하여 「여유당전서」을 간행하였다.
④ 랑케 사학의 기반 위에서 철저한 고증주의를 표방하였다.
⑤ 「한국통사」를 저술하여 민족 정신을 '혼'으로 파악하였다.

37 정답 ④ ·· (2010. 제10회 고급)

이 기구는 갑오개혁을 추진하기 위해 1894년 6월 25일 설치한 군국기무처인데, 당시 총재는 김홍집, 부총재는 박정양이 맡았다. ㄱ. 불참하였고, 김윤식·유길준·어윤중 등이 참여, ㄴ. 군국기무처 의정안 제38조의 내용, ㄷ. 2차 갑오개혁에서 군국기무처가 폐지된 후의 개편 내용, ㄹ. 일본은 반일적인 민씨정권을 몰아내고 대원군과 타협하여 대원군을 추대하였다.

군국기무처 갑오개혁의 중추적 역할을 한 기관으로, 정치·군사에 관한 일체의 사무를 관장. 고종은 교정청을 설치하여 자주적인 내정개혁을 시도. 이에 일본공사는 6월 21일 1개 연대 이상의 일본군대를 동원하여 경복궁을 포위하고 고종을 협박하였으므로, 내정개혁을 의결하는 기관으로 군국기무처를 설치. 영의정 김홍집이 총재관을 겸하고, 의원에는 박정양·민영달·김종한·김윤식·조희연·이윤용·김가진·정경원·유길준·김하영 등 17명을 임명. 이 기구는 먼저 중앙관제를 개혁하여 크게 궁내부와 의정부로 나누고, 의정부 밑에 내무·외무·탁지·법무·학무·공무·농상의 8아문을 설치하고, 의정부에는 총리대신을 두어 행정수반으로 삼았으며, 궁내부와 각 아문의 장관을 대신, 차관을 협판(協辨)이라 하였다. 왕권이나 정부의 권력보다 더 큰 세력을 가지게 되었다.

> ≫ **군국기무처 의정안(軍國機務處議定案)** ≪
>
> 1. 현금(現今) 이후로는 국내외의 공·사문서에 개국기원을 사용할 것
> 3. 문벌과 양반·상민 등의 계급을 타파하여 귀천에 구애되지 않고 인재를 뽑아 쓸 것
> 5. 죄인 자신 이외에 일체의 연좌율을 폐지할 것
> 7. 남녀의 조혼을 엄금하며 남자는 20세, 여자는 16세 이상이어야 결혼을 허가할 것
> 8. 과부의 재가는 귀천을 막론하고 자유에 맡길 것
> 9. 공·사노비의 법을 혁파하고, 인신의 매매를 금할 것
> 37. 역인·창우·피공(갖바치) 등의 천민 대우를 폐지할 것
> 38. <u>관인이 관직을 그만 둔 후 상업을 경영함을 자유에 맡길 것</u>
> 54. 각 도의 부세·군보(軍保) 등으로 상납하는 대소의 미(米)·태(太)·목(木)·포(布)를 금납제로 대치할 것

38 정답 ② ·· (2010. 제10회 고급)

「천고」 잡지는 민족사학자 신채호가 간행하였으며, ① 안재홍, ② 신채호, ③ 정인보, ④ 실증사학자(이병도), ⑤ 박은식에 대한 설명이다.

천고 신채호·유림·김창숙·김정묵·남형우 등과 함께 순 한문지로 발간. 한국인의 독립정신을 중국에 선양. 1921년 1월부터 제7권까지 발간. 단재는 이 잡지 '고고편'의 '진왕'에서 부여를 한국 고대사의 중심으로 보았다.

신채호(1880~1936) 호는 단재. 20세에 성균관박사, 황성신문 논설위원, 신민회원, 「독사신론」(1908)에서 민기(民氣) 강조, 동제사에 관계. 연해주로 망명하여 '해조신문' 간행. '의열단'의 행동강령인 「조선혁명선언」(1923)을 기초함. 중국 북경·천진 유학생 중심으로 '대한독립청년단' 조직, 환인지방 대종교 계열의 동창학교에 참여, 1927년 무정부주의 동방동맹에 가입하여 무정부주의자로 활동하다 여순 감옥에서 옥사.

① **조선상고사**(1931) 조선사총론 - 역사는 '인류사회의 아(我)와 비아(非我)의 투쟁'이라고 하여, 대내적으로 계급 대 계급의 모순 상극을 지양하기 위한, 대외적으로는 민족 대 민족의 주체성을 유지하기 위한, 제 모순관계의 끊임없는 항쟁사라고 규정하면서 고구려의 대외항쟁을 강조. 이어서 "시간부터 발전하며 공간부터 확대하는 심적 활동 상태의 기록"이라고 하여, 대립관계와 그 극복의 과정에서 문화가 확대발전한다는 변증법적 발전론의 입장에서 정신사 중심의 유심(唯心)사학으로 역사를 파악할 것을 주장.

② **조선상고문화사**(1931) 한사군의 요동·요서지방설과 낙랑군과는 별도로 낙랑국(평양)이 존재했다는 남북 양 낙랑설을 주장.

③ **조선사연구초**(1925) 6편의 논문으로 구성, 묘청의 난을 '조선역사상 일천년래 제일대사건'으로 평가하며 낭가사상을 주장.

④ **조선혁명선언**(1923) 당시 이승만의 외교독립론과 안창호의 준비론(실력양성론)을 비판하고 민족의 독립과 국권 회복을 이루는 길은 민족의 힘, 그 중에서도 민중의 힘뿐이라고 하여 직접혁명론을 주창.

⑤ 사학사상 통합 : 지금까지 우리나라 역사에서 대립되어 오던 유가적 합리주의 사학과 낭가적·자주적 사학사상을 통합.

39 다음을 목표로 삼았던 군대에 대한 설명으로 옳은 것은? [2점]

> • 우리의 분산된 무장 역량을 총집중하여 조국 광복 전쟁을 전면적으로 전개시킬 것
> • 중국 항전에 참가하여 중국 항일군과 연합하여 왜적을 박멸할 것
> • 정치, 경제, 교육을 평등으로 한 신민주국가 건설에 무력기간(基幹)이 될 것
> • 인류의 화평과 정의를 지지하는 세계 제민족과 함께 인류발전의 장애물을 소탕할 것

① 호가장 전투, 반소탕전 등에서 일본군을 격파하였다.
② 조선 혁명 간부 학교를 설립하여 군사력을 양성하였다.
③ 조선 의용대 화북 지대가 편입되어 군사력이 증강되었다.
④ 지청천을 총사령관, 이범석을 참모장으로 하여 창설되었다.
⑤ 군대의 행동 준승에 의해 독자적 군사 작전을 수행하였다.

40 다음 방침에 따라 통치가 이루어지던 시기에 지어진 건축물로 옳은 것은? [2점]

> 병합 당시에 적절 유효했던 제도 및 시설 중에는 시세의 진운과 조선의 실정에 적합하지 않게 된 것도 있다. 헌병 경찰제 대신에 보통 경관에 의한 경찰 제도를 채택하고, 복제를 개정하여 일반 관리와 교원 등의 제복대검(制服帶劍)을 폐지하고, 조선인의 임용과 대우 등을 고려하려고 한다. 요컨대, 문화적 제도의 혁신으로 유도제서(誘導提)하고 그 행복과 이익 증진을 도모하며 장래 문화의 발달과 민력의 충실에 응하여 정치상·사회상의 대우에 있어서도 일본인과 같은 취급을 할 궁극적 목적을 달성하도록 하겠다.

①
명동 성당

②
한국은행 본관

③
구러시아 공사관

④
독립문

⑤
구서울대학교 본관

39 정답 ④ ··· (2010. 제10회 고급)

보기의 군대는 1940년 9월에 창군한 대한민국 임시정부의 한국광복군인데, ①③ 조선독립동맹의 조선의 용군, ② 김원봉의 조선의용대, ④ 한국광복군, ⑤ 준승은 임정이 중국과 맺은 유일한 문서인데 당시 광복군은 중국군사위원회에 귀속되어 1944년 8월 준승이 취소될 때까지 중국 군복과 표지를 쓰고 독자행동권을 갖지 못했다.

한국광복군(1940.9.17) 임정은 중일전쟁(1937)이 발발하자 군사위원회를 두고, 중경에서 중국 정부의 지원을 받아 200여 명으로 창군(총사령 : 지청천, 참모장 : 이범석). 1941년 11월 15일 중국 정부는 원조한 국광복군판법에 따라 임정에 군사 원조를 하였으나 '한국광복군행동 **9개 준승**'(임정과 중국이 맺은 유일한 문서)에 따라 광복군을 중국군사위원회에 귀속시켜 통할·지휘한다는 조건을 달았다. 광복군은 절반이 넘는 장교가 중국군으로 편성되었고 1944년 8월 24일 준승이 취소될 때까지 중국 군복과 표지를 쓰고 독자 행동권을 갖지 못했다. 그 후 1941년 11월 서안으로 이동. 1938년 10월 조선민족혁명당에서 조직한 김원봉의 조선의용대가 1942년 7월에 광복군 제1지대에 편입. 광복군 총사령관 지청천과 지대장 이범석 등이 재중 미군(OSS : 전략첩보기구)과 연합하여 제주도를 거점으로 한 국토수복작전(독수리작전, Eagle Project)을 위해 국내 정진군의 특수훈련을 실시하였고 또 광복군은 화북 연안의 조선의용군·연해주의 한인부대(88보병여단, 교도려)와 연계하여 압록강에 집결하여 국내진공작전을 계획(1945.8.20). 그러나 실행 전에 해방을 맞아 우리 민족의 국제적 발언권이 약화.

①③ 조선독립동맹의 **조선의용군**(1942) 호가장전투(1941.12.12)는 조선의용군이 중국팔로군과 연합하여 일본군을 격퇴, 반소탕전(1942.5)도 유명한 전투였다.

② **조선민족혁명당** 김원봉·조소앙 등이 민족운동단체의 대동 단결을 모색하여 한국독립당·신한독립당·조선혁명당·대한독립당·의열단 계열 등을 통합해 1932년 한국대일전선통일동맹을 결성하였고, 이 동맹이 조선민족해방운동자동맹과 조선청년전위동맹·조선혁명자연맹과 연합하여 1935년 7월 조선민족혁명당으로 발전. 그러나 임시정부의 유지를 고집하는 김구·이동녕 등 임정고수파의 불참(1935년 11월에 한국국민당 창당)과 한국독립당 및 조선혁명당의 일부세력이 이에 반발하여 떠나면서 1937년 좌파중심으로 조선민족혁명당을 정비하고 군사조직으로 한커우(한구)에서 조선의용대를 조직.

② **조선혁명군사정치간부학교** 의열단은 1922년 9월에 열린 정기내회에서 "한·중 합작 군관학교를 설립하여 한국의 혁명조직에 필요한 전위투사를 양성한다"는 방침을 세우고, 김원봉 등이 중국의 황포군관학교에서 군사훈련을 받았다. 그 후 만주사변이 끝나자 다시 학교설립 문제를 국민당에 제기하여 승낙을 받은 후 1932년 10월 난징에 학교를 설립, 1기생 26명의 입학식을 거행하였다. 겉으로는 국민당 군사위원회 간부훈련반 제6지대로 되어 있었으나 이는 중국의 군사교육기관인 것처럼 위장을 한 것이고, 실제로는 김원봉이 교장, 박건웅·이동화 등 의열단원이 교관을 맡은 순수 한국인 군사학교였다. "중국이 한인독립운동을 지원하고 있다"는 꼬투리를 잡히지 않기 위한 편법이었다. 1935년까지 125명의 학생이 이 학교를 졸업한 후 국내와 만주로 파견되어 항일투쟁. 의열단이 해체될 때 이 학교도 함께 없어졌다.

40 정답 ⑤ ··· (2010. 제10회 고급)

사료는 3·1운동 이후 나타난 1920년대 일제의 문화정치(사이토마코토 문서) 내용인데, ① 1898년, ② 1912년, ③ 1890년, ④ 1896년, ⑤ 1924년에 완공되었다.

사이토 총독의 구상 사이토 마코토 문서에 따르면 한국인을 배일파와 친일파로 구분하고 전자에 대해서는 탄압을, 후자에 대해서는 사정이 허용하는 한 편의와 원조를 제공할 것을 주장하면서 다음과 같은 대책을 세웠다. 1) 친일관료 강화, 2) 친일인물 물색, 3) 친일 종교단체의 결성, 4) 친일지식인 양성, 5) 성균관 폐지(1911.10)·경학원 설립, 6) 부호와 노농계급의 대립 조성, 7) 친일농민단체의 결성 : 농민을 통제·조종하기 위하여 전국 각지에 유지가 이끄는 친일단체인 **교풍회·진흥회·수제회** 등을 만들어 국유림의 일부를 불하해 주는 한편 입회권을 주어 회유·이용.

근대 건축 서구 양식의 건물들이 세워졌다.

① **독립문**(1896) : 프랑스의 개선문을 모방.
② **명동성당**(뾰죽집, 1898)·정동교회(1898) : 중세 고딕양식.
③ **러시아 공사관**(1890)·**덕수궁 석조전**(1910) : 르네상스양식.

41 다음 건축물을 볼 수 있던 시기의 회고담으로 적절한 것은? [3점]

경성 종로 네거리 보신각 맞은 편에 우뚝 솟은 지하 1층, 지상 6층의 웅장한 건물. 우리나라 사람이 세운 근대 백화점인 화신 백화점의 신축 건물 모습이다. 불에 탄 옛 건물에 비해 건물의 연면적도 넓어지고 높이도 높아져 경성의 일본 백화점보다 더 크고 호사로운 모습을 선보이고 있다.

① 처음 개봉된 아리랑을 보고 많은 사람들이 울었어.
② 신극이 공연되면 원각사 앞길이 인산인해를 이루었지.
③ 처음 제정된 어린이날 행사에서 소년 운동 선언문이 발표되었어.
④ 카프(KAPF)의 결성을 계기로 프로 문학이 관심을 끌기 시작했지.
⑤ 유물사관에 입각한 「조선봉건사회경제사」이 화제가 되기도 하였어.

42 (가) 나라에 대한 설명으로 옳은 것을 〈보기〉에서 고른 것은? [2점]

제1관 만약 타방 체약국이 어떤 불공평하고 경시당하는 일이 있으면, 한 번 통지를 거쳐 반드시 서로 도와주며 중간에서 잘 조정해 두터운 우의와 관심을 보여 준다.
제14관 현재 양국이 의논해 정한 이후 대조선국 군주가 어떤 혜택·은전의 이익을 타국 혹은 그 나라 상인에게 베풀면 바다를 건너 배를 운항해 통상·무역·왕래하는 일을 막론하고 해당국과 그 나라 상인이 종래 점유하지 않고 이 조약에 없는 것은 (가) 관리와 백성들이 일체 균점하도록 승인한다.

| 보 기 |
ㄱ. 베베르를 파견하여 비밀 협약을 체결하였다.
ㄴ. 서양 국가 중에서 최초로 조선과 수교하였다.
ㄷ. 천주교 포교 문제로 통상 조약 체결이 늦어졌다.
ㄹ. 「조선책략」에서 연합해야 할 국가로 언급되었다.

① ㄱ, ㄴ   ② ㄱ, ㄷ   ③ ㄴ, ㄷ
④ ㄴ, ㄹ   ⑤ ㄷ, ㄹ

해설 및 정답

41 정답 ⑤ ·· (2010. 제10회 고급)

보기의 건축물은 1937년 11월에 완공한 화신백화점인데, 당시 엘리베이터와 에스컬레이터를 갖추었다.
① 1926년, ② 1908년, ③ 1922년, ④ 1925년, ⑤ 백남운의 저서로 1937년에 간행되었다.

① **아리랑**(1926.10.1) 일제 강점기 민족의 아픔을 그린 기념비적인 민족 영화 '아리랑'을 단성사(건립 : 1907)에서 발표.

② **원각사**(1908) 「은세계(이인직, 의병 투쟁 비판)」 신극이 첫 공연, 신파극단으로 혁신단이 1911년에 창단.

③ **어린이날** 천도교 청년회가 소년부를 설치함으로써 본격화되었으며, 그 후 천도교 소년회로 독립하여(1921.8) 어린이날을 제정하였다(조선소년연합회 조직 → 일제의 탄압으로 청소년운동 중단). 그 후 1923년 3월 방정환·윤극영 등은 동경에서 색동회를 조직.

④ **계급문학**(신경향파문학) 1920년대 중반 이후 임화, 김기진, 박영희, 최서해(학송) 등은 카프(KAPF) 라는 문학 단체를 결성하여 사회주의의 영향 아래 식민지 현실을 고발하고 계급의식을 고취. 이에 반발하여 예술성과 작품성을 강조하는 순수문학 경향도 대두하였다.

⑤ **백남운**(1894~1979) 연희전문 교수, 해방 후 모택동의「신민주주의론」의 영향으로 연합성 신민주주의(인민성 민주주의)를 제창, 남조선신민당 위원장(중도좌파). 북한에서 초대 교육상·최고인민회의 의장 역임. 사적유물론을 바탕으로 한국사에 대한 체계적·법칙적 이해를 최초로 시도하여 한국사가 세계사의 발전과정과 궤를 같이 하여 원시공산제사회, 노예제사회, 아시아적 봉건제사회, 봉건제해체와 자본주의 맹아기, 이식 자본주의사회로 발전했다고 해석, 조선인식의 진흥 제창. 조선경제학회 창립 주도(1933)「조선사회경제사」(1933)·「조선봉건사회경제사」(1937) 등의 저서.

42 정답 ④ ·· (2010. 제10회 고급)

사료는 1882년 4월에 체결한 조미수호통상조약이고 (가)의 나라는 미국인데, ㄱ. 러시아, ㄴ,ㄹ. 미국, ㄷ. 프랑스에 대한 설명이다.

조미수호통상조약(1882.4 : 전문 14조) 「조선책략」에 나타난 연미론의 영향으로 수교의 필요성이 대두되어 고종이 주도하여 민영익·김윤식(영선사로 파견되어 후원)·김홍집 등의 온건개화파가 역할 담당. 청은 러시아와 일본이 조선에 침투하는 것을 견제하고, 조선에 대한 종주권을 국제적으로 확인받기 위해 이홍장이 알선에 나서서 수교가 성사.

1) **조약의 내용** ① 거중조정(居中調停) : 조선이 제3국으로부터 부당한 침략을 받을 경우 미국은 즉각 개입, 거중조정을 행사해 조선의 안보를 보장. 조약 당시 청의 주장으로 명시되었으나 영문에는 누락되어 있고 이에 대한 양국의 입장은 달라 미국은 러일전쟁 막바지에 가쓰라·태프트 밀약으로 조선이 아닌 일본을 지지. ② 불평등조약 : 치외법권, 조차지 설정 승인 및 최혜국조관(최혜국대우)을 규정. ③ 문화 교류 : 조미 양국간 문화 교류보장. ④ 관세권 규정 : 수입 10%, 수출 5%로 관세를 책정하여 최초로 관세자주권을 인정. 이에 따라 1883년 7월에 조일통상장정이 개정. ⑤ 영토권 인정 : 거류지(개항장)에서 외국인의 토지 소유를 허가하는 영토권을 인정하였으나 내지 소유는 불인정(속방 규정 : 조약 체결시 청은 '조선은 청의 속방이다'라는 내용을 삽입하려 했으나 미국의 반대로 실패)

2) **역사적 의의** 서양과 체결한 최초의 근대적 조약. 관세권 규정·조선의 곡물수출금지권 인정과 조선의 사법기관이 완비되면 철폐한다는 전제하에 규정된 치외법권 조항 등으로 어느 정도의 불평등 요소 극복.

ㄱ. **제1차 조러밀약설** 갑신정변 후 러시아가 영흥만을 조차하려는 조러밀약설이 있자 청은 친러적인 조선 정부를 견제하려고 대원군을 석방하였고(1885. 8), 반청친러 경향의 묄렌도르프를 파면하고(1885), 데니를 그 후임으로 파견하였으나, 데니 역시 자신의 저서인「청한론(China and Korea)」에서 전임자와 같은 연로책(聯露策) 주장을 되풀이.

제2차 조러밀약설 1886년 조선 정부의 반청 경향을 이용해 러시아 공사 웨베르는 조두순의 추진으로 조선과 제 3국의 분쟁시 러시아의 군함을 파견한다는 밀약을 민비와 베베르(Waeber)간에 체결하려 했으나 청의 압력으로 폐기.

ㄷ. **조불통상조약**(1886) 천주교 포교권 문제와 청불전쟁 이후 청불 관계의 악화로 청이 방해하여 지연되었으나 조선의 적극적 노력으로 체결. 포교의 자유 허용. 이 조약은 조영조약을 모방한 불평등조약.

ㄹ. **조선책략** 러시아의 남진을 막기 위한 방아책(防俄策) 목적으로 '친중국(親中國) 결일본(結日本) 연미방(聯美邦)' 주장.

43 다음 건축물이 축조된 해에 볼 수 있었던 모습으로 옳은 것을 〈보기〉에서 고른 것은?

[2점]

 환구단 건립 2년 후에 완공된 이 건축물은 화강암 기단 위에 세워진 3층의 팔각 건물이다. 내부는 통층(通層) 구조로 되어 있으며, 천장에는 황제를 상징하는 용의 조각이 있다.

┃보 기┃

ㄱ. 대한 천일 은행에서 저금하는 조선인 상공업자
ㄴ. 독립 협회에서 개최하는 토론회에 참석하는 시민
ㄷ. 청량리에서 서대문으로 가는 전차를 기다리는 학생
ㄹ. 대한매일신보에 보도된 의병 기사를 읽고 있는 지식인

① ㄱ, ㄴ   ② ㄱ, ㄷ   ③ ㄴ, ㄷ
④ ㄴ, ㄹ   ⑤ ㄷ, ㄹ

44 (가), (나) 정부와 관련된 설명으로 옳지 않은 것은?

[2점]

(가) 7·29 총선 과정에서 있었던 신·구파의 파쟁이 더욱 격화되어, 마침내 구파가 분당하여 따로 신민당을 창당하였다. 이에 정부는 원내 안정 의석을 확보하지 못하였다.
(나) 정부 수립 직후 실시된 4·26 총선에서 여당인 민주정의당은 소수파 정당으로 전락하였고, 야당이 다수 의석을 차지하였다. 이에 정부는 여소야대의 국회에서 어려움에 직면하였다.

① (가) - 남북 대화를 통한 평화적 통일 정책을 시작하였다.
② (가) - 경제 개발 계획을 입안하고, 국토 건설단 운동을 추진하였다.
③ (나) - 국회에서 전직 대통령의 청문회가 열렸다.
④ (나) - 일부 야당과의 합당으로 여소야대 정국을 극복하였다.
⑤ (가), (나) - 국민의 여론을 반영한 개헌을 통해서 수립되었다.

43 정답 ② ··· (2010. 제10회 고급)

보기의 건축물은 대한제국시기인 1899년에 완공된 황궁우이다. ㄱ. 1899년, ㄴ. 1897~1898년, ㄷ. 1899년, ㄹ. 1904~1910년의 모습이다.

환구단(원구단) 1897년 10월 12일 국호를 대한제국(大韓帝國), 연호를 광무(光武), 대군주폐하를 황제(皇帝)라 개칭하고 환구단(원구단)에서 즉위식을 갖고 자주 독립국임을 내외에 천명. 그 후에 천제를 모시기 위한 무대장치인 석고(石鼓)와 황궁우(皇穹宇) 건립.

황궁우 환구단(원구단) 안에 하늘과 땅의 모든 신령의 위패(位牌)를 모신 곳.

석고(石鼓) 석고는 고종황제의 즉위 40주년(광무 6년, 1902)을 기념하여 세운 조형물로 3개의 돌북은 하늘에 제사를 드릴 때 사용하는 악기를 형상화한 것으로 몸통에 용무늬가 조각되어 있다. 이 용무늬는 조선조 말기의 조각을 이해하는 좋은 자료로서 당시 최고의 조각중 하나로 평가된다.

44 정답 ① ··· (2010. 제10회 고급)

(가) 제2공화국(장면정부), (나) 제6공화국(노태우정부)이다. ① 장면 정부는 유엔 감시하 남북한 자유선거에 의한 통일을 천명했고, 남북 대화는 1970년대에 들어와 제3공화국시기이다. ② 경제개발 5개년 계획을 수립하고 국토건설계획 발표, ③ 1988년 11월~1989년 12월 5공청문회 개최, ④ 1990년 2월 민주정의당. 통일민주당, 신민주공화당의 3당 통합으로 민주자유당 창당, ⑤ 4·19혁명과 6·10 민주항쟁 이후 3차 개헌과 9차 개헌이 나타나 정부가 수립되었다.

제2공화국 민주당 정권의 성격 내각책임제(국무총리는 민주당 신파 장면, 대통령은 민주당 구파 윤보선)·양원제(참의원·민의원)·지방자치제를 근간.

1) **기존체제의 온존** 민주당정권은 4월 항쟁을 바탕으로 집권했으나 4·19에 주도적 참여를 하지 않은 세력이 혁명의 열매를 차지하여 반혁명분자 처벌과정에서 보인 바와 같이 민중 항쟁을 기존 체제의 혁명적인 변혁으로 전화하는 것을 막았고, 극우반공체제의 내적인 개량을 추구.
2) **민주당의 분열** 민주당의 구파·신파의 분열로 장면내각은 정치적 기반의 악화를 초래.
3) **혁명의지의 결여** 정권의 인적·이념적 구성이 남한 단독정부 수립을 주장했던 지주·관료층의 한 국민당을 계승하고 있었기 때문에, 기본적으로 혁명의지가 결여. 더욱이 당시 폭넓은 지지를 얻고 있던 진보세력의 통일운동을 탄압하고 1961년 3월 반공법과 데모규제법의 2대 악법 제정 시도의 반공이데올로기를 더욱 강화하려는 움직임까지 있었다.

① **제2공화국의 통일 논의** 다양한 통일론 형성 : 혁신세력의 중립화통일론과 남북협상론, 보수세력의 선 건설 후 통일론, 남북교류론 등이 대두. 판문점 남북학생회담 계획이 시도.

② **제2공화국의 정책** 경찰의 중립화, 사법제도의 중립화, 신문발행허가제의 폐지로 언론활성화 시도, 교원노동조합과 기자노동조합 결성 등으로 자유민주주의의 신장 도모하고, 한미경제협정을 체결(1961.2.8), 국토건설계획 등을 발표하는 등 경제성장과 실업자 구제에 주력하면서 경제제일주의 표방.

⑤ **여야 합의 개헌**
   제3차 개헌(4대 국회, 1960.6.15) 4월혁명 직후 여·야 합의 개헌. 제2공화국 헌법제2공화국 탄생(의원내각제 채택).
   제9차 개헌(12대 국회, 국민투표, 1987.10.29) 6·29선언후 제6공화국 헌법, 대통령 직선제와 민주화 달성. 전문 개정으로 실질상 헌법 제정에 해당.

45 (가), (나)의 주장에 대한 설명으로 옳지 않은 것은? [3점]

(가) 국제적으로 열강이 우리 독립운동에 주목하지 않고 내적으로도 독립운동 단체의 움직임이 위축되고 있는 것은 단체들이 통일되지 못했기 때문이다. 지금 임시 정부는 이러한 사태에 어떠한 대응도 하지 못하고 그저 어딘가에 있다는 말만 듣는 정도이니 다시금 무장 운동을 준비할 책임 있는 독립운동 기관을 하나 세워야 할 것이다.

(나) 우리는 불과 2천만 동포를 통합하지 못하고 무슨 무슨계열이니 하여 나뉘어 있다. 단체 불통일과 주도권 싸움 때문에 우리 군인들이 이국에서 무장 해제까지 당하고 목숨을 잃었다. 우리 정부는 마치 빈 집과 같아서 이런 사태에 제대로 대응하지 못하고 있다. 그렇다고 해도 지난 5년 동안 활동한 역사가 있으니 이를 없애지 말고 고칠 것은 고쳐서 계속 유지하는 것이 가하다.
- 독립신문, 1923. 1. 24.

① (가) - 이승만이 주장한 독립운동 노선에 반대하였다.
② (가) - 국호를 '한'으로 하는 새 정부 결성의 기반이 되었다.
③ (나) - 신숙, 문창범 등에 의해 제기되었다.
④ (나) - 임시 헌법의 개정을 통해 정부를 개조하려 하였다.
⑤ (가), (나) - 국민대표 회의에서 서로 대립하였다.

46 (가)~(라)에 관한 설명으로 옳은 것을 〈보기〉에서 고른 것은? [3점]

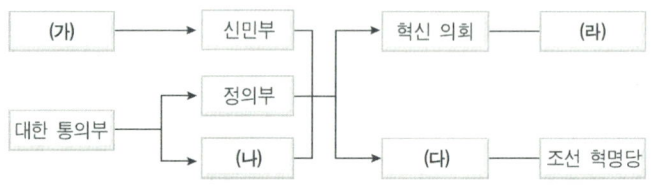

|보 기|

ㄱ. (가) - 미쓰야 협정으로 타격을 입었다.
ㄴ. (나) - 대한민국 임시 정부로부터 군정부로 승인받았다.
ㄷ. (다) - 3부를 개인 본위로 통합한 결과 성립되었다.
ㄹ. (라) - 산하 군대가 쌍성보·대전자령에서 승전하였다.

① ㄱ, ㄴ　　② ㄱ, ㄷ　　③ ㄴ, ㄷ
④ ㄴ, ㄹ　　⑤ ㄷ, ㄹ

해설 및 정답

45 정답 ③ ·· (2010. 제10회 고급)

사료는 대한민국 임시정부의 기관지인 독립신문으로 독립운동의 방략을 놓고 1923년 1월~6월 개최된 국민대표회의에서 (가) 무장항쟁을 주장하는 창조파(북경파)와 (나) 운동노선보다도 명분을 중시하는 개조파(상해파)로 분열되었음을 보여준다. ① 이승만의 외교독립론과 국제연맹 위임통치론 비판, ② 임시정부를 떠나 노령 블라디보스토크로 갔으나 정부 수립은 실패, ③ 개조파가 아니라 창조파이며, ④ 2차 개헌에서 내각책임지도제로 개정, ⑤ 임정옹호파가 불참한 채 (가)(나)의 대립으로 국민대표회의가 결렬되었다.

1) **초기 임시정부의 진통** 전체 독립운동가들의 동조를 얻지 못하여 상해에서 국민대회의가 소집되는 등의 진통. 국민대표회의 결렬 후 2차개헌에서 김구가 국무령으로 선출(1926.12)되었으나 취임 거부·자퇴 등으로 내각 구성에 난항을 겪었고, 헌법의 적용범위를 전체국민에서 광복운동자로 제한하는 등의 변화. 이로써 임시정부는 전체적 통괄정부가 아닌 개별독립운동단체로 침체(국내 신간회 결성 배경).

2) **국민대표회의의 소집** 임시정부는 독립운동의 방략을 둘러싸고 대통령 이승만의 외교독립론과 국무총리 이동휘의 무장독립전쟁론, 대통령제 폐지와 국무위원제 채택 주장 등으로 대립이 일어난데다, 1921년 초에 안창호와 이동휘가 임정을 떠났고 국제연맹 위임통치론에 따른 이승만에 대한 불신임 등으로 혼란에 빠지면서, 임시정부의 개편과 독립운동의 방략 및 간도참변 후 대책을 논의하기 위하여 1923년 1월 3일 국내외 135개 단체에서 158명의 대표가 참석한 회의. 임시정부 고수의 옹호파는 불참한 채 임시정부를 개조하자는 개조파(상해파, 여운형·안창호·김동삼 : 상해국민대표기성회조직(1921. 5), 운동노선보다 정부 명분 중시)와 새로운 정부를 수립하자는 창조파(창조파, 신숙·문창범·윤해·박용만·신채호 : 군사통일회의 조직(1921. 4), 무장항쟁 중시)가 맞선 끝에 결렬. 창조파는 국호를 한(韓), 연호를 단군기원으로 결정하여 그 해 8월 블라디보스토크로 갔으나 소련과의 관계단절로 원조를 받지 못해 실패. 그 후 임시정부는 개조파가 임시의정원을 장악하고 정풍운동을 주도하였고, 공산주의 세력이 성장.

46 정답 ④ ·· (2010. 제10회 고급)

(가) 북로군정서, (나) 참의부, (다) 국민부, (라) 한국독립당인데, (가) 자유시참변(1921.6)으로 타격을 입었고, 미쓰야협약은 1925년 6월이고, (나) 광복군총영이 재편되어 임시정부 직할하에 성립, (다) 혁신의회는 개인본위 통합을, 국민부는 단체 본위 통합을 주장, (라) 지청천이 이끄는 부대로 중국호로군과 연합하여 쌍성보(1932.9~11), 대전자령(1933.6) 등지에서 일만연합군에게 대승을 거두었다.

(가) **북로군정서**(1919. 12) : 서일과 김좌진이 사관양성소를 설치하고 1천 6백 명을 무장시켜 편성한 독립군으로 청산리대첩(1920)에서 일군 1천 2백 명을 사살(일명 : 대한군정서).

봉오동전투(1920.6.7) → 훈춘사건 → 청산리전투(1910) → 간도참변(경신참변, 1920) → 자유시참변(1921.6.29)

독립군의 통합운동 서간도(남만) 중심으로 참의부·정의부·신민부 등 3부로 통합.

1) **육군주만참의부**(1924) 압록강 건너편 지역 집안현에서 채찬·김승학 등에 의해 광복군총영이 재편되어 임시정부 직할하에 육군주만 참의부가 성립. 통의부와 의군부가 유혈사태를 낳는 등 대립이 치열해지자 반대파들이 조직. 국내진공작전을 전개하였고(보험대 조직) 1924년 5월 사이토총독이 탄 선박 습격.

2) **정의부**(1925.1) 길림과 봉천을 중심으로 오동진·지청천 등이 남만주 일대에 통의부를 중심으로 서로군정서를 통합하여 결성. 3부 중 가장 규모가 크며 재판에서 삼심제를 채택.

3) **신민부**(1925.3) 북만주 일대(영안현)에서, 자유시참변 후 소련에서 되돌아온 독립군을 중심으로 조직, 북로군정서의 후신으로 김좌진·김혁 등이 중심. 전북의 지리산까지 왕래하여 일본군 배치 상황 조사. 그 후 신민부는 군정파와 민정파로 분열되어 민정파는 정의부에 가담하여 국민부로 전환.

4) **3부의 특징** 참의부·정의부·신민부는 그 곳 한민족의 자치를 집행하는 민주적인 민정기관(헌장 제정)과 독립군의 훈련·작전을 담당하는 군정기관을 마련하여 사실상의 정부 기능.

5) **미쓰야협약**(1925.6) 총독부 경무총감 미쓰야와 친일 만주 군벌 장작림이 맺은 독립군 탄압 협약으로 중국군이 독립군을 잡아 주면 일본군이 현상금 지급을 약속하여 독립군이 큰 타격.

6) **민족유일당운동의 전개** 민족운동전선통일을 위한 유일당운동이 1926년 10월 북경에서 시작되어(북경촉성회) 국내의 신간회가 결성되고 만주의 3부도 통합 운동이 추진되었으나 개인 본위의 통합을 주장하는 혁신의회(1928.12)와 단체 본위의 통합을 지지하는 국민부(1929.3)로 양립되고 각각 한국독립군(한국독립당)과 조선혁명군(조선혁명당)으로 분리. 이들은 이전 군정부와는 달리 통치조직·당·군대 등을 정비하였고 당 중심의 운영인 이당치국(以黨治國)을 시도. ➡ 뒤에 연속

47 다음 글을 발표한 인물에 대한 설명으로 옳은 것은? [2점]

> 민족의 일원으로서 반민족행위자라고 지목받게 된 것은 참으로 씻기 어려운 치욕이다. 내 이제 마땅히 자회자책(自悔自責)의 성의를 나타내려 한다. …… 십 수 년간에 걸쳐 역사교과서 편수 위원 등을 지냈으며 조선사편수회 같은 것은 최후까지 참여하여 「조선사」 37권을 완성하였다. 조선사 편수의 일이 끝나자 내게는 어느 틈에 중추원 참의라는 직함이 돌아왔다. …… 그 후 소위 대동아 전쟁이 발생하자 나는 학병 권유의 길을 떠나게 되었다. 당시 나의 논지는 이 전쟁이 발생한 기회를 놓치지 말고 이상과 정열과 역량을 가진 학생청년층이 전투를 통해 사회 중핵체 결성 능력을 양성하자는 것이었다.
> - 자유신문, 1949. 3. 9. -

① 국제 연맹에 위임 통치 청원서를 제출하였다.
② 3·1 운동 당시 기미독립 선언문을 기초하였다.
③ 일본 자본에 대항하여 경성 방직을 설립하였다.
④ 대한민국 임시 정부에서 독립신문을 간행하였다.
⑤ 천도교 신파를 모아 내선일체를 주장하는 시중회를 조직 하였다.

48 (가) 시기의 상황으로 옳은 것은? [2점]

학교 연혁

19○○년 : ○○ 관찰부 공립 소학교로 개교

19△△년 : ○○ 공립 보통학교로 개칭

19□□년 : ○○ 공립 심상 소학교로 개칭

⬇ ---------------------- (가)

19◇◇년 : ○○ 공립 국민학교로 개칭

① 의무 교육이 실시되었다.
② 조선어가 선택 과목이었다.
③ 체련과를 두어 무도, 체조를 가르쳤다.
④ 민족 교육 탄압을 위한 서당 규칙이 제정되었다.
⑤ 일제의 탄압을 받아 민립 대학 설립 운동이 실패하였다.

해설 및 정답

47 정답 ② ·· (2010. 제10회 고급)

사료의 인물은 육당 최남선인데, ① 이승만, ② 최남선, ③ 김성수, ④ 이광수, ⑤ 최린에 대한 설명이다.

최남선 조선광문회(1910) 참여, 최초의 신체시 '해에게서 소년에게'(1908.11) 「소년」 창간호에 발표, 민족계몽단체 계명구락부 참여하여 삼국유사·금오신화 등의 고전을 간행으로 대중 교화에 기여, 일제의 내선일체, 총력전 수행 등을 적극 협력하는 1930년대 후반 친일문학활동 및 이론. 문화정치기에 「시대일보」 발간. 저서 : 조선민시론(1922, 「동명」)·조선역사·고사통·아시조선·불함문화론

① 이승만의 **외교독립론** 1919년 2월 25일 파리강화회의에 참석하는 윌슨에게 '국제연맹이나 미국이 위임통치해 줄 것'을 제의하는 청원서를 보냈는데, 이는 조국의 독립을 포기하는 것. 결국 1925년 3월 18일 이승만의 탄핵안이 통과되고 임시정부는 내각책임제의 2차 개헌.

③ **김성수** 호남지방 지주를 중심으로 경성방직(1919)창립, 중앙중학·보성전문·동아일보를 운영

④ **임시정부 독립신문 간행**(1919.8.21(창간호) ~ 1926.11.30(198호)) : 안창호·이광수가 중심이 되어 기관지로 독립신문을 간행(초대 사장 : 이광수).

사료편찬소 설치 일제의 조선사편수회에 대항하여 이광수·안창호 등이 설치하고 한·일관계 사료집을 간행.

> **독립신문 간행과 사료편찬소 설치의 의의** ① 안으로는 민족의 독립의식을 고취시키고, ② 밖으로는 한국의 자주성과 민족문화의 우월성을 인식.

⑤ **시중회**(時中會) 1934년 8월 최린·정광조 등 친일적 천도교 신파가 중심이 되어 만든 자치운동단체로 1936년에 해체.

48 정답 ② ·· (2010. 제10회 고급)

심상소학교 개칭은 1926년이고, 국민학교 개칭은 1941년이므로 (가)의 시기는 1926~1941년이다. ① 제1공화국, ② 중일전쟁 이후의 신교육령(제3차 조선교육령, 1938.3), ③ 1941년, ④ 1918년 2월, ⑤ 1924년.

≫ **일제의 교육령 변경** ≪

1. **조선교육령**(1911.8) 칙령으로 공포, 보통·실업·전문교육으로 한정, 일본어 보급과 일본화 촉진
2. **각급 학교규칙 공포**(1911.10) 조선교육령에 따라 보통학교·고등보통학교·여자고등보통학교·실업학교·사립학교 규칙 공포
3. **사립학교규칙**(1911.10) 인가 조건 강화→1915. 3 개정, 국가 치안 유지 미명하에 통제
4. **서당규칙**(1918.2) 총독부 편찬의 교과서 사용 지시, 역사 교육의 금지, 도지사의 인가 조건 강화
5. **조선교육령 개정**(제2차 조선교육령, 1922.2) 3·1운동 이후 다소 완화, 민립대학 설립운동 이후 일본학제로 변경, 학과목에 조선어 첨가, 대학 설립 규정 명시→경성제국대학 설립, 조선인의 일본고등학교 진학 허용
6. **신교육령**(제3차 조선교육령, 1938.3) 중일전쟁 이후 조선어를 선택과목으로 바꾸어 교과목에서 폐지하고 조선어 사용시 벌금·체벌이 가해지고 때로는 정학 처분을 받음. 이에 따라 우리말 교육, 우리의 역사교육을 일절 금지함, 내선일체, 황국신민서사 암송, <u>학교 명칭을 일본식으로</u> 고쳐 <u>보통학교를 (심상)소학교로, 고등보통학교를 중학교로, 여자고등보통학교를 고등여학교로 개칭.</u>
7. **국민학교제 실시**(1941.3) 소학교를 개칭한 황국신민학교의 줄임말로 수업연한을 6년으로 통일.
8. **신교육령 개정**(제4차 조선교육령, 1943.10) 군부에 의한 교육 통제, 전시비상조치령
9. **전시교육령**(1945.5) : 결전비상조치 강화, 전학교에 학도대 조직(교육의 군사화)

➡ 앞에 이어

```
광복군총영 ─ 참의부(1924) ┐ ┌ 협의회 ─ 국 민 부 ─ 조선혁명당(조선혁명군)
통의부      ─ 정의부(1925) ┘
북로군정서 ─ 신민부(1925) ── 촉성회 ─ 혁신의회 ┬ 한족총연합회 ┐
                                              └ 한족농무연합회 ┴ 한국독립당(한국독립군)
```

한국독립군 ─ 중국호로군 ─ 쌍성보(1932.9~11)·경박호(1933.1)·동경성(1933.3)·사도하자(1933.4)·대전
  (지청천)   자령(1933.6, <u>가장 큰 전과</u>)·동녕현성(1933.9) 등지에서 일·만 연합군과 전투.
조선혁명군 ─ 중국의용군 ─ 영릉가(1932.3)·흥경성(1933.3) 등지의 일본군과 전투.
  (양세봉)

541

49 선생님의 질문에 대한 학생의 답으로 옳은 것은? [2점]

이 우표에서 기념하고 있는 총선은 우리 손으로 제정된 국회의원선거법에 의해 실시되어 총 210명의 국회의원을 선출하였지요. 이 선거에 의해 구성된 국회에 대해 발표해보세요.

① 국회 의원의 임기는 2년이었어요.
② 간접 선거로 대통령을 선출하였습니다.
③ 비상 계엄령에 의해 조기 해산되었습니다.
④ 반민족 행위 특별 조사 위원회를 구성하였어요.
⑤ 대통령 직선제와 양원제를 규정한 개헌안을 통과시켰어요.

50 (가) 지역에 대한 탐구 활동으로 가장 적절한 것은? [2점]

> (가)에 關한 協約
> 大日本國政府及大淸國政府는 善隣의 交誼에 鑑하여 圖們江이 淸·韓兩國의 國境된 事를 互相確認하고 竝安協의 精神으로서 一切의 辦法을 商定함으로써 淸·韓兩國의 邊民으로 하여금 永遠히 治安의 慶福을 享受케 하고저 하여 左의 條款을 訂立함.
> 第1條 日·淸兩國政府는 圖們江을 淸·韓兩國의 國境으로 하고 江源地方에 在하여는 定界碑를 起點으로 하여 石乙水로써 兩國의 境界로 함을 聲明함.

① 경학사와 부민단의 역할을 분석한다.
② 대조선 국민군단의 결성 과정을 조사한다.
③ 한인 애국단의 활동과 그 영향을 파악한다.
④ 관리사로 파견된 이범윤의 역할을 알아본다.
⑤ 권업회의 회원 명단과 주요 활동을 정리한다.

해설 및 정답

49 정답 ⑤ ·· (2010. 제10회 고급)

우표 발행일이 단기 4283년(서기1950년) 5월 30일 이므로 제2차 총선을 기념하였음을 알 수 있다. ① 제헌의원이 2년이고, 2차 총선 이후 2대국회부터 4년이 되었고, ② 발췌개헌(1952.7) 이후 직선제로 선출, ③ 전란 중 임시 수도 부산에서 계엄령을 선포(5·26, 부산정치파동), ④ 1948년 10월, ⑤ 1952년 1월 국회에 상정했으나 부결되었다.

차 례	주요내용	주목적 및 특색	비 고
헌법제정 [제헌국회] (1948. 7. 17)	• 국민의 기본권 보장 • 대통령제 • 국회단원제 • 국회에 의한 대통령 간선제 • 헌법위원회 • 통제경제	대한민국 건국	제헌헌법
제1차 개헌 [2대 국회] (1952. 7. 4)	• 국회의 양원제의 채택 • 정·부통령의 국민직선제 선택 • 국무원 책임제의 채택	이승만 대통령의 계속 집권을 위한 재선	발췌개헌(국회측과 정부측의 두 안 절충)
제2차 개헌 [3대 국회] (1954. 11. 29)	• 주권의 제약, 영토의 변경을 가져올 중대사항에 대한 국민투표제 채택 • 국무총리에 대한 연대책임제 폐지 • 경제조항에 자유주의 경제명시 • 초대 대통령 중임제 철폐 • 군법회의에 헌법적 근거 부여	이승만 대통령의 장기집권	사사오입 개헌 (재적의원 203명 중 가 135표, 부 60표, 기권 7표) ※ 203의 3분의 2는 136임

50 정답 ④ ·· (2010. 제10회 고급)

사료는 1909년 9월에 일본과 청이 체결한 간도협약이다. ① 경학사·부민단은 서간도이고 간도협약의 내용은 북간도 일대이며, ② 하와이, ③ 상해, ④ 대한제국은 간도를 함경도에 편입시키고 간도소유권을 주장하며 이범윤을 파견, ⑤ 연해주 블라디보스토크에서 결성되었다.

간도협약(1909. 9. 4) 을사조약으로 통감부가 간도 용정에 임시출장소(파출소)를 두고(1907.8.20) 한국 영토로 인정하여 관리하다가 일본은 청과 간도협약을 맺어 간도를 청의 영토로 인정해 주고, 그 대가로 안봉선(安奉線) 철도 부설권과 푸순탄광 이권 등을 얻었다.

① **경학사**(1911.4) 이회영·이시영 형제가 서간도 삼원보에 세운 최초의 자치기구로 구국운동의 인재 양성에 노력하였으며, 1914년 부민단으로 바뀌었다. 그 후 백서농장을 건설해(1917) 훈련과 농사를 병용. 3·1운동 후 부민단은 한족회로 개편되었고 서로군정서로 발전. 신민회가 해외 기지를 매입하여 경학사에 신흥강습소를 설치 하고 1919년에 신흥무관학교로 개칭

② **대조선국민군단**(1914) 하와이에서 박용만이 중심이 되어 조직. 군사훈련을 실시하고 국내조직으로 조선국민회를 설립(1915).

조선국민회(1915) 하와이에서 박용만이 조직한 대조선국민군단의 국내지부로 장일환이 중심이 되어 평양에서 숭실학교 학생과 기독청년들이 조직하고 공화주의를 표방. 주권 회복 투쟁을 계획하고 간도·중국과 연결하여 무기를 수입하였으나 1918년 발각되어 검거.

멕시코 지역 동포들이 숭무학교를 설립하여 독립군을 양성하였다.

③ **한인애국단**(1926. 12) 김구가 상해에서 침체된 임시정부의 활로를 개척하기 위해 조직한 암살단. 이봉이 동경에서 일본 천황에게 투탄(1932.1.8) → 상해사변(1.28)의 배경, 윤봉길의 상해 홍커우공원 투탄(1932.4.29) → 이것을 계기로 중국 정부가 상해 임시정부를 지원, 유상근·최흥식의 관동군사령관 대련역 투탄(1932.5), 이덕주·유진만의 조선총독암살미수사건(1932.5)

④ **대한제국의 외교** 간도를 함경도 영토로 편입하고, 이범윤을 간도관리사로 파견하고 블라디보스토크에 통상사무관을 설치. 한청통상조약을 체결(1899. 9. 11)하여 역사상 최초로 중국과 대등한 외교관계 성립.

⑤ **권업회**(1912) 이종덕을 중심으로 블라디보스토크 신한촌에서 창립, 광복군 양성의 대전(大甸)학교 설립, 7개의 지부를 두고 권업신문을 발간하였으며(1912.5), 대한광복군정부 수립을 추진.

한국사능력검정시험 고급
(2011년 5월 14일)

01 밑줄 그은 '흥수 아이'가 살던 시대의 생활 모습으로 옳은 것은? [1점]

> 충북대 박물관은 충북 청원군 흥수굴에서 발견된 어린이(일명 흥수 아이) 뼈를 원형에 가깝게 청동 등신상으로 복원하여 공개하였다. 흥수 아이는 약 4만 년 전 인류 화석으로 얼굴뿐 아니라 온몸의 뼈가 거의 온전한 형태로 발굴되었다. 이를 토대로 국내 고고학 사상 처음으로 전신상을 복원한 것이다. 흥수 아이는 키가 110~120cm 가량으로, 5~6세 정도로 추정된다.
> - ○○ 신문 -

① 가락바퀴, 뼈바늘을 사용하였다.
② 무리를 지어 이동 생활을 하였다.
③ 반달 돌칼로 곡식의 이삭을 잘랐다.
④ 사람이 죽으면 독에 넣어 매장하였다.
⑤ 토테미즘, 샤머니즘과 같은 원시 신앙을 믿었다.

02 다음 대화에서 논쟁의 대상이 되고 있는 나라에 대한 설명으로 옳은 것은? [2점]

왕이 죽으면 많은 사람들을 부장품과 함께 묻는 순장풍습이 있는 걸 보면 이 나라의 왕권은 아주 강했을거야.

그렇지 않아, 가뭄이나 홍수로 피해가 심하면 왕에게 책임을 물어 쫓아내거나 죽이기까지 했어. 그걸 보면 왕권이 약했을거야.

① 가족 공동 묘의 풍습이 있었다.
② 무천이라는 제천 행사가 있었다.
③ 데릴사위제의 결혼 풍습이 있었다.
④ 가(加)들이 다스리는 사출도가 있었다.
⑤ 천군이 제사 의식을 주관하는 소도가 있었다.

해설 및 정답

01 정답 ② ··· (2011. 제11회 고급)

사료는 1982년 청원 노현리 두루봉동굴에서 발견된 구석기시대의 인골화석에 대한 보도이다. ①⑤ 신석기시대, ② 구석기시대, ③ 청동기시대, ④ 철기시대의 생활모습이다.

청원 노현리 두루봉 동굴 1982년 두루봉유적의 흥수굴에서 거의 완전한 뼈대를 갖춘 3~5세 정도의 사람 뼈가 발굴되어, 이를 흥수아이라 명명. 장례의식에서 주검에 국화꽃을 뿌렸으며, 생존시기는 대략 4만년 이전의 후기 홍적세 슬기슬기사람인 것으로 추정.

구석기시대의 사회와 문화(기원전 70만년~기원전 1만년)
1) **생활** 수렵·채집·어로 등의 식량채집생활을 하였으며, 사회생활은 가족 단위의 원시무리군(群)사회로서 평등한 공동체적 생활. 그들은 농경과 목축을 알지 못했기 때문에 먹을 것을 찾아다니는 생활을 계속.
2) **주거지** 동굴·막집(강가)·노천 거주로 이동생활이 기본. 주거지에는 3~4명(제천 창내유적)에서 8~10명(공주 석장리)이 거주.
3) **노동수단** 뗀석기(타제석기)를 사용하였는데, 주먹도끼·주먹찌르개·팔매돌·슴베찌르개·찍개 등의 사냥도구, 긁개·밀개 등의 조리도구와 후기 구석기 유물인 골각기 등.
4) **예술활동** 주술과 밀접한 관계가 있으며, 석회암이나 동물 골각 등을 이용한 조각품과 그림(선각화)을 남겼다. 공주 석장리와 단양 수양개에서 고래와 물고기 등을 새긴 조각이 발견되어 사냥감의 번성을 기원하는 주술적 의미.
5) **유적지** 구석기시대는 석기를 다듬는 기술 수준에 따라 전기·중기·후기의 3단계로 구분.
   ① **신석기시대의 원시적 수공업** 토제의 가락바퀴(방추차 : 신석기~청동기)·뼈바늘(골침)이 출토되는 것으로 보아 의복·그물을 만들었음을 알 수 있다.
   ⑤ **신앙생활** 농경과 정착생활을 하면서 자연의 섭리를 깨닫게 되었고, 사후세계도 인정해 다신교 신앙이 발생.

애니미즘	만물에 영혼이 있다고 믿는 영혼 불멸의 정령신앙, 농경 중시로 태양·물에 대한 숭배 으뜸
토테미즘	특정의 동·식품 등을 씨족이 기원으로 숭배, 시근시 대체식량으로 준비, 금기(Taboo)와 연결
샤머니즘	주술을 써서 악신을 제거하려는 무속신앙(무격신앙)으로 현전
태양 숭배	구덩(움)무덤(토장묘)의 동침신전앙와장(눕혀묻기)에서 알 수 있음
시조신 숭배	조상신이 씨족을 보호해 주는 것으로 믿음
마력신앙	마법의 힘을 빌어 기원하는 신앙

   ③ **반달 돌칼**(반월형석도) 중국 화북지방 농경문화의 영향을 받은 농기구로 청동기시대에 곡식의 이삭을 자르는 데 널리 사용.
   ④ **옹관묘** 토기를 이용하여 만든 무덤

02 정답 ④ ··· (2011. 제11회 고급)

대화의 초기국가는 부여인데, ① 옥저, ② 동예, ③ 고구려, ④ 부여, ⑤ 삼한에 대한 설명이다.

부여 고조선 다음으로 등장한 두 번째 국가이나 고대국가로까지는 발전하지 못하였다. B.C. 4세기경 송화강 유역(길림)에서 동명왕(중국 측 사료) 또는 해모수(삼국사기·삼국유사)가 건국.
1) **왕권 미약** 초기에는 왕권이 미약하여 제가회의에서 선출하였고, 가뭄·장마로 5곡이 흉작이 들면 왕을 교체하기도 하였다. 가(加)와 대사자(大使者)·사자(使者) 등의 관료가 있었고, 중앙에 왕이 있고 지방에 사출도(四出道)가 있었는데 사출도는 부족 연맹 또는 행정 지배 체제의 분화를 의미.
2) **사출도** 여러 소국으로 형성되었고, 연맹왕 아래 목축경제를 보여주는 마가·우가·저가·구가 등의 제가(諸加)가 사출도를 주관.
3) **대외관계** 기원 후 49년 후한에 사신을 보내어 왕호를 사용하였고, 후한의 광무제도 사신을 보내는 등 친선책. 후한 말 요동에 공손씨가 강해지자 혼인 동맹. 고구려에 대항하기 위해 북방 유목 민족이나 중국과 우호 관계를 유지.
4) **멸망** 3세기 말 선비족(전연)의 침략을 받아 크게 쇠퇴하였고, 4세기 고구려에 복속되고 5세기 말 고구려의 문자명왕 때 통합(494).

한국사능력검정시험 기출문제

03 다음 법을 시행한 나라의 세력 범위를 짐작할 수 있는 유물·유적으로 옳은 것을 〈보기〉에서 고른 것은? [1점]

> 백성들에게 금하는 법 8조가 있었다. 대개 사람을 죽인 자는 즉시 죽이고, 남에게 상처를 입힌 자는 곡식으로 갚는다. 도둑질을 한 자는 노비로 삼는다. 용서 받고자 하는 자는 50만 전을 내야 한다. 비록 죄를 면하여 보통 백성이 되어도 습속에 오히려 그를 부끄럽게 여겨 혼인을 하고자 해도 짝을 구할 수 없다. 이러해서 백성은 도둑질을 하지 않아 대문을 닫고 사는 일이 없었다.
> - 「한서」 -

|보 기|

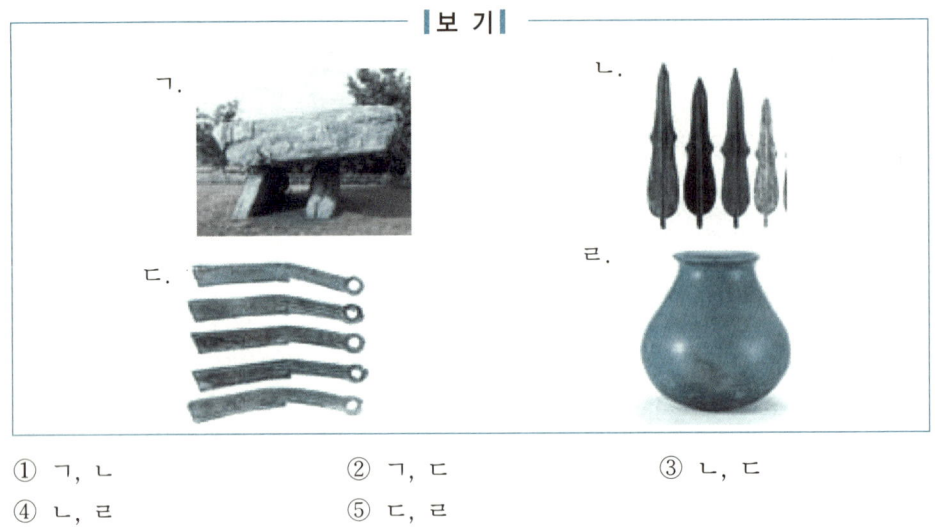

① ㄱ, ㄴ ② ㄱ, ㄷ ③ ㄴ, ㄷ
④ ㄴ, ㄹ ⑤ ㄷ, ㄹ

04 교사의 질문에 대한 대답으로 옳지 않은 것은? [2점]

(가), (나)는 삼국시대의 고분입니다. 이에 대해 이야기해볼까요?

① (가)의 양식은 발해로 계승되었어요.
② (가)는 부장품이 도굴되기 쉬운 양식이어요.
③ (나)는 중국 남조와의 교류를 보여 주고 있어요.
④ (나)에서는 무덤의 주인공을 알 수 있는 지석이 나왔어요.
⑤ (가), (나)는 모줄임 천장 구조를 하고 있어요.

해설 및 정답

03 정답 ① ·· (2011. 제11회 고급)

사료의 국가는 고조선으로 고인돌, 거친무늬거울, 비파형동검, 미송리식토기 등은 고조선의 특징적인 유물이다. ㄱ. 고인돌, ㄴ. 비파형동검, ㄷ. 춘추전국시대의 명도전, ㄹ. 붉은간토기인데, ㄷ,ㄹ은 고조선과 관련이 없다.

청동기문화

1) **북방 계통의 영향** 중국 계통이 아닌 북방 스키토 시베리언 계통의 영향을 받았으며(마형·호형 대구 : 경북 영천 출토), 구리와 아연이 합금(은·주의 청동기 : 구리와 주석 합금)
3) **거푸집** B.C. 4세기경의 거푸집(용범)이 용인·화순·맹산 등지에서 발견됨에 따라 독자적 청동기문화가 형성되었다(청동기의 토착화 현상).
3) **변천** 비파형동(단)검과 거친무늬거울(다뉴(꼭지)조문경)은 남부 시베리아와 연결된 북방 계통으로 보여지는데, 중국 중원에서는 출토되지 않고 만주·한반도에서 발견. 이들이 5,6백 년의 시차를 두고 청동기시대 후반 이후 점차 토착 청동문화인 세형동검과 잔무늬거울(다뉴세문경)으로 바뀌어 갔다.
2) **토기** 덧띠새김무늬토기·민무늬(무문)토기·미송리식 토기·공귀리식토기·팽이(각형)토기·민패(공렬)토기·가락식토기·송국리식토기·흔암리토기(화분모양)·붉은간토기(채색(채문)토기·홍도·채도) 등이 사용.

> **미송리식토기** 1959년 평북 의주 미송리동굴에서 처음 발굴. 밑이 납작한 항아리 양쪽 옆으로 손잡이가 하나씩 달리고 목이 넓게 올라가서 다시 안으로 오므라들고, 표면에 집선(集線) 무늬가 있는 것이 특징이며, 주로 청천강 이북, 요령성과 길림성 일대에 분포. 이 토기는 고인돌, 거친무늬거울, 비파형동검과 함께 고조선의 특징적인 유물로 간주된다.

3) **분묘** 고인돌(지석묘)·돌무지무덤(적석총)·돌널무덤(석관묘, 돌상자무덤) 등의 거석문화와 독무덤(옹관묘)를 남겼고 특히 거대한 돌무덤은 군장세력의 출현을 의미. 고인돌은 대체적으로 <u>연해 지역과 하천 유역에 주로 분포</u>되었는데 규모와 수에 비해 껴묻거리가 극히 적고 유물의 수와 종류도 화살촉과 간돌칼 등으로 한정.
ㄴ. **비파형동검** 남만주의 요령지방에서 발견된 것으로, 만주식 청동검 또는 부여식 동검이라고도 부르며, 남만주 일대를 비롯하여 개천·평양·춘천·부여·무주·고흥 등 한반도 전역에서 발견되며, 한국 청동검의 원조. 비파형동검은 검신과 손잡이를 따로 만든 후 그것을 조립하여 검신과 손잡이를 같이 주조한 중국식 동검이나 오르도스식 동검과는 큰 차이.
ㄷ. **철기시대교역** 중국 춘추전국시대 연(燕)·제(齊)의 화폐인 명도전이 강계·영변·위원에서, 진(秦)의 청동화폐인 반량전이 사천 늑도에서, 한(漢)의 오수전이 창원 등에서 발견.
ㄹ. **붉은간토기** 채색(채문)토기·홍도·채도

04 정답 ⑤ ·· (2011. 제11회 고급)

(가) 고구려의 오회분 4호묘(길림성 집안)으로 굴식돌방무덤 양식이고, (나) 백제 무령왕릉(공주)으로 벽돌무덤양식이다. ① 발해의 정혜공주묘, ② 널길(연도)이 있어 도굴이 용이, ③ 남조 양과의 교류, ④ 무령왕과 왕비의 지석이 출토되어 피장자의 신원 확인, ⑤ (가)의 양식에서 모줄임 천장(두팔천장)이 확인되고, (나)는 아치형 천장 구조이다.

≫ 고분의 양식 ≪

굴식돌방무덤 (횡혈식석실고분)		구덩식돌무지덧널무덤 (수혈식적석목곽분)	벽돌무덤 (전축(실)분)	
(그림)	모줄임 천장	(그림)	무령왕릉	• 중국 양의 영향(벽화 없음) • 지석 발견
• 벽화 있음, 도굴 용이 • 고구려·백제(웅진·사비시대)·발해(정혜공주묘) • 통일신라 때 봉토 주변에 둘레돌(열석) 배치(12지신상 조각)		• 벽화 없음, 도굴 어려움 • 통일 전 신라(천마총·호우총) • 목곽·자갈·점토·봉토층으로 구분	벽돌탑 벽돌 정효공주묘	• 중국 당의 영향(벽화 있음) • 묘탑장 양식

05 다음 문화재에 대한 설명으로 옳은 것은? [2점]

① 칠지도 - 가야와 왜의 교류 관계를 보여 준다.

② 중원 고구려비 - 장수왕 때 고구려의 남한강 유역 진출을 보여 준다.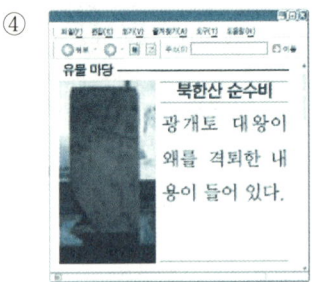

③ 임신서기석 - 도교 사상이 널리 퍼져 있음을 보여 준다.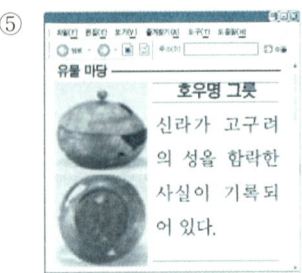

④ 북한산 순수비 - 광개토 대왕이 왜를 격퇴한 내용이 들어 있다.

⑤ 호우명 그릇 - 신라가 고구려의 성을 함락한 사실이 기록되어 있다.

06 다음은 어느 나라의 외교 활동에 관한 자료이다. 이 나라에 대한 설명으로 옳지 않은 것은? [2점]

파견 연도	사신
인안 09년	고인의
대흥 26년	왕심복
정력 05년	대창태
건흥 04년	왕문거
*총 34회 파견 중 일부 정리	

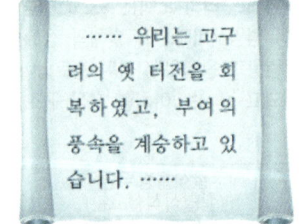

······ 우리는 고구려의 옛 터전을 회복하였고, 부여의 풍속을 계승하고 있습니다. ······

① 중국 양나라에 사신을 파견하였다.
② 신라도를 개통하여 신라와 교류하였다.
③ 자기, 말, 모피 등을 주변국에 수출하였다.
④ 장문휴로 하여금 덩저우를 공격하게 하였다.
⑤ 천손 의식을 표방하고 독자적인 연호를 사용하였다.

해설 및 정답

05 정답 ② ·· (2011. 제11회 고급)

① 백제와 왜의 교류, ③ 유교 학습, ④ 진흥왕의 북한강 하류 지역 확보, ⑤ 신라와 고구려간의 교류를 보여준다.

① **칠지도** 근초고왕대 일본에 아직기를 파견하고 칠지도를 하사. 현재 일본의 이소노카미 신궁에 보관. 「일본서기」에 등장(372년에 백제 사신이 신공황후에게 바쳤다는 내용)하는 칠지도의 실물로 추정됨. '공공후왕'의 명문으로 백제 봉헌설이 제기되었으나, 61자의 명문이 새겨져 있으며, 근초고왕의 아들 근구수왕이 왕자로 있을 때(369) 일본사신을 통해 왜왕에게 보냈다고 봄.

② **중원고구려비** 5세기 말 장수왕 때 건립으로 추정, 1979년 4월 발견, 신라를 동이(東夷), 신라왕을 매금(寐錦)으로 지칭하고 있으며, 고구려 대왕이 신라왕과 신하들에게 의복을 하사하여 종주국으로서 고구려의 천하관을 보여 주고 있다(고구려와 신라의 위상 관계 입증).

③ **임신서기석** 2명의 화랑이 3년 안에 「시경」·「상서(서경)」·「예기」·「좌전(춘추전)」 등을 공부하고 국가에 충성할 것을 서약한 내용. 이 같은 화랑정신은 신채호도 낭가(郎家)사상이라 하여 자주적 전통사상으로 강조.

④ **북한산순수비**(진흥왕 16년, 555) 신라의 북한강 하류까지 진출. 김정희 판독, 국립중앙박물관 보관.

⑤ **호우총** 1946년 경주시 노서리에서 발굴된 신라 고분으로 구덩식 돌무지 덧널무덤. 부장품 중에 을묘년국강상광개토지호태왕호우십(乙卯年國岡上廣開土地好太王壺杅十)이란 명문이 새겨진 그릇이 출토되어 호우총이라 명명. 서체가 광개토대왕비문과 유사해 고구려에서 만들어 가지고 신라로 들어온 것으로 보며 당시 신라와 고구려 간의 교섭이 활발했음을 입증. 제작 연대는 명문에 의해 415년으로 확정.

06 정답 ① ·· (2011. 제11회 고급)

보기의 내용은 발해가 일본에 사신을 파견한 외교 활동이다. 발해는 당·신라의 협공에 대한 고립 탈피로 일본에 34차례의 사신을 파견했다고 「속일본기」에 기록되어 있다. ① 백제의 외교활동이고 ②③④⑤는 발해의 역사적 사실이다.

발해의 대외관계

1) **당과의 관계** ① 무왕(대무예) : 8세기 초, 발해는 친당적인 흑수(흑룡강)부 말갈을 치는 한편(대문예 당 망명사건, 726), 거란과 연합하여 수군 장문휴로 하여금 당의 산동지방 등주를 공격(732). ② 문왕(대흠무) : 8세기 후반 이후 화친책으로 전환. 사신·유학생을 파견하고, 빈공과에 급제하는 등 당과 국교를 열고, 대조영 이래의 발해군왕에서 발해국왕의 칭호를 얻고 문화를 수입하여 제도를 정비.

2) **신라·일본과의 관계** 원만하지는 못하였으나, 필요에 따라서는 신라와 사신이 교환되고 신라도(新羅道)의 존재로 보아 무역이 이루어지는 소극적인 경제·문화 교류. 발해에 대해선 능동적으로 동족의식을 표방하지 않았는데 당시 신라 조정이 일통삼한을 자신의 위업이요 정통성의 주요기반으로 내세웠는데, 고구려 영역의 대부분을 차지한 발해가 고구려 계승국을 표방하자 신라의 논리와 상충.

3) **일본과의 관계** 무왕 때 고재덕을 보내 일본과 국교를 체결하고(727) 선명력(宣明曆)을 전래하였으며 줄곧 우호적이었고(당·신라의 협공에 대한 고립 탈피), 발해는 일본에 34차례, 일본은 발해에 13차례의 사신을 파견했다고 「속일본기」에 기록. 특히 9세기 전반 발해 승려 정소의 역할이 컸다.

②③ **발해의 무역** 왕실·귀족의 조공무역과 일부 민간무역이 존재. 1) **발해관** 당과는 해로와 육로를 이용하여 무역. 수입품으로 서적·비단이 있었고, 당도 산동반도의 등주(덩저우)에 발해관을 설치. 2) **수출품** 막힐부의 돼지·담비모피·돈피·인삼·솔빈부의 말·해동청·금·은·불상·유리잔·자기 등 발해의 수출품 중에는 공예품도 있어서 수공업이 상당히 발전. 특히 당삼채와 비슷한 가볍고 광택이 있는 발해의 자기인 발해삼채가 당에 수출되었고, 거란의 요삼채에게 영향. 3) **일본과 통교** 동해의 해로를 개척하였는데, 이것은 신라에 대한 견제책의 의미. 4) **5개 교통로** 동경용원부와 성진은 일본도, 남경남해부는 신라도, 서경압록부는 당의 조공도(압록조공도), 부여부는 거란도, 상경천부는 영주도의 출발점.

⑤ **발해의 독자적 연호** 천통, 인안, 대흥, 중흥, 주작, 건흥, 인선 : 독립국 과시

① **무령왕**(武寧王, 501~523) 중국 남조(양)의 문화를 적극 도입한 웅진시대의 마지막 왕. 무령왕릉에 따르면 양나라에서 영동대장군백제사마왕(寧東大將軍百濟斯麻王)이라는 시호. 양직공도(梁職貢圖)의 백제 사신도(중국 난징박물관 소장 : 6세기 양나라에 파견된 백제 사신의 모습을 그리고 해설).

07 다음 편지를 받는 인물에 관한 탐구 활동으로 옳지 않은 것은? [2점]

> 존경하는 장 대사님께
> 이 엔닌은 멀리서 인덕을 입사옵고 우러러 받드는 마음 끝이 없습니다. 엔닌은 옛 소원을 이루기 위하여 당나라에 체류하고 있습니다. 미천한 몸이 다행하게도 장 대사님의 본원의 땅[적산 법화원]에 머물고 있습니다. …… 언제 만나 뵈올른지 기약할 수 없습니다만 장 대사님을 경모하는 마음 더해 갈 뿐입니다. 삼가 글을 올려 안부를 여쭈옵니다. 갖추지 못하옵고 삼가 올립니다.
> 개성 5년 2월 17일, 일본국 구법승 엔닌 올림

① 신라인의 해외 진출을 알아본다.
② 신라 말의 정치 상황을 분석한다.
③ 해상 세력의 성장 과정을 파악한다.
④ 고대 동아시아의 항해로를 살펴본다.
⑤ 고려 건국 과정에서의 활약상을 조사한다.

08 가야 연맹의 어느 나라와 관련된 행사 포스터이다. 이 나라에 대한 설명으로 옳은 것은? [3점]

행사 안내

기념 공연
애기 금동관의 미스터리
○ 기간 : 2011. 4. 7 ~ 2011. 4. 10
○ 주제 : 애기 왕자가 나라를 지키기 위해 펼치는 흥미진진한 이야기

유적지 탐방
지산동 고분

찾아오시는 길

① 중앙 집권적인 국가로 발전하였다.
② 1세기 무렵 김수로에 의해 건국되었다.
③ 낙랑, 대방, 왜와 활발하게 교역하였다.
④ 고구려 광개토 대왕의 공격으로 쇠퇴하였다.
⑤ 5세기 후반에는 소백산맥 서쪽까지 진출하였다.

07 정답 ⑤ · (2011. 제11회 고급)

사료는 일본 승려 엔닌(圓仁, 자각대사)이 9년간(838-847) 입당 수학하던 시기인 개성5년(840)에 장보고(궁복, ?-846)에게 보낸 서찰이다. ①②③④는 장보고에 대한 내용이나, ⑤ 장보고는 고려 건국(918년) 이전인 신라 문성왕 때(846년) 장보고의 난으로 피살되었다.

장보고(궁복, ?~846) 6두품으로 추정, 중국 강소성 서주 절도사 휘하에서 무령군 소장으로 활약하였다. 귀국 후 흥덕왕 때(828) 완도에 청해진을 설치하여(청해진 대사), 1만여 명의 수군을 양성, 당의 해적들을 소탕한 후 당·일본과의 동아시아 무역을 독점하고 커다란 해상 정치세력으로 성장 대당무역을 주도하여 당에 견당매물사(遣唐賣物使)를 파견하고 선박을 교관선(交關船)이라 명명하고, 일본에는 회역사(廻易使)를 파견. 산동성 문등현 적산촌에 법화원을 설치하였는데 일본 승려 엔닌의 「입당구법순례행기」에도 장보고와 법화원이 소개. 민애왕을 축출하고(839)·김우징을 신무왕으로 즉위하는데 기여하였으나 자신의 딸이 왕비 간택에 실패하자 장보고는 난을 일으켰다(846). 그후 문성왕 때 청해진은 폐지(851).

> **원인**(圓仁, 자각대사(慈覺大師)) 9년간(838~847) 입당 수학하였고, 법화원에서 장보고에게 사신을 보내 일본 귀국 알선을 탄원하였으며 그의 「입당구법순례행기」는 「동방견문록」(마르코폴로, 13세기 후반), 「표해록」(최부, 1488) 등과 더불어 세계 3대 중국기행기로 통한다.

08 정답 ⑤ · (2011. 제11회 고급)

행사 포스터는 후기 가야 연맹의 맹주인 대가야에 대한 내용이다. ① 고대국가(중앙집권국가)로 발전하지 못하고 연맹체 단계에서 그쳤으며, ②③④ 금관가야에 대한 내용이다.

고령 지산동 고분(45호분에서 순장 확인) 대가야의 금관(32호분).
내부구조는 돌널무덤(석상묘) 돌덧널무덤(석곽묘), 돌방무덤(석실묘) 등 여러 형태가 나타나는데, 돌널무덤의 경우 청동기시대 돌널무덤 전통을 계승. 한 봉분 안에 여러 무덤이 나타나는 것은 가족무덤의 성격이라기보다 딸려묻기(순장)한 것으로 해석. 대형무덤에서 많은 양의 토기와 함께 금동관·갑옷 및 투구·칼 및 꾸미개 종류가 출토되고 있으며, 4~6세기 정도에 만들어진 대가야 지배계층의 무덤으로 추정.

가야연맹 가야연맹은 농경문화를 바탕으로 하면서 철의 생산과 중계무역을 통하여 발전.
1) **전기 가야 연맹체** 2~3세기경, 이들 지역에서는 구야국에서 발전한 김해의 금관가야(金官伽倻, 본가야)를 주축으로 하는 전기 가야 연맹체가 형성.
2) **후기 가야 연맹체** 5세기 광개토대왕의 침공(임나가라의 종발성 복속)으로 가야는 전쟁의 피해를 받지 않은 고령의 미오야마국에서 발전한 대가야로 그 중심이 이동되면서 연맹의 세력권이 후기 가야 연맹체가 다시 편성되었고, 6세기 초(522) 대가야의 이뇌왕(異腦王)이 신라와 결혼동맹을 체결하여 고립에서 탈피하려 하였다. 대가야의 당면 문제는 새로운 무역항구를 확보하는 문제였는데 당시 다사강, 또는 기문하라 불리었던 섬진강유역이 선택되어 이를 장악하기 위해 한성백제의 패망을 전후해 대가야는 호남으로 진출. 그 결과 남원, 진안, 임실, 장수 일대에 기문지방을, 모루, 사타, 상·하다리 일대에 섭라지방을 형성. 이시기가 대가야의 전성기. 새로 장악한 섬진강 유역은 새로운 무역항이자 새로운 무역기반을 가야에게 제공. 가야는 남제에 사신을 보냄(479년).
3) **연맹체 단계** 가야는 중앙집권국가로의 정치적 발전을 이루지 못하였으며, 마침내 신라에 통합. 가야가 이처럼 고대국가로 발전하지 못한 이유는 가야 각국의 지리적 고립성과 정치적 우열을 가리기 어려울 정도로 서로 비등한 점, 분열상태를 극복하려는 주체적 통합 노력의 부족 등.
4) **활발한 교역** 가야연맹은 중국 남조 이외에 한(漢)군현이나 일본과도 교역함으로써 경제적으로 크게 번영. 가라(대가야)왕 하지(荷知)가 중국 남제(南齊)에 사신을 파견하고 보국장군본국왕(輔國將軍本國王)의 책봉(479). 그리고 당시의 수준 높은 문물을 덧널무덤(목곽묘)·구덩식 돌덧널무덤(수혈식석곽분) 등의 가야 무덤에서 출토되는 유물에 의해 증명.
5) **제철과 토기** 유적으로는 김해 대성동 고분, 김해 양동리 고분, 김해 예안리 고분, 고령 지산동 고분(45호분에서 순장 확인), 고령 고아동 고분(연화문의 벽화 발견), 부산 복천동 고분, 함안 말이산 고분, 창녕 계남리 고분 등이 있으며, 유물로는 금동관·철제 농구·갑옷·토기·환두장도 등이 발굴. 특히 가야토기(수레토기)는 일본 스에키(須惠器)에 직접적인 영향.

> **개황력**(開皇曆) 「삼국유사」 가락국기에 인용된 역사서로 가야 멸망 이후의 가야 역사를 정리하고 가야의 개국기원 연대를 기록하였으며 개황록(開皇錄) 이라고도 한다.

09 밑줄 그은 (가)~(다)에 대한 설명으로 옳은 것을 〈보기〉에서 고른 것은? [2점]

- 신문왕 7년(687) – (가) 관료전을 지급하되 차등을 두었다.
- 성덕왕 21년(722) – 백성들에게 (나) 정전을 지급하였다.
- 경덕왕 16년(757) – 월봉을 없애고 (다) 녹읍을 부활하였다.

| 보 기 |

ㄱ. (가) – 토지 소유권이 지급되었다.
ㄴ. (나) – 국가의 토지 지배력이 강화되었다.
ㄷ. (다) – 국학의 학생에게도 지급되었다.
ㄹ. (가), (다) – 관리가 직접 조·용·조를 수취하였다.

① ㄱ, ㄴ   ② ㄱ, ㄷ   ③ ㄴ, ㄷ
④ ㄴ, ㄹ   ⑤ ㄷ, ㄹ

10 다음 기사의 (가)에 해당하는 문화유산으로 옳은 것은? [2점]

문화재청 산하 국립 문화재 연구소는 (가) 을(를) 해체하는 과정에서 금판으로 된 사리 봉안 기록판과 금제 사리 항아리 등 유물 500여 점을 발굴했다고 밝혔다. 금판 앞뒷면에 194자로 새겨진 사리 봉안 기록에는 시주자의 신분이 무왕의 왕후이며, 좌평인 사택적덕의 딸이라는 사실이 새겨져 있다. 이것은 백제 서동 왕자(무왕)가 향가 '서동요'를 신라에 퍼뜨려 신라 진평왕의 딸 선화 공주와 결혼했다는 「삼국유사」의 내용과는 다른 것이다.

①  ②  ③

④  ⑤

09 정답 ③ ·· (2011. 제11회 고급)

ㄱ. 수조권 분급, ㄴ. 국가의 농민에 대한 일원적 지배 강화, ㄷ. 신라 소성왕 원년(799) 국학생에게 청주(현 : 진주) 거노현을 녹읍으로 지정, ㄹ. 조용조는 농민들의 부담이고 국가가 수취하였다.

식읍·녹읍 전쟁에 공이 있는 장군이나 귀족들에게는 식읍·녹읍의 명목으로 많은 토지와 포로들이 주어졌고, 그 결과 귀족들이 사적으로 소유하는 토지와 노비가 증가. 전(田)과 읍(邑)은 넓은 의미에서 토지를 지칭하나, 전은 토지만의 지배권을 갖고 읍은 토지는 물론이고 그 경작지의 노동력과 공물까지 지배한다는 의미.

1) **식읍(食邑)** 피정복지의 백성을 당대에 한하여 지급하였는데, 해당 읍의 조입(租入)을 받는 채지(采地)의 성격. 식읍은 삼국시대에서 나타나 고려를 거쳐 조선 초까지 지급되다가 조선 세조 때 폐지.
2) **녹읍(祿邑)** 관직 복무의 대가인 녹봉 대신 지급되었는데, 개인 또는 국가기관을 대상으로 노동력 징발권을 부여. 신라 소성왕 원년(799) 국학생에게 청주(현 : 진주) 거노현을 녹읍으로 지정하였다는 기사가 있다. 그 후 녹읍은 고려 초에 폐지.

> **식읍** 제가(諸加)가 하호(下戶)를 지배하던 단계에서 발생, 봉호(封戶) 지급, 조·용·조(租·庸·調) 징수권 가짐, 사영지는 아니며, 당대에 한하고 중앙의 행정적 지배 범위내 특정 귀족 관료에게 지급, 후기로 올수록 기능 약화, 이를 근거로 민호를 지배하고 대토지를 소유하여 전장(田莊)을 경영하였다.

통일신라의 토지제도

1) **녹봉제 실시** 왕권의 전제화로 신문왕 7년(687)에 문무 관료전을 지급하고, 신문왕 9년(689)에 내외관의 녹읍제를 폐지하여, 녹봉제(관료(직)전, 연봉 성격의 축년사조(逐年賜租)로 세조(歲租) 지급)를 확립. 그러나 귀족의 반발로 경덕왕 16년(757)에 월봉을 없애고 녹읍을 지급하여 후기 녹읍이 부활.
2) **균전제(均田制) 도입** 성덕왕 21년(722)에 16~59세까지의 정남(丁男)에게 정전(丁田, 연수유전답(烟受有田畓))을 지급하여 자영농민에 대한 직접적 지배와 고대 수취체제의 확립을 가져와 국가의 농민에 대한 일원적 지배가 이루어졌다.

> **정전** 성덕왕 때 농민들에게 정전을 지급했다고 하는 기록이 있으나, 농민들에게 토지를 지급한 것이 아니라 농민들의 소유 토지를 국가가 조사하여 그 소유를 법적으로 인정하고 문서에 기록하여 조·용·조를 부과한 것으로 본다.

ㄹ.**통일신라의 조세제도** 당의 조(租, 조세 : 지(地))·용(庸, 역역(力役) : 인(人))·조(調, 특산물 : 호(戶))의 3세 체제를 도입.

10 정답 ④ ·· (2011. 제11회 고급)

자료는 2009년 1월 익산 미륵사지석탑을 해체하는 과정의 기사 내용이다. ① 불국사 3층석탑, ② 정림사지 5층석탑, ③ 감은사지 3층석탑, ④ 미륵사지석탑, ⑤ 서울 송파구의 계단식돌무지무덤이다.

무왕(600~641) 미륵사를 건립하고 궁남지(宮南池)를 조성, 익산 천도 계획을 세워 백제 중흥을 시도하였으나 실패. 서동요의 작자.

> **미륵사** 미륵사는 중앙에 거대한 목탑과 동서에 석탑을 둔 특이한 형태를 띠고 있는데 7세기에 무왕이 추진한 백제의 중흥을 반영.
> **익산 미륵사지석탑** 현재 남아 있는 가장 오래되고 커다란 탑으로, 목조탑의 건축양식을 모방한 목탑형 석탑. 한국 석탑 전체의 출발점. 2009년 1월 14일 익산 미륵사지 석탑을 보수·정비하다가 심주(心柱) 상면(上面) 중앙의 사리공(舍利孔)에서 금제 사리호(金製舍利壺), 금제사리 봉안기(金製奉安記) 등 사리장엄(舍利莊嚴)을 발견.
> **부여 왕흥사터 사리장엄구** 2007년 10월 우리나라 최고의 사리를 담은 용기인 사리장엄구가 백제 위덕왕(창왕) 때 건립(삼국사기는 무왕으로 기록)된 왕흥사 터에서 발굴되었는데 청동사리합 안에 은제 사리병을 담고 그 안에 다시 금제 사리병을 넣은 3종 세트 형식인데 청동사리합 몸체에 창왕이 죽은 왕자를 위해 목탑을 세우고 사리장엄구를 넣었다고 기록.

11 다음 자료와 관련된 불교 사상에 대한 탐구 활동으로 가장 적절한 것은? [3점]

> 명주 굴산을 개창한 통효 대사는 이름은 범일이고 경주 김씨였다. 할아버지의 이름은 술원이며 명주 도독까지 지냈다. …… 대중 5년 정월, 백달사에서 좌선을 하고 있었는데, 명주도독 김공이 굴산사에 주석하기를 청했다. 늘어선 소나무로 도를 행하는 행랑을 삼고 평평한 바위로 참선하는 자리를 삼았다. 어떤 사람이 물었다. "이것이 스님들이 힘써야 하는 것입니까?" 범일이 대답하기를, "부처가 간 길을 따라 하지 말라. 남이 한 대로 깨달음을 얻으려 하지 말라."고 하였다.
> - 「조당집」 -

① 화엄 사상의 성립 배경을 분석한다.
② 승탑이 유행하게 된 배경을 조사한다.
③ 정토 신앙 운동이 전개된 과정을 알아본다.
④ 신라에서 불교식 왕명이 사용된 사례를 살펴본다.
⑤ 사원에 칠성각과 산신각이 건립된 이유를 조사한다.

12 다음 건의를 받아들인 왕이 실시한 정책으로 옳은 것은? [2점]

> 청컨대 외관을 두소서. 비록 한꺼번에 다 보낼 수 없더라도 우선 10여 곳의 주현에 1명의 외관을 두고, 그 아래 2~3명의 관원을 두어서 백성을 다스리는 일을 맡기소서.
> - 「고려사」 -

① 서경을 중시하여 천도를 추진하였다.
② 5도 양계의 지방 제도를 확립하였다.
③ 국자감을 설치하여 유학 교육 진흥에 힘썼다.
④ 노비안검법을 실시하여 호족 세력을 억제하였다.
⑤ 연등회, 팔관회 등 불교 행사를 적극 장려하였다.

해설 및 정답

11 정답 ② ·· (2011. 제11회 고급)

사료는 신라말 선종 9산 중 사굴산문의 개조자인 범일에 대한 내용이다. ① 교종, ② 선종의 유행으로 선종 승려의 사리를 봉안하는 승탑(부도)이 건립, ③ 통일 후 원효가 널리 보급, ④ 법흥왕·진덕여왕 시기, ⑤ 불교와 샤머니즘의 융합을 보여 준다.

1) **선종의 전래 및 유행** 선덕여왕 때 법랑(法郞)이 전래하였으나, 교종에 눌려 빛을 보지 못하다가 혜공왕 때 신행(神行)의 활약으로 발전하기 시작. 말기에는 교종의 전통과 권위에 대항하면서 크게 유행.

2) **선종의 성격** 교종의 기성사상 체계에 의존하지 않고 스스로 사색하여 진리를 깨닫는 것이 옳다고 주장하며, 개인적인 정신세계를 찾는 경향이 있어서 새로운 시대의 정신적 기반이 되었으며, 불립문자, 본리문자, 견성오도, 직지인심, 견성성불, 외식제연, 교외별전 등을 주장.

3) **9산문의 성립** 중앙 귀족들이 분열하여 싸우고 있을 무렵, 지방에서는 호족세력이 일어나고 있었는데, 선종의 각파들은 이러한 지방의 호족세력과 관계를 가지고 각 지방에 본거지를 두고 선종 9산문이라는 여러 종파가 성립. 최초의 본산은 도의가 개창한 가지산문(迦智山門)이고, 마지막 본산은 왕건의 스승인 이엄이 개창한 수미산문(須彌山門). 선종의 개조자들은 대개가 6두품·지방호족들로 처음에는 대체로 화엄사상을 습득하였고, 특히 무염·범일의 경우는 진골 혈통이었으나 6두품으로 강등.

4) **선종의 영향** 선종의 개조자들은 도헌을 제외하고는 대부분 도당유학을 하였고 선종이 중국에서 새로운 문화운동의 하나로 성립된 종파였던 까닭으로, 선종의 유행은 신라인으로 하여금 중국 문화에 대한 이해의 폭을 넓혀 주었고, 고려 한문학 발달에 기여하였으며, 많은 도당유학생들의 반신라 움직임과 결부되어 중세적 지성의 자극제로 고려 왕조 개창의 사상적 바탕이 되었다. 반면 조형미술은 쇠퇴. 경주 중심의 문화를 극복하고, 지방문화를 활성화시키는 데 크게 기여.

12 정답 ③ ·· (2011. 제11회 고급)

사료는 고려 성종대(981-997) 문하시중인 최승로의 시무 28조 중 제7조의 내용이다. ① 정종·인종, ② 현종, ③ 성종, ④ 광종, ⑤ 태조, 문종대의 정책이다.

주자감(성종, 992) 당(唐)의 국자감 관제를 모방하여 전국 교육 행정을 집행한 국립대학으로 유교 경전과 문예를 교육. 국자학·태학·사문학의 3학은 학생 신분에 의한 구분으로 교과 내용은 다른 것이 없었고, 잡학은 인종 때 율·서·산학 등 전공별로 구분.

성종(981~997)**의 교육정책** 국립대학인 국자감 설치(992), 12목에 경학·의학박사 각 1인 파견, 호족의 자제를 선발하여 개경의 학교에서 교육시키고 과거를 통해 관리로 채용(지방호족의 중앙관료화), 지방에 학교를 설치하고(외치학교), 교육조서를 반포.

> 1. 성종의 교육조서 : "교육이 아니면 인재를 구할 수 없다"라고 하여 교육의 중요성을 강조한 내용이 「고려사」 성종 세가에 수록.
> 2. 성종의 국자감 설치 교서 : 임금이 천하를 교화하는 데는 학교가 우선이다. 요·순의 유풍을 계승하고 공자의 도를 닦으며 국가의 제도를 설정하고 군신의 의례를 분간하여야 하는 바, 현명한 선비에게 이를 맡기지 않으면 어찌 이룰 수 있겠는가.
> 3. 문신월과법 : 중앙의 문신들에게 매달 시 3편, 부 1편을, 지방관은 매년 한 번씩 글을 지어 바치게 한 제도로 성종·예종 때 실시.

① **정종**(945~949) 서경을 중시하여 천도를 추진하였으나 실패.
   인종(1122~1146) 경사 6학·향교·서적소 설치(경연 시행), 동서대비원·제위보 갱신, 「삼국사기」 편찬, 22 역도제(驛道制) 정비, 유신지교(維新之敎) 15조 반포, 서경 천도 계획

② **현종**(1009~1031) **지방제도 완비** 5도 양계, 4도호부 8목을 설치하고 경기제를 시행(1018). 경기는 개경을 포함한 특별행정구역으로 개성부에서 직접 통치.

④ **노비안검법**(광종, 956) 노비의 신분을 조사하여 본래 양인이었던 자를 방량(放良)하여 호족의 군사적·경제적 기반을 약화(⇔ 성종(982.10) : 불량한 자를 노비화하는 노비환천법과 자모정식법(子母停息法)을 실시).

⑤ **태조**(918~943) 연등·팔관회를 중시하였고, 도선의 풍수지리설에 따라 비보사찰이 건립.
   문종(1046~1083) 흥왕사를 창건하고 천태종을 도입하였으며 연등·팔관회를 공식 부활.

13. 다음은 고려의 중앙 관제표이다. (가)~(마)에 대한 설명으로 옳은 것은? [2점]

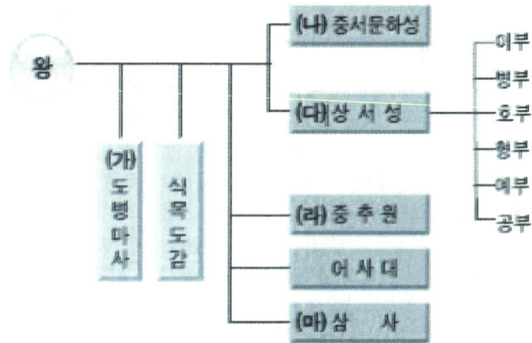

① (가) - 어사대 관리와 중서문하성의 낭사로 구성되었다.
② (나) - 국가의 중대사를 결정하는 귀족 합의 기구였다.
③ (다) - 장관인 문하시중이 국정을 총괄하였다.
④ (라) - 서경·봉박·간쟁의 기능을 수행하였다.
⑤ (마) - 곡식의 출납과 회계를 담당하였다.

14. (가)~(마)는 대몽 항쟁이 이루어진 지역이다. 이와 관련된 설명으로 옳지 않은 것은? [2점]

① (가) - 박서의 부대가 몽골군을 물리쳤다.
② (나) - 김윤후가 몽골 장수 살리타를 사살하였다.
③ (다) - 노군과 잡류가 몽골군과 싸워 이겼다.
④ (라) - 황룡사 9층 목탑이 불타 버렸다.
⑤ (마) - 배중손이 삼별초의 항쟁을 지휘하였다.

13 정답 ⑤ ··(2011. 제11회 고급)

(가) 중서문하성의 재신과 중추원의 추신으로 구성, (나) 백규와 서무를 관장하는 정무기관이고, 귀족합의기구는 도병마사이며, (다) 장관은 상서령으로 실직이 아니었고, (라) 중추원이 아닌 어사대와 중서문하성 낭사의 기능이다.

(가) **도병마사** 중서문하성의 고관인 재신(宰臣, 재상) 5명과 중추원 고관인 추신(樞臣, 추밀) 7명으로 구성된 합좌회의기관으로 만장일치의 의합(議合)을 채택. 초기에는 양계의 장관인 병마사를 통제하고 변경·군사 문제를 의논하는 일종의 국방위원회와 같은 기능. 고려 말년에 도병마사를 도당(都堂)이라 칭하고 충렬왕 5년(1279)에 도평의사사(都評議使司)로 바뀌면서 재추의 수가 70~80명으로 늘어났고 그 기능이 확대되어 재정 담당의 삼사와 상의(商議)도 포함되었으며, 국가최고기관이 되어 군사·외교·조세·형옥·전주(銓注) 등 내외의 모든 직능을 관장하여, 고려 말에는 도평의사사가 도당의 명칭.

(나) **중서문하성** 최고정무기관(수상 : 문하시중)으로서 백규(百揆)와 서무를 관장한 2품 이상의 재신(宰臣)과 3품 이하의 낭사(郎舍, 성랑)로 구성. 낭사는 어사대(대관)와 함께 대간·언관 또는 대성(대관+성랑)이라 하여 시정(時政)의 득실을 논하고 왕권 견제의 간쟁과 탄핵·봉박·서경 등을 담당.

(다) **상서성** 3성(省)이란 중서성·문하성·상서성을 말하는데 당나라의 제도와는 달리 고려에서는 중서성과 문하성이 합병되어 중서문하성이 되어 상서성과 2성 체제. 그러나 상서성은 중서문하성에 예속되어 엄밀히 말하면 고려는 중서문하성 중심의 단성체제.

(라) **중추원**(추밀원) 중서문하성과 더불어 중앙 최고의 관청으로 중서문하성은 재부(宰府)라 하고 중추원을 추부(樞府)라 하며, 양자를 합해서 양부(兩府) 또는 재추(宰樞)라 하여 함께 국정을 논의하였다. 2품 이상의 추밀(추신)과 3품 이하의 승선(承宣)으로 구성되었는데, 추밀은 재신과 함께 국정을 총괄하며 군국 기밀을 관장하였고, 승선은 왕명 출납을 담당.

(마) **삼사** 송과는 달리 단순히 화폐와 곡식의 출납에 대한 회계만 담당하고 실제의 조세 수취와 집행은 각 관청. 후기에는 도평의사사에 참여하였으며, 판사가 장관(재신 겸직).

14 정답 ④ ··(2011. 제11회 고급)

④ 몽골 3차 침입 때(1235-1239) 전국을 유린하였는데 경주의 황룡사 9층 목탑이 소실되었다.

몽골과의 6차 항쟁

1) **1차 침입**(1231) 몽골 사신 제구유(著古與)의 피살 사건으로 국교 단절 후 살리타가 침입하자 충주에서 다인 철소 주민과 노비군이 몽골군을 격퇴. 그 후 고려의 요청으로 강화가 성립되고 다루가치 설치.

> **박서의 귀주성 전투** 1231년(고종 18) 서북면 병마사 재임 시 몽골이 침입하여 온갖 무기로 귀주성을 공격해 오자 1개월에 걸친 격전 끝에 이를 물리쳤다.

2) **2차 침입**(1232) : 몽골의 무리한 조공 요구로 최우집권기에 강화로 천도하였고 이 시기에 간척사업이 추진(1232.6). 살리타가 침입하였으나 처인성(용인)에서 고려의 승장 김윤후와 처인 부곡민에게 살해되고 몽골 군대는 쫓겨갔다. 이 때 부인사 초조장경이 소실.

3) **3차 침입**(1235~1239) : 당올대가 주동이 되어 전국을 유린. 그 후 팔만대장경 조판이 시작되었고 (1236.10), 황룡사 9층 목탑이 소실(1238, 윤4월)되는 등 문화적 손실.

4) **4차 침입**(1247) : 아모간을 선봉으로 강행.

5) **5차 침입**(1252) : 야고와 홍복원에 의해 이루어졌다.

6) **6차 침입**(1254~1259) : 차라대의 입구(入寇)로서 전후 6년간 약탈과 침략을 계속. 이 기간 중 태자(원종, 1219~1274))가 몽골에 입조하여 쿠빌라이(1215~1294)와 접촉하였고 최씨정권이 붕괴.

⑤ **삼별초의 항쟁**

1) **삼별초정부** 최씨정권이 몰락한 후 원종의 친몽정책으로 강화가 성립되어 출륙이 단행되자(1270) 배중손 등 삼별초군은 왕족 승화후 온을 추대하여(1270.6) 강화 외포리에 반몽정권 수립.

2) **해상왕국** 삼별초는 배중손의 지휘하에 진도에 용장성을 쌓고(1270.8) 항전하다가 김통정의 지휘하에 제주로 옮겼다(1270.11). 그 후 김방경·홍다구·흔도가 이끄는 여·원연합군에게 평정되어 제주 항파두성(북제주군 애월읍)에서 최후(1273).

15 다음 문화유산이 제작된 시대의 경제생활에 대한 설명으로 옳은 것을 〈보기〉에서 고른 것은? [2점]

 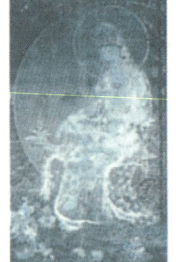

― 보 기 ―
ㄱ. 중국 농서인 「농상집요」가 소개되었다.
ㄴ. 송과 육로를 통해 활발히 교역하였다.
ㄷ. 특수 행정 구역인 소에서 관수품을 생산하였다.
ㄹ. 설점수세제를 시행하여 광산 개발을 장려하였다.
ㅁ. 은으로 활구(은병)라는 화폐를 주조하여 사용하였다.

① ㄱ, ㄴ, ㄷ ② ㄱ, ㄴ, ㄹ ③ ㄱ, ㄷ, ㅁ
④ ㄴ, ㄷ, ㄹ ⑤ ㄷ, ㄹ, ㅁ

16 다음 소송이 이루어진 시대의 가족 제도에 대한 설명으로 옳은 것을 〈보기〉에서 고른 것은? [1점]

― 보 기 ―
ㄱ. 부계 위주의 족보가 널리 편찬되었다.
ㄴ. 아들이 없을 때에는 딸이 제사를 지냈다.
ㄷ. 사위가 처가에서 생활하는 경우가 많았다.
ㄹ. 과부의 재가를 금지하고 효자와 열녀를 표창하였다.

① ㄱ, ㄴ ② ㄱ, ㄷ ③ ㄴ, ㄷ
④ ㄴ, ㄹ ⑤ ㄷ, ㄹ

15 정답 ③ ··· (2011. 제11회 고급)

사진의 문화유산은 고려시대의 관촉사 석조미륵보살입상과 수월관음보살도이다. ㄴ. 육로가 아닌 해로를 통한 교역, ㄹ. 조선 후기 효종 때(1651) 설점수세법이 제정되었다.

고려 불상 석불·마애불·금동불·철불·소조불 등 5종이 있었고 특히 마애불과 철불(鐵佛, 신라 말에 나타남)의 제작이 유행하였는데, 형식에 구애받지 않아 자유분방. 고려 초에 경기도 광주 춘궁리 철불이 제작되고 논산 관촉사 석조미륵보살 입상(은진미륵)·안동 이천동 석불(제비원 마애불)·운주사 석불·개태사지 석불 입상 등과 같은 거대한 불상이 만들어졌으나 균형을 이루지 못하여 다소 조형미가 부족한 것도 있으나 고려 왕실의 당당함을 과시한 면도 보여 진다. 고려시대를 대표하는 가장 우수한 불상으로는 신라 양식을 계승한 부석사 무량수전의 소조아미타여래좌상을 들 수 있다.

고려후기의 예술
1) **회화** 사군자 중심의 문인화가 유행하였으나 전하는 것은 없고, 원대 북화의 영향을 받은 세밀화풍으로 공민왕의 천산대렵도가 전하고 있다. 한편 후기에는 왕실과 권문세족의 구복적 요구에 따라 아미타불도, 지장보살도, 수월관음보살도 등의 불화가 그려졌는데 일본에서 발견된 혜허의 관음보살도(양류관음상)가 대표적.
2) **벽화** 부석사 조사당의 사천왕상과 보살상, 수덕사 대웅전의 모란도, 들국화도 등.

ㄱ. **고려의 농서** 고려는 독자적 농서 편찬은 없었고 전기에 중국의 범승지서(氾勝之書), 중기에 손씨잠경(孫氏蠶經)이 도입되었고, 충정왕 때 이암이 원의 「농상집요」를 가져왔고, 공민왕 때 강시와 김주 등이 이를 간행하여 널리 보급.
농서즙요(1517) : 여말 선초의 「농상집요」를 발췌 번역하고 이두도 가미한 수도작(水稻作)의 농서.

ㄴ. **송(宋)과의 무역로**
  ㉠ 북송 시기(960~1127) : 벽란도 → 옹진 → 산동반도 → 등주
  ㉡ 남송 시기(1127~1279) : 벽란도 → 흑산도 → 명주

ㄹ. **설점수세제** 17세기 말부터 상품화폐경제의 광범한 발전과 더불어 금·은·동에 대한 사회적 수요가 증가하고 군사적 긴장도 어느 정도 해소되고 대청무역에서 은의 수요가 늘어나 정부는 스스로 광산을 개발하기도 하고 관설점 민경영(官設店 民經營), 효종 때(1651) 설점수세법 제정인 별장제하의 설점수세(設店收稅)를 허용하여 거의 70개 소의 은광이 개발. 호조에서 파견한 별장은 대부분 한양에 거주하는 부상대고인데, 권세가의 사인(私人)으로 수세 대행 업무를 담당.

16 정답 ③ ··· (2011. 제11회 고급)

만화의 내용은 고려시대의 가족제도이다. ㄱ,ㄹ. 조선시대, ㄴ. 고려시대는 윤행이라 하여 자녀윤회봉사가 일반적이었고, ㄷ. 고려시대의 일반적인 혼인형태인 솔서혼(서류부가혼)이다. p264,390,467)

고려시대의 가족제도
1) **결혼** 남자는 20세 전후, 여자는 18세 전후로 하였으며, 일부일처제가 원칙이고 여성의 재혼이 가능. 근친혼과 동성혼이 성행하였다가 고려후기 성리학이 전래되면서 금지. 사위가 처가의 호적에 입적하여 처가에서 생활하는 서류부가혼(婿留婦家婚, 솔서혼)의 혼인 형태가 있어 여성의 지위가 높았음.
2) **재산상속** 결혼 유무와 남녀에 관계없이 자녀균분상속이 일반적으로 행해졌고 서얼 차별이 없었으며, 호적에서도 자녀간 차별을 두지 않고 연령순에 따라 기재. 상속시 상속인과 피상속인이 참여하여 문계(文契)를 작성.
3) **여성의 권리** 결혼시 아내가 데려온 노비에 대한 소유권이 유지되는 등 여성의 재산권이 인정되었고, 여성도 호주가 되었으며, 제사를 자녀가 돌아가며 맡는 윤행(輪行)이 관행. 아들이 없을 경우에도 양자를 들이지 않고 딸이 제사를 받들었다.

ㄱ. 1) **조선 전기** 아들과 딸 중 출생(연령)순으로 기재하고 자녀가 없을 경우 무후(无后) 라고 기재하여 양자를 들이지 않았고, 친손과 함께 외손도 기재하는 쌍계(양측)적 친족체계로 만성보(萬姓譜)·자손보(子孫譜)의 성격.
  2) **조선 후기** 동족관념의 강화로 친손 중심으로 변화, 외손은 17세기까지는 3대, 19세기 이후에는 1대까지만 수록, 종전의 연령순에서 선남후녀(先男後女) 순으로 기재하고 종가사상이 강화.

17 (가), (나)를 주장한 인물과 관련된 설명으로 옳은 것은? [3점]

> (가) 하루는 같이 공부하는 사람 10여 인과 약속하였다. 마땅히 명예와 이익을 버리고 산림에 은둔하여 같은 모임을 맺자. 항상 선을 익히고 지혜를 고르는 데 힘쓰고, 예불하고 경전을 읽으며 힘들여 일하는 것에 이르기까지 각자 맡은 임무에 따라 경영한다.
> - 권수정혜결사문 -
>
> (나) 부처님이 말씀하시기를, "나는 두 성인을 중국에 보내어 교화를 펴리라. 한 사람은 노자로 그는 가섭보살이요, 또한 사람은 공자로 그는 유동보살(儒童菩薩)이다."하였다. 이 말에 의하면 유(儒)와 도(道)의 종(宗)은 부처님의 법에서 흘러 나온 것이다.
> - 진각국사 어록 -

① (가)는 교관겸수를 바탕으로 천태종을 창시하였다.
② (가)는 아미타 신앙을 내세워 불교의 대중화에 힘썼다.
③ (나)는 백련사를 중심으로 신앙 결사 운동을 전개하였다.
④ (나)는 유·불 일치설을 내세워 성리학 수용의 토대를 마련하였다.
⑤ (가), (나)는 왕실과 문벌 귀족의 후원을 받았다.

18 (가), (나) 정치 제도에 대한 설명으로 옳은 것을 〈보기〉에서 고른 것은? [1점]

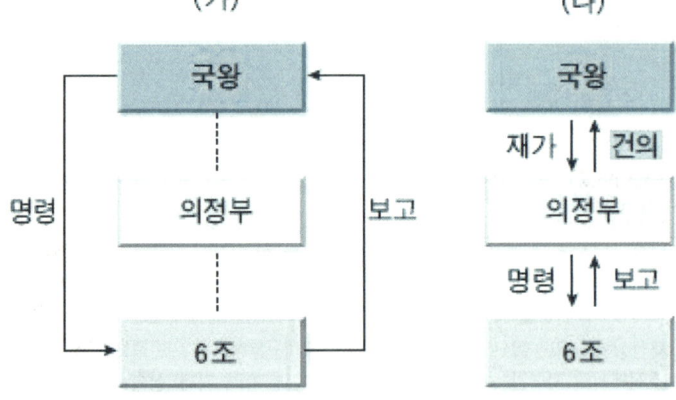

> **보기**
> ㄱ. (가) - 세조 때 폐지되었다.
> ㄴ. (가) - 경연이 활성화되었다.
> ㄷ. (나) - 재상의 합의를 중시하였다.
> ㄹ. (나) - 왕권과 신권의 조화를 추구하였다.

① ㄱ, ㄴ ② ㄱ, ㄷ ③ ㄴ, ㄷ
④ ㄴ, ㄹ ⑤ ㄷ, ㄹ

17 정답 ④ ·· (2011. 제11회 고급)

(가) 보조국사 지눌(1158-1210), (나) 진각국사 혜심(1178-1234)에 대한 설명이다. ① 의천, ② 원효, ③ 요세, ④ 혜심, ⑤ 당시 최씨무신정권은 정책적으로 조계종을 후원하였다.

조계종의 발전 교종 중심의 사원은 무신정변 이후 문신의 피난처가 되는 한편, 무신정권과 자주 충돌. 이 무렵 선종 계통을 통합한 조계종이 발전을 하자, 최씨정권은 현실 참여의 교종·천태종보다도 속리수행(俗離修行)의 조계종이 자신들의 독재정치와 마찰을 피할 수 있다고 보았고 천태종에 대항해 정책적으로 조계종을 후원해 최충헌과 지눌이, 최우와 혜심이 연계.

조계종은 선종의 우리나라 명칭으로 왕실 및 문신귀족과 결탁한 세속적인 불교를 배척하며 정혜쌍수·돈오점수·선교병수·선교일원·선오후수 등의 수행법을 주장하여 교리상으로도 커다란 발전. 그리고 조계종의 성립 배경에는 원효 이후 의천의 종파 통합의 역사적 경험과 배경이 작용하였으며, 조계종은 산간불교로 간화선(看話禪) 등 심성의 도야를 강조하였고, 혜심은 불교에서 성리학(불교 선종＋유학)으로 넘어가는 과도기적 역할도 수행.

(가) **지눌**(보조국사, 목우화상), 1158~1210) 사굴산문 출신으로 화엄사상을 도입하여 화엄과 선의 근본이 다르지 않다고 하고, 선종 중심으로 교종 통합을 시도. 이로써 지눌의 사상은 교종과 선종의 조화를 이루어, 고려 불교가 지향하던 선·교 일치의 완성된 철학체계를 이룩. 그리고 송광사(← 나말 : 길상사)에서 불교 정화의 결사운동을 주도하여 수선사(정혜결사)를 결성. 저서로는 진심직설·수심결·정혜결사문·화엄론절요·간화결의론·원돈성불론 등. 이처럼 조계종은 지눌이 수선사를 열면서부터 매우 흥성하여 고려 후기에 이르러서는 불교계의 중심적인 종파가 되어 많은 승려를 배출.

지눌의 3문(三門) 지눌은 선의 실천체계로 독창적인 성적등지문(惺寂等持門, 정혜쌍수·돈오점수) → 원돈신해문(圓頓信解門, 화엄과 선은 하나다) → 간화경절문(看話徑截門, 화두를 들고 수행)의 3문을 주장.

(나) **혜심**(진각국사, 1178~1234) : 사마시 출신의 수선사 2대 교주로 유·불사상의 일치설을 내세워 유교와 불교의 타협을 기도. 저서로 「선문염송집」·「선문강요」·「진각국사어록」 등.

① **천태종의 수행법** 교관겸수·교선일치·지관·성상겸학·내외겸전 등의 을 채택
② **아미타신앙** 1) **원효** : 극락에 가고자 하는 아미타신앙을 자신이 직접 전도하며 불교 대중화의 길을 열었다. 2) **의상** : 화엄종단에서 아미타신앙과 함께 현세에서 고난을 구제받아 초현세적 해탈을 지향하는 관음신앙을 이끌었다.

18 정답 ⑤ ·· (2011. 제11회 고급)

(가) 조선시대의 정치제도로 왕권 강화의 6조직계제, (나) 신권 강화의 의정부합의제(재상서사제)에 대한 설명이다. ㄱ. 세조 때 태종대의 6조직계제를 부활, ㄴ. 세조대에 경연이 폐지되었다.

(가) **6조직계제** 의정부의 서무를 6조에 분장시켜 6조의 권한을 확대(재정·군기·인사권). 이는 국가의 행정 실무가 재상들의 수중에서 분리·독립. 행정집행기관에 불과했던 6조는 문무의 인사권 및 재정권 등을 관장하게 되고, 그 권한과 업무가 확대·강화됨으로써 6조는 의정부와 더불어 핵심적인 정치 기관으로 부상. 6조직계제가 시행되자 의정부는 '사대문서(事大文書, 외교문서)와 중죄수(사형수)에 대한 재심' 등만을 취급하고, 그 밖의 정무는 6조에서 각각 국왕에게 보고하여, 국왕의 처결을 받아 시행하자, 의정부 대신의 정치권력은 약화. 이것은 6조가 왕을 상대로 각기 그 소관부처의 정책을 건의하는 국가의 중요 정책기구이자 다수의 속아문(屬衙門)을 거느리는 국가의 주요 집행기관이며, 국정의 주요 운용기관으로서 정치가 귀족적 행태에서 행정적·관료적 행태로 변천하게 되었음을 의미. 제도상 행정 실무 부서의 실제적 경험을 토대로 하는 구체적 정책 건의가 6조를 통하여 국왕에게 직접 상달될 수 있어서 정책의 결정권이 더욱 왕권으로 집중되도록 구조화.

(가) **의정부서사제** 세종 18년(1436)에 황희 발탁 이후 의정부서사제(의정부·재상합의제)를 실시하고 인사·군사·형옥 문제는 6조직계로 하여 의정부서사제 및 6조직계제의 절충적인 체제를 택하여 왕권과 신권의 조화를 모색.

왕권과 신권의 강약 변천 도평의사사·의정부체제(건국~태종4) → 의정부서사제(태종 5~13) → 6조직계제(태종 14~세종 17) → 의정부서사제(세종 18~단종) → 6조직계제(세조 원년~) → 원상제(세조 말년)

19 다음 기구가 처음 만들어진 시기의 과학 기술에 대한 설명으로 옳지 <u>않은</u> 것은?

[2점]

① 갑인자를 주조하여 인쇄술을 크게 향상시켰다.
② 신기전 등의 무기를 제작하여 국방력을 강화하였다.
③ 한양을 기준으로 한 역법서인 「칠정산」을 편찬하였다.
④ 「농가집성」을 편찬하여 벼농사 중심의 농법을 소개하였다.
⑤ 우리 풍토에 알맞는 약재와 치료법을 정리한 「향약집성방」을 편찬하였다.

20 다음과 같은 평가를 받은 인물에 대한 설명으로 옳은 것은?

[2점]

> 정암은 타고난 자질이 참으로 아름다웠으나 학문에 충실하지 못하여 시행한 것에 지나침이 있었기 때문에 결국 실패하고 말았다. …… 요순 시대의 임금과 백성같이 되게 하는 것이 아무리 군자의 뜻이라 하더라도 때와 역량을 헤아리지 못한다면 안 되는 것이다. 기묘(己卯)의 실패는 여기에 있었다.
> - 「퇴계집」 -

① 최초의 서원인 백운동 서원을 설립하였다.
② 해주 향약을 시행하여 향촌 교화에 힘썼다.
③ 조의제문을 지어 사화의 빌미를 제공하였다.
④ 「소학」보급을 통해 유교 윤리를 확산시키려 하였다.
⑤ 유교 경전의 독자적 해석을 시도하여 사문난적으로 몰렸다.

해설 및 정답

19 정답 ④ ·· (2011. 제11회 고급)

보기의 과학기구는 조선 전기 세종대의 천체관측기구인 혼천의와 소간의, 그리고 현주일구(해시계) 등이다. ①②③⑤는 세종대의 과학기술이나, ④ 조선 후기 효종 때(1655년) 신속이 전기의 농서를 집대성하여 엮었는데 이앙법 보급에 기여하였다.

세종

1) **과학기구의 발명** 세계 최초의 측우기(이탈리아의 카스텔리(B. Castelli)보다 200년이 앞섬). 그 외 대소간의·자격루(물시계) 등을 이천·장영실 등에게 만들게 했으며, 앙부일구(해시계)·일성정시의(낮밤 공용시계) 등을 만들어 사용.

2) **활자의 개량** 이천에게 명하여 활자를 개량케 하여 경자자·갑인자·병진자·경오자 등을 주조. 특히 왕 16년(1434)의 갑인자는 정교하고 수려한 동활자로 유명.

3) **역법의 개정** 이순지·김담 등이 원의 수시역법과 명의 대통력·통궤역법을 참조하여 「칠정산내편」을 만들었고, 아라비아의 회회력을 참조하여 「칠정산외편」을 만들었다. 역법도 우리나라 실정에 맞게 재구성하여, 세종 때(1444) 이순지·김담등이 칠정산내·외편(「세종실록」에 첨부)을 편찬하고 행성의 운행을 관측하였다. 내편은 본국력(本國曆)으로 수시력·대통력을, 외편은 아라비아의 회회력을 참조하였는데, 1년의 길이를 365.2425로 계산하여 오늘날의 달력과 거의 비슷. 칠정산의 편찬으로 천체 위치가 계산되어 일식과 월식의 예상이 가능해졌으며, 한양 위치에서 경도·위도·시각 등이 측정되고, 표준시가 베이징에서 한양으로 바뀜. 마니산·한라산·백두산 등에 역관을 보내 북극의 고도를 측정하기도 하였으며, 이순지가 「천문유초」라는 천문학 개설서를 편찬.

4) **농사직설**(1429) 여러 지방의 경험이 많은 노농(老農)들의 지식과 비결을 망라하여 세종 때 공조판서 정초가 체계화한 최초의 관찬 농서. 올벼·늦벼·밭벼 등의 재배법, 씨앗 저장법 등의 구체적인 내용을 담고 있으며, 경상도 지방의 선진적인 농업 기술인 이앙법을 다른 지방에 소개하며 우리 기후·풍토에 적합한 농업 기술을 소개. 여러 차례 인쇄·반포되어 농업 발전의 근본이 되었으며, 한국 농학 성립의 효시.

5) **의학서 편찬** 경험을 토대로 하여 우리 풍토에 알맞은 약재로 치료 방법을 개발·정리.
   ① **향약채취월령**(세종, 1431) 수백 종의 국산 약재를 소개.
   ② **향약집성방**(세종, 1433) 유효통이 당시까지의 우리 고유 의서와 중국 역대 의서를 인용해 700여 종의 우리 약재와 질병을 57가지로 나누어 전통적인 요법을 집성.

6) **무기 개발** 세종 말에 주화를 개발해 사정거리가 최대 1,000보인 일발다전법(一發多箭法)의 성능이 뛰어난 화포가 만들어졌고, 문종 때 로켓포와 비슷한 화차가 제조되었는데, 수레 위에 신기전(神機箭)이라는 화살 100개를 설치하고 심지에 불을 질러 발사.

④ **농가집성**(효종, 1655) 신속이 전기의 수전농업을 집대성하고 이앙법 보급에 노력하였으며, 인분 이용을 다양하게 설명.

20 정답 ④ ·· (2011. 제11회 고급)

사료는 이황의 기묘사화 평가로 조광조에 대한 내용인데, ① 주세붕, ② 이이, ③ 김종직, ④ 조광조, ⑤ 윤휴, 박세당에 대한 설명이다.

» 조광조(1482~1519) «

1. 소학동자 김굉필에게 수학하여 성리학으로 정치와 교화의 근원을 삼아, 왕도정치를 실현하고자 하였으며, 군주도 신하와 마찬가지로 치인(治人)을 위한 수기(修己)의 노력이 필요하다고 보아 중종에게 철저한 수양을 요구하는 철인군주론(지치주의(至治主義))의 도학정치(유교적 이상국가 지향)를 추구.
2. 미신을 타파하고, 불교와 도교 행사를 폐지하여 유교적 사회질서를 바로잡으려 했고, 폐단이 많은 과거제도 대신 사림을 무시험으로 등용하는 현량과(賢良科)를 실시하여 우수한 성리학적 인재를 정치에 참여시켰음.
3. 궁극적인 실천과 근본적 원리를 강조하는 그의 도학정치는 이이에게 계승되었으나 조선조 정치에 크게 반영되지는 못했음(선조 때 영의정으로 추증됨).
4. 이이의 조광조 평가(「석담일기」): "자질과 재주를 타고났음에도 불구하고 학문이 채 성숙되기도 전에 정치 일선에 나서서 몰락하였다."

21 (가) 인물이 활동한 시기의 모습으로 옳은 것은? [2점]

- (가) 은(는) 양주 백정으로 성품이 교활하고 날래고 용맹했으며 무리 10여 명이 모두 날래고 빨랐다. 도적이 되어 민가를 불사르고 소와 말을 빼앗고 …… 도적들이 난동을 부린 3년 동안에 다섯 고을이 피해를 입었고 2도의 군사를 움직여 겨우 한 도적을 잡았는데 양민의 죽음은 이루 헤아릴 수가 없었다.
- 영중추부사 윤원형이 함께 의논하여 아뢰었다. "요사이 많은 도적들이 …… 주민을 살해하는 일이 매우 많은데도, 사람들은 보복이 두려워 감히 고발하지 못하고, 관리들은 비록 보고 듣는 바가 있어도 매복을 시켜 잡을 계획을 세우지 못한다 합니다. 지난날 (가) 을(를) 추적할 즈음에 …… 적을 끝까지 추격하지 않았다가 끝내 적들이 멋대로 날뛰게 하였으니, 매우 놀라운 일입니다."

① 감자를 구워 먹는 아이
② 장죽으로 담배를 피우는 노인
③ 방납의 폐단을 지적하는 관리
④ 덕대에게 고용되어 일하는 광부
⑤ 돈으로 소작료를 납부하는 농민

22 다음 자료에 해당되는 시기의 모습으로 적절하지 않은 것은? [2점]

근래 세상의 도리가 점점 썩어가서 돈 있고 힘 있는 모든 백성이 군역을 피하고자 간사한 아전과 한통속이 되어 뇌물을 쓰고 호적을 위조하여 유학(幼學)이라고 거짓으로 올리고 면역하거나 다른 고을로 옮겨가서 스스로 양반 행세를 한다. 호적이 밝지 못하고 명분이 문란함이 지금보다 심한 적이 없었다. - 「일성록」 -

① 친영 제도가 일반화되었다.
② 납속이 행해지고 공명첩이 남발되었다.
③ 서얼들이 규장각 검서관에 등용되었다.
④ 향도가 대규모 불교 행사를 주도하였다.
⑤ 중인이 시사를 조직하여 문예 활동을 하였다.

해설 및 정답

21 정답 ③ ·· (2011. 제11회 고급)

(가)는 16세기 중엽에 활약한 임꺽정(林巨正, ?-1562)인데, ① 19세기에 감자 전래, ② 17세기에 담배 전래, ③ 경저리들에 의해 방납의 폐단이 자행, ④ 조선 후기의 광산 경영, ⑤ 도전법은 19세기의 지대 납부 방식이다.

임꺽정의 난(명종 14년, 1559) 15세기 말 이후 원곡 부족으로 의창에서 상평창으로 담당 부서가 바뀌면서 환곡은 수령의 주요 수입원이 되어 점차 농민을 상대로 하는 일종의 고리대인 장리(長利)로 변하여 환곡제 문란이 극심해 임꺽정(林巨正)의 난이 일어났다.

① **구황작물의 재배** 1763년(영조 39) 통신사로 일본에 파견된 조엄이 일본에서 고구마(남저·조저·감저) 종자를 가져와 제주에 심게 하였으며, 19세기 중국에서 감자(북저·토감저)·옥수수도 전래.

② **담배**(담바고·남초·남령초) 17세기 초 일본 류큐(유구)에서 전래되어 전라도지방을 중심으로 전국적으로 재배

③ **방납의 폐단** 대납제도는 선초부터 있었으나, 상납하기 어려운 불산공물과 고급물품에 한하였는데, 경주인(경저리)이 백성의 희망이나 물품 종류에 관계없이 자의로 공납을 대신하고 공정가의 규정이 없는 것을 빌미로 백성들에게 비싼 대가를 강제로 징수하여 폭리를 취하였고, 더구나 이들은 농민이 수납한 공물을 수납 과정에서 퇴짜를 놓아 공납을 막기까지 하였으므로 방납인(防納人)이라 하였다.

≫공 납≪   ≫방 납≪

현물 납부		부담액 2~3배	현물 대납
농민 → 국가		농민 → 국가	← 경주인

경저리 방납의 담당자로 폐단이 극심하였는데 대동법 이후 일부 경저리는 공물 청부업자인 공인(貢人)으로 변신.

④ **덕대제**(혈주제) 18세기 말경에 성립된 일종의 광산의 임대차제도로 덕대는 대개 현지 출신으로 물주로부터 자본을 조달받아 10~20명의 노동자를 고용하여 채굴·선금 등 광업 노동 과정을 지휘·감독하고, 생산한 금을 물주에게 바치는 실질적인 광산 경영자이자 광산 노동자의 우두머리. 이는 별장제하 은점(銀店)의 두목·점장과 유사한 역할. 그리고 더 나아가 덕대 자신이 자본가로 성장.

⑤ **도전법** 19세기 들어 지대도 화폐로 지불(도전법)되면서 상생동보가 1차적 유통수단이 되었다.

지대의 변화 타조법(전~후기) → 도조법(18세기) → 도전법(19세기)

22 정답 ④ ·· (2011. 제11회 고급)

사료는 조선 후기의 신분제 동요를 보여준다. ① 17세기 이후 혼인 후 여자가 곧장 남자 집으로 가는 시집가기(친영)가 정착, ② 조선 후기 신분제 동요, ③ 조선 후기 정조대, ④ 고려시대, ⑤ 조선 후기 시인동우회인 시사를 인왕산 기슭에 조직하였다.

① **친영 제도** 조선 중기까지도 혼인 후 남자가 여자 집에서 생활하는 경우(장가가기)가 있었으나 17세기 이후 부계 중심의 가족제도가 확립되면서 혼인 후 곧바로 남자 집에서 생활하는 친영(親迎)제도(시집가기)가 정착.

≫촌락공동체≪

1. **계** 공통된 이해관계를 가진 사람들의 지역적·혈연적인 상호 협동조직으로 이를 대별하면 ① 지역단체로서의 계, ② 특권단체로서의 계, ③ 산업단체로서의 계, ④ 상호부조를 목적으로 하는 계, ⑤ 비밀결사로서의 계 등.

2. **두레** 원시적 유풍을 지니고 내려오는 노동공동체로, 양반이나 지주 등 비생산 노동계급은 배제되었으며 대신 머슴이 참가. 농촌사회의 상호 협력·감찰을 목적으로 하며 촌락 단위로 조직되었으며, 우두머리를 좌상 또는 영좌라 하고, 두레를 표시하는 기(旗)가 있으며, 유흥으로는 농악을 연주. 조직의 선후와 세력의 우열을 따져 선생두레·제자두레·형두레·아우두레·남자두레·여자두레라 하여 기로 예를 표하였다.

3. **향도** 민간신앙과 불교(미륵신앙)·동계조직이 혼합된 독특한 신앙공동체로 출발하여 상부상조(상두꾼·상여꾼) 및 부락 공동 방위 기능 등.

4. **울력** 두레·품앗이와 같은 노동 교환 방식과는 달리 길흉사가 있거나 일손이 부족할 때 마을 주민들이 무보수로 노동력을 제공하는 협동 노동 방식.

23 (가), (나)를 주장한 학자에 대한 설명으로 옳지 않은 것은? [2점]

> (가) 1여(閭)마다 여장(閭長)을 두며, 무릇 1여의 인민이 공동으로 경작하도록 한다. …… 여민이 농경하는 경우, 여장은 매일 개개인의 노동량을 장부에 기록하여 두었다가 가을이 되면 오곡의 수확물을 모두 여장의 집에 가져온 다음에 분배한다. 이때, 국가에 바칠 세와 여장의 봉급을 제하며, 그 나머지를 가지고 노동 일수에 따라 여민에게 분배한다.
>
> (나) 비유하건대, 재물은 대체로 샘과 같다. 퍼내면 차고, 버려 두면 말라 버린다. 그러므로 비단옷을 입지 않아서 나라에 비단 짜는 사람이 없게 되면 여직공이 쇠퇴하고, 찌그러진 그릇을 싫어하지 않고 기술을 숭상하지 않아서 장인이 도야하는 일이 없게 되면 기예가 망하게 된다.

① (가) – 일종의 공동 농장 제도를 주장하였다.
② (가) – 권력은 백성들의 합의에 의해 나온다고 하였다.
③ (나) – 19세기 후반 개화사상에 영향을 주었다.
④ (나) – 혼천의를 제작하고 지전설을 주장하였다.
⑤ (가), (나) – 기술의 혁신을 통해 현실 문제를 해결하고자 하였다.

24 (가), (나)에 대한 설명으로 옳은 것은? [1점]

> (가) 진주민 수만 명이 읍내에 모여 서리들의 가옥 수십 호를 불사르고 부셔서, 그 움직임이 결코 가볍지 않았다. …… 백성의 재물을 횡령한 조목, 아전들이 세금을 포탈하고 강제로 징수한 일 등을 눈앞에서 여러 번 문책하였다.   - 「임술록」 -
>
> (나) 우리가 의를 들어 이에 이름은 그 본의가 다른 데 있지 아니하고 창생을 도탄에서 건지고 국가를 반석 위에 두고자 함이다. 안으로는 탐학한 관리의 머리를 베고 밖으로는 횡포한 강적(强敵)의 무리를 구축하고자 함이다. …… 조금도 주저치 말고 이 시각으로 일어서라. 만일 기회를 잃으면 후회해도 미치지 못하리라.
> - 호남 창의 대장소 백산 격문 -

① (가) – 신분 해방을 주장하였다.
② (가) – 백낙신의 학정이 원인이 되었다.
③ (나) – 삼정이정청 설치의 계기가 되었다.
④ (나) – 지역민에 대한 차별에 항거해 일어났다.
⑤ (가), (나) – 반봉건, 반외세를 주장하였다.

해설 및 정답

23 정답 ④ ·· (2011. 제11회 고급)

사료는 (가) 정약용의 여전제, (나) 박제가의 소비관이다. ① 두레를 계승한 제도로 노동량에 따른 소득 분배 주장, ② 주권재민적 왕도정치 주장, ③ 북학파로 개화사상에 영향, ④ 홍대용의 주장, ⑤ 정약용도 박제가의 영향으로 기술개발을 주장하였다. p533,537,552)

(가) **정약용**(1762~1836, 호 : 다산·여유당·사암, 실학의 집대) 성리학을 잡학으로 폄하, 남인 시파로 신유박해 때 전남 강진에서 18년간 유배 1) **주요 저서** 일제시대 1934~1938년에 결집된 「여유당전서」(경집 232권＋문집 276권 → 508권)와 자찬 묘지명에 나타난 1표 2서의 3부작으로 해배 1년 전(1817)에 저술한 「경세유표」·해배되던 해(1818)에 저술한 「목민심서」·해배 이듬해(1819)에 저술한 「흠흠신서」 등. 2) **토지개혁론** 두레를 계승한 공동농장제도인 여전론(閭田論)에서 토지 사유를 부정하고 노동량에 따른 소득 분배를 주장하였으나 실현 가능성이 없는 제도로써, 지주전호제를 철저히 부정하였으며, 여전론의 차선책으로 순조 때(1817) 정전론(井田論)을 주장. 3) **신분타파** 주권재민적 왕도정치와 군주의 선거제를 주장하여 대중에 의한 천자 교체는 반역이 아니라고 하였다. 4) **고액권 화폐 발행** 금의 중국 유출 방지책으로 주장. 5) **기술 개발** 한강 주교(배다리) 설계, 화성(수원성) 축조에 거중기 사용, 조선·총포·병차 등에 관해서 새로운 지식을 보급하였고, 기예론에서 인간과 동물의 차이점을 주장하였으며, 종두법 연구(「마과회통」·「종두방서」), 사진기 원리(칠실관화설)와 물의 굴절현상 등도 설명. 그리고 이용감(利用監)을 새로 설치하여 과학·기술의 발전 등 북학을 수행할 것을 주장.

> **다산 개혁사상의 전개** ① 1단계 : 현실 제도를 인정한 운영 측면의 개선 (「목민심서」·「흠흠신서」) → ② 2단계 : 농민적 입장에서 온건하고 현실적인 국가제도의 전반의 개혁(「경세유표」) → ③ 3단계 : 주권재민과 인민혁명권 입장에서 궁극적 목표 추구(「탕론」)

(나) **박제가**(1750~1805, 호 : 초정) 1) **북학파의 형성** 서울 양반가의 서자로 이덕무·유득공·서이수 등 서출들과 규장각에 봉직하며 청나라 사행 후 「북학의(1778)」를 저술하여 청의 문물 도입을 주장. 「존주론」에서 북벌론을 비판. 2) **상업론** 소비가 생산을 촉진시킨다는 경제 논리를 전개하였고(우물물 비유, 여공(女工)도 비단옷을 입어야 함) 수레·선박의 이용과 벽돌 제작을 주장. 3) **양반의 상업 종사 권장** 놀고 먹는 양반을 상업에 종사할 것을 주장하였다. 4) **국제무역론** 부국강병책으로 국제 교역을 제시하고 동남아·서양과 개국 통상을 주장하였으며, 서양 기술자 초빙도 주장. 5) **평가** 정약용에게 영향을 주어 실학 집대성에 기여.

④ **홍대용**(1731~1783, 호 : 담헌) 1) **한국의 갈릴레오** 자기 집에 동양 최초의 사설 천문관측소인 농수각을 설치하고 혼천의도 제작. 2) **북학파의 선구자** 북경을 사행하며 청의 서양 문물을 관찰하고 담헌연기·의산문답(지전설)·임하경륜(균전제) 등을 저술. 3) **사회개혁주장** 성리학 극복이 부국강병의 근본이라고 주장하였고, 사농공상의 모든 자제들이 교육을 받아야 한다는 사민개학론(四民皆學論)을 주장.

24 정답 ② ·· (2011. 제11회 고급)

사료는 (가) 임술민란 중 진주민란(1862년 2월), (나) 동학농민군의 백산격문(1894년 3월)이다. ① 동학농민군의 주장, ② 경상우병사 백낙신과 진주목사 홍병원의 탐학에 반항, ③ 임술민란 후 1862년 5월에 설치, ④ 홍경래의 난, ⑤ 동학농민군의 주장이다.

(가) **진주민란**(1862.2.14) 경상우병사 백낙신과 진주 목사 홍병원의 탐학과 토호의 학정에 반항하여 잔반 유계춘·김수만 등이 주도한 농민 반란으로 흰 수건을 둘렀기 때문에 백건당(白巾黨)의 난이라고도 한다. 당시 정부는 안핵사 박규수를 파견하여 진압.

(나) **동학 제1차 농민전쟁**(3월 起包, 1894.3~5) 남접의 주도, 무장(창의문) → 김제 → 백산(4대강령과 격문, 농민군 지휘부로 제중의소(濟衆義所) 설치) → 황토현전투(전라 감영군 격파) → 농민군이 경군을 영광으로 유인 → 장성 황룡촌전투(양호초토사 홍계훈의 경군 격파, 12개조 농민군 기율 발표) → 전주성 점령

③ **삼정이정청** 임술민란(1862 : 단성민란(1862.2.4), 진주민란(1862.2.14), 개령민란(1862.4) 외에 1862년 5월 이후 민란이 함흥~제주까지 전국적으로 확대되어 70여 건이 발생) 발발 후(1862. 5) 삼정의 문란을 시정하기 위해 세재개혁위원회인 삼정이정청을 설치하여 환곡을 폐지하고 토지에 조세를 부과하는 파환귀결(罷還歸結)을 시도하고 암행어사를 파견하였으나 실효를 거두지 못하였다.

25 다음 건축물을 건립한 시기순으로 바르게 나열한 것은? [3점]

① (가) - (나) - (다) - (라)
② (가) - (다) - (나) - (라)
③ (나) - (가) - (다) - (라)
④ (나) - (다) - (라) - (가)
⑤ (라) - (가) - (나) - (다)

26 다음 낱말 퀴즈에서 (가)~(마)에 해당하는 설명으로 옳은 것은? [2점]

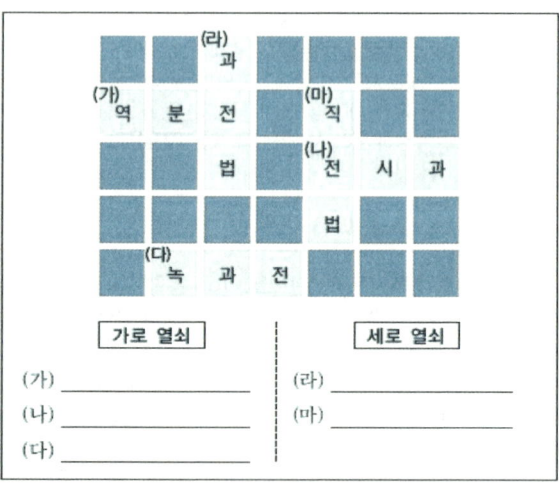

① (가) - 관품을 기준으로 관리들에게 분배하였다.
② (나) - 국가에서 조를 거두어 관리에게 지급하였다.
③ (다) - 녹봉의 부족분을 보충하기 위해 지급하였다.
④ (라) - 현직 관료에게만 수조권을 지급하였다.
⑤ (마) - 수신전, 휼양전은 세습되었다.

해설 및 정답

25 정답 ① ·· (2011. 제11회 고급)

(가) 고려 후기(1363년), (나) 고려 후기(1376년), (다) 조선 전기(15세기), (라) 조선 중기(17세기)에 건립되었다.

1) **고려전기 목조 건축물** 목조 건물 중 현존하는 것은 없으며, 외관상의 특징은 높고 웅대하고, 기둥 양식은 엔타시스(Entasis, 배흘림기둥)양식이며, 지붕의 처마 끝과 주춧돌의 각도는 30도 내외.
2) **고려후기 목조 건축물** 봉정사 극락전, 부석사 무량수전, 수덕사 대웅전(修德寺 大雄殿), 강릉 객사문 등이 현존. 고려 말에 건립된 석왕사 응진전과 심원사 보광전 등은 원의 영향을 받은 다포(多包)양식으로, 중후하고 장엄한 건축물로 유명.
3) **조선전기 건축물** 신분 질서 유지와 사치 방지 목적으로 규모를 신분에 따라 차등. 작고 검소하였으며, 주위 환경과 조화를 모색. 숭례문(석왕사 응진전 모방), 개성 남대문, 평양 보통문, 팔만대장경 장경판전(해인사 경판고), 창덕궁(1997년 UNESCO 선정 세계문화유산) 돈화문, 창의문(자하문), 창경궁 홍화문 및 명정전, 신륵사 조사당, 신륵사 석탑, 원각사지 10층석탑, 무위사 극락전 등.
4) **조선중기 건축물** 16세기에는 서원건축이 발달하였고, 17세기에는 사원건축이 발달.
   ① 서원건축 : 유불교체의 표현으로 검소한 주택건축 양식과 사원건축 양식(가람배치 양식)과 자연의 산천을 배경으로 하는 정자건축 양식이 배합되어 독특한 아름다움. 이름난 서원으로는 경주의 옥산서원(이언적 제사), 안동의 도산서원(이황 제사), 해주 석담의 소현서원(이이 제사) 등.
   ② 사원건축 : 17세기를 대표하는 것으로 금산사의 미륵전, 화엄사의 각황전, 법주사의 팔상전(국내 유일의 목조 5층탑) 등. 모두 규모가 큰 다층 건물로 내부는 하나로 통하는 구조를 가지고 있는데, 이는 불교의 사회적 지위향상과 양반 지주층의 경제적 성장을 반영.
   ③ 종묘(宗廟) : 임진왜란으로 불에 타 1604년(선조 37년)부터 중건이 논의되어, 선조 41년 개기입주(開基立柱)되고 광해군 즉위년인 1608년 5월 중건되었다(1995년 UNESCO 선정 세계문화유산). 그리고 종묘 제례와 종묘 제례악이 2001년 5월 UNESCO 선정 세계무형유산으로 등록.
5) **조선후기 건축물**
   ① 18세기 : 평양 대동문, 불국사 대웅전, 화성(수원성) 등. 부농과 상인의 지원을 받아 그들의 근거지에 장식성이 강한 사원이 많이 세워졌는데, 논산 쌍계사, 부안 개암사, 안성 석남사 등
   ② 19세기 : 흥선대원군에 의해 경복궁의 근정전과 경회루가 중건.

26 정답 ③ ·· (2011. 제11회 고급)

① 논공행상으로 공훈·충성도·인품 등에 따라 지급, ② 관료들에게 수조권을 지급, ③ 고려 원종 때(1271) 지급, ④ 현·퇴직 관료 대상, ⑤ 수신전·휼양전, 군전 등은 폐지되었다.

① **역분전**(태조, 940) 통일 후 논공행상으로 공훈·충성도·인품 등에 따라 지급된 공신전(영업전).
② **전시과의 특징** 전시과는 광의로는 토지제도를 지칭하나 협의로는 직역에 대한 대가급부로서 문·무·잡업 등을 대상으로 지급된 수조지이므로 토지 자체의 토지 소유권을 준 것이 아니라, 토지에 대한 수조권을 분급. 따라서 직역을 그만 두면 국가에 반납하는 수조권 1대가 원칙이나 점차 직역과 함께 세습되는 전정연립(田丁連立)의 경향이 나타났다.
③ **녹과전**(원종, 1271) 개경 환도 후 경기 8현의 토지 지급, 녹봉 부족분 보충, 충렬왕 때(1278) 재정비, 과전법의 기초.
④ **과전법 특징** 1) **농장 혁파** 관료의 수조지가 경기 토지에 제한됨으로 개인 수조지가 축소되고 국가 수조지가 늘어나 소유권에 입각한 토지 지배가 일층 강화된 반면 수조권에 입각한 토지 지배가 약화. 농민의 지위가 크게 향상되고 생산이 증대되었으며, 병작반수제 금지(철폐가 아님), 경작권 보장, 전주전객제 등이 성립되고, 과전의 세습화 현상으로 수신전·휼양전이 지급. 2) **경기내에 과전 지급** 과전은 기내에 한하여 지급하고 과전의 불법적 세습 방지를 위해 과전진고체수법을 도입하였으나 태종 때 폐지. 3) **현·퇴직 18등급(150~10결) 차등 분급** 세습 불허가 원칙이나, 점차 세습화 경향의 사자세록(仕者世祿)이 나타남. 수확량의 1/10인 1결당 30두(2석)의 조를 논에서는 현미로, 밭에서는 잡곡으로 징수하고, 그 중 1/15을 국가에 세(1결당 2두)로 납부(공전에는 세가 없음).
⑤ **직전법**(세조, 1466) 토지 부족을 해결하는 동시에 사퇴하는 관료를 견제하기 위해 현직자에게만 토지를 분급하고, 토지 지급액을 감소시켜(110~10결) 왕실 재정을 확충. 수신전·휼양전·군전 등이 폐지되고 공해전도 폐지되어 늠전이 지급.

27 다음의 경제 상황이 전개된 시기의 예술 작품을 〈보기〉에서 고른 것은? [1점]

> 서울 안팎과 번화한 큰 도시 주변의 파밭, 마늘밭, 배추밭, 오이밭 따위는 10묘의 땅에서 돈 수만을 헤아리게 된다. 서도의 연초밭, 북도의 삼밭, 한산의 모시밭, 강진의 고구마밭, 황주의 지황밭은 모두 최상의 논과 비교해도 이익이 열 배나 된다.

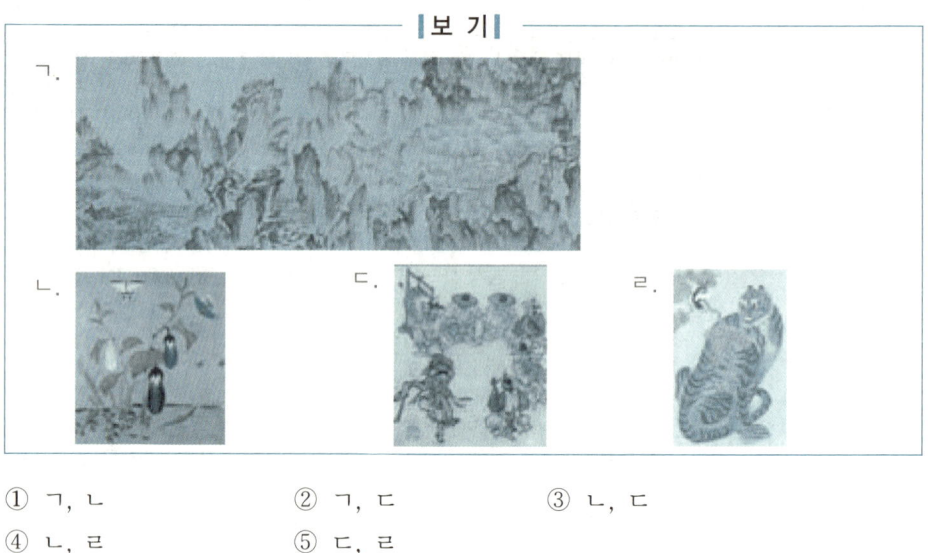

① ㄱ, ㄴ ② ㄱ, ㄷ ③ ㄴ, ㄷ
④ ㄴ, ㄹ ⑤ ㄷ, ㄹ

28 다음 보고서가 작성된 무렵의 사회 상황을 설명한 것으로 옳지 않은 것은? [3점]

> 매향(賣鄕)에는 여러 방법이 있습니다. 돈 받고 향임(鄕任)이나 군임(軍任), 면임(面任)에 임명하는가 하면, 향안, 교안에 올려 줍니다. 여기에 응하는 자는 모두 국가의 군역을 진 상민입니다. 이때 한 사람이 내는 액수가 많게는 백여 냥을 넘고 적어도 수십 냥 아래로 내려가지 않습니다.
> ― 암행어사 이곤수

① 신향과 구향의 대립으로 향전이 발생하였다.
② 비기·도참 등을 이용한 예언 사상이 유행하였다.
③ 천주교를 사교(邪敎)로 규정하는 금령이 내려졌다.
④ 수령권의 강화로 향리의 자의적 농민 수탈이 약화되었다.
⑤ 향회는 수령이 세금을 부과할 때 자문하는 기구로 변질되었다.

해설 및 정답

27 정답 ⑤ ·· (2011. 제11회 고급)

사료는 조선 후기 실학자 정약용(1762-1836)의「경세유표」에 나타난 상업작물 재배 현상이다. ㄱ. 안견의 몽유도원도(15세기), ㄴ. 신사임당의 초충도(16세기), ㄷ. 김홍도의 무동(18세기), ㄹ. 작자 미상의 까치호랑이민화(희보도)(조선 후기)이다.

- ㄱ. **안견의 몽유도원도**(세종, 15세기) 화원 출신. 신선이 산다는 이상세계를 낭만적으로 그린 것으로, 구도가 웅장하고 필치가 씩씩하며 풍경이 신비하여 보는 이를 압도한다(일본 천리대학 중앙도서관 소장).
- ㄴ. **신사임당**(연산군~명종, 16세기) 섬세하고 정교한 필치로서 꽃·나비·오리 등과 묵포도도, 초충도를 그렸다.
- ㄷ. **김홍도**(18세기) 충청도 조령 연풍현감 역임, 서양화의 음영화법 도입, 신선도를 그리다가 진경산수화에서 새로운 경지 개척. 농촌 서민의 생활을 간결·소탈한 필치로 묘사한 풍속화는 산수 배경을 생략하여 생산 현장의 긴장감 강조. 집짓기도(기와이기)·씨름도·타작도·경작도·무동·월야선유도·길쌈도·빨래터·장터길·점심·서당도·대장간도·활쏘기도·총석정도, 주막도·행려풍속도는 산수 배경을 묘사. 정조대 인물로 영·정조의 어진을 그림
- ㄹ. **19세기 민화의 발달** 조선 후기 경제적 부를 축적한 서민층의 문화적 욕구 충족과 관련하여 민화(民畵)가 유행하였다. 대체로 작가가 밝혀지지 않은 민화(속화)는 거의 떠돌이 화가들에 의해 그려졌는데, 다양한 색상을 사용하여 해·달·나무·꽃·동물·물고기 등을 그렸고, 때로는 농경이나 무속의 풍속도 소재(민화는 서민의 오랜 생활양식과 밀착되어 형성됨). 민화는 족자·화첩보다도 주로 여염집의 병풍, 족자 등으로 만들어 사용.

28 정답 ④ ·· (2011. 제11회 고급)

사료는 조선 정조대에 암행어사를 지내고 요절한 이곤수(1762-1788)의 보고서인데, 조선 후기 신분제 동요로 비합법적인 방법인 매향을 보여 준다. ①②③⑤는 조선 후기 상황이나, ④ 향리의 지위가 상승하고 수탈이 강화되었다.

조선후기 신분제 동요의 원인 상품화폐경제의 발달, 경제 체제의 변화에 의해서 부의 축적이 가능.
1) 합법적(정책적) 방법 ① 납속책, ② 납전수량(納錢贖良), ③ 공노비 해방(1801), ④ 군공(軍功), ⑤ 대구속신(代口贖身), ⑥ 노비공파법(奴婢貢罷法), ⑦ 노양처소생종모종량법(奴良妻所生從母從良法), ⑧ 공명첩(空名帖) 등.
2) 비합법적 방법 ① 모속(冒屬) 또는 모칭유학(冒稱幼學), ② 노비 도망의 반노(叛奴), ③ 환부역조(換父易祖)의 족보 위조, ④ 매향(賣鄕)이라 하여 유생을 사칭하여 향안에 등재, ⑤ 투탁(投托) 또는 두탁(頭托)으로 양반의 족보에 끼워 넣기, ⑥ 통혼, ⑦ 홍패 위조 등.
3) 특징 자연 증가가 아니라 사회 이동(social mobility)의 현상이었고, 양반호의 급격한 증가로 양반의 권위가 실추되었으며, 평민호의 감소로 국가의 기반이 흔들렸다. 또 노비호의 실질적인 소멸로 중세적인 신분 체제가 와해되고 있었다.

> **신향(新鄕)의 대두** 조선후기 자연촌의 경제적 성장과 18세기 초 이정법(里定法) 실시 이후 향회는 사족층인 구향(舊鄕)에서 서얼·향리·부농·도고상인 등의 이향(이서+향임)층인 신향으로 교체. 종래 양반의 이익을 대변하던 향회는 주로 수령이 세금을 부과할 때 의견을 묻는 자문 기구로 역할이 변하였다. 신향(요호부민)들은 그들의 경제적 부를 이용하여 향안에 이름을 올리고 좌수·별감 등의 향임을 얻는 등 기존 향촌을 지배해 온 구향을 위협하여 18세기 중엽 이후 이들간의 봉건적 지배권 확보인 향전(鄕戰)이 발발. 이러한 신향의 도전에 대해 중앙 권력은 신향을 활용하여 재정 위기를 타개하려는 정부의 이해와 일치하여 방관 내지 동조함으로써 구향의 지배력 약화를 기도하여, 종래 사족을 통해 향촌을 지배하던 방식이 점차 수령과 향리 중심의 관권 지배 체제로 전환. 향리는 조선 초와 달리 역할과 지위가 상승하여 향리층의 분화가 나타났고 향리가 부족한 지역에는 가노(家奴) 등의 천민들이 가리(假吏)가 되어 향리의 보조 역할을 담당. 신향들은 지방 수령과 결탁하여 조세 징수·부역 징발 등 수탈의 주체가 되기도 하였지만, 19세기에 들어와 도결(都結)과 총액제의 부담이 신향층에게 가중되고 수령의 지나친 물질적 요구로 수탈의 객체가 되기도 하여 요호부민층이 민란에 가담.

29 밑줄 그은 '이들' 과 관련된 설명으로 옳은 것을 〈보기〉에서 고른 것은? [2점]

- 이들의 무리는 여러 곳을 부평초같이 떠돌아다니면서 그 삶을 도모하는 자들이다. 도로에 오랫동안 돌아다니며, 의식(衣食)을 팔방에서 얻는다. 두목을 선택하여 뽑고, 공원과 집사를 뽑아 술주정을 하거나 잡기에 물드는 폐단을 막는다. -「임홍청금록」-
- 지금 혜상공국을 설치함은 특별히 임금님께서 이들을 가엾게 보시고 보호하는 것이니 그 감사하고 축하함이 과연 어떠하리오. -「혜상공국 절목」-

┃보 기┃

ㄱ. 지방 장시를 무대로 활동하였다.
ㄴ. 관허 상인으로 금난전권을 행사하였다.
ㄷ. 황국협회를 중심으로 독립협회 탄압에 앞장섰다.
ㄹ. 황국 중앙 총상회를 조직하여 상권 수호 운동을 전개하였다.

① ㄱ, ㄴ ② ㄱ, ㄷ ③ ㄴ, ㄷ
④ ㄴ, ㄹ ⑤ ㄷ, ㄹ

30 다음은 역사 탐구반이 수행할 탐구 활동이다. (가)~(마)에 들어갈 내용으로 적절하지 않은 것은? [2점]

모둠	탐구 주제	주요 자료
1모둠	(가)	고류 사 목조 미륵보살 반가상
2모둠	(나)	「왕오천축국전」
3모둠	(다)	해인사 장경판전
4모둠	(라)	혼일강리역대국도지도
5모둠	(마)	백두산 정계비문

① (가) - 삼국과 일본의 문화 교류
② (나) - 신라 승려들의 구법 활동
③ (다) - 조선 전기 건축술의 과학성
④ (라) - 조선 후기 서양 지도의 영향
⑤ (마) - 간도 지역의 영유권 분쟁

29 정답 ② ··· (2011. 제11회 고급)

밑줄 친 이들은 보부상(부보상)인데, ㄱ, ㄷ은 보부상이나 ㄴ, ㄹ, 시전상인에 대한 설명이다.

보부상(부보상) 장시를 순회하며 활동하는 장돌뱅이(장돌림) 관허행상단으로 보상(봇짐장수)과 부상(등짐장수)으로 나눠지며, 보부상단을 조직. 표장으로 물미장(勿尾杖)과 패랭이(平涼子)를 가졌는데 물미장은 등짐장수(부상)의 지게를 버티는 끝에 촉(물미)을 박은 작대기로 용의 문양을 조각하여 용장이라고도 하였고, 패랭이는 보부상이 평소에 쓰고 다니는 모자로서, 특히 매년 음력 2월에 열리던 보부상 명절인 총회 때에는 모자의 양쪽에 솜방망이를 달아 장식. 개항후 일본 상인과 결탁하여 매판적 성격.

1) **보상** 보자기에 물건을 싸서 다니며 고가품인 의복·혁대·포목·망건·인삼·송이버섯·유기·금·은·동 제품을 취급.
2) **부상** 물건을 등에 짊어지고 다녔는데, 어염·토기·목기·약재·홍두깨·바가지 등 가내 수공업 제품이나 농수산물을 취급.
3) **보부상 조직의 변천** 보부상단 → 임방 → 보부청(1866) → 혜상공국(1883년부터 보부상으로 통칭) → 상리국(1885) → 우단(보상)·좌단(부상) → 상무사(1899)

> **황국협회** 보부상을 중심으로 궁중 수구파가 1898년 6월 30일에 조직한 보수어용단체로 조병식·이기동·길영수·홍종우(최초의 프랑스 유학생, 김옥균 암살) 등이 중심이다. 기관지로 시사총보를 간행했는데 여기에 최초의 문예현상모집이 공고되었다. 그리고 만민공동회 해산을 주도한 보부상 단체로 백민회(白民會)가 있었다.

30 정답 ④ ··· (2011. 제11회 고급)

① 삼국 문화의 영향으로 일본 아스카문화 탄생, ② 혜초는 인도·페르시아까지 구법, ③ 조선 성종대의 건축물, ④ 조선 태종대의 세계지도로 중국·일본의 영향을 받았고, ⑤ 토문강 해석으로 간도 귀속 문제가 발생하였다.

삼국 문화의 일본 전파 삼국의 문화는 일본의 토착사회를 자극하여 고대국가인 야마토(大和) 정권을 성립시키고, 일본의 고대문화인 아스카(비조(飛鳥))문화를 탄생. 특히 백제의 영향이 가장 컸다.

1) **백제** ① 백제 가람 : 불교·불상·경전과 5경박사·의박사(반량풍)·와(瓦)박사·노반(鑪盤)박사·천문박사·역박사·채약사(약재 채취) 그리고 화가와 공예 기술자 등을 보냈다. 그와 같은 영향으로 5층석탑이 세워지고, 백제 가람이라는 건축양식도 생기게 되었다. 2) 왕인·아직기 : 왕인(영암 출신으로 우리 사서에는 기록 없음)·아직기는 일본에 건너가서 한문을 가르쳤다. 이 때 한학은 일본인에게 문학의 필요성을 인식시켜 주었으며, 유교의 충효사상도 보급. 특히 전래된 백제 문화를 바탕으로 일본의 세계적 자랑인 고류사 미륵보살 반가사유상과 호류사 백제 관음상이 만들어졌다.
2) **고구려** ① 혜자 : 성덕(쇼토쿠) 태자의 스승. ② 담징 : 유교의 5경과 그림을 가르쳤으며, 종이와 먹의 제조 방법(지묵법)과 맷돌사용법(연애법)까지 전파. 법륭사(호류사)의 금당 벽화도 담징의 그림.
3) **신라** 조선술과 축제술을 일본에 전했으며, 특히 축제술의 전파로 한인의 연못이라는 이름까지 생김.
(다) **해인사 장경판전** 세계 유일의 대장경판 보관용 건물. 팔만대장경이라고 부르는 81,258장의 대장경판이 보존되기 위해 간결한 방식으로 건축하여 판전으로서 필요한 기능만을 충족. 조선 초기의 전통적인 목조 건축 양식으로 건물 자체의 아름다움은 물론 건물 내 적당한 환기와 온도, 습도 조절 등의 기능을 자연적으로 해결할 수 있도록 남쪽과 북쪽의 창 크기를 아래·위로 다르게 설계. 장경판전은 대장경의 부식을 방지하고 온전하게 보관하기 위해 자연 환경을 최대한 이용한 보존 과학의 소산물로 높이 평가. 해인사 장경판전은 국보 제52호로 지정, 관리되고 있으며, 대장경판과 고려각판을 포함한 해인사 장경판전은 1995년 12월에 유네스코 세계 유산으로 등록.
(라) **혼일강리역대국도지도**(태종 2년, 1402) 현존 동양 최고(最古)의 세계지도. 정종 때 중국에서 가져온 원나라 이택민의 성교광피도와 천태승 청준의 역대제왕혼일리도의 두 지도를 합하여 개정하였고, 일본에서 1401년에 가져온 일본도를 참고하여 완전한 세계지도로서 완성. 중화사관에 의하여 중국과 조선이 너무 크게 그려졌고, 유럽 및 아프리카가 너무 작게 표현되었음(아메리카는 없음).
(마) **백두산 정계비**(1712) 청은 중국 대륙을 차지한 후 자기 민족의 발상지인 만주지방에 관심을 기울였고 인삼 채취 사건이 발단이 되어 조선에 대하여 백두산 일대의 경계를 명백히 하자는 교섭을 해와 조선과 청 양국은 백두산을 답사한 후 정계비를 세웠다. 이 정계비에서 양국 간의 국경은 서쪽으로는 압록강, 동쪽으로는 토문강을 경계로 한다고 하였다.

31 (가)에 대한 설명으로 옳은 것을 〈보기〉에서 고른 것은? [2점]

> 경복궁을 중수할 때 …… (가) 을(를) 주조하자, 물가가 앙등하고 이를 위조하는 자가 많이 발생하여 처벌하였으나 금지할 수 없었다. -「매천야록」-

보 기
ㄱ. 전황을 발생시키는 원인이 되었다.
ㄴ. 화폐 정리 사업으로 발행이 중단되었다.
ㄷ. 명목 가치는 상평통보 100전에 해당하였다.
ㄹ. 전국에서 구리와 쇠붙이를 징발하여 주조하였다.

① ㄱ, ㄴ   ② ㄱ, ㄷ   ③ ㄴ, ㄷ
④ ㄴ, ㄹ   ⑤ ㄷ, ㄹ

32 다음 자료와 관련된 개혁 운동에 대한 설명으로 옳은 것을 〈보기〉에서 고른 것은? [1점]

사발 통문

장태

보 기
ㄱ. 조세의 금납화를 요구하였다.
ㄴ. 자치 기구인 집강소를 설치하였다.
ㄷ. 친일 내각의 단발령 조치에 반대하였다.
ㄹ. 장성 황룡촌에서 정부군을 물리쳤다.

① ㄱ, ㄴ   ② ㄱ, ㄷ   ③ ㄴ, ㄷ   ④ ㄴ, ㄹ   ⑤ ㄷ, ㄹ

해설 및 정답

31 정답 ⑤ ··· (2011. 제11회 고급)

(가) 당백전으로 상평통보의 백배의 명목가치를 부여했으나 악화로 물가 앙등을 초래하였다. ㄱ. 상평통보의 전국적 유통 이후 유통화폐의 부족현상 초래, ㄴ. 대한제국시기의 백동화에 대한 설명이다.

- **당백전**(當百錢) 고종 3년(1866)에 대원군이 경복궁의 중건 비용으로 발행한 화폐로, 김병학의 건의로 주조. 모양과 중량은 상평통보의 5·6배이었으나, 상평통보의 100배의 명목가치를 부여한 악화여서 물가 앙등을 초래하여 2~3년 만에 폐지.

ㄱ. **상평통보** 전면에 "常平通寶(상평통보)"라 쓰여 있으며 뒷면에는 주전소(상평통보를 만든 관청)의 약호, 숫자, 천자문 부호(日, 月, 星標 등)가 표시되어 있으며, 약 3,000여 종이 있다. 한말 신식화폐가 발행될 때까지 약350년 동안 사용되었는데, 상평통보의 액면 종류는 당1전, 당2전, 당5전, 당100전 4종으로 되어 있다. 상품 유통 촉진에 크게 기여하고, 상업자본의 성장을 급속히 진전시켰으나, 상인·지주들이 치부의 수단으로 화폐를 저장(퇴장)해 둠으로써 유통 화폐의 부족 현상인 전황((錢荒), 전귀(錢貴))을 초래. 농민들은 필요한 동전을 구입하기 위하여 곡물을 헐값으로 팔기도 하였다. 이에 중농학파인 이익은 농민층의 분해로 빈부 격차가 심화되자 폐전론을 주장하였고, 중상학파인 유수원·박지원 등은 용전론(用錢論)을 주장.

ㄴ. **백동화**(白銅貨) : 대한제국 시기 황실 재정 확보를 위해 상평통보의 25배 가치로 주조했으나, 위조 백동화의 대량 유통으로 상도덕의 문란을 초래해 폐단이 심하였고, 전국적 유통은 되지 못하고 경기도·충청도·평안도·황해도·강원도 등에서 유통. 일제가 화폐정리사업(1905~1909) 때 백동화의 2/3를 폐기 처분.

32 정답 ④ ··· (2011. 제11회 고급)

자료는 1894년 1월 동학농민군이 고부봉기(고부민란)할 때 당시의 비밀 연락문인 사발통문과 전투시 동학농민군이 사용한 신무기인 장태인데, 특히 4월 황룡촌전투에서 위력을 발휘하였다. ㄱ. 갑오개혁, ㄴ. 동학농민군의 혁명위원회, ㄷ. 을미개혁 이후의 을미의병(1895.11), ㄹ. 동학농민군이 홍계훈의 경군을 격파하였다.

- **사발통문**(沙鉢通文) 당시의 통신수단 중 가장 신속하게 완벽한 정보를 전달할 수 있는 방법으로 보부상은 '사발통문'을 발행하였는데 사발통문이란 종이에 격문을 쓰고 여러 사람이 서명한 것인데, 서명 방법은 주모자가 드러나지 않게 사발 가장자리에 먹칠을 한 뒤 가운데에 그 원의 둘레에다 격문 또는 주모자가 드러나지 않도록 관계자의 이름을 사발 모양으로 빙 둘러 적은 고지문(告知文). 대개 비밀로 돌리는 통고문에 이 방법을 쓰는데 조선 후기 고종 대에 들어와서 민중 저항이나 임오군란·고부민란 당시 이런 형식의 격문 또는 선전문이 유행.

- **장태** 대나무를 원통형으로 엮고 속에 짚을 넣어 총알받이로 사용.

ㄱ. **조세의 금납화** 18세기 후반에 세금이 금납화되어 가고(대동미 → 대동전, 결작 → 결전), 지대도 화폐로 지불(도전법)되면서 상평통보가 1차적 유통수단이 됨. 갑오개혁시 군국기무처는 신식화폐발행장정을 공포하여 은본위제를 채택하고 백동·적동·황동을 보조화폐(1894. 7)로 하여 조세의 금납화.

ㄴ. **집강소**(도소(都所)·대도소(大都所)·행군의소(行軍義所)·대의소(大義所)) 고을의 접주를 집강이라 부른 데서 유래한 집강소는 혁명위원회 성격을 띤 우리 역사상 최초의 민정기구로 농민적 향권의 구현. 운봉·남원·나주 등을 제외한 전라도 53개 군과 충청도·경상도 일대에 설치되고 전주에는 대도소가 설치. 한 사람의 집강과 그 아래에 서기, 성찰, 집사, 동몽 등의 임원을 두었고, 신분제 폐지, 삼정의 개혁, 고리채의 무효화, 지주제 개혁, 조세 징수, 치안 유지 등의 폐정개혁을 담당.

ㄹ. **황토현 전투** 1894년 동학 농민 운동 당시 농민군이 전북 정읍 황토현 일대에서 관군(전라 감영군)을 무찌르고 첫 승리를 거둔 전투로 후에 황룡촌 전투에서도 승리하게 되었다.

- **장성 황룡촌 전투** 양호초토사 홍계훈의 경군 격파, 12개조 농민군 기율 발표.

> **동학농민군 12개조 기율** ① 항복하는 자는 사랑으로 대한다. ② 곤궁한 자는 구제한다. ③ 탐학한 자는 추방한다. ④ 순종하는 자는 경복(敬服)한다. ⑤ 도주하는 자는 쫓지 않는다. ⑥ 굶주린 자는 먹인다. ⑦ 간사하고 교활한 자는 없애버린다. ⑧ 빈한한 자는 구해준다. ⑨ 불충한 자는 제거한다. ⑩ 거역하는 자는 효유한다. ⑪ 병든 자에게는 약을 준다. ⑫ 불효자는 죽인다.
> 〈김윤식의 「속음청사」〉

33 다음은 고종이 어느 나라에 파견한 사절단의 사진이다. 이에 대한 대화 내용으로 옳지 않은 것은?
[3점]

① ㉠은 조사 시찰단의 일원으로 일본에 파견되었어.
② ㉡은 박문국 책임자로 한성순보를 발간했어.
③ ㉢은 갑신정변 때 수구파로 몰려 부상을 당했어.
④ ㉣은 갑오개혁 시기 김홍집 내각에 참여했어.
⑤ 조·미 수호 통상 조약 체결 이후 파견된 외교 사절이야.

34 교사의 질문에 대해 바르게 대답한 학생을 〈보기〉에서 고른 것은?
[3점]

―― 보 기 ――
갑 : 한반도 중립화론이 대두된 계기가 되었어요.
을 : 동학 농민군이 재봉기하는 원인이 되었어요.
병 : 을미의병이 일어나는 하나의 원인이 되었어요.
정 : 일본이 삼국 간섭 이후 약화된 세력을 만회하기 위해 일으켰어요.

① 갑, 을   ② 갑, 정   ③ 을, 병
④ 을, 정   ⑤ 병, 정

해설 및 정답

33 정답 ② ··· (2011. 제11회 고급)

② 박문국은 박영효의 건의로 1883년 8월 창설되고 민영목이 총재였으며, 홍영식은 우편업무 담당의 우정(총)국의 총판으로 활약하였다.

보빙사 파견 조미수호통상조약 체결이후 조선은 민영익을 전권대신으로 하여 홍영식·서광범 등 11명의 수신사(보빙사) 일행을 미국에 파견, 미국은 푸트(Foote, L.H.)가 초대특명전권공사로 서울 부임.

㉠ **유길준**(1856~1914) 근대 한국 최초의 일본과 미국 유학생이었으며, 개화파의 이론가로서 수많은 저작물을 발표하여 개화사상을 정립. 서구의 의회 민주주의 체제와 합리주의 사상을 적극 수용 주장하였으며, 정치적으로는 전근대적인 한국의 정치·경제·사회의 개혁을 시도하려 하였으나 실패. 1883년 봄 1년 반의 일본 유학생활을 마친 후 통리기무아문의 주사로 임명되어 「한성순보」 창간에 기여.

㉡ **우정국**(1884) 임오군란 후 설치. 갑신정변으로 중단되었던 우정국을 을미개혁 후 다시 운영하였고(1895), 만국우편연합에 가입하여(1900) 외국과 우편물을 교환.

≫ **개화파의 계보** ≪

통상개화론의 실학자(19세기)
| 박제가·이규경·최한기·강위 |

↓

초기 개화사상가(1860~1870년대)
| 박규수·오경석·유홍기·이동인 |

↓ 개항

개화파의 형성(1870년대)
| 김옥균·박영효·서광범·김윤식·유길준 |

↓ 임오군란

개화파의 양분(1880년대)

온건(시무)개화파(수구당)	급진개화파(개화당)
• 40대 전후의 김홍집·김윤식·민태호·어윤중·민영익·조영하·이조연·민승호 • 계몽군주체제 지향 • 개량적 개화파, 동도서기파, 사대당(친청)	• 20대·30대 중·후반의 김옥균·박영효·박영교·서재필·홍영식·서광범 • 근대국민국가 지향 • 변법적 개화파, 독립당(반청)

34 정답 ⑤ ··· (2011. 제11회 고급)

문제는 1895년 8월의 을미사변(명성황후시해사건)이다. 갑. 거문도사건(1885.3) 전후, 을. 일본군의 경복궁 강점 후(1894.10), 병. 국모 시해와 을미개혁에서 단발령 시행에 반발, 정. 민씨정권의 인아거일책(引俄拒日策)으로 일본은 고립상태가 되었다.

갑. **한반도 중립화론** 독일 부영사 부들러(Budler)는 거문도사건 직전(1885.2)에 스위스를 모델로 하는 한반도의 영세중립화를 조선 정부(김윤식)에 권고했고, 유길준도 「중립화론」에서 벨기에와 불가리아를 모델로 하여 열강이 보장하는 한반도의 중립론을 구상하였고(1885), 김옥균(1886)도 일본 망명 중 청의 이홍장에게 보낸 공개서한에서 중립화를 주장. 중립론은 실현되지는 못했지만, 당시 조선을 둘러싼 국제 정세의 긴박한 사정을 입증. 그 후, 독립협회(정동구락부)의 보호중립론, 러일전쟁 직전 대한제국의 국외중립 선언 등.

을. **제2차 농민전쟁**(9월 起包 1894.10~11) 1차 농민전쟁 이후 북접의 최시형은 고절문(告絶文)을 작성하고 남접을 토벌하려고 벌남기(伐南旗)를 제작하였으나 일본군의 경복궁 강점(1894.10)과 청일전쟁 발발로 상황이 달라지자 중도파 오지영의 중재를 받아들여 남접(전봉준)·북접(손병희)이 합세하게 되면서 조일전쟁의 양상.

정. **친러파 대두** 삼국간섭으로 일본의 약세가 폭로되자 독립을 위협받던 민씨정권이 '인아거일책(引俄拒日策)'을 실시함에 따라 일본은 고립. 박영효 등 친일파가 음도불궤죄로 일본에 재차 망명하자 이범진·이윤용·이완용 등의 친러내각이 구성(김홍집·박정양 제3차 연립내각, 1895.7.5).

35 (가)에 대한 설명으로 적절하지 않은 것은? [3점]

① 주로 왕실 어람용으로 제작되었다.
② 소유권이 한국으로 영구 반환되었다.
③ 병인양요 때 다른 문화재와 함께 약탈되었다.
④ 정조 때 강화 행궁에 건립한 건물에 보관되어 있었다.
⑤ 김영삼 정부 때 고속 철도 협상 과정에서 1권을 돌려받았다.

36 (가), (나)와 관련된 단체에 대한 설명으로 옳은 것은? [1점]

> (가) 오늘 우리는 국왕이 서대문 밖 영은문의 옛터에 독립문이라 명명할 문을 건립할 것을 승인한 사실을 경축하는 바이다. …… 이 문은 다만 중국으로부터의 독립을 의미하는 것이 아니라 일본으로부터, 러시아로부터, 그리고 모든 유럽 열강으로부터의 독립을 의미하는 것이다.
>
> (나) 조선 본토에서 재력이 있는 사람들을 그곳에 이주시켜 토지를 사들이고 촌락을 세워 새 영토로 삼고 …… 나아가 무관 학교를 설립하여 문무를 겸하는 교육을 실시하면서 기회를 엿보아 구한국의 국권을 회복하려고 하였다.

① (가)는 민중이 주도하는 개혁을 추진하였다.
② (가)는 (나)의 영향으로 조직되어 활동하였다.
③ (나)는 실력 양성과 무장 투쟁을 함께 준비하였다.
④ (나)는 고종 황제의 퇴위 반대 운동을 주도하였다.
⑤ (가), (나)는 공화 정체의 국가를 건설하고자 하였다.

35 정답 ② ··· (2011. 제11회 고급)

② 병인양요 때 프랑스에 약탈된 강화 외규장각 도서는 2010년 11월 G20 한불정상회담에서 5년 단위 대여 갱신 방법으로 합의되어 2011년 5월말까지 반환이 결정되었다.

> ≫ 병인양요와 외규장각 도서 ≪
>
> 병인양요 때 프랑스군은 강화도에 30여 일 동안 주둔하면서 당시 화폐 가치로 3만 8천 달러에 해당하는 금·은괴 180상자, 보물, 화폐, 곡식, 도서 등을 약탈하였다. 특히 이들은 5000여 점에 달하는 소장품을 모두 불태우고 강화도 외규장각에 보관 중이던 도서 가운데 일부인 300여 점의 주요 국왕의 어람용 왕실 의궤만 가져가 파리 국립도서관에 소장하였다.
>
> 1993년 9월에 한국을 방문한 미테랑 프랑스 대통령은 병인양요 당시 프랑스군이 약탈해 간 외규장각 도서 297책 중 「휘경원원소도감의궤」 1책을 가져오면서 추후 외규장각 도서를 반환하겠다고 약속하였다. 이에 우리도 고속철도(KTX) 사업권으로 화답하였는데, 프랑스 측은 자국의 반대 여론과 박물관 직원들의 조직적인 저항을 구실로 그 후 협상 과정에서 반환하지 않으려고 5년마다 자동으로 연장되는 장기 대여 방식과 이 책에 상응하는 가치를 지닌 문화재와 교환하자고 우리 측에 제의하였다. 그러던 중 2010년 11월 G20회의에서 반환이 결정되어 2011년 5월 말까지 145년 만에 완전 반환되었으나 소유권 영구 반환이 아니라 5년 단위 대여 갱신 방법으로 반환되었다.

36 정답 ③ ··· (2011. 제11회 고급)

(가) 독립협회(1896.7), (나) 경학사(1911.4)에 대한 설명이다. ① 민중(인민)의 참정능력을 부정하고 사회 지도층 중심의 개혁 추진, ② 순서가 틀리고, ③ 문무일치교육으로 신흥무관학교 설립, ④ 대한자강회의 활동, ⑤ (가) 입헌군주제, (나) 공화정체를 주장하였다.

(가) **독립협회**(1896.7) 아관파천 후 열강의 이권 침탈에 대하여 정부의 각성을 촉구하는 신지식인들이 정치단체를 조직하고 민권운동과 국민·국가운동을 전개. 서재필·윤치호 등 서구시민사상 세력과 장지연·남궁억·정교 등 개신유학사상 세력(유교혁신파)이 중심이 되었으며 이상재 등이 중재 역할을 담당. 양반이 중심을 이루는 가운데, 상인 세력도 적지 않은 비중으로 참여. 청과의 사대관계를 청산하고 전근대적 악습과 폐해로부터 독립한다는 의미로 독립문과 독립관·독립공원을 건립하여 국내외에 자주독립국가임을 선양·인식시키자는 취지에서 출발.

독립문 건립의 배경 ① 아관파천으로 실추된 군주권의 재강화, ② 정계 주도권을 장악하여 내정개혁을 추진하려는 정동파의 의도, ③ 국민 계몽의 필요성 요청

> 회원 가입의 자유, 민주적인 협회의 운영으로 도시 상인, 광산·부두 노동자, 일부 농민, 백정 등 다양한 민중 층이 참여(광범한 사회 계층의 지지). 공주에 처음으로 지회를 설치하여 민중적 사회단체로 성장. 독립신문 간행(1896.4.7 창간, 독립협회 창립보다 앞섬). 한국을 위한, 한국에 의한, 한국의 신문을 표방하며 독립정신과 자주국권사상을 고취하고, 서양의 문물제도를 소개. 한편 독립협회에 참여한 유교혁신파에게는 황성신문이 그들의 대변지 구실을 하였고, 만민 공동회(1898)와 관민공동회(1898.10.28~11.2, 헌의 6조를 결의) 개최. 수구파 내각의 봉건 악법인 노륙법(孥戮法) 부활에 반대하여 그들을 퇴진시키고, 박정양·민영환·한규설·윤웅렬 등의 진보적 내각을 수립하게 하는 데 성공(Peaceful Revolution). 서구의 상원제를 모방하여 중추원 의관(議官)을 50명으로 하는 의회식 중추원 관제(중추원 신관제)를 반포하였는데 절반은 관선, 절반은 독립협회 회원 중에서 27세 이상을 민선으로 선거를 통해 선출(결과는 50명 중 민선 17명이 임명됨). 자주 국권, 자유 민권 등을 달성하려는 정치 운동을 전개하였으며, 의회의 설립과 서구식 입헌 군주제 실현을 목표로 하였기 때문에 보수세력과 대립. 독립 협회는 보수 세력이 동원한 황국 협회의 방해를 받았고, 조병식·이용익 등 보수세력은 익명서사건을 날조하여(1898. 11. 4) 독립협회가 왕정을 폐지하고 박정양을 대통령으로, 윤치호를 부통령으로 선출해 공화정을 실시한다고 무고하여 박정양내각을 무너뜨리고 독립협회도 해산(1898. 12. 25, 만민공동회는 1899년까지 존속).

독립협회의 변천 사교단체 → 계몽단체(개신유학파 가담) → 정치단체(자주호국선언)

(나) **경학사**(1911.4) 이회영·이시영 형제가 서간도에 세운 최초의 자치기구로 구국운동의 인재 양성에 노력하였으며, 1914년 부민단으로 바뀌었고, 그 후 백서농장을 건설해(1917) 훈련과 농사를 병용. 3·1운동 후 부민단은 한족회로 개편되었고 서로군정서로 발전.

37 다음 법을 반포한 정부의 정책으로 옳지 <u>않은</u> 것은? [1점]

> 제1조 대한국은 세계 만국이 공인한 자주 독립 제국이다.
> 제6조 대한국 대황제는 법률을 제정하여 그 반포와 집행을 명하고, 대사·특사·감형·복권을 명한다.
> 제9조 대한국 대황제는 각 조약의 체결 국가에 사신을 파견하고, 선전·강화 및 제반 조약을 체결한다.

① 입헌 군주제의 통치 체제를 지향하였다.
② 양전 사업을 실시하여 지계를 발급하였다.
③ 간도 관리사를 파견하여 교민을 보호하였다.
④ 각종 실업 학교와 기술 교육 기관을 설립하였다.
⑤ 울릉도를 군으로 승격시켜 독도까지 관할하게 하였다.

38 다음 자료에 나타난 시기의 사회 모습을 담은 사진으로 가장 적절한 것은? [1점]

> 신고산이 우루루 화물차 가는 소리에
> 지원병 보낸 어머니 가슴만 쥐어뜯고요
> 어랑어랑 어허야
> 양곡 배급 적어서 콩깨묵만 먹고 사누나
>
> 신고산이 우루루 화물차 가는 소리에
> 정신대 보낸 어머니 딸이 가엾어 울고요
> 어랑어랑 어허야
> 풀만 씹는 어미소 배가 고파서 우누나
> — 신고산 타령 —

①
금속 공출

②
물산 장려 운동

③
토지 조사 사업

④
암태도 소작 쟁의

⑤
제복을 입은 교직원

37 정답 ① ·· (2011. 제11회 고급)

사료는 대한제국이 교정소에서 1899년 8월에 제정한 대한국 국제9조 이다. ① 대한제국은 입헌주의를 부정하고 황제권의 무한함을 강조한 전제정치국가를 지향하여 근대화 흐름에 역행하였다. pp655-656)

대한국 국제9조 제정 대한제국이 1899년 8월 17일 교정소(校正所, 교전소의 개칭)에서 제정한 일종의 헌법으로 대한제국이 전제정치국가이며, 황제권이 무한함을 강조하고, 통수권·입법권·행정권·사법권·외교권 등을 모두 황제의 대권으로 규정하여 근대화 흐름에 역행.

광무개혁 구본신참(舊本新參)'의 원칙 아래 박정양·서재필·이상재 등이 참여하였으나 복고적 경향. 갑오개혁의 급진적 개혁을 철회하고 황권을 강화하면서 황실의 재무부서 내장원이 중심이 되어 개혁을 추구하였다. 광무개혁은 타율적·급진적 개혁인 갑오·을미개혁에 비해 자주적·점진적 개혁.

1) **개혁 내용** ① 관제 : 갑오개혁 당시의 지방 23부를 13도로 환원, 의정부 부활, 중추원 구성, 평양을 서경으로 격상하고 행궁인 풍경궁을 건립. ② 군제 : 서울에 시위대·친위대·호위대(扈衛隊), 지방에 진위대를 설치하고 무관학교를 창설(1898.4). 군주의 군통수권이 칙령으로 반포되고 원수부가 창설(1899.6)되어 황제가 직접 군대를 관할. 징병조례를 반포하고(1903.3) 일본에서 최신식 군함인 양무호(최초의 군함, 1903년)·광제호(1904년)를 구입하여 근대적 해군 건설도 계획.
③ 외교 : 간도를 함경도 영토로 편입하고, 이범윤을 간도관리사로 파견하고 블라디보스토크에 통상사무관을 설치. 그리고 한청통상조약을 체결(1899. 9. 11)하여 역사상 최초로 중국과 대등한 외교 관계가 성립. ④ 경제 : 양전사업(1898~1904)을 위해 양지아문(1898), 지계아문(1901)을 설립하고 전국토의 3분의 2를 대상으로 조사하여 지계(토지문권)를 발급하여 근대적 토지 소유권 제도 확립 시도(광무개혁에서 가장 중시한 사업), 지주전호제 유지, 외국인의 내지(개항장 밖) 토지 소유 금지, 화폐조례 공포(1901, 금본위제 시도), 실업교육 강조, 기술교육기관 설립, 근대적 공장과 회사의 설립으로 최초의 산업자본 육성을 시도하였으며, 이채연을 중심으로 서울의 도시개조사업을 추진하여 미국 수도 워싱턴을 모델로 덕수궁 앞 도로를 정비하고 방사상 도로체계를 도입하였으며, 서북철도국(총재 : 이용익)을 설치(1902)하여 경의선 부설을 시도. ⑤ 황실 재정 확보 주력 : ㉠ 백동화 남발, ㉡ 홍삼 전매 담당의 삼정사 설치, ㉢ 역둔토 조사사업, ㉣ 보부상 단체인 상무사와 일부 대상인·기업들에게 독점 영업권을 부여하고 궁내부 최대기구인 내장원에서 상납금을 징수. ⑥ 사회 : 신분 대신 직업을 기재하는 새 호적제도를 제정하고, 교통·통신 시설을 확충하였으며, 단발령을 폐지하고, 음력을 부활. ⑦ 교육 : 신교육령 반포, 소학교·중학교·사범학교·외국어학교 등을 설립.

2) **개혁의 중단** 한일의정서가 체결되어(1904. 2. 23) 일제의 내정 간섭이 시작되면서 광무개혁은 중단.

38 정답 ① ·· (2011. 제11회 고급)

자료는 1930년대 후반기 일제의 인적·물적 수탈을 보여 주는 어랑타령인 함경도 민요 신고산타령이다. ① 1930년대 후반, ② 1920년대, ③ 1910년대, ④ 1923년-1924년, ⑤ 1910년대의 모습이다.

민족말살정책 만주사변 후 본국을 전시체제로 개편하고 한국에 대해서는 병참기지화정책과 동시에 민족 구성 내부를 분열시키는 민족단열화 정책으로 민족말살정책을 시작. 더구나 중일전쟁 도발 후 국가총동원법을 공포(1938.4.1)하고 한국에서의 인적·물적 수탈을 강화하였으며, 민족말살정책을 강행.

1) **정신적 수탈** 일제는 조선 총독 미나미 지로를 통해 일선동조론·황국신민화 등의 구호와 국체명징(國體明徵), 내선일체, 인고단련 등 3대 교육 방침을 내세워 우리말과 우리 역사 교육 금지(1938.3), 황국신민의 서사 암송(1937.10)·궁성요배·정오묵도 등의 미신행위와 창씨개명(1940.2)을 강요하였다. 이에 항거하는 학교를 폐쇄시키고 신사참배(1936. 8, 신사규칙 제정 : 1면 1신사원칙)에 반대하는 기독교 신자 투옥.

2) **물적 수탈** 전쟁물자 조달을 위해 식량 공출(1940)과 금속제 그릇·교회의 종·사찰의 불상·학교의 동상 등을 수탈하는 공출제도가 시행되고, 임시미곡배급규칙에 따라 식량배급제도가 실시.

3) **인적 수탈** 일제는 중일전쟁 후 지원병제도를, 태평양전쟁 중에는 보국대, 징병·징용제도를 실시하여 조선인들이 일본·중국·사할린·인도차이나 등지에 강제 동원. ① 육군특별지원병령(1938.2), ② 국민징용령(1939), ③ 학도지원병제(1943), ④ 징병제(1943), ⑤ 근로동원(1943), ⑥ 여자정신대 근무령 공포(1944. 8. 23, 1938년 초부터 징발).

④ **암태도 소작쟁의**(1923. 8~1924. 8) 전남 무안군(현재의 신안군) 암태도, 아사동맹(餓死同盟) 결성 (1924.7), 8할의 소작료를 4할로 하향 조정.

39 1909년에 (가) ~ (마)의 건물 앞에서 나눈 대화의 내용으로 적절하지 <u>않은</u> 것은? [2점]

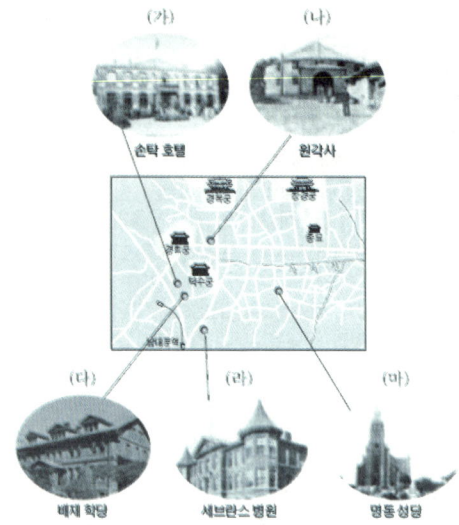

① (가) - 이 호텔을 세운 사람은 독일 여성이래.
② (나) - 저기서 '아리랑'이라는 영화를 상영하고 있어.
③ (다) - 이 학교에서는 선교사가 학생들을 가르쳐.
④ (라) - 이곳에서는 서양 의사들이 환자를 치료한대.
⑤ (마) - 여기에는 프랑스 신부님이 계신대.

40 어느 도시에 대한 인터넷 검색 결과이다. (가)에 들어갈 내용으로 적절한 것은? [2점]

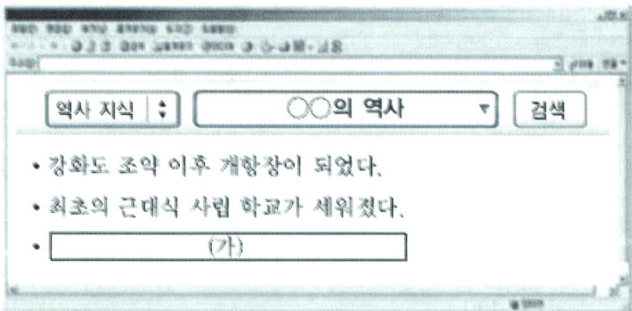

① 서울과 연결된 철도가 최초로 부설되었다.
② 6·25 전쟁 중 대한민국의 임시 수도였다.
③ 일제 강점기에 지역 노동자의 총파업이 일어났다.
④ 호남 지방의 쌀이 일본으로 수출되는 중심 항구였다.
⑤ 3·15 부정 선거에 항의하는 대규모 시위가 일어났다.

39 정답 ②·· (2011. 제11회 고급)

② 원각사는 1908년에 건립되어 「은세계」를 공연하였고, 나운규(1902-1937) 감독, 각본, 주연의 아리랑은 단성사에서 1926년 10월에 상영되었다.

근대 건축
1) **독립문**(1896) 프랑스의 개선문을 모방.
2) **명동성당**(뾰죽집, 1898) · **정동교회**(1898) 중세 고딕양식.
3) **러시아 공사관**(1890) · **덕수궁 석조전**(1910) 르네상스양식.

> **세레딘 사바틴**(1860~1921) 을미사변 당시 시위대에서 미국인 교관 다이장군과 함께 부감독관으로 비극의 현장을 목격한 러시아 건축가로, 서울 <u>서대문의 독립문</u>, <u>정동의 러시아공사관</u>, <u>덕수궁의 석조전과 중명전</u>, <u>경복궁의 관문각</u>, 손탁호텔, <u>인천의 세창양행과 해관청사</u> 등 근대 서양 건축물 설계.

(가) **손탁 호텔**(1902) 독일 여성 손탁이 지금의 중구 정동에 세운 한국 최초의 서양식 호텔
(나) **원각사**(1908) 최초의 서양식 극장 원각사 설립(이인직의 '은세계' 공연).
　　단성사(1907) 1926년 나운규의 아리랑 상영.
(다) **배재 학당**(1885) 최초의 서구식 근대 사립학교로서 기독교 감리교 선교사 아펜젤러가 설립.
(라) **세브란스 병원**(1904) 미국인 선교사 에비슨이 본국의 세브란스로부터 기금을 받아 건립.

40 정답 ③·· (2011. 제11회 고급)

문제의 도시는 함경도 원산이다. ① 한국 최초의 철도는 노량진-제물포간의 경인선으로 1899년에 개통되었고, 경원선은 1914년 5월에 개통, ② 부산, ③ 1929년 1-4월의 원산총파업은 노동운동의 백미, ④ 목포, ⑤ 마산에 대한 내용이다.

원산 1) **강화도 조약에 의해서 3개항 개항** 부산(1876, 경제적 목적), 인천(1880, 정치적 목적), 원산(1883, 군사적 목적) 등이 개항. 2) **원산학사**(1883) 문예반과 무예반으로 나누어 <u>학문과 무술을 가르친 근대교육의 효시로 사립학교</u>이며, 일본어 등의 외국어와 산수, 농업, 만국공법, 지리 등을 가르쳤다.
3) **원산노동자 총파업**(1929. 1~4) 1920년대 노동운동 사상 최대 규모의 조직적 투쟁으로 함남 덕원군 라이징 선(Rising Sun) 영국인 석유회사의 문평유조소에서 발단(1928.9 구타 사건)되어 원산노동연합회의 지도를 받았는데, 원산노동연합회는 자본가 단체인 원산상업회의소와 대립. 당시 일본·중국·프랑스·소련 등 외국 노동자들이 격려 전문을 보내왔고 일본 노동자들은 동조파업.

① **철도** 경인선(1899.9.18, 노량진 ~ 제물포, 33km)을 최초로 부설(모스(美) → 일본), 경부선·경의선은 러일전쟁 중에 일본의 군사적 목적에 의해 부설.
② 6.25 전쟁 중 임시 수도는 부산이다
④ **쌀의 유출 촉진** 1897년에 고종의 칙령에 따라 무안이 목포로 명칭이 바뀌어 개항되고, 이어 <u>1899년에 군산·마산 등이 개항</u>되어 호남·영남지역의 쌀 유출이 더욱 촉진.
⑤ **1차 마산 시위** 1960년 3월 15일 사전 계획에 의한 추악한 정·부통령 부정선거로 이에 항의하는 시위가 마산에서 발생하여 곧 전국적으로 확산.
　2차 마산 시위 4월 11일 마산에서 최루탄에 맞아 죽은 김주열(1943~1960)의 시체가 인양되면서 부정선거의 항의 시위가 확대되어 이승만 독재정권을 타도하기 위한 투쟁으로 전환.

41 다음 4부작 가상 다큐멘터리에 들어갈 장면으로 옳은 것만을 〈보기〉에서 모두 고른 것은?
[2점]

━━━━━━━━ 보 기 ━━━━━━━━
ㄱ. 제1부 - 명동 학교와 서전서숙을 세우는 애국지사들
ㄴ. 제2부 - 중앙아시아로 강제 이주당하는 동포들
ㄷ. 제3부 - 대한 광복군 정부에서 활동하는 독립운동가들
ㄹ. 제4부 - 관동 대지진 때 일본인에게 학살당하는 동포들

① ㄱ, ㄴ ② ㄷ, ㄹ ③ ㄱ, ㄴ, ㄷ
④ ㄱ, ㄴ, ㄹ ⑤ ㄴ, ㄷ, ㄹ

42 (가)를 시행한 목적으로 가장 적절한 것은? [2점]

> [가] 은(는) 지세의 부담을 공평히 하고 지적을 명확히 하여 그 소유권을 보호하고, 그 매매·양도를 간편·확실하게 함으로써 토지의 개량 및 이용을 자유롭게 하고 또 그 생산력을 증진시키려는 것으로서 조선의 긴요한 시책이라는 것은 말할 필요도 없다. ……
> ─ 조선 총독부 시정연보 ─

① 지주들을 산업 자본가로 전환시키려 하였다.
② 일본 국내의 식량 문제를 해결하고자 하였다.
③ 식민지 통치의 재정 기반을 확대하고자 하였다.
④ 공업용 원료를 원활히 수급하기 위해 시행하였다.
⑤ 소작 관계를 법제화하여 농촌 사회를 안정시키려 하였다.

해설 및 정답

41 정답 ④ ··· (2011. 제11회 고급)

ㄱ. 북간도 용정에 설립, ㄴ. 1937년 10월 연해주에서 중앙아시아로 강제 이주, ㄷ. 대한광복군정부는 1914년 연해주 블라디보스토크에서 수립, ㄹ. 1923년 9월 1일 일본 간토·시즈오카·야마나시 지방에서 발생하였는데, 당시 일본 정부는 국민의 불만을 재일 조선인에게 돌리는 음모를 획책해 6,000여 명의 재일동포를 학살하였다.

ㄱ. **서전서숙**(북간도 용정, 이상설) 김약연이 명동학교로 개명

> **간도지방** 신민회가 약 100만에 이르는 교민을 대상으로 항일 민족 운동의 거점을 개척.
> ① 서간도의 삼원보(三源堡) : 이회영·이시영·이상룡 등이 설치.
> ② 밀산부의 한흥동(韓興洞) : 이상설·이승희(한흥동 명명) 등이 설치.
> 1) **경학사**(1911.4) 이회영·이시영 형제가 서간도에 세운 최초의 자치기구. 구국운동의 인재 양성에 노력하였으며, 1914년 부민단으로 바뀌었다. 그 후 백서농장을 건설해(1917) 훈련과 농사를 병용. 3·1운동 후 부민단은 한족회로 개편되었고 서로군정서로 발전.
> 2) **보약사**(1913) 의병장 유인석이 집안현에서 조직. 국내와 연락하며 전력을 배양, 일본군과 유격전.
> 3) **신흥무관학교**(서간도, 이시영, 1919) 신민회가 해외 기지를 매입하여 경학사에 신흥강습소를 설치하고 1919년에 신흥무관학교로 개칭하여 독립군 기간요원을 양성.
> 4) **중광단**(1911) 대종교 중심, 무오독립선언서 발표, 북간도 왕청에서 결성된 최초의 항일운동단체로 대한정의단을 조직하였고(1919), 후일 북로군정서로 개칭.
> 5) **간민교육회**(1911) 한민교육회의 개칭, 북간도 용정에 명동학교·정동중학교 등을 설립.

ㄴ. **한국인의 중앙아시아 강제 이주**(1937) 소련과 일본 사이의 긴장이 높아지자, 소련은 일본과 전쟁을 할 경우 한인이 일본을 지원할 것으로 보아 소련 당국은 1937년 9~11월 연해주 지역의 17만 명의 한국인들을 약 6000km나 떨어진 카자흐스탄·우즈베키스탄 등의 중앙아시아로 강제 이주.

ㄷ. **대한광복군정부**(1914) 시베리아 이민 50주년을 기념하여 이상설을 정통령, 이동휘를 부통령으로 하는 민간정부의 단서인 군정부(軍政府) 수립. 만주에 사관학교를 설립하여 무장항일투쟁의 터전 마련.

> **연해주 지방** 1906년 이상설·이동녕 등이 블라디보스토크(해삼위)로 망명하여 의병활동을 하면서 국내진공작전을 전개.
> 1) **한민회**(1905) 한인자치기구로 한민학교(이승희, 1909)를 설립하고 해조신문·대동공보 등을 발행하여 교육 및 언론활동을 전개.
> 2) **성명회**(1910) 이상설·유인석·이범윤 등이 조직. 일제의 국권 침탈에 대한 항의 격문을 각국에 보냄. 당시 8천여 명의 민족운동가의 서명을 받아, "광복의 그 날까지 피의 투쟁을 결행하겠다"는 선언문을 채택.
> 3) **권업회**(1912) 이종덕을 중심으로 블라디보스토크 신한촌에서 창립, 광복군 양성의 대전(大甸)학교 설립, 7개의 지부를 두고 권업신문을 발간하였으며(1912.5), 대한광복군정부 수립을 추진.
> 5) **광복회**(1912) 신채호·이동휘·이갑 등이 중심이 되어 결성. 무장투쟁론을 주장하였으며, 서·북간도에 지부가 설립.
> 6) **대한국민의회**(1919.2) 블라디보스토크의 전러한족회 중앙총회(1917.5)가 발전하였고 3·1운동 후 노령임시정부로 개편. 잡지 「대한인정교보」를 간행하였으며, 윤해·고창일 등을 파리강화회의에 파견.

42 정답 ③ ··· (2011. 제11회 고급)

(가)는 일제강점기인 1910년대의 토지조사사업인데, 근대적 토지소유권제도의 확립이라는 미명하에 방대한 토지 약탈과 지세 수탈을 강행하여 식민지 재정 체계를 확립하였다. ① 광복 후 제1공화국의 농지개혁, ② 산미증식계획, ③ 토지조사사업, ④ 남면북양정책, ⑤ 대다수 농민의 소작농 몰락으로 농촌의 토지 이탈이 촉진되었다.

> **토지조사사업의 목적** 임시토지조사국(1910.9) → 토지수용령을 공포(1911.4) → 토지조사령(제령 제2호) 공포(1912.8)) → 1918년까지 실시하여 소유권 장부인 등기부를 작성. <u>토지 소유권의 조사가 중심이며</u>, 그것은 지형·지모의 조사와 함께 일본·일본인에 의한 토지 약탈과 거기에 협조하는 친일 조선인 지주의 옹호. 또 토지 가격의 조사는 지세 부과의 기초를 확정하고 <u>식민지 재정 체계의 확립</u>에 있었다.

43 다음은 일제가 제정한 법령의 일부이다. (가), (나)에 대한 설명으로 옳은 것은? [3점]

> (가) 제1조 3개월 이하의 징역 또는 구류에 처하여야 할 자는 그 정상에 따라 태형에 처할 수 있다.
> 제11조 태형은 감옥 또는 즉결 관서에서 비밀리에 행한다.
> (나) 제1조 국체를 변혁 또는 사유재산 제도를 부인할 목적으로 결사를 조직하거나 또 그 사정을 알고 이에 가입한 자는 10년 이하의 징역 또는 금고에 처한다.
> 제2조 전조의 제1항의 목적으로 그 목적한 사항의 실행에 관하여 협의한 자는 7년 이하의 징역 또는 금고에 처한다.

① (가)는 문화 통치 시기에 폐지되었다.
② (가)는 사상 전향을 강요하기 위해 제정되었다.
③ (나)는 정식 재판 없이 즉결 처분이 가능하였다.
④ (나)는 3·1 운동 참여자를 처벌하기 위해 제정되었다.
⑤ (가), (나)는 한국인에게만 적용되었다.

44 (가) 단체에 대한 설명으로 옳은 것은? [2점]

> 조선인의 대중적 운동의 목표는 정면의 일정한 세력을 향하여 집중되어야 할 것이니 이에서 민족 운동과 계급 운동은 동지적 협동으로 병립·병진하여야 할 것이요 ······
> 1. 조선의 운동은 두 진영의 병립 협동을 가장 동지적으로 지속해야 할 정세 하에 있고 둘이 서로 대립 배격할 정세를 가지지 않았다. 협동된 전선 전개의 형태에서 두 개 진영의 본질적 차이를 발견하기 어려운 만큼 동지적 관련조차 기할 수 있는 것이다. ······
> 1. 그러므로 우리는 민족으로서의 [(가)] 고수 및 그 성장 발전을 위한 재편성을 강요한다.

① 6·10 만세 운동을 주도하였다.
② 비밀 지하 조직으로 무장 투쟁을 준비하였다.
③ 전국 각 군과 해외까지 지회 조직을 확장하였다.
④ 농민과 노동자 단체의 연합 조직으로 결성되었다.
⑤ 의열단, 한국 독립당 등의 단체들이 모여 결성하였다.

해설 및 정답

43 정답 ① ·· (2011. 제11회 고급)

사료의 법령은 (가) 조선태형령(1912년, 제령 제13호), (나) 치안유지법(1925년, 일본법률 제46호)이다. ① 3·1운동의 원인이 되기도 해 1920년 4월에 폐지, ② 치안유지법, ③ 범죄즉결례(1910년 10월, 제령 제10호), ④ 무정부주의운동, 공산주의 탄압 목적, ⑤ 치안유지법은 일본 법률로 공포되어 조선에도 적용되었다.

(가) **조선태형령**(1912, 제령 제13호) 1) **형법대전 계승** 구 조선의 형법대전(1905, 광무 9년) 중 태형 규정을 계승한 조선태형령을 부활하여 조선인의 인권을 무시. 2) **야만적 형벌** 봉건적 잔혹성을 지닌 '야만적인 형벌', 조선인에 한해 적용하였기 때문에 사망자·불구자 등 희생자가 많았다. 3) **폐지** 3·1운동의 원인이 되기도 하였으며 1920년 4월에 폐지. 4) **경찰범 처벌규칙**(1912) '일정한 주거나 생업 없이 이곳저곳을 배회하는 자', '함부로 남 앞을 막아서거나 따라 다니는 자', '관서의 독촉을 받고도 굴뚝의 개조, 수선 혹은 소제를 소홀히 한 자' 등 경찰 눈 밖에 난 한국인은 모두 태형을 가할 수 있다.

(나) **치안유지법**(1925.4, 일본법률 제46호) 1925년 4월 일본법률 제 46 호로 공포되어 그 해 5월부터 조선에도 시행. 총독부가 반정부·반체제운동 탄압의 목적으로 발표한 법령으로 당시 일제에 대한 소작·노동쟁의가 심해지고 사회주의자들의 활동이 격화됨에 따라 대비책으로 이 법을 발표. 그러나 무정부주의 운동, 공산주의 탄압이라는 구실로 일제가 민족운동을 억압하려는 법적 근거로서 만든 것으로 6·10 만세운동·광주학생운동·조선어학회사건 등 일체의 항일민족운동이 이 법에 따라 처벌. 1928년 6월 치안유지법은 더욱 개악되어 적용 범위가 넓어지고 처벌 규정에 사형이 포함.

③ **집회단속법**(1910. 8. 25) 조선인의 저항을 막고 지배를 강화하기 위해 1910년 합방 직전에 공포한 집회단속법으로 모든 정치 집회를 금지함과 함께 제반 단체들을 해산.
범죄즉결례(1910. 12. 25, 제령 제10호)를 공포하여 경찰서장·헌병분대장에게 즉결권을 부여.

44 정답 ③ ·· (2011. 제11회 고급)

(가)의 단체는 신간회(1927-1931년)이다. ① 1926년으로 제2차 조선공산당이 배후 조정했고, 신간회는 광주학생항일운동에 조사단을 파견, ② 합법단체, ③ 전국적 지회와 일본 동경·교도, 대판에도 지회 설치, ④ 1924년 4월의 조선노농총동맹, ⑤ 1935년 7월의 조선민족혁명당에 대한 설명이다. p758,765,775)

조선공산당의 4차 당 재건운동 1924년 10월 서울계 공산당, 서울계 공산청년회가 조직되고, 1925년 4월 화요회계 공산당, 화요회계 공산청년회가 각각 조직되어 2개의 공산당과 2개의 고려공산청년회가 난립. 코민테른은 화요회계 중심의 당을 인정하고 일국일당 원칙에 따라 서울계에 대하여 화요회계 공산당에 가입을 지령.

1) **제1차 조선공산당**(1925.4) 김재봉을 책임비서로 서울청년회가 배제된 채 화요회계와 북풍회계가 중심. 1925년 11월 박헌영이 상해에 있는 조봉암에게 비밀문서를 보내려다가 발각되어 붕괴(신의주사건).

2) **제2차 조선공산당**(1925.12) 강달영을 책임비서로 삼아 당을 재건(강달영당)하고는 정치적 목표는 민족주의계와 통합하여 국민당 결성. 코민테른은 1926년 4월 서울청년회와 화요회 양파를 동시에 승인. 그러나 이듬해 6월 10일 순종의 인산일에 전단을 인쇄·살포하려다 사전에 발각되어 강달영·권오설 등 101명의 당원이 검거되고(101인 사건) 그 중 80여 명이 유죄 판결을 받는 제2차 조선공산당사건으로 조직이 붕괴. 1, 2차 조선공산당사건으로 화요회계의 중요 간부는 거의 검거되거나 해외 망명.

3) **제3차 조선공산당**(1926.9) 제2차 조선공산당 조직위원으로 검거를 모면한 김철수를 책임비서로 당명을 ML당이라 하고 화요회계, 서울청년회, 무파벌사회주의자 등으로 통일공산당을 이룩, 김철수를 모스크바에 파견하여 코민테른의 승인을 받고 코민테른의 단일 국민당 결성 지령에 따라 신간회·근우회 등을 발족. 책임비서를 김철수에서 안광천(정우회 선언의 작성자)·김준연·김세연 등으로 바꾸면서 4000여 명으로 확대된 조직이 탄로나 1928년 2월 200여 명이 검거되는 제3차 공산당사건으로 붕괴.

4) **제4차 조선공산당**(1928.3) 노동자 출신의 차금봉을 책임비서로 재정비된 조선공산당은 신간회와 긴밀한 관계를 유지하며 코민테른에서 자금을 받아 제6차 국제공산당대회에 대표를 파견하기도 하였으나 곧 조직이 탄로나 163명이 검거되어 1928년 10월 당조직은 붕괴되고 차금봉마저 검거되어 옥사. 1925년 이후 4차례의 조선공산당은 지식계급과 학생의 결합체로 된 지식인 중심의 공산당이었는데, 코민테른 서기국은 1928년 12월 테제(조선의 농민 및 노동자의 임무에 관한 테제로 농민단체 결성의 기폭제)에서 지식인 중심의 당조직을 해체하고 노동자·농민 중심의 당을 재조직할 것을 지시(조선공산당의 승인을 취소한 문건).

45 다음 법령과 관련된 설명으로 옳지 않은 것은? [2점]

> 제5조 정부는 다음에 의하여 농지를 매수한다.
>   1. 다음의 농지는 정부에 귀속한다.
>   (가) 법령 및 조약에 의하여 몰수 또는 국유로 된 농지
>   (나) 소유권의 명의가 분명하지 않은 농지
>   2. 다음의 농지는 본법 규정에 의거 정부가 매수한다.
>   (가) 농가가 아닌 자의 농지
>   (나) 자경하지 않는 자의 농지
>   (다) 본법 규정의 한도를 초과하는 부분의 농지
> 제12조 농지의 분배는 1가당 총 경영면적 3정보를 초과하지 못한다.

① 미군정기에 제정되어 시행되었다.
② 전통적인 지주 소작 관계가 붕괴되었다.
③ 유상 매입·유상 분배의 형태로 진행되었다.
④ 법령의 시행 후 자작 농지의 비율이 늘어났다.
⑤ 토지 대금으로 지주들에게 지가 증권을 교부하였다.

46 다음은 대한민국 헌법의 개정 내용을 정리한 표이다. (가) ~ (마)에 대한 설명으로 옳지 않은 것은? [2점]

구분	주요 특징
(가) 1차 개헌(1952)	발췌 개헌
(나) 3차 개헌(1960)	양원제 채택
(다) 6차 개헌(1969)	대통령 3선 허용
(라) 7차 개헌(1972)	유신 헌법 채택
(마) 9차 개헌(1987)	대통령 직선제

① (가) - 대통령 직선제를 채택하였다.
② (나) - 4·19 혁명 직후 과도 정부 시기에 추진하였다.
③ (다) - 7·4 남북 공동 성명을 계기로 이루어졌다.
④ (라) - 통일 주체 국민 회의에서 대통령을 선출하였다.
⑤ (마) - 6월 민주 항쟁의 결과로 이루어졌다.

45 정답 ① ··· (2011. 제11회 고급)

① 사료는 제1공화국시기 1949년 6월 21일 공포된 농지개혁법이다.

농지개혁 '농지는 농민에게 분배한다'는 제헌헌법 제 86조의 규정에 따라 종래 소작제도를 철폐하여 경자유전(耕者有田)을 실현하고 지주의 토지와 신한공사 관리의 적산농지를 유상매(물)수하여 소작인에게 유상분배하는 농지개혁을 실시. 산림과 임야 등 비경작지(과수원·종묘포·상전)와 농우(農牛)와 머슴은 분배 대상에서 제외.

1) **입안과정** ① 정부안 : 3정보(ha) 이내의 유상분배, 농지의 매수가격을 연평균 생산량의 2배로 하고 정부가 3년 거치 10년 균등으로 지주에게 보상, 농민은 연평균 생산량의 2배인 지가를 10년간 균등분할상환. ② 1949년 3월 10일 한민당 주도의 국회안 : 보상액과 상환액을 평년작의 3배. ③ 1949년 4월 28일 국회통과안 : 보상액을 평년작의 1.5배로 하고 농민의 상환액은 1.25배, 상환기간은 5년 (1949. 6, 농지개혁법 공포). ④ 1950년 3월 10일 국회통과안(최종안) : 3정보를 초과하는 지주의 토지를 국가에서 유상으로 매수하여 지가증권을 발급하여 농지 연수확량의 150%를 한도로 5년에 걸쳐 보상하고, 영세 소작농에게 3정보 한도로 유상분배하여 5년간 수확량(농산물)의 30%씩 현물로 상환.

2) **실시** 북한에서는 이미 1946년 3월 무상몰수·무상분배 원칙에 의한 전면적 토지개혁이 이루어졌으나, 남한에서는 단독정부 수립 후 우여곡절 끝에 1950년 3월 10일에 농지개혁법이 공포되고, 6·25 전쟁 발발 직전인 6월 23일에야 실시.

3) **결과** 유상매수, 유상분배의 원칙에 입각한 남한의 농지개혁은 소작제를 영구히 폐지하고 지주를 부농화하고 자작농이 대거 출현하였으나, 개혁 실시일까지 오랜 시일을 끈 나머지 많은 소작지가 개별적으로 매매되어 농지개혁의 대상 토지가 줄어들어 개혁 효과를 감소시켰고, 지주를 산업자본가로 전환시키려는 정부의 의도는 실패 하였으며, 지가증권도 화폐로 바꾸는 것이 어려워 산업자본으로 전환하려는 정부의 계획도 실패. 그러나 토지자본은 산업자본으로 전환되어 그 후 자본주의의 밑거름.

> **농지개혁의 한계** 1945년 말의 소작지 면적은 144만여 정보였으나, 5년만에 실시된 농지개혁으로 분배된 토지는 약 55만 정보, 즉 해방 당시 소작지의 38%만이 분배되고 62%는 이미 사적으로 매각되었던 것이다. 농지개혁의 본래 목적은 자작농 육성에 있었으나, 실제로는 분배 농지에 대한 세금과 상환액이 과중하여 분배받은 농지를 되파는 경우가 많아서 명실상부한 농지의 농민적 소유가 이루어지지 못한 채 다시 토지겸병과 소작지가 생겨나게 되었다.

46 정답 ③ ··· (2011. 제11회 고급)

③ 6차 개헌은 3선개헌으로 1969년 10월이고, 7·4 남북공동성명은 1972년으로 그 후 유신헌법이 공포되었다.

1차개헌(발췌개헌파동, 1952.7.4.) 국회 간접선거로는 재선될 가능성이 없게 되자, 대통령직선제를 골자로 하고 야당이 주장한 내각책임제 개헌안을 기립 표결로 통과(5·26 부산정치파동)., 양원제의 채택, 정·부통령의 국민직선제 선택, 국무원 책임제

2차개헌(사사오입 개헌, 1954.11.29) 장기집권을 목적으로 초대 대통령에 한하여 중임제한을 철폐한다는 대통령중심제 개헌안을 사사오입이론을 내세워 통과. 그 결과 야당세력을 규합한 민주당이 결성되었고, 민주당의 대통령 후보 신익희의 급서로 1956년 5월 15일 선거에서 이승만은 대통령에 당선되었지만 부통령에는 자유당의 부통령 후보였던 이기붕이 낙선하고 야당 민주당 후보인 장면이 당선.

3차개헌(제2공, 1960.6.15.) 내각책임제 개헌안 통과, 양원제, 중앙선거관리위원회·헌법재판소 신설, 지방자치법 개정안 및 경찰중립화법의 기초위원회 구성

6차개헌(1969.10.21.) 장기 집권을 위한 3선개헌, 국민투표에서 다수 국민의 지지로 확정.

7차개헌(제4공, 유신헌법, 1972.12.27.) 유신체제대통령의 중임 제한을 없앴으며, 대통령의 직속 기구나 마찬가지인 통일주체국민회의(의장 : 대통령)에서 대통령(임기 : 6년)을 선출하며 국회 발의의 헌법개정안의 의결 확정 등을 대행. 또 대통령이 국회의원(유정회) 3분의 1 추천권과 법관 인사권을 가져 의회와 사법부를 통제, 긴급조치권과 국회 해산권 등. 또, 통일이 될 때까지 지방 의회를 구성 연기.

8차개헌(제5공, 1980.10.27.) 7년의 단임제(대통령 선거인단에 의한 간접선거)

9차개헌(제6공, 1987. 10. 29) 6월(1987)민중항쟁으로 6·29선언. 여야합의개헌, 직선제 5년 단임, 대통령 직선제와 민주화 달성

47 (가), (나)는 우리 민족의 문제를 논의한 국제회의의 결정사항이다. 이에 대한 설명으로 옳은 것을 〈보기〉에서 고른 것은? [2점]

> (가) 일본국으로부터 1914년 제1차 세계 대전 이후 일본이 탈취 또는 점령한 태평양의 도서 일체를 박탈할 것과 …… 앞의 3대국은 조선 인민의 노예 상태에 유의하여 적당한 시기에 한국을 자주 독립하게 할 것을 결의한다.
> (나) 공동 위원회의 역할은 한국인의 정치적·경제적·사회적 진보와 민주주의 발전 및 조선 독립 국가 수립을 도와 줄 방안을 만드는 것이다. …… 공동 위원회는 미·영·소·중 4국 정부가 최고 5년 기간의 4개국 통치 협약을 작성하는 데 공동으로 참작할 수 있는 제안을 한국임시 정부와 협의하여 제출해야 한다.

보 기

ㄱ. (가) - 우리나라의 독립을 최초로 보장하였다.
ㄴ. (가) - 38도선이 확정되어 남북 분단의 계기가 되었다.
ㄷ. (나) - 신탁 통치를 둘러싸고 좌·우 대립이 격화되었다.
ㄹ. (나) - 유엔 감시하의 남북한 총선거 실시를 결정하였다.

① ㄱ, ㄴ   ② ㄱ, ㄷ   ③ ㄴ, ㄷ
④ ㄴ, ㄹ   ⑤ ㄷ, ㄹ

48 다음 우표들을 발행한 정부 하에서 일어난 사실로 옳은 것은? [2점]

① 광주 대단지 사건이 일어났다.
② 우루과이 라운드가 체결되었다.
③ 4·13 호헌 조치를 선언하였다.
④ 3저 호황으로 수출이 크게 늘어났다.
⑤ 미국의 원조에 힘입어 삼백 산업이 발달하였다.

47 정답 ② ··· (2011. 제11회 고급)

국제회의는 (가) 카이로선언(1943.11.27), (나) 모스크바3상회의(1945.12.28)이다. ㄴ. 얄타협정(1945.2), ㄹ. 유엔총회의 결정(1947.11)에 대한 설명이다. p806,812)

1) **카이로선언**(1943.11.27) 루즈벨트, 처칠, 장개석 등 3거두회담이 카이로에서 열려 한국의 독립을 최초로 약속.
2) **얄타협정**(1945. 2. 4~2. 11) 루즈벨트, 처칠, 스탈린 3국 수뇌들은 얄타협정을 체결하여 소련의 대일전 참전과 38도선의 분할, 신탁통치(후견)의 잠정 결정 등을 논의.
3) **포츠담선언**(1945. 7. 26) 트루먼·처칠(→애틀리)·장개석·스탈린(8월에 참가) 등 연합국 대표가 카이로선언을 재확인하고 38도선에 관해 미소가 합의(밀약).
4) **모스크바 3상회의**(1945.12.28) 모스크바 3상회의 전 미국은 신탁통치를 강조했고, 소련은 임시민주정부 수립을 강조. 모스크바 3상회의 10일 전까지도 미국은 미·영·중·소 4개국 대표로 구성되는 집행위원회 설치와 신탁통치(공동관리)를 5년으로 하되 필요하면 5년을 연장하는 신탁통치안을 제안. 그러다가 미·영·소의 외상회의에서 한국에 대하여 임시 조선민주주의 정부 수립과 정부 수립을 위한 미소공동위원회 설치, 최고 5년간의 미·영·중·소에 의한 신탁통치 등이 결의.
ㄹ. **한국 문제의 유엔 상정** 미·소공동위원회가 소련의 반대로 결렬되고, 4개국 외상회의(미·영·중·소)도 소련측 거부로 결렬되자, 미국은 1947년 9월 한국 문제를 유엔에 상정하고 한국 독립을 촉구하여 소련의 반대를 물리치고 1947년 11월 14일 유엔 감시하의 총선거안을 통과시키고, 이어 유엔한국위원회 설치를 가결.

48 정답 ① ··· (2011. 제11회 고급)

우표의 내용은 제3·4공화국 박정희정부시기(1963-1979)로 100억불 수출(1977), 이산가족찾기(1971), 경부고속도로(1970), 서울지하철 1호선(1974)을 기념하기 위해 발행한 우표이다. ① 1971년, ② 1986년, ③ 1987년, ④ 1986-88년, ⑤ 제1공화국의 사실이다.

① **광주대단지사건**(1971.8.10) 해방 후 최초의 대도시 빈민 투쟁
② **우루과이라운드(UR) 체제** 1980년대 들어 세계 경제의 중심이 다극화되고 산업 고도화에 따라 종래의 자유무역체제를 뒷받침해 오던 GATT(관세무역일반협정) 체제만으로는 무역 마찰을 해결할 수 없게 되자, 선진자본주의 국가들은 지역주의를 강화하고 후진국에 개방압력을 넣기 위하여 1986년 9월 우루과이에서 '다자간 무역협상 개시를 위한 각료선언', 즉 우루과이라운드를 선포. 1994년 UR 타결로 1995년 세계무역기구(WTO) 체제가 출범하자 우리나라는 공산품 수출이 확대된 반면에, 쌀 시장과 서비스 시장을 개방.
③ **4·13호헌조치**(1987.4.13) 개헌논의 유보·현행 헌법으로 정부 이양.
④ **5·6 공화국의 경제정책**
   1) **산업합리화 정책의 추진** 심각한 경제공황을 타개하기 위해 공장발전법(1986. 7)·조세감면규제법(1986. 12) 등을 마련하고 부실기업을 정리하였다.
   2) **독점자본체제의 강화** 정부의 과잉투자 조정과 부실 기업 정리과정에서 제3자 인수는 대부분 기존의 재벌기업에 의해 이루어졌고, 이들 재벌들은 정부의 특혜와 1986년부터 3년간 저금리·저유가·저달러의 3저호황을 만나 중화학부문을 주력산업으로 하여 연 12%의 높은 경제 성장.
   3) **제5차 경제사회발전5개년계획**(1982~1986) 제5공화국 정부는 경제개발계획을 경제사회발전계획으로 변경하고 양적 성장보다는 안정·능률·균형의 이념 아래 국민경제의 장기적 발전을 모색.
   4) **제6차 경제사회발전5개년 계획**(1987-1991) '능률과 형평을 토대로 한 경제 선진화와 국민 복지의 증진'을 기본 목표로 설정하고, 21세기에 선진 사회에 진입하기 위한 제1단계 실천 계획으로 수립되었다. 특히 흑자 기조로의 전환에 따라 선진국의 보호주의 압력과 대내적인 소외 부문의 소득 보상 욕구가 더욱 커지게 되어, 이에 대응하기 위한 전략으로 자율·경쟁·개방에 입각한 시장 경제 질서의 확립, 소득 분배 개선과 사회 개발을 확대, 그리고 고기술 부문을 중심으로 한 산업 구조의 개편이 중점 과제.
⑤ **삼백산업의 발전과 대외의존의 심화** 기생적인 상업자본 성장, 정경유착, 공업원료의 대외의존 심화, 면화·밀 등의 농산물이 헐값에 들어와 국내 면화·밀 재배의 전멸현상 등이 나타났다.

49 (가), (나)는 경제 위기를 극복하기 위한 운동이다. 이에 대한 설명으로 옳은 것만을 〈보기〉에서 모두 고른 것은? [2점]

구분	(가)	(나)
연도	1907년	1997년
배경	차관 도입	외환 부족
목표액	1,300만 원	250억 달러 상당의 금 모으기
모금액	약 18만 7천 원	21억 7천만 달러 상당

보 기

ㄱ. (가)는 국채 보상 기성회를 중심으로 전개되었다.
ㄴ. (가)는 독립신문의 적극적인 홍보로 성과를 거두었다.
ㄷ. (나)는 IMF의 관리 체제에서 벗어나기 위해 전개되었다.
ㄹ. (가), (나)는 전국에서 각계각층이 참여하였다.

① ㄱ, ㄴ　　② ㄱ, ㄷ　　③ ㄱ, ㄴ, ㄷ
④ ㄱ, ㄷ, ㄹ　　⑤ ㄴ, ㄷ, ㄹ

50 다음 선언을 발표한 정부의 정책으로 옳은 것은? [3점]

> 1. 남과 북은 나라의 통일 문제를 그 주인인 우리 민족끼리 서로 힘을 합쳐 자주적으로 해결해 나가기로 하였다.
> 2. 남과 북은 나라의 통일을 위한 남측의 연합제 안과 북측의 낮은 단계의 연방제 안이 서로 공통성이 있다고 인정하고 앞으로 이 방향에서 통일을 지향시켜 나가기로 하였다.
> 4. 남과 북은 경제 협력을 통하여 민족 경제를 균형적으로 발전시키고 사회, 문화, 체육, 보건, 환경 제반 분야의 협력과 교류를 활성화하여 서로의 신뢰를 다져 나가기로 하였다.

① 남북 학생 회담을 추진하였다.
② 선건설 후통일론을 제시하였다.
③ 남북 철도 연결 사업을 시행하였다.
④ 북진 통일을 기본 정책으로 삼았다.
⑤ 민족 화합 민주 통일 방안을 제시하였다.

49 정답 ④ ·· (2011. 제11회 고급)

(가) 한말의 국채보상운동, (나) 김대중 정부의 금모으기운동이다. ㄴ. 독립신문은 1899년 12월에 폐간되었고, 국채보상운동은 1907년 1월에 전개되었다. 당시 적극적 홍보는 대한매일신보·황성신문·제국신문 등에서 하였다.

- (가) **국채보상운동**(1907) : 1907년 1월 악성 국채인 일본 차관 1,300만 원 반환을 위해 금연과 비녀·가락지 등의 패물 폐지 운동 등을 전개(대구 : 서상돈·김광제·양기탁). 국채보상기성회가 조직되고 대한매일신보·황성신문·제국신문·만세보 등의 언론사 후원으로 1907년 7월 말까지 18만 7천 8백원 정도 모금이 되었으나 대한매일신보의 의병 활동 보도에 대한 일제의 불만으로 양기탁을 보상금 횡령으로 구속하는 등 통감부의 방해로 실패. 후일 보상금은 민립대학설립운동에 사용되었고 국채보상운동은 물산장려운동으로 계승.
  이 운동은 일제에게 재정권을 박탈당한 상태에서 추진되어 빚을 갚는 것이 현실적으로 어렵다는 것을 인식하지 못한 한계성. 그리고 당시 최초의 전문학교인 보성학교를 대학으로 발전시키기 위해 보성학교 기성회가 추진되었으나 그 운동도 실패.
- (나) **IMF(국제통화기금)사태**(1997.11.21)
  1) **국제적 원인** 신자유주의 등장(케인즈주의의 실패)과 다국적 금융자본의 지배 등.
  2) **국내적 원인** 재벌 중심의 발전 전략(차입 경영, 문어발식 확장), 정경 유착, 세계화정책에 따른 무분별한 시장개방과 OECD(경제협력개발기구)에 29번째 회원국으로 가입(1996.9.12), 무절제한 소비와 과시적 생활양식, 경제 기적의 신화에 도취 등.

50 정답 ③ ·· (2011. 제11회 고급)

사료는 김대중정부 시기인 2000년 6월 15일 평양에서 열린 남북정상회담에서 발표한 6·15 남북공동선언이다. ① 제2공화국, ② 제3공화국, ③ 경의선 복구 사업 추진, ④ 제1공화국, ⑤ 제5공화국의 통일정책이다. p838,858,860,862)

① **4·19혁명 이후의 통일 논의**
  1) **통일운동의 방향 선회** 학생운동은 초기에는 새생활운동을 전개하였으나 별 효과가 없자 1960년 말부터 통일운동으로 방향을 선회하였고, 제3세계에 대한 정보도 유입.
  2) **통일논의의 전개** 총선에서 패한 혁신계 정치인들이 조직한 민족자주통일중앙협의회(약칭 : 민자통, 1960.9.3)와 여러 대학의 학생들이 결성한 민족통일전국학생연맹(약칭 : 민통련, 1960.11.8)이 연계하여 통일운동을 추진하여 '오라 남으로 가자 북으로', '한국문제는 한국인 손으로', '소련에 속지 말고 미국을 믿지 말자'라는 구호 등이 제창되었고 판문점 남북학생회담 계획이 시도.
  3) **다양한 통일론 형성** 혁신세력의 중립화통일론과 남북협상론, 보수세력의 선 건설 후 통일론, 남북교류론 등이 대두.
② **제3공화국** 1963년 대통령선거에서 민주공화당의 통일정책으로서 UN감시하의 자유민주주의 원칙에 입각한 남북한 총선거안을 제시하면서, 정치·경제·교육·문화 등 모든 분야에서 승공태세를 완비할 것을 강조(승공통일, 선 건설 후 통일론).
④ **제1공화국의 통치이념과 체제** 건국 직후(6·25전쟁 직전)에는 무력통일론·북진통일론, 한국전쟁 이후에는 반공을 통치이념으로 삼았고 자유민주주의체제와 시장경제체제를 표방. 정치체제는 대통령중심제·단원제를 근간.
⑤ **민족화합 민주통일방안**(1982. 1. 22) 전두환 대통령은 1982년 1월 22일의 1982년도 국정연설을 통해 기존의 통일방안을 발전적으로 집대성한 민족화합 민주통일방안을 발표하였다. 그 내용은 ① 쌍방 주민의 뜻을 대변하는 남북대표로 민족통일협의회의 구성, ② 이 기구에서 통일헌법 기초, ③ 통일헌법 초안을 국민투표로 확정하고 이에 따른 총선거를 실시, 통일국회와 정부를 구성, 통일민주공화국을 수립한다는 것이다. 동시에 이 통일방안은, 통일이 이룩될 때까지 남북한관계를 정상화하고 통일 저해요인을 공동으로 제거해 나가는 민족화합의 실천조치로서 '남북한 기본관계에 관한 잠정협정'을 체결할 것을 그 내용으로 담고 있다. 그리고 조속한 시일 안에 각료급을 수석대표로 하는 대표자간에 예비회담을 개최, 남북한당국 최고책임자간의 회담을 실현시키는 데 필요한 절차를 마련할 것도 북한측에 제의.

12 한국사능력검정시험 고급
(2011년 8월 14일)

01 다음 유물이 처음 사용된 시기의 생활상으로 옳은 것은? [1점]

 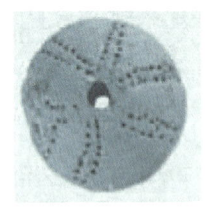

① 밭에서 조, 피 등을 재배하였다.
② 천군이 제천 의례를 주관하였다.
③ 사람이 죽으면 독에 넣어 매장하였다.
④ 목책과 환호를 설치하고 구릉 위에 취락을 이루었다.
⑤ 호랑이 모양과 말 모양의 띠고리 장식을 사용하였다.

02 (가) 나라에 대한 설명으로 옳은 것은? [2점]

> (가) 은(는) 현도의 북쪽 천여 리에 있는데, 남쪽은 선비와 접해 있고, 북쪽에는 약수가 있다. 국토의 면적은 사방 2천 리이고, 호수는 8만이다. …… 그 나라의 법률은 사람을 죽인 사람은 사형에 처하고 그 집안을 몰수하며, 도둑질한 사람은 12배를 갚도록 하고, 남녀가 음란한 짓을 하거나 부인이 질투하면 모두 사형에 처하였다. 혹 전쟁이 있게 되면 소를 잡아서 하늘에 제사를 지내고 그 발굽으로 길흉을 점치는데, 발굽이 갈라지면 흉하고 합해지면 길하다고 생각하였다.

① 가(加)들이 저마다 사출도를 다스렸다.
② 목지국의 지배자를 진왕으로 추대하였다.
③ 고구려에 소금, 어물 등을 공물로 바쳤다.
④ 사자, 조의, 선인 등의 관직을 설치하였다.
⑤ 책화를 통해 부족 간의 경계를 분명히 하였다.

해설 및 정답

01 정답 ① ·· (2011. 제12회 고급)

보기의 유물은 신석기시대를 대표하는 빗살무늬토기와 가락바퀴인데 ① 신석기시대, ② 삼한사회, ③ 철기시대, ④⑤ 청동기시대의 생활상이다.

- **빗살무늬토기**(즐문토기) 약 8천 년 전부터 제작·사용. 회색이며 그릇이 크고 도토리나 달걀 모양인데다 빗살무늬가 새겨져 있다. 빗살무늬토기 사용인들은 신석기시대 말기까지 반도의 주인공이었으며, 처음에는 물가에서 어로생활을 하였으나, 점차 농경법을 익히면서 정착생활에 들어갔다(평양 부근 금탄리, 평양 남경, 두만강 유역 굴포리, 대동강 유역 청호리, 평남 온천 궁산리, 황해도 봉산 지탑리, 서울 암사동, 경기도 하남 미사동, 부산 동삼동, 김해 수가리, 양양 오산리 등지에서 출토).
- **원시적 수공업** 토제의 가락바퀴(방추차, 신석기~청동기)·뼈바늘(골침)이 출토되는 것으로 보아 의복·그물을 만들었음을 알 수 있다.
- ① **신석기시대의 농업** 중기 이후 농경생활로 전환하여 조·피·수수 등의 잡곡류를 재배.
  청동기시대의 농업 화전농업에 휴경농업이 보급되었고 조·피·수수·보리·기장·콩·팥·귀리 등을 재배.
  농업 생산 증대의 결과, 벼농사가 점차 확산되어 기원전 2세기 삼한지방에서 일반화되었고, 잉여 생산이 이루어짐으로써 촌락 발달이 촉진되었는데 황해도 석탄리가 대표적 유적지.
- ③ **철기시대의 분묘** 널무덤(토광묘)·돌방무덤(석실묘)·돌덧널무덤(석곽묘)·독무덤(옹관묘 : 토기를 이용하여 만든 무덤) 등이 주류. 특히 널무덤은 청동기문화와 철기문화의 복합을 보여주고 있다.
- ⑤ **청동기시대 주거지** 내륙·구릉지대에 장방형 움집이 나타나고, 주거지가 보다 밀집화되고 광역화되어 취락이 형성. 대표적 유적지로 웅기 굴포리·청원 내수리·봉산 지탑리 등이 있고 움집의 깊이가 점차 얕아져 지상가옥에 가까워지고 화덕이 한쪽 벽으로 옮겨져 주거 공간이 확대되고 주춧돌(초석)을 이용하여 움집을 세웠다.
- ④ **청동기문화**(북방 계통의 영향) 우리나라 청동기문화는 중국 계통이 아닌 북방 스키토 시베리언 계통의 영향을 받았으며(마형·호형 대구 : 경북 영천 어은동 출토), 구리와 아연이 합금(황동)되어 구리와 주석이 합금된 중국 은(殷)·주(周)의 청동기문화와 내몽골지역의 오르도스식 청동기문화와는 다른 독자적인 특징.

02 정답 ① ·· (2011. 제12회 고급)

(가)의 국가는 초기국가(연맹왕국)인 부여인데, ① 부여, ② 삼한 중 마한, ③ 옥저, ④ 고구려, ⑤ 동예에 대한 설명이다.

부여(B.C. 4세기경) 고조선 다음으로 등장한 두 번째 국가이나 고대국가로까지는 발전하지 못하였다. 구릉과 넓은 못이 많아서 동이 지역 가운데서 가장 넓고 평탄하였다.

1) **왕권 미약** 초기에는 왕권이 미약하여 제가회의에서 선출하였고, 가뭄·장마로 5곡이 흉작이 들면 왕을 교체하기도 하였다. 가(加)와 대사자(大使者)·사자(使者) 등의 관료가 있었고, 중앙에 왕이 있고 지방에 사출도(四出道)가 있었는데 사출도는 부족연맹 또는 행정지배체제의 분화를 의미.
2) **사출도** 여러 소국으로 형성되었고, 연맹왕 아래 목축경제를 보여주는 마가(馬加)·우가(牛加)·저가(猪加)·구가(狗加) 등의 제가(諸加)가 사출도를 주관.
3) **경제** 반농 반목 단계로 5곡이 생산되고 농경에 우마를 이용하였으나 과일은 생산되지 않았고, 말·주옥·모피 등을 중국에 수출.
4) **법률** 생명과 사유재산에 대한 보호가 있었고, 연좌법이 적용되며, 1책12법, 가부장제(여자에 대한 규제) 등을 내용으로 하고 있다. 1책12법은 8조법금에 비해서는 합리적이고 발전적인 면을 보여준다.

》 **부여의 4조문**(「삼국지」 위서 동이전) 《

1. 살인자는 사형에 처하고 그 가족을 적몰하여 노비로 삼는다.
2. 남의 물건을 훔친 자는 물건 값의 12배를 배상한다.
3. 간음한 자는 사형에 처한다.
4. 투기가 심한 부인을 사형에 처하되, 그 시체를 서울 남쪽 산 위에 버려서 썩게 한다. 단, 그 여자의 집에서 시체를 가져가려고 할 때에는 소와 말을 바쳐야 한다.

(살인과 절도는 8조법금과 공통이고 상해죄는 없음)

03 지도에서 ▨로 표시된 지역에 있는 문화유산으로 옳은 것은 [2점]

①  ②  ③

④  ⑤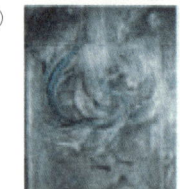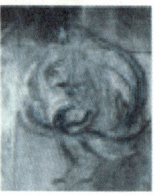

04 다음 유물이 발견된 무덤에 대한 설명으로 옳은 것은? [2점]

 영동 대장군인 백제 사마왕은 나이가 62세 되는 계묘년 5월 임진일인 7일에 돌아가셨다. 을사년 8월 갑신일인 12일에 안장하여 대묘에 올려 뫼시며, 기록하기를 이와 같이 한다.

① 널방을 벽돌로 쌓았다.
② 모줄임 천장 구조로 되어 있다.
③ 봉토 주위에 12지 신상을 둘렀다.
④ 고구려의 초기 무덤 양식을 계승하였다.
⑤ 나무덧널 위에 냇돌을 쌓은 후 흙으로 덮었다.

해설 및 정답

03 정답 ⑤ ··· (2011. 제12회 고급)

지도의 표시는 평안도 지역의 고구려 문화유산인데, ① 통구 각저총의 묘주부부도 벽화, ② 통구 각저총의 씨름도 벽화, ③ 길림성 집안 오회분의 달의 신 벽화, ④ 통구 무용총의 수렵도 벽화, ⑤ 평안도 강서군 우현리 강서대묘의 주작도 벽화이다.

①② **각저총**(토총) 통구에 있으며, 씨름도와 곰·범 등이 그려져 있다.

④ **무용총**(토총) 통구에 있으며 무용도와 수렵도가 그려져 있다.

⑤ **강서대묘**(토총) 평남 강서군 우현리에 있으며, 살수대첩 이후 축조된 고분. 사신도(四神圖).
   쌍영총(토총) 평남 용강군에 있으며, 모줄임천장과 팔각형의 돌기둥양식은 서역계통의 영향을 받았고 기사도가 그려져 있다.

> **고구려벽화**(토총의 천장이나 벽면) 도교의 영향을 받은 사신도 외에 생활 풍속(풍속화의 기원)이나 가옥의 모습(안악 3호분·강서군 약수리 고분 벽화)을 보여주는 것도 있고, 수렵이나 전쟁의 모습(무용총)을 보여주는 것도 있으며, 서역의 영향(쌍영총)을 받은 것도 있는데, 벽화는 신분 고하에 따라 크고 또는 작게 그려 위계적 표현을 하였다. 그리고 벽화는 초기에는 주로 문양과 주민의 생활을 표현한 생활도가 많았으나, 후기로 갈수록 점차 추상화되어 사신도와 같은 상징적 그림으로 바뀌어 갔다.

04 정답 ① ··· (2011. 제12회 고급)

보기의 유물은 1971년 공주 송산리 고분 중 무령왕릉에서 출토된 무령왕릉의 지석인데, 무덤 양식은 아치형 벽돌무덤으로 연화문의 벽돌로 조성되었다. ① 벽돌무덤, ② 굴식돌방무덤, ③ 통일후 신라의 굴식돌방무덤, ④ 돌무지무덤, ⑤ 구덩식 돌무지 덧널무덤에 대한 설명이다.

무령왕릉 1971년 공주 송산리 고분에서 발견된 이 왕릉은 금관식과 지석(誌石)·석수(石獸, 진묘수)·토지매지권(土地買地券), 왕비 지석의 후면으로 율령 시행을 입증하며, 토지거래문서인 매지권을 묻는 것은 당시 도교의 풍습임)·청동제품·양(梁)나라 철전(오수전) 등 많은 부장품이 출토. 구조는 연화문의 벽돌로 만들어진 벽돌무덤으로 당시 양나라를 비롯한 남조와의 문화적 교류를 보여주며, 목관은 일본에서 가져온 금송(삼나무)으로 제작되어 일본과의 교류도 보여준다. 무령왕릉은 백제 금관의 모습과 아울러 현존 최고의 지석이 발견됨으로써 당대 백제사 연구에 중요한 자료.

진묘수

> **웅진시대 고분** 굴식 돌방무덤(횡혈식 석실고분)과 중국 남조문화의 영향을 받은 무령왕릉 같은 벽돌무덤(전축분)이 있는데, 이 시대의 고분은 고졸(古拙)하고 소박한 면이 있었다. 공주 송산리 6호분은 벽돌무덤으로 무령왕릉과는 달리 사신도와 일월도 벽화가 발견되었고, 공주 수촌리 4호분에서는 용과 봉황으로 장식된 금동관이 출토되었다.

② **굴식돌방무덤**(횡혈식석실고분) 주검을 묻기 위해 지면과 수평으로 판 널길을 통해 널방으로 들어가는 돌로 쌓아 만든 무덤

> **모줄임 천장**(말각조정식 천장) 무덤을 구성하는 네 벽 위에서 1~2단 안쪽으로 비스듬히 괴어 올린 후 네 귀에서 세모의 굄돌을 걸치는 식으로 몇 번 반복하여 모를 줄여 가며 올리는 천장

③ **신라의 굴식돌방무덤** 통일 후 구덩식 돌무지덧널무덤에서 굴식돌방무덤으로 변하였는데 특히 무덤의 봉토 주위를 둘레돌(호석, 열석)로 두르고, 그 호석에 12지신상을 조각하는 신라만의 독특한 양식이 나타났다(김유신묘, 성덕대왕릉, 원성왕인 괘릉).

④ **돌무지 무덤** 주검을 넣은 돌널 위에 돌만으로 쌓아 올린 무덤

⑤ **구덩식 돌무지 덧널무덤**(수혈식적석목곽분) 덧널 위를 사람 머리크기의 냇돌로 덮어 쌓은 봉토 무덤

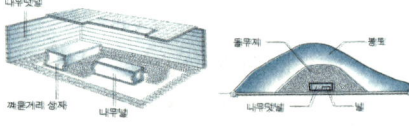

> **구덩식**(수혈식) 무덤을 만드는 방법 가운데 위에서 밑으로 주검을 넣도록 되어 있는 형식
> **돌널무덤**(석관묘,) 깬돌이나 판돌을 잇대어 널을 만들어 사용한 무덤형식
> **돌덧널무덤**(석곽분) 깬돌 또는 판돌을 섞어 쌓은 널길 없는 무덤

05 다음 초대장의 (가)에 들어갈 사진 자료로 적절하지 않은 것은? [2점]

삼국 시대의 불교 문화유산

부처님 오신 날을 맞이하여 삼국 시대 불교문화유산 사진전을 기획하였으니, 관심 있는 분들의 관람을 바랍니다.

1. 기 간 : 5월 10일~6월 30일
2. 장 소 : ○○박물관

☞ 자세한 내용은
   전시회 홈페이지 www.samkuk_buddhism.com을 참조하세요.

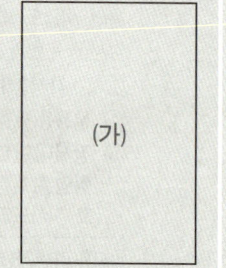
(가)

①  ② 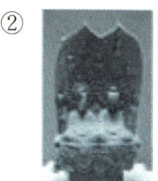 ③  ④  ⑤

06 (가), (나)에 대한 설명으로 옳은 것은? [3점]

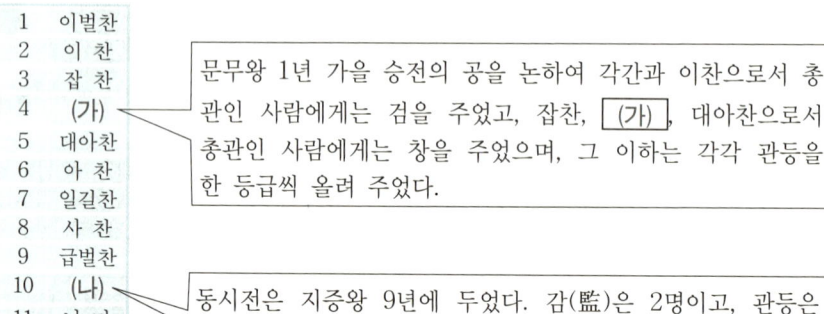

① (가) 관등의 관리는 청색의 관복을 입었다.
② (가) 관등은 집사부의 중시직에 오를 수 있었다.
③ (나) 관등은 6두품의 승진 상한선이었다.
④ (나) 관등은 5소경의 장관직에 오를 수 있었다.
⑤ (가), (나) 관등은 중위제의 대상이 되었다.

해설 및 정답

05 정답 ② ··· (2011. 제12회 고급)

삼국시대의 유산인데, ① 고구려의 연가7년명금동여래입상, ② 발해의 이불병좌상, ③ 삼국시대의 금동미륵보살반가상, ④ 백제의 익산미륵사지 석탑, ⑤ 백제의 정림사지 5층석탑이다.

① 고구려의 **연가7년명금동여래입상** 중국 북조의 영향을 받았으나 고구려의 개성을 잘 나타내고 있는데, 미소를 머금은 듯한 연가7년명(延嘉七年銘) 금동여래입상(419년 또는 539년)이 대표적이다.

② 발해의 **이불병좌상** 길림성 동경용원부지에서 발견된 불상으로 종래에는 발해 초기의 것으로 소개되었으나, 불상 양식, 얼굴 모습, 이불병좌상 신앙 등의 상황으로 보아 6세기 후반에서 7세기 초기에 고구려 국내에서 만들어진 것으로 보여짐. 고구려 불상이 발해 절터에서 발견된 것은 고구려 유적이나 절에서 전해진 것으로 보이며, 높이 29~30cm 내외의 병좌상 14개 정도가 전해짐. 이불병좌상 신앙은 법화경(묘법연화경) 신앙을 바탕으로 한 천태종에서 나온 것임.

> **고구려 계통의 유물·유적** 굴식 돌방무덤, 모줄임 천장구조, 온돌, 이불병좌상, 연화문의 와당

③ 삼국시대의 **금동미륵보살반가상** 세련미가 뛰어난 금동미륵반가사유상은 삼국의 공통적 특징.

> **미륵보살반가상** 미륵보살은 미래에 부처로 태어나 중생을 구제하기로 정해져 있는 보살이다. 지금은 도솔천에서 중생을 구제하기 위하여 정진과 사색에 매진하고 있다고 한다. 미륵보살반가상(미륵반가사유상)은 이런 모습을 형상화한 것이다.

④ 백제의 **익산미륵사지 석탑** 목조탑의 건축양식을 모방한 목탑형 석탑

⑤ 백제의 **정림사지 5층석탑** 익산 미륵사지 석탑을 계승한 균형미의 정수[일명 평제탑(平濟塔) : 1층 탑신에 소정방의 백제 멸망 기사 수록]

> **백제의 석탑** 처음에는 목탑을 그대로 본떴으나, 시간이 지나면서 생략되는 부분이 많아지고 돌의 특징을 살리는 쪽으로 건축기법에 변화가 왔다. 부여의 정림사지 5층석탑과 같이 기둥이 보다 간소해지고 지붕이 길고 날렵해지며, 1층에 비해 2층 이상의 탑신이 훨씬 더 작아지는 경향과 함께 낮은 기단 위에 여러 개의 석재를 가구조립 하듯이 짜올려 목조건축의 느낌을 최대한 유지하고, 2층 이상은 1층에 비해 폭과 넓이가 비교적 급격히 줄어드는 점, 건물지붕에 해당하는 옥개석(屋蓋石)의 두께가 비교적 높으며, 큼지막한 석재에 기둥 등을 상징적으로 표현한 듯하고, 1층부터 꼭대기까지의 체감률이 비교적 낮고 옥개석이 두툼하다는 인상.

06 정답 ② ··· (2011. 제12회 고급)

(가) 파진찬, (나) 대나마의 관등으로 (가) 진골, (나) 5두품의 골품이다. ① 자색, ② 진골로 가능, ③ 6두품은 아찬까지 승진 가능, ④ 소경의 장관은 진골이 임명되었고, ⑤ 중위제는 5두품·6두품이 대상이다.

> **신라의 품계** 17위(관등)의 경위제(京位制)와 11위(관등)의 외위제(外位制)로 구분되었는데, 외위제는 최고 경위제의 5두품에 준했고 중위제(重位制)가 적용되지 않았다.
> 관등조직은 골품제도와 관련을 맺으면서 편성되었는데 진골은 17등급의 관리를 모두 할 수 있었고, 6두품은 6등급(아찬)까지, 5두품은 10등급(대나마)까지, 4두품은 12등급(대사)까지 승진할 수 있어, 하한선은 동일하나 상한선을 제한. 또 낮은 골품이 높은 관등을 차지할 수도 있고, 공복 색깔은 골품이 아닌 관등에 따라 구분(자색: 1-5등급, 비색 : 6-9등급, 청색 : 10-11등급, 황색 : 12-17등급)

② **시중**(중시) 제 5 관등인 대아찬에서 제 2 관등인 이찬까지로 규정되어 진골만이 취임하였고, 때로는 국왕이 근친을 임명하기도 하였다.

④ **5소경** 신문왕 때 서원소경(청주)과 남원소경(남원)을 설치하고, 진흥왕 때의 국원소경을 중원소경(충주)으로 바꾸고, 왕비족에 대한 배려로 금관소경(김해)을 설치하고, 북원소경(원주)을 설치하여 5소경을 정비하였으며, 그 장관을 사신(仕臣, 사대등(仕大等)).

> **장관·차관** 장관(영)·장군은 진골이 독점하고, 차관(경·시랑·전대등)에는 5·6두품도 가능.

⑤ **중위제** 5두품, 6두품은 자체 관등 내에서 승진을 할 수 있는 4중 아찬·9중 대나마·7중 나마 등의 중위제(重位制)가 있었다(통일 전후에 성립된 것으로 추정).

07 다음 인물에 대한 설명으로 옳은 것은? [1점]

- 당나라로 유학을 가던 중 '일체유심조(一切唯心造)'라는 깨달음을 얻었다.
- 화엄 사상을 쉽게 풀이하여 '무애가'를 짓고 이를 중생의 교화에 활용하였다.
- 특정한 교설이나 학설을 고집하지 않고 화해와 회통을 강조하였으며 '일심(一心) 사상'을 제시하였다.

① 정혜쌍수를 바탕으로 철저한 수행을 강조하였다.
② 아미타 신앙을 전파하며 불교의 대중화에 기여하였다.
③ 인도와 주변 국가를 순례한 후 「왕오천축국전」을 저술하였다.
④ 이론의 연마와 실천을 아울러 강조하는 교관겸수를 제창하였다.
⑤ 화엄일승법계도를 지어 모든 존재의 상호 의존적인 관계를 설명하였다.

08 교사의 질문에 대한 학생의 대답으로 적절하지 않은 것은 [2점]

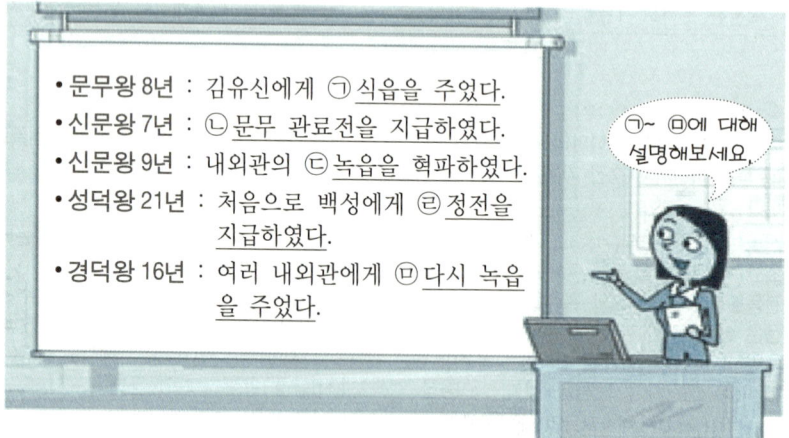

① 갑 : ㉠은 조세 징수권과 노동력 징발권을 준 것이에요.
② 을 : ㉡을 통해 국왕의 권한 강화를 뒷받침하였어요.
③ 병 : ㉢은 귀족의 지배력이 강화되는 계기가 되었어요.
④ 정 : ㉣의 목적은 왕권 강화와 농민 경제 안정이었어요.
⑤ 무 : ㉤에서 왕권이 약화되는 모습을 찾아볼 수 있어요.

07 정답 ② · (2011. 제12회 고급)

보기의 인물은 원효인데, ① 지눌, ② 원효, ③ 혜초, ④ 의천, ⑤ 의상에 대한 설명이다.

원효(元曉, 617~686) 6두품, 문도 양성 안함. 실천불교 지향, 도당유학 안함. 「무애가(無碍歌)」 저술, 고려시대 의천에 의해 화정국사(和靜國師)에 추증됨. 중국·일본·거란 등의 불교에 영향을 줌. 분황사에서 법성종(法性宗) 개창. 240권의 저서 중 22권이 전함. 「금강삼매경론」[유심소조(唯心所造)의 일심사상(一心思想)]·「대승기신론소」(불·법·승의 불교이론 조감도)·「화엄경소」·「성실론소」 같은 명저를 써서 불교를 이해하는 기준을 확립하였고, 대중적이고 내세적인 정토종을 보급하여 불교의 대중화에 노력. 또, 「십문화쟁론(十門和諍論)」에서 화쟁사상(和諍思想)을 주장하여 여러 종파를 융합하려 하였다. 특히 「금강삼매경론」은 일본 불교에, 「대승기신론소」는 중국 화엄학(법장; 중국 화엄학의 체계화)에, 「십문화쟁론」은 인도 불교에 각각 영향.

》 **정토종(淨土宗)** 《

1. **내세 지향** 미래불인 아미타불을 암송하며 부처에 귀의(南無, Namas)하면 극락왕생한다는 정토신앙이다.
2. **대중불교** 교단에서 소외된 혜숙(惠宿, 화랑낭도 출신)·혜공(惠空)·대안(大安) 등이 보급하였고, 원효가 널리 보급하여 인간 평등을 강조하는 범부왕생의 대중불교로 유행하였다.

① **정혜쌍수**와 **돈오점수** 정혜쌍수는 선과 교학을 나란히 수행하되, 선을 중심으로 교학을 포용하자는 이론이며, 돈오점수는 내가 곧 부처라는 것을 단번에 깨닫고 꾸준히 실천하자는 주장을 일컫는다. 선종은 돈오를 지향한다. 지눌은 돈오를 지향처로 삼으면서도 사람들이 오래 익혀 온 잘못된 습관을 고치기 위해서는 깨달음의 꾸준한 실천이 필요하다는 뜻에서 점수를 아울러 강조
② **아미타 신앙** 1) **원효** 극락정토·서방정토에 가고자 하는 아미타신앙을 자신이 직접 전도하며 불교 대중화의 길을 열었다. 2) **의상** 화엄종단에서 아미타신앙과 함께 현세에서 고통과 고난을 구제받아 초현세적 해탈을 지향하는 관음신앙을 이끌었다.
④ **교관겸수** 대각국사 의천이 교종이 입장에서 선종을 통합하려고 교선일치(敎禪一致)·지관(止觀)·성상겸학(性相兼學)·내외겸전(內外兼全) 등과 더불어 제시한 수행법, 교학의 연마와 관행(실천)의 양면을 강조
⑤ **화엄일승법계도** 의상의 저서로 화엄사상의 요체를 제시.
「하나 안에 일체가 있고 다양한 현상 안에 하나가 있으며, 하나가 곧 일체요, 다양한 현상이 곧 하나이다. 한 작은 티끌 속에 우주 만물을 머금고, 일체의 티끌속에 또한 이와 같다.」

08 정답 ③ · (2011. 제12회 고급)

③ 녹읍의 혁파로 귀족세력은 약화되고, 축년사조의 세조가 지급됨으로 전제왕권이 강화되었다.

① **식읍** 피정복지의 백성을 당대에 한하여 지급하였는데, 해당 읍의 조입(租入)을 받는 채지(采地)의 성격을 가졌다. 식읍은 삼국시대에서 나타나 고려를 거쳐 조선 초까지 지급되다가 조선 세조 때 폐지.

전(田)과 읍(邑)은 넓은 의미에서 토지를 지칭하나, 전은 토지에 대한 지배권만 갖는 데 반해, 읍은 토지는 물론이고 그 경작지의 노동력과 공물까지 지배한다는 의미가 있다.

② **관료전** 왕권의 전제화로 신문왕 7년(687)에 문무 관료전을 지급하고, 신문왕 9년(689)에 내외관의 녹읍제를 폐지하여, 녹봉제[관료(직)전, 연봉 성격의 축년사조(逐年賜租)로 세조(歲租) 지급]를 확립. 그러나 귀족의 반발로 경덕왕 16년(757)에 월봉을 없애고 녹읍을 지급하여 후기 녹읍이 부활.
③⑤ **녹읍** 관직 복무의 대가인 녹봉 대신 지급되었는데, 개인 또는 국가기관을 대상으로 노동력 징발권을 부여. 신라 소성왕 원년(799) 국학생에게 청주(현 : 진주) 거노현을 녹읍으로 지정하였다는 기사가 있다. 그 후 녹읍은 고려 초에 폐지
④ **정전** 성덕왕 21년(722)에 16~59세까지의 정남(丁男)에게 정전[丁田, 연수유전답(烟受有田畓)]을 지급하여 자영농민에 대한 직접적 지배와 고대 수취체제의 확립을 가져왔다. 이로써 국가의 농민에 대한 일원적 지배가 이루어졌으나, 농민들에게 토지를 지급한 것이 아니라 농민들의 소유 토지를 국가가 조사하여 그 소유를 법적으로 인정하고 문서에 기록하여 조·용·조를 부과한 것으로 본다.

09 다음 칙령에 대한 설명으로 옳지 않은 것은? [3점]

> 제1조 울릉도를 울도라 개칭하여 강원도에 소속하고, 도감(島監)을 군수(郡守)로 개정하야 관제 중에 편입하고 군의 등급은 5등으로 할 일.
> 제2조 군청 위치는 태하동으로 정하고 구역은 울릉도 전체와 죽도, 석도를 관할할 일.
> 제3조 개국 504년 8월 16일 관보 중 관청 사항란에 울릉도 이하 19자를 삭제하고, 개국 505년 칙령 제36호 제5조 강원도 26군의 '6'자는 '7'자로 개정하고 안협군 밑에 '울도군' 3자를 추가할 일.
> 제4조 경비는 5등 군으로 마련하되 현재 이액(吏額)이 미비하고 여러 것들이 아직 갖추어져 있지 않으므로 이 섬의 세금으로 우선 마련할 일.
> 제5조 미진한 여러 조항은 이 섬을 개척하면서 차차 마련할 일.
> － ○○○○년 10월 25일 －

① 관보에 게재되어 국내외에 공포되었다.
② 독도를 울릉도의 관할 구역으로 명기하였다.
③ 독도가 우리나라 영토임을 입증하는 국제법상 근거가 된다.
④ 제정된 날을 기념하여 울릉군 조례로 '독도의 날'이 지정되었다.
⑤ 일본이 독도를 시마네 현에 편입한 조치를 반박하기 위해 발표되었다.

10 밑줄 그은 '북국'의 경제생활에 대한 설명으로 옳은 것을 〈보기〉에서 고른 것은? [1점]

> • 원성왕 6년 3월 사신을 북국(北國)에 보내 빙문(聘問)하였다. …… 요동 땅에서 일어나 고구려의 북쪽 땅을 병합하고 신라와 더불어 경계를 서로 맞대었지만, 교빙한 일이 역사에는 전하는 것이 없었다. 이때에 와서 일길찬 백어를 보내어 교빙하였다.
> － 「동사강목」 －
> • 헌덕왕 4년 가을 9월 급찬 숭정을 북국(北國)에 사신으로 보냈다. － 「삼국사기」 －

｜보 기｜
ㄱ. 관청 수공업과 소 수공업이 발달하였다.
ㄴ. 밭농사가 중심이었고 일부 지역에서는 벼농사도 지었다.
ㄷ. 모피, 인삼 등 토산물과 불상, 자기 등 수공업품을 수출하였다.
ㄹ. 금입택이 유행하자 금 사용을 억제하는 교서가 내려지기도 하였다.

① ㄱ, ㄴ ② ㄱ, ㄷ ③ ㄴ, ㄷ
④ ㄴ, ㄹ ⑤ ㄷ, ㄹ

09 정답 ⑤ ·· (2011. 제12회 고급)

보기는 광무4년(1900) 10월 25일에 반포한 대한제국 칙령 제41호로 대한제국의 정부 총무국 관보 제1716호(1900. 10. 27)에 게재되었다. ⑤ 일본이 독도를 다케시마(죽도)로 개칭하여 시마네에 편입한 것은 러일전쟁중인 1905년 2월 22일의 사실이다.

울릉도와 독도 문제
1) 「삼국사기」 신라 지증왕 본기, 이사부 열전 : 지증왕 13년(512) 우산국 복속 이래 독도(석도, 돌섬)는 신라의 영토.
2) 조선 태종(1417) : 섬 주민을 본토로 옮겨 살게 하는 공도정책(空島政策) 실시.
3) 「세종실록」 지리지 강원도 울진현조(條)(1454) : 무릉도(울릉도)와 별도로 우산도(독도)의 존재를 형제섬으로 처음 기록.
4) 숙종 19년(1693), 숙종 22년(1696) : 안용복(安龍福)은 일본에 건너가 호키주(伯耆州) 번주를 만나 남세장(覽稅將)을 가칭하고 울릉도·독도를 우리 영토로 확인받았다(일본 측 「통항일람」에 기록됨).
5) 일본 어민의 밀항 : 조선 말 일본 어민들이 밀항하여 울릉도의 목재·어류·바다사자 등을 남획하고, 울릉도를 마쓰시마(松島), 독도를 다케시마(竹島)로 부르며 자기네 영토처럼 여겼다.
6) 1883년 공도정책(空島政策) 포기 : 김옥균을 동남제도개척사(東南諸島開拓使) 겸 관포경사(管捕鯨使)에 임명하였고 육지 주민을 이주시키고 관리를 파견.
7) 광무 4년(1900) 10월 25일 대한제국 칙령 제41호 : "울릉도를 울도로 개칭하여 강원도에 부속하고 도감을 군수로 개정해 관제 중에 편입한다. 그리고 군청 위치는 태하동으로 정하고 구역을 울릉전도와 죽도·석도(독도는 동·서 2개의 돌섬으로 구성)를 관할한다."라고 반포하고 대한제국의 정부 총무국 관보 제1716호(1900.10.27)에 게재(10월 25일 ; 2000년부터 울릉군 조례로 독도의 날로 지정).
8) 1905년 2월 22일 : 일본은 러일전쟁 중 한일의정서 전략상 필요지점에 의해 독도를 다케시마(竹島)로 개칭하여 시마네(島根)현에 편입시켰다[이는 그 때까지 독도가 일본 영토가 아니었음을 의미함. 일본학자 야마베 겐타로(山邊健太郎, 1905~1977)의 논문에도 나타남].
9) 1906년 3월 28일 : 일본이 울릉군수 심흥택에게 독도의 시마네현 편입을 고시(제40호)하자 당시 대한매일신보와 황성신문에서 항의했으며, 황현은 「매천야록」·「오하기문」 등에서 비판.
10) 1907년 : 「일본수로지(日本水路誌)」에 독도를 일본 영토로 표기.

10 정답 ③ ·· (2011. 제12회 고급)

사료의 북국은 발해인데, ㄱ. 소는 고려시대에 나타난 수공업·광업 종사의 하층양민의 특수부락이고, ㄹ. 신라 말 흥덕왕 9년(834)에 사치금지령이 내려졌으나 실효를 거두지는 못했다.

발해의 산업
1) **밭농사 중심** 농업이 생산 활동의 기본이었으며 주로 밭농사를 하였고, 곡물로는 벼도 있었으나 콩·조·보리·기장 등을 더 많이 재배.
2) **목축의 발달** 목축·수렵 등도 중요한 위치를 차지하였고, 생산물로는 모피·녹용·사향(麝香) 등. 옷감으로는 짐승의 모피나 베를 사용하였지만, 귀족층은 주로 비단을 사용.
3) **어업의 발달** 고기잡이 도구가 개량되었고 숭어, 문어, 대게, 고래, 바다사자 등 다양한 어종.
4) **수공업의 발달** 철, 구리, 금·은 등 금속 가공업과 삼베, 명주, 비단 등의 직물업, 도자기업 등 다양한 분야에서 발달. 철의 생산량이 상당히 많았고, 구리의 제련술도 뛰어나 좋은 품질의 구리를 생산.
5) **상업의 발달** 수도인 상경용천부 등 도시와 교통 요충지에서는 상업이 발달하였다. 상품 매매에는 현물 화폐를 주로 썼으나 외국의 화폐도 함께 사용하여 일본 화폐가 발해 유적지에서 발견.
6) **무역** 왕실·귀족의 조공무역과 일부 민간무역이 존재. 발해는 당, 신라, 거란, 일본 등과 무역하였는데, 이 때 사신과 더불어 상인들이 동행하여 무역. ① 발해관 : 당과는 해로와 육로를 이용하여 무역. 수입품으로 서적, 비단이 있었고, 당도 산동반도의 등주(덩저우)에 발해관을 설치하고 발해 사람들이 이용하게 하였다. ② 수출품 : 막힐부의 돼지·담비모피·돈피·인삼·솔빈부의 말·해동청·금·은·불상·유리잔·자기 등 발해의 수출품 중에는 공예품도 있어서 수공업이 상당히 발전하였음을 알 수 있다. 특히 당삼채와 비슷한 가볍고 광택이 있는 발해 자기인 발해삼채가 당에 수출되었고, 거란의 요삼채에 영향. ③ 일본과 통교 : 일본과도 무역관계를 맺어 동해의 해로를 개척하였는데, 신라에 대한 견제책의 의미. ④ 5개 교통로 : 「신당서」 발해전에 따르면 동경용원부와 성진은 일본도, 남경남해부는 신라도, 서경압록부는 당의 조공도(압록조공도), 부여부는 거란도, 상경용천부는 영주도의 출발점.

11 (가)~(다) 문화유산에 대한 설명으로 옳은 것은? [2점]

(가)    (나)    (다)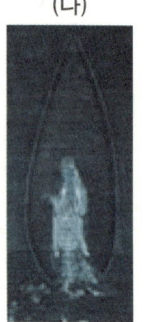

① (가)는 통일 신라 석탑 양식을 계승하였다.
② (나)는 원나라 조형 예술의 영향을 받았다.
③ (다)는 경전 이해를 위해 불경 맨 앞장에 그려졌다.
④ (가), (나)는 부처의 사리를 모시기 위해 제작되었다.
⑤ (가), (다)는 권문세족 집권기에 만들어졌다.

12 밑줄 그은 내용과 유사한 기능을 했던 기구로 옳은 것을 〈보기〉에서 고른 것은? [2점]

○○○기구는 이번 폭우의 이재민에게 28일 아침부터 급식 및 물품을 지원하고 있다. 이 기구의 관계자는 "중앙 구호 대책팀과 9개 지방 긴급 구호팀이 긴밀히 협조해 신속히 수해이재민을 돕고 전염병 예방을 위해 최대한 지원을 아끼지 않을 것"이라고 했다.   - ○○일보 2011년 7월 28일 -

보 기
ㄱ. 제위보   ㄴ. 구제도감   ㄷ. 교장도감   ㄹ. 삼정이정청

① ㄱ, ㄴ   ② ㄱ, ㄷ   ③ ㄴ, ㄷ
④ ㄴ, ㄹ   ⑤ ㄷ, ㄹ

해설 및 정답

11 정답 ⑤ ··· (2011. 제12회 고급)

(가) 경천사 10층석탑, (나) 지광국사현묘탑, (다) 혜허의 양류관음도인데, ① 원 라마예술의 영향, ② 승탑(부도)도 신라의 팔각원당형 양식에서 변형, ③ 사경화, ④ (나)가 사리안치탑인 승탑이고, ⑤ 고려 후기의 문화유산으로 당시 권문세족이 집권하였다.

- (가) **경천사 10층석탑** 원의 라마예술의 영향을 받은 이색적인 석탑 형태로, 조선시대 원각사지 10층석탑의 원형이 되었다.
- (나) **고려의 승탑** 승려들의 승탑인 부도(浮屠)는 신라 후기 이래의 전형적인 형태인 팔각원당형 양식을 계승한 것이 많았으나 점차 특이한 형태를 띠면서 불탑형 또는 석종형 양식으로 바뀌어 가면서 조형예술의 중요한 부분이 되었다. 대표적인 승탑으로 구례의 연곡사 동·서부도와 북부도, 공주의 갑사 부도, 여주의 고달사지 원종대사 혜진탑(975), 청주의 정토사 홍법국사 실상탑(1017), 원주의 법천사 지광국사 현묘탑(1085, 6m가 넘는 불탑형), 신륵사 보제존자석종부도(나옹화상부도)
- (다) **고려후기 불화** 후기에는 왕실과 권문세족의 구복적 요구에 따라 아미타불도, 지장보살도, 관음보살도 등의 불화가 그려졌는데 일본에서 발견된 혜허의 관음보살도(양류관음도)가 대표적이다.

> **사경화**(寫經畵) 고려시대 유행, 불교 경전의 내용을 불경 첫머리에 그림으로 설명.

12 정답 ① ··· (2011. 제12회 고급)

자료는 구빈·구휼제도에 대한 설명이다. ㄱ. 고려 광종대의 빈민 구제기관, ㄴ. 고려 예종대의 전염병자 구제기관, ㄷ. 의천이 속장경을 간행하기 위하여 흥왕사에 설치, ㄹ. 조선 세도정치기 임술민란 이후 삼정의 문란을 시정하기 위하여 설치하였다.

- ㄱ. **제위보**(광종, 963) 빈민·행려(行旅)의 구호와 질병 치료를 담당하기 위해 설치한 빈민구제기관
- ㄴ. **고려의 의료·구호시설** 예종 때 의약기관인 혜민국(惠民局)과 구제도감(救濟都監)이 설치되었고. 또한 인종 때 병약자를 치료하고 빈민을 구제하는 기관으로 동서대비원(東西大悲院)이 설치되었다, 또한 사찰에 급식·치료하는 빈민구호소를 부설하였는데, 개국사(開國寺)와 임진나루의 보통원(普通院)이 그 대표였다.
- ㄷ. **교장도감** 고려 선종 때 설치한 속장경 간행 관청
  대장도감(장경도감) 「팔만대장경」, 「향약구급방」(고종, 1236 : 최고의 의서로 조선 태종 때(1417) 중간) 간행.

> **》 대장경 조판 《**
>
> 1. **고려장경**(초조장경·1차 대장경, 1087) : 거란의 침입을 받고 현종은 나주로 피난을 가서 부처의 힘으로 외적을 퇴치하고자 현종 2년(1011)에 착수. 덕종·정종을 거쳐 선종 때 76년 만에 완성하여 6천여 권을 대구 부인사에 두었으나 고종 19년(1232) 몽골 2차 침입 때 소실. 이것을 정장(正藏)이라 부르며, 현재 일본의 교토(京都) 남례사(南禮寺)에 그 일부가 전하고 있다.
> 2. **속장경**(1102) 의천이 송·요·일본 등지에서 수집한 불경을 종합하고 신라인의 저술을 포함해 불서 목록으로 교종 계열의 불경만 수록한 「신편제종교장총록」을 만들고, 그에 따라 문종 27년(1073)부터 선종 7년(1090)까지 흥왕사에 교장도감(敎藏都監)을 두고 4,700여 권을 조판. 불경보다 논(論)·소(疏)·초(抄) 등의 주석서가 중심이 되어 정장에 대해 속장(續藏)이라 부르며 대구 부인사에 보관하다가 몽골난 때 소실되었고, 그 일부가 송광사 등지에 남아 있다.
> 3. **팔만대장경**(재조장경·2차 대장경, 1251) : 강화 피난 시절에 최우가 강화 선원사(禪源寺) 내에 대장도감(大藏都監, 장경도감)을 설치하고 진주목 남해현에 분사도감을 두어 승려 외에도 다양한 신분이 참여하여 고종 23년(1236)에 착수하여 38년(1251)에 완성한 8만 장이 넘는 목판대장경으로 교종 승려 개태사 승통인 수기(守其)가 교정을 총괄.
> 조선 태조 7년(1398) 합천 해인사로 옮겨 성종 때 지은 경판고(장경각)에 보존되어 있으며 (1995년 UNESCO 선정 세계문화유산), 고려 문화와 고려 불교의 자기 완성으로 볼 수 있다. 2007년 6월 팔만대장경을 포함한 고려대장경판이 유네스코(UNESCO) 세계기록유산에 등재.

- ㄹ. **삼정이정청**(三政釐整廳) 임술민란 발발 후(1862. 5) 삼정의 문란을 시정하기 위해 세재개혁위원회인 삼정이정청을 설치하여 환곡을 폐지하고 토지에 조세를 부과하는 파환귀결(罷還歸結)을 시도하고 암행어사를 파견하였으나 실효를 거두지 못하였다.

13 밑줄 그은 ㉠~㉤과 관련한 동이의 활동으로 옳지 않은 것은? [2점]

> 농부인 동이는 권문세족에게 땅을 빼앗긴 후 지주의 토지를 빌려 농사를 지었다. 가족들과 함께 인근의 ㉠황무지를 개간하고 부지런히 노력한 끝에 ㉡민전을 갖게 되었다.
> 동이는 소를 이용하여 ㉢깊이갈이를 하였고, 호미로 김을 매었으며 퇴비를 만들어 논밭에 뿌렸다. ㉣이러한 농업 기술은 당시로서는 매우 선진적인 농법으로서 ㉤경작 방식에도 큰 변화를 가져왔다.

① ㉠ - 일정 기간 세금을 면제받았다.
② ㉡ - 생산량의 10분의 1을 조세로 납부하였다.
③ ㉢ - 지력을 빨리 회복시켜 수확량을 증가시켰다.
④ ㉣ - 「농사직설」을 통해 익혔다.
⑤ ㉤ - 밭에서 2년 3작의 윤작을 하였다.

14 도표는 어느 시기 호적들의 일부를 정리한 것이다. 이 시기 사회 모습에 대한 대화로 옳지 않은 것은? [3점]

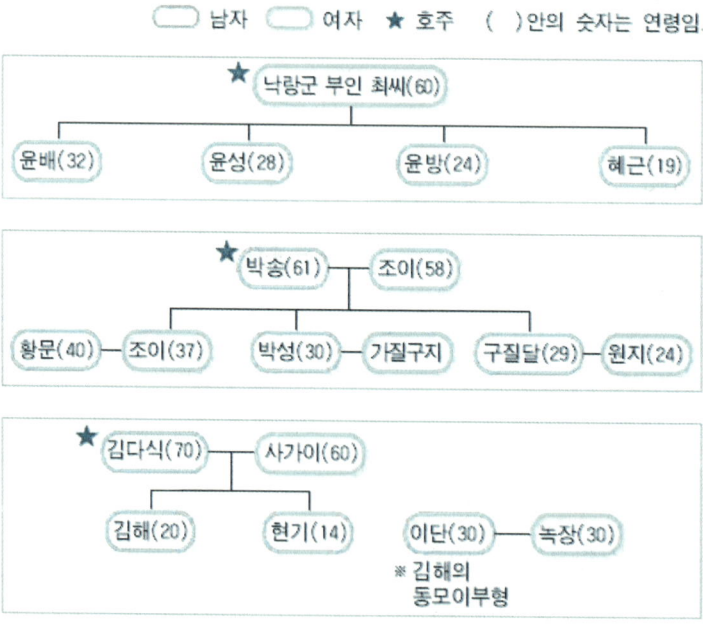

① 갑 : 여성의 재가가 가능하였어.
② 을 : 부모의 유산이 자녀에게 골고루 분배되었어.
③ 병 : 자녀들은 태어난 순서대로 호적에 기재하였어.
④ 정 : 아들이 없는 집에서는 양자를 들이는 것이 일반적이었어.
⑤ 무 : 제사는 형제가 돌아가면서 지내거나 책임을 분담하였어.

13 정답 ④ ·· (2011. 제12회 고급)

자료는 고려 후기의 농업현황을 보여주는데, ④ 조선 세종 때(1429) 편찬된 우리나라 최초의 관찬 농서로 한국 농학의 효시가 되었다.

- **고려 후기의 농업** 우경에 의한 깊이갈이(심경법)이 일반적으로 행해져, 휴경 기간이 단축되고 시비 효과가 있었으며, 밭에서 2년 동안 조·보리·콩을 번갈아 재배하는 2년 3작의 윤작법과 휴한농법이 확립. 농업 기술 전반에 영향을 줄 만한 발전은 없었고, 재배 품종도 전시대와 별다름 없는 5곡(벼·보리·콩·조 또는 피·기장)과 파·마늘·생강 등의 채소류였고 시비법으로 가축의 분뇨를 사용하고, 콩과 작물을 심은 뒤 갈아엎어 비료로 사용하는 녹비법 등이 시행되었고 또 풀이나 나무를 불태워 그 재를 거름으로 이용. 고려는 독자적 농서 편찬은 없었고 전기에 중국의 범승지서(氾勝之書), 중기에 손씨잠경(孫氏蠶經)이 도입되었고, 충정왕 때 이암이 원의 「농상집요」를 가져왔고, 공민왕 때 강시와 김주 등이 이를 간행하여 널리 보급. 또 중국 강남농법인 시비법도 전래되어 연작법이 이루어졌고 고려 말에는 남부지방 일부에 이앙법(모내기법)이 보급. 이처럼 당시 신진사대부들은 중국의 선진 농업을 도입하는 등 농업 기술 혁신에 관심.
- ㉠ **진전**(陳田, 황무지) **개간 규정 정비**(광종) 사전의 경우 첫해에는 수확의 전부를 가지고 2년부터 소유주와 수확량을 반씩 나누고, 공전의 경우 3년까지 수확의 전부를 가지고 4년째부터 법에 따라 조(租)를 바친다고 규정하였다.
- ㉡ **고려의 민전** 공전은 1/4의 전조(田租)를 국가에, 사전은 1/2의 전조를 전주에게 바쳤다. 최근에 와서 1/4 공전조는 국유지를 부곡민에게 소작 주었을 경우의 지대로 보고, 1/2 사전조는 예전처럼 사유지(민전)를 무전농민에게 대여하여 소작관계가 발생하였을 때의 지대로 보고 있다. 사유지인 민전은 국가에 1/10의 전조를 바쳤으며, 민전 위에 관료의 과전이 설정되어도 관료에게 1/10을 바쳤다.
- ㉢ **농사직설**(1429) 여러 지방의 경험이 많은 노농(老農)들의 지식과 비결을 망라하여 세종 때 공조판서 정초(鄭招)가 체계화한 최초의 관찬 농서(農書)로 올벼·늦벼·밭벼 등의 재배법, 씨앗 저장법 등의 구체적인 내용을 담고 있으며, 경상도 지방의 선진적인 농업 기술인 이앙법을 다른 지방에 소개하며 우리 기후·풍토에 적합힌 농업 기술을 소개, 여러 차례 인쇄·반포되어 농업 발전의 근본이 되었으며, 한국 농학 성립의 효시.

14 정답 ④ ·· (2011. 제12회 고급)

도표는 고려시대의 호적인데, ④ 고려시대의 사회상은 아들이 없을 경우 양자를 들이지 않고 딸이 제사를 받들었다.

고려의 가족제도

1) **결혼** 남자는 20세 전후, 여자는 18세 전후로 하였으며, 일부일처제가 원칙이고 여성의 재혼이 가능. 근친혼과 동성혼이 성행하였는데 고려 후기 성리학이 전래되면서 금지. 그리고 사위가 처가의 호적에 입적하여 처가에서 생활하는 서류부가혼(婿留婦家婚)의 혼인 형태가 있어 여성의 지위가 높았음.
2) **재산 상속** 결혼 유무와 남녀에 관계 없이 자녀균분상속이 일반적으로 행해졌고 서얼 차별이 없었으며, 호적과 족보에서도 자녀간 차별을 두지 않고 출생(연령)순에 따라 기재. 상속시 상속인과 피상속인이 참여하여 문계(文契)를 작성.
3) **여성의 권리** 결혼시 아내가 데려온 노비에 대한 소유권이 유지되는 등 여성의 재산권이 인정되었고, 여성도 호주가 되었으며, 제사를 자녀가 돌아가며 맡는 윤행(輪行)이 관행. 아들이 없을 경우에도 양자를 들이지 않고 딸이 제사를 받들었으며, 상복(喪服)제도에서도 친가와 외가의 차이가 크지 않았고 공을 세운 사람의 부모는 물론이고 장인·장모도 함께 상을 받았다.

15 밑줄 그은 '중성'이 건립되던 시기의 역사적 사실에 대한 탐구 활동으로 가장 적절한 것은? [2점]

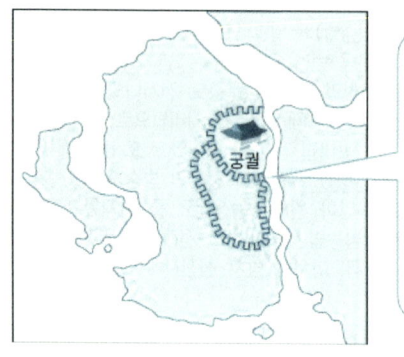

이곳으로 수도를 옮기고 군으로 승격시켜 강도(江都)라고 불렀으며, 주위의 길이가 2,960여 칸이 되는 중성을 쌓았다.

① 별무반의 편성 과정을 이해한다.
② 대화궁을 설립한 이유를 파악한다.
③ 정동행성이 설치된 목적을 연구한다.
④ 시헌력을 사용하게 된 이유를 알아본다.
⑤ 재조대장경이 만들어진 과정을 조사한다.

16 밑줄 그은 ㉠~㉤에 대한 설명으로 옳지 않은 것은? [1점]

○○의 이력

목종 8년	과거에 장원 급제함.
현종 4년	국사수찬관으로 ㉠『칠대실록』편찬에 참여함.
정종 1년	㉡지공거가 되어 과거를 주관함.
문종 1년	㉢문하시중이 되어 형법의 기틀을 마련함.
문종 4년	㉣도병마사의 판사를 겸하고 동여진에 대한 대비책을 건의함.
문종 9년	퇴직 후 ㉤9재 학당을 설립함.

① ㉠ - 외적의 침입으로 불타버리고 인쇄본 일부가 남아 있다.
② ㉡ - 급제자와 함께 좌주-문생의 관계를 형성하였다.
③ ㉢ - 중서문하성의 장관으로 국정을 총괄하였다.
④ ㉣ - 재신과 추밀이 모여 국가의 중요한 일을 결정하였다.
⑤ ㉤ - 9경(經)과 3사(史)를 가르쳤다.

15 정답 ⑤ ·· (2011. 제12회 고급)

문제의 시기는 몽골의 2차 고려 침입때(1232) 강화천도시기인데, ① 고려 숙종대(1104) 여진정벌 목적으로 편성, ② 고려 인종대(1135), 묘청의 서경천도계획, ③ 고려 충렬왕대(1250) 여원연합군의 2차 일본 정벌시기에 설치, ④ 조선 효종대 김육이 채택, ⑤ 호국불교로 강화 선원사에 대장도감을 설치하고 재조대장경인 팔만대장경을 조판하였다.

강화 천도(1232. 6.~1270) 최우(이)(崔瑀(怡), 1219~1249)는 장기 항몽 목적으로 강화로 천도하여, 강도(江都)시대가 열렸다. 당시 천도는 정권 유지 차원도 있었다. 무오정변(1258)으로 최의가 김준·임연에 의해 제거되면서 최씨정권이 무너지고 김준(1258) 이후 임연·임유무 부자(父子)가 권력을 잡으면서(1268) 무신정권이 점차 붕괴되고, 항몽 의지도 약화. 1270년(원종 11)에 몽골의 옹호를 받은 국왕이 강화도에서 개경으로의 환도를 명하였으나, 임유무가 듣지 않자 홍문계와 송송례 등으로 하여금 사직을 호위하는 대의명분으로 삼별초를 움직여 임유무 일당을 주륙하였다.

① **고려의 특수 부대**
  1) **광군**(光軍) 거란을 막기 위해 정종 때 설치한 농민 예비군
  2) **별무반** 여진을 정벌하기 위해 숙종 때 윤관이 설치. 별무반은 위로는 현직 관리가 아닌 문·무 산직 관리로부터 아래로는 농민·상인·노비에 이르기까지 징발한 거국적인 임시 군사조직
  3) **연호군** 고려 말 왜구 침입에 대비한 농민·노비로 구성
  4) **도방** 경대승이 설치하고 최충헌의 부활시켜 강화. 문객(門客)과 가동(家僮)을 무장시켜 만든 도방[6번도방(6番都房)]은 사병집단으로 신변 보호, 비밀 탐지·반대 세력 탄압 등을 담당.
  5) **삼별초**(1232) 최씨정권하(최우)의 사병. 도적 체포·치안 유지를 위한 경찰군으로 도성 수비와 친위대 기능을 담당하였고, 특히 대몽골 전쟁(1257~1258)에 공을 세웠다. 국가 재정에 의해 양성되고 국고에서 녹봉이 지출되어 공병적 성격도 있으나 권신의 정치권력과 유착되어 사병적 성격이 농후한 반관반민의 조직이었다. 그리고 의장대로 마별초(馬別抄)를 조직.

③ **정동행성**(征東行省) 일본 정벌을 위해 개경에 설치한 기구이나, 그 후 내정 간섭 기구로 바뀌었다. 장관인 승상은 고려왕이 겸직하였고, 그 아래 관원도 고려인. 따라서 고려와 원 사이의 의례적인 행사 담당 기구로 본다. 충렬왕 6년(1280)에 설치하여 공민왕 5년(1356)까지 존속한 이 기구는 평장사(平章事)란 관직을 두었는데, 충렬왕 26년(1300)에 파견된 활리길사(闊里吉思)는 평장사로 양천 교혼 소생을 양인화하려는 노예제도 개혁을 시도하였으나 이제현 등의 반대로 실패. 이 기구의 중심은 사법기구인 이문소(理問所).

④ **시헌력**(時憲曆) 김육 등의 노력으로 시헌력(태음력에 태양력의 원리를 부합시켜 24절기의 시각과 하루의 시각을 정밀히 계산하여 만든 역법)이 도입. 이는 서양 선교사인 아담 샬이 중심이 되어 만든 것으로 청에서 사용되고 있었는데, 종전의 역법보다 한 걸음 더 발전한 것이었다. 조선에서는 약 60여 년 간의 노력 끝에 시헌력을 채용.

16 정답 ① ·· (2011. 제12회 고급)

문제의 주인공은 해동공자 최충(崔沖, 984~1068)이다. ① 현종 때, 거란의 침입으로 기록이 불타 태조~목종대의 역사적 사실을 재정리하였으나, 전하지 않는다.

최충 문종 때 대표적 유학자로 해동공자의 칭호를 얻었고, 그의 유학은 종래 훈고학적 수준에서 벗어나 철학적 내용이 가미되어 송대 유학에 접근하였다. 또 그는 사학(私學) 문헌공도(9재학당)를 세워 9경(經) 3사(史)의 유교 경전과 역사서를 교육

㉠ **칠대실록**(七代實錄 : 현종 4년, 1013) 거란 2차 침입때 실록이 소실되어 문화적 우월감 과시로 태조~목종까지의 「칠대실록」을 최항·김심언·황주량 등에게 편찬하도록 하였다.

㉡ **지공거**(知貢擧) 과거시험관인 지공거(고시관)·동지공거(부고시관)와 급제자는 좌주문생(座主門生)으로 긴밀한 관계를 형성하여 문벌귀족사회를 확립하였고, 지공거의 별칭으로 종백(宗伯)·은문(恩門)·좌주(座主) 등이 있었다(1~3차 지공거 : 쌍기, 4차 : 조익, 5~8차 : 왕융).

㉢ **9재 학당**(9재 : 문종 9년, 1055) 문하시중 출신 최충이 세운 사학인 문헌공도(文憲公徒)의 전문 강좌로, 악성·대중·성명·경업·조도·솔성·진덕·대화·대빙 등으로 편성·운영하고, 9경 3사를 교수. 문헌공도는 무신집권기에도 존립하다가 공양왕 3년(1391)에 혁파

17 (가), (나) 사건 사이에 일어난 역사적 사실로 옳은 것을 〈보기〉에서 고른 것은? [3점]

> (가) 간사한 신하 김종직은 나쁜 마음을 몰래 품고 그 무리들을 모아 흉악한 계획을 시행하려고 한 지가 오래되었다. 그는 항우가 의제를 죽인 일을 기록하여 세조를 나무라고 헐뜯었다. 이는 하늘에 닿을 만큼 악독한 죄이니 용서할 수 없다.
> ― 「연려실기술」 ―
>
> (나) 정유년 이후부터 조정 신하들 사이에는 대윤, 소윤설이 있었는데 일을 좋아하는 군소배들이 부회하여 말이 많았다. 이기, 임백령, 정순붕, 최보한의 무리들은 윤원형 형제와 은밀히 결탁하였다.
> ― 「조선왕조실록」 ―

| 보 기 |

ㄱ. 유향소 복립에 관한 절목을 마련하였다.
ㄴ. 현량과를 통해 사림이 대거 중용되었다.
ㄷ. 이이와 성혼의 문인이 서인에 가담하였다.
ㄹ. 조정의 관리들에게 신언패(愼言牌)를 차게 하였다.

① ㄱ, ㄴ ② ㄱ, ㄷ ③ ㄴ, ㄷ
④ ㄴ, ㄹ ⑤ ㄷ, ㄹ

18 (가), (나)에 대한 설명으로 옳은 것을 〈보기〉에서 모두 고른 것은? [2점]

> • 주세붕이 이 고을을 다스릴 적에 특별히 학교를 일으켜 인재를 양성하는 것으로 우선을 삼아 …… 그 지형을 관찰하여 (가) 을(를) 지었는데, 집이 모두 30여 칸이었습니다. 사당이 있는데 여기에는 문성공을 모시고, 문정공 안축과 문경공 안보 두 분을 함께 배향하였으며, 곁에다 서당과 정자를 지어 학생들이 거처하며 강학하는 장소로 삼았습니다.
>
> • 이제부터 우리 고을의 선비들이 하늘이 부여한 본성을 근본으로 하고 국가의 법을 준수하여 …… 진실로 이를 알지 못하고 올바른 것을 어기고 예의를 해침으로써 우리 고을풍속을 무너뜨리는 자는 바로 하늘의 뜻을 거역하는 백성이다. 벌을 주지 않으려 해도 주지 않을 수 있겠는가. 이것이 바로 오늘날 부득이 (나) 을(를) 만든 까닭이다.
> ― 「퇴계집」 ―

| 보 기 |

ㄱ. (가) - 향촌 사림을 결집·강화하는 역할을 하였다.
ㄴ. (가) - 사원의 가람 배치 양식과 주택 양식을 결합하여 지었다.
ㄷ. (나) - 인재를 양성하면서 봄, 가을로 향음주례를 지냈다.
ㄹ. (나) - 지방 유력자가 농민을 수탈하는 부작용을 초래하기도 하였다.

① ㄱ, ㄴ ② ㄱ, ㄷ ③ ㄷ, ㄹ
④ ㄱ, ㄴ, ㄹ ⑤ ㄴ, ㄷ, ㄹ

17 정답 ④ ··· (2011. 제12회 고급)

(가) 무오사화(1498년), (나) 을사사화(1545년)이므로 1498년(연산군 4년)~1545년(명종 1년) 시기를 찾으면 된다. ㄱ. 성종대(1488년), ㄴ. 중종대(1518년), ㄷ. 선조대 을해당론(1575년) 이후 ㄹ. 연산군대 무오·갑자사화(1504년) 이후의 사실이다.

1) **무오사화**(1498) 김종직의 조의제문(弔義帝文)을 제자 김일손이 사초(史草)에 넣은 것을 구실삼아 유자광 등의 훈척 세력이 김굉필·정여창 등의 사림 세력을 제거(일명 : 사화(史禍)). 세조 이래 집권하고 있던 공신 등 훈구 세력과 신진사림의 대립투쟁이었는데, 당시 김종직은 부관참시(剖棺斬屍).

2) **갑자사화**(1504) 연산군의 사치비용을 백성과 훈구 대신에게 분담시키면서 연산군의 척신과 일반 훈신이 갈등을 일으켜 척신들이 훈신들을 몰아내는 과정에 신진 사림들이 연루되어 궁중파에게 부중파(훈구파 + 사림파)들이 피해를 본 사건(일명 윤비폐출사사사건(尹妃廢黜賜死事件)). 그리고 연산군은 두 차례의 사화 이후 내시와 관료들의 목에 신언패(愼言牌)를 걸고 다니게 하였다.

3) **중종반정**(1506) 연산군의 실정으로 민심이 이반하자, 훈구파 성희안·박원종 등이 연산군을 축출하고 이복동생인 진성대군을 중종에 등극시켰고 이에 중종은 조광조 등 사림을 등용.

4) **기묘사화**(1519) 조광조는 도덕국가의 건설을 목표로 향약의 실시, 공납제도 시정, 내수사의 장리(長利) 폐지, 균전제(50결의 한전제) 주장, 삼사 중 홍문관 중심의 정치적 발언권 확대, 언문청·**현량과의 설치**, 서얼 등용 주장, 소격서 혁파 등의 급진적 개혁을 단행하고 위훈삭제(僞勳削除)를 하는 등의 과격한 개혁정치에 왕과 훈구대신이 조광조 등 신진사림을 배격하면서 일어난 사건. 당시 남곤·심정 등이 주초위왕의 모략을 써서 조광조·김식 등 사림(기묘명현)을 축출. 그 후 향약이 폐지되고 「소학」이 흉서로 낙인찍혀 일시적으로 금서가 되었다.

> **신사무옥**(辛巳誣獄) 중종16년(1521) 기묘사화의 여파로 일어난 안처겸 등의 옥사로 남곤·심정 등을 제거하려다 실패하여 훈구파들이 정국을 주도하는 계기가 되었다.

(5) **을사사화**(1545) 인종이 재위 9개월만에 병사하고 명종이 즉위하자 문정왕후가 수렴청정을 시작하자 이 때 인종의 외척인 윤임(대윤)과 명종의 외척인 윤원형(소윤)의 반목 속에 소윤이 대윤을 몰아낸 사건.

ㄱ. **유향소의 변천** 여말 유향소(향사당·향소) → 세조 때 유향소 혁파(1468, 이시애의 난 이후) → 성종 때 사림의 유향소 복립운동(1488) → 임란 후 향청[이아(貳衙)]으로 명칭이 변경.

ㄷ. **을해당론**(1575년) 선조 때 문반 인사의 권한을 가졌던 이조전랑(吏曹銓郞)의 자리다툼을 계기로 동인·서인으로 붕당

18 정답 ④ ··· (2011. 제12회 고급)

(가) 백운동 서원, (나) 향약에 대한 설명이다. ㄱ. 지방사림의 성장기반, ㄴ. 주택·사원·정자의 양식 배합, ㄷ. 유향소(향청)에서 향촌의 덕망 있는 이를 모시고 술을 마시며 하는 의례로 조선 전기 성종대에 나타났고, ㄹ. 지방사림의 농민 지배가 강화되어 점차 농민을 통제하고 수탈하였다.

(가) **백운동서원**(중종 38년, 1543) 최초의 서원으로 풍기 군수 주세붕이 안향을 모시기 위해 순흥에 세움. 이황의 건의로 백운동서원이 명종 5년(1550)에 국왕으로부터 '소수서원(紹修書院)'이란 편액(扁額)을 받음으로 사액서원(賜額書院)의 효시가 되었다.

(나) **향약** 경재소(京在所)와 유향소(留鄕所, 향청)가 훈척의 지방 통제와 대민 수탈에 이용되자, 사림들은 사마소(司馬所)를 두어 대항하거나 유향소 폐지를 주장하는 한편 향촌의 새로운 운동으로 중종 대에 향약운동을 전개하여 토지 소유 상한과 균전제를 주장해 훈구파의 경제기반 타파를 시도.

ㄴ. **서원건축** 유불교체의 표현으로 검소한 주택건축 양식과 사원건축 양식(가람배치 양식)과 자연의 산천을 배경으로 하는 정자건축 양식이 배합되어 독특한 아름다움. 이름난 서원으로는 경주의 옥산서원(이언적 제사), 안동의 도산서원(이황 제사), 해주 석담의 소현서원(이이 제사) 등이 대표적

ㄷ. **사림의 의례** 성종 대에 지방 한량들에 의해 향사례(鄕射禮)·향음주례(鄕飮酒禮)·향사음례(鄕射飮禮) 등의 친교모임이 나타났고 <u>유향소에서 관장</u>.

> **향음주례** 향촌의 선비나 유생들이 학덕과 연륜이 높은 이를 주가되는 손님으로 모시고 술을 마시며 잔치를 하는 의례(儀禮)의 하나이다. 어진 이를 존중하고 노인을 봉양하는 의미를 지닌다.
> **사림 지위의 강화 기반** 성종 대의 향음주례 보급 운동 → 중종 대의 향약 보급 및 소학 실천 운동 → 선조 대의 서원 건립 운동

19 (가)의 업적으로 옳은 것은? [2점]

> **(가)의 약력**
> - 13세의 나이로 왕위에 올라 7년간 정희 대비가 수렴청정을 함.
> - 계비 윤씨가 투기하고 불손하므로 폐서인한 후 사사(賜死)함.
> - 이극증·어세겸에게 「대전속록」을 완성하게 함.
> - 풍속 교화를 위해 재가녀 자손의 관리 등용을 제한하는 법을 공포함.
> - 용산 두모포에 독서당을 설치하여 젊은 관료들에게 휴가를 주어 독서제술에 전념하도록 함.

① 진관 체제를 처음으로 실시하였다.
② 사병을 없애고 친위 군사를 늘렸다.
③ 규장각을 정책 연구 기관으로 육성하였다.
④ 편년체 역사서인 「동국통감」을 편찬하였다.
⑤ 경기도에서 시험적으로 대동법을 실시하였다.

20 다음은 어느 그림의 제화시(題畵詩)이다. 이 그림으로 옳은 것은? [3점]

> 만이천봉 개골산, 누가 참모습 그릴 건가
> 뭇 향기 동해 밖에 떠오르고,
> 쌓인 기운 세계에 서려 있네.
> 몇 송이 연꽃 해맑은 자태 드러내고,
> 솔과 잣나무 숲에 절간일랑 가려 있네.
> 비록 걸어서 이제 꼭 찾아간다 해도,
> 그려서 벽에 걸어 놓고 실컷 보느니만 못하겠네.

① 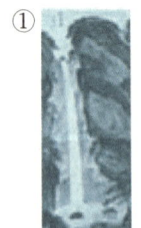   ②    ③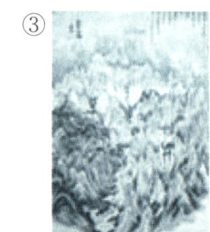

④    ⑤

19 정답 ④ ·· (2011. 제12회 고급)

(가)의 군주는 조선 성종(1457~1494, 재위 : 1469~1494)인데, ① 세조, ② 태종, ③ 정조, ④ 성종, ⑤ 광해군의 업적이다.

성종(1469~1494)
1) **중앙집권 체제 정비** 국왕과 재상을 정점으로 하여 일원적・등차적으로 계층화하고 기능별로 분권화된 관료체제를 정비하고 「경국대전」 체제의 중앙집권적 양반관료체제가 완성.
2) **홍문관 강화** 서얼 등용을 금지시켜 일명 옥당(玉堂)이라 불렀으며 경적(經籍) 관리, 문한(文翰) 관리, 경연 관장, 국왕의 학문적 자문에 응하는 고문 역할을 담당.
3) **존경각 건립** 성균관에 도서관인 존경각을 건립하였다.
4) **포도청 설치** 좌포도청과 우포도청 두 곳으로 나뉘어 좌포도청은 한성부의 동・남・중부와 경기도의 서・남부 지역을, 우포도청은 한성부의 서・북부와 경기도의 동・북부 지역을 주로 관할.
5) **도첩제**(度牒制) **폐지** 억불책으로 유교주의를 심화시켰다(고려 성종과 공통).
6) **「경국대전」 반포** 세조 때 편찬을 시작한 「경국대전(經國大典)」을 완성하여 반포함으로 조선 사회의 정치적・법제적 완비.
7) **여진 정벌**(1491) 허종(許琮)이 두만강을 건너 여진부락을 소탕.
8) **관수관급제 실시**(1470) 국가의 토지 지배권을 강화.
9) **오가작통법 제정**(1485) 한명회의 입안으로 인보자치조직법을 제정.
10) **편찬사업** 「동국통감」・「동국여지승람」・「삼국사절요」・「국조오례의」・「금양잡록」・「동문선」・「악학궤범」 등을 편찬.
① **진관체제** 전국 군현을 지역 단위의 방어체제로 편성
④ **동국통감**(성종) 편년체, 서거정 외. 최초의 통사로 단군조선을 민족사의 기원으로 정립, 신라 중심 서술 극복(삼국 유민의식 청산)
⑤ **대동법**(광해군 원년, 1608) 이원익이 선혜청(宣惠廳, 삼평창의 개칭)을 설치하여 경기도에 처음 실시하고, 1708년(숙종 34)에 관찰사 이언경의 상소로 황해도에 담세를 참작하여 과세하는 상정법(詳定法)을 실시하면서 함경도・평안도 등 잉류지역을 제외하고 전국적으로 시행.

》 **대동법의 확산** 《

광해군 : 경기(이원익・한백겸) - 1결당 16두	효종 : 충청・전라(김육) - 1결당 13두
인조 : 강원(조익)	숙종 : 전국적 실시(최석정) - 1결당 12두

20 정답 ③ ·· (2011. 제12회 고급)

보기의 제화시는 조선후기 정선의 「금강전도」에 대한 김창흡의 글이다. ① 정선의 박연폭포, ② 강세황의 태종대도, ③ 금강전도, ④ 정선의 인왕제색도, ⑤ 안견의 몽유도원도이다.

정선(18세기 전반) 잔반 출신, 중국 산수를 모방하던 화풍을 배격하고 우리나라의 명승(절경)을 그려내는 진경산수화 개척(조선중화주의의 표현). 작품으로는 「계상정거도(溪上靜居圖)」(이황이 도산서당에서 주자서절요를 쓰는 모습을 상상하여 그림)・「금강전도」・「인왕제색도」・「박연폭도」.

> **진경시대** 조선 후기 문화가 조선의 고유색을 마음껏 드러내면서 난만한 발전을 이룩하였던 문화의 절정기를 일컫는 문화사적인 시대 구분 명칭. 그 기간은 숙종(1674~1720)대에서 정조(1776~1800)에 걸치는 126년간이라 할 수 있는데 숙종 46년과 경종 4년의 50년 기간은 진경문화의 초창기라 할 수 있고, 영조 52년의 재위 기간이 그 절정기이며 정조 24년은 쇠퇴기.

② **강세황**(18세기 후반 : 서양화풍) 김홍도・신위의 스승, 조선조 400년 역사상 최고의 솜씨라고 김홍도를 극찬함. 「태종대도」, 「영통골 입구도」(명암법・원근법을 이용한 산수화)
⑤ **안견**(세종, 15세기) 화원 출신. 중국 곽희 화풍과 우리나라의 역대 화풍을 연구하여 「적벽도」・「몽유도원도」 등 독자적 경지를 개척. 「몽유도원도」는 신선이 산다는 이상세계를 대각선적인 운동감을 활용하여 낭만적으로 그린 것으로, 구도가 웅장하고 필치가 씩씩하며 풍경이 신비하여 보는 이를 압도한다(일본 천리대학 중앙도서관 소장).

21 다음 자료의 사건이 일어난 시기의 상황으로 옳은 것은 [1점]

- 이 역적은 간활한 향리·장교와 결탁하지 않음이 없었으니, 영(營) 아래의 보잘것없는 아전부터 강도나 유민으로 협종(脅從)된 자들까지 심지어 평서 원수(平西元帥)라 일컬었던 것이다. - 「조선왕조실록」 -
- 그 졸개로는 의주로부터 개성에 이르는 지역의 거의 대부분의 부호, 대상들이 이에 망라되어 있었고, 황해·평안 양도의 파락(破落)들이 모두 부하가 되어 돌아다니고 유민이 또한 많이 투속하였다. - 「진중일기」 -

① 시파와 벽파의 대립이 시작되었다.
② 사림이 훈구 세력의 공격을 받았다.
③ 남인과 서인이 예송 논쟁을 벌였다.
④ 왕이 직접 나서서 환국을 주도하였다.
⑤ 소수의 유력 가문이 정치 주도권을 장악하였다.

22 (가)~(마)와 관련된 설명으로 옳지 않은 것은? [2점]

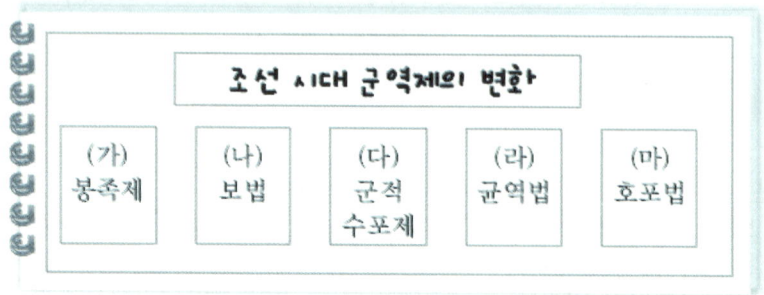

① (가) - 양인 장정은 정군이나 봉족이 되었다.
② (나) - 정군의 수가 줄어들어 군사력이 약화되었다.
③ (다) - 불법적인 대립으로 인하여 시행되었다.
④ (라) - 지주가 군포 부담의 일부를 떠안게 되었다.
⑤ (마) - 군포 부담이 양반층까지 확대되었다.

해설 및 정답

21 정답 ⑤ ··· (2011. 제12회 고급)

사료는 조선 세도정치기 순조11년(1811)에 발발한 홍경래의 난(평안도 농민전쟁)이다. ① 조선 영조대의 임오화변(1762년) 전후, ② 조선 연산군대의 무오사화(1498년), ③ 조선 현종 원년(1659년), ④ 조선 숙종대, ⑤ 세도정치기의 상황이다.

홍경래의 난(관서(평안도) 농민전쟁, 1811.12.18 ~ 1812.4.19)
1) **배경** 평안도 지방은 상품화폐경제가 발달하고 자본주의적 관계가 일찍 발생하였고, 정부의 서북인에 대한 지역 차별이 심하여 반감이 고조되고 있었다. 그리고 다른 지방에 비해 사족층 형성이 미흡하여 신향층(신흥상공업자)이 성장하였고, 광산·수공업장 임노동자의 불만이 고조되었다.
2) **역사적 의의** 이전의 반봉건 항쟁과는 달리 뚜렷한 정치적 목적을 가지고 주도면밀한 계획과 장기간의 준비를 거친 정치적 변란으로, 농민들과 농민 출신의 광산노동자들이 참가한 반봉건 농민항쟁.
① **임오화변**(1762년) 나주괘서사건을 계기로 일당 전제의 추세를 현저히 한 노론은 대리청정을 하던 세자가 소론과 남인을 가까이 하자 세자를 모함하여 죽게 함. 이 사건을 둘러싸고 세자를 동정하는 시파(時派)와 그 죽음을 당연시하는 벽파(僻派)로 대립.
③ **예송논쟁** 효종의 승하에 따른 조대비(인조계비, 자의대비)의 복상문제로 일어난 논쟁으로, 장남인 소현세자가 죽고 차남인 효종(봉림대군)이 즉위하여 왕통을 이은데 따른 적통 여부 문제 때문에 발생한 유교적 가치관의 문제이다. 이는 성리학을 지배이념으로 하는 사림사회에서 예의문제는 사회질서의 기본적인 규범으로 법에 우선하는 가치 기준·정치문제와 관련되어 일어난 필연적 결과였다.

복상논쟁 17세기 후반 조선 정부는 국가 체제를 재정비하기 위해 대외적으로는 북벌론(北伐論)을 천명하여 민심을 귀일시키고, 대내적으로는 예치(禮治)의 실현을 통해 상하 위계질서를 정립하고자 하였다. 이러한 맥락에서 복상논쟁(服喪論爭)은 어느 세력이나 정치적 운명이 걸린 중차대한 사안이었다.

22 정답 ② ··· (2011. 제12회 고급)

② 세조대의 보법을 제정하여 정병 27만, 보인 58만으로 구성해 군정 수는 85만을 늘였다.
(가) **봉족제**(奉足制) 국초 농병일치의 양인개병제로 자연호를 편제하여 3정(三丁)이 1정군(一正軍)이 되게 하였다. 예를 들면, 아버지가 정군(戶首, 당번)이 되고 아들과 사위가 봉족이 되는 제도. 정군이 부담하는 군량·피복·무기를 봉족이 분담하였으나 정군이 봉족에게 무리한 요구는 하지 않았다.
(나) **보법**(保法) 진관체제가 정비되는 과정에서 건국 초기의 봉족제도를 세조 10년(1464)에 개편하여 2정(丁)을 1보(保)로 삼는다는 원칙의 보법(保法)이 통용. 토지 5결을 1정으로 간주하였으며 노비도 보인에 포함시켰다. 갑사(甲士)에게는 2보가, 정군(正兵)에게는 1보가 각각 배정. 「경국대전」에 따르면 보인의 정병(호수)에 대한 재정 부담은 매월 보포(保布, 면포) 1필로 규정하였으나 자연호를 무시한 인위적 편제의 보법(作保)은 정병(正兵)이 보인에게 무리한 면포 요구를 함으로써 십실구공(十室九空)의 보인의 유망사태가 초래되었고 이러한 현상으로 요역 자원이 부족하자 군역 자원이 요역을 담당하는 이중 부담으로 군제 문란이 야기.

대립제(代立制) 15세기 말 진관체제가 붕괴되고 군인들이 이중 부담에서 벗어나기 위해 보인(保人)에게서 받은 조역가(助役價)인 면포로 유민·노비를 사서 군역을 대신시키는 방군수포(放軍收布)의 대립제가 나타났는데, 그 대가는 가포(加布, 면포) 10~20필에 이르렀다. 그러나 대립으로 나간 노비·유민들은 질이 떨어져 실제로는 군사 훈련보다는 토목·영선 등과 같은 요역에 종사.

(다) **군적수포제**(軍籍收布制) 현역 복무를 면해 주는 대신, 병역의무자에게 포를 징수하는 방군수포 현상은 불법적 행위였을 뿐 아니라, 그 값이 너무 비싸 오히려 정부가 그 값을 공식으로 정하였는데 중종 36년(1541) 나라에서 군포 2필을 수납하고, 그 수입으로 군대를 양성하며 현역 복무를 면제시켜 주는 직업군제인 군적수포제(대역수포제, 고립제)를 실시. 그 결과 오히려 군대의 질이 떨어지고, 군사제도가 초기 양인개병제(의무병제)에서 장번급료병제(직업군제)로 바뀌었으며 농민의 납포군(納布軍)화로 농민의 부담이 가중되었다. 군적수포제의 실시로 양반은 군포 부담에서 제외되고, 상민 신분만이 부담하게 되어 군포의 부담은 양반과 상민의 신분을 구분 짓는 기준이 되었다.

23 다음 문화유산에 대한 설명으로 옳은 것을 〈보기〉에서 모두 고른 것은? [1점]

 조선 시대에 왕명 출납을 담당하던 기구의 관리가 작성하여 한 달분씩 정리해 국왕의 재가를 받았다.

─ 보 기 ─
ㄱ. 세계 기록 유산으로 등재되었다.
ㄴ. 국정의 중요 사항이 기록되었다.
ㄷ. 임진왜란 이전 기록은 소실되었다.
ㄹ. 세가, 지, 열전 등의 항목으로 구성되었다.

① ㄱ, ㄴ ② ㄱ, ㄹ ③ ㄷ, ㄹ
④ ㄱ, ㄴ, ㄷ ⑤ ㄴ, ㄷ, ㄹ

24 (가), (나) 정치 세력에 대한 설명으로 옳은 것은? [2점]

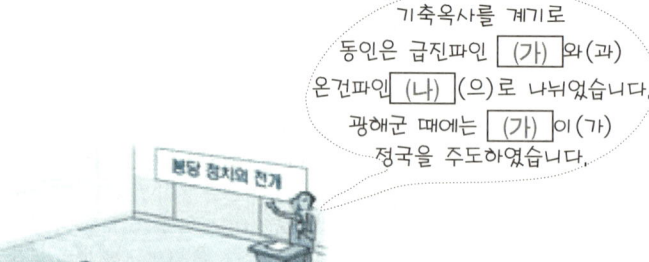

① (가) - 호란 이후 북벌 운동을 주도하였다.
② (가) - 인조반정 이후 서인 정권에 참여하였다.
③ (나) - 주로 조식의 학문을 계승하였다.
④ (나) - 기사환국으로 정권을 장악하였다.
⑤ (가), (나) - 인물성동론과 인물성이론으로 대립하였다.

해설 및 정답

23 정답 ④ ·· (2011. 제12회 고급)

보기의 문화유산은 승정원일기이다. ㄱ. 2001년 9월에 세계문화유산으로 등재, ㄴ. 정치·국방·경제·사회·문화 다방면에 걸쳐 기록되어 사료적 가치가 중요, ㄷ. 임진왜란 이후 인조 대부터 순종 대까지 280여 년간의 자료가 현전, ㄹ. 기전체가 아닌 연대기로 편년체이다.

승정원일기(承政院日記) 조선시대 승정원(정종 때에 창설된 왕명 출납 기관)에서 있었던 일들을 기록. 승정원일기는 조선왕조실록을 편찬할 때 기본 자료로 이용하였으며, 원본이 1부밖에 없는 귀중한 자료이다. 인조 대부터 순종 대까지 280여 년간의 역사를 기록한 자료가 남아 있으며, 인조 이전의 자료는 임진왜란과 이괄의 난으로 소실되었다.

승정원일기는 세계 최대의 연대 기록물(총 3243책, 글자 수 2억 4천250만 자)이며, 당시의 정치, 경제, 국방, 사회, 문화 등에 대한 생생한 역사를 그대로 기록했다는 점에서 사료적 가치가 크다.

국보 제303호로 지정되어 있으며, 세계 최대의 1차 사료로서 가치를 인정받아 2001년 9월에 유네스코 기록유산으로 등록되었다. 현재, 국사편찬위원회에서 데이터베이스를 구축하고 있다.

24 정답 ④ ·· (2011. 제12회 고급)

(가) 북인, (나) 남인인데, ① 서인, ② 남인, ③ 북인, ④ 서인 중 노론 송시열이 사사되고 남인이 집권, ⑤ 인물성동이론 논쟁(호락논쟁)은 서울 노론과 충청도 노론의 철학논쟁이다.

남북 붕당(1591) 선조 때 서인 정철의 건저의(建儲議) 문제 논죄에 대한 시책을 둘러싸고 동인이 온건파인 남인(유성룡)과 강경파인 북인(이산해)으로 분리.

> **정여립 모반사건**(선조 22년, 1589) 정여립(1546~1589)은 율곡의 문하에서 명성이 있었으나, 율곡이 죽은 후에는 동인의 편에 가담하였다. 그러나 선조의 눈에 벗어나 전주로 낙향하자 대동계(大同契)를 조직하여 반란을 도모하다가 이축·박충간 등에게 토벌되었다. 이로써 동인은 큰 타격을 받고 이발·백유양 등이 피살되었는데, 이를 **기축옥사**(己丑獄事)라 하고 그 후 서인 정철이 정권을 장악. 이 사건으로 서경덕·조식 학파가 피해를 많이 입었으며, 호남 지역은 반역의 향으로 낙인찍혀 중앙 정계로 진출하는 일이 급격히 줄어들었다.

> **건저의**(선조 24년, 1591) 왕세자 책봉인 건저를 둘러싸고 동·서인 간에 일어난 분쟁(신묘당화)으로, 기축옥사 때 정철에게 원한을 품었던 동인들이 서인에 대한 보복 수단으로 이용.

(가) **북인** 서경덕과 영남학파 중에서 노장사상에 포용적이고 현실을 직시하며 실천을 강조하는 조식의 학통을 이었으며, 특히 절의를 중시하여 정인홍·곽재우·김면 등과 같은 의병장이 많이 배출.

(나) **남인** 이황의 학통을 내세웠는데, 중앙 정계에서 보다는 향촌사회에서 그 영향력이 컸다.

• 붕당원리의 유지(인조반정 이후 서인과 남인의 공존 체제)

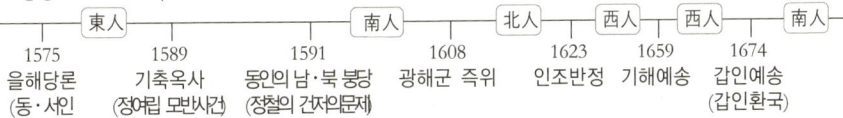

• 붕당원리의 변질·붕괴(일당 전제화 추세 극심)

• 붕당원리의 파탄(세도정치기 : 특정 가문 주도)

25. 다음 원칙이 발표된 시기를 연표에서 옳게 고른 것은 [2점]

- 미·소 공동 위원회 속개를 요청하는 공동 성명을 발할 것.
- 친일파 민족 반역자를 처리할 조례를 본 합작 위원회에서 입법 기구에 제안하여 입법 기구로 하여금 심리, 결정케 하여 실시케 할 것.
- 입법 기구에 있어서는 일체 그 권능과 구성 방법, 운영 등에 관한 대안을 본 합작 위원회에서 작성하여 적극적으로 실행을 기도할 것.
- 전국적으로 언론, 집회, 결사, 출판, 교통, 투표 등 자유를 절대 보장되도록 노력할 것.

1945	1946	1947	1948	1949	1950 (년)
	(가)	(나)	(다)	(라)	(마)
8·15 광복	이승만의 정읍 발언	유엔한국 임시위원단 구성	대한민국 정부 수립	반민특위 활동 개시	6·25 전쟁

① (가) ② (나) ③ (다)
④ (라) ⑤ (마)

26. (가), (나)를 주장한 인물에 대한 설명으로 옳지 않은 것은 [2점]

(가) 중국과 서양은 180도 정도 차이가 난다. 중국인은 중국을 중심으로 삼고 서양을 변두리로 삼으며, 서양인은 서양을 중심으로 삼고 중국을 변두리로 삼는다. 그러나 실제는 …… 중국도 변두리도 없이 모두가 중심이다.

(나) 농사에 힘쓰지 않는 것은 여섯 가지 좀 때문인데, 장사꾼은 그 가운데 들어 있지 않다. 첫째가 노비 제도이고, 둘째가 과거 제도이고, 셋째가 문벌제도이고, 넷째가 사치와 미신 숭배이며, 다섯째가 승려이고, 여섯째가 게으름이다.

① (가) - 전통적인 화이관에서 벗어날 것을 역설하였다.
② (가) - 청의 문물을 적극적으로 수용할 것을 주장하였다.
③ (나) - 신후담, 안정복 등을 제자로 길러 학파를 형성하였다.
④ (나) - 영업전의 매매를 법으로 금지하는 토지 개혁론을 주장하였다.
⑤ (가), (나) - 화폐 유통에 비판적이어서 폐전론을 주장하였다.

해설 및 정답

25 정답 ② ·· (2011. 제12회 고급)

② 사료는 남한 단독정부수립을 지지하는 정읍발언(1946. 6. 3)이후 나온 좌우합작위원회의 좌우합작 7원칙(1946. 10. 7)이다.

좌우합작 미국은 3상회의 결정에 따른 한국문제 처리를 위하여 중도 세력이 중심이 되는 좌우합작을 추진. 1946년 6월 3일 남한 단독정부 수립을 지지하는 이승만의 정읍발언이 발표되자 1946년 7월 우익쪽에서 김규식·원세훈·안재홍(우익 8원칙), 좌익쪽에서 여운형·정노식·이강국(좌익 5원칙) 등이 대표로 참여한 좌우합작위원회가 구성. 좌우합작위원회에서는 양 측의 합작원칙을 절충하여 토지문제와 친일파 처리문제에서 중도적 입장을 취하여 합작 7원칙을 발표(1946.10.7)하였지만, 조선공산당·한민당 등 좌우 핵심 정치 세력으로부터 외면을 당해 실효를 거둘 수는 없었다. 이후 좌우합작운동은 우익의 합작파와 중간파의 주도로 진행되었으나, 트루만 독트린(1947.3, 공산 세력의 확대 저지) 이후 미국의 정책이 단정 수립으로 굳어지고 이승만·김구의 불참과 여운형이 암살됨(1947.7.19)에 따라 실패.

26 정답 ⑤ ·· (2011. 제12회 고급)

(가) 중상학파 홍대용의 「의산문답」, (나) 중농학파 이익의 「6두론」이다. ① 중국이 아닌 우리 중심으로 세계관 주장, ② 북경을 사행한 북학파의 선구자, ③ 근기 남인학파 형성, ④ 소농 보호의 한전론 주장, ⑤ (가)는 용전론, (나)는 폐전론을 주장하였다.

(가) **홍대용**(1731~1783) 호는 담헌(湛軒), 중상학파
  1) **한국의 갈릴레오** 자기 집에 동양 최초의 사설 천문관측소인 농수각을 설치하고 혼천의도 제작.
  2) **북학파의 선구자** 북경을 사행하며 청의 서양 문물을 관찰하고 「담헌연기」·「의산문답」(지구자전설과 구체설을 주장 : 지구 공전은 언급 안함)·「임하경륜」(균전제) 등을 저술.
  3) **사회 개혁 주장** 성리학 극복이 부국강병의 근본이라고 주장하였고, 사농공상의 모든 자제들이 교육을 받아야 한다는 사민개학론(四民皆學論)을 주장.

》 중상학파(이용후생학파, 북학파, 후기 실학파, 연암학파)특징 《

① **상공업의 발전 주장** 상공업의 진흥과 기술 혁신에 관심이.
② **화이론적 명분론의 탈피** 청의 문물을 도입하자는 북학론의 입장.
③ **상인의 통제** 사상의 횡포에 대해 도고 행위를 규제하고 자유방임주의를 배격.
④ **농업 기술의 발달** 농업 생산력의 향상과 기술 혁신을 주장.
⑤ **사회 개혁의 단행** 신분적 차별 철폐와 문벌 철폐를 주장.
⑥ **해외통상론 주장** 부국강병책으로 국제 교역을 제시하여 개화철학의 선구.
⑦ **지주제 수긍** 토지 소유의 상한선을 제시.
⑧ **용전론** 상평통보의 유통을 주장.

(나) **이익**(1681~1763 : 중농학파) 호는 성호(星湖), 학파 형성(근기남인학파), 허목의 학풍 계승.

성호의 근기학파 서학을 배척하는 성호 우파(신후담·안정복)와 서학을 수용하는 성호 좌파(이벽·권철신·정약용)로 발전하였다.

  1) **「성호사설」** 군주와 재상의 권한을 높이고 군주가 친병(親兵)을 거느려야 한다고 주장, 고염무의 「일지록」과 같은 비판 시도로 천문·지리 등 자연과학, 정통사론, 제도 개혁 등의 개혁론 제기.
  2) **한전론(限田論)** 소농의 보호로 최소한(항산)의 토지(20결)를 농민에게 영업전(매매를 엄금 : 곽우록)으로 지급하여 점진적 토지 소유의 평등을 주장하고(균전제) 토지겸병 방지 목적으로 토지 소유의 상한을 제시.
  3) **정통사론** 화이론의 세계관을 부정하고 역사의 주체성을 강조하는 삼한정통론을 주장.
  4) **6두론(六蠹論)** 노비·과거·문벌·기교(사치·미신)·승려·나태 등을 나라의 좀으로 규정하고 노비 문제는 노비 소유 상한을 제시하였고, 과거제에 대해서는 과거 주기를 3년에서 5년으로 늘려 합격자를 줄이며 천거제를 병용하는 과천합일(科薦合一)을 주장하였고, 장시를 같은 날에 열어 농민의 농업 및 토지 이탈 방지를 주장.
  5) **폐전론** 고리대와 화폐 유통의 폐단을 주장하였고, 장시를 같은 날에 열어 농민의 농업 및 토지 이탈 방지를 주장.
  6) **사창제도** 환곡제의 문란 해결책으로 사창제도를 주장하였다.

27 지도는 역대 지방 행정 구역을 나타낸 것이다. (가) ~ (다)에 대한 설명으로 옳은 것을 <보기>에서 모두 고른 것은? [2점]

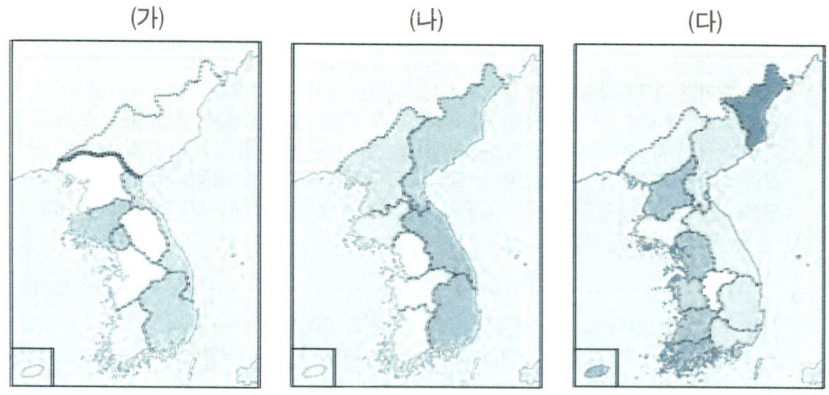

── 보 기 ──
ㄱ. (가) - 외관이 파견된 주현보다 파견되지 않은 속현이 더 많았다.
ㄴ. (나) - 수령이 관할 지역의 행정·사법·군사권을 행사하였다.
ㄷ. (다) - 부·목·군·현 등의 지방 행정 구역을 군으로 단일화하였다.
ㄹ. (가), (나), (다)의 순서로 변화하였다.

① ㄱ, ㄴ
② ㄱ, ㄷ
③ ㄷ, ㄹ
④ ㄱ, ㄴ, ㄹ
⑤ ㄴ, ㄷ, ㄹ

28 다음 자료의 사건이 일어난 시기의 사회 모습으로 옳은 것은? [2점]

> 풍문으로 들으니 황해도의 흉악한 도적 임꺽정의 일당인 서림이란 자가 이름을 엄가이로 바꾸고 숭례문 밖에 와서 산다고 하므로 가만히 엿보다가 잡아서 범한 짓에 대하여 추문하였습니다. 그가 말하기를, "지난 9월 5일에 우리가 장수원에 모여서 활과 화살, 도끼 등을 가지고 밤을 틈타 성 안에 들어가 전옥서의 옥문을 부수고 우리 두목 임꺽정의 처를 꺼내 가려고 하였다."라고 하였습니다.

① 관청에 물품을 납부하는 공인이 등장하였다.
② 방납의 폐단으로 유망하는 농민이 더욱 증가하였다.
③ 상공업의 발달로 상평통보가 전국적으로 유통되었다.
④ 국가의 토지 지배권 강화를 위해 과전법이 단행되었다.
⑤ 국가 재정을 보충하기 위해 공명첩과 납속책이 실시되었다.

27 정답 ④ ·· (2011. 제12회 고급)

(가) 고려시대, (나) 조선시대, (다) 대한제국 시기(광무개혁)의 행정구역이다. ㄱ. 고려시대 주현 137개보다 속현이 373개로 더 많았고, ㄴ. 조선시대 수령은 목민관으로 수령7사의 임무가 있었는데 행정·사법·군사권외에도 부세징수권이 있었으며, ㄷ. 2차 갑오개혁의 내용으로 8도를 23부 331군으로 개편하였고, 광무개혁에서 23부를 13도로 환원하였다.

≫시대별 지방행정조직의 특징≪

고대국가	행정 외에 군사적 목적이 기준이 되어 편제
고려시대	지방호족의 신분적 서열이 기준이 되어 편제, 주현보다 속현이 많음.
조선시대	인구·토지의 대소에 따른 행정 편제(부·목·군·현으로 구획), 모든 군현에 지방관 파견

ㄴ. **수령 7사** 목민관(부윤~현감)으로 종6품 참상관 이상이 파견. 수령의 임무로 ① 농업의 장려[농상성(農桑盛)], ② 교육의 진흥[학교흥(學校興)], ③ 사송의 처리[사송간(詞訟簡)], ④ 향리의 규제[간활식(奸猾息)], ⑤ 군정의 정비[군정수(軍政修)], ⑥ 호구의 증가[호구증(戶口增)], ⑦ 부역의 균등[부역균(賦役均)] 등.

관찰사(종2품 : 감사·방백이라고도 칭함) 수령을 감찰하고, 민생을 순찰하며, 조세·공납 과정의 최종 책임자. 병사·수사·부윤을 겸직하고, 아울러 행정·감찰·병권·사법권과 화폐 주조권 등을 장악.

ㄷ. **제2차 갑오개혁 지방제도개혁**[1894.11(양력 12월)~1895.7(양력 8월)] 근대적 지방자치제를 구상해 8도를 23부(관찰사) 331군(군수)으로 개편하였는데 종래 부·목·군·현을 통틀어 군으로 하고 행정구역에 면을 포함하여 면 단위의 향회가 조직. 지방관의 사법권·군사권 박탈로 행정관으로 전락.

(다) **광무개혁의 관제개혁** 갑오개혁 당시의 지방 23부를 13도로 환원, 의정부 부활, 중추원 구성, 평양을 서경(西京)으로 격상하고 행궁인 풍경궁을 건립. 간도를 함경도 영토로 편입하고, 이범윤을 간도관리사로 파견하고 블라디보스토크에 통상사무관을 설치.

28 정답 ② ·· (2011. 제12회 고급)

자료의 사건은 16시 중엽 조선 명종 14년(1559)에 양주백정 출신 도적인 임꺽정(?~1562)이 일으킨 난이다. ① 대동법(1608) 이후 특허어용상인으로 공인이 등장, ② 16세기 경저리(방납인)의 폐단 자행, ③ 조선 후기 숙종 때(1678년) 전국적 유통, ④ 고려 공양왕 3년(1391), ⑤ 임진왜란 이후 조선 후기의 모습이다.

방납의 폐단 대납제도는 선초부터 있었으나, 상납하기 어려운 불산공물과 고급물품에 한하였는데, 경주인(京主人, 경저리)이 백성의 희망이나 물품 종류에 관계없이 공납을 자의로 대신한 다음 공정가의 규정이 없는 것을 빌미로 백성들에게 비싼 대가를 강제로 징수하여 폭리를 취하였고, 더구나 이들은 농민이 수납한 공물을 수납 과정에서 퇴짜를 놓아 공납을 막기까지 하였으므로 방납인(防納人)이라 하였다. 공납은 족징·인징 등 연대 책임의 폐단도 심각해 16세기 농민의 최대 부담이 되었다.

≫ 공납의 변천 ≪

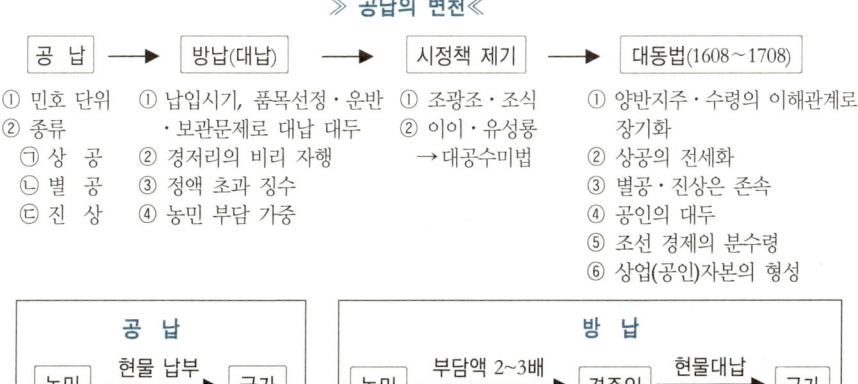

29. 다음 질문에 옳은 답글을 작성한 사람을 모두 고른 것은 [2점]

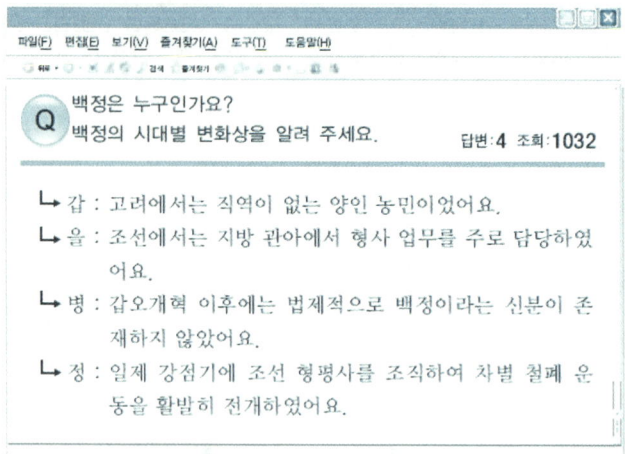

① 갑, 을
② 갑, 병
③ 을, 정
④ 갑, 병, 정
⑤ 을, 병, 정

30. (가)~(마)에 들어갈 내용으로 적절하지 않은 것은? [3점]

다큐멘터리 기획서

1. 제목 : 역사 속의 경쟁자
2. 기획 의도 : 경쟁자이면서 시대를 같이 했던 인물들을 통해 당시의 역사적 사실을 파악한다.
3. 방송 회차별 내용

회차	대상 인물	인물 선정 이유
1	근초고왕과 고국원왕	(가)
2	묘청과 김부식	(나)
3	정도전과 이방원	(다)
4	김상헌과 최명길	(라)
5	신채호와 안창호	(마)

① (가) - 황해도 지역을 두고 대립하였다.
② (나) - 서경 천도를 둘러싸고 대결하였다.
③ (다) - 국왕과 재상의 역할에 대해 의견이 달랐다.
④ (라) - 청에 대한 외교 노선을 두고 논쟁을 벌였다.
⑤ (마) - 대한인국민회의 운영 주도권을 놓고 경쟁하였다.

해설 및 정답

29 정답 ④ ·· (2011. 제12회 고급)

을. 조선시대 백정은 고려시대 화척처럼 도살업에 종사하며 가죽으로 수공업 제품을 만드는 갖바치 또는 망나니 등의 최하위 신분이었고, 형사업무는 나장(羅將)이 담당하였다.

갑. **고려시대 정호와 백정호** 고려의 양민들은 군인호(軍人戶)·기인호(其人戶)·역호(驛戶) 등과 같이 국가에 대해 일정한 직역(職役)을 지는 정호(丁戶)와 그것을 부담하지 않는 백정호(白丁戶, 백정)로 구분. 백정은 국가로부터 토지를 지급받지 못하는 대신 조상 대대로 물려받은 자기 소유의 민전을 경작하거나 소작인이 되었고, 수취 대상으로서 조세·공납·요역 등을 부담.

> **백성** 촌락의 유력자인 촌장과 촌정을 지칭하였으나 촌락 자체가 지방제도로서 중앙 국가 권력과 직결되지 못해 일반 농민인 백정과 별 차이가 없었다.

을. **신량역천** 양인을 확보하기 위한 신분으로 신분상(법제상)으로는 양인이지만 천역에 종사함으로써 천민과 다름없는 지위에 놓여 있는 계층. 이들은 대개 간(干) 또는 척(尺)으로 지칭되었던 고려 간척지도(干尺之徒)의 후예들로 후에 조례(관청잡역 담당)·나장(형사업무 담당)·일수(지방고을 잡역)·조졸(조운선의 사공)·수군(해군)·봉수군(봉수대 숙직자)·역보(역졸) 등 칠반천역(七般賤役)이 되었다. 이는 본래 국역으로 징발되는 특수한 직역으로서, 가장 고역(苦役)이었으므로 천시되어 이 역에 종사하는 사람들이 하나의 특수한 신분층을 이루었다.

병. **독립협회 참여계층** 회원 가입의 자유·민주적인 협회의 운영으로 도시 상인, 광산·부두 노동자, 일부 농민, 백정(백정 박성춘(朴成春)의 관민공동회 연설문, 1898.10.29) 등 다양한 민중층이 참여.

정. **형평운동**(백정해방운동) 일제 강점기에도 백정 출신에 대한 사회적 차별과 냉대는 여전히 남아 있어 총독부는 새 호적을 만들면서 백정 출신을 호적에 '도한(屠漢, 백정의 다른 명칭)'으로 써 넣거나 붉은 점을 찍어 차별. 학교 입학 통지서에도 백정 신분을 밝힘으로써 입학이 거부되거나 중도에 학교를 그만두는 일도 많았다.

조선형평사(1923) 일본 관서지방 수평운동(1922)의 영향을 받아서 강상호·장지필·이학찬 등이 진주에서 1923년 4월 25일 형평사 창립대회를 개최.
1) 구호 : 계급 타파, 공평한 사회 건설, 모욕적 칭호 폐지, 교육 균등 등을 주장.
2) 활동 : 피혁회사를 설립하고, 기관지로 「형평(衡平)」·「정진(正進)」·「세광(世光)」 등을 발행.
3) 지회 설치 : 대전분사·충남지사·김해분사 등을 설치.
4) 변절 : 1935년 4월 대동사(大同社)로 바뀌면서 일제의 부역 세력으로 전락하여 1938년 7월 비행기 대동호 헌납식을 가졌다.
5) 해체 : 일제의 지속적 압력과 해소론으로 1937년 5월 해체.

30 정답 ⑤ ·· (2011. 제12회 고급)

⑤ 대한인국민회는 안창호, 이승만 등이 미국 샌프란시스코에서 조직하였고, 신채호와 안창호는 대한민국 임시정부의 개편과 독립운동의 방략을 놓고 1923년 1월 개최된 국민대표회의에서 신채호는 창조파(북경파)로, 안창호는 개조파(상해파)로 대립하였다.

(라)

척화파	주화파
정통 성리학자	초기 양명학자
청을 이적국가로 간주하는 화이론(명분론) 입장 (주전론)	명분보다 국제 정세의 현실과 국가 이익 중시 (내정개혁론)
김상헌·3학사(홍익한·윤집·오달제)·정온	최명길·김류·홍서봉

(마) **대한(인)국민회**(1910. 2) 전명운·장인환의 의거(1908) 이후 공립협회를 발전시켜 안창호·이승만 등이 미국 샌프란시스코에서 조직한 재미교포 자치단체로 1917년 10월 뉴욕 세계약소국동맹회에 박용만을 파견하고 기관지로 「신한민보」를 발간. 1919년 2월 미 대통령 윌슨에게 청원서와 미국 상원에 한국 독립 문제를 제출하였으며, 1919년 9월에 전 재미교포의 애국성금 30만 달러를 상해 임정에 제공. 그러나 이승만·박용만의 노선 대립으로 활동이 부진.

국민대표회의(1923. 1~6월)
1) **개조파**(상해파) 여운형·안창호·김동삼, 상해국민대표기성회 조직(1921.5), 운동노선보다 정부명분 중시
2) **창조파**(북경파) 신숙·문창범·윤해·박용만·신채호, 군사통일회의 조직(1921.4), 무장항쟁 중시

한국사능력검정시험 기출문제

31 다음 명령이 내려진 배경으로 옳지 않은 것은? [1점]

> 왕이 백성에게 임하여 귀천이 없고 내외가 없이 고루 균등하게 적자(赤子)로 여겨야 하는데, '노'라고 하고 '비'라고 하여 구분하는 것이 어찌 똑같이 사랑하는 동포로 여기는 뜻이겠는가? 내노비 36,974구와 시노비 29,093구를 모두 양민으로 삼도록 허락하고, 승정원으로 하여금 노비안을 거두어 돈화문 밖에서 불태우게 하라. 그리고 그 경비에 쓰이는 노비의 공물은 장용영에 명하여 대급하게 하여 이를 정식으로 삼도록 하라.

① 입역 노비를 납공 노비로 전환하는 경우가 많았다.
② 노비 신공(身貢)의 감액 조치가 여러 차례 내려졌다.
③ 신분제의 동요로 역을 부담하는 양민의 수가 감소하였다.
④ 도망과 합법적인 신분 상승으로 공노비안이 유명무실해졌다.
⑤ 보충군(補充軍) 제도를 통한 노비들의 신분 상승 사례가 많아졌다.

32 다음 법령이 발표된 시기의 경제 상황으로 옳은 것은? [2점]

> 제1조 본 법령은 경작을 목적으로 하는 토지의 임대차에 적용한다.
> 제3조 임대인이 마름 등 소작지의 관리자를 둘 때에는 조선총독이 정하는 바에 의하여 부윤, 군수에게 신청한다.
> 제7조 소작지의 임대차 기간은 3년을 내려갈 수 없다. 단, 영년작물(永年作物) 재배를 목적으로 하는 임대차는 7년을 내려갈 수 없다.
> 제19조 임대인은 임차인의 배신 행위가 없는 한 임대차의 갱신을 거절할 수 없다. 단, 임대인에게 정당한 사유가 있을 경우에는 이 조항의 적용을 받지 않는다.
> - 조선 농지령 -

① 식량 관리법이 제정되어 식량 공출이 확대되었다.
② 공업 원료 증산을 위해 남면북양 정책이 실시되었다.
③ 근대적 토지 소유제 확립을 명분으로 토지 조사 사업이 실시되었다.
④ 총독의 허가를 받아 회사를 설립하도록 규정한 회사령이 철폐되었다.
⑤ 호남선, 함경선 등이 건설되어 X자 형태의 간선 철도망이 구축되었다.

31 정답 ⑤ ·· (2011. 제12회 고급)

사료는 조선 순조 원년(1801) 공노비 해방령이다. ① 솔거노비를 외거노비로 전환, ② 외거노비의 신공(身貢: 몸값) 감액, ③ 양반수는 늘어나고 양민수가 감소하다 노비를 해방시켜 양인수를 늘리려는 조치, ④ 재력으로 노비의 신분상승이 가능, ⑤ 과거 낙방생과 얼자(계집종의 자식)로 구성된 보충군은 비합법적인 신분상승방법이다.

노비의 지위 향상 도망, 전공(戰功), 납속, 양인과의 결혼 등으로 평민화 경향.
1) **공노비 해방**(1801, 순조) 국방상·재정상의 이유로 노비안을 소각하고 공(내시)노비[납공하는 내(왕실)노비와 시(중앙관청)노비] 6만 6,000여 명을 해방. 공노비는 사노비에 비해 면천이 유리하였다.
2) **노비세습제 금지**(1886, 고종) 공·사노비의 매매를 금지하고, 사가노비절목(私家奴婢節目)을 반포하여 노비간 소생이 노비가 되지 않게 하였다.
3) **사노비 해방**(1894, 고종) : 갑오개혁 때 공·사노비제도가 폐지되고, 노비 매매가 금지되었다.

≫ 신분제 동요 ≪

1. **합법적(정책적) 방법** ① 납속책, ② 납전속량(納錢贖良), ③ 공노비 해방(1801), ④ 군공(軍功), ⑤ 대구속신(代口贖身), ⑥ 노비공파법(奴婢貢罷法), ⑦ 노양처소생종모종량법(奴良妻所生從母良法), ⑧ 공명첩(空名帖) 등이 있었다.
2. **비합법적 방법** ① 모속(冒屬) 또는 모칭유학(冒稱幼學), ② 노비 도망의 반노(叛奴), ③ 환부역조(換父易祖)의 족보 위조, ④ 매향(賣鄕)이라 하여 유생을 사칭하여 향안에 등재, ⑤ 투탁(投托) 또는 두탁(頭托)으로 양반의 족보에 끼워 넣기, ⑥ 통혼, ⑦ 홍패 위조, ⑧ 보충군(대) 입안 위조 등이 있었다.

⑤ **보충군**(補充軍, 태종15년 : 1415) 조선시대 천인, 또는 신량역천(身良役賤)의 신분인 자가 일정기간 노역을 마치고 양인이 되기 위해 복무했던 군역의 이름. 뒤에 보충대(補充隊)로 이름이 바뀌었다. 국가의 각종 역을 부담하는 계층이었던 양인을 늘리려는 취지에서, 국가 재정에서 중요한 몫을 차지하던 염간(鹽干)을 제외하고 이들을 모두 보충군에 소속시켰던 것이다. 따라서 보충군은 군사적 기능보다는 신분관계에 무게가 실려 있는 존재.

32 정답 ② ·· (2011. 제12회 고급)

조선농지령은 1934년 일제가 농촌진흥운동의 일환으로 조선 농민층을 회유하기 위해 내린 법령이다. ① 1940년대, ② 1930년대 목화 재배와 면양의 사육을 시도, ③ 1910년대, ④ 1920년 4월, ⑤ 호남선은 1910년대 전반, 함경선은 1920년대 후반에 건설되었다.

조선 농민층 회유 농민운동이 고양기(3단계 : 1930~1935)에 이르자 조선 농민층을 회유하기 위해 일제는 농촌진흥운동의 일환으로 1932년에 자작농지 창설·유지사업 실시와 조선소작조정령 공포, 1934년에 조선농지령 공포 등을 통해 농민을 회유.

≫ 일제시대의 시기 구분 ≪

구 분		1910~1919	1919~1931 3·1 운동	1931~1941 만주사변	1941~1945 태평양전쟁
세계사조		제국주의	민족자결주의	전체주의	파쇼체제 강화
일제	통치 방식	무단통치(헌병경찰정치) 무력지배정책기	문화정치 (보통·고등경찰정치) 민족분열화 정책기	민족말살정책 황민화정책기	민족말살정책 강화
	농업 정책	토지조사사업 식민지 지배기반 구축기	산미증식계획 개발수탈기	농촌진흥운동 남면북양정책	쌀공출제 전시통제기
	경제 정책	회사령(허가제)	회사령 철폐(신고제)	병참기지화정책 농공병진 추진	기업정비령 병참기지화정책 강화
항일	민족 운동	국내 : 의병·비밀결사 국외 : 기지 건설로 교육·훈련 담당	민족해방운동 분화 무장항일투쟁 민족협동전선운동	소작쟁의 노동쟁의 민족통일전선운동	광복군 조선어학회
	중심 기구	대한광복군정부	대한민국 임시정부 신간회	조선혁명당 한국독립당	한국독립당 조선독립동맹

33. 사진 속 인물들이 소속된 군대에 대한 설명으로 옳은 것은 [3점]

① 밀산부에서 조직되어 자유시로 이동하였다.
② 중국 호로군과 연합하여 항일전을 전개하였다.
③ 백운평, 어랑촌, 고동하 전투에서 승리를 거두었다.
④ 조선 독립 동맹의 군사 조직에 편입되어 활동하였다.
⑤ 조선 의용대의 일부 병력을 통합하여 전력을 강화하였다.

34. 다음 신문에 대한 설명으로 옳은 것을 〈보기〉에서 고른 것은? [2점]

 1898년에 창간된 신문으로 초대 사장은 이종일이었다. 국민 계몽을 가장 중요한 목표로 삼고, 산업을 일으키는 것이 국권을 회복하는 방법이라고 주장했다. 그리고 일본인들이 발행한 한성신보와 활발한 논쟁을 벌였다.

┃보 기┃

ㄱ. 신문지법에 의해 탄압을 받았다.
ㄴ. 박문국에서 간행하여 관보적 성격을 띠었다.
ㄷ. 국채 보상 운동을 확산시키는 데 기여하였다.
ㄹ. 국권 강탈 후 총독부의 기관지로 전락하였다.

① ㄱ, ㄴ   ② ㄱ, ㄷ   ③ ㄴ, ㄷ
④ ㄴ, ㄹ   ⑤ ㄷ, ㄹ

33 정답 ⑤ ·· (2011. 제12회 고급)

문제의 사건은 대한민국 임시정부의 정규군으로 1940년 9월 창군된 한국광복군으로 국내진입작전을 준비할 당시 OSS(CIA의 전신) 대원인데, 왼쪽부터 노능서, 김준엽, 장준하이다. ① 대한독립군단(1920. 12), ② 한국독립군(1931. 12), ③ 북로군정서와 대한독립군, 국민회 산하의 독립군(1920. 10), ④ 조선의용대의 화북지대가 개편한 조선의용군이 주력부대, ⑤ 1942년 7월 김원봉의 조선의용대 일부가 한국광복군 제1지대에 편입되었다.

국내진입작전 계획 광복군 총사령관 지청천과 지대장 이범석 등이 재중 미군(OSS : 전략첩보기구)과 연합하여 제주도를 거점으로 한 국토수복작전(독수리작전, Eagle Project)을 위해 국내 정진군의 특수훈련을 실시하였고 또 광복군은 화북 연안의 조선의용군·연해주 한인부대(88보병여단, 동북항일연군 교도려)와 연계하여 압록강에 집결하여 국내진공작전을 계획(1945.8.20). 그러나 실행하기도 전에 광복을 맞아 우리 민족의 국제적 발언권이 약화.

① **자유시참변**(1921.6.29) 김좌진과 홍범도의 독립군은 청산리대첩 후 일본군의 보복을 피해 밀산부(소만국경)에서 서일을 총재로 하는 대한독립군단을 조직(1920.12)하고 연해주 이만으로 건너가(1921.1) 러시아 적군과 연합전선을 꾀하려 했으나 노령 자유시(알렉셰프스크, 스보보드니)에서 3마일 떨어진 수라셰프카에 주둔중인 한인부대인 사할린의용대(대한의용군, 상해파)에 러시아 원동공화국 제2군단 제29연대와 한인보병 자유대대(고려혁명군, 이르쿠츠크파)가 무장 해제를 강요하자 상호 충돌하여 고려혁명군이 승리하였으나 막대한 희생이 일어난 사건

② **한국독립군**(1931.12, 지청천) 전민족유일당조직 촉성회(약칭 촉성회)는 신민부 군정파가 중심이 되어, 국민부에 맞선 재만책진회(일명 : 혁신의회)를 거쳐 김좌진을 중심으로 하는 한족총연합회로 개편되었으나(1929.7), 공산당원의 조종을 받아 공산주의자로 전향한 박상실(朴尙實)에 의하여 김좌진이 피살되자(1930.1.24), 북만주 지역의 유일당으로 한국독립당을 조직하고(1930), 산하에 한국독립군(1931.12, 지청천)을 조직하여 중국호로군과 연합작전을 전개.

③ **청산리대첩**(1920.10) 김좌진 장군이 거느리는 북로군정서군과 홍범도의 대한독립군, 안무의 국민회 산하 독립군의 연합부대는 일본군의 대부대를 맞아 6일간(10.21~10.26) 10여 차례 백운평·완루구·천수평·어랑촌·맹개골·만기구·천보산·고동하 등의 이도구·삼도구에서 일본군을 대파.

④ **조선의용군**(1942) 조선민족혁명당 내의 사회주의자와 무력 항쟁을 지향하던 조선의용대원들이 김원봉의 노선을 거부하고 화북 연안으로 들어가 1941년 조직한 화북조선청년연합회를 개편. 조선청년혁명학교와 조선의용군(조선의용대 화북지대의 개편)을 창설.

⑤ **조선의용대의 광복군 편입**(1942.7) 조선민족혁명당에서 조직한 김원봉의 조선의용대(1938.10)가 1942년 7월에 광복군 제1지대에 편입되고 좌파 인사들이 대거 임시의정원에 참여해 좌우합작이 실현.

```
┌ 한국독립당(1940) - 한국광복군(1940) → 국내 진입작전 계획
├ 조선민족혁명당(1935) - 조선의용대(1938) → 광복군 제1지대에 합류
└ 조선독립동맹(1942) …… 조선의용군(1942) → 북한인민군
```

34 정답 ② ·· (2011. 제12회 고급)

보기의 신문은 하층민과 부녀자층을 대상으로 창간된 제국신문으로 독립협회의 방계인 찬양회의 홍보기관지 역할도 하였다. ㄱ. 일제는 언론을 탄압할 목적으로 1907년 7월 신문지법을 제정, ㄴ. 한성순보, ㄷ. 한말 민족지들은 국채보상운동을 후원, ㄹ. 대한매일신보에 대한 설명이다.

제국신문(1898.8~1910.3, 이종일) 하층민과 부녀자층 대상. 국민계몽, 자강사상 고취, 찬양회의 홍보기관지, 순한글 사용, 암(雌)신문

ㄴ. **박문국**(1883.8, 총재 : 민영목) 박영효의 건의로 박문국을 창설하여 우리나라 최초의 한문 신문인 한성순보를 창간.

ㄷ. **국채보상운동** 대한매일신보·황성신문·제국신문·만세보 등의 언론사 후원

ㄹ. **대한매일신보**(1904.7~1910, 베델, 양기탁) 국문과 영문(The Korea Daily News)으로 을사조약 후 통감부 탄압 속에서 간행, 베델이 회사 앞에 일인불가입(日人不可入)이라는 방을 부쳤으며 항일운동의 선봉, 일제 신문지법의 제정 배경, 신민회의 기관지 역할, 황성신문·제국신문·만세보 등에 비해 의병운동에 대해 호의적임. 국권 강탈 후 총독부 기관지로 전락

35 다음은 어느 외교관이 한 말이다. 밑줄 그은 '이 계획'이 실행된 직후의 정세로 옳은 것은? [3점]

> 서울에 도착한 후 나는 조선의 사태를 보고 정말 놀랐다. 나는 대신들을 권력으로부터 몰아낼 가장 간단한 방법은 고종이 비밀리에 궁궐을 떠나 우리 공사관으로 오는 것이라고 생각했다. 나는 이 계획을 직접 고종에게 털어놓았지만, 그는 이 일의 감행을 주저하였다. 그가 결심을 굳히기까지 나는 수차에 걸쳐 고종이 암담한 처지에 있으며 더 이상 궁궐에 머물러 있으면 매일 암살의 위협에 처하게 될 것이라고 설득하였다. 결국 그는 나의 주장에 응하여 이 계획을 실행하기로 결정하였다. - 스페이에르 -

① 영국이 거문도를 불법 점령하였다.
② 프랑스가 경의철도 부설권을 허가받았다.
③ 일본이 경복궁을 점령한 후 개혁을 요구하였다.
④ 청이 한성과 의주를 연결하는 전신 가설권을 확보하였다.
⑤ 미국은 고종의 특사인 헐버트의 면담 요구를 거절하였다.

36 다음 만평에서 풍자하는 정세를 해결하기 위한 노력으로 옳지 않은 것은? [2점]

① 만주의 3부가 국민부와 혁신의회로 통합되었다.
② 신간회가 창립되어 국내외에 지회를 설치하였다.
③ 동지의 단결을 목표로 대동 보국회가 조직되었다.
④ 중국에서 한국 독립 유일당 북경 촉성회가 창립되었다.
⑤ 조선 물산 장려회 등이 참여한 조선 민흥회가 출범하였다.

35 정답 ② (2011. 제12회 고급)

사료의 이 계획은 1896년 2월 고종을 러시아 공사관으로 이어하는 아관파천이다. ① 1885년 3월, ② 아관파천 후 제국주의 열강의 이권침탈이 자행되어 1896년 프랑스가 경의철도 부설권(→ 일본 : 러일전쟁 중에 일본의 군사적 목적에 의해 부설)획득, ③ 1894년 6월, ④ 1885년, ⑤ 을사조약 직후(1905년 11월)의 정세이다.

아관파천(1896.2.11) **이후**
1) **정치** 친일정권이 무너지고, 박정양·이범진·이완용 등 정동구락부 중심의 친러·친미 내각이 구성되어 박영효가 주도한 친일적 조선협회(1895.6.23)와 대립. 단발령 철회, 의병해산조치.
2) **열강의 이권 침탈** 외국자본을 도입하여 재정 확보라는 측면도 있었으나 왕의 보호대가로 많은 이권이 외국에게 할양. 일본의 간섭은 배제하였으나 러시아의 통제를 받음으로써 독립국의 위상이 실추.
3) **러일협상**
    ① 제1차 러일협상(웨베르·고무라(小村) 각서, 1896.5) : 일본은 러시아의 정치적 우위를 인정해 러시아가 조선에서 일본과 같은 군대 수를 보장받았고 대신 일본은 서울·부산간의 전신선과 서울 및 개항장의 일본거류민 보호명목으로 군대를 계속 주둔. 러시아인 군사·재정고문으로 교체(경성의정서).
    ② 제2차 러일협상(로바노프·야마가타(山縣)의정서, 1896.6) : 양국은 두 나라 군대 사이에 완충지대를 확정할 것을 밀약하여 조선이 러·일 양국의 공동보호령이 되었고 일본이 38도선 국토 분할을 제의. 특히 2차협상 후 파견된 재정고문 알렉셰프는 한러은행을 설립(1898.3)(모스크바의정서).
2) **독립협회 운동**(1896.7.2)**시작**
3) **광무개혁** 최익현 등 보수 유생의 환궁 요구가 있자 고종은 러시아 공사관에서 서구 공사관이 밀집한 경운궁(덕수궁)으로 환궁하여 나름대로 개혁정책을 추구.

36 정답 ③ (2011. 제12회 고급)

1920년대 민족주의(우익)와 사회주의(좌익) 양 진영의 대립을 극복하는 좌우합작의 필요성을 주장하는 만평이다. ① 1920년대 후반 만주지역의 참의부·정의부·신민부 3부의 통합, ② 1927년 2월 국내 좌우합작의 결과, ③ 1907년 미국 샌프란시스코에서 조직, ④ 1926년 10월 안창호 주도의 좌우합작, ⑤ 사회주의 계열의 서울청년회와 민족주의 우파 조선물산장려회의 좌우합작이다.

①②④ **민족유일당운동의 전개** 1920년대 후반기 민족독립운동전선에 일어난 하나의 새로운 현상으로 정치사상과 이념을 초월하여 분산된 독립운동단체를 통합하고 좌우익으로 분열된 독립운동전선을 하나로 통일하려는 좌우합작의 민족유일당운동이 국내와 중국 관내 및 만주를 망라한 전체 운동전선에서 폭넓게 일어났다[한국독립유일당 북경촉성회(1926.10, 안창호 주도), 신간회(1927.2), 상해촉성회(1927.4), 혁신의회(1928.12), 국민부(1929.3)].
1926년 10월 북경에서 시작되어(북경촉성회) 국내의 신간회가 결성되고 만주의 3부도 통합 운동이 추진되었으나 개인 본위의 통합을 주장하는 혁신의회(1928.12)와 단체 본위의 통합을 지지하는 국민부(1929.3)로 끝내 양립되고 각각 한국독립군(한국독립당)과 조선혁명군(조선혁명당)으로 분리. 이전 군정부와는 달리 통치조직·당·군대 등을 정비하였고 당 중심의 운영인 이당치국(以黨治國)을 시도.

```
참의부(1924)  ┐
정의부(1925)  ├─ 협의회 ─ 국 민 부 ──────── 조선혁명당(조선혁명군)

신민부(1925) ──── 촉성회 ─ 혁신의회 ┬ 한족총연합회 ┐
                                   └ 한족농무연합회 ┴ 한국독립당(한국독립군)
```

② **신간회의 지회** 4만여 회원을 확보하고 143개 지회를 설치(동경·경도·대판 등에도 지회 설치). 중앙본부는 민족주의 좌파가 우세하였고, 지회는 사회주의계가 우세하였는데 중앙본부에 비해 활동이 활발.
③ **대동보국회**(1907) 미국 샌프란시스코에서 장경 등이 중심이 되어 조직되었던 독립운동단체. 교육진흥을 목적으로 설립되었으나 본래의 의도는 안창호의 공립협회에 대항하는데 있었다. 일본의 보호정치를 찬양한 외교고문 스티븐스를 재미교포 전명운(공립협회 소속)이 샌프란시스코 오클랜드 페리 부두에서 권총 자루로 내리쳤고, 나중에 나타난 장인환(대동보국회 소속)이 저격(1908. 3. 23).
⑤ **조선민흥회**(1926.10) 서울청년회계(사회주의자)와 조선물산장려회계(민족주의 우파)의 제휴로 이루어진 한정된 규모의 민족협동전선. 정우회(正友會) 선언(1926.11)과 더불어 신간회 결성배경

37 다음은 근대에 추진된 개혁 내용이다. (가)~(라)를 시기순으로 옳게 나열한 것은?

[1점]

(가) 음력을 폐지하고 양력을 사용하도록 하였으며 소학교령을 공포하여 서울에 관립 소학교를 설립하였다.
(나) 중앙 관제를 의정부와 궁내부로 나누고 종래의 6조를 8아문으로 개편하여 의정부 직속으로 하였다.
(다) 의정부와 각 아문의 명칭이 내각과 부로 바뀌고, 농상아문과 공무아문이 농상공부로 통합되어 모두 7부로 개편되었다.
(라) 원수부를 설치하고 서울의 시위대와 지방의 진위대 군사수를 대폭 증가시켰으며 장교 양성을 위한 무관 학교를 세웠다.

① (가) - (나) - (다) - (라) ② (나) - (가) - (라) - (다)
③ (나) - (다) - (가) - (라) ④ (다) - (가) - (라) - (나)
⑤ (다) - (라) - (가) - (나)

38 밑줄 그은 '그'의 활동으로 옳은 것을 〈보기〉에서 고른 것은

[2점]

그는 명문가 출신으로 1881년에 조사시찰단의 일원이 되어 일본을 시찰하였다. 이후 개화 운동의 필요성을 절감하고 병조 참판으로 우정국 총판이 되어 정변의 기회를 제공하였다. 청국 군대가 정변 진압을 위해 궁궐에 들어오자 끝까지 고종을 호위하다가 피살되었다.

▎보 기▎

ㄱ. 한성주보의 발간을 주도하였다.
ㄴ. 한반도의 중립화 방안을 구상하였다.
ㄷ. 보빙사의 일원으로 미국을 방문하였다.
ㄹ. 박규수의 문하에서 개화사상을 접하였다.

① ㄱ, ㄴ   ② ㄱ, ㄷ   ③ ㄴ, ㄷ
④ ㄴ, ㄹ   ⑤ ㄷ, ㄹ

해설 및 정답

37 정답 ③ ·· (2011. 제12회 고급)

(가) 을미개혁(1895년 8월), (나) 제1차 갑오개혁(1894년 6월), (다) 제2차 갑오개혁(1894년 11월), (라) 광무개혁(1897년 10월)의 내용이다.

제1차 갑오개혁 [1894.6(양력 7월)~ 1894. 11(양력 12월)]	제1차 김홍집 내각 - 대원군 섭정 - 온건개화 세력 군국기무처 설치 (1894.6.25)	일본군 경복궁 강점 (6월 21일) 청일전쟁 발발 (6월 23일) 남·북접 집결(10월) 우금치전투(11월)	• 2부(궁내부·의정부)·8아문 설치 • 개국기원 사용, • 경무청 신설 • 과거제 폐지, • 은본위화폐제도 • 연좌법 폐지, • 조혼 금지 • 과부재가 허용, • 조세금납제 • 도량형의 통일
제2차 갑오개혁 [1894. 11(양력 12월) ~ 1895. 7(양력 8월)]	제2차 김홍집내각 (김홍집·박영효 연립) 홍범14조 반포 (1894.12.12) 박영효 실각(1895.7)	전봉준 체포(12월) 하관(마관)조약 (1895.4) 삼국간섭(1895.4)	• 군국기무처 폐지 • 개편 : 의정부→내각, 8아문→7부, 8도→23부 • 사법부 독립 · 훈련대 설치 • 교육입국조서 반포
제3차 갑오개혁 (을미개혁) (1895.8 ~ 1896.2)	제3차 김홍집내각 (온건개혁파와 친러파 연립) 제4차 김홍집내각 (1895.10)	을미사변(1895.8) → 의병봉기 아관파천(1896.2)	• 건양 연호 사용 • 소학교령 • 양력 사용 • 우편업무 재개 • 단발령 • 양복 착용 • 군제 개편 · 종두법(광제원)
광무개혁 (1897년 10월)~ (1904.2.23) : 한일의정서가 체결되어 일세의 내정 간섭이 시작되면서 광무개혁은 중단. '구본신참(舊本新參)' 박정양·서재필·이상재 등이 참여 : 복고적 경향. 갑오개혁의 급진적 개혁을 철회하고 황권을 강화하면서 황실의 재무부서 내장원이 중심이 되어 개혁. 광무개혁은 타율적·급진적 개혁인 갑오·을미개혁에 비해 자주적·점진적 개혁	• 지방 23부를 13도로 환원, • 의정부 부활, • 중추원 구성 • 평양을 서경(西京)으로 격상하고 행궁인 풍경궁을 건립 • 서울에 시위대·친위대·호위대, 지방에 진위대를 설치, 무관학교를 창설(1898.4) • 원수부가 창설(1899.6) : 황제가 직접 군대를 관할, • 징병조례 반포(1903.3) • 근대적 해군 건설 계획 : 일본에서 양무호(최초의 군함, 1903년)·광제호(1904년) 구입 • 간도를 함경도 영토로 편입(이범윤을 간도관리사로 파견)하고 블라디보스토크에 통상사무관을 설치 • 한청통상조약을 체결(1899.9.11) : 역사상 최초로 중국과 대등한 외교 관계수립 • 양전사업(1898~1904)을 위해 양지아문(1898), 지계아문(1901)을 설립 : 지계(토지문권)를 발급하여 근대적 토지 소유권 제도 확립 시도(광무개혁에서 가장 중시) • 지주전호제 유지, • 외국인의 내지(개항장 밖) 토지 소유 금지 • 화폐조례 공포(1901, 금본위제 시도), • 실업교육 강조 : 기술교육기관 설립 • 근대적 공장과 회사의 설립 : 최초의 산업자본 육성을 시도 • 서울의 도시개조사업을 추진 : 이채연을 중심으로 미국 워싱턴을 모델로 덕수궁 앞 도로를 정비하고 방사상 도로체계를 도입 • 서북철도국(총재 : 이용익)을 설치(1902)하여 경의선 부설을 시도 • 황실 재정 확보 주력 : 백동화(白銅貨) 남발, 홍삼 전매 담당의 삼정사(蔘政社) 설치, 역둔토 조사사업, 상무사(보부상 단체)와 일부 대상인·기업들에게 독점 영업권을 부여하고 궁내부의 최대기구인 내장원에서 상납금을 징수 • 새 호적제도(신분 대신 직업을 기재)를 제정, • 교통·통신 시설을 확충 • 대한국 국제 9조 제정, • 단발령 폐지, • 음력 부활 • 신교육령을 반포하고, 소학교·중학교·사범학교·외국어학교 등을 설립

38 정답 ⑤ ·· (2011. 제12회 고급)

보기의 인물은 홍영식(洪英植, 1855~1884)인데, ㄱ. 김윤식 ㄴ. 유길준 ㄷ·ㄹ. 홍영식의 활동이다.

홍영식 김옥균·서광범·박영효·박정교 등과 함께 박규수의 문하에서 개화사상을 접함. 신사유람단(1881.1, 조사시찰단)으로 일본에, 보빙사(수신사) 일행으로 미국에 다녀왔다. 개화당의 중진으로, 신설된 우정국의 총판이 되어 그 개국 축하연 때 갑신정변을 일으켰으나 정변 실패 후 박영교 등과 함께 살해당함.

ㄱ. **김윤식** 김홍집·어윤중·민영과 함께 온건개화파로 청과 사대외교를 유지하면서 민씨정권과 타협하며 유교사상을 기반으로 청의 양무운동을 모델로 하는 점진적 개혁을 추구함. 1881년 9월 영선사(領選使)로 청의 천진 기기국에 파견되었으며, 1886년 박문국에서 발간한 관보「한성주보」 발간의 중심.

39 다음 답사 계획서의 ㉠~㉤ 중 적절하지 <u>않은</u> 것은? [1점]

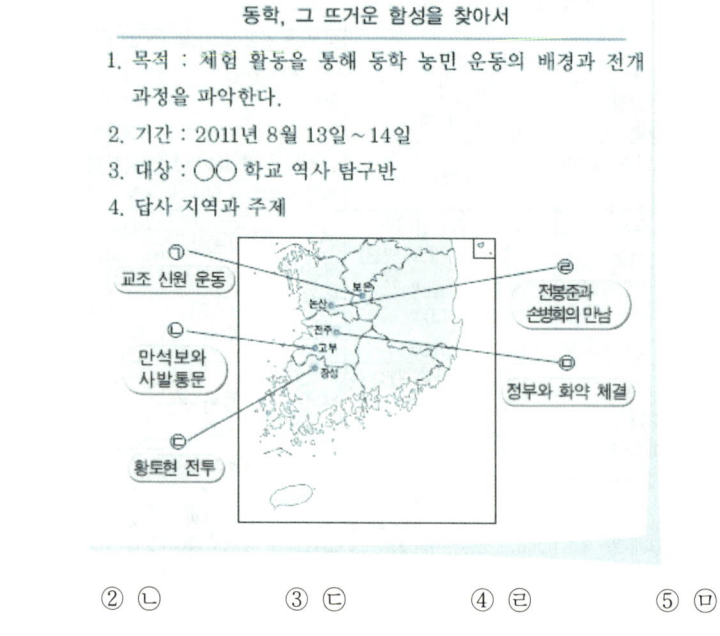

① ㉠ ② ㉡ ③ ㉢ ④ ㉣ ⑤ ㉤

40 표는 어느 단체의 회의 내용을 정리한 것이다. 이 단체에 대한 설명으로 옳은 것을 〈보기〉에서 고른 것은? [2점]

회의	결의와 사업 방안
제1회 총회	• 의복은 두루마기와 치마로 입되 무명을 염색하여 음력 정월 1일부터 실행토록 함 • 음식은 설탕·식염·청량음료를 제외하고는 토산품을 사용
제2회 총회	• 회원에게 연연금(年捐金) 1원씩 수납하기로 결정
임시 총회	• 기관지로「자활」발행
제6회 총회	• 조선 농민 운동을 적극 후원할 것
제7회 총회	• 간이한 사업을 설계 발표하여 일반 소자본 경영자에게 참고하게 할 것 • 조선인의 생활 향상을 도모하기 위해 생활 개선운동을 지지하고 적극적으로 후원할 것

보 기

ㄱ. 근검 저축, 금주·단연 운동을 추진하였다.
ㄴ. '내 살림 내 것으로'라는 구호를 내세웠다.
ㄷ. 한규설, 이상재, 윤치호 등 100여 인이 발기하였다.
ㄹ. 대한매일신보 등의 도움으로 모금 활동을 전개하였다.

① ㄱ, ㄴ ② ㄱ, ㄷ ③ ㄴ, ㄷ ④ ㄴ, ㄹ ⑤ ㄷ, ㄹ

해설 및 정답

39 정답 ③ ·· (2011. 제12회 고급)

③ 1894년 4월 7일의 황토현 전투는 고부에서 동학농민군이 전라감영군을 격파한 전투이고, 장성에서는 동학농민군이 4월23일 홍계훈의 경군을 황룡촌에서 격파하였다.

㉠ **교조신원운동** 교조 최제우의 누명을 벗기려는 종교적 운동으로 동학을 공인해 달라는 것.
　1) 공주·삼례집회(1892.10~11 : 제1차 교조신원운동) 서병학과 서장옥의 주도 아래 동학교도들이 공주(10월)·삼례(11월)에 모여 교조신원과 교도에 대한 탄압 금지를 요구하였으나 실패.
　2) 복합상소(1893.2 : 제2차 교조신원운동) 서울 광화문 앞에 엎드려 교조신원 상소를 하였으나 실패.

> • **정치운동의 전개** 운동 노선이 교조신원의 종교적 성격에서 정치적 성격으로 바뀌었다.
> 　1) 보은집회(1893.3 : 제3차 교조신원운동) 충청도 보은에 집결하여 탐관오리 숙청의 제폭구민(除暴救民)과 일본·서양 세력 배척의 척왜양창의(斥倭洋倡義)를 요구.
> 　2) 금구취회(1893.3) 북접의 보은집회와 달리 전라도 금구(원평)에서 남접의 전봉준·서장옥 등이 주도.
> 　3) 밀양집회(1893.3) 경상도 밀양에서도 남접과 연결된 집회가 열려 이른바 삼남집회가 개최.

㉡ **고부민란**(1894.1.10) 고부군수 조병갑이 만석보 아래에 신보를 수축하여 수세를 징수 등의 탐학에 따른 봉기. 조정은 조병갑을 파면하고 박원명으로 교체, 당시 안핵사 이용태의 교도폭압이 1차봉기의 배경.

㉢ **황토현 전투** 1894년 동학 농민 운동 당시 농민군이 전북 정읍 황토현 일대에서 관군(전라 감영군)을 무찌르고 첫 승리를 거둔 전투로 후에 황룡촌 전투에서도 승리하게 되었다.

㉣ **제1차 동학(갑오)농민전쟁**(3월 起包, 1894.3~5) 남접 주도, 무장(창의문) → 김제 → 백산봉기(4대강령과 격문, 농민군 지휘부로 제중의소(濟衆義所) 설치 → 정읍 황토현전투(전라 감영군 격파) → 농민군이 경군을 영광으로 유인 → 장성 황룡촌전투(양호초토사 홍계훈의 경군 격파, 12개조 농민군 기율 발표) → 전주성 점령(4.27) → 전주화약(5.8)과 집강소 활동(1894.5~10) → (조선정부 요청으로) 청군파견(아산만 상륙, 5.5) → (텐진조약위반을 명분으로) 일본군 파견(인천상륙, 5.9) → 일본의 궁성침입(6.21)

㉤ **제2차 농민전쟁**(9월 起包 1894.10~11) 1차 농민전쟁 이후 북접의 최시형은 고절문(告絶文)을 작성하고 남접을 토벌하려고 벌남기(伐南旗)를 제작하였으나 일본군의 경복궁 강점과 청일전쟁 발발하자 중도파 오지영의 중재를 받아들여 남접(전봉준)·북접(손병희)이 합세하면서 조일전쟁(朝日戰爭)의 양상. 논산 집결(김개남·손화중 불참) → 공주 이인전투(북상 후 농민군의 첫 승리) → 공주 우금치전투(11.9. 일본군·관군의 승리) → 광주·장흥전투(남접군), 영동·보은전투(북접군) → 김개남 부대의 청주전투 패배(11.13) → 손화중 부대의 나주성 공략 실패 → 전봉준 체포(12.2) → 전봉준·손화중·김덕명·최경선 등 교수형(1895.3.30)

40 정답 ① ·· (2011. 제12회 고급)

보기의 단체는 1923년 1월 출범한 조선물산장려회인데, ㄱ·ㄴ은 물산장려운동의 내용이나, ㄷ. 1922년 11월 민립대학 설립운동을 추진하기 위해 조직한 조선민립대학기성회이고, ㄹ. 한말 국채보상운동의 내용이다.

조선물산장려운동 관세철폐 후 조선 자본가의 위기의식이 고조되면서 인도의 스와데시운동을 모방하여 일어났으며, "조선 사람은 조선 사람이 만든 것을 씀으로써 조선의 산업을 육성하고, 조선의 부(富)가 외국으로 유출되는 것을 방지한다."라는 것이 근본취지. 토산품 애용, 근검저축, 생활 개선, 금주·금연 운동 전개
　1) **조선물산장려회 조직**(1923.1) 조만식 등 민족자본가를 중심으로 평양에서 평양물산장려회를 조직(1920.8)하고, '내 살림 내 것으로'라는 구호 아래 국산품 애용운동을 전개. 박영효·유성준 등 친일파·친일관료는 적극 참여하였으나 사회주의 계열에서는 이념상 반대(상인·자본가 계급 일부의 이익만을 추구).
　2) **자작회(自作會)운동** 1922년 12월 17일 서울에서 창설한 학생들의 국산품애용 계몽단체로 연희전문 학생 등 50여 명이 주동이 되어, 국산품 애용운동을 통한 민족정신 순화를 목표.
　3) **결과** 전국으로 확산되어 추진되었으나, 일제의 탄압과 일제와의 타협으로 1920년대 말에 와해.

ㄷ. **민립대학 설립운동** 한규설·이상재 등이 조선교육협회(1920)를 중심으로 조선민립대학기성(준비)회를 조직(1922. 11)하고 국내외에서 천만 원 모금 운동을 전개했으나 대홍수(1923), 대가뭄(1924)으로 성과가 없었다. 일제는 조선교육령을 개정(1922)하여 독자적인 민립대학을 불허하고 경성제국대학 예과·법문학부·의학부를 설립(1924)하여 민립대학운동을 봉쇄. 이후 보성전문·연희전문·오산학교 등을 대학으로 승격시키려 했으나 일제의 방해로 불발. 경성제국대학의 학생 모집 범위는 일본·만주·대만·중국 등지에서도 학생을 받아들였는데 한국인 학생 수보다 일본인 학생 수가 더 많았다. 사회주의자들은 시급한 것은 과다한 문맹 인구의 퇴치라고 하면서 이 운동을 엘리트주의적 성격으로 규정.

41 다음 ㉠~㉤ 도안의 소재에 대한 설명으로 옳지 않은 것은? [3점]

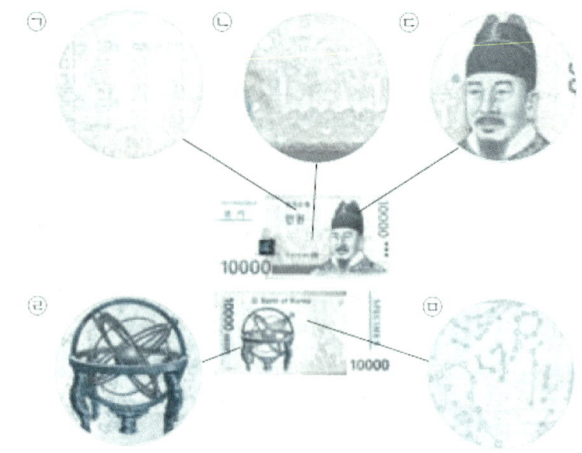

① ㉠ - 왕실 조상의 덕을 기리기 위해 지었다.
② ㉡ - 용상 뒤에 놓여 왕권을 상징하였다.
③ ㉢ - 석실 대신 회격을 사용한 광릉에 묻혔다.
④ ㉣ - 자명종의 원리를 이용하여 만든 혼천시계의 일부이다.
⑤ ㉤ - 고구려의 천문도를 바탕으로 조선 시대에 다시 그려졌다.

42 밑줄 그은 '이 인물'에 대한 설명으로 옳은 것은? [2점]

역 사 신 문
2011년 ○월 ○일

경교장 본모습 내년 광복절에 본다.

광복 후 대한민국 임시 정부 첫 국무 회의가 열렸던 경교장(사적465호)이 복원 공사에 들어가 내년 광복절에 온전히 복원된다.
경교장은 일제 시대에 큰돈을 번 ○○○이 자신의 친일 행적을 반성하는 뜻으로 이 인물에게 제공한 저택이다. 이후 집무실과 숙소로 사용되던 경교장은 이 인물의 서거 후 대사관·병원 등으로 쓰이다가, 2005년에 집무실이 기념실로 단장되었다.

① 항일 무력 단체인 한인 애국단을 결성하였다.
② 광복군 창설에 참여하여 광복군 사령관을 지냈다.
③ 국민 대표 회의 예비 회의의 임시 의장직을 맡았다.
④ 대한민국 임시 정부의 초대 국무총리로 추대되었다.
⑤ 신한청년당의 대표로 파리 강화 회의에 참가하였다.

해설 및 정답

41 정답 ③ ·· (2011. 제12회 고급)
③ 경기도 남양주에 있는 광릉은 세조와 왕비인 정희왕후의 능이고, 세종의 능은 경기도 여주에 있는 영릉이다.
- ㉠ **용비어천가** 한글의 보급과 장려를 위해 왕업을 찬양하는 악장문학
- ㉡ **일월오봉도**(일월오악도 또는 일월곤륜도) 우리나라 왕의 옥좌 뒤에 있으며, 죽을 때 같이 묻힌다.
- ㉢ **광릉** 세조가 석실의 유해무익함을 강조하고 석실과 병석(屛石)을 쓰지 말라고 한 유명(遺命)에 따라 병석을 없애고 석실은 회격(灰隔)으로 바꾸어 꾸몄으며, 십이지상을 난간동자석주(欄干童子石柱)에 옮겨 새겼다. 회격으로 바꿈으로써 쓸데없는 비용을 절약했으며, 능 배치상에 있어 동원이강(同原異岡)의 형식이 여기서 비롯되었는데 이로써 국초 왕릉제의 일대개혁을 이루었다.
- ㉣ **혼천시계**(현종 10, 1669) 송이영이 서양식 자명종 원리를 이용하여 제작한 천문시계로(국보 제230호), 혼천의와 기계시계를 결합하여 만들었는데 나무상자 속에 오른쪽 절반은 중력식 진자시계(振子時計)가 장치되어 있고, 왼쪽에는 혼천의라 하여 천구의가 설치되어 있다.
- ㉤ **천상열차분야지도**(태조, 1395) 고구려의 천문도를 참조하여 서운관에서 하늘의 별자리 1,467개와 은하수를 12개 분야로 나눠 흑요석에 새긴 천문지도

42 정답 ① ·· (2011. 제12회 고급)
문제의 인물은 김구(金九, 1876~1949)인데, ① 1926년 12월 김구가 조직, ② 지청천, ③ 김동삼, ④ 이승만, ⑤ 김규식에 대한 설명이다.
- **경교장** 김구(金九)의 개인 사저. 이화장·삼청장과 함께 대한민국 정부 수립 이전 건국활동 3대 명소의 하나로 불린다. 금광을 통해 부자가 된 친일파 최창학이 친일행위를 뉘우치는 뜻에서 김구에게 넘긴 이후에는 김구가 경교장이라 개칭. 1945년 11월 임시정부 국무위원들과 함께 귀국한 김구는 1949년 6월 26일 경교장 집무실에서 육군 소위 안두희에게 암살되기까지 이곳에서 생활하면서 건국에 대한 활동 및 반탁, 통일운동을 이끌었다. 당초 2001년 4월 6일 서울특별시 유형문화재로 지정되었으나 한국 근·현대사에서의 동 건물의 중요성 등이 재평가되면서 2005년 6월 13일 국가 지정문화재(사적)로 지정. 2009년 8월 14일에는 60년 만에 경교장 전체를 복원하기로 하였다.
- ① **한인애국단**(1926) 김구가 상해에서 침체된 임시정부의 활로를 개척하기 위해 조직한 암살단. 이봉창(1900~1932)이 동경에서 일본 천황에게 투탄(1932.1.8) → 상해사변(1.28)의 배경, 윤봉길(1908~1932)의 상해 홍커우공원 투탄(1932.4.29) → 이것을 계기로 중국 정부가 상해 임시정부를 지원함, 유상근·최흥식의 관동군사령관 대련역 투탄(1932.5), 이덕주·유진만의 조선총독암살미수사건(1932.5)
- ② **한국광복군** 임정은 중일전쟁(1937)이 발발하자 군사위원회를 두고, 중경에서 중국 정부의 지원을 받아 1940년 9월 17일에 200여 명으로 한국광복군을 창군(총사령 : 지청천(한국독립군 사령관 출신), 참모장 : 이범석). 그 후 1941년 11월 서안으로 이동.
- ③ **국민대표회의**(1923.1~6) 임시정부의 개편과 독립운동의 방략 및 간도참변 후 대책을 논의하기 위하여 1923년 1월 3일 국내외 135개 단체에서 158명의 대표가 참석한 회의로서, 임시정부 고수의 옹호파는 불참한 채 임시정부를 개조하자는 개조파와 새로운 정부를 수립하자는 창조파가 맞선 끝에 결렬. 예비회의 임시의장은 김동삼(이시영과 더불어 신흥무관학교 설립주역)

개조파(상해파)	창조파(북경파)
여운형·안창호·김동삼	신숙·문창범·윤해·박용만·신채호
상해국민대표기성회조직(1921. 5)	군사통일회의 조직(1921. 4)
운동노선보다 정부 명분 중시	무장항쟁 중시

- ④ **대한민국 임시정부** 국무원(정부)과 임시의정원(의회)을 설치하고, <u>초대 국무원 총리에 이승만</u>, 의정원 의장에 이동녕, 내무총장에 안창호(국무총리 대리), 군무총장에 이동휘, 외무총장에는 박용만의 취임 거부로 김규식 등이 취임. 그러나 <u>주요 각료들이 취임을 유보함으로써</u> 상해 임시정부는 정체상태에 빠졌다. 특히 <u>총리 이승만과 군무총장 이동휘의 취임 거부는</u> 임시정부의 출범을 사실상 불가능하게 만들었다.
- ⑤ **신한청년당**(1918.8) 여운형·김구·이광수 등 상해의 민족지도자들이 결성하여 파리강화회의에 김규식을 대표로 파견. 3·1운동 후 상해 대한민국 임시정부로 발전하였으며, 신한청년보를 발행.

43 그림의 대화를 통해 알 수 있는 경제 정책에 대한 설명으로 옳은 것은? [2점]

① 경자유전의 원칙하에 시행되었다.
② 양전 사업을 통해 지계를 발급하였다.
③ 관개 시설 및 산림도 대상으로 삼았다.
④ 각 호당 소유지를 최대 5정보로 제한하였다.
⑤ 실시 후 한 달 만에 토지 몰수가 완료되었다.

44 다음 기사가 보도된 시기의 경제 상황으로 옳은 것은 [2점]

○○ 타임즈 － ○○○○년 8월 14일 －

오늘 미국 정부는 한국 경찰이 야당 본부를 습격하여 한 여성이 사망하고 수십 명이 부상당한 사건을 정도를 넘어선 야만적 행위로 규정하고 비난하였다. 미 국무성 대변인 토머스 레스턴은 해고에 항의하여 신민당사에서 농성 중이던 여성섬유 노동자들을 끌어내기까지의 사건 경위는 불확실하다고 기자들에게 말하였다.

① 제2차 석유 파동으로 경제 위기를 맞았다.
② 3저 호황으로 물가가 안정되고 수출이 늘었다.
③ 원조 물자를 가공하는 삼백 산업이 발달하였다.
④ 경부 고속 국도를 개통하여 사회 간접 자본을 확충하였다.
⑤ 국제 통화 기금의 금융 지원을 받아 국가 부도를 면하였다.

43 정답 ① ··· (2011. 제12회 고급)

대화의 내용은 제1공화국 시기에 시행된 농지개혁인데, ① 제헌헌법 제86조의 규정에 따라 경자유전 실현, ② 대한제국시기의 광무양안, ③ 관개시설, 산림과 임야 등 비경작지는 제외, ④ 3정보 상한선, ⑤ 1949년 6월 농지개혁법 공포 이후, 1950년 3월 일부를 개정하여 6월에 실시해 오랜 시일을 끌어 개혁효과를 감소시켰다.

농지개혁(제1共) "농지는 농민에게 분배한다."라는 제헌헌법 제86조의 규정에 따라 종래 소작제도를 철폐하여 경자유전(耕者有田)을 실현하고 지주의 토지와 신한공사 관리의 적산농지를 유상매(몰)수하여 소작인에게 유상분배하는 농지개혁 실시. 산림과 임야 등 비경작지(과수원·종묘포·상전)와 농우(農牛)와 머슴은 분배 대상에서 제외.

1) **입안 과정** ① 정부안[3정보(ha) 이내의 유상분배, 농지의 매수가격을 연평균 생산량의 2배로 하고 정가 3년 거치 10년 균등으로 지주에게 보상, 농민은 연평균 생산량의 2배인 지가를 10년간 균등 분할 상환] → ② 1949년 3월 10일 한민당 주도의 국회안[보상액과 상환액을 평년작의 3배로] → ③ 1949년 4월 28일 국회통과안[보상액을 평년작의 1.5배로 하고 농민의 상환액은 1.25배, 상환 기간은 5년으로] → ④ 1949.6. 농지개혁법 공포 → ⑤ 1950년 3월 10일 국회통과안[최종안, 3정보를 초과하는 지주의 토지를 국가에서 유상으로 매수하여 지가증권을 발급하여 농지 연수확량의 150%를 한도로 5년에 걸쳐 보상하고, 영세 소작농에게 3정보 한도로 유상분배하여 5년간 수확량(농산물)의 30%씩 현물로 상환].
2) **실시** 단독정부 수립 후 1950년 3월 10일에 농지개혁법이 공포되고, 6월 23일에 실시되었으나 6·25 전쟁으로 중단되고, 전후 재개되어 1957년에 일단락.
3) **결과** 소작제 영구 폐지, 지주의 부농화, 자작농이 대거 출현하였으나, 실시일까지 오랜 시일을 끈 결과, 많은 소작지가 개별적으로 매매되고 농지개혁의 대상 토지가 줄어들어 개혁 효과를 감소. 지주를 산업자본가로 전환시키려는 정부 의도는 실패하였으며, 지가증권도 화폐로 바꾸는 것이 어려워 산업자본으로 전환하려는 정부의 계획도 실패. 그러나 토지자본은 산업자본으로 전환되어 자본주의의 밑거름.
4) **농지개혁의 한계** 농지개혁의 본래 목적은 자작농 육성에 있었으나, 실제로는 분배농지에 대한 세금과 상환액이 과중하여 분배받은 농지를 되파는 경우가 많아 명실상부한 농지의 농민적 소유가 이루어지지 못한 채 다시 토지겸병과 소작지가 생겨남.

② **양전사업**(1898~1904, 광무개혁에서 가장 중시한 사업) 양지아문(1898), 지계아문(1901)을 설립하고 전 국토의 3분의 2를 대상으로 조사하여 지계(토지문권)를 발급하여 근대적 토지소유권제도 확립 시도.
④ **북한의 토지개혁** 1946년 3월 5일 임시조치법에 따라 발표된 북조선 토지개혁법에 의해 5정보 이상의 토지를 소유한 대지주의 토지, 일본인과 민족반역자의 토지를 무상몰수하여 농민에게 소유권이 아닌 경작권을 무상분배(매매·소작·저당 금지). 토지개혁의 결과 지주계급이 청산되고 부농이 위축된 반면, 소작농·빈농·농업 노동자들이 농촌의 주요 계층으로 등장해 당과 정권의 지지 기반.

44 정답 ① ··· (2011. 제12회 고급)

보기의 기사는 1979년 8월 제4공화국 유신정권말기에 발발한 YH사건인데, 강제해산하는 과정에서 여성근로자 김경숙(金景淑, 1958~1979)이 사망하였다. ① 1978년 12월 이후 경제위기 초래, ② 제5공화국 시기(1986~88), ③ 제1공화국, ④ 제3공화국(1970년 7월), ⑤ 김영삼 정부시기(1997.11.21)의 경제상황이다.

YH사건(1979.8.9~11) 봉제합섬 제조업체인 YH무역의 여성 근로자 200여 명이 야당인 신민당의 당사로 몰려와 농성을 벌이기 시작하였는데, 회사 측이 경영난을 이유로 문을 닫아야 한다며 여성 근로자들에게 직장을 그만둘 것을 강요하여 이에 항의하는 여성 근로자들을 경찰이 해산시키려고 하자 신민당사로 몰려온 것이었다. 그런데 경찰은 신민당사까지 들어와 근로자들을 강제로 해산시켰고, 그 과정에서 8월 11일 김경숙(金景淑, 1958~1979)이 숨을 거두고 국회의원들까지 폭행을 당하였다. 이에 대해 야당은 강력히 반발하였고, 미국 국무부도 성명을 통해 경찰의 강제 해산 조치는 "분명히 지나치고 잔혹한 것"이었다고 밝혔다. 이 사건으로 박정희 정부와 야당의 대립은 더욱 심해졌고, 부산과 마산 등지에서 시위가 일어나는 등 국민들의 저항도 더욱 거세어져 유신 체제는 결국 막을 내리고 말았다.

① **제1차 석유파동**(1973.10) **제2차 석유파동**(1978.12)
② **3저호황** 1986년부터 3년간 저금리·저유가·저달러의 3저호황.
③ **삼백산업** 미국의 밀가루·설탕·면화 등 이른바 삼백(三白)을 중심으로 하는 소비재 경제원조가 주를 이루었고, 이를 바탕으로 국내에 삼백산업이 발전.

45 다음 소책자에서 소개하는 지역에 대한 역사적 사실로 옳은 것은? [2점]

[고대]
• 고구려 때 천정군이라고 하다가, 681년에 신라 영토로 편입되어 정천군으로 개칭되었다.

[고려]
• 태조가 용주로 개칭하였다가 뒤에 의주로 개칭하였다.
• 쌍성총관부의 관할 지역이었다가 공민왕 때 수복되었다.

[조선]
• 태종 때 의천군, 세종 때 덕원부로 명칭이 바뀌었다.

[근대]
• 러시아 군함이 통상을 요구하다가 대원군의 거절로 돌아갔다.
• 철도가 개통되어 교통·운수가 크게 발달하였다.

① 고려의 대표적 무역항으로 아라비아 상인들도 왕래하였다.
② 임진왜란 때 왜적의 침입을 피해 국왕이 피난한 곳이었다.
③ 조선 후기에 개시 무역과 후시 무역이 활발히 이루어졌다.
④ 주민과 관리들이 뜻을 모아 근대적 사립학교를 설립하였다.
⑤ 3·15 부정 선거를 규탄하는 시위가 선거 당일에 일어났다.

46 (가) 국가가 소장한 우리나라 문화유산으로 옳은 것을 〈보기〉에서 고른 것은? [3점]

조선 국왕이 (가) 주교와 선교사, 그리고 조선인 신도 다수를 살해했다고 한다. 이러한 잔인한 행위는 패망을 자초하는 것이다. …… 전에 수차례 (가) 선교사에게 호조(護照: 여권)를 발급해 줄 것을 요청했으나, 귀 아문은 모두 거절하였다. 그 이유는 조선이 비록 중국의 조공 국가이지만, 모든 국사를 자주로 처리한다는 것이다.
- 벨로네가 청 정부에 보낸 항의 서신 -

| 보 기 |

ㄱ. 어재연 수자기
ㄴ. 「직지심체요절」
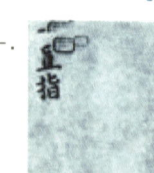

ㄷ. 북관 대첩비
ㄹ. 「왕오천축국전」
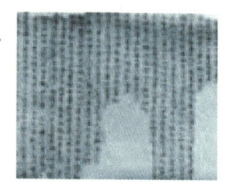

① ㄱ, ㄴ   ② ㄱ, ㄷ   ③ ㄴ, ㄷ
④ ㄴ, ㄹ   ⑤ ㄷ, ㄹ

해설 및 정답

45 정답 ④ ··· (2011. 제12회 고급)

문제의 지역은 함경도의 원산·영흥이다. ① 예성강 하구의 벽란도, ② 의주, ③ 압록강 중강, ④ 원산학사, ⑤ 마산지역의 역사적 사실이다.

원산 1) 삼국통일 : 대동강과 원산만 이남의 지역을 확보(676). 2) 공인(貢人)의 활동은 수공업 생산활동을 활발하게 하였고, 삼랑진·강경·원산 등의 상업도시와 화폐경제의 발달을 촉진. 3) 강화도조약(1876) : 부산(1876, 경제적 목적) 외 원산(1880, 군사적 목적)·인천(1883, 정치적 목적) 등이 개항. 4) **원산상의(회)소**(1883) : 최초의 상회사. 5) **원산학사**(1883) : 문예반과 무예반으로 나누어 학문과 무술을 가르친 근대교육의 효시로 사립학교이며, 일본어 등의 외국어와 산수, 농업, 만국공법, 지리 등을 가르쳤다(문무일치교육). 6) **원산 저탄소설치권**(1891) : 러시아 7) 3·1운동 : 서울을 비롯한 평양·의주·원산 등 7개 도시에서 3·1운동의 봉화가 불타오르기 시작. 8) **원산노동자 총파업**(1929. 1~4) : 1920년대 노동운동 사상 최대 규모의 조직적 투쟁으로 함남 덕원군 라이징 선(Rising Sun) 영국인 석유회사의 문평유조소에서 발단(1928.9 구타 사건)되어 원산노동연합회의 지도를 받았는데, 원산노동연합회는 자본가 단체인 원산상업회의소와 대립. 당시 일본·중국·프랑스·소련 등 외국 노동자들이 격려 전문을 보내왔고 일본 노동자들은 동조파업. 9) **적색 노조 지도자** 이주하가 원산에서 활동(1936~1938). 이재유는 서울에서 활동(1933~1936).

① **벽란도**(예성강 하구) 국제 무역항으로 송·왜·사라센 등의 상인이 출입

③ **압록강 국경무역** 중강개시(中江開市)·중강후시(中江後市)·책문후시(柵門後市)·회동관후시(會同館後市)·단련사후시(團練使後市) 등.

1) **중강개시** 압록강의 의주 대안인 중강(中江, 지금의 馬子臺)에서 청과 무역하는 것이다. 이는 처음에 선조 26년(1593)의 임진왜란 중 유성룡의 주장으로 기황(飢荒)을 구제하고 요동의 쌀을 수입하기 위해 개설하였으나 곧 폐지되었다. 그러나 청의 요구로 인조 24년(1646)에 열어 3월·9월에 양국 감시하에 무역이 시작되었으나, 농한기인 2월·8월로 바꾸었다. 이 곳에서 매매되는 물품은 소(牛)·해삼·해태(김)·포·백지·소금·사기 등으로, 말과 인삼은 금지하였다.

2) **중강후시** 중강개시가 활발해진 이후 매매금지물의 교역은 물론, 양국 관리의 눈을 피해 점차 중강개시는 중강후시라는 밀무역(사무역)으로 변해 갔다. 숙종 26년(1700)에 성부는 중강후시를 폐지하였으나, 이러한 사무역은 책문후시로 발전되어 갔다.

46 정답 ④ ··· (2011. 제12회 고급)

(가) 국가는 프랑스이다. ㄱ. 신미양요 때 미국에게 약탈, ㄴ. 한말 프랑스 외교관인 꼴랑드 드 쁠랑시가 수집해 가져가 파리 국립도서관에 소장, ㄷ. 러일전쟁 중 일본이 약탈해 갔다가 2005년 반환, ㄹ. 1908년 프랑스 학자 펠리오가 중국에서 입수해 가져가 파리국립도서관에 소장되어 있다.

ㄱ. **어재연 수자기**(帥字旗) 신미양요 때 어재연이 광성보전투에서 사용한 장수의 깃발인 수자기(가로·세로 각 4.5m)가 당시 미국에게 빼앗겼다가 2007년 10월 136년만에 10년간(2년간 최대 5차례 연장가능) 대여 조건으로 반환.

ㄴ. **직지심체요절** 백운화상(白雲和尙) 경한(景閑)의 「불조직지심체요절(佛祖直指心體要節), 직지심경(부처와 조사의 선(禪)의 요체를 깨닫는 데에 필요한 내용을 뽑아 1372년에 펴낸 불교 서적, 2001년 UNESCO 선정 세계기록유산)」을 1377년 청주 흥덕사 주자시(興德寺 鑄字施)에서 인쇄한 것으로 현존 최고의 활자본(파리도서관에 소장). 상하 2권중 하권만 전함.

ㄷ. **북관대첩비**(北關大捷碑) 숙종 35년(1709) 함경도 북평사 최창대가 임진왜란 당시 정문부 장군 등 함경도 의병들이 왜군을 격파한 전공을 기리기 위해 함경도 길주군 임명 고을에 건립한 전승기념비. 1905년 러일전쟁 중 일본이 강탈해 가 100년간 도쿄 야스쿠니 신사에 방치되었다가 2005년 10월 20일 100년만에 반환. 2006년 3월1일 원래있던 곳으로 복원하기 위해 북한으로 전달.

ㄹ. **왕오천축국전** 고대 인도의 정세나 서역의 사정을 파악하는 동서교섭사의 귀중한 자료로 오랫동안 그 이름만 알려져 오다가 1908년 프랑스의 동양학자 펠리오(Pelliot)가 중국의 돈황 천불동 막고굴에서 필사본을 입수하여 빛을 보게 되었다. 책이라고 부르기에는 어색한 두루마리 종이에 쓰여 있는데, 인도 각국 왕들의 병력 수와 코끼리 소유, 아랍족의 침입, 법제, 음식, 의상, 습속, 기후 등이 기록. 현재 프랑스 파리 국립도서관에 소장. 현존 한국 최고(最古)의 서지이자 세계4대 여행기의 하나.

47 (가) 지역 역사에 대한 탐구 활동으로 적절하지 <u>않은</u> 것은 [2점]

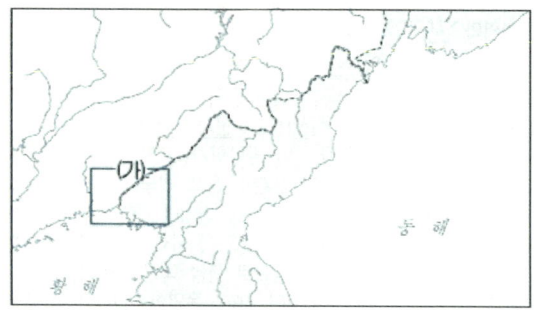

① 이륭 양행의 활동 내용을 조사한다.
② 서전서숙이 설립된 지역을 알아본다.
③ 러시아가 용암포 조차를 요구한 목적을 파악한다.
④ 서희의 외교적 노력으로 확보한 영토를 찾아본다.
⑤ 후금 침입에 대항하여 정봉수가 일으킨 의병의 규모를 추정한다.

48 다음 지도가 처음 제작된 시기의 사실로 옳은 것은? [2점]

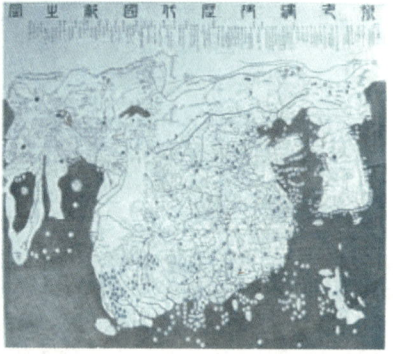

천하는 지극히 넓다. 안으로 중국에서 밖으로 사해에 닿아 몇 천만리나 되는지 알 수 없는 것을, 요약하여 두어 자 되는 폭에다 그리니 자세하게 기록하기가 어렵다. 그러므로 지도를 만든 것이 대개 소략한데, …… 김사형 등이 여가에 지도를 참고하고 연구하여 검상 이회를 시켜 다시 더 상세히 교정하게 한 다음에 합하여 한 지도를 만들었다.

① 억울한 백성을 위해 신문고 제도를 두었다.
② 국학을 성균관으로 개칭하고 문묘를 설치하였다.
③ 「고려국사」를 편찬하여 조선 건국의 정당성을 밝혔다.
④ 여진족과 왜구에 대비하기 위해 비변사를 설치하였다.
⑤ 유능한 인사를 재교육하는 초계문신제도를 실시하였다.

해설 및 정답

47 정답 ② ·· (2011. 제12회 고급)

(가) 지역은 압록강 유역의 의주·용천·안동지방이다. ① 만주 안동현에서 아일랜드인 쇼가 조직해 임시정부에 군자금 조달, ② 북간도 용정, ③ 압록강 하구, ④ 강동6주로 압록강 하류, ⑤ 용천의 용골산성에서 의병활동을 하였다.

- ① **이륭양행** 만주 안동현에서 아일랜드인 쇼(G. L. Show)가 경영하던 무역상의 대리점으로, 2층에 교통국의 안동지부를 두어(1919.5) 국내 정보의 수집과 통신업무 외에 군자금 전달 등의 임무를 맡아 처리하였다.

  상해 임정의 군자금 조달 만주의 이륭양행(怡隆洋行)이나 부산의 백산상회(白山商會)를 통해 임시정부에 군자금을 전달하기도 하였고, 애국독립공채 발행(1919.8.1~11.30)으로 군자금을 모금하기도 하였다.

  백산상회(1914) 부산의 안희제(호; 백산(白山), 1885~1943)가 영남지방 지주들의 자본으로 설립한 회사로, 백산무역주식회사로 발전(1919). 국내외 독립운동단체의 연락처, 군자금을 모아 임시정부에 전달하는 역할을 수행하고 장학사업이나 협동조합운동을 전개. 안희제는 대종교 신도로 1933년 만주로 건너가 발해 수도였던 동경성에 발해농장과 발해학교를 건설.

- ② **서전서숙**(1906) 북간도 용정에 이상설 등 을사조약 후 애국계몽운동을 추진한 민족운동가들이 설립한 최초의 신학문 민족교육기관(→ 김약연이 명동학교로 개명)
- ③ **용암포사건**(1903.7) 러시아가 압록강 하구 및 용암포를 조차하여 군사 기지를 만들려다 일본의 방해로 실패하였는데 러일전쟁의 도화선이 되었다.
- ④ **강동6주와 윤관의 9성**
- ⑤ **정묘호란**(1627.1)시 후금의 침입

  3만 군대 침입 → 황해도 황주까지 공격(의병 활동 : 용골산성(철산)의 정봉수, 이주의 이립, 가산의 김여기) → 강홍립의 중재 → 강화 성립(후금의 군대는 보급로가 끊어지자 강화를 제의 : 형제 관계), 당시 조정(인조 포함)은 강화로 피난 갔고, 후금의 요청으로 중강개시·회령개시가 설치.

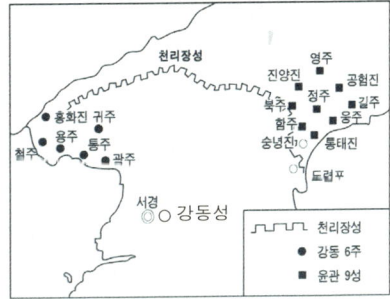

48 정답 ① ·· (2011. 제12회 고급)

문제의 지도는 조선 태종 2년(1402년)에 제작된 세계지도인 혼일강리역대국도지도이다. ① 태종, ② 충렬왕, ③ 태조, ④ 중종, ⑤ 정조시기의 사실이다.

혼일강리역대국도지도(태종 2년, 1402) 이회·김사형·권근 등이 완성한 세계지도로 사본이 일본 용곡대학에 있음. 사본을 다시 사본하여 서울대 규장각에 보존. 중화사관에 의하여 중국과 조선이 너무 크게 그려졌고, 유럽 및 아프리카가 너무 작게 표현되었음(아메리카는 없음).

- ① **신문고**(태종2년, 1402) 고발·상소·청원에 해당하는 제도로 국사범을 신속히 검거할 목적으로 운영, 서민의 직소 기능, 국왕의 선정 미화, 하극상 금지, 의금부 당직청에서 주관, 주로 중간층이 이용. 연산군 때, 신문고 제도가 폐지되었으나 1771년(영조 47년) 11월에 다시 설치하고 병조에서 관리.
- ② **국자감의 명칭 변화** 충렬왕 때 성균감, 충선왕 때(1308) 성균관으로 명칭이 바뀌었다. 공민왕 때, 성균관을 중영(重營)하고 성균관에서는 유학만 교육하여 기술 교육이 분리.
  충렬왕 때 섬학전(贍學錢), 공자사당(문묘)인 대성전 등이 마련.
- ③ **고려국사**(여말~태조, 정도전) 편년체. 이제현의 「고려국사」(기전체)를 계승한 것으로, 성리학적 사관으로 편찬, 「고려사절요」의 모체
- ⑤ **초계문신제**(抄啓文臣制, 1781) 정조는 스스로 초월적 군주로 군림하면서 스승의 입장에서 신하를 양성하고 재교육시키려 하였다. 바로 초계문신제는 경연의 반대로 37세 이하 당하관을 규장각에 위탁 교육시킨 국왕의 엘리트 관료 양성책(1781~1800). 규장각이 강력한 정치기구로 성장.

49 다음은 어느 회담을 반대하는 시위의 결의문이다. 이 회담에 대한 설명으로 옳지 않은 것은? [2점]

> **결의문**
> 1. 일본 예속으로 직행하는 매국적 ○○회담을 전면 중지하라.
> 1. 농민·노동자·소시민의 피눈물을 밟고서 홀로 살쪄만 가는 매판성 악덕재벌을 처형하고 몰수하라.
> 1. 5월 군사 정부는 5·16 이래의 부정, 부패, 독선, 무능, 극악의 경제난, 민족분열, 굴욕적 ○○회담 등 역사적 범죄를 자인하고 국민의 심판에 부쳐라.
> 1. 우리 민족적 양심의 학생과 국민은 우리의 정당한 요구가 관철될 때까지 피의 투쟁을 계속하려 한다.

① 김종필·오히라 비밀 회담 이후 본격화되었다.
② 한국군의 전력 증강과 AID 차관 제공에 합의하였다.
③ 일제 강점에 대한 사죄와 보상에 합의하지 못하였다.
④ 한국 정부의 경제 개발 자금 확보 수단으로 이용되었다.
⑤ 공산주의 세력 확대를 저지하려는 미국의 의지가 반영되었다.

50 (가)~(다) 제도에 대한 설명으로 옳지 않은 것은? [1점]

> (가) 국학 학생을 대상으로 국학에서 배운 학과에 대해 시험을 보는 제도이다. 시험 과목은 하품에서 특품으로 올라갈수록 기본적인 것에서 광범위한 지식으로 확대되도록 하였다.
> (나) 제술과, 명경과, 잡과로 크게 나누어 실시하였다. 그중에서도 제술과와 명경과는 합격하면 문관이 될 수 있었기에 중요시되었다. 잡과는 기술관 등용 시험이었다.
> (다) 소과·대과·무과·잡과의 네 종류가 있었으며, 정기시와 부정기시의 구분이 있었다. 수시로 열린 부정기시는 증광시, 별시, 알성시 등이 있었다.

① (가) - 「곡례」, 「효경」 등을 기본적인 시험 과목으로 삼았다.
② (나) - 제술과가 명경과보다 중요시되었다.
③ (다) - 정기시는 3년에 한 번 시행되었다.
④ (나), (다) - 향리의 자제는 문과에 응시할 수 없었다.
⑤ (가), (나), (다)의 순서로 실시되었다.

49 정답 ② (2011. 제12회 고급)

문제의 사료는 1964년 5월 20일 제 3공화국 시기 한일회담을 반대하는 한일굴욕외교반대투쟁학생총연합회의 결의문 내용이다. ①③④⑤는 한일회담에 대한 내용이다. ② 베트남 파병에 대한 대가로 한국군의 장비 현대화 및 기술·차관의 도입을 미국 측과 협의한 1966년 3월의 브라운 각서의 내용이다.

- 한일협정 체결(1965.6.22) 박정희정권의 경제개발정책에 따른 외국 자본의 필요성, 미국의 지역 통합전략, 일본의 과잉 자본 수출을 통한 시장 개척 등이 주요 배경.
- ① 김종필·오히라 각서(1962.11.12) 1) 무상 원조에 한국 측은 3억 5천만 달러, 일본 측은 2억 5천만 달러를 주장한 바 3억 달러를 10년에 걸쳐 공여하는 조건으로 양 측 수뇌에게 건의함. 2) 유상 원조(해외 경제 협력 기금)에 대해 한국 측은 2억 5천만 달러(이자율 3% 이하, 7년 거치 20~30년 상환), 일본 측은 1억 달러(이자율 3.5%, 5년 거치 20년 상환)를 주장한 바 2억 달러를 10년간에 걸쳐(이자율 3.5%, 7년 거치 20년 상환) 제공하기로 양 측 수뇌에게 건의함. 3) 수출입 은행 차관에 대해 한국 측은 별개 취급을 희망하고, 일본 측은 1억 달러 이상을 프로젝트에 따라 늘릴 수 있도록 하자고 주장한 바 양 측의 합의에 따라 국교 정상화 이전이라도 협력토록 추진할 것.
- ② 브라운 각서(1966.3.7) 미국 정부가 한국군 월남 증파의 선행조건에 대한 양해사항을 당시의 주한 미국대사 브라운을 통하여 한국 정부에 전달한 통고서.

50 정답 ④ (2011. 제12회 고급)

(가) 신라 원성왕 때(788년)의 독서삼품과, (나) 고려 광종 때(958년)의 과거제도, (다) 조선시대의 과거제도이다. ④ 고려시대 향리 자제는 문과에 응시하였으나 조선시대에 들어서 향리의 문반 진출을 억제하기 위해 소과를 응시할 때 본관의 허가를 받도록 제재를 가했으나 문과응시 자체는 가능하였다.

- (가) 독서삼품과(원성왕, 788) 관리 채용을 위해 실시한 국가고시(과거의 전신)로 유학지식을 독서 실력(기본과목 : 「곡례」·「효경」)에 의해 上(「춘추좌씨전」·「예기」·「문선」에 능통하고 아울러 「논어」·「곡례」·「효경」에도 밝은 사람), 中(「논어」·「곡례」·「효경」), 下(「곡례」·「효경」)의 3등급과 「5경 3사」와 「제자백가서」에 능통한 특품으로 나누어 채용. 왕권 강화를 목적. 진골 귀족의 반대로 실패하였으나 골품제도의 편협성을 극복 시도하였고 학문 보급에 기여.
- (나) 고려시대의 과거의 종류와
  1) 제술업(진사과) 과거의 통칭으로 한문학(시·부·송·책)에 대한 논술로 응시하여 한문학 발달의 계기. 외교·행정 실무에서 문장이 중요해 가장 중시. 고려시대 과거 합격자 6,700여 명 중 제술업 합격자는 6,000명, 명경업은 450명으로 나타나, 제술업과 명경업 합격자는 10 : 1의 비율.
  2) 명경업 유교 경전(3경·춘추·예기)에 대한 독해로 응시.
  3) 잡업 기술관을 등용하는 시험으로 백정 농민이 주로 응시하였고, 명법업(율령), 명산업(산술), 명서업(서체), 지리업(지리), 의업·주금업(의학) 등으로 분류.
  4) 승과 화엄경으로 응시하는 교종시와 전등록으로 응시하는 선종시로 나누어지는데, 교종시 합격자는 수좌·승통, 선종시 합격자는 선사·대선사 등의 승직에 등용되었으며, 별사전이 지급.
- (다) 조선시대의 과거 무과의 실시는 고려시대에 비하여 문·무 양반제도가 확립되었음을 뜻한다. 과거는 3년마다 실시되는 정기 과거인 식년시 이외에도 증광시·별시·알성시 등의 부정기 과거가 수시로 행해졌으며 응시에서 횟수 제한은 없었다. 승과는 중종 때 폐지(숭유억불정책)
  1) 문과 문과는 소과(사마시)와 대과(문과, 동당시)로 나누어졌다.
    ① 소과 : 생원과(명경과, 5경 경전 시험)·진사과(제술과, 한문 문장 시험), 서얼·탐관오리(장리)의 자식·재가녀 자손 등과 공·상인은 응시 불가. 초시에서 인구 비율로 각 700명 선발, 복시(예조서 주관)에서 성적순으로 각 100명 선발, 급제자에게 백패를 지급.
    ② 대과 : 초시(240명, 인구비율) → 복(회)시(33명, 성적순) → 전시, 제술(논술)과 강경(독해)으로 시험. 초시·복시에서 삼장제를 시행하였고, 문과의 전시에서 갑과(3명)·을과(7명)·병과(23명)가 결정되었는데 갑과의 1등을 장원이라 하며, 급제자에게 홍패를 지급.
  2) 무과 천민만 아니면 응시, 서얼도 응시 가능, 초시(190명)·복시(28명)·전시가 있었는데, 급제자에게 홍패를 지급. 문과처럼 소과·대과의 구별이 없고 장원도 없었다.
  3) 잡과 기술관 시험으로 초시와 복시만 있으며 전시가 없었다. 역과·의과·음양과·율과 등의 4과가 있었으며, 초시에서 각각 57명·18명·18명·18명을 선발하고, 복시에서 각각 19명·9명·9명·9명을 선발. 잡과는 각각 해당 관서에서 선발하였는데 공·상인도 응시가 가능.

저자소개

대구에서 태어나 성균관대학교와 동대학원에서 한국사를 공부하고 한림대학교 대학원 사학과 박사과정(한국근현대사 전공)을 수료하고 한림대학교, 동양대학교를 거쳐 현재 목원대학교 인문대학 사학과에서 한국사를 가르치고 있다. 1990년 이래 15년간 고대·연대·성대·이대·서강대 등의 대학과 신림동 고시촌에서 사시·행시·외시·입법고시·법원행시·기술고시 등을 준비하는 고시생을 대상으로 한국사 강의를 하며, 수많은 합격생을 배출하였다. 특히 「한국사총론」은 1994년 출간된 이래 그 시가의 한국사 바이블로 자리매김 되어 고시생의 필독서로 사랑을 받아 왔다. 최근 처음 시행된 한국사능력검정시험(역시) 제2회 고급(1급)에서 3등으로 합격하였고, 한국사능력검정시험(역시) 제10회와 12회 고급(1급)에서 우수상을 받았으며, 몇몇 광역시와 도(道)의 공무원 출제위원을 지냈다. 그리고 2009년~2010년 「주간동아」에 「이영철교수의 5분 한국사」를 연재하였으며, KBS, TBS 등 역사 관련 프로그램에 출연한 바 있다. 현재 신림동 베리타스와 노량진 남부행정고시학원 한국사 교수로 재직중이고 메티스(고시연구사) 집필위원으로 있으며 Eduspa 인터넷 방송에서 한국사 강좌를 담당하고 있다.

주요 저서로는 「한국사총론」(메티스), 「객관식 한국사총론」(메티스), 「한국사능력검정시험 고급 기출문제집」(근간), 「한국사능력검정시험 대비 사료한국사」(근간), 「한국사 1,200제」(고시연구사), 「진도별 한국사 실전모의고사」(고시연구사), 「한국사 600선」(고시연구사), 「출제위원급 정예한국사」(메티스), 「정선한국사기출문제 I·II」(고시연구사), 「Big Power 한국사」(고시연구사), 「시민을 위한 사료 한국근현대사」(법영사), 「객관식 정선 사료한국사」(마지터북스), 「9급 한국사 실전모의고사」(네오시스) 등이 있고, 주요 논문으로 「갑오농민군의 집강소 설치와 활동」과 「동북항일연군 제2군에 대한 연구」가 있다.

한국사능력검정시험(고급) 기출문제집

2011年 10月 1日 初版 發行

著 者   李 榮 喆
發行人   李 潤 九
發行處   메티스(고시연구사)

주 소 / 서울시 관악구 삼성동 316-127, 4층
등 록 / 제 320-2009-11호
전 화 / 737-7771~2
F A X / 735-8666
ISBN 978-89-94064-58-1

정가 28,000원

※ 저자의 승낙없이는 본서의 독창적인 내용을 전재할 수 없음.